Informatik-Fachberichte 187

Herausgegeben von W. Brauer
im Auftrag der Gesellschaft für Informatik (GI)

R. Valk (Hrsg.)

GI – 18. Jahrestagung

Vernetzte und komplexe Informatik-Systeme

Hamburg, 17.-19. Oktober 1988

Proceedings

Springer-Verlag
Berlin Heidelberg New York
London Paris Tokyo

Herausgeber
Rüdiger Valk
Fachbereich Informatik, Universität Hamburg
Rothenbaumchaussee 67/69, 2000 Hamburg 13

ISBN 3-540-50354-4 Springer-Verlag Berlin Heidelberg New York
ISBN 0-387-50354-4 Springer-Verlag New York Berlin Heidelberg

CR Subject Classifications (1987): B.1-2, B.6-7, C.2, D.2, D.4.5, H.2, H.4, I.2-3, J.5-6, K.4-6

ISBN-13:978-3-540-50354-5 e-ISBN-13:978-3-642-74127-2
DOI: 10.1007/978-3-642-74127-2

CIP-Titelaufnahme der Deutschen Bibliothek
Vernetzte und komplexe Informatik-Systeme: Hamburg, 17.-19. Oktober 1988 ; proceedings / GI. R. Valk (Hrsg.). – Berlin; Heidelberg; New York; London; Paris; Tokyo: Springer.
(GI-Jahrestagung; 18)
NE: Valk, Rüdiger [Hrsg.]; Gesellschaft für Informatik: GI-Jahrestagung 1 (1988)
(Informatik-Fachberichte; 187)
ISBN-13:978-3-540-50354-5

NE: GT

2145/3140-543210 – Gedruckt auf säurefreiem Papier

Vorwort

Die Gesellschaft für Informatik führt ihre 18. Jahrestagung an der Universität Hamburg durch. Der Fachbereich Informatik hat sich als Veranstalter für das Leitthema „Vernetzte und komplexe Informatik-Systeme“ entschieden. Aufgrund der rapide fortschreitenden Technologie und dadurch erschlossener neuer Anwendungsbereiche werden komplexe Systeme in technischer oder gesellschaftlicher Umgebung zunehmend durch informatikspezifische Gesichtspunkte bestimmt. Dies rechtfertigt den Begriff „Informatik-System“ als Zusammenfassung aller in der Informatik betrachteten Methoden des Entwurfs und der Handhabung solcher Systeme.

Vernetztheit und Komplexität bestimmen in unterschiedlichen Erscheinungsformen die strukturellen Probleme der Informatik. Häufig stehen diese beiden Problemkreise in starker Abhängigkeit zueinander. Komplexe Systeme erzwingen Modularität, um sie beherrschbar zu gestalten, während stark vernetzte Systeme andererseits eine Form von Komplexität zeigen, die zur Zeit noch höchst unbefriedigend verstanden wird.

Eine besondere Form von Vernetztheit stellen verteilte Systeme dar. Als innere Betriebsform können sie zur Leistungssteigerung von Rechensystemen beitragen, als äußere Betriebsform tragen sie der Verteiltheit von Anwendungsproblemen Rechnung.

Konkrete Ausprägungen verteilter und vernetzter Informatik-Systeme finden sich in den verschiedensten Formen, von der Mikroelektronik über Rechnerarchitekturen bis hin zu Software-Systemen mit Anwendung in Technik und Gesellschaft. Letztere stellen oft selbst komplexe und verteilte Systeme dar, was sich zunehmend in den entsprechenden Informatik-Anwendungen widerspiegelt.

Folgende Schwerpunkte wurden als Vorgabe für die Jahrestagung gesetzt:

- Spezifikation und Verifikation verteilter Systeme
- Softwaretechnik für verteilte Systeme und KI-Anwendungen
- Verteilte Wissens- und Datenbanken
- Zuverlässigkeit und Sicherheit von Systemen
- Fehlertoleranz durch gekoppelte Systeme
- Komplexe VLSI-Systeme
- Erfahrungen mit Entwurf und Realisierung von verteilten Systemen
- Sozio-technische Aspekte vernetzter Systeme und Verantwortung des Informatikers

In diese Themen wird in acht Hauptvorträgen von eingeladenen Fachreferenten grundlegend oder überblickartig eingeführt. Ausgehend von der Komplexität der Mikroelektronik (D. Seitzer) werden die Hörer (bzw. Leser dieses Tagungsbandes) über die Probleme verteilter Datenbanksysteme (A. Reuter) zur Spezifikations- und Entwurfs-Methodik kausalvernetzter Systeme (M. Broy) geführt. Fehlertoleranz (H. Kopetz) und Software-Entwurfskonzepte (J. Nehmer) folgen als weitere wichtige Themen. Eine spezielle Anwendung aus dem Bereich der Banken beleuchtet gleichzeitig Aspekte der wirtschaftlichen Anwendung wie auch der weltweiten Vernetzung (H. Dorner). Solche und weitere Anwendungen aus dem privatwirtschaftlichen und öffentlichen Bereich werden anschließend in ihrer Problematik diskutiert (H. Kubicek), insbesondere unter dem Aspekt der offenen und verteilten Systeme. Eine kritische Würdigung des Systemaspektes offener Systeme schließt die Reihe der Hauptvorträge (H.-G. Hegering). Ein eingereichter Vortrag über ein verteiltes wissensbasiertes System ergänzt die Darstellung vernetzter und komplexer Informatik-Systeme in einem aktuellen Bereich. Auch der öffentliche Abendvortrag behandelt ein aktuelles Thema: Neuronale Netze werden als hochkomplexe und verteilte Systeme zum Vorbild für eine neue Form der Informationsverarbeitung (R. Eckmiller).

Die Fachgespräche greifen die Schwerpunkte in speziellen Aspekten und vertiefend auf. Einige Themen werden erstmalig auf einer GI-Jahrestagung behandelt. Dadurch werden neue Fragen und Lösungsansätze in die öffentliche Diskussion eingebracht. Bewährt hat sich dabei, Fachgespräche auch außerhalb von GI-Fachausschüssen zu organisieren. Ein Fachgespräch besonderer Art stellt die internationale Konferenz ‚CONCURRENCY 88' dar. Sie bringt international renommierte Fachreferenten im Gebiet der formalen Spezifikation und Analyse verteilter Systeme aus aller Welt zusammen. Die Ausarbeitung der eingeladenen und ausgewählten Vorträge dieses Fachgesprächs werden von Herrn Kollegen F. Vogt in einem eigenen Band der Reihe ‚Lecture Notes in Computer Science' herausgegeben.

Daneben werden in Zusammenarbeit mit der GI Deutschen Informatik-Akademie zehn eintägige Tutorien angeboten. Auch in ihnen werden zum Teil die Schwerpunkte der Jahrestagung einführend vermittelt.

Die Vorbereitung der GI-Jahrestagung lag auf vielen Schultern. Allen Beteiligten gilt mein herzlicher Dank: den Vortragenden für ihr fachliches Engagement und die Ausarbeitung des schriftlichen Beitrages, den Mitgliedern des Programmkomitees für vielfältigen Rat und tatkräftige Unterstützung, den Programmkomitees der Fachgespräche für ihre oft unter schwierigen Unständen geleistete Arbeit, die zur Präsentation von interessanten und wegweisenden Fachgesprächen führte.

Zu danken habe ich den Kollegen R. Nicolovius für die mühevolle Organisation der Tutorien und B. Wolfinger für die Zusammenstellung des Industrieprogramms.

Mein besonderer Dank gilt den Mitgliedern des Organisationskomitees H. Durry, I. Elmer, Dr. D. Hogrefe, R. Jancke, Prof. Dr. K. Kaiser, H. Müller, Prof. Dr. R. Nicolovius, E. Thieme und Prof. Dr. B. Wolfinger. Ohne ihren selbstlosen Einsatz wären sowohl die Jahrestagung als auch der Tagungsband nicht zustandegekommen. Das Aufführen aller Einzelaktivitäten würde den gegebenen Rahmen sprengen. Dennoch möchte ich den Leiter des Organisationskomitees, Herrn Dr. D. Hogrefe, besonders nennen. In unermüdlicher und gekonnter Weise hat er es verstanden, die vielfältigen Einzelvorgänge zu koordinieren und in dem notwendigen zeitlichen Rahmen zu halten.

Schließlich danke ich der Hamburg Messe und Congress GmbH, insbesondere Frau M. Winther, für die gute Zusammenarbeit.

Ihnen, den Tagungsteilnehmern und Lesern, wünsche ich, daß Sie einen lebendigen Eindruck und zahlreiche fachliche Informationen erhalten und von der Jahrestagung mit nach Hause nehmen.

Hamburg, im Juli 1988

Rüdiger Valk

Programmkomitee:

Prof. Dr. M. **Dal-Cin**, Johann Wolfgang Goethe-Universität, Frankfurt

Dr. U. **Dierk**, Nixdorf Computer AG, Paderborn

R. **Dierstein**, M.S., DFVLR, Oberpfaffenhofen

Dr. K. **Dittrich**, Forschungszentrum Informatik, Karlsruhe

Prof. Dr. Dr. H. **Fiedler**, Universität Bonn/ GMD St. Augustin

Prof. Dr. Ch. **Floyd**, Technische Universität Berlin

Dr. D. **Hogrefe**, Universität Hamburg

Prof. Dr. E. **Jessen**, Technische Universität München

Prof. Dr. K. **Lagemann**, Universität Hamburg

Prof. Dr. J. **Nehmer**, Universität Kaiserslautern

Prof. Dr. B. **Neumann**, Universität Hamburg

Prof. Dr. A. **Reuter**, Universität Stuttgart

Prof. Dr. D. **Schütt**, Siemens AG, München

Prof. Dr. R. **Valk**, Universität Hamburg (Vorsitz)

Prof. Dr. F. **Vogt**, Universität Hamburg

Organisationskomitee:

H. **Durry**, Universität Hamburg

I. **Elmer**, Universität Hamburg

Dr. D. **Hogrefe**, Universität Hamburg (Vorsitz)

R. **Jancke**, Universität Hamburg

Prof. Dr. K. **Kaiser**, Universität Hamburg

H. **Müller**, Universität Hamburg

Prof. Dr. R. **Nicolovius**, Universität Hamburg

E. **Thieme**, Universität Hamburg

Prof. Dr. B. **Wolfinger**, Universität Hamburg

Inhaltsverzeichnis von Band I

Eingeladene Vorträge

Fachgespräche

Inhaltsverzeichnis von Band II

Eingeladene Vorträge

ZUM WECHSELSPIEL ZWISCHEN MIKROELEKTRONIK UND INFORMATIK

Prof. Dr.-Ing. D. Seitzer
Lehrstuhl für Technische Elektronik
Universität Erlangen-Nürnberg

1. Einleitung:

Mikroelektronik ist eine Schlüsseltechnologie für elektronische Geräte und Systeme. Sie spielt deshalb eine wichtige Rolle für die wirtschaftliche Entwicklung. Die Preise für mikroelektronische Bauelemente sind über den Zeitraum der letzten 20 Jahre um etwa 40 % pro Jahr drastisch gefallen, was über den genannten Zeitraum einen Faktor 1.000 ergibt. Es wird erwartet, daß dieser Trend in etwas geringerem Umfang von etwa 25 % pro Jahr über die nächsten 10 Jahre anhält. Treibende Kraft ist der dauernde Fortschritt durch verringerte Abmessungen, Vergrößerung der Siliziumfläche und die Mengenvorteile (economies of scale) durch universelle Komponenten, die eine immer größer werdende Anzahl von Anwendungen abdecken.

Universalität wird erreicht durch die Verwendung digitaler Schaltungen und Systeme, sowohl beim Einsatz der Mikroelektronik als auch für ihre eigene Weiterentwicklung. ebenso jedoch durch die Verwendung des gleichen Materials, nämlich Silizium.

Neue Materialien, wie z.B. Gallium-Arsenid, und verwandte Verbundhalbleiter stellen eine Herausforderung für Silizium dar. Aufgrund des hohen Standes und der ständigen Weiterentwicklung wird Silizium jedoch das hauptsächlich verwendete Material bleiben.

Die Komplexität, gemessen in der Anzahl der Transistoren auf einem Chip, wird in Bälde etwa 10 Millionen überschreiten. Der Entwurf derart komplexer Schaltungen läßt sich nur mit hinreichender Sicherheit und in hinreichend kurzer Zeit bewältigen, wenn der Entwurfsvorgang mehr und mehr automatisiert vom menschlichen Eingriff befreit wird. Als Fernziel dient der sogenannte Silicon-Compiler, bei dem eine formale Spezifikation als Eingabe für ein Programm dient, dessen Ausgabe die Struktur der integrierten Schaltung auf Silizium darstellt.

2. Anwendungen der Mikroelektronik:

Das Potential der Mikroelektronik ist bei weitem noch nicht ausgeschöpft und erlaubt weitere Fortschritte, wenn die später erläuterten Voraussetzungen zutreffen. Der Weltmarkt an integrierten Schaltungen betrug im Jahr 1986 rund 27 Milliarden US-Dollar. Dieser Betrag stellt zwar nur einen Wertanteil von etwa 5 % der damit produzierten elektronischen Systeme dar, sichert jedoch die Wettbewerbsfähigkeit. Elektronische Bauelemente haben demnach eine große Hebelwirkung auf dem Markt für Geräte und Systeme.

In einer Studie wird geschätzt, daß es etwa 25.000 Anwendungen für die Mikroelektronik in der Datenverarbeitung, Nachrichtenübertragung, Unterhaltungs- und Industrieelektronik gibt, von denen bisher nur etwa 5 % entwickelt worden sind. Übersichten über mögliche Anwendungen finden sich an anderer Stelle (/1/). Es sei lediglich hingewiesen auf die Entwicklungen in der Bürokommunikation und in der Nachrichtentechnik, die sich durch Übertragung durch Glasfasern und Satelliten ergeben. Große Hoffnungen werden auch auf den Einsatz der Elektronik zur Steuerung und Regelung neuer Energiequellen für den Umweltschutz und für medizinische Diagnose und Behandlung gesetzt. Wirtschaftlich am bedeutendsten sind Anwendungen für jeden Einzelnen: Elektronische Uhren und Spiele, Taschenrechner, Personal-Computer, Elektronik in Haushalt, Unterhaltung, Freizeit und Automobil ergeben bereits eine stattliche Liste.

3. Wirtschaftliche Voraussetzungen beim Einsatz der Mikroelektronik:

Die Mikroelektronik verwertet Mengenvorteile in vielfältiger Weise: Beim Grundmaterial Silizium und seiner Verarbeitung, bei den Bauelementen und Schaltungen und durch das Konzept der digitalen Informationsverarbeitung bei den Anwendungen.

Das Grundmaterial Silizium kommt in der Natur in Form von Quarz (SiO_2) als unbegrenzte Ressource vor. Seine Herstellung und Eigenschaften sind durch große Investitionen und Forschung am besten verstanden von allen Materialien. Die Qualität in Form hoher Reinheit und geringer Zahl von Defekten wird andauernd verbessert. Heute beträgt der Durchmesser einer Siliziumscheibe in der Fabrikation 6 inch (= 150 mm), Scheiben bis 10 Zoll Durchmesser sind in Vorbereitung (/2/).

Die Verarbeitung der Siliziumscheiben nach dem Planarverfahren, welches für die ersten integrierten Schaltungen entwickelt wurde, verwendet wiederholt ähnliche Schritte wie z.B. Fotolithografie, Oxidation und Dotierung, wobei räumlich nebeneinander und gleichzeitig Millionen von Transistoren und ähnliche Bauelemente erzeugt werden. Die geringsten Abmessungen belaufen sich heute auf etwa 1 Micron. Für die

Mitte der Neunzigerjahre werden Strukturen in der Gegend von 0,3 µm erwartet.

Die Fläche eines Chips, welches ein integriertes System auf einem Chip verwirklicht, beträgt etwa 100 mm^2. Sie ist begrenzt durch die wirtschaftlich notwendige Ausbeute und hängt zusammen mit der Wahrscheinlichkeit, auf einen Defekt im Silizium zu treffen.

Das hohe Qualitäts- und Leistungsniveau, das von Silizium heute erreicht ist und seine ständige Weiterentwicklung machen es zum Leistungsträger der Mikroelektronik. Dem wichtigsten Herausforderer Gallium-Arsenid wird lediglich ein Marktanteil um 10 % herum zugebilligt.

Die Entwicklung integrierter Schaltungen folgte in der Vergangenheit einigen Grundregeln, welche auch in der Zukunft gültig bleiben werden:

1. Die "Gesetze" von Moore (Bild 1, Bild 2);
2. wachsendes Produktionsvolumen pro Generation (Bild 3, Bild 4);
3. Begrenzungen durch das Gehäuse und die Anzahl der Anschlüsse (Bild 5);
4. Bedarf zur Definition von Schnittstellen zwischen Hersteller und Anwender, auch zwischen Systemhäusern und Halbleiterherstellern.

Zu 1.:

Nach G. E. Moore (/3/) wird die Komplexität integrierter Schaltungen, gemessen in der Zahl der Tranistoren auf einem Chip, alle 3 Jahre um den Faktor 4 anwachsen. Bild 1 zeigt über der Zeit, wie Speicher- und Mikroprozessortypen angewachsen sind. Parallel dazu, als weiteres Moore'sches Gesetz, steigen die Entwurfskosten in Mannmonaten um den Faktor 2 alle 2 2/3 Jahre bereits über einen Zeitraum von 2 Dekaden (Bild 2).

Zu 2.:

Große Stückzahlen in der Größenordnung von 1 Million Chips pro Jahr sind bei höchstintegrierten Schaltungen notwendig, um die wachsenden Anfangsinvestitionen, welche bei einer Halbleiterlinie heute etwa 50 Millionen Mark betragen, durch einen entsprechend schnellen Rückfluß an Kapital wieder einzuspielen (Bild 3). Der Anwender gelangt in den Genuß stetig fallender Preise pro Transistorfunktion. Die Abnahme betrug rund 40 Prozent pro Jahr über einen Zeitraum von 20 Jahren, insgesamt also rund ein Faktor 1.000. Der Rücklauf des investierten Kapitals hat über einen relativ kurzen Zeitraum, ungefähr 3 Jahre, zu erfolgen, da sich in dieser Zeit die Generationen ablösen. Bild 4 zeigt die Zahl der Speicherbits, welche in Abhängigkeit

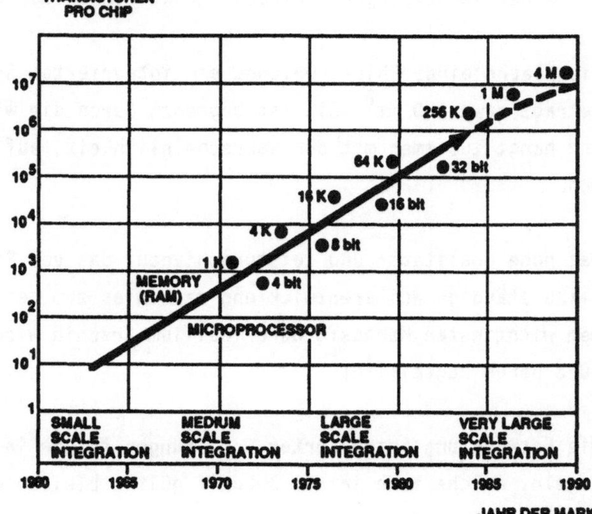

Bild 1: Entwicklung der Größe von Speichern und Mikroprozessoren

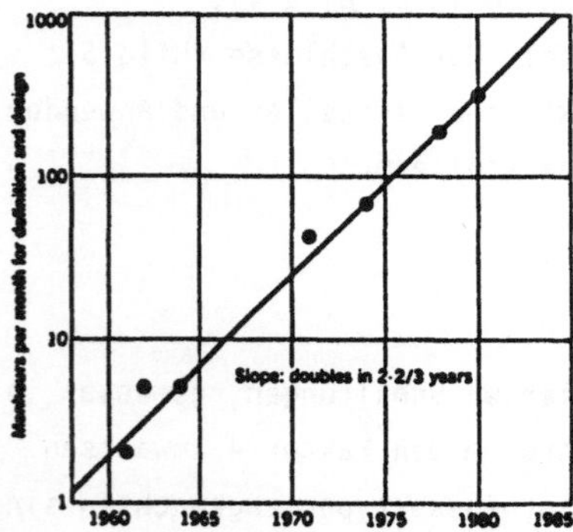

Bild 2: Entwicklung des Arbeitsumfangs für den Schaltungsentwurf /3/

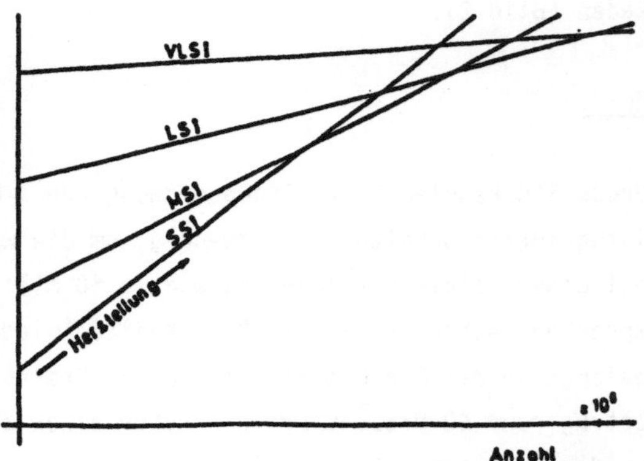

Bild 3: Gesamtkosten aus Investition und Produktion für verschiedene Generationen über der Zeit (SSI = Small Scale Integration, MSI = Medium Scale Integration, LSI = Large Scale Integration, VLSI = Very Large Scale Integration, Zahl der Bauelemente siehe Bild 1)

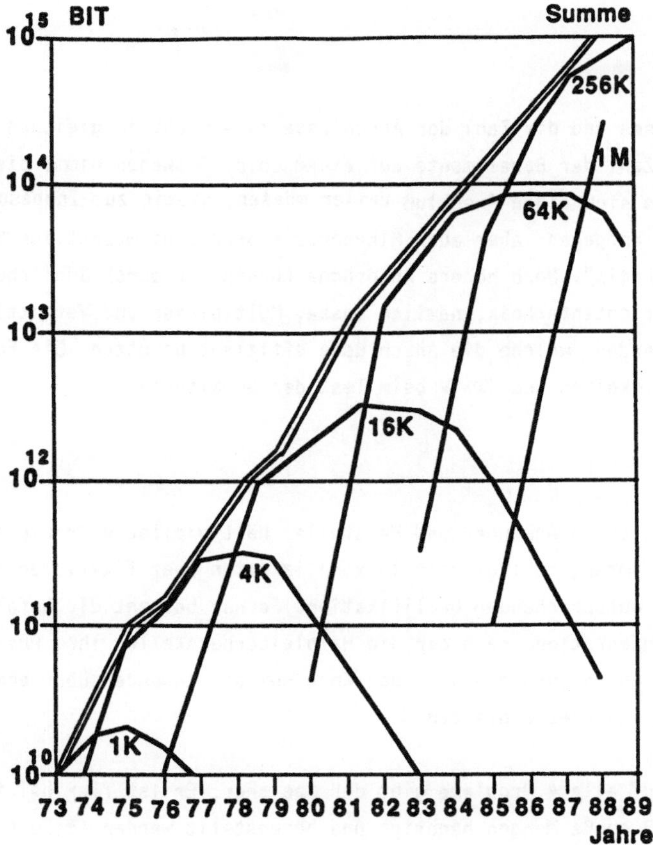

Bild 4: Jährliche Produktion von Speicherbits für verschiedene Speichergrößen

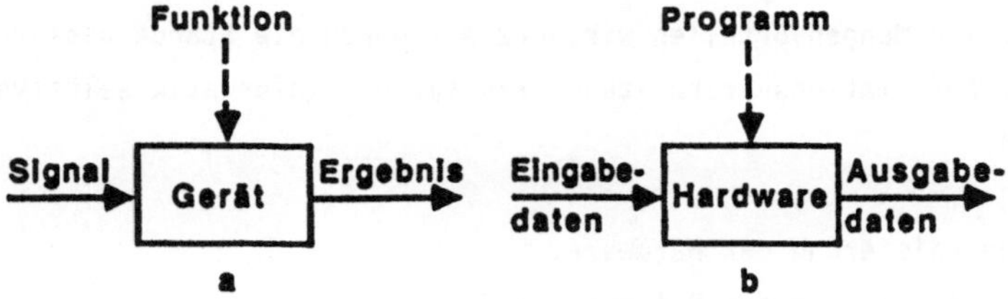

Bild 5: Allgemeine Darstellung eines elektronischen Geräts bzw. Systems a) Analogtechnik b) Digitaltechnik (z.B. Rechner)

der Zeit produziert werden. Sie wachsen um etwa 1 1/2 Größenordnungen für jede Generation.

Zu 3.:

Die Größe des Gehäuses und die Zahl der Anschlüsse kann nicht im gleichen Verhältnis wachsen wie die Zahl der Bauelemente auf einem Chip. Deswegen nimmt die Zahl der Schaltkreise, welche sich einen Anschluß teilen müssen, stetig zu. Insbesondere Speicher kommen dem entgegen, aber auch Mikroprozessoren sind wesentlich besser als sogenannte "krause Logik". Noch höhere Ansprüche können nur durch ähnliche Strukturen wie in der Nachrichtentechnik, nämlich Busse, Multiplexer und Vermittlungsanordnungen befriedigt werden, welche die Anschlüsse effizient benutzen. Die Folge sind ansteigende Schwierigkeiten und Kosten beim Test der Schaltungen.

Zu 4.:

Die Schnittstelle zwischen Anwender und Hersteller hält vielfache Probleme bereit: Wachsender Leistungsumfang schlägt sich in komplizierten Spezifikationen nieder. Der Anwender bedarf entsprechender Qualifikation. Ferner besteht die Gefahr der sogenannten Vorwärtsintegration, nach der die Halbleiterhersteller ihre Position monopolartig auszunutzen versuchen, dabei das Know how der Anwender übernehmen und zur Beherrschung des Marktes einsetzen.

Die beste Antwort auf alle 4 Probleme gibt der Speicher: Er ist flexibel in der Anwendung, derart, daß große Mengen benötigt und hergestellt werden (Bild 4). Sein Entwurf nützt die modulare Struktur aus, die Zahl der Anschlüsse wächst nur logarithmisch mit der Zahl der gespeicherten Bits. Auch ist die Funktion so leicht zu verstehen, daß er als Standardprodukt direkt aus der Schublade verkauft werden kann. Der Markt für Speicher ist jedoch heftig umkämpft und wird vom Fieber schwankenden Angebots und schwankender Nachfrage häufig geschüttelt.

Eine dritte Stufe von Mengenvorteilen wird erzielt durch die Standardisierung mittels digitaler Informationsverarbeitung. Was für die Informatik selbstverständlich ist, nämlich

1. die Standardisierung der Hardware,
2. die Standardisierung der Datenstruktur,
3. die Standardisierung der funktionellen Beschreibung durch Programmiersprachen und
4. die Standardisierung der Bedienungsfunktionen,

ist in anderen Bereichen der Technik durch den Erfolg des Computers auf dem Vormarsch. Das Bild 5 zeigt diese Verhältnisse noch einmal im Vergleich.

Erst durch die Standardisierung der Signale, der Funktion, der Hardware und der Bedienung gelingt es nämlich, die früher erwähnten 4 Randbedingungen zu befriedigen, derart, daß die Stückzahlen gleichartiger integrierter Schaltungen groß genug werden. Die Nachrichtentechnik, die Steuer- und Regeltechnik haben die Standardisierung erreicht dadurch, daß sie das Verfahren der Pulscodemodulationen auf ihre analogen Eingangssignale anwenden. Kontinuierliche Signale wie z.B. Sprache, Tonsignale und Bilder ebenso wie andere physikalische Größen können dabei in Form von Stichproben ersetzt werden, welche in einem durch die Änderungsgeschwindigkeit bestimmten zeitlichen Abstand entnommen werden. Nach der Codierung entstehen hieraus Folgen von Einsen und Nullen, welche in der gleichen Art verarbeitet werden können wie Daten, nämlich digital. Die Personalisierung bzw. Anpassung der Funktion an den Bedarf des Anwenders wird durch das Programm vorgenommen. Aus diesem Grund ist die Software das verbleibende Hauptproblem, und insofern muß der Software-Entwicklung zu einer echten Ingenieurdisziplin mit entsprechenden Anforderungen an Zuverlässigkeit, Bedienung und Wartung zukommen.

Die Standardisierung ist das Eintrittsgeld für die weitere Verbilligung der Mikroelektronik und für weiteres Anwachsen der Funktionalität und Komplexität. Sie bedeutet, daß die Freiheit des Entwicklers und die Schönheit einer individuellen Lösung eingeschränkt werden zugunsten der Einheitlichkeit, der Fehlerfreiheit und der automatisierten Fabrikation. Dieser Prozeß führt zu einer "Integration durch Integration", d.h. der Integration der Schaltungen durch die Mikroelektronik folgt eine Integration der Nutzung und auch der Nutzer in der Industrie, in der Wirtschaft und der Gesellschaft.

4. Weitere Fortschritte und Grenzen:

Neben der Software wird die Hardware weitere Fortschritte machen. Wir können 2 große Kategorien unterscheiden, nämlich Speicher und Logik. Die Fortschritte der Speicherentwicklung sind durch 3 Faktoren bewirkt worden:

1. Vereinfachung der Zelle, d.h. Verringerung der Zahl der Bausteine;
2. Verkleinerung der Abmessungen eines Bauelements, d.h. Steigerung der Dichte;
3. Vergößerung der Chipfläche.

Der erreichte Stand ist gekennzeichnet durch Chips mit einer Kapazität von 4 Mbit, wobei 1 bit eine Fläche von knapp 10 μm^2 benötigt. Ausgedrückt in der Größe des Quadrats, das die kleinste lineare Dimension der Struktur, z.B. die Breite einer Leitung, als Seite hat, entspricht dies einer relativen Fläche von etwa 10. Eine weitere Vereinfachung der Zelle erscheint kaum mehr möglich, da eine dynamische Speicherzelle jetzt schon aus nur 2 Bauelementen, nämlich einem Transistor für die Auswahl und einem Kondensator für die Speicherung besteht. Sie sind räumlich bereits übereinander angeordnet. Man wird also annehmen müssen, daß signifikante Verbesserungen nur noch durch die Verringerung der Elementarabmessungen und die Vergrößerung der Chipfläche erfolgen werden. Dimensionen von 0,3 µm wird die Fotolithografie in Verbindung mit den übrigen Prozeßschritten erreichen können. Auch die physikalische Wirkungsweise der Bauelemente würde bei diesen Abmessungen noch nicht gestört. Zusammen mit der Vergrößerung der Fläche rückt dies den 64 Mbit-Speicher für die Mitte der Neunzigerjahre in greifbare Nähe.

Logische Schaltungen haben eine sehr viel weniger reguläre Struktur als Speicher. Deswegen haben integrierte Prozessoren bei gleicher Technologie eine etwa um den Faktor 3 bis 10 kleinere Zahl von Transistoren. Zudem spielen bei ihnen die Verlustleistung, d.h. die Erwärmung, und die Laufzeiten zwischen den einzelnen Gattern, eine nicht zu unterschätzende Rolle. Abschätzungen verschiedener Autoren haben ergeben (/4/), daß es durch Integration möglich sein sollte, etwa 25 Millionen Gatter auf einem Chip zusammenwirken zu lassen.

So sei die Frage erlaubt, ob wir damit in Ruhe in die Zukunft schauen und abwarten können, bis die Technologen so weit sind, uns die Chips mit oben beschriebener Komplexität in die Hand zu geben.

Zwei Teilantworten seien gegeben: Eine, die von den Anwendungen, eine andere, die vom Entwurf her kommt. Die von den Anwendungen her läuft auf die Notwendigkeit höherer Rechenleistungen, diejenige vom Entwurf her auf die Beherrschung höherer Komplexität hinaus.

5. Anwendungsfeld Signalverarbeitung:

Bild 6 gibt eine Übersicht, welche die notwendige Zahl der Operationen pro Sekunde abhängig von der Signalbandbreite für Sprache, Bilder, Tonsignale und weitere Anwendungen zeigt. Gleichzeitig sind Bereiche eingetragen, welche mit Mikroprozessoren, Signalprozessoren, Analogschaltungen bzw. nur noch mit fest verdrahteten Schaltungen bewältigt werden können. Als Beispiel sei die Audio-Codierung herausgegriffen: Die Größenordnung von etwa 10.000 Fließkommaoperationen pro Abtastwert bei rund 50 kHz Abtastfrequenz führen auf rund 500 MFlops. Ähnlich aufwendig ist die Codierung von Sprache für zukünftige Mobilfunksysteme (4,8 kbit/s) und automatische Auskunftssysteme. Damit befindet man sich jenseits der Grenze der heute verfügbaren Signalprozessoren. Eine hieraus ableitbare Feststellung lautet, daß nicht nur Hochleistungsrechner, sondern auch andere Anwendungen verbesserte Architekturen zur Leistungssteigerung benötigen. Parallelisierung der Verarbeitung durch mehrere Busse und Rechenwerke für Adressierung und Verarbeitung kann die Leistung in Verbindung mit abgestimmten Algorithmen und reduziertem Befehlssatz bringen, welche sofort und billiger zu erzielen sind als technologische Fortschritte.

Wie Abschätzungen zeigen, braucht man für die vereinfachte Adaptive Transformationscodierung (ATC) (/5/) einen Signalprozessor mit rund 1.000.000 Transistoren. Algorithmen, welche es erlauben, in die Nähe der Perceptual Entropy (/6/), d.h. unter 100 kbits pro Stereokanal, zu gelangen, benötigen rund 10 ... 20 Mal soviele Transistorfunktionen. Damit wird es nicht nur möglich, Musik mit der Qualität der Compact-Disc über Rundfunk zu übertragen, man kann die Datenrate von ca. 64 kbit/s auch über das zukünftige digitale Fernmeldenetz übermitteln oder auf einem digitalen Casettenrecorder aufzeichnen.

Massenanwendungen sind demnach vorhanden, welche die Stückzahlen für derart komplexe Technologien rechtfertigen. Rein wissenschaftliche Anwendungen benötigen zwar auch nahezu unbegrenzte Rechenkapazität, sind jedoch kaum in der Lage, das Geld für die notwendigen Investitionen aufzubringen.

6. Entwurf mikroelektronischer Schaltungen:

Die zunehmende Komplexität der integrierten Bausteine mit einer Zahl von 1 Million Transistoren und mehr erfordert eine strukturierte Vorgehensweise (Top-Down). Unter Entwurf versteht man die Aufgabe der Umsetzung einer Spezifikation für ein System in die geometrische Form des Layout einer integrierten Schaltung unter Einschluß der laufenden Prüfung auf Erfüllung der ursprünglichen Spezifikation. Durch intensiven Rechnereinsatz hat sich hieraus die Disziplin des CAD = Computer Aided Design entwickelt.

Vom Endziel des "Silicon Compiler", der eine formale Spezifikation als Eingabe zur Erzeugung des Layout als Ausgabe verwendet, ist man noch ein gutes Stück entfernt. Der Entwurf durchläuft mehrere Ebenen, über die man von der rein funktionellen Beschreibung über eine Architektur in Blöcken zu der physikalischen Beschreibung auf und im Silizium gelangt.Bild 7 (/7/) zeigt die verschiedenen Simulationsebenen, die durchlaufen werden und für die Entwurfsunterstützung durch CAD-Systeme angeboten wird. Durch Verzicht auf physikalische Gegebenheiten wie Abstandsregeln, zeitliche Zusammenhänge und kontinuierlichen Verlauf der Signalpegel gelingt es, mit endlicher Rechenzeit eine immer größer werdende Zahl von Transistoren in ihrem Verhalten zu beschreiben.

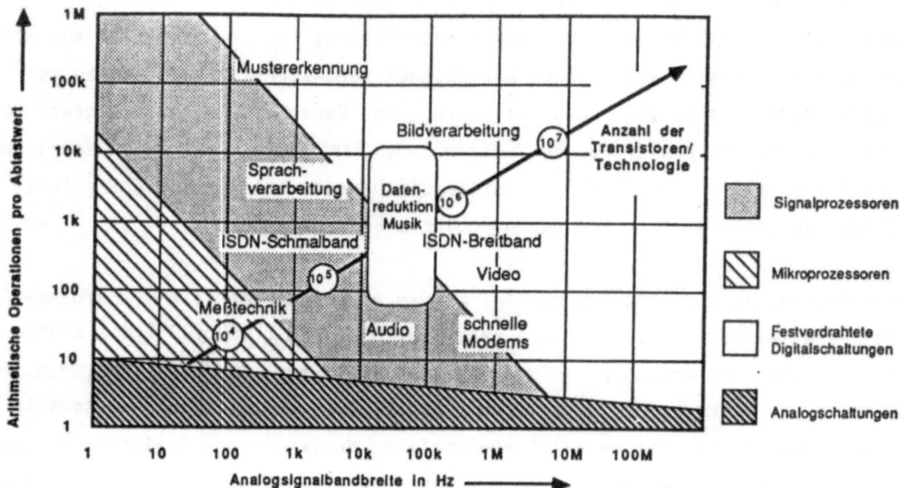

Bild 6: Zusammenhänge zwischen der Zahl der Rechneroperationen und der Bandbreite der Signale für verschiedene Anwendungen und Schaltungsrealisierungen

---

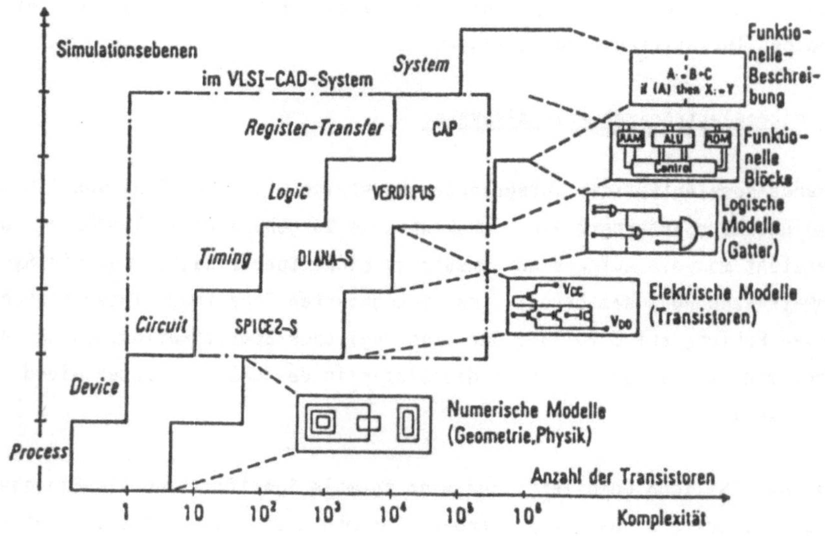

Bild 7: Simulationsebenen verschiedenen Abstraktionsgrades beim Rechnergestützten Schaltungsentwurf /7/

Während anfänglich nur der Hersteller von Halbleiterschaltungen aufgrund seiner Kenntnis der Randbedingungen des Prozeßablaufs und der Eigenschaften der Bauelemente eine integrierte Schaltung entwickeln konnte, verlagert sich diese Aufgabe neuerdings zum Anwender, weil nur auf diese Weise die genügenden Stückzahlen zur Ausschöpfung des Herstellungspotentials zustande kommen und die gegenseitige Unabhängigkeit von Hersteller und Anwender gewahrt bleibt. Die Informatik ist herausgefordert, Werkzeuge zu entwickeln, die vom Halbleiter- und Rechner-Hersteller weitgehend unabhängig sind, über Schnittstellen verbunden werden können und dem Anwender entgegen kommen (/9/).

Die Wichtigkeit des effizienten Entwurfs ergibt sich aus dem 2. Moore'schen Gesetz, nach dem die Entwurfszeit exponentiell steigt, auf der einen Seite, und aus den ebenfalls steigenden Anfangskosten für eine integrierte Schaltung auf der anderen Seite. Beide hängen mit der wachsenden Komplexität zusammen. Zum Entwicklungsaufwand von mehreren Mannjahren für eine kundenspezifische Schaltung kommen die Kosten für den Technologiedurchlauf hinzu, welche zwischen 100.000 DM bis 1 Mio DM liegen. Das heißt, es wird ausschlaggebend wichtig, daß die entworfene Schaltung keinen Entwurfsfehler enthält und auf Anhieb funktioniert.

Für die jeweilige Anwendung sollte die Summe der Kosten für den Entwurf und die Herstellung minimal sein. Das Ziel für die Entwurfsoptimierung hängt demnach von der Stückzahl ab. Bei hohen Stückzahlen für die sogenannten Standardschaltungen wie Speicher und Prozessoren wie auch für kundenspezifische Schaltungen mit großen Stückzahlen, wie die Codecs in jedem Telefon, ist das Ziel, möglichst wenig Siliziumfläche zu verbrauchen, weil die Materialkosten letzten Endes ausschlaggebend sind. Bei geringen Stückzahlen müssen Entwurfskosten eingespart und damit Siliziumfläche hingegeben werden zugunsten kurzer Entwicklungszeit. Für diese Zwecke hat man verschiedene Typen von integrierten Schaltungen (/8/) entwickelt (Standardzellen bzw. Gate Arrays), die sich im Grade der Vorfabrikation und dem Einsatz automatisierter Entwurfswerkzeuge unterscheiden. Entwurfseffizienz kann angegeben werden durch die erreichte Transistordichte (20.000 je mm^2), die Entwurfsleistung in Transistoren pro Stunde Rechenzeit (10.000) und Transistoren pro Mannstunde (10). In Klammern sind einige Zahlen zum Stand der Technik eingesetzt. Ein wichtiger Parameter ist hierbei die Regularität des Entwurfs.

7. Zusammenfassung:

Mannigfache Verflechtungen zwischen Mikroelektronik und Informatik lassen sich aufzeigen. Die andauernde Verbilligung integrierter Schaltungen, welche nur bei Absatz größter Stückzahlen aufrecht zu erhalten ist, fördert den Einsatz der Digitaltechnik in allen Anwendungsbereichen. Die Folge ist eine weitgehende Standardisierung der Hardware, aber auch der Benutzeroberfläche bis hin zur Vorgehensweise bei der Durchführung von technischen, organisatorischen ja gesellschaftlichen Aufgaben: Die Schaltungsintegration der Mikroelektronik führt zur Integration von Wirtschaftszweigen, ja der Gesellschaft insgesamt.

Die Methoden der Informatik, z.B. Rechnerarchitektur und rechnergestützer Entwurf, finden immer mehr Eingang in die Entwicklung der Mikroelektronik, da nur hiermit die Komplexität beherrschbar wird und Fehlerfreiheit erreichbar ist, die von technischen Systemen verlangt wird.

In Form des CAE = Computer Assisted Engineering hält die Informatik Einzug in alle Ingenieurdisziplinen. Diese Gegebenheit muß schon in die Ausbildung der Ingenieurstudiengänge aufgenommen werden. Der Bedarf an Informatik in der Technik nimmt dadurch zu. Die Verbindung zwischen Informatik und Technik ist Chance und Herausforderung zugleich.

/1/ Hofmeister, E.:
Wirtschaftsfaktor Mikroelektronik, Nationale und internationale Aspekte.
Mikroelektronik, Information, Gesellschaft, Springer, Berlin, 1983.

/2/ Sirtl, S.:
Milestones in Silicon Semiconductor Technology.
The IBM Research Symposia Series "Methods and Materials in Microelectronic Technology", Plenum Press, New York, 1984.

/3/ Moore, G. E.:
VLSI: Some Fundamental Challenges.
IEEE Spectrum, 1979.

/4/ Folberth, O. G.:
Limitations of Digital Electronics.
The IBM Research Symposia Series "Methods and Materials in Microelectronic Technology", Plenum Press, New York, 1984.

/5/ Ernst, R.:
Ein neuartiges Steuerflußkonzept für vielstufige Pipelines in integrierten Signalprozessoren und das Modell eines Signalprozessors als Beispiel für seinen Einsatz.
Dissertation, Universität Erlangen-Nürnberg, 1988.

/6/ Brandenburg, K. H.:
High quality sound coding at 2,5 bit/sample.
Audio Engineering Society (AES), Preprint 2582 (D-2), pp. 1..14, 1988.

/7/ Schwärtzel, H. G. (Herausg.):
CAD für VLSI.
Springer, Berlin, 1982.

/8/ Hörbst, E., et al.:
VLSI-Auswirkungen auf konventionelle Rechnerstrukturen.
Informatik-Spektrum, Heft 8, S. 7-19, 1985.

/9/ Hörbst, E., et al.:
Standardentwurfsverfahren für integrierte Schaltungen.
Informatik-Spektrum, Heft 9, S. 215-226, 1986.

Verteilte Datenbanksysteme: Stand der Technik und aktuelle Entwicklungen

Andreas Reuter
Institut für Informatik
Universität Stuttgart

Zusammenfassung

Dieser Übersichtsaufsatz richtet sich vornehmlich an Informatiker und Informatik-Anwender, die nicht über spezifische Datenbank-Kenntnisse verfügen. Er zeichnet zunächst die Entwicklung der Technik verteilter Datenbanksysteme nach und resümiert dann den gegenwärtigen Entwicklungsstand, wie er sich vor allem in den jetzt auf den Markt kommenden Produkten präsentiert. Davon ausgehend werden dann durch Betrachtung einiger für große verteilte Systeme typischer Verarbeitungsformen Problembereiche identifiziert, in denen heute verfügbare Systeme noch hinter den Forderungen der Anwendungen zurückbleiben. Der Aufsatz schließt mit einigen Thesen zur weiteren Entwicklung dieses Gebietes.

1. Einleitung

Seit Mitte der 70er Jahre bilden verteilte Datenbanksysteme einen Gegenstand intensiver Forschung; die Resultate haben ihren Niederschlag einerseits in zahlreichen Papieren gefunden, andererseits aber auch zur Implementierung einer Reihe von Prototypen geführt, an denen die grundlegenden Konzepte erprobt worden sind [Mo84]. Die meisten dieser Prototypen haben die Forschungslabors nie verlassen. Auf ihrer Basis wurden jedoch Produktionssysteme entwickelt, und seit etwa 1985 kann man (mit einigen Einschränkungen, die noch näher erläutert werden) die Technologie der verteilten Datenbanken als kommerziell verfügbar betrachten. Die Zahl ihrer praktischen Einsatzfälle ist noch recht gering, doch dürfte sich das innerhalb der nächsten zwei Jahre deutlich ändern. Zunächst herrscht aber bei vielen Anwendern innerhalb und außerhalb der Informatik noch Unsicherheit darüber, was von dieser Technologie zu erwarten ist, welche Probleme sie lösen hilft und welche sie eventuell neu herbeiführt.

Dieser Übersichtsaufsatz versucht, hier einen Beitrag zur Klärung zu leisten. Er gibt eine Bestandsaufnahme der Möglichkeiten und Grenzen heute verfügbarer verteilter Datenbanksysteme, zeigt die offenen Probleme auf und skizziert die voraussichtliche weitere Entwicklung. Dabei wird der ohnehin knappe Platz nicht mit zu vielen Literaturverweisen belastet; das Verzeichnis am Ende zählt die wesentlichen Sammelveröffentlichungen neueren Datums zum Thema auf, von denen aus der interessierte Leser auf spezifische Veröffentlichungen verwiesen wird. Produktbeschreibungen oder Handbücher zu kommerziell verfügbaren verteilten Datenbanksystemen werden generell nicht aufgeführt, da deren Inhalt i.a. hohen Änderungsraten unterliegt.

2. Was sollen verteilte Datenbanksysteme leisten?

So wie herkömmliche Datenbanksysteme ein möglichst einfaches, konsistentes und ausdrucksstarkes Datenmodell zur Darstellung und Manipulation der jeweiligen Informationsstrukturen der Anwendungsumgebung bereitstellen, ohne den Benutzer mit den Details der Repräsentation, Organisation und Speicherung der Daten zu belasten, sollen verteilte Datenbanksysteme von einer Reihe weiterer technischer Aspekte der Rechnerkommunikation und der verteilten Datenhaltung abstrahieren. Es ist dies die natürliche Fortsetzung des allen Datenbanksystemen zugrunde liegenden Prinzips der Datenunabhängigkeit [LS87]. Um diesen Punkt etwas deutlicher zu machen, werden die wesentlichen Fortschritte verteilter Datenbanksysteme im Vergleich zu älteren Konzepten der Datenhaltung in Rechnernetzen an einfachen Beispielen erläutert.

2.1 Anpassung der Systemstruktur an die Organisationsstruktur

In den herkömmlichen, am Rechenzentrum orientierten Systemstrukturen wird die Verwaltung (und Verarbeitung) der Daten eines Unternehmens, einer Behörde o.ä. grundsätzlich **physisch zentralisiert** - unabhängig von den tatsächlichen organisatorischen Gegebenheiten in dem Unternehmen. In diesem Falle hat die Zentrale alle Zuständigkeiten und Verantwortung für die korrekte Verwaltung der Daten, und die eigentlichen Nutzer (Abteilungen, Projekte, Sachbearbeiter, Filialen) können nur über Terminals oder sonstige Endgeräte bei der Zentrale Zugang zu den Daten erhalten. Nehmen wir als einfaches Beispiel ein Unternehmen mit der Hauptverwaltung in Hamburg und Zweigniederlassungen in Berlin, Bremen und Stuttgart, dann wird nach den zentralistischen Modell etwa die Verwaltung der Personaldaten insgesamt im Rechenzentrum der Hauptverwaltung erfolgen, auch für die Mitarbeiter in den Zweigniederlassungen. Abgesehen von den Akzeptanzproblemen, die sich aus der Diskrepanz zwischen der tatsächlichen und der systemtechnischen Zuständigkeit ergeben, bewirken starre zentralistische Organisationen 'Ausbruchsbewegungen', welche insgesamt zu nicht ausreichend kontrollierten Datenbeständen führen. So könnte etwa entschieden werden, daß die Personaldaten der Zweigniederlassungen nur jeweils dort (in einem lokalen RZ) verwaltet werden. Dann ist es freilich ohne explizite Vorkehrungen in der Anwendung nicht möglich, Auswertungen über **alle** Mitarbeiter durchzuführen, oder festzustellen, ob nicht ein Mitarbeiter an zwei Stellen geführt wird u.ä. Es könnte auch sein, daß die Hauptverwaltung nach wie vor alle Mitarbeiterdaten verwaltet, jede Zweigniederlassung aber mit einer Kopie des eigenen Bestandes arbeitet. Dann sind natürlich wiederum in der Anwendung selbst umfangreiche Vorkehrungen erforderlich, die sicherstellen, daß die verschiedenen Kopien derselben Informationen stets auf demselben Stand bleiben. Ausgehend von der Realität in vielen großen Organisationen ist dies aber der häufigste Effekt: eine Proliferation von Kopien und 'privaten' Datenbeständen in den verschiedenen Untergliederungseinheiten, wobei die gegenseitige Konsistenz der Kopien keineswegs gesichert ist. Die Erhebung in einem großen Elektronik-Unternehmen hat ergeben, daß firmenweit ca. 40.000 Informationskategorien verwaltet werden, die auf 60.000 Dateien verteilt sind, was auf einen sehr hohen Grad (unkontrollierter) Redundanz schließen läßt.

Ein System, das seine Struktur der Organisationsstruktur des jeweiligen Unternehmens anzupassen erlaubt, sollte das unterstützen, was in Abb. 1 skizziert ist: Die Daten sollten nach beliebigen (später noch zu diskutierenden) Kriterien auf die einzelnen lokalen Organisationen[1]) verteilt werden können, und trotzdem soll für jede Datenart in einfacher Weise die firmenweite Gesamtsicht ableitbar sein. In unserem Beispiel heißt das, daß trotz der Aufteilung der Personaldaten mit teilweiser Replikation vom verteilten Datenbanksystem jederzeit der aktuelle,

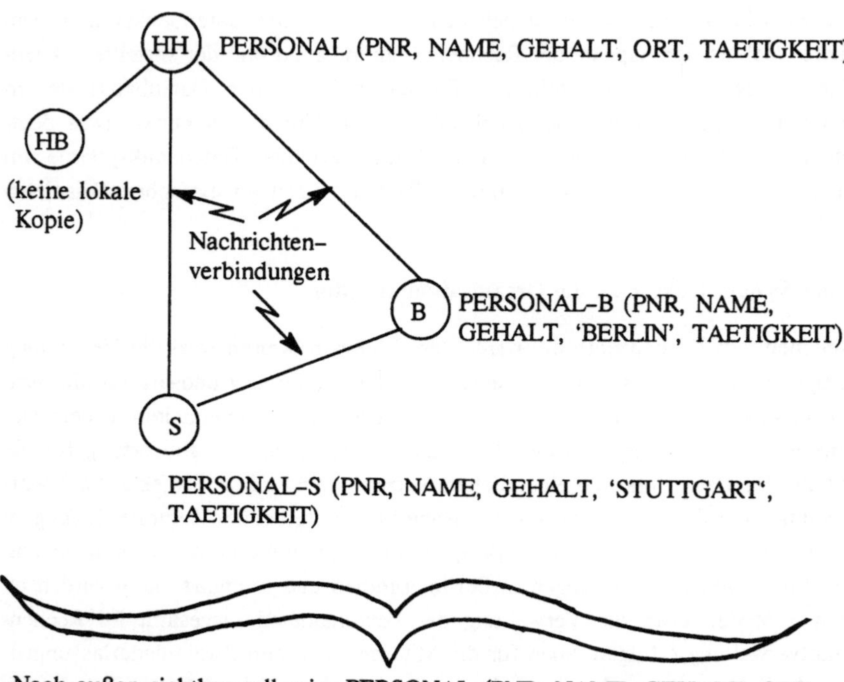

Abb. 1: Aspekte der Verteilung von Daten über ein Rechnernetz

korrekte Inhalt der Personalrelation so präsentiert werden muß, als sei sie nur einmal und an einer Stelle gespeichert; man bezeichnet dies als **logische Zentralisierung**. Was dies für den Benutzer eines solchen Systems bedeutet, wird im nächsten Abschnitt deutlich.

2.2 Transparenz der Systemstruktur an der Programmierschnittstelle

Die wichtigsten Aspekte sollen an einem einfachen Vorgang innerhalb des verteilten Systems nach Abb. 1 verdeutlicht werden. Nehmen wir an, der Mitarbeiter mit PNR 2324 soll nach Berlin versetzt werden (er müsse bislang in Stuttgart gearbeitet haben). In einem System, das nun nicht mehr bietet als freien Dateizugriff in einem Rechnernetz, müßte dieser Vorgang so implementiert werden (wir benutzen hierzu eine leicht vereinfachte SQL-Notation [SQL]:

1) Man bedenke, daß z.B. die Zweigniederlassung Stuttgart wiederum aus mehreren Filialen, Gebäuden etc. bestehen kann.

```
NEU-ORT   := 'BERLIN';

SELECT    NAME, GEHALT, ORT, TAETIGKEIT
INTO      $NAME, $GEHALT, $ORT, $TAETIGKEIT
FROM      PERSONAL AT KNOTEN-HAMBURG
WHERE     PNR = 2324;

IF   $ORT = 'STUTTGART' THEN DO
     DELETE PERSONAL-S AT KNOTEN-STUTTGART;
     WHERE PNR = 2324;
ENDDO
                              ELSE
. . . . . . .
IF   NEU-ORT = 'BERLIN' THEN DO
     INSERT INTO PERSONAL-B AT KNOTEN-BERLIN
             <2324, $NAME, $GEHALT, 'BERLIN', $TAETIGKEIT>;
ENDDO
                              ELSE
. . . . . .
UPDATE PERSONAL AT KNOTEN-HAMBURG
SET ORT := 'BERLIN'
WHERE PNR = 2324;
```

Dieses kleine Beispiel macht deutlich, daß ein Anwendungsprogramm, das eigentlich nur Personalverwaltung zum Gegenstand hat, eine ganze Reihe komplizierter, sachfremder Aspekte mit berücksichtigen muß:
- die Zuordnung der Teilrelationen zu Knoten (fett gedruckt);
- die Replikation von Daten in verschiedenen Teilrelationen;
- den Grad an Replikation der Daten.

Weiterhin muß das Anwendungsprogramm den Fall vorsehen, daß einer der benötigten Knoten z.Zt. nicht erreichbar ist, oder daß die Verbindung nach Hamburg zwischen dem Beginn des Programmes und der letzten Aktion, dem UPDATE, ausfällt.

Man überlegt sich auch leicht, daß die Hinzunahme einer neuen Zweigniederlassung, etwa in Hannover, mit einer eigenen Teilrelation PERSONAL-H, Änderungen an dem Personalverwaltungsprogramm bewirken würde. Alle diese unakzeptablen Vermischungen von Anwendungsaspekten und Details der zugrunde liegenden Systemstruktur soll ein verteiltes Datenbanksystem vermeiden. In solch einem System wurde der Beispielvorgang durch folgenden Befehl nachgebildet:

```
UPDATE PERSONAL
SET ORT := 'BERLIN'
WHERE PNR = 2324;
```

Alle Folgeaktionen, wie die Auflösung in Teilrelationen (sog. Fragmente), ihre Zuordnung zu Rechnerknoten, die Behandlung von Redundanz und Leitungs- bzw. Systemausfällen usw. werden durch das System automatisch und für den Benutzer transparent abgewickelt. Natürlich muß ein solches Programm auch nicht geändert werden, wenn neue Knoten bzw. Teilrelationen hinzukommen. Dies ist eine wesentliche Vorbedingung für den erfolgreichen Einsatz verteilter Verarbeitungskonzepte, da die Dynamik bei der Einbindung neuer Abteilungsrechner, Workstations usw. jede Bindung von Anwendungsprogrammen an eine statische Systemstruktur verbietet.

2.3 Weitere wichtige Eigenschaften verteilter Datenbanksysteme

Das obige Beispiel darf nicht dahingehend mißverstanden werden, daß bei einem verteilten Datenbanksystem dem Anwender die Kontrolle über die Verteilung und die Zuordnung der Daten zu den Knoten des Rechnernetzes völlig entzogen sei. Ziel dieses Systems ist es vielmehr, eine **Programmierschnittstelle** zu realisieren, die wie in einem herkömmlichen, zentralisierten System aussieht und alle verteilungsspezifischen Probleme vor dem Benutzer verborgen hält. Trotzdem muß es natürlich eine Instanz geben, die für alle insgesamt vorhandenen Relationen entscheidet

- nach welchen Kriterien sie aufzuteilen sind (Fragmentierung); in unserem Beispiel war dies der Dienstort;
- wie die Fragmente auf die Rechnerknoten verteilt werden sollen (Zuordnung, Replikation).

Dadurch, daß diese Festlegungen dem System gegenüber explizit gemacht werden (sie sind Bestandteil der physischen Schemabeschreibung) und dieses alle daraus resultierenden administrativen Probleme selbst behandeln kann, ergeben sich eine Reihe nützlicher 'Nebeneffekte'.

Erhöhung der Verfügbarkeit

Wenn ein Knoten ausfällt, bleiben die anderen für den Rest der gesamten Benutzergemeinschaft verfügbar.. Das bedeutet insbesondere, daß - sofern die Daten des ausgefallenen Knotens noch bei anderen Knoten (repliziert) gespeichert sind - die Verfügbarkeit der wichtigsten Daten wesentlich höher ist als in zentralisierten Systemen. Auch das Wiedereingliedern eines Knotens und des Aktualisierens von dessen mittlerweile wohl veralteten Daten ist eine Basisdienstleistung eines verteilten Datenbanksystems.

Leichte Erweiterbarkeit, Lastbalancierung

Wie bereits oben beschrieben bewirkt die Transparenz der Verteilung die Möglichkeit, nach Bedarf neue Knoten in den Verbund aufzunehmen. Ebenso ist es möglich, Daten, die an einem bestimmten Knoten besonders intensiv benötigt werden, zur Beschleunigung des Zugriffs entweder vollständig dorthin umzulagern oder an diesem Knoten eine zusätzliche Kopie einzurichten.

Verteilte Kontrolle und Administration

Mit diesen Basismechanismen ist auch gewährleistet, daß alle Aufgaben der Systemverwaltung (Fragen der Zuständigkeit und Autorisierung bleiben hier außer acht) in gleicher Weise von jedem Knoten aus durchgeführt werden können. Das gilt auch für Probleme wie Fehlerbehandlung und Rekonfiguration. Insgesamt bietet ein solches System für den Anwendungsprogrammierer und für den Systemverwalter ein 'single system image', d.h. eine Schnittstelle wie ein zentrales System. Die Tatsache der Verteilung äußert sich für den Administrator lediglich in einer Reihe zusätzlicher Entscheidungen beim physischen Datenbankentwurf.

3. Die Grundkonzepte der Implementierung verteilter Datenbanksysteme

In diesem Kapitel sollen die wesentlichen Techniken dargestellt werden, mit denen heutige verteilte Datenbanksysteme die oben aufgezählten Eigenschaften realisieren. Der gebotenen Kürze wegen kann dies natürlich nur sehr kurz und stichwortartig geschehen.

3.1 Verteilte Transaktionen und verteilte Commit-Verarbeitung

Grundeinheit der Verarbeitung in verteilten Datenbanksystemen ist ebenso wie in herkömmlichen DBMS die **Transaktion** mit ihren durch das 'ACID-Prinzip' charakterisierten Eigenschaften der **A**tomicity, **C**onsistency, **I**solation und **D**urability. Eine verteilte Transaktion bietet somit die Möglichkeit, eine beliebig lange Folge inhaltlich zusammengehörender DB-Operationen auf beliebig vielen Knoten auszuführen und so zu beenden, daß (im Erfolgsfalle, Commit) auf allen Knoten die Änderungen im logisch selben Moment sichtbar werden oder daß sie (im Mißerfolgsfalle, Abort) auf allen Knoten verschwinden - und dies unabhängig von Knotenzusammenbrüchen und Kommunikationsfehlern. Das Basismodell zur Implementierung verteilter Transaktionen zeigt Abb. 2. Wie man sieht, wird das Problem nach dem bewährten Prinzip der Rückführung auf eine Menge einfacherer Probleme gelöst. Die hier angewendete Idee läßt sich folgendermaßen zusammenfassen:

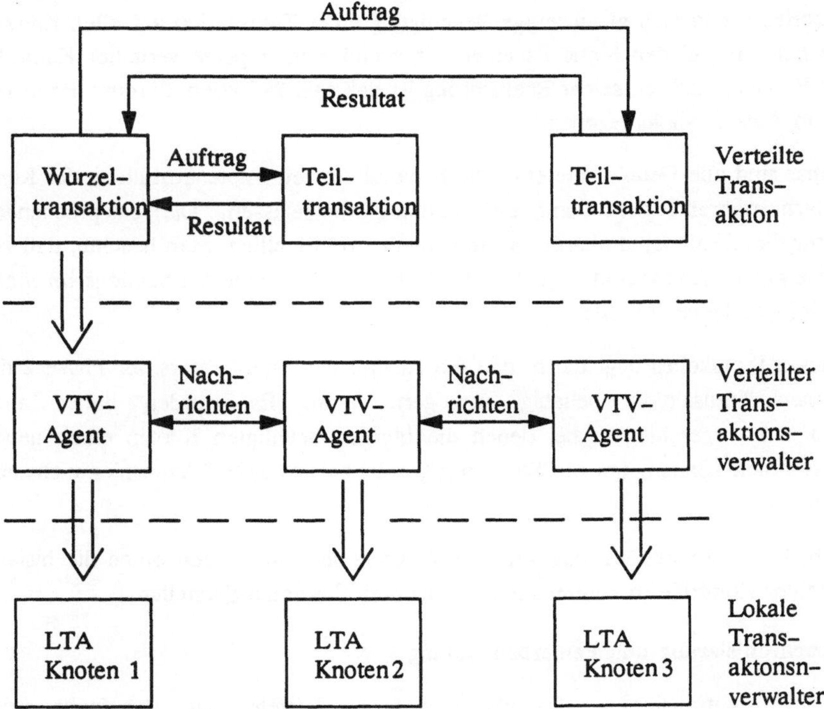

Abb. 2: Implementierungsmodell für verteilte Transaktionen

- Auf jedem einzelnen Knoten sind die Dienste eines zentralisierten DBMS mit seinem (lokalen) Transaktionsmanager verfügbar, d.h. jeder Knoten für sich kann die geforderten atomaren Zustandsübergänge bzgl. seiner eigenen Daten vollziehen.
- Es wird also lediglich noch eine höhere Instanz benötigt, die für eine verteilte Transaktion, welche mehrere Knoten berührt, dafür sorgt, daß alle an der Transaktion beteiligten lokalen TA-Verwalter bezüglich der Transaktion **dieselbe** Entscheidung treffen (Commit oder Abort). Diese Instanz muß notwendigerweise wieder verteilt sein, d.h. sie besteht aus miteinander kommunizierenden Agenten auf jedem Knoten, die die lokalen Transaktionsverwalter steuern.

Damit läuft eine verteilte Transaktion insgesamt folgendermaßen ab:

a) Der Knoten, in welchem das Anwendungssprogramm läuft, das die verteilte Transaktion angestoßen hat, ist der Wurzelknoten bzgl. dieser Transaktion.
b) Der VTV-Agent auf diesem Knoten übernimmt Koordinator-Funktion für den weiteren Ablauf dieser Transaktion.
c) Im weiteren Verlauf der Transaktion werden Datenbank-Zugriffe auf anderen Knoten erforderlich. Der Koordinator nimmt Verbindung mit den dortigen VTV-Agenten auf, die ihrerseits ihre lokalen Datenbanksysteme (und damit die Transaktionsverwalter) mit der Ausführung des Dienstes beauftragen.
d) Am Wurzelknoten wird die Transaktion auch beendet. Der Koordinator kommuniziert mit den beteiligten VTV-Agenten, um eine einhellige Abschlußentscheidung herbeizuführen.

Dieser letzte Schritt, die logisch gleichzeitige Beendigung einer Transaktion auf allen Knoten, die sie berührt hat, im gleichen Sinne ist einer der wichtigsten Aspekte verteilter Kontrolle überhaupt. Das Basisprotokoll zu seiner Realisierung ist das sog. 2-Phasen-Commit-Protokoll; sein Prinzip ist in Abb. 3 wiedergegeben.

In diesem Schema sind alle Details, wie etwa die Behandlung von Knotenausfällen oder Kommunikationsfehlern während der Commit-Behandlung weggelassen. Die entsprechenden Vorkehrungen für diese Fälle sind allerdings größtenteils offensichtlich. Man beachte, daß zur Kommunikation einfache Datagramm-Dienste [Ta81] hinreichen; bilaterale Sessions im Sinne der OSI-Norm bringen keine Vorteile.

Ein Problem dieses Protokolles liegt darin, daß ein Ausfall des Koordinators vor Phase 2 die Beendigung einer Transaktion beliebig verzögern kann. Es wurden daher auch Verallgemeinerungen vorgeschlagen, bei denen die übrigen beteiligten Knoten einen neuen Koordinator bestimmen können, um die Blockierung aufzuheben; darauf kann hier nicht eingegangen werden.

Es verdient festgehalten zu werden, daß verteilte Transaktionen im obigen Sinne die bislang einzige Art verteilter Kontrolle in kommerziell verfügbaren Systemen darstellen.

3.2 Verteilte Synchronisierung und Fehlerbehandlung

Genau wie in zentralisierten Datenbanksystemen besteht die Aufgabe der Synchronisierungskomponente darin, die Serialisierbarkeit der Transaktionen untereinander sicherzustellen [BHG87]. Die zusätzliche Komplikation in der verteilten Umgebung ergibt sich

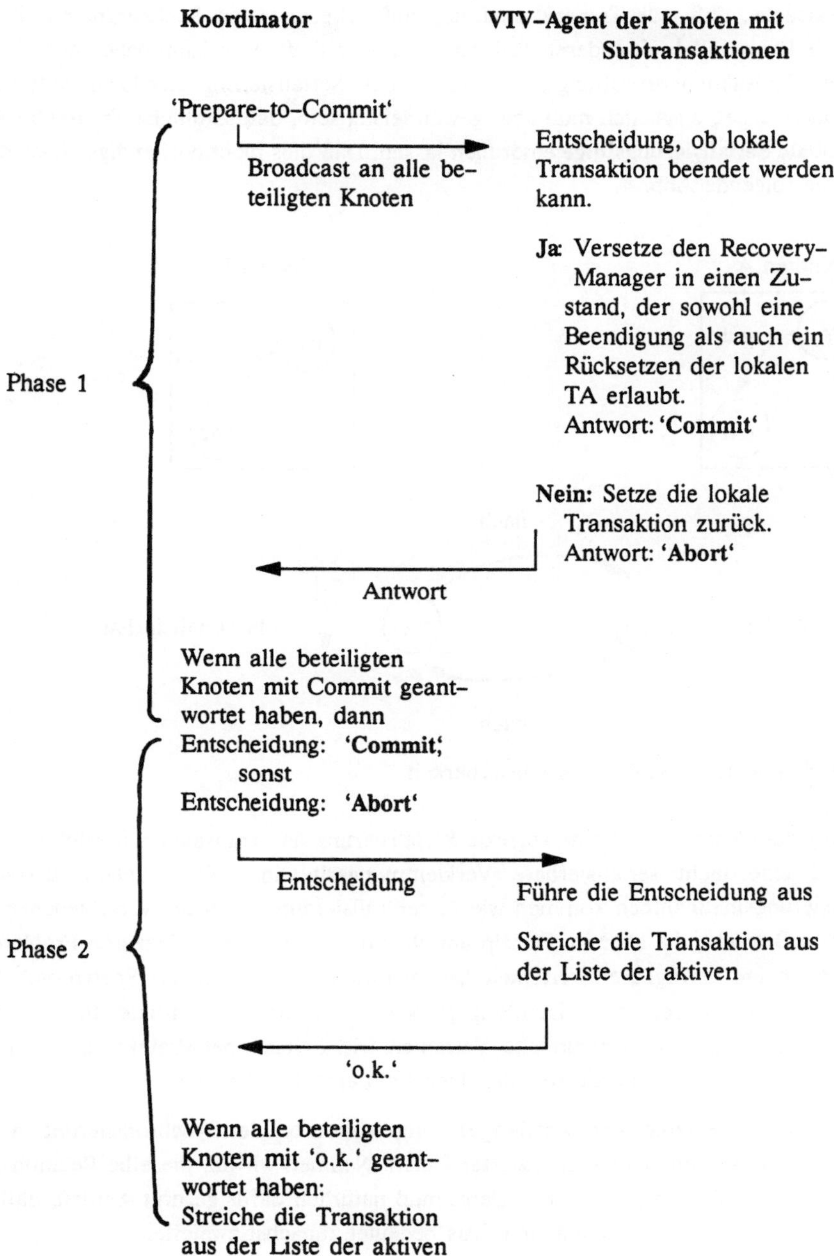

Abb. 3: Grundzüge des 2-Phasen-Commit-Protokolles

aus der Tatsache, daß jede Transaktion Daten auf beliebig vielen Rechnerknoten berühren kann, wo sie i.a. parallel mit anderen Teil-Transaktionen läuft. Man kann davon ausgehen, daß die lokale Transaktionsverwaltung gem. Abb. 2 eine Serialisierung der lokal auftretenden Transaktionen leistet; zusätzlich muß aber gewährleistet sein, daß sämtliche Transaktionen sich in **eine globale Serialisierungsfolge** einordnen lassen. Daß dies nicht notwendigerweise der Fall ist, zeigt die folgende Abb. 4.

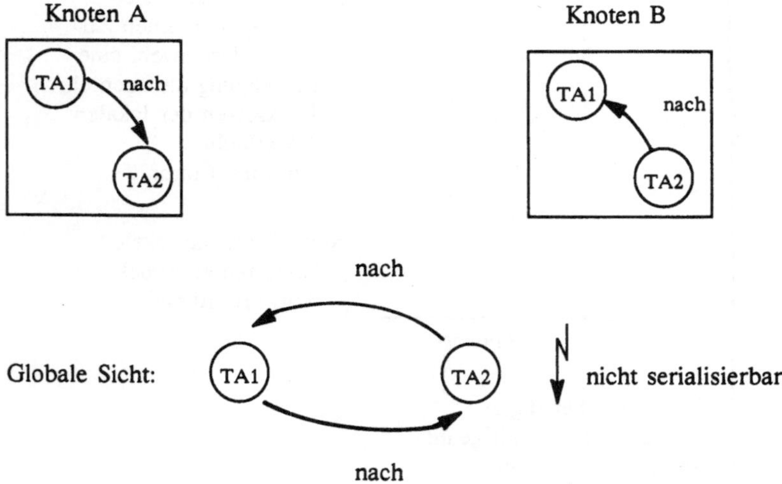

Abb. 4: Lokale vs. globale Serialisierbarkeit

Obwohl in jedem Knoten lokal eine korrekte Serialisierung der Transaktionen erfolgt ist, ergibt sich global eine nicht serialisierbare Verklemmungssituation. Zur Implementierung von Synchronisierungsmaßnahmen kommen wie in zentralisierten DBMS die verschiedenen Sperrprotokolle in Betracht, die aber im Prinzip anfällig für das in Abb. 4 skizzierte Problem sind. Die meisten heute verfügbaren verteilten Datenbanksysteme verwenden Sperrprotokolle mit zusätzlichen Vorkehrungen zur Behandlung globaler Serialisierungskonflikte. In der Literatur werden darüber hinaus noch zahlreiche Varianten wie Zeitstempel-Protokolle, optimistische Protokolle usw. diskutiert, auf die wir aber hier nicht eingehen können.

Eine besonders interessante (und schwierige) Komplikation bei der Synchronisierung in verteilten Systemen ist die Behandlung **replizierter** Daten. Nehmen wir an, dieselbe Relation sei auf drei verschiedenen Knoten gespeichert. Dann muß natürlich dafür gesorgt werden, daß alle 3 Kopien jederzeit im selben Zustand sind. Das bedeutet zunächst zweierlei:

- Jede Änderung einer Kopie muß automatisch bei allen anderen nachgetragen werden.
- Es muß verhindert werden, daß zwei verschiedene Transaktionen gleichzeitig verschiedene Kopien desselben Objektes verändern.

Die Frage, wann es zulässig ist, daß eine Transaktion T1 eine Kopie des Objektes ändert, während eine andere Transaktion T2 eine andere Kopie liest, führt auf Probleme, die in dieser Übersicht nicht mehr behandelt werden können. Zur Synchronisierung auf Replikate sind zwei Verfahrensklassen von besonderem Interesse:

a) **Primary Copy**: Hier wird für jedes repliziert gespeicherte Objekt irgendeinem Knoten die alleinige Zuständigkeit für die Synchronisierung übertragen. Alle übrigen Kopien dienen lediglich zur Beschleunigung des lokalen Zugriffes auf das Objekt; Serialisierungsentscheidungen trifft allein der Knoten mit der primary copy. Damit ist das Problem auf die verteilte Synchronisierung ohne Replikation zurückgeführt.
b) **Mehrheit-Protokolle**: Zur Änderung eines replizierten Objektes muß die ändernde Transaktion eine Mehrheit der Objekt-Kopien sperren[1]). Andere Kopien können währenddessen (unter bestimmten Umständen) von anderen Transaktionen gelesen werden.

Variante a hat den Nachteil, daß bei Nichtverfügbarkeit des Knotens mit der primary copy sämtliche Kopien des replizierten Objektes nicht benutzbar sind. Dies kann durch einen Ausfall des Knoten oder durch seine Nichterreichbarkeit von bestimmten Teilen des Netzwerkes aus bewirkt werden. Dieser letztere Fall, die Partitionierung des Netzes, muß auch bei Variante b speziell behandelt werden. Es gibt hierfür eine große Zahl von Protokollen, deren wesentliches Ziel es ist, in jedem Rechnerknoten eine möglichst aktuelle Information darüber vorzuhalten, mit welchen anderen Knoten er z.Zt. tatsächlich kommunizieren kann. Synchronisierungsverfahren nach dem Mehrheitsprinzip funktionieren dann, wenn die benötigte Mehrheit der Objektgruppen in der Menge der erreichbaren Knoten zustande kommt - auch wenn einige Teile des Netzwerkes aktuell nicht zu erreichen sind. Auf die zahlreichen Detailaspekte dieses Problemkreises können wir hier nicht weiter eingehen.

3.3 Namensverwaltung in verteilten Systemen

Hier geht es um die Frage, wie Objekte in einem verteilten System benannt werden können, so daß

- die Bezeichner systemweit eindeutig und stabil sind;
- der Benutzer bei der Benennung von Objekten gleichwohl möglichst unbelastet von den Aspekten der Verteilung bleibt.

Am einfachsten kann man sich das Problem an folgender Situation veranschaulichen:
Ein Benutzer an einem Knoten des verteilten Systems möchte eine neue Relation erzeugen, die zunächst an diesem Knoten gespeichert ist, aber auch anderen Benutzern (von anderen Knoten aus) zugänglich sein soll. Welchen Namen soll er der Relation geben, und unter welchem Namen soll sie für andere Benutzer zur Verfügung stehen? Idealerweise sollte der Benutzer natürlich einen beliebigen Namen wählen können, und unter diesem Namen sollte die Relation auch nach außen sichtbar sein.

Diese Forderung hat allerdings (ohne weitere Maßnahmen) die für große verteilte Systeme unakzeptable Konsequenz, daß wegen der notwendigen systemweiten Eindeutigkeit alle Knoten der Vergabe eines neuen Namens zustimmen müssen - ein aussichtsloses Unterfangen angesichts der Tatsache, daß in verteilten Systemen mit > 10^3 Knoten selten alle Rechner gleichzeitig erreichbar sind.

Eine mögliche Lösung besteht in der Einrichtung eines sog. Name-Server; dies ist ein speziel-

---

1) Die erfolgten Änderungen werden natürlich am Ende auf **alle** Kopien übertragen.

ler, für die Verwaltung der Schema-Informationen reservierter Knoten, der natürlich gerade wegen dieser zentralen Rolle wiederum ein 'single point of failure' ist. Bei weiträumig verteilten Systemen ist ein einziger Name-Server auch wegen des Zeitaufwandes für die Kommunikation zwischen diesem und den Verarbeitungsknoten nicht akzeptabel, d.h. es werden mehrere Name-Server (für bestimmte Regionen oder Benutzergruppen) eingerichtet, zwischen denen dann natürlich wieder Abstimmungen zur Eindeutigkeit der Namen erforderlich sind.

Eine vom Konzept der zentralen Namensvergabe abweichende Idee ist die sog. 'site autonomy', wie sie im System R* exemplarisch realisiert ist [CP84]. Hier kann der Benutzer eines Knotens ohne jegliche Kommunikation mit anderen Knoten neue Objektnamen vergeben; das System fügt automatisch Kontextinformation hinzu, die den Namen - sofern er lokal eindeutig ist - auch global eindeutig macht. Die globale Namensstruktur sieht folgendermaßen aus:
- Benutzerkennung des Obekt-Erzeugers,
- Knoten-Name, an welchem die Benutzerkennung gilt,
- Name des Objektes (lokal eindeutig),
- Name des Knotens, an welchem das Objekt verwaltet wird.

Sei nun {REUTER/STUTTGART/BEISP-RELATION/HAMBURG} ein solcher Objektname, d.h. eine Relation BEISP-RELATION im Knoten HAMBURG, welche von REUTER, der in STUTTGART zugelassen ist, eingerichtet wurde; dann kann dieser Benutzer das Objekt nur unter Angabe der letzten beiden Komponenten ansprechen, sofern er von Stuttgart aus arbeitet - das System ergänzt den aktuellen Kontext. Arbeitet er dagegen an einem anderen Knoten, so muß er den vollen globalen Namen angeben, d.h. die Invarianz der Objektnamen ist nicht mehr gegeben.

Eine andere Konsequenz dieser Namensstruktur ist die Tatsache, daß ein Knoten, an welchem ein Objekt erzeugt wurde, solange existieren muß wie dieses Objekt, auch wenn der Knoten eigentlich nicht mehr benötigt wird und das Objekt längst woandershin verlagert wurde - es sei denn, man nimmt eine Umbenennung des Objektes in Kauf, mit unabsehbaren Konsequenzen für vorhandene Anwendungsprogramme.

3.4 Anfrageübersetzung

Dieser an sich sehr wichtige Punkt soll wegen der großen Schwierigkeit des Themas nur stichwortartig umrissen werden. Wenn Anwendungsprogramme für verteilte Datenbanksysteme, wie oben gefordert, von den Belangen der tatsächlichen Verteilung weitgehend freigehalten werden sollen, so muß ein Übersetzer für derartige Anfragesprachen folgendes leisten:

a) **Namensbindung**: Für die im Anwendungsprogramm auftauchenden Namen für Relationen usw. sind die globalen Namen zu ermitteln, die Knoten, wo die Objekte gespeichert sind und weitere Angaben, die sämtlich in Kooperation mit der Namensverwaltung zu ermitteln sind.

b) **Aufteilung**: Es ist zu bestimmen, welche Knoten insgesamt zur Bearbeitung der Anfrage benötigt werden. Bei replizierten Objekten bedeutet dies auch die Entscheidung darüber, welche Kopie benutzt werden soll.

c) **Globale Optimierung**: Unter den i.a. mehreren möglichen Aufteilungsstrategien ist die voraussichtlich kostengünstigste auszuwählen. So muß z.B. entschieden werden, ob es günstiger ist, einen bestimmten Teilschritt dadurch auszuführen, daß

- der Auftrag an einen anderen Knoten verschickt wird und dieser die Ergebnisse zurückreicht oder daß
- vom anderen Knoten alle benötigten Daten angefordert werden und die Ausführung der Teilfunktion lokal erfolgt.

d) **Lokale Optimierungn**: Für jeden beteiligten Knoten muß die kostengünstigste Strategie für die lokal zu erbringenden Leistungen ermittelt werden. Dies ist dasselbe Problem wie bei zentralisierten DBMS.

Bei alledem muß sichergestellt werden, daß dynamische Konfigurationsänderungen wie die Zusammenlegung von Knoten, die Verlagerung eines Objektes usw. nicht dazu führen, daß ein bisher ausführbares Anwendungsprogramm plötzlich scheitert. Das Laufzeitsystem muß solche Änderungen erkennen und eine (für den Benutzer transparente) Neukompilierung der Anfrage anstoßen.

4. Stand der Technik bei verteilten Datenbanksystemen

Die unterschiedlichen Ansätze zur Lösung von Problemen bei der Implementierung verteilter Datenbanksysteme wurden in einer größeren Zahl von Prototypen evaluiert, deren Entwurfsprinzipien und Eigenschaften in der einschlägigen Literatur ausführlich dokumentiert sind. In dem Übersichtsartikel von C. Mohan [Mo84], der zu einem Zeitpunkt erschien, als der Übergang dieser Technologie vom Prototyp-Stadium zum Produkt-Status vollzogen wurde, ist die in Abb. 5 wiedergegebene Tabelle enthalten, die die wesentlichen Prototypen und die in ihnen realisierten Konzepte auf einen Blick zusammenfaßt. Die meisten der hier angesprochenen Konzepte wurden im vorigen Kapitel kurz angesprochen.

Wie schon erwähnt, sind die meisten dieser Prototypen niemals zu Produkten geworden, jedenfalls nicht ohne völlige Re-Implementierung wesentlicher Teile - was dann auch stets mit einer Namensänderung verbunden ist. In fast allen Fällen dienten die Prototypen als Vorlage für die Neuentwicklung kommerziell einsetzbarer verteilter Datenbanksysteme, und die Liste der heute am Markt verfügbaren Produkte umfaßt (alphabetisch aufgelistet) die folgenden[1]):

DDB/4 (Nixdorf), Ingres-Star (RTI), NET-WORK (Software AG), NonStop-SQL (Tandem), Oracle-Star (Oracle), PEDMS (Infodas), Sybase (Sybase), UDS-D (Siemens).

Dabei vollzieht sich der Übergang von einem zentralisierten Datenbanksystem hin zu verteilten Funktionen meist in mehreren Stufen:

a) Zugriff vom PC oder der Workstation auf ein zentralisiertes Datenbanksystem mit beschränkten lokalen Retrieval-Funktionen.
b) Verteilung der Datenbank über mehrere Knoten mit demselben Betriebssystem, einem ein-

---

1) Die Liste ist sicher nicht vollständig; angesichts der Entwicklungsgeschwindigkeit auf diesem Gebiet sind zeitliche Überschneidungen bzw. Informationsdefizite des Verfassers jederzeit möglich.

System \ Eigenschaften	Fragmentierung	Replikation	Kriterien der Optimierung	Anfrage-Übersetung	Globale Anfrage-optimierung	Synchroni-sierung	Deadlock-behandlung	Datenmodell
DDM	Horizontal	ja	Kommunikation, CPU	ja	zentral	Sperren	zentrale Erlemmimg	funktional
DDTS	–	ja	–	ja	zentral/ lokal	Sperren	Vermeidung	Entity–Relationship
Distributed Ingres	Horizontal	nein	Kommunikation, CPU	nein	zentral	Sperren	–	relational
ENCOMPASS [1)]	Horizontal	nein	–	nein	zentral	Sperren	Time–out	relational
POLYPHEME	–	nein	Kommunikation	nein	zentral	–	–	relational
POREL	Horizontal	ja	Kommunikation	ja	zentral	Sperren	Vermeidung	relational
R*	–	nein	Kommunikation, CPU , E/A	ja	zentral/ lokal	Sperren	verteilte Erkennung	relational
SDD–1	Horizontal, Vertikal	ja	Kommunikation	nein	zentral	Zeitstempel	Vermeidung	relational
SIRIUS–DELTA	Horizontal, Vertikal	ja	Kommunikation	ja	zentral	Sperren	Vermeidung	relational
VDN	Horizontal mit Überlappung	ja	–	–	zentral	Expliz. Sperren d. den Ben.	–	relational

Abb. 5: Übersicht über Prototypen verteilter Datenbanksysteme nach [Mo84]

1) Dieses System ist als Produkt freigegeben worden.

heitlichen Kommunikationssystem und transparentem verteiltem Retrieval; Änderungen nur lokal am Wurzel-Knoten.

c) wie b), zusätzlich verteilte Änderungen **ohne** Replikationen.

d) wie c), zusätzlich Replikation bzw. heterogene Betriebs-/Kommunikationssysteme.

Die meisten kommerziell verfügbaren Systeme sind zwischen Phase b und c; die volle in den Kapiteln 2 und 3 beschreibene verteilte Funktionalität (insbesondere bei Replikation, flexibler Fragmentierung und heterogener Betriebsumgebung) hat noch keines davon. Eine aktuelle Übersicht über den Stand einiger der genannten Systeme gibt das Fachgespräch 'Verteilte Datenbanksysteme' bei dieser Tagung.

Außer den oben genannten Systemen bietet die 'Inter System Communications' (ISC)-Komponente von CICS in Verbindung z.B. mit DL/1 gewisse Aspekte eines verteilten Datenbanksystems [CP84]. Verteilte Transaktionen werden auch in den Kommunikationsprotokollen CCR (bei OSI) und LU 6.2 (bei SNA) [Ta81] unterstützt.

5. Wo liegen die Probleme?

In den vorangegangenen Kapiteln wurde im Interesse der Vereinfachung der Diskussion der Eindruck erweckt, als sei mit der Realisierung der in den Kapiteln 2 und 3 referierten Konzepte der Zielzustand für verteilte Datenbanksysteme erreicht. Nach den ersten praktischen Erfahrungen zeigt sich aber, daß einige der ursprünglichen theoretischen Konzepte, wie sie an den Prototypen erprobt wurden, für die realen Bedingungen verteilter Verarbeitung zu eng sind. Diese Defizitbereiche sollen im folgenden jeweils kurz skizziert werden.

5.1 Verteilte Verarbeitungsmodelle

Die klassische Transaktion als einzige Verarbeitungseinheit ist für allgemeine verteilte Umgebungen unangemessen. Die mit ihr verbundenen Bedingungen der kurzen, ununterbrechbaren Interaktion sind in Systemen mit langen Nachrichtenwegen und unsicheren Komponenten unrealistisch. Wohlgemerkt: Für bestimmte Verarbeitungstypen wie transkontinentale Umbuchungen, globale Katalogverwaltung usw. sind Transaktionen unabdingbar - es gibt aber daneben noch sehr viele andere Formen der Verarbeitung, für die geeignete Systemkonstrukte benötigt werden. Ein Beispiel unter vielen möglichen stammt aus dem Gebiet der Büroautomatisierung [KR88]: Eine Reisekostenabrechnung in einer solchen Umgebung wird so ablaufen, daß der Angestellte das (elektronische) Formular an seinem Arbeitsplatzrechner ausfüllt, es dann zu seinem Vorgesetzten schickt, der einige sachliche Prüfungen vornimmt, von wo es zur Verwaltungsabteilung gelangt, wo die Tagessätze geprüft werden usw. Das ganze ist **eine** Aktivität, die sich von einer Instanz zur anderen bewegt (es gibt keinen Wurzelknoten!), eine logische Einheit bildet, und evtl. mehrere Tage oder gar Wochen dauern kann. Mit normalen Transaktionen kann das nicht modelliert werden. Für solche und noch etliche anders geartete Verarbeitungsformen werden Erweiterungen des Transaktionskonzeptes benötigt.

5.2 Behandlung replizierter Daten

Obwohl, wie Abb. 5 zeigt, viele Prototyp-Implementierungen die Behandlung replizierter Daten zuließen, schließen die meisten kommerziellen Systeme Replikationen (noch) aus. Der Grund dafür liegt in den sehr hohen Kosten für die Synchronisierung replizierter Änderungen unter dem Transaktionskonzept. Andererseits besteht in verteilten Systemen ein großer Bedarf an der replizierten Haltung bestimmter Daten, z.B. für den schnelleren lokalen Zugriff und die höhere Verfügbarkeit. Man denke etwa an das Beispiel Telefonbuch (Replikat) vs. Auskunft (zentrale, primary copy). Meist wird es sich dabei um Daten handeln, die sehr selten geändert werden, oder bei denen die meisten Knoten nicht darauf angewiesen sind, jederzeit den ganz aktuellen Änderungsstand zu erfahren - es reicht, wenn garantiert ist, daß alle Änderungen mit einer maximalen Verzögerung oder auf Anforderung mitgeteilt werden.

Ein interessantes Beispiel hierfür bietet das weltweite Produktions-Unterstützungssystem der Fa. Tandem namens EMPACT, bei dem etwa die Stücklisteninformationen in über 500 Knoten repliziert gehalten werden. Es ist klar, daß bei einem derartigen Replikationsgrad die atomare transparente Änderung aller Kopien, wie sie das Transaktionskonzept fordert, zu völlig unakzeptablen Antwortzeiten führen würde.

Zum kontrollierten Umgang mit Replikation auf viele Knoten werden in der Literatur eine Reihe von Konzepten diskutiert:

- **Unterschiedliche Qualtität der Kopien**: Man unterscheidet zwischen Kopien, die immer auf dem neuesten Stand sind und solchen, die i.a. leicht veraltet sind. Das Transaktionsprogramm muß die gewünschte Qualitätsstufe angeben.
- **Update 'as soon as possible'**: Eine Kopie wird im Rahmen der eigentlichen Änderungsaktion modifiziert; ansonsten werden Aufträge an die Knoten mit den anderen Kopien generiert und verschickt, die eine Aktualisierung dieser Kopien bewirken. Das System muß garantieren, daß alle diese Aufträge tatsächlich in endlicher Zeit ausgeführt werden.
- **Snapshot**: Ein Knoten verlangt vom System die Kopie des aktuellen Zustands eines beliebigen Ausschnittes der Datenbank; diese Kopie wird beim anfordernden Knoten gespeichert, und zwar als eigenständiges Objekt mit einem global eindeutigen Namen. Der Knoten kann dann vom System die Aktualisierung dieser benannten Kopie verlangen, und zwar entweder auf Anforderung, nach Ablauf einer gewissen Zeit, oder nach Auflaufen einer gewissen Zahl von Änderungen.
  Im Prototyp-Sytem R* ist der Snapshot-Mechanismus realisiert.

5.3 Heterogene Datenbanken und Netzwerke

Bei allen bisherigen Betrachtungen sind wir implizit davon ausgegangen, daß auf allen Knoten des verteilten Datenbanksystems ein Exemplar **desselben** Systems läuft, was u.a. bedeutet, daß alle lokalen Informationen nach demselben Datenmodell strukturiert sind, und zwar i.a. nach dem relationalen, wie dies auch Abb. 5 nahelegt. Für neu zu entwickelnde Systeme ist das eine plausible Annahme; in der Praxis findet man jedoch die Situation, daß eine Firma die Datenbestände ihrer verschiedenen Zweigniederlassungen bzw. internationalen Töchter zu einem verteilten System integrieren möchte. Diesen Teilsystemen liegen aber i.a. verschiedene Datenmodelle (relational, netzwerkartig, hierarchisch) und verschiedene DBMS-Produkte zugrunde. Das Problem besteht darin, eine einheitliche Schnittstelle für das Verteilte System zu finden, unter der sich alle vorhandenen Systeme subsummieren lassen. Das heißt wesentlich mehr als nur die Anpassung der Schnittstellen-Konventionen der einzelnen Datenbanksysteme; es geht vielmehr darum, die Semantik der dargestellten Information widerspruchsfrei so zu

verallgemeinern, daß
- nichts verlorengeht und
- keine Bedeutungsveränderungen auftreten.

Daß dies i.a. nicht (auf jeden Fall nicht automatisch) möglich ist, zeigen zwei einfache Beispiele:
Im System A gehört jeder Angestellte zu genau einer Abteilung und wird über diese einem Projekt zugeordnet; in System B kann ein Angestellter zu mehreren Abteilungen und zu mehreren Projekten gehören; diese sind von den Abteilungen unabhängig. Was ist die verallgemeinerte Semantik der Beziehung Angestellter - Projekt?
Im System A ist das Gehalt in US$ pro Jahr incl. aller Nebenleistungen angegeben; in System B ist das Gehalt in DM pro Monat **ohne** Nebenleistungen angegeben. Welches Gehalt-Attribut hat das verteilte System?

Derartige Fragen werden vor allem in großen Organisationen verstärkt angegangen, wobei man in letzter Zeit vor allem regelbasierte Methoden für die Schematransformation erprobt. Eine gute Übersicht hierüber gab eine Podiumsdiskussion bei der diesjährigen SIGMOD-Konferenz [Ru88].

Das gleiche Problem, den transparenten Zugriff zu heterogenen Datenbanken in allgemeinen Rechnernetzen, behandelt das in Entwicklung befindliche 'remote database access' (RDA)-Protokoll [Pa87].

5.4 Arbeitsplatzrechner

Die zunehmende Funktionalität und Leistungsfähigkeit von Arbeitsplatzrechnern (und ihre damit einhergehende rasche Verbreitung) ist sicherlich die stärkste Schubkraft hinter der Entwicklung verteilter Systeme. Im Unterschied zu herkömmlichen administrierten Rechnern haben Arbeitsplatzrechner eine Reihe für die Systemarchitekturen wichtige Eigenschaften:
- Sie sind sehr autonom; sie werden in relativ hohen Raten installiert, modifiziert und ersetzt werden.
- Sie sind relativ unzuverlässig; Arbeitsplatzrechner werden nicht systematisch administriert (im Sinne der Katalogverwaltung, Datensicherung usw.).
- Sie arbeiten grundsätzlich als Knoten in einem Netz, und Antwortzeiten sind gegenüber der Auslastung das wesentlich wichtigere Leistungskriterium.

Es ist klar, daß die herkömmlichen, auf sehr statische Systemumgebungen ausgerichteten Implementierungskonzepte für verteilte Datenbanken im obigen Sinne unter diesen Verhältnissen nur schlecht geeignet sind. Diese Konzepte setzen u.a. voraus, daß jeder Knoten nach einem Fehler beliebiger Art vollständig wiederherstellbar ist - eine bei Workstations offenbar unrealistische Annahme.

Die jetzt kommerziell verfügbaren verteilten Datenbanksysteme unterstützen Arbeitsplatzrechner denn auch nur halbherzig. Entweder dienen sie als Front-Ends für Leseoperationen ähnlich den PCs, oder sie werden als gleichberechtigte Knoten im Netz behandelt - trotz der grundsätzlichen Probleme dabei.

Es gibt Vorschläge, verteilte Datenbankdienste auf Arbeitsplatzrechnern nur über speziell zugeordnete Datenbank-Server (die wieder normal administriert werden müssen) zugänglich zu machen. Das löst einige Schwierigkeiten, dürfte aber insgesamt nur für kleinere verteilte Systeme anwendbar sein. Die vollgültige und angemessene Eingliederung von Arbeitsplatzrechnern in verteilte Datenbanksysteme erfordert eine Reihe neuer oder modifizierter Techniken, wie sie insbesondere in 5.1 und 5.2 diskutiert wurden.

6. Ausblick

Statt einer Zusammenfassung des oben gesagten möchte ich den Überblick mit einer Reihe von Thesen (Prognosen) zur weiteren Entwicklung verteilter Datenbanksysteme und zu den dabei zu erwartenden Problemen abschließen.

* In künftigen Rechnersystemen werden alle Interaktionen in Transaktionen eingebettet ablaufen - mit einem verallgemeinerten Transaktionskonzept.
* Alle Anwendungen werden in möglichst transparenter Weise auf verteilte Datenbanken zugreifen.
* Neben den heute üblichen Informationen werden in solchen Systemen gleichberechtigt Objekttypen wie Bilder, Graphiken, Voice usw. verwaltet.
* Die Verwaltung großer verteilter Systeme wird die größte technische (nicht wissenschaftliche) Herausforderung der nächsten Jahre sein. Viele der heute verwendeten bzw. vorgeschlagenen Algorithmen werden jenseits einer Zahl von 10^3 Knoten äußerst ineffizient.
* Es wird in einiger Zeit verteilte Systeme mit 10^8 Knoten geben.
* In solchen Systemen werden gänzlich andere Betriebsformen auftreten als heutige verteilte Systeme sie unterstützen.

  Statt vorgeplante Funktionen vor dem Hintergrund eines global vordefinierten Datenbestandes auszuführen, werden viele Knoten bestimmte Dienstleistungen anfordern, mit anderen Knoten über die Konditionen der Dienstleistung 'verhandeln', elektronisch Verträge schließen usw.
* Ein Großteil der (dann allerdings reichlich verfügbaren) Rechenleistung wird für die Konversion der zahlreichen Kommunikations-, Datenaustausch-Protokolle usw. aufgewendet werden müssen.
* Künftige verteilte Systeme werden anders aussehen als wir heute erwarten.

Literatur

Grundlegende Einführungen in die Gebiete der Datenbanksysteme, der verteilten Datenbanksysteme und der Computer-Netzwerke finden sich in:

[CP84] Ceri, S., Pelagatti, G.: Distributed Databases, McGraw Hill, 1984.
[Da84] Date, C.J.: An Introduction to Database Systems, Addison-Wesley, 1984.
[LS87] Lockemann, P., Schmidt, J.-W. (Hrsg.): Datenbank-Handbuch, Springer-Verlag, 1987.

[Mo84] C. Mohan: Current and Future Trends in Distributed Database Management, in: Proc. of the 1984 NYU Symposium 'New Directions for Database Systems', New York University, Mai 1984.

[Ta81] Tanenbaum, A.S.: Computer Networks, Prentice Hall, 1981.

Spezielle im Text behandelte Fragen werden in den folgenden Veröffentlichungen diskutiert:

[BHG87] Bernstein, P.A., Hadzilacos, V., Godman, N.: Concurrency Control and Recovery in Database Systems, Addison-Wesley, 1987.

[KR88] Klein, J., Reuter, A.: Migrating Transactions, in: Proc. Distributed Computing Systems in the '90s, Hong Kong, 1988.

[Pa87] Pappe, S., et al.: Datenbankzugriff in offenen Rechnernetzen, in: Datenbanksysteme in Büro, Technik und Wissenschaft, IFB 136, Springer-Verlag, 1987.

[Ru88] Rusinkiewicz, M.: Multi-Database Systems (panel), in: Proc. of the 1988 SIGMOD Conference, Chicago, 1988.

[SQL] ISO TC97/SC21 N1479, Database Language SQL2, Okt. 1986.

Die folgenden Zeitschriften bzw. Konferenzreihen bieten ausführliches Material über alle hier angeschnittenen Themenbereiche:

Proceedings of the ACM SIGACT-SIGOPS Symposium on Principles of Distributed Computing.
Proceedings of the International Conference on Distributed Data Management and Computer Networks.
Proceedings of the International Conference on Distributed Computing Systems.
Proceedings of the International Conference on Very Large Databases.
Proceedings of the ACM SIGMOD Conference.
IEEE Transactions on Software Engineering.
ACM Transactions on Database Systems.
Distributed Computing, Springer-Verlag.

Spezifikation und Entwurf komplexer, kausal vernetzter Systeme

Manfred Broy
Fakultät für Mathematik und Informatik
Universität Passau
Innstr. 27
8390 Passau

Kurzfassung

Komplexe, kausal vernetzte Systeme bestehen aus Hardware- und Softwarekomponenten, die in vielfältiger Weise miteinander kooperieren und dadurch ein bestimmtes, beabsichtigtes Systemverhalten erzeugen. Beim Entwurf solcher Systeme ist eine präzise formale Anfordungsspezifikation und eine formale Unterstützung beim Übergang zu einem Systementwurf von unschätzbarem Wert. Im folgenden werden die Formen der Spezifikation und formaler Regeln kurz vorgestellt, die als Ausgangspunkt für eine Spezifikation und Entwurfstheorie für komplexe Systeme dienen können.

1. Einleitung

Neben den klassischen Anwendungen informationsverarbeitender Systeme zur Datenspeicherung und Berechnung kristallisiert sich immer stärker ein Einsatz informationsverarbeitender Systeme heraus, bei denen Software- und Hardwarekomponenten eng miteinander verknüpft ein komplexes System ergeben. Beispiele für solche Anwendungen sind Verkehrssteuerungssysteme, die sich aus Steuerungs- und Überwachungsprogrammen wie auch Signalanlagen und etwa Weichen zusammensetzen. Weitere Beispiele sind Produktionsbandstraßen, Produktionsautomaten, aber auch vernetzte Systeme zur Informationsübermittlung oder Steuerungssysteme in Verknüpfung mit mechanischen Einheiten, wie wir sie in Kraftfahrzeugen, aber auch in einfachen Gegenständen des Haushalts heute finden.

In den genannten Anwendungen ist man aus wirtschaftlichen wie aus sicherheitstechnischen Gründen an besonders sicheren, zuverlässigen Softwarelösungen interessiert. Deshalb ist es naheliegend, die Technik der ingenieurmäßigen Vorgehensweise beim Entwurf von Software auch bei der Entwicklung komplexer, vernetzter Systeme einzusetzen. Dabei wird in Schritten ausgehend von einer sauberen Problemerschließung und Problemspezifikation über eine formal beschriebene Entwurfsspezifikation bis hin zur Ableitung von Lösungen und deren Validierung und Verifikation der Entwurf eines Systems in einem formalen Rahmen vollzogen. Dazu ist es allerdings erforderlich, Spezifikationstechniken zu entwickeln und weiterzuentwickeln, die sowohl das Verhalten vorgegebener oder geplanter technischer Einrichtungen beschreiben, als auch das Verhalten von Softwarekomponenten, die mit solchen technischen Einrichtungen kooperieren. Dies läuft insgesamt auf eine allgemeine Methodik zur Beschreibung von Systemen, von Systemverhalten und von Formen der Verknüpfung von Systemen hinaus.

In der Informatik wird seit längerem unter dem Stichwort "Verteilte Systeme" an einer Theorie gearbeitet, die das Verhalten von Familien von Komponenten, die in gewisser Weise miteinander kooperieren, beschreibt und Aussagen über gewisse Eigenschaften zulassen soll. Auf diesen Ansatz soll im folgenden zurückgegriffen werden. Im einzelnen soll aufgezeigt werden, in welcher Weise eine Methode für die integrierte Entwicklung von Hardware- und Softwarekomponenten geschaffen werden kann.

2. Zur Modellierung von Systemen

Jedes Modell eines geplanten oder bereits vorhandenen kausal vernetzten Systems gibt in der Regel nur gewisse Aspekte und Details des physikalischen Systems wieder. Bei der Wahl eines speziellen Modells ist es daher erforderlich, sich Klarheit zu verschaffen, welche Details im Systemmodell wiedergegeben sein müssen, und welche Details bewußt im Systemmodell nicht berücksichtigt werden sollen. Das Weglassen von Details nennt man auch *Abstraktion*. Bei der von uns behandelten Modellierung sind wir an einer Reihe von Eigenschaften nicht interessiert, die für den Maschinenbauingenieur und für den Elektroingenieur von Bedeutung sind. Beispiele dafür sind Materialbeschaffenheit, Abmessungen, Farbgebung oder äußere Gestaltung. Wir sind im folgenden nur an den logisch kausalen Beziehungen zwischen den Aktionen der Komponenten eines Systems interessiert.

Grundsätzlich lassen sich zwei Sichten eines Systems unterscheiden. Eine *geschlossene Sicht*, bei der man annimmt, daß ein System (scheinbar) völlig unbeeinflußt von seiner Umgebung ein bestimmtes Verhalten zeigt, und eine *offene Sicht*, bei der man davon ausgeht, daß eine Systemumgebung existiert, die auf den Ablauf und das Verhalten eines Systems Einfluß nimmt. Beide Sichten sind eng verwandt. Ein geschlossenes System kann man als Spezialfall eines offenen Systems verstehen. Umgekehrt erhält man aus einem offenen System ein geschlossenes System, wenn man für ein offenes System nicht nur das eigentliche System, sondern auch seine Umgebung in die Modellbildung mit einbezieht.

Im Zusammenhang mit Fragen zur Beschreibung von Systemen werden im folgenden eine Reihe von Begriffen eingeführt. Diese umfassen den Begriff des *Systemverhaltens*, den Begriff des

Systemzustands, der Systemkomponenten und Fragen der *Schnittstellen* eines Systems zu seiner Umgebung. Abschließend diskutieren wir die Klassifizierung von *statischen* und *dynamischen* Aspekten eines Systems.

2.1 Systemverhalten

Das dynamische Verhalten eines Systems kann durch die im System möglichen Abläufe von Aktionen beschrieben werden. Dazu ist es nötig, die Menge der Aktionen eines Systems genau anzugeben. Darauf abgestützt kann die Modellierung des Konzepts der Abläufe des Systems erfolgen.

Eine *Aktion* ist ein auf der gewählten Abstraktionsebene begrifflich als Einheit aufzufassender Vorgang. Die Aktionen eines Systems können in sehr unterschiedlichen Weisen angegeben werden. Beispielsweise ist es möglich, bestimmte konkrete Mengen zur Repräsentation der Aktionen zu wählen. Eine naheliegende Methode besteht darin, Techniken algebraischer Spezifikation und abstrakter Datentypen für die Beschreibung der Aktionenmengen einzusetzen. Dadurch läßt sich sehr flexibel angeben, wie sich Aktionenmengen zusammensetzen. Zusätzlich lassen sich bestimmte, typische Abfragefunktionen auf den Aktionenmengen einführen. Es ist in dieser Phase der Spezifikation nicht nötig, irgendwelche zusätzlichen Informationen über die Aktionen zu geben. Die Verbindung der Aktionen in der abstrakten Aktionenmenge mit gewissen Phänomenen der realen Welt ist rein pragmatisch.

Im ersten Schritt einer algebraischen Spezifikation werden die Sorte **action** und eine Anzahl von Funktionen, die Aktionen erzeugen, eingeführt. Basierend auf einer solchen algebraischen Spezifikation können Abläufe des zu modellierenden Systems durch Spuren von Aktionen charakterisiert werden.

Um dies zu illustrieren, geben wir ein kleines Beispiel an. Wir spezifizieren ein ziemlich einfaches Liftsystem. Wir setzen die Sorte **level** und die Funktionen

fct level top, bottom,
fct (level) level ↑, ↓.

mit den folgenden Axiomen voraus.

$\uparrow.\text{top} = \text{top}$,
$\downarrow.\text{bottom} = \text{bottom}$,
$x \neq \text{top} \Rightarrow \downarrow.\uparrow.x = x$,
$x \neq \text{bottom} \Rightarrow \uparrow.\downarrow.x = x$,
$\uparrow^i.x = \text{top}$ für alle x mit gewissem $i \in \mathbb{N}$,
$\downarrow^i.x = \text{bottom}$ für alle x mit gewissem $i \in \mathbb{N}$,

wobei $\uparrow^0.x = x$, $\uparrow^{i+1}.x = \uparrow^i(\uparrow.x)$, $\downarrow^0.x = x$, $\downarrow^{i+1}.x = \downarrow^i(\downarrow.x)$.

Wir nehmen an, daß top $\neq$ bottom gilt und eine lineare Ordnung $\leq$ auf den Stockwerken existiert, die bottom als Minimum und top als Maximum hat.

Die Sorte **action** wird durch die Funktionen:

fct (**level**) **action** v, r,

erzeugt.

Hier repräsentiert v.i die Aktion, in der der Lift Stockwerk i besucht, und r.i steht für die Aktion, in der ein Knopf gedrückt wurde, um anzuzeigen, daß ein Besuch auf Stockwerk i benötigt wird. Ein Besuch eines Stockwerks i wird also durch die Aktion v.i dargestellt und besteht entweder aus dem Passieren eines Stockwerks oder dem Halten in einem Stockwerk, was wir aber aus Gründen der Einfachheit nicht unterscheiden.

Wir setzen eine Funktion

fct (**action**) **level** level

mit

level(v.i) = level(r.i) = i

voraus.

Die *Abläufe* eines Systems bestehen aus Strukturen, die sich aus Aktionen aufbauen und gewisse Beziehungen zwischen den Aktionen sicherstellen. Im allgemeinsten Fall besteht der Ablauf eines Systems aus einer Familie von Aktionen, die in einer Kausalitätsbeziehung stehen. Wir betrachten also eine Kausalitätsrelation auf Familien von Aktionen. Gewisse Aktionen können natürlich mehrfach in der Familie der Aktionen vertreten sein. Aus diesem Grund ist es beschreibungstechnisch hilfreich, den Begriff des *Ereignisses* einzuführen. Ereignismengen dienen zur Indizierung der Aktionen, so daß schließlich Aktionenfamilien entstehen.

Mathematisch ist eine Aktionsstruktur ein Tripel $(E, \leq, \alpha)$, wobei E eine Ereignismenge ist, $\leq$ eine partielle Ordnung und $\alpha: E \rightarrow A$ eine Markierung der Ereignisse durch die Aktionen aus A spezifiziert. Wir fordern, daß für jedes Ereignis $e \in E$ die Menge $\{e' \leq e : e' \in E\}$ endlich ist. Dies entspricht der einleuchtenden Einschränkung, daß ein Ereignis nicht stattfinden kann, wenn es von einer unendlich Menge von Ereignissen kausal abhängig ist. Nach dieser Definition ist ein Ablauf eines Systems durch eine endliche oder unendliche Menge von Ereignissen und eine Kausalitätsrelation darauf gegeben. Zusätzlich wird jedem Ereignis eine Aktion zugeordnet. Das dynamische Verhalten eines verteilten Systems ist somit gegeben durch die Menge seiner Abläufe.

Es ist natürlich möglich, auf den Ereignissen speziellere Relationen als nur die Kausalitätsrelation zu betrachten. Beispielsweise kann die Kausalitätsrelation durch eine zeitliche Relation ersetzt werden.

In dieser Relation stehen zwei verschiedene Ereignisse genau dann in Beziehung, wenn das eine Ereignis abgeschlossen ist, bevor das andere Ereignis beginnt. Sicherlich muß diese Beziehung immer bestehen, wenn eine Kausalität zwischen dem ersten und dem zweiten Ereignis besteht. Die Umkehrung gilt natürlich nicht. Gewisse Ereignisse können zeitlich abgeschlossen sein, bevor andere Ereignisse beginnen, ohne daß eine Kausalitätsbeziehung zwischen diesen Ereignissen besteht.

Im Extremfall verwendet man statt einer partiellen Kausalitätsordnung eine lineare Ordnung. Für zwei Ereignisse gilt dann stets, daß die Relation entweder in der einen oder anderen Richtung gegeben ist. Im Fall der zeitlichen Interpretation bedeutet das, daß man streng sequentielle Abläufe betrachtet. Beschränkt man sich auf solche Abläufe, spricht man auch gelegentlich von *künstlicher Sequentialisierung ("interleaving semantics"*). In dieser Semantik werden Darstellungen von Nebenläufigkeit, die in allgemeinen Aktionsstrukturen explizit repräsentiert werden kann, ausgeschlossen. Allerdings ist es dadurch möglich, eine bedeutend einfachere Struktur für die Darstellung der Abläufe zu wählen. Man kann dann nämlich statt der Familien von Aktionen vereinfachend endliche oder unendliche Worte von Aktionen zur Darstellung von Abläufen eines Systems betrachten. Man spricht auch von *Aktionsströmen* oder *-spuren* (engl. *traces*).

Eine Spur oder ein Strom von Aktionen ist eine endliche oder unendliche Sequenz von Aktionen. Die Menge der Spuren wird durch die Sorte $\mathbf{action}^{\omega}$ bezeichnet. Die Menge der endlichen Spuren wird mit **action*** bezeichnet. Wir verwenden außer Strömen die dazugehörigen klassischen Operationen, wie z.B. die Funktion ft, die das erste Element eines Stroms liefert, die Funktion rt, die den Rest eines Stroms zurückgibt, nachdem das erste Element eliminiert wurde, die Funktiom &, die ein Element vorne an den Strom anhängt, und die Konkatenation ^. Der leere Strom wird mit ε bezeichnet. Einelementige Sequenzen, die nur aus dem Element a bestehen, werden durch $\langle a \rangle$ repräsentiert. Die Präfixordnung auf der Menge der Ströme wird durch $\sqsubseteq_{pre}$ bezeichnet. Mit $|s|$ bezeichnen wir die Länge des Stroms s.

In einer spurorientierten Beschreibung wird ein verteiltes System üblicherweise durch eine Menge von endlichen und unendlichen Spuren beschrieben.

Wir beschränken uns im weiteren der Einfachheit halber auf reine Spurspezifikationen und verzichten somit auf die explizite Modellierung von Nebenläufigkeit. Eine Spezifikation von Abläufen des Liftsystems in der Form allgemeiner Aktionsstrukturen könnte jedoch nach ähnlichen Mustern erfolgen.

Informell wollen wir die folgenden Anforderungen für die Aktion in einem Liftsystem darstellen:

(0) Am Anfang ist der Lift im Erdgeschoß.

(1) Nach dem Besuch des Stockwerks i wird das Stockwerk $\uparrow$.i, $\downarrow$.i oder wieder i besucht.

(2) Wenn ein Besuch eines Levels benötigt wird, wird das Stockwerk besucht.

(3) Ein Stockwerk wird nur dann besucht, wenn es erforderlich ist.

(4) Der Lift wechselt nur dann die Richtung, wenn es in der alten Richtung keine Anforderungen mehr gibt.

Das Verhalten eines Lifts wird durch die Menge der Sequenzen von Aktionen, genannt Spuren spezifiziert. Wir definieren das Prädikat lift_trace für Spuren wie folgt:

lift_trace(p) $=_{def}$

$\forall$ **action** a, **action*** t, **action**$^{\omega}$ q, **level** i, j: p = t ^ (a & q) $\Rightarrow$

(1) a = v.i $\wedge$ j = last_level(t) $\Rightarrow$ i $\in$ { $\uparrow$.j, j, $\downarrow$.j },

(2) a = r.i $\Rightarrow$ v.i **in** q,

(3) a = v.i $\wedge$ j = last_level(t) $\Rightarrow$ $\exists$ **level** k: $\neg$served(k, t) $\wedge$ (k $\le$ i < j $\vee$ k $\ge$ i > j $\vee$ k = i = j),

(4) a = v.i $\wedge$ j = last_level(t) = next_level(q) $\Rightarrow$
$\forall$ **level** k: (k < i < j $\Rightarrow$ served(k, t)) $\wedge$ (k > i > j $\Rightarrow$ served(k, t)),

(4') a = v.i $\wedge$ i = next_level(q) $\Rightarrow$ $\forall$ **level** k: served(k, t) $\vee$ k = i .

Hier werden Hilfsprädikate und Funktionen benutzt, die durch folgende Gleichungen spezifiziert werden:

a **in** ε = false,
a **in** b & t = (a = b $\vee$ a **in** t),

served(k, t) = $\forall$ **action*** s, **action**$^{\omega}$ q: t = s ^ (r.k & q) $\Rightarrow$ v.k **in** q,

last_level(t ^ ‹v.i›) = i,
last_level(t ^ ‹r.i›) = last_level(t),
last_level(ε) = bottom,

next_level(v.i & t) = i,
next_level(r.i & t) = next_level(t).

Die informelle Bedingung (0) ist in der formellen Bedingung (1) entsprechend der Definition von last_level enthalten. (1), (3), (4), (4') sind Sicherheitsbedingungen, während dagegen (2) eine Lebendigkeitsbedingung ist, die Verklemmungen verhindern soll.

Sicherheitsbedingungen sind dabei in der Regel Invarianten. Sie gelten für eine Spur, wenn sie für alle Präfixe dieser Spur gelten.

2.2 Zustandsorientierte Sichten von Systemen

Soweit haben wir vermieden, einen expliziten Zustandsbegriff in das Liftsystem einzuführen. Für eine Beschreibung des dynamischen Verhalten eines Systems ist ein Zustandsbegriff in der Regel auch unnötig. Allerdings veranschaulicht ein geschickt gewählter Zustandsbegriff häufig gewisse

Eigenschaften eines Systems.

Um eine zustandsorientierte Ansicht für unser Liftbeispiel zu erhalten, führen wir die Sorte **state**, einen Anfangszustand init und die Zustandsübergangsfunktion trans ein:

fct state init,
fct (**state** σ, **action** a: possible_action(σ, a)) **state** trans,

wobei wir folgende Funktion voraussetzen:

fct (**state, action**) **bool** possible_action.

Diese Funktion sei spezifiziert durch die Axiome:

possible_action(σ, r.i) = true,
possible_action(σ, v.i) = ($\uparrow$.last(σ) = i $\vee$ $\downarrow$.last(σ) = i $\vee$ last(σ) = i).

Der Zustand trans(σ, a) ist nur dann definiert, wenn possible_action(σ, a) = true gilt. Wir verwenden die folgenden Funktionen auf Zuständen, die einen Zustand des Systems ausreichend charakterisieren:

fct (**state, level**) **bool** is_req,
fct (**state**) **level** last.

Wir spezifizieren:

last(init) = bottom,
is _req(init, h) = false,

possible_action(σ, v.i) $\Rightarrow$ is_req(trans(σ, v.i), k) = (k $\neq$ i $\wedge$ is_req(σ, k)),
is_req(trans(σ, r.i), k) = (k = i $\vee$ is_req(σ, k)),
possible_action(σ, v.i) $\Rightarrow$ last(trans(σ, v.i)) = i,
last(trans(σ, r.i)) = last(σ).

Trivialerweise kann die Funktion trans auf endliche Spuren zu der Funktion trans* erweitert werden:

trans*(σ, ε) = σ,
trans*(σ, a&t) = trans*(trans(σ, a), t).

Zusätzlich verwenden wir die folgenden Hilfsprädikate auf Zuständen:

fct (**state, level**) **bool** open,
fct (**state**) **bool** waiting,

definiert durch:

$$\text{open}(\sigma, i) = (\text{is\_req}(\sigma, i) \vee \exists\ \textbf{level}\ j: \text{is\_req}(\sigma, j) \wedge (\text{last}(\sigma) < i < j \vee \text{last}(\sigma) > i > j)),$$
$$\text{waiting}(\sigma) = \forall\ \textbf{level}\ i: \neg\text{is\_req}(\sigma, i).$$

Jede endliche Spur von Aktionen kann man vermöge der Funktion trans* als Beschreibung eines Zustands interpretieren, nämlich des Zustands, den man erhält, wenn man von dem festgelegten Anfangszustand die Spur von Aktionen ausführt.

Es gibt demnach für ein konkretes System soviele verschiedene Wege, das Konzept eines expliziten Zustands mit der Menge der endlichen Spuren von Aktionen zu assoziieren wie es Äquivalenzrelationen auf der Menge der endlichen Teilabläufe gibt. Die geschickte Wahl eines Zustandsbegriffs schafft dabei eine wervolle Voraussetzung für das weitere Vorgehen.

Basierend auf dem Konzept der Funktion trans* können wir auch eine zustandsorientierte Beschreibung von Spuren angeben. Insbesondere erhalten wir zu jeder endlichen oder unendlichen Spur von Aktionen einen endlichen oder unendlichen Strom von Zwischenzuständen.

Es ist sinnvoll, bei verteilten Systemen zwischen Sicherheits- und Lebendigkeitsbedingungen zu unterscheiden. Sicherheitsbedingungen entsprechen partieller Korrektheit und stellen sicher, daß nichts unerwünschtes passiert (diese Bedingung ist trivialerweise korrekt, wenn überhaupt nichts passiert). Lebendigkeitsbedingungen stellen sicher, daß bestimmte (hoffentlich nützliche Dinge) überhaupt passieren.

Zustandsorientierte Beschreibungen eignen sich z.B. sehr gut, um Sicherheitsbedingungen eines verteilten Systems zu spezifizieren. Sicherheitsbedingungen können grundsätzlich durch Angabe von Invarianten für die Präfixe von Aktionsströmen, die den Zwischenzuständen entsprechen, spezifiziert werden. Mit Hilfe einer zustandsorientierten Betrachtung können wir Beschränkungen für unsere Spuren angeben, indem wir bestimmte Anforderungen an Aktionen stellen, z.B. daß eine Aktion nur in einem Zustand mit bestimmten Eigenschaften ausgeführt werden kann.

Von einem abstrakteren Punkt aus gesehen, können Zustände als konkrete Repräsentationen verstanden werden, um eine Äquivalenzrelation auf der Menge der endlichen Spuren, oder präziser, auf der endlichen Vergangenheit eines verteilten Systems festzulegen.

Andere Eigenschaften, wie Lebendigkeitsbedingungen, können im allgemeinen einfacher in der Form von Prädikaten auf (unendlichen) Spuren beschrieben werden. Lebendigkeitseigenschaften können oft ohne Probleme auf Fairnessannahmen aufgebaut werden. Es gibt mehrere Konzepte von Lebendigkeitseigenschaften und Erfolgseigenschaften, die wir bei verteilten Systemen betrachten möchten. Beispielsweise können wir Lebendigkeitseigenschaften und Erfolgseigenschaften bzgl.

bestimmter Teilspuren, die Transaktionen repräsentieren, formulieren. Eine Teilspur ist eine Untersequenz einer gegebenen Spur, die alle Aktionen dieser Spur enthält, die bestimmte Eigenschaften erfüllen. Indem wir damit beginnen, bestimmte Aktionen in Teilspuren zu gruppieren, machen wir den ersten Schritt zu einer komponentenorientierten, stärker strukturierten Sicht eines verteilten Systems.

Die Auffassung eines Systems als Zustandsmaschine hat sich in vielen Bereichen der Informatik als fruchtbar erwiesen. Die aktionsstrukturorientierte Sicht verteilter Systeme führt durch gewisse Abstraktionen auf eine zustandsorientierte Sicht. Allerdings muß häufig der Zustandsbegriff sehr umfassend gewählt werden, sollen alle Eigenschaften eines Systems durch Aussagen über Zustände ausgedrückt werden.

Abstrakt kann man sich die Entstehung eine Zustandskonzepts folgendermaßen vorstellen: jede Aktion eines Systems bewirkt eine gewisse Zustandsänderung. Kennt man den Anfangszustand eines Systems und einen vorgegebenen endlichen Ablauf, so kann man daraus auch den Zustand des Systems nach Ausführung des entsprechenden endlichen Ablaufs erkennen, vorausgesetzt, man weiß, welche Zustandsänderungen die einzelnen Aktionen bewirken. Ein Zustand ist somit eindeutig durch einen vorgegebenen Anfangszustand und einen endlichen Ablauf charakterisiert. Führen bei vorgegebenem Anfangszustand zwei unterschiedliche endliche Abläufe auf die gleichen Zustände, so nennen wir die entsprechenden endlichen Aktionsstrukturen *zustandsäquivalent*. Durch diese Relation der Zustandsäquivalenz wird eine Äquivalenzrelation auf der Menge der endlichen Abläufe definiert. Abstrakt kann man sich vorstellen, daß jedes Zustandskonzept durch eine solche Äquivalenzrelation angegeben werden kann.

Daraus ergibt sich sofort, daß es viele unterschiedliche Möglichkeiten gibt, Zustandsbegriffe in ein System einzuführen. Dies erscheint im ersten Augenblick ein wenig paradox, weil wir von unserer Anschauung gewohnt sind, daß bestimmte Zustandsbegriffe natürlich vorgegeben sind. Dies trifft natürlich nicht zu, wenn Systeme erst entworfen werden sollen. Hier hat der Entwerfer Freiheit, einen bestimmten Zustandsbegriff einzuführen. Welche Aktionen bleibende Eindrücke hinterlassen und somit auf den Zustand einwirken, ist auch bei physikalischen Systemen nicht immer ganz einfach herauszufinden.

Aus oben Gesagtem ergibt sich, daß der *Zustandsbegriff ein abgeleiteter Begriff* ist. In einem verteilten System lassen sich viele unterschiedliche Zustandsbegriffe einführen. Es ist nicht klar, ob man den Zustandsbegriff oder auch den Begriff des verteilten Zustands als grundsätzlichen Teilbegriff für ein System fordern will und nur dann von einer Systemspezifikation sprechen möchte, wenn neben den Aktionsmengen und den Mengen von Aktionsstrukturen ein expliziter Zustandsbegriff vorgegeben ist.

2.3 Komponentensichten von Systemen

Häufig scheint es naheliegend, Systeme dadurch zu beschreiben, daß man ihre Komponenten angibt.

Dadurch beschreibt man die innere Struktur, den Aufbau oder die Verteilung eines Systems. Die komponentenorientierte Sicht kann man stark an die Aktionssicht anlehnen. Beispielsweise kann man die Aktionen in Klassen einteilen, so daß jede Aktion einer bestimmten Komponente des Systems fest zugeordnet ist. Die komponentenorientierte Sicht eines Systems entsteht demnach durch eine spezielle Klassifizierung der Aktionen.

Allerdings stößt die komponentenorientierte Sicht von Systemen an gewisse Grenzen, wenn man dynamische Systeme betrachtet, d.h. Systeme, in denen sich die Menge der Komponenten des Systems während des Ablaufs des Systems verändert. Dann ist es nicht länger ohne weiteres möglich, ein verteiltes System zu beschreiben, indem man statisch die Menge der Komponenten angibt, da in jedem Zustand des Systems eine andere Familie von Komponenten existiert. Trotzdem ist es natürlich über die Modellierung durch Aktionsspuren möglich, auch eine komponentenorientierte Sicht so zu definieren. Das Entstehen einer neuen Komponente oder das Ende der Lebensdauer einer Komponente können wieder durch Aktionen repräsentiert werden.

3. Funktionale Sichten von Systemen: Entwurfsspezifikation

Wie bereits angesprochen, agieren in der Regel Systeme nicht abgeschlossen von Umwelteinflüssen. Ein System kooperiert in der Regel mit seiner Umgebung über gewisse Ein- und Ausgabeaktionen. Deshalb ist es naheliegend, Systeme in einer Art und Weise zu modellieren, in der eine Unterscheidung in Eingabeaktionen und Ausgabeaktionen und gegebenenfalls interne Aktionen vorgenommen wird.

Allerdings läßt sich nicht immer die Aktionenmenge so einfach klassifizieren. Gelegentlich gibt es Aktionen, die sowohl als Eingabe wie als Ausgabe des Systems gleichzeitig gesehen werden können. Beispiele sind Aktionen, die nur durchgeführt werden können, wenn gewisse Voraussetzungen in der Umgebung vorliegen, aber auch gewisse Voraussetzungen für das System selbst gegeben sind. Man spricht in diesem Falle auch von *gemeinsamen Aktionen*. Häufig ist es auch nötig, zusätzliche Hilfsaktionen (Steueraktionen) einzuführen, die die Kommunikation zwischen dem System und seiner Umgebung wiedergeben.

Kann man Aktionen eines Systems in reine Eingabeaktionen der Umgebung, interne Aktionen und Ausgabeaktionen des Systems klassifizieren, so läßt sich ein System auch als präfixmonotone Funktion darstellen, die Eingabeaktionsstrukturen auf Aktionsstrukturen abbildet, die aus internen Aktionen und Ausgabeaktionen bestehen. In dieser Darstellung ergeben sich eine Anzahl von weiteren Analysemöglichkeiten.

Man erhält dadurch Kausalitäten unterschiedlicher Qualität. Es ergeben sich Beziehungen zwischen Eingabeaktionen und internen Aktionen bzw. Ausgabeaktionen wie auch Kausalitätbeziehungen zwischen internen Aktionen oder Ausgabeaktionen. Um das funktionale Verhalten eines Systems zu beschreiben, genügt es dann, die Funktion anzugeben, die Eingabeaktionsstrukturen auf Ausgabeaktionsstrukturen abbildet. Aus dieser Funktion allerdings lassen sich wieder

Aktionsstrukturen zurückgewinnen, die Ein- und Ausgabeaktionen miteinander in Beziehung setzen.

3.1 Formalismen zur Dekomposition verteilter Systeme

Wie im obigen Abschnitt bereits ausgeführt, kann ein verteiltes System einfach in Teilsysteme aufgespalten werden, wenn man die Aktionenmengen in disjunkte Klassen von Aktionen aufspaltet. Diese Aufspaltung der Aktionenmengen kann beispielsweise unter dem Gesichtspunkt der Ausführung der Aktionen durch die verschiedenen Komponenten eines verteilten Systems erfolgen.

Andere Aufspaltungsmöglichkeiten könnten beispielsweise transaktionsorientiert sein. So möchte man beispielsweise Teilaktionsstrukturen isolieren, die alle zu einem begrifflichen Vorgang gehörenden Aktionen einschließlich ihrer Kausalitäten zusammenfassen. In der Regel ergeben sich sehr unterschiedliche Möglichkeiten, Systeme zu dekomponieren. Jede bestimmte Form der Dekomposition betont andere strukturelle Eigenheiten eines Systems.

Nachdem wir eine Beschreibung eines verteilten Systems in der Schreibweise von Sequenzen von Spuren erhalten haben, entwerfen wir eine funktionalere Sicht eines verteilten Systems in einer Entwurfsspezifikation, in der wir im Besonderen zwischen Eingabe- und Ausgabeaktionen unterscheiden. Auf einfachste Weise interpretiert, ist ein verteiltes System eine monotone Abbildung von Eingabe- auf Ausgabeströme von Aktionen. Ein Strom ist eine endliche oder unendliche Sequenz. In einer stärker programmorientierten Auffassung können wir eine Komponente eines verteilten Systems als eine Funktion, die einen Strom verarbeitet, spezifizieren. In einer Spezifikation des Entwurfs müssen eine stromverarbeitende Funktion oder ein System von stromverarbeitenden Funktionen angegeben werden.

Für jeden zulässigen Eingabestrom erhält man durch die Funktion einen Ausgabestrom. Den Eingabestrom und den dazugehörigen Ausgabestrom kann man wieder in Spuren von Eingabe- und Ausgabeaktionen zusammenmischen. Die Kausalität der Aktionen im Eingabestrom bzgl. der Aktionen im Ausgabestrom ergibt sich über die Präfixmonotonie: Die i-te Aktion im Eingabestrom ist kausal für die k-te Aktion im Ausgabestrom, wenn der Ausgabestrom die Länge k nur dann erreicht, wenn der Eingabestrom mindestens die Länge i hat. Entsprechen die so definierten Spuren, die mit den Paaren der Ein- und Ausgabeströme der stromverarbeitenden Funktion verbunden werden, den in der Anforderungspezifikation vorgegebenen Bedingungen, so nennen wir die ensprechende stromverarbeitende Funktion korrekt in Bezug auf die Anforderungsspezifikation.

Mit einer präfixmonotonen stromverarbeitenden Funktion können wir also jedem Eingabestrom Spuren zuordnen, die aus der Überlagerung (dem Mischen) der Aktionen des Eingabe- und des zugeordneten Ausgabestroms bestehen.

Für unser Beispiel eines Lifts können wir ein Kontrollmodul für einen Lift entwerfen, indem wir die folgende Funktion spezifizieren.

fct (stream action) stream level control.

Diese Funktion wird durch die Gleichung

$$\text{control}(s) = h(s, \text{init})$$

spezifiziert, in der init der ursprüngliche Zustand des Liftsystems sei, in dem für alle Stockwerke i gilt: last(init) = bottom und is_req(init, i) = false.

Die Hilfsfunktion

fct (stream action, state) stream level h,

sei spezifiziert durch die Gleichungen:

$$h(\varepsilon, \sigma) = \varepsilon,$$

$$\sigma' = \text{trans}(\sigma, v.i) \Rightarrow$$

$$(\neg\text{open}(\sigma', \downarrow.i) \vee i > \text{last}(\sigma)) \wedge \text{open}(\sigma', \uparrow.i) \Rightarrow h(v.i \;\&\; s, \sigma) = \uparrow.i \;\&\; h(s, \sigma'),$$

$$(\neg\text{open}(\sigma', \uparrow.i) \vee i < \text{last}(\sigma)) \wedge \text{open}(\sigma', \downarrow.i) \Rightarrow h(v.i \;\&\; s, \sigma) = \downarrow.i \;\&\; h(s, \sigma'),$$

$$i = \text{last}(\sigma) \Rightarrow \quad (\text{open}(\sigma', \downarrow.i) \Rightarrow h(v.i \;\&\; s, \sigma) = \downarrow.i \;\&\; h(s, \sigma')) \vee$$
$$(\text{open}(\sigma', \uparrow.i) \Rightarrow h(v.i \;\&\; s, \sigma) = \uparrow.i \;\&\; h(s, \sigma')),$$

$$\text{waiting}(\sigma') \Rightarrow h(v.i \;\&\; s, \sigma) = h(s, \sigma'),$$

$$\neg\text{waiting}(\sigma) \Rightarrow h(r.i \;\&\; s, \sigma) = h(s, \text{trans}(\sigma, r.i)),$$

$$\text{waiting}(\sigma) \wedge i < \text{last}(\sigma) \Rightarrow h(r.i \;\&\; s, \sigma) = \downarrow.\text{last}(\sigma) \;\&\; h(s, \text{trans}(\sigma, r.i)),$$
$$\text{waiting}(\sigma) \wedge \text{last}(\sigma) < i \Rightarrow h(r.i \;\&\; s, \sigma) = \uparrow.\text{last}(\sigma) \;\&\; h(s, \text{trans}(\sigma, r.i)),$$
$$\text{waiting}(\sigma) \wedge \text{last}(\sigma) = i \Rightarrow h(r.i \;\&\; s, \sigma) = i \;\&\; h(s, \text{trans}(\sigma, r.i)).$$

Das Verhalten des Liftsystems selbst entspricht einer Funktion, die einen Strom von Stockwerken als Eingabe nimmt und einen Strom von Aktionen als Ausgabe liefert:

fct (stream level) stream action f.

Diese Funktion erfüllt die Eigenschaft, die durch das Prädikat LIFT spezifiziert wird. Man nimmt an, daß LIFT das schwächste Prädikat ist, das die folgende Gleichung erfüllt

$$\begin{aligned}
\mathrm{LIFT}(f) \Leftrightarrow \exists f'\colon \mathrm{LIFT}(f') \wedge \\
&\forall\ \textbf{stream level}\ s\colon (\forall\ \textbf{level}\ i\colon |\ \mathrm{filter}(f(s), \{v.i\})\ | = |\ \mathrm{filter}(s, \{i\})\ |) \wedge \\
&\quad ((\exists\ \textbf{level}\ i\colon f(s) = r.i\ \&\ f'(s)) \vee \\
&\quad (s \neq \varepsilon \wedge f(s) = v(ft(s))\ \&\ f'(rt(s))) \vee \\
&\quad (s = \varepsilon \wedge f(s) = \varepsilon)),
\end{aligned}$$

Die Funktion filter sei spezifiziert durch die Axiome:

$$\begin{aligned}
&\mathrm{filter}(\varepsilon, X) = \varepsilon, \\
&\mathrm{filter}(a\ \&\ s, X) = \mathrm{filter}(s, X) && \text{if } \neg(a \in X) \\
&\mathrm{filter}(a\ \&\ s, X) = a\ \&\ \mathrm{filter}(s, X) && \text{if } a \in X.
\end{aligned}$$

Diese Spezifikation ist äquivalent zu

$$\mathrm{LIFT}(f) = \forall\ \textbf{stream level}\ s\colon \mathrm{visit\_levels}(f(s)) = s,$$

wobei die Funktion visit_levels definiert ist durch

$$\begin{aligned}
&\mathrm{visit_levels}(\varepsilon) = \varepsilon, \\
&\mathrm{visit_levels}(r.i\ \&\ s) = \mathrm{visit_levels}(s), \\
&\mathrm{visit_levels}(v.i\ \&\ s) = i\ \&\ \mathrm{visit_levels}(s).
\end{aligned}$$

Hier ist es wichtig, daß wir die Klasse von stromverarbeitenden Funktionen, die den möglichen Verhaltensweisen des Lifts entsprechen, genau spezifizieren. Diese Spezifikation wird für den Korrektheitsbeweis benötigt, in dem gezeigt wird, daß die Liftkontrollfunktion ein korrektes Systemverhalten erzeugt. Dazu ist jedoch erforderlich, daß die Reaktionsmuster des Lifts hinreichend genau beschrieben sind. Nur wenn der Lift sich entsprechend der Beschreibung verhält, kann insgesamt ein korrektes Systemverhalten gezeigt werden.

Man beachte, daß das Verhalten eines Lifts nur spezifiziert werden muß, aber nicht in Software realisiert zu werden braucht.

Untermodule eines Systems können entsprechend unserem Beispiel durch stromverarbeitende Funktionen repräsentiert werden. Stromverarbeitende Funktionen können einfach mit Hilfe von algebraischen Techniken in der Form von Spezifikationen mit Hornklauselgleichungen beschrieben werden.

Die Korrektheit der Entwurfsspezifikation bezüglich der Anforderungsspezifikation, die ja durch das Prädikat lift_trace auf Spuren definiert ist, wird durch das folgende Lemma bewiesen:

Lemma: *Korrektheit der Entwursfspezifikation*
Für alle (stetigen) Funktionen f mit LIFT(f) und alle Spuren s:

$$s = \mathbf{fix}\ \lambda\ x: f(\text{control}.x) \quad \Rightarrow \quad \text{lift\_trace}(s).$$

wobei **fix** hier den Fixpunktoperator bezeichnet, der einer (monotonen) Funktion ihren kleinsten Fixpunkt zuordnet.
Beweis: Siehe [Broy 88].

Die beschriebene Vorgehensweise für die Modellierung einer Systemkomponente ist typisch für viele Anwendungsbeispiele.

3.2 Komposition von Systemkomponenten

Für den modularen Entwurf von Systemen ist es nicht nur von Interesse, Systeme in Teilsysteme zerlegen zu können. Es ist von enormer Wichtigkeit, Systeme aus Teilsystemen zusammensetzen zu können. Allerdings sieht man an einfachen Beispielen, daß nicht jede Dekomposition eindeutig umkehrbar ist. Hat man ein vorgegebenes System in Teilsysteme zerlegt, so kann man nur aus Kenntnis der Teilsysteme in der Regel das Gesamtsystem nicht wieder eindeutig rekonstruieren.

Demnach sind zusätzliche Informationen über die Teilsysteme nötig, die es erlauben, das Gesamtsystem wieder eindeutig zusammenzusetzen. Welche Informationen dazu benötigt werden, hängt stark von den vorgesehenen Kompostionsformen ab, die verwendet werden, um Teilsysteme zusammenzusetzen. Programmiersprachliche Ansätze für den modularen Aufbau von verteilten Systemen wie *Concurrent PASCAL,* MODULA oder ADA oder die neueren sprachlichen Ansätze wie CSP, CCS, OCCAM oder funktionale Sprachen zur Beschreibung verteilter Systeme definieren sehr unterschiedliche Operatoren, die im Prinzip dazu dienen sollen, verteilte Systeme aus Komponenten modular aufzubauen. Durch die spezielle Wahl der Operatoren wird es nötig, für ein vorgegebenes verteiltes System weitere Angaben zu machen, so daß das Verhalten eines Systems, das mit den angegebenen Kompositionsoperatoren aus gewissen Teilsystemen aufgebaut ist, genau festgelegt wird.

Hier ergibt sich ein enger Bezug zu der Beschreibung eines Systems durch seine Wirkung auf die Umgebung. Wird ein System durch Komposition mit anderen Systemen verknüpft, so erscheinen die anderen Systeme als die Umgebung für das gegebene System. Es muß die Wechselwirkung zwischen System und Umgebung beschrieben werden. Die Verknüpfungsoperation, die das eigentliche System und seine Umgebung zu einem geschlossenen System verknüpft, ist im wesentlichen ein Schema für die Angabe einer solchen Wechselwirkung zwischen System und Umgebung.

4. Abstrakte kommunizierende Programme

Stromverarbeitende Funktionen kann man direkt als Repräsentation abstrakter Programme verstehen. Es läßt sich eine kleine Programmiersprache angeben, deren Programme Systeme stromverarbeitender Funktionen semantisch beschreiben. Auf dieser Ebene ist in einer Weise Nichtdeterminismus enthalten, indem, wie in der Entwurfsspezifikation, eine Menge von stromverarbeitenden Funktionen beschrieben wird. Wenn man eine nichtdeterministische funktionale Sprache, die Ströme verarbeitet, auf denotationelle Weise behandelt, wird eine Menge von stromverarbeitenden Funktionen mit einer nichtdeterministischen Funktionsdeklaration assoziiert. Eine rekursive Funktionsdeklaration einer stromverarbeitenden Funktion mit nichtdeterministischer rechter Seite wird ebenfalls als konstruktive Spezifikation einer Menge der stromverarbeitender Funktionen verstanden.

Um das abstrakte Programm weiter zu verfeinern, könnten wir eine Anzahl weiterer Entwicklungsrichtungen betrachten. Eine Möglichkeit besteht darin, eine Spezifikation robuster zu machen, d.h. eine Anzahl von zusätzlichen Nachrichten wie Fehlermeldungen oder Bedingungen hinzuzufügen, so daß eine falsche Eingabe an das System nicht notwendigerweise zu einem Kollaps des Systems, sondern zu einem Zustand führt, in dem eine Fehlerbehandlung möglich ist.

Die andere Möglichkeit besteht darin, das System effizienter zu strukturieren, beispielsweise aus einer stromverarbeitenden Funktion ein System ("Netz") von parallel ablaufenden, kommunizierenden Teilsystemen zu entwickeln, wobei die Teilsysteme wieder stromverarbeitenden Funktionen entsprechen. Die Verbindungen zwischen den Funktionen entsprechen Strömen. Programmiertechnisch bedeutet das, eine Anzahl von rekursiven Stromdeklarationen einzuführen.

Die Zusammenarbeit der Funktion, die den Lift kontrolliert, und des Liftes selbst kann durch den kleinsten Fixpunkt der folgenden Gleichung spezifiziert werden

stream action t = f(c), **stream level** c = control(t)

in der f eine Funktion mit LIFT(f) ist. Alle Techniken der Fixpunkttheorie können eingesetzt werden, um Eigenschaften eines solchen Systems zu beweisen. Alle Techniken aus dem transformierenden Programmieren können verwendet werden, um aus einer gegebenen Deklaration einer Funktion ein System von Deklarationen von Strömen zu erhalten.

Ein Programm, daß die Funktion h implementiert, auf der die Funktion control basiert, liest sich folgendermaßen:

```
fct h = (stream action s, state σ) stream level:
  if waiting(σ)
    then  if is_v(ft(s))              then ERROR
          elif level(ft(s)) < last(σ) then ↓.last(σ) & h(rt(s), trans(σ, ft(s)))
          elif level(ft(s)) > last(σ) then ↑.last(σ) & h(rt(s), trans(σ, ft(s)))
                                      else level(ft(s)) & h(rt(s), trans(σ, ft(s))) )
```

```
            fi
      else  if is_v(ft(s)) ∧ ¬waiting(trans(σ, ft(s)))
                              then next(σ, level(ft(s))) & h(rt(s), trans(σ, ft(s)))
                              else h(rt(s), trans(σ, ft(s)))
            fi
  fi
```

next ist dabei nichtdeterministisch und sei durch folgende Deklaration spezifiziert:

```
next(σ, i) =
if (¬open(σ', ↓.i) ∨ i ≥ last(σ) ) ∧ open(σ', ↑.i) then ↑.i
orif (¬open(σ', ↑.i) ∨ i ≤ last(σ) ) ∧ open(σ', ↓.i) then ↓.i
fi

where σ' = trans (σ, v.i).
```

Die Korrektheit dieses Programms ist ziemlich offensichtlich, da es nur die Gleichungen benutzt, die bereits als korrekt bewiesen wurden. Dies kann formal beispielsweise durch die Regeln in [Broy 87] gezeigt werden.

Man kann effizientere Versionen dieses Programmes erhalten, indem man zu iterativen Versionen übergeht.

5. Effizientere nebenläufige Programme

Man kann Transformationen benutzen, um prozedurale Programme, die über Kanäle kommunizieren, aus Systemen von stromverarbeitenden Funktionen abzuleiten. Eine weitere Möglichkeit besteht darin, Funktionsdefinitionen zu transformieren, bis sie sich in einer Form befinden, von der ausgehend man prozedurale Programme erhalten kann, die auf Kanälen arbeiten, oder CSP-ähnliche Programme. In beiden Fällen kann man Kalküle für die Transformation entwickeln. Eine iterative Version des Kontrollprogramms liest sich folgendermaßen:

```
procedure control = input channel t, output channel c:
   var level last, k, j := bottom, bottom, bottom;
   var bool waiting := true;
   var action a;
   var level array bool open;
   for j from bottom to top do open[j] := false od;
   do  receive a from t;
```

```
    if is_v(a)        then ERROR
                      else k := level(a)
    fi;
    if     last < k then for j from ↑.last to k do open[j] := true od; send ↑.last on c
    elif   last > k then for j from k to ↓.last do open[j] := true od; send ↓.last on c
                        else open[last] := true; send last on c
    fi;
    waiting := false;
    while ¬waiting do
           receive a from t;
           k := level(a);
           if is_v(a)
           then  open[k] := false;
                 if (¬open[↓.k] ∨ k ≥ last) ∧ open[↑.k]
                          then send ↑.k on c; open[k] := open[↓.k]
                 orif (¬open[↑.k] ∨ k ≤ last) ∧ open[↓.k]
                          then send ↓.k on c; open[k] := open[↑.k]
                          else nop
                 fi;
                 last := k;
                 waiting := open[↑.last] ∨ open[↓.last]
           else  if    last < k then for j from ↑.i to k do open[j] := true od
                 elif  last > k then for j from k to ↓.i do open[j] := true od
                             else open[k] := true
                 fi
           fi
    od
od
```

In diesem Programm wurde der Zustand des Systems in dem Array open und der Programmvariablen last kodiert. Das abstrakte Programm control kann einerseits dazu benutzt werden, um daraus konkrete Programme abzuleiten, deren Korrektheit durch die Konstruktion bewiesen wird. Andererseits können die konkreteren Programme freier programmiert werden und die Korrektheit dieser Programme kann im Hinblick auf das abstraktere Programm gezeigt werden, indem man z.B. prädikative Spezifikationen, wie die von [Hehner 84] vorgeschlagenen, verwendet.

In dem obigen Programm formt die folgende Aussage eine Invariante der Wiederholungsanweisungen für beide while-Blöcke:

$\exists$ **level** max, min : $\forall$ **level** k : open[k] = true $\Leftrightarrow$ min $\leq$ k $\leq$ max

Mit dieser Invariante können wir eine effizientere Version des obigen Programms erhalten, in dem die for-Wiederholungen durch einfache Zuweisungen ersetzt wurden.

```
procedure control = input channel t, output channel c:
   var level last, k, min, max := bottom, bottom, top, bottom;
   var action a;
   do receive a from t;
      if is_v(a)        then ERROR
                        else k := level(a)
      fi;
      if      last < k     then min, max := ↑.last, k; send ↑.last on c
      elif    last > k     then min, max := k, ↓.last; send ↓.last on c
                           else min, max := k, k; send last on c
      fi;
      while min ≤ max do
             receive a from t;
             k := level(a);
             if is_v(a)
             then if min = k then min := ↑.k fi;
                  if max = k then max := ↓.k fi;
                  if (¬(min ≤ ↓.k ≤ max) ∨ k ≥ last) ∧ min ≤ ↑.k ≤ max
                                          then send ↑.k on c
                  orif (¬( min ≤ ↑.k ≤ max) ∨ k ≤ last) ∧ min ≤ ↓.k ≤ max
                                          then send ↓.k on c
                                          else nop
                  fi;
                  last := k;
             else if    max < k           then max := k
                  elif  min > k           then min := k
                  fi;
             fi
      od
   od
```

Auch diese Version kann durch Zusicherungstechniken verifiziert werden, die auf der Spezifikation der Funktion control basieren.

6. Zusammenfassung und Vergleich mit verwandten Arbeiten

Ein allgemeiner Rahmen wurde durch das einfache Beispiel des Lifts verdeutlicht, in dem kausal vernetzte Systeme spezifiziert, Module von kommunizierenden Programmen entworfen und in effiziente Versionen entwickelt werden können. Alle diese Schritte kann man durch formale Techniken darstellen und verifizieren. Darüber hinaus können sowohl der Entwurf durch Rapid Prototyping Tools als auch der Herleitungs- und Verifikationsprozeß durch inferenzbasierte Unterstützungssysteme erleichert werden.

Es gibt zahlreiche Ansätze für die Spezifikation und Modellierung von verteilten Systemen, einschließlich temporaler Logik, Petrinetzen, Zustandsmaschinen ([Ginzburg 68], [Minsky 67]), algebraischer Spezifikationen (cf. [Owicki 79], [Bergstra, Tucker 85], [Kaplan, Pnueli 87]), und mehrerer sprachorientierter Formalismen wie CSP (cf. [Hoare 85]) oder CCS (cf. [Milner 80]). Viele dieser Versuche richten sich auf einen bestimmten Aspekt bei der Beschreibung oder beim Entwurf von verteilten Systemen wie Spezifikation, Verifikation, Analyse oder Design.

Nur wenige Ansätze sind zu einander in Beziehung gesetzt und zielen auf ein ziemlich weites Spektrum, das zur Entwicklung verteilter Systeme nötig ist. Man benötigt deshalb einen verbindenden Rahmen, in dem die verschiedenen Konzepte, Modellierungs- und Beschreibungsmethoden zusammengebracht und Seite an Seite auf flexible Art und Weise benutzt werden können. Dieser Rahmen beinhaltet Formalismen zur Spezifikation und Repräsentation ebenso wie (logische) Kalküle zur Verifikation und Transformation von Systembeschreibungen.

In dem oben behandelten Beispiel verwenden wir eine Kombination von Techniken der algebraischen Spezifikation (z.B. die Axiomatisierung von Zuständen), Verarbeitung von Strömen, Prädikatenlogik und funktionaler Programmierung. Offensichtlich ist es möglich, die meisten Schritte durch interaktive Werkzeuge unterstützen.

Danksagung

Der beschriebene Ansatz entstand nicht zuletzt aus vielen Diskussionen, auch in der Interessengruppe verteilte Systeme an der Universität Passau. Diesen Diskussionspartnern bin ich zu Dank verpflichtet.

Literatur

[Barringer 87]
H. Barringer: Up and down the temporal way. The Computer Journal 30:2 (1987) 134-148.

[Bergstra, Tucker 85]
J.A. Bergstra, J.V. Tucker: Top-down design and the algebra of communicating processes. Science of Computer Programming 5, 1985.

[Bernstein 66]
A. J. Bernstein: Analysis of programs for parallel processing. IEEE Trans. Electron. Comput. **15** (5) (1966) 757-763.

[Brauer 80]
W. Brauer (ed.): Net theory and applications. Lecture Notes in Computer Science **84**, Berlin-Heidelberg-New York-Tokyo: Springer 1980

[Brinch Hansen 78]
P. Brinch Hansen: Distributed processes: A concurrent programming concept, Comm. ACM **21** (11) (1978) 934-941.

[Broy 82]
M. Broy: A theory for nondeterminism, parallelism, communication and concurrency. Habilitation, Fakultät für Mathematik und Informatik der Technischen Universität München, 1982, Revised version in Theoretical Computer Science 45 (1986) 1-61.

[Broy 84]
M. Broy: Algebraic methods for program construction: The project CIP. In: P. Pepper (ed): Program Transformation and Programming Environments. NATO ASI Series. Series F: 8. Berlin-Heidelberg-New York-Tokyo: Springer 1984, 199-222.

[Broy 85]
M. Broy: Specification and top down design and distributed systems (invited talk). In: H. Ehrig et al. (eds.): Formal Methods and Software Development. Lecture Notes in Computer Science 186, Springer 1985, 4-28, Revised version in JCSS 34:2/3, 1987, 236-264.

[Broy 87a]
M. Broy: Views of Queues. Technische Berichte der Fakultät für Mathematik und Informatik, Universität Passau, 1987, MIP-8704, erscheint in Science of Computer Programming.

[Broy 87b]
M. Broy: Predicative specifications for functional programs describing communicating networks. Information Processing Letters 25:2, May 1987, 93 - 101.

[Broy 88]
M. Broy: Design of concurrent systems in a formal setting: the lift example. Fakultät für Mathematik und Informatik. Universität Passau 1988, MIP-8802.

[Degano et al. 85]
P. Degano, R. De Niccola, U. Montanari: Partial ordering derivations for CCS. FCT 85, Lecture Notes in Computer Science **199**, Berlin-Heidelberg-New York-Tokyo: Springer 1985, 520-533

[Degano, Montanari 85]
P. Degano, U. Montanari: Distributed systems, partial ordering of events, and event structures. In: M. Broy; Control Flow and Data Flow: Concepts of Distributed Programming. NATO ASI Series, Series F: Computer and System Sciences, Vol. 14, Berlin-Heidelberg-New York-Tokyo: Springer 1985, 7-106.

[Dijkstra 68]
E.W. Dijkstra: Co-operating sequential processes. In: F.Genuys, Ed., Programming Languages. Academic Press, New York, 1968, 43-112.

[Ginzburg 68]
A. Ginzburg: Algebraic theory of automata. Academic Press 1968.

[Hehner 84]
E.C.R. Hehner: Predicative programming (Part I and II). Comm. ACM 27:2 (1984), 134 -151

[Hennessy, Plotkin 79]
M.C.B. Hennessy, G.D. Plotkin: Full abstraction for simple parallel programs. 8th Mathematical Foundations of Computer Science, Olomouc, 1979, Lecture Notes in Computer Science

[Hennessy, Milner 80]
M.C.B. Hennessy, R. Milner: On observing nondeterminism and concurrency. In: J. de Bakker, J. van Leeuwen: International Colloquium on Automata, Languages and Programming 80, Lecture Notes in Computer Science 85, Berlin-Heidelberg-New York: Springer 1980, 299-309.

[Hennessy, Plotkin 80]
M. Hennessy, G. Plotkin: A term model for CCS. 9th Mathematical Foundations of Computer Science (1980), Lecture Notes in Computer Science 88, Berlin-Heidelberg-New York: Springer 1980, 261-274.

[Hoare 72]
C.A.R. Hoare: Towards a theory of parallel programming, in: C.A.R. Hoare and R.H. Perott, Eds., Operating Systems Techniques. Academic Press, New York, 1972, 61-71.

[Hoare 74]
C.A.R. Hoare: Monitors: An operating systems structuring concept, Comm. ACM **17**(10) (1974) 549-557.

[Hoare 78]
C.A.R. Hoare: Communicating sequential processes, Comm. ACM **21** (8) (1978) 666-667.

[Hoare et al. 81]
C.A.R: Hoare, S.D. Brookes and A.W. Roscoe: A theory of communicating sequential processes. Oxford University Computing Laboratory, Programming Research Group, Technical Monograph PRG-21, Oxford (1981). Also in: J. ACM 31 (1984) 560-599.

[Hoare 85]
C.A.R. Hoare: Communicating sequential programs. Prentice Hall International 1985

[Kahn, MacQueen 77]
G. Kahn and D. MacQueen, Coroutines and networks of processes, Proc. IFIP Congress 1977,

[Kaplan, Pnueli 87]
S. Kaplan, A. Pnueli: Specification and implementation of concurrently accessed data structures: An abstract data type approach. In: F.J. Brandenburg, G. Vidal-Naquet, M. Wirsing (eds.): STACS 87, Lecture Notes in Computer Science 247, Springer 1987, 220-244.

[Masurkiewicz 85]
A. Masurkiewicz: Traces, histories, graphs: instances of a process monoid. In: M.P. Chytil, V. Koubek (eds.): MFCS 1984, Lecture Notes in Computer Science **92**, Berlin-Heidelberg-New York-Tokyo: Springer 1985, 115-133

[MacQueen 79]
D.B. MacQueen, Models for distributed computing, IRIA RR No. 351 (1979)

[Milner 80a]
R. Milner: A Calculus for Communicating Systems, Lecture Notes in Computer Science **92**, Berlin-Heidelberg-New York-Tokyo: Springer 1980

[Milner 80b]
R. Milner: On relating synchrony and asynchrony. University of Edinburgh, Department of Computer Science, Internal Report CSR-75-80, December 1980

[Minsky 67]
M.L. Minsky: Computation: Finite and infinite machines. Prentice Hall 1967.

[Nielsen et al. 81]
M. Nielsen, G. Plotkin, G. Winskel: Petri nets, event structures, and domains. Part 1. Theoretical Computer Science 13, 1981, 85-108

[Owicki 79]
S. Owicki: Specifications and proofs for abstract data types in concurrent programs. In: F.L. Bauer, M. Broy (eds.): Program Construction. Lecture Notes in Computer Science 69, Springer 1979, 174-197

[Pepper 85]
P. Pepper: Application of modal logics to the reasoning about applicative programs. Technische Universität München, Habilitation Thesis 1985

[Rozenberg 85]
G. Rozenberg: Advances in Petri-nets. Lecture Notes in Computer Science **188**, Berlin-Heidelberg-New York-Tokyo: Springer 1985

[Tesler, Enea 68]
L.G. Tesler and H.J. Enea: A language design for concurrent processes, Spring Joint Computer Conference (1968) 403-408.

[Winkowski 80]
J. Winkowski: Behaviors of concurrent systems. Theoretical Computer Science **11**, 1980, 39-60.

[Wirsing et al. 83]
M. Wirsing, P.Pepper, H. Partsch, W. Dosch, M. Broy: On hierarchies of abstract data types. Acta Informatica 20, 1983, 1-33.

Fehlermodelle in verteilten Echtzeitsystemen

H. Kopetz
Technische Universität Wien

Kurzfassung

In einem verteilten System können auftretende Fehler innerhalb der Komponenten behoben, auf der Architekturebene erkannt und behandelt oder durch eine geeignete Kombination von Maßnahmen auf Komponenten- und Architekturebene toleriert werden. Wenn die Fehlerbehandlung ausschließlich auf der Architekturebene durchgeführt wird, so sind ein hoher Grad an Komponenten-Redundanz und aufwendige Protokolle zur Datenkommunikation erforderlich, um das bösartig fehlerhafte Verhalten von Komponenten erkennen und tolerieren zu können. Durch diese aufwendigen Kommunikationsprotokolle wird das Zeitverhalten des Systems stark belastet. Es ist das Ziel der vorliegenden Arbeit, den Zusammenhang zwischen dem Ausfallverhalten der Komponenten eines verteilten fehlertoleranten Echtzeitsystems und dem Aufwand für die Fehlerbehandlung auf der Architekturebene zu analysieren, um auch im Fehlerfall ein gültiges, konsistentes und rechtzeitiges Systemverhalten gewährleisten zu können.

Diese Arbeit wurde gefördert vom österreichischen Fond zur Förderung der wissenschaftlichen Forschung, Projekt Nr."P6251", und vom Bundesministerium für Wissenschaft und Forschung unter Projekt Nr. GZ 605.504/3-26/87.

1. Einleitung

Die Anforderungen an die Zuverlässigkeit und Sicherheit von Echtzeitanwendungen erfordern den Einsatz von fehlertoleranten Systemen. In verteilten Echtzeitsystemen wird die Fehlertoleranz meist über aktive Redundanz realisiert, d.h. eine Anzahl von Komponenten arbeitet zeitlich parallel und sendet redundante Ausgabenachrichten an intelligente Signalempfänger in der zu steuernden Anlage. Es ist die Aufgabe dieser intelligenten Signalempfänger aus dieser Menge von redundanten Nachrichten, die teilweise fehlerhaft sein können, jenes Verhalten abzuleiten, das der Spezifikation des Echtzeitsystems im Zeit- und Wertebreich entspricht. Dabei müssen gewisse Annahmen über Art and Anzahl der auftretenden Fehler, d.i. die Fehlerhypothese, erfüllt sein.

Grundsätzlich gibt es zwei unterschiedliche Lösungsansätze, um Fehlertoleranz in verteilten Echtzeitsystemen zu realisieren. Im ersten Lösungsansatz werden wenige Annahmen über das Verhalten der fehlerhaften Komponenten gemacht. Als Folge sind ein hoher Grad an Komponentenredundanz und aufwendige Protokolle zur Datenkommunikation erforderlich /Lam82/, um das bösartig fehlerhafte Verhalten von Komponenten auf Architekturebene erkennen und tolerieren zu können. Durch die aufwendigen Kommunikationsprotokolle wird das Zeitverhalten des Systems stark belastet.

Im zweiten Lösungsansatz werden sehr einschränkende Annahmen über das mögliche Fehlverhalten der Komponenten vorausgesetzt, z.B. ein "fail silent" Verhalten, d.h. jede Komponente erkennt ihre Fehler und schaltet sich ab, ehe eine fehlerhafte Nachricht ausgegeben wird. Unter solchen Annahmen wird die Fehlerbehandlung auf Architekturebene wesentlich einfacher.

Es ist das Ziel der vorliegenden Arbeit, den Zusammenhang zwischen dem Ausfallverhalten der Komponenten eines verteilten fehlertoleranten Echtzeitsystems und dem Aufwand für die Fehlerbehandlung auf der Architekturebene zu analysieren, um auch im Fehlerfall ein gültiges, konsistentes und rechtzeitiges Systemverhalten gewährleisten zu können.

Nach einer kurzen Einführung in das Gebiet der verteilten Echtzeitsysteme werden in Kapitel 3 die verschiedenen Ausfallarten der Komponenten im Zeit- und Wertebereich beschrieben. In Kapitel 4 werden die notwendigen Voraussetzungen für ein gültiges und konsistentes Systemverhalten fehlertoleranter Systeme behandelt und die Varianten einer synchronen und asynchronen Architektur eingeführt. In Kapitel 5 wird schließlich das Verhältnis von Architekturkomplexität zu Komponentenkomplexität am Beispiel bestehender fehlertoleranter Systeme diskutiert.

In dieser Arbeit wird die Terminologie zur Zuverlässigkeit von /Lap87/ verwendet. Ein Ausfall (failure) tritt zu jenem Zeitpunkt auf, zu dem das beobachtete äußere Verhalten des betrachteten Systems vom spezifizierten äußeren Verhalten abweicht. Ein Ausfall ist der Ausdruck eines Fehlzustands oder kurz Fehlers (error) innerhalb des betrachteten Systems. Die Ursache für diesen Fehlzustand wird als Fehlerursache (fault) bezeichnet.

2. Verteilte Echtzeitsysteme

Die Aufgaben eines Echtzeitsystems können am besten durch die Beschreibung der vom System auszuführenden Echtzeittransaktionen spezifiziert werden. Eine Echtzeittransaktion ist eine durch einen Stimulus ausgelöste Folge von Verarbeitungsschritten, die das System von einem konsistenten Zustand in einen anderen konsistenten Zustand überführt und die innerhalb eines spezifierten Zeitintervalls das beabsichtigte Resultat liefern muß. Diese Art der Anforderungsspezifikation verbindet die funktionalen und die zeitlichen Aspekte des Systemverhaltens.

Der Stimulus und das Resultat einer Echtzeittransaktion können durch Nachrichten zwischen der Systemumgebung und dem System dargestellt werden. Das äußere Verhalten des Echtzeitsystems kann somit durch die Angabe der Stimulus-Nachricht, des inneren Zustands des Systems, der geforderten Verarbeitung, der erwarteten Resultat-Nachricht und der Zeitbedingungen zwischen diesen Nachrichten beschrieben werden. In einem Echtzeitsystem ist die Resultatnachricht durch den Nachrichteninhalt, d.i. der Wert der Nachricht, und dem spezifizierten Zeitintervall ihrer Ausgabe gekennzeichnet. Nachrichtenwert und Nachrichtenzeit bilden somit eine untrennbare Einheit.

In der folgenden Tabelle sind die wesentlichen Unterscheidungsmerkmale zwischen typischen "harten" Echtzeitsystemen und den "On-line" Systemen dargestellt:

Merkmal	Echtzeit	On-line
Antwortzeit	muß eingehalten werden	flexibel
Verarbeitungstakt	vorgegeben durch die Umgebung	vom Rechner bestimmt
Flußkontrolle	implizit	explizit
Verhalten im Hochlastfall	vorhersehbar	Verzögerungen zulässig
Sicherheit	kritisch	unkritisch

Abb. 1: Echtzeitsysteme versus Online Systeme

Ein verteiltes Echtzeitsystem besteht aus einer Anzahl von Komponenten, d.s. autonome Computer einschließlich der zur Erfüllung der Aufgaben notwendigen Software, die über ein Echtzeitkommunikationssystem verbunden sind. Der Informationsaustausch zwischen den Komponenten des verteilten Systems erfolgt ausschließlich über Nachrichten.

Ein Echtzeitkommunikationssystem verfügt über einen Kommunikationskanal, der von allen Komponenten gemeinsam genutzt wird (z.B. ein Bus oder Ring) und einer Anzahl von Verbindungen zwischen den Komponenten und dem Kommunikationskanal. Das Echtzeitkommunikationssystem muß in der Lage sein, Nachrichten zwischen zwei beliebigen Komponenten innerhalb eines vorgegebenen Zeitintervalls zu transportieren.

Die folgende Abb. 2 zeigt die Struktur einer typischen Echtzeitanwendung. Dabei werden folgende Strukturelemente unterschieden

(1) Komponente, d.i. autonomer Computer inklusive der Anwendungssoftware
(2) gemeinsamer Kommunikationskanal
(3) Verbindung
(4) intelligente Signalgeber
(5) intelligente Signalempfänger

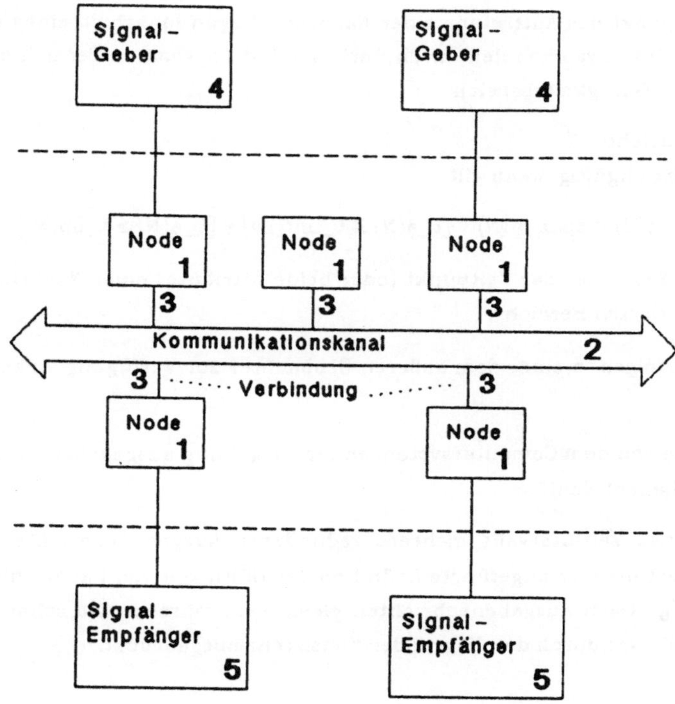

Abb. 2: Struktur eines Echtzeitsystems

3. Ausfallarten

Wie schon erwähnt, erfolgt der Austausch der Informationen zwischen den Elementen des Systems in Abb. 2 ausschließlich über Nachrichten, d.s. Datenstrukturen, die zum Zwecke der Interprozeßkommunikation gebildet werden.

Im folgenden soll der Begriff der gültigen und ungültigen Nachricht definiert werden, wobei folgende Abkürzungen gelten:

W_akt(N)	Wert der Nachricht N
t_a(N)	Zeitpunkt der Empfangs der Nachricht N
spez_W(N)	spezifizierte gültige Wertemenge der Nachricht N
t_unt(N)	untere spez. Zeitschranke der Nachricht N
t_ob(N)	obere spez.Zeitschranke der Nachricht N

Def.: gültige Nachricht N
Eine Nachricht N ist gültig, wenn gilt

$$W\_akt(N) \in spez\_W(N) \wedge [t\_unt(N) < t\_a(N) < t\_ob(N)]$$

d.h. Wert und Zeitpunkt des Auftretens einer Nachricht liegen innerhalb eines spezifizierten Bereichs /Ezh86/. Wir bezeichen den durch Wert und Zeit begrenzten Bereich einer gültigen Nachricht als deren Gültigkeitsbereich.

Def: ungültige Nachricht
Eine Nachricht N ist ungültig, wenn gilt

$$W\_akt(N) \in spez\_W(N) \vee [t\_a(N) \leq t\_unt(N)] \vee [t\_a(N) \geq t\_ob(N)]$$

d.h. entweder der Wert oder der Zeitpunkt (oder beide Attribute) einer Nachricht liegen außerhalb des spezifizierten Bereichs.

Die Zeitangaben erfolgen in einer dem äußeren Beobachter zur Verfügung stehenden absoluten Zeitskala.

Eine Nachricht, die von dem Computersystem an die Umgebung ausgegeben wird, bezeichnen wir als eine Ausgabenachricht.

Wenn während eines Zeitintervalls mehrere redundante Ausgabenachrichten ausgegeben werden, so erfordert die hier angeführte Definition der Gültigkeit von Nachrichten nicht, daß alle redundanten gültigen Ausgabenachrichten gleich sein müssen. Die schärfere Anforderung der Gleichheit wird durch den Begriff der Konsistenz ausgedrückt.

Def. Konsistenz:
Eine Anzahl von redundanten gültigen Ausgabenachrichten ist konsistent, wenn alle Ausgabenachrichten im Wertebereich und im Zeitbereich gleich sind.

Der Begriff der "Gleichheit" im Zeit und Wertebereich wird im weiteren noch ausführlich behandelt.

Inkonsistentes Verhalten eines Systems kann, vor allem in zeitkritischen Anwendungen und beim Einsatz von Entwurfsdiversität, zu katastrophalen Systemausfällen führen. Wenn z.B. eine inhaltlich richtige Ausgabenachricht, die an mehrere Signalempfänger (z.B. Ampeln an einer Verkehrskreuzung) gerichtet ist, von den einzelnen Signalempfängern (d.s. Ampeln) zu ungleichen Zeitpunkten empfangen und umgesetzt wird, so kann die auftetende Inkonsistenz zu katastrophalen Folgen führen.

Ein Komponentenausfall tritt auf, sobald eine Ausgabenachricht im Zeitbereich oder im Wertebreich der Spezifikation widerspricht. Im weiteren werden folgende Ausfallarten unterschieden

1. O-Ausfall (Omission Failure): Ein O-Ausfall liegt vor, wenn eine aufgrund der Spezifikation erwartete gültige Nachricht nicht eintrifft. Die Entscheidung, ob ein O-Ausfall vorliegt, kann erst am Ende des spezifizierten Zeitintervalls getroffen werden.

2. P-Ausfall (Production Failure): Ein P-Ausfall liegt vor, wenn eine ungültige Nachricht eintrifft. Beim P-Ausfall können folgende Fälle auftreten:

   2.1 V-Ausfall (Value Failure): Ein V-Ausfall liegt vor, wenn eine inhaltlich falsche Nachricht innerhalb des spezifierten Zeitintervalls eintrifft.

   2.2 T-Ausfall (Timing Failure): Ein T-Ausfall tritt auf, wenn eine wertmäßig richtige Nachricht außerhalb des spezifizierten Zeitintervalls eintrifft.

   2.3 C-Ausfall (Combined Failure): Ein C-Ausfall liegt vor, wenn eine wertmäßig falsche Nachricht außerhalb des spezifizierten Zeitintervalls eintrifft.

Wenn ein O-Ausfall und ein V-Ausfall gleichzeitig auftreten (eine richtige Nachricht fehlt und eine falsche wird empfangen), so bezeichnen wir diesen Ausfall als OV-Ausfall.

In Abb. 3 sind die verschiedenen Ausfallarten einer Komponente im Wert/Zeitdiagramm angeführt.

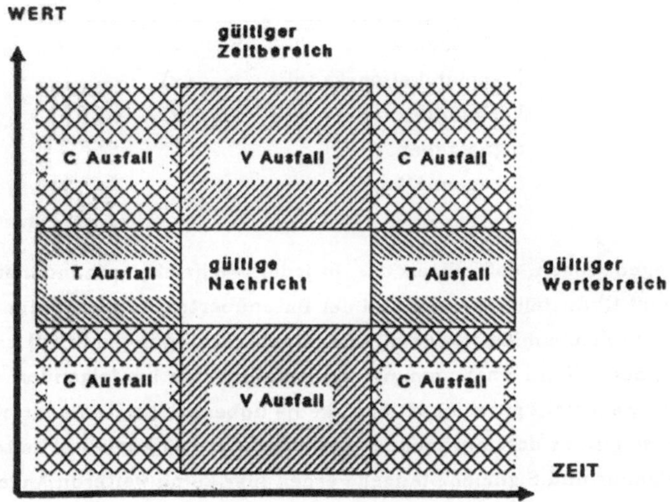

Abb. 3: Zeit-Wert Diagramm einer Nachrichteninstanz

Def.: Selfchecking-Komponente

Eine Komponente, die entweder gültige Nachrichten produziert oder O-Ausfälle (d.h. keine Nachrichten) verursacht, bezeichnen wir als Selfchecking-Komponente..

Eine solche Selfchecking-Komponente muß über genügend innere Redundanz zur Fehlererkennung vefügen, um alle Zustände, die zu einem P-Ausfall führen könnten, innerhalb der Komponente erkennen zu können, ehe die fehlerhafte Nachricht nach außen gelangt. Die Fehlerbehandlung besteht in der Unterdückung der Ausgabe der fehlerhaften Nachricht.

Aufbauend auf die vorab entwickelten Ausfallarten, kann nun das in Abb. 2 entwickelte Architekturmodell eines verteilten Echtzeitsystemes um die Ausfallarten der Strukturelemente erweitert werden. Dabei werden folgende Annahmen vorausgesetzt:

(A1) Die Spezifikation ermöglicht einem außenstehenden Beobachter zu entscheiden, ob eine Nachricht gültig ist oder nicht.

(A2) Alle Nachrichten verfügen über eine Kennung (z.B.eindeutige Sequenznummer oder globaler Zeitstempel) über die sich eine Menge redundanter Nachrichten identifizieren läßt.

(A3) Die Authentizität der Nachrichten muß auch im Fehlerfall gewährleistet sein.

(A4) Die in Abb. 2 enthaltenen Architekturelemente haben folgende Ausfallarten:

Element	O	T	V	C
Komponente	x	x	x	x
Kommunikationskanal	x	(x)	-	-
Verbindung	x	(x)	-	-
Signalgeber				
Signalempfänger				

Es wird angenommen, daß mittels des in jeder Nachricht vorhandenen Prüfwortes alle V (und damit C) Ausfälle, die während der Datenübertragung auftreten, erkannt werden und daher im Kommunikationskanal und in den Verbindungen nur O und T Ausfälle auftreten können. Wenn im Kommunikationssystem--wie im folgenden weiter angenommen--keine Nachricht gespeichert bzw. keine unbeabsichtigte Nachricht generiert werden kann, so gibt es dort nur mehr O-Ausfälle. Über das Ausfallverhalten der intelligenten Signalgeber und Signalempfänger werden hier keine weiteren Angaben gemacht, da sie außerhalb des betrachteten Computersystems angeordnet sind.

In der weiteren Analyse wird der Verlust einer Nachricht im Kommunikationssystem dem transienten Ausfall einer Komponente gleichgesetzt. Dabei ist zu unterscheiden, ob dieser Verlust im Kommunikationskanal oder in der Verbindung auftritt. Aufgrund der gegebenen

Architektur (Abb.2) wird der Verlust einer Nachricht im Kommunikationskanal von allen Komponenten gleichzeitig beobachtet. Der Verlust einer Nachricht in der Verbindung kann jedoch zu unterschiedlichen Sichten des Verhaltens einer Komponente führen und wird daher als bösartiger Fehler bezeichnet. Bösartige Fehler können zu inkonsistentem Systemverhalten führen, da verschiedene Empfänger unterschiedliche Nachrichten erhalten und daher zu unterschiedlichen Ergebnissen über das beabsichtigte Systemverhalten kommen.

4. Gültigkeit versus Konsistenz

Im folgenden soll untersucht werden, welche Voraussetzungen erfüllt sein müssen, um in der in Abb. 2 dargestellten Architektur eines verteilten Echtzeitsystems unter der Annahme von perfekten und intelligenten Signalgebern und Signalempfängern ein gültiges bzw. konsistentes Systemverhalten gewährleisten zu können.

Wieviel redundante Komponenten sind erforderlich, damit ein intelligenter Signalempfänger aus einer Menge von n Komponenten k fehlerhafte Komponenten (d.s. Ausgabenachrichten) erkennen bzw. tolerieren kann?

Laut /Pea80,Lamp82/ werden im allgemeinen Fall $n \geq 3k+1$ Komponenten benötigt, um die interaktive Konsistenz zwischen n Komponenten sicherzustellen. Dazu sind k+1 Runden des Informationsaustausches zwischen den n Komponenten erforderlich. Vom Standpunkt der Echtzeitdatenverarbeitung ist dieser intensive Informationsaustausch insofern problematisch, als die dafür benötigte Zeit das Antwortzeitverhalten des Systems wesentlich verschlechtert.

Inwieweit läßt sich nun durch restriktivere Annahmen über das Verhalten des Systems im Zeitbereich und die Ausfallarten der Komponenten ein konsistentes Systemverhalten schneller erreichen?

Wenn der Wertebereich und Zeitbereich von gültigen Nachrichten derart diskretisiert werden, daß in jedem Gültigkeitsbereich einer Menge von redundanten Nachrichten jeweils nur ein einziges Element der Wertemenge spez_W(N) enthalten ist, dann sind alle gültigen redundanten Nachrichten identisch und jedes gültige Verhalten ist auch ein konsistentes Verhalten des Systems.

Die Diskretisierung des Wertebereichs läßt sich durch folgende zusätzliche Annahmen erreichen:

(A5) Es gibt eine Äquivalenzrelation über die Menge der möglichen Werte einer Nachricht, um Klassen von semantisch gleichwertigen Nachrichten bilden zu können. Durch diese Äquivalenzrelation wird der Wertebreich diskretisiert. Alle Nachrichten innerhalb einer Äquivalenzklasse sind vom Standpunkt des Wertes gleich.

(A6) Der Wertebereich der gültigen Nachrichten muß so gewählt werden, daß eine und nur eine Äquivalenzklasse in dem spezifizierten Wertebereich liegt.

Eine notwendige Voraussetzung für die Diskretisierung im Zeitbereich ist die Verfügbarkeit einer globalen Zeit von ausreichender Genauigkeit.

Um die Fehlertoleranz der Architektur aufrechtzuerhalten, muß diese globale Zeit über einen verteilten fehlertoleranten Synchronisationsalgorithmus hergestellt werden. Wenn der Algorithmus zur Uhrensynchronisation auf interaktiv konsistente Zeitwerte aufbaut, wie z.B. in SIFT /Wen78/, dann ist nach wir vor der Kommunikationsaufwand für die interaktive Konsistenz, d.s. k+1 Runden des Informationsaustausches, erforderlich.

Es gibt jedoch auch andere Verfahren /Kop87/ zur fehlertoleranten verteilten Uhrensynchronisation, die mit einer einzigen Runde des Informationsaustausches zwischen den Komponenten das Auslangen finden. Dem geringeren Kommunikationsaufwand dieser Verfahren steht eine schlechtere Synchronisationsgenauigkeit im Fehlerfall, ausgedrückt durch den Faktor u(N,k), gegenüber. Für den fehlertoleranten Durchschnittsalgorithmus läßt sich die Synchronisationsgenauigkeit wie folgt abschranken:

$$\Delta = (\varepsilon + \xi)\, u(N,k)$$

wobei

$$u(N,k)=(N-2k)/(N-3k)$$

Es gilt

Δ Synchronisationsgenauigkeit
ε Lesefehler
ξ Maximale Abweichung zweier Uhren im Synchronisationsintervall
N Anzahl der Komponenten
k Anzahl der fehlerhaften Komponenten

Der Lesefehler ε, der wesentliche Term für die erreichbare Synchronisationsgenauigkeit, entspricht der maximalen zeitlichen Variabilität des Lesens des Uhrenstandes einer Komponente von einer anderen Komponente. Dieser Lesefehler wird weitgehend durch das Zugriffsprotokoll zum Kommunikationskanal bestimmt. Bei geeigneter Hardwareunterstützung läßt sich der Lesefehler und damit eine Synchronisationsgenauigkeit im Mikrosekundenbereich realisieren /Kop87/. Die Granularität der Zeitbasis, die durch die Synchronisationsgenauigkeit Δ bestimmt wird, liegt somit ebenfalls im Bereich von Mikrosekunden. Da in den meisten Echtzeitanwendungen eine Granularität der Zeit im Millisekundenbereich gefordert wird, reicht die mit diesem Verfahren erzielbare Genauigkeit der Uhrensynchronisation für den Aufbau einer synchronen Architektur aus.

Gleichheit von 2 Ereignissen A und B im Zeitbereich bedeutet, daß aufgrund der Zeitstempel der Ereignisse nicht sicher entschieden werden kann, ob Ereignis A vor oder nach Ereignis B aufgetreten ist. Entsprechend /Kop87a/ läßt sich eine Ordnung von Ereignissen erst durchführen, wenn sich die Zeitstempel um mindestens zwei Einheiten unterscheiden. Die Ereignisse A und B bezeichen wir deshalb als gleichzeitig, wenn sich die Zeitstempel von A und B um weniger als zwei Einheiten unterscheiden.

In einer synchronen Architektur erfolgt der Nachrichtenaustausch periodisch zu Zeitpunkten, die mit der globalen Zeit synchronisiert sind, wobei für die Dauer der Periode p der synchronen Architektur die folgende Annahme gelten muß:

(A7) Die Dauer der Periode p der synchronen Architektur muß länger sein als das Maximum von |t_ob(N) - t_unt(n)| über alle Nachrichten N, d.h. der Gültigkeitsbereich einer Nachricht erstreckt sich auf eine einzige Periode.

Durch die periodische Struktur und (A7) wird das Verhalten des Systems im Zeitbereich diskretisiert und sichergestellt, daß am Ende jeder Periode alle redundanten gültigen Nachrichten vom Standpunkt des Zeitverhaltens gleich sind.

In der folgenden Tabelle sind die zum Erkennen und Tolerieren von k Fehlern erforderlichen Komponentenzahlen in einer asynchronen und im Vergleich dazu in einer synchronen Architektur angeführt.

In der asynchronen Architektur hat jede Komponente eine lokale Uhr. Die Uhren sind weder untereinander, noch mit der externen Zeitbasis synchronisiert. Die Nachrichten werden ereignisgesteuert (d.h. asynchron) ausgetauscht, d.h. das Verhalten im Zeitbereich ist kontinuierlich. Hingegen gelten für den Wertebereich die Annahmen (A5) und (A6) d.h. der Wertebereich ist diskret.

Ausfallart	Asynchron			Synchron		
	Erk.	Gül.	Kon.	Erk.	Gül.	Kon.
O Ausfälle	k+1	k+1	3k+1	k	k+1	k+1
OT Ausfälle	2k+1	2k+1	3k+1	k	k+1	k+1
OV Ausfälle	2k	2k+1	3k+1	2k	2k+1	2k+1
OC Ausfälle	2k+1	2k+1	3k+1	2k	2k+1	2k+1

Abb 4: Mindestanzahl von Komponenten, um k Ausfälle der angegebenen Ausfallart zu beherrschen. Dabei bedeutet Erk.: Erkennen eines Ausfalls, Gül.: Garantieren von gültigem Verhalten und Kon: Garantieren von konsistentem Verhalten.

Konsistentes Verhalten läßt sich in der asynchronen Architektur nur über interaktive Konsistenz mit 3k+1 Komponenten erreichen /Lam82/. Zur Fehlererkennung muß in der asynchronen Architektur durch eine zusätzliche richtige Nachricht eine Referenz im Zeitbereich geschaffen werden. Relativ aufwendig ist die Fehlererkennung in einer asynchronen Architektur in bezug auf OT-Ausfälle. Im ungünstigsten Fall sind 2k+1 Komponenten zur Fehlererkennung erforderlich, da bei zwei gleichen Gruppen von Nachrichten, deren relativer Abstand nicht größer als die maximale Dauer des spezifizierten Zeitbereichs ist, nicht entschieden werden kann, ob beide Gruppen innerhalb des spezifizierten Zeitbereichs liegen (kein Fehler) oder ob eine Gruppe außerhalb des spezifizierten Zeitbereichs liegt (Fehlerfall).

Da in der synchronen Architektur jedes gültige Verhalten ein konsistentens Verhalten darstellt, ist in der synchronen Architektur der Aufwand für konsistentes Verhalten gleich dem Aufwand für gültiges Verhalten. Gültiges und damit konsistentes Verhalten kann bei O-Ausfällen in einer synchronen Architektur mit k+1 Komponenten erreicht werden. Bei V-Ausfällen muss eine Mehrheit der richtigen Komponenten vorhanden sein, d.h. k+1 richtige Komponenten gegen k falsche Komponenten. Die Fehlererkennung im Zeitbereich ist in der synchronen Architektur relativ einfach. Wenn innerhalb des spezifizierten Zeitintervalls keine Nachricht eintrifft, so ist ein Fehler im Zeitbereich erkannt.

Eine weitere interessante Aussage betreffend TMR Architekturen kann aus Tab. 4 abgeleitet werden. Mit einer asynchronen TMR Architektur kann kein konsistentes Systemverhalten garantiert werden. Dies ist sicher ein Grund, warum die praktisch realisierten TMR Systeme synchron arbeiten.

5. Architekturkomplexität versus Komponentenkomplexität

Im Rahmen der Entwicklung eines verteilten fehlertoleranten Systems muß entschieden werden, ob eine einfache Systemarchitektur mit komplexeren Komponenten oder umgekehrt einfache Komponenten und eine komplexere Systemarchitektur angestrebt werden.

Die Systemarchitektur ist am einfachsten, wenn alle Komponenten die Selfchecking-Eigenschaft haben, im Kommunikationskanal und den Verbindungen nur O-Ausfälle auftreten können und die Architektur synchron arbeitet. Die Annahme eines zuverlässigen Kommunikationskanals und zuverlässiger Verbindungen ist in einem Echtzeitsystem unrealistisch, da Zuverlässigkeit in der Kommunikation normalerweise über Zeitredundanz realisiert wird. Die Zeit stellt aber in Echtzeitsystemen eine kritische Ressource dar.

In Abb. 5 wird die Klassifizierung einiger bekannter fehlertoleranter Systeme nach den hier entwickelten Kriterien, Ausfallart und Synchronität, vorgenommen. Dabei entspricht die linke untere Ecke der einfachsten Systemarchitektur mit den komplexesten Komponenten, die rechte obere Ecke der komplexesten Architekur mit den geringsten Annahmen über das Ausfallverhalten der Komponenten. Es ist interessant festzustellen, daß viele der realisierten Systeme sich in der linken unteren Bildhälfte finden. Die realisierten TMR Systeme, die in der Lage sind V-Ausfälle zu beherrschen, arbeiten weitgehend synchron. Systeme, die auf dem Konzept der selfchecking Komponenten aufbauen, sind im Zeitbereich weniger eng synchronisiert. In vielen Fällen ist lediglich ein periodisches "Watchdog" Signal für die Fehlererkennung auf Architekturebene vorgesehen.

Aus Abb. 5 geht hervor, daß einige der praktisch realisierten Echtzeitsysteme in der linken unteren Ecke zu finden sind. Dies entspricht der verbreiteten Auffassung, daß Komplexität auf Komponenteneben leichter zu bewältigen ist als Komplexität auf Systemebene.

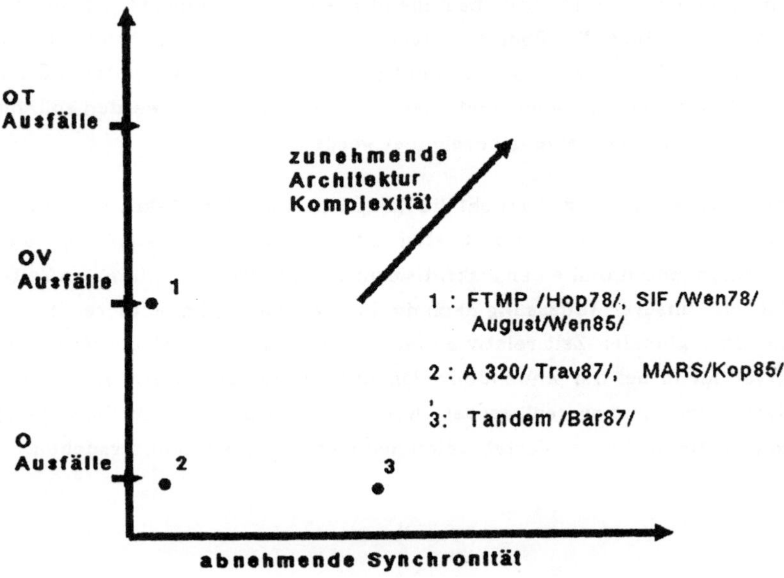

Abb. 5: Klassifizierung fehlertoleranter Architekturen

In Abb. 6 ist ein Vergleich der synchronen und der asynchronen Architektur am Beispiel einer konkreten Anwendung dargestellt. Wenn in einer praktischen Anwendung gefordert wird, das Auftreten eines Ausfalls zu tolerieren und das Auftreten von 2 Ausfällen zu erkennen, so ist folgende Mindestanzahl von Komponenten erforderlich:

Fehlerart	Synchron	Asynchron
O Ausfälle	2	3
OT Ausfälle	2	5
OV Ausfälle	4	4
OC Ausfälle	4	5

Abb.6: Vergleich Synchron-Asynchron

In den beiden Extremfällen--synchrone Architektur mit Selfchecking-Komponenten und asynchrone Architektur ohne Einschränkung des Ausfallverhaltens der Komponenten (OC Ausfälle) sind 2 Komponenten gegenüber 5 Komponenten erforderlich. Vom Standpunkt des Zeitverhaltens benötigt die asynchrone Architektur drei Runden des Nachrichtenaustausches versus einer Runde in der synchronen Architektur. Allerdings ist die Komplexität der selfchecking synchron arbeitenden Komponenten wesentlich höher als von Komponenten, die nicht synchronisiert und deren Ausfallarten nicht eingeschränkt sind.

6. Schlußbemerkungen

Die Entscheidung, ob die Fehlertoleranz in einem verteilten Echtzeitsystem über die Alternative 1, d.i. eine synchrone Architektur bestehend aus wenigen komplexen Komponenten mit einfachem Ausfallverhalten, oder über die Alternative 2, d.i. eine asynchrone Architektur bestehend aus vielen einfachen Komponenten mit komplexem Ausfallverhalten, oder einer zwischen diesen Extremfällen liegenden Architekrturvariante realisiert werden soll, muß als die wesentliche Architekturentscheidung bezeichnet werden.

In dieser Arbeit wurde gezeigt, daß sowohl die Komplexität auf Architekturebene wie auch das Zeitverhalten der Alternative 1 am besten ist, jedoch auf Kosten von aufwendigen selfchecking Komponenten und einer Diskretisierung des Systemverhaltens im Zeit- und Wertebereich. Während unserer Auffassung nach die Diskretisierung im Zeitbereich aufgrund der Verfügbarkeit einer globalen Zeit relativ einfach zu erreichen ist, ist die Diskretisierung im Werteberich, vor allem bei der Anwendung von Entwurfsfehlertoleranz zur Erkennung von Softwarefehlern, nicht immer realisierbar. Aus diesem Grund ist die Variante synchrone Architekur mit kontinuierlichem Wertebereich noch eingehender zu untersuchen.

7. Literatur

/Bar87/Bartlett, J., Gray, J., Horst, B., Fault Tolerance in Tandem Computers, in: Dependable Computing and Fault Tolerant Systems, Vol. 1 ed: J. Avizienis, H. Kopetz, J.C.Laprie, Springer-Verlag Wien, 1988, pp. 77 - 100

/Dim85/Dimmer, C., I., The Tandem Non Stop System, in Resilient Computer Systems, ed.: T. Anderson, Collins Press 1985, pp.178 - 196

/Ezh86/Ezhilchelvan, P.D., Shrivastava, S.K., A Characterization of Faults in Systems, Proc. of the 5th Symposium on Reliability in Distributed Software and Database Systems, IEEE Press, Jan. 1986, pp.215 - 222

/Hop78/Hopkins, A.L., Smith, T.B., Lala, J.H., FTMP -- A Highly Reliable Fault-Tolerant Multiprocessor for Aircraft Control, Proc. IEEE Vo. 66, Nr. 10. Oct. 1978

/Kop85/Kopetz, H., Merker, W., The Architecture of MARS, Proc. of FTCS 15, Ann Arbor Michigan, June 1985, pp. 274 - 279

/Kop87/Kopetz, H., Ochsenreiter, W., Clock Synchronization in Distributed Real Time Systems, IEEE Transaction on Computers, Vol. Nr. August 1987, pp.933-940

/Kop87a/Kopetz, H., Ochsenreiter, W., Interval Measurement in Distributed Real Time Systems, 7th International Conference on Distributed Computing Systems, IEEE Press, September 1987, pp.292-297

/Lam82/Lamport, L, Shostak, R., Pease, M., The Byzantine Generals Problem, ACM Transactions on Programming Languages and Systems, Vol. 4., Nr. 3, July 1982, pp. 382 - 401

/Lap85/Laprie, J.C, Dependable Computing and Fault Tolerance: Basic Concepts and Terminology, in Proc. FTCS 15th, Ann Arbor, Michigan pp. 2-11, June 1985

/Lap87/ Laprie, J.C, Arlat, J., Beounes, C., Kanoun, K. Hourtolle, C., Harware and Software Fault Tolerance: Definition and Analysis of Architectural Solutions, Proc. FTCS 17, Pittsburgh June 1977, pp. 116 - 121

/Pea80/Pease,M., Shostak, R., Lamport L., Reaching Agreement in the Presence of Faults, Journal of the ACM, Vol. 27, Apr. 1980, pp. 228 - 234

/Tra87/Traverse, P., AIRBUS and ATR System Architecture and Specification, in: Software Diversity in Computerized Control Systems, ed. U.Voges, Springer-Verlag, Wien - New York, 1987, pp. 95 - 104

/Wen78/Wensley, J.H. et al., SIFT: The Design and Analysis of a Fault Tolerant Computer for Aircraft Control, Proc. IEEE, Vol 66, Nr. 10, pp.1240 - 1255

/Wen85/Wensley, J., August Systems industrial control computers, in Resilient Computer Systems, ed.: T. Anderson, Collins Press 1985, pp. 232 - 246

/Wil85/Wilson, D., The Stratus Computer System, in Resilient Computer Systems, ed.: T. Anderson, Collins Press 1985, pp. 208 - 231

Entwurfskonzepte für verteilte Systeme
- eine kritische Bestandsaufnahme -

J. Nehmer
Universität Kaiserslautern
Fachbereich Informatik
6750 Kaiserslautern, Postfach 3049

1. EINFÜHRUNG

Unter dem Schlagwort "Verteilte Datenverarbeitung" hat sich in wenigen Jahren stürmischer Entwicklung ein alternatives Datenverarbeitungskonzept weltweit etabliert. Es basiert darauf, Mehrrechnersysteme zur Lösung von Datenverarbeitungsproblemen aller Art einzusetzen. Von verteilten Systemen erhofft man sich folgende Vorteile gegenüber den klassischen (zentralistisch organisierten) DV-Systemen:

- inkrementelle Erweiterbarkeit in weiten Leistungsgrenzen
- hohe potentielle Leistung durch Parallelverarbeitung auf Betriebssystem- und Anwenderebene
- wählbarer Grad an Fehlertoleranz durch die inhärente Redundanz verteilter Systeme.

Um "verteilten Systemen" zu der heute erreichten breiten Einsatzreife in Technik, Wirtschaft und Forschung zu verhelfen, waren weitgehende technologische Fortschritte im Hard- und Softwarebereich notwendig. Leider ließ die rasche Entwicklung wenig Zeit, das Erreichte zu ordnen. So bietet sich dem Anwender hinter einem Berg verwirrender Begriffe eine ganze Palette neuer Konzepte. Eine kritische Bewertung dieser Konzepte sowie vergleichende Gegenüberstellungen dürften für den Fachlaien sehr schwierig sein. Hierzu möchte der Aufsatz einen Beitrag leisten.

In Abschnitt 2 wird zunächst der Begriff des verteilten Systems präzisiert. Verteilten Systemen, die einen universellen Rechenbetrieb unterstützen, kommt dabei eine besondere Bedeutung zu. Sie werden durch sog. "verteilte Betriebssysteme" organisiert. In Abschnitt 3 werden die Entwurfsalternativen für verteilte Betriebssysteme herausgearbeitet und vergleichend gegenübergestellt. Eine Charakterisierung des heute erreichten Standes auf dem Sektor der verteilten Systeme erfolgt in Abschnitt 4. Erhebliche Forschungsanstrengungen sind noch in folgenden Bereichen notwendig:

- Bereitstellung geeigneter Anwenderunterstützung für verteilte Anwendungen
- Skalierbarkeit, d.h. die Tauglichkeit der Konzepte für "große" verteilte Systeme mit vielen Prozessoren,
- Heterogenität,
- Fehlertoleranz mit verteilten Systemen,
- Verteilte Echtzeitsysteme.

Ein Ausblick auf diese in Zukunft noch zu lösenden Probleme erfolgt in Abschnitt 5. Dort wird auch auf die Frage eingegangen, inwieweit durch verteilte Systemstrukturen eine allmähliche Standardisierung im Betriebssystembereich möglich erscheint.

2. WAS IST EIN VERTEILTES SYSTEM?

Ein Versuch zur umfassenden Definition des Begriffs "verteiltes System" wurde erstmals von Enslow [1] angegeben. Andere Autoren haben sich mit kürzeren, aber dafür weniger präzisen Definitionen begnügt [2-5]. Insgesamt gewinnt man den Eindruck, daß eine saubere Abgrenzung des Begriffs gegenüber verwandten Begriffen aus der Welt der Netzwerke und der Parallelverarbeitung problematisch ist [6]. Wir wollen hier eine Sichtweise vertreten, die mit einem verteilten System die folgenden drei Eigenschaften verbindet [7]:

a) Die physische Rechnerarchitektur eines verteilten Systems besteht aus einem Verbund von autonomen Verarbeitungsknoten (Prozessor/Speicher-Paare mit lokaler Peripherie).

b) Die durch ein verteiltes System nach außen zur Verfügung gestellte Leistung wird durch arbeitsteilige Kooperation unter lose gekoppelten Programmen auf verschiedenen Verarbeitungsknoten erbracht (large grain parallelism).

c) Einzelheiten der Verteilung, im Idealfall sogar die Tatsache der Verteilung selbst, bleiben an der Schnittstelle eines verteilten Systems unsichtbar. Man spricht hier auch von **Verteilungstransparenz.**

Verteilungstransparenz beinhaltet **Ortstransparenz** und **Leistungstransparenz.** Ortstransparenz bedeutet, daß der Ausführungsort von Programmen und der Lagerort von Dateien aus externer Sicht eines verteilten Systems unbekannt sind und auch keine Möglichkeiten der Einflußnahme existieren. Mit Leistungstransparenz verbindet man die Eigenschaft, daß die Effizienz einer vom verteilten System bearbeiteten Aufgabe näherungsweise unabhängig vom Ort der Programmausführung ist.
Die Forderung nach Leistungstransparenz schränkt die möglichen Mehrrechnerarchitekturen auf Systeme mit breitbandigen Verbindungsnetzwerken und vergleichsweise kurzen Nachrichtenlaufzeiten ein. Entsprechende Technologien findet man heute in Form von Local Area Networks (LAN's) [8] bzw. von Interconnection Networks [9]. In beiden Fällen sind der geometrischen Ausdehnung eines verteilten Systems Grenzen gesetzt.

In Abb. 1 sind einige wichtige Mehrrechner-Architekturtypen dargestellt. Sie lassen sich auch geeignet kombinieren. In Abb. 2 ist eine attraktive Kombinationsmöglichkeit aufgezeigt. Als Grundtyp wurde ein nachrichtengekoppeltes Mehrrechnersystem verwendet, dessen Verarbeitungsknoten aus Multiprozessorsystemen bestehen.

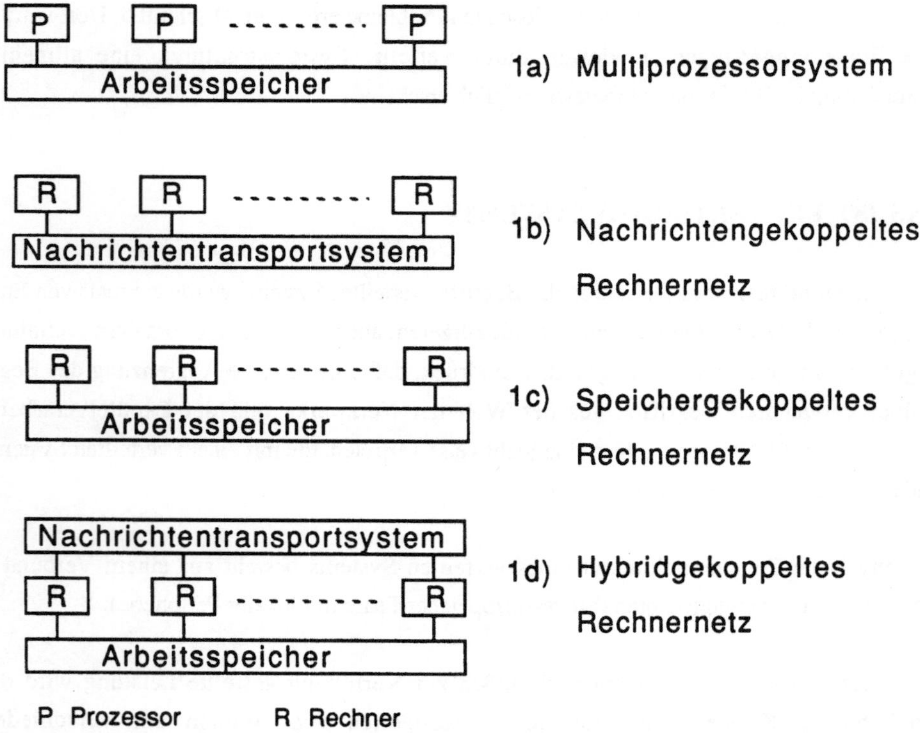

Abb. 1 Grundlegende Mehrrechnerarchitekturen

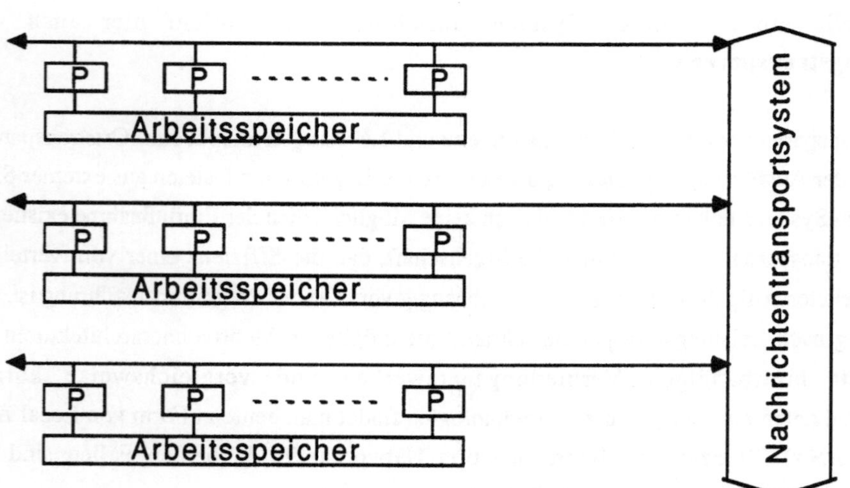

Abb. 2 Geschachtelte Mehrrechner-Architektur bestehend aus Multiprozessoren, die über ein Nachrichtentransportsystem gekoppelt sind

Die Wahl eines geeigneten Mehrrechnerarchitekturtyps wird entscheidend von der zugrundeliegenden Softwareunterstützung beeinflußt. Sie muß es gestatten, die potentiellen Fähigkeiten des gewählten Architekturtyps durch entsprechende Sprachen und Mechanismen optimal auszuschöpfen.Unter den dargestellten Architekturtypen kommt den nachrichtengekoppelten Mehrrechnersystemen eine herausragende Bedeutung zu, da sie sich aus marktüblichen Rechner- und Vernetzungskomponenten aufbauen lassen. Wir wollen uns deshalb in den weiteren Ausführungen auf diesen Architekturtyp konzentrieren, für den auch entsprechende Softwaretechnologien am weitesten entwickelt und erprobt sind.

3. ALTERNATIVE ENTWURFSKONZEPTE FÜR VERTEILTE SYSTEME

Für den Entwurf verteilter Systeme auf der Basis nachrichtengekoppelter Mehrrechnersysteme haben sich zwei alternative Konzepte herauskristallisiert, die nachfolgend im Detail vorgestellt werden.

Variante A : Der autonome Systemverbund

Bei dem Entwurfskonzept des autonomen Systemverbundes geht man vom Bestehenden aus: das verteilte System wird durch Zusammenschaltung von N autonomen, d.h. mit der gesamten Funktionalität eines Universalrechners ausgestatteten Einzelrechnersystemen gebildet (Abb. 3a). Bei den Einzelrechnersystemen wird die Existenz eines lokalen Betriebssystems (LOS) vorausgesetzt, das einen klassischen Mehrbenutzerbetrieb unterstützt. Abb. 3b zeigt die durch Erweiterung des LOS in jedem Rechnerknoten resultierende Betriebssystemarchitektur, durch die eine Verschmelzung der N Rechnerinseln zu einem einzigen verteilten System grundsätzlich erreicht werden kann.

Als erste Maßnahme sind die lokalen Betriebssysteme mit dem Funktionsvorrat F um Funktionen zur Rechner-Rechner-Kommunikation zu erweitern, durch die die Basis für eine Verständigung von Programmen über Rechnergrenzen gelegt wird. Auf der Grundlage dieser Kommunikationsfähigkeit wird das LOS um eine neue Schicht erweitert, die in Anlehnung an die 'Newcastle Connection' [10] als Verbundschicht bezeichnet wird. Aufgabe der Verbundschicht ist es, durch Kooperation mit den Verbundschichten der anderen Rechnerknoten die Rechnerinseln zu überbrücken und gegenüber den Benutzern den Eindruck **eines zusammenhängenden** Systems zu erwecken. Im Idealfall wird an der Verbundschicht der mit dem LOS identische Funktionsvorrat F angeboten: Programme, die unter der Regie eines lokalen Betriebssystems ablaufen, sind dann prinzipiell ohne Änderungen auch auf dem verteilten System ablauffähig. Das verteilte Betriebssystem bestimmt jedoch (transparent für den Benutzer), auf welchem Rechnerknoten Programme ausgeführt werden. Ebenso wird von dem verteilten Betriebssystem durch einen Abstimmungsprozeß unter den Verbundschichten der Ort für die Ablage einer neu einzurichtenden Datei selbständig bestimmt.

Die Umsetzung dieser idealen Sichtweise auf ein verteiltes System wird jedoch in der praktischen Realisierung durch ein grundsätzliches Problem entscheidend behindert: jedes LOS verwaltet die lokal angesiedelten Objekte wie Prozesse, Dateien und Geräte durch **lokal eindeutige** Namen; die zusammenhängende, systemübergreifende Verwaltung aller Objekte im verteilten System verlangt jedoch zwingend die **globale** Eindeutigkeit aller Objektbezeichnungen. Die Vereinigung der lokalen

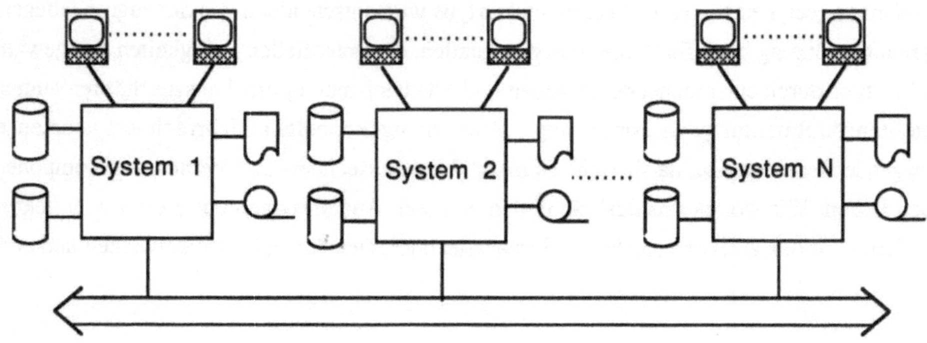

Abb. 3a Autonomer Systemverbund

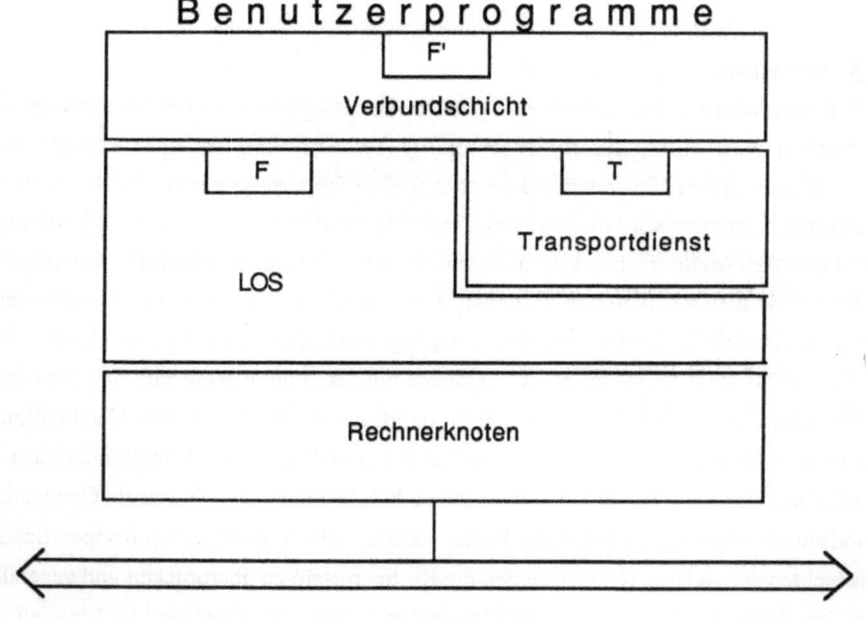

Abb. 3b Betriebssystemarchitektur eines Rechnerknotens beim autonomen Systemverbund

Namensräume in einem systemweiten globalen Namensraum ist deshalb eine notwendige Transformation, die in der Verbundschicht durchgeführt werden muß. Die dabei auftretenden Probleme sollen hier stellvertretend anhand des UNIX-Systems erläutert werden [11,12], mit dem inzwischen die meisten Erfahrungen im Aufbau verteilter Betriebssysteme nach dem Konzept des autonomen Systemverbundes gesammelt wurden.
Die Berkely UNIX-Version 4.2BSD bietet das Socket-Konzept als Basis für die Interprozeß-Kommunikation an. Sockets bilden mit den dazugehörigen Kernfunktionen die Schnittstelle zum UNIX-Betriebssystem für die Abwicklung von Kommunikationsaufträgen [13].
Da im UNIX-System alle Betriebsmittel - also auch E/A-Geräte - über das Dateisystem angesprochen werden, reduziert sich das Namensproblem auf zwei Objekttypen:

- Prozesse werden durch eine lokal eindeutige ganze Zahl dargestellt,
- Dateien und E/A-Geräte werden durch einen an der Baumstruktur der UNIX-Katalogstruktur orientierten Pfadnamen angesprochen.

Die auf jedem Knoten lokal existierende Katalogstruktur eines Dateisystems wird durch Abb. 4 beschrieben. Der Wurzelkatalog wird mit einem Schrägstrich "/" bezeichnet (root directory). Die Bezeichnung einer Datei, z.B. "kapitel1" kann als absoluter Pfadname /usr/nehmer/buch/kapitel1 ausgehend von dem Wurzelkatalog oder als relativer Pfadname buch/kapitel 1 ausgehend vom für den Prozeß augenblicklich eingestellten Arbeitskatalog (working directory) angegeben werden.
Die Newcastle Connection [10] war das erste kommerziell erhältliche verteilte Dateisystem für UNIX, das nach dem Konzept des autonomen Systemverbundes organisiert ist. Als einziges der bekanntgewordenen verteilten UNIX-Systeme folgt die Newcastle Connection (NC) vollständig dem durch Abb. 3b vorgegebenen Architekturkonzept und kommt damit ohne jegliche Änderungen des UNIX-Betriebssystemkern aus*.
Die Realisierung des globalen Datei-Namensraumes geschah in der ursprünglichen NC-Version durch Zusammenfassung aller lokalen Kataloge unter einem neuen systemweiten Wurzelkatalog "/..", auch super-root genannt. Die Wurzelkataloge der nichtlokalen Dateisysteme werden dabei über eine Ebene von **network special files** angesprochen, durch die de-facto die Rechner bezeichnet werden, auf deren Dateisystem zugegriffen wird (Abb. 5). Durch dieses Verfahren wird zwar Eindeutigkeit aller Dateinamen erreicht, die Ortstransparenz geht aber verloren: die Angabe eines absoluten Pfadnamens impliziert auch die Kenntnis des Rechners, auf dem die angesprochene Datei liegt (z.B. liegt eine Datei, die mit /../ukl2/... beginnt, auf dem Rechner "ukl2").
Bei neueren Versionen der NC wurde auf diesen virtuellen Wurzelkatalog verzichtet. Nichtlokale Dateisysteme werden im lokalen Wurzelkatalog durch **network special files** angesprochen. Die Baumstruktur der Abb. 5 wird bei dieser Organisationsform durch zwei rechnerspezifische Datenbäume gemäß Abb. 6 repräsentiert. Allerdings wird bei dieser Form der globalen Namensgebung ein

---

* Unter Umständen muß ein neuer Treiber in das System eingebunden werden, um den für die Realisierung des Remote-Procedure-Call-Mechanismus notwendigen eigenen Datagramdienst, das Basis-Block-Protokoll, bereitzustellen.

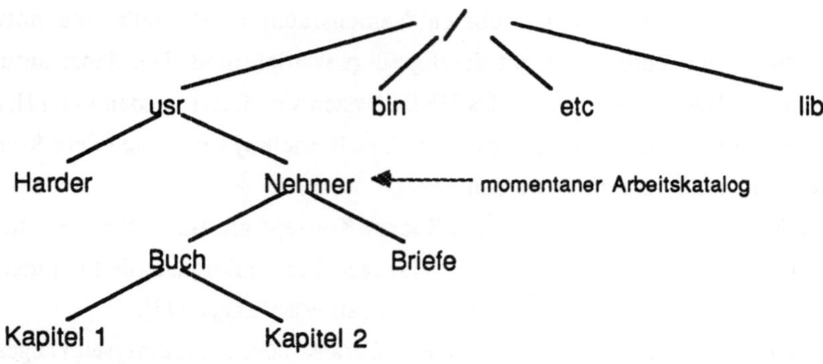

Abb. 4 Ausschnitt aus einem UNIX-Dateibaum

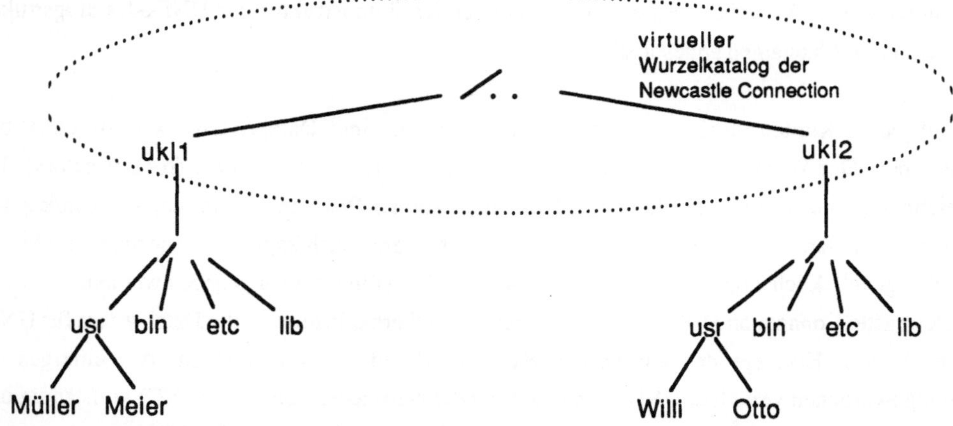

Abb. 5 Globaler Dateisystembaum der Newcastle Connection

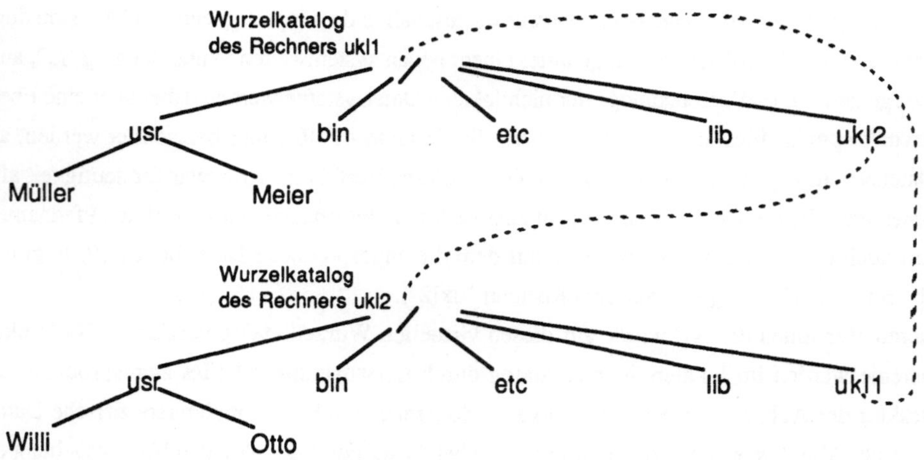

Abb. 6 Verknüpfung der Dateikataloge in der iterierten Newcastle Connection durch network special files in den lokalen Wurzelkatalogen

anderes Prinzip verletzt: die Namenstransparenz. Die Paßwortdatei auf dem Rechner ukl2 wird **lokal** durch den absoluten Pfadnamen /etc/passwd angesprochen, vom Rechner ukl1 jedoch über den Pfadnamen /ukl2/etc/passwd, d.h. ein und dieselbe Datei besitzt aus lokaler und nichtlokaler Sicht einen jeweils unterschiedlichen Namen. Die Verletzung der Namenstransparenz (d.h. der Gültigkeit eines globalen Namens unabhängig von der Lage des angesprochenen Objektes) hat unmittelbar zur Folge, daß Programme, in denen nichtlokale Dateien referenziert werden, nicht mehr ohne Änderungen auf anderen Knoten des verteilten Systems ablauffähig sind. Dies ist aber in verteilten UNIX-Systemen auf NC-Basis auch nicht beabsichtigt: ein Programm wird grundsätzlich auf dem Rechner ausgeführt, in dessen Dateisystem es gespeichert ist. So würde z.B. der Aufruf /ukl2/bin/ed vom Rechner ukl1 zum Start des UNIX Editors auf dem Rechner ukl2 führen, wobei die Standard-Ein- und Ausgabe jedoch auf den Rechner ukl1 umgeleitet wird. Die freie - auch dynamische - Verschiebung von Programmausführungen wird deshalb durch die NC grundsätzlich nicht unterstützt. Dadurch entfällt auch ein anderes Problem: um die globale Eindeutigkeit der Prozeßidentifikationen braucht sich die NC nicht zu kümmern, da Prozesse nur lokal aus am Ort gespeicherten Programmen hervorgehen können*.

Ein anderer Weg zur Vereinigung von Dateisystemen wurde in dem Network File System (NFS) von SUN beschritten [14]: beliebige Teilbäume nichtlokaler Dateisysteme können mit einem erweiterten **mount** - Kommando unter einen lokalen Katalog gehängt werden (Ausnahme sind die root-Dateisysteme, die einem Rechner fest zugeordnet sind). Damit ist es grundsätzlich möglich, einen globalen Dateikatalog zu konstruieren, in dem die Prinzipien der Orts- und Namenstransparenz erhalten bleiben. Abb. 7 demonstriert das Prinzip. Im Rechner ukl1 werden unter "usr" die Kataloge ukl1 (Heimdateisystem) und ukl2 (Katalog auf Rechner ukl2) angelegt. Der Katalog ukl2 wird mit dem Katalog /usr/ukl2 im Rechner ukl2 über ein **mount**-Kommando verbunden. Ebenso werden im Rechner ukl2 unter "usr" die Kataloge ukl2 (Heimdateisystem) und ukl1 (Katalog auf Rechner ukl1) angelegt. Der Katalog ukl1 wird mit dem Katalog /usr/ukl1 im Rechner ukl1 über ein **mount**-Kommando verbunden. Man erkennt leicht, daß die Datei "briefe" unter dem katalog "muller" im Rechner ukl1 in beiden Rechnern mit dem identischen Pfadnamen /usr/ukl1/muller/briefe angesprochen wird. Der Benutzung eines aus mehreren lokalen Dateisystemen zusammengesetzten vereinigten Dateisystems im Rahmen von NFS geht jedoch eine notwendige Konfigurierungsphase mit Hilfe des erweiterten **mount**-Kommandos voraus. Im Gegensatz zur Newcastle Connection werden Programme unter NFS immer am Ort des Programmaufrufs ausgeführt. Bemerkenswert ist noch, daß das NFS-Konzept vollständig in den UNIX-Kern integriert wurde und nicht - wie in Abb. 3a dargestellt - auf einem existierenden LOS aufgesetzt wurde.

Die diskutierten Lösungsansätze zeigen, daß der Aufbau verteilter Systeme auf der Basis existierender Einzelrechnerbetriebssysteme grundsätzliche Probleme aufwirft, durch die wünschenswerte Merkmale wie Ort - und Namenstransparenz nur in sehr eingeschränktem Maße realisierbar sind.

---

* Netzwerkübergreifendes Ansprechen entfernter Prozesse wie z.B. durch die SIGNAL-Operation kann dann aber grundsätzlich nicht unterstützt werden.

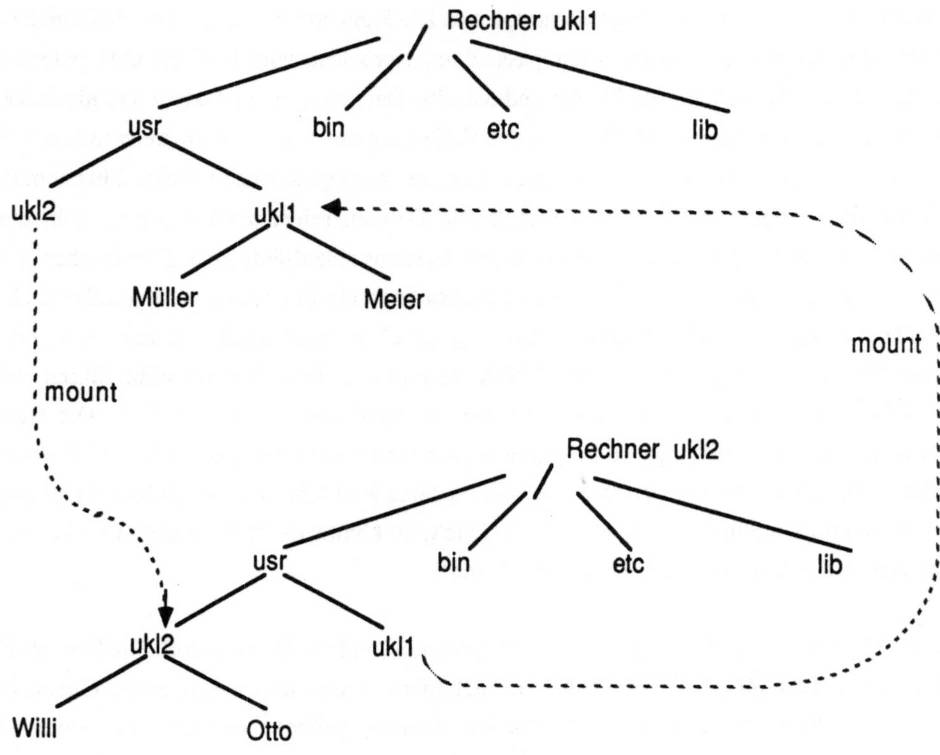

Abb. 7 Verknüpfung der Dateisysteme in NFS

Insbesondere in der UNIX-Welt sind deshalb experimentelle Systeme entstanden, die von einer vollständigen Reimplementierung des UNIX-Kerns ausgingen. Die essentiellen, das Verteilungsprinzip unterstützenden Mechanismen, konnten hier direkt in den Kern integriert werden. Bekanntester Vertreter dieser Klasse von verteilten UNIX-Systemen ist das LOCUS-System [15]. Bei Wahrung der Schnittstellen-Kompatibilität zu UNIX wird durch LOCUS vollständige Orts- und Namenstransparenz garantiert, wobei auch der Ausführungsort von Programmen nicht statisch festgelegt ist. Für Dateien verwaltet LOCUS einen einzigen globalen Dateikatalog, der aus Datensicherheitsgründen redundant in mehreren Rechnern gespeichert sein kann. Ein Transaktionsmechanismus unterstützt konsistenzerhaltende Dateioperationen im Sinne der "all-or-nothing" - Semantik [16]. Eine vollständige UNIX-Reimplementierung liegt auch dem MOS-System zugrunde [18]. Gegenstand der Forschungsarbeiten im Rahmen dieses verteilten UNIX-Systems ist die Untersuchung von adaptiven Lastverteilungs-Strategien. Die dynamische Verlagerung von Prozessen im laufenden Betrieb aufgrund von Laständerungen ist charakteristisch für die Arbeitsweise des Systems [19]. Eine Übersicht über weitere verteilte UNIX-Systeme findet man in [17].

Neben den oben geschilderten konzeptuellen Problemen, durch die Zusammenschaltung autonomer Systeme mit ihren lokalen LOS'n zu einem allgemeingültigen verteilten Systemkonzept zu kommen, leidet dieses Modell an der überholten Timesharing-Philosophie: das Multiplexen eines schnellen Prozessors unter vielen Benutzern ist heute unwirtschaftlicher als die Bereitstellung persönlicher

Rechenleistung in Form von Arbeitsplatzrechnern. Dieser Erkenntnis liegt das nachfolgend diskutierte Entwurfskonzept zugrunde.

Variante B: Der Client-Server-Verbund

Anders als beim Konzept des autonomen Systemverbundes prägt hier die Idee der kooperativen Erbringung von Dienstleistungen durch einen Verbund dedizierter Rechnersysteme entscheidend die zugrundeliegende Systemarchitektur. Deshalb bildet ein geeignetes Kommunikationssystem die Basis des Systems. Es dient dazu, beliebige Dienstleistungen in Form spezialisierter Server-Komponenten den Beziehern von Dienstleistung - den sog. Clients - systemweit zur Verfügung zu stellen. Die resultierende Systemstruktur des somit gebildeten Client-Server-Verbundes ist in Abb. 8a dargestellt. Im einfachsten Fall kann man sich eine 1:1 - Zuordnung einer Client - oder Serverkomponente zu einem Rechner vorstellen. Allgemeingültiger ist jedoch die Möglichkeit einer beliebigen Zuordnung von Client-Server-Komponenten zu einem Rechnerknoten. Clients und Server sind deshalb in erster Linie als abstrakte Softwareobjekte aufzufassen. Durch entsprechende Zusammenfassung auf einem Rechnerknoten kann der gesamte Rechnerknoten den Charakter eines Servers oder eines Clients erhalten. So kann man in typischen Arbeitsplatznetzen den Arbeitsplatzrechner als einen Client-Knoten betrachten, während besondere Dienstleistungen im Netz, wie z.B. die Datenhaltung oder das Drucken, durch spezialisierte Datei-Server bzw. Druck-Server zur Verfügung gestellt werden. Aus Sicht der Betriebsorganisation ergibt sich für einen Rechnerknoten der Betriebssystemaufbau gemäß Abb. 8b.

Der Verbundkern stellt alle Infrastrukturleistungen bereit, die zur Erzeugung beliebiger Client/Server-Systeme und deren Kommunikation untereinander erforderlich sind. Dazu zählen u.a. Funktionen zur Unterstützung der folgenden Aufgaben:

- Erzeugung / Löschen von Client / Server Objekten
- Erzeugung / Löschen von Kommunikationsobjekten
- Durchführung der Kommunikation
- lokale Ein-Ausgabe
- Vergabe global eindeutiger Identifikationen
- Objektverlagerung zwischen Knoten.

Ein typischer Vertreter dieser Entwurfslinie ist das Domain-System von APOLLO mit dem Verbundkern AEGIS sowie darauf implementierten Servern. Die Leistungen des AEGIS-Systems sind etwa mit denen eines durch NFS realisierten verteilten UNIX-Systems vergleichbar: aus Sicht jeder Domain-Workstation lassen sich durch den Anschluß nichtlokaler Dateibäume globale Dateisysteme mit orts- und namenstransparentem Zugriff aufbauen. Der AEGIS-Kern stellt zwar Hilfsmittel zur Prozeßkommunikation über Rechnergrenzen zur Verfügung, die ortstransparente Programmausführung wird aber nicht direkt unterstützt. Prozesse können nur lokal erzeugt und bearbeitet werden. Es ist jedoch vorgesehen, durch eine weitere Schicht die Leistungen für die Verlagerung von Prozessen bereitzustellen.

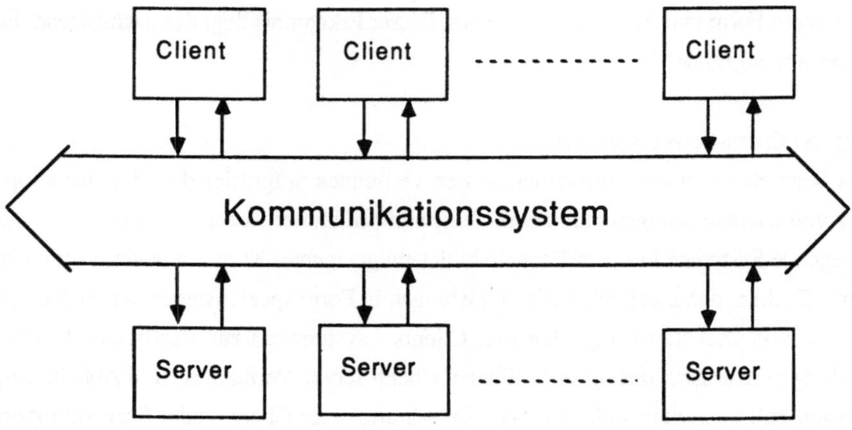

Abb. 8a Client-Server-Verbund

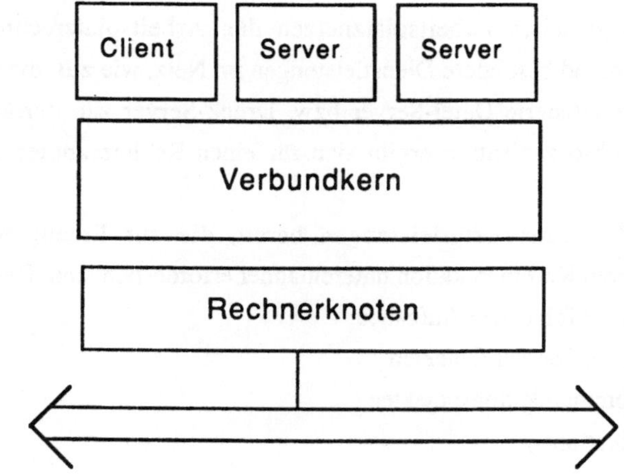

Abb. 8b Betriebssystemarchitektur eines Rechnerknotens beim Client-Server-Verbund

Die große Zahl aktiver Forschungsprojekte mit experimentellen Verbundkernen zeigt, daß die potentiellen Möglichkeiten dieses Systemkonzeptes noch nicht erschöpfend untersucht worden sind [20-36]. Neben der Verwendung in Arbeitsplatznetzen [37] findet es auch in Mehrrechnersystemen Anwendung, die als räumlich konzentriertes Rechner-Cluster aus vielen (bis zu mehreren tausend) Mikrorechnern bestehen und vorrangig zur Lösung hochgradig parallelisierbarer Anwendungen eingesetzt werden sollen [38-40].

Der Aufbau leistungsfähiger Client-Server-Systeme wird entscheidend von geeigneten Lösungskonzeptionen zu folgenden Schlüsselproblemen bestimmt:

a) Architektur von Client/Server-Objekten
b) Kommunikationsmodell
c) Namensverwaltung und Schutz
d) Strategie zur Verarbeitung von Rechenaufträgen
e) Standard-Servertypen
f) fehlertolerante Serverstrukturen
g) Testunterstützung für verteilte Programme

Zu diesen Punkten wird nachfolgend im einzelnen kurz Stellung genommen.

4. ERREICHTER STAND

Die Anstrengungen zur Weiterentwicklung der Technologie verteilter Systeme konzentrieren sich schwerpunktmäßig auf die Client/Server-Entwurfslinie, die als das langfristig überlegene Konzept angesehen wird.
Selbst im UNIX-Bereich wurde mit Entwicklungen wie NFS[14] und RFS[41] ein erster Schritt getan, ein auf den Dateidienst spezialisertes UNIX-System als allgemeinen Datei-Server im Rahmen eines Client/Server-Verbundes einzusetzen.
Der heute erreichte Stand bei dieser Klasse verteilter Systeme soll nun anhand der im vorigen Abschnitt genannten Schlüsselprobleme kurz charakterisiert werden.

a) Architektur von Client/Server-Objekten

Grob kann man zwischen einem **passiven** und **aktiven** Objektmodell unterscheiden. Passive Objekte erscheinen in Anlehnung an den Modulbegriff in höheren Sprachen als Gebilde, die einen internen Zustand verwalten und eine Exportschnittstelle in Form passiver Prozeduren zur Benutzung durch die Umgebung anbieten.
Aktive Objekte sind entweder einzelne Prozesse oder Prozeßcluster, die in **einem** gemeinsamen logischen Adreßraum zusammengefaßt sind. Sie werden auch als Teams [20,34] bezeichnet.
In den am Markt eingeführten Client/Server-Systemen überwiegt das einfache Prozeßmodell. Im Forschungsbereich wird dagegen intensiv mit verschiedenen Varianten des Team-Modells

[20,22,23,28,32,34], in einigen Fällen mit dem passiven Objekt-Modell (z.B. [30]) experimentiert.

Nach unseren Erfahrungen eröffnet das Team-Modell nicht nur elegante Möglichkeiten der Strukturierung verteilter Programme, es eignet sich auch sehr gut als Basis für kombinierte Mehrrechnerarchitekturen mit einem hohen Grad an potentieller Parallelverarbeitungsfähigkeit.

b) Kommunikationsmodell

Man unterscheidet zwischen prozedurorientierter (bei passiven Objekten) und nachrichtenorientierter Kommunikation (bei aktiven Objekten).
Für die prozedurorientierte Kommunikation über Rechnergrenzen ist die Unterstützung durch einen Remote-Procedure-Call-Mechanismus (RPC) im Verbundkern erforderlich [42,43].
Bei einer Nachrichtenkommunikation zwischen Prozessen oder Prozeßclustern können die Parameter 'Synchronisationsgrad' und 'Kommunikationsmuster' (einer Nachrichtentransaktion) zur weiteren Klassenbildung herangezogen werden.
Durch die Wertemengen

Synchronisationsgrad = (asynchron, synchron)

Kommunikationsmuster = (mitteilungsorientiert, auftragsorientiert)

lassen sich die bekannten Nachrichtenkommunikationstechniken einordnen (Abb. 9).
Bei asynchroner Nachrichtenkommunikation kann ein Sender dem Empfänger um eine (im Prinzip beliebige) Zahl von Sendeoperationen vorauseilen. Diese Technik setzt die Pufferung der Nachrichten auf dem Wege zwischen Sender und Empfänger voraus.
Bei synchroner Nachrichtenkommunikation können Nachrichten auf Sendeseite nie schneller abgeschickt werden als sie auf Empfangsseite entgegengenommen werden. Man spricht hier auch von der Rendezvous-Technik [44].
Bei mitteilungsorientierter Kommunikation fließt in einer abgeschlossenen Nachrichtentransaktion **eine** Nachricht vom Sender zum Empfänger. Bei auftragsorientierter Kommunikation dagegen werden im Zuge einer Nachrichtentransaktion zwei Nachrichten zwischen Sender und Empfänger ausgetauscht: auf die Auftragsnachricht am Beginn folgt eine Resultatnachricht am Ende der Nachrichtentransaktion.

Die auftragsorientierte Nachrichtenkommunikation reflektiert in natürlicher Weise die vorherrschende Beziehung zwischen einem Client und einem Server und scheint sich allmählich durchzusetzen. Die synchrone Form der auftragsbezogenen Nachrichtenkommunikation kann als eine Realisierungsform für den RPC aufgefaßt werden. Die asynchrone Variante ist nach Kenntnis des Autors lediglich im Rahmen des DAC-Projektes unter dem Namen "Remote Service Invocation" realisiert worden [45]. Der Grund dürfte in der relativ schwierigen Handhabbarkeit aus Anwendersicht sowie in der Komplexität der zugrundeliegenden Protokolle liegen.

Für die durch Abb. 9 dargestellten Grundtypen von Nachrichtenkommunikationsmechanismen wurden zahlreiche Erweiterungen vorgeschlagen. Insbesondere wird aus Praxissicht die Anwesenheit einer Multicast/Broadcast-Operation für sehr wünschenswert gehalten, um Zustandsmeldungen

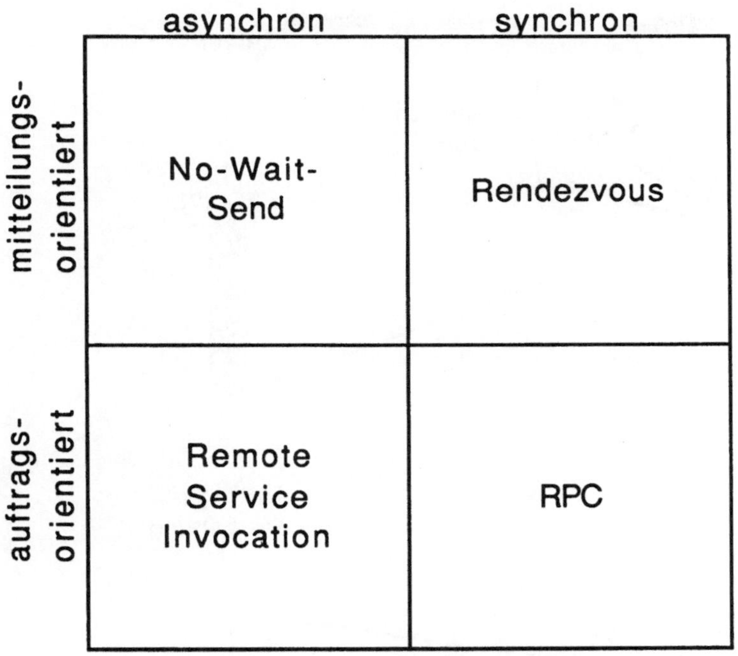

	asynchron	synchron
mitteilungs-orientiert	No-Wait-Send	Rendezvous
auftrags-orientiert	Remote Service Invocation	RPC

Abb. 9 Klassifikation der Kommunikationsmechanismen

allgemeiner Art oder Rundrufe in einer übersichtlichen und effektiven Weise durchführen zu können. Zur Demonstration eines gut durchdachten Multicast-Mechanismus sei auf den V-Kern verwiesen. Ein Multicast wird dort durch das Konzept der Prozeßgruppen ermöglicht [46]. Jeder Prozeß kann eine **Gruppe** erzeugen, deren erstes Mitglied er automatisch wird. Andere Prozesse können einer Gruppe beitreten (oder sie wieder verlassen). Aufträge können von einem Client an einen Prozeß oder eine gesamte Porzeßgruppe geschickt werden. Da der V-Kern eine synchrone, auftragsorientierte Kommunikation unterstützt, mußte die Semantik einer SEND-Operation erweitert werden. Die Lösung besteht darin, die SEND-Operation nach Eintreffen der **ersten** REPLY-Nachricht zu beenden. Weitere REPLY-Nachrichten können nach Bedarf vom Client durch eine nichtblockierende GETREPLY-Operation abgeholt werden. Die nächste, durch den Client abgesetzte SEND-Operation führt automatisch zur Vernichtung aller noch im System befindlichen REPLY-Nachrichten. In Abb. 10 wird dieses Verfahren anhand eines Zeitdiagramms verdeutlicht.

Ein Aspekt der Kommunikation wurde bisher vernachlässigt: die Zuverlässigkeit. Mit einer Nachrichtentransaktion lassen sich die folgenden Zuverlässigkeitsgrade verknüpfen [47]:

(a) undefiniert

(b) at-least-once

(c) at-most-once

(d) atomic

(e) exactly-once.

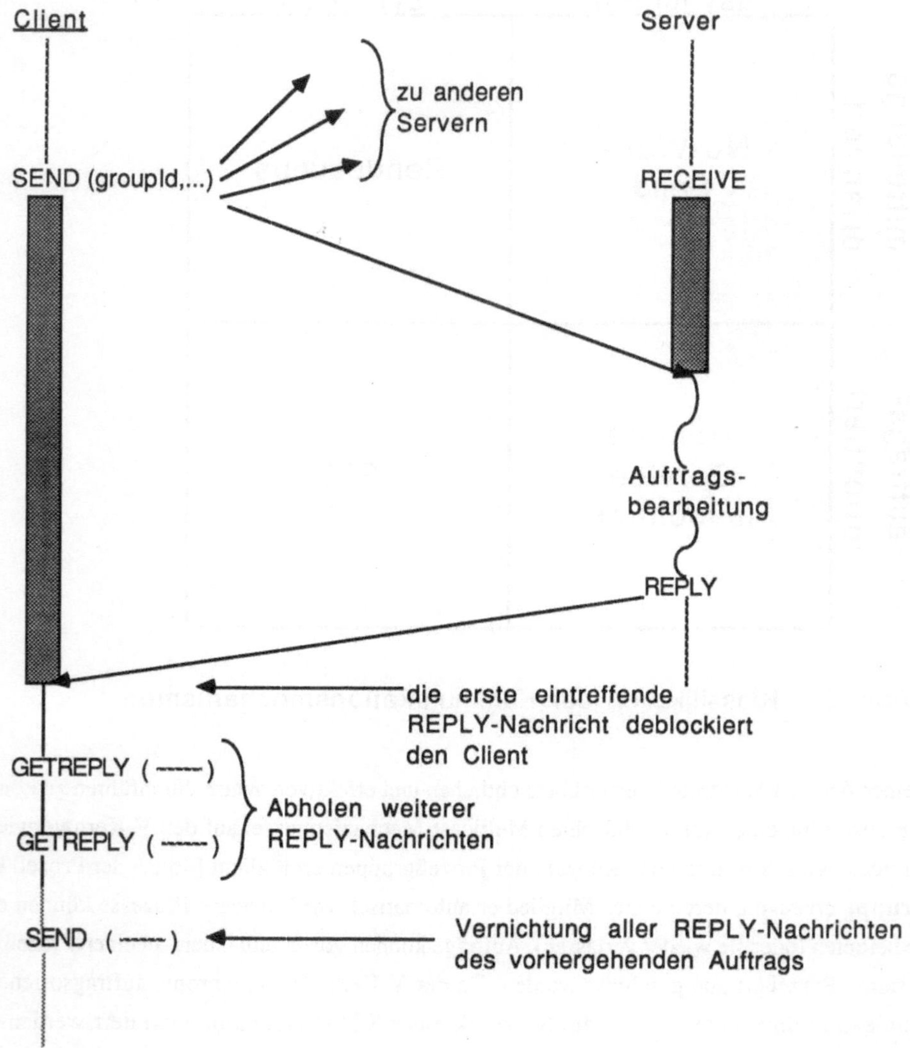

Abb. 10 Ablauf einer Multicast-Operation im V-Kern

Die Varianten (a) und (e) sollen hier außer Betracht gelassen werden, da sie entweder nicht akzeptabel oder nicht realisierbar sind. Die "at-least-once"-Semantik verhindert nicht Nachrichtenduplikate und ist deshalb nur bei **idempotenten** Server-Strukturen zulässig, bei denen die wiederholte Ankunft derselben Nachricht die identische Wirkung hat (zustandslose Server).
Mit geringem Mehraufwand läßt sich die "at-most-once"-Semantik realisieren, die garantiert, daß eine Nachricht höchstens einmal an einen Server geschickt wird. Bei Vernachlässigung von Leitungs- und Knotenausfällen garantiert sie "exactly-once"-Semantik. Die "atomic"-Semantik stellt sicher, daß

(a) eine Nachrichtentransaktion entweder vollständig durchgeführt wird oder vollständig wirkungslos bleibt (all-or-nothing)

und

(b) der erreichte Endzustand permanent erhalten bleibt (permanence of effect).

Bei synchroner, auftragsorientierter Kommunikation, die die Auftragsbearbeitung in einer abgeschlossenen Nachrichtentransaktion einschließt, bedeutet die Verknüpfung mit dem Zuverlässigkeitsgrad "atomic" eine vollständige Realisierung von atomaren Aktionen [30,48,49]. Weitere Überlegungen über eine mögliche Klassifikation von Kommunikationsmodellen werden in [50-52] angestellt.
Das am häufigsten in realisierten Systemen anzutreffende Modell beschränkt sich auf direkt kommunizierende Prozesse, wobei eine deutliche Vorliebe zur synchronen, auftragsorientierten Nachrichtenkommunikation erkennbar ist.
Vorwiegend im Forschungsbereich wird mit leistungsfähigeren Kommunikationsmodellen experimentiert, die Porzeßcluster, Kommunikation über Portschnittstellen und verschiedene Formen der Multicast-Kommunikation in ihre Überlegungen einbeziehen.
Das Arbeitsgebiet befindet sich noch immer in einer lebhaften wissenschaftlichen Diskussion. Die Wahl eines "besten" Kommunikationsmechanismus wird u.a. durch divergierende Anforderungen von verteilten Anwendungsbereichen erschwert. Dieser Aspekt wird in [53,54] näher diskutiert.

c) Namensverwaltung und Schutz

Bei Inanspruchnahme von Diensten in einem verteilten System muß im allgemeinen eine Abbildungskette von einem symbolischen Namen über eine eindeutige Identifikation eines Objektes bis hin zur Adresse des Objektes durchlaufen werden:

Name →	eindeutige Identifikation →	Adresse
(eines Dienstes)	(eines Objektes)	(eines Objektes)

In klassischen zentralistischen Systemen hat man es üblicherweise mit einer 1:1-Abbildung zwischen Namen und Objektidentifikationen zu tun. Da alle Objekte in einem Rechner existieren, fallen hier gewöhnlich Identifikation und Adresse zusammen: die Abbildung Name → Adresse geschieht zweckmäßig durch eine zentral im Betriebssystem gespeicherte Tabelle.

In verteilten Systemen wird die Namensverwaltung und damit verbundener Schutzmechanismen durch verschiedene Umstände erschwert:

a) Die Abbildung Name → Objektidentifikation ist nicht notwendigerweise eindeutig, da ein Dienst durch mehrere identische Server im System repräsentiert sein kann.

b) Bei ortsbeweglichen Objekten ist eine direkte Abbildung vom Namen auf die Adresse eines den Dienst repräsentierenden Objektes unzulässig, da das Objekt zwischenzeitlich von einem auf den nächsten Knoten verlagert worden sein kann.

c) Die dezentrale Aufstellung der Rechner in frei zugänglichen Räumen erschwert grundsätzlich die unmodifizierte Übernahme der bekannten Schutztechniken.

Die Erarbeitung allgemeingültiger Lösungskonzeptionen für das Namens- und Schutzproblem ist bisher an den divergierenden Anforderungen aus verschiedenen Anwendungsbereichen gescheitert: bei "eingebetteten" Systemen (z.B. aus dem Bereich der Prozeßsteuerung) mit einer statischen Systemkonfiguration werden Namen zur Ladezeit an feste Adressen gebunden; die Schutzproblematik ist praktisch gegenstandslos. Am anderen Ende des Spektrums befinden sich **offene** verteilte Systeme mit einer sich ständig verändernden Zahl von Dienstleistungen und Benutzern mit differenzierten Zugriffsprivilegien.

Ein umfassendes Namens- und Schutzkonzept erfordert die Bereitstellung von folgenden Mechanismen.

a) Erzeugung eindeutiger Identifikationen

b) Verwaltung der Abbildungen: Namen → Objektidentifikationen → Objektadressen

c) Vergabe und Überwachung von Zugriffsrechten

Eine grobe Klassifikation läßt sich danach vornehmen, welche Teile eines verteilten Systems als **vertrauenswürdig** verausgesetzt werden.

Beim "trusted kernel" - Ansatz werden die Verbundkerne als vertrauenswürdig vorausgesetzt (und damit auch das Kommunikationssystem). Die am häufigsten anzutreffende Form der Namensverwaltung und des Schutzes orientiert sich an UNIX : nach erfolgreicher Anmeldung beim System (LOGIN) wird jeder Benutzer bis zu seiner Abmeldung mit einem Dateibaum verbunden. Die Erzeugung neuer Objekte, der Start von Programmen und der Zugriffsschutz werden vollständig über Dateioperationen gesteuert. Dieses Verfahren setzt voraus, daß jeder Prozeß im Kontext eines Dateisystems operiert.
Ein allgemeineres Verfahren ist der Schutz über Zugriffsrechte (oder kurz 'Rechte' = capabilities [55]). Im Falle vertrauenswürdiger Verbundkerne kann die Zuteilung und Überwachung der Einhaltung von Rechten vollständig durch die Verbundkerne wahrgenommen werden. Zuteilung und

Weitergabe von Rechten können an den Vater-Sohn-Beziehungen im Rahmen des Objekt-Erzeugungsbaumes orientiert werden [56,57] oder durch einen in den Verbundkern integrierten 'capability'-Manager verwaltet werden.

Im ACCENT-Kern [26] ist man diesen Weg gegangen. Ein Recht ist dort entweder ein Lese- oder Schreibrecht auf einen Port. Prozesse, die das Leserecht auf einen Port haben, sind **Besitzer** des Ports: sie sind für die Erbringung der mit diesem Port assoziierten Dienstleistungen verantwortlich. Prozesse, die das Schreibrecht auf einen Port haben, dürfen die mit diesem Port assoziierte Dienstleistung in Anspruch nehmen.

In [58] wird zu Recht argumentiert, daß in offenen verteilten Systemen der Verlaß auf einen vertrauenswürdigen Kern unrealistisch ist, da i.a. nicht kontrolliert werden kann, mit welcher lokalen Betriebssystemversion ein Arbeitsplatzrechner aktuell ausgestattet ist. Das in Amoeba [35] realisierte Konzept wandelt deshalb das capability-Konzept in folgender Weise ab:

- Rechte sind verfälschungssicher aufgebaut und können deshalb gefahrlos in den Adreßräumen der Benutzerprogramme verwaltet werden; wer ein Recht besitzt, darf den entsprechenden Dienst kontaktieren (damit ist noch nicht gesagt, daß die Dienstleistung auch in Anspruch genommen werden kann, da hierarchisch darüber angeordnete Schutzmechanismen wie z.B. ein Dateischutz über Zugriffsflags den Zugriff weiter einschränken können).
- Die unerlaubte Ersetzung eines existierenden Servers durch einen böswilligen Eindringling wird in Amoeba durch ein spezielles Verfahren verhindert. Es basiert darauf, jeden Port durch zwei Identifikationen zu repräsentieren : eine nur dem Server bekannte und von ihm geheimgehaltene Identifikation G und eine Identifkation P, die potentiellen Clients zur Verfügung gestellt wird, wobei G und P durch eine systemweit bekannte kryptographische Einwegfunktion $P = F(G)$ verknüpft sind [59-61]. Die Funktion hat die Eigenschaft, daß P leicht aus G berechnet werden kann, aber keine inverse Funktion F^{-1} existiert, die aus P den Wert von G berechnet. Durch Anwendung von F(G) gewinnt ein Server den Wert P und teilt diese Identifikation allen potentiellen Clients mit. Jede durch einen Server ausgeführte GET-Operation auf einen Port durchläuft zwangsläufig die Transformation $P = F(G)$ (siehe Abb. 11). PUT-Operationen umgehen jedoch die Transformation. Mullender u.a. schlagen vor, die Funktion F in die Schnittstelle eines lokalen Netzes zu integrieren.

  Während das Namens- und Schutzkonzept in Amoeba keine zentralen Instanzen erfordert, wird in anderen Systemen von der Existenz eines zentralen Name-Servers ausgegangen, der sowohl die Abbildungen Namen → Objektidentifikationen verwaltet als auch die Rechte in Form verfälschungssicherer 'capabilities' vergibt. Der interessierte Leser wird auf die umfangreiche Literatur zu diesem noch stark in der wissenschaftlichen Auseinandersetzung begriffenen Gebiet [62-67] verwiesen.

  Bei Anwendungen mit extremen Sicherheitsanforderungen wie z.B. im militärischen Bereich sind die oben skizzierten Schutzkonzepte nicht ausreichend. Hier kommen in erhöhtem Maße weitere kryptographische Methoden zum Einsatz [68-70].

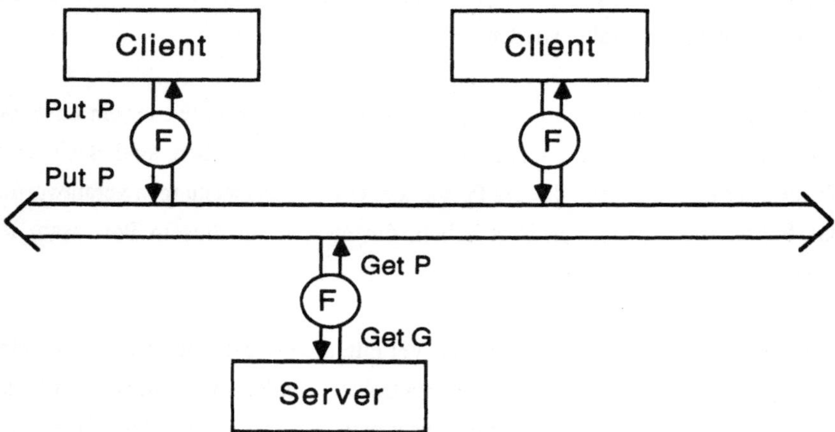

Abb. 11 Verschlüsselung von Portidentifikationen in Get-Operationen durch eine Einweg-Funktion P = F(G) in Amoeba

d) Strategie zur Verarbeitung von Rechenaufträgen

In einem eingeschränkten Sinn versteht man unter einem Rechenauftrag die Anweisung zur Ausführung eines sequentiellen Programmes. Die überwiegend realisierte Verarbeitungsstrategie in verteilten Systemen besteht darin, Programme am Ort der Auftragserzeugung auszuführen (das ist gewöhnlich der Arbeitsplatzrechner, an dem die Verarbeitungswünsche entstehen). Erst in jüngster Zeit sind im Hochschulbereich Steuerungsverfahren in bestehende verteilte Systeme integriert worden, die Batch-Programme dynamisch an gering ausgelastete Arbeitsplatzrechner zur Ausführung verteilen [71,72]. Es handelt sich dabei um pragmatische Lösungen zu dem allgemeinen Problem der Lastverteilung in verteilten Systemen [73].
Eine große Herausforderung stellt das berechtigte Anliegen dar, die summarische Rechenkapazität verteilter Systeme durch ein einziges Anwenderprogramm nutzen zu können. Während bereits eine größere Zahl **verteilter Programmiersprachen** vorgeschlagen und realisiert wurden [74-86], fehlen heute noch weitgehend die Betriebssystemmechanismen, durch die eine automatische Plazierung und ortstransparente Ausführung verteilter Anwendungsprogramme unterstützt wird.

e) Standard-Servertypen

Für universell eingesetzte verteilte Systeme wurden häufig folgende Server vorgeschlagen:
- Namens-Server
- Dateiserver
- Transaktions-Server
- Druck-Server
- Window-Server (z.B. X-Windows [106])
- Gateway-Server.

Mit Abstand den meisten Raum in der wissenschaftlichen Diskussion nimmt die Frage nach der adäquaten Architektur verteilter Dateisysteme ein. Für die Auslegung eines Dateiservers sind die folgenden Fragen zu klären:

- flacher oder hierarchisch strukturierter Namensraum
- Kopplung mehrerer Dateiserver über ein global eindeutiges Namensschema
- Zugriffsmechanismen auf Byte-, Block- oder Satzebene
- Concurrency Control-Mechanismen auf Byte-, Block oder Satzebene
- Architektur von Transaktionsmechanismen

Die Beschäftigung mit Dateiservern hat sich zu einem eigenständigen wissenschaftlichen Gebiet entwickelt [87-91]. Insbesondere die Bereitstellung von verteilten Transaktionsmechanismen, die mehrere Dateien auf verschiedenen Dateiservern einschließen, stellt noch immer ein Gebiet aktiver Forschung dar [95]. Aktuelle Untersuchungen deuten darauf hin, daß hohe Transaktionsleistungen (>1000 Datenbanktransaktionen/sec) nicht mit Standard-Dateiservern realisierbar sind [92,93].

Größeren Erfolg verspricht der Einsatz von spezialiserten Hochleistungs-File-Servern, die in sich ein verteiltes System auf der Basis eng gekoppelter Mehrrechnersysteme bilden [94].

f) Fehlertolerante Serverstrukturen

Als ein potentieller Vorteil verteilter Systeme wird immer wieder die Möglichkeit genannt, Dienstleistungen mit hohen Zuverlässigkeitsanforderungen durch redundante Auslegung der Server bereitzustellen. Systeme wie TANDEM [96] oder DELTA [97] realisieren **eine fest vorgegebene** Fehlertoleranzstrategie wie z.B. aktive Stand-by-Redundanz durch Verdopplung von Rechnerknoten und Plattenlaufwerken. Lediglich im Forschungsbereich existieren Vorstellungen, für sog. "resilient objects" den Fehlertoleranzgrad flexibel festzulegen [98]. Untersuchungen dazu werden intensiv im Rahmen des ISIS-Forschungsprojektes durchgeführt [99].

Entscheidend aus Anwendersicht ist nicht nur die fehlertolerante Realisierung kritischer Server sondern die Bereitstellung von Mechanismen, durch die (verteilte) Anwenderprogramme mit einem wählbaren Fehlertoleranzgrad ausgerüstet werden können. Hierzu existieren noch keine überzeugenden Lösungskonzeptionen.

g) Testunterstützung für verteilte Programme

Verteilte Programme sind in einem verteilten System im allgemeinen Fall auf zwei Ebenen angesiedelt:

- auf der Ebene des (verteilten) Betriebssystems,
- auf der Anwendungsebene.

Trotz einiger Fortschritte im Bereich der formalen Programmspezifikation und -verifikation kann auf systematische Testverfahren nicht verzichtet werden. Testen - hier verstanden als die Vorgänge

- Programmbeobachtung
- Fehlerbeseitigung
- Leistungsbestimmung

erfordert in verteilten Systemen grundsätzlich neue Lösungsansätze aus den folgenden Gründen:

a) Meßort und Ausführungsorte eines verteilten Programmes sind zwangsläufig verschieden.

b) Beobachtungsereignisse fallen zeitlich unabhängig an verschiedenen Meßorten an und müssen für die Gewinnung konsistenter Aussagen in einer zulässigen Weise korrelliert werden.

c) Für die gezielte Fehlerbeseitigung muß es in Anlehnung an das Austesten sequentieller Programme möglich sein, **verteilte Haltepunkte** zu setzen.

Erst in jüngster Zeit ist die Problematik des Testens in verteilten Systemen voll erkannt worden [100]. In Forschungsprojekten wurden z.T. sehr weitgehende Vorschläge für eine testgerechte verteilte Systemarchitektur unterbreitet und erprobt [101].
In heute käuflichen Systemen finden solche Überlegungen jedoch praktisch noch keine Berücksichtigung.

5. AUSBLICK AUF ZUKÜNFTIGE ENTWICKLUNGEN

Die im vorhergehenden Abschnitt gegebene Übersicht über den erreichten Stand auf dem Gebiet der verteilten Systeme macht deutlich, wo noch erhebliche Defizite bestehen. Aufbauend auf den oben gewonnenen Erkenntnissen werden nachfolgend die wichtigsten zukünftigen Arbeitsfelder skizziert und ein Ausblick auf potentielle Entwicklungen gegeben.

Programmausführungsumgebungen für verteilte Anwendungen

Eine der größten Herausforderungen verteilter Systeme stellt die Bereitstellung geeigneter Mechanismen und Laufzeitumgebungen für verteilte Anwendungen dar, durch die eine ortstransparente Ausführung verteilter Anwenderprogramme unter Beachtung einer ausgewogenen Verteilung der Last im gesamten System erreicht wird. Aus Forschungssicht sind hier erst jüngst erarbeitete Ansätze für eine **Skalierbarkeit** der adaptiven Lastverteilstrategien auf **große** verteilte Systeme mit vielen tausend Rechnerknoten weiterzuentwickeln [19]. Ein systematischer Ansatz könnte darin bestehen, das Server-Konzept sinngemäß auf die Organisation zur Verarbeitung von Rechenaufträgen zu übertragen: durch die Einführung von "Computation-Servern", die nach Bedarf auf Rechnerknoten des verteilten Systems plaziert werden, kann das Problem der Lastverteilung auf das "Aushandeln" des geeigneten Ausführungsortes zwischen Computation-Servern zurückgeführt werden.

Realisierung fehlertoleranter Strukturen
Im Gegensatz zu den bisher fest eingebauten Fehlertoleranz-Verfahren der gegenwärtigen Systemgeneration sollten in zukünftigen verteilten Systemen Basismechanismen bereitgestellt werden, auf die in Anlehnung an den Begriff der "resilient objects" fehlertolerante Strukturen mit wählbarem Fehlertoleranzgrad aufgebaut werden können. Ein solcher Basismechanismus könnte z.B. der stabile Speicher [102] sein. Die Existenz eines flexiblen Multicast-Mechanismus wird als ein weiterer notwendiger Basismechanismus angesehen, um eine Gruppe von Objekten namenstransparent anzusprechen, hinter der sich ein fehlertolerantes Objekt verbirgt [20,34,99].

Unterstützung "harter" Echtzeitverarbeitung
Verteilte Systeme bieten grundsätzlich die Möglichkeit, durch Variation des Verteilungsgrades Echtzeitanforderungen gezielt in der resultierenden Systemstruktur zu berücksichtigen. Erst in jüngster Zeit sind Ansätze für neue Echtzeit-Scheduling Algorithmen entwickelt worden, durch die die Einhaltung von Zeitbedingungen verteilter Echtzeitprogramme bei vorgegebener Systemkonfiguration garantiert wird [103]. Hierzu ist es jedoch erforderlich, die bekannten Modellvorstellungen über verteilte Programmstrukturen zu überdenken und an die modifizierte Aufgabenstellung in der Echtzeitverarbeitung anzupassen. Überlegungen hierzu finden sich z.B. in [104].

Standardisierung von Server-Schnittstellen
In der heute existierenden Generation verteilter Systeme unterliegt der Zugang zu Standard-Servern, die solche Dienste wie Datenhaltung und Drucken bereitstellen, internen Konventionen. Es ist naheliegend, häufig gebrauchte Server bezügl. ihrer Nachrichtenschnittstelle zu standardisieren. Eine derartige Standardisierung müßte
a) die Standardisierung des reinen Zugangsprotokolls zu einem beliebigen Server
und
b) die Standardisierung der speziellen, auf den Zugangsprotokollen aufsetzenden Dienstprotokolle für jeden Servertyp
umfassen.
Dadurch wäre der Weg zu offenen verteilten Systemen frei. Beliebige Systemkonfigurationen könnten aus marktgängigen Komponenten wie LAN's und Serverkomponenten aufgebaut werden und "passen" automatisch zusammen, sofern in Client-Knoten die Protokollschnittstellen beachtet werden.
Der skizzierte Weg kann als ein aussichtsreicher Schritt auf dem Weg zur Standardisierung von Betriebssystemen angesehen werden: übliche Dienste eines Betriebssystems kann man sich in Form von (black-box) Server-Komponenten am Markt kaufen und mit anderen Komponenten zu einem System zusammenstecken. Bei geeigneter Vereinbarung der Protokolle ist mit diesem Konzept auch

Heterogenität auf der Ebene der Hardwarearchitektur in gewissem Grad möglich [105]. Sie kann sogar wünschenswert sein, wenn Rechenleistung unterschiedlicher Prozessorleistung bereitgestellt werden soll.

Es ist in diesem Zusammenhang interessant festzustellen, daß SUN mit der NFS-Entwicklung [14] exakt die hier vorgestellten Absichten verfolgt: als Zugangsprotokoll zum Network File-Server wurde ein RPC-Protokoll definiert und veröffentlicht. NFS-Dateiserver können damit auch unabhängig von verteilten UNIX-Systemen in bestehende verteilte Systeme anderer Hersteller integriert werden.

Hardwareunterstützung für verteilte Systeme

Es ist abzusehen, daß sowohl der Leistungsumfang zukünftiger LAN's als auch die Architektur von Mikroprozessoren den Anforderungen in der zukünftigen Generation verteilter Systeme angepaßt werden muß.

So sollte angestrebt werden, für die Realisierung wirkungsvoller Schutzmechanismen kryptographische Funktionen und einfache Überwachungsfunktionen (wie z.B. die An- und Abschaltung von Rechnerkomponenten) in die Schnittstelle zukünftiger LAN's zu legen. Für den Test in verteilten Systemen besteht ein dringender Bedarf an einem speziellen Testprozessor, mit dem jeder Rechnerknoten ausgerüstet werden kann. Seine Aufgabe ist es, die über spezielle Instruktionen im Arbeitsprozessor erzeugten Testereignisse zu entdecken und für die interne Verarbeitung zu speichern. Eine Verbindung aller Testprozessoren über einen eigenen Testbus ist notwendig, um die unabhängig erzeugten Testereignisse an einer zentralen Teststation zu korrelieren. Ein konkreter Vorschlag für eine testorientierte verteilte Rechnerarchitektur wurde in [101] unterbreitet und erprobt.

Zusammenfassend kann festgestellt werden, daß die potentiellen Möglichkeiten verteilter Systeme trotz beachtlicher Fortschritte in Hard- und Software noch längst nicht ausgeschöpft sind und daher noch reichlicher Bedarf für die Weiterentwicklung dieser aussichtsreichen Technologie in der Zukunft besteht.

Danksagung

Für die sorgfältige Durchsicht des Manuskriptes und viele nützliche Anregungen zur Verbesserung des Textes danke ich meinen Mitarbeitern T. Gauweiler, F. Mattern, B. Weitz und D. Wybranietz.

Literatur

[1] P. Enslow: What is a Distributed Data Processing System? IEEE Computer Vol. 11, No. 1 (1978)
[2] O. Drobnik: Verteiltes DV-System, Informatik-Spektrum 4, 274 (1981)
[3] A.S. Tanenbaum, R.v. Renesse: Distributed Operating Systems, ACM Computing Surveys 17, 419 - 470 (1985)
[4] L. Kleinrock: Distributed Systems, Computer 18, 90 - 111 (1985)
[5] Special Issue on Distributed Systems: IEEE Transactions on Software Engineering Vol.SE-13, No. 1 (1987)
[6] J. Nehmer: A Structuring Framework for Distributed Operating Systems, Computer Science Technical Report Series, University of Maryland, College Park, März 1988
[7] J. Nehmer (Hrsg.): Schwerpunktthema: Verteilte Systeme, Einführung in die Thematik, Informationstechnik it 29, Heft 6, 377 - 378 (1987)
[8] D.N. Chorafas: Designing and Implementing Local Area Networks, McGraw-Hill Book Company, ISBN 0-07-010819-6 (1986)
[9] H.J. Siegel: Interconnection Networks for Large-Scale Parallel Processing, Lexington Books, ISBN O-669-03594-7 (1985)
[10] D.R. Brownbridge, L.F. Marshall, B. Randell: The Newcastle Connection or UNIXes of the World Unite!, Software - Practice and Experience, Vol. 12, 1147 - 1162 (1982)
[11] D.M. Ritchie, K. Thompson: The UNIX Time-Sharing System, CACM 7, 365 - 375 (1974)
[12] J.S. Quaterman, A. Silberschatz, J.L. Peterson: 4.2 BSD and 4.3 BSD as Examples of the UNIX System, ACM Computing Survey Vol. 17, No. 4, 379 - 418 (1985)
[13] T. Gauweiler: UNIX als Basis für verteilte Systeme, Informationstechnik it 29, Heft 6, 386 - 390 (1987)
[14] R. Sandberg: The SUN Network Filesystem: Design, Implementation and Experience, Proc. EUUG Spring Conference, Florence 1986
[15] G. Popek, B. Walker, J. Chow, D. Edwards, C. Kline, G. Rudisin, G. Thiel: LOCUS: A Network Transparent High Reliability Distributed System, Proc. 850SP, 160 - 168 (1981)
[16] B.W. Lampson: Atomic Transactions, in: Distributed Systems - Architecture and Implementation, Lecture Notes in Computer Science, Springer, 246 - 265 (1981)
[17] M. Kaiserswerth: Verteilte Dateisysteme unter UNIX: Eine Gegenüberstellung verschiedener Lösungen, Informationstechnik it 29, Heft 6, 390 - 398 (1987)
[18] A. Barak, A. Litman: MOS: A Multicomputer Distributed Operating System, Software - Practice and Experience 12, 725 - 737 (1985}
[19] A. Barak, A. Shiloh: A Distributed Load-Balancing Policy for a Multicomputer, Software - Practice and Experience 15, 901 - 913 (1985)
[20] D. Cheriton: The V-Kernel - A Software Base for Distributed Systems, IEEE Software, 19 - 42 (1984)
[21] D. Cheriton: The V Distributed System, CACM 31, 314 - 333 (1988)
[22] G.T. Almes, A-P. Black, E.D. Lazowska, J.D. Noe: The Eden System: A Technical Review, IEEE Trans. on Software Engineering 11, No. 1, 43 - 59 (1985)
[23] G.R. Andrews, R.D. Schlichting, R. Hayes, T.D.M. Purdin: The Design of the Saguaro Distributed Operating System, IEEE Trans. on Software Engineering Vol. 13, No. 1, 104 - 118 (1987)
[24] N. Carriero, D. Gelernter: The S/Net's Linda Kernel, ACM Transactions on Computer Systems, Vol. 4, No. 2, 110 - 129 (1986)
[25] B.P. Miller, D.L. Presotto, M.L. Powell: DEMOS/MP: The Development of a Distributed Operating System, Software - Practice and Experience 17, 277 - 290 (1987)
[26] R.F. Rashid, G.G. Robertson: Accent: A Communication Oriented Network Operating System Kernel, Proc. SOSP, 64 - 75 (1981)
[27] J.K. Ousterhout, A.R. Cherenson, F. Jouglis, M.N. Nelson, B.B. Welch: The Sprite Network Operating System, Computer 21, No. 2, 23 - 36 (1988)
[28] M. Accetta, R. Baron, W. Balasky, D. Golub, R. Rashid, A Tevanian, M. Young: Mach: A New Kernel Foundation for UNIX Development, in 1986 Summer USENIX Conference, June1986
[29] D.C. Swinehart, P.T. Zellweger, R.B. Hagmann: The Structure of Cedar, ACM SIGPLAN Notices 20, No. 7, 230 - 244 (1985)
[30] P. Dasgupta, R.J. LeBlanc Jr., W.F. Appelbe: The CLOUDS Distributed Operating System, Proc. 8ICDCS, June 1988

[31] H. Zimmermann, J.S. Banino, A. Caristan, M. Guillemont, G. Morisset: Basic Concepts for the Support of Distributed Systems: the Chorus Approach, Proceedings 2ICDCS, 60 - 66 (1981)
[32] J. Kramer, J. Magee, M. Sloman, A. Lister: CONIC - An Integrated Approach to Distributed Computer Control Systems, IEEE Proc. Vol. 130, Part E, No. 1, 1 - 10 (1983)
[33] R.E. Schautz, R.H. Thomas, G. Bono: The Architecture of the Cronus Distributed Operating System, Proc. 6ICDCS, 1986
[34] J. Nehmer, D. Haban, F. Mattern, D. Wybranietz, H.D. Rombach: Key Concepts of the INCAS Multicomputer Project, IEEE Trans. on Software Engineering Vol. 13, No. 8, 913 - 923 (1987)
[35] S.J. Mullender, A.S. Tanenbaum: The Design of a Capability-Based Distributed Operating System, The Computer Journal, Vol. 29, No. 4, 289 - 300 (1986)
[36] W. Schröder: A Distributed Process Execution and Communication Environment for High Performance Application Systems, Lecture Notes in Computer Science Vol. 309, 162 - 188 (1988)
[37] Arbeitsplatzrechner, Sonderheft Informationstechnik it 29, Heft 5 (1987)
[38] K. Frenkel: Evaluating Two Massively Parallel Machines, CACM 29, No. 8, 752 - 758 (1986)
[39] C.M. Brown, C.S. Ellis, J.A. Feldman, T.J. LeBlanc: Research with the Butterfly Multicomputer, 1984 - 1985 Computer Science and Computer Engineering Review, University of Rochester, 1985
[40] P.M. Behr, W.K. Giloi, H. Mühlenbein: Rationale and Concepts for the SUPRENUM Supercomputer Architecture, Gesellschaft für Mathematik und Datenverarbeitung (GMD), 1986
[41] P. Weinberger: The Eight Edition Remote File System, EUUG Spring Conference, Florence 1986
[42] A.D. Birell, J. Nelson: Implementing Remote Procedure Calls, ACM-TOCS 2, 39 - 59 (1984)
[43] A.D. Birell: Secure Communication Using Remote Procedure Calls, ACM-TOCS 3, 1 - 14 (1985)
[44] B. Liskov: Primitives for Distributed Computing, Proc. 7SOSP, 33 - 42 (1979)
[45] M. Seifert, H. Eberle: Remote Service Call (RSC): A Network Operating System Kernel for Heterogeneous Distributed Systems, NTG - Fachberichte 92, 292 - 305 (1986)
[46] D.R. Cheriton, W. Zwaenepoel: Distributed Process Groups in the V-Kernel, ACM-TOCS 3 No. 2, 77 - 107 (1985)
[47] E. Jul: A Classification of Distributed Operating Systems, Techn. Report 85-05-01, Dept. of Computer Science, University of Washington (1985)
[48] S.K. Shrivastava, G.N. Dixon, G.D. Parrington: Objects and Actions in Reliable Distributed Systems, Software Engineering Journal Vol. 2, No. 5, 160 - 168 (1987)
[49] S.K. Shrivastava, L.V. Mancini, B. Randell: On the Duality of Fault Tolerant System Structure, Lecture Notes in Computer Science Vol. 309, 19 - 37 (1988)
[50] M. Guillemont: A Comparative Study of Some Distributed Systems, Technology and Science of Informatics Vol. 3, No. 1, 5 - 17 (1984)
[51] S.M. Shatz: Communication Mechanisms for Programming Distributed Systems, IEEE Computer 17, No. 6, 21 - 29 (1984)
[52] B. Liskov: Limitation of Synchronous Communication with Static Process Structure in Languages for Distributed Computing, Techn. Report No. CMU-CS-85-168, Carnegie-Mellon University, 1985
[53] M.L. Scott: The Interface Between Distributed Operating System and High-Level Programming Language, Proc. International Conference on Parallel Processing, 242 - 249 (1986)
[54] J. Nehmer: On the Adequate Support of Communication Interfaces in Distributed Systems, Lecture Notes in Computer Science Vol. 309, 1 - 18 (1988)
[55] J.B. Dennis, E.C. Van Horn: Programming Semantics for Multiprogrammed Computations, CACM 9, 143 - 154 (1966)
[56] B. Lampson: Protection, Proc. 5. Annual Princeton Conference on Information Sciences and Systems, March 1971
[57] D.C. Tsichritzis: Protection in Operating Systems, Information Processing Letters 1, 127 - 131 (1972)
[58] A.S. Tanenbaum, S.J. Mullender, R. van Renesse: Using Sparse Capabilities in a Distributed Operating System, Proc. 6ICDCS, 558 - 563 (1986)
[59] M.V. Wilkes: Time Sharing Computer Systems, New York: American Elsevier (1968)
[60] G.B. Purdy: A High-Security Log-in Procedure, CACM 17, 442 - 445 (1974)
[61] A. Evans, W. Kantrowitz, E. Weiss: A User Authentication Scheme not Requiring Security in the Computer, CACM 17, 437 - 442 (1974)

[62] B.W. Lampson: Designing a Global Name Service, Proceedings of the Fifth ACM Symposium on Principles of Distributed Computing, August 1986
[63] D.C. Oppen, Y.K. Dalal: The Clearinghouse: A Decentralized Agent for Locating Named Objects in a Distributed Environment, ACM Trans. on Office Information Systems 1, No. 3, July 1983
[64] D.B. Terry: Structure-free Name Management for Evolving Distributed Environments, Proc. 6ICDCS, 502 - 508 (1986)
[65] S. Thomas: A Dynamic Naming Protocol for ISO Networks, Computer Communication Review, Vol. 17, No. 4, 11 - 24 (1987)
[66] B. Wagner: Zum Problem der Namen in einem lokalen Netz, Informatik-Spektrum 7, Heft 3, 166 - 171 (1984)
[67] P. Mockapetris, J. Postel, P. Kriton: Name Server Design for Distributed Systems, Proc. 7th International Conference on Computer Communication, Sydney, Australia 1984
[68] Special Issue: Cryptography, ACM Computing Surveys, Vol. 11, No. 4 (1979)
[69] C.E. Landwehr, C.L. Heitmeyer, J. McLean: A Security Model for Military Message Systems, ACM-TOCS, Vol. 2, No. 3, 198 - 222 (1984)
[70] Special Issue: Network Security, IEEE Network Vol. 1, No. 2 (1987)
[71] D.L. Eager, E.D. Lazowska, J. Zahorjan: Adaptive Load Sharing in Homogeneous Distributed Systems, IEEE Trans. on Software Engineering 12, No. 5, 662 - 675 (1986)
[72] F. Douglis, J. Ousterhout: Process Migration in the Sprite Operating System, Proc. 7ICOCS, 18 - 25 (1987)
[73] M.J. Litzkow, M. Livny, M.W. Mutka: Condor - A Hunter of Idle Workstations, Proc. 8ICDCS, San Jose 1988
[74] Dept. of Defense, U.S.: Reference Manual for the Ada Programming Language, ANSI/MIL-STD-1815A (1983)
[75] C.A.R. Hoare: Communicating Sequential Processes, CACM 21, 666 - 677 (1978)
[76] P. Brinch-Hansen: Edison - A Multiprocessor Language, Software - Practice and Experience 11, 325 - 361 (1981)
[77] B.C. McCord, A.P. Black: EPL Programmer's Guide, Eden Project, University of Washington, Seattle 1983
[78] G. Andrew: The Distributed Programming Language SR-Mechanisms, Design and Implementation, Software - Practice and Experience Vol. 12, 719 - 753 (1982)
[79] R. Strom., S. Yemini: The NIL Distributed Systems Programming Language: A Status Report, SIGPLAN Notices Vol. 20, No. 5, 36 - 43 (1985)
[80] B. Liskov, D. Curtis, P. Johnson, R. Scheifler: Implementation of ARGUS, Proc. 11SOSP, 111 - 122 (1987)
[81] R.P. Cook: StarMod - A Language for Distributed Programming, IEEE Trans. on Software Engineering 6, No. 6, 563 - 571 (1980)
[82] R. Massar: LADY - Entwurf und Implementierung einer Sprache für verteilte Systeme, Dissertation Universität Kaiserslautern, FB Informatik, 1984
[83] C. Beilken, F. Mattern: The Distributed Programming Language CSSA - A Very Short Introduction, Techn. Report No. 123/85, Fachbereich Informatik, Universität Kaiserslautern, 1985
[84] M.L. Scott: Language Support for Loosely Coupled Distributed Programs, IEEE Trans. on Software Engineering Vol. 13, No. 1, 88 - 103 (1987)
[85] K.S. Thomsen, J.L. Knudsen: A Taxonomy for Programming Languages with Multisequential Processes, The Journal of Systems and Software 7, 127 - 140 (1987)
[86] H.E. Bal, J.G. Steiner, A.S. Tanenbaum: Programming Languages for Distributed Systems, Faculteit Wiskunde en Informatica, Vrije Universiteit Amsterdam, Rapport IR-147, 1988
[87] L. Svobodova: File Servers for Network-Based Distributed Systems, ACM Computing Surveys Vol. 16, No. 4, 353 - 398 (1984)
[88] A.D. Birell, R.M. Needham: A Universal File Server, IEEE - Trans. on Software Engineering Vol. 6, No. 5, 450 - 453 (1980)
[89] J.G. Mitchell, J. Dion: A Comparison of Two Network-Based File Servers, CACM 25, No. 4, 233 - 245 (1982)
[90] M.R. Brown, K.N. Kolling, E.A. Taft: The ALPINE File System, ACM Transactions on Computer Systems Vol. 3, No. 4, 261 - 293 (1985)
[91] D.K. Gifford, RM. Needham, M.D. Schroeder: The Cedar File System, CACM Vol. 31, 288 - 298 (1988)
[92] R. Bayer, K. Elhardt, W. Kießling, D. Killar: Verteilte Datenbanksysteme - eine Übersicht über den heutigen Entwicklungsstand, Informatik-Spektrum 7, Heft 1, 1 - 19 (1984)

[93] T. Härder, E. Rahm: Hochleistungs-Datenbanksysteme - Vergleich und Bewertung aktueller Architekturen und ihrer Implementierung, Informationstechnik it 29, Heft 3, 127 - 139 (1987)

[94] E. Rahm: Synchronisation in Mehrrechner-Datenbanksystemen - Konzepte, Realiserungsformen und quantiative Bewertung, Dissertation am FB Informatik, Universität Kaiserslautern, 1988

[95] A.Z. Spector, D.D. Daniels, D. Duchamp, J.L. Eppinger, R. Pausch: Distributed Transactions for Reliable Systems, Proc. 10SOSP, 127 - 146 (1985)

[96] J.F. Bartlett: A Non-Stop Operating System, Proc. 11th International Hawaii Conference on System Sciences, 103 - 117 (1978)

[97] W. Blau, K. May, C. Schirmer: Das fehlertolerante DELTA-System, Informatik-Fachberichte 78, 247 - 257 (1984)

[98] L. Svobodova: Resilient Distributed Computing, IEEE Trans. on Software Engineering 10, No. 3, 257 - 268 (1984)

[99] K. Birman: Replication and Availability in the ISIS System, Proc. 10SOSP, 79 - 86 (1985)

[100] J. Joyce, G. Lomow, K. Slind, B. Unger: Monitoring Distributed Systems, ACM-TOCS Vol. 5, No. 2, 121 - 150 (1987)

[101] D. Haban: The Distributed Test Methodology DTM, Dissertationsschrift, FB Informatik, Universität Kaiserslautern, 1988

[102] B. Lampson, H. Sturgis: Crash Recovery in a Distributed Storage System, Xerox Palo Alto Research Center, Techn. Report., April 1979

[103] H. Kopetz: Design Principles for Fault Tolerant Real Time Systems, Proc. 9th Annual Hawaii International Conference on System Science, 1986

[104] J. Nehmer: An Object Architecture for Hard Real Time Systems, Computer Science Technical Report Series, University of Maryland, College Park, March 1988

[105] O. Drobnik, H. Wettstein: Eine Architektur heterogener verteilter Systeme, Informationstechnik it 29, Heft 6, 411 - 419 (1987)

[106] R. W. Scheifler, J. Gettys: The X Window System, ACM Trans. on Graphics, Vol. 5, No. 2, 79-109 (1986)

Internationale Kartenzahlungssysteme im weltweiten Informationsverbund komplexer Netze

Herbert Dorner
Geschäftsführer
GZS Gesellschaft für Zahlungssysteme mbH

Frankfurt am Main

Meine sehr geehrten Damen und Herren,

wenn ich in den nächsten 40 Minuten über das Thema "internationale Kartenzahlungssysteme im weltweiten Verbund komplexer Netze" sprechen werde, dann stehe ich vor Ihnen als ein Praktiker, der sich im alltäglichen Geschäft nicht in erster Linie um Theorie und Wissenschaft kümmern kann. Als Geschäftsführer der GZS Gesellschaft für Zahlungssysteme mbH, eines international operierenden Dienstleistungsunternehmens der Finanzbranche mit den Produkten EUROCARD und eurocheque, muß für mich stets das wichtigste sein, daß der Betrieb reibungslos läuft und die vielfältigen Risiken von Finanzdienstleistungen im Kartenzahlungsgeschäft, wie Bonität, Mißbrauch, Fälschungen, Währungsprobleme im Griff sind. Zeit ist nämlich in unserem Falle tatsächlich Geld.

1.1. Anwendungsorientierte Darstellung des Themas

Die Branche rund um das Geld hat in den letzten Jahrzehnten beachtliche Zuwachsraten erzielt. Die jüngste Entwicklung zeigt deutlich, daß sich die Kreditinstitute auf dem Weg zu Zentren der Informationsverarbeitung befinden. Um rationell tätig sein zu können, müssen sie modernste Elektronik einsetzen.

Heute ist auch im Kreditgewerbe die Technik einer der wichtigsten Faktoren, um die Produktivität zu erhöhen. Hinzu kommt, daß mit Hilfe der Technik Wettbewerbsvorteile gegenüber den Mitbewerbern erreicht werden können.

1.2. Innovationen in der Finanzbranche

Dabei spielen die Telekommunikation und zunehmend die Mehrwertdienste eine große Rolle. Unter Mehrwertdienst ist in diesem Zusammenhang zu verstehen: Die Schaffung zusätzlicher Dienstleistungen durch sinnvollen Verbund von Fernmelde- und Datenverarbeitungsnetzen der EDV-Anlagen des Kreditgewerbes untereinander sowie die Ausdehnung der Vernetzung mit deren Kunden.

Die Dienstleisungen sind so zu standardisieren, daß sie sowohl von Privatkunden als auch von Firmenkunden über spezielle Datenendgeräte in Anspruch genommen werden können: z.B. Bargeldauszahlung an Geldausgabeautomaten, elektronisches Bezahlen am Kassenterminal, Druck von Kontoauszügen über Kontoauszugsdrucker oder Eingabe von Überweisungen über Btx-Geräte im Rahmen des Home-Banking der Geldinstitute. Aus der Vielzahl der Bankprodukte und ihrer unterschiedlichen Nutzung von Telekommunikationstechniken werden hier die Erfahrungen bei der Autorisierung und Abwicklung von Zahlungskarten, und zwar speziell der Kreditkarte EUROCARD und der eurocheque-Karte, dargestellt. Da die Produkte nicht nur national, sondern auch europaweit und, wie beispielsweise die EUROCARD, weltweit einsatzfähig sind, ist der Aspekt des weltweiten, reibungslosen Informationsverbundes von besonderer Bedeutung.

Im Hinblick auf die schwierigen weltweit zu lösenden Probleme, die es bei der Vernetzung offener Systeme zu überwinden galt, kann man von komplexen Informatik-Systemen sprechen. Die Lösungen wurden gefunden ohne Hilfe staatlicher oder halbstaatlicher Institutionen. Im Vordergrund standen für alle Beteiligten pragmatische, kostensenkende Lösungsansätze.

1.3. Dienstleistung und Informationsverarbeitung weltweit

Bank-Kreditkarten sind als weltweit einsetzbare Zahlungsmittel konzipiert. Der EUROCARD-Inhaber kann überall in 170 Ländern bei über 6 Millionen Händlern und Dienstleistungsunternehmen zu jeder Zeit mit seiner Karte Waren und Dienstleistungen bargeldlos bezahlen. Das eurocheque-System als bankgarantiertes Schecksystem hat sich inzwischen zum größten europäischen Zahlungssystem entwickelt. Der eurocheque ist im übertragenen Sinne zur "europäischen Banknote" geworden. Um den Karteninhabern stets einen hervorragenden Service gewährleisten zu können, ist sowohl eine umfangreiche technische Infrastruktur als auch modernste Kommunikationstechnik notwendig. Der schnell wachsende Umfang und die Internationalität des Kartengeschäftes machen den Einsatz leistungsfähiger EDV unverzichtbar. Der Karteninhaber erwartet, daß er mit dem Bankprodukt überall zahlen und sich bei Bedarf auch mit Bargeld versorgen kann.

2. Die GZS und ihre Aufgaben

Im Auftrag aller deutschen Banken und Sparkassen emittiert die GZS die EUROCARD und übernimmt alle bei der Abwicklung anfallenden Aufgaben. Zugleich ist die GZS für die Verrechnung der eurocheques zuständig, die von deutschen Reisenden im Ausland in der jeweiligen Landeswährung und von ausländischen Besuchern in Deutschland in D-Mark ausgestellt werden. Außerdem befaßt sich die GZS intensiv mit der Entwicklung neuer, kartengesteuerter und bargeldloser Zahlungssysteme. Zur Bewältigung dieser umfangreichen Aufgaben werden betriebliche und überbetriebliche Computernetze eingesetzt. Die Informationstechnik wird dabei als strategisches Mittel im Wettbewerb verstanden.

Die Gesellschaft wurde 1982 als Gemeinschaftseinrichtung von allen privaten Banken, Sparkassen und Genossenschaftsbanken gegründet. Sie ist mit einem Stammkapital von DM 50 Millionen ausgestattet und hat ihren Sitz in Frankfurt am Main. Es werden derzeit 700 Mitarbeiter beschäftigt.

2.1. Internationale Kreditkartenorganisation EUROCARD

EUROCARD ist das Kreditkartensystem der europäischen Banken. Es wird von rd. 7000 europäischen Finanzinstituten getragen. In Großbritannien und Irland arbeitet EUROCARD mit der Kreditkartenorganisation Access zusammen. Daneben kooperiert EUROCARD auch mit MasterCard International, die weltweit mehr als 145 Millionen Karten im Umlauf hat und die Akzeptanz von EUROCARD und Access außerhalb Europas sicherstellt. Über ein europäisches Service-Center, EUROCARD International in Brüssel, wird der internationale Umsatz der sonst eigenständigen nationalen EUROCARD-Gesellschaften abgewickelt.

Zur technischen Unterstützung bedient sich EUROCARD International einer Beteiligungsgesellschaft mit dem Namen EPSS (European Payment Systems Services). EPSS bietet eine ganze Palette von technischen Dienstleistungen für Zahlungssysteme an, die alle auf EDCS (EUROCARD Data Communication System), dem dezentralen Datenkommunikationssystem für elektronische Datenübertragung basieren. Es ist die Zielsetzung von EPSS, europäischen Banken internationale Zahlungsverkehrsdienstleistungen in einem optimalen Kosten-/Nutzen-Verhältnis anzubieten. Dies wird durch modernste Technik und in Verbindung mit dem Know-How langjähriger Erfahrung erreicht.

2.2. Internationales eurocheque-System

1988 feierte das eurocheque-System seinen 20. Geburtstag. Zu Anfang war das eurocheque-System ein reines "Scheckgarantie-System". Mit der weiteren Entwicklung des Systems - insbesondere im elektronischen Bereich - wurde es das bei weitem bedeutendste Zahlungssystem in Europa. Ende 1987 waren rd. 41,7 Millionen eurocheque-Karten im Umlauf.

Für das Zeitalter des elektronischen Zahlungsverkehrs ist eurocheque wohl gerüstet, denn mit eurocheque kann man zunehmend internationale Geldausgabeautomaten und elektronische Kassen nutzen. Fast alle eurocheque-Karten sind für elektronische Dienstleistungen im nationalen und europäischen Bereich vorgesehen. Das eurocheque-System nutzt vorhandene Infrastrukturen. Wie bereits erwähnt, handelt es sich um das für EUROCARD europaweit aufgebaute, private elektronische Datennetz, welches die nationalen Autorisierungs- und Abwicklungssysteme verbindet. Bemerkenswert ist, daß selbst beleghafte eurocheque-Zahlungen, d.h. ausgestellte Schecks, im grenzüberschreitenden Verkehr durch die GZS schon zu 70 Prozent beleglos abgerechnet werden. Das Schlagwort heißt hier "cheque truncation" d.h., die auf den Schecks kodierten Daten werden über Magnetschriftleser bzw. optische Leser erfaßt und in elektronisch weiterverarbeitbare Informationen umgewandelt. Diese Daten werden dann über vorhandene internationale Kommunikationsnetze, z.B. von Spanien nach Deutschland, übertragen. Dies senkt die Kosten und Risiken und gestattet dem deutschen Kreditgewerbe, die vom eurocheque-Karteninhaber zu zahlende Gebühr von 1,75 Prozent seit Mai 1981 stabil zu halten.

2.3. Kartengesteuerter Zahlungsverkehr über Geldausgabeautomaten (GAA) und elektronische Kassen (POS)

Ein internationaler Verbund von Geldausgabeautomaten und elektronischen Kassen ist erst dann möglich, wenn das Autorisierungsverfahren funktioniert. Innerhalb von Sekunden muß über elektronische Kommunikation die Freigabe der Zahlungen gewährleistet sein. Dies erfordert eine umfangreiche nationale und internationale Infrastruktur. Der Fortschritt bei der Entwicklung neuer Zahlungssysteme schließt deshalb zwangsläufig die Integration verschiedener Techniken ein und zwar bis hin zu sicheren Identifikationsverfahren der Kartenkunden durch Einbeziehung symmetrischer und asymmetrischer Schlüsselverfahren, biometrischer Verfahren und Kartenechtheitsprüfungen nach dem sogenannten MM-Verfahren. Bei letzterem werden individuell in die eurocheque-Karte eingebrachte maschinell prüfbare Merkmale durch spezielle Sensoren gelesen und über eine spezielle Elektronik mit einem Rechenwert im Magnetstreifen verglichen.

Sowohl auf nationaler als auch auf internationaler Ebene ist deshalb die GZS in der Entwicklung standardisierter Karten-Anwendungen engagiert. Dies schließt auch die Erprobung und Entwicklung neuer Techniken, wie z.B. die Chipkarte ein.

3. EDV und die besonderen Anforderungen des Finanzgeschäftes

Das Geschäft der Finanzdienstleistungen stellt ganz besondere Anforderungen an den Einsatz der elektronischen Datenverarbeitung. Gefordert werden muß Sicherheit, und zwar Daten- und Ausfallsicherheit der Hard- und Software, zugleich Schnelligkeit in der Verarbeitung der Daten sowie standardisierte Lösungen im nationalen und internationalen Rahmen. Diese drei Bedingungen zusammen erfüllen die für Kartenzahlungssysteme wichtige vierte Bedingung, nämlich den Service für den Kunden zu jeder Zeit und an jedem Ort sicherzustellen, d.h. 24 Stunden am Tag, 7 Tage die Woche. Für die mit dem Aufbau und der Unterhaltung betrauten Mitarbeiter bedeutet dies eine ständige Herausforderung.

3.1. Sicherheit (Ausfallsicherheit/Kryptologie/Identifikation)

Die bei der GZS zu verarbeitenden Daten sind nicht nur wertvoll, sie sind bares Geld. Wichtigste Bedingung für die in den Systemen und Netzwerken eingesetzte Hardware ist deshalb die Ausfallsicherheit. Alle Systeme sind daher nach dem Prinzip mehrfacher Redundanz aufgebaut. Fehlertolerante Systeme, die offene Netzwerke steuern können, sind bei diesen Anwendungen besonders gefragt.

Im Bereich der Software heißt das oberste Gebot Datensicherheit. Bei der Autorisierung von Zahlungsvorgängen handelt es sich verständlicherweise um sensibelste Daten. Ins Portemonnaie läßt sich eben niemand gerne von Fremden hineinschauen. Um auf diesem Gebiet einen hohen Grad an Sicherheit zu erreichen, werden kryptografische Verfahren zur Verschlüsselung der Daten eingesetzt. Der Zugang zum

System wird durch persönliche Identifikationsnummern, sogenannte PIN's (persönliche Identifikationsnummer), der Karteninhaber kontrolliert. Zur Zeit werden die Kunden-PIN's nach einem symmetrischen Schlüsselverfahren: genannt DES (Data Encryption Standard) vergeben. Dieses Verfahren wird nach meiner Einschätzung langfristig durch asymmetrische Schlüsselverfahren, wie z.B. das von den Mathematikern Rivest, Shamir und Adleman benannte RSA-Verfahren, abgelöst werden. Die asymmetrischen Schlüsselverfahren erfüllen weitgehend die Voraussetzung von elektronischen Unterschriften in der Datenkommunikation. Sie erlauben die eindeutige elektronische Identifizierung des Kunden.

Biometrische Identifizierungsverfahren, wie elektronische Überprüfung der Fingerabdrücke oder Vergleich des Augenhintergrunds (optical retina) mit gespeicherten Werten, sind technisch zwar denkbar, sie werden aber von Privatkunden nur sehr zögerlich angenommen. Es zeigt sich hier, daß die technisch-soziale Beherrschbarkeit an ihre Grenzen stößt. Selbst bei der PIN ist zu sagen, daß aufgrund internationaler Studien festgestellt werden kann, daß etwa 1/3 aller Kunden seine Nummer vergißt oder nicht nutzen will.

Insbesondere die Chip-Karten-Technik, bei der Daten sowie Sicherheits- und Kontrollprogramme für Unbefugte unzugänglich in der Chip-Karte enthalten sein müssen, erfordert ein hohes Maß an Sicherheit gegen Fälschung und Verfälschung. Es kann allerdings bereits zum gegenwärtigen Zeitpunkt gesagt werden, daß die Chip-Karten in Bezug auf Sicherheit und Flexibilität den Magnetstreifenkarten weit überlegen sind.

3.2. Weltweiter on-line Betrieb für Kartenzahlungen

Bei einem guten Service für Bankzahlungskarten darf die Antwortzeit bei einer on-line Verbindung vom Datenendgerät zu dem jeweiligen Autorisierungssystem nur wenige Sekunden betragen. Dies ist im europäischen Informations-Verbund mit EUROCARD durch das gemeinsam mit allen nationalen EUROCARD-Gesellschaften betriebene Datennetz EDCS (EUROCARD Data Communication System) gewährleistet. Dieses Datenkommunikationssystem sorgt für die Weiterleitung sowohl zeitkritischer Daten, beispielsweise für Autorisierung der Transaktion und Verifizierung der Geheimzahl, als auch für nicht zeitkritische Informationen, wie z.B. im Bereich des Clearings und der Abrechnung. Ein entscheidendes Merkmal von EDCS ist die Kompatibilität mit den europäischen Telecom-Standards und -Verfahren.

Die Zuverlässigkeit beruht auf der Qualität des Systems, der sorgfältigen Implementierung sowie auf einer geringen zugelassenen Fehlertoleranz. Daneben stellt die laufende Überwachung rund um die Uhr sicher, daß eventuell auftretende Probleme sofort erkannt werden. Mit speziellen Sicherheitsverfahren (u.a. Verschlüsselung wichtiger Daten) wird erreicht, daß die durch das System laufenden Daten gegen jede Form des unerlaubten Zugriffs und der Veränderung geschützt sind.

Für den Nutzer ist EDCS deshalb so einfach, weil die hohe Komplexität im System abläuft und nicht bei dem einzelnen Anwender. EDCS funktioniert z.B. auf einer Multi-Währungs-Basis, d.h. Autorisierung, Clearing und Abrechung können in jeder beliebigen Währung vorgenommen werden. Autorisierungsanfragen werden z.B. in der Währung des Landes vorgenommen, von dem die Anfrage ausgeht. Die Autorisierungszentrale des Kartenemittenten erhält aber die Anfrage vollautomatisch umgerechnet in seiner Währung.

Die durchschnittliche Antwortzeit liegt im EDCS unter 3 Sekunden. Durch die Einrichtung von Ausweich-Autorisierungszentralen in jedem westeuropäischen Land und auf internationaler Ebene ist eine 100prozentige Verfügbarkeit gegeben. Wenn in einem Land, die für eine Autorisierung einer Kartenzahlung angesprochene Autorisierungszentrale nicht innerhalb von 5 Sekunden antwortet, wird diese Anfrage automatisch an die zuständige Ausweich-Autorisierungszentrale in einem anderen Land weitergeleitet. Durch ein aufwendiges Verfahren wird sichergestellt, daß die für die Autorisierung notwendigen Dateien in den einzelnen Zentren in etwa synchron sind.

Die europäischen Banken, die der eurocheque-Gemeinschaft angehören, werden dieses effizient arbeitende Kommunikationsnetz auch für die grenzüberschreitende Nutzung von Geldausgabeautomaten und das elektronische Bezahlen mittels der ec-Karte einsetzen. Dadurch werden in erheblichem Maße Kosten gespart. Es wird damit auch ein Beitrag zur Schaffung eines europäischen Binnenmarktes bis Ende 1992 geleistet. Das EDCS entwickelt sich zum Kernstück eines europaweiten elektronischen Zahlungssystems.

Die Flexibilität des Systems erlaubt die Anbindung an externe Zahlungssysteme und Datennetze, und zwar als Sender wie als Empfänger. So ist EDCS mit MasterCards internationalem Datennetz "Banknet" verbunden. Es arbeitet technisch ähnlich wie das europäische Verbundnetz. Die Antwortzeiten liegen für weltweite Autorisierungen zwischen 3 und 6 Sekunden. Insgesamt sind für die Steuerung der Netze mehrere Hundert Netzwerkrechner vom Typ IBM Serie /1 installiert. Der Einsatz fehlertoleranter Systeme zur Steuerung der internationalen Datenkommunikation ist in Vorbereitung.

3.3. Standardisierung (national/international)

Beim Thema Standardisierungen ist jeweils internationalen Lösungen der Vorzug vor nationalen Alleingängen zu geben. Für die internationalen Kartenzahlungssysteme ist besonders die Norm ISO 8583 wichtig. Sie regelt alle wichtigen Nachrichten zwischen Absender und Empfänger. Es bleibt zu hoffen, daß dieser Standard, wie von der Bundesrepublik Deutschland befürwortet, bis Ende 1989 weltweit verbindlich eingeführt wird. Eine andere wichtige Standardisierung ist OSI. Wir sehen diese Entwicklung als zukunftsweisend für die Steuerung offener Netze an.

Bei der Mehrzahl der Zahlungskarten ist gegenwärtig die weltweit bewährte und standardisierte Magnetstreifentechnik im Einsatz. Für diese Technik bedarf es bei internationalen Kartensystemen einer on-line Infrastruktur, die hohe Investitionen für den Aufbau und die Unterhaltung der Autorisierungsnetze und -systeme voraussetzt. Diese Kosten können mittelfristig dadurch reduziert werden, daß anstelle des

Magnetstreifens ein miniaturisierter Chip als neues Medium in die Karte eingebracht wird. Die elektronische Autorisierung, die bisher in den einzelnen Autorisierungssystemen stattfindet, wird künftig also teilweise in das Terminal und in den Chip des Kunden verlagert. Bei dem Einsatz von Chip-Karten wird erwartet, daß nur noch etwa 20 Prozent der Verfügungen on-line zur Autorisierungszentrale durchgeleitet werden müssen. Für eine Übergangszeit von vielen Jahren ist aber eine Koexistenz von Magnetstreifen- und Chip-Karte zu erwarten. Es ist deshalb wichtig, die Geldausgabe- und Kassenterminals technisch so auszurüsten, daß sie für alle angebotenen Kartensysteme kompatibel sind. Ein wichtiger Schritt auf diesem Weg war die im Herbst letzten Jahres in Florenz von europäischen Banken getroffene Vereinbarung, eine Reziprozität zwischen den Systemen zu gewährleisten und die unterschiedlichen Zahlungskarten von Banken wechselseitig anzuerkennen. Auf diesen sogenannten "European Accord" haben sich insgesamt 15.000 Banken in Europa verständigt. Dies ist in erster Linie eine geschäftspolitische Entscheidung: Öffnung der gegenseitigen Finanzdienstleistungen mit Kartenzahlungssystemen. Die elektronischen Standards werden folgen.

Damit werden künftig rd. 100 Millionen europäische Inhaber von Bankkarten nicht nur an "fremden" Bankschaltern Geld abheben, sondern auch Geldausgabeautomaten und elektronische Kassen nutzen können. Durch die konsequente Nutzung der Mehrwertdienste und die Vereinbarung von internationalen Standards kann damit der Service für die Bankkunden entscheidend verbessert werden.

3.4. Service-Anforderungen für Kartenzahlungssysteme

Die Attraktivität einer Zahlungskarte hängt weitgehend davon ab, welcher Service sowohl Karteninhabern wie auch den kartenakzeptierenden Vertragsunternehmen geboten wird. Für den Karteninhaber ist entscheidend, daß die Karte eine breite Akzeptanz aufweist und der eigentliche Zahlungsvorgang bequem und schnell abzuwickeln ist. Die kartenakzeptierenden Handels- und Dienstleistungsunternehmen legen besonderen Wert auf eine reibungslose Abwicklung der einzelnen Zahlungsvorgänge und der Kartenumsätze insgesamt.

Um bei der großen Zahl der ausgegebenen Karten und den ständig wachsenden Aufgaben jederzeit eine optimale Betreuung der Karteninhaber sicherstellen zu können, stehen bei der GZS alleine 200 speziell geschulte Mitarbeiter für die Beantwortung aller Fragen im Zusammenhang mit dem Einsatz der Karte zur Verfügung. Von ihnen wird dank modernster technischer Ausstattung jede einzelne Kundenanfrage individuell behandelt, unabhängig davon, ob ein Karteninhaber eine Frage zu seiner Abrechnung oder dem Einsatz der EUROCARD in irgendeinem exotischen Land hat.

Der EUROCARD-Autorisierungsdienst steht den kartenakzeptierenden Vertragsunternehmen täglich 24 Stunden zur Verfügung. Ein großer Teil der Autorisierungen wird automatisch über elektronische Kassen abgewickelt. Diese sind teilweise bereits technisch so ausgerüstet, daß eine automatische Umsatzübermittlung erfolgt und die Zusendung von Abrechnungsbelegen entfallen kann. Mit der Einführung dieser vollautomatischen Autorisierung und Abwicklung ist ein großer Schritt in Richtung des zukünftigen beleglosen elektronischen Zahlungsverkehrs gelungen.

4. Datenverarbeitung in der GZS

Die Auswahlkriterien der GZS für ihre Rechner ergeben sich aus den gestellten Aufgaben. Verlangt werden: Ausfallsicherheit, um den Dienstleistungsbetrieb rund um die Uhr zu gewährleisten, modularer Aufbau für das zu erwartende Wachstum der Zahlungssysteme, der Einsatz in offenen Netzwerken wegen der notwendigen weltweiten Datenkommunikation und eine hohe Verarbeitungsgeschwindigkeit zur schnellen Verarbeitung der on-line Transaktionen.

Das Dialog-System für die on-line Transaktions-Verarbeitung besteht aus einer Reihe von fehlertoleranten Prozessoren (Tandem-Nonstop-TXP- und VLX-Prozessoren) mit einer ausreichenden Speicherkapazität im direkten Zugriff. Dabei werden alle wichtigen Dateien zur Sicherheit doppelt gespeichert. Relationale Datenbanken haben sich für die Speicherung von Kundendaten am besten bewährt.

Für Stapelverarbeitungs-Aufgaben sowie Textverarbeitung gekoppelt mit EDV-Verarbeitung werden Tandem-Nonstop-TXP- und VLX-Prozessoren sowie IBM-Anlagen vom Typ 4381 eingesetzt. Die optische Beleg- und Magnetschriftlesung erfolgt mit Systemen von UNISYS.

Eine Besonderheit ist die Verknüpfung der Tandem-Systeme untereinander durch Glasfaserverbindungen. Diese erlauben eine Datenübertragungsrate zwischen den Systemen von je 2 x 4 MByte pro Sekunde. Für die GZS bedeutet dies, daß verzögerungsfrei von jedem Terminal an jedem System beliebig auch auf andere Systeme und deren Daten zugegriffen werden kann.

Die Glasfaserverbindung der Systeme erlaubt es, die Rechner in getrennten Räumen und in verschiedenen Stockwerken unterzubringen. Darüberhinaus können die Daten nicht nur am Ort verzögerungsfrei "gespiegelt", also doppelt gespeichert werden, sie können auch automatisch auf einem entfernten System "mitgefahren" werden. Dadurch ist selbst bei der schlimmsten Katastrophe das Geschäftsgeschehen andererorts minutengenau aufgezeichnet und sofort on-line verfügbar. Die EDV-Systeme sowie alle im Hause angeschlossenen Terminals werden im Hinblick auf eine höchstmögliche Verfügbarkeit über eine unterbrechungsfrei arbeitende Notstromversorgungsanlage mit Energie versehen. Die Speicherkapazität des Systems wird derzeit durch einen optischen Speicher mit 84 GByte erweitert. Es ist bei dieser Gelegenheit zu erwähnen, daß die gesamte Textverarbeitung in die elektronische Datenverarbeitung integriert ist. Fast jeder Mitarbeiter ist über Bildschirm-Arbeitsplätze mit den EDV-Systemen verbunden. Durch individuelle Vergabe von Passwörtern ist festgelegt, wer im Rahmen seiner Kompetenz welche Tätigkeiten ausführen darf.

Die GZS ist auf einen ausfallsicheren und störungsfreien Betrieb angewiesen. EUROCARDs und eurocheques werden weltweit rund um die Uhr genutzt. Durch die gegebenen Zeitverschiebungen in der Welt müssen die

Systeme ununterbrochen und vollständig verfügbar sein. Mit der derzeit vorhandenen Kapazität ist es möglich, die Autorisierung für EUROCARD an 15.000 Terminals in Deutschland in Form einer Steuerung offener Netzwerke vorzunehmen. Es handelt sich dabei um Reservierungsterminals von Fluggesellschaften und Reisebüros bis hin zu Geräten beim Handel. Die EDV-Systeme bilden das elektronische Rückgrat des Unternehmens.

5. Netzwerkstrukturen

5.1. Steuerung offener Netze

Internationale Datenübertragung bedeutet internationale Kooperation mit allen Partnern. Im nationalen Bereich sind derzeit über 5000 Geldausgabeautomaten aufgestellt. Diese werden sukzessive über die GZS den ausländischen eurocheque-Karteninhabern zum Bargeldbezug geöffnet. Die Datenübertragung erfolgt über alle von der DBP angebotenen Dienste: Hauptanschluß für Direktruf (HfD), Telefonwählleitungen, Datex P und Datex L. Am besten bewährt hat sich Datex P. Die Kommunikation mit den ca. 15.000 elektronischen Kassen für EUROCARD und den ca. 200 Geräten für eurocheque erfolgt durch die gleichen Dienste.

Im internationalen Verbund sind innerhalb Europas zu den wichtigsten Finanzzentren internationale Mietleitungen und Festverbindungen geschaltet. Außerdem kann jeder Netzknoten mit einem anderen über internationale Paketvermittlung oder über Telefonwählleitungen Verbindung aufnehmen. Ein nationales "network control center" in Frankfurt bzw. ein europäisches Zentrum in Brüssel überwacht den Leitungsverkehr. Bei Ausfall einer Leitungsart wird automatisch auf eine andere umgeschaltet. Unter Umständen wird die Hilfe eines dritten Landes in Anspruch genommen, z.B. gestörte paketvermittelte Anfrage Brüssel-Paris, Standleitung Brüssel-Frankfurt/M. und Paketvermittlung via Zürich nach Paris.

Im außereuropäischen Verkehr erfolgt die Steuerung über St. Louis, USA. Durch redundante Netze wird auch hier ein Höchstmaß an Ausfallsicherheit erreicht.

Weltweit sind etwa 250.000 Datenendgeräte (elektronische Kassen und Geldausgabeautomaten) angeschlossen. Bezogen auf das in 1987 über internationale Paketvermittlung übertragene Datenvolumen ist die EC/MCI-Organisation derzeit der fünftgrößte internationale Anwender. Auch unser amerikanischer Partner hat inzwischen die Vorteile dieses Dienstes erkannt. Die westeuropäischen Länder favorisieren schon seit längerem diese Übertragungsart, wenngleich gesagt werden muß, daß der Verkehr mit einigen Ländern, wie beispielsweise Portugal und Spanien, noch einige Wünsche offen läßt.

5.2. Elektronische Kassen unter Berücksichtigung der Chip-Technologie

Wie bereits erwähnt, ist es eine wichtige Aufgabe der GZS, die Entwicklung des Zahlungsverkehrs voranzutreiben. Es soll der beleggebundene Zahlungsverkehr durch beleglose Zahlungen weitgehend ersetzt und der bargeldlose Zahlungsverkehr ausgedehnt werden. Mit dem bargeldlosen Bezahlen an der Karten-Kasse, wird ein wichtiger Schritt in diese Richtung getan. In den derzeitigen Modellversuchen in Berlin und München ist dabei das Zahlungsmedium die eurocheque-Karte. Ab Ende diesen Jahres wird mit der bundesweiten Einführung von elektronischem Zahlen zunächst auf der Basis der eurocheque-Karte begonnen. Andere Kartensysteme werden folgen.

Es ist dabei folgende Kommunikation vorgesehen: Die beim Händler, also am Point of Sale, installierten elektronischen Kassen sollen über spezielle Netzknoten der GZS an die verschiedenen Autorisierungssysteme des deutschen Kreditgewerbes angeschlossen werden. Der Zahlungsvorgang wird dabei getrennt in Autorisierung und Verrechnung: Die positiv autorisierten Transaktionen werden in einem Umsatzspeicher des Kassen-Terminals festgehalten und am Abend über die Kommunikationsnetze der Deutschen Bundespost an die Hausbank übertragen. Die Verrechnung der täglichen Umsätze erfolgt nach den gleichen Grundsätzen wie beim elektronischen Datenträgeraustausch. Die Hausbank zieht die Gegenwerte per Lastschrift im Rahmen des Einzugsverfahrens von den Konten der Karteninhaber ein.

Mit der Aufteilung eines Umsatzes in Autorisierung und zahlungsverkehrstechnischer Abwicklung besteht nunmehr die Möglichkeit, die Chip-Technologie wirkungsvoll zum Einsatz zu bringen. Die Kommunikation erfolgt dann nur noch zwischen dem Chip in der Zahlungskarte und dem Kasssen-Terminal. Die relativ hohen Kommunikations- und Autorisierungskosten werden zu einem erheblichen Teil vermieden. So werden sich beispielsweise für den Händler die Kommunikationskosten aufgrund des on-line/off-Line Konzeptes wesentlich reduzieren. Für die Kreditinstitute ist wichtig, daß die kostspieligen on-line Zugriffe in EDV-Systeme verringert werden.

Eine weitere Service-Leistung für eurocheque-Karteninhaber ist die instituts- und länderübergreifende Nutzung von Geldausgabeautomaten. Innerhalb der nächsten Jahre werden in Europa zwischen 20.000 und 25.000 Geldausgabeautomaten zur Verfügung stehen. Für die Steuerung der Geldausgabeautomaten sind zuverlässige nationale und internationale Kommunikationsnetze nötig. Die Netze müssen eine hohe Durchsatzrate bei niedrigen Antwortzeiten gewährleisten. Derartige Systeme müssen international standardisiert sein. Im europäischen Rahmen ist dies durch das gemeinsam betriebene Datenübertragungssystem EDCS (EUROCARD Data Communication System) gewährleistet.

Im Hinblick auf die sich zukünftig abzeichnende Chip-Technologie ist zu sagen, daß nationale und internationale Geldausgabeautomaten über viele Jahre hinaus nur über Magnetstreifen-Karten genutzt werden können.

6. Zukunft des beleglosen Zahlungsverkehrs

Die Zahlungsverkehrsstruktur in der Bundesrepublik steht mit der Einführung des kartengesteuerten Massenzahlungsverkehrs an der Schwelle umwälzender und struktureller Veränderungen. Blickt man zurück in die vergangenen drei Jahrzehnte der Entwicklung des Zahlungsverkehrs wird aber deutlich, daß der geplante große Schritt in die Zukunft nur der letzte in einer langfristig und konsequent verfolgten Richtung ist. Drei bedeutende Phasen der Automatisierung lassen sich dabei erkennen.

Der Übergang zu bargeldlosen Lohn- und Gehaltszahlungen Mitte der sechziger Jahre brachte einen starken Anstieg des Giralgeldvolumens mit sich. Diese Entwicklung, bei der sich das unbare Zahlungsverkehrsvolumen nach dem zweiten Weltkrieg alle zehn Jahre verdreifachte, war nur noch durch die Anwendung von Automatisierungstechniken im Interbankzahlungsverkehr zu bewältigen. Das Ziel der Automatisierungsphase war die beleglose Verarbeitung des Zahlungsverkehrs durch den Datenträgeraustausch, wobei die Belege durch Magnetbänder als Datenträger ersetzt werden. Mitte der siebziger Jahre wurde diese erste Automatisierungsphase für den Massenzahlungsverkehr abgeschlossen.

Den Impuls für die zweite Phase ab Ende 1977 lieferte die Automatisierung des internationalen Zahlungsverkehrs durch Datenfernübertragung zwischen den SWIFT-Mitgliedern (Society for Worldwide Interbank Telecommunications). Die zu diesem Zeitpunkt im Aufbau befindlichen elektronischen Giro-Netze des Kreditgewerbes sowie die nationalen Verrechnungszentralen wurden in einem Datenfernübertragungsnetz verbunden. Gleichzeitig wurde stufenweise auch der privatkundenorientierte Zahlungsverkehr in das Datenfernübertragungsnetz integriert.

Seit dem 01. Mai 1979 gilt die "Vereinbarung für das institutsübergreifende Geldausgabeautomaten-System" (GAA-Pool) zwischen den Spitzenverbänden des deutschen Kreditgewerbes und der Bundespost. Zukunftsweisend war die Einigung in Bezug auf ein einheitliches Zugangsmedium in Form der eurocheque-Karte. Die eurocheque-Karte wurde damit zum "Grundstein" für die weiteren Zahlungsverkehrsentwicklungen.

Die dritte Automatisierungsphase im Zahlungsverkehr nahm ihren Anfang zu Beginn der achtziger Jahre. Die zunächst nur in einer Präambel beschlossene Kooperationsbereitschaft für künftige kartengesteuerte Zahlungssysteme wurde im Frühjahr 1981 in einem Vertrag zwischen den Pool-Teilnehmern realisiert. Der Vertrag sah die eurocheque-Karte als zentrales Medium für zukünftige Systeme vor.

Diese entscheidende bargeldersetzende Innovation des elektronischen Zahlungsverkehrssystems befindet sich derzeit in der abschließenden Test- und Aufbauphase. Der Aufbau eines on-line Systems für das elektronische Bezahlen an der Ladenkasse erfordert ein hohes Maß an Kooperation und ist mit erheblichen Investitionen verbunden. Die Entwicklungen im Ausland zeigen deutlich, daß diese große Herausforderung entweder nur mit staatlicher Hilfe, von großen Einzelinstituten oder durch konzertierte Aktionen des Kreditgewerbes bewältigt werden kann. In der Bundesrepublik hat man sich für letzteres entschieden, damit auch weiterhin gewährleistet ist, daß jedes Kreditinstitut, ob groß oder klein, öffentlich-rechtlich oder privat, die gleiche Wettbewerbschance im elektronischen Zahlungsverkehr behält.

Die GZS übernimmt als Gemeinschaftsunternehmen des deutschen Kreditgewerbes diese kooperative Funktion. Die Erfahrung mit dem eurocheque-System hat gezeigt, daß die Schaffung einheitlicher Zahlungssysteme vorteilhaft für alle Nutzer ist. Die Entwicklung kartengesteuerter Zahlungssysteme als Gemeinschaftsaufgabe durch die GZS ist daher der konsequente und rationelle Weg in die Zukunft des elektronischen Massenzahlungsverkehrs.

Langfristig ist schon eine Integration der verschiedenen elektronischen Zahlungssysteme zu einem einheitlichen Netz durch die Schlüsselrolle der eurocheque-Karte vorprogrammiert, aber auch für weitere Zahlungskarten von Banken soll das zukünftige System geöffnet werden. Mit Blick auf den für Ende 1992 geplanten europäischen Binnenmarkt lassen sich schon heute vielfältige Möglichkeiten für die europaweite Nutzung der elektronischen Zahlungssysteme erkennen. Die eurocheque-Karte könnte das erste einheitliche Zahlungsmittel für die europäischen Bürger werden.

Kreditinstitute werden in der Zukunft als Anbieter von Software- und Informationsdienstleistungen auftreten. Der Handel wird immer mehr kundenbezogene Informationen nachfragen. Natürlich sind hier die datenschutzrechtlichen Aspekte zu berücksichtigen.

Die Nachfrage nach internationalen Zahlungsmitteln wird aufgrund des Reiseverhaltens weiter zunehmen. Die Entfernung zwischen Kunden und Bank wird künftig völlig unkritisch. Die Bankkarte eröffnet dem Kunden Zugang zu Dienstleistungen, wo immer er es sich wünscht. Die Entwicklung tragbarer Terminals in der Größe eines Taschenrechners mit Verbindung über ISDN oder Funk zu den EDV-Systemen der Banken und des Handels - sowohl für elektronisches Bezahlen als auch für home banking und andere Dienstleistungen des Electronic Banking - zeichnet sich bereits ab. Die Anzahl der Btx-Stationen und PCs in den Haushalten wird in den 90er Jahren sprunghaft zunehmen. Die zwischenbetriebliche Vernetzung wird sich durchsetzen. Expertensysteme und Selbstbedienungsverfahren werden verstärkt Eingang in die EDV-Anwendungen der Kreditinstitute finden. Es besteht ein Zwang zur technischen Kooperation insbesondere bei Standards für Telekommunikation (z.B. OSI), denn die Qualität der on-line Verarbeitung, der Aufbau offener Netzwerke mit hohen Datenübertragungsraten und verteilten Datenbanken werden im Wettbewerb entscheidend sein. Es ist wichtig, neue Techniken als eine notwendige Voraussetzung für die Verbesserung und den Ausbau des Kundenservices zu verstehen.

SOZIALE BEHERRSCHBARKEIT TECHNISCH OFFENER NETZE

Dargestellt an Beispielen aus dem privatwirtschaftlichen und öffentlichen Bereich

Herbert Kubicek

Professor für Angewandte Informatik an der Universität Bremen

1. Offene Netze zwischen Euphorie und Verbotsforderung

Offene Netze zählen zu den unumstrittenen Entwicklungszielen in der Informatik. Während dieses Ziel in der wirtschaftswissenschaftlichen sowie wirtschafts- und technologiepolitischen Diskussion unterstützt und teilweise mit beträchtlichen Erwartungen verknüpft wird, stößt es in Teilen der kritischen sozial- und rechtswissenschaftlichen Literatur auf erhebliche Einwände. Die Kritik richtet sich fast ausschließlich auf überbetriebliche Rechnernetze, WANs bzw. Telekommunikationssysteme. Nur sie sollen im folgenden betrachtet werden.

1.1. Wirtschaftlicher und sozialer Fortschritt durch offene Netze?

In der technischen und wirtschaftspolitischen Diskussion über die Informations- und Kommunikationstechniken gilt die Entwicklung offener Netze - teilweise wird auch von "offenen Systemen" oder "offener Kommunikation" gesprochen /5, 9, 26/ - als das Ziel der 80er und 90er Jahre schlechthin. Dabei geht es im wesentlichen darum, die bisherige Inkompatibilität hersteller- und anwendungsspezifischer Systeme durch international genormte Protokolle oder Standards zu überwinden und Systeme sowie Systemteile unterschiedlicher Hersteller einfach koppelbar zu machen /12, 13/. Speziell im Bereich der Telekommunikation werden davon teilweise wahre Wunder erwartet. Über eine traditionelle Selbstverständlichkeit hinaus, mit der Techniker die Standardisierung und Normung positiv beurteilen, werden vor allem wirtschaftliche Fortschritte und gesellschaftliche Freiheiten betont.

In wirtschaftlicher Hinsicht wird vor allem eine Markterweiterung für Hersteller sowie Netzbetreiber und Diensteanbieter erwartet. Solange Systeme mit herstellerspezifischen Protokollen für spezielle Anwendungen entwickelt werden, sind die Absatzmärkte klein und die Stückkosten hoch. Dies gilt für die Hersteller von Netzelementen ebenso wie für die Betreiber von Spezialnetzen und -diensten. Durch internationale herstellerunabhängige Protokolle und möglichst anwendungsunabhängige Systeme sollen wesentlich größere Stückzahlen mit entsprechend niedrigeren Stückkosten produziert und abgesetzt werden. Damit soll ein gemeinsamer (west)europäischer Markt geschaffen werden, der es den Herstellern aus der EG ermöglicht, in der Konkurrenz mit Japan und den USA zu bestehen. Aus diesen Gründen fördert die EG-Kommission die Entwicklung einheitlicher Standards für Telekommunikationsendgeräte und -dienste mit großer Intensität /19/.

Über die volkswirtschaftlichen Fortschritte hinaus sollen offene Netze auch eine völlige Freizügigkeit der Benutzer/innen und damit auch erheblich größere Freiheiten schaffen. So wie man heute von fast jedem Ort der Welt aus mit jemandem an fast jedem anderen Ort telefonieren kann, so soll in Zukunft jede Datenverarbeitungsanlage mit jeder anderen Daten austauschen können unabhängig davon, von wem die Datenstation hergestellt worden ist und von wem das Netz betrieben wird.

Bundespostminister Schwarz-Schilling vergleicht die Einführung offener Telekommunikationssysteme mit der Einführung des Buchdrucks, die u.a. traditionelle Informations- und Herrschaftsmonopole aufgebrochen habe. Durch offene Netze und entsprechend leichte Zugangsmöglichkeiten zu Datenbeständen sollen regionale Benachteiligungen aufgehoben, die Chancengleichheit und Demokratie wesentlich verbessert und das Leben insgesamt bequemer werden /31/.

Offene Netze kommen danach den Interessen von Herstellern und Benutzer(inne)n gleichermaßen entgegen, sind volkswirtschaftlich und gesellschaftspolitisch wünschenswert und entsprechen im übrigen den Entwicklungen in allen anderen Technikbereichen, die in die Phase der Massenanwendung getreten sind. Technische Standardisierung ist untrennbar mit der industriellen Herstellung von Technik verbunden und bisher überwiegend positiv beurteilt worden.

1.2. Sind offene Netze sozial nicht beherrschbar?

Von kritischen Sozial- und Rechtswissenschaftlern wird demgegenüber eine grundlegende und weitreichende Kritik an dem Ziel der Entwicklung offener Netze geäußert. Sie entzündet sich zum Teil am ISDN, ist darauf jedoch nicht beschränkt /6, 22, 24, 25, 29, 33/. Spätestens mit offenen Netzen treten informationstechnische Systeme in die Klasse großtechnologischer Systeme, die nicht mehr ohne weiteres beherrschbar sind und deswegen möglicherweise verboten werden müssen.

Die allgemeine These, daß offene Netze nicht ohne weiteres sozial beherrschbar sind, wird auf zwei unterschiedlichen Ebenen vertreten: Zum einen ist sie speziell auf den Datenschutz bezogen, zum anderen auf eine ganze Fülle von Schutzregelungen, die für den sozialen Rechtsstaat konstitutiv sind. Ein dritter Diskussionsstrang betrifft kommunikations-ökologische Aspekte /22, 25/. Sie sollen hier nicht behandelt werden, weil sie mit der im folgenden verwendendeten techno kratischen Betrachtungsweise nicht angemessen erfaßt werden können.

1.2.1. Beherrschbarkeitsprobleme im Hinblick auf den Datenschutz

Bei der Kritik im Hinblick auf den Datenschutz geht es um die zunehmende Diskrepanz zwischen geltenden gesetzlichen Bestimmungen und technischer Entwicklung. Die Datenschutzgesetze beziehen sich auf den Stand der Technik, wie er sich zur Zeit ihrer Entwicklung und Verabschiedung darstellte: weitgehend isolierte Großrechner mit herstellerspezifischen Betriebssystemen und Anwendungsprogrammen, die für spezifische Anwendungszwecke und Benutzer entwickelt worden sind und betrieben werden. Das Zweckbindungsprinzip bildet den Kern der generellen Erlaubnis. Dateien, speichernde Stelle, Auftraggeber und Auftragnehmer sind zentrale Begriffe, an die Rechte und Pflichten gekoppelt sind.

Offene Netze sind demgegenüber auf die ungehinderte Weitergabe von Daten ausgerichtet. Räumliche, zeitliche und inhaltliche Festlegungen oder Begrenzungen sollen gerade überwunden werden. Der Zugriff auf Dateien soll von jedem beliebigen Ort aus erleichtert werden, Dateien sollen möglichst leicht transferiert werden u.a.m. Offene Netze sind nach Steinmüller "beliebigen Nutzern für beliebige Zwecke im Rahmen der Teilnahmebedingungen zugänglich" /33, S. 238/, während das Datenschutzrecht noch von geschlossenen oder beschränkten Netzen ausgeht, die durch einen bestimmten Nutzerkreis charakterisiert sind, sowie von dedizierten Netzen, die durch beschränkte Zwecke gekennzeichnet sind /14, 15, 32, 33/.

Zwar könnte in offenen Netzen immer noch die Verarbeitung oder Übertragung bestimmter Daten unter bestimmten Bedingungen rechtlich untersagt werden. Solche Verbote wären jedoch praktisch nicht auf ihre Einhaltung hin zu überwachen und somit letztlich wirkungslos.

Auf die zunehmende Diskrepanz zwischen rechtlichen Normen und technischer Entwicklung kann in dreierlei Weise reagiert werden:

(1) Die rechtlichen Normen können ersatzlos gestrichen werden. Der Datenschutz in der bisher geltenden und bekannten Form kann als Relikt aus alten Zeiten und Hindernis für den Fortschritt bewertet und vom Gesetzgeber außer Kraft gesetzt werden. Dazu müßte allerdings eventuell die Verfassung geändert werden, oder das Bundesverfassungsgericht müßte den bisher hergestellten Zusammenhang zwischen Grundrechten und Datenschutz aufheben.

(2) Die Anwendung offener Netze kann generell oder in bestimmten Bereichen verboten werden, weil sie mit der rechtsstaatlichen Verpflichtung zur Garantie der Grundrechte nicht vereinbart werden kann. Die Datenschutzgesetze müßten dazu entsprechend den neuen Risiken neuer Phasen der technischen Entwicklung unter Fortführung der ursprünglichen Ziele weiterentwickelt und fortgeschrieben werden.

(3) Man könnte trotz der formulierten Zweifel versuchen, Regelungen für den Datenschutz in offenen Netzen und entsprechende Verfahren für die Überwachung zu entwickeln sowie ausreichende Kontrollkapazitäten zu schaffen. Erst wenn wirklich ernsthafte Versuche in diese Richtung gescheitert sind, kann von fehlender Beherrschung gesprochen werden.

1.2.2. Beherrschbarkeitsprobleme im Hinblick auf soziale Schutzrechte

Offene Netze tendieren dazu, räumliche, zeitliche und funktionale Grenzen der Informationsverarbeitung und -weitergabe zu überwinden. Sie ermöglichen neue Transaktionsformen wie Telebanking, Teleshopping, Telearbeit, Tele-CAD, Elektronischer Lieferabruf, Elektronische Post, Bildschirmzeitung u.a.m. Diese unterscheiden sich von den bisher üblichen Transaktionsformen durch eine größere räumliche, zeitliche und zum Teil funktionale Flexibilität bzw. Unbestimmtheit.

Für alle diese Transaktionen existieren gesetzliche Rechte und Pflichten, die die wirtschaftlich und/oder sozial Schwächeren schützen sollen. Sie sind an bestimmte räumlich, zeitlich und funktional definierte Tatbestände gebunden. Von deren Vorliegen hängen die Rechtsansprüche ab, bzw. darauf sind die existierenden Schutz- und Kontrolleinrichtungen ausgerichtet /6, 22, 23, 33/. Bei den neuen elektronischen Transaktionsformen sind diese räumlich, zeitlich und funktional definierten Tatbestände in der Regel nicht mehr erfüllt. Es entstehen neue virtuelle Strukturen und Sachverhalte, die durch die bisherigen Schutzgesetze nicht mehr erfaßt werden. Ohne rechtliche Weiterentwicklung entsteht faktisch ein rechtsfreier und für alle bisher Geschützten ein schutzloser Raum.

Beispiele sind die Relativierung des Betriebes als Arbeitsstätte und des Arbeitnehmerverhältnisses, obwohl das gesamte System des Arbeitsschutzes und der sozialen Sicherung darauf beruht, die geringe Wirksamkeit der betrieblichen Mitbestimmung bei zwischenbetrieblicher Vernetzung, die Regelung der Haftung beim Telebanking oder Regelungen des Urheberrechtes bei elektronischem Informationsabruf.

All diese Anwendungen der Informationstechnik gibt es heute schon. Aufgrund unterschiedlicher hersteller- oder betriebsspezifischer Protokolle sowie relativ hoher Kosten ist der Nutzerkreis jedoch sehr klein. Offene Netze sollen diese Grenzen überwinden. Mit der Ausweitung des Nutzerkreises nimmt aber auch die Regelungsproblematik zu.

Noch gravierender ist jedoch ein strukturelles Problem. Nach den Prinzipien des Sozialen Rechtsstaates ist der Gesetzgeber grundsätzlich zum Nachbessern von Schutzgesetzen verpflichtet, wenn neue Risikolagen entstehen. Solange es sich um Spezialsysteme für einzelne Anwendungsbereiche handelt ist dies auch prinzipiell möglich. Offene Netze sollen jedoch gerade anwendungsneutral sein und beliebige neue Transaktionsformen ermöglichen. Dadurch entsteht das eigentliche Beherrschbarkeitsdefizit, das Steinmüller wie folgt bewertet:

> "Es bilden sich gesellschaftsübergreifende Bereiche, die sich über offene Netze der parlamentarischen und richterlichen Kontrolle entziehen. Oder noch deutlicher: Offene Netze sind im wesentlichen grundrechtsfreie oder -arme Bereiche ohne Schutz von Schwächeren - ein schlechterdings verfassungswidriger Zustand." /33, S. 240/.

Auch hier sind prinzipiell drei Lösungen denkbar:

(1) Die sozialen Schutzgesetze werden als Relikt einer Epoche der kollektiven Bevormundung bewertet und im Übergang zu einer individualistischen Gesellschaft bewußt zu Gunsten des freien Spiels der Kräfte aufgegeben.

(2) Die Entwicklung offener Netze wird als Entwicklungsziel generell oder in Teilbereichen zugunsten der Entwicklung von Spezialnetzen und -systemen aufgegeben, die Anwendung dementsprechend generell oder teilweise verboten.

(3) Trotz erwarteter Schwierigkeiten wird versucht, Regelungen zu entwickeln, die einerseits herstellerübergreifende Koppelungen zulassen, und dabei aber eine koordinierte technische und rechtliche Gestaltung unter Berücksichtigung sozialer Schutzzwecke sicherstellen. Dies bedeutet jedoch letztlich auch eine Beschränkung der Offenheit der Netze in gewisser Hinsicht.

1.3. Die Kernfrage nach dem Verhältnis von technischer und rechtlicher Entwicklung als Herausforderung für die Informatik

"Technik soll dem Menschen dienen." - "Der Mensch soll die Technik beherrschen, nicht die Technik den Menschen." - "Man muß nicht alles machen, was technisch möglich ist."- Über diese normativen Grundsätze besteht weitestgehende Einigkeit unter allen, die sich mit der Entwicklung und Anwendung informations- und kommunikationstechnischer Systeme befassen. Welche der aufgezeigten Konsequenzen aus den angesprochenen Problemen der Sozialen Beherrschbarkeit angemessen sind und gezogen werden sollten, ist hingegen äußerst kontrovers. Dabei spielen der fachwissenschaftliche Hintergrund, gesellschaftspolitische Zielvorstellungen, ökonomische Interessenlagen und vieles andere mehr eine Rolle.

Es gibt neben den drei genannten Reaktionsmöglichkeiten noch eine vierte, das Nichtreagieren, das Verdrängen und Ausweichen. Dies dürfte empirisch die häufigste, inhaltlich aber die schlechteste von allen denkbaren Reaktionen auf eine solche Kontroverse sein. Ich bin sicher, daß die Frage nach der Sozialverträglichkeit und Sozialen Beherrschbarkeit informations- und kommunikationstechnischer Systeme in ca. 10 Jahren den gleichen Stellenwert haben wird wie heute die Frage nach der Umweltverträglichkeit von Chemikalien. So wie derzeit Umweltverträglichkeitsprüfungen auf nationaler und EG-Ebene gesetzlich verankert werden, wird es dann Beherrschbarkeitsprüfungen geben.

Daran sollten Informatiker/innen zusammen mit Sozial- und Rechtswissenschaftler(inne)n ebenso mitarbeiten, wie bei den Umweltverträglichkeitsprüfungen Chemiker/innen mit Biolog(inn)en und anderen zusammenarbeiten. Dies bedeutet jedoch eine enorme Herausforderung für die Informatik, die in fünf Thesen formuliert werden kann:

(1) Wie Soziale Beherrschbarkeit im einzelnen auch definiert wird, der Begriff betrifft letztlich das Verhältnis von technischen Systemen und ihren Folgen einerseits sowie

normativen Anforderungen und Regelungsstrukturen andererseits. Beherrschbarkeitsprüfungen sind dementsprechend Prüfungen der Wirksamkeit von Regelungsstrukturen.

(2) Wenn Regelungsdefizite festgestellt werden, so kann darauf reagiert werden durch eine Weiterentwicklung der Regelungsstrukturen und -verfahren und/oder eine Veränderung der technischen Systeme.

Tendenziell neigen Techniker eher dazu, unmittelbare Anforderungen an die Gestaltung der technischen Systeme abzuwehren und rechtliche Anforderungen an die Anwendung zu empfehlen. Kritische Sozial- und Rechtswissenschaftler neigen umgekehrt dazu, alle Möglichkeiten der Risikovermeidung durch Gestaltung der technischen Systeme selbst auszuschöpfen und auch Entwicklungs- und Anwendungsverbote in Betracht zu ziehen. Diese Kontroverse wird oft verkürzt als eine prinzipielle Auseinandersetzung zwischen Technikbefürwortern und -gegnern bzw. Optimisten und Pessimisten dargestellt.

(3) Eine generelle Prioritätenregel für die Verringerung von Regelungsdefiziten durch technische bzw. rechtliche Maßnahmen ist nicht sinnvoll. Im sozialen Rechtsstaat gibt es unterschiedlich starke rechtliche Normen. In manchen Fällen ist eine Anpassung des Rechts an technische Entwicklungen sinnvoll, in anderen Fällen sind die rechtlichen Normen so gewichtig, daß sich die technische Entwicklung ihnen unterordnen muß. Wie gewichtig die rechtlichen Normen sind und wie dementsprechend die Priorität zwischen technischer und rechtlicher Anpassung festzulegen ist, kann nur in Abhängigkeit von den Anwendungskontexten bestimmt werden (situative Relativierung).

(4) Soweit Informatik als formale und abstrakte Wissenschaft betrieben wird, fehlt ihr ein systematischer Zugang zu den Anwendungskontexten und den dort jeweils geltenden sozialen Normen und Regelungsmechanismen. Dementsprechend hat die so betriebene herrschende Informatik auch keinen eigenen systematischen Zugang zur Beschäftigung mit der Frage der Sozialen Beherrschbarkeit.

(5) Informatik in sozialer Verantwortung erfordert eine systematische Auseinandersetzung mit den Anwendungskontexten und den dort geltenden sozialen Normen. Von ihnen hängt es auch ab, ob und wie offene Netze sozial beherrschbar sind. Das Ziel der Entwicklung offener Netze ist dementsprechend situativ zu differenzieren und einzuschränken. Dies erfordert eine grundlegende Erweiterung der Informatik und der Informatikausbildung.

Ich kann dazu noch kein abgerundetes Programm vorstellen, sondern möchte zunächst einmal Bereitschaft zur Beschäftigung mit diesem Problemkreis wecken. Dazu soll im folgenden

- der Begriff der Beherrschbarkeit so eingeführt werden, daß er für Techniker/innen besser verständlich wird,

- anhand von vier Beispielen die These von der Notwendigkeit einer situativ relativierten Bewertung verdeutlicht werden, ..
- in allgemeinen Schlußfolgerungen aus diesen Beispielen auf konzeptionelle Fragen einer Konkretisierung des Attributs "offen" und auf institutionelle Fragen der Standardisierung eingegangen werden.

2. Technische und Soziale Beherrschbarkeit

Um eine gemeinsame Verständigungsbasis von Technik- und Sozialwissenschaftler(inne)n über Beherrschung technischer Systeme zu schaffen, soll im folgenden - trotz einiger Bedenken - von einer kybernetischen Betrachtung ausgegangen werden. Beherrschbarkeit ist danach eine Eigenschaft eines Reglers, der erstens einen Soll-Ist-Vergleich durchführen und zweitens ein "Stellglied" beinhalten muß, das im Falle von Soll-Ist-Abweichungen eine Anpassung der Regelstrecke bewerkstelligen kann. Der Begriff der Sozialen Beherrschbarkeit dürfte leichter verstanden werden, wenn zunächst der Begriff der technischen Beherrschung und technischen Beherrschbarkeit eingeführt wird.

2.1. Technische Beherrschung und Beherrschbarkeit

Technische Beherrschung bezieht sich auf technische Soll- und Istwerte. Sie liegt vor, wenn die technische Leistung bzw. das technische Verhalten eines Systems den technischen Anforderungen entsprechen und wenn im Falle von Abweichungen diese Entsprechung unter Zuhilfenahme geeigneter Methoden der Systemgestaltung hergestellt werden kann (vgl. Abb. 1).

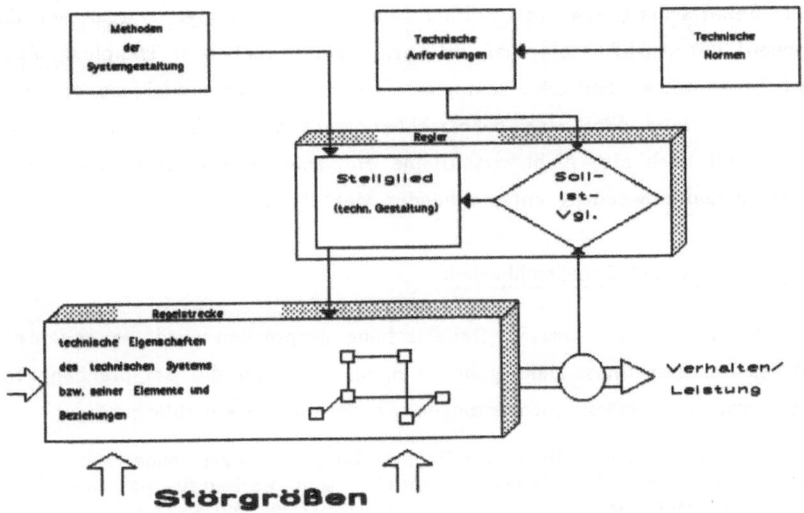

Abb. 1: Regelkreismodell der technischen Beherrschung

Im Hinblick auf den Inhalt der Regelung sind zwei Fälle zu unterscheiden:

Partielle technische Beherrschung liegt vor,

- wenn ein technisches System hinsichtlich bestimmter technischer Anforderungen auf einen Input in der vorgegebenen Art und Weise reagiert und/oder
- wenn eine bestimmte technische Leistung innerhalb des Leistungsspektrums jederzeit mit Sicherheit gezielt herbeigeführt werden kann.

Da informations- und kommunikationstechnische Systeme eine Fülle von Eigenschaften aufweisen und ein breites Spektrum an Leistungen erbringen können, ist darüber hinaus zu definieren:

Totale technische Beherrschung liegt vor, wenn jederzeit die Zustände aller Elemente und Beziehungen eines technischen Systems überschaut werden und wenn jeder prinzipiell mögliche Gesamtzustand jederzeit mit Sicherheit hergestellt werden kann.

Beide Definitionen unterstellen ein relativ allgemeingültiges und eindeutiges System technischer Sollwerte (Normen) sowie ein deterministisches System als Regelungsgegenstand (Regelstrecke). Prinzipiell entspricht die Computertechnik beiden Prämissen. Mit zunehmender Komplexität der Systeme wird es allerdings immer schwieriger, Prinzip und Realität in Übereinstimmung zu bringen. Daher ist die faktische technische Beherrschung großer Rechnernetze eine keineswegs immer realisierte Norm, sondern eine Herausforderung, eine Aufgabe, die erfüllt werden soll.

Sollen setzt Können voraus. Beherrschung setzt Beherrschbarkeit voraus. Technische Beherrschbarkeit liegt vor, wenn es Methoden gibt, von deren Anwendung die Herstellung von technischer Beherrschung erwartet werden kann. Bis auf wenige Ausnahmen dürften Informatiker(innen) der Ansicht sein, daß in diesem Sinne auch sehr komplexe Rechnernetze technisch beherrschbar sind oder zumindest - durch Weiterentwicklung entsprechender Methoden - über kurz oder lang beherrschbar gemacht werden können. Technische Beherrschbarkeit stellt sich also nicht von alleine ein, sondern erfordert intensive Arbeit an der Entwicklung und Anwendung entsprechender Methoden.

(2) Soziale Beherrschung und Beherrschbarkeit

Wenn statt von technischer von Sozialer Beherrschung gesprochen wird, so bedeutet dies einen Wechsel des Bezugssystems. Dann geht es nicht mehr um die Entsprechung technischer Leistungen mit technischen Anforderungen. So definiert Steinmüller:

> "Beherrschbarkeit ist Herstellung von Beherrschung. ... Sozial beherrscht ist ein ... Netz ..., wenn es sozialen Regeln entspricht, sein Verhalten also innerhalb bestimmter Toleranzen sozial erwart- und berechenbar ist und zwar erwartbar für die Gesellschaft, d.h. für den Staatsbürger in seinen verschiedenen sozialen Rollen (als

Arbeitnehmer, Sozialversicherter, Postkunde, ...) und für die ihn vertretenden gesellschaftlichen Instanzen (Betriebsräte, Gewerkschaften, Konsumentenverbände, Parlamente, ...)." /33, S. 238/.

Meine eigenen Definitionsversuche /22, 24/, die stärker den aktiv regelnden Aspekt betonen, lassen sich wie folgt zusammenfassen:

> Von Sozialer Beherrschbarkeit kann gesprochen werden, wenn für eine bestimmte Technikentwicklungslinie oder -anwendung vor dem Hintergrund bestimmter Normen Risiken oder negative Folgen für Gruppen von Betroffenen der Art und Größenordnung nach begründet abgeschätzt werden können und wenn Regelungsmechanismen (Verfahren und Instanzen) beschrieben werden, von denen mit großer Wahrscheinlichkeit eine Vermeidung dieser Risiken bzw. negativen Folgen erwartet werden kann.

In diesem Sinne ist z.B. das Auto sozial beherrschbar durch bestimmte technische Elemente und Sicherheitsauflagen, Straßenbau, Verkehrsregeln, Geschwindigkeitsbegrenzungen, Führerscheinzwang und TÜV, Polizei, Verkehrsgerichte u.a.m. Dabei kann man sehr wohl darüber streiten, ob alle diese Regelungsmechanismen so gestaltet sind, daß sie den Zielen aller Gruppen entsprechen und alle Risiken minimieren. Dies ist die Frage nach der sozialen Beherrschung. Bei der Frage nach der Beherrschbarkeit geht es darum, ob die genannten Regelungsmechanismen bei entsprechender Ausgestaltung in der Lage sind, negative Folgen bzw. Risiken zu minimieren.

Relativ einfach ist das Problem, wenn diese Menschen aus ihrer sozialen Rolle heraus technische Anforderungen an ein technisches System formulieren und es um die Überprüfung bzw. Herstellung der Konformität mit diesen Anforderungen geht. Beispiele sind Anforderungen, die unter Begriffe von Hard- und Softwareergonomie, Datensicherung und - zum Teil - Datenschutz subsumiert werden können. Das Regelkreismodell aus Abb. 1 müßte dazu lediglich um ein den "technischen Sollwerten" vorgeschaltetes Element "soziale Anforderungen" ergänzt werden.

Leider ist das Problem jedoch nicht so einfach. Für "die" Menschen bzw. "die Gesellschaft" sind technische Systeme Mittel zur Erreichung nicht-technischer Zwecke (ökonomischer Nutzen, Macht, Information, Persönlichkeitsentfaltung). Dabei gibt es erhebliche Übersetzungsprobleme dieser nicht-technischen Zwecke in technische Anforderungen, weil die Erreichung dieser Zwecke nicht nur von den technischen Eigenschaften und Leistungen abhängt, sondern von der Art der Anwendung eines technischen Systems unter bestimmten Anwendungsbedingungen. In sozialer Hinsicht werden zumeist nicht die technischen Systeme an sich sondern Technikanwendungen und Anwendungsfolgen bewertet. Technikanwendung und Anwendungsfolgen beinhalten jedoch immer auch nicht-technische Elemente und hängen u.a. ab von den rechtlichen, ökonomischen, organisatorischen und sozialen Faktoren im jeweiligen Anwendungskontext. Für die soziale Beherrschung im Sinne eines Regelkreismodells bedeutet dies, daß im Vergleich zur technischen Beherrschung nicht nur die Anforderungen sondern auch der Regelungsgegenstand, die Regelungsstrecke, erweitert werden müssen. Dies wiederum impliziert eine Erweiterung des Reglers und des für seine Aktivitäten erforderlichen Gestaltungswissens.

Um über soziale Beherrschung reden zu können, müssen wietere Begriffe eingeführt werden:

Technikanwendung ist die Anwendung eines bestimmten technischen Systems zu einem bestimmten inhaltlichen Zweck unter Einbeziehung organisatorischer Benutzungsregeln und einer bestimmten Mensch-Maschine-Funktionsteilung. In Abhängigkeit von den inhaltlichen Zwecken, den Benutzungsregeln und der Funktionsteilung gibt es unterschiedliche Anwendungsarten desselben technischen Systems.

Anwendungskontext ist der gesellschaftliche Bereich im Sinne eines sozialen Handlungssystems, in dem ein technisches System angewendet wird oder werden kann. Jeder Anwendungskontext weist Anwendungsbedingungen und -normen auf.

Anwendungsbedingungen sind die jeweils existierenden ökonomischen, organisatorischen und sozialen Strukturen und Prozesse, unter denen sich Handlungen in diesem Bereich in der Regel vollziehen. Aus diesen Bedingungen heraus wird auch der Technikeinsatz vollzogen.

Anwendungsnormen sind die sozialen und rechtlichen (= kodifizierten) Normen, die für alle oder bestimmte Handlungen in einem Anwendungskontext gelten. Die Anwendung technischer Systeme soll diesen Normen entsprechen. Allerdings sind diese Normen nicht statisch. Sie werden in Abhängigkeit von neuen Problemlagen und einen sozialen Wertewandel sowie in Abhängigkeit von ökonomischen Interessen und Machtpositionen angesichts neuer technischer Möglichkeit - mal früher, mal später - auch verändert.

Anwendungsnormen sind nicht gleichzusetzen mit Zielen einzelner Gruppen oder Klassen von Menschen. In jedem Anwendungskontext gibt es mehrere Gruppen oder Klassen von Menschen, die aufgrund ihrer sozialen Position allgemein und daher auch im Bezug auf den Technikeinsatz unterschiedliche Ziele verfolgen. Die Ziele unterschiedlicher Bezugsgruppen stehen dabei häufig in Konflikt zueinander.

Der Begriff "soziale und rechtliche Normen" soll sich hier auf solche Vorgaben beziehen, die solche Zielkonflikte und Interessenunterschiede bereits berücksichtigen und einem (gewissen) Interessenausgleich dienen sollen. Dazu gehören insbesondere Schutzrechte der ökonomisch und/oder sozial Schwächeren bzw. Pflichten der Stärkeren sowie Verfahrensregeln zur Herstellung eines (gewissen) Interessenausgleichs.

Nach diesen definitorischen Vorarbeiten kann nun ein Regelkreismodell für die soziale Beherrschung entworfen werden, das sich gegenüber dem einfachen Modell der technischen Beherrschung vor allem durch folgende Punkte unterscheidet (vgl. Abb. 2).

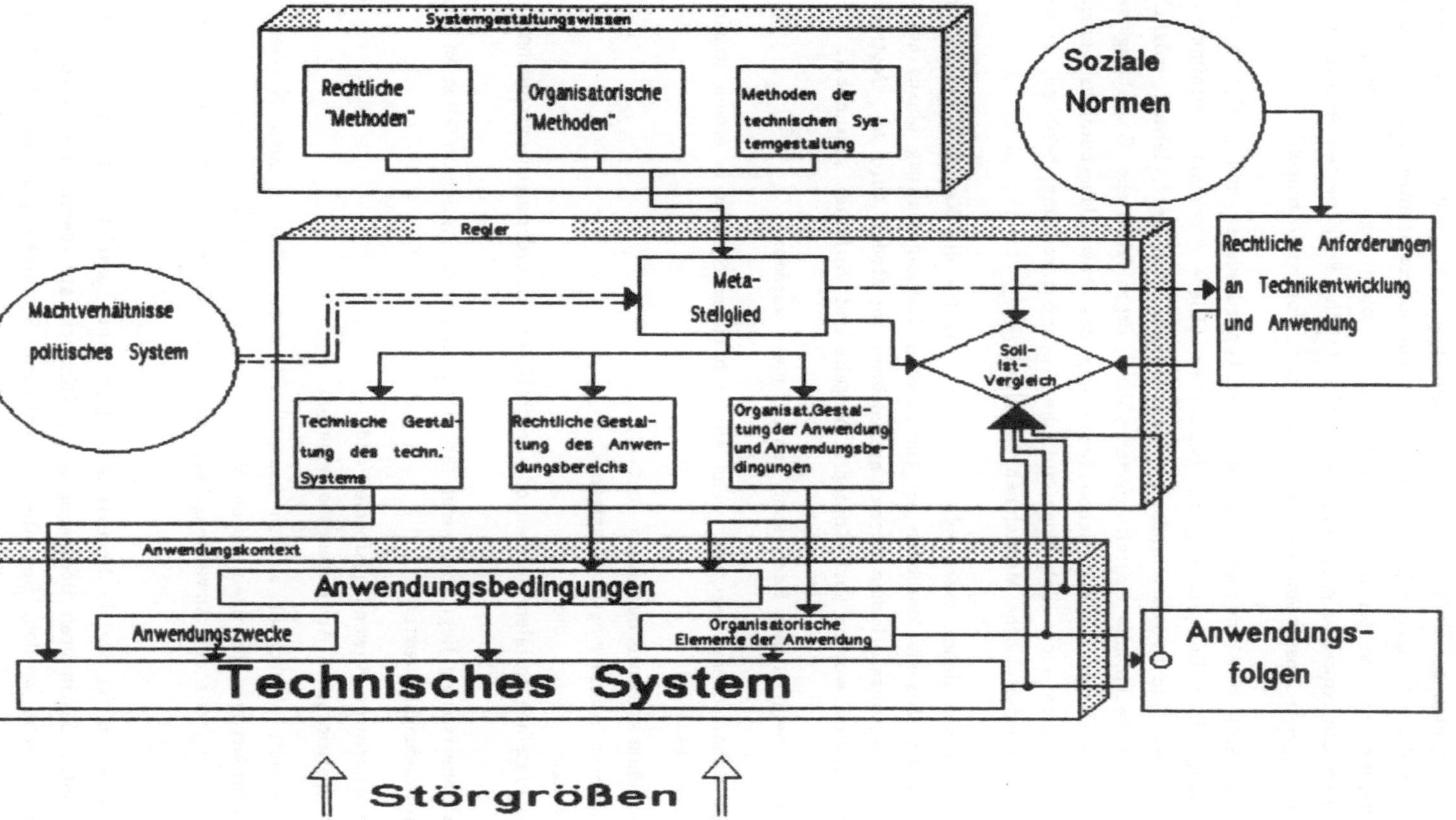

Abb. 2: Regelkreismodell der Sozialen Beherrschung

- Der Soll-Ist-Vergleich bezieht sich auf die Entsprechung von Technikfolgen und sozialen Normen (wirkungsbezogener Vergleich, der ausgeht von zu schützenden Gütern) und auf die Entsprechung von technischen Eigenschaften sowie organisatorischen Anwendungselementen und Anwendungsbedingungen mit rechtlich kodifizierten Anforderungen (verursacherbezogener Ansatz an der Quelle möglicher Normverletzungen).

- Im Falle einer Soll-Ist-Abweichung sind die Ursachen zu klären und geeignete Wege der Herstellung einer Entsprechung zu bestimmen. Diese Funktion übernimmt im Modell - ein real nicht existierender - Meta-Regler. Aus der Vielzahl möglicher Maßnahmen seien technische Gestaltungsmaßnahmen, organisatorische Gestaltungsmaßnahmen und Maßnahmen der rechtlichen Gestaltung des Anwendungsbereichs genannt. Letztere müssen sich nicht unbedingt auf die Technikanwendung beziehen, sondern können auch kompensatorische Maßnahmen betreffen.

- Diesen Gestaltungsbereichen entsprechend ist auch das für die Regelung erforderliche Gestaltungswissen über die Methoden der technischen Systemgestaltung hinaus auf den rechtlichen und organisatorischen Bereich auszudehnen. Im Modell wird von "Methoden" gesprochen. Darunter werden auch Konzepte, Modelle und Verfahren subsumiert.

Auf der skizzierten begrifflichen Basis kann nun definiert werden:

<u>Partielle</u> Soziale Beherrschung liegt vor, wenn ein technisches System in einem bestimmten Anwendungskontext

a) in einer bestimmten Anwendungsform und
b) unter bestimmten Anwendungsbedingungen
   genau die Folgen erzeugt, die
c) bestimmten einzelnen sozialen Normen oder rechtlichen Anforderungen entsprechen.

<u>Totale</u> Soziale Beherrschung liegt vor, wenn für ein technisches System in allen in Frage kommenden Anwendungskontexten

a) für alle realisierbaren Anwendungsformen und
b) unter allen realisierbaren Anwendungsbedingungen

alle Folgen jederzeit überschaut werden können und wenn allen sozialen Normen und rechtlichen Anforderungen jederzeit durch Veränderung des technischen Systems, seiner Anwendungsform und/oder der Anwendungsbedingungen mit Sicherheit entsprochen werden kann.

Nach dieser Definition ist Soziale Beherrschung bisher nur partiell, d.h. für bestimmte Anwendungen unter bestimmten Bedingungen im Hinblick auf bestimmte Normen oder Anforderungen erreicht worden. Bei allen technischen Systemen gibt es Anwendungen und/oder Anwendungsbedingungen, die bestimmten Normen und rechtlichen Anforderungen nicht entsprechen. Wie die technische Beherrschung ist auch die Soziale Beherrschung eine Herausforderung, eine Aufgabe, ein Soll-Zustand, der mit großer Anstrengung anzustreben ist. Im Gegensatz zur technischen Beherrschung dürfte aber Einigkeit darüber bestehen, daß die totale Soziale Beherrschung ein unerreichbarer Idealzustand ist und wohl auch bleiben wird.

Wie auf der technischen Ebene richtet sich das Augenmerk damit auf die Frage nach den Möglichkeiten der Annäherung an diesen Idealzustand, auf die Frage nach der Sozialen Beherrschbarkeit. Sind die Informatiker noch zuversichtlich, daß sie mit gegenwärtigen oder zukünftigen Methoden der Systementwicklung sich dem Idealzustand totaler technischer Beherrschung stark annähern können, sind die Einschätzungen im Hinblick auf die Soziale Beherrschbarkeit wesentlich unterschiedlicher. Die Urteile variieren in Abhängigkeit von der Art der Betroffenheit, allgemeinen gesellschaftspolitischen Überzeugungen u.a.m. Weil es vom Regelungsgegenstand her um soziotechnische Systeme geht, deren einzelne Komponenten in den Bereich unterschiedlicher Disziplinen fallen, kommt es zu zusätzlichen selektiven Wahrnehmungen. Etwas vereinfacht gesagt sind die meisten Informatiker/innen davon überzeugt, daß ihre Systeme grundsätzlich sozial beherrschbar sind und daß die Herstellung der Sozialen Beherrschung Aufgabe derer ist, die für die Anwendungsformen und -bedingungen zuständig sind. Ihr Motto heißt ebenfalls vereinfacht: Jede Technik kann mißbraucht werden. Es ist Aufgabe der Gesellschaft und speziell der Rechtsordnung, solche Regelungen zu schaffen, unter denen sich der Nutzen der Technik voll entfalten kann und gleichzeitig Mißbrauch minimiert wird.

Rechts- und Sozialwissenschaftler stellen demgegenüber oft die Risiken des Gebrauchs und auch den möglichen Mißbrauch in den Vordergrund, fordern eine Umkehr der Beweislast sowie den weitestgehenden Ausschluß von Risiken und Miß brauch durch technische Gestaltung der Systeme, anderenfalls das Verbot der Anwendung oder gar der Entwicklung.

Auf der Basis einer solchen Polarisierung können für den Meta-Regler im Regelkreismodell der Sozialen Beherrschbarkeit keine allgemein anerkannten Entscheidungsregeln entwickelt werden. Genau dies erscheint jedoch dringend notwendig. Weil nach den bisherigen Erfahrungen der Weg über die Diskussion allgemeiner Kriterien und Regeln wenig fruchtbar gewesen ist, soll im folgenden versucht werden, über eine exemplarische Betrachtung ein Stück weiter zu kommen.

3. Vier Beispiele

Die folgenden Beispiele sind so ausgewählt, daß die Frage nach dem Verhältnis rechtlicher und technischer Konsequenzen von Fall zu Fall unterschiedlich beantwortet werden kann. Die Ausführungen stellen keine ausgearbeiteten Beherrschbarkeitsprüfungen dar, sondern sollen nur den Ansatz verdeutlichen.

3.1. Elektronische Mitteilungssysteme

Wer über eine Mailbox verfügt, ist schneller für kurze Mitteilungen erreichbar - vor allem für die, die an dasselbe Netz angeschlossen sind. Viele unterschiedliche Mailbox-Systeme erschweren die Benutzung, machen durch Systemübergänge das Gesamtsystem komplizierter, erhöhen Risiken für die Datensicherung und die Vertraulichkeit u.a.m. Ein einheitliches standardisiertes Mailbox-System könnte diese Probleme weitgehend vermeiden. Aber ist ein solches offenes System auch sozial beherrschbar?

Es ersetzt zum Teil die Briefpost, zum Teil das Telefongespräch. An diese Kommunikationsformen werden allgemein bestimmte Anforderungen gestellt. So sollen Nachrichten z.B. auf dem Transportweg nicht versehentlich oder bewußt verfälscht werden und nur den Adressaten erreichen. Die am Kommunikationsprozeß Beteiligten haben eine Reihe von Möglichkeiten, die Einhaltung dieser Anforderungen zu kontrollieren. Die an der Herstellung der Verbindungen Beteiligten sind rechtlich auf bestimmte Regeln verpflichtet, etc.

Diese Anforderungen werden prinzipiell auch an ein System der elektronischen Post gestellt.Im Rahmen einer Beherrschbarkeitsprüfung wäre zu klären, welche Normen unmittelbar gelten (Brief- bzw. Fernmeldegeheimnis), welche ggfs. durch Klarstellung Geltung erhalten sollen,und ob zur Kontrolle eine Anmelde- oder Genehmigungspflicht für Betreiber erforderlich erscheint.

Während für die Deutsche Bundespost als Betreiber des Telebox-Dienstes das Fernmeldegeheimnis und die relativ strengeren Bestimmungen des Bundesdatenschutzgesetzes für den öffentlichen Bereich gelten, sind die Anforderungen an privatwirtschaftliche Betreiber von vornherein geringer und unterliegen schwächeren Kontrollen. Die Datenschutzbeauftragten fordern daher dienstespezifische Datenschutzregelungen in gesetzlicher Form, die für alle Betreiber gleichermaßen gelten. Ich halte zur Kontrolle darüber hinaus eine Anmelde- und Genehmigungspflicht sowie eine Ausweitung der personellen Kapazität der Aufsichtsstellen für den Datenschutz für unbedingt erforderlich. Eine Kontrolle des Datenschutzes über den Markt, wie sie Verfechter der Deregulierung erwarten /36/, scheitert daran, daß Teilnehmer/innen die komplexe Struktur des Systems in der Regel nicht überschauen können und an den Nachrichten selbst nicht sehen können, ob sie "geöffnet" oder gar verändert worden sind. Verschlüsselungsverfahren bieten einen gewissen Schutz / 27/ und sollten als Option angeboten werden (als "Brief" im Vergleich zur "Postkarte").

Durch den Übergang vom Brief oder Telefongespräch zur elektronischen Nachrichtenübermittlung ändert sich das Kommunikationsverhalten unmittelbar, und in den einzelnen inhaltlichen Kontexten ändern sich Transaktionsformen. Die Veränderungen im Kommunikationsverhalten betreffen die Erreichbarkeit, die Schwelle, Kontakt aufzunehmen, Länge, Inhalt und Ausdrucksform von Mitteilungen u.a.m. Man kann darin ein weiteres Glied im globalen Prozeß der Entpersönlichung, Rationalisierung und kulturellen Standardisierung sehen und dies mit guten Gründen als bedenklich ansehen /25/. Daraus kann allgemeinverbindlich jedoch nur die Konsequenz gezogen werden, daß andere Formen der Nachrichtenübermittlung erhalten, technisch weiterentwickelt und zu angemessenen, eventuell auch subventionierten Preisen, angeboten werden müssen. Systematische Leistungseinschränkungen und/oder Verteuerungen der Briefpost, die letztlich aus internen Rationalisierungsbestrebungen heraus die Verbraucher/innen zur für den Betreiber billigeren elektronischen Post treiben sollen, sind mit diesem Grundsatz nicht vereinbar. Der von der Bundesregierung verabschiedete Entwurf für ein Poststrukturgesetz ist von daher problematisch.

Was die über das Netz abgewickelten Transaktionen angeht, so ist für die einzelnen inhaltlichen Kontexte zu prüfen, ob sich geltende gesetzliche Bestimmungen speziell am Gespräch oder an der Briefform orientieren und deswegen auf die elektronischen Formen nicht passen. Dazu gehört die Frage, wann ein Vertrag zustandekommt, was eine Unterschrift ist und wie deren Echtheit überprüft werden kann /6/. Für diese und die meisten anderen Fragen gibt es Regelungen bzw. Regelungsvorschläge einschließlich technischer Maßnahmen. Unter Risikogesichtspunkten sind Beeinträchtigungen von Schutzrechten im Bereich privatrechtlicher Geschäfte und Verträge behebbar.

Grundsätzlich kann man sich auf den Standpunkt stellen, daß elektronische Mitteilungssysteme ähnlich gut - oder auch schlecht - beherrschbar sind wie der Automobilverkehr. Das Auto hat die Raumüberbrückung beschleunigt und entzieht gegenüber anderen Verkehrsmitteln viele Handlungen dem Blick anderer. Es gibt eigene Regeln für den Automobilverkehr, und es gibt eine Reihe von Regeln für Handlungen, bei denen auch ein Auto genutzt wird. Weil z.B. jemand einen anderen mit einem Auto bewußt überfahren kann oder bei einem Diebstahl eine größere Beute schneller wegschaffen kann als ohne Auto, wird man die Beherrschbarkeit nicht bezweifeln, sondern auf die Strafen für Tötungs- und Diebstahldelikte verweisen. Die Umweltbelastung durch den Automobilverkehr hängt stark von der technischen Ausstattung der Autos, den Verkehrsregeln über zulässige Geschwindigkeiten, der Verfügbarkeit anderer Verkehrsmittel u.a.m. mehr ab. Auch in dieser Hinsicht ist eine prinzipielle Beherrschbarkeit gegeben, wenngleich diese Regelungsmechanismen aus der Sicht vieler nicht hinreichend genutzt werden.

Für elektronische Mitteilungssysteme fehlen, wie ausgeführt, spezielle Verkehrsregeln, Anforderungen sowie Zulassungsverfahren für Fahrzeuge und Betreiber. Entsprechende Regelungen erscheinen jedoch formulierbar, so daß diese Systeme im Prinzip durch organisatorische, rechtliche und technische Maßnahmen sozial beherrschbar gemacht werden können. Auf einen Anwendungsbereich, für den Zweifel geäußert werden, komme ich noch zurück. Aber auch da könnte die Analogie zum Auto tragen.

3.2. Elektronischer Lieferabruf

Bei der Warenbewegung zwischen Zulieferern, Herstellern und Handel sind bisher Lager als Puffer üblich. Diese erzeugen jedoch Kapitalbindungskosten. Mit zunehmender

Differenzierung und schnellerem Wandel der Wünsche der Abnehmer wird die Fertigung auf Lager immer teurer und riskanter. Die fertigungssynchrone Anlieferung der Zulieferer bei den Herstellern - etwa der Automobilindustrie - in Verbindung mit elektronischem Lieferabruf und Just-in-time-Produktion kann die Lagerhaltungskosten beider Seiten verringern und die Flexibilität der Hersteller in zeitlicher Hinsicht maximieren /37/. Darüber hinaus können Personalkosten im dispositiven Bereich der Beschaffung beim Hersteller und der Auftragsbearbeitung beim Zulieferer eingespart werden, wenn Bestellungen gleich vom Rechner des Herstellers in das Produktions-Planungs- und Steuerungssystem des Zulieferers übermittelt werden.

Zur Zeit wird der elektronische Lieferabruf noch überwiegend bilateral eingeführt. Viele Zulieferer sind jedoch für mehrere Automobilhersteller tätig. Wenn die Lagerhaltungskosten nachhaltig gesenkt werden sollen, muß ein großer Teil der Lieferungen elektronisch abgewickelt werden. Dies geht nur über ein System, an das sich alle Hersteller und Zulieferer anschließen können. Zur Zeit übernehmen Service-Rechenzentren die Protokollanpassung /30/. Der Verband der Automobilindustrie entwickelt jedoch brancheneinheitliche Protokolle für die Datenfernübertragung von Lieferabrufen und von Rechnungen /34/. Am Ende soll ein standardisiertes offenes Netz stehen.

Unter Risikogesichtspunkten geht es insbesondere um die Erhaltung der Autonomie der überwiegend mittelständischen Zulieferbetriebe sowie um den Schutz der abhängig Beschäftigten in beiden Teilbereichen.

Die Autonomie der Zulieferbetriebe ist in mehrfacher Hinsicht gefährdet, wenn Hersteller die Fortsetzung der Geschäftsbeziehungen von der Beteiligung an einem System des elektronischen Lieferabrufs abhängig machen:

- Dazu sind beim Zulieferer Investitionen in ein Produktions-Planungs- und Steuerungssystem erforderlich, die betriebswirtschaftlich vielleicht nicht gerechtfertigt sind und/oder nur durch zusätzliche Verschuldung finanzierbar sind.

- In Abhängigkeit von der Art des Systems erhält der Hersteller einen wesentlich tieferen und detaillierteren Einblick in die Binnenverhältnisse des Zulieferbetriebes.

- Weil Puffer entfallen, steigen die Anforderungen an die Reaktionsgeschwindigkeit und Anpassung des Zulieferers, der in der Regel auch die Anpassungskosten (z.B. bei Überstunden oder Schichtarbeit) zu tragen hat.

- Oft werden auch Risiken vom Hersteller auf den Zulieferer verlagert /7/.

Volkswirtschaftlich gesehen besteht ein weiteres Risiko in einer Erhöhung der wirtschaftlichen Konzentration. Die gesetzlichen Bestimmungen zur Begrenzung wirtschaftlicher Machtkonzentration kennen diesen neuen Typ von faktischer Beherrschung durch elektronische Anbindung rechtlich und formal wirtschaftlich selbständiger Unternehmen nicht und sehen dafür keine Kontroll- und Genehmigungsverfahren vor, obwohl - etwas übersptitzt gesagt - die Automobilhersteller durch die elektronische Anbindung die Zulieferbetriebe wie Zweigwerke steuern können, ohne sich an deren Kapital beteiligen zu müssen /18/. In gewissem Sinne handelt es sich bei einem branchenweiten System auch um ein Rationalisierungskartell, ohne daß die kartellrechtlichen Bestimmungen wirksam greifen.

Im Hinblick auf die abhängig Beschäftigten kommt es zu Veränderungen der insgesamt erforderlichen Arbeitsmenge, der Arbeitsinhalte und der Arbeitsbedingungen. Dies ist bei allen Rationalisierungsprozessen prinzipiell der Fall und für sich alleine noch kein Grund gegen technische Rationalisierung. Bei der Ausgestaltung solcher Systeme werden, wie beim betrieblichen Computereinsatz, jedoch Punkte berührt, für die es zum Schutz der Arbeitnehmer/innen Mitbestimmungsrechte der von ihnen gewählten Betriebsräte gibt. Dazu gehören u.a. die Hardware- und Softwareergonomie, die Gestaltung des Betriebssystems und der Anwendungsprogramme in Bezug auf Leistungs- und Verhaltenskontrollen u.a.m. Diese mitbestimmungspflichtigen Elemente der Arbeitsbedingungen im Zulieferbetrieb werden jedoch nicht mehr dort, sondern im Herstellerbetrieb oder auf Verbandsebene entschieden. Der Betriebsrat des Zulieferbetriebes hat diesen Entscheidungsinstanzen gegenüber jedoch keine Mitbestimmungsrechte. Die hat er nur gegenüber seinem Arbeitgeber, der in diesem Falle jedoch nichts mehr zu entscheiden hat. Weil sie nicht auf die außerhalb eines Betriebes stattfindende Gestaltung überbetrieblicher technisch-organisatorischer Systeme ausgerichtet ist, greift die betriebliche Mitbestimmung nicht mehr. Die Arbeitnehmer verlieren ein wichtiges Schutzrecht, das bisher zu den Errungenschaften der sozialen Marktwirtschaft gezählt wird /1, 18/.

Auch dies spricht noch nicht abschließend gegen überbetriebliche Rechnernetze. Grundsätzlich könnte ja, um den bisherigen Stand sozialer Schutzrechte zu erhalten, mit dem Schritt von der betrieblichen zur zwischenbetrieblichen Integration der Datenverarbeitung auch der korrespondierende Schritt von der betrieblichen zur zwischenbetrieblichen Mitbestimmung getan werden. Die Arbeitgeber und die Betriebsräte aller beteiligten Zuliefer- und Herstellerbetriebe müßten dazu in geeigneter Form über die Gestaltung und Anwendung der Systeme beraten und in mitbestimmungspflichtigen Angelegenheiten eine Einigung erzielen.

Solange der Lieferabruf nach bilateral abgestimmten Protokollen erfolgt, ist auch klar, wer am Mitbestimmungsverfahren zu beteiligen ist. Wenn jedoch Standards für ein offenes System entwickelt werden, an dem unbestimmt viele Betriebe teilnehmen können, gelingt dies nicht mehr. Für eine solche zwischenbetriebliche Mitbestimmung bei offenen Systemen gibt es derzeit keine auch nur einigermaßen konkreten Konzepte und Verfahrensvorschläge. Insofern sind branchenweite oder gar branchenübergreifende Systeme des elektronischen Lieferabrufs im Hinblick auf die sozialen Schutzrechte der abhängig Beschäftigten derzeit sozial nicht beherrschbar. Die Herstellung der Beherrschbarkeit erfordert in diesem Fall jedoch keine technischen Anpassungen sondern rechtliche und organisatorische Innovationen auf der Ebene der Anwendungsbedingungen. Aus dem Schutzgedanken des Sozialstaatsprinzips heraus ist angesichts dieser Situation konsequenterweise ein Verbot solcher Systeme bis zur Schaffung entsprechender zwischenbetrieblicher Mitbestimmungsregelungen zu fordern. Es sieht aber nicht so aus, als würde sich der Gesetzgeber diese Auffassung in absehbarer Zeit zu eigen machen und danach handeln.

In bezug auf die Verantwortung der Informatiker/innen stellt sich die Frage, wie sie sich angesichts dieser Situation angemessen verhalten sollen. Aus der Beherrschbarkeitsprüfung ergeben sich keine unmittelbaren fachlichen Anforderungen an sie. Die Entrechtlichung der Arbeitnehmer/innen ist ein Problem der Anwendungsbedingungen. Verantwortung ist nach meiner Auffassung jedoch nicht zwischen Fachdisziplinen aufteilbar. Wer sich an der Entwicklung und Einführung von technischen Systemen beteiligt, muß die Folgen verantworten, die sich unter den jeweils geltenden Bedingungen ergeben. Daher sollten sich auch Informatiker/innen dafür einsetzen, daß die gesetzlichen Mitbestimmungsrechte den neuen Risikolagen angepaßt werden.

3.3. POS-Systeme

Der heute schon weitgehend bargeldlose Zahlungsverkehr soll vor allem nach dem Willen der Kreditwirtschaft in Zukunft auch weitgehend beleglos erfolgen. Dazu sollen u.a. die vom Handel eingereichten Schecks durch elektronische Buchungen ersetzt werden. Mit Hilfe von Point-of-Sales-Systemen (POS-Systemen) soll die Umbuchung vom Konto der Käufer/innen auf das des Handelsunternehmens (Clearing) am Ort des Verkaufs über eine Karte und ein Rechnernetz ausgelöst werden. In Verbindung damit soll auch eine Überprüfung der Zahlungsfähigkeit der Kund(inn)en für das Handelsunternehmen bzw. eine Erteilung einer Zahlungszusage (Autorisierung) elektronisch erfolgen /17, 21/.

Solche POS-Systeme eröffnen Rationalisierungsmöglichkeiten für die Kreditwirtschaft, steigern vielleicht den Umsatz der beteiligten Handelsunternehmen und bieten einige Bequemlichkeiten für die Kund(inn)en. Diese Vorteile steigen mit der Verbreitung von POS-Systemen. Eine Massenanwendung wird aber nur zustandekommen, wenn sich alle Beteiligten aus Kreditwirtschaft und Handel auf ein System einigen. Viele verschiedene Karten, die unterschiedliche Prozeduren in jeweils eigenen Netzen auslösen und unterschiedliche Lesegeräte im Handel erfordern, machen das System teuer und verwirren die Konsumenten. Volkswirtschaftlich gesehen wäre daher ein offenes standardisiertes POS-System günstiger. Und zumindest für die Verbraucher/innen, die Interesse an dieser Zahlungsweise haben, wäre es einfacher und übersichtlicher, überall mit derselben Karte nach derselben Prozedur bezahlen zu können.

Ein POS-System ersetzt den Kauf gegen Bargeld, Scheck oder Kreditkarte. Im Hinblick auf die Verbraucher/innen können aus diesem Kontext u.a. folgende Anforderungen an ein POS-System abgeleitet werden /16, 20, 21, 22/:

- Die mißbräuchliche Verfügung durch Dritte darf nicht leichter sein als bei den bisherigen Systemen.
- Das System muß für die Verbraucher/innen transparent sein.
- Fehler im System dürfen nicht zu Lasten der Verbraucher/innen gehen.
- Es sollen nicht mehr Daten über die Verbraucher/innen und ihre Handlungen als bisher anfallen. Für die erforderlichen Daten muß eine strenge Zweckbindung der Verwendung gegeben sein.
- Es darf keinen Zwang zur Bezahlung über POS-Systeme geben.

Daneben sind weitere Anforderungen aus der Sicht der Handelsbetriebe, der Beschäftigten in der Kreditwirtschaft und im Handel u.a.m. zu berücksichtigen, die hier jedoch ausgespart werden sollen. Wir beschränken uns auf eine partielle Beherrschbarkeitsprüfung im Hinblick auf Datenschutz- und Datensicherungsbelange der Verbraucher/innen.

Die Entsprechung mit den genannten Anforderungen hängt von der Ausgestaltung eines POS-Systems ab. Die Verbände der Kreditwirtschaft haben die Gesellschaft für Zahlungssysteme mit der Entwicklung eines einheitlichen POS-Systems beauftragt. Das von der GZS entwickelte erste Konzept basiert in der ersten Stufe auf der ec-Karte (Magnetstreifenkarte) und in der zweiten Stufe auf einer Chip-Karte /16, 17/. Grundsätzlich sieht es eine zentrale online-Autorisierung und ein zentrales Clearing über die GZS vor. D.h. bei jedem Kauf identifiziert sich der/die Käufer/in mit Karte und PIN am POS-Terminal gegenüber dem Zentralrechner; dieser prüft die Deckung und sendet dem Händlerterminal eine entsprechende Information. Im Händlerterminal werden dann von der Karte Kontonummer und Bankleitzahl ergänzt um Kaufbetrag, Datum und Uhrzeit gespeichert und zusammen mit Angaben des Handelsunternehmens sofort oder später an die zentrale Clearingstelle übermittelt. Von dort aus wird das Konto des Käufers bzw. der Käuferin belastet und der Betrag dem Konto des Handelsunternehmens gutgeschrieben.

Dieses Verfahren entspricht nicht den o.g. Anforderungen und wurde u.a. von Datenschutzbeauftragten mehrerer Bundesländer kritisiert /10, 20/:

- Eine mißbräuchliche Verfügung über das Konto durch Dritte kann u.a. durch Manipulation des POS-Terminals, durch Abhören auf dem Übertragungsweg sowie durch Ausspähen der PIN erfolgen. Die Verbraucher/innen können dies nicht überprüfen.
- Das System ist mit der Verknüpfung von POS-Terminal, Autorisierungs- und Clearingzentrale(n) sowie mindestens zwei beteiligten Kreditinstituten nicht transparent. Die Verbraucher/innen wissen in der Regel nicht, welche dieser Stellen welche Daten zu welchen Zwecken wie lange speichern, verarbeiten und wohin weiterleiten. Damit ist auch unklar, worin die Teilnehmer/innen mit der Eröffnung eines POS-Kontos einwilligen und wo Auskunftsrechte gegenüber der "speichernden Stelle" geltend gemacht werden können. Die Datenschutzbeauftragten betonen darüber hinaus, daß die meisten

Begriffe der Datenschutzgesetze nicht passen und sie daher auch Probleme bei der Kontrolle haben.

- Nach den Geschäftsbedingungen der Berliner Sparkasse für einen POS-Feldversuch haften die Verbraucher/innen für alle Schäden durch mißbräuchliche Verwendung. Das Kreditinstitut haftet nur bei grobem Verschulden. Wenn Fehler in dem System zu einer unberechtigten Buchung führen, müßte der/die Kunde/in dies nachweisen. Dies geht jedoch wegen der Komplexität des Systems faktisch nicht. Auch hat der/die Kunde/in keinen Beweis für die tatsächlich selbst veranlaßten Transaktionen mehr, denn anders als beim Scheck und der Kreditkarte fehlt ein persönlich unterschriebener Beleg.

- Käufe über POS-Systeme sind wie bei der Bezahlung mit Scheck oder Kreditkarte deanonymisiert. Es entstehen anders als beim Scheck und der Mehrzahl der Kreditkartenkäufe aber maschinell verarbeitbare Daten, die beim Händler sowie bei der Autorisierungs- und Clearingszentrale und der kontoführenden Stelle mit anderen Daten kombiniert und vielfältig ausgewertet werden können:

  o Bezogen auf den Handel besteht das Hauptrisiko darin, daß die differenzierten Kassenbelege, die in Datenkassen auf der Basis von Warenwirtschaftssystemen heute erzeugt werden, mit den personenbezogenen Daten des POS-Zahlungsvorgangs verbunden und personenbezogen gesammelt und ausgewertet werden. Dieses Risiko ist bei unternehmensbezogenen Kartensystemen noch größer als bei Karten, die von Kreditinstituten ausgegeben werden.

  o Bei zentralen Autorisierungs- und Clearingzentralen können Konsum- und Bewegungsprofile erstellt werden. Von Kreditkartenorganisationen wurde berichtet, daß dies aus Gründen der Mißbrauchskontrolle tatsächlich geschieht /16/. Noch aussagefähiger würden die Konsumprofile, wenn auch die Daten über die gekauften Waren in das POS-Rechnernetz eingespeist würden. Dies ist zwar nicht vorgesehen, technisch aber möglich. Die Gesamtgefahr ist um so größer, je höher der Zentralisationsgrad ist. Nach dem GZS-Konzept sollte es ursprünglich nur eine einzige Zentrale für die Autorisierung und das Clearing aller Kaufakte in der Bundesrepublik geben. Dies wäre eine Art "Bundeskonsumregister", das erhebliche Begehrlichkeiten bei vielen staatlichen und kommerziellen Stellen wecken würde. Die Datenschutzbeauftragten fordern demgegenüber ein System, das von vornherein möglichst wenig personenbezogene Daten erfordert und die erforderlichen Daten möglichst dezentral speichert und verarbeitet.

- Daß es einen speziellen Druck zur Beteiligung an POS-Systemen für Verbraucher/innen geben wird, ist nicht wahrscheinlich. Zwar ist für den gesamten Zahlungsverkehr mit einem Druck zur Elektronisierung zu rechnen. Aber in diesem Rahmen dürfte es nach wie vor Geldautomaten geben, bei denen Bargeld für anonyme Barkäufe erhältlich ist.

Aufgrund der festgestellten Diskrepanz zwischen Anforderungen und Eigenschaften bzw. Folgen des GZS-Systems stellt sich die Frage nach Möglichkeiten zur Beherrschung dieser Risiken. Sie begründen nach meiner Auffassung keine generelle Ablehnung eines POS-Systems als offenes Netz. Mit Sicherheit reichen aber rechtliche und organisatorische Maßnahmen alleine zur Sozialen Beherrschung nicht aus. Die Risikovermeidung muß bei der Gestaltung des technischen Systems selbst ansetzen.

Die Datenschutzbeauftragten fordern dementsprechend u.a. den Verzicht auf eine zentrale Autorisierungs- und Clearingzentrale und stattdessen die Autorisierung direkt am Girokonto der Kund(inn)en und das Clearing über das jeweilige Kreditinstitut des Händlers /10, 20/. Zur Sicherung der Übertragung und auch zur Erzeugung von Belegen für die Verbraucher/innen bieten Chipkarten wesentlich bessere Möglichkeiten als Magnetstreifenkarten /21/.

Inzwischen werden auch stärker dezentralisierte POS-Konzepte diskutiert. Die treibende Kraft dazu waren und sind jedoch nicht Belange des Datenschutzes sondern Fragen der Kosten und der Kostenverteilung /17/. Die Sparkassen bevorzugen aufgrund ihrer regionalen Rechnernetze eine Autorisierung am Konto. Und dem Handel sind die Kosten für eine Online-Autorisierung generell zu hoch. Er hätte am liebsten eine weitgehende Offline-Autorisierung auf der Basis lokal gespeicherter Sperrlisten /38/. Chipkarten-Konzepte sehen eine gewisse Dezentralisierung in Form der Zusammenarbeit mit unterschiedlichen Autorisierungszentralen und auch ein gewisses Maß an Offline-Abwicklung vor. Dies gilt auch für das modifizierte GZS-Konzept. Die für die Bundesrepublik diskutierten Verfahren bleiben jedoch personenbezogen und am Scheckmodell orientiert /21/. Das technisch ebenfalls denkbare Modlel einer elektronischen Geldbörse in Form einer vorausbezahlten Karte wird teilweise als ergänzende Nebenfunktion oder als Spezialanwendung (z.B. für öffentliche Fernsprecher) diskutiert. Grundsätzlich könnte eine solche vorausbezahlte Karte, die auf ein Kreditinstitut ausgestellt ist und neben der Bankleitzahl nur eine laufende Kartennummer aufweist, generell als Basis für POS-Systeme dienen. Denn für den Handel reicht es, unter Angabe der Kartennummer einen Anspruch gegen ein Kreditinstitut zu erwerben. Diese Ansprüche werden jeweils von der Karte abgebucht, so daß eine Autorisierung entfällt.

Gegen dieses System, bei dem keinerlei personenbezogene Daten anfallen, wird von Vertretern der Kreditwirtschaft eingewendet, das Fälschungsrisiko sei zu hoch und die Verbraucher/innen wären nicht bereit, Beträge vorzustrecken. Weil sie dies auf dem Girokonto aber im Prinzip tun, überzeugt dieser Einwand nicht.

Am besten wäre sicherlich ein POS-System, das sowohl personenbezogene Karten als auch kreditinstitutbezogene Karten entgegennimmt, also elektronische Schecks und elektronisches Bargeld annimmt, so daß sich jeder für die eine oder andere Karte entscheiden kann. Innerhalb des personenbezogenen Systems sollten dann möglichst dezentrale Autorisierungsverfahren realisiert werden.

Somit steht nicht zur Debatte, ob ein POS-System als offenes Netz eingeführt werden soll und grundsätzlich sozial beherrschbar ist. Vielmehr geht es darum, wie ein solches offenes Netz in seiner Topologie und allen technischen Eigenschaften so gestaltet werden kann, daß Risiken für die Verbraucher/innen weitgehend von vornherein ausgeschlossen werden. Die aus anderen Gründen geführte Diskussion hat solche Gestaltungsalternativen hervorgebracht. Problematisch bleibt, daß weder bei den technischen Standardisierungsentscheidungen noch bei der konkreten Systemauswahl und -ausgestaltung Verbraucherverbände und Datenschutzbeauftragte institutionell beteiligt sind. Es fehlt somit eine Regelungsinstanz, die eine Koppelung von technischer und rechtlicher Innovation erwarten läßt.

3.4. Landessystemkonzept Baden-Württemberg

Einmalerfassung und integrierte Verarbeitung sowie möglichst schneller Zugriff auf möglichst viele Daten sind nicht nur Ziele der Entwicklung von informationstechnischen Systemen in der Privatwirtschaft sondern auch in der öffentlichen Verwaltung. In den meisten Bundesländern wird an umfassenden Konzepten für den koordinierten Einsatz der Informations- und Kommunikationstechniken in der öffentlichen Verwaltung gearbeitet. Bereits 1984 wurde von einem Beratungskonsortium das Landessystemkonzept Baden-Württemberg vorgeschlagen und von der Landesregierung 1985 weitgehend so beschlossen. Es besteht aus einem Rahmenkonzept sowie zehn Teilprojekten und soll vor allem vier Zielen dienen: Leistungsverbesserung und Rationalisierung sowie Technologieförderung und Verbesserung der strategischen Führung /2/. Das Gesamtkonzept läuft letztlich auf ein alle Ebenen und Ressorts der Verwaltung umfassendes einheitliches Netz hinaus. Die Standardisierung der Datenübertragung soll bis zum Vorliegen von Produkten auf der Basis von OSI-Standards auf SNA-Basis erfolgen, die Dokumentenverwaltung und -verteilung nach X 400 bis zum Vorliegen von Produkten nach DCA und DIA /3/.

Die Bedeutung eines einheitlichen Netzes für das Rationalisierungsziel ist offenkundig. 1985 gab es in der Landesverwaltung insgesamt 365 dezentrale Systeme mit 45 nicht kompatiblen Typen. 1986 waren es 601 Systeme mit 63 nicht kompatiblen Typen. Dies ist verbunden mit Mehrfachspeicherung, häufig erneuter Eingabe von Daten, mit Verzögerungen und Fehlerquellen u.a.m. Hinzu kommen Probleme mit der Dimensionierung und Kapazitätsauslastung der einzelnen Rechner. Daher sind die Bemühungen darauf ausgerichtet, Insellösungen in Zukunft zu vermeiden und bestehende Inseln zu integrieren /3/. Damit sollen dann auch Teilziele erreicht werden wie Abbau der Arbeitsteilung, Aufgabenintegration, Delegation von Verantwortung, Verbesserung des staatlich-kommunalen Datenaustauschs u.a.m. /28/.

Aus der Sicht der Beschäftigten ist gegen die zuletzt genannten Ziele nichts einzuwenden. Die Einwände beziehen sich auf Zweifel an der Verwirklichung dieser Ziele sowie auf fehlende Vorkehrungen zur Vermeidung neuer Belastungen und Kontrollmöglichkeiten.

Diese Risiken sind bei kleinen isolierten Systemen mit bekannten Regelungsmechanismen beherrschbar. Für sehr komplexe Systeme fehlen entsprechende Konzepte und Verfahren. Hier gilt dasselbe wie beim elektronischen Lieferabruf.

Bei Systemen in der öffentlichen Verwaltung kommen als zusätzliche Anforderungen insbesondere der Datenschutz der Bürger/innen und die Rechtsstaatlichkeit des Verwaltungshandelns hinzu. Beiden Anforderungen widerspricht ein integriertes offenes Rechnernetz tendenziell. Darauf hat die Datenschutzbeauftragte des Landes Baden-Württemberg unmittelbar nach Bekanntwerden des Landessystemkonzepts hingewiesen /11/:

> "Es ist keine Frage: Das Landessystemkonzept fordert den Datenschutz aufs äußerste heraus. Denn es sieht die Verwaltung als Informationseinheit. Der Datenschutz dagegen verlangt vom Staat, sein Wissen auf zahlreiche kleine Informationseinheiten aufzuteilen. Das Landessystemkonzept will eine von Hindernissen weitgehend freie Kommunikation zwischen den Behörden; der Datenschutz dagegen, daß jeder Bürger grundsätzlich selbst darüber entscheidet, welcher Behörde er welche Informationen für welche Zwecke zukommen lassen will." (S. 16).
>
> "Der Gesetzgeber muß klar definieren, welche Behörden zu welchem Zweck welche Daten wie verwenden dürfen und wer auf welche Weise auf sie zugreifen darf. Kurzum: er muß exakte Spielregeln festlegen, die die Behörden beim geplanten Einsatz der modernen Informations- und Kommunikationstechniken zu beachten haben. Erst wenn es diese gibt, kann die Regierung daran gehen, innerhalb dieses Rahmens die modernen Informations- und Kommunikationstechniken in allen Amtsstuben umfassend einzusetzen und Informationen über Bürger en masse zu verarbeiten" (S. 17).
>
> "Die besten Rechtsvorschriften, was die Verwaltung mit Informationen über Bürger machen darf, nutzen freilich wenig, wenn sie leicht zu umgehen sind, dies zudem nicht auffällt und daher ohne Konsequenzen bleibt. So wäre es, beispielsweise, wenn ein Gesetz einen Datenabgleich zwischen zwei Datenbanken verbietet, die in der Landesverwaltung eingesetzte Informations- und Kommunikationstechnik diese beiden Datenbanken aber so integriert, daß sich gleichwohl die in ihnen gespeicherten Informationen über Bürger im Handumdrehen verknüpfen ließen. Deshalb fordert das Grundgesetz zwingend, das Recht des Bürgers auf Selbstbestimmung über seine Daten durch entsprechende Technik, Organisation und Verfahren zusätzlich abzusichern. ...
>
> Welche Maßnahmen im einzelnen dazu nötig sind, beurteilt sich nach dem Grad der möglichen Gefährdung des Grundrechts auf Datenschutz. Diese Gefährdung ist um so höher, je sensibler die verarbeiteten Informationen über Bürger sind und je leichter sich mit der eingesetzten Technik die Regeln des Datenschutzes unterlaufen lassen. ....
>
> Um solche Gefährdungen zurückzudrängen, wenn nicht auszuschließen, ist es beispielsweise unerläßlich, Datenströme gegeneinander abzuschotten. Dafür werden die bislang eingesetzten Techniken - etwa der Paßwortschutz - sicher nicht immer ausreichen. Neue Abschottungsmethoden müssen zur Anwendung kommen. Solange und soweit sich gebotene Abschottungen wegen des Standes der Technik oder zu hoher Kosten nicht erreichen lassen, darf die Landesregierung insoweit neue Kommunikationstechniken selbst dann nicht einsetzen, wenn dies zu Lasten der Effektivität der Verwaltung geht und zugleich einen Verzicht auf Rationalisierung bedeutet." (S. 17 f.).

Verantwortliche für das Landessystemkonzept sehen den Zielkonflikt zwischen Rationalisierung durch Integration und Datenschutz zwar auch, halten ihn aber für lösbar, insbesondere durch eine Zugriffshierarchie und eine mehrstufige Sicherheitsarchitektur mit Protokollen für Dateizugriffe, Anwendungszugriffe und Netzzugang /3/.

Risiken für die Bürger/innen entstehen jedoch auch, wenn ein Beschäftigter in einer Dienststelle Daten, auf die er zugreifen darf, einem Kollegen in einer anderen Dienststelle elektronisch übermittelt, der darauf nicht zugreifen darf. Im Bericht der Datenschutzbeauftragten wird eine ähnliche Gefahr im Zusammenhang mit dem Übermitteln von Kopien ganzer Akten betont. Ein solches Kopieren in Form der Übermittlung eines Dateiauszuges wäre einfacher als das gezielte Raussuchen gewünschter Informationen. Zwar wäre dies nicht zulässig. Der Betreffende geht jedoch kein Risiko ein:

> "Hinterläßt es doch keine Spuren, wenn jemand per Knopfdruck Daten über Bürger unbefugt weitergab. Sein Risiko, entdeckt zu werden, ist dabei gleich null." /11, S. 22/.

Es sei denn alle Verbindungen und übermittelten Inhalte würden elektronisch protokolliert. Dies ist jedoch als unverhältnismäßige Leistungs- und Verhaltenskontrolle der Beschäftigten nicht zulässig.

Bisher haben sich all diese Probleme nicht in größerem Ausmaß gestellt, weil die Inkompatibilität der Einzelsysteme als technische Abschottung gewirkt hat. Die unter Rationalisierungsgesichtspunkten unbefriedigenden Insellösungen entsprechen technisch den normativen Anforderungen besser als "modernere" Konzepte. Um von dem bestehenden weitgehend normkonformen Zustand abzuweichen, muß es schon sehr gute Gründe geben. Die sind für das Landessystemkonzept noch nicht einmal auf der Ebene der Rationalisierungsgewinne und der dazu erforderlichen Kosten geliefert worden. Dazu wäre auch noch genauer zu prüfen, ob die öffentliche Verwaltung nicht andere Strukturen der Arbeitsteilung und damit auch grundsätzlich andere Informationsflußstrukturen aufweist als ein Industriebetrieb oder der Verband Zulieferer, Hersteller, Handel. Vor allem aber muß die normative Prioritätenfrage geklärt werden. Für das Verhältnis Bürger(in) und Staat sind Anforderungen unmittelbar aus den Grundrechten abzuleiten, denen daher ein größeres Gewicht zukommt als pauschalen betriebswirtschaftlichen Argumenten oder gar allgemeinen technischen Trends.

Im Bereich der öffentlichen Verwaltung widerspricht ein offenes Netz somit den maßgeblichen normativen Anforderungen bereits im Grundsatz und muß daher als unzulässig angesehen werden. Die absolute Befürwortung offener Systeme ist danach zumindest für einen Anwendungsbereich einzuschränken und insgesamt zu relativieren. Angesichts der Selbstverständlichkeit, mit der offene Netze in der Informatik befürwortet werden, mag diese Forderung auf Unverständnis stoßen und abwegig erscheinen. Daß dies in unserem Rechtssystem nicht zutrifft, belegen die sehr detaillierten und strengen Anforderungen an die technische Abschottung bei der Volkszählung aufgrund des Urteils des Bundesverfassungsgerichts.

Entsprechende grundsätzliche Erwägungen hat der Hessische Datenschutzbeauftragte schon 1984 angestellt:

> "Die Folge kann freilich auch darin bestehen, manche für selbstverständlich, ja jeder Diskussion entzogene Konstruktionsvoraussetzung in Frage zu stellen. So ist die Kompatibilität von Anfang an als eine der wichtigsten Rechnereigenschaften angesehen und deshalb diskussionslos akzeptiert worden. Nur: In Anbetracht der längst sichtbar gewordenen Folgen eines Computerverbundes und der nicht minder evidenten Bestrebungen, den Direktzugriff auszubauen, lassen sich Reflexionen über die Grenzen der Kompatibilität nicht mehr verdrängen." /32, S. 47/.

Die Aussage über die prinzipielle Unzulässigkeit offener Netze in der öffentlichen Verwaltung gilt im übrigen auch für elektronische Mitteilungssysteme. Auch sie dürfen in der öffentlichen Verwaltung, dort wo Daten über Bürger/innen verarbeitet werden, nach der hier entwickelten Auffassung nicht eingesetzt oder zumindest nicht für die Übertragung entsprechender Dokumente zwischen verschiedenen Dienststellen benutzt werden. Die in diesem Zusammenhang erwähnte Analogie zur Sozialen Beherrschung des Autos besteht darin, daß wir auch autofreie Zonen wie Fußgängerzonen und Naturschutzgebiete haben - und dies nicht als Ausdruck von Technikfeindlichkeit interpretieren. Genau definierte und gut begründete Anwendungsverbote für bestimmte Techniken sind vielmehr etwas völlig normales.

4. Schlußfolgerungen

Die Beispiele sollen die Hauptthese dieses Beitrages stützen, daß die Frage nach der Sozialen Beherrschbarkeit offener Netze weder uneingeschränkt mit JA noch pauschal mit NEIN beantwortet werden sollte, sondern eine auf unterschiedliche Anwendungskontexte bezogene situative Relativierung angemessener ist.

- Während offene Netze in den meisten Anwendungskontexten als sozial beherrschbar angesehen wurden, war dies für den Anwendungskontext öffentliche Verwaltung und speziell im Hinblick auf das Grundrecht auf informationelle Selbstbestimmung (Zweckbindungsgebot, Transparenz, Abschottung u.a.m.) und im Hinblick auf die Rechtmäßigkeit des Verwaltungshandelns nicht möglich.
- Soweit die Soziale Beherrschbarkeit grundsätzlich als gegeben angesehen wurde, aber noch nicht konkret hergestellt war, sollte dies in einigen Fällen durch die Weiterentwicklung des Rechtes für den jeweiligen Anwendungskontext und in anderen Fällen durch technische Maßnahmen geschehen.
- Das POS-Beispiel hat darüber hinaus gezeigt, daß es nicht so sehr darauf ankommt, ob ein solches Netz offen sein soll oder nicht, sondern daß verschiedene Topologien, Verteilungen von Funktionen und Prozeduren unterschiedlich zu beurteilen sind.

Aus diesen allgemeinen Thesen folgt jedoch noch nicht, wie für weitere Beispiele die differenzierte Betrachtung genau erfolgen soll. Eine Systematisierung und Konkretisierung dieses Ansatzes steht, wie schon eingeräumt wurde, noch an. Auf zwei dabei besonders wichtige Aspekte soll abschließend eingegangen werden.

4.1. Konzeptioneller Klärungsbedarf: Wie offen sind offene Netze?

Betrachtet man im Lichte der vorangegangenen Ausführungen nochmals die eingangs geschilderten extrem unterschiedlichen Einschätzungen offener Netze, so kommen Zweifel, ob allen Einschätzungen dasselbe Verständnis von Offenheit zugrundeliegt und sie sich überhaupt auf den gleichen Sachverhalt beziehen:

- Die Befürworter beziehen die Offenheit von Netzen in erster Linie auf die Einsatzmöglichkeiten von Produkten verschiedener Hersteller. Sie beziehen sich dabei in der Regel auf das ISO-Referenzmodell für offene Systeme (Open Systems Interconnection, OSI) als Basis für die Abstimmung von Prokollen und Schnittstellen /12, 13, 35/.
- Die Kritiker beziehen die Offenheit auf die fehlende Bestimmbarkeit von Nutzer(inne)n und Zwecken und leiten daraus die Regelungsprobleme ab /22, 33/.

Wie verhalten sich beide Begriffe von Offenheit zueinander? Die Sorgen der Kritiker sind letztlich in der im Vergleich zu anderen Formen der Informationsverarbeitung sehr viel mächtigeren, komplexeren und schlechter kontrollierbaren automatischen Weiterverarbeitung von Daten in großen Rechnernetzen begründet. Sind solche Rechnernetze aber überhaupt in dem von Steinmüller definierten Sinne offen, daß sie für unbeschränkte Nutzer/innen und Zwecke zur Verfügung stehen? Das Fernsprechnetz, das Telexnetz oder das Btx-Netz sind Beispiele für derart offene Netze. Trifft die Charakterisierung aber gleichermaßen auf das Datex-P-Netz, ein LAN oder das im Mittelpunkt der Kritik stehende ISDN zu?

Legt man das 7-Schichten-Referenzmodell der ISO zugrunde, so sind bei den öffentlichen Telekommunikationsdiensten diejenigen am weitesten standardisiert, die keine automatische Weiterverarbeitung der eingehenden Nachrichten im Rahmen dieser Standards vorsehen /5, 26/. Die Datenübertragungsdienste sind nur auf den Transportebenen standardisiert. Und dies gilt auch für das ISDN. Ohne zusätzliche Standards auf den obersten Ebenen, insbesondere der Ebene 7 mit ihren verschiedenen Teilschichten, können darauf keine großen Anwendungsnetze, wie sie in den Beispielen behandelt wurden, realisiert werden. Diese Anwendungsstandards machen aus den im anwendungsbezogenen Sinne offenen Transportnetzen jedoch wieder dedizierte Netze mit einer Reihe von Restriktionen und Zwängen für die Nutzer/innen. Diese standardisierten Anwendungsnetze sind zwar offen im Hinblick auf die Gerätehersteller und auch die Teilnehmer/innen, aber geschlossen (dediziert) im Hinblick auf die Anwendungszwecke. Je weiter die Standardisierung für die automatische Weiterverarbeitung von Daten geht, um so größer sind die Restriktionen im Hinblick auf Inhalte und Verfahrensabläufe der "Kommunikation" /6/.

Weil diese Anwendungsstandards auf bestimmte Anwendungskontexte hin entwickelt werden, kann dabei der Bezug zu Normen, Betroffenen, Schutzrechten und Regelungsmechanismen hergestellt werden. Reicht es dann nicht, die Prozesse der Entwicklung von

Anwendungsstandards entsprechend zu erweitern? - Vor einer abschließenden Antwort sind noch mehrere Fragen gründlich zu untersuchen:

- Wird die skizzierte Unterscheidung zwischen verschiedenen Standardisierungsniveaus und Weiterverarbeitungsmöglichkeiten (z.B. Teletex einerseits und POS-Banking auf der Basis bestimmter DFÜ-Dienste andererseits) mit dem X-400 Standard und darüber hinausgehenden Standards für die Bürosysteme nicht weitgehend aufgehoben? Können dann nicht Dokumente einschließlich Dateien automatisch weiterverarbeitet werden, ohne daß es dazu noch zusätzlicher anwendungsspezifischer Standards bedarf? Wird dann doch das von Steinmüller definierte völlig offene Rechnernetz Wirklichkeit? Oder ist Bürokommunikation letztlich doch nicht so weit standardisierbar, daß sie auf einige wenige Formate und Prozeduren reduziert werden kann?
- Reicht es unter Gesichtpunkten der Sozialen Beherrschbarkeit aus, die Standardisierung auf der obersten Anwendungebene zu betrachten? Haben z.B. die skizzierten Anforderungen an POS-Systeme nicht auch Konsequenzen für die darunter liegenden Ebenen? Welche Kategorien des Datenschutzes entsprechen welchen Protokollebenen? Läßt sich auf der Basis des ISO-Referenzmodells eine Zuordnung entwickeln, die eine gemeinsame Verständigungsbasis für Informatik, Rechts- und Sozialwissenschaft liefert?
- Was ist letztlich langfristig entscheidender? Begünstigt eine Standardisierung der Transportebenendurch das ISDN die Standardisierung auf den Anwendungsebenen und läßt Netze entstehen, die sonst nicht entstehen würden? Oder sind die inhaltlichen Standardisierungsprobleme der Anwendungen weitgehend unabhängig von der Standardisierung auf den Transportebenen? Würde ein POS-Konzept, auf das sich die gesamte Kreditwirtschaft und der Handel einigen gleichermaßen schnell durchgesetzt, ob es auf den verschiedenen existierenden DFÜ-Diensten läuft und entsprechende Protokollanpassungen beinhaltet, oder ob es auf einem ISDN abgewickelt wird? Die Antwort hat erhebliche praktische Bedeutung!

4.2. Institutionelle Aspekte: Gesellschaftliche Kontrolle der Standardisierungsprozesse

Die bisherigen Vorschläge zur Sozialen Beherrschbarkeit technisch offener Telekommunikationssysteme wie des ISDN laufen darauf hinaus, daß der Netzbetreiber nur inhaltlich definierte Dienste wie Telebanking und Teleshopping einführen darf und daß im Zuge des Planungs- und Einführungsverfahrens eine Abstimmung mit dem für den Anwendungskontext geltenden Recht erfolgt. Der Gesetzgeber soll die Planungs- und Einführungsprozesse so regeln, daß die Soziale Beherrschbarkeit hergestellt wird /4, 24, 33/. Die reale Entwicklung geht jedoch genau in die entgegengesetzte Richtung. Nach dem von der Bundesregierung verabschiedeten Entwurf für ein Poststrukturgesetz soll jeder sogenannte Freie Telekommunikationsdienste ohne Genehmigungspflicht anbieten können. Darunter fallen auch die von Anwenderverbänden standardisierten Systeme wie POS-Banking oder elektronischer Lieferabruf.

Nach den Überlegungen des vorangegangenen Abschnitts erscheint der institutionelle Ansatz beim Netzbetreiber bzw. bei der Zulassung von Diensten nicht ausreichend. Entsprechende Regelungen erscheinen für die Soziale Beherrschbarkeit zwar unverzichtbar. Sie setzen jedoch zu spät an. Wenn etwa Belange des Verbraucherdatenschutzes in die Standardisierung von POS-Systemen oder Belange des Arbeitnehmerdatenschutzes in die Gestaltung von Systemen des elektronischen Lieferabrufs einfließen sollen, dann müssen diese Standardisierungsprozesse entsprechend geöffnet und geregelt werden.

Die Anwenderstandards werden heute überwiegend außerhalb des DIN- und ISO-Normungsverfahrens durch Wirtschaftsverbände festgelegt. Während das Normungsverfahren im DIN noch die Interessenausgewogenheit und die Verfahrensbeteiligung der Öffentlichkeit vorsieht, erfolgt die Festlegung von Anwendungsstandards in den Wirtschaftsverbänden weitgehend unter Ausschluß der Öffentlichkeit und ohne Beteiligungsrechte der Datenschutzbeauftragten, der Gewerkschaften,der Verbraucherverbände u.a.m., obwohl es dabei um Maßnahmen der Technikgestaltung geht, die Handlungsbedingungen von Millionen von Menschen verändern. Dasselbe gilt für allgemeinere Standards wie X-400 o.ä.

Neben einer Zulassungsregelung für öffentliche Telekommunikationsdienste ist daher dringend eine Regelung der Standardisierungsverfahren erforderlich. Angesichts der allgemeinen Deregulierungsstimmung mag auch diese Forderung abwegig erscheinen. Bisher ist in allen Bereichen die Deregulierung hinsichtlich des WER mit einer stärkeren Regulierung des WAS bei Herstellung und Angebot neuer Techniken verbunden gewesen. Und alle Techniken, die in die Phase der Massenanwendung eingetreten sind, sind früher oder etwas später Regulierungen in Form von Anforderungen an die Zulassung von technischen Elementen, Betreibern undNutzer/innen unterworfen worden. Dies wird bei der Telekommunikation auch nicht anders sein.

Der Entwurf entsprechender Regelungssysteme erscheint auf nationaler Ebene prinzipiell möglich. Während die Arbeiten weniger an diesen Fragen nur langsam vorankommen, wird eine neue Problemdimension zunehmend deutlich. Auf dem Weg zum EG-Binnenmarkt sollen auch für den Bereich der IuK-Techniken und der Telekommunikation Normen und Standards auf EG-Ebene festgelegt und in den Mitgliedsstaaten unmittelbar verbindlich sein. Nach EG-Wettbewerbsrecht wären dann nationale Datenschutzanforderungen, die nicht in die EG-Standards eingeflossen sind, unzulässige Beschränkungen des Wettbewerbs.

Während es insbesondere unter Beteiligung multinationaler Konzerne relativ einfach erscheint, einheitliche technische Standards auf EG-Ebene festzulegen, ist es völlig unklar, wie angesichts der großen Unterschiede der Mitgliedsstaaten in kultureller Hinsicht sowie im Hinblick auf die Sozial- und Rechtsordnung einheitliche Anforderungen an technische Systeme entwickelt werden können. Für Aspekte des Datenschutzes gibt es noch nicht einmal ein zuständiges Direktorat in der EG-Kommission. Ein Ausweg besteht möglicherweise darin, daß die EG-Standards auf der Transportebene noch hinreichenden nationalen

Gestaltungsspielraum für Regelungen auf den Anwendungsebenen lassen. Um dies genauer zu untersuchen ist die interdisziplinäre Kooperation um Experten/innen für Europäische Normung und EG-Recht zu erweitern.

4.3. Konsequenzen für Informatiker/innen

Mit dem Hinweis auf die Standardisierungsprozesse auf EG-Ebene erscheint die Problematik der Sozialen Beherrschbarkeit noch komplexer und vom fachlichen Kern der Informatik noch weiter entfernt. Aber Beherrschbarkeits- oder Sozialverträglichkeitsprüfungen informations- und kommunikationstechnischer Systeme werden auch auf EG-Ebene kommen, so wie es eine EG-Richtlinie für Umweltverträglichkeitsprüfungen gibt. Und Informatiker/innen sollten daran mitarbeiten, wie es Chemiker/innen im anderen Fall getan haben. Sowie die Chemiker/innen dabei mit anderen aus den Bereichen Biologie, Ökologie und Recht zusammenarbeiten mußten, müssen Informatiker/innen mit Sozial- und Rechtswissenschaftler(inne)n zusammenarbeiten. Die Aus- und Weiterbildung muß sie dazu in die Lage versetzen. Dazu gehört Wissen über verschiedene Anwendungsbereiche und die dort geltenden Normen und Regelungen. Dieses Wissen darf jedoch nicht isoliert neben das "eigentliche" Informatikwissen gestellt werden, sondern muß als Angewandte Informatik auf das Gestaltungswissen bezogen werden. Nur dann kann auch Verantwortung für die Folgen des fachlichen Tuns übernommen werden.

Eine Erweiterung der Ausbildung ist jedoch ein langwieriger Prozeß. Für die Bemühungen um Soziale Beherrschbarkeit offener Netze im Zusammenhang mit aktuellen Standardisierungsprozessen kommt es aktuell darauf an, sie aus dem Ghetto kleiner Expertenzirkel herauszuholen und in eine breitere und vorurteilslose Diskussion zu überführen. Ich bin mir nicht sicher, ob dadurch die großen Anwendernetze sozial beherrschbar werden. Ich bin jedoch gewiß, daß es ohne umgehende Beteiligung vieler Informatiker/innen keine Chance gibt. Daher hoffe ich, mit diesem Beitrag den einen oder die andere für eine aktive Mitarbeit an den hier aufgeworfenen Fragen gewinnen zu können.

Literatur

/1/ ALTMANN, N.: Rationalisierung und neue Verhandlungsprobleme im Betrieb. WSI-Mitteilungen, 5/1987, S. 261-269

/2/ Arbeitsgemeinschaft DIEBOLD-DORNIER-IKOSS: Erstellung eines Landessystemkonzeptes. Kurzbericht. Dezember 1984

/3/ BARTL, D.: Landessystemkonzept. In: 24. Erfahrungsaustausch ADV Bund/Länder/ Kommunaler Bereich am 5./6. März 1987 in Hamburg. Hrsg.: Senatsamt für den Verwaltungsdienst Hamburg, Senator für Inneres Berlin, S. 129-154

/4/ BERGER, P., H. KUBICEK, M. KÜHN, B. METTLER-MEIBOM, G. VOOGD: Optionen der Telekommunikation. Materialien für einen technologiepolitischen Bürgerdialog. 3 Bde. Mensch und Technik. Sozialverträgliche Technikgestaltung. Ministerium für Arbeit, Gesundheit und Soziales des Landes Nordrhein-Westfalen. Düsseldorf 1988

/5/ BERNDT, W.: Die Bedeutung der Standardisierung im Telekommunikationsbereich für Innovation, Wettbewerb und Welthandel. In: Jahrbuch der Deutschen Bundespost 1986, Bad Windsheim 1986, S. 87-117

/6/ BRINCKMANN, H.: Rechtliche und politische Kontrolle einer neuen Infrastruktur. In: Gesellschaft für Rechts- und Verwaltungsinformatik (Hrsg.): Kommunikationstechnische Vernetzung. Rechtsprobleme - Kontrollchancen - Klienteninteressen. Darmstadt 1986, S. 25-47

/7/ CASH, J.I. und B.R. KONSYNSKI: Die Datenkommunikation verändert den Wettbewerb. Harvard Manager, 4/1985, S. 54-60

/8/ DÄUBLER, W.: Gestaltung neuer Technologien durch Recht? Zeitschrift für Rechtspolitik, 19. Jg. 1986, S. 42 ff.

/9/ DATACOM (Hrsg.): ABC der Datenkommunikation. Pulheim 1986

/10/ DER BERLINER DATENSCHUTZBEAUFTRAGTE: Jahresbericht 1987. Abgeordnetenhaus von Berlin, Drucksache 10/1983

/11/ DIE LANDESBEAUFTRAGTE FÜR DEN DATENSCHUTZ IN BADEN-WÜRTTEMBERG: 6. Tätigkeitsbericht der Landesbeauftragten für den Datenschutz in Baden-Württemberg 1985. Stuttgart 1986

/12/ DONNER, H. und W. POSCHENRIEDER: Die Bedeutung von OSI für die weltweite Kommunikation. Siemens-Zeitschrift, 4/1986, S. 20-23

/13/ EFFELSBERG, W. und A. FLEISCHMANN: Das ISO-Referenzmodell für offene Systeme und seine sieben Schichten. Informatik-Spektrum, 9. Jg. 1986, S. 280-299

/14/ GARSTKA, H.: Netzfunktionen - ein unbewältigtes Problem für den Datenschutz. In: Gesellschaft für Rechts- und Verwaltungsinformatik (Hrsg.): Kommunikationstechnische Vernetzung. Rechtsprobleme - Kontrollchancen - Klienteninteressen. Darmstadt 1986, S. 97-101

/15/ GESELLSCHAFT FÜR INFORMATIK: Für eine breitere Diskussion über das Für und Wider des ISDN. Informatik-Spektrum, 10. Jg. 1987, S. 205-214

/16/ GODSCHALK, H.: Datenschutz am Point of Sale. Computer und Recht, 7/1987, S. 416-422

/17/ HEISMANN, G. und S. VON VIERECK: Partner ohne Netz. Manager Magazin, 2/1986, S. 80-89

/18/ KLEBE, T. und S. ROTH (Hrsg.): Information ohne Grenzen. Hamburg 1987

/19/ KOMMISSION DER EUROPÄISCHEN GEMEINSCHAFTEN: Grünbuch über die Entwicklung des Gemeinsamen Marktes für Telekommunikationsdienstleistungen und Telekommunikationsgeräte - KOM (87) 290 endg. Deutscher Bundestag, Drucksache 11/930

/20/ Konferenz der Datenschutzbeauftragten: Erste Empfehlungen zum Datenschutz bei der Automatisierung des Zahlungsverkehrs. In: Der Berliner Datenschutzbeauftragte. Jahresbericht 1987

/21/ KRUSE, D.: Chipkarten - praktisch und sicher. Telematik Magazin, 1/1988, S. 8-12

/22/ KUBICEK, H.: Zur sozialen Beherrschbarkeit integrierter Fernmeldenetze. In: K.T. Schröder (Hrsg.): Arbeit und Informationstechnik. GI-Fachtagung, Karlsruhe, Juli 1986. Berlin u.a. 1986, S. 325-350

/23/ KUBICEK, H.: Telematische Integration: Zurück in die Sozialstrukturen des Früh-Kapitalismus? In: W. Steinmüller (Hrsg.): Verdatet und Vernetzt. Frankfurt/M. 1988, S. 51-104

/24/ KUBICEK, H. und A. ROLF: Mikropolis. Mit Computernetzen in die "Informationsgesellschaft", 2. Aufl., Hamburg 1986

/25/ METTLER-MEIBOM, B.: Soziale Kosten in der Informationsgesellschaft. Überlegungen zu einer Kommunikationsökologie. Frankfurt/M. 1987

/26/ MUSIOL, A.: Glossar Bürokommunikation. Siemens AG, 2. Aufl. 1986

/27/ PFITZMANN, A., B. PFITZMANN und M. WAIDNER: Datenschutz garantierende offene Kommunikationsnetze. Informatik-Spektrum, 11. Jg. 1988, S. 118-142

/28/ REINERMANN, H.: Landessystemkonzept Baden-Württemberg: "Haut cru"? Computer und Recht, 2/1987, S. 124-132

/29/ ROSSNAGEL, A.: Die Verfassungsverträglichkeit von Technik-Systemen - am Beispiel der Informations- und Kommunikationstechnik. Recht und Politik, 1/1987, S. 4-11

/30/ SCHNEIDER, R.: Vertriebslogistik - Voraussetzung für Just-in-Time-Produktion. Zeitschrift für wirtschaftliche Fertigung, 82. Jg. 1987, Nr. 2, S. 87-93

/31/ SCHWARZ-SCHILLING, C.: Die zukünftige Kommunikationsgesellschaft. Der Landkreis, 8-9/1983, S. 370

/32/ SIMITIS, S.: Reicht unser Datenschutzrecht angesichts der technischen Revolution? Strategien zur Wahrung der Freiheitsrechte. In: Hessendienst der Staatskanzlei (Hrsg.): Informatioinsgesellschaft oder Überwachungsstaat. Symposium der Hessischen Landesregierung. Protokoll, Wiesbaden 1984, S. 27-48

/33/ STEINMÜLLER, W.: Soziale Beherrschbarkeit offener Netze. In: P.P. Spies (Hrsg.): Datenschutz und Datensicherung im Wandel der Informationstechnologien. 1. GI-Fachtagung, München, Oktober 1985, Informatik-Fachberichte 113, Berlin u.a. 1985, S. 237-249

/34/ VERBAND DER AUTOMOBILINDUSTRIE (Hrsg.): VDA-Empfehlung 4905: Daten-Fern-Übertragung von Lieferabrufen und VDA-Empfehlung 4906 Datenfernübertragung von Rechnungen. Frankfurt/M.

/35/ VERBAND DEUTSCHER MASCHINEN- UND ANLAGENBAU (VDMA), Fachgemeinschaft Büro- und Informationstechnik (Hrsg.): Internationale Position der informationstechnischen Herstellerverbände zur Kommunikation offener Systeme (OSI). Frankfurt am Main 1986

/36/ VON WEIZSÄCKER, C.C. und B. WIELAND: Stellungnahme zum Beitrag von Herbert Kubicek: "Mit integrierten Fernmeldenetzen auf dem Weg in die "Post"-industrielle Gesellschaft". Die Betriebswirtschaft, 47. Jg. 1987, S. 639-642

/37/ WILDEMANN, H.: Das Just-in-Time-Konzept. Produktion und Zulieferung auf Abruf. Frankfurt a.M. 1987

/38/ ZELLEKENS, H. und J. FONTAINE: Zahlungsart Geldkarte. Rationalisierungsgemeinschaft des Handels, Köln 1985

Open Systems Interconnection – Eine kritische Würdigung

Heinz-Gerd Hegering

Technische Universität München — Institut für Informatik

Kurzfassung

Fünf Jahre nach Vorliegen des OSI-Referenzmodells wird eine kritische Wertung versucht. Der Beitrag beginnt mit einer Kurzdarstellung der zum Architektur- und Schichtenmodell führenden Strukturierungsprinzipien und einem Hinweis auf Auswirkungen der Beschäftigung mit offener Kommunikation auf Forschung und Entwicklung. Danach folgt eine Diskussion neuer Anforderungen und offener Fragen an das Referenzmodell. Diese streifen die Themenkreise Angemessenheit der OSI-Schichtung, Implementierung von OSI-Konzepten, OSI-Netzmanagement und OSI-Konformität. Der Beitrag schließt mit einem Ausblick auf mögliche OSI-Weiterentwicklungen.

1. Einleitung

Vor 10 Jahren startete ISO die Arbeiten zur Untersuchung von Kommunikationssystemen in heterogener Systemumgebung. Vor 5 Jahren wurde das Basic Reference Model for Open Systems Interconnection (OSI-RM) in seiner Erstversion als Internationaler Standard ISO 7498 verabschiedet.

Die Arbeiten am OSI-RM hatten u. a. das Ziel

- eine allgemeine, universell einsetzbare, logische Kommunikationsarchitektur zu spezifizieren,
- die Kommunikation heterogener Systeme durch kompatible Implementierungen von standardisierten Kommunikationsfunktionen zu ermöglichen,
- für die Entwicklung neuer Kommunikationsdienste als Referenz und Basis zu dienen, und
- genügend Flexibilität zu bieten, um neue Technologien und Anwenderanforderungen zu berücksichtigen.

Dabei bestand von vornherein die Absicht, sich nicht nur auf den Informationsaustausch (d. h. den Datentransfer) zu beschränken, sondern auch den Kooperationsaspekt zu berücksichtigen. Dieser betrifft Funktionen, die verschiedene Systeme bzw. Prozesse benötigen, um eine gemeinsame (verteilte) Aufgabe erfüllen können. Zu diesen Funktionen zählen [1]:

- Interprozeßkommunikation (Datentransfer, Synchronisation)
- Datendarstellung (Verwaltung von Datenstrukturbeschreibungen, Syntax-Abbildungen, Kodierung, Darstellung, Austauschformate)
- Datenspeicherung (Dateisysteme, DB-Systeme)
- Prozeß- und Betriebsmittelverwaltung für OSI-Anwendungsprogramme und OSI-Ressourcen
- Datenintegrität, Datensicherheit
- Programmunterstützung (Schnittstellen zu Programmiersprachen und Datenbanken)

Die Systeme bzw. Prozesse, an die im OSI-RM gedacht wird, umfassen Rechensysteme, Programme (Prozesse), Peripheriegeräte, Dialoggeräte, physische Prozesse, menschliche Bediener, etc., d. h. "all that forms an autonomous whole capable of performing information processing and/or information transfer" [1].

Zehn Jahre nach dieser Zielsetzung bzw. fünf Jahre nach Vorliegen des OSI-RM sind wir berechtigt zu fragen:

- Was wurde erreicht?
- Was ist bisher nicht befriedigend gelöst?
- Wie wird es weiter gehen?

Die Gliederung des folgenden Beitrags entspricht genau diesen Fragen. Kapitel 2 versucht das bisher Erreichte zu schildern und die Bedeutung der ISO-OSI-Arbeiten herauszuarbeiten. Noch offene Probleme, die einerseits durch noch nicht gelöste Interessenkonflikte, andererseits durch laufend neu erkannte Anforderungen bedingt sind, werden in Kapitel 3 analysiert. Kapitel 4 schließlich deutet weitere Entwicklungen an.

Die insgesamt von der Fragestellung Open Systems Interconnection tangierten Bereiche der Informationstechnik, Produktentwicklung, Betreiberorganisationen, aber auch die technischen Probleme innerhalb der mit OSI befaßten ISO-Gruppen, sind so vielfältig, daß diese kritische Würdigung von OSI nicht nur unvollständig bleiben muß, sondern auch notwendigerweise eine subjektive Sicht darstellt.

An dieser Stelle habe ich Dank zu sagen für fruchtbare Anregungen und kritische Kommentare, insbesondere den Mitgliedern meiner Arbeitsgruppe an der TU München S. Abeck, K. Beschoner, E. Bötsch, P. Kaiser, B. Neumair und R. Valta.

2. OSI: Was wurde erreicht?

2.1 Strukturierungsprinzipien, Architekturmodell

Nur "offene" Kommunikationsarchitekturen sind geeignet, um innerhalb und zwischen unabhängigen Betreiberorganisationen Kommunikationsnetze aus heterogenen Systemen aufbauen zu können. Heterogenität und Autonomie verlangen ein system- und betreiberübergreifendes Verständnis von Kommunikationsphänomenen auf der Basis einer akzeptierten Kommunikationsarchitektur, wie sie das OSI-RM bietet.

Das für das OSI-RM angewendete Strukturierungsprinzip ist das der *Schnittbildung* [2]. Das *ISO-Architekturmodell* entsteht dadurch, daß dieses Prinzip in dreifacher Weise angewendet wird:

- zur Definition diskreter Systeme, zwischen denen kommuniziert wird (Systemschnitt)
- zur funktionalen Zerlegung von Kommunikationsvorgängen in delegierbare Teilaspekte (Dienstschnitt)
- zur Festlegung, wie ein durch Dienstschnitt festgelegter Dienst durch Instanzen einer Schicht in verschiedenen Systemen erbracht werden kann (Protokollschnitt).

Der *Systemschnitt* (vergleiche Bild 1) liefert dabei die Unterscheidung der Begriffe Endsystem, Transitsystem und Übertragungsmedium. Die Anwendung der *Dienstschnittbildung* führte zu den bekannten sieben Funktionsschichten, wobei eindeutig die Erfahrungen von Weitverkehrsnetzen Pate standen.

Der von einer Funktionsschicht erbrachte Kommunikationsdienst wird der überlagerten Schicht an Dienstzugangspunkten zur Verfügung gestellt. Dabei geschieht die Diensterbringung innerhalb einer Schicht aufgrund der Kooperation von durch *Protokollschnitt* getrennten Instanzen.

Die Kommunikation an den Dienstzugangspunkten, also zwischen den Schichten innerhalb eines Systems ("vertikale Kommunikation"), geschieht über Dienstprimitive, deren Bedeutung festgelegt, deren Realisierung aber systemspezifisch ist. (Es sei an dieser Stelle angemerkt, daß die Dienstbegriffe des OSI-RM und bei Postnetzen von völlig verschiedener Natur sind.)

Die Partnerinstanzen kommunizieren nach in *Schichtenprotokollen* beschriebenen Regeln, die Reihenfolge, Bedeutung und Format der Protokolldateneinheiten genau festlegen ("horizontale Kommunikation"). Dabei werden die Dienste der unterlagerten Schicht verwendet. Auf diese Weise ergeben sich zwischen zwei kommunizierenden Systemen *Protokollhierarchien*.

Für die Architekturmodellentwicklung werden die Interaktionen zwischen Instanzen benachbarter Schichten innerhalb eines Systems, d. h. die vertikale Kommunikation, als sicher in Bezug auf Instanz und Schnittstelle angenommen.

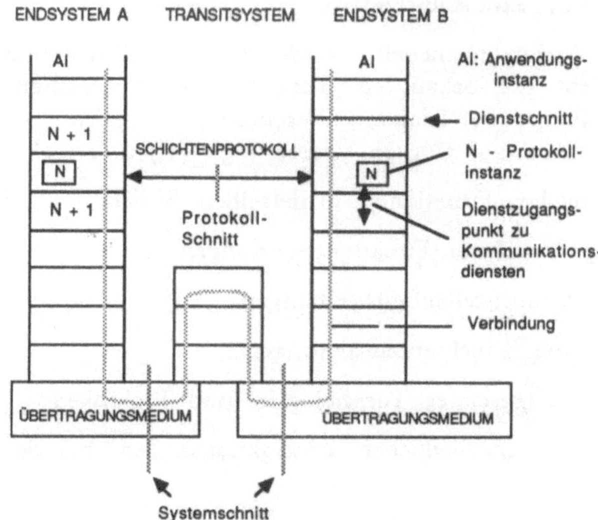

Bild 1: ISO-OSI-Architekturmodell

Dagegen wird die Kommunikation zwischen Protokollinstanzen der gleichen Schicht (peer entities) als grundsätzlich unsicher in Bezug auf die Verbindung und die Partnerinstanz unterstellt. Somit brauchte Fehlererkennung und Fehlerbehandlung nur bei den Protokolldefinitionen für die horizontale Kommunikation betrachtet zu werden, eine entsprechende Festlegung von "Dienstprotokollen" für die vertikale Kommunikation fand zunächst nicht statt.

Geschichtete Kommunikationsarchitekturen hat es auch vor dem OSI-RM bereits gegeben, z. B. SNA. Mit OSI wurde aber eine architekturelle Systematik herstellerübergreifend erzielt. Es brauchte (zunächst) keine Rücksicht genommen zu werden auf eine Sicherung von Softwareinvestitionen. So entstand die Architektur nicht als eine Erweiterung von Terminal-Fernzugriffsnetzen mit ihren inhärenten Master-Slave-Beziehungen. Vielmehr sind grundsätzlich gleichberechtigte Systeme und symmetrische Kommunikation Ausgangspunkt für die Protokollentwicklung. Eine solche Sicht wird nun auch von IBM nachvollzogen (LEN, APPN, PU2.1), was ihre Berechtigung unterstreicht.

Mit dem OSI-Basis-Referenzmodell ist es gelungen, eine sehr brauchbare Rahmenarchitektur für die Entwicklung von Protokollstandards zu schaffen. Sein Zweck ist es nicht, als Implementierungsmodell zu dienen. Deshalb werden im OSI-RM nur solche Funktionen identifiziert und korreliert, die für die Kommunikation relevant sind. Außerdem werden Sprachmittel in Form von Protokollelementen bereitgestellt, um das extern sichtbare Verhalten kommunizierender Systeme zu beschreiben. Insofern ist das RM kein universelles, sondern ein partielles Modell. Ein Teil der weiter unten diskutierten noch offenen Fragen sind eine Folge dieser speziellen Betrachtungsweise.

2.2 Schichtenmodell, Protokollstandards

Ausgehend vom Architekturmodell wurde das OSI-Schichtenmodell entwickelt. Das OSI-RM sieht die bekannten sieben Funktionsschichten (Physical, Data Link, Network, Transport, Session, Presentation, Application) vor. Die Kriterien, die zu dieser Auswahl führten, waren (vgl. [1]) u. a.:

- Realisierung ähnlicher Funktionen in derselben Schicht
- Berücksichtigung bewährter Funktionstrennungen
- Einfachheit von Schnittstellenbeschreibungen
- Unabhängigkeit von Schichtenrealisierungen
- Berücksichtigung eingesetzter Technologien und Techniken
- Berücksichtigung unterschiedlicher Abstraktionsstufen bei der Behandlung der Daten.

Die Festlegung der Funktionsschichtung lieferte die Basis zur Spezifikation der Schichtenprotokolle.

Die bekannten sieben Schichten des OSI-RM können wie folgt charakterisiert werden.

Die Schichten 1 - 3 stellen Verbindungen und Datentransport über Netze hinweg zur Verfügung; sie sorgen für "interconnection". Die Schichten 5 - 7 sind dagegen für das "interworking" zuständig, also für das anwendungsbezogene Zusammenspiel von kooperierenden Instanzen. Dieses Zusammenspiel soll unabhängig von der Art der zugrundeliegenden Verbindungen (der "interconnection") sein. Der Schicht 4 kommt dabei die Brückenfunktion zwischen diesen beiden Funktionsschichtgruppen zu. Durch eine einheitliche Transportdienstschnittstelle soll eine funktionelle Unabhängigkeit der Gruppen gewährleistet werden. Inzwischen existieren für alle Schichten eine Reihe von Basisprotokollen, die den Status eines International Standard (IS) oder eines Draft International Standard (DIS) haben [23]. Diese betreffen z. B.

- Protokolle für den Zugang zu Subnetzen unterschiedlichster Technologien (z. B. CSMA/CD, Token Bus, X.25)
- den OSI-Vermittlungsdienst (Dienst der Schicht 3), der den verschiedenen Subnetzen überlagert ist und sie "nach oben" verdeckt
- den OSI-Transportdienst mit den Transportprotokollen (Klasse 0 bis 4)
- den OSI-Kommunikationssteuerungsdienst, der Prozeduren zur Sitzungs- und Synchronisationssteuerung bereitstellt
- den OSI-Darstellungsdienst mit den Möglichkeiten, Daten durch ihre abstrakten Syntaxen (logische Struktur der Kommunikationsvariablen) darzustellen (z. B. in ASN.1) und für den Datenaustausch Transfersyntaxen ("encoding") zu verhandeln

- Datenaustauschformate, wie z. B. ODA/ODIF, SGML, IGES, STEP, PDES
- innerhalb der Anwendungsschicht allgemeine Dienste (ACSE, CCR, ROSE, RTSE) und einige Anwendungsgebiete wie Dateimanipulation und -übertragung (FTAM), Nachrichtenübermittlung (MHS, X.400), Virtuelles Terminal (VT) und Fernauftragsbearbeitung (JTM) sowie Directories (X.500).

Eine Beschreibung und Bewertung der einzelnen Protokolle sprengt den Rahmen dieser Arbeit. Es wird auf die Übersichten (z. B. [3, 4, 23]) verwiesen.

Bei der Beurteilung der Protokoll-Standards und ihrer Entwicklungsgeschwindigkeit ist es nötig, den Standardisierungsprozeß selbst mit zu berücksichtigen, der ja in einem aufwendigen Verfahren viele unterschiedliche Interessen zu vereinigen versucht. LININGTON [5] nennt folgende Probleme:

- Das Problem der Alternativen: Technische Probleme lassen unterschiedliche Lösungen zu. Es gibt in den Gremien keinen Schiedsrichter. Die Standards berücksichtigen deshalb teils den Durchschnitt bekannt gewordener Implementierungsabsichten mit der Gefahr geringer Funktionalität, teils die Vereinigungsmenge von Anforderungen, was zu komplexen Protokollen mit vielen Optionen führt. Letzteres macht die Erarbeitung von funktionalen Standards und Protokollprofilen erforderlich.
- Das Problem der Eindeutigkeit: Da eindeutige und allgemein anwendbare formale Spezifikationssprachen fehlten, sind die meisten Protokolle (zumindest teilweise) verbal beschrieben. Dadurch wird die Überprüfung erschwert, ob ein Protokollstandard textuell konsistent ist und von allen (Standardisierern und Implementierern) gleich interpretiert wird. Dieses Problem berührt unmittelbar die Frage der Konformität.
- Das Zeitproblem: Die lange Entwicklungszeit von Normen fördert das Aufkommen von defacto-Standards und Interimstandards. Der Prozeß der Standardisierung bleibt zeitlich hinter den Entwicklungen innerhalb der Herstellerarchitekturen zurück.

Es hat seine Zeit bis zur allgemeinen Erkenntnis gedauert, daß OSI-Konformität von Systemen nicht notwendigerweise Kooperationsfähigkeit (interworking, interoperability) garantiert. Die Basisprotokoll-Standards enthalten so viele Optionen und Kombinationsmöglichkeiten, daß für das Zusammenwirken von zwei Implementierungen eine vorherige Absprache über Teilmengenauswahl und Parameterwertebereiche sowie von besonderen Verhaltensweisen (z. B. im Fehlerfalle) auch vor dem Hintergrund der Software-Komplexität und Effizienz unverzichtbar wurde. Diese Einsicht hat zu einer ganzen Reihe von (zum Teil ad-hoc) *funktionalen Standards* geführt, die von Standardisierungsgremien (CEN/CENELEC/CEPT), Herstellergruppen (SPAG/GUS), Anwendergruppierungen (GOSIP, COS, MAP, TOP, COSINE, RARE) und neuerdings auch von der ISO forciert werden. Ein funktionaler Standard gibt Empfehlungen zur Nutzung eines Standard in der Art: "wenn Du die Funktion x erbringen willst, dann benutze den technischen Standard y in folgender Weise ...".

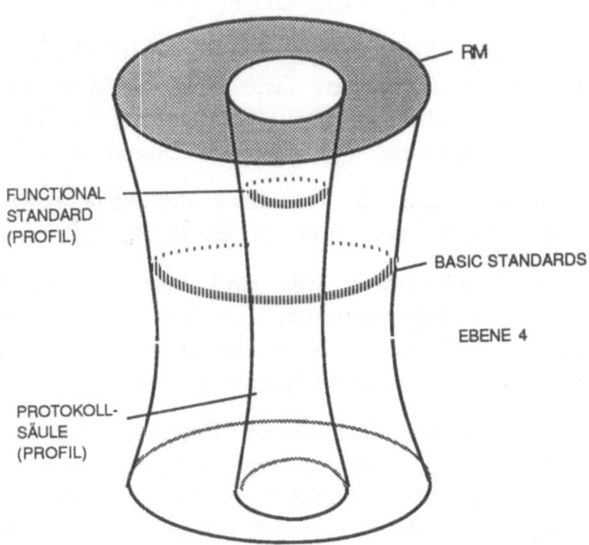

Bild 2: Funktionale Profile

Eine konsequente Weiterführung der Idee der funktionalen Standards sind die *Protokollprofile* (Bild 2). Die Beschränkung innerhalb einer Schicht auf eine Protokollteilmenge bedeutet eine Beschränkung auf eine Teilfunktionalität einer Funktionsschicht. Als Folge müssen dann u. U. nicht alle Dienste der unterliegenden Schichten zur Verfügung stehen. Somit liegt die Auswahl aufeinander abgestimmter Teilmengen in jeder Schicht nahe. Beispiele sind die Profile von MAP und TOP, das Telematik-Profil, das LAN-Profil ENV44101/4102 und die FTAM-Profile A11x von SPAG.

Die "funktionelle Normung" (Normung solcher Profile), insbesondere wenn es sich um zertifizierte Funktionsprofile handelt, stellt (vgl. [7]) einen ersten Schritt zur Abbildung der modellgemäßen normungsbezogenen auf eine implementationsbezogene Strukturierung hin dar.

Trotz der erwähnten und noch weiter unten diskutierten Probleme und offenen Fragen ist eine offene Kommunikation auf der Basis der OSI-Konzepte erreicht. Benutzergruppen (wie z. B. MAP, TOP, RARE, DFN) zeigen das ebenso wie Multi-vendor-Demonstrationen auf bedeutenden Ausstellungen (wie z. B. Autofact, ENE, Cebit, Systems), die ein zunehmendes Aufkommen von OSI-Produkten verdeutlichen. Nicht zuletzt sind konkrete Migrationspläne von Netzbetreibern in Richtung OSI-Standards zu nennen; z. B. die Migrationsvorhaben des DoD und NSFNet, von TCP/IP zu OSI-basierten Kommunikationsstrukturen überzugehen, oder in Deutschland die Überführung des EARN auf DFN/OSI-Protokolle.

2.3 Auswirkungen auf Forschung und Entwicklung

Die Beschäftigung mit dem Problemkreis Open Systems Interconnection hat nicht nur zu einem Satz einsetzbarer Protokollstandards geführt. Sie wirkte sich auch sehr positiv in den folgenden Bereichen aus:

- Schaffung einer von Hersteller-Nomenklatur unabhängigen Begriffswelt im Bereich der Kommunikationssysteme, die vorher nicht existierte. Ein solches Vokabular ist nicht nur in der Lehre sinnvoll, sondern auch eine gute Hilfe bei der Einordnung von Herstellerkonzepten.

- Schaffung eines Modells für Kommunikationssysteme. Teilaspekte waren das Erarbeiten von Strukturierungsprinzipien, die Systematisierung von Kommunikationsanforderungen und das Trennen der formalen und semantischen Aspekte von Kommunikation als Voraussetzung für die Entwicklung von Funktionsschichten.

- Beschäftigung mit Spezifikationssprachen. Begleitend zur Protokollstandardisierung wurde die Untersuchung von geeigneten formalen Spezifikationssprachen immer dringlicher. Eine angemessene Beschreibungstechnik ist einerseits erforderlich für die Protokollverifikation (d. h. Überprüfung des Entwurfs auf Konsistenz und Vollständigkeit), andererseits wünschenswert für die Konformitätsüberprüfung einer Protokollimplementierung. Im Rahmen der OSI-Bemühungen wurden z. B. ESTELLE und SDL (basierend auf erweiterten endlichen Automaten), LOTOS (basierend auf zeitlichen Ordnungsbeziehungen zwischen beobachteten Interaktionen) und TTCN (Formular-Sprache zur Beschreibung von Testszenarien) entwickelt.

- Untersuchungen zu einer Theorie des Protokoll-Entwurfs. Hierzu zählen die Systematisierung von schichtengebundenen Protokollfunktionen mit ihren Ausprägungen, das Isolieren von schichtspezifischen Protokollelementen, die Einbettung der Protokollbeschreibungen in eine Dienstehierarchie und die Untersuchung von Protokollabhängigkeiten.

- Beschäftigung mit Netzschnittstellen und Netzprogrammierschnittstellen als Basis für die Entwicklung von Netzsystemsoftware. NETBIOS, MS-DOS 3.1-Dateidienste, APPC/PC, API, X-Windows sind Beispiele von Entwürfen, die durch "offene" Kommunikation motiviert wurden.

- Entwicklung von Datenaustauschformaten. Parallel zur Protokollstandardisierung erfolgte die Auseinandersetzung mit Beschreibungsmitteln für kommunikative Datenstrukturen höherer Anwendungen. Beispiele sind das Architekturmodell für Dokumente (ODA/ODIF bzw. SGML), graphische Metafiles (CGM), die eine geräteunabhängige Beschreibung von Bildern erlauben, sowie objektbeschreibende Dateien (IGES, VDAFS, STEP, PDES), welche auch Informationen über nicht-graphische Aspekte enthalten (z. B. die Zuordnung zum Produktmodell, Konstruktionsdaten, etc.).

- Impulse für die Entwicklung von Kommunikationshardware und -software durch den Entwurf und die Spezifikation von Implementierungsreferenzmodellen.

- Diensteintegration in Netzen; d. h. der Versuch, eine Fülle von Diensten (Dienstbegriffe im Sinne der Post) über einem einheitlichen Transportnetz abzuwickeln (Beispiel ISDN).
- Schaffung einer Basis zur systematischen Beschäftigung mit den Möglichkeiten verteilter Anwendungen (Open Distributed Processing).
- Untersuchung von Sicherheitskonzepten in Netzen (Security Architecture).
- Stimulation der rechnergestützten zwischenmenschlichen Kommunikation. Die Entwicklung von Message Handling Systemen (z. B. X.400), Computer Conferencing, Projektkoordinationshilfsmittel und die Bildung von Anwendergruppen (z. B. innerhalb DFN) sind Beispiele dafür.
- Stärkeres Zusammenwirken von Standardisierungsgremien. Dies trifft z. B. zu für ISO/CCITT, ISO/IEC, CEN/CENELEC/CEPT.
- Aufkommen von neuen Hersteller-Vereinigungen mit dem Ziel, offene Kommunikation und offene Software-Schnittstellen zu fördern, z. B. SPAG, X-OPEN, OSF; stärkere Beschäftigung in ECMA mit Fragestellungen aus diesem Bereich.
- Gründung von OSI-Promotion-Groups bzw. Projekten. Beispiele sind COS, MAP/EMUG, TOP/OSITOP, GOSIP, CALS, RARE, DFN, COSINE.

Die Aufzählung ist natürlich nicht vollständig. Sie zeigt aber, daß die Beschäftigung mit Offener Kommunikation dazu drängt, an vielen Stellen die historisch gewachsenen Kommunikationsstrukturen (HW und SW) mit dem Ziel zu durchbrechen, Netze immer mehr zum "information sharing" statt nur zum "resource sharing" einzusetzen.

Bei OSI bislang nicht behandelte Problemkreise sind weitestgehend erkannt und finden ihren Niederschlag in zur Zeit laufenden Projekten und geplanten ISO-Aktivitäten (siehe auch weiter unten).

3. OSI: neue Anforderungen, offene Fragen

MAYNE [6] nennt die Zeit der Entwicklung des Basis-OSI-RM und der ersten Basis-Protokolle (1978 - 1984) die "pre-OSI-phase". Die "early-OSI-phase" (1985 - 1988) diente zur Weiterentwicklung von Protokollen, aber auch der Evaluierung von OSI-Konzepten. Die Tragfähigkeit der OSI-Konzepte kann geprüft werden anhand neuer Netztechniken, neuer Kommunikationsanforderungen, prototypischer Implementierungen sowie erster Nutzungserfahrungen. Die entsprechenden Untersuchungen sind erst zum Teil abgeschlossen.

Wir streifen im weiteren folgende Themenkreise:

- Angemessenheit der ISO-Architektur und -Schichtung

- Implementierung von OSI-Konzepten
- OSI-Netzmanagement
- OSI-Konformität
- Gateway-Problematik (nur kurz)

Die Kritik geht dabei vom Basis-Referenzmodell [1] aus.

3.1 Angemessenheit der OSI-Architektur

In 2.1 wurde dargelegt, daß das OSI-RM von einer recht formalen Strukturierungsidee ausging. Es ist damit die Frage zu stellen, inwieweit die strenge Hierarchisierung angemessen ist, d. h. ob eine gewisse "Realitätsferne des Modells vorlag, die keine klaren Bezüge zwischen Modellkonstruktion und Objekten der realen Welt erkennen ließ" [7].

3.1.1 Auswirkungen neuer Netztypen

Lokale Netze

Unstrittig hat bei der Festlegung der unteren drei Funktionsschichten des RM die WAN-Technik mit X.25 Pate gestanden. Das Aufkommen von LANs brachte demgegenüber einige andere Eigenschaften:

- die Medien sind um Größenordnungen sicherer und bieten erheblich höhere Übertragungsraten (In der Praxis sind inzwischen viele Übertragungsstrecken sicherer als die vertikale Kommunikation innerhalb eines offenen Systems)
- die am Medium LAN beteiligten Teilnehmerstationen sind i. a. eine Vielzahl autonomer Rechner
- LANs haben die Eigenschaft Diffusionsnetze mit i. a. einfacher Topologie zu sein, d. h. jede angeschlossene Station kann ohne zwischengeschaltete Vermittlungsknoten die Signale aller anderen Stationen am LAN mithören. Sie zeigen damit zunächst kein Punkt-zu-Punkt-Verhalten, wie es z. B. auch noch bei X.25-paketvermittelten Netzen typisch ist.

Diese Eigenschaften bedingten Änderungen an der Funktionsschichtung und den Protokollen des Basis-RM:

- Die Einführung einer Schicht 2a (MAC-Layer, Zugriffsschicht) wurde erforderlich. Die Art des Vielfachzugriffs (asynchrone Zugriffswünsche gleichberechtigter Stationen) kann nicht durch einen Multipoint-Datalink beschrieben werden. Die Trennung des Zugriffsaspektes und des Übertragungsaspektes war die Folge.
- Die Verbindungsdienste wurden um einen Datagramm-Dienst, Verbindungsorientierten Dienst, Broadcastdienst und Multiplex in Schicht 2 erweitert.
- Auf einige Sicherungsfunktionen in Schicht 2 konnte verzichtet werden; stattdessen werden z. B. Wiederholungen bei Bedarf toleriert.

- Vermittlungsdienst und Wegewahl fielen weg (leere bzw. triviale Schicht 3). Das Aufkommen von LAN-Bridges verlegt Wegwahl-Aufgaben sogar in die Schicht 2.

Obwohl formal keine Architekturprinzipien des RM aufgegeben werden müssen, da eine Teilschichtbildung prinzipiell vorgesehen ist, scheint die Beibehaltung der RM-Funktionsschichtung für LANs etwas gekünstelt.

ISDN

Charakteristisch an ISDN ist das Outband-Signalling. Die Steuerung der leitungsvermittelten B-Kanäle geschieht mittels eines paketvermittelten Protokolls auf dem D-Kanal.

BRUNN [8] beleuchtet ausführlich Probleme der Abbildung von OSI-Diensten auf ISDN-Dienste. Diese Problematik beruht auf der Sicht, daß

- das OSI-RM im wesentlichen gekennzeichnet ist durch nur einen Protokollturm, wobei auf N-Verbindungen N-PDUs (PDU = PCI + User Data) ausgetauscht werden.

- das ISDN-RM sich beschreiben läßt durch drei Protokolltürme (Benutzerprotokolle des B-Kanals, Signalisierungsprotokolle des D-Kanals, Management-Protokollturm).

Unklar ist deshalb das Zusammenspiel zwischen OSI-Welt und ISDN-Welt, wenn z. B. ISDN-Verbindungen vom OSI-RM aus etabliert und verwaltet werden. Z. B. muß der Benutzerdatenanteil der OSI-Schicht-2 an ISDN-Schicht-1-Dienstprimitive übergeben werden, die sie dem B-Kanal transparent zuführen. Der Aufbau dieses transparenten Kanals (entspricht OSI-Schicht-1-Verbindung) hat jedoch über ISDN-Dienstprimitive des D-Kanal-Protokollturms zu erfolgen, die in ihrer Funktionalität oberhalb der ISO-Schicht-2 liegen, da Vermittlungsfunktionen angesprochen sind.

Auch die Abwicklung von X.25 über Schmalband-ISDN gemäß CCITT X.31 ist in Hinblick auf eine "orthodoxe" Betrachtung des ISO-RM schwierig zu verstehen, da hier das ISDN-Netz insgesamt als OSI-Schicht-1-Realisierung angesehen wird. Innerhalb dieser Schicht 1 fällt aber die Aufgabe der ISDN-Vermittlung an.

Bei ISDN-Technik ist also das OSI-RM nicht direkt anwendbar.

3.1.2 OSI-Vermittlungsdienst

Die Norm ISO 8648 [9] versucht, dem Mangel des ursprünglichen Basis-RM abzuhelfen, keine Ausdrucksmittel für eine modellmäßige Erfassung von realen Netzdiensten bereitzustellen. Dies ist aber erforderlich, um beschreiben zu könnnen, wie über Teilnetze hinweg ein OSI-Vermittlungsdienst erbracht werden soll. Die entwickelte Modellvorstellung (Bild 3) sieht durch Unterschichtenbildung teilnetzspezifische Vermittlungsdienste (Schichten 3a) vor, die durch teilnetzspezifische Anpassungen auf ein gleiches funktionelles Niveau (Schicht 3b-

Dienste) angehoben werden. Darauf aufbauend wird dann mittels eines 3c–Protokolls der OSI–Vermittlungsdienst erbracht. Als Beispiele solcher anzupassenden Dienste können verbindungslose bzw. verbindungsorientierte Teilnetzdienste gelten.

SNICP : Protokolle zur Erzielung der teilnetzunabhängigen Anpassung

SNDCP : Protokolle zur Erzielung der teilnetzabhängigen Anpassung

SNACP : Zugangsprotokolle der Teilnetze

(Die Protokolle mit Index A bzw B können funktionell verschieden sein)

Bild 3: Protokoll–Rollen der Vermittlungsschicht

Dieses Konzept verlangt nicht zwingend die gleiche Struktur bei den Teilnetzprotokollen unterhalb der Schicht 3b, insbesondere nicht die klassische Funktionsschichtung der Ebenen 1 – 3 des OSI–RM.

Mit dieser Deutung könnten in Abschnitt 3.1.1 genannte Probleme u. U. modellmäßig behoben werden. Eventuell trifft dies auch für das in [8] genannte Problem zu.

3.1.3 Struktur des Anwendungssystems

Eine verteilte Anwendung setzt sich aus Anwendungsprozessen zusammen, die Instanzen der Schicht 7 sind. Die Schichten 5 (Kommunikationssteuerungsschicht) und 6 (Darstellungsschicht) stellen im wesentlichen keine eigenständigen Kooperationsleistungen zur Verfügung, sondern Sprachmittel, mit denen unterschiedliche Aspekte eines Kooperationsprotokolls (z. B. Berechtigungen, Wiederaufsatzpunkte, Sicherungsabschnitte, Datenstrukturbeschreibungen, Formate) festgelegt werden können. Die Sprachmittel im OSI–RM sind durch ihre Zuordnung zu den Schichten 5 und 6 für alle Anwendungen syntaktisch einheitlich und bzgl. ihres Synchronisationsgehaltes erklärt. Da die Semantik der Protokollelemente jedoch immer von der einzelnen Anwendung festgelegt wird, wird in

[7] m. E. berechtigt die Frage gestellt, ob Anwendungen in einheitlicher Weise in die drei genannten anwendungsorientierten Schichten gegliedert sein müssen. Insbesondere findet sich eine 1 : 1-Abbildung der meisten Dienste aufeinander, was eine eigenständige Existenzberechtigung fraglich erscheinen läßt. (M. E. findet sich diese Sicht auch bei SNA. Die Unterteilung einer Half-Session in die Aspekte FMDS PS, DFC, TC findet keine direkte protokollmäßige Entsprechung.) Die Trennung von Syntax und Semantik in verschiedene Schichtzuständigkeiten ist bei ISO ohnehin nicht konsequent durchgehalten (wie z. B. bei der "abstrakten Syntax").

Einen weiteren Hinweis, daß die Struktur des Anwendungssystems noch nicht abschließend angemessen festgelegt ist, findet man bei näherer Betrachtung der Standards für bestimmte Anwendungen (z. B. FTAM, MHS, JTM, VT), oder auch bei den allgemeinen Dienstgruppen der Anwendungsschicht (Application Service Elements, ASES). Die Arbeiten von KAISER [10] zeigen, daß in den verschiedenen Anwendungsstandards gleiche bzw. ähnliche Teilfunktionen mehrfach gelöst werden. Dadurch entstanden statische Protokollprofile mit zum Teil überlappender Funktionalität. Dies ist nicht nur aus Strukturgesichtspunkten unbefriedigend, sondern auch im Hinblick auf Software-Erstellung und -Maintenance höchst ineffizient.

Die Schicht 7 ist eine nach oben offene Schicht. In ihr kooperieren Instanzen, die in ihrer Gesamtheit verteilte Anwendungen implementieren. Es stellt sich also die Frage nach der Identifizierung von allgemein verwendbaren Anwendungsdienstgruppen, aber auch nach der Abstützung von Anwendungsdienstelementen aufeinander. Hierzu werden nicht nur Regeln benötigt, um in Abhängigkeit der Kommunikationscharakteristika von Anwendungen aus angemessene Anwendungsdienstgruppen auswählen zu können.

Ebenso notwendig sind auch Konventionen zur konsistenten und koordinierten Benutzung und Verwaltung im Hinblick auf Synchronisations- und Recovery-Bedürfnisse. Dadurch könnten flexiblere und dynamisch aktivierbare anwendungsspezifische Protokollhierarchien entstehen.

Das OSI-RM ist auch deshalb für verteilte Anwendungen zu "dünn", weil es konzeptionell auf duale Kommunikation ausgelegt ist. Es kennt nur Endsysteme, aber keine Vermittlungsfunktion auf Ebene 7. Diese Fragestellung tauchte z. B. bei den MHS-MTA auf. Es ist ungeklärt, ob eine "hop-by-hop"-Lösung (Store-and-forward) prinzipiell ausreichend ist.

Neuere ISO-Arbeiten [11] sind ein erster Schritt in diese Richtung zur Neustrukturierung des Anwendungssystems, das laut [7] horizontal als Zusammenspiel von Verarbeitungsfunktionen und vertikal als Hierarchie von Kommunikationsfunktionen gesehen werden kann.

3.1.4 Implementierungsreferenzmodelle

Für bestimmte Dienste und Netze (MHS, LAN, ISDN) wurden Implementierungsreferenzmodelle entwickelt. Die Idee besteht darin, für Innenwelten (aus

Sicht des Systemschnittes beim OSI-RM) die Referenzarchitektur für die Realisierung eines Gerätes, einer Instanz oder einer Schichtung vorzugeben. Dies geschieht durch den Vorschlag von Bausteinen bzw. Moduln, für die Funktionen und Schnittstellen festgelegt werden. Ferner wird auch die Kooperation der Moduln festgelegt durch die Angabe der zulässigen Interaktionen an Referenzpunkten. Es wird also auch hier wieder das Prinzip des Schnittes angewendet. Im Gegensatz zum in 2.1 beschriebenen Dienstschnitt wird hier aber nicht nur die Bedeutung, sondern auch die Realisierung am Referenzpunkt festgeschrieben.

Da Schnittstellen und Referenzpunktverhalten nun genormt sind, läßt dieses Vorgehen nicht nur eine getrennte Realisierung der Moduln durch verschiedene Hersteller zu, sondern auch eine räumliche Verteilung. Die Konsequenz ist, daß dann ein Protokollschnitt erforderlich wird.

Sowohl beim LAN als auch beim MHS-Implementierungsmodell treffen Modulschnittstellen mit Dienstschnittstellen der ursprünglichen Funktionsschichtung des OSI-RM zusammen. Es zeigte sich sehr bald, daß die zunächst vorhandenen Dienstschnitt-Beschreibungen der OSI-Schichten durch bloße Angabe von Dienstprimitiven zu "dünn" waren und an vielen Stellen eine präzise Beschreibung von zulässigem Kommunikationsverhalten fehlte.

Als durch die räumliche Verteilung der Moduln zusätzlich Protokollschnitte notwendig wurden (z. B. MTAE-SDE bei X.400), mußte man erkennen, daß die dafür benötigten "vertikalen" Protokolle von ganz anderer Natur sind als die "horizontalen", da sie nicht "peer-to-peer", sondern unsymmetrische Beziehungen im Sinne Auftraggeber-Diensterbringer-Verhältnisses repräsentieren. Die Lösung bestand in der Entwicklung eines Protokolls, das es erlaubt, durch einen Beschreibungsmechanismus Dienstprimitive über räumlich getrennte Schnittstellen als Protokolldaten zu übertragen und damit in fremden Systemen "Remote Operations" auszuführen.

3.2 Implementierung von OSI-Konzepten

3.2.1 Reale offene Systeme

Das OSI-RM ist ein Modell, mit dem Kommunikationsverhalten architekturell beschrieben wird; es stellt jedoch keine Systemarchitektur realer kommunizierender Systeme dar. Die OSI-Normen selbst enthalten keine Implementierungsvorschriften darüber,

- welche Art von Offenheit angeboten wird (z. B. ob ein bestimmter anwendungsunabhängiger Kommunikationsdienst (z. B. Transportdienst Klasse 0), ein bestimmter Anwendungsdienst (z. B. MHS), die Offenheit für beliebige Anwendungen (alle Normen implementiert) oder bestimmte Funktionale Profile verfügbar sind.)
- wo und wie die Offenheit realisiert wird (z. B. direkt implementiert oder unter Nutzung von Hersteller-Kommunikationsarchitekturen und Vorrechnern wie

bei den OSI-Produkten von IBM, die VTAM (SNA) voraussetzen.)

Herstellerspezifische Lösungen ergeben sich notwendigerweise aus folgenden Gründen:

- In den Normen sind bewußt Entscheidungsfreiräume gelassen worden, z. B. für Optionen und Parameterwerte.
- Es bleiben Interpretationsfreiräume aufgrund ungenügender Präzision von Protokollspezifikationen.
- Es werden vorhandene SW-Werkzeuge verwendet.
- Es sind Migrationsstrategien für die Systemeinführung zu entwickeln.
- Die neuen Konzepte müssen in bestehende Software (Steuerung, Wartungsaspekte, Leistungsaspekte) integriert werden.

Bereits bei der Betrachtung von OSI-Management zeigt sich, daß eine Beschränkung auf die Objektwelt des Basis-RM (Protokollinstanzen, N-Verbindungen, N-Dienstzugangspunkte u. ä.) nicht ausreichend ist. Da das Ziel des OSI-RM Kommunikation zwischen realen offenen Systemen ist, müssen auch "OSI-related objects" (HW- und SW-Komponenten, auf die OSI-Objekte abgebildet werden) und "non-OSI-objects" in die Betrachtung einbezogen werden. Z. B. können Hinweise auf die Abbildung virtualisierter Objekte auf reale Objekte auch kommunikationsrelevant sein.

3.2.2 Schichtung

Das OSI-RM und die Dienst- bzw. Protokollfestlegungen gehen von einer Schichtenarchitektur aus.

Die Realisierung einer Schichtung wirft bzgl. des Softwareentwurfs und der Leistungsbeurteilung einige Fragen auf.

(1) Sollen Schichtenübergänge explizit sein? Dies betrifft die Aufrufmechanismen, die Art der Parameterübergabe und die Frage des Kopierens von Schnittstellendaten (SDUs). Der Implementierer ist z. B. nicht frei bzgl. der Wahl einer Implementierungssprache pro Schicht. Die getroffenen Entscheidungen beeinflussen direkt das Leistungsverhalten.

(2) Die internen Schnittstellen an den Schichtgrenzen müssen je nach Art der Offenheit der realen Systeme nicht offengelegt sein. Die Zugänglichkeit der Schnittstelle hat aber direkten Einfluß auf die Anwendbarkeit von OSI-Konformitätstest-Architekturen und das OSI-Management.

(3) Die Vorhersage des Leistungsverhaltens aufgrund der Schichtung ist sehr schwierig, sie geht aber in die Garantie von Dienstgütemerkmalen (QoS) ein. Es gibt Anzeichen dafür, daß Implementierungen vollständig offener Systeme langsam sind [12] und sich unter Umständen nicht für schnelle Realzeitanwendungen eignen. Dies wird z. B. bei MAP berücksichtigt und findet bei der Überlegung seinen Niederschlag "unvollständige" offene Systeme zu betrachten,

bei denen Anwendungen (= Schicht 7) direkt auf dem Data Link (= Schicht 2) aufsetzen (Mini-MAP-Knoten, EPA-Stationen). Es fehlen m. E. jedoch noch systematische Untersuchungen zum Leistungsverhalten von Protokollhierarchien.

(4) Das Problem der Behandlung von bzgl. der sieben Schichten unvollständigen Systemen stellt sich auch bei der Einbeziehung von Netzkomponenten (Modems, Konzentratoren, Multiplexer u. ä.) oder fehlerhaften Systemen in die Betrachtung als Open Systems.

3.2.3 Integration in Systemsoftware

OSI-Konzepte finden nicht immer Entsprechungen in vorhandenen Systemen.

Durch die in der Normung vorgenommene Virtualisierung ist eine lokale Abbildung auf reale Systeme oft schwierig und i. a. mit Informationsverlusten verbunden. Als Beispiel diene die Untersuchung der Abbildbarkeit von ODA auf verschiedene Textsysteme [13] oder des virtuellen Dateispeichers von FTAM auf so unterschiedliche Betriebssysteme wie BS2000 oder UNIX.

Als weiteres Beispiel sei der von FTAM vorgesehene datentyperhaltende (bzgl. content-type) Dateitransfer genannt. Die OSI-Schicht 6 hat dazu die Transformation zwischen lokaler Syntax und konkreter Transfersyntax durchzuführen. Die dazu benötigten Informationen (Namen bzw. Beschreibung der abstrakten Syntax, Beschreibungen der konkreten Ausprägung der lokalen bzw. abstrakten Syntax) werden durch heutige Betriebs- und Programmiersysteme i. a. nicht bereitgestellt; in den Anwendungen (z. B. Quellprogrammen) eventuell vorhandene Hinweise sind i. a. nicht abgespeichert bzw. nicht rekonstruierbar [14].

Abgesehen von den OSI-bedingten Problemen muß natürlich auch beachtet werden, daß eine Migration herstellerspezifischer Lösungen zu OSI den Schutz erheblicher Investitionen in erstellte Softwareprodukte und -werkzeuge berücksichtigen muß. Dazu gehört z. B. die Beibehaltung von Benutzer- und Programmschnittstellen im Anwendungsbereich.

3.3 OSI-Konformität

In Abschnitt 2.2 wurden Funktionale Profile besprochen. Eine behauptete Offenheit eines realen Systems ist nur wertvoll, wenn ein entsprechender Nachweis erfolgte. Ein solcher Nachweis kann in vier Schritten geschehen.

(1) Ad hoc Tests

(2) Konformitätsnachweis. Dies ist der Nachweis, daß die Implementierung einem bestimmten Standard oder Profil genügt. Wegen der Vielfalt der möglichen Testfälle geschieht der Nachweis vor dem Hintergrund bestimmter Testarchitekturen (local, remote, distributed) und vereinbarter (z. B. im Zusammenhang mit der Profilfestlegung) Testsuites, also einer Auswahl von Testszenarien.

(3) Test des Zusammenwirkens (Interworking, Interoperability Test) mit Systemen, für die der Konformitätstest erfolgreich erbracht wurde.

(4) Qualitätstests als Basis zur Garantie von Dienstgütemerkmalen und einer Kosten/Leistungsoptimierung.

Die Bemühungen um die Festlegung von geeigneten Profilen, Testbeschreibungssprachen (die genormte Sprache TTCN ist insbesondere für die oberen Schichten zu schwerfällig), von Testarchitekturen, Testszenarien bzw. Testsuites und Testwerkzeugen, die Einigung auf autorisierte Testinstitute und Testzertifikate usw. stehen erst am Anfang. Sie sind aber unverzichtbar für die Entwicklung und Vermarktung von OSI-Produkten und damit für die Idee der offenen Kommunikation von realen offenen Sytemen.

3.4 OSI-Netzmanagement

OSI-Systeme wurden im RM ausschließlich durch ihr Kommunikationsverhalten beschrieben. Die Unterstützung eines Anwenders (Netzbetreibers) bei der Organisation, Überwachung und Steuerung eines Netzes von OSI-Systemen wurde zunächst nicht betrachtet. Inzwischen gibt es einen Rahmenentwurf für ein OSI-Netzmanagement [15] als Ergänzung zum RM. Das Konzept sieht vor, daß eine Anwendung (genannt Systems Management) Management-Informationen mit Partnerprozessen über Systemmanagementprotokolle austauscht. Auch können schichtenspezifische Managementinformationen auf der Basis von Layer Management Protokollen oder normalen Protokollen ausgetauscht werden. Die zu verwaltenden Objektinformationen liegen pro OSI-System in einer konzeptionellen Management Information Base (MIB) vor, deren Struktur in [16] skizziert ist.

Das bisherige Standardisierungsvorgehen zeigt dabei m. E. folgende Schwächen:

- Es werden modellmäßig Dienste, Protokolle und MIB-Strukturen festgelegt, bevor zu verwaltende Objekte für die einzelnen Managementbereiche (Fault, Configuration, Performance, Security, Accounting) untersucht sind. Auch fehlen übergreifende Untersuchungen von Konzepten und Verfahren für die Funktionsbereiche, um daraus die spezifischen Dienste und Objekte ableiten zu können.

- Die Behandlung unvollständiger bzw. fehlerhafter Systeme (nicht alle 7 Schichten vorhanden bzw. funktionsfähig) ist ausgeklammert.

- Die unvermeidbare Beschäftigung mit "OSI-related objects", die notwendig ist beim Betreiben realer OSI-Netze, findet in den Papieren bislang keinen Niederschlag.

- Die zu erwartenden Auswirkungen auf bereits genormte Protokolle (z. B. Einführung neuer Parameter aus den Funktionsbereichen Zugriffsschutz und Abrechnung bei FTAM oder MHS) ist nicht untersucht.

- Die im Zusammenhang mit MHS entwickelten Directory-Normen werden für Management-Belange nicht ausreichend berücksichtigt, obwohl Abhängigkeiten erkennbar sind.

Die Arbeiten [17, 18, 19] untersuchen Teilaspekte. Sie betrachten OSI-Netze aus Betreibersicht und versuchen so weitere Anforderungen an die Standardisierung aufzuzeigen.

3.5 Weitere Anforderungen

Weitere Problembereiche können hier nur ohne Anspruch auf Vollständigkeit genannt werden:

- Gatewayfragen: Der Begriff "Gateway" ist im OSI-RM nicht vorgesehen. Das Ziel offener realer Systeme verlangt aber die Auseinandersetzung mit der Fragestellung von Netzübergängen. In 3.1.2 wurde die Einbettung von Teilnetzen in den Vermittlungsdienst genannt. Es stellt sich die Frage, wie die Gateway-Problematik generell in das Modell eingebettet wird, insbesondere auch im Zusammenhang mit Managementaspekten. Ungeklärt ist auch die Einordnung von Bridges bzw. die Notwendigkeit von Schicht-4-Übergängen (Klassen 0/4).
- Einbeziehung bisher nicht berücksichtigter Kommunikationsbeziehungen wie z. B. Broadcast, Konferenzen.
- Unterstützung verteilter Anwendungen.
- Bereitstellung fehlender Standards für Datensicherheit, Transfer von Syntaxbeschreibungen einschließlich Kompression und Verschlüsselung, Fehlermeldungen.
- Bereitstellung von Schnittstellen zu Programmiersprachen (language binding) und zur "Organisationsware" (also z. B. Abrechnungswesen, Benutzerverwaltung) als Basis für eine Verbundprogrammierung mit hinreichend generischen Konstrukten.
- OSI hat bisher im wesentlichen Schnittstellen und Syntaxkonventionen bereitgestellt, aber kaum Anwendungen. Es sollten viel mehr Anwendungen genormt werden. Dazu gehört auch die Festlegung von kommunikativen Datenstrukturen einschließlich Semantik ("Austauschformate"). TCP/IP ist nicht deshalb so erfolgreich, weil die Protokollhierarchie besonders elegant oder effizient ist, sondern weil auf ihrer Grundlage viele Anwendungsmoduln laufen. Kommunikation i. e. S. regelt nur das "wie austauschen", Kooperation bedarf aber der Festlegung des "was austauschen".

4. OSI: Zukunftsperspektiven

Die meisten der unter Abschnitt 3 genannten Fragen sind den mit der Weiterentwicklung von Open System Interconnection befaßten Gruppen bekannt. Man kann davon ausgehen, daß in naher Zukunft einzelne Schwächen ausgeglichen werden. Zu den nächsten Arbeitsschritten werden gehören [20]:

- Schaffen weiterer grundlegender Basis-Normen

- Erweitern und Verbessern der vorliegenden Normen Dies betrifft u. a.
  - Einbezug der LAN-Technik incl. FDDI, was die unteren Schichten berührt
  - FTAM zur Unterstützung komplexer Dateistrukturen und verteilter Büroanwendungen
  - Virtuelles Terminal mit Unterstützung von Fenstertechniken und mixed mode-Betrieb
  - Fernauftragsdienst JTM
  - OSI-Netzmanagement und Sicherheitsaspekte
- Festlegung von Funktionalen Standards auf der Grundlage der Basis-Normen incl. der Festlegungen zum Konformitätstesten

Während diese Schritte eher Abrundungen - wenn auch sehr wichtige - sind, gehört zu den "future directions" [5, 20, 22] die Beschäftigung mit verteilten Anwendungssystemen. ISO wird sich mit einer Architektur für Open Distributed Processing (ODP) befassen. Dies stellt einen konsequenten Schritt vom "interconnection" zum "interworking" dar, wirft aber Probleme neuer Qualität auf (wie z. B. Programmierschnittstellen, Mensch-Maschine-Schnittstellen, Schnittstellen zu Datenbanken und externen Speichern, Schnittstellen zu Betriebssystemen, Graphik Standards usw.). Mit Hilfe eines Modells müssen sich die verschiedenen Sichten von HW/SW-Systemen genauso beschreiben lassen wie die Struktur und Verteilung sowohl der Anwendung selbst als auch die der zugehörigen Informationen. ODP kann als Modell charakterisiert werden, das Verarbeitungsfunktionen, Speicherungsfunktionen und Kommunikationsfunktionen integrieren soll.

Ein Versuch, architekturelle Anforderungen an ein solches ODP-Modell zu systematisieren, findet sich in [21]. Bis ein solches Modell entwickelt sein wird, wird noch eine Zeit vergehen.

M. E. sind die Bestrebungen in Richtung offener System- und Kommunikationsschnittstellen nicht aufzuhalten. Das drängende Verlangen nach einer offenen vernünftigen und ausgewogenen Vorgehensweise zur Erlangung von Standards hat eine Reihe von treibenden Kräften: die Anwender, der Markt für DV-Geräte, aber auch die Hersteller von Software, um ihre langfristigen Investitionen zu schützen (Aktivitäten wie SAA von IBM oder die Gründung der Open Software Foundation OSF zeigen das).

OSI bietet eine gute Grundlage für diese Bestrebungen. Dabei ist es langfristig unerheblich, ob das OSI-RM in seiner jetzigen Form "ideal" spezifiziert ist und die Protokolle hinreichend detailliert festgelegt sind. Die zukünftige Normungsarbeit könnte noch zielorientierter und effektiver erfolgen, wenn sie sich von der Zielsetzung her stärker an Anwenderbedürfnissen orientiert. Die Mitarbeit von Nutzergruppen könnte einen solchen Prozeß beschleunigen.

Ich möchte mit einer Feststellung aus [7] schließen, die auch meine Überzeugung ist: "Daß OSI aber eine Entwicklung darstellt, auf die Anwender und Hersteller setzen und bauen können, steht trotz vieler noch vorhandener Unzulänglichkeiten heute außer Frage."

Literatur

[1] ISO International Standard 7498. Information processing systems - Open Systems Interconnection - Basic Reference Model. First Edition 15.10.1984

[2] Burkhardt, H. J.; Schindler, S.: Strukturierungsprinzipien der Kommunikationsarchitektur. GI-Fachtagung: Kommunikation in verteilten Systemen. TU Berlin, 28. - 30. Januar 1981

[3] Communication standards. State of the Art Report 14:3. Pergamon Infotech 1986

[4] Open Systems Interconnection. State of the Art Report 15:5. Pergamon Infotech 1987

[5] Linnington, P.: OSI-Networks - Problems and Future Trends. Proc. European Teleinformatics Conference Euteco 88, Wien, April 1988

[6] Mayne, A. J.: OSI and extensions. Computer Bulletin June 1988

[7] Burkhardt, H. J.: OSI - Status und Perspektiven. Tutorium GI/NTG-Workshop "Offene Multifunktionale Arbeitsplätze OMA 88", TU Berlin, 27. - 30. Juni 1988

[8] Brunn, D.: ISDN für Datenanwendungen. Eingereicht für Informatik - Forschung und Entwicklung, Springer-Verlag 1988

[9] ISO/IS 8648: OSI - Internal Organization of the Network Layer. ISO 1987

[10] Kaiser, P.: Gemeinsame Anwendungsdienste bei ISO und CCITT - eine Übersicht. PIK 10 (1987) 3

[11] ISO/DP 9545: Application Layer Structure, October 1987

[12] Strauss, P: OSI throughput performance: Breakthrough or bottleneck? Data Communicatons, May 1987

[13] Beschoner, K.: Das ODA/ODIF-Modell als Grundlage zur Dokumentenübertragung zwischen offenen Systemen. In Informatik-Fachberichte 130, Springer-Verlag, 1987

[14] Beschoner, K.; Hegering, H.-G.: Zur Anpassung bestehender Systemsoftware an die ISO-Normen für Dateiübertragung und Datendarstellung. Informatik Forschung und Entwicklung (1987) 2: 34 - 38, Springer-Verlag

[15] ISO/IEC DIS 7498-4, Part 4: Management Framework, January 1988

[16] ISO Working Draft, ISO/TC97/SC21 N2066, Structure of Management Information, July 1987

[17] Hegering, H.-G.; Valta, R.: Netzmanagement - Betreiberanforderungen und OSI-Lösungsansätze. Proc. 2. Tagung "Nutzung und Betrieb von Rechnernetzen", Ulm 26./27. Mai 1988

[18] Hegering, H.-G.; Valta, R.: Describing an OSI Network Configuration - Problems and Possible Solutions. Accepted for ICCC"88, Nov. 88, Tel Aviv

[19] Hegering, H.-G.; Bötsch, E.: A Proposal for an Originator-oriented Accounting Scheme in OSI-like Multinetwork Environment. Accepted for ICCC"88, Nov. 88, Tel Aviv

[20] Wood, B.: Standardization for OSI - Recent Developments and Future Directions. In: Proc. European Teleinformatics Conference Euteco"88, Wien, April 1988

[21] Raubold, E.: System Integration Issues of Forthcoming OSI Services. In: Proc. European Teleinformatics Conference Euteco"88, Wien, April 1988

[22] ISO/IEC JTC1/SC21/WG1 N2507: Report on Topic One - The Problem of ODP, March 1988 (und weitere Arbeitspapiere N2508 - N2515)

[23] Status of OSI (and related) Standards. ACM Computer Communication Review (SIGCOM), April 1988

HYDRA: Ein verteiltes Problemlösungssystem mit hybriden Problemlösungsknoten

Peter Suda
ZTI INF 31, SIEMENS AG.
Otto-Hahn-Ring 6, 8000 München 83

Zusammenfassung

Der vorliegende Beitrag skizziert den Aufbau eines prototypischen verteilten Problemlösungssystems, das wir HYDRA genannt haben. HYDRA wurde im Rahmen des ESPRIT-Projekts P112 (KIMS) entwickelt und dazu verwendet, eine praktisch orientierte Aufgabe aus dem Gebiet der Koordinationsnetzwerke, nämlich die Koordination multipersoneller Aktivitäten, zu lösen.

Gemäß [Les87] kann das implementierte System als verteiltes Problemlösungssystem gesehen werden, das folgende Charakteristika aufweist: Heterarchische Knoteninteraktion, disjunkte Aktivitäten und eine starke Orientierung an der natürlichen räumlichen Verteilung der Anwendung.

Jeder Knoten des Problemlösungssystems besitzt als Kern ein hybrides Wissensrepräsentationssystem, das aus einer assertionalen Komponente (AMORD), einer taxonomischen Komponente (OMEGA) und einem System zur Handhabung temporaler Information aufgebaut ist. Allen diesen Komponenten unterlegt ist ein Annahmenrevisionssystem (TMS), das eine gewisse Art des strategischen Backtracking erlaubt. Die Integration der verschiedenen Repräsentations-formalismen zu einer komplexen Gesamtstruktur ist nicht Selbstzweck, sondern war notwendig, um die in der Aufgabenstellung gegebenen Anforderungen und die notwendige Effizienz zu erreichen.

Dieser Repräsentationskern ist integriert in einer Hülle, die über ein aktorartiges System (CSSA, Computing System for Societies of Agents) gegeben ist. Die Interaktion zwischen den Problemlösungsknoten konnte auf die Wissensebene angehoben werden. Dies befreit den Benutzer von Überlegungen auf der Ebene grundlegender Kommunikationsprimitive.

Der wirklich interessante Teil unseres Ansatzes liegt weniger auf der Ebene der einzelnen Werkzeuge (die zum Aufbau der Struktur verwendet wurden), sondern mehr auf dem Gebiet der Integration von Wissensbeständen auf unterschiedlichen Ebenen, insbesondere auf der Ebene des integrativen Zusammenspiels der geschaffenen Komponenten.

1. Verteilte Problemlösungssysteme

Das Gebiet des verteilten Problemlösens ist ein relativ neuer Bereich der Künstlichen Intelligenz. Ziel des Gebiets ist es, KI-Techniken und die Techniken der verteilten Verarbeitung miteinander zu kombinieren. Im Gegensatz zur klassischen verteilten Verarbeitung, die primär an einer funktionalen Dekomposition und Verteilung einer Aufgabe interessiert ist, versucht man im Rahmen der verteilten Problemlösungssysteme die Verteilung so zu wählen, daß sie die natürliche Verteilung des Wissens und der Problemlösung im betrachteten Bereich direkt reflektiert, d.h. man versucht, natürliche Organisationsformen der (verteilten) Wissensverarbeitung nachzubilden.

Verteilte Problemlösungssysteme können nach Lesser und Corkill [Les87] als Netze von lose gekoppelten, verteilten und semiautonomen Problemlösungsknoten (Agenten) gesehen werden. Jeder Knoten ist in der Lage, gewisse Probleme rein lokal zu lösen, und durch kooperative Interaktion mit anderen Knoten zur Lösung eines Gesamtproblems beizutragen.

Im Gegensatz etwa zu Netzwerken der kognitiven Parallelverarbeitung [Die86], deren Knoten praktisch keine individuelle Problemlösungsfähigkeit besitzen, betrachtet man im Rahmen des verteilten Problemlösens Knoten, die bereits selbst schon ein komplexes Problemlösungssystem darstellen, das explizites Wissen über die Verteilung und Fähigkeiten der anderen Netzkomponenten besitzt, und dieses Wissen für Interaktionsentscheidungen nutzen kann.

Die Beschäftigung mit Netzwerken von kooperativen Knoten ist im Rahmen der KI keinesfalls neu. Beispiele für diese Beschäftigung sind etwa C. Hewitts Aktorformalismus [Hew77], konnektionistische Ansätze, etwa der von Feldmann [Fel82] und Kornfelds Arbeiten zur ETHER Sprache [Kor79]. In diesen Systemen ist das Wissen so gegeneinander abgegrenzt, daß jeder *Aktor*, *Agent* oder *Experte* ein Spezialist in einem bestimmten Aspekt der umfassenden Problemlösungsaufgabe ist. Das Gesamtverhalten des Systems ist durch vordefinierte Interaktionen zwischen meist schwach gekoppelten, einfachen Verarbeitungselementen gegeben. Jeder der *Experten* hat nur sehr begrenztes oder gar kein Wissen über die Problemlösungsaufgabe als Ganzes und die Techniken zur Kommunikation und Kooperation. Als Konsequenz ergibt sich, daß ein Experte nicht außerhalb des Kontextes anderer Experten funktionieren kann. Im Gegensatz hierzu sollte jeder Knoten in einem verteilten Problemlösungssystem genügend Wissen besitzen, um seine Expertise (die von einer möglichen Sicht auf die Problemlösungssituation resultiert) auch ohne Mithilfe von anderen Knoten im Netzwerk anwenden und kommunizieren zu können. Dies impliziert nicht, daß ein einzelner Knoten isoliert genauso gut funktioniert wie in Kooperation mit anderen Knoten, sondern nur, daß jeder Knoten wenigstens eine partielle Problemlösung unter Verwendung seines eigenen Wissens selbstständig formulieren kann. Eine weitere Forderung ist, daß jeder Knoten in einem verteilten Problemlösungssystem eine signifikante Expertise in Bezug auf Kommunikations- und Kooperationsstrategien besitzt. Dieses Wissen erlaubt, das Netzwerk in gewissen Grenzen von der Einschränkung starr fixierter globaler Protokolle zu befreien, und es versetzt die Knoten in die Lage, ihre eigenen Kommunikations- und Kooperationsstrategien zu entwickeln und anzuwenden.

Die Auseinandersetzung mit verteilten Problemlösungssystemen ist aus verschieden Gründen ein wichtiges und interessantes Forschungsfeld.

(1) Die Hardwaretechnologie ist bis zu einem Punkt fortgeschritten, der den Aufbau großer verteilter Problemlösungsnetze nicht nur möglich macht, sondern in nächster Zukunft auch kommerziell vertretbar erscheinen läßt.

(2) Es gibt eine Fülle von Anwendungen, die inhärent räumlich verteilt sind. Man denke beispielsweise an ein System von Robotern, die eine gemeinsame Aufgabe zu erledigen haben, oder ein System von vernetzten Workstations in einem Büro. Eine natürliche Verteilung, die die räumliche Verteilung nachvollzieht, bietet einige Vorteile gegenüber einer zentralisierten Lösung. Beispiel für einen solchen Vorteil ist etwa eine gewisse Robustheit des Netzwerks gegenüber Ausfällen von Knoten.

(3) Das Modellieren und Verstehen kooperativen Verhaltens ist ein Ziel in sich selbst ist. Betrachtet man den aktuellen Stand der Forschung auf dem Gebiet paralleler Systeme, so kann man feststellen, daß man Konflikt- und Konkurrenzverhalten wesentlich besser versteht als den Begriff der Kooperation.

Mögliche Anwendungen für verteilte Problemlösungssysteme können in folgenden Bereichen gesehen werden:

Verteilte Interpretation: Verteilte Interpretationsanwendungen erfordern die Integration und Analyse verteilter Daten, um ein (möglicherweise verteiltes) Gesamtmodell zu generierten. Beispieldomänen sind etwa verteilte Sensornetze und Netzwerkfehlerdiagnose.

Verteilte Planung und Kontrolle: Verteilte Planungs- und Kontrollanwendungen umfassen die Planung und Koordination einer Zahl von Aktionen verteilter Akteure, um eine gewünschte Aufgabe gemeinsam durchzuführen. Beispiele sind etwa Gruppen kooperierender Roboter, verteilte Prozeßplanung und -kontrolle in der Herstellung und die Planung der Resourcenzuteilung etwa bei Transportsystemen.

Koordinationsnetzwerke: Anwendungen im Bereich der Koordinationsnetzwerke umfassen die Koordination einer Zahl von Individuen bei der Durchführung einer Aufgabe. Beispielanwendungen sind etwa die Mehrbenutzerprojektkoordination oder die terminliche und räumliche Koordination von multipersonellen Aktivitäten.

Kooperation zwischen Expertensystemen: Eine Notwendigkeit für die Anwendung von Expertensystemen in größeren Problembereichen ist es, kooperative Interaktionsmechanismen zu entwickeln, die es erlauben, daß mehrere Expertensysteme an der Lösung eines gemeinsamen Problems zusammenarbeiten. Diesem Bereich kommt eine besondere Bedeutung zu, da heute Expertensysteme noch meist als rein lokal gesehen werden. Mit zunehmendem Einsatz von Expertensystemtechnik in Bereichen mit natürlich verteilter Expertise, etwa der Fabrik und im Büro, wird es jedoch notwendig werden, integrative Lösungen zu entwickeln.

Die Entwicklung von verteilten Problemlösungssystemen wirft eine ganze Reihe von Fragen auf. Die Knoten eines solchen Systems müssen kooperieren, um Antworten auf sich unter Umständen überlagernde Subprobleme auszuwerten und zu koordinieren. Dies erfordert die Schaffung von Paradigmen, die es den Knoten in einem Netz erlauben, effizient mit einer Reihe von möglichen Unsicherheiten umzugehen, etwa der Unsicherheit eines Knoten über die Zahl und Lage der anderen Knoten, der Situation, daß ein Knoten i.a. kein vollständiges und global konsistentes Modell seiner Umgebung besitzt oder der Situation, daß ein Knoten i.a. kein genaues Modell von den Vorgängen in seinen Partnerknoten besitzt.

Obwohl es inzwischen auch eine ganze Reihe von theoretischen Untersuchungen gibt, etwa zu Fragen der Logik wissensbasierter Protokolle in verteilten Systemen [Hal85], ist das Gebiet noch stark in dem Stadium, in dem praktische Erfahrungen gesammelt werden müssen. Das Vorgehen ist vielfach an einfachen Paradigmen orientiert, die als Vorschläge für mögliche Organisationsformen des verteilten Problemlösens gesehen werden können. Beispiele für solche Paradigmen sind etwa das der *"Scientific Community"* von Kornfeld und Hewitt [Kor81] und das *"Kontrakt- und Verhandlungsparadigma"* von Smith und Davis [Smi81] [Dav81].

Auch unsere Arbeiten sind stark pragmatisch orientiert. Unser Ziel war es, ein Programmiersystem zu schaffen, das es erlaubt, an praktischen Beispielen grundlegende Erfahrungen über die Kooperation in verteilten Systemen sammeln zu können. Aus diesem Grund haben wir uns beim Aufbau des Systems im wesentlichen von zwei Punkten leiten lassen:

o Schaffung einer möglichst allgemeinen Struktur, die es erlaubt, Kommunitäten von autonomen wissensbasierten Einheiten durch wissensbasierte Interaktion zu größeren Komplexen zu integrieren.

o Aufbau einer charakteristischen Anwendung im Bereich des verteilten Problemlösens als Leitlinie.

2. Ein System von kooperierenden Terminkalendern

Das unserer Anwendung zugrundeliegende einfache Szenario kann wie folgt umrissen werden:

> Es gibt eine Gruppe von Personen. Jede Person hat Zugriff auf einen ihr zugeordneten privaten Terminkalender, der explizites Wissens über gewisse Fähigkeiten seines Benutzers und Wissen über gewisse raum-zeitliche Gegebenheiten besitzt. Diese Terminkalender können kooperieren und dadurch zur Festlegung multipersoneller Ereignisse beitragen.

Unter einem System von kooperierenden Terminkalenderagenten verstehen wir ein (technisches) System, das aus autonomen wissensbasierten Einheiten aufgebaut ist, deren Expertise dazu verwendet wird, Termine zwischen verschiedenen Personen zu definieren und zu harmonisieren. Termindefinition bedeutet, einen Termin gemäß gegebener Bedürfnisse zu formulieren und Terminharmonisierung bedeutet, einen Termin systemweit kompatibel zu machen.

Das Beispiel berührt eine Reihe von elementaren Problemen des verteilten Problemlösens:

Koordinationsproblem: Die Terminkalenderagenten müssen sich so koordinieren, daß ein gemeinsames Verhalten - nämlich ein Treffen zwischen verschiedenen Personen - ermöglicht wird.

Problem des lokal unvollständigen Wissens: Jeder Terminkalenderagent hat nur begrenzte Information über das Wissen und Verhalten der anderen Agenten. Ein Mensch delegiert die Termindefinition und -harmonisierung an seinen Terminkalenderagenten. Der Agent kann nachprüfen, ob ein Termin konsistent mit seinem lokalen Modell der Welt ist. Im allgemeinen hat er aber nicht genügend Information, um lokal zu entscheiden, ob der Termin global gesehen konsistent ist.

Problem der Anpassung an sich dynamisch verändernde Umwelten: Ein System von kooperativen Terminkalendern existiert in einer dynamischen und offenen Welt. Neue Terminvorschläge kommen herein, Widersprüche zwischen Vorschlägen treten auf, Annahmen und Erwartungen in Bezug auf die Umgebung können nicht länger aufrecht erhalten werden u.s.w. Ein Terminkalenderagent muß also immer bereit sein, mit wechselnder Unterstützung für sein Wissen umzugehen.

Im Rahmen der Anwendung interpretieren wir einen Termin in naiver Weise als einen mehr oder weniger spezifizierten Wunsch einer Person, eine gewisse Art von Ereignis im Rahmen einer gegebenen Menge von Beschränkungen festzulegen. Die Aufgabe besteht darin, dem Wunsch diejenigen Fakten hinzuzufügen, die benötigt werden, um das Ereignis zu ermöglichen. Im Rahmen unserer Arbeit heißt das Hinzufügen oder auch wieder Wegnehmen von Fakten *Planung*. Da bei der Planung andere Agenten beteiligt sind, müssen diese informiert werden, der Verwendung der von ihnen verwalteten Resourcen zustimmen usw. Grundlegende Idee ist, daß ein Termin als eine Menge mehr oder weniger präziser Aussagen über Raum, Zeit, Verfügbarkeit und Fähigkeiten von Personen, Zwecken, Resourcen usw. modelliert werden kann. Ein Termin kann als fixiert angesehen werden, wenn seine Planung erfolgreich abgeschlossen wurde, d.h. wenn ein Terminwunsch vollständig über unter Umständen verteilte Fakten abgesichert ist.

Um die ganze Sache etwas klarer werden zu lassen, wollen wir ein Beispiel etwas näher betrachten. Eine relativ häufig auftretende Situation ist, daß eine Softwaredemonstration durchgeführt werden muß. Ausgangspunkt der Planungsaktivität ist, daß der Initiator der Veranstaltung den Wunsch an seinen Kalenderagenten weitergibt. Kern eines solchen Wunsches ist die Angabe eines Zwecks, in diesem Fall die

Durchführung einer Softwaredemonstration, eine Zeitangabe und bei dieser Art von Veranstaltung die Auszeichnung eines möglichen Interessentenkreises. Eine Zeitangabe kann entweder sehr spezifisch sein, etwa "am Freitag von 14.00 bis 16.00Uhr", oder relativ allgemein, etwa "nächsten Monat, aber nach dem Treffen mit Herrn X".

Im ersten Schritt berechnet der Agent die Einschränkungen schon bestehender Termine auf den gegebenen Terminwunsch. Ist der Terminwunsch verträglich mit den zum Augenblick lokal vorliegenden Terminen, so sucht er ein Planungsschema für den im Wunsch genannten Zweck, nämlich eine Softwaredemonstration. Der Wunsch wird dann gemäß des Schemas in Teilwünsche zerlegt.

Um eine Softwaredemonstration durchzuführen muß eine Reihe von zeitlich gebundenen Resourcen zur Verfügug stehen: Man benötigt einen Raum mit der notwendigen Rechnerausstattung und genügend Platz für die Zuseher, eine Person, die das für das zu demonstrierende Programm notwendige Rechner- und Betriebssystem installieren kann, eine Person, die das Programm vorführt und erklärt und letztendlich natürlich noch eine Reihe von Zusehern.

Gehen wir nun davon aus, daß der Initiator auch derjenige ist, der die Demonstration vorführen möchte, dann kann er seinen Teil rein lokal planen, etwa die Abfolge seiner Präsentation. Im Rahmen der Planung treten aber Teilwünsche auf, über deren Erfüllung er nicht lokal entscheiden kann, etwa die Verfügbarkeit eines Raumes mit der notwendigen Ausstattung. Um die Teilwünsche zu behandeln, muß er sich das nötige Wissen darüber beschaffen, welche seiner Partner ihn bei der Behandlung jeweils eines Teilwunsches unterstützen können. An einen der möglichen Partner delegiert er den jeweils entsprechenden Teilwunsch weiter und vermerkt sich, welcher Teil seiner Planung von den Planungsaktivitäten der Partner abhängt. Die Abhängigkeiten der Erfüllung der Teilwünsche auf den Gesamtwunsch sind durchaus nicht immer gleichgewichtig, da die Rolle der Partner sehr verschieden sein kann. Eine Softwaredemonstration kann zwar ohne Zuseher durchführt werden, aber nicht ohne einen Raum mit entsprechender Rechnerausstattung.

Die Partner arbeiten nun die Teilwünsche weiter aus, d.h. sie berechnen ihre lokalen Einschränkungen und zerlegen den Wunsch gemäß ihres Wissens weiter. Ist ein Teilwunsch vollständig geplant, so sendet der Planende dem Auftraggeber für die Teilplanung das Ergebnis seiner Aktivitäten zurück. Im positiven Fall etwa, daß ein zweckadäquater Raum zur Verfügung steht. Zusätzlich werden die zeitlichen Einschränkungen übermittelt, die lokal berechnet wurden. Dieses Zurücksenden kann als lose Vereinbarung darüber interpretiert werden, daß die Belegung so lange aufrechterhalten wird, bis entweder der Auftraggeber sie storniert, oder der Auftragnehmer gezwungen ist sie zurückzunehmen. Der Auftraggeber sammelt nun die Ergebnisse aller von ihm delegierten Teilwünsche. Sind die Ergebnisse, insbesondere die raum-zeitlichen Einschränkungen, alle miteinander verträglich, so betrachtet er die Planung als (wenigstens vorläufig) abgeschlossen. Er fixiert den Termin im Rahmen der von den Partnern gegebenen Einschränkungen, wobei eine weitere Eingrenzung der zeitlichen Bedingungen auf der Basis der Einzelbegrenzungen der Partner auftreten kann, und informiert seine Partner über diese Tatsache. Das Fixieren eines Termins schließt nicht aus, daß der Termin noch einmal *umgestoßen* wird. Es kann nämlich durchaus sein, daß entweder der

Initiator oder einer seiner Partner später erkennt, daß ein Temin nicht mehr haltbar ist. In diesem Fall werden die betroffenen Partner wieder verständigt, und die Planung oder Teilplanung von neuem aufgenommen. Für jede Klasse von Terminen gibt es aber jeweils einen Zeitpunkt, an dem ein Termin als endgültig fixiert gilt und nicht mehr verschoben werden kann.

Aus diesem Beispiel ergibt sich das folgende Modell des verteilten Problemlösens, in welchem das Netzwerk immer wieder durch vier, gegebenenfalls fünf, Phasen läuft:

(1) Lokale Problemanalyse und Problemzerlegung
(2) Delegation von Subproblemen
(3) Aufsammeln, Analyse und Abgleich der Ergebnisse aus der Subproblembehandlung
(4) Wenn möglich Fixierung einer Problemlösung und Verständigung der Partner
(5) Gegebenenfalls Revision und/oder Neuplanung einer Problemlösung

Wesentliche Faktoren bei der Planung im Netzwerk sind darin zu sehen, daß im Prinzip jeder der Agenten als Initiator der Planung eines gemeinsamen Ereignisses auftreten und durchaus mehr als ein Termin zu einem Zeitpunkt geplant werden kann.

Um einem möglichen Mißverständnis vorzubeugen muß gesagt werden, daß die Aufgabenstellung,nämlich zeitlich gebundene Sachverhalte aufeinander abzustimmen, durchaus auch zentral gelöst werden kann und heute meist auch so gelöst wird. Schwerpunkt unserer Arbeit war es nicht, *noch ein Schedulingsystem* aufzubauen, sondern ein solches System als Testbett für unsere technische Infrastruktur zu verwenden. Die Auswahl wurde primär unter dem Aspekt vorgenommen, ein intuitiv leicht verständliches Beispiel zu haben, das ein Problem reflektiert, das wir selbst gut kennen und dessen Wissen leicht zugänglich war.

Im folgenden wollen wir nun die Struktur skizzieren, die wir dazu verwandt haben, um das technische Netzwerk der kooperierenden Terminkalender aufzubauen. Im ersten Augenblick mag es den Anschein haben, als sei unser Hauptinteresse auf die *Verschaltung* exisitierender KI-Techniken zu einem komplexen Ganzen fokussiert gewesen. Dies ist jedoch eine Sichtweise, die unserem Vorgehen nicht gerecht wird. Vielmehr hat sich Schritt für Schritt im Rahmen der konkreten Problemlösung durch ein System kooperierender Agenten gezeigt, daß eine solchermaßen komplexe Struktur notwendig ist, um die inhärenten Effizienzprobleme zu lösen.

3. Programmierung paralleler Aktivitäten

Grundlegend für die Entwicklung jedes verteilten Problemlösungssystems ist die Verfügbarkeit eines Systems, das es erlaubt, parallele Aktivitäten und ihr Zusammenwirken zu programmieren. Zu diesem Zweck wurde eine interaktive Programmiersprache (CSSA) implementiert, die es erlaubt, asynchrone parallele Aktivitäten (sog. CSSA-Agenten) zu programmieren. Obwohl wir CSSA dazu verwandt haben, um

Agenten zu programmieren, die in einer Multiprogrammingumgebung ablaufen, nämlich auf einer SYMBOLICS LISP-Maschine, ist CSSA konzeptionell auch für Multi*processing*umgebungen geeignet.

Im Gegensatz zu Lesser [Les87] et al., die eine Blackboardarchitektur verwenden, haben wir uns an einem aktorartigen System [Hew77] orientiert, das von Boehm, Fischer und Raulefs [Boe77], [Fis77],[Bei82], vorgeschlagen wurde.

CSSA liegt folgendes Modell zugrunde: Ein Agent ist durch sein Verhalten, d.h. seine Handlungsmöglichkeiten (Operationen), charakterisiert. Er reagiert auf den Empfang von Botschaften, indem er lokale Berechnungen, einschließlich des Botschaftenübermittelns, ausführt. Die Umgebung eines Agenten hat keinen direkten Zugriff auf den inneren Zustand des Agenten. Vielmehr wird die Außenwelt über die internen Zustandswechsel, wenn überhaupt, nur durch Botschaften des Agenten informiert. Ein Agent ist ein autonomes Objekt, das keinem globalen Überwacher verpflichtet ist, und dessen Verhalten von außen her nur durch Botschaften beeinflußt werden kann. Darüberhinaus sind Agenten unabhängig voneinander und arbeiten parallel. Agenten haben Bekanntschaften miteinander, und das Senden einer Botschaft von einem Agenten A zu einem Agenten B erfordert es, daß A mit B bekannt ist. Da Bekanntschaften in Botschaften kodiert und damit kommuniziert werden können, ist es möglich, dynamische Interaktionsbeziehungen aufzubauen.

Die grundlegenden Annahmen, die CSSA aus diesen initialen Ideen ableitet sind: (a) Agenten sind nebenläufig arbeitende, sequentielle Aktivitäten. (b) Agenten besitzen privaten Speicher und teilen diesen nie mit anderen Agenten. (c) Agenten kommunizieren über Botschaftenaustausch. Die Übertragungszeiten sind positiv, endlich, aber unbestimmt. Die Kommunikation ist fair und nichtdeterministisch. (d) Systeme von Agenten sind dynamisch, und zwar dahingehend, daß sowohl Agenten als auch Bekanntschaften zwischen Agenten dynamisch kreiert und zerstört werden können.

Im Gegensatz zu anderen Systemen, etwa CSP [Hoa78] , enthalten CSSA-Programme (CSSA-Agenten) eine implizite Verarbeitungsschleife. In dieser Schleife versucht der Agent, eine anwendbare Botschaft zu finden, und führt im positiven Fall die zugehörige Operation aus. Die Verarbeitungsschleife besteht aus der Auswahl einer anwendbaren Botschaft aus dem privaten Briefkasten, in dem alle eingehenden Botschaften gesammelt werden, und der Verarbeitung der Botschaft in der lokalen Umgebung des Agenten. Die Auswahl der Botschaften wird als fair vorausgesetzt. Nichtanwendbare Botschaften werden unendlich lange verzögert. Eine Botschaft ist anwendbar, wenn sie eine Handlungsmöglichkeit (Operation) benennt, die im aktuellen Zustand des Agenten durchführbar ist, und wenn sie ein Muster besitzt, das auf das Eingangsmuster der Operation paßt. Eine Operation umfaßt einen Körper von LISP-Code, der die Botschaft verarbeitet, die die Operation angestoßen hat.

Agenten sind Instanzen von Agentenschemata (oder -prototypen). Jedes dieser Schemata beschreibt eine ganze Klasse von Agenten mit einem gewissen Verhalten und heißt ein *Skript*. Ein Skript umfaßt die

Definition von Variablen und über die Operationsdefinitionen auch die Beschreibung der Menge von Botschaften, die ein aus dem Skript generierter Agent handhaben können soll.

Die Implementierung [Dre87] wurde auf einer SYMBOLICS LISP-Maschine unter Verwendung des zur Verfügung stehenden Prozeßsystems durchgeführt. Es mag der Eindruck entstehen, daß Agenten als ablauffähige Instanzen von Skripten durch permanente Prozesse in der Maschine repräsentiert sind. Dies war in einer ersten Versionen [Dan85] von CSSA auch der Fall. Es zeigten sich aber gewisse gravierende Nachteile. Prozesse werden laufend vom Prozeßscheduler auf ihre Aktivierbarkeit überprüft. Dies erfolgt periodisch, auch dann, wenn der realisierte Agent nur durch gewisse Ereignisse, z.B. eine gewisse eintreffende Botschaft, überhaupt aktiviert werden kann. Ein anderer Nachteil ist, daß Prozesse einen relativ großen Speicherplatz belegen. Aus diesen Gründen wurde ein sog. Serverkonzept eingeführt. Ein Server ist ein Agent, dem ein permanenter Prozess zugeordnet ist, und der Aufforderungen, andere Agenten ablaufen zu lassen, akzeptiert. Gewisse Ereignisse aktivieren Agenten. Diese Ereignisse treten auf, wenn ein Agent erzeugt wird, wenn ein Agent eine Botschaft erhält oder eine seiner IDLE-Operationen aktiv wird. Wenn jeweils ein solches Ereignis auftritt, so wird an einen freien Server eine Anfrage abgesetzt, den entsprechenden Agenten ablaufen zu lassen. Sind alle Server belegt, dann wird ein neuer Server generiert. Hat ein Server seine Dienstleistung erbracht, so wird der Server wieder freigegeben und steht für einen anderen Agenten zur Verfügung. Auf diese Weise läßt sich erreichen, daß nur so viele Prozesse generiert werden, wie das System an maximaler Nebenläufigkeit benötigt.

4. Die interne Struktur eines HYDRA-Agenten

4.1 Anpassung an eine sich ändernde Umwelt

Ein System zur Programmierung asynchroner, paralleler und kommunizierender Prozesse ist eine notwendige Voraussetzung für ein verteiltes Problemlösungssystem, aber es ist keinesfalls ausreichend. Eine grundlegende Eigenschaft eines Problemlösungsknotens ist in seiner Fähigkeit zu sehen, sich an eine ändernde Umwelt anpassen zu können. Im Rahmen der unter 2. skizzierten Anwendung bedeutet dies: Wird ein Termin geplant, dann fundiert ein Terminkalenderagent seine Aktivitäten i.a. auf gewissen Annahmen über seine Umgebung. Aufbauend auf diesen Annahmen leitet er dann Ergebnisse ab, deren Gültigkeit wenigstens partiell von der Gültigkeit der zugrundeliegenden Annahmen abhängt. Da solche grundlegenden Annahmen auch Annahmen umfassen, die sich auf den Zustand, die Fähigkeiten und Einstellungen der Partneragenten beziehen, muß der Agent in der Lage sein, sich an Informationen aus seiner Umgebung anzupassen, die einige seiner Annahmen als ungültig kennzeichnen und als Konsequenz alle oder einen Teil seiner erreichten Resultate hinfällig werden lassen. Deshalb muß es eine grundlegende Funktionalität des Agenten sein, diejenigen Daten identifizieren zu können, die von den sich eventuell ändernden Annahmen abhängen.

Systeme, die in der Lage sind, die einem abgeleiteten Resultat zugrundeliegenden Annahmen zu verwalten, werden als Truth Maintenance Systeme (TMS) oder Annahmenrevisionssysteme (Belief Revision Systems) bezeichnet.

Wir haben eine leicht modifizierte Version des TMS-Systems von J. Doyle [Doy 79] als Annahmenrevisionskomponente eingesetzt. TMS basiert auf der Definition zweier Arten von Objekten: *Fakten*, die als Knoten repräsentiert werden, und *Rechtfertigungen*, die Gründe repräsentieren, warum ein gewisser Fakt geglaubt wird oder nicht. An jeden Fakt in der Wissensbasis sind eine oder mehrere Rechtfertigungen angeheftet, die jeweils einen Grund für den Glauben in den Fakt unterstützen. Diese Rechtfertigungen bilden die Rechtfertigungsmenge des Fakts. Ein Fakt wird genau dann geglaubt, wenn es wenigstens eine Rechtfertigung in der Rechtfertigungsmenge des Fakts gibt, die aktuell gültig ist. Der Status eines Knotens als ein Repräsentant eines Fakts ist dann " **in**", und der Status ist "**out**", wenn es keine gültige Rechtfertigung gibt.

Obwohl J. Doyle in [Doy79] die Nützlichkeit von vier verschiedenen Arten von Rechtfertigungen unterstreicht, wurde nur eine Art wirklich implementiert, die sog. SL-Rechtfertigungen (Support-List Justifications). Diese Art von Rechtfertigungen enthält zwei Listen von Knoten, d.h. Listen von Repräsentanten von Fakten, nämlich eine sog. IN-Liste und eine sog. OUT-Liste. Eine SL-Rechtfertigung ist genau dann gültig, wenn jeder Knoten in der IN-Liste den Status "**in**" hat, d.h. jeder zugehörige Fakt geglaubt wird, und wenn alle Knoten in der OUT-Liste den Status "**out**" haben, d.h wenn keiner der zugehörigen Fakten geglaubt wird.

Immer wenn auf der Ebene des Problemlösers durch einen Ableitungsschritt ein neuer Fakt abgeleitet wird, dann wird der repräsentierende Knoten mit einer SL-Rechtfertigung versehen, die all diejenigen Knoten enthält, die Repräsentanten für Fakten sind, die direkt für den Ableitungsschritt herangezogen wurden. Es ist zu beachten, daß i.a. auch der Knoten, der die verwandte Regel selbst repräsentiert, in die Rechtfertigung mit aufgenommen wird.

Basierend auf SL-Rechtfertigungen gibt es zwei Arten von Fakten: *Prämissen*, die durch Knoten repräsentiert werden, deren SL-Rechtfertigung sowohl eine leere IN- wie auch eine leere OUT-Liste besitzen. Als Knoten mit leerer Unterstützung repräsentieren sie Fakten, die immer geglaubt werden. *Annahmen* sind Fakten, die durch Knoten repräsentiert werden, deren aktuelle SL-Rechtfertigung eine nichtleere OUT-Liste besitzen. Das Glauben einer Annahme beruht also auf dem Nichtglauben gewisser anderer Fakten.

Grundlegende Funktionalität des TMS-Systems ist es, Rechtfertigungen aufrecht zu erhalten. Immer wenn eine neue Rechtfertigung zu einem Knoten hinzugefügt oder von einem Knoten zurückgezogen wird, werden die lokalen Einflüße auf den Status des Knotens untersucht, und bei einer gegebenen Statusänderung wird diese Änderung längs der Rechtfertigungssrelationen propagiert.

Es mag vielleicht der Eindruck entstehen, daß das TMS-System mit den Fakten selbst befaßt ist. Dies ist aber nicht der Fall. Vielmehr verwaltet das TMS-System nur die Knoten, die den Fakten zugordnet werden und die Beziehungen zwischen diesen Knoten. Die Beziehungen ergeben sich durch Inferenzen auf der höherliegenden Ebene des Problemlösers, in unserem Fall des hybriden Repräsentationssystems. Das TMS-System betrachtet und protokolliert zwar die Inferenzen, die der Problemlöser macht, hat aber keinen Zugriff auf den Inhalt der Fakten selbst. Es befaßt sich einzig und allein mit ihrem Status und ihrer Abhängigkeit voneinander.

4.2 Repräsentation des Wissens eines Agenten

Wie gerade diskutiert, bietet ein System zur Verwaltung von Annahmen die Möglichkeit *Wissen über den Status und den Zusammenhang von Wissen* darzustellen und zu verwalten. Es bietet aber allein genommen noch keine Möglichkeit, Wissen zu repräsentieren. Hierzu ist eine höhere Ebene notwendig, die es erlaubt, Wissen über einen Bereich explizit zu repräsentieren. Bei der Schaffung der notwendigen höheren Ebene kann man verschiedene Richtungen ins Auge fassen: Ein assertional-orientiertes System, ein taxonomisch-orientiertes System oder ein hybrides System ([Bra85],[Vil85]), das beide zuvor genannten und gegebenfalls noch andere Systeme integriert. Der Unterschied zwischen einem assertionalen und taxonomischen System kann wie folgt umrissen werden: Assertionale Systeme legen den Schwerpunkt auf die Fähigkeit, logisch-orientierte Aussagen über eine Welt machen zu können. Es werden etwa Terme der Art (R x y) verwandt, um auszudrücken, daß die Beziehung R zwischen x und y beseht. Aber anstatt eine explizite Definition für R anzugeben, wird R durch eine Menge von Regeln oder Axiomen implizit bestimmt. Im Gegensatz hierzu sind taxonomische Systeme an konzeptuellen Typenhierarchien und Methoden zu Definition neuer Typen im Rahmen schon gegebener Typen orientiert. Jeder neue Typ wird durch die Festlegung seines Supertyps und der Angabe der Eigenschaften und der Differenzen, die ihn von anderen Subtypen dereselben Art unterscheiden, explizit definiert. Beide Arten der Wissensdarstellung haben ihre Vor- und Nachteile. Für uns waren Fragestellungen weniger interessant, die sich damit auseinandersetzen, wie sich die Darstellungsmöglichkeiten epistemologisch gesehen voneinander unterscheiden, sondern vielmehr die Tatsache, daß assertionale und taxonomische Systeme auch in Bezug auf die Effizienz ihrer Schlußweisenverfahren unterscheiden. Unser Ausgangspunkt war ein assertional-, d.h. logisch-orientiertes System. Im Verlauf unserer Untersuchung zeigte sich jedoch, daß ein solches System nicht ausreichend effizient ist, um die gestellten Aufgaben zu lösen.

4.2.1 Die assertionale Komponente

Als Ausgangspunkt haben wir eine leicht modifizierte Version des AMORD-Systems [deK79] verwandt, das eng gekoppelt mit dem TMS-System zur Verwaltung von Annahmen ist. Die Beziehung zwischen AMORD (Problemlöser) und TMS (Abhängigkeitsnetzwerk) ist die eines Detektivs zu seinem Assistenten. Der Assistent (TMS) betrachtet, was der Detektiv (AMORD) ableitet und propagiert Änderungen längs schon bekannter Ableitungen.

AMORD ist ein System, das es erlaubt, mustergesteuerte Prozeduren (Regeln) zu installieren, die eine musterindizierte Datenbasis überwachen, die in Form eines Diskriminierungsbaum [Cha80] gegeben ist. Es behandelt zwei Arten von Objekten: *Fakten* und *generische, nichtmonotone Regeln.* Beiden, Fakten und Regeln, ist wegen der engen Verzahnung mit dem Annahmenrevisionssystem TMS ein zugehöriger TMS-Knoten zugeordnet und damit ein Status. Dieser Status wird bei der Verarbeitung der Fakt-Regel-Paare mitberücksichtigt. Nur wenn sowohl der Fakt als auch die Regel den Status "**in**" besitzen, feuert die Regel. Grundlegende AMORD-Operationen sind das Eintragen eines Faktes oder einer Regel in die Datenbasis, das Hinzufügen einer Rechtfertigung für einen Fakt oder das Zurückziehen einer Rechtfertigung.

AMORD akzeptiert beliebige LISP S-Ausdrücke als Eingabe. Im Normalfall werden diese Ausdrücke dazu verwendet, Prädikate darzustellen. Außer einer gewissen Normalisierung erfolgt keine Verarbeitung der Eingabe.

Ein Beispiel für den Eintrag eines Faktes in AMORD:

```
(ASSERT
    '( AKZEPTABLER -TERMIN ZWECK: SW-DEMO
                                SOFTWARE: AGENTEN-SYSTEM
                                ....
                                ZEIT-INTERVALL: (MO 6.4.88 10.00-12.00))
                 (SL (FAKT-1, ... ) (FAKT-2))
)
```

wobei **FAKT-1** etwa ein Verweis auf den Fakt

(ZUSTIMMUNG INSTALLIERT-POGRAMM PAUL VOR-INTERVALL: (MO 6.4.88 10.00))

und **FAKT-2** ein Verweis auf den Fakt

(GRUPPENSITZUNG WAEHREND-INTERVALL: (MO 6.4.88 8.00-12.00))

sein kann.

Dies kann man folgendermaßen interpretieren: Unter der Voraussetzung, daß Paul zustimmt vor dem angegeben Termin das Programm zu installieren und nicht bekannt ist, daß eine Gruppensitzung am Montagmorgen zwischen 8.00 und 12.00 Uhr stattfindet, ist 10 Uhr am Montag ein akzeptabler Termin, um das Agentenprogramm vorzuführen.

Beispiel für eine Regel in AMORD:

```
(RULE '(
        (?F-1 (LOKALE-ZUSTIMMUNG-FUER ?OBJEKT FUER-ZWECK ?ZWECK))
        (?F-2 (LOKALE-ZUSTIMMUNG-FUER ?OBJEKT AM-ORT ?RAUM ))
        (?F-3 ( LOKALE-ZUSTIMMUNG-FUER ?OBJEKT ZUR-ZEIT ?INTERVALL ))
        )
    (ASSERT
        '(?OBJEKT IST IN ?RAUM WAEHREND ?INTERVALL FUER ?ZWECK)
            '( LOKALE-ZUSTIMMUNG ?F-1 ?F-2 ?F-3 )
        )
)
```

Anmerkung: Die vorangegangenen Beispiele sind als Beispiele für die Art der Darstellung von Fakten und Regeln im Rahmen von AMORD gedacht. Die angegebene Regel wurde direkt aus dem Terminkalendersystem übernommen, die Zusicherung ist nur als Illustration zu verstehen.

4.2.2. Die Taxonomische Komponente

Im allgemeinen sind AMORD-Aussagen flexibel genug, um alles relevante Wissen ausdrücken zu können, vorausgesetzt, man ist in der Lage, alle definierenden Regeln aufzuschreiben. Diese Universalität der Ausdruckskraft ist jedoch mit zwei Nachteilen verbunden: Zum einen mit Laufzeitproblemen und zum anderen mit einem gewissen Mangel an Darstellungsnatürlichkeit. Im Rahmen der Anwendung erkannten wir, daß es notwendig war, eine effiziente Implementierung binärer transitiver Prädikate, etwa der Vererbungsbeziehung zwischen Objekten, und gewisser Quantorenstrukturen zur Verfügung zu haben. Dies führte zu der Entscheidung, ein Beschreibungssystem als zweite Repräsentationskomponente aufzunehmen.

Bei OMEGA (Bar82) handelt es sich um Repräsentationssystem, welches Information im Rahmen eines semantischen Netzes strukturiert. Die Elemente der Wissensbasis heißen *Beschreibungen.* Beschreibungen sind Repräsentanten für Mengen von Objekten und werden gemäß ihrer Eigenschaften in einem Vererbungsnetzwerk kategorisiert.

Im folgenden wollen wir die wesentlichsten Konstrukte im Rahmen von OMEGA an einigen Beispielen demonstrieren:

Individuen:

RAUM-53244

beschreibt das Individuum "RAUM-53244", i.e. $\{x : x = \textbf{RAUM-53244}\}$

Kategorien:

(ein RAUM)

beschreibt "die Kategorie" der Räume, i.e. $\{ x : \textbf{RAUM}(x)\}$, wobei **RAUM** ein Typ ist.

Attributierungen:

(ein RAUM (mit RECHNER SYMBOLICS) (mit KAPAZITAET 10))

beschreibt die Kategorie

$$\{x : \textbf{RAUM}(x) \wedge x \in \{y : \textbf{RECHNER}(y) = \textbf{SYMBOLICS}\} \wedge x \in \{z : \textbf{KAPAZITAET}(z) = \textbf{10}\}\}.$$

Prädikation:

(RAUM-53244 ist (ein LABOR)) (*)

bedeutet $\{x : x = \textbf{RAUM-53244}\} \subseteq \{ x : \textbf{LABOR}(x)\}$ und

((ein LABOR) ist (ein RAUM (mit KAPAZITAET 5))) (**)

bedeutet $\{x : \textbf{LABOR}(x)\} \subseteq \{ x : \textbf{RAUM}(x) \wedge x \in \{z : \textbf{KAPAZITAET}(z) = \textbf{5}\}\}$.

Vererbung:

Aus (*) und (**) folgt

(RAUM-53244 ist (ein RAUM (mit KAPAZITAET 5)))

Die **ist**-Relation baut eine Beziehung zwischen Kategorien auf. Sie ist reflexiv und transitv und wird im Rahmen von OMEGA dazu verwendet, den sog. Vererbungsverband aufzubauen.

OMEGA bietet eine ganze Reihe von nützlichen Eigenschaften: Beschreibungen sind ein gutes Mittel, um Wissenseinheiten in natürlicher und ökonomischer Weise darstellen zu können. So erlaubt es OMEGA, als

Attributwerte selbst wieder Beschreibungen zu verwenden. Beschreibungen werden in Form eines semantischen Netzes internalisiert, welches als Vererbungsverband dient. Die Verbandsoperationen der Durchschnitts-, Vereinigungs- und Komplementbildung sind ein nützliches Hilfsmittel, um komplexe Beschreibungen zu komponieren. Die Segmentierung des Verbandes in sog. Gesichtspunkte (Viewpoints) erlaubt die Repräsentation verschiedener Arten von binären transitiven Relationen in ökonomischer und effizienter Weise. Nicht zuletzt sollte auch erwähnt werden, daß OMEGA über seine mengentheoretische Interpretation eine wohldefinierte Semantik besitzt, die sich in Form von sog. Beschreibungsaxiomen exakt fixieren läßt. Das von uns im Rahmen von HYDRA verwandte System realisiert nur einen kleinen Teil dieser Axiome, insbesondere das Transitivitätsaxiom, das für unsere Anwendung am wesentlichsten war.

4.2.3 Handhabung zeitlicher Information

Die Aktivitäten und Aktionen in einem verteilten System können zeitlich auf mannigfache Weise miteinander in Beziehung stehen. Eine Aktion kann einer anderen vorausgehen, Aktionen können sich überlappen oder disjunkt sein usw. Ein Modell strikt linear geordneter atomarer Aktionen paßt nicht so recht in den Kontext verteilter Systeme und ist deshalb auch im Rahmen der verteilten Terminplanung nicht adäquat. Deshalb ist ein System notwendig, das das Wissen über zeitliche Beziehungen zwischen beliebigen Aktionen handhaben kann. Da man den zeitlichen Aspekt einer Aktion durch die Zuordnung eines Zeitintervalls repräsentieren kann, bestand die Aufgabe darin, ein System zu finden , das in der Lage ist, die möglichen Beziehungen zwischen Zeitintervallen handhaben zu können.

Aus diesem Grund haben wir ein System zur Handhabung zeitlicher Information implementiert, das auf J.Allens Ideen [All83], [All84] basiert. Allen erkannte, daß es eine Basismenge von 13 sich ausschließenden primitiven Relationen zwischen zwei zeitlichen Intervallen gibt. Die Hauptfunktionalität eines Systems zur Handhabung zeitlicher Information besteht darin, diese möglichen Beziehungen zwischen Zeitintervallen zu handhaben. Das System muß in der Lage sein, alle Konsequenzen bezüglich gewisser Transitivitätsaxiome zu bestimmen, wenn eine Menge von Intervallen und eine Menge von Beziehungen zwischen den Intervallen gegeben ist. Beispiel für ein solches Transitivitätsaxiom, ist etwa:

" Wenn (**I_1 VOR I_2**) und (**I_2 VOR I_3**) gilt,
dann gilt (**I_1 VOR I_3**),
wobei I_1,I_2 und I_3 Intervalle bezeichnen".

Unser erster Ansatz bestand darin, die Transitivitätsaxiome als Regeln im Rahmen von AMORD zu implementieren. Dies war jedoch zu ineffizient. Auch eine Implementierung im Rahmen von OMEGA erwies sich als nicht ausreichend effizient. Um das Effizienzproblem zu bewältigen wurde eine prozedurale Lösung geschaffen, die die Transitivitätsaxiome in ***kompilierter*** Form als Look-Up-Tabelle realisiert. Zur Repräsentation der Intervalle wurden OMEGA-Beschreibungen verwandt.

Eine grundlegende Aufgabe war es, die verschiedenartigen Repräsentations- und Inferenzmechanismen so zu integrieren, daß sie einen komplexen Problemlösungsknoten in einem verteilten Netz von Problemlösern realisieren.

5. Die Methode der Integration

Im Rahmen unseres Systems ist der Schwerpunkt für den Einsatz des OMEGA-Beschreibungssystems die effiziente Handhabung beliebiger transitiver Prädikate (z.B. der Vererbung) und die Verwendung von Beschreibungen als komfortable Sprache, um Wissen in kompakter Form auszudrücken. AMORD erlaubt es, die Semantik nahezu beliebiger Prädikate explizit über Regeln auszudrücken.

Die grundlegende Integrationsidee ist, gewisse Prädikate gleichzeitig als Vererbungsbeziehungen in OMEGA und als AMORD-Fakten zu sehen. Um die Idee zu illustrieren ein kleines Beispiel:

(RAUM-53244 ist (ein LABOR)) (*)

((ein LABOR) ist (ein RAUM (mit KAPAZITAET 5))) (**)

werden als AMORD-Fakten aufgefaßt. Aber anstatt nun eine AMORD-Regel zu installieren, die aus (*) und (**) (**RAUM-53244 ist (ein RAUM (mit KAPAZITAET 5)))** ableitet, installiert man in OMEGA eine Vererbungsbeziehung zwischen den Beschreibungen **RAUM-53244** und **(ein LABOR)** und zwischen **(ein LABOR)** und **(ein RAUM (mit KAPAZITAET 5))**. Die Verwendung einer expliziten AMORD-Regel (mustergesteuerte Prozedur) ist nämlich eine sehr ineffiziente Methode, um die transitive Hülle der Vererbungsbeziehung **ist** zu berechnen.

Der AMORD Regelinterpreter mußte dahingehend modifiziert werden, daß eine Regel mit dem Muster

((?f (RAUM-53244 ist (ein RAUM (mit KAPAZITAET 5)))))

ohne die Installation der angedeuteten Regel zur Berechnung der transitiven Hülle der Vererbungsbeziehung feuert. Die Modifikation bestand im wesentlichen darin, den Interpreter so zu erweitern, daß er erkennen kann, ob ein Prädikat im Rahmen des taxonomischen Systems implementiert ist. Erkennt er ein solches Prädikat, so sucht er den Pfad zwischen beiden Beschreibungen im taxonomischen System und liefert den Pfad zurück. Dann wird das Muster **(RAUM-53244 ist (ein RAUM (mit KAPAZITAET 5)))** als Zusicherung in die AMORD-Datenbasis eingetragen und mit den über den Pfad gegebenen Fakten, die zur Installation der Vererbungsbeziehung geführt haben, gerechtfertigt. Natürlich mußte auch die Funktion zum Zurückziehen von Rechtfertigungen modifiziert werden, um auch Vererbungskanten zurücknehmen zu können, wenn die zugehörige AMORD-Rechtfertigung zurückgenommen wird.

Kern der Modifikationen war der Eingriff in zwei Basismechanismen: Den Algorithmus zur Handhabung des Diskriminierungsbaumes in AMORD und die Erweiterung des Unifikationsalgorithmus für Beschreibungen.

Den Diskriminierungsbaum zu durchsuchen ist notwendig, um mögliche Kandidaten zu finden, wenn ein neuer Fakt oder eine neue Regel installiert werden. Die Unifikation ist notwendig für die Evaluierung eines Regelkörpers. Beide Algorithmen wurden entsprechend erweitert, und das System erlaubt nun eine effiziente Implementierung binärer transitiver Prädikate in OMEGA.

Die Technik, die wir zur Anbindung der Zeitkomponente verwendet haben, ist prinzipiell dieselbe, wie diejenige, die wir zur Anbindung von OMEGA verwandt haben. Dies läßt den Schluß zu, daß es sich bei der verwendeten Technik um ein universelles Prinzip der Integration handelt.

Um die Vererbungsbeziehung in OMEGA zu installieren, haben wir eine Interfaceregel verwendet, die auf Muster der Art

(<BESCHREIBUNG1> ist <BESCHREIBUNG2>)

feuert. Im Falle der Zeitkomponente verwenden wir nun eine Regel, die die Zeitkomponent aktiviert, wenn sie ein Muster der Art

(TM <INTERVALL1> <RELATIONENMENGE> <INTERVALL2>)

erkennt. Die Zeitkomponente liefert ihre endgültigen Ergebnisse in Form von Fakten an AMORD zurück.

Eine wesentliche Aufgabe im Rahmen der Integration der Zeitkomponente war es, die Annahmenrevision auch auf die zeitlichen Fakten zu erweitern. Die grundlegende Idee ist hierbei, daß man jeder Kantenmarke (Relationenmenge) einen Annahmenrevisionsknoten zuordnet. Dies erlaubt es dann, Marken über andere Marken zu rechtfertigen. Wendet man also eine der Regeln zur Berechnung einer neuen Kantenmarke an, dann werden die Einflüsse innerhalb des Annahmenrevisionssystems wiedergegeben.

6. Strategisches Backtracking

Im Falle eines Widerspruchs verwendet TMS einen abhängigkeitsgesteuerten Backtrackingprozeß. Tritt ein Widerspruch auf, so sucht TMS, beginnend bei den SL-Rechtfertigungen des Knotens, der den Widerspruch repräsentiet, sukzessive rückwärts, entlang der Rechtfertigungsbeziehung, alle die Knoten, die Annahmen repräsentieren. Diese Annahmen kommen als mögliche Ursachen für den aufgetretenen Widerspruch in Frage. Aus den *Annahmeknoten* wird nun einer als mögliche Ursache ausgewählt und sein Status verändert. Nach Auswahl einer möglichen Ursache für den Widerspruch ist es nun notwendig, alle von der möglichen Ursache abhängenden Fakten zu untersuchen. Dies geschieht dadurch, daß man der Kette der Rechtfertigungen, die vom Ursacheknoten ausgehen, wieder vorwärts durchläuft und all diejenigen Knoten auf **"out"** setzt, die keine anderen SL-Rechtfertigungen besitzen als solche, die den ausgewählten

Ursacheknoten als Element ihrer IN-Liste haben. Dieser Vorgang wird dann solange wiederholt, bis der Widerspruchsknoten "**out**" ist, oder keine Alternative mehr übrig ist.

Im Rahmen der ersten Anwendungsbeispiele passierten etwas kuriose Dinge: Grundlage für die Planung eines Termins ist eine Zusicherung vom Benutzer, daß er einen Termin fixieren möchte. Diese Zusicherung soll genau dann auf "**out**" gesetzt werden, wenn das System nicht in der Lage ist, einen konsistenten Termin zu produzieren. Ohne andere Möglichkeiten zu untersuchen, wählte das Orginalsystem immer wieder zufällig genau diese Zusicherung als erste Ursache für einen gegebenen Widerspruch aus. Auf diese Weise ließ sich zwar der Widerspruch formal sofort eliminieren - alle Planungsschritte hängen ja von dieser Basiszusicherung ab -, aber epistemologisch gesehen ist dies nicht die richtige Art der Konfliktlösung. Die Zusicherung soll ja erst dann zurückgezogen werden, wenn es keinen anderen Weg mehr gibt, den Widerspruch zu beseitigen.

Offensichtlich muß man zu einer gewissen Art des *strategischen Backtracking* übergehen, will man diese Art von Verhalten vermeiden. Um diese Art des Backtracking einzuführen, schufen wir neue Rechtfertigungstypen: "**pick-first**", "**pick-never**", "**pick-last**", "**pick-if**" und "**pick-if-not**". Wenn der Backtracker an einen Knoten kommt, an dem es verschiedene Alternativen gibt, und eine der Alternativen eine pick-first-Rechtfertigung besitzt, dann wird diese Alternative als erste ausgewählt. Pick-never und pick-last werden ähnlich behandelt. Pick-if und pick-if-not erlauben es, Prädikate in den Backtrackingmechanismus einzubringen. Eine pick-if-Rechtfertigung hat folgende Gestalt: **(pick-if <Prädikatausdruck> <Fakt>)**. Wenn immer der Backtracker einen Knoten mit unterschiedlichen Alternativen erreicht, und eine Alternative eine pick-if-Rechtfertigung hat, dann wird der Prädikatausdruck evaluiert und, falls er zu nicht NIL evaluiert, wird die Alternative ausgewählt. Pick-if- und pick-if-not-Rechtfertigungen erlauben es, den Backtracker über den aktuellen Zustand der Wissensbasis zu kontrollieren.

7. Einbettung des Repräsentationskerns

Um AMORD und das OMEGA-Beschreibungssystem in das CSSA-System einzubetten, benötigt man zwei Skripten: Einmal ein AMORD-SCRIPT und zum anderen ein OMEGA-SCRIPT. Diese Skripten enthalten die Variablendefinitionen für die individuellen Systeme und eine Menge von Operationen, die das Interface zum Agenten realisieren. Wenn man diese Skripten allein verwendet kann man Agenten schaffen, die AMORD respektive OMEGA allein verwenden. Unter Verwendung der in unserem CSSA-System gegebenen Möglichkeit, über multiple Vererbung Skripten zu mischen, wird das Summenskript AMORD-OMEGA-SCRIPT als Mischung der Grundskripten definiert.

Ein Terminkalenderskript T-KAL-SCRIPT wird dann als Subklasse des AMORD-OMEGA-SKRIPT definiert, das noch einige zusätzliche Variablendefinitionen aufweist. Da es keine direkte Kommunikation zwischen Benutzer und Zeitkomponente gibt, müssen nur einige zusätzliche Initialisierungsoperationen eingebracht werden. Konkrete Terminkalenderagenten werden dann von diesem Skript instanziiert, und das individuelle Wissen in Form von individuellen Regeln, Fakten und Beschreibungen von Files geladen.

8. Interagentenkommunikation

Die Hauptaufgabe in Bezug auf die Interaktion zwischen den Problemlösungsknoten war es, die Kommunikation von der CSSA-Ebene auf die Ebene des Wissens anzuheben. Generell kann man ein Protokoll eines Agenten als eine Abbildung von seinem initialen Zustand, seiner Botschaftenhistorie und einem Zeitpunkt in eine Liste von möglichen Botschaften definieren. Wissensbasierte Protokolle [Hal85] sind solche Protokolle, die darüberhinaus noch vom Wissen eines Agenten über seine Umwelt abhängen. Hieraus ergibt sich, daß ein wissensbasiertes Protokoll wie vorher eine Abbildung von einem initialen Zustand, der Botschaftenhistorie und einem Zeitpunkt ist. Einziger Unterschied ist, daß der Wertebereich nicht mehr eine einfache Liste von Botschaften ist, sondern eine Menge von Paaren $<F_i, M_i>$, wobei F_i ein assertionaler Ausdruck und M_i eine Botschaft ist. Die Interpretation eines solchen Paares ist sehr einfach: Wenn der Agent das spezifizierte Protokoll *fährt* und F_i als gültig erkennt, d.h F_i den Status **in** hat, dann wird die Botschaft M_i verschickt. Im Rahmen userer Anwendung wurden die agentenspezifischen wissensbasierten Protokolle auf sehr einfache Art implementiert: Es gibt eine Reihe von Regeln, deren Aufgabe darin besteht, darauf zu achten, ob im Rahmen der Planung eine gewisse Art von AMORD-Fakten gesetzt wird, deren weitere Behandlung eine Interaktion erfordern. Ist dies der Fall, so wird im Körper der Regel die entsprechende Botschaft auf CSSA-Ebene generiert und verschickt. Gegebenenfalls werden noch Maßnahmen getroffen, um die Antworten aufzufangen.

Die grundlegende Idee hinter den Interagentenprotokollen ist es, Fakten zu haben, die Fakten auf der Seite der Partneragenten repräsentieren. Zwischen diesen Fakten werden sog. *virtuelle Verbindungen* installiert. Solche Verbindungen bestehen aus Funktionen, die immer dann aktiviert werden, wenn ein Fakt, der ein Pendant hat, seinen Status ändert. Dann werden Botschaften versandt, die den Partner über die gegebene Änderung informieren.

Auf der Ebene von AMORD wird folgende Strategie verwandt: Ein Sender sichert einen Fakt zu, der seinen Wunsch repräsentiert, mit einem gewissen Partner zu kommunizieren. Eine solche Zusicherung kann etwa folgendermaßen aussehen:

```
(mit-anderem-Agenten mein-Partner          ;; der Partner ( mein-Partner)
 (zeige ?a)                                ;; wird gebeten ?a zu zeigen
 ?a                                        ;; ?a ist die erwartete Antwort
 informiere-mich-falls-in-out              ;; Informationsverpflichtungen
 inform-mich-falls-out-in
 stoppe-Arbeit-falls-gefunden
 annehmen- falls-möglich)
```

Eine Kommunikationsregel übersetzt diesen Fakt (wenn sein Zustand "**in**" ist oder wird) automatisch in eine zugehörige Botschaft, die dann auf der Ebene von CSSA dem Partner übermittelt wird. Der Empfänger übersetzt hereinkommende Botschaften in Mengen von AMORD-Fakten. Darüberhinaus installiert er Funktionen, die über relevante Zustandsänderungen der zugrundeliegenden Knoten Bericht erstatten. Der Sender installiert sog. CSSA-Guards, um diese Berichte verarbeiten zu können.

Es gibt unterschiedliche Parameter (Verpflichtungen), die Einfluß auf das Verhalten des Partners nehmen können. Ein Agent möchte etwa darüber informiert werden, wenn sich der Status eines Faktes von "**in**" nach "**out**" oder umgekehrt verändert. Andere Informationsverpflichtungen betreffen die Kontrolle der Schlußweisen und Aktionen, die unternommen werden sollen, wenn ein erwünschter Fakt nicht gezeigt werden kann. Im Rahmen der Anwendung wurden drei Arten von Protokollen benötigt.

Die erste Art realisiert eine Anfrage an einen Partner, eine gewisse Tatsache zu zeigen, und dann den Sender über das Resultat zu informieren. Über gewisse Standardverpflichtungen wird eine unsichtbare Verbindung zwischen dem zu zeigenden Fakt und seiner Repräsentation auf der Seite des fragenden Agenten installiert. Dieses Protokoll wird immer dann verwandt, wenn der fragende Agent eine konkrete Erwartung in Bezug auf die Antwort hat, in diesem Fall, daß der Fakt gezeigt wird. Die Kommunikation ist beschränkt auf Botschaften, die eine Statusänderung dieses spezifischen Fakts betreffen.

Im allgemeinen weiß jedoch ein Fragender nicht, wie eine spezifische Antwort aussieht, die sein Partner erzeugen wird. Er kann allerdings gewisse Erwartungen in Bezug auf die Klasse der möglichen Antworten haben. Deshalb sieht er Information darüber vor, was er als mögliche Antwort akzeptieren möchte und verschickt diese mit der Anfrage. Der Partner sendet nur dann eine Antwort, wenn sie den Ansprüchen des Senders der Anfrage genügt. Dieses zweite Protokoll verwendet ein einfaches Kriterium dafür, wann eine Antwort die in sie gestellten Erwartungen erfüllt. Die Erwartung wird als Muster ausgedrückt, und die Antwort muß unter das Muster subsumieren.

Die dritte Art von Protokollen behandelt das Propagieren von Zeiteinschränkungen über Agentengrenzen hinweg. Es wird eine textuelle Beschreibung eines gegebenen Netzwerkes von temporalen Intervallen erzeugt. Diese Beschreibung wird dem Partner mit der Anfrage, einer Beschränkung eines gewissen Intervalls zuzustimmen, geschickt. Dieses Intervall repräsentiert einen Zeitraum, zu dem ein gewisses gemeinsames Treffen veranstaltet werden soll. Aus der textuellen Beschreibung erzeugt der Partner ein Netzwerk als Repräsentation des korrespondierenden Netzwerkes des fragenden Agenten und fügt seine eigenen Beschränkungen hinzu. Er antwortet dann, ob er dem initialen Netzwerk zustimmen kann oder nicht, und liefert eine textuelle Beschreibung des revidierten Netzes zurück.

9. Einige abschließende Bemerkungen

Durch die integrierenden Maßnahmen ist es uns gelungen, ein verteiltes Problemlösungssystem zu schaffen, das auf komplexen und leistungsfähigen Problemlösungsknoten (Agenten) basiert. Dieses System folgt der natürlichen Verteilung der Anwendung im Rahmen der Koordination multipersoneller Ereignisse und besitzt eine heterarchische Interaktionsstruktur und disjunkte Aktivitäten. Jeder Problemlösungsknoten hat als Kern ein hybrides System, das die Effizienz- bzw. Darstellungsvorteile verschiedenartiger Repräsentationsformen miteinander integriert. Diese Kerne wurden in eine Schale eingebettet, die durch ein aktorartiges System gegeben ist und das die grundlegenden Mechanismen für die Interaktion der Problemlösungsknoten bereitstellt.

Die Erfahrungen im Entwurf und der Implementierung eines Systems zum Aufbau von verteilten Problemlösungssystemen mit komplexen Problemlösungsknoten rechtfertigt einigen Optimismus in die Integration wissensbasierter Systeme auf höherer Ebene. Es konnte gezeigt werden, daß die Konstruktion und Implementierung neuer Arten von kooperativen Problemlösern und die Einrichtung der Kommunikation zwischen den Problemlösern auf der Ebene des Wissens möglich ist.

Darüberhinaus konnten auch grundlegende und wesentliche Erfahrungen auf dem Gebiet der Repräsentation von zeitlichen Beziehungen, der Behandlung und dem Gebrauch nichtmonotoner Information und die Integration verschiedener Repräsentationsformalismen gesammelt werden.

Das wohl wesentlichste Ergebnis ist in der Schaffung eines operationalen Systems zu sehen, das es nunmehr erlaubt, Ideen über kooperatives Verhalten, wissensbasierte Protokolle, verteilte Planung und planbasierte Aktion in verteilten Systemen zu testen. Das System wurde neben der hier skizzierten relativ komplexen Anwendung auch an anderen einfacheren experimentellen Beispielen getestet. Es wurde eine Kommunität von autonomen Robotern simuliert, die ihre Aktionen im Rahmen eines begrenzten Raumes durch Interaktion abstimmen müssen. Im Rahmen dieses Beispiels wurde ein neues CSSA-Protkoll geschaffen, das Deadlocksituationen beim notwendigen Übergang vom asynchronen in den synchronen Mode der Kommunikation vermeidet. Weiter wurde das von Smith und Davis [Smi81] vorgeschlagene Modell des verteilten Problemlösens implementiert, in welchem das Netzwerk durch die Phasen *Problemzerlegung*, *Subproblemverteilung mit Hilfe eines Bittstellungsprotokolls* und *Antwortgenerierung* läuft.

Das ausgewählte und mit Hilfe des geschaffenen Systems implementierte Beispiel der kooperierenden Terminkalender hat gezeigt, daß es bei Arbeiten auf dem Gebiet des Designs von Repräsentationssystemen wenigstens im Moment noch überaus nützlich ist, eine gewisse empirische Leitlinie zur Verfügung zu haben, die über die rein technischen und theoretischen Aspekte des Gebiets hinausgeht.

Trotz der bereits erzielten Ergebnisse, sollte man klar sehen, daß es auf dem Gebiet der verteilten Problemlösungssysteme noch eine ganze Reihe offener Forschungsfragen gibt. Einige zentrale Fragestellungen sind:

o Gegeben ein Problem, wie kann man eine problemadäquate Organisationsform der Knoten im Netz finden und gegebenefalls eine problemadäquate Umkonfiguruierung vornehmen?

o Wie müssen Netzprotokolle beschaffen sein, um zu gewährleisten, daß sich verteiltes Wissen und verteilte Aktionen zu einer Gesamtproblemlösung integrieren?

o Wie kann man die Abdeckung eines Problems über verteilte Aktivitäten und die Interaktion zwischen den Netzknoten unter den limitierten Kommuniukations- und Berechnungsresourcen erreichen?

o Inwieweit lassen sich Techniken entwickeln, die es erlauben, die Interaktion zwischen den Netzknoten von den Netzknoten selbst planen zu lassen?

Die Beantwortung dieser Fragen ist nicht nur im Rahmen der verteilten Problemlösungssysteme von Bedeutung, sondern diese Fragen können als zentral für den gesamten Bereich der Programmierung paralleler Systeme gesehen werden.

***

10. Literatur

[All83] J. Allen , *Maintaining Knowledge about Temporal Intervals*, Comm ACM 26 (1983), 823-843

[All83] J. Allen, *Towards a General Theory of Action and Time*, Artificial Intelligence 23 (1984) 123-154

[Bar82] J. Barber, *Office Semantics*, Ph D Thesis, MIT, Cambridge, MA, 1982

[Bra85] R.J. Brachman, R.E.Fikes, H.J. Levesque, *An Essential Hybrid Reasoning System*, Proceedings of the 9th International Joint Conference on Artificial Intelligence, Los Angeles, CA, 1985

[Boe77] H.P. Boehm, H.L. Fischer, P. Raulefs, *CSSA: Language Design and Programming Methodology*, Proc. Symp. on AI&P (Rochester 1977), SIGPLAN Notices: 12.8 (1977)

[Cha80] E.Charniak , C.Riesbeck , D.V.McDermott ,*Artificial Intelligence Programming*, Hillsdale, NJ: Erlbaum, 1980

[Dan85] U. Danzer,O. Dressler,P. Suda ,*On Communities of Agents*
State Report of Ongoing Work, Esprit, North Holland, 1985

[Dav81] R.Davis,R. Smith, *Negotiation as a Metaphor for Distributed Problem Solving*,
AI Memo 624, AI Laboratory, MIT, Cambridge, MA, Mai 81

[deK79] J. deKleer, J. Doyle, G. Steele, G. Sussman, *Explicite Control of Reasoning*,
in Winston, Browm (eds): Artificial Intelligence - An MIT Perspective, MIT Press, 1979

[Die86] J.Diederich, *Kognitive Parallelverarbeitung*,
Oldenbourg, München 1986

[Doy79] Doyle J., *A Truth Maintenance System*, Artificial Intelligence
12 (1979), 231-272

[Dre87] O. Dressler ,*CSSA: Computing System for Societies of Agents on the LISP-Machine*, SIEMENS-Bericht, INF3/03/87/DRE, 1987

[Fel82] J. Feldman, D. Ballard, *Connectionist Models and their Properties*,
Cog.Science 6(3), Sept. 82

[Fis79] H.L. Fischer, P. Raulefs, *Design Rationale for the interactive programming language CSSA for asynchronous multiprocessor systems*, Memo SEKI-BN-79-09 (Bonn 1979)

[God82] J. Goodwin, *An Improved Algorithm for Non-Monotonic Dependency Net Update*,
LITH-MATH-R-82-23, Linkoeping University, Linkoeping, 1982

[Hal85] J.Y.Halpern, R.Fagin, *A Formal Model of Knowledge, Action, and Communication in Distributeted Systems : Preliminary Report*, 4-th ACM SIGACT-SIGOPS Symposium on Priciples of Distibuted Systems, Minaki, Ontario, 1985

[Hew77] C. Hewitt, *Viewing Control Structures as Patterns of Passing Messages*, Artificial Intelligence 8 (1977) pp. 323 - 364

[Hoa78] C. Hoare, *Communicating Sequential Processes*, CACM Vol. 21
No. 8, Aug. 1978

[Kor79] W. Kornfeld, *ETHER: A Parallel Problem Solving System*,
Proc. Of the Sixth International Conference on Artificial Intelligence (IJCAI),
Tokyo, Aug. 1979

[Kor81] W. Kornfeld, C. Hewitt, *The Scientific Community Metaphor*,
IEEE TTrans.Sys.Man Cybernet. SMC-11(1), Jan 81

[Les87] V.Lesser, D.Corkill, *Distributed Problem Solving*,
in Encyclopedia of Artificial Intelligence, Editor. S.C. Shapiro, Wiley&Sons, 1987

[Smi81] R. Smith, R.Davis, *Frameworks for Cooperation in Distributed Problem Solving*,
IEEE Trans. Sys. Man. Cybernet, SMC-11 (1), Jan. 81

[Vil85] M. Vilain, *An Approach to Hybrid Knowledge Representation*,
Proceedings of the 9th International Joint Conference on Artificial Intelligence,
Los Angeles, CA, 1985

Fachgespräche

Fachgespräch

Informatikanwendungen im Umweltbereich

Nach den erfolgreichen Symposien der beiden letzten Jahre findet das 3. Symposium über den Einsatz der Informatik zur Lösung von Umweltproblemen dieses Jahr im Rahmen eines eintägigen Fachgesprächs statt, das von der sich im Aufbau befindlichen GI-Fachgruppe „Informatik im Umweltschutz" im FB 4 ausgerichtet wird.

Umweltschutz ist heute eine der wichtigsten gesellschaftspolitischen Aufgaben. Der Informatik kommt in diesem Rahmen eine wesentliche Rolle zu und damit verbunden eine entsprechende Verantwortung.

Das Symposium hat das Ziel, den heutigen Stand der Informatikanwendungen im Bereich Umwelt darzustellen, die Anforderungen aus diesem Anwendungsbereich an die Informatik deutlich zu machen und die Anwendungsmöglichkeiten für moderne und zukünftige Methoden und Techniken aufzuzeigen. Es soll die Kooperation und den Erfahrungsaustausch zwischen Forschung, Entwicklung, Anwendung und Politik fördern und zu einem verstärkten und koordinierten Einsatz der Informatik bei der Lösung der Umweltschutzprobleme führen. Das Symposium wendet sich an Wissenschaftler und Ingenieure in Forschung, Industrie und Fachbeamte in der Verwaltung, die im Umweltbereich tätig sind.

Programmkomitee für dieses Fachgespräch:

F. Arnold (Bundesforschungsanstalt für Naturschutz und Landschaftsökologie, Bonn), H. Benking (Visselhövede), R. Dierstein (DFVLR), A. Jaeschke (Kernforschungszentrum Karlsruhe), **B. Page** (Universität Hamburg, Vorsitz), W. Pillmann (Österreichisches Bundesinstitut für Gesundheitswesen, Wien), J. Seggelke (Umweltbundesamt, Berlin), K. Simon (Gesamthochschule Kassel)

Informatikanwendungen im Umweltbereich
- Eine Einführung in das Fachgespräch -

B. Page
Universität Hamburg
Fachbereich Informatik

A. Jaeschke
Kernforschungszentrum Karlsruhe
Institut für Datenverarbeitung in der Technik

1. Einleitung

Die Informatik hat seit ihrem Bestehen als wissenschaftliche Disziplin ständig neue Anwendungsgebiete erschlossen und dort mit ihren Methoden und Techniken nicht selten zu tiefgreifenden Entwicklungen und Veränderungen inhaltlicher und organisatorischer Art beigetragen. Die Arbeits- und Denkweise vieler anderer Fachdisziplinen ist durch die Informatik grundlegend umgestaltet worden. Die Auswirkungen gehen dabei über den bloßen Einsatz der Informatikwerkzeuge und -hilfsmittel weit hinaus. Aus den Anwendungen ergaben sich zwangsläufig auch neue Anforderungen an die Informatik und neue Impulse für die Orientierung und Zielsetzung der Informatik-Grundlagenforschung und Weiterentwicklung von Methoden und Techniken. Dies führte zu einer Vitalisierung der Informatik als Ganzes, wobei nicht übersehen werden darf, daß diese Öffnung der Informatik zu den Anwendungen letztlich auch die Basis schuf für die rasante Entwicklung der Informatik in den letzten Jahren.

Es deutet viel darauf hin, daß sich in dem heute so aktuellen und wichtigen Anwendungsgebiet Umwelt und Umweltschutz diese Symbiose mit der Informatik zu gegenseitigem Nutzen einstellen wird. In vielen Bereichen des Umweltschutzes findet die Informatik bereits breite Anwendung, auch wenn sich die Anforderungen aus diesem Anwendungsgebiet an die Informatik noch nicht abschließend umreißen lassen. Besondere Impulse in den Bereichen Datenbanken, Simulation, Expertensysteme und Bilderkennung sind zu erwarten und heute schon absehbar.

2. Forschungsfelder der Angewandten Informatik im Umweltbereich

2.1 Übersicht

Als Klassifizierung der Rechneranwendungen auf dem Umweltsektor bietet sich die folgende anwendungsspezifische Typisierung der eingesetzten Systeme an:

- **Informationssysteme,**
- **Überwachungs- und Kontrollsysteme,**
- **Planungs- und Entscheidungssysteme** und
- **Wissenschaftliche Analysesysteme.**

Innerhalb dieser Systemtypen sind bestimmte Informatikmethoden als besonders relevant anzusehen. In der Tabelle 1 sind diese Informatikmethoden mit den genannten Anwendungssystemtypen in Beziehung gesetzt.

	Informations-systeme	Überwachungs- und Kontroll-systeme	Planungs- und Entscheidungs-systeme	Analyse-und Auswertungs-systeme
Meßdatenerfassung und -verarbeitung		x		x
Prozeßdaten-verarbeitung		x		
Rechnernetze	x	x		
Datenbanken	x		x	x
Modellbildung und Simulation			x	x
Methoden- und Modellbanksysteme	x		x	x
Computergraphik	x	x	x	x
Mensch-Maschine-Kommunikation	x	x	x	
Bildverarbeitung		x	x	x
Expertensysteme		x	x	

Tabelle 1: Anwendungen der Informatikmethoden in verschiedenen Umwelt-DV-Systemklassen

Datenbanken und **Informationssysteme** gehören zu den grundlegenden Konzepten der Informationsverarbeitung auf dem Umweltsektor. Herkömmliche Datenbanksysteme orientieren sich vor allem an betriebswirtschaftlich-administrativen Anwendungen und sind nur bedingt geeignet für technisch-naturwissenschaftliche Problemstellungen, die auf dem Umweltsektor vorherrschen. Zu diesen sog. **Non-Standard-Datenbankanwendungen** mit Umweltbezug gehören Wissenschaftliche Auswertungen (z.B. Meßdaten), Textverarbeitung und Dokumentenretrieval (z.B. Umweltgutachten, Gesetze), Prozeßdatenverwaltung (z.B. Steuerung von Meßnetzen, Kläranlagen, usw.), Landinformationssysteme (geographische Datenverwaltung) und Graphische Datenverarbeitung (z.B. thematische Karten).

Umweltinformationssysteme können aufgrund des häufigen konkreten **Raumbezuges** der vorgehaltenen Daten als spezielle geographische Informationssysteme angesehen werden (vgl. /BAU87/), die darüberhinaus auch Daten sowohl mit **thematischem Bezug (Umwelt-**

fakten wie Meßwerte oder Stoffdaten oder **Umweltdokumente** wie Forschungsvorhaben oder Literaturstellen) als auch mit **zeitlichem Bezug** (z.B. Nutzungsänderungen von Sanierungsflächen) enthalten können. Im Hinblick auf dieses Anwendungsspektrum stellen Umweltinformationssysteme hohe Anforderungen an die einzusetzenden (bzw. noch zu entwickelnden) Datenbanksysteme, die u.a. geeignete Datenmodelle für komplexe thematische, raum- und zeitbezogene Objekte bereitstellen, die anwendungsnahe Manipulation dieser komplexen Objekte ermöglichen, die Überwachung von komplexen Konsistenzbedingungen gestatten bzw. spezielle Zugriffspfade für die inhaltsbezogene Suche anbieten müssen.

Aufgrund der zahlreichen Messungen über Zustand und Entwicklung der Umwelt (Luft-, Wasserverschmutzung, Überwachung der Radioaktivität, etc.) spielen die **Meßdatenerfassung und -verarbeitung** (vgl. /GRE85/ oder /RUD87/) einschließlich der Methoden der **Fernerkundung** (z.B. für die Waldschadenskartierung, vgl. /LOH87/) eine wichtige Rolle. Beim Aufbau von regionalen und überregionalen Meßnetzen - z.B. für Smogfrühwarnsysteme - sind Probleme der **Rechnervernetzung** zu lösen (vgl. /JUP85/ oder /REI88/).

Anwendungen der **Computergraphik** sind für den Umweltbereich insofern von Bedeutung, als sie als argumentative Hilfen in der umweltpolitischen Entscheidungsfindung und im umfangreichen Berichtswesen nützlich sein können (vgl. /PAN82/, /FIS85/, /WIL85/ oder /BEN88/). Methoden der **Bildverarbeitung** werden zunehmend für die Analyse von Luftbildern bei der Waldschadensinventur (vgl. /PIN85/ oder /PIZ88/) herangezogen; andere Anwendungsbereiche im **Umweltmonitoring** wie die Überwachung der Ölverschmutzung auf See oder der Emittenten von Luftschadstoffen bieten sich an.

Das weite Feld der **Prozeßdatenverarbeitung** findet vor allem für den technischen Umweltschutz (Meßtechnik, Umweltschutztechnik für umweltschonende Produktionsverfahren, vgl. /GME88/) Anwendung.

Will man eine breite Nutzung der Umweltinformationssysteme erreichen, sind moderne Konzepte bei der Gestaltung der **Mensch-Maschine-Schnittstelle** einzusetzen (vgl. /SEG87/).

2.2 Konzepte der Rechnerunterstützung der Modellbildung und Simulation

Mathematische Modelle spielen in vielen Bereichen der Wissenschaft und Technik eine wesentliche Rolle und besitzen auch auf dem Umweltsektor eine lange Tradition (bis hin zum Normcharakter in gesetzlichen Regelungen). Es überrascht daher nicht, daß der überwiegende Teil der existierenden Arbeiten mit Umwelt- und Informatikbezug sich mit Simulationsmodellen und deren Anwendung befaßt.

Die in diesem Bereich eingesetzte Softwaretechnik ist jedoch aus Informatiksicht wenig anspruchsvoll und geht häufig nicht über individuelle Programme in schlecht strukturierten Sprachen, wie Fortran oder Dynamo hinaus. Es ist Aufgabe der Angewandten Informatik, für die typischerweise wenig DV-erfahrenen Anwender in der Ökosystemmodellierung **adäquate Modellierungswerkzeuge** zur komfortablen Modellierung und Simulation zu schaffen (vgl. /HIL87/, /HÄP88/ und /PAG88/).

Insbesondere sollten adäquate Werkzeuge entwickelt werden, die sicherstellen,

- daß nicht der Implementationsaufwand, sondern das Wissen des Modellentwicklers die Grenzen der Modellbildung bestimmen;
- daß das erstellte Modellprogramm leichter zu durchschauen und zu handhaben ist als das Realsystem, das es modellieren soll;
- daß ein implementiertes Modell nicht nur vom Modellentwickler selbst benutzt werden kann, sondern auch andere Personen zur Anwendung und kritischen Begutachtung zur Verfügung steht;
- daß die Modellstruktur sowie die im Modell enthaltenen Annahmen klar dokumentiert sind.

Derartige Softwarekonzepte, die die genannten Anforderungen prinzipiell zu erfüllen versuchen, stellen die **interaktiven Simulationssysteme**, die **Modellbanksysteme** und die **modellbasierten Entscheidungsunterstützungssysteme** dar. In neuerer Zeit wird auch an Ansätzen für **wissensbasierte Simulationssysteme** gearbeitet.

<u>Interaktive Simulationssysteme</u>

Solche Systeme **unterstützen** den Benutzer **interaktiv** in den **verschiedenen Phasen einer Simulationsstudie.** Der Benutzer formuliert sein Modell in der Regel mit Hilfe seiner speziellen Modellierungssprache (z.B. einer gängigen Simulationssprache) und übergibt es der Modellverwaltung des Rahmensystems. Wichtig ist, daß Modifikationen am Modell leicht vorzunehmen sind und sich der anschließende Wechsel zur Phase des Testens und der Modellexperimente einfach und rasch vollzieht. Die Experimente selbst (einfache Simulationsläufe oder komplexere Experimente, welche mehrere Läufe einschließen) erfolgen im Dialog mit dem System, wobei die experimentellen Bedingungen (etwa die Eingabedaten für das Modell) interaktiv spezifiziert werden können.

Zur Analyse des Ergebnisses steht eine Auswertungskomponente zur Verfügung, welche dem Benutzer vordefinierte Standardmethoden zur Datenauswertung und -darstellung anbietet. Diese Methoden sind entweder interaktiv nutzbar, oder sie werden vor Beginn des Experiments ausgewählt und erlauben somit die begleitende Auswertung und Ausgabe der Ergebnisse.

Beispiele für interaktive Simulationssysteme, die speziell für die Ökosystemmodellierung entwickelt bzw. dafür eingesetzt wurden, stellen die Systeme ASS (/BOS81/), BAHSIM (/GHL86/), DYSS (/MET87/), DYNAMIS (/HÄP86/) bzw. STELLA (/RVP87/) dar. Ein Vergleich einiger dieser Simulationssysteme für die Umweltsystemanalyse wurde in /HÄP88/ durchgeführt.

<u>Modellbanksysteme</u>

Während es bei interaktiven Simulationssystemen vorrangig um die Rechnerunterstützung des gesamten Prozesses der Modellbildung und Simulation geht, steht bei den Modellbanksystemen die **Verwaltung** und der **Betrieb** bereits **realisierter** (Teil-) **Modelle** im

Vordergrund. Ein Modellbanksystem ermöglicht dem Benutzer den Aufbau einer Sammlung von **Modellbausteinen**, die er im Rahmen wechselnder Problemstellungen jeweils neu verknüpfen und parametrisieren kann. Eine solche **Modellbank** kann auch einem größeren Benutzerkreis zugänglich gemacht werden, wobei wie bei einem Datenbanksystem verschiedene Benutzersichten definierbar sind.

Neben Modellen verwaltet ein Modellbanksystem auch Methoden (zur Auswertung und Darstellung von Daten) und die innerhalb des jeweiligen Anwendungsbereiches benötigten Daten. Man kann ein Modellbanksystem entsprechend in die drei Subsysteme Modellbank, Methodenbank und Datenbank gliedern. Der Bestand an Modell- und Methodenbausteinen und Modelldatenbeständen kann vom Benutzer laufend erweitert und somit dem zunehmenden Wissen über das Anwendungsgebiet und neuen Anforderungen angepaßt werden.

Gerade auf dem heterogenen Feld der "Umweltmodellierung" bietet das Modellbankkonzept große Möglichkeiten. Es erscheint für einen Umweltplaner sehr nützlich, wenn er beispielsweise verschiedene Ausbreitungsmodelle nebeneinander in einem Modellbanksystem unter einer zentralen Systemverwaltung mit einheitlichen Schnittstellen und über einen benutzer- und problemorientierten Zugriff zur Verfügung hätte; damit ließen sich im Rahmen eines Umweltplanungsprozesses Modellaussagen bestätigen bzw. Widersprüche aufdecken.

Das Modellbankkonzept konnte sich in der Praxis bisher nur ansatzweise durchsetzen. Eines der wenigen operationalen Modellbanksysteme stellt das von der GMD entwickelte MBS dar. Dessen Eignung für die Anwendung im Umweltbereich ist in /HIP86b/ analysiert worden.

Modellbasierte Entscheidungsunterstützungssysteme

Konzepte interaktiver Modellbildung und Simulation gewinnen einerseits in der Forschung der verschiedensten wissenschaftlichen Disziplinen einschließlich der Ökosystemforschung immer mehr an Bedeutung. Andererseits können sie auch im Rahmen von sog. Entscheidungsunterstützungssystemen (**Decision Support Systems**) für die (umwelt-)politische Entscheidungsvorbereitung genutzt werden.

Allgemein sollen DSS Entscheidungsträgern und ihren entscheidungsvorbereitenden Stabsstellen am Rechner Entscheidungs**hilfen** in Form von problem- oder problemklassenbezogenen und modellbasierten Lösungen zur Verfügung stellen. Typische Methoden und Werkzeuge der DSS stellen Verfahren der Statistik (Deskriptiv, Prognose, usw.) und des Operation Research (Simulation, Optimierung, usw.), Planungssprachen und zunehmend auch Expertensystemtechniken dar.

Ein bekanntes Beispiel für ein umweltbezogenes DSS stellt das DV-System zur Unterstützung von Investitionsentscheidungen zur Reduzierung industrieller Luftschadstoffemissionen dar, das an der Akademie der Wissenschaften der DDR entwickelt wurde (vgl. /SYD86/). Auf der Basis analytischer Teilmodelle für die Bereiche Produktion/Emissionen,

Ausbreitung von Schadstoffen und Immission/Wirkungen auf Forst- und Landwirtschaft und mehrkriteriale Optimierungsansätze können unter Berücksichtigung des für den Umweltbereich typischen mehrfachen Zielkonfliktes sukzessive Alternativlösungen bestimmt werden (siehe auch den Beitrag von A. Sydow in diesem Fachgespräch).

Modellbasierte DSS-Funktionen lassen sich als Systemkomponenten in umfangreichere Umweltinformationssysteme einbetten, wie am Internationalen Institut für Angewandte Systemanalyse (IIASA) mit dem Entscheidungshilfe- und Informationssystem zum Risikomanagement der Produktion, des Transports und der Entsorgung gefährlicher Chemikalien demonstriert wurde (vgl. /FED87/).

Wissensbasierte Simulationssysteme

Eine neuere Forschungsthematik stellt der Einsatz von KI-Methoden in der Simulation dar. Von der Entwicklung von **KI**- oder **wissensbasierten Simulationsystemen** erhofft man sich, daß sie zukünftig

- **Problembeschreibungen** akzeptieren und problemadäquate **Simulationsmodelle** aus entsprechenden Modellbanken **zusammenstellen** können,
- ein **Ziel** als Menge von Zielzuständen bzw. Constraints **entgegennehmen** (z.B. den gewünschten Zustand eines Ökosystems), geeignete **Modelle auswählen**, zugehörige **Optimierungsmaße** vorgeben, einen **Suchraum** mit plausiblen Szenarien abstecken, die **Simulationen** mit den relevanten Szenarien **zielgesteuert durchführen**, die **Ergebnisse interpretieren** und schließlich ein **Szenario vorschlagen** können, das die vorgegebenen Zielkriterien **optimal** erfüllt,
- die **Auswahllogik** für bestimmte zu untersuchende Szenarien bzw. für das empfohlene optimale Szenario dem Benutzer **erklären**,
- Modelle anbieten können, die **lernfähig** sind und sich selbst anpassen können
- und schließlich mit (im ökologischen Bereich sehr typischen) **qualitativen** Kategorien umgehen können.

Die grundlegende Zielvorstellung bei der Entwicklung von wissensbasierten Simulationssystemen ist es, dem Fachbenutzer ohne Spezialwissen über die Modellbildung und Simulation komfortable ("intelligente") Werkzeuge zur Ausführung von Simulationsuntersuchungen, z.B. als Teilaufgabe im Rahmen von umfassenden Umweltplanungsvorhaben, an die Hand zu geben. Hier liegt ein großes Potential für die Ökosystemmodellierung.

Ein Beispiel für einen wissensbasierten Ansatz zur Simulation von Ökosystemen - hier der Eutrophierung eines Sees - ist in /SHR87/ beschrieben. In der Arbeit wurde ein (konventionelles, kontinuierliches) Simulationsmodell mit einem regelbasierten Expertensystem gekoppelt. Mit Hilfe des Expertenwissens (z.B. qualitative Beurteilungen und Vergleiche oder Domänenwissen über die Seeökologie) können die Simulationsergebnisse interpretiert und die Simulation zielsuchend gesteuert werden. Ein weiteres Beispiel zur wissensbasierten Simulation stellt der Beitrag von V. Levien in diesem Fachgespräch dar.

2.3 Expertensysteme für den Umweltbereich

Eignung von Expertensystemen für die Lösung von Umweltproblemen

Es ist selbstverständlich, daß zur Lösung der Aufgaben in Umweltplanung und Umweltschutz neben den konventionellen Methoden der Datenverarbeitung auch die modernsten Techniken genutzt werden müssen. So werden Expertensysteme in der Zukunft in diesem Bereich besonders als entscheidungsunterstützende Informations- und Managementsysteme steigende Bedeutung gewinnen. Umweltanwendungen weisen einige Charakteristiken auf, die den Einsatz gerade dieser Techniken besonders sinnvoll erscheinen lassen.

Problemlösungen im Umweltbereich setzen meist interdisziplinäres Wissen voraus. Die natürliche Umwelt und die Technik sind heute praktisch in allen Bereichen eng miteinander verzahnt. Die Entscheidungsfindung basiert in der Regel auf Fachwissen aus Teilgebieten der diversen Diziplinen von Umwelt und Technik. Daneben geben kommerziell-volkswirtschaftliche und politisch-administrative Aspekte eine Vielzahl von Randbedingungen vor, die in Umweltplanung und -management einzubeziehen sind. Ganzheitlicher Umweltschutz zwingt zur Integration der Bereiche Luft, Wasser, Abfall und Boden. Dadurch wird im Einzelfall das notwendige Problemlösungswissen noch erweitert.

Das Wissen über die Umwelt ist einem schnellen und ständigen Zuwachs und Wandel unterworfen. Forschung, Industrie, Politik und Administration produzieren permanent neues Wissen und neue Fakten, die konsequent und vollständig für die Problemlösung aufzubereiten und unverzüglich und einheitlich den planenden und entscheidenden Gremien zur Verfügung zu stellen sind.

Das Wissen über die Umwelt ist in weiten Bereichen empirisch und heuristisch. Im System Umwelt mit seinen zahlreichen Einflußgrößen und Wechselwirkungen läßt sich selbst für beschränkte Subsysteme keine geschlossene analytische oder algorithmische Beschreibung geben. Bewertungsgrundlagen sind oft unsicheres, unvollständiges Wissen und heuristische Annahmen.

Problemlösungen im Umweltbereich stützen sich oft auf die Auswertung großer Daten- und Faktenmengen. Typisch für diesen Anwendungsbereich sind die großen Daten- und Faktenbanken, die jeweils unter problemspezifischen Aspekten durchsucht und ausgewertet werden müssen. Dieses Informationsangebot wird heute aufgrund der unzureichenden Zugriffs- und Auswertungsmöglichkeiten nicht genutzt.

Umweltmanagement ist dezentral. Umweltrelevante Entscheidungen werden in der Mehrzahl von lokalen nicht spezialisierten Verwaltungsorganen getroffen. Diese verfügen jedoch in der Regel nicht über Experten mit dem notwendigen interdisziplinären Wissen, mit dem jeweils modernsten Kenntnisstand und mit speziellen, praktischen Erfahrungen in allen tangierten Bereichen.

In diesem Umfeld können Expertensysteme als entscheidungsunterstützende Werkzeuge vorteilhaft eingesetzt werden.
Expertensysteme sind sehr gut geeignet, interdisziplinäres Wissen unterschiedlicher Art und Herkunft zu speichern und für die Problemlösung zur Verfügung zu stellen.
Das Wissen kann relativ leicht aktualisiert und gepflegt werden. Neues Wissen kann einfach integriert, vorhandenes modifiziert oder gelöscht werden.
Expertensysteme lassen die Repräsentation von empirischem und heuristischem Wissen zu. Sie bieten die Möglichkeit, unsicheres und unvollständiges Wissen zu erfassen und auszuwerten.
Sie können mit den großen Umweltdatenbanken gekoppelt werden und unterstützen die intelligente Nutzung der gespeicherten Informationen.
Anwendungssysteme lassen sich leicht duplizieren und können bei zentraler Wartung den lokalen Verwaltungsstellen für die Entscheidungsunterstützung zur Verfügung gestellt werden. Sie garantieren so die einheitliche Anwendung des jeweils aktuellsten Wissens.

Entwicklungsstand von Expertensystemen im Umweltbereich

In einer 1986 durchgeführten Studie (/WAT86/) werden für die USA ca. 180 Expertensystementwicklungen aufgeführt und diese 16 Anwendungsbereichen zugeordnet. Der Bereich 'Umwelt' fehlt in dieser Aufstellung noch. Mittlerweile enthält jedoch die entsprechende Literatur in steigendem Maße Informationen und Hinweise über Expertensystementwicklungen mit Umweltbezug.[1])
Bei den Entwicklungen handelt es sicht fast ausnahmslos um stand-alone-Systeme. Expertensysteme, die in konventionelle Rahmensysteme integriert sind und dort Teilfunktionen übernehmen, werden derzeit noch kaum bearbeitet. Die Entwicklungen sind vornehmlich den Expertensystemklassen Interpretation, Prognose, Planung sowie Diagnose- und Reparatur zuzuordnen. Entwicklungen in den Klassen Ausbildung, Entwurf sowie Überwachung und Steuerung fehlen fast völlig.
In die Klasse der Interpretationssysteme fällt das Gros der Anwendungen. An der Spitze stehen hier Systeme für die Bewertung von gefährlichen Abfallstoffen, von Altstandorten und geplanten Deponiegeländen (z.B. /WMF87/,/ROK87/,/WGE87/,GRG88/) sowie Systeme zur Unterstützung der Vorbereitung und Durchführung von Genehmigungsverfahren für umweltbelastende technische Anlagen (z.B. /SPO85/,/SCH87/). Eine dritte Gruppe in dieser Klasse bilden die Auskunftssysteme für Stör- und Krisensituationen (z. B. /HUS86/,/ANL86/), die bei technischen (z.B. Chemie) und Natur- (z.B. Waldbrand) Katastrophenfällen Anwendung finden.
Prognosesysteme (z.B. /SHB86/,/ROH85/) werden eingesetzt sowohl für die Vorraussage der Risiken und Schäden, die von umweltbelastenden Maßnahmen im Bau und Betrieb technischer Anlagen ausgehen, als auch für die Abschätzung der Erfolge von Sanierungsmaßnahmen.

----

1) Eine Literaturrecherche der Autoren ergab Anfang 1988 Hinweise auf über 30 Entwicklungen. Sie bilden die Basis für die folgenden Aussagen.

Planungssysteme (z.B. /PWB86/) finden Anwendung bei der Durchführung umweltrelevanter Arbeitsvorgänge im Bereich Sanierung , Umweltanalytik usw.
Diagnosesysteme (z.B. /HIL86/, /HSM86/) werden zur Artenbestimmung im Naturschutz eingesetzt und in noch bescheidenem Umfang als Fehlerdiagnosesysteme von technischen Anlagen zur Abfallbehandlung (z. B. Müllverbrennung) verwendet. Letztere unterscheiden sich jedoch in Funktion und Struktur nicht von entsprechenden Systemen anderer technischer Prozesse.

Die steigende Anzahl von Expertensystementwicklungen im Bereich Umwelt darf jedoch zu keiner allzu optimistischen Einschätzung des tatsächlichen Entwicklungstands führen. Wie in anderen Anwendungsgebieten ist auch im Bereich Umwelt der prozentuale Anteil der Systeme, die wirklich in praktischem Einsatz genutzt werden, äußerst gering (geschätzt 10-20%). Die meisten Entwicklungen schließen (beabsichtigt oder nicht) im Prototyp- oder Demonstrationsstatus ab.
Die Ursachen sind vielfältig, aber meist zurückzuführen auf einen Mangel an ausgereiften Entwicklungsmethodiken und Entwicklungswerkzeugen. Bei Expertensystementwicklungen aus dem Bereich Umwelt fallen im Entwicklungsprozeß folgende Mängel mit ihren Konzequenzen besonders auf:

- Es existieren keine Methoden zur Abschätzung der im jeweiligen Anwendungsfall zur adäquaten Problemlösung notwendigen Wissens*menge*. Im ersten Ansatz wird das Volumen meist unterschätzt. Das resultierende System löst dann nur triviale Probleme oder der Anwendungsbereich wird unzulässig eingeschränkt. Bisweilen wird das fehlende Wissen nachträglich hinzugefügt, was jedoch meist zu einer Überfrachtung der ursprünglichen Softwarestruktur und Hardware führt und mangelnde Performance und Wartbarkeit zur Folge hat. In jedem Fall bleibt das System ohne praktischen Nutzen.
- Weiter erscheint es mit den heute verfügbaren knowledge-engineering Techniken nicht möglich, die richtige und vollständige Auswahl des benötigten Wissens in *einem* Wissensakquisitionsschritt zu implementieren. Dies muß vielmehr schrittweise im praktischen Betrieb durch den Fachexperten geschehen, bevor ein System vom Nicht-Experten nutzbringend eingesetzt werden kann. Dies wird oft übersehen und das System zu früh dem Nicht-Fachmann übergeben.
- Die Systeme sind häufig nicht mit Bedienungsschnittstellen versehen, die für den praktischen Einsatz geeignet sind. Meist stehen keine guten Benutzeroberflächen für die Aktualisierung und Pflege der Wissensbasis für den DV-ungeübten Fachexperten zur Verfügung.

Die Bilanz für in der Praxis nutzbare Systeme wird sich in dem Maße verbessern, wie es gelingt, Techniken und Werkzeuge zu entwickeln und verfügbar zu machen, die im Entwicklungsprozeß speziell folgende Schritte unterstützen:

- die a priori Abschätzung und Abgrenzung der zur Problemlösung benötigten Wissensdomäne,
- die Auswahl der Wissensrepräsentationsform und den Entwurf der Struktur der Wissensbasis,

- die Wissensakquisition, insbesondere die Aktualisierung der Wissensbasis während der Systemwartung,
- den Test von Vollständigkeit und Konsistenz der Wissensbasis,
- die Integration in (ggf. bestehende) konventionelle Datenverarbeitungsumgebungen.

3. Übersicht über das Fachgespräch

Die Tagung 'Informatikanwendungen im Umweltbereich', deren Vorträge im folgenden wiedergegeben sind, ist bereits die dritte Veranstaltung dieser Art (vgl. /JAP87/,/JAP88/). Sie wird vom GI-Fachausschuß 4.6 'Informatik im Umweltschutz' jährlich organisiert und findet diesmal im Rahmen der GI-Fachtagung 88 in Hamburg als Fachgespräch statt. Ziel des Fachausschusses ist es, mit seinen Veranstaltungen ein Forum für die Kommunikation aller am Anwendungsgebiet Umwelt und Umweltschutz interessierten Informatiker zu schaffen.

Das Programm des GI-Fachgesprächs "Informatikanwendungen im Umweltschutz" gliedert sich in drei Themenbereiche, die jeweils mit einem eingeladenen Referat eingeleitet werden:

- Vortragsblock 1: **Datenbank- und Informationssysteme**
- Vortragsblock 2: **Simulationsmethoden und -anwendungen**
- Vortragsblock 3: **Bildverarbeitung und Expertensystemanwendungen.**

Der erste Block mit vier Papieren befaßt sich mit den grundlegenden **Datenbankkonzepten für den Umweltbereich** und diskutiert relevante Anwendungen. In dem ersten (Übersichts-) Vortrag von A. Reuter (Fachbereich Informatik der Universität Stuttgart) wird aufgezeigt, welchen Beitrag die moderne Datenbanktechnik für die Verwaltung großer Datenmengen im Rahmen weiträumig verteilter Umweltkontroll- und meßsysteme leisten kann. A. Baumewerd-Ahlmann (Fachbereich Informatik der Universtität Dortmund) analysiert in dem zweiten Papier die Anforderungen an Datenbanken für eine Kopplung mit wissensbasierten Systemen für Aufgaben der Umweltverträglichkeitsprüfung. Der folgende Beitrag von M. Helmich, U. Holl, K. Neuschwander und W. Weber (Institut für Softwareentwicklung und EDV-Beratung, Karlsruhe) beschreibt den Entwurf und die Realisierung eines rechnergestützten Luftemissionskatasters als eine typische Umweltdatenbankanwendung. Im letzten Beitrag dieses Vortragsblocks formuliert J. Pietsch (Bereich Stadtökologie der Technischen Universität Hamburg-Harburg) aus der Sicht der System- und Methodenentwicklung Kommunaler Umweltinformationssysteme wesentliche Anforderungen an die Angewandte Informatik.

Der zweite Vortragsblock mit insgesamt sechs Beiträgen über **Simulationsmethoden und -anwendungen im Umweltbereich** wird eröffnet von dem Referat von A. Sydow (Zentralinstitut für Kybernetik und Informationsprozesse der Akademie der Wissenschaften der DDR) über ein komplexes, modellbasiertes Prognose- und Entscheidungssystem für die Luftreinhaltung. Es werden Modelle für Schadstoffverteilungen, Softwarekonzepte für die mehrkriterialen Entscheidungsfindung zur Bestimmung optimaler

Emissionsminderungsmaßnahmen bei den Verursachern und simulationsbasierte forstwirtschaftliche Wirkungsmodelle für Waldschäden vorgestellt.
Im zweiten Beitrag dieses Blocks werden von H. Keller (Institut für Datenverarbeitung in der Technik des Kernforschungszentrums Karlsruhe) Konzepte der Parallelsimulation für komplexe ökologische Simulationsmodelle eingeführt, die auf der Zerlegung von umfangreichen modularen Modellen in parallel ausführbare Einheiten auf leistungsfähigen und kostengünstigen Mehrprozessor/Mehrrechnersystemen beruhen. Es folgt der Beitrag von A. Häuslein und L. Hilty (Fachbereich Informatik der Universität Hamburg) zur Transparenz von (ökologischen) Simulationsmodellen, die eine wesentliche Grundlage für die Nachprüfbarkeit von Simulationsergebnissen darstellt. Mit Hilfe einer empirischen Untersuchung wurde die Verständlichkeit von bestimmten Modelldiagrammen zu einem ökologischen Simulationsmodell für Anwender mit geringen Vorkenntnissen über Computersimulation getestet.
Eine typische Simulationsanwendung mit Umweltbezug stellt der vierte Beitrag dieses Blocks von P. Vortisch (Verkehrwissenschaftliche Softwareentwicklung Dr. Benz & Partner, Karlsruhe) dar, in der im Rahmen einer Verkehrsflußsimulation die Fahrtverläufe von Kraftfahrzeugen modellmäßig abgebildet werden. Ziel ist die quantitative Bewertung abgasemissionsmindernder Maßnahmen im Straßenverkehr für die Planung.
Der folgende Beitrag von V. Levien (Fachbereich Informatik der Universität Hamburg) befaßt sich mit der wissensbasierten Simulation von Ökosystemen. Eine Expertensystemkomponente dient der Aquisition von Wissen über ein ökologisches Simulationsmodell, mit dessen Hilfe neue Modellparameter für folgende Simulationsläufe unter Verwendung eines vorgegebenen Ziels ermittelt werden. Der Themenbereich wird abgeschlossen mit einem Vortrag von R. Bachhuber (ESRI Gesellschaft für Systemforschung und Umweltplanung mbH, Kranzberg) über die Anwendung geographischer Informationssysteme und rückgekoppelter Simulationsmodelle zur wissenschaftlichen Ursachenanalyse des Waldsterbens. Die Simulationsergebnisse werden als hypothesenabhängige Waldschadenskarten ausgegeben und mit den kartierten realen Waldschäden verglichen.

Der dritte und letzte Themenbereich über Anwendungen der **Bildverarbeitung** und der **Expertensysteme im Umweltschutz** mit drei Beiträgen wird eingeleitet von dem Vortrag von W. Pillmann (Österreichisches Bundesinstitut für Gesundheitswesen), in dem eine Übersicht über den Einsatz von klassischen und wissensbasierten Methoden der Bildverarbeitung für verschiedene Aufgaben des Umweltschutzes wie Luftreinhaltung, Landschaftsplanung, Boden- und Biotopschutz oder Immisions- bzw. Simulationsmodelle gegeben wird.
Es schließt sich ein Papier von F. Belli, H. Bonin (Institut für Systemanalyse und Informatik der Hochschule Bremerhaven) und W. Filipowicz, P. Jedrzejowicz (Department for Systems Analysis and Computer Science, Merchant Marine Academy in Gdynia, Polen) über einen Expertensystemansatz als Beratungssystem für den fachgerechten Umgang mit gefährlichen Stoffen und Gütern an. Die wissensbasierte Beratung beziet sich auf die Lagerung, den Land- und Seetransport sowie auf Maßnahmen zur Bekämpfung von Schadensfällen durch die Feuerwehr.

Im letzten Beitrag des Fachgesprächs berichten H. Groh und R. Güttler (Rechenzentrum der Fachhochschule des Saarlandes) über die Entwicklung einer Pilotversion für ein Expertensystem zur Identifizierung, Untersuchung und Bewertung von Altlasten sowie zur Unterstützung bei ihrer Sanierung.

Unser Dank gilt allen Mitgliedern des Programmkomitees und allen Autoren für ihre engangierte Mitarbeit, ohne die ein erfolgreicher Verlauf dieses GI-Fachgesprächs "Informatikanwendungen im Umweltschutz" nicht möglich gewesen wäre.

Literatur

/ADV85/ Arbeitsgemeinschaft für Datenverarbeitung (Hrsg.), Tagung "EDV für Umweltschutz und Energiewirtschaft", Tulln, 6.-8. November 1985

/ANL86/ P. L. Andrews, D. Latham: BEHAVE: A Knowledge-Based Expert System for Predicting Wildland Fire Behavior. In: General technical report INT; U.S.Dept of Agriculture, Forest Service, Intermountain Forest Research Station Ogden Utah; 1986, 194

/Bau87/ Baumewerd-Ahlmann, A., Umweltinformationssystem Dortmund: Problemanalyse, Anforderungsdefinition und Grobentwurf für den Bereich der Umweltverträglichkeitsprüfung. Diplomarbeit, Fachbereich Informatik der Universität Dortmund, 1987.

/BEN88/ Benking, H., Möglichkeiten und Grenzen der Datenpräsentation durch Computergraphik im Umweltbereich. In: /JAP88/, S. 155-168.

/BHR87/ Becker, S., Hille, G., Ramplow, M., Wissensbasierte Simulation eines Ökosystems. In: /JAP87/, S. 245-258.

/BLO86/ Block, H.-J., Numerische Ausbreitungsmodelle. In: /PAG86/, S. 218-250.

/BOS81/ Bossel, H., Dynamische Simulation mit dem Modellerstellungsprogramm "ASS". In: Albertin, L., Müller, N., Umfassende Modellierung regionaler Systeme - Probleme, Modelle, Praxisbezug. ISR/TÜV Rheinland 1981, S. 136-144.

/BPS87/ Bös, R., Page, B., Seggelke, J., Eine Umfrage zum Stand des Computereinsatzes in den staatlichen Umweltbehörden. Angewandte Informatik 2/87, S. 59-69.

/FED87/ Fedra, K., Interaktive Informations- und Entscheidungshilfe-Systeme für industrielles Risiko, Gefahrengut und Sonderabfallmanagement. In: /JAP87/, S. 235-244.

/FIH82/ Fischer, D., Holz, A., Entwicklung eines rechnergestützten Informationssystems zur ökologischen Planung für Länder und Bund - Methodenbank Umwelt -. Forschungsbericht des Umweltbundesamtes an das Bundesministerium für Forschung und Technologie, Berlin 1982.

/FRE78/ Frenkiel, N. (Hrsg.), Simulation Modeling of Environmental Problems. SCOPE 9, Chichester 1978.

/GHL86/ Greve, W., Höpfner, R., Liedke, M., Computergestütztes adaptives Umweltmanagement - BAHSIM. In: /PAG86/, S. 314-330.

/GME88/ VDE/VDI-Ges. Mikroelektronik (Hrsg.), Beitrag der Mikroelektronik zum Umweltschutz. Proc. Workshop, November 1987, Hamburg, vde-Verlag, Berlin - Offenbach 1988.

/GRE85/ Gresslehner, K. H., Das vollautomatische Luftüberwachungsnetz des Landes Oberösterreich. In: /ADV85/, S. 58-76.

/GRG88/ H. Groh, R. Güttler: XSAL - Ein Expertensystem für Altlasten. In diesem Band.

/HÄP86/ Häuslein, A., Page, B., DYNAMIS: Ein Modellbildungs- und Simulationssystem mit objektorientierter Benutzeroberfläche. In: Proc. GI 16. Jahrestagung, Bd. 1, Berlin, Oktober 1986, Berlin-Heidelberg 1986, S. 329-343.

/HÄP88/ Häuslein, A., Page, B., Anforderungen an interaktive Simulationssysteme für die Umweltanalyse. In: /JAP88/, S. 102-115.

/HAZ87/ Hansen, A., Zacharias, U., Konzeption und Implementation eines datenbankgestütztes Auswertungssystems für Luftmeßdaten. Mitteilung Nr. 148/87 des Fachbereichs Informatik der Universität Hamburg, März 1987.

/HIL84/ Hilty, L., Computeranwendungen im Umweltschutz - Inhalte und Methoden - Ein Überblick. Fachbereich Informatik der Universität Hamburg, Mitteilung Nr. 129, Hamburg 1984.

/HIL86/ G. Hille: Ein Expertensystem für die Artenbestimmung im Naturschutz. In: /PAG86/

/HIL87/ Hilty, L., Konzepte zur Unterstützung der Modellbildung und Simulation am Beispiel der Modellbildung auf dem Umweltsektor. In: /JAP87/, S. 213-234.

/HIP85/ Hilty, L., Page, B., Computeranwendungen im Umweltschutz - eine erste Analyse. Angewandte Informatik 10/85, S. 409-419.

/HIP86b/ Hilty, L., Page, B., Anwendungsmöglichkeiten von Methoden- und Modellbanksystemen im Umweltbereich. In: /PAG86/, S. 331-347.

/HNS86/ Häuslein, A., Nowak, C., Slottke, K., Modellbildung mit System Dynamcis am Beispiel der Eutrophierung eines Sees - Das interaktive Simulationssystem DYNAMIS und seine Anwendung. In: /PAG86/, S. 251-283.

/HSM86/ Y. W. Huang, S. Shenoi, A. P. Matheus, F. S. Lai, L. T. Fan: Fault Diagnosis of Hazardous Waste Incineration Facilities Using a Fuzzy Expert System. In: Expert Systems in Civil Engeneering, C.N. Kostem, M.L. Maher (eds.), New York, 1986

/HUS86/ J. M. Hushon: Response to Chemical Emergencies. In: Environ. Sci. Technol. 1986, 20, pp. 118-21

/JAP87/ Jaeschke, A., Page, B. (Hrsg.), Informatikanwendungen im Umweltbereich. Kolloquium, Institut für Datenverarbeitung in der Technik des Kernforschungszentrums Karlsruhe, KfK-Bericht Nr. 4223, Karlsruhe, März 1987.

/JAP88/ Jaeschke, A., Page, B. (Hrsg.), Informatikanwendungen im Umweltbereich. Proceedings, 2. Symposium, Karlsruhe, November 1987, Informatik-Fachberichte 170, Berlin-Heidelberg 1988.

/JUP85/ Judmann, K., Pillmann, W., Dezentralisiertes Mikrocomputernetz mit offener Datenkommunikation. In: /ADV85/, S. 139-152.

/LOH87/ Lohmann, G., Wissensbasierte Klassifizierung von Satelitenbildern für Waldschadenskartierungen. Paper auf dem 2. DFVLR-Statusseminar "Untersuchung und Kartierung von Waldschäden mit Methoden der Fernerkundung", 30.11.-2.12.1987 in Oberpfaffenhofen, DFVLR 1987, S. 253-260.

/MET87/ Metzler, W., Mathematische Modelle und dynamische Systeme in der Ökologie. Manuskript, Gesamthochschule Kassel 1987

/MOC87/ Moninger, W. R., Cote, D. F., et. al., Summary of the First Conference on Artificial Intelligence Research in Environmental Sciences (AIRIES). Bulletin of the American Meteorological Society, Vol. 68, No. 7, July 1987, S. 793-800.

/PAG86/ Page, B. (Hrsg.), Informatik im Umweltschutz - Anwendungen und Perspektiven. R. Oldenbourg Verlag München-Wien 1986.

/PAG87/ Page, B., Informatikanwendungen auf dem Umweltsektor - Realisierungsstand und Forschungsperspektiven. In: /JAP87/, S. 5-32.

/PAG88/ Page, B., Informatikkonzepte zur Unterstützung der Modellbildung und Simulation im Umweltbereich. In: /GME88/, S. 465-478.

/PAG88a/ Page, B., Review of Applied Informatics in Environmental Protection. Inv. Paper, 3rd International Symposium on Systems Analysis and Simulation, Sept. 1988, Berlin (Ost), DDR (im Druck).

/PAN82/ Panzer, K., Anwendungen der graphischen Datenverarbeitung im Bayerischen Staatsministerium für Landesentwicklung und Umweltfragen. In: I. Nehmer (Hrsg.), GI - 12. Jahrestagung. Proceedings. Informatik-Fachberichte Nr. 57, Berlin-Heidelberg 1982, S. 322-327.

/PIL84/ Pillmann, W., Mikroelektronik im Umweltschutz. Fernerkundung - Meßtechnik - Umweltdatenverarbeitung. In: Tagung Mikroelektronik für den Menschen. Johannes Kepler Universität, Linz 1984, S. 1083-1097.

/PIL86/ Pillmann, W., Modelle im Umweltschutz. In: /ADV85/, S. 183-192.

/PIN85/ Pinz, A., Auswertung von Luftbildern zur Waldschadenserhebung. In: /ADV85/, S. 205-216.

/PIZ88/ Pillmann, W., Zobl, Z., Objektivierte Ermittlung des Waldzustandes aus Flugzeug-Scannerdaten. In: /JAP88/, S. 67-78.

/PWB86/ J. S. Paquette, L. Woodson, D. A. Bissex: In: Proceedings, Superfund '86 Hazardous Materials Control Research Institute, 1986, pp. 208-12

/REI88/ Reichert, H., Frühwarnsystem der Bundesrepublik Deutschland für ferntransportierten Smog - Informationstechnisches Konzept - In: /JAP88/, S. 79-91.

/ROH85/ L. A. Rossman, H. E. Haxo: In: Proceedings, Environmental Engineering Specialty Conference, American Society of Chemical Engenieers, New York, 1985, pp. 583-90

/ROK87/ S. Rouhani, R. Kangari: Landfill Site Selection. In: Microcomputers in Civil Engineering, 1987, 2, pp. 47-53

/RUD87/ Rudolf, A., Systeme zur Kernreaktorfernüberwachung - Konzepte und Realisierungen. In: /JAP87/, S. 157-172.

/RVP87/ Richmond, B., Vescuso, P., Petersen, S., Stella for Business. High Performance Systems Inc., New Hampshire 1987

/SCH87/ A. Schwabl: Ansätze für Expertensysteme in der Umweltverträglichkeitsprüfung. In: /JAP77/

/SEG87/ Seggelke, J., Das Umweltplanungs- und Informationssystem des Bundes UMPLIS; Aufgaben, Hoffnungen und Grenzen. In: /JAP87/, S. 47-72.

/SHB86/ C. S. Shih, H. Bernhard: In: Proceedings, Superfund '86, Hazardous Materials Control Research Institute, 1986, pp. 463-64

/SPO85/ C.S. Spooner: The Emerging Uses of Expertsystems at the U.S. Environmental Protection Agency. In: Proceedings, Expert Systems in Government Symposium; K. N. Karna, Va. McLean: MITRE Corp., 1985, pp. 573-77

/SYD86/ Sydow, A., Models and Multicriterial Control of Complex Environmental Systems. In: Proceed. of the 2nd European Simulation Congress, Antwerpen, Sept. 1986, S. 14-16.

/TRA87/ Trauboth, H., Was kann die Informationstechnik für den Umweltschutz tun? Automatisierungstechnik 35 (1987), S. 431-442.

/WAT86/ D. Watermann: A Guide to Expert Systems. Addison Wesley: Reading, Mass., 1986

/WGE87/ R. Weidemann, W. Geiger, W. Eitel: Entwurf eines Expertensystems zur Beurteilung von Abfallstoffen. In: /JAP88/

/WMF87/ J. L. Wilson, G. K. Mikroudis, H. Y. Fang: GEOTOX: A Knowledge -Based System for Hazardous Site Evaluation. In: Artificial Intelligence, 1987, 2, pp. 23-32

/ZAN87/ Zanetti, P. (Hrsg.), ENVIROSOFT 86. Proc. Intern. Conference on Development and Applications of Computer Techniques for Environmental Studies, Los Angeles, USA, Nov. 1986, Computational Mechanics Publications, Ashurst, Großbritannien 1987.

Datenbanken als Grundlage für große verteilte Meß-, Kontroll-, Analyse- und Simulations-systeme

Andreas Reuter
Institut für Informatik
Universität Stuttgart

Zusammenfassung

Die rasche Verfügbarkeit immer billigerer, leistungsfähigerer und zuverlässigerer Rechnertechnologien führt - neben vielem anderen - auch zum Aufbau weiträumig verteilter Kontroll- und Meßsysteme etwa im Bereich der Schadstoffüberwachung in Boden, Wasser und Luft, der Klimaforschung, der Geologie, aber auch bei der Verkehrskontrolle und vielen anderen Anwendungsbereichen. Die damit erhobenen Datenmengen machen den Betrieb und die Nutzung solcher Systeme in wesentlich stärkerem Umfang als früher zu einem Datenverwaltungsproblem, und zwar deswegen, weil erst die flexible Auswertung aller vorliegenden Informationen und ihre dynamische Umstrukturierung den vollen Nutzen aus dem erhobenen Datenmaterial zu ziehen erlauben. In diesem Übersichtsaufsatz wird gezeigt, welchen Beitrag die moderne Datenbanktechnik hier zu leisten vermag.

1. Einleitung

Die Verarbeitungsstruktur bei empirischen Studien in vielen Bereichen, sei es der Sozial- oder der Naturwissenschaften, ist durch den in Abb. 1 dargestellten Ablauf gekennzeichnet. Ein Meßgerät liefert seine Daten über eine fest definierte Schnittstelle etwa auf Floppy oder Diskette (oder auch über Direktabruf); zur Anpassung an ein bestimmtes Auswerteprogram A1 (z.B. Meßwertprüfung und einfache statistische Analysen) ist ein spezielles Konversionsprogramm - oft auch als Datenerfassungsprogramm bezeichnet - erforderlich. Die Resultate werden in Listenform und auf Datei ausgegeben. Wenn sie weiteren Auswertungen unterzogen werden sollen (z.B. Simulationsrechnungen oder graphische Aufbereitungen), dann müssen üblicherweise die Resultate von A1 durch ein weiteres Konversionsprogramm den Eingabeschnittstellen von A2 angepaßt werden usw. Werden die Ergebnisse von A1 verschiedenen Arten der Weiterverarbeitung zugeführt, so sind natürlich entsprechend viele Konversionsroutinen zu erstellen.

Wer mit einer solchen Umgebung arbeitet, muß also für jede vorkommende Kombination von Meßgerät -> Auswertung bzw. Auswertung -> Auswertung die erforderlichen Formatumsetzprogramme bereithalten. Doch damit nicht genug: Nehmen wir an, nach drei Jahren des Betriebes wird das Meßgerät 1 durch ein neues Modell ersetzt, das zwei zusätzliche Parameter liefert. Die Auswertungen A1 und A2 werden entsprechend erweitert. Damit ändern sich natürlich auch deren Ein-/Ausgabeschnittstellen, was wiederum Rückwirkungen auf die Kon-

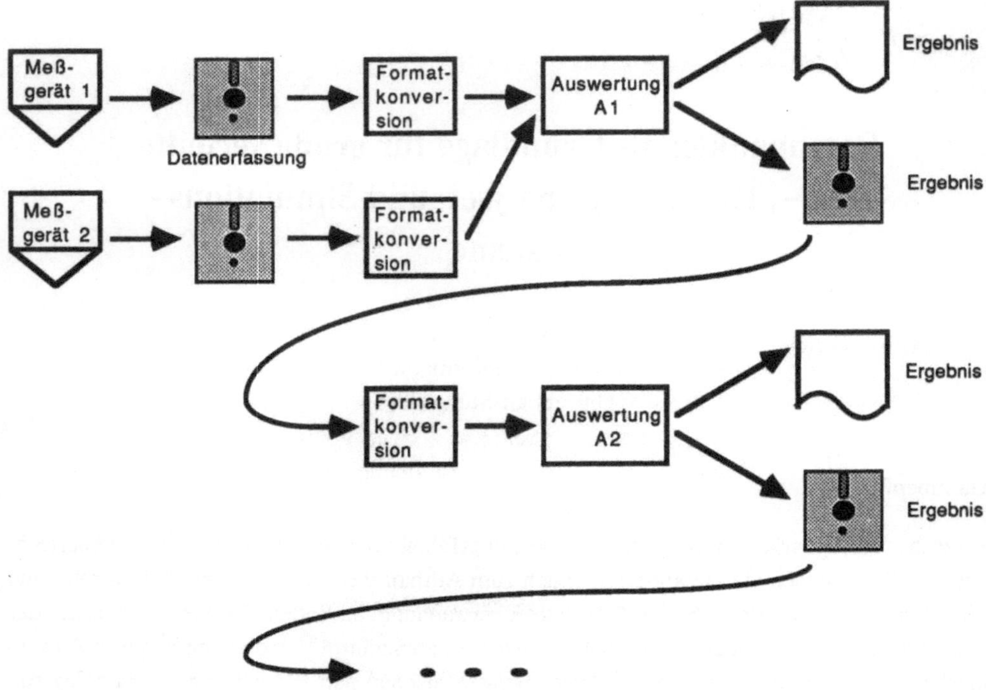

Abb. 1: Verknüpfung von Auswertemethoden über feste Datei-Formate mit Konversions- Programmen

versionsprogramme hat. Sind auch diese geändert, so ist zwar der Gesamtablauf gem. Abb. 1 den neuen Verhältnissen angepaßt, nur: Die alten Datenbestände sind jetzt mit den neuen Programmen nicht mehr zu verarbeiten. Wie sollen dann aber Längsschnittanalysen, Zeitverlaufsstudien u.ä. durchgeführt werden? Die naheliegende Antwort: 'Alle alten Daten sind auf das neue Format umzukopieren.' scheidet bei großen Meß- und Analysesystemen wegen des immensen Aufwandes aus; zudem sind solche Maßnahmen, wie die folgenden Ausführungen zeigen werden, völlig unnötig.

Natürlich ist das nicht das einzige Problem, das sich aus der Verwendung starrer, ad hoc auf eine Anwendung zugeschnittener Datei-Formate ergibt. Es ist aber dasjenige, mit dem Anwender in diesem Gebiet sehr häufig konfrontiert sind und mag deshalb als Einstieg in die Thematik des Aufsatzes dienen. Im nächsten Kapitel werden wir, ausgehend von der Struktur in Abb. 1, die typischen Anforderungen an die Datenverwaltung in großen Meß- und Analysesystemen zusammenstellen und dann skizzieren, inwieweit moderne Datenbanksysteme sie erfüllen können.

2. Datenverwaltung in großen verteilten Meß- und Analysesystemen

Daten in Anwendungen der hier betrachteten Art lassen sich zunächst in zwei Kategorien einteilen:**Primärdaten** sind solche, die von Meßgeräten oder sonstigen externen Quellen stammen; sie müssen natürlich gespeichert werden, um für Auswertungen verfügbar zu sein. Daneben gibt es **abgeleitete Daten**, d.h. solche, die durch statistische Methoden, Modellrechnungen, Simulation o.ä. aus den Primärdaten abgeleitet worden sind. Sie sind redundant, insofern als sie, das Vorhandensein der Primärdaten vorausgesetzt, jederzeit wieder aus diesen berechnet werden können; in vielen Fällen wird aber der Aufwand hierfür so hoch sein, daß man abgeleitete Daten ebenso wie Primärdaten explizit in der Datenbank speichert, um sie in einfacher Weise für weitere Auswertungen, für Auskünfte usw. verfügbar zu haben.

Der Umgang mit diesen Daten für die Zwecke empirischer Studien, Frühwarnsysteme u.ä. ist durch eine Reihe von Aspekten charakterisiert, die in den 'klassischen' Datenhaltungsproblemen der kommerziellen Datenverarbeitung nicht anzutreffen sind, woraus letztlich auch die Unangemessenheit der einfachen Dateischnittstellen resultiert.

2.1 Große Zahl verschiedener Schnittstellen

Sowohl bei der Eingabe (Datenerfassung) als auch bei der Weiterverarbeitung und Aufbereitung der Daten müssen sehr viele unterschiedliche Schnittstellen unterstützt werden. Die wesentlichen Gründe hierfür sind folgende:

- Dieselbe Art von Daten wird verschiedenen Geräten in unterschiedlichen Formaten[1]) geliefert; verschieden sind i.a. die Erhebungsintervalle, die Einheiten, die Auflösung, die Standardbelegung von fehlenden Werten, die Anzahl der Parameter usw. Meßgeräte für verschiedene Einsatzgebiete haben natürlich i.a. ohnehin unterschiedliche Ausgabeformate.
- Auswerteprogramme werden sehr häufig zwischen Wissenschaftlern ausgetauscht oder aus 'public domain'-Angeboten bezogen; solche Pakete haben meist just definierte, den Zwecken der ursprünglichen Aufgabe entsprechende Ein-/Ausgabeschnittstellen. Kommerziell angebotene Pakete haben manchmal etwas flexiblere Formate, doch generell entsteht das Problem der Schnittstellenanpassung sowohl für die Eingabe, als auch für die Ausgabe, da die Resultate der Auswerteprogramme oft als abgeleitete Daten mit in den Datenbestand aufgenommen werden sollen.
- Für die Ergebnisdarstellung gibt es zwar in jeder Anwendung einige Standard-Formate (Karten, Kurven), aber ein erheblicher Anteil der Darstellungen muß ad hoch entstandenen Auskunftsbedürfnissen angepaßt werden (Themenkarten, Verlaufsstudien usw.).

2.2 Geringe Stabilität des Schemas

Datenbestände für die hier diskutierten Arbeitsumgebungen zeichnen sich vor allem durch eine große Dynamik ihrer Struktur aus. Das hat eine Reihe von Gründen:

- Meßumgebungen werden meist mittel- bis langfristig angelegt und betrieben, wobei am Anfang weniger Meßstellen vorhanden sind und weniger Parameter erhoben werden. Im

[1]) Hier sind nicht die elektrischen Schnittstellen gemeint, sondern die physischen Satzformate der produzierten Datenträger.

Laufe der Zeit findet dann eine Ausweitung und Detaillierung der Untersuchungsmethoden statt. So kann z.B. ein bestimmter Parameter zunächst nur in 1 m Tiefe gemessen werden; nach zwei Jahren wird derselbe Parameter von der Oberfläche bis in 20 m Tiefe in 2 m -Intervallen gemessen.

- Die sich rasch ändernde Meßgeräte-Technologie erlaubt in relativ kurzen Abständen die Erhebung zusätzlicher Parameter, genauerer Meßwerte oder vorverarbeiteter Daten (Zeitintegrale u.ä.).
- Auswertungen haben nur zu einem Teil Routinecharakter. In vielen Fällen geht es darum, Hypothesen zu testen, Modelle zu erproben usw.; dies bedeutet aber, daß insbesondere bei den abgeleiteten Daten mit häufigen Änderungen und Ergänzungen zu rechnen ist.

Obwohl also die Änderung der Informationsstruktur, das Hinzukommen neuer Attribute und die Erweiterung der Meßbereiche regelmäßig vorkommen, muß doch gewährleistet sein, daß alle nur denkbaren Längsschnitt- und Verlaufsanalysen über den gesamten Erhebungszeitraum hinweg möglich bleiben. Man kann sich die hier auftretenden Schwierigkeiten leicht veranschaulichen, wenn man überlegt, was es bedeutet, den Zeitverlauf des oben genannten Parameters aufzutragen, der zuerst in 1 m Tiefe und dann an 11 Meßpunkten senkrecht untereinander erhoben wurde.

2.3 Ungleichmäßige Qualität der Meßwerte

Im Unterschied zu konventionellen Anwendungen, wo man davon ausgeht, daß alle eingegebenen Werte nach dem Durchlaufen von Plausibilitätsprüfungen korrekt sind, unterliegen Meßwerte vielfältigen Fehlereinflüssen, welche zu a priori nicht erkennbaren Verfälschungen führen können. In Frage kommen hier Defekte im Gerät, Einflüsse aus der Umgebung oder Fehler beim Datentransport. Es kann natürlich auch sein, daß durch Geräteausfall einige Werte fehlen, die dann i.a. nicht mehr 'nachgeholt' werden können.

Abhängig von der Art der Meßwerte müssen derartige fehlerhafte Informationen als nicht mehr ermittelbar abgeschrieben werden, oder sie können durch Interpretation zeitlich bzw. räumlich benachbarter Werte geschätzt werden.

2.4 Räumliche Verteilung und langfristige Speicherung

Hier handelt es sich um einige recht elementare technische Aspekte, die aber gleichwohl von großer Bedeutung für die Realisierung großer Anwendungen sind.

- Meßstationen sind weiträumig verteilt, und die Daten laufen üblicherweise nicht zu einer zentralen Auswertestelle - zumindest nicht ausschließlich -, sondern werden an verschiedenen Stellen, in verschiedenen Projekten usw. geprüft, vorverarbeitet, gespeichert und nach den Gesichtspunkten des jeweiligen Projektes ausgewertet.
- Für integrierte Fragestellungen ist es erforderlich, von einzelnen Arbeitsplätzen (Rechner) aus auf Daten aus anderen Regionen, anderen Projekten usw. zuzugreifen. So kann es bei der Auswertung von Bodenproben interessant sein, Wetterdaten, Grundwassermessungen u.ä. hinzuzuziehen. Oft werden diese Referenzdaten von anderen Stellen nach anderen Kriterien erhoben und verwaltet (Schnittstellenproblem!); trotzdem soll ein einfacher verteilter Zugriff etwa nach Kriterien der räumlichen oder zeitlichen Nachbarschaft möglich sein.
- Langfristige Datenspeicherung bedeutet vor allem auch Sicherung der Datenbestände gegen Verfälschung oder Verlust. Dies gilt natürlich ganz besonders für die Primärdaten, die ihrer

Natur nach nicht einfach wiederhergestellt oder nacherhoben werden können. Die wichtigste Vorkehrung hierfür besteht in der systematischen Erstellung und Pflege von Kopien der Datenbestände bzw. der Änderungen, und zwar **an mehreren Stellen** innerhalb des verteilten Systems, um z.B. auch gegen Brandschäden in einem der beteiligten Institute gewappnet zu sein. Aller Erfahrung nach unterbleibt eine derartige Sicherung, sofern sie dem Benutzer selbst übertragen wird, völlig, oder sie ist zumindest sehr lückenhaft.

Es gibt noch eine Reihe minder wichtiger Aspekte, vor allem im Zusammenhang mit der Integration verschiedenartiger Meßstellennetze, evtl. sogar solcher aus verschiedenen Ländern, doch wir wollen uns hier auf die vier oben genannten beschränken. Im nächsten Kapitel soll gezeigt werden, inwieweit die heute verfügbaren Datenbanksysteme geeignet sind, diese Anforderungen zu befriedigen.

3. Was leisten moderne Datenbanksysteme?

Wir beschränken uns in diesem Aufsatz bewußt auf relationale Datenbanksysteme [CP84, Da84, LS87] und die zu ihrem Kontext entstandene Abfrage- und Manipulationssprache SQL [SQL]; diese Sprache ist mittlerweile durch ANSI und ISO standardisiert worden und dürfte in Zukunft in der DB-Welt eine sehr weite Verbreitung finden. Eine Diskussion der Prinzipien des relationalen Datenmodelles müssen wir uns aus Platzgründen versagen; der interessierte Leser sei hier auf die genannte Einführungsliteratur verwiesen. Auf die Nennung einzelner Beispielprodukte für relationale Systeme wird absichtlich verzichtet; auch hier findet sich Näheres in der zitierten Literatur.

3.1 Ein einfaches Anwendungsbeispiel

Die Behandlung aller vier in Kap. 2 beschriebenen Problemkreise läßt sich am besten an einem (stark vereinfachten) Beispiel demonstrieren, das in Abb. 2 skizziert ist. Der Kartenausschnitt in Abb. 2a zeigt

- vier Meßstationen für Gewässer-Parameter (z.B. Schadstoff-Konzentrationen) M1 - M4;
- vier Meßstationen für Boden-Parameter M5 - M8;
- zwei Wetterstationen W1 und W2;
- eine seismographische Station S1.

Für die Speicherung und Bearbeitung der Meßergebnisse mögen vier ausreichend mächtige Arbeitsplatzrechner vorhanden sein. Zur Verwaltung der Meßreihen seien folgende Relationen vereinbart[1]):

GERAETE (**G-TYP**, HERSTELLER, BEZ, BETRIEBSART, AUSGABE)
Hierin werden lediglich die gerätespezifischen Angaben über die verwendenten Gerätetypen, nicht die einzelnen Geräte, gespeichert.

STATIONEN (**S-NR**, G-TYP, S-ORT, S-X, S-Y)
Hierin werden die installierten Meßstationen und ihre Koordinaten im Gelände

1) Die Primärschlüssel (Identifikatoren) der Relationen sind durch Fettdruck kenntlich gemacht.

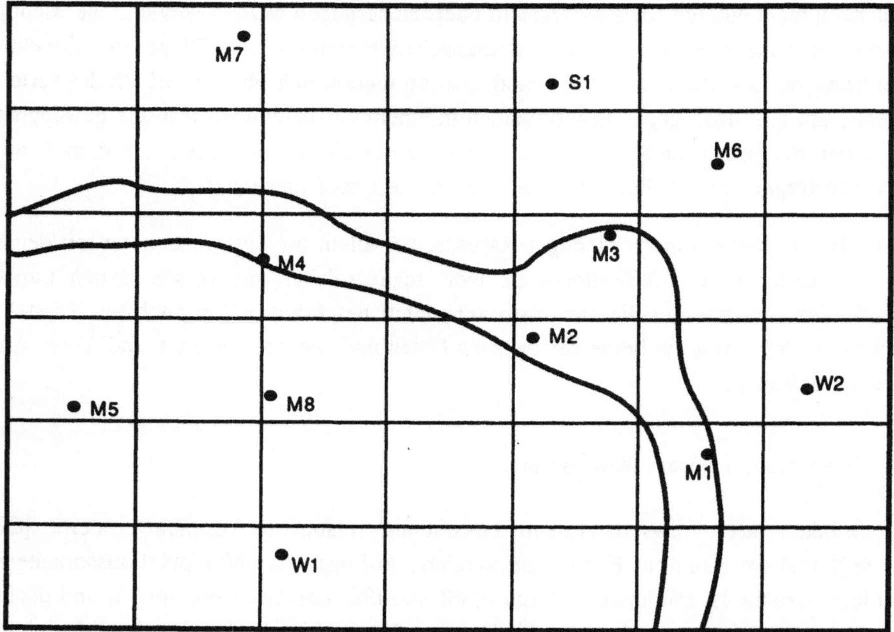

Abb. 2a: Einfaches Beispiel für ein Meßfeld

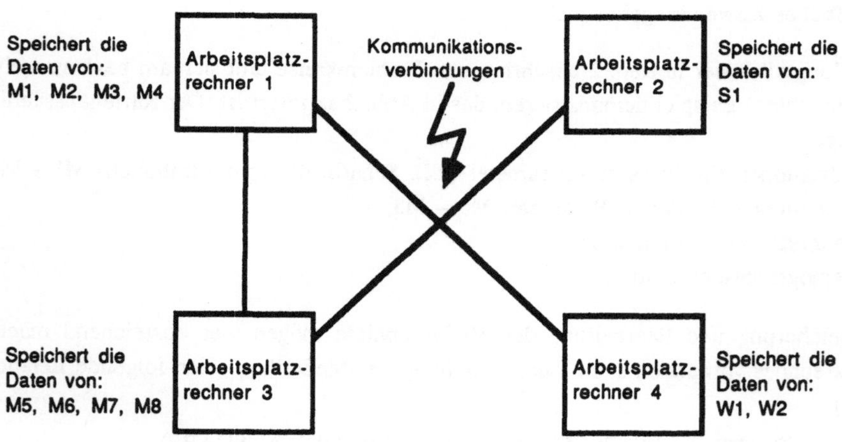

Abb. 2b: Rechnerausstattung des Beispiel-Meßfeldes

beschrieben; über das Attribut G-TYP erfolgt die Beschreibung des jeweiligen Gerätetyps. In unserem Beispiel werden vermutlich die Geräte in den Stationen M5 - M8 von selben Typ sein.

MESSREIHE (**S-NR, KANAL**, MR-NR, PARAMETER, INTERVALL, ABLESUNG)
Damit werden die laufenden Meßreihen beschrieben, wobei unterstellt wird, daß die Geräte einer Station mehrere Ausgabekanäle haben, weshalb nur S-NR und KANAL zusammen identifizierend sind. Außerdem erhält jede Meßreihe eine eindeutige Nummer, MR-NR. Jede Meßreihe betrifft einen Parameter (z.B. NO_x-Gehalt), der in einem bestimmten Intervall ermittelt und entweder direkt oder über Datenträger abgegeben wird.

FUNKTION (**G-TYP, PARAMETER**, EMPFINDLICHKEIT, EINHEIT, CODIERUNG, MIN-INTV, MAX-INTV)
Für jeden Parameter, den ein Gerätetyp zu messen in der Lage ist, wird hier angegeben, in welchen Maßeinheiten, welcher Verschlüsselung, mit welchen Ansprechgrenzen usw. dies geschieht.

MESSUNG (**MR-NR, ZEIT**, WERT, STATUS)
Hierin stehen die eigentlichen Meßwerte, und zwar einer für jeden Erfassungszeitpunkt pro Meßreihe. STATUS gibt an, ob der Wert fehlerfrei erhoben wurde, ob Störungen aufgetreten sind o.ä.

Die letze Relation, MESSUNG, sei in der in Abb. 2b dargestellten Weise auf die vier vorhandenen Rechnerknoten verteilt; alle anderen Relationen seien aus Gründen des schnellen Zugriffs in allen vier Arbeitsplatzrechnern gespeichert. Die Relationen GERAETE, STATIONEN und FUNKTION dienen lediglich der vollständigen Dokumentation der Informationsstrukturen; für die folgenden Beispiele werden wir lediglich MESSUNG und MESSREIHE benötigen.

3.2 Erzeugung verschiedener Schnittstellen

Vom Meßgerät an Station M2 sollen die Meßwerte für den Parameter O_2 eingespeichert werden. Das Gerät selbst liefert in einem festen Format die Werte:
$STATION ('M2'), $KANAL, $PARAM ('$O_2$'), $TIME, $VAL, $STATUS;
Dann sind folgende SQL-Befehle zum Einfügen der Meßwerte erforderlich:

```
SELECT MR-NR INTO $MESSREIHE-ID
FROM MESSREIHE
WHERE S-NR = $STATION AND KANAL = $KANAL;
(*Damit wird der für die Relation MESSUNG benötigte Teil-Identifikator bestimmt.*)
INSERT INTO MESSUNG (MR-NR, ZEIT, WERT, STATUS)
                    VALUES ($MESSREIHE-ID, $TIME, $VAL, $STATUS);
```

Offenbar können auf diese Weise beliebige andere Eingabeformate den Definitionen der Relationen angepaßt werden.

Das zweite ist ein Beispiel für die Ausgabeformatierung. Für eine bestimmte Meßreihe soll der zeitliche Verlauf der Meßwerte an der Station M4 angegeben werden, nachdem (innerhalb der Intervalle $VON - $BIS) an Station M1 der Grenzwert für den jeweiligen Parameter überschritten wurde. Dies kann mit Hilfe eines SQL-Datenbanksystems folgendermaßen formuliert werden:

```
SELECT WERT, ZEIT
FROM MESSUNG X, MESSWERT Y
WHERE X.MR-NR = Y.MR-NR AND
      Y.S-NR = 'M4' AND
      X.ZEIT > (SELECT ZEIT
                FROM MESSUNG R, MESSREIHE S
                WHERE R.MR-NR = S.MR-NR AND
                      S.S-NR = 'M1' AND
                      S.PARAMETER = Y.PARAMETER AND
                      R.ZEIT >= $VON AND R.ZEIT <= $BIS AND
                      R.WERT >= $GRENZWERT)
ORDER BY ZEIT;
```

Wie diese zwei Beispiele zeigen, erlaubt SQL, die in den Relationen niedergelegte Informationsstruktur in jeder gewünschten (syntaktisch und semantisch sinnvollen) Art und Weise umzuformen, und die Informationsdarstellung so allen Schnittstellenerfordernissen ohne Programmieraufwand anzupassen.

3.3 Dynamische Änderungen des Schemas

Dies ist eine der für die hier betrachteten Anwendungen angenehmsten Eigenschaften relationaler Datenbanken: Sie erlauben ohne weiteres die Modifikation bzw. Ergänzung der bislang benutzten Informationsstruktur **im laufenden Betrieb**. Nehmen wir an, in unserer Beispielanwendung nach 3.1 seien bislang alle Meßwerte nahe der Oberfläche (-1 m) erhoben worden; zu einem bestimmten Zeitpunkt sollen zumindest bei bestimmten Meßreihen auch Werte in Tiefen von 2 m, 4 m usw. erhoben werden. Es gibt verschiedene Möglichkeiten, das zu tun. Wir entscheiden uns dafür, die zusätzlichen Meßwerte weiteren Kanälen der bereits vorhandenen Stationen zuzuordnen, und in MESSREIHE ein weiteres Attribut TIEFE einzurichten. Dies geschieht ohne weiteres folgendermaßen:

```
ALTER TABLE MESSREIHE
ADD TIEFE (NUMERIC);
```

Ab diesem Zeitpunkt ist das neue Attribut ansprechbar; die bislang schon vorhandenen Sätze in MESSREIHE, d.h. die Beschreibung der laufenden Messungen, weisen in dem neuen Attribut einen bestimmten reservierten Wert, NULL, auf. Wir können dies unseren neuen Konventionen anpassen durch folgendes Kommando:

```
UPDATE MESSREIHE
SET TIEFE := -1
WHERE TIEFE = NULL;
```

Damit sind alle bislang existierenden Meßreihen nachträglich an ihrer tatsächlichen Tiefe -1 m angesiedelt, und die unterschiedlichen Tiefen-Messungen für neue Meßreihen können ergänzt werden, ohne daß es Probleme mit der Zugänglichkeit der alten Ergebnisse gibt. Man beachte insbesondere, daß sich der Inhalt von MESSUNG überhaupt nicht ändert.

3.4 Kontrolle der Datenqualität

Auch dieser Problemkreis läßt sich wieder am besten an ein paar einfachen Fehlerklassen illustrieren. Nehmen wir an, es soll ermittelt werden, welche Meßwerte fehlen; das Kriterium hierfür soll sein, daß zwei aufeinanderfolgende Meßwerte länger auseinanderliegen, als das INTERVALL für diese Meßreihe angibt. Wir wollen hierfür die Meßreihen-Nummer und den Zeitpunkt vor dem fehlenden Meßwert. Dies läßt sich folgendermaßen formulieren:

```
SELECT M-NR, X.ZEIT
FROM MESSUNG X, MESSREIHE Y
WHERE X.MR-NR = Y.MR-NR AND
      NOT EXISTS (SELECT *
                  FROM MESSUNG Z
                  WHERE X.MR-NR = Z.MR-NR AND
                        Z.ZEIT = X.ZEIT + INTERVALL)
```

Die so ermittelten Fehlstellen können dann durch Standardwerte, Interpolationen o.ä. aufgefüllt werden.

Als nächstes nehmen wir an, im Oktober habe ein Erdbeben stattgefunden, das alle Messungen mit Geräten des Typs KXQ1 ungültig gemacht hat; diese Messungen sollen mit dem Status 'ungültig' markiert werden. Hierzu definieren wir zunächst die Regel für das Auftreten des Erdbebens:

```
CREATE VIEW ERDBEBEN AS
SELECT ZEIT, WERT
FROM MESSUNG X, MESSREIHE Y
WHERE X.MR-NR = Y.MR-NR AND
      S-NR = 'S1' AND
      WERT > 6.0;
```

Die Markierung selbst erfolgt dann in einem SQL-Befehl, der die folgende Form hat:

```
UPDATE MESSUNG
SET STATUS := 'UNSICHER'
WHERE ZEIT > = (SELECT MIN (ZEIT) FROM ERDBEBEN
                WHERE ZEIT > '01-OCT-88') AND
      MR-NR IS IN (SELECT MR-NR FROM MESSREIHE
                   WHERE S-NR IS IN (SELECT S-NR FROM STATIONEN
                                     WHERE G-TYP = 'KXQ1'));
```

Andere Korrekturoperationen wie etwa das Einfügen von Mittelwerten aus zeitlich und räumlich benachbarten Werten können in ganz ähnlicher Weise spezifiziert werden.

3.5 Vorkehrungen für verteilte und sichere Datenhaltung

Dieses äußerst umfangreiche und komplexe Gebiet kann aus Platzgründen nur gestreift werden; Interessenten seien auf das Fachgespräch 'Verteilte Datenbanken' bei dieser Jahrestagung verwiesen, sowie auf die Literatur zum Thema, in welche die genannten Übersichtswerke [CP84], [Da84], [LS87] einen guten Einstieg bilden.

Eine der für viele Benutzer sicherlich wertvollsten Funktionen moderner Datenbanksysteme ist das **Transaktionskonzept**. Damit übernimmt das System die Verantwortung für die korrekte und vollständige Abarbeitung einer beliebig langen Sequenz von Datenbankoperationen. Diese Sequenz wird entweder vollständig, d.h. bis zum erfolgreichen Ende abgearbeitet, oder aber die Datenbank wird **automatisch** in den Zustand zurückversetzt, der am Beginn der Transaktion vorlag. Betrachten wir Abb. 3.

a) Normalfall	b) freiwilliger Abbruch	c) erzwungener Abbruch
BOT	BOT	BOT
SELECT . . .	SELECT . . .	SELECT . . .
UPDATE . . .	UPDATE . . .	UPDATE . . .
INSERT . . .	ROLLBACK	INSERT ↯ System-fehler
SELECT . . .		
COMMIT		

Abb. 3: Drei Transaktions-Szenarien

Eine Transaktion wird immer explizit durch Begin-of-Transaction (BOT) eröffnet. Danach kommen beliebige DB-Aufrufe; wenn die Verarbeitung insgesamt abgeschlossen ist, wird dies durch ein Ende-Kommando (COMMIT) angezeigt. Dies entspricht dem Szenarium a. Wenn ein Transaktionsprogramm oder ein Benutzer am Terminal einen Zustand erreicht haben, der auf kein erfolgreiches Ende mehr führen kann, etwa durch versehentliche Falschänderungen in der DB, dann wird durch das Kommando ROLLBACK das Datenbanksystem veranlaßt, alle bislang vorgenommenen Änderungen rückgängig zu machen, d.h. die Datenbank ist wieder im Zustand wie bei BOT. Dasselbe passiert (s. Szenarium c) bei äußeren Fehlern aller Art wie etwa einem Systemzusammenbruch.

Betrachtet man etwa den umfangreichen UPDATE-Befehlt in 3.4, dann ist klar, daß dessen Ausführung einige Zeit dauern wird; es werden mehrere Sätze berührt, etliche müssen verändert werden usw. Bei einfachen Datei-Systemen wäre nach einem Systemfehler völlig unklar, in welchem Zustand die Daten sind; dies herauszufinden, wäre Sache des Benutzers. Unter dem Transaktionskonzept dagegen ist gewährleistet, daß der UPDATE-Befehl entweder erfolgreich ausgeführt wurde, oder daß er keine Wirkungen hinterlassen hat. Transaktionen werden insgesamt durch das sog. ACID-Prinzip charakterisiert; dabei stehen die Buchstaben des Acronyms für:

Atomicity: Eine Transaktion wird ganz oder gar nicht ausgeführt.
Consistency: Eine Transaktion schließt alle inhaltlich zusammengehörenden Befehle ein.
Isolation: Änderungen einer unvollständigen Transaktion sind für die Umwelt unsichtbar.
Durability: Änderungen einer abgeschlossenen Transaktion gehen durch evtl. nachfolgende Fehler nicht mehr verloren.

Es ist klar, daß insbesondere die letzte Eigenschaft ein hohes Maß automatischer Sicherungsmaßnahmen seitens des Systems verlangt.

Abschließend sei noch auf eine besonders interessante Eigenschaft von Transaktionen in verteilten Datenbanksystemen hingewiesen. Nehmen wir an, wir wollten in der Relation MESSREIHE ein neues Tupel einfügen, um den Beginn einer neuen Meßreihe zu dokumentieren. Nach Abb. 2 ist diese Relation redundant in jedem der beteiligten Rechner gespeichert. Erfolgt die Einfügung nun unter dem Schutz einer Transaktion, dann ist garantiert, daß das neue Tupel entweder in allen vier Rechnern existiert, oder daß keinerlei Veränderung vorgenommen wird – unabhängig von zwischenzeitlichen Rechnerausfällen, Leistungsstörungen o.ä. Der Anwender kann all solche (recht komplizierten und lästigen) Probleme völlig ignorieren.

4. Welche neuen Entwicklungen sind zu erwarten?

Eine der ersten Arbeiten, die ausführlich über die Ergebnisse des Einsatzes von Datenbanken für die Verwaltung und Erschließung von Meßdaten berichtet, ist in [Lo83] publiziert. Sie betrifft geophysikalische Daten aus Satelliten-Beobachtungen am Jet Propulsion Laboratory. Sie kommt zu dem Schluß, daß die Funktionalität heutiger Datenbanksysteme, so wie sie etwa durch die Sprache SQL definiert wird, nicht ausreicht, um alle Anforderungen typischer Meß- und Analyse-Systeme angemessen zu unterstützen. Die wesentlichen Defizite, die mittlerweile auch in zahlreichen anderen Arbeiten (siehe u.a. [HR83], [Ap85], [GN85], [Be88] aufgezeigt wurden, sollen im folgenden kurz skizziert werden.

- **Zu wenige Datentypen**
  SQL läßt nur atomare (einwertige) Datentypen zu, was insbesondere Vektoren, Matrizen und Wertemengen ausschließt. Diese können zwar auf Umwegen dargestellt werden, doch geschieht dies auf eine für übliche numerische Problemstellungen 'unnatürliche' Weise, und zudem laufen die darauf auftretenden Anwendungen sehr ineffizient ab.
- **Keine Unterstützung räumlicher und zeitlicher Konzepte**
  SQL-Systeme unterstützen zwar üblicherweise die Datentypen DATE und TIME und erlauben auch die Bildung z.B. von Datumsdifferenzen; irgendeine darüber hinausgehende Semantik der Zeit wird aber nicht unterstützt. Zur Illustration des Problems betrachte man drei einfache Beispiele: Die Meßwerte an der Station M1 werden in regelmäßigen Intervallen erhoben; hier kann es durchaus sinnvoll sein, nach dem Meßwert **zwischen** zwei Erhebungszeitpunkten zu fragen. Der Wert ist sicherlich (in der Realität) definiert, und die Interpolation der beiden zeitlichen Nachbarwerte liefert eine brauchbare Approximation. Bei der Station S1 liegen die Verhältnisse nicht so einfach. Wenn eine Erdbebenmessung für den März '88 vorliegt und eine für Oktober '88, dann kann daraus sicherlich kein Meßwert für den Juni interpoliert werden. Während eines Bebens mag allerdings die Interpolation fehlender Werte nach einem speziellen Verlaufsgesetz zuverlässig sein. Eine hiervon wieder gänzlich verschiedene Rolle der Zeit ergibt sich, wenn wir daran denken, daß die Station W1 im November '88 außer Betrieb gesetzt und im Februar '89 mit einem neuen Gerät wieder in Betrieb genommen wird. Dann ist für den dazwischen liegenden Zeitraum bezüglich aller Attribute, die von W1 abhängen, keine 'Schätzung' möglich. Eine gute Übersicht über diese Problematik bietet [SA85].
  Räumliche Konzepte werden bislang gar nicht unterstützt, d.h. SQL-Systeme erlauben es nicht, direkt von 'Nachbarschaft', 'Entfernung' usw. zu reden. Der Benutzer muß solche Angaben aus Koordinatenwerten, die als Attribute in den Relationen gespeichert sind, selbst berechnen.

- **Keine Unterstützung für Objekte mit komplexer Struktur**
  In vielen Fällen ist es erforderlich, die geometrischen Eigenschaften von Objekten des Gegenstandsbereiches darzustellen, also z.B. die Umrisse eines Meßfeldes, den Verlauf eines Flusses, die Anordnung tektonischer Schichten usw. Solche Beschreibungen lassen sich nicht auf ein Attribut oder auch nur ein Tupel reduzieren; ein Umriß z.B. wird als eine Folge einzelner Kanten dargestellt, die ihrerseits wiederum durch Angabe ihrer Anfangs- und Endpunkte beschrieben werden. Die 'Einheit' einer solchen Menge strukturell verknüpfter Tupeln kann in heutigen Systemen nicht ausgedrückt werden. Ansätze hierzu werden an vielen Stellen verfolgt; siehe z.B. [Ap85], [Dr87].

- **Keine Behandlung abgeleiteter Informationen**
  Es kommt häufig, z.B. bei der Behandlung fehlender Meßwerte, vor, daß die Attributwerte einzelner Tupeln sich nach einer a priori bekannten Vorschrift aus den Werten in anderen Tupeln ergeben (Mittelwertbildung o.ä.). Wenn man dies dem System gegenüber explizit ausdrücken könnte, dann könnten an der SQL-Schnittstelle alle Werte, vorhandene bzw. abgeleitete, in gleicher Weise angesprochen werden. Solange dies nicht der Fall ist, muß der Benutzer die Berechnung selbst explizit veranlassen.

- **Keine Unterstützung ereignisgesteuerter Verarbeitung**
  Es ist wünschenswert, daß ein Datenverwaltungs- und analysesystem auf bestimmte, vom Benutzer vorher spezifizierte Ereignisse selbständig reagieren kann. So könnte man etwa fordern, daß bei Überschreiten eines Grenzwertes an Station M3
  a) eine Alarmmeldung abgesetzt werden soll,
  b) Zusatzauswertungen gestartet werden,
  c) die Meßintervalle für die Stationen M1 bis M4 erniedrigt werden.
  Ohne solche Eigenschaften des Systems muß der Benutzer entsprechende Überwachungsprogramme selbst realisieren.

Diese Defizite haben dazu geführt, daß an etlichen Stellen für die Datenverwaltung von Meß- und Analyseergebnissen mehr auf die Erfordernisse der jeweiligen Anwendung zugeschnittene Spezialsysteme verwendet werden [Kü85], [LR87], [MR86]. Solche Lösungen sind allerdings allgemeinen Datenbanksystemen im Hinblick auf Erweiterbarkeit und dynamische Strukturänderungen, Unterstützung des Transaktionskonzeptes usw. meist stark unterlegen. Manche zeigen denn auch die Tendenz, sich in diesen Bereichen der Funktionalität allgemeiner Datenbanksysteme zu nähern [LR87].

Auf der anderen Seite ist die Beseitung der genannten Defizite in herkömmlichen DB-Systemen Gegenstand intensiver Forschung und Entwicklung (siehe z.B. [RS87]). Es ist damit zu rechnen, daß einige der kommerziell verfügbaren Systeme schon im nächsten Jahr manche der geforderten funktionalen Erweiterungen anbieten werden.

5. Zusammenfassung

Es wurde versucht darzulegen, daß die Datenverwaltung für Meß- und Analysesysteme auf der Basis fest formulierter Dateien unter praktisch allen relevanten Aspekten, von der Flexibilität der Informationsstruktur bis hin zur Datensicherung, unangemessen ist. Datenbanksysteme bieten dagegen die Möglichkeit, jederzeit Erweiterungen der Datenstruktur verozunehmen, vorhandene Information fast beliebig umzuordnen und an unterschiedliche Schnittstellen anzupassen; darüber hinaus enthalten sie weitreichende Vorkehrungen für eine sichere, fehlertolerante Verarbeitung. Es sind zwar, wie gezeigt wurde, noch einige funktionale Defizite zu beseitigen, doch ergibt sich in der Gesamtwertung ganz eindeutig, daß für Anwendungen der hier diskutierten Art moderne verteilte Datenbanksysteme die Technik der Wahl sind.

Literatur

[Ap85] Appelrath, H.-J.: GEO-Konzept eines applikationsneutralen geographischen DB-Systems und seine Implementierung als INGRES-Frontend, in: Datenbanksysteme für Büro, Technik und Wissenschaft, Informatik-Fachberichte 94, Springer-Verlag, 1985.

[Be88] Bell, J.L.: A Specialized Data Management System For Parallel Execution of Particle Physics Codes, in: Proc. of the ACM SIGMOD Conference, Chicago, 1988.

[CP84] Ceri, S., Pelagatti, G.: Distributed Databases, McGraw Hill, 1984.

[Da84] Date, C.J.: An Introduction to Database Systems, Addison-Wesley, 1984.

[Dr87] Drawin, M., et al.: Regelorientierte Erzeugung von Karten-Entwürfen auf geowissenschaftlichen Datenbanken, in: Datenbanksysteme für Büro, Technik und Wissenschaft, Informatik-Fachberichte 136, Springer-Verlag, 1987.

[GN85] Gründig, L., Neureither, M.: Beispiel einer Verwaltung archäologischer Funde mit einem herkömmlichen Datenbanksystem, in: Datenbanksysteme für Büro, Technik und Wissenschaft, Informatik-Fachberichte 94, Springer-Verlag, 1985.

[HR83] Härder, T., Reuter, A.: Database Systems for Non-Standard Application, in: Proc. of the International Computing Symposium 1983, Teubner, Stuttgart, 1983.

[Kü85] Kühne, K.: Verarbeitung geologischer Schichtenverzeichnisse im NLFB Hannover, in: Datenbanksysteme für Büro, Technik und Wissenschaft, Informatik-Fachberichte 94, Springer-Verlag, 1985.

[Lo83] Lohman, G., et al.: Remotely-Sensed Geophysical Databases: Experience and Implication for Generalized DBMS, in: Proc. of the ACM SIGMOD Conference '83, San Jose, 1983.

[LR87] Löffler, K., Rühle, R.: THERSYST: Eine Faktendatenbank für Thermophysikalische Eigenschaften, in: Datenbanksysteme für Büro, Technik und Wissenschaft, Informatik-Fachberichte 136, Springer-Verlag, 1987.

[LS87] Lockemann, P., Schmidt, J.-W. (Hrsg.): Datenbank-Handbuch, Springer-Verlag, 1987.

[MR86] Müller, M., Rase, W.-D.: Zur Praxis der Erfassung, Verarbeitung und Darstellung kartographischer Daten, in: Tagungsband der 16. GI-Jahrestagung, Informatik-Fachberichte 127, Springer-Verlag, 1986.

[RS87] Rowe, L.A., Stonebraker, M.: The POSTGRES Data Model, in: Proc. of the 13th VLDB Conference, Brighton, 1987.

[SA85] Snodgrass, R., Ahn, I.: A Taxonomy of Time in Databases, in: Proc. of the ACM SIGMOD Conference, Austin, 1985.

[SQL] ISO TC97/SC21 N1479, Database Language SQL2, Okt. 1986.

Moderne Datenbanken und wissensbasierte Systeme für die Umweltverträglichkeitsprüfung - Einsatzmöglichkeiten und Anforderungen -

Annegret Baumewerd-Ahlmann
mechaTronic GmbH, Dortmund/
Lehrstuhl Informatik VI, Universität Dortmund
August-Schmidt-Str. 12, 4600 Dortmund 50

Zusammenfassung

Angesichts der wachsenden Probleme im Umweltbereich kommt der Umweltverträglichkeitsprüfung (UVP) als Instrument der Umweltvorsorge besondere Bedeutung zu. Sie dient dazu, bereits im Stadium der Planung mögliche Auswirkungen eines Vorhabens auf die Umwelt zu erkennen und zu beurteilen und so zukünftige Belastungen zu vermeiden. Wissensbasierte Systeme können für verschiedene Teilschritte einer Umweltverträglichkeitsprüfung eine sinnvolle Unterstützung bei der Durchführung der komplexen Analysen und Bewertungen bieten. Notwendige Grundlage der Beurteilung von Umweltauswirkungen sind dabei umfassende und aktuelle Informationen über die verschiedenen betroffenen Themenbereiche. Da für die Verwaltung derartiger Daten sich der Einsatz eines Datenbanksystems anbietet, wäre eine Kopplung von wissensbasierten Systemen mit einem Datenbanksystem für die Aufgaben der Umweltverträglichkeitsprüfung wünschenswert. Aus dieser Perspektive ergeben sich spezifische Anforderungen an das zu verwendende Datenbanksystem, insbesondere aufgrund der Charakteristika der Objekte und Operationen.

1. Einleitung

Die Umweltverträglichkeitsprüfung (UVP) ist ein wichtiges planerisches Instrument in der administrativen Umweltvorsorge. Bei ihrer Durchführung sind bestimmte vorgegebene Verfahrensabläufe einzuhalten, heterogene Zielvorgaben (Gesetze, Normen, Standards) zu berücksichtigen sowie komplexe Wirkungszusammenhänge zu analysieren und auf wissenschaftlicher Grundlage zu bewerten mit dem Ziel, Beeinträchtigungen der Umwelt in Zukunft zu vermeiden. Umfangreiche Informationen zu unterschiedlichen Themenkreisen bilden dabei eine notwendige Basis der fachübergreifenden Untersuchungen. Der Einsatz eines Datenbanksystems zur Verwaltung dieser Daten bietet sich somit an. Die zur Verfügung stehenden Faktendaten müssen bei der Umweltverträglichkeitsprüfung unter Umweltschutzgesichtspunkten - bezogen auf den jeweiligen konkreten Einzelfall - bewertet werden, so daß Urteile und Empfehlungen daraus abgeleitet werden können. Dabei fließt an verschiedenen Stellen heuristisches Wissen der Planungsfachleute in diesen Prozeß ein. Wissensbasierte Systeme (Expertensysteme) könnten hier eine hilfreiche Unterstützung bieten (vgl. auch /ScPi88/).

Es sollen im folgenden zunächst mögliche Einsatzbereiche für Expertensysteme im Rahmen der Umweltverträglichkeitsprüfung kurz dargestellt werden. Aus ihnen läßt sich die Motivation für die Anbindung eines Datenbanksystems ableiten. Die Anforderungen an ein solches Datenbanksystem aus der Sicht der Anwendung Umweltverträglichkeitsprüfung sind Gegenstand eines weiteren Kapitels. Daran schließen sich einige Überlegungen an, die hinsichtlich der Kopplung wissensbasierter Komponenten mit einem (Non-Standard-) Datenbanksystem relevant sind.

2. Einsatzbereiche wissensbasierter Systeme bei der Umweltverträglichkeitsprüfung

Aus inhaltlicher Sicht läßt sich der Ablauf einer Umweltverträglichkeitsprüfung wie folgt grob skizzieren: Die Umweltsituation im Wirkungsbereich einer geplanten Maßnahme ist hinsichtlich ihres aktuellen Zustands und der zu erwartenden weiteren Entwicklung zu erfassen. Die spezifische Empfindlichkeit oder Belastbarkeit einzelner Umweltsektoren läßt sich aus dieser Analyse anhand bestimmter Kriterien ermitteln. Daneben erfolgt eine detaillierte Beschreibung der umweltrelevanten Merkmale des geplanten Projekts. Auf diese Erkenntnisse stützt sich anschließend die Beurteilung der Umweltverträglichkeit, bei der darüber hinaus die komplexen Wirkungszusammenhänge zwischen verschiedenen Umweltfaktoren Berücksichtigung finden müssen. Verschiedenartige Zielvorgaben wie gesetzliche Bestimmungen, Richtlinien, politisch gesetzte Standards oder auch ökologische Güteziele sind in die jeweiligen Bewertungen mit einzubeziehen.

Diese inhaltlichen Schritte lassen sich noch weiter untergliedern und im Rahmen des Verwaltungsverfahrens Umweltverträglichkeitsprüfung unterschiedlichen Handlungsträgern zuordnen. Je nach Art der zu untersuchenden Maßnahme sowie der ermittelten Zwischenergebnisse kann sich der Verfahrensablauf - mit der Beteiligung mehrerer Behörden, der Träger öffentlicher Belange u.a. - unterschiedlich gestalten. (Zum Verfahren einer Umweltverträglichkeitsprüfung vgl. z.B. /Bung86/.) Detaillierte Verfahrensvorschriften wurden bisher vor allem für den Bereich der Bauleitplanung von einzelnen Kommunen entwickelt (vgl. /BeSt87/).

Innerhalb des hier nur grob umrissenen Ablaufs einer Umweltverträglichkeitsprüfung lassen sich verschiedene Teilbereiche identifizieren, für die wissensbasierte Systeme eine sinnvolle Unterstützung bieten können. Zuerst wäre an eine derartige Hilfestellung im Hinblick auf die Abwicklung des UVP-Verfahrens in der jeweils gültigen Ausprägung aufgrund der genannten Eigenschaften zu denken. Mit ihr ist nicht nur eine bessere Überwachung durch die zuständige Institution, sondern insbesondere auch eine Verbesserung der Vergleichbarkeit verschiedener Prüfungen und der Transparenz des Verfahrens erzielbar.

Eine zweite Einsatzmöglichkeit für Expertensysteme ergibt sich aus der Notwendigkeit, verschiedene Gesetze, Vorschriften, Grenzwerte bei der Beurteilung der Umweltverträglichkeit zu beachten. Im konkreten Einzelfall ist dabei anhand einer Klassifizierung der Maßnahme festzustellen, welche dieser verbindlichen Vorgaben aufgrund der spezifischen Angaben zu den Umweltauswirkungen Anwendung finden müssen (etwa: die Trinkwasserverordnung bei einem Projekt im Grundwassereinzugsgebiet oder das Immissionsschutzgesetz bei bestimmten Produktionsbetrieben). Einen Ansatz für ein derartiges Expertensystem stellt Hälker-Küsters /Hälk88/ vor. Bei der Umweltverträglichkeitsprüfung sind über die rechtsverbindlichen, gesetzlich fixierten Vorschriften hinaus ggf. auch solche Vorgaben in die Bewertung einzubeziehen, die beispielsweise von einer Kommune politisch gesetzt oder lediglich als allgemeine ökologische Güteziele formuliert werden (u.a. Grünordnungsplan, Freiraumprogramm, Aufforstungsprogramm). Aufgrund ihres anders gearteten Status kann man diese Vorgaben in differenzierterer Weise berücksichtigen. Falls ihre Einhaltung durch das geplante Projekt als nicht möglich einzustufen ist, läßt sich eine Verletzung evtl. dann akzeptieren, wenn Ausgleichsmaßnahmen auferlegt werden, die bestimmten, zuvor festgelegten Kriterien genügen. Ein wissensbasiertes System könnte hier Vorschläge unterbreiten und die Einhaltung der komplexen Vorgaben überwachen.

Als weiterer inhaltlicher Teilschritt der Umweltverträglichkeitsprüfung, in dem Erfahrungswissen aus der ökologischen Planung eine wesentliche Rolle spielt, sei das sogenannte "Scoping" genannt. Mit Scoping bezeichnet man die genaue Festlegung des Untersuchungsrahmens sowie ggf. der anzuwendenden Methoden für den Haupttest der Umweltverträglichkeitsprüfung (durch die zuständige Behörde, evtl. in Zusammenarbeit mit dem Projektträger; vgl. /Bung86/). Je nach Art der Maßnahme, der vorgefundenen Umweltsituation und der zutreffenden Zielvorgaben gilt es hier, in flexibler Weise adäquate Anforderungen zu generieren, die zum einen den Grundsätzen der Umweltvorsorge Rechnung tragen, zum anderen jedoch auch die möglicherweise nicht erforderlichen Analysen ausklammern.

Für die Analyse und Bewertung der Umweltauswirkungen eines Projektes, um einen letzten Einsatzbereich zu nennen, ist ebenfalls eine sinnvolle Unterstützung durch wissensbasierte Verfahren denkbar. Sie könnten bei der - aufgrund der "Methodenoffenheit" der Umweltverträglichkeitsprüfung - notwendigen Auswahl einer geeigneten Methode für den konkreten Untersuchungsfall sowie bei der Anwendung dieser Methode Hilfen an die Hand geben (s. hierzu auch /ScPi88/).

Die genannten Beispiele für Einsatzbereiche wissensbasierter Systeme im Rahmen des komplexen Arbeitsgebietes der Umweltverträglichkeitsprüfung lassen sich noch ergänzen (Erstellung von Gebiets- oder Maßnahmenbeschreibungen u.a.). Hier soll nur angedeutet werden, daß der Einsatz von Techniken der Künstlichen Intelligenz dazu beitragen kann, zum einen die Durchführung der Arbeitsschritte zu erleichtern, zum anderen die Komplexität des Aufgabengebiets zu reduzieren und die Transparenz des Verfahrens zu erhöhen. Die Beispiele deuten zugleich darauf hin, daß bei den meisten dieser Prüfungsschritte umfangreiche Faktenbasen - zur Beschreibung der Umwelt in den einzelnen Sektoren, zu Vorschriften, zu Eigenschaften von Stoffen, etc. - Voraussetzung für fundierte Schlußfolgerungen und Bewertungen sind. Im folgenden Kapitel werden deshalb die Besonderheiten dieser für die Umweltverträglichkeitsprüfung benötigten Daten und die daraus abzuleitenden Anforderungen hinsichtlich ihrer Verwaltung und Manipulation näher erläutert.

3. Anforderungen an ein Datenbanksystem aus der Sicht der Umweltverträglichkeitsprüfung

3.1 Notwendigkeit einer Datenbankunterstützung

Nicht nur für die genannten Problemlösungen innerhalb der Umweltverträglichkeitsprüfung, die mit Hilfe von Expertensystemen bearbeitet werden können, sondern für eine Reihe von weiteren Umweltschutzaufgaben - beispielsweise einer Kommune - bilden aktuelle und umfassende Informationen zu den verschiedenen beteiligten Fachgebieten die Grundlage der Bearbeitung (vgl. /Baum87/). Zum Teil liegen solche Informationen bei einzelnen Institutionen in unterschiedlicher Form bereits vor. Ihre Zusammenführung und Ergänzung in Umweltinformationssystemen wird derzeit von verschiedenen Seiten vorangetrieben. Es erscheint somit zweckmäßig, die relevanten Daten zum Umweltschutz mit Hilfe eines Datenbanksystems zu verwalten und für die zahlreichen Anwendungen zur Verfügung zu stellen. Auf diese Weise lassen sich nicht nur Mehrfacharbeit vermeiden und der aktuellste Stand der Daten für alle Anwendungen gewährleisten, sondern insbesondere die Mechanismen von Datenbanksystemen zur Abwicklung des Mehrbenutzerbetriebs, des Recovery, der effizienten Speicherverwaltung nutzen. Wissensbasierte Systeme für die Umweltverträglichkeitsprüfung sollten somit auf die in einem Datenbanksystem gespeicherten Fakten angemessen zugreifen können (s. auch Kap. 4). Aus der Struktur der Objekte, die bei einer Umweltverträglichkeitsprüfung - und allgemein bei Umweltschutzanwendungen - zu bearbeiten sind, sowie aus den spezifischen Fragestellungen und Operationen ergeben sich spezielle Anforderungen an ein Datenbanksystem, die von herkömmlichen Systemen nur unzureichend erfüllt werden.

3.2 Charakterisierung der Objekte

Die bei einer Umweltverträglichkeitsprüfung interessierenden Objekte weisen entsprechend dem medien- und fachübergreifenden Charakter der Aufgabe unterschiedliche Merkmale auf: Man hat detaillierte Beschreibungen der geplanten Maßnahme sowie des von ihr betroffenen Gebietes anzufertigen. Um fundierte Aussagen über die aktuelle Umweltsituation und die Verträglichkeit der Maßnahme treffen zu können, müssen zahlreiche Karten ausgewertet werden. Literatur, Gutachten, Rechtsvorschriften, Meßwerte, Beschreibungen anderer - benachbarter - Projekte u.a. sind heranzuziehen. Ein wesentliches Kennzeichen einer großen Klasse derartiger Objekte ist ihr Raumbezug, d.h. die geometrische Beschreibung ihrer geografischen Lage. (Somit lassen sie sich aus dieser Perspektive dem Bereich der geografischen Informationssysteme zurechnen. Vgl. hierzu /Baum87/.) Für die Umweltverträglichkeitsprüfung gewinnen darüber hinaus weitere Aspekte der Objekte Bedeutung: ihre mögliche zeitliche Dimension sowie die Einordnung in einen thematischen Bezugsrahmen. Zwei Beispiele sollen neben diesen spezifischen Eigenschaften insbesondere die komplexe Struktur der im Umweltbereich vorliegenden Objekte verdeutlichen:

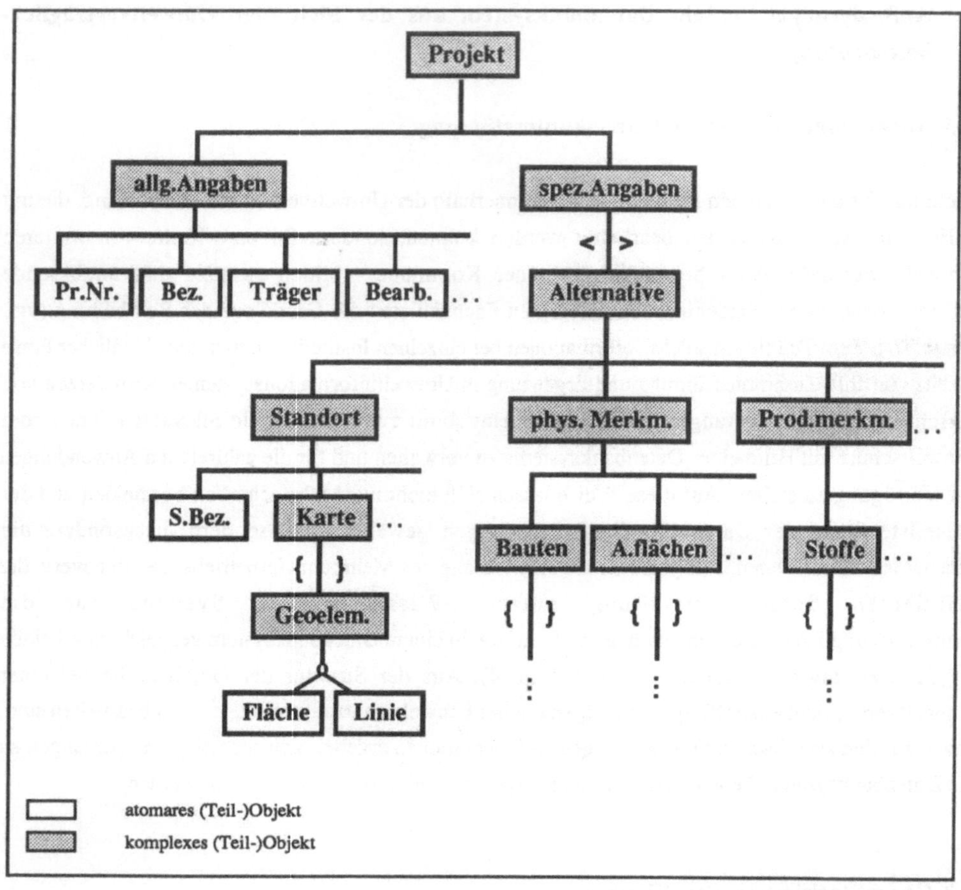

Abb. 1: Objekttyp "Projekt"
(Notation: "{ }": Menge, "< >": Sequenz, "⅄": Varianten)

Abb. 1 zeigt die - vereinfacht dargestellte - Struktur des Objekttyps "Projekt", der die Beschreibung eines geplanten und auf Umweltverträglichkeit zu prüfenden Projektes enthält. (Im Beispiel wurde die Projektart "Gewerbebetrieb" gewählt.) In dieser Darstellung repräsentiert die Baumstruktur die Zusammensetzung eines (Teil-) Objektes aus Unterobjekten. Atomare - bzw. als atomar betrachtete - Objekte befinden sich hier jeweils in den Blättern des Baumes. Zur weiteren Kennzeichnung der Zusammensetzungsart für komplexe Objekte dienen die Symbole "< >" für eine Sequenz, "{ }" für eine Menge und die Verzweigung für die Möglichkeit, eine von mehreren Varianten als Teilobjekt einzusetzen.

Eine solche Projektbeschreibung umfaßt neben allgemeinen Verwaltungsangaben - wie Projektnummer, Bezeichnung, Träger des Projekts, Bearbeitungsstand - eine Liste der für das Projekt zu untersuchenden Alternativen. Diese können sich nicht nur in der Wahl des Standorts, sondern auch z.B. in der Geländestruktur, dem Grad des Flächenverbrauchs, den Emissionen usw. unterscheiden. Jede vorgeschlagene Alternative zu einer Maßnahme ist einer gesonderten Analyse und Bewertung zu unterziehen, um einen fundierten Vergleich zwischen ihnen zu gestatten. Aus der Sicht der Umweltverträglichkeitsprüfung bilden sie jedoch zusammen ein einziges Projekt, so daß sie in diesem Sinne als eine Einheit behandelt werden sollten.

Die Beschreibung einer einzelnen Alternative weist selbst wiederum eine komplexe Struktur auf und ist somit als Teilobjekt des Projektes zu betrachten: Zur Kennzeichnung einer Alternative gehört zunächst eine Standortbeschreibung, die die Bezeichnung des Standorts, eine Karte zur Darstellung der geografischen Lage sowie ggf. eine verbale Begründung der Standortwahl und weitere Attribute umfaßt. Die Karte als Teilobjekt von "Standort" setzt sich zusammen aus einer Menge geometrischer Elemente, wobei jedes dieser Elemente entweder eine Fläche, eine Linie oder einen Punkt repräsentiert (Varianten von geometrischen Elementen). Weitere Angaben zu einer Projektalternative betreffen - im vorliegenden Beispiel der Projektart Gewerbebetrieb - die physischen Merkmale, die Produktionsmerkmale sowie eine Reihe anderer Kennzeichnungen (z.B. hinsichtlich des erwarteten Verkehrsaufkommens oder der Abfallbeseitigung). Zu den physischen Merkmalen zählen z.B. die geplanten Bauten, d.h. die Menge der zu errichtenden Gebäude (mit Angaben zur Geschoßzahl, Grundfläche, etc.) oder die zugehörigen Außenflächen, bei denen etwa die Flächengröße, die Versiegelung und ggf. das vorgesehene Baumaterial festzuhalten sind. Als Produktionsmerkmale interessieren im Zusammenhang der Umweltverträglichkeitsprüfung, um hier nur ein Beispiel zu nennen, die bei der Produktion eingesetzten sowie die produzierten Stoffe (Stoffbezeichnung, Menge, Eigenschaften u.a.). Auch hier können somit die einzelnen Angaben komplex zusammengesetzt sein, d.h. die Teilobjekte der Beschreibung einer Alternative besitzen selbst wiederum Teilobjekte unterschiedlicher Struktur.

Bei Suchanfragen im Rahmen der Umweltverträglichkeitsprüfung, die Objekte des Typs "Projekt" betreffen, benötigt man häufig als Kriterien eine Kombination von geometrischen Beschreibungen - zur Eingrenzung des interessierenden räumlichen Gebiets - mit verschiedenen Sachangaben zu speziellen Themenbereichen (s. Kap. 3.3). Daher ist es erforderlich, auch auf die jeweiligen Teile eines solchen Objektes entsprechend zugreifen zu können.

Ein komplexes Objekt vom Beispieltyp "Projekt" läßt sich nicht als Ganzes mit Hilfe flacher Relationen modellieren. Für eine der Anwendungssicht angemessenere Darstellung benötigt man im Datenmodell die Konstruktoren: Aggregation, Sequenz-, Mengen- und Variantenbildung. (Betrachtet man eine Fläche als zusammengesetzt aus anderen (Teil-) Flächen, so ist hier die Rekursion noch zu ergänzen. Zu den einzelnen Konstruktoren vgl. z.B. /DKML85/, /Mits85/.)

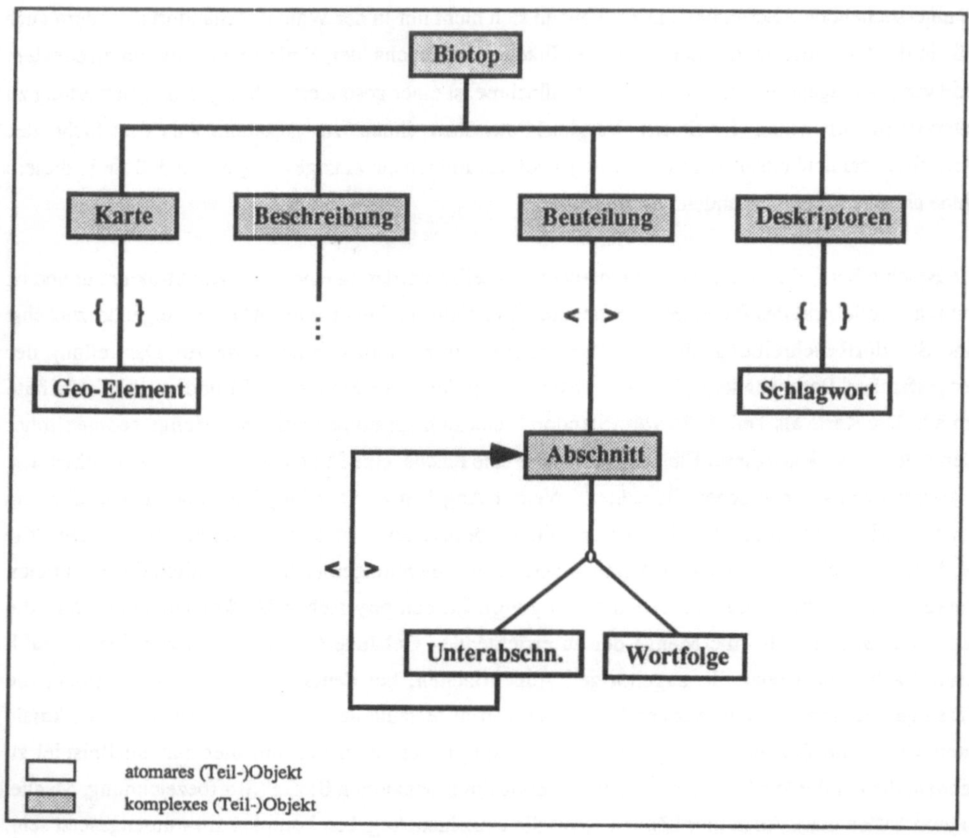

Abb.2: Objekttyp "Biotop"
(Notation: "{ }": Menge, "< >": Sequenz, "   ": Varianten, "—>": Rekursion)

Der Objekttyp "Biotop" (Abb.2) setzt sich ebenfalls aus - strukturierten - Teilobjekten zusammen. Neben der auch in diesem Beispiel erforderlichen geometrischen Beschreibung des Objekts zur Darstellung der geografischen Lage - hier vereinfacht als Menge von geometrischen Elementen aufgefaßt - erfolgt eine thematische Klassifikation mit Hilfe von Deskriptoren sowie eine genauere, nicht formalisierte Beurteilung des jeweiligen Biotops in einem ausführlichen Text. Hinzu kommen noch weitere kennzeichnende Attribute - beispielsweise über vorzufindende Arten, den Schutzstatus oder die Zuordnung des Biotops zu Verwaltungsbezirken. Sie sind in Abb. 2 mit "Beschreibung" zusammengefaßt.

Der Text zur Beurteilung des Biotops gliedert sich - je nach Umfang - in eine Sequenz von Abschnitten, die selbst wiederum rekursiv aus (Unter-) Abschnitten bestehen können oder als einfache Wortfolge aufzufassen sind. Bei Suchfragen wird von den beiden Bestandteilen "Beurteilung" und "Deskriptoren" in der Weise Gebrauch gemacht, wie sie im Bereich des Information Retrieval vorherrscht: Eingrenzung der zu betrachtenden Objekte anhand der Deskriptoren, Suche in bestimmten Textabschnitten nach Worten, Wortfolgen oder Wortkombinationen. Derartige inhaltsbezogene Anfragen betreffen insbesondere auch solche Objekttypen innerhalb des Anwendungsbereichs der Umweltverträglichkeitsprüfung, die keinen konkreten Raumbezug aufweisen - wie Literaturhinweise, Informationen über Rechtsvorschriften, Leitlinien u.a. (ein Beispiel hierzu findet sich in Kap. 3.3.). Das Datenbanksystem sollte somit für diese Aufgaben einen Text nicht als unstrukturierten String behandeln, sondern seine Detailstruktur muß vielmehr bekannt und zugreifbar sein.

Da die Umwelt nicht als statischer Gegenstand betrachtet werden kann, sondern vielmehr dynamischen Veränderungen unterliegt, ist die zeitliche Dimension von Umweltschutz-Objekten in Analysen zur Umweltverträglichkeitsprüfung mit zu berücksichtigen. Verschiedene Versionen eines Objektes - wie z.B. die Abfolge von Nutzungen auf einer Altlastenfläche oder die Veränderung eines Biotops im Verlauf der Zeit - spielen hier eine wichtige Rolle. Eine Möglichkeit, derartige zeitliche Beziehungen in die Bearbeitung der Objekte einzubeziehen, sollte das Datenbanksystem zur Verfügung stellen (vgl. hierzu /Kinz83/, /RNLE85/, /Bode87/).

Objekttypen der Umweltverträglichkeitsprüfung stehen vielfach nicht isoliert nebeneinander, sondern bilden Klassen inhaltlich verbundener Typen, die ihrerseits ggf. weiter generalisierten Oberklassen zuzuordnen sind. Innerhalb einer solchen Hierarchie verfügen in der Regel jeweils alle Elemente einer Klasse über gemeinsame Attribute, möglicherweise auch über gemeinsame Verarbeitungsmechanismen für einzelne Teile. Beispielsweise enthalten alle Projektbeschreibungen, unabhängig von der spezifischen Projektart, die allgemeinen Verwaltungsangaben, alle Beschreibungen zur Bauleitplanung andere gemeinsame Teile als z.B. diejenigen zur Verkehrsplanung (hier etwa: erwartetes Verkehrsaufkommen, aus dem die prognostizierte Lärmemission abzuleiten ist). Diese Beziehungen von Objekttypen in Form von Klassenhierarchien - mit der (hier angedeuteten) Vererbung von Struktur- und Verhaltensdefinitionen - sollten also durch das dem Datenbanksystem zugrundeliegende Datenmodell darstellbar sein.

Die Forderung, komplexe Objekte als Einheit behandeln und Dimensionsaspekte angemessen einbeziehen zu können, wird zusätzlich untermauert, wenn man die für Objekte der Umweltverträglichkeitsprüfung spezifischen Konsistenzbedingungen betrachtet. Zwei grundsätzliche Klassen sind hier zu unterscheiden:

a) strukturbezogene Konsistenzbedingungen
   Sie betreffen die Zusammensetzung der Objekte und enthalten u.a. Regeln zur Abhängigkeit von Teilobjekten.
   (Bsp.: "Ein Teilobjekt vom Typ ´Alternative´ kann nur dann eingefügt werden, wenn das übergeordnete Objekt vom Typ ´Projekt´ bereits existiert.")

b) anwendungsbezogene Konsistenzbedingungen:
   In diese Klasse fallen sowohl allgemeine geometrisch/ topologische Konsistenzbedingungen (z.B. "Flächen einer Partition dürfen sich nicht überlappen.") als auch semantikabhängige topologische

Bedingungen (z.B. "Linien vom Typ A dürfen Linien vom Typ B nicht schneiden.") sowie allgemeine anwendungsspezifische Bedingungen (z.B. "Lagerbehälter mit grundwassergefährdenden Stoffen müssen Schutzvorkehrungen besitzen.").

Konsistenzbedingungen vom Typ a) lassen sich vom Datenbanksystem überwachen, wenn es auf einem entsprechenden Datenmodell für komplexe Objekte basiert. Hinsichtlich des Typs b) wäre eine einfache Definitionsmöglichkeit der Bedingungen sowie ggf. zugehöriger Maßnahmen zu ihrer Überwachung wünschenswert. (Ansätze hierzu s. /Mits87/, /SUWZ87/, /ApLo88/.) Dabei ist zu beachten, daß die Überprüfung topologischer Beziehungen teilweise relativ aufwendige Algorithmen erfordert.

3.3 Operationen und Zugriffsunterstützung

Fragestellungen im Rahmen der Analysen und Bewertungen zur Umweltverträglichkeitsprüfung betreffen drei wesentliche Kriterien: den Raumbezug, die thematische Einordnung und die zeitliche Dimension. Dazu einige Beispiele:

1) "Welche Realnutzungen befinden sich im Umkreis von x km um den Standort des Projektes?"
2) "Welche Entwicklungsmaßnahmen sind im betroffenen Gebiet geplant?"
3) "Gibt es Literatur, Gutachten, Rechtsvorschriften zum Thema: Gefährdung von Wohngebieten durch Altlasten?"
4) "Gibt es in der Umgebung des Projektstandorts Biotope mit Rote-Liste-Arten, in deren Beurteilung die Begriffe ´schützenswert´, ´erhaltenswert´ oder ´gefährdet´ im ersten Textabschnitt erscheinen?"

Die Bearbeitung derartiger Anfragen erfordert die effiziente Durchführung geometrischer, zeitlicher und inhaltsbezogener Suchoperationen. Geometrische Operationen betreffen hier beispielsweise Flächenüberlagerung, Verschneiden unterschiedlicher Objekte, Flächen- oder Abstandsberechnung. Eine zeitliche Suche kann z.B. den Vergleich von Intervallen implizieren oder das Navigieren durch eine Abfolge von Versionen.

Inhaltsbezogenes Retrieval - wie in den Beispielen 3) und 4) - unterscheidet sich wesentlich von Datenbankabfragen in Standardanwendungen, da die gesuchten Objekte nicht exakt spezifiziert, sondern nur durch eine inhaltliche Umschreibung eingegrenzt werden. Auch Objekte, die nur partiell mit den Kriterien der Anfrage übereistimmen, können für das interessierende Thema als relevant einzustufen sein. (Beispielsweise sollte bei der obigen Frage 3) auch eine Untersuchung über Spielplätze in der Nähe von Altlastengebieten in die Antwort aufgenommen werden.) Derartige dem Bereich des Information Retrieval zuzuordnende Anfragen setzen somit eine entsprechende Aufbereitung von Texten - etwa durch Herausfiltern relevanter Begriffe, Nutzung des Wissens über Ober-/ Unterbegriffsstrukturen oder Synonymen - voraus.

Aufgrund der besonderen Bedeutung und Häufigkeit von Suchfragen bzgl. dieser Kriterien kann eine effiziente Bearbeitung nicht ohne eine adäquate Zugriffsunterstützung - durch Indizes u.a. - gewährleistet werden, wie sie für geometrische Objekte unter den Stichworten Grid-File, R-Tree, dynamisches Hashing u.a. diskutiert werden (vgl. /NiHS84/, /SeKr88/). Darüber hinaus sind geeignete Speicherungsstrukturen notwendig. Um die Formulierung von Abfragen ähnlich den genannten Beispielen einfach zu gestalten bzw. überhaupt handhabbar zu machen, sollten geometrische und zeitbezogene Operationen in eine Query eingebettet werden können (vgl. /RNLE85/, /Güti88/, /Fran82/).

3.4 Konsequenzen für das zu verwendende Datenbanksystem

Aus der Charakterisierung der bei der Umweltverträglichkeitsprüfung zu bearbeitenden Objekte und der anzuwendenden Operationen lassen sich zusammenfassend folgende Anforderungen an ein unterstützendes Datenbanksystem festhalten:

Das Datenbanksystem sollte die explizite Manipulation komplex strukturierter Objekte erlauben, d.h. das Datenmodell hat die Konzepte Aggregation, Sequenz, Menge, Variante und Rekursion einzubeziehen, und adäquate Mechanismen zur Konsistenzsicherung sind bereitzustellen. Die Verwaltung zeitlicher Versionen ist außerdem ebenso erforderlich wie eine Unterstützung von Klassenhierarchien und Vererbungsmechanismen.

Die Möglichkeit, anwendungsspezifische Datentypen - im Fall der Umweltverträglichkeitsprüfung insbesondere: geometrische und zeitliche - einschließlich der zugehörigen Operationen darauf definieren zu können, erscheint zweckmäßig. Zusammen mit speziellen Zugriffspfaden ließe sich hierdurch eine effiziente Bearbeitung der Objekte erzielen.

Neuere Ansätze für Datenbanksysteme versuchen, Nicht-Standard-Anwendungen - zu denen die Umweltverträglichkeitsprüfung und allgemein die Umweltinformationssysteme zu rechnen sind - in geeigneterer Weise zu unterstützen, als es herkömmliche Systeme zu leisten vermögen. Sie basieren zumeist auf semantisch reicheren Datenmodellen und betonen jeweils unterschiedliche Aspekte der Problematik komplexer Objektstrukturen. Objektorientierte Konzepte nehmen ihren Ausgang eher von Programmiersprachen, in die dann Datenbankfunktionen integriert werden (vgl. /Eckh87/, /SUWZ87/, /CoMa84/). Erweiterbare Datenbanksysteme bieten die Definition anwendungsspezifischer Datentypen, Operationen, Zugriffsstrukturen sowie Anreicherungen der Query-Sprache (vgl. /ScWa86/, /Lohm87/, /CDWF87/, /LKDP88/). Gerade im Hinblick auf die besondere Bedeutung des Raumbezugs und damit der geometrischen Aspekte von Objekten im Umweltschutz scheint der Weg erweiterbarer Datenbanksysteme erfolgversprechend.

4. Zur Kopplung wissensbasierter Komponenten mit Datenbanksystemen

Die dargelegten Probleme bzgl. der komplexen Struktur von Objekten und der spezifischen Operationen betreffen die Verwaltung von Fakten einer Umweltverträglichkeitsprüfung in einem Datenbanksystem. Wie bereits erwähnt, bilden solche Fakten jedoch nur die Basis für die Problemlösungen bei der Bewertung eines Vorhabens unter Umweltgesichtspunkten. Für deren Unterstützung sind darüber hinaus Heuristiken, Erfahrungen, Zielsetzungen einzubeziehen. Es lassen sich beispielsweise aus der Beschreibung einer geplanten Straße und der betroffenen Umgebung notwendige weitere Prüfschritte ableiten:

Wenn das Untersuchungsgebiet Freiraumflächen umfaßt, deren Größe als relevant einzustufen ist,
und die Straße eine oder mehrere dieser Flächen schneidet,
dann ist der Eingriff durch die Straße erheblich, und die Schutzwürdigkeit des Freiraums muß näher untersucht werden.

Die Notwendigkeit derartiger deduktiver Fähigkeiten zeigt, daß die bisherige Funktionalität von Datenbanksystemen für die Aufgaben im Rahmen der Umweltverträglichkeitsprüfung nicht ausreicht. Es ist vielmehr notwendig, sowohl auf wissensbasierte Komponenten als auch auf moderne Datenbanktechniken zurückzugreifen. Eine naheliegende Lösung dieses Problems, aus dem Expertensystem heraus jeweils bei Bedarf das Datenbanksystem explizit aufzurufen, erweist sich bei näherer Betrachtung als ineffizient. Da hierbei jedes benötigte Datenbankobjekt einzeln transferiert werden müßte, ginge der Vorteil der Mengenorientierung verloren. Ähnliche Ergebnisse wären hinsichtlich der Möglichkeiten der Abfrageoptimierung in Rechnung zu stellen.

Es ergibt sich die Frage, wie man einerseits die mächtigen Datenbankkonzepte wie Mengenorientierung, Recovery- und Concurrencymechanismen oder Queryoptimierung optimal nutzen kann, gleichzeitig aber die Fähigkeiten wissensbasierter Systeme im Hinblick auf die Verwendung von Heuristiken, Objektorientierung, Inferenzmechanismen u.a. nicht preisgibt. Lösungsansätze zu dieser Problematik, die über eine Kopplung eigenständiger Systeme hinausgehen, werden derzeit aus zwei Richtungen diskutiert:

a) Erweiterung von Datenbanksystemen um deduktive Komponenten zur Verbesserung der Inferenz- und Abfragemöglichkeiten,
b) Erweiterung wissensbasierter Systeme (oder auch objektorientierter Programmiersprachen) um Datenbankfunktionen zur Lösung der Probleme großer Datenbestände und des Mehrbenutzerbetriebs. (Vgl. /MaOr86/, Reut87/, /BGKS87/)

Beide Richtungen verweisen auf eine notwendige Annäherung der Konzepte. Welche von ihnen für die Umweltverträglichkeitsprüfung als zweckmäßiger einzuschätzen ist, kann erst die weitere Entwicklung zeigen. Wünschenswert ist in jedem Fall ein leistungsfähiges und flexibles Werkzeug, das sowohl die effiziente Handhabung der Massendatenbestände gestattet als auch eine sinnvolle Unterstützung der komplexen Bewertungsaufgaben erlaubt.

5. Literatur

/ApLo88/ Appelrath, H.-J./Lorek, H.: Der Einsatz von Prolog-Werkzeugen für Geo-Datenbanken, in: Lutterbach, H. (Hrsg.), Non-Standard Datenbanken für Anwendungen der Graphischen Datenverarbeitung, Proc. GI-Fachgespräch, Dortmund 1988, Springer-Verlag, Berlin u.a., 1988, S. 147-165

/Baum87/ Baumewerd-Ahlmann, A.: Umweltinformationssystem Dortmund - Problemanalyse/ Anforderungsdefinition und Grobentwurf für den Bereich der Umweltverträglichkeitsprüfung, Diplomarbeit, Universität Dortmund, 1987

/BeSt87/ Beckmann, J./ Stiller, M.: Kommunale Umweltverträglichkeitsprüfung. Analyse und Einschätzung ausgewählter Ansätze in der verbindlichen Bauleitplanung, Diplomarbeit, Universität Dortmund, 1987

/BGKS87/ Bayer,R./ Güntzer, U./ Kießling, W./ Strauß, W./ Obermaier, J.K.: Deduktions- und Datenbankunterstützung für Expertensysteme, in: Schek, H.-J./ Schlageter, G. (Hrsg.), Datenbanksysteme in Büro, Technik und Wissenschaft, Proc. GI-Fachtagung, Darmstadt 1987, Springer-Verlag, Berlin u.a., 1987, S. 1-16

/Bode87/ Bode, Th.: Mehrbenutzerkonzepte und Geschichtsverwaltung im NDBS-Kernsystem DAISY. Diskussion verschiedener Problemlösungen, Diplomarbeit, Universität Dortmund, 1987

/Bung86/ Bunge, Th.: Die Umweltverträglichkeitsprüfung im Verwaltungsverfahren. Zur Umsetzung der Richtlinie der Europäischen Gemeinschaften vom 27.Juni 1985 (85/337/EWG) in der Bundesrepublik Deutschland, Bundesanzeiger Verlagsgesellschaft, Köln 1986

/CDFG87/ Carey, M./ DeWitt, D.J./ Frank, D./ Graefe, G./ Muralikrishna, M./ Richardson, J.E./ Shekita, E.J.: The Architecture of the EXODUS Extensible DBMS, in: Dittrich, K./ Dayal, U. (Hrsg.), Int. Workshop on Object Oriented Database Systems 1986. Proc., Pacific Grove (Cal.), Sept. 1986, IEEE Computer Society Press, New York, 1987, S. 52-65

/CoMa84/ Copeland, G./ Maier, D.: Making Smalltalk a Database System, in: SIGMOD 84. Proc. of the Annual Meeting, Boston 1984, SIGMOD record, Vol. 14, No. 2, 1984, S. 316-325

/DKML85/ Dittrich, K.R./ Kotz, A.M./ Mülle, J.A./ Lockemann, P.C.: Datenbankunterstützung für den ingenieurwissenschaftlichen Bereich. Eine Übersicht über den Stand der Entwicklung, Informatik-Spektrum, Bd. 8, 1985, S. 113-125

/Eckh87/ Eckhardt, H.: Modellierung modularisierter Programme in einer Softwaredatenbank, Softwaretechnik-Trends, Heft 7-2, Oktober 1987, S. 67-82

/Fran82/ Frank, A.: MAPQUERY: Data Base Query Language for Retrieval of Geometric Data and their Graphical Representation, SIGGRAPH 1982 Proceedings, Computer Graphics, Vol. 16, No. 3, July 1982, S. 199-207

/Güti87/ Güting, R.H.: Geo-Relational Algebra: An Integrated View of Geometric and Standard Data in Databases, Forschungsbericht Nr. 226 des Fachbereichs Informatik, Universität Dortmund, 1987

/Hälk88/ Hälker-Küsters, M.: Bearbeitung von Umweltschutzvorschriften mit Hilfe der EDV, in: Jaeschke, A./ Page, B. (Hrsg.), Informatikanwendungen im Umweltbereich, Proc. 2. Symposium, Karlsruhe 1987, Springer-Verlag, Berlin u.a., 1988, S. 139-144

/Kinz83/ Kinzinger, H.: Erweiterung einer Datenbank-Anfragesprache zur Unterstützung des Versionenkonzepts, in: Sprachen für Datenbanken, Fachgespräch auf der 13. GI-Jahrestagung, Hamburg 1983, Springer-Verlag, Berlin u.a., 1983, S. 96-112

/LKDP88/ Linnemann, V./ Küspert, K./ Dadam, P./ Pistor, P./ Erbe, R./ Kemper, A./ Südkamp, N./ Walch, G./ Wallrath, M.: Design and Implementation of an Extensible Database Management System Supporting User Defined Data Types and Functions, erscheint in VLDB 88

/Lohm87/ Lohmann, F.: Vorüberlegungen für den zweiten Prototyp eines geowissenschaftlichen Datenbanksystems, Bericht Nr. 87-04, Technische Universität Braunschweig, Institute für Informatik, Abteilung Datenbanken, 1987

/MaOr86/ Manola, F./ Orenstein, J.A.: Toward a General Spatial Data Model for an Object Oriented DBMS, in: Proc. of the 12th Int. Conf. on Very Large Databases, Kyoto, August 1986, S. 328-335

/Mits85/ Mitschang, B.: Charakteristiken des Komplex-Objekt-Begriffs und Ansätze zu dessen Realisierung, in: Blaser, A./ Pistor, P. (Hrsg.), Datenbanksysteme für Büro, Technik und Wissenschaft, Proc. GI-Fachtagung, Karlsruhe 1985, Springer-Verlag, Berlin u.a., 1985, S. 383-400

/Mits87/ Mitschang, B.: MAD - ein Datenmodell für den Kern eines Non-Standard-Datenbanksystems, in: Schek, H.-J./ Schlageter, G. (Hrsg.), Datenbanksysteme in Büro, Technik und Wissenschaft, Proc. GI-Fachtagung, Darmstadt 1987, Springer-Verlag, Berlin u.a., 1987, S. 180-195

/NiHS84/ Nievergelt, J./ Hinterberger, H./ Sevcik, K.C.: The Grid-File: An Adaptable, Symmetric Multikey File Structure, ACM ToDS, Vol. 9, No.1, 1984, S. 38-71

/Reut87/ Reuter, A.: Kopplung von Datenbank- und Expertensystemen, Informationstechnik (it), 29. Jg., H. 3, 1987, S. 164-175

/RNLE85/ Ramm, I./ Neumann, K./ Lipeck, U.W./ Ehrich, H.-D.: Eine Benutzerschnittstelle für geowissenschaftliche Datenbanken, Bericht Nr. 85-08, Technische Universität Braunschweig, Institute für Informatik, Abteilung Datenbanken, 1985

/ScPi88/ Schwabl, A./ Pietsch, J.: Ein Expertensystem für die Durchführung einer Umweltverträglichkeitsprüfung (UVP), in: Jaeschke, A./ Page, B. (Hrsg.), Informatikanwendungen im Umweltbereich, Proc. 2. Symposium, Karlsruhe 1987, Springer-Verlag, Berlin u.a., 1988, S. 127-138

/ScWa86/ Schek, H.-J./ Waterfeld, W.: A Database Kernel System for Geoscientific Applications, in: Proc. of the 2nd International Symposium on Spatial Data Handling, Seattle (Washington), July 1986

/SeKr88/ Seeger, B./ Kriegel, H.-P.: Spatial Access Methods based on Dynamic Hashing, in: Lutterbach, H. (Hrsg.), Non-Standard Datenbanken für Anwendungen der Graphischen Datenverarbeitung, Proc. GI-Fachgespräch, Dortmund 1988, Springer-Verlag, Berlin u.a., 1988, S. 22-36

/SUWZ87/ Schlageter, G./ Unland, R./ Wilkes, W./ Zieschang, R./ Maul, G./ Nagl, M./ Meyer, R.: Ein objektorientiertes Programmiersystem mit integrierter Datenverwaltungskomponente, in: Schek, H.-J./ Schlageter, G. (Hrsg.), Datenbanksysteme in Büro, Technik und Wissenschaft, Proc. GI-Fachtagung, Darmstadt 1987, Springer-Verlag, Berlin u.a., 1987, S. 132-151

Rechnergestützte Emissionskataster am Beispiel der Emissionskataster-Datenbank der Landesanstalt für Umweltschutz Baden-Württemberg

M. Helmich, U. Höll, K. Neuschwander, W. Weber

Zusammenfassung

Das Bundes-Immissionsschutzgesetz vom 15.3.1974 schreibt für Belastungsgebiete die Erstellung von Emissionskatastern vor. Aufgrund der dabei anfallenden sehr großen Datenmengen lassen sich solche Emissionskataster sinnvoll nur EDV-gestützt führen.

Der folgende Beitrag stellt die bei der Landesanstalt für Umweltschutz Baden-Württemberg in Karlsruhe betriebene Emissionskataster-Datenbank als Beispiel für die Realisierung eines EDV-gestützten Emissionskatasters vor. Hierzu werden zunächst die zur Erstellung eines Emissionskatasters benötigten Daten und die sich daraus ergebende Struktur der Datenbank erläutert, und dann das auf dieser Datenbank operierende Programmsystem zur Erfassung, Korrektur und Auswertung der Daten beschrieben.

1. Einleitung

Das Problem der Luftverschmutzung nimmt in der öffentlichen Diskussion breiten Raum ein. Dabei steht immer wieder die Forderung nach wirksamen Maßnahmen zur Verringerung der Luftbelastung im Vordergrund. Um sichere Grundlagen sowohl für abhilfeschaffende als auch für vorbeugende Maßnahmen auf diesem Gebiet zu gewinnen, ist es notwendig, Art und Umfang der wichtigsten luftverunreinigenden Stoffe zu ermitteln sowie die räumliche und zeitliche Verteilung der auftretenden Emissionen zu erfassen.

Zu diesem Zweck werden bei den zuständigen Behörden der einzelnen Bundesländer sogenannte Emissionskataster geführt. In einem solchen Kataster werden die emissionserzeugenden Anlagen und die Emissionsquellen eines bestimmten Gebietes, ihre gehandhabten und emittierten Stoffe, in Planquadraten, die durch ein Koordinatensystem (Gauß-Krüger o. ä.) definiert sind, wiedergegeben /1/.

Unmittelbare Aufgaben der Emissionskataster ist die effektive Überwachung von Emittenten, die Bereitstellung von Entscheidungsgrundlagen für politische Institutionen, die Erfolgskontrolle gesetzgeberischer Maßnahmen auf dem Gebiet des Luftreinhaltung sowie die Information der Bevölkerung.

Das im folgenden vorzustellende System wurde gemeinsam von Mitarbeitern der Landesanstalt für Umweltschutz Baden-Württemberg (LfU) und der ISB Institut für Software-Entwicklung und EDV-Beratung GmbH in Karlsruhe realisiert.

1.1 Gesetzliche Grundlagen

Die gesetzlichen Grundlagen für die Erstellung von Emissionskatastern wurden im Bundes-Immissionsschutzgesetz vom 15.3.1974 (BImSchG) /2/ gelegt. Darin wird für sogenannte Belastungsgebiete die Aufstellung eines Emissionskatasters ausdrücklich vorgeschrieben, das "Angaben enhält über Art, Menge, räumliche und zeitliche Verteilung und die Austrittsbedingungen von Luftverunreinigungen bestimmter Anlagen und Fahrzeuge" (BImSchG, § 46).

In der Fünften Allgemeinen Verwaltungsvorschrift zum BImSchG /3/ wurden weitergehende Regeln zur Aufstellung von Emissionskatastern erlassen. Danach sind vier Emittentengruppen zu unterscheiden: Industrie, Kleingewerbe, Hausbrand und Verkehr.

Zur Emittentengruppe Industrie zählen alle nach § 4 BImSchG genehmigungsbedürftigen Anlagen, z. B. Raffinerien, Kraftwerke und Müllverbrennungsanlagen. Zur Gruppe Kleingewerbe gehören alle nicht genehmigungsbedürftigen Anlagen. Sie werden in der Regel von kleingewerblichen Betreibern, aber auch von Betreibern aus der Gruppe Industrie unterhalten. Beispiele der Gruppe Kleingewerbe sind Bäckereien, chemische Reinigungen und Lackierereien. In der Gruppe Hausbrand sind alle Feuerungs- und Warmwasseranlagen privat genutzter Gebäude enthalten. Zur Emittentengruppe Verkehr schließlich werden alle Emittenten aus den Bereichen Straßen-, Wasser-, Schienen- und Luftverkehr gezählt.

1.2 Erhebungsmethoden

Die Erhebung der Daten wird je nach Emittentengruppe unterschiedlich durchgeführt. Für die Gruppen Industrie und Kleingewerbe erfolgt sie mit Hilfe von Emissionserklärungen, die die jeweiligen Betreiber abgeben. In Belastungsgebieten ist die Abgabe solcher Erklärungen für Betreiber der Gruppe Industrie Pflicht, in anderen Gebieten und für kleingewerbliche Betreiber ist sie freiwillig.

In den Bereichen Hausbrand und Verkehr müssen dagegen pauschalierte Ermittlungsverfahren angewendet werden, da hierbei eine Erhebung bei den jeweiligen Verursachern entweder methodisch nicht sinnvoll wäre (Verkehr) oder zuviel Aufwand verursachen würde (Hausbrand). Dazu werden Informationen aus anderen Quellen herangezogen, z. B. Statistiken über Energie- und Brennstoffverbrauch, Verkehrsstärkeerhebungen usw. und aus diesen Angaben dann Rückschlüsse gezogen auf das Emissionsverhalten dieser Gruppen.

2. Die Emissionskataster-Datenbank der Landesanstalt für Umweltschutz Baden-Württemberg

2.1 Einführung

Aufgabe einer Datenbank ist es, Informationen über einen Teil der realen Welt, der sogenannten Anwendungsumgebung, zu speichern. Diese Speicherung läßt sich nur dann mit vertretbarem Aufwand durchführen, wenn von konkreten Details abstrahiert und ein Modell der Anwendungsumgebung entworfen wird, das nur noch die für die jeweilige Anwendung interessanten Objekte, deren Eigenschaften und die zwischen den Objekten bestehenden Beziehungen wiedergibt /4/.

Die Modellbildung vollzieht sich üblicherweise in drei Phasen: Datenanalyse, konzeptueller Datenbankentwurf und logischer Datenbankentwurf. In der ersten Phase, der Datenanalyse, sammelt man zunächst Informationen über die Anwendungsumgebung, und ermittelt, welche Objekte überhaupt vorhanden sind und welche Beziehungen zwischen ihnen bestehen. Dann, im konzeptuellen Datenbankentwurf, faßt man Objekte und Beziehungen, zwischen denen strukturelle Ähnlichkeiten bestehen, zusammen zu Objekt- bzw. Beziehungsklassen oder -typen und gelangt so zu einem Modell, das gegenüber der Realwelt einen geringeren Komplexitätsgrad aufweist. Das Ergebnis dieser zweiten Phase bezeichnet man als konzeptuelles Schema. In ihm wird die Anwendungsumgebung noch völlig unabhängig von EDV-Gesichtspunkten dargestellt.

Dies ändert sich in der dritten und letzten Phase, dem logischen Datenbankentwurf. Hierbei wird das konzeptuelle Schema transformiert in das sogenannte logische Schema, das die im konzeptuellen Schema wiedergegebenen Objekt- und Beziehungstypen mit den von einem konkreten Datenbanksystem zur Verfügung gestellten Mitteln realisiert; dabei ist vor allem das zugrundeliegende Datenmodell von Bedeutung. Man bezeichnet das logische Schema auch als implementiertes konzeptuelles Schema.

Im folgenden sollen nun die genannten drei Schritte, wie sie zum Entwurf der Emissionskataster-Datenbank der LfU durchgeführt wurden, nachvollzogen werden.

2.2 Die Anwendungsumgebung

Ausgangspunkt aller Betrachtungen des Emissionskatasters sind die Betreiber, d. h. Unternehmen, öffentliche Institutionen etc., die Einrichtungen betreiben, in denen Emissionen freigesetzt werden. Jeder Betreiber ist einer bestimmten Gemeinde zugeordnet. Die von ihm betriebenen Einrichtungen werden als Anlagen bezeichnet. Eine Anlage besteht aus einem oder mehreren Aggregaten. Ein Beispiel hierfür wäre ein Kraftwerk (die Anlage), das über mehrere Dampfkessel (die Aggregate) verfügt.

In einem Aggregat werden verschiedene chemische Stoffe gehandhabt (z. B. als Betriebstoffe, als Rohstoffe, aus denen andere Stoffe produziert werden, o. ä.), wobei sich u. U. verschiedene Betriebszustände unterscheiden lassen, in denen immer dieselben Stoffe gehandhabt werden. Diese Zustände bezeichnet man als die Betriebmodi eines Aggregates. Als einfaches Beispiel für verschiedene Betriebsmodi läßt sich ein Heizkessel anführen, der sowohl für Öl- als auch für Gasfeuerung geeignet ist. Dieses Aggregat hätte dann zwei Betriebsmodi, nämlich Öl- und Gasbetrieb.

Aus der Bearbeitung der gehandhabten Stoffe in den Aggregaten resultieren schließlich Emissionen. Hierbei können für jeden Betriebsmodus u. U. mehrere Zustände unterschiedlichen Emissionsverhaltens (hinsichtlich der emittierten Stoffe, der zeitlichen Verteilung der Emissionen etc.) unterschieden werden, die als Emissionsmodi bezeichnet werden. Hierunter fallen z. B. Anfahr-, Normal- und Notbetrieb eines Aggregates in seinen jeweiligen Betriebsmodi.

Die Emissionen werden über sogenannte Quellen (Schornsteine o. ä.) ausgestossen, wobei ein Aggregat in unterschiedlichen Emissionsmodi durchaus auch über unterschiedliche Quellen emittieren kann. Sowohl die emittierten als auch die gehandhabten Stoffe sind in einem gemeinsamen Stoffkatalog aufgeführt, in dem u. a. die Zusammensetzung der Stoffe aus anderen Stoffen oder direkt aus den chemischen Elementen angegeben sind.

2.3 Zu speichernde Daten

Zu den eben beschriebenen Objekten sind nach § 46 BImSchG folgende Sachverhalte zu speichern:

- Art und Menge der emittierten luftfremden Stoffe
- Angaben über räumliche und zeitliche Verteilung der Emissionen
- Angaben über die Austrittsbedingungen von Luftverunreinigungen bestimmter Anlagen und Fahrzeuge.

Darüber hinaus werden bei der LfU noch erfaßt und gespeichert:

- Angaben zu den Betreibern (Name, Anschrift, etc.)
- Angaben zu den Gemeinden im Erhebungsgebiet (z. B. Koordinaten)
- Art und Verwendung der gehandhabten Stoffe.

Außerdem wird bei der LfU eine mehrjährige Betrachtung durchgeführt, d. h. es sind nicht nur die jeweils aktuellsten Daten in der Datenbank vorhanden, sondern auch Daten aus zurückliegenden Jahren. Hierdurch können auch Erkenntnisse über die Entwicklung der Emissionstätigkeit über mehrere Jahre hinweg gewonnen werden.

2.4 Das konzeptuelle Schema

Wie bereits erwähnt, soll das konzeptuelle Schema noch unabhängig von EDV-Gesichtspunkten und von einer späteren Realisierung ein vereinfachtes Modell der Anwendungsumgebung sein. Durch Generalisierung und Klassenbildung versucht man, die in dieser Umgebung vorhandene Komplexität zu reduzieren, um so eine vereinfachte Abbildung von ihr zu erhalten.

Als Darstellungsform für das konzeptuelle Schema hat das Entity-Relationship-Diagramm (ER-Diagramm, nähere Erläuterungen s. /5/) weite Verbreitung gefunden und soll darum auch hier angewendet werden (s. Abb. 1).

Erläuterung zu den Beziehungen:

1: Betreiber hat seinen Sitz in Gemeinde
2: Betreiber besitzt Quelle
3: Betreiber besitzt Anlage
4: Aggregat gehört zu Anlage
5: In Emissionsmodus wird über Quelle emittiert
6: Aggregat hat Betriebsmodus
7: Emissionsmodus gehört zu Betriebsmodus
8: In Emissionsmodus wird Emission ausgestossen
9: In Betriebsmodus wird Stoff gehandhabt
10: Emission ist in Stoffkatalog enthalten
11: gehandhabter Stoff ist in Stoffkatalog enthalten
12: Stoff setzt sich zusammen aus anderen Stoffen
13: Stoff setzt sich zusammen aus Elementen

Im folgenden werden die wichtigsten Merkmale (Attribute) der im ER-Diagramm aufgeführten Objekttypen genannt:

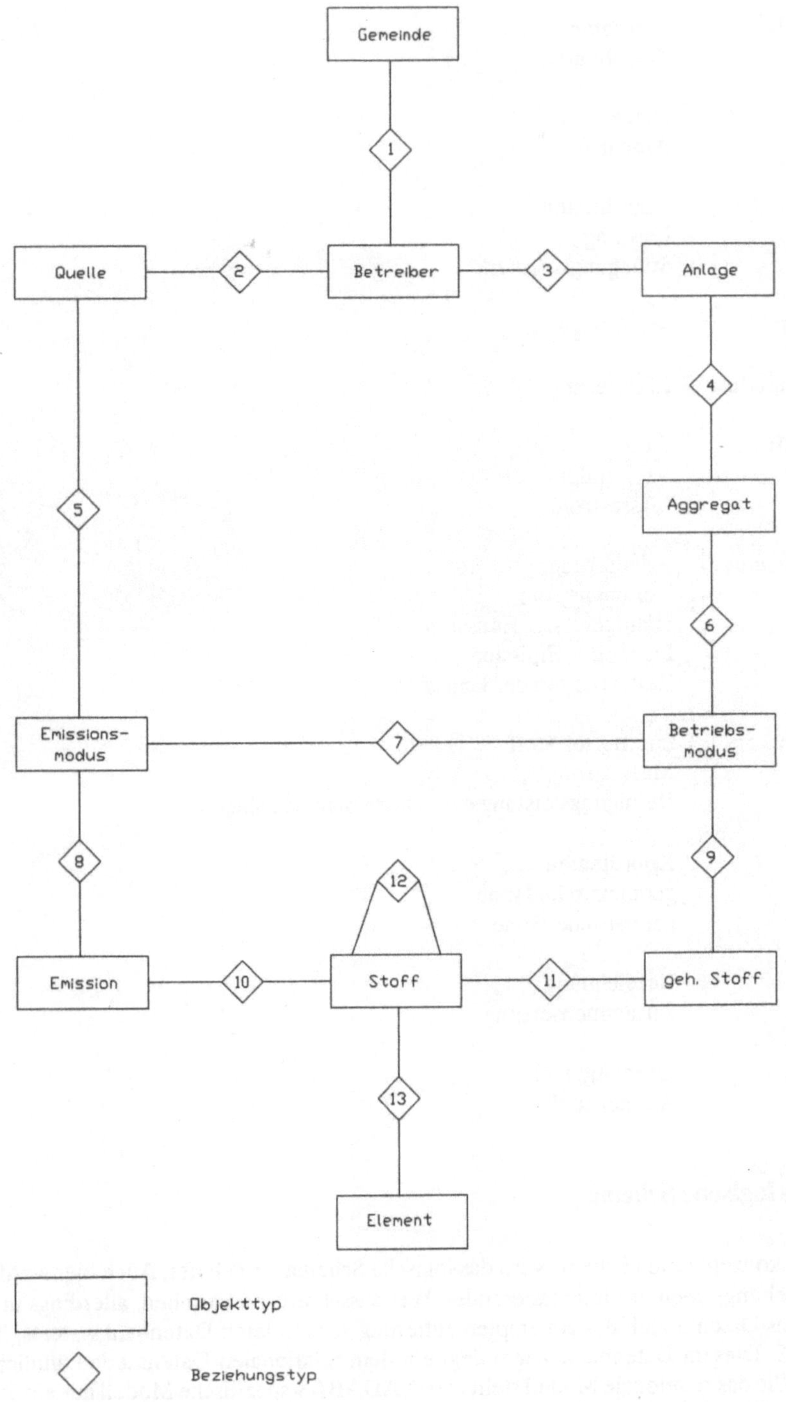

Abb. 1: ER-Diagramm des Emissionskatasters

Gemeinde:	Ortsname Koordinaten
Betreiber:	Name Anschrift
Anlage:	Koordinaten Leistung Stillegungsvermerk
Aggregat:	wie Anlage
Betriebsmodus:	Erläuterung
geh. Stoff:	Stoff Verwendungsart Massestrom
Emissionsmodus:	Erläuterung Volumenstrom Häufigkeit der Emission Dauer der Emission Zeitverhalten der Emission
Emission:	emittierter Stoff Massestrom Reinigungsleistung evtl. Gasreinigungsanlagen
Quelle:	Koordinaten geometrische Höhe geodätische Höhe
Stoff:	Bezeichnung Zusammensetzung
Element:	Ordnungszahl Atomanzahl

2.5 Das logische Schema

Aus dem konzeptuellen Schema wird das logische Schema hergeleitet. Auch hier werden die Objekt- und Beziehungstypen des interessierenden Weltausschnitts beschrieben, allerdings unter Bezugnahme auf das Datenmodell des zur Implementierung verwendeten Datenbanksystems, in diesem Falle ADABAS. Diesem Datenbanksystem liegt ein dem relationalen Datenmodell ähnliches Modell zugrunde. Wie das relationale Modell stellt dieses ADABAS-spezifische Modell nur ein Strukturelement zur Modellierung der Realwelt zur Verfügung, welches als 'Datei' bezeichnet wird und dem Strukturelement 'Relation' des relationalen Ansatzes entspricht. Alle Objekt- und Beziehungstypen müssen mit Hilfe dieses einen Strukturelementes dargestellt werden.

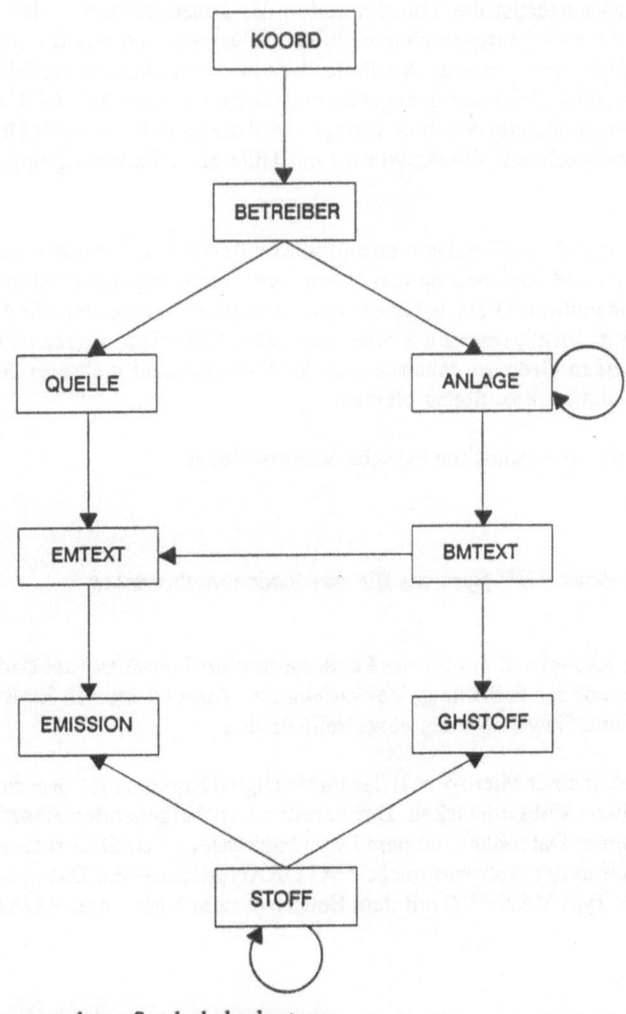

Die verwendeten Symbole bedeuten:

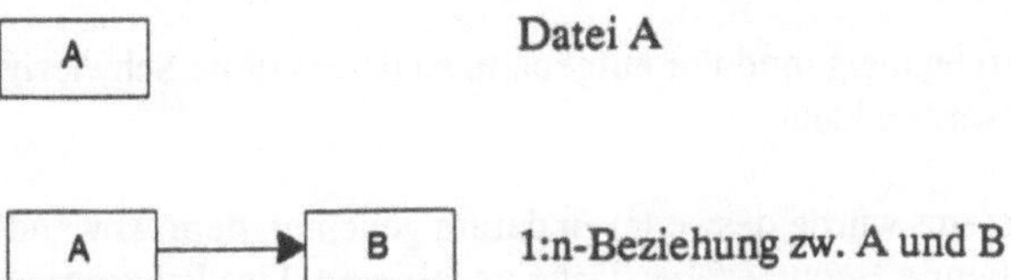

Abb. 2: Logisches Schema des Emissionskatasters

Für das Emissionskataster ist die Transformation des konzeptuellen in das logische Schema sehr einfach. Die einzelnen Objekttypen können direkt als Dateien dargestellt werden, die Beziehungstypen werden mit Hilfe gemeinsamer Attribute der einzelnen Dateien modelliert. Die Objekttypen Anlage und Aggregat werden zusammengefaßt und durch die Datei ANLAGE dargestellt, da sie über weitgehend übereinstimmende Attribute verfügen. Auf die Einführung einer Datei ELEMENT wurde verzichtet. Der entsprechende Objekttyp wird mit Hilfe einer Periodengruppe in der Datei STOFF modelliert.

Die Möglichkeit von ADABAS, in Dateien multiple Felder und Periodengruppen zu definieren, wurde auch ausgenutzt, um die Speicherung von Daten mehrerer Jahrgänge zu erleichtern. Hierzu enthält jeder Datensatz ein multiples Feld, in das die Jahre aufgenommen werden, für die der Datensatz gültig ist. Da ein Datensatz im allgemeinen für mehrere Jahre Gültigkeit besitzt, kann auf diese Weise der Speicherplatzbedarf in Grenzen gehalten und der Datenbestand mehrerer Jahre mit vertretbarem Aufwand in der Datenbank verfügbar bleiben.

Abbildung 2 gibt das so entstandene logische Schema wieder.

3. Realisierung eines EDV-Systems für das Emissionskataster

In dem folgenden Kapitel soll das für die Landesanstalt für Umweltschutz Baden-Württemberg entwickelte EDV-System zur Erstellung, Verwaltung und Auswertung des Emissionskatasters für den Bereich Industrie und Gewerbe näher vorgestellt werden.

Das System wurde auf einer Micro-Vax II der Firma Digital Equipment Corporation (DEC) unter dem Betriebssystem Micro-VMS entwickelt. Der bereits im vorhergehenden Abschnitt erläuterte Datenentwurf wurde in einer Datenbank mit dem Datenbanksystem ADABAS realisiert. Die Anwendungsprogramme wurden in der Abfragesprache NATURAL geschrieben. Das System kommt auf einem DEC-Rechner des Typs VAX 8700 mit dem Betriebssystem VMS unter ADABAS/NATURAL zum Einsatz.

3.1 Aufbau des EDV-Systems "Emissionskataster"

Das Programmsystem ist durchgängig modular aufgebaut, so daß es ohne Schwierigkeiten um zusätzliche Funktionen erweitert werden kann.

Bei der Entwicklung des Systems wurde desweiteren darauf geachtet, dem Anwender im interaktiven Teil eine einfach handzuhabende Benutzeroberfläche anzubieten. Das Programmsystem läuft daher über Bildschirmmasken vollkommen menügesteuert im Dialog mit dem Benutzer ab. In diesen Bildschirmmasken kann der Anwender die zu bearbeitende Aufgabenstellung auswählen und die der jeweiligen Aufgabe entsprechenden Selektionskriterien eingeben. Ausführliche Hinweise in den Masken und genaue Fehlermeldungen bei falscher Eingabe unterstützen den Anwender bei der korrekten Maskenbedienung.

Nach der Eingabe kann der weitere Programmablauf zur Ausführung der gewählten Funktion im Batch-Modus (z.B. bei umfangreichen Auswertungen) oder weiterhin im Dialog (z.B. bei der Stammdatenpflege) erfolgen.

Als Beispiel einer Auswahlmaske wird in Abb. 3 das Hauptmenü des Emissionskatasters dargestellt, in dem der Benutzer durch Angabe des entsprechenden Kennbuchstabens die gewünschte Funktion auswählt.

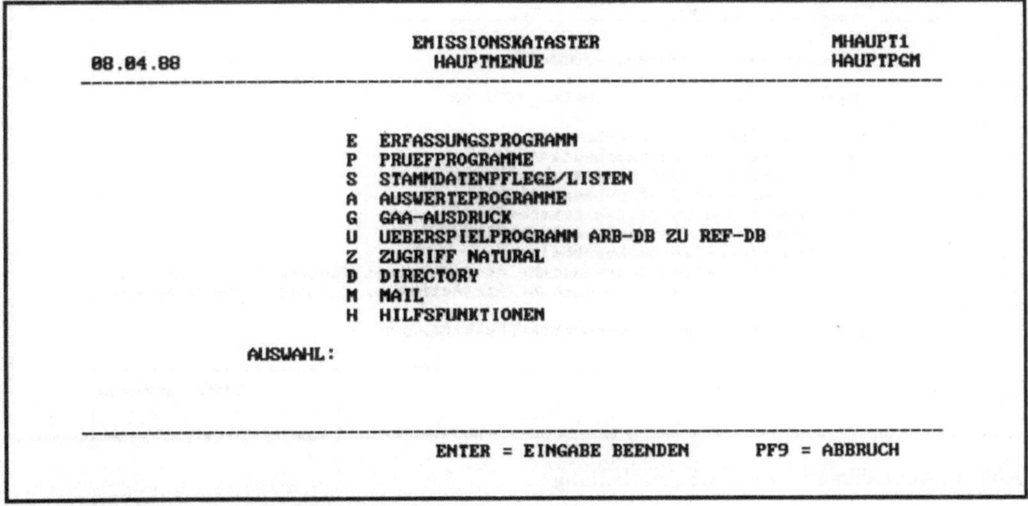

```
                              EMISSIONSKATASTER                    MHAUPT1
08.04.88                      HAUPTMENUE                           HAUPTPGM
---------------------------------------------------------------------------

                    E  ERFASSUNGSPROGRAMM
                    P  PRUEFPROGRAMME
                    S  STAMMDATENPFLEGE/LISTEN
                    A  AUSWERTEPROGRAMME
                    G  GAA-AUSDRUCK
                    U  UEBERSPIELPROGRAMM ARB-DB ZU REF-DB
                    Z  ZUGRIFF NATURAL
                    D  DIRECTORY
                    M  MAIL
                    H  HILFSFUNKTIONEN

          AUSWAHL:

---------------------------------------------------------------------------
                              ENTER = EINGABE BEENDEN      PF9 = ABBRUCH
```

Abb. 3: Hauptmenü des Emissionskatasters

Im folgenden wird der Funktionsumfang des EDV-Systems "Emissionskataster" näher erläutert werden.

3.2 Funktionsumfang des EDV-Systems "Emissionskataster"

3.2.1 Erfassungsprogramme

Die Erfassungsprogramme ermöglichen zum einen die Erfassung neuer Industriebetriebe mit den Betreiberdaten und den Emissionsdaten (Quellen, Anlagen, Aggregate, emittierte Stoffe, gehandhabte Stoffe, Betriebsmodi, Emissionsmodi, Emissionen), zum anderen die Aktualisierung der Betreiber- und Emissionsdaten.

Zur Erfassung der Betreiber- und der Emissionsdaten wird von jedem Betreiber jedes Jahr eine Emissionserklärung abgegeben, in die alle erforderlichen Daten eingetragen werden. Falls ein Betreiber zum erstenmal eine solche Emissionserklärung abgibt, liegt eine Neuerfassung vor. Bei den folgenden Emissionserklärungen des Betreibers wird eine Aktualisierung der Daten vorgenommen, wobei zu unterscheiden ist, ob gegenüber der vorherigen Emissionserklärung eine Änderung eingetreten ist (z.B. bei der Änderung einer Quelle, etc.) oder nicht. Eine solche Aktualisierung wird normalerweise nur für ein neues oder für das aktuelle Jahr durchgeführt, es ist aber zusätzlich auch möglich, nachträglich Änderungen in Datensätzen eines alten Jahres vorzunehmen.

Nach der Auswahl der gewünschten Erfassungsfunktion sowie Eingabe der Betreibernummer und des Bearbeitungsjahres in den entsprechenden Masken wählt der Benutzer die Datei aus, die bearbeitet, d.h. neu erfaßt oder aktualisiert werden soll. Über die Eingabe in weiteren Bildschirmmasken werden die Daten dann erfaßt, bzw. aktualisiert.

Als Beispiel wird in Abb. 4 die Maske zur Auswahl der zu bearbeitenden Datei aufgeführt.

```
                              EMISSIONSKATASTER                          MBEARB1
08.04.88                      DATENBEARBEITUNG                           BEARB
--------------------------------------------------------------------------------

         Arbeitstaetten-Nummer:  1000055      _        Jahr:  86

         Betreiber-Name        :  HALLO TEST 40

         B    Betreiber-Satz bearbeiten
         Q    Quellen-Saetze bearbeiten
         A    Anlage/Aggregat-Saetze bearbeiten
         G    Gehandhabte Stoffe bearbeiten
         X    Betriebsmodus-Saetze bearbeiten
         Y    Emissionsmodus-Saetze bearbeiten
         E    Emissions-Saetze bearbeiten
         L    Loeschen aller Datensaetze des Betreibers (ausser Betreibersatz)
         D    Loeschen aller Datensaetze des Betreibers (einschl. Betreibersatz)

        Bitte geben Sie die gewuenschte Funktion an!  _

--------------------------------------------------------------------------------
ENTER = Eingabe beenden                                          PF9 = zurueck
```

Abb. 4: Auswahlmaske zur Datenbearbeitung

3.2.2 Prüfprogramme

Über diese Programme können die folgenden Prüfungen durchgeführt werden:

- Plausibilitätsprüfung
- Koordinatenprüfung
- Verschlüsselungsprüfung
- Gesamtprüfung

Bei der Plausibilitätsprüfung werden die Betreiber- und Emissionsdaten daraufhin untersucht, ob sie gewissen festgelegten Plausibilitätsbedingungen genügen.

Bei der Koordinatenprüfung werden die Koordinaten der Quellen, Anlagen und Aggregate eines Betreibers auf Eingabefehler hin getestet (Gauß-Krüger-Koordinaten). Dabei wird überprüft, ob die angegebenen Koordinaten innerhalb der Gemeindegrenzen liegen und ob die Abstände zwischen den Quellen und Anlagen eines Betreibers plausibel sind.

In der Verschlüsselungsprüfung wird mit Hilfe von Schlüsselverzeichnissen untersucht, ob verschlüsselt eingegebene Dateifelder nur zulässige Werte enthalten.

Die Gesamtprüfung ermöglicht die Durchführung von Plausibilitäts-, Koordinaten- und Verschlüsselungsprüfung in einem Programmlauf.

3.2.3 Stammdatenpflege/Listen

Diese Funktion umfaßt die Stammdatenpflege (d.h. Neuerfassung, Anzeigen, Ändern und Löschen) von Stoffen, Stoffgruppen und Gemeinde-Koordinaten.

In der Stoffstammdatenpflege werden die von den Quellen der Betreiber emittierten und die zum Betrieb der Anlagen und Aggregate notwendigen Stoffe in der Stoff-Datei verwaltet.

Die Stoffgruppenpflege bietet die Möglichkeit, verschiedene Stoffe nach beliebigen Gesichtspunkten zu einer Stoffgruppe zusammenzufassen und die Stoffgruppe anzuzeigen, zu ändern oder zu löschen sowie verschiedene Stoffgruppen zu mischen. Die Verwendung von Stoffgruppen dient der Arbeitserleichterung bei der Eingabe von Stoffnummern z. B. als Selektionskriterien für Auswertungen (s. 3.2.4). Der Anwender braucht dadurch nur noch eine (oder auch mehrere) Stoffgruppe(n) zu benennen, z. B. "Anorganische Gase", und muß nicht alle zu dieser Gruppe gehörenden Stoffe einzeln angeben.

In der Koordinatenstammdatenpflege können die Koordinaten einer Gemeinde angezeigt, verändert und hinzugefügt oder eine Gemeinde mit deren Koordinaten neu angelegt sowie eine Gemeinde mit ihren Koordinaten gelöscht werden.

Desweiteren wird über die Funktion Stammdatenpflege/Listen auch die Ausgabe von Stofflisten, Stoffgruppenlisten und Koordinatenlisten ermöglicht.

3.2.4 Auswertungen

Durch diese Funktion werden verschiedene Auswertungen mit variablen Selektionskriterien ermöglicht.

Dabei kann der Benutzer aus den folgenden vorgegebenen Möglichkeiten die gewünschte Auswertung auswählen:

Auswertungen über

- den Jahresauswurf nach Höhenklassen
- den Jahresauswurf im Ein-Kilometer-Raster
- die emittierten Stoffe
- die gehandhabten Stoffe
- die Betreiber in einer Gemeinde

sowie

- statistische Auswertungen.

Zur Durchführung der Auswertungen können die verschiedensten Selektionskriterien variabel ausgewählt und miteinander kombiniert werden, wobei für jede Auswertung die insgesamt möglichen Selektionskriterien vorgegeben sind.

Die für die Auswertung "Jahresauswurf nach Höhenklassen" beispielsweise möglichen Selektionskriterien können der in Abbildung 5 wiedergegebenen Eingabemaske entnommen werden. Die gewünschten Kriterien werden einfach "angekreuzt"; in Folgemasken werden dann die Selektionswerte eingegeben.

```
                         EMISSIONSKATASTER                                    MSELEK1
  08.04.88      AUSWAHL DER SELEKTIONSKRITERIEN                               AUSWPROG
---------------------------------------------------------------------------------------

                         ARBEITSSTAETTEN NUMMERN          (   )
                         GEMEINDEKENNZIFFERN (EINZELN)    (   )
                         GEMEINDEKENNZIFFERN (BEREICH)    (   )

                         JAHRESBEREICH                    (   )

                         DATENHERKUNFT (POSITIV)          (   )
                         DATENHERKUNFT (NEGATIV)          (   )

                         STOFF-NUMMERN                    (   )

                         HOEHENKLASSEN                    (   )

                         EMISSIONSMODI                    (   )

BITTE MARKIEREN SIE IHRE AUSWAHL DURCH DAS ZEICHEN 'X' IM ENTSPRECHENDEN FELD
---------------------------------------------------------------------------------------
TAB = NAECHSTES FELD    ENTER = EINGABE BEENDEN    PF9 = ZURUECK HAUPTMENUE
```

Abb. 5: Auswahl der Selektionskriterien

3.2.5 GAA-Ausdruck

Durch Wahl dieser Funktion können sogenannte GAA-Berichte für die Gewerbeaufsichtsämter erstellt und ausgedruckt werden.

Ein solcher Bericht enthält die Daten der Emissionserklärung eines Betreibers in einer für die Gewerbeaufsichtsämter aufbereiteten Form. Er umfaßt für jeden Betreiber:

- allgemeine Angaben zur Emissionserklärung
- eine Quellenübersicht
- eine Aufstellung der Anlagen und Aggregate mit den gehandhabten und emittierten Stoffen sowie der Betriebs- und Emissionsmodi
- eine gesamte Anlagenübersicht

und

- eine Jahresauswurfsübersicht des Betreibers.

Mit Hilfe dieser GAA-Bögen werden die Änderungserfassungen in den Betrieben durchgeführt.

3.2.6 Systemfunktionen

Da ein Benutzer normalerweise nicht auf die Betriebssystem- bzw. Datenbanksystemebene gelangen soll, werden ihm im Programm die folgenden Systemfunktionen angeboten:

- Zugriff auf das NATURAL-System zur Adhoc-Programmierung

- Anzeigen der Files auf dem jeweiligen Benutzer-Directory

- Aufruf der VMS-Mail-Utility

3.2.7 Hilfsfunktionen

Mit den Hilfsprogrammen werden den Anwendern die folgenden speziellen Funktionen verfügbar gemacht:

- Ausgabe von variabel selektierten Quellendaten auf Magnetband zur Übergabe der Daten an ein Programm für die Durchführung von Ausbreitungsrechnungen

- Auslagern alter Daten auf Magnetband und Wiedereinspielen ausgelagerter Daten vom Magnetband

- Ausdrucken beliebiger List-Files auf einem beliebigen Drucker

- Löschen beliebiger List-Files

4. Ausblick

Rechnergestützte Emissionskataster sind eine wichtige Voraussetzung zur wirkungsvollen Bekämpfung der Luftverschmutzung. Um dieser Aufgabe auch in Zukunft gerecht werden zu können, ist eine ständige Weiterentwicklung der zur Zeit eingesetzten Systeme erforderlich. Generelle Zielrichtung sollte es dabei sein, die Nutzung der gespeicherten Daten zu erleichtern und effektiver zu gestalten.

Dieses Ziel kann unter anderem durch den verstärkten Einsatz graphischer Darstellungsformen für die verschiedenen Auswertungen erreicht werden, da die Aussagekraft visueller Informationen für den Menschen wesentlich größer ist als die langer Zahlenkolonnen. Auch sollten Möglichkeiten geschaffen werden, die einzelnen regionalen Emissionskataster der Bundesländer zu verbinden und so eine bundesweite Auswertung der Daten zu ermöglichen. Denkbar wäre außerdem, aggregierte, nicht personenbezogene Daten z. B. in umweltspezifischen Datenbanken der Öffentlichkeit zugänglich zu machen.

Mit dem Informationssystem "Emissionskataster" der Landesanstalt für Umweltschutz Baden-Württemberg steht eine umfangreiche Datenbasis über die aktuelle Emissionssituation und die zeitliche Entwicklung der Emissionen über mehrere Jahre hinweg sowie ein Instrumentarium zur Auswertung dieser Datenbasis zur Verfügung. Es bleibt zu hoffen, daß ein solches Informationsangebot von den verantwortlichen Entscheidungsträgern auch wirkungsvoll genutzt wird.

Literatur

/1/ Ministerium für Ernährung, Landwirtschaft, Umwelt und Forsten (Hrsg.): Emissionskataster Karlsruhe - Quellengruppe Industrie und Gewerbe. 1986

/2/ Gesetz zum Schutz vor schädlichen Umwelteinwirkungen durch Luftverunreinigungen, Geräusche, Erschütterungen und ähnliche Vorgänge (Bundes-Immissionsschutzgesetz - BImSchG) vom 15.03.1974 (BGBl. I S. 721) zuletzt geändert am 29.11.1986 (BGBl I S. 2090)

/3/ Fünfte Allgemeine Verwaltungsvorschrift zum Bundes-Immissionsschutzgesetz (Emissionskataster in Belastungsgebieten) - 5. BImSchVwV - vom 30.01.1979 (GMBI. S. 42)

/4/ Schlageter, G.; Stucky, W.: Datenbanksysteme: Konzepte und Modelle. B. G. Teubner, Stuttgart 1983

/5/ Chen, P.P.S.: The entity-relationship-model - toward a unified view of data. ACM Trans. Database Syst. 1 (1976), No. 1

KOMMUNALE UMWELTINFORMATIONSSYSTEME
ANFORDERUNGSPROFILE - INHALTE - BEITRÄGE DER UMWELTPLANUNG

J. Pietsch
Stadtökologie - Methoden der Umweltplanung
TU Hamburg-Harburg

Abstract

Durch die bisher unzureichende Zusammenarbeit von Umweltforschung, Umweltplanung und Umweltinformatik konnten Chancen für die Umwelt nicht im erforderlichen Umfang wahrgenommen werden. Im Rahmen der "System- und Methodenentwicklung kommunaler Umweltdatensysteme (komUdats)" lassen sich aus kommunalen Defiziten bei Umweltschutz und Umweltvorsorge einerseits und den möglichen methodischen Beiträgen von Umweltwissenschaften und -planung anderseits Anforderungen an die Umweltinformatik formulieren und präzisieren.

Das "Gesamtdesign" kommunaler Umweltinformationssysteme erfordert noch erheblichen Forschungsaufwand. Dagegen bedarf es für einzelne, bereits vorhandene Methodenbausteine und System-Module nur noch der Weiterentwicklung bzw. Anpassung. Methodische Lücken bestehen vor allem bei der Umsetzung von Meß- und Grundlagendaten in nutzerorientierte Informationen. Mangelnde Aufbereitungsroutinen vorhandener Kenntnisse über Wirkungszusammenhänge signalisieren weitere Defizite. Umweltqualitätsziele, die als Maßstäbe für die Beurteilung kommunaler Umweltzustände dienen können, sind bisher kaum definiert. Besonders augenfällig ist das Informationsdefizit im Bereich des verstärkt an Bedeutung gewinnenden Instruments der Umweltverträglichkeitsprüfung.

1. Problemaufriß

Die "Umwelt" ist in den Kommunen zu einem bedeutenden Politikbereich geworden. Viele Städte haben in den letzten Jahren Programme zur besseren Berücksichtigung von Umwelt und Ökologie verabschiedet. Um den vielfältigen Informationsanforderungen bei kommunalen Umweltplanungen, Umweltschutz und Umweltvorsorge in Zukunft gerecht werden zu können, wird eine Verbesserung, teilweise auch eine grundsätzliche Neuorientierung bei der Handhabung von Umweltdaten im weitesten Sinne erforderlich.

In Städten, die bereits fallbezogen und problemorientiert Umweltdaten erheben (Lärm, Altlasten, Biotope, Baum- und Waldschäden, Gewässerverunreinigungen usw.), steigt der laufende Aufwand für die ad hoc-Aufbereitung der Daten in nicht mehr vertretbare Höhen. Zudem liegen zwischen der Erhebung der Daten und ihrer Verfügbarkeit, geeignete Auswertungs- und Umsetzungsmethoden vorausgesetzt, zu große Zeitspannen, die entweder nicht aktuelle oder unzureichende Maßnahmen bedingen.

Der Umgang mit Umweltdaten erhält in der kommunalen Praxis über die tradierten fachspezifischen Aspekte hinaus immer mehr einen strategischen Charakter für die Zukunftsgestaltung. Wie in anderen Handlungsfeldern werden umfassende Informations- und Kommunikationskonzepte, also mehr als bloße Datenbankanwendungen nachgefragt. Diese können allerdings nur entsprechend der umweltpolitischen Zielsetzung wirksam werden, erfordern also eine parallele Leitbild-Diskussion.

Vielerorts werden gegenwärtig auf der kommunalen Ebene die Bemühungen verstärkt, Umweltinformationssysteme (UIS) auf oder auszubauen. Ob man Berlin, Düsseldorf, Hannover, München oder Frankfurt als Beispiele heranzieht /Pie88/: Überall wird, vorangetrieben vom drängenden Handlungsbedarf, an der Aufbereitung und Auswertung von Umwelt- bzw. "ökologischen" Informationen gearbeitet. Gleichzeitig konzipieren Länder wie Baden-Württemberg, Niedersachsen oder Nordrhein-Westfalen mit erheblichem Aufwand integrierte landesweite Umweltinformationssysteme.

Der Bandbreite der Ansätze entspricht eine Vielfalt von Begrifflichkeiten:

* Umweltkataster
* Umweltinformationssysteme
* Umweltdatenbanken
* Umweltberichterstattung
* Umweltüberwachung
* Umweltbeobachtung
* Umweltbilanz

* Ökologischer Atlas
* Ökologische Buchführung

die sich häufig überschneiden und nicht in jedem Fall für identische Inhalte stehen.

Da methodisch und systemtechnisch ausgereifte Lösungen für Städte nicht vorliegen, kann nur eine systematische Analyse von Aufgaben, Bedarfen und Instrumenten ein tragfähiges Konzept fundieren /AUB83/.

Im Vordergrund der Konzeptentwicklung für ein UIS stehen die Anforderungen der Zielgruppen und Nutzer (Vgl. /Pie86/), seien es Politik, Verwaltung, Bevölkerung, Öffentlichkeit (Medien), Wissenschaft und Ausbildung, Verbände und Vereine, Anlagenbetreiber und Projektträger.

Neben den Elementen eines UIS im engeren Sinne dürfen vor- und nachgelagerte Bereiche wie die Datenerfassung und die richtige Fokussierung auf relevante Themen und Aufgaben nicht zurücktreten:

- Umweltrisiken erfahren Bedeutungsgewinne gegenüber stetigen Wirkungen (Vgl. Bec86/), ohne daß Ansätze oder gar ein Konsens zu einer integrierten Darstellung vorliegen.
- Erforderlich werden verbesserte Methoden der Gewinnung von Umweltinformationen und der Informationsaufbereitung, die z.B. auch Beurteilungsmaßstäbe in ihrer Verschiedenheit transparent machen.
- Zu den bisherigen Aufgabenfeldern im Umweltbereich kommen ständig weitere, vor allem vorsorgeorientierte, hinzu. Zu erwähnen ist etwa die notwendige Datengrundlage für Umweltverträglichkeitsprüfungen /BUN88/.

Zu den wesentlichen Aufgaben kommunaler Umweltinformationssysteme zählt die Früherkennung, dh. das systematische Aufspüren und Verfolgen von von Hinweisen auf potentiell schadträchtige oder gefährdende Entwicklungen, bevor es zu gravierenden Schäden bzw. nachhaltigen Belastungen kommt. Um über alle vorhandenen Meß- und Beobachtungssysteme den Zeitpunkt des "Erkennens" so weit wie möglich nach vorne zu verlagern, bedarf es eines entsprechenden Systemaufbaus wie auch geeigneter Methodenmodule.

Kommunale Umweltinformationssysteme werden mit einer neuen Generation von Methoden der Umweltplanung korrespondieren, bei der eine weitgehende Modularisierung als selbststverständlich vorauszusetzen ist. Ein Grund, weshalb sich bisherige UIS-Ansätze nicht bewährt haben, waren fehlende Standardisierungsmöglichkeiten. Bereits bei den Techniken der Umweltbeobachtung wird eine Vergleichmäßigung erforderlich. Durch eine angemessene Modularisierung werden das Eingehen auf spezifische örtliche Situationen und praktikable Standardisierungen bei Methoden, Hard- und Software keine Widersprüche erzeugen.

Standards und Leistungsklassen zeichnen sich inzwischen für geografische Datenbanken und die Erfassung einzelner Medien ab. Die "Lebensdauer" von Verfahren, Regeln und Methoden in der Umweltplanung wird, parallel zur Entwicklungsgeschwindigkeit anderer Bereiche, kürzer. Systeme, Ansätze und Methoden eines UIS für die 90er Jahre sollten daher gleichermaßen unter der Berücksichtigung von Informationsbedarfen bei Umweltakteuren und Betroffenen, der Entwicklung in Umweltplanung und -forschung sowie Methoden und Produktlebenscyclen entwickelt werden.

Tradierte Phasen des Software-Engineering werden vor diesem Hintergrund in Frage gestellt. Während im komUdats-Projekt Methoden- und Softwareentwicklung parallel verlaufen (Learning by doing), empfiehlt sich für eine kommunale UIS-Einrichtung dennoch eine phasenweise Aufbereitung, deren möglicher Ablauf hier stichwortartig vorgestellt wird (Vgl. ABB.):

- **Phase I:** Erarbeiten von UIS Anforderungsprofilen mit erstem Ordnungsschema (wer soll UIS mit welchen Komponenten wo nutzen?)

- **Phase II:** Formulieren eines Rahmenkonzeptes, in dem die Anforderungsprofile integrativ aufgearbeitet werden.

- **Phase III:** Erstellen eines Pflichtenheftes,

- **Phase IV:** Festlegen von Realisierungsstufen

Hard- und Softwareprodukte werden nach dieser Vorgehensweise erst in der Phase III eine Rolle spielen. Damit kann seitens der jeweiligen Stadt nicht nur die Wahlfreiheit so lange wie möglich erhalten

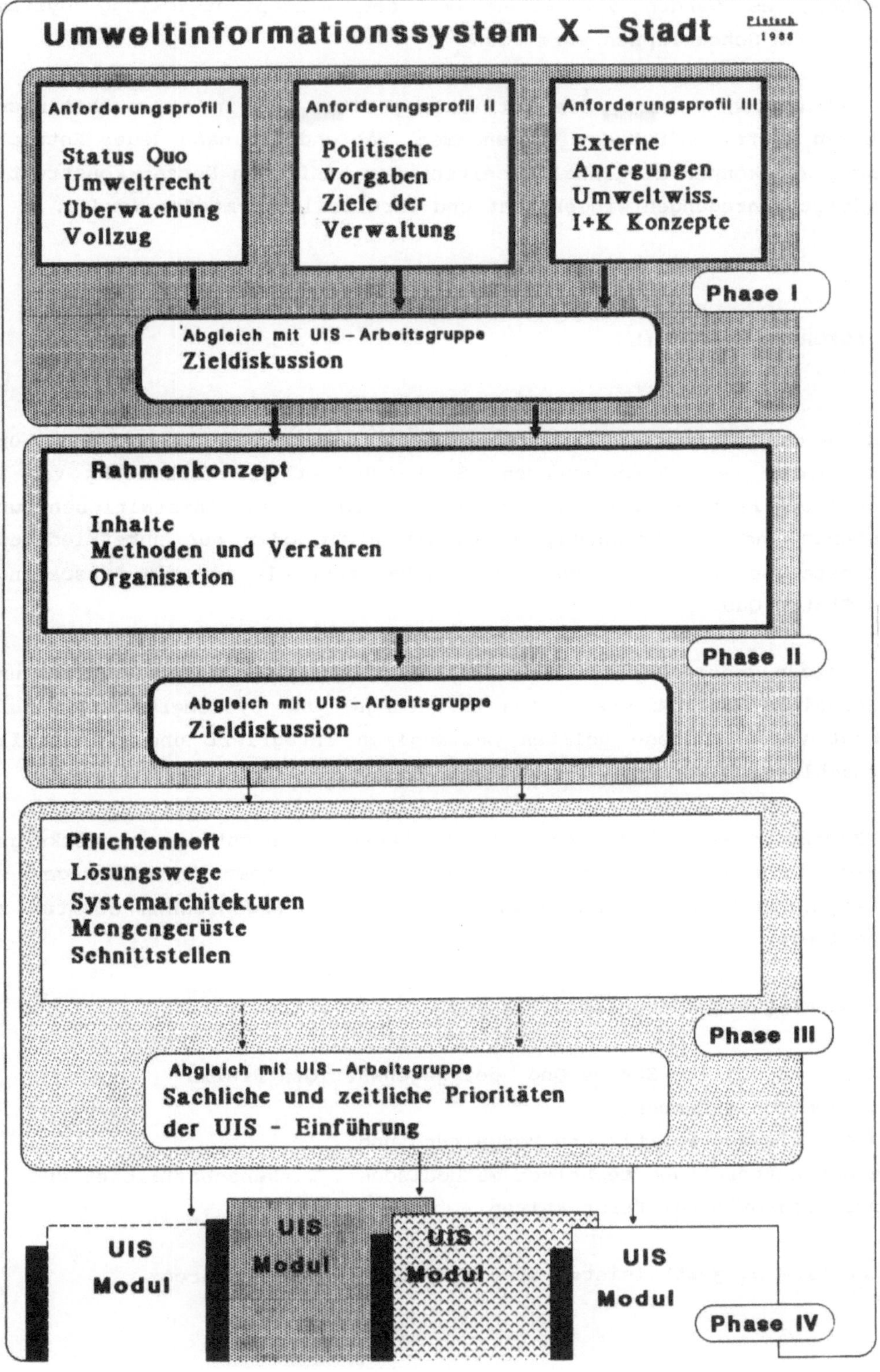
Umweltinformationssystem X – Stadt
Pietsch 1988
Anforderungsprofil I
Status Quo
Umweltrecht
Überwachung
Vollzug
Anforderungsprofil II
Politische
Vorgaben
Ziele der
Verwaltung
Anforderungsprofil III
Externe
Anregungen
Umweltwiss.
I+K Konzepte
Phase I
Abgleich mit UIS – Arbeitsgruppe
Zieldiskussion
Rahmenkonzept
Inhalte
Methoden und Verfahren
Organisation
Phase II
Abgleich mit UIS – Arbeitsgruppe
Zieldiskussion
Pflichtenheft
Lösungswege
Systemarchitekturen
Mengengerüste
Schnittstellen
Phase III
Abgleich mit UIS – Arbeitsgruppe
Sachliche und zeitliche Prioritäten
der UIS - Einführung
UIS
Modul
UIS
Modul
UIS
Modul
UIS
Modul
Phase IV

bleiben, es werden vor allem bei der Konzeptentwicklung systemtechnische Scheuklappen vermieden.

Es ist empfehlenswert, die Entwicklung eines UIS in enger Abstimmung mit den künftigen Nutzern vorzunehmen. Während und nach jeder Entwicklungsphase können die Inhalte seitens der künftigen Nutzer konstruktiv verfolgt, Anregungen eingebracht und Vorurteile vermieden werden.

2. ANFORDERUNGSPROFILE

Aus einem integrierten Systemkonzept erwachsen qualitativ und quantitativ neue Anforderungen. So beinhaltet die Verbindung von in einzelnen Fachdienststellen bereits vorhandenen Informationen und Systemen und die Ergänzung um bisher nicht oder nur unbefriedigend dargestellte Umweltbereiche und Aufgaben mehr als nur ein "upscaling" des Status Quo.

In einigen großen Städten kann auf historisch gewachsenen Aufgaben und Zuständigkeiten mit speziellen Erfahrungs- und Systemgrundlagen aufgebaut werden. Diese sollten bestmöglich integriert und keinesfalls vernachlässigt werden.

Da kommunale Aufgabenfelder und Umweltbereiche nicht immer deckungsgleich sein können (Beispiel Bodenschutz), werden Anforderungen zu einem Themenfeld aus unterschiedlichen, sich ergänzenden Sichten zu formulieren sein.

Der Ansatz, Anforderungsprofile für ein UIS getrennt für

- die sich aus dem Status Quo, der gegenwärtigen Praxis ergebenden Aufgaben,
- die Ziele von Politik und Verwaltung und
- einer Aufbereitung technisch-methodischer, wissenschaftlicher und organisatorischer Perspektiven

zu bestimmen, gewährleistet eine größtmögliche Transparenz.

Status Quo

Anforderungen aus den gegenwärtigen umweltrelevanten Aufgaben, Vorgängen und Informationsbedarfen einer Stadt lassen sich durch eine Istaufnahme mit entsprechender Aufnahmetiefe bestimmen. Die folgenden Stichworte umreißen einige der Merkpunkte für ein Status Quo - Anforderungsprofil:

- Organisation von Umweltschutz und -planung, Verteilung der Zuständigkeiten, personelle Kapazitäten und Qualifikationen,

- Aufgabenfelder, z.B. regelgebundene Vollzugsverwaltung, Umweltüberwachung und Vorsorgeplanung als Beispiel für schwach strukturierte Entscheidungen,

- Inhalte/Umweltbereiche: sachliche Gliederung der Aufgabe "Umwelt" (medial, ökosystemar, nach gewachsener Organisationsstruktur und Aufgaben, ad-hoc Abgrenzungen: Altlasten, "Schadstoff des Monats") Umwelt- und Planungsrecht

- Hardware- und Softwareeinsatz: Vorhandene Systeme und Programme, z.B. Automatisierte Liegenschaftskarte, Methoden (Statistisches Informationssystem),

- Datenfluß-/Schwachstellenanalysen

Verwaltung/Rat

Wie exemplarisch im Beitrag "Der Informationsbedarf der Umweltpolitik aus der Sicht der Kommunen" /GES88/ beim 2. Wiesbadener Gespräch zur Statistischen Umweltberichterstattung dargestellt, gehen die kommunalen Zielsetzungen deutlich über den "Status Quo" hinaus. Auch hier lassen sich erste Anforderungen benennen, die sich aus politischen Vorgaben und Zielen der Verwaltung ergeben können:

- Verbesserte Bürgerinformation, Dialogmöglichkeiten mit Bürgern und Verbänden
- Die künftige Organisation von Umweltplanung und -schutz antizipieren
- Räumlich, organisatorisch und hierarchisch dezentralisierte Zugriffsmöglichkeiten
- Maßnahmenverfolgung, Ablaufunterstützung und Erfolgskontrollen

- Berücksichtigung überkommunaler Aufgaben und Strukturen
- Unterschiedliche Prioritäten der einzelnen Dienststellen und Gebietskörperschaften integrieren
- Anforderungen aus dem in Arbeit befindlichen Grunddatenkatalog des Bund/Länder-Arbeitskreises Umweltinformationssysteme übernehmen
- Veränderte konzeptionelle, methodische und inhaltliche Schwerpunkte (Altlastenkataster, Luftreinhaltung, Umwelt und Gesundheit, Lärm, Emissions- Immissions- und Wirkungskataster, Biotopkartierung, Indikatorensysteme) unterstützen
- Verknüpfung gegenwärtig noch unverbundener Informations- und Handlungsstränge.
- Schnelle Zugriffs- und zeitgemäße Aufbereitungsmöglichkeiten

Die als externe Anregungen aus Umweltplanung und -forschung notwendig zu integrierenden Perspektiven sind Gegenstand des folgenden Abschnitts.

3. Zu integrierende Entwicklungen aus Umweltplanung und -forschung

Die Komplexität des Gegenstandes "Umwelt" kann aus einem Blickwinkel nicht angemessen repräsentiert werden. In ein UIS sind deshalb verschiedene "Sichten" logisch zu integrieren. Sachlich-fachliche Aspekte der Umweltgliederung mit ihren Schwerpunktverlagerungen und Differenzierungen, wie sie im neuen Umweltgutachten des /SRU88/ ausführlich behandelt sind, werden von den Einzelwissenschaften bereits unterschiedlich gesehen. Der übliche Umgang mit Immissionsdaten eröffnet nur einen begrenzten Ausblick auf Wahrnehmungsebenen von Umwelt. Informationen über Input-Output-Relationen, Emissionsverhältnisse, eingetretene Wirkungen (Veränderungen), Schutz- und Gefährdungspotentiale oder Kosten-Nutzen-Verhältnisse können statisch, in Intervallen oder wirkungsbezogen und auf Zeitachsen dargestellt werden. Von der Datengewinnung über die Aufbereitung/Speicherung bis zur Ausgabe ergeben sich weitere Schichten der Wahrnehmung.

Um nicht durch Fachegoismen inkompatible UIS-Substrukturen zu generieren, müssen bereits im Vorfeld eines UIS Meß- und Erhebungskonzepte bereichs- und medienübergreifend organisiert werden. Dies gilt nicht nur für künftig zu gewinnende Umweltdaten, sondern auch für Aufbereitungsstrategien von "Altinformationen" (z.b. Baumkataster).

Die in und über die Kommunen bereits vorliegenden Umweltdaten, z.b. Einzelerhebungen /Gutachten bieten einen wertvollen Grundstock für ein UIS. Für die Integration externer Informationssysteme (z.b.Landschaftsinformationssysteme) sind deshalb mehr als nur geeignete Schnittstellen zu organisieren. Datenbasen, die durch verschiedene Erhebungsmethoden und Fortschreibungszeiträume geprägt sind, müssen hinsichtlich der Übernahme in ein UIS besonders geprüft werden. Es ist z.B. im Bereich der Luftreinhaltung zu klären, ob alle Meßwerte automatisierter Meßstationen übernommen werden, nur die I1- und I2-Werte oder weitere, bereits aufbereitete Daten. Allein für den Emissionsbereich werden für mehrere Tausend Parameter Daten ermittelt.

In einer Arbeitshilfe zur Erstellung von kommunalen Umweltberichten hat das /DIF87/ die in den medialen Umweltbereichen gängigen Erhebungsmethoden und Grenzwerte zusammengestellt.

Die verschiedenen kommunalen Handlungsbereiche benötigen unterschiedliche Grundinformationen, die nach den individuellen Auswertungszielen wiederum unterschiedlich interpretierbar sein sollen. Die Vergleichbarkeit von Ergebnissen aus den Umweltbereichen ist aber nur gegeben, wenn auf einen gemeinsamen (Roh-) Datenbestand zugegriffen wird. Für die Einzelinformationen sollten mindestens folgende Parameter vorliegen:

- das Erhebungsdatum, -ort und -zeit
- die Dimension,
- die Datengrundlage, Quelle,
- Meß-, Erhebungs- und Aufbereitungsmethode.

Umweltforschung und Umweltplanung verfügen noch über kein tradiertes System, den komplexen Gegenstand "Umwelt" sachlich richtig und gleichzeitig handhabbar im Sinne eines gezielten Anstrebens gewollter Umweltzustände zu strukturieren. Mit der Definition von Handlungsbereichen und Beurteilungsfeldern ergibt sich jeweils eine bestimmte Form der Umweltbetrachtung, die Vorentscheidungen über ihre Vollständigkeit enthält.

Von der ausschließlich medialen bis zur ökosystemaren Betrachtung auf der einen und formalen Abgrenzungen durch Gesetze, Verwaltungszuständigkeiten und Richtlinien auf der anderen Seite reicht die Spanne der Ansätze. So wie auch in den Umweltwissenschaften disziplinäre Scheuklappen existieren, kann die Bildung von Umweltämtern allein fachplanerische Zwänge (und inkompatible Handlungsfelder) nicht automatisch beseitigen.

Die tradierten medialen Umweltgliederungen bedürfen deshalb mehrfach der Ergänzung. Die Umweltrelevanz von Flächennutzungen und -funktionen läßt sich damit ebensowenig hinreichend abbilden wie etwa Zusammenhänge zwischen Gesundheit und Umwelt oder die vielfältigen Umweltrisiken, denen wir in dicht besiedelten, industriell überformten Räumen ausgesetzt sind. Das KomUdatS-Projekt berücksichtigt daher gegenwärtig folgende Umweltbereiche, die, soweit es sich um Raumfunktionen handelt, auch als Akzeptoren angesehen werden können.

1. Biotope 2. Flächennutzungen 3. Ver- und Entsorgung	(funktional)
4. Klima/Luft 5. Böden 6. Oberflächen- und Grundwasser	(medial)
7. Gesundheit 8. Risiken 9. Lärm	(funktions- und medienübergreifend)

Auf Bundes,- Länder- und kommunaler Ebene zeichen sich neue, weiterführende Umweltstatistikansätze ab. Beispielhaft zu nennen ist das geplante "Statistische Bodeninformationssystem (STABIS)", dessen Pilotphase beim Statistischen Bundesamt /Rad87/ läuft. Über diesen Ansatz können Flächennutzungstatistiken mit detailliertem Raumbezug auch die Systematik von Umweltgliederungen positiv verändern.

Wichtige Methodenmodule, die Interpretationen der Umweltinformationen ermöglichen, sind Umweltindikatorensysteme /Pie83/ und Umweltbewertungsverfahren. Zu denken ist an komfortable Lösungen, die kontextbezogene Umweltwahrnehmungsmuster mit verschiedenen Formen der Standardsetzung beeinhalten. Neben der Aufbereitung von Ergebnissen der Wirkungsforschung für kommunale Anwendungen sind Schutzwürdigkeits- und Gefährdungsprofile zu berücksichtigen und eine Verfahrens- und Methodenintegration der Umweltverträglichkeitsprüfung zu gewährleisten.

Eine auf Vorsorge und qualitative Verbesserung der Umwelt ausgerichtete Politik erfordert über Umweltzustandsdaten hinaus Maßstäbe und Zielgrößen, die mehr leisten als bloße Belastungswerte /ScR87/. Ohne Umweltqualitätsziele bleiben kommunale Umweltinformationskonzepte Torsi. Durch Ziele der Umweltqualität sind, bezogen auf die lokale/ regionale Ausgangssituation, Umweltzustände, In- und Outputs zu definieren, unter denen nachhaltig die Lebensqualität der Einwohner und die Umweltverträglichkeit der Strukturen zu gewährleisten sind (Vgl. /UpK87/). Sie reichen von schadstoffbezogenen Orientierungswerten über raum-strukturelle Richtwerte bis hin zu Verschlechterungsverboten und Minimierungsgeboten.

Ein entsprechender Methodenbaustein, in dem neben Grenz-, Richt- und Schwellenwerten besonders Größen, die nur ortsbezogen sinnvoll abgeleitet werden können, wie z.B. Bodenqualitätsziele, umweltverträgliche Versiegelungsgrade oder Angaben zum "Naturbedarf" (Stadtbiotoptypen, ihre Verteilung und Vernetzung) in der Stadt enthalten sind, wird als "Orientierungsdatenbank" entwickelt /Pie88/.

Umweltfachpläne mit ihren räumlichen, sachlichen und zeitlichen Festlegungen sind als unverzichtbarer Bestandteil eines jeden UIS zu betrachten.

4. Inhalte und Module

Ziel ist es, auf der Grundlage der Anforderungsprofile und Anregungen eine zukunftsweisende UIS-Rahmenstruktur zu entwickeln, in der die in den einzelnen Städten bereits vorhanden UIS-Komponenten angemessen positioniert werden können.

Anzustreben ist ein Ordnungsrahmen, in dem je nach Umweltbereich und genereller UIS-Zielsetzung unterschiedliche Schwerpunkte und Ausprägungen möglich werden. Die Informationskategorien, seien es geografische, Register- oder Führungsinformationen, sind in den Ordnungsrahmen handlungsorientiert einzubetten. Das Rahmenkonzept weist so Entwicklungsstränge zu einer optimalen Systemlandschaft, die die Gesamtheit unterschiedlicher Informationssysteme im Umweltbereich umfaßt. Aufgaben und Anforderungen werden, soweit sie sich durch UIS-Komponenten abdecken lassen, geeignete UIS-Module zugeordnet.

Ausgehend von einem Grunddatenkatalog und umweltbereichs-orientierten Anforderungen ergeben systemtechnische Varianten und Bandbreiten für ein UIS. Basiselemente werden mindestens:

- Geo-Grafische Informationssysteme
- Faktendatenbanken (Meßdaten, Ereignisse), die horizontale und vertikale Kompatibilität gewährleisten.
- Umweltmanager (Maßnahmenregister, Controlling)
- Orientierungsdatenbanken

- Methodenmodule (Simulationsmodelle, Wirkungsmodelle, Bewertungsverfahren und Regeln der Indikatorenbildung sowie Statistikpakete)
- Abwicklungssysteme (Begleitscheinverfahren)
- Entscheidungsunterstützende Systeme (UVP) (/BaA88/,/ScP88/)

sein, verbunden durch eine gemeinsame Benutzeroberfläche mit differenzierten Zugangslegitimationen. Im Interesse einer frühzeitigen UIS-Einsetzbarkeit kann durchaus mit Insellösungen (z.B. Altlastenkataster, Führungsinstrument) begonnen werden, wenn diese aus einem tragfähigen I + K - Konzept hergeleitet werden.

Die Anforderungen und Anregungen sind zu ortsbezogen zu konkretisieren, um die fachlichen und systemtechnischen Lösungswege zu bestimmen.

Zusätzliche Aspekte wie geeignete Interaktions- und Präsentationsformen sowie die Verknüpfung mit anderen kommunalen Aufgaben müssen unter systemtechnischen Gesichtspunkten konkretisiert bzw "übersetzt" werden. Neben Selbstverständlichkeiten wie der Benutzerfreundlichkeit sind Spezifikationen zu erarbeiten für:

- die Mengengerüste (Reichweiten, Durchdringung)
- Zugriffsrechte, Benutzerspezifikationen (Wer, wann, wo, warum; welche Komponenten/intern-extern)
- Schnittstellen für Dateneingabe, Datenaustausch, Datenausgabe und -bezeichnung (Verwalten, Füllen, Pflegen, Nutzen)
- Datenschutz und Datensicherung

- Hard- und Softwarekonfigurationen/Systemarchitekturen (Peripherie, Netzwerke etc.)

Mögliche Zeitrahmen und Einführungsphasen geben Hinweise auf erforderliche Investitionen und Arbeitsplatzausstattungen. Der Personalbedarf bzw. veränderte Qualifikationsanforderungen spezifizieren das erforderliche UIS-Umfeld.

Regelmäßig unterschätzt wird der mit der Einrichtung eines kommunalen Umweltinformationssystems verbundene methodische Aufwand und Ressourcenbedarf. Die Festlegung von angemessenen Realisierungsphasen wird erst die erfolgreiche Einführung eines UIS gewährleisten. Auf der Basis der sachlichen und zeitlichen Prioritäten und der durch den Haushalt gegebenen Randbedingungen lassen sich sich Realisierungsstufen festlegen und terminieren (Netzplan).

Neben fertigen, auf dem Markt erhältlichen UIS-Komponenten wie Hardwareergänzungen, Peripherie, UIS-Arbeitsplätzen, Geo-Grafischer Software, Datenbanksystemen oder Statistikprogrammpaketen werden spezielle Programmentwicklungen, etwa für Non-Standard-Datenbankanwendungen (Vgl. /BaA88/) und Auswerteprogramme, erforderlich.

Nicht unterschätzt und vernachlässigt werden dürfen:

- der mit der Digitalisierung vorhandener Raum- und Umweltdaten verbundene Aufwand.
- die nach den UIS-Komponenten differenziert erforderliche Schulung der Mitarbeiter, für die ein eigenes Konzept zu erstellen ist.

Auch ohne die konkrete Mächtigkeit und Komplexität eines spezifischen UIS bereits zu kennen, muß i.d.R. von von einer mehrjährigen Einrichtung ausgegangen werden. Bei der anzunehmenden Ungleichzeitigkeit einer UIS-Einführung können Erfahrungen aus dem Einsatz der ersten UIS-Bausteine für die Nachfolgenden aufgearbeitet werden, so daß Tests, Systempflege und Entwicklungen teilweise parallel verlaufen.

LITERATUR:

/AUB86/
AUBE 1986: Ökologische Qualität in Ballungsräumen - Methoden zur Analyse und Bewertung - Strategien zur Verbesserung. Düsseldorf - MURL NW.

/AUB83/
AUBE 1983: Schadstoffkataster Essen - Ein kommunales Umweltdatensystem (Auftraggeber: Stadt Essen) Essen.

/BaA88/
Baumewerd-Ahlmann 1988: Wissensbasierte Systeme und moderne Datenbanken für die Umweltverträglichkeitsprüfung (in diesem Band).

/Bec86/
Beck, U. 1986: Risikogesellschaft - Auf dem Weg in eine andere Moderne. Frankfurt.

/BUN88/
Bundesminister für Umwelt, Naturschutz und Reaktorsicherheit 1988: Gesetz zur Umsetzung der Richtlinie des Rates vom 27. Juni 1985 über die Umweltverträglichkeitsprüfung (Referentenentwurf), Bonn.

/DIF87/
Deutsches Institut für Urbanistik 1987: Kommunale Umweltschutzberichte. difu-Arbeitshilfe 6, Berlin.

/GES87/
Göb, Eichberg und Schulmeyer 1987: Der Informationsbedarf der Umweltpolitik aus der Sicht der Kommunen 2. Wiesbadener Gespräch zur Statistischen Umweltberichterstattung. Wiesbaden 1987

/Pie83/
PIETSCH, J. 1983: Bewertungssystem für Umwelteinflüsse - Nutzungs- und wirkungsorientierte Belastungsermittlungen auf ökologischer Grundlage. Köln/Stuttgart.

/Pie86/
/PIETSCH, J. 1986/ System- und Methodenentwicklung kommunaler Umweltdatensysteme TU HH Forschungsvorhaben 1986 - 1989. Statusbericht 1. Hamburg 1986.

/SRU88/
Rat von Sachverständigen für Umweltfragen 1988: Umweltgutachten 1987. Wiesbaden 1988

/Rad87/
Radermacher, W. 1987: Statistisches Bodeninformationssystem - Zielsetzungen und Konzept. Heft 2 der Ausgewählten Arbeitsunterlagen zur Bundesstatistik, Wiesbaden.

/ScP88/
/Schwabl/Pietsch 1988/: Ein Expertensystem für die Durchführung einer Umweltverträglichkeitsprüfung. In: Informatikanwendungen im Umweltbereich, Informatik-Fachberichte 170, Berlin/Heidelberg.

/ScR87/
Schmidt/Rembierz 1987: Überlegungen zu ökologischen Eckwerten und ökologisch orientierten räumlichen Leitzielen der Landes- und Regionalplanung. In: Wechselseitige Beeinflussung von Umweltvorsorge und Raumordnung. ARL Forschungs- und Sitzungsberichte Bd. 165.

/UpK87/
Uppenbrink/Knauer 1987: Funktion, Möglichkeiten und Grenzen von Umweltqualitäten und Eckwerten aus der Sicht des Umweltschutzes. In: Wechselseitige Beeinflussung von Umweltvorsorge und Raumordnung. ARL Forschungs- und Sitzungsberichte Bd. 165.

P E M U - EIN KOMPLEXES PROGNOSE- UND ENTSCHEIDUNGSSYSTEM FÜR DEN UMWELTSCHUTZ

A. Sydow, K. Bellmann, R. Straubel, V. Wenzel
Zentralinstitut für Kybernetik und Informationsprozesse/
Akademie der Wissenschaften der DDR
Kurstr. 33, Berlin 1086

1. PEMU/Luft und seine Komponenten

1.1. Übersicht

PEMU/Luft ist ein nutzerfreundliches Simulations- und Optimierungssystem zur Unterstützung der Entscheidungsfindung bei der Festlegung von Maßnahmen zur Emissionsreduktion von Punktquellen des Schadstoffausstoßes (Emittenten S_j) unter Randbedingungen $\underline{B}$, wobei Funktionale $\underline{Q}$ vorgegeben sind. Jeder Emittent S_j ist durch seine effektive Höhe, geographische Position und momentane Schadstoffemission E_j charakterisierbar. PEMU stellt einen Zusammenhang zwischen (1) E_j der S_j, (2) der Höhe der Schadstoffimmission I_i (Konz./Dep.) an räumlich verteilten Rezeptoreinheiten R_i und (3) den Wirkungen $\underline{Y}_i$ an den R_i her. PEMU ist z.Z. noch für SO_2 und Schadwirkungen an Kiefernbeständen ausgelegt. (N-Komponenten, Staubemission, Wirkung auf Fichtenbestände sind in Bearbeitung). Als R_i können vom Nutzer vollständige Gitter (10 x 10 km, 16 x 16 km) oder freie geographische Punkte gewählt werden. Die R_i werden durch ihre $\underline{B}_i$ charakterisiert: mittels Borkenanalyse Alkalität (ALK) der Imission, Bodentyp und -zustand (Basensättigung, Nährstoffvorrat, Feuchte, u.a.); Bestandeskennwerte (produktiver Apparat Benadelung (BENA), Dichte/Volumenschlußgrad (VGR), Güte/Bonität (BON), Anfangswerte der Bestandsvariablen, Ertragtafel, u.a.).

1.2. Komponenten

PEMU-Komponenten sind (1) Block 1/2: Emission und Schadstofftransport (nähere Angaben hierzu siehe [1] , [3]), (2) Block 3: Wirkungen auf Umweltobjekte, Forstschadens- und Holzproduktions- Bestandesmodell Forst-Kiefer (siehe [2]), (3) Simulationssystem SONCHES zur Bildung,

Validierung und Nutzung von Ökosystemmodellen, (4) das mit SONCHES gekoppelte mehrkriteriale Optimierungs- und Entscheidungssystem REH und (5) ein Aggregationsblock zur kompakten Darstellung von Ergebnissen $\underline{Y}_i$ (t) bezgl. ausgewählter Indexmengen über i, (für regionale Betrachtungen) (siehe Abb. 1).

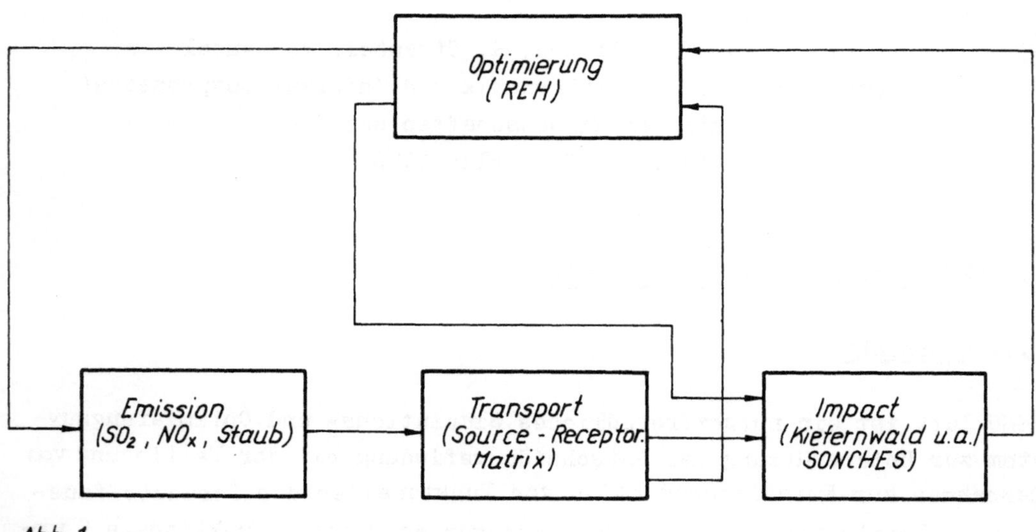

Abb. 1

Steuergrößen für Block 1/2 sind Grad ($CRED_j$) und Zeitpunkt ($TCRED_j$) der Emissionsreduktion der Quelle S_j, Block 1/2 liefert Immissionszeitreihen $I_i(t)$, die von FORST-K an den R_i verarbeitet werden; FORST-K liefert Zeitreihen $\underline{Y}_i(t)$ forstlicher Variabler der Produktivität u. Stabilität (z.B. BENA, Gesamtwuchsleistung Schaftholz (GWLS), VGR). PEMU läuft auf 32-bit Mikrorechentechnik, FORST-K als SONCHES-Modell auch auf 16-bit (AT) PC. PEMU wurde in der jetzigen Ausbaustufe kooperativ von ZKI, ZUG, MD, IPE, ILN erarbeitet (siehe [3]).

2. Einsatzmöglichkeiten von PEMU

2.1. Szenario-Rechnungen

PEMU ist vom Nutzer einsetzbar für Szenarienrechnungen. Man erhält $\underline{Y}_i(t) = \underline{Y}\ (I_i(t); \underline{B}_i,\ F_i)$ mit $I_i(t) = I(CRED^k{}_i,\ \ TCRED^k{}_i)$, um Konsequenzen $I_i(t)$, $\underline{Y}_i(t)$ einer ausgewählten Emissionsreduktionsstrategie k an R_i zu prüfen (F_i=(1.0); N-Düngung). In Abb. 2 sind Scenarienergebnisse eines heute 50-jährigen Bestandes bezüglich seiner Benadelung für verschiedene CRED angegeben.

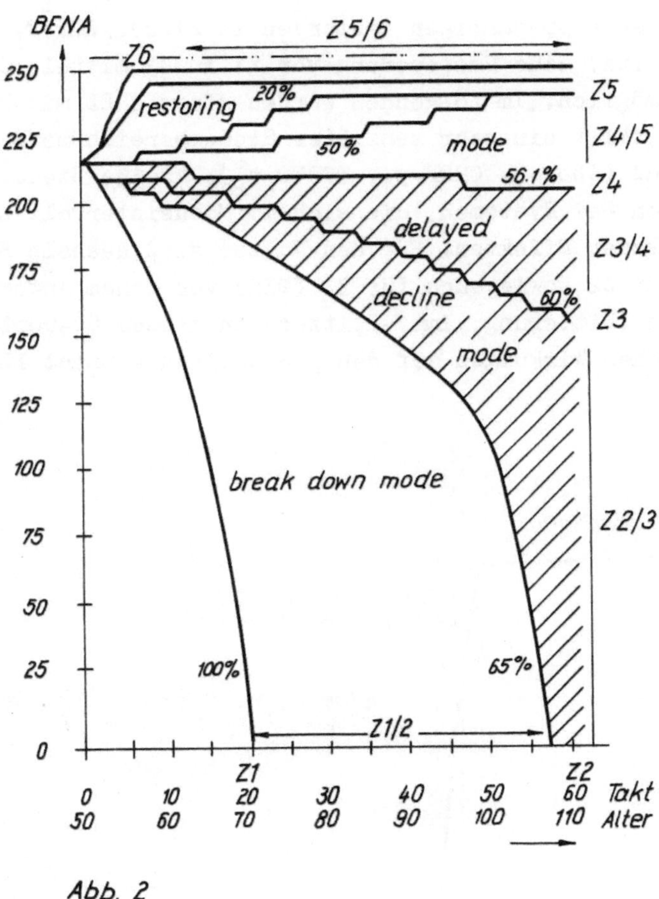

Abb. 2

Es lassen sich charakteristische Verhaltensmodi abgrenzen:

Z1/2 <u>break-down-Modus</u>, Kollapspunkt KP vor dem normalen Umtriebsalter 110 (Risiko-Modus);

Z2/3 <u>nicht tolerierbarer Delayed decline Modus</u>;

Z3 <u>forstlich begründeter minimal zulässiger Modus</u>, der durch Optimierung ermittelt wird (siehe unten);

Z3/4 <u>tolerierbarer Delayed decline Modus</u>;

Z4 <u>Stagnationsmodus</u>;

Z4/5 <u>Delayed restoring Modus</u>;

Z5/ <u>Restoring Modus</u>.

Ein System ohne Umsteuerung der Immission befindet sich in Z1. Durch $\underline{B}_i$-spezifische Auswertungen solcher Simulationen können $CRED_i/TCRED_i$-

Kombinationen gefunden werden (in Verbindung mit F_i), die das System aus Z1 in einem anderen wünschenswerten Modus, zumindest in Z3 verschieben. Verschiedene B_i können zusammen mit $I_i(t_o)$ an R_i zu sehr unterschiedlichen KP_i führen (z.B. KP_i führen (z.B. $KP_i = t_8$ bis $KP_i = t_{50}$ bei heute 50-jährigen Beständen in Z1/2). Für $F_i = 0$ ist (für Teststandorte) eine Umsteuerung von Z1 in Z3 mittels $CRED_i$ von 0,35 bis 0,55 möglich. Im folgenden werden diese CRED mit MIK bezeichnet. In Abb. 2 fällt ein sehr sensibler Steuerbereich beim Übergang von Z2 zu Z5 auf (Abb. 3, $CRED=p_1$, $TCRED=t_2$); kleine Steuerauslenkungen DCRED führen bei Systemen, die sich im Modusintervall Z2 bis Z5 befinden, zu großen Effekten. Für den Nutzer sind deshalb Ermittlungen von CRED für Z2 sowie auch für Z3 (MIK) von hohem Interesse. Stresswirkungen (Witterung, Imm.-Spitzen) in diesem Steuerbereich führen zu drastischen Wirkungen auf den produktiven Apparat BENA des Bestandes.

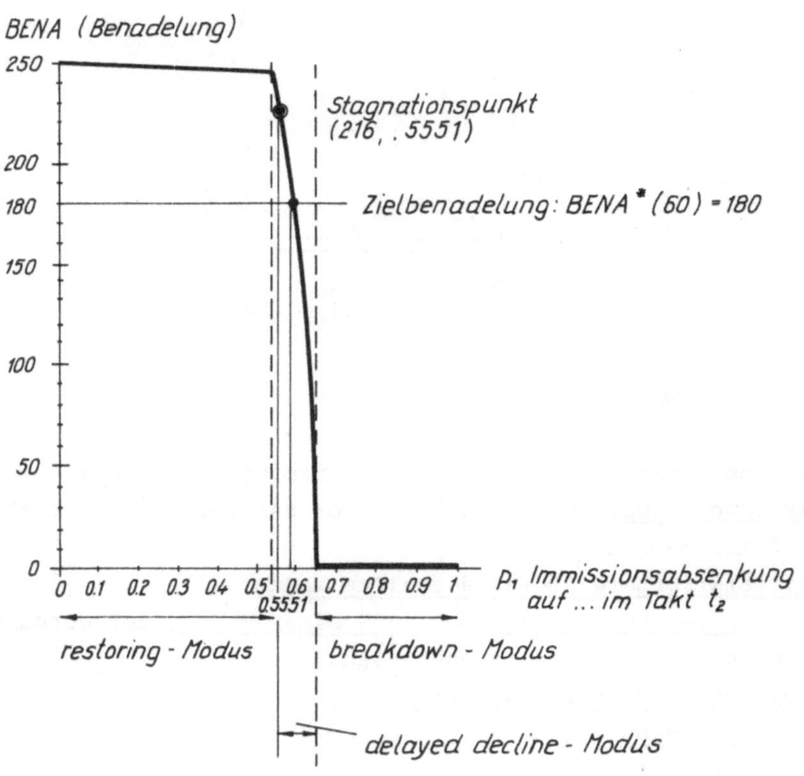

Abb. 3

2.2. Optimierung

Optimierung liefern notwendige, forstlich begründete Reduktionen der SO_2-Immission $I_i(t_v)$ zu einem Zeitpunkt v auf den gesuchten Wert $MIK_i(t_v)$, der durch Optimierung auf 2 kontroverse Funktionale F1 (rel. Benadelungsverlust, normiert auf Sollbenadelung 267,6; zu minimieren) und F2(rel. Kostenindex für die Immissionsreduktion; zu minimieren) an einem R_i unter B_i erhalten wird. Dabei wird F1 bis zu einer tolerierbaren Grenze abgesenkt, die sich aus einem gesetzten notwendigen Benadelungsgrad BENA-min (z.B. 180) zu einem gesetzten zukünftigen Zeitpunkt t_* (z.B. Alter 100) ergibt. BENA-min ist so zu wählen, daß an P_i wirtschaftlich befriedigende $Y_i(t_*)$ erzielt werden (z.B. $GWLS_i/GWLSET_i > c$; GWLSET-Ertragstafel, c-Vorgabewert). Man erhält die o.g. MIK_i zur Umsteuerung des Bestandes aus Z1 in Z3 (siehe Abb. 4). Der Nutzer gewinnt auf diese Weise Einsichten in Zusammenhänge zwischen Immissionsabsenkungen und den durch den Übergang von Z1 in einen anderen Modus verhinderten Verlust an Produktivität und Stabilität als eine wichtige Grundlage für Verhandlungen über nationale Maßnahmen zur SO_2 - Emissionsreduktion: z.B. werden an den Standorten P_1 und P_2 mit ALK_1=2 und ALK_2=0,2 MIK_1=0,42 und MIK_2=0,49 für den Z1/Z3-Wechsel gefunden. Für P1 ergibt sich im Alter 110

GWLS1(Z1)/GWLSET1=0,51 sowie
GWLS1(Z3)/GWLSET1=0,82 für P_2
GWLS2(Z1)/GWLSET2=0,82 sowie
GWLS2(Z3)/GWLSET2=0,99.

Für P2 ist MIK_2 befriedigend, für P_1 muß vom Nutzer entschieden werden, ob der Übergang von 0,51 auf 0,82 ausreichend ist. Die für eine Menge von P_i erhaltenen MIK_i gehen als Zielvariable in eines der Optimierungsfunktionale Q für die Ermittlung optimaler Emissionsstrategien ($CRED_i$, $TCRED_i$ betreffend) ein. Ziel ist, daß an möglichst vielen P_i die abgesenkte Immission $I_i < MIK_i$ ist, wobei gleichzeitig Kosten und Dauer der Reduktionsstrategie unter Randbedingungen jährlicher Ressourcenbegrenzung und spez. Red.-Kosten zu minimieren sind.

2.3. Wissensbasiertes Beratersystem

Mittels dieser und anderer Simulations- und Optimierungsrechnungen ist der Nutzer in der Lage, sich einen Resultatfonds zu schaffen, der Schritt für Schritt strukturiert und aggregiert werden kann (Ableitung von verallgemeinerten und von zusammenhängenden Entscheidungsregeln), um als Grundlage für den Aufbau einer Wissensbasis zu dienen. Auf diese kann dann im Dialog zurückgegriffen werden, ohne Simulationsrechnungen durchführen zu müssen. Die jetzige Version von PEMU gestattet den weiteren Ausbau des Systems vom modellgestützten zu einem zusätzlich auch wissenbasierten Beratersystem für ausgewählte Probleme des Umweltschutzes.

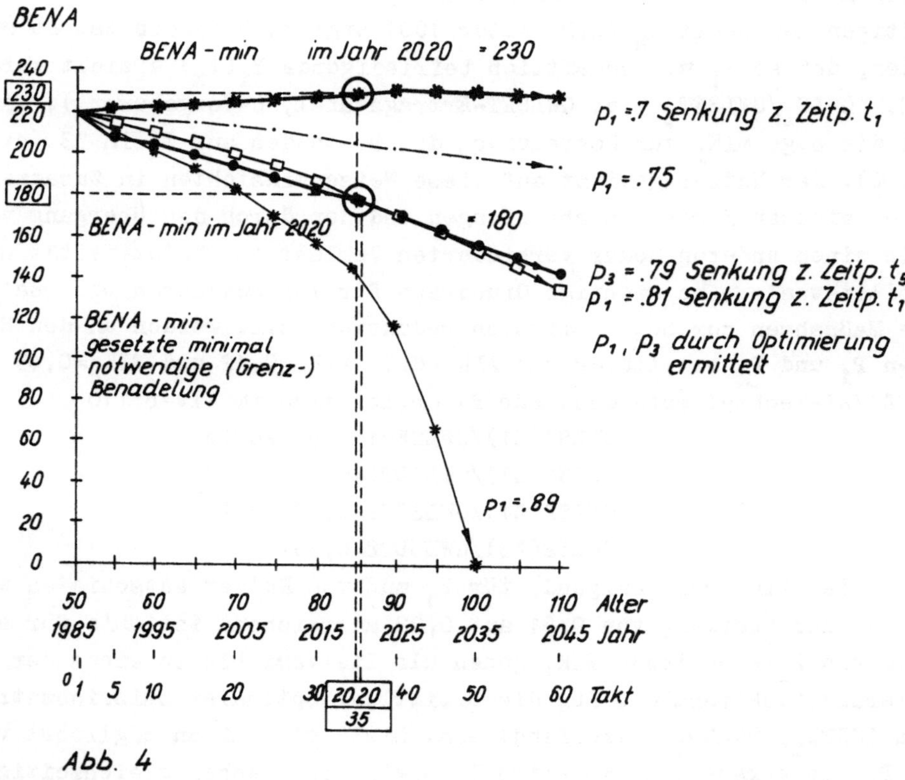

Abb. 4

3. Charakteristik verwendeter Software-Werkzeuge

Im ZKI wurden für die rechnergestützte Systemanalyse Software-Werkzeuge für Analyse, Modellierung, Simulation und Entscheidungsfindung zur Steuerung komplexer Systeme entwickelt [4].

3.1 REH (Rechnergestützte Entscheidungshilfe)

REH ist bestimmt für die Phase der Entscheidungsvorbereitung zur Lösung komplexer Entscheidungssituationen.

DIE ANWENDUNGSGEBIETE:
- Planung
- Management
- Entwurf
- Steuerung.

DIE ZIELSETZUNG:
Realisierung der vielfältigen Wünsche einer gründlichen Entscheidungsvorbereitung durch rechentechnische Unterstützung, die sowohl normative als auch deskriptive Aspekte berücksichtigt. Schaffung der Möglichkeit in relativ kurzer Zeit aus einer Vielzahl möglicher Entscheidungsvarianten, die günstigsten Alternativen herauszufiltern.

DIE LÖSUNG:
"Echte" Entscheidungssituationen sind durch folgende Kennzeichen charakterisiert:

1. Es existieren m e h r e r e Möglichkeiten des Handels (Alternativen);
2. Die eigentliche Entscheidung stellt eine Auswahl einer e i n z i g e n Möglichkeit aus der Menge der zulässigen Alternativen dar;
3. Die Entscheidung fällt in Bezug auf eine Zielvorstellung;
4. Diese Zielvorstellung widerspiegelt bei real formulierten Entscheidungsproblemen immer sich gleichzeitig widersprechende Einzelziele;
5. Für eine Entscheidung müssen die einzelnen Ziele (evtl. situationsbedingt) in irgendeiner Weise individuell (entsprechend der sogenannten subjektiven Präferenzstruktur des Entscheiders oder einer Entscheidergruppe) "gewichtet" werden.

Eine Entscheidung bedeutet damit die Auswahl einer objektiv zulässigen Handlungsmöglichkeit in Bezug auf einen "subjektiv einzuschätzenden Kompromiß der nur teilweise möglichen Befriedigung" einzelner sich widerspiegelnder Ziele.

Läßt sich im Fall komplexer Entscheidungsprobleme der Zusammenhang zwischen den einzelnen Zielen in Abhängigkeit von den zulässigen Handlungsmöglichkeiten (qualitativ und/oder quantitativ) algorithmisch formulieren, so kann das DSS REH eingesetzt werden.

REH erlaubt dem Nutzer seine subjektive Präferenz bezüglich der einzelnen Ziele vor und während der Suche nach zulässigen Handlungsmöglichkeiten zu artikulieren, um eine gezielte Suche nach den für den Nutzer relevanten Handlungsmöglichkeiten durchführen zu können.

DER NUTZEN:
REH kann für die unterschiedlichsten nichtlinearen Entscheidungsprobleme eingesetzt werden. Es bietet die Möglichkeit, im interaktiven Dialog für verschiedene Entscheidungssituationen die bestmöglichen Varianten für den Nutzer zu bestimmen. Die Entscheidungsprobleme können zeitabhängig oder zeitunabhängig sein. Der Nutzer wird mit keinerlei mathematischen Fragestellungen konfrontiert, er kann sich bei der Arbeit mit REH voll auf sein Sachgebit konzentrieren. Die Ergebnisdarstellung kann in numerischer und/oder grafischer Form erfolgen. Für die grafische Ergebnisdarstellung steht in REH ein interaktiver grafischer Arbeitsplatz zur Verfügung.
REH bedeutet: Zeitgewinn in der Phase der Entscheidungsvorbereitung, fundiertere Entscheidungsvorbereitung, Kosteneinsparung.

DIE LÖSUNG IM DETAIL:
REH besteht aus drei Programmebenen.
Die 1. Ebene (Lernebene) gestattet dem Nutzer für eine von ihm ausgewählte Entscheidungsvariante die Konsequenzen berechnen zu lassen. Weiterhin bietet diese Ebene die Möglichkeit, daß der Nutzer eine Variante nur teilweise festlegt und die restlichen Elemente der Variante durch REH mittels Optimierung ermittelt werden (Simulationsspiel).

Die 2. Ebene (Testebene) gibt dem Nutzer einen Überblick über sein aktuelles Entscheidungsproblem. Ferner kann der Nutzer für gewünschte Werte der Einzelziele überprüfen lassen, ob eine zulässige Entscheidungsvariante existiert, die die gewünschten Zielvorstellungen realisieren kann.

In der 3. Ebene (PARETO-Optimierungsebene) kann der Nutzer effiziente (PARETO-optimale) Entscheidungsalternativen ermitteln lassen. Effiziente Alternativen sind dadurch gekennzeichnet, daß es nicht möglich ist, für alle zugehörigen Zielwerte eine weitere Verbesserung zu erreichen. Für die Bestimmung effizienter Alternativen stehen verschiedene Verfahren bereit, die es dem Nutzer erlauben, die für ihn günstigste Alternative auszuwählen.

DAS SYSTEM:
REH ist ein robustes Programmsystem, es wird im benutzerfreundlichen Bildschirmdialog eingesetzt.
REH benötigt ein virtuelles Betriebssystem. REH ist lauffähig auf 32-bit Minicomputer unter VMS oder UNIX. Der in REH integrierte grafische interaktive Arbeitsplatz arbeitet unter GKS.
Der Quellcode von REH ist in FORTRAN77 geschrieben.

3.2 SONCHES (Simulation of Nonlinear Complex Hierarchic Ecological Systems)

SONCHES ist ein Softwaresystem für den rechnergestützten Modellentwurf, dialogorientierte Modellüberprüfung und modellorientierte Untersuchungen insbesondere von dynamischen ökologischen Systemen.
Es besteht aus
- einer fachgebietsspezifischen Modellierungssprache
- einem interaktiven Simulationssystem
- einer Kommandosprache für Simulationsexperimente und Resultataufbereitung.

In den letzten Jahren wurde am ZKI eine intensive Forschung zur Systemanalyse, Modellierung und Simulation ökologischer Systeme durchgeführt. Basierend auf dem allgemeinen methodologischen Konzept der Darstellung eines Systems als Automatennetz mit fachgebietsspezifischer Zerlegung der Zustandsüberführungsfunktion wurde zur Unterstützung des Entwurfs komplexer Modelle ein nutzerfreundliches Softwaresystem zur Modellierung, Modelländerung und Modellsimulation für unterschiedlichste Aufgaben insbesondere auf dem Gebiet der Systemökologie geschaffen. Das interaktive System ist eine fachgebietsspezifische Simulationssprache, die dem Modellierer, der keine besonderen Kenntnisse auf dem Gebiet der numerischen Mathematik und der Programmierung hat, hilft, sich hauptsächlich auf die ökologischen Phänomene, die Modellbildung und Modellüberprüfung zu konzentrieren.

NUTZUNG:

- Modellierungsarbeiten, eingeschlossen die Modellentwicklung zur Wissensspeicherung
- Bewertung und Validierung von Modellen
- Routinerechnungen (Szenarioanalysen) mit ökologischen Modellen
- modellgestütztes Management
- Ausbildung

in den Gebieten:

Ökologie, Biologie, Toxikologie, Pharmakologie, Land- und Forstwirtschaft, Wasserwirtschaft, Umweltschutz u. ä.

SONCHES UNTERSTÜTZT UND VEREINFACHT:

- den Modellentwurf mittels flexibler strukturierter Modellierung
- die Modellüberprüfung
- die Modelländerung, eingeschlossen sind Anfangswerte, Parameter, Prozeßrealisierungen und Modellstruktur
- die Modellsynthese aus Teilmodellen (in Vorbereitung)
- die Modelldokumentation (beliebiger Modelldetails)
- die Manipulation der Daten für Triebkraftfunktionen und Tabellenfunktionen
- Simulationsexperimente (auch im Stapelbetriebsmodus)
  - im Einzellaufregime
  - im Fehlersuchregime
  - im Multilaufregime
- Modellnutzung für Szenarios.

SPRACHKONZEPT FÜR DIE MODELLIERUNG:

- mit der Modellierungssprache können zeitdiskrete dynamische Systeme, die durch Differenzengleichungen oder Rekurrenzengleichungen beschrieben werden, generiert werden

$$Z(t) = \delta\left[Z(t-1), \ldots, Z(t-n), X(t), Z_o, P_1\right]$$

$$Y(t) = \eta\left[Z(t), X(t), P_2\right]$$

Z: Zustandsvektor　　　t: Zeit

Z_o: Anfangswertvektor n: Zeitverzögerung

X: Inputvektor

Y: Outputvektor

P_1, P_2: Parametervektoren

δ: Zeitdiskrete Zustandsüberführungsfunktion

η: Outputfunktion

- Systemelemente sind Compartments
- Prozesse sind ökologisch interpretierbare Gleichungsterme (einige Prozeßtypen: Masse-, Energie-, Informationsflüsse, Migration, Wachstum, Sterben, Konkurrenz, trophische Wechselwirkungen wie Erbeutung oder Parasitismus, ...)
- der Nutzer deklariert nur die Zustandsänderungen in beliebiger Reihenfolge, alle Bilanzierungen werden automatisch ausgeführt
- dynamische Selbstorganisation sowohl des Speicherbedarfs für das spezielle Modell und der Modellstruktur
- Makrovariable und Makroprozesse zur Abbildung von Altersklassenstrukturen
- flexible Aggregation von Teilraten eines Prozesses (z. B. Wachstum) zur Abbildung synergetischer oder antagonistischer Effekte
- Interaktive Compilation des Modells bei der Eingabe (mit syntaktischer Analyse) und anschliessender semantischer Prüfung
- Automatische Generierung der Prozeßreihenfolge.

SONCHES UNTERSTÜTZTES EXPERIMENTIEREN MIT MODELLEN:
Die Einschätzung von Modellen kann mit Hilfe folgender Methoden erfolgen:

- Modellfehlersuche (Debugging)
- Sensitivitätsanalyse, bezogen auf Parameter und Anfangswerte
- Fehleranalyse auf der Grundlage einer Monte-Carlo Simulation
- Untersuchung des Modellverhaltens in Abhängigkeit von Parameter-, Anfangswert- oder Triebkrafttabellenänderungen
- stochastische Simulation zur Bestimmung von Extrema, Momenten, Korrelationen, Konfidenzintervallen und Variablenverteilungen
- Parameteroptimierung
- graphischer Modell-Experiment-Vergleich
- Szenario-Analyse

SONCHES RESULTATE sind Zeitreihen, Extrema oder Momente über Zeitintervallen und spezielle Ergebnisse aus Simulationsexperimenten. Zeitreihen können als Tabellen, zeitabhängige und bei der Verhaltensanalyse auch als parameterabhängige Kurven oder Phasenportraits mit automatischer Skalierung ausgegeben werden.

- Ergebnisse können in der Szenarienbibliothek für die spätere Nutzung gespeichert werden
- Die Arbeit mit Tabellen wird unterstützt (insbesondere für den Vergleich von Modellergebnissen mit experimentellen Daten, abgespeichert in Referenztabellen)
- Eine Zeitfenstertechnik ist nutzbar für alle Ausgabeoptionen
- Ausgabegeräte sind graphisches und pseudographisches Display und Drucker
- Grafische Ausgabemöglichkeiten:
  - 2D, 3D Kurvendarstellungen mit Fenster- und Clippingtechnik
  - 2D, 3D Histogramme
  - 2D, 3D Phasenportraits
    Farbmanipulationen

SOFTWARE, HARDWARE:

- Basissprache: FORTRAN77

  SONCHES gestattet die Verknüpfung von Nutzerroutinen (in FORTRAN), die in der SONCHES-Bibliothek zu speichern sind

- Grösse: etwa 30000 Instruktionen

Rechnertyp: Das System läuft auf 16- bzw. 32-bit Minicomputer mit mindestens 256 kByte Kernspeicher und virtueller Speicherverwaltung
Eine 16-bit-PC-Variante (IBM-AT kompatibel) ist in Vorbereitung

- externer Speicherbedarf: ungefähr 3000 Blöcke zu 512 bytes

3.3 PEMU

Software/Hardware:

PEMU läuft mit den implementierten Basistools SONCHES und REH unter VMS auf 32-bit Technik (Quellcode FORTRAN77). Das SONCHES-Forst-Impact-Modell ist auch außerhalb PEMU nutzbar und läuft auch auf PC-Technik (IBM-PC-AT kompatibel). PEMU besitzt für Farbgrafik eine GKS-

Schnittstelle.

Problemorientierte PEMU-Schnittstellen für spezielle Nutzerwünsche:

PEMU bietet Schnittstellen zur Kopplung von stand-alone-Impactmodellen (z. B.: Bodenmodelle, Modelle aquatischer Ökosystems, Korrosion, Humanbereich) und für Triebkraftvariable für Block 1 (z. B.: zeitliche Dynamik der Emissionsmenge pro Emittent)

Literatur

1 Lasch, P., Model, N., Bellmann, K.; The PEMU/Air Pollutant Transport Model based on Emittent-Receptor-Point-Transmission Calculation. III. Sympos. Syst. Analysis and Simulation, Proceedings, 1988.

2 Bellmann, K., Lasch, P., Hofmann, G., Anders, S.,Schulz, H.; The PEMU-Forest Impact Model FORSTK - a Pine Stand Decline and Wood Supply Model. III. Sympos. Syst. Analysis and Simulation, Proceedings, 1988.

3 Sydow, A., Bellmann, K., Straubel, R., Imming, I., Kaschenz, H., Damrath, U., Hofmann, G., Anders, S.: PEMU - an Impact Model Based Environmental Protection Decision Support System. III. Sympos. Syst. Analysis and Simulation, Proceedings, 1988

4 Sydow, A., Bellmann, K., Matthäus, E., Rudolph, P., Straubel, K., Wittmüß, A.: Computer Aided Systems Analysis: Methods and Tools, III. Symp. Syst. Analysis and Simulation, Proceedings, 1988 (published by Akademie-Verlag Berlin)

Parallele Simulationsmethoden zur Ausführung komplexer Modelle

Hubert B. Keller
Kernforschungszentrum Karlsruhe GmbH
Institut für Datenverarbeitung in der Technik
Postfach 3640, D-7500 Karlsruhe 1

Kurzfassung:

Die Modellierung ökologischer Zusammenhänge ergibt umfangreiche Modelle, die aus vielen verkoppelten Differentialgleichungssystemen bestehen. Sollen diese Modelle zeitlich effizient mit wirtschaftlich vertretbarem Aufwand gerechnet werden, so muß die Simulation mit preiswerten Mehrprozessor- oder Mehrrechnersystemen ausgeführt werden. Die Zerlegung der Modelle in parallel ausführbare Einheiten kann den Anforderungen entsprechend auf mehrere Arten erfolgen. Der voliegende Bericht skizziert die existierenden Methoden und ihre Eigenschaften. Die *modulare* Simulation von komplexen Systemen bietet hinsichtlich der Zerlegung bestimmte Vorteile und stellt auch die Ausgangsbasis eines abschließend dargestellten Simulationssystems zur modularen / verteilten Simulation komplexer Systeme dar.

1. Einleitung

Ökologische Systeme besitzen im Gegensatz zum Entwurfsziel bei technischen Systemen eine hohe Komplexität bei gleichzeitig hoher Variabilität der Einzelsysteme. Betrachtet man Populationen von Lebewesen, so sind diese immer als ein Teilsystem in einem Gesamtkontext vieler Umgebungssysteme zu sehen /Gabriel 1985/. Außerdem ist dabei zu beachten, daß die individuellen Merkmale von Einzeltieren einen hohen Einfluß im Gesamtsystem besitzen. Die Untersuchung von Selektionsmechanismen erfordert beispielsweise eine sehr feine Kompartmentierung aller Einzelindividuen, um sinnvolle und interpretierbare Ergebnisse zu erhalten. Zwangsweise ergeben sich sehr umfangreiche Modelle, wie z. B. bei der Untersuchung von Plankton unter Berücksichtigung der räumlichen Ausdehnung und feinen Kompartments, da etwa 10^5-10^6 Tiere pro m^2 Seeoberfläche vorliegen.

Ähnliche Modellkomplexe wird man auch bei der Modellierung des Waldsterbens bei Berücksichtigung der entsprechenden Wirkungsmechanismen erhalten. Ausgehend von einfachen Modellen, wie sie z. B. in /Bosel et al. 1984/ mit 14 Dgl, 19 Parametern, 8 Funktionstabellen und 43 Zwischengrößen angegeben sind, wird in /Trost et al. 1987/ ein Modell eines einzigen Baumes mit Berücksichtigung der Umgebungsmechanismen aus 9 Teilmodellen aufgebaut. Eines dieser Teilmodelle bildet den Vorgang der Photosynthese nach. Bei genauer Betrachtung dieses Vorgangs ergab sich in /Giersch 1985/ ein Modell mit 17 Dgl und 22 Parametern. Da auch ein Wald, wie Populationen, als ein System aus aufeinander einwirkenden Individuen zu betrachten ist, ergeben sich ähnliche Komplexitätsgrade. Will man die Entwicklungen ökologischer Systeme prognostizieren, so ist die *industrielle Umwelt* unserer Natur ebenfalls zu berücksichtigen. Diese Modelle dürften aber mit den vorhandenen Rechnern aus wirtschaftlichen Gründen oder wegen fehlender Rechenleistung nicht mehr handhabbar sein. Ein Ausweg bietet sich in der Zerlegung dieser Modelle und in der Ausnutzung von preiswerten Hochleistungsmikroprozessoren zur Simulation.

2. Parallelitätsformen zur Simulation komplexer Modelle

Die Modellierung komplexer Systeme ergibt umfangreiche Systeme von verkoppelten Differentialgleichungssystemen mit in der Regel unterschiedlicher mathematischer Beschreibung und unterschiedlichen Eigenschaften. Sollen deren Lösungen zeitlich effizient berechnet werden, so sind modellspezifische Schrittweiten und/oderVerfahren zu verwenden. Außerdem kann durch die Verwendung von preiswerten Mehrprozessor- oder Mehrrechnersystemen die Simulation parallelisiert und mit einem wirtschaftlich vertretbarem Aufwand durchgeführt werden.

Die folgenden Ausführungen dienen dazu, die Darstellung der parallelen oder potentiell parallelen Verfahren zu erleichtern. Beschreibungen der allgemein existierenden Verfahren zur Lösung von Anfangswertproblemen, wie Runge-Kutta usw., findet man z. B. in /Lapidus et al. 1971/, /Stoer 1978/, /Werner et al. 1979/, /Stummel et al. 1982/, und /Stoer 1983/. Ausgangspunkt bei einem System von Differentialgleichungen erster Ordnung ist die folgende vektorwertige Darstellung

$$\frac{dx}{dt} = f(x,u)\ , \quad mit\ u = u(t)\ , \ x(0) = x_0\ , \ x \in \mathbb{R}^n\ , \ u \in \mathbb{R}^p$$

Dieses System von ODE's wird durch den Übergang zu einem System von Differenzengleichungen gelöst:

$$x_{k+1} = x_k + \Delta(x_{k+1}, x_k, .., x_{k-i}, u_{k+1}, .., u_k)\ , \ i \in \mathbb{N}\ .$$

Die Inkrementfunktion Δ ist dabei nach bestimmten Kriterien aufgebaut und kann zur Klassifikation der Verfahren verwendet werden:
Bei impliziten Verfahren enthält die Inkrementfunktion den Funktionsausdruck zum Zeitpunkt t_{k+1} (also $f(X_{k+1})$). Die Lösung kann nur iterativ berechnet werden.
Bei expliziten Verfahren errechnet sich der neue Wert bei t_{k+1} nur aus vergangenen Werten, also X_k, X_{k-1} usw..
Bei Einschrittverfahren geht in die Inkrementfunktion nur der Zustand zum Zeitpunkt t_k (also X_k) ein. Im Intervall t_k bis t_{k+1} sind mehrere Funktionsauswertungen notwendig.
Bei Mehrschrittverfahren gehen noch weiter zurückliegende Werte als nur X_k ein. Die Anzahl der Funktionsauswertungen im Intervall ist geringer.
Bei Prädiktor-Korrektor-Verfahren wird zuerst ein Näherungswert prädiziert, welcher in ein weiteres Verfahren eingeht.
Die multi-rate-Verfahren zerlegen das System in Teile mit unterschiedlicher Dynamik und lösen jedes Teilsystem mit einem eigenen Verfahren und spezifischer Schrittweite.
Neben den hier genannten Verfahren existieren noch weitere (z. B. /Halin 1983/).

Lassen sich bei steifen Systemen die schnellen und langsamen Systemteile isolieren, kann man die Teilsysteme mit einem unterschiedlichen Verfahren oder unterschiedlichen Schrittweiten lösen (z. B. /Hofer 1976/). Diese Verfahren können als Ansatz von paralleler Verarbeitung betrachtet werden, obwohl die Motivation aufgrund von Rechenzeitverkürzungen kam (z. B. /Blum 1978/, /Palusinski et al. 1981/). Sie werden als multi-rate-Verfahren bezeichnet. Eine detaillierte Beschreibung obiger Verfahren findet man z. B. in /Gupta et al. 1985/ und /Norsett 1985/. Die existierenden parallelen oder ansatzweise parallelen Verfahren lassen sich in drei Klassen einteilen. Eine Parallelität auf der Ebene von Vektoroperationen oder sonstigen arithmetischen Operationen wird nicht betrachtet, gleichwohl die nebenläufig ausführbaren Algorithmen beispielsweise auch auf einem Vektorprozessor ausgeführt werden können.

2.1 Parallelität im numerischen Integrationsalgorithmus

Bei der ersten Gruppe wird für die Lösung des Gesamtproblems nur ein numerisches Verfahren verwendet, das so aufgebaut ist, daß parallel ausführbare Einzelschritte existieren (homogene Form). Diese Art der Parallelität wird als *algorithmische Parallelität* (aP) bezeichnet. Der Grad der Parallelität hängt dabei von der Anzahl der überlappend ausführbaren Phasen ab. Unabhängig von der Komplexität des Problems besteht grundsätzlich eine obere Grenze in der Summe aller überhaupt parallel ausführbaren Einzelschritten. Das Prinzip beruht darauf, die Zustandswerte in einem Zeitintervall $[t_{k+1}$ bis $t_{k+1+N}[$ (Blocklänge N) parallel zu berechnen, wobei jeweils nur Vergangenheitswerte aus dem Intervall $[t_{k-i}$ bis $t_k]$ eingehen.
Die wesentlichen Arbeiten auf diesem Gebiet sind etwa /Miranker et al. 1966/ und /Worland 1976/. Weitere Arbeiten wären noch /Franklin 1978/ und /Yen et al. 1982/.

Eine Parallelität durch eine zeitparallele Berechnung der Lösung im gesamten Integrationsintervall hatte Nievergelt vorgeschlagen (/Nievergelt 1964/).

2.2 Parallele Lösung von linearen Gleichungssystemen

Die zweite Gruppe von Verfahren geht nicht von dem Differentialgleichungssystem direkt aus, sondern von dem nach der Orts- und Zeitdiskretisierung des gesamten Systems (äquidistante Schrittweite für alle Teile bzw. Interpolation) sich ergebenden algebraischen Gleichungssystem (homogene Form). Das parallel zu lösende Problem ist hier die Lösung eines großen in der Regel linearen algebraischen Gleichungssystems. Die Verfahren berechnen die Lösung durch blockparallele Iteration. Dabei gibt es Unterschiede in der Steuerung des Gesamtablaufes (zentral / lokal). Beispiele für diese Art von Verfahren sind etwa (/Malinowski et al. 1984/, /Maier et al. 1985/ und /Utku et al. 1986/). Diese Verfahren können als Verfahren mit *algorithmischer Parallelität und Diskretisierung* bezeichnet werden (aP/d). Die multi-grid-Verfahren (/Miranker 1988/ und /Trottenburg 1983/) sind ebenfalls in diese Gruppe einzuordnen.

2.3 Modularisierung des Problems (Modell)

Die letzte Gruppe geht von einer Zerlegung des Problems (Differentialgleichungssystem) in parallel lösbare Teile aus (parallele Berechnung einzelner Funktionen), wobei das (oder die) Lösungsverfahren das Problem der Kopplung zwischen den Problemteilen untereinander lösen muß (inhomogene Form). Diese Art der Parallelität wird als *problemstrukturelle Parallelität* (pP) bezeichnet. Der Vorteil dieser Verfahren besteht darin, daß herkömmliche Integrationsverfahren für die Lösung der Problemteile weiterhin einsetzbar sind. Das Problem besteht in der Gesamtkonvergenz bzw. -stabilität. Arbeiten zu diesen Verfahren sind etwa /Blum 1978/, /Palusinski et al. 1981/, /Liu 1983/, /Brosilow et al. 1985/ und /Palusinski et al. 1986/. Korn betrachtete die direkte Verteilung von Differentialgleichungen auf ein Mehrprozessorsystem /Korn 1972/. Ein Verfahren zur modularen / verteilten Simulation verkoppelter Systeme wurde in /Keller 1988/ untersucht.

Der Grad an möglicher Parallelität ergibt sich hier aus der Anzahl der Zerlegungen (parallel lösbaren Problemteile) und ist direkt mit der Komplexität des Problems korreliert. Die Komplexität definiert somit die obere Grenze an paralleler Verarbeitung. Dies ist insofern wesentlich, als auch die notwendige Rechenleistung mit der Komplexität des Problems korreliert ist. Besitzt das Problem eine topologische Struktur derart, daß die mittlere Anzahl der Kopplungen zwischen den Teilen (Anzahl der Kopplungen z. B. als Zahl der Informationsflüsse von den entsprechenden Teilen zu einem Teil definert) von der Anzahl der Teile unabhängig ist, so sind Probleme beliebiger Komplexität lösbar, insofern wenigstens ein Problem dieser Klasse parallel lösbar ist. Dies ist anhand einer Plausibilitätsbetrachtung leicht einsichtig, denn eine Erhöhung der Problemkomplexität resultiert in einer Erhöhung der Teilkomponentenanzahl des Problems. Die zusätzlichen Teile sind aber, da die mittlere Anzahl der Kopplungen definitionsgemäß gleich bleibt, wiederum auf jeweils einem eigenen Prozessor ausführbar (die Kopplungen sind in der Art, daß die gleiche problemstrukturelle Parallelität wie zuvor besteht und damit die gleichen Zerlegungs- und parallele Ausführungsprinzipien anwendbar sind). Als Grundproblem bei modularen Verfahren stellt sich die Nachbildung der Koppelgrößen zwischen den Einzelsystemen. Randbedingungen, die bei modularen Verfahren zu beachten sind, werden später diskutiert.

2.4 Bewertung

Die ersten beiden Verfahrensgruppen, Verfahren mit algorithmischer Parallelität und parallele Lösungsverfahren für lineare Gleichungssysteme, benötigen grundsätzlich eine homogene Systembeschreibung. Homogene Systembeschreibung bedeutet hier, daß die mathematische Darstellung aller Problemteile (Modell) von der gleichen Art ist. (Es wird hier bewußt von Problemteilen gesprochen, da sich ein komplexes Modell entsprechend dem Modellierungsvorgang immer aus der Verknüpfung von modellierten Teilkomponenten ergibt.) Für Systeme, die aus mehreren mathematisch verschiedenartigen Teilen aufgebaut sind, ist diese Art der Parallelisierung nicht anwendbar. Darüber hinaus ist auch keine Einsicht und kein Eingriff in Teilmodelle möglich. Die maximale Parallelität ist durch den Algorithmus begrenzt und nicht durch das Problem bestimmt (aP). Ein weiteres Hemmnis ist, daß im allgemeinen die Integrationsschrittweite für alle Problemteile gleich ist. Weiterhin laufen die parallelen Schritte synchron ab, was verteilten Rechnersystemen aufgrund ihrer fehlenden global konsistenten Sicht zuwiderläuft (siehe z. B. /Drobnik 1981/). Für die lokale Lösung sehr stark verkoppelter Teilprobleme (homogene Form) könnte man diese Verfahren allerdings einsetzen. Dann hätte man eine zweistufige Parallelität auf rein algorithmischer Basis, die durch parallele Vektoroperationen noch erweitert werden kann. Eine detaillierte Betrachtung von parallelen Verfahren für arithmetische Berechnungen oder große lineare Gleichungssysteme ist z. B. in /Hoßfeld 1980/, /Hoßfeld et al. 1983/ durchgeführt.

3. Möglichkeiten der Modularisierung

Eine ***Modularisierung*** kann nach mehreren Kriterien erfolgen:

speichernde Elemente (Puffer) können aufgrund ihrer Verzögerungseigenschaft als Zerlegungsstellen dienen; dies ist allerdings eine Zerlegung auf beliebig niedrigem Niveau (bis auf eine Differentialgleichung) und berücksichtigt die auf der teilsystemspezifischen Funktion basierende innere Bindung von Komponenten nicht (Kohäsion),

die **Anzahl der Verkopplungen** zwischen Komponenten sollte minimal sein; hier wird eine möglicherweise sinnvolle Zusammenfassung von dynamisch und/oder mathematisch gleichartigen Komponenten nicht beachtet,

die **spezifische Funktion** von Komponenten; die naturgemäß hohe Kohäsion in Komponenten und die minimalen Verkopplungen zwischen Komponenten wird berücksichtigt; bei der Modellierung können auch eng zusammenhängende Komponenten zusammengefaßt werden; da Komponenten immer eine speichernde Eigenschaft besitzen, ist diese Zerlegung auch mathematisch sinnvoll,

die **unterschiedliche dynamische Eigenschaft** von Komponenten; bei nichtlinearen Systemen ist eine eindeutige Zerlegung durch eine Variabilität in der Dynamik nicht möglich,

lineare / nichtlineare Anteile; bei komplexen Systemen ist dies kein unmittelbar anwendbares Kriterium,

zeitkontinuierlich / -diskret; diese Zerlegung wird allgemein durchgeführt, da die einzelnen Teile algorithmisch eine andere Behandlung benötigen (numerische Integrationsverfahren / event-Liste).

Um eine optimale Zerlegung auf einer hohen Ebene zu erreichen, sollten systemtheoretische, mathematische und algorithmische Randbedingungen beachtet werden. Dies resultiert in einer Minimierung der Verkopplungen, wobei die notwendigen Verknüpfungen zeitlich maximal entkoppelt sein sollten (Verzögerung) und die Funktion einer Komponente noch ersichtlich ist (Bedeutung).
Natürliche Systeme versuchen bei gegebener Kopplung zur Umgebung durch ihre interne Struktur eine Stabilität zu gewährleisten. Jedes Teilsystem ist also bestrebt, seine Funktion aufrecht zu erhalten. Eine Zerlegung nach der internen Funktion von (Sub-) Komponenten ist deshalb als übergreifendes Kriterium anzuwenden.

4. Randbedingungen bei modularer Rechnung

Der Grad an Parallelität, wie er oben definert wurde, berücksichtigt allerdings noch nicht, daß reale Rechensysteme zur ***Kommunikation*** (Austausch gegenseitiger Ergebnisse) untereinander Zeit benötigen. Des weiteren sind die Übertragungszeiten stochastischer Natur (nur im statistischen Mittel gleich). Es ist also wichtig, wie stark die Ausführung der Einzelproblemlösungen miteinander gekoppelt sind. Diese Kopplung hängt naturgemäß von der topologischen Struktur und den mathematischen Eigenschaften des Problems ab. Die Strenge der Kopplung kann durch das Zeitintervall definiert werden, nach dem spätestens ein Datenaustausch zu erfolgen hat. Dieses Zeitintervall sei als Kommunikationszeit T_K bezeichnet. Je nach dem Charakter der Kommunikationszeit, ob deterministisch oder stochastisch mit bestimmten statistischen Merkmalen, kann

man zwei Arten der Kommunikation zwischen den Einzelproblemlösungen klassifizieren. Einmal kann der Austausch ***synchron*** erfolgen, d. h. die parallelen Schritte werden insofern synchronisiert, als zu einem definierten Zeitpunkt Informationen ausgetauscht werden müssen. Die Kommunikationszeit kann als übergeordnete Rahmenzeit bezeichnet werden und tritt immer bei Verfahren mit einer *zentralen Instanz* (z. B. bei Dekomposition-Coordination-Algorithmen) auf. Die Ausführung wird an dieser Stelle unterbrochen und alle parallelen Rechenkomponenten tauschen zur gleichen Zeit ihre Daten aus (hohes Datenaufkommen).
Die Alternative ist ein ***asynchroner*** Datenaustausch, und die einzelnen parallelen Schritte laufen asynchron zueinander ab. Es existiert keine übergeordnete Instanz und damit keine übergeordnete Rahmenzeit, das Verfahren ist *dezentral*. Jede Problemlösung läuft entkoppelt und lokal gesteuert ab und stellt die Ergebnisse nach dem Enstehungszeitpunkt nach außen zur Verfügung. Das Datenaufkommen ist im statistischen Mittel gleich. Der Aufwand zur Berücksichtigung der Kopplungen zwischen den Problemteilen ist höher (die Konvergenz kann nicht durch zentral gesteuerte Iteration oder sonstige Maßnahmen erzeugt werden). Außerdem sind die Anforderungen an die maximale Verzögerungszeit zwischen dem Enstehungszeitpunkt und dem notwendigen Verfügbarkeitszeitpunkt bei den abhängigen Problemteillösungen zu definieren. Diese Anforderungen richten sich nach den dynamischen Eigenschaften der Einzelproblemteile.

Ein drittes Kriterium, das beachtet werden muß, betrifft die ***algorithmische Lösungsstruktur***. Die Lösung kann einmal iterativ oder aber explizit ermittelt werden. Iterative Verfahren erfordern immer einen synchronen Datenaustausch mit Vergleich. Explizite Verfahren benötigen dies nicht, die Nachbildung der Koppelgrößen ist aber ungleich schwieriger.

5. Existierende modulare Verfahren

Aufgrund der Korrelation zwischen Problemkomplexität und Parallelitätsgrad sowie der Anschaulichkeit des Verhaltens von Subsystemen während einer Simulation, werden im weiteren ausschließlich Verfahren betrachtet, welche das Problem zerlegen und modular lösen. Die Verfahren werden zunächst kurz charakterisiert und dann bzgl. ihrem Grad an Parallelität und dem Grad ihrer Kopplung in eng und lose gekoppelte Verfahren eingeteilt. Eng gekoppelte Verfahren eignen sich für die Ausführung auf eng gekoppelte Rechensysteme (Mehrprozessorsysteme), lose gekoppelte Verfahren entsprechend für lose gekoppelte Rechensysteme (verteilte Mehrrechnersysteme). Als eng gekoppelt werden Verfahren definiert, welche die Eigenschaft besitzen, daß ein Datenaustausch synchron und in der Größenordnung der Einzelintegrationsschrittweiten zu erfolgen hat. Lose gekoppelte Verfahren liegen dann vor, wenn die Verfahren entweder erst nach mehreren Schritten einen Datenaustausch benötigen oder wenn die Kommunikation nicht zu definierten Zeiten erfolgen muß, also asynchron ist (eine maximale Zeitverzögerung möge einzuhalten sein).

Ausgangspunkt der Verfahren auf der Basis der pP ist, daß die Problemteile unterschiedliche Eigenschaften besitzen und somit eine Zerlegung möglich ist.
Die meisten Verfahren sind der Klasse der multi-rate-Verfahren zuzuordnen. Diese Verfahren versuchen dynamisch verschiedenartige Problemteile zu isolieren und getrennt zu behandeln. Die Motivation bei der Entwicklung dieser Verfahren war aber nicht die parallele Ausführung, sondern das Einsparen an Rechenzeit durch Verwendung teilsystemspezifischer Algorithmen mit individuellen Schrittweiten. Schwierigkeiten ergeben sich, wenn die dynamischen Eigenschaften der Problemteile zeitvariant sind.

Die einfachste Zerlegung erhält man, wenn jeder Zustand (abhängige Größe) mit einer gemeinsamen globalen Schrittweite für sich gerechnet wird (Differentialgleichung). Allerdings ist dann ein Datenaustausch nach jedem Zwischenschritt zur Berechnung des jeweiligen Integranden nötig. Dieses Verfahren wäre maximal gekoppelt und soll nur als Vergleichsmaß dienen.
Ein Vorschlag, welcher in diese Richtung geht, wurde von Korn (/Korn 1972/) auf der Basis eines Mehrprozessorsystems mit einer zentralen Kontrollinstanz (separater Prozessor) und gemeinsamen sowie lokalen Speicher gemacht. Die Idee war, ein System von Differentialgleichungen auf mehrere Rechner (CPU und FPU) zu verteilen und die Ausführung von einer zentralen Instanz zu steuern.
In /Franklin 1978/ wurde die Zerlegung eines Systems in parallel lösbare Teile als Equa-

tion Segmentation Method (ES) bezeichnet. Die nur sehr kurz angesprochene Problematik war z. B. Strenge der Kopplung zwischen Teilsystemen, Zuordnung von Gleichungen zu Prozessoren, Informationsaustausch, Wahl der Integrationsverfahren, Lastverteilung und Kommunikationsstrukturen. Aufgrund der engen Kopplung bei der Ausführung ergab sich die ES-Methode als nicht optimales Verfahren im Vergleich zu anderen (parallele PC- und blockimplizite Verfahren).
Unter der Annahme, daß ein System in einen langsamen und einen schnellen Teil zerlegbar ist, wurde von Blum (/Blum 1978/) eine Möglichkeit der teilsystemspezifischen Integration angegeben. Der Ansatz ist in diesem Sinne nicht parallel, hat aber interessante Details, wie z. B. das Glätten der schnellen Zustände als Eingänge des langsamen Teilsystems und das Extrapolieren der langsamen Zustände als Eingänge für das schnelle Teilsystem. Die Zielsetzung der Arbeit war aber die Einsparung an Rechenzeit auf einem Monoprozessorsystem. Die gleiche Aussage ist auch für die Arbeiten von Palusinski (/Palusinski 1981/) zutreffend, wobei das Verfahren von Blum das am wenigsten eng gekoppelte ist.

Ein erster Ansatz zu einem lose gekoppelten Verfahren ist in /Liu 1983/ zu finden (siehe auch /Liu et al. 1983/, /Brosilow et al. 1985/). Bei diesem Verfahren, *modular integration* genannt und für technische Systeme entwickelt, wird die natürliche Kohäsion von Subsystemen benutzt. Die Kopplungsfunktionen werden von einer zentralen Instanz, dem Koordinator, für ein bestimmtes Zeitintervall T_K vorausberechnet und von den lokalen Lösungsverfahren als Eingangsfunktionen verwendet. Die Teilsystemlösungen können nun für den Zeithorizont T_K entkoppelt berechnet werden. Nach der Zeit T_K prüft der Koordinator die Abweichung von den vorgegebenen und den neu berechneten Kopplungswerten. Bei einer Methode wird die Konvergenz des Gesamtverfahrens durch Iteration erreicht, bei zwei weiteren Methoden durch eine Intervallverkürzung. Die Teilsysteme sind also im Zeitraum TK entkoppelt lösbar, davor und danach erfolgt grundsätzlich ein Datenaustausch. Der Koordinator als zentrale Kontrolle hat die Konvergenz der Lösungen zu prüfen und gegebenenfalls durch Iteration oder Verkürzung des Zeitintervalles zu garantieren.

Ein ähnliches Verfahren wird in /Palusinski 1984/ zur Lösung von weakly-coupled multi-time-scale systems beschrieben. Die einzelnen Komponenten werden bei der ersten Methode individuell und innerhalb eines Iterationsschrittes entkoppelt gerechnet. Die Konvergenz der Gesamtlösung wird durch Iteration (Gauss-Jacobi-Verfahren) erreicht. Pro Iterationsschritt wird jeweils ein Polynom berechnet, welches von den Teilsystemen zur Eingangsgrößenberechnung verwendet wird. Bei der zweiten Methode werden die Teilsysteme in Form von orthogonalen Funktionen (Polynom) gelöst. Es ergibt sich ein lineares Gleichungssystem, welches ebenfalls iterativ gelöst werden kann. Die zweite Methode ist jedoch nicht mehr als pP-Verfahren einzuordnen (teilsystemunspezifisch).
Die in /Palusinski 1986/ als multi-rate-Integrationsverfahren dargestellte Lösungsmethode erfordert den Datenaustausch im Integrationsintervall und ist deshalb im Sinne einer pP als eng gekoppelt einzustufen.

Die betrachteten Ansätze zur Berechnung von miteinander gekoppelten Modellkomponenten (multi-time-scale systems) versuchen primär den Rechenaufwand auf Einrechnersystemen zu reduzieren. Für eine verteilte Simulation auf verteilten Rechensystemen sind diese Verfahren zu eng gekoppelt. (Für die lokale Lösung entsprechender Teilmodelle sind sie und die aP-Verfahren einsetzbar.)
Eine lose Kopplung besitzen nur die Verfahren nach Liu (/Liu 1983/) und Palusinski (/Palusinski 1984/, 1. Methode). Allerdings benötigen diese Verfahren eine zentrale Kontrollinstanz (Koordinator), die bei geeigneter Realisierung eventuell entfallen könnte. Insofern sind diese Verfahren für die allgemeine verteilte Simulation anwendbar. Die mathematischen Vorraussetzungen (/Liu 1983/) werden im allgemeinen erfüllt.

Ein lose gekoppeltes Verfahren, das einen asynchronen Datenaustausch zwischen den modular gerechneten Teilmodellen erlaubt, ist in /Keller 1988/ beschrieben. Das Ziel war die modulare / verteilte Simulation verkoppelter Teilsysteme unter Echtzeitbedingungen auf verteilten Rechnersystemen. Die mathematischen Voraussetzungen ermöglichen bisher durch das Fehlen eines Koordinators bzw. die nicht iterative (explizite) Lösungsstruktur nur eine verteilte Simulation von stabilen Systemen. Durch eine genauere Nachbildung der Koppelgrößen soll versucht werden, auch instabile Systeme verteilt oder modular rechnen zu können.

6. Zusammenfassung

Die Informatik und ihre angrenzenden Disziplinen können dazu beitragen, die technisch erzeugten Probleme unserer Natur in den Griff zu bekommen und letztendlich auch zu lösen (siehe etwa /Trauboth 1987/). Eine hierzu besonders geeignete Methode ist die Simulation zur Analyse von ökologischen Wirkungskomplexen oder zur Vorhersage des Verhaltens von ökologischen Systemen unter Streßbedingungen. Die Rechenzeiten können dabei durch die dargelegten mathematischen Ansätze erheblich verringert werden. Allerdings ist zu beachten, daß die Modellierung komplexer Systeme einen hohen Aufwand an Geld und Fachwissen erfordert. Deshalb muß eine umfassende Rechnerunterstützung für die Modellierung und Simulation solcher Systeme gefordert werden. Ein System, das dieser Forderung entspricht, wird in /Keller 1988/ beschrieben. Dieses System, als *Modellentwicklungsumgebung* (MEU) bezeichnet, besitzt eine objektorientierte graphische Oberfläche und berücksichtigt den Phasenzyklus (model life cycle) in einer Simulation. Es ist vollständig in *Ada* und dem graphischen Standard *GKS* realisiert und ermöglicht die modulare / verteilte Simulation verkoppelter Teilsysteme. Das Entwurfsziel war allerdings die Simulation technischer Systeme. Die Vorgehensweise kann aber bei gleichen mathematischen Modelleigenschaften auch für ökologische Systeme benutzt werden. Zum Schluß soll kurz auf eine Folienreihe hingewiesen werden (siehe /Siemens 1987/), welche aufgrund ihres didaktischen und umfassenden Konzepts bestens dazu geeignet ist, die Problematik unserer von technischen Systemen gestreßten Natur zu verdeutlichen. So bleibt abschließend zu hoffen, daß wissenschaftliche Methoden und der Wille, sie einzusetzen, zur Lösung unserer Umweltproblematik ausreichen.

7. Literatur

/Blum 1978/
Howard Blum, Numerical integration of large scale systems using separate step sizes, in: Bennet / Vichnevetsky (Eds.), Numerical Methods for Differential Equations and Simulation, Proceedings of the IMACS International Symposium on simulation software and numerical methods for differential equations, Blacksburg, Virginia (USA), 1977, North Holland Amsterdam 1978

/Bosel et al. 1984/
H. Bosel et al., Computersimulation des Baumsterbens, 2. Symposium Simulationstechnik, Berlin: Springer 1984

/Brosilow et al. 1985/
Coleman B. Brosilow et al., Modular integraton methods for simulation of large scale dynamic systems, in : Modeling, Identification and Control, 1985, Vol. 6, No. 3

/Drobnik/
O. Drobnik, Verteiltes DV-System, Informatik Spektrum 4/1981, Springer Berlin

/Franklin 1978/
Mark A. Franklin, Parallel solution of ordinary differential equations, in: IEEE Transactions on computers, Vol. c-27, No. 5, May 1978

/Gabriel 1985/
W. Gabriel, Simulation komplexer Populationsdynamik, 3. Symposium Simulationstechnik, Berlin: Springer 1985

/Giersch 1985/
C. Giersch, Simulation biochemischer Prozesse in der Pflanzenphysiologie: Dynamik und Regulation der photosyntethischen CO_2-Fixierung im Calvin-Zyklus, 3. Symposium Simulationstechnik, Berlin: Springer 1985

/Gupta et al. 1985/
Gopal K. Gupta et al., A Review of Recent Developments in Solving ODEs, Computing Surveys, Vol 17, No. 1, March 1985

/Halin 1983/
H. J. Halin, The Applicability of Taylor-Series Methods in Simulation, in: Proceedings of the 1983 Summer Computer Simulation Conference, Vancouver 1983

/Hofer 1976/
A partially implizit method for large stiff systems of ODEs with only few equations introducing small time-constants, in: SIAM Journal Numerical Analysis, Vol 13, No. 5, October 1976

/Hoßfeld 1980/
F. Hoßfeld, Parallelverarbeitung - Konzepte und Perspektiven, in : Angewandte Informatik 12 / 1980

/Hoßfeld et al. 1983/
F. Hoßfeld et al., Parallele Algorithmen, Informatik-Spektrum (1983) 6: 142-154, Springer-Verlag

/Keller 1988/
H. Keller, Echtzeitsimulation zur Prozeßführung komplexer Systeme - Entwurf und Realisierung eines Systems zur interaktiven graphischen Modellierung und zur modularen / verteilten Echtzeitsimulation verkoppelter Systeme, in Vorbereitung, 1988

/Korn 1972/
Granino A. Korn, Back to parallel computation: Proposal for a completely new on-line simulation system using standard minicomputers for low-cost multiprocessing, in: Simulation 1972

/Lapidus et al. 1971/
L. Lapidus et al., Numerical Solution of Ordinary Differential Equations, Academic Press New York, 1971

/Liu 1983/
Y. Liu, Development and Analysis of Coordination Algorithms for Interacting Dynamic Systems, PhD Thesis, Case Western Reserve University 1983

/Liu et al. 1983/
Y. Liu et al, Modular Integration Methods for Simulation of Large Scale Dynamic Systems, Case Western Reserve University 1983, Private Unterlagen

/Maier et al. 1985/
R. Maier et al., A Completely Parallel Scheme For Simulation of Transients in Large Gas Transmission Networks, in: 1st European Workshop on Parallel Processing Techniques in Simulation, October 1985, Manchester, UK, Plenum Publishing Company, 1985

/Malinowski et al. 1984/
K. Malinowski et al., Decomposition-Coordination Techniques For Parallel Simulation, Part 1, Control Systems Centre Report No. 599, March 1984, University of Manchester, Institute of Science and Technology, UK

/Miranker et al. 1988/
W. L. Miranker et al., Constructive interference in parallel algorithms. SIAM J. Num. Anal. 25 (1988), S. 376-398

/Miranker et al. 1966/
W. L. Miranker et al., Parallel methods for the numerical integration of ordinary differential equations, in: Mathematics of Computation 1967

/Nievergelt 1964/
Nievergelt, Parallel Methods for Integrating Ordinary Differential Equations, in: Communications of the ACM, Dez. 1964

/Norsett 1985/
S. P. Norsett, The numerical solution of differential and differential / algebraic systems, in: Modeling, Identification and Control, 1985, Vol. 6, No. 3

/Palusinski et al. 1981/
O. Palusinski et al., On Numerical Integration of Partitioned Dynamic Systems, in: Proceedings of the 1981 Summer Computer Simulation Conference, 1981

/Palusinski 1984/
O. Palusinski, Functional Relaxation-Techniques in Simulation of Multi-Time-Scale Dynamic Systems, in: Proceedings of the Summer Computer Simulation Conference, July 1984, Boston, 1984

/Palusinski 1986/
O. Palusinski, Simulation of Dynamic Systems Using Multirate Integration Techniques, in: Transactions of the Society for Computer Simulation, Vol. 2, No. 4, 1986

/Siemens 1987/
Systemdarstellung Umweltschutz, 24 Vortragsfolien mit Leitfaden, Siemens 1987

/Schmidt 1980/
G. Schmidt, Simulationstechnik, Oldenbourg Verlag München, 1980

/Stoer 1978/
J. Stoer, Einführung in die numerische Mathematik, Teil 2, Springer Berlin, 1978

/Stoer 1983/
J. Stoer, Einführung in die numerische Mathematik, Teil 1, Springer Berlin, 1983

/Stummel et al. 1982/
F. Stummel et al., Praktische Mathematik, Teubner Stuttgartt, 1982

/Trauboth 1987/
H. Trauboth, Was kann die Informationstechnik für den Umweltschutz tun, in: Automatisierungstechnik 35 (1987), S. 431-442

/Trost et al. 1987/
N. Trost et al., Systemanalyse und Simulation der Wachstums- und Entwicklungsdynamik von Waldbäumen unter dem Einfluß von Luftschadstoffen, 4. Symposium Simulationstechnik, Berlin: Springer 1987

/Trottenburg 1983/
U. Trottenburg, Schnelle Lösung elliptischer Integralgleichungen nach dem Mehrgitterprinzip. GMD Arbeitspapier Nr. 40, Bonn: GMD 1983

/Utku et al. 1986/
S. Utku et al., Parallel Solution of Closely Coupled Systems, in: Int. J. for numerical methods in engineering, Vol 23, 1986

/Werner et al. 1979/
H. Werner et al., Praktische Mathematik 2, Springer Berlin, 1979

/Worland 1976/
P. B. Worland, Parallel methods for the numerical solution of ordinary differential equations, in: IEEE Transactions on computers, October 1976

/Yen et al. 1982/
K. Yen et al., Digital simulation algorithms using parallel processing, in: IEEE Transactions on industrial electronics, Vol. ie-29, No. 3, August 1982

ZUR TRANSPARENZ VON SIMULATIONSMODELLEN

Andreas Häuslein
Lorenz M. Hilty

Fachbereich Informatik
Universität Hamburg

Zusammenfassung

Eine Voraussetzung für die Nachprüfbarkeit von Simulationsergebnissen ist die Transparenz aller Schritte einer Simulationsstudie, die sich entscheidend auf das Ergebnis auswirken. Insbesondere das Modell selbst und die ihm zugrundeliegenden Annahmen müssen in nachvollziehbarer Weise dokumentiert sein. Bei der Darstellung der Modellstruktur stellt sich das Problem, komplexe Zusammenhänge transparent zu machen. In einer empirischen Untersuchung wurde die Verständlichkeit von System-Dynamics-artigen Modelldiagrammen für Betrachter mit geringen Vorkenntnissen auf dem Gebiet der Computersimulation getestet. Es zeigte sich, daß sich die Gestaltung des Diagramms auf das Vertrauen auswirkt, das der Betrachter dem Modell entgegenbringt, jedoch nur geringen Einfluß auf die tatsächlich vermittelte Sachinformation hat.

1. Die Bedeutung der Modellbildung und Simulation im Umweltbereich

Beim Versuch, Maßnahmen gegen die drängenden Umweltprobleme zu ergreifen, wird immer wieder deutlich, daß die isolierte Betrachtung von Einzelproblemen für Lösungsansätze untauglich ist.

Zur Abschätzung der Wirkungen von Eingriffen und Maßnahmen in der Umwelt muß neben den direkt betroffenen Systemkomponenten insbesondere die Vernetzung der Komponenten im Gesamtsystem berücksichtigt werden. Durch die Vernetzung entstehen komplexe Wirkungszusammenhänge, die zu einem überraschenden, oft auch als "kontra-intuitiv" bezeichneten, Systemverhalten führen können [FORRESTER 68].

Aus der Schwierigkeit, vernetzte Systeme zu durchschauen, resultiert die Bedeutung der Modellbildung und Simulation im Umweltbereich [TRAUBOTH 87], die als methodisches Instrumentarium aus der Systemforschung die Untersuchung von Systemen und deren Verhalten unterstützt. Hinzu kommt, daß die Entwicklung und Anwendung von Simulationsmodellen aufgrund der Komplexität der Systeme im Umweltbereich oft die *einzige* anwendbare Methode zur Systemanalyse ist. Analytische Ansätze der Systemforschung, wie sie in anderen Fachgebieten mit Erfolg eingesetzt werden, versagen hier.

Im Umweltbereich sind bereits viele Simulationsmodelle zur Untersuchung unterschiedlicher Fragestellungen erstellt worden (eine bibliographische Übersicht gibt [KICKERT 84]). Diese Simulationsmodelle lassen sich nach ihrer generellen Zielrichtung in den folgenden drei Gruppen zusammenfassen [HILTY et al. 86]:

- Erklärungsmodelle im Bereich der Grundlagenforschung
- Modelle zur Entscheidungsunterstützung bei umweltrelevanten Planungen
- Modelle zu Demonstrations- und Kommunikationszwecken im Bereich der Bildung und der politischen Diskussion.

2. Die Notwendigkeit der Transparenz von Simulationsmodellen

Auch wenn die Methode der Modellbildung und Simulation häufig mit Erfolg eingesetzt wird, ist es dennoch keine unproblematische Methode. Nicht in jedem Fall liefert sie brauchbare, realistische Resultate [MEADOWS et al. 85].

Bei jeder Simulationsstudie stellt sich die Frage nach der Validität der Ergebnisse. Die Beantwortung dieser Frage ist schwierig und bedarf in vielen Fällen der wissenschaftlichen Diskussion. Dies erscheint umso wichtiger, als der Prozeß der Modellbildung und Simulation selber einerseits sehr komplex und fehleranfällig, andererseits methodisch nur schwach festgelegt und kaum formalisiert ist. Es ist durchaus möglich, daß ein Simulationsmodell (und damit die mit ihm produzierten Ergebnisse) jeglichen Bezug zum Realsystem verliert und als nutzloses Kunstgebilde gelten muß. Daraus resultiert die Forderung, daß es Außenstehenden, d.h. nicht an der Studie Beteiligten, möglich sein muß, die Qualität der gesamten Simulationsstudie und des Simulationsmodells selbst zu bewerten.

Bei der häufig anzutreffenden Praxis, nur die Simulationsergebnisse und eventuell eine schwer verständliche Beschreibung der Modellstruktur zu veröffentlichen, ist diese Bewertung unmöglich. Selbst gezielte Manipulationen in Simulationsstudien könnten so unentdeckt bleiben. Die Simulationsergebnisse und damit die aus ihnen abgeleitete Aussage in Bezug auf das Realsystem sind das Produkt vielfältiger Faktoren, von denen jeder einzelne einen entscheidenden Einfluß auf die Ergebnisse haben kann. Aus den Simulationsergebnissen ist nicht einmal indirekt ersichtlich, wie sie ermittelt wurden, und ob ein aussagekräftiger Bezug zum Realsystem und zur Fragestellung gegeben ist. Für den Außenstehenden muß daher möglichst der gesamte Erkenntnisprozeß im Verlauf der Modellbildung und Simulation nachvollziehbar sein, damit er eine Bewertung vornehmen kann.

Die Nachvollziehbarkeit des Erkenntnisprozesses, insbesondere die Reproduzierbarkeit von Experimenten, gehört im übrigen zu den allgemein anerkannten wissenschaftlichen Prinzipien. Wenn die Modellbildung und Simulation als wissenschaftliche Methode gelten soll, muß auch sie diesen Prinzipien unterworfen werden [MCLEOD 73] [GASS et al. 81].

Hieraus resultiert die Forderung nach **Transparenz der Simulationsmodelle**. Unter Transparenz wird dabei verstanden, daß alle Faktoren, die am Zustandekommen der Simulationsergebnisse beteiligt waren, für außenstehende Betrachter direkt sichtbar sind. Neben der Modellstruktur sollten insbesondere die vereinfachenden und die hypothetischen Annahmen transparent gemacht werden, die in den Modellbildungsprozeß eingeflossen sind.

Im Umweltbereich erhält die Forderung nach Transparenz aufgrund von einigen Besonderheiten zusätzliches Gewicht:

1.) Hohe Komplexität der untersuchten Realsysteme:
Die Grenze des untersuchten Systems ist im Umweltbereich oft nur schwer festzulegen. Wenn sie aufgrund des hohen Vernetzungsgrades recht weit gezogen wird, muß die Komplexität des untersuchten Systems in das Modell übernommen werden, oder es sind besonders viele vereinfachende Annahmen notwendig, um die Komplexität des Modells zu reduzieren. Im ersten Fall ist es die komplexe Modellstruktur, im zweiten Fall sind es die vereinfachenden Annahmen, die transparent gemacht werden müssen.

2.) Niedriger Kenntnisstand in Bezug auf die untersuchten Systeme:
Um Modelle im Umweltbereich erstellen zu können, muß häufig ein Mangel an wissenschaftlich abgesicherten Erkenntnissen durch hypothetische Annahmen ausgeglichen werden. Für diese Annahmen, die oft entscheidenden Einfluß auf die Simulationsergebnisse haben, hat die Forderung nach Kritisierbarkeit und Bewertung durch Außenstehende besonderes Gewicht.

3.) Die Interdisziplinarität der Modelle:
Simulationsmodelle im Umweltbereich lassen sich selten einer einzelnen Fachrichtung zuordnen. Vielfach werden Aspekte der Naturwissenschaften, der Sozialwissenschaften und der Ökonomie in den Modellen zusammengefaßt, so daß sogenannte *integrierte Umweltmodelle* entstehen. Dies macht es erforderlich, daß die Modelle für Wissenschaftler aus völlig unterschiedlichen Fachrichtungen verständlich sein müssen.

4.) Der Einsatz der Modelle zur Entscheidungsunterstützung:
Es gibt zunehmende Bestrebungen, Simulationsmodelle zur Unterstützung von umweltpolitischen Entscheidungen einzusetzen. Die Wirkungen von geplanten Maßnahmen sollen durch Simulation mit geeigneten Modellen abgeschätzt werden. Modelle, die auf diese Weise eingesetzt werden sollen, müssen wegen der möglicherweise weitreichenden Folgen hohen Qualitätsanforderungen genügen und bedürfen daher einer besonders kritischen Überprüfung.

5.) Einbeziehung der Öffentlichkeit:
Die Ergebnisse von Untersuchungen zur Umweltproblematik sind von großem öffentlichen Interesse. Sie haben für die Argumentation in der politischen Diskussion eine zunehmende Bedeutung. Dies gilt auch für Ergebnisse aus Simulationsstudien (etwa wenn Zukunftsszenarien simuliert werden). Damit eine sachlich geführte öffentliche Diskussion der Ergebnisse möglich ist, müssen die Modelle für die interessierte Öffentlichkeit zugänglich, verständlich und kritisierbar sein.

Die Forderung nach Transparenz von Simulationsmodellen ist auch im Hinblick auf die Wiederverwendbarkeit der Modelle im Forschungsprozeß wichtig. Es ist zu beobachten, daß sehr viele Simulationsmodelle zu gleichen oder ähnlichen Fragestellungen erstellt werden. Dagegen wird selten von der Möglichkeit Gebrauch gemacht, auf bestehenden Modellen aufzubauen, um zu umfassenderen und genaueren Modellen zu kommen [ZEIGLER 84]. Ein Grund hierfür könnte in der mangelnden Transparenz der existierenden Modelle liegen, so daß es weniger aufwendig erscheint, ein ganz neues Modell zu erstellen, als auf bestehenden aufzubauen [MCLEOD 70], [MEADOWS et al. 85]. Eine größere Transparenz der Modelle könnte somit zu einer Beschleunigung der Forschungsarbeiten beitragen, was gerade auf dem Umweltsektor dringend geboten ist.

3. Dokumentation als Mittel zur Verbesserung der Transparenz

Ein wichtiges Mittel zur Verbesserung der Transparenz von Simulationsmodellen ist eine geeignete Dokumentation. Die Erstellung einer guten Dokumentation kann u.U. anspruchsvoller sein als die Erstellung des eigentlichen Modells [GASS et al. 81].

An eine Modelldokumentation müssen höhere Ansprüche gestellt werden als an die Dokumentation von Computerprogrammen. Die Programmdokumentation kann auf einer Basis von Konventionen aufbauen, die jedem Programmierer vertraut sind. Bei der Modelldokumentation ist dies nicht der Fall. Zu vielgestaltig ist der Kreis der Personen, die bei der Gestaltung der Modelldokumentation berücksichtigt werden müssen, zu unterschiedlich sind die zu beschreibenen Objekte [NANCE 79].

So müssen für Simulationsmodelle eigene Dokumentationsmittel und -richtlinien entwickelt werden, die den Anforderungen in diesem Bereich besser entsprechen. Dabei stehen zwei Fragen im Vordergrund:

1. Was muß dokumentiert werden?
2. Wie muß die Dokumentation gestaltet sein?

Bei der Frage nach dem *Inhalt* der Dokumentation ist zu beachten, daß zusätzliche Information, die einem Betrachter zur Verfügung gestellt wird, nicht in jedem Fall zu einer höheren Transparenz beiträgt. Informationsüberhäufung führt oft dazu, daß das Wesentliche nicht mehr erkennbar ist. Bei der Auswahl der Informationen, die in die Dokumentation aufgenommen werden sollen, kann der Zweck der Dokumentation, wie er aus Abschnitt 2 hervorgeht, als Richtschnur dienen. Es sollten demnach jene Informationen ausgewählt werden, die für die Bewertung des Simulationsmodells und seiner Ergebnisse relevant sind. Der Erkenntnisprozeß, der in seinem Ergebnis zu dem Simulationsmodell und den Simulationsergebnissen geführt hat, muß für den außenstehenden Betrachter nachvollziehbar gemacht werden. So müssen das untersuchte System, die Zielsetzung der Untersuchung, die vereinfachenden und hypothetischen Annahmen und das eingeflossene a-priori-Wissen neben dem eigentlichen Modell in der Dokumentation explizit enthalten sein. Sie haben das Modell als Zwischenergebnis des Erkenntnisprozesses entscheidend geprägt. Zur Dokumentation des Modells selbst ist, wenn es einen nicht trivialen Umfang erreicht eine hierarchische Strukturierung in Submodelle zweckmäßig, wobei mit tieferer Hierarchieebene der Detaillierungsgrad der Beschreibung zunimmt [NANCE 79]. Alle im Modell enthaltenen Objekte müssen beschrieben werden, ebenso wie die Beziehungen, die zwischen den Objekten bestehen. Dabei ist auch ein expliziter Bezug zu den Annahmen herzustellen, um deren Einfluß auf das Modell erkennbar zu machen. Zur Dokumentation gehört auch die Beschreibung der Untersuchungen zur Validität des Modells. Bezüglich der Simulationsexperimente sind der experimentelle Rahmen des Modells [ZEIGLER 76], die Planung und Spezifikation der Experimente sowie deren Ergebnisse zu dokumentieren. In der Literatur findet man eine Reihe von detaillierten Vorschlägen zum Inhalt der Modelldokumentation [MCLEOD 70], [MCLEOD 73], [GASS et al. 81], [NANCE 79].

Neben dem Inhalt der Dokumentation ist ihre *Gestaltung* für die Transparenz von wesentlicher Bedeutung. Dabei ist zu berücksichtigen, daß unterschiedliche Personengruppen unterschiedliche Ansprüche hinsichtlich der Darstellungmittel haben können. So muß die gleiche Information unter Umständen auf mehrere Arten dargestellt werden [NANCE 79]. Für einige Informationen, z.B. die vereinfachenden und hypothetischen Annahmen, bietet sich eine verbale Darstellung an. Für andere, insbesondere Strukturinformationen, erscheinen graphische Darstellungstechniken geeigneter. Graphische Darstellungen bieten die Möglichkeit, sowohl komplexe Zusammenhänge als auch große Datenmengen übersichtlich zu vermitteln. Für einige Modelltypen existieren genormte graphische Notationen zum Aufbau von Modelldiagrammen.

Doch auch Graphiken sind nicht in jedem Fall unproblematisch. Sie können den Betrachter durch eine zu hohe Komplexität überfordern oder bei ungünstiger Gestaltung auch zu Fehlinterpretationen verleiten [PREECE 83].

Die Dokumentation eines Simulationsmodells sollte klar strukturiert sein. Durch eine problembezogene Ordnung kann dem Betrachter ein leichterer Zugang verschafft werden [GASS et al. 81]. Die Dokumentation von Simulationsmodellen sollte generell einer gewissen Normung unterworfen werden. Zu einer solchen Standardisierung gab es einige Vorschläge, die sich in der Praxis bisher jedoch nicht durchsetzen konnten [MCLEOD 70], [NANCE 79], [GASS et al. 81].

Eine sorgfältige Dokumentation bringt einen erheblichen Zusatzaufwand mit sich [MEADOWS et al. 85]. Dies ist sicher ein Grund dafür, daß sie oft vernachläßigt wird. So ist auch nach Wegen zu suchen, wie die Dokumentation durch Simulationssysteme so unterstützt werden kann, daß sie zumindest zum Teil ein Nebenprodukt des eigentlichen Prozesses der Modellbildung und Simulation ist [HÄUSLEIN et al. 88]. Eine Ansatzpunkt bieten die sogenannten "generischen" Dokumentationsmittel, die sowohl zur Modellerstellung als auch zu Dokumentationszwecken dienen [NANCE 79]. In Modellierungssystemen, die eine graphische Modellierung unterstützen, übernehmen die Modelldiagramme eine derartige Doppelrolle.

4. Eine empirische Untersuchung zur Verständlichkeit von Modelldiagrammen

Ein zentraler Punkt bei der Dokumentation einer Simulationsstudie ist die Darstellung der Modellstruktur. Es stellt sich das Problem, eine Darstellungsform zu finden, die den Betrachter nicht durch ihre Komplexität überfordert und dennoch alle wesentlichen Beziehungen im Modell transparent macht.

Wir wollten untersuchen, inwieweit die verbreiteten System-Dynamics-Diagramme (SD-Diagramme, Abb. 1) diese Anforderung erfüllen. Die Untersuchung dieser Diagrammform bietet sich deshalb an, weil sie durch zahlreiche Publikationen (z.B. [MEADOWS 73]) große Verbreitung gefunden hat. Die Autoren solcher Studien gehen häufig davon aus, daß nicht nur Experten auf dem Gebiet der Computersimulation, sondern auch interessierte Laien in der Lage sind, die Modelldiagramme zu interpretieren. Sollten sich SD-Diagramme als zu schwer verständlich erweisen, stellt sich die Frage, auf welche andere Weise Nicht-Fachleuten Wirkungszusammenhänge in komplex vernetzten Systemen anschaulich vermittelt werden können.

Um zu ermitteln, welche Informationen von Nicht-Fachleuten einem System-Dynamics-Diagramm tatsächlich entnommen werden können, führten wir eine empirische Untersuchung durch. Wir testeten Modelldiagramme an 75 Teilnehmer(inne)n einer Einführungsvorlesung in die Informatik für Nebenfachstudenten (2. Semester), die einige elementare Kenntnisse in Computersimulation, jedoch noch keine speziellen Kenntnisse in System Dynamics erworben hatten.

Wir testeten drei Arten von Diagrammen: das konventionelle SD-Diagramm und zwei neu entwickelte Varianten dieses Diagrammtyps, in denen wir vermutete Defizite der üblichen Darstellung zu beheben versuchten (Abb 2 und 3). Wir hatten die Vermutung, daß die zahlreichen Konstanten, die in SD-Diagrammen enthalten sind, den Leser eher verwirren als ihm eine wesentliche Information vermitteln. Ferner erschien uns die Darstellung von Materialflüssen, die aus dem betrachteten System heraus- bzw. in das System hineinführen, nicht optimal. Da das "Wolkensymbol" an jeder Stelle des Diagramms auftreten kann, können im allgemeinen die Materialzu- und -abflüsse nicht auf einen Blick erfaßt werden. Schließlich betrachteten wir es als Nachteil, daß SD-Diagramme die Strukturierung eines Systems in mehrere Subsysteme mit getrennten Materialflüssen nicht unterstützen.

Bei der Gestaltung der verbesserten Diagramme beschränkten wir uns auf Maßnahmen, die die Anordnung oder die Gestaltung der einzelnen Symbole betrafen oder im *Weglassen* von Diagrammteilen bestanden. Sicher können SD-Diagramme auch durch das *Hinzufügen* von graphischen Elementen aussagekräftiger gemacht werden. Beispielsweise wäre es sinnvoll, die in Kausaldiagrammen üblichen Plus- und Minuszeichen (zur Kennzeichnung von verstärkenden bzw. hemmenden Verbindungen) auch in SD-Diagrammen zu verwenden. Eine empirische Bestätigung der Hypothese, daß Versuchspersonen aus einem *reichhaltigeren* Diagramm mehr Information gewinnen können, wäre indessen nicht überraschend. Wir wollten zeigen, inwieweit stark vereinfachte, jedoch besser strukturierte Diagramme mit gleichem (oder besserem) Erfolg zur Modelldokumentation eingesetzt werden können wie die konventionellen SD-Diagramme. Wir nahmen folgende Veränderungen vor:

in beiden Varianten:

- Die Grenze des modellierten Systems wird explizit dargestellt; Materialflüsse in das System hinein bzw. aus dem System heraus werden dadurch deutlicher erkennbar.

- Fluß- und Zustandsgrößen, Materialflüsse und Informationsverbindungen werden optisch deutlicher unterschieden.

- Subsysteme mit getrennten Materialflüssen werden durch die Anordnung voneinander abgesetzt.

nur Variante B:

- Konstanten werden weggelassen, sofern es sich nicht um Modellparameter i. e. S. handelt. Ein Modellparameter i. e. S. ist eine Konstante, die in der Realität einer manipulierbaren Einflußgröße auf das System entspricht.

- Informationsverbindungen *zwischen* getrennten Subsystemen werden anders dargestellt (gestrichelte Pfeile) als Informationsverbindungen *innerhalb* von Subsystemen (durchgezogene Pfeile).

nur Variante C:

- Anstelle von Flußgrößen (Raten) werden *Prozesse* eingeführt. Ein Prozeß wird (im Gegensatz zu einer Rate) derjenigen Zustandsgröße zugeordnet, die jene Entitäten repräsentiert, die ihn verursachen (z.B. wird *Atmung* der Größe *Biomasse* zugeordnet). Die Zuordnung geschieht graphisch durch die Berührung der Symbole. Informationsverbindungen zwischen den beiden Symbolen können dann weggelassen werden; sie sind implizit dargestellt. Rein rechnerisch besteht kein Unterschied zwischen Prozessen und Raten.

- Konstanten werden weggelassen. Der Einfluß eines Parameters i. e. S. (s. oben) wird dadurch dargestellt, daß der beeinflußte Prozeß außerhalb der Systemgrenze plaziert wird.

Eine durch [HERING et al. 88] angeregte Verbesserung, Flüsse unterschiedlicher Materialien durch verschiedene Stricharten darzustellen, haben wir nicht übernommen, da wir es für problematisch hielten, eine variable und theoretisch unbegrenzte Anzahl von Stricharten verwenden zu müssen.

Allen Diagrammen wurde eine Tabelle beigefügt, in der für jede Informationsverbindung die Art der Beeinflussung (positiv/negativ) angegeben war.

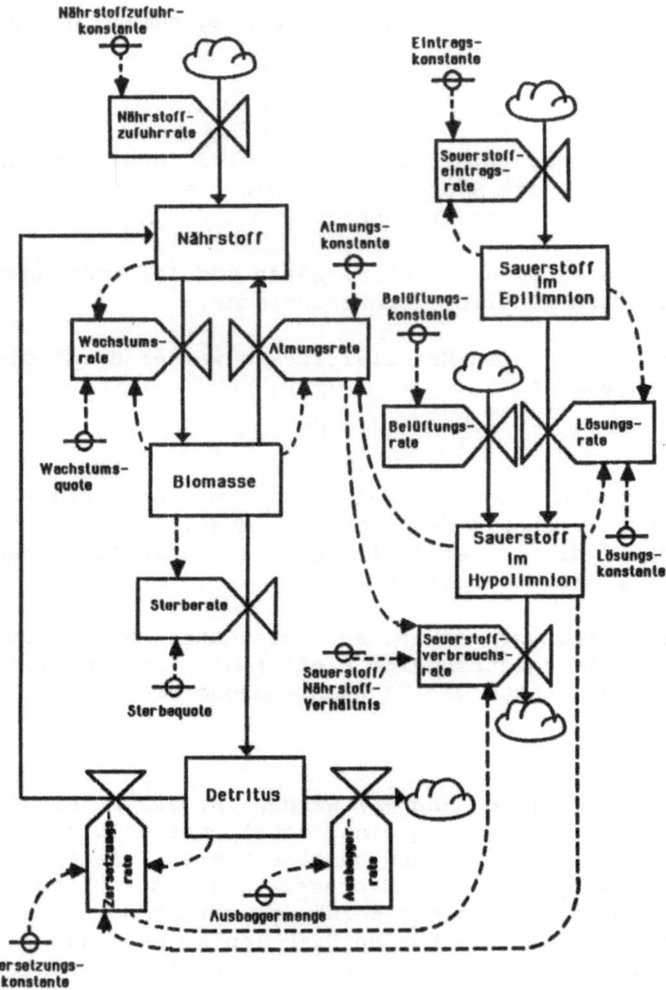

Abb. 1: Variante A (System-Dynamics-Diagramm)

Versuchsplan:

Um die Verständlichkeit der drei Diagrammvarianten zu testen, entwarfen wir eine fiktive Simulationsstudie, deren Kernstück ein Modell zur Eutrophierung von Seen nach [ANDERSON 73] bildete. (Wir haben das Modell u.a. durch Einführung einer Zustandsgröße "Sauerstoff im Epilimnion" geringfügig modifiziert.) Die Versuchspersonen erhielten eine Beschreibung der Problemstellung, verschiedene Dokumente zur Simulationsstudie sowie mehrere Fragebögen. Die Materialien waren identisch bis auf die Modelldiagramme und ein Blatt mit Erläuterungen zur jeweiligen Diagrammvariante.

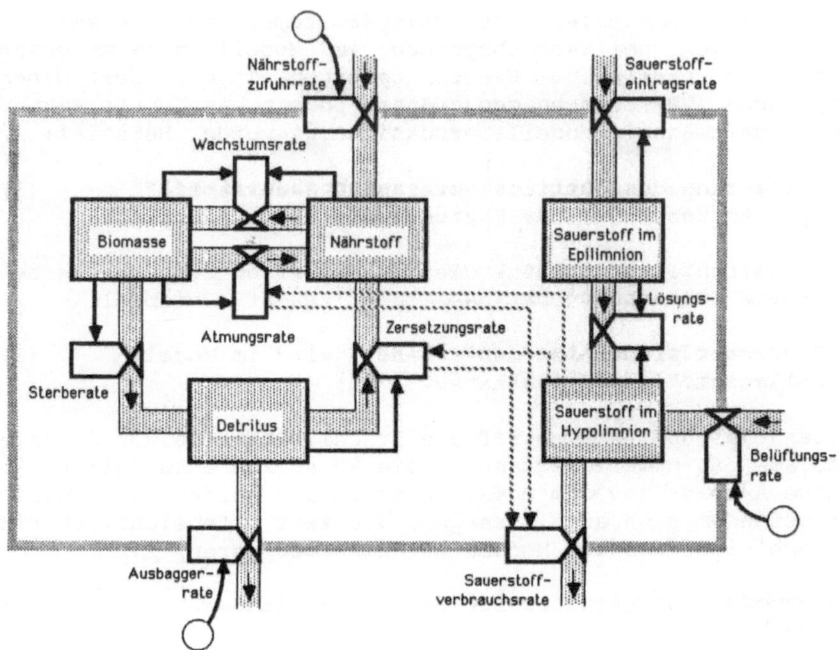

Abb. 2: Variante B

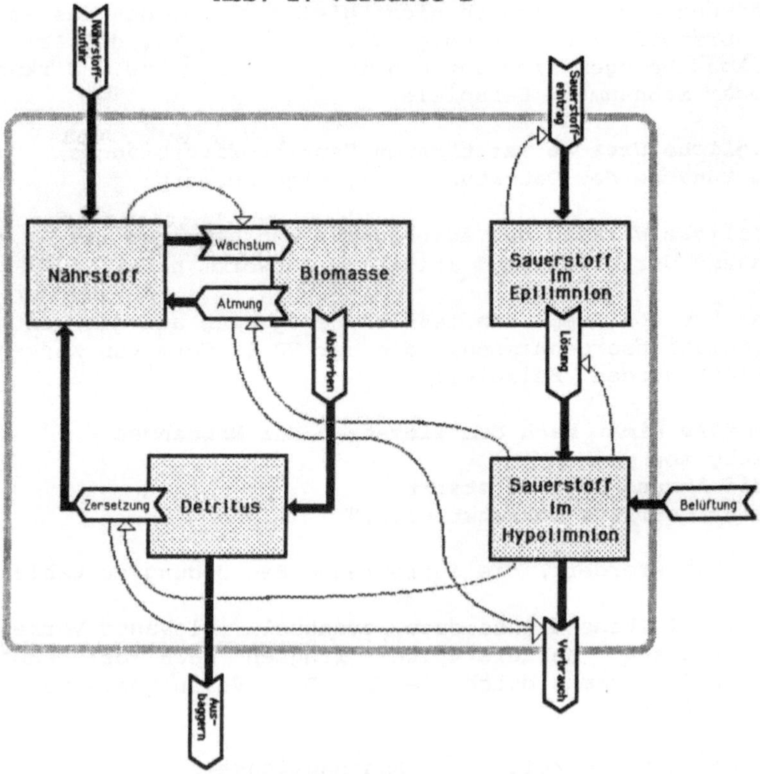

Nährstoff-
zufuhr
Sauerstoff-
eintrag
Wachstum
Nährstoff
Biomasse
Atmung
Sauerstoff
im
Epilimnion
Absterben
Lösung
Zersetzung
Detritus
Sauerstoff
im
Hypolimnion
Belüftung
Verbrauch
Aus-
baggern

Abb. 3: Variante C

Die Fragebögen enthielten insgesamt 48 Items, von denen 40 dazu dienten, die von der Versuchsperson dem Modelldiagramm entnommene Information zu ermitteln. Hierzu gehörten Items, bei denen die Versuchsperson (VP) entscheiden mußte, ob ein bestimmtes Faktum aus der Anwendungsdomäne im Modell berücksichtigt wurde. Beispiel:

"Die Zersetzung des Detritus verbraucht Sauerstoff." (1)
(richtige Antwort: ja, das Faktum wurde berücksichtigt)

Bei einem zweiten Itemtyp hatte die Versuchperson zu entscheiden, ob eine bestimmte Behauptung über das Modell zutraf. Beispiel:

"Die Sauerstoffproduktion der Pflanzen wird im Modell vernachlässigt." (richtige Antwort: ja) (2)

Ein dritter Typ von Items betraf die Erschließbarkeit von Aussagen auf der Grundlage des Modelldiagramms. Die VP sollte entscheiden, ob eine vorgegebene Aussage aus dem Modell erschlossen werden kann oder nicht. Darunter befanden sich auch Aussagen, die zwar offensichtlich richtig, aber dennoch nicht aus dem Modell erschließbar waren, z.B.

"Sauerstoffmangel beschleunigt das Absterben der Biomasse." (3)

Das Modell berücksichtigt zwar den Sauerstoffverbrauch, der sich als Folge der Atmung ergibt, jedoch nicht die Tatsache, daß das Vorhandensein von Sauerstoff eine notwendige Voraussetzung für die Atmung ist. Andere Aussagen bezogen sich auf mögliche Ursachen bzw. Wirkungen von Zuständen oder Maßnahmen. Beispiele:

"Eine mögliche Ursache verstärkten Sauerstoffverbrauchs ist eine Zunahme des Detritus." (richtige Antwort: ja) (4)

"Eine mögliche Wirkung des Ausbaggerns von Detritus ist eine Zunahme der Biomasse." (richtige Antwort: nein) (5)

Ein vierter Typ von Items schließlich bezog sich auf die Interpretation von Simulationsergebnissen, die der VP in Form von Kurvenverläufen präsentiert wurden. Beispiel:

"Die Biomasse nimmt nach dem Einsetzen der Maßnahmen kurzfristig ab, (6)
- weil die Atmung sich verstärkt.
- weil mehr Detritus zersetzt wird."

Die VP wurde aufgefordert, die zutreffende Begründung zu wählen.

Eine Gruppe von 4 Items diente dazu, eventuell relevante Vorkenntnisse der VP zu erfassen. Weitere 4 Items fragten nach der subjektiven Bewertung des Diagramms durch die VP. Die Versuchpersonen konnten Noten vergeben für:

- Klarheit/Übersichtlichkeit
- Verständlichkeit
- Anschaulichkeit
- ästhetisch ansprechende Gestaltung

Durchführung des Versuchs:

Unsere Stichprobe bestand aus 75 Studenten verschiedener Fachrichtungen, die das 2. Semester einer Einführungsvorlesung in die Informatik für Nebenfachstudenten besuchten. Sie wurden in drei gleich große Gruppen eingeteilt, die in ihren Materialien die unterschiedlichen Diagrammvarianten erhielten. Neben der Gruppenzugehörigkeit bildeten die Vorkenntnisse, die in einem speziellen Fragebogen erfaßt wurden, eine weitere unabhängige Variable. Abhängige Variablen waren die Antworten der VPen auf alle modellbezogenen Fragen sowie die subjektive Bewertung des Modelldiagramms.

Die Materialien umfaßten insgesamt 12 Seiten und wurden jeder VP zu Beginn der Sitzung ausgehändigt. Die Zeit zur Bearbeitung war auf 90 Minuten begrenzt. Alle Versuchspersonen haben in dieser Zeit die Fragebögen vollständig durchgearbeitet.

Ergebnisse:

Der Anteil der richtig beantworteten Fragen lag in allen drei Gruppen ziemlich hoch (A: 81%, B: 78%, C: 81%). Auf ein gutes Ergebnis deutet auch die Tatsache, daß 90% der VPen mindestens 70% der Fragen korrekt beantwortet haben. Bei der Interpretation dieser Werte ist allerdings zu berücksichtigen, daß bei zufälligem Ankreuzen im Mittel 50% der Fragen richtig beantwortet werden. Signifikante Unterschiede zwischen den Gruppen waren bei der Zusammenfassung aller Items nicht festzustellen.

Um ein differenzierteres Bild zu gewinnen, klassifizierten wir die Items nach ihrem Schwierigkeitsgrad. Dabei berücksichtigten wir nur jene 12 Items, deren Schwierigkeitsgrad nach einem objektiven Kriterium beurteilt werden kann (Länge der im Modelldiagramm zu verfolgenden Kausalkette), und bildeten zwei gleich große Klassen. Es zeigt sich erwartungsgemäß, daß die "leichten" Fragen häufiger richtig beantwortet wurden (A: 81%, B: 83%, C: 81%) als die "schwierigen" (A: 68%, B: 57%, C: 68%; s. Abb 4). Bei den schwierigen Fragen war Gruppe B signifikant schlechter ($p<.05$).

Ein etwas anderes Bild zeigt sich, wenn man nur jene Items betrachtet, für deren richtige Beantwortung ein *Defizit im Modell erkannt werden muß* (s. o.: Beispiele 2 und 3). In der richtigen Beantwortung dieser Items drückt sich aus, daß die VP in der Lage ist, *begründete Kritik* am Modell zu üben. Hier liegt das konventionelle SD-Diagramm zwischen den beiden anderen (A: 72%, B: 66%, C: 77%); der Unterschied zwischen den Gruppen B und C ist statistisch signifikant ($p<.05$).

Wir bildeten eine zur Skala der "begründeten Kritik" inhaltlich komplementäre Skala, indem wir jene Items zusammenfaßten, deren richtige Beantwortung die Adäquatheit des Modells bestätigt (s. o.: Beispiel 1). Wir nannten diese Skala "begründete Bestätigung" (A: 87%, B: 84% C: 83%).

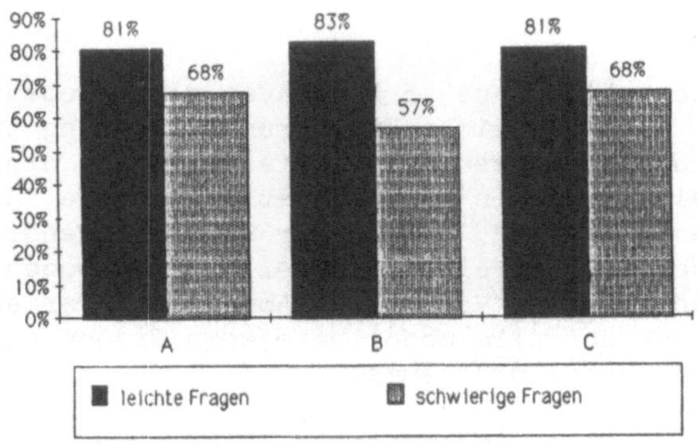

Abb. 4: Anteil der richtigen Antworten

Da der Einfluß der Modelldiagramme auf die *Richtigkeit* der Antworten offenbar gering war, konzentrierten wir uns auf die Frage, wie die Versuchpersonen die Validität des Modells einschätzten. Hierzu normierten wir die Skalen der "begründeten Kritik" und der "begründeten Bestätigung" durch die Berechnung von Standard-Z-Werten und bildeten die Differenz. Auf diese Weise erhielten wir eine Skala, in der sich das (begründete oder unbegründete) *Vertrauen* der Versuchspersonen in das Modell ausdrückt. Auf dieser Skala schlägt eine *richtig* beantwortete Frage der Skala "begründete Bestätigung" positiv zu Buche, ebenso wie eine *falsch* beantwortete Frage der Skala "begründete Kritik" (und umgekehrt).

Hier zeigten sich deutliche Unterschiede (A: 0.28, B: 0.18, C: -0.4; s. Abb. 5). Die gestrichelte Linie in Abb. 5 markiert denjenigen Skalenwert, der sich bei richtiger Beantwortung aller Fragen ergibt (0.19). Ein höherer Wert (wie in Gruppe A) kann nur dadurch zustande-kommen, daß Versuchspersonen dem Modell etwas zutrauen, das dieses objektiv nicht leisten kann. Im günstigsten Fall, d. h. bei einem maximalen Anteil an korrekten Antworten, werden hierbei alle Fragen der Skala "begründete Bestätigung" richtig und zusätzlich einige Items der Skala "begründete Kritik" falsch beantwortet. Das Vertrauen in das konventionelle System-Dynamics-Diagramm war signifikant höher als das in Variante C ($p<.05$).

Ein Skalenwert nahe bei 0.19 (wie in Gruppe B) kann auch durch falsche Antworten erreicht werden, sofern sich diese ausgewogen über "kritische" und "bestätigende" Items verteilen.

Es ist interessant, dieses Ergebnis der subjektiven Bewertung der Diagramme durch die Versuchspersonen gegenüberzustellen. Für "Klarheit/Übersichtlichkeit" haben die Versuchspersonen folgende Durchschnittsnoten erteilt: A: 3.2, B: 2.4, C: 2.2 (s. Abb 6). Der Unterschied zwischen Gruppe A und den Gruppen B und C war signifikant ($p<.01$).

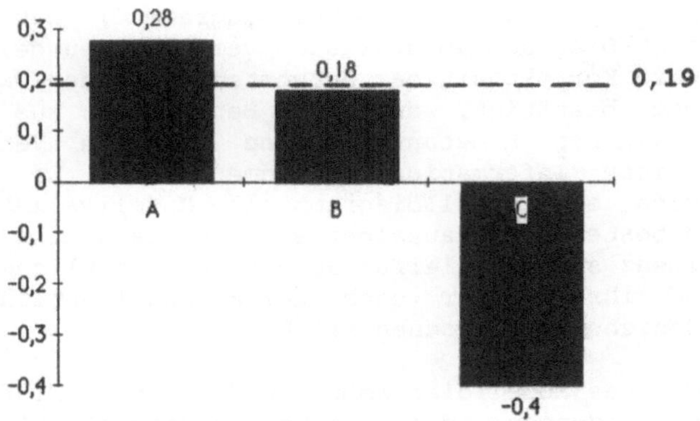

Abb. 5: Vertrauen in das Modell

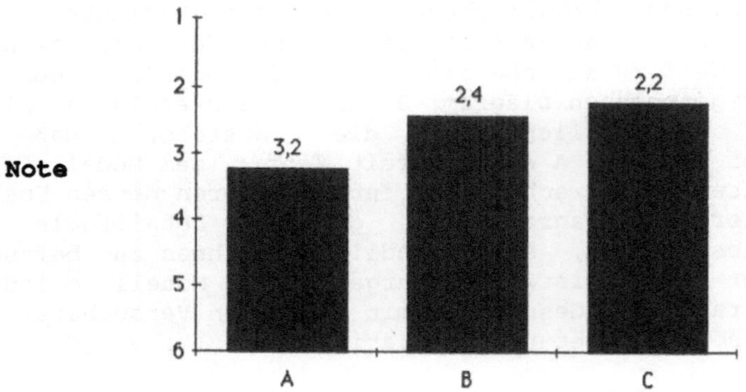

Abb 6: Subjektive Bewertung der "Klarheit/Übersichtlichkeit"

Schlußfolgerungen:

Modelldiagramme der hier vorgelegten Art können von Versuchspersonen mit geringen Vorkenntnissen mit gutem Erfolg interpretiert werden. Auch die schwierigsten Fragen, die es erforderten, längere Kausalketten im Modell zu verfolgen, wurden überzufällig häufig korrekt beantwortet.

Die konkrete Gestaltung des Modelldiagramms hat innerhalb der hier untersuchten Variationsbreite nur geringfügige Auswirkungen auf den Erfolg, mit dem eine Versuchsperson daraus modellbezogene Fakten deduziert. Es ist allerdings denkbar, daß sich bei einem anderen Versuchsdesign (schwierigere und damit trennschärfere Items, Begrenzung der Zeit für Teilaufgaben oder Erfassung der benötigten Zeit) deutlichere Unterschiede gezeigt hätten.

Das schlechtere Abschneiden der Diagrammvariante B bei schwierigen Fragen sowie bei Items, die sich auf Defizite des Modells bezogen, spricht gegen unsere Annahme, daß die bei Variante B vorgenommenen Veränderungen die Verständlichkeit des Diagramms erhöhen.

Überraschend ist die Tatsache, daß bei Diagramm C, das gegenüber dem konventionellen SD-Diagramm am stärksten verändert wurde, kein Hinweis auf eine geringere Korrektheit der Antworten zu finden war. Damit ist unsere Vermutung bestätigt, daß ein Betrachter aus den in SD-Diagrammen enthaltenen Konstanten keine für das Verständnis des Modells wesentliche Information entnehmen kann. Es ist offenbar ausreichend, wenn ein Modelldiagramm alle Modell*variablen* und die zwischen ihnen bestehenden Kausalbeziehungen darstellt. (Neben der empirischen Evidenz spricht hierfür auch eine inhaltliche Überlegung: Konstanten sind ihrer Natur nach keine Modellentitäten, sondern Attribute von Beziehungen zwischen solchen.)

Die Gestaltung eines Modelldiagramms hat deutlichen Einfluß auf die Tendenz der Entscheidungen, die eine Versuchsperson trifft, wenn sie bei der Interpretation des Diagramms nicht zu einem eindeutigen Ergebnis kommt. Bei den komplizierteren Diagrammen (Variante A, in schwächerer Form auch bei Variante B) besteht die Tendenz, sich im Zweifel *für* das Modell zu entscheiden, während gegenüber dem als übersichtlicher wahrgenommenen Diagramm C eher eine skeptische Haltung eingenommen wird. Bedenklich ist die Tatsache, daß die Versuchspersonen bei Variante A sogar bereit waren, dem Modell nicht vorhandene Fähigkeiten zuzusprechen. Wir interpretieren diesen Umstand so, daß kompliziertere Diagramme mit größerer Detailfülle den Betrachter davon abschrecken, sich gründlich mit ihnen zu befassen, und er deshalb eher geneigt ist, dem dargestellten Modell blind zu vertrauen. In nachträglichen Gesprächen mit einzelnen Versuchsteilnehmern fanden wir diese Interpretation bestätigt.

Wir schließen daraus, daß bei einer um Transparenz bemühten Modelldokumentation eine möglichst einfache, von allen entbehrlichen Details befreite Darstellung gewählt werden sollte. Die konventionellen System-Dynamics-Diagramme scheinen die Gefahr mit sich zu bringen, daß der Betrachter ein zu positives Urteil über die Leistungsfähigkeit des Modells bildet. Aufgrund dieser Tatsache, der positiven subjektiven Bewertung der Diagrammvariante C und der übrigen Ergebnisse kommen wir zum Schluß, daß die Variante C den anderen beiden Varianten vorzuziehen ist.

Diese Untersuchung befaßte sich mit der Verständlichkeit von relativ kleinen Modelldiagrammen für Betrachter, die zum ersten Mal mit dieser graphischen Notation in Kontakt kamen. Es ist möglich, daß andere Anforderungen an Diagramme zu stellen sind, wenn diese über einen längeren Zeitraum hinweg, für den Modellentwurf oder zur Darstellung umfangreicherer Modelle benutzt werden. Die Untersuchung dieser Fragen bleibt weiteren Studien vorbehalten.

5. Danksagung

Wir bedanken uns bei den Informatik-Nebenfachstudenten des Sommersemesters 1988 für ihre bereitwillige Teilnahme an unserem Versuch. Sonja Schneeberg-Kirchner und Günther Kirchner gilt unser Dank für ihre Beratung beim Entwurf der Fragebögen und der Durchführung des Versuchs.

Literatur

Anderson, J. M.: The Eutrophication of Lakes. In: [MEADOWS et al. 73]

Forrester, J. W.: Principles of Systems. Wright-Allen Press, Cambridge, 1968

Gass, S. I. et al.: Documentation for a Model: A Hierarchical Approach. Communications of the ACM, Vol. 24, No. 11, S. 728 - 733, 1981

Häuslein, A., Page, B.: Anforderungen an interaktive Simulationssysteme für die Umweltanalyse. In: Jaeschke, A., Page, B. (Hrsg.): Informatikanwendungen im Umweltbereich, Proc. 2. Symposium Nov. 1987. Informatik-Fachberichte 170, S. 102 - 115, Springer-Verlag, Berlin, 1988

Hering, E., Hermann, A., Kronmüller, E. : Neue graphische Darstellungsmethode für Simulationsmodelle. Angewandte Informatik 2, S. 90 - 93, 1988

Hilty, L., Page, B.: Computeranwendungen im Umweltschutz, Einsatzbereiche und Methoden, ein Überblick. In: Page, B. (Hrsg.): Informatik im Umweltschutz. Oldenbourg, München, 1986

Kickert, R. N.: Names of published Computer Models in the environmental biological sciences: A partial List and new potential Risks. Simulation, Vol. 43, No. 1, S. 22 - 39, 1984

McLeod, J.: Toward uniform documentation - PHYSBE and 1130 CSMP. Simulation, Vol. 14, No. 5, S. 215 - 220, 1970

McLeod, J.: Simulation: From Art to Science for Society. Simulation, Vol. 21, No. 6, S. 77 - 80, 1973

Meadows, D. L., Meadows, D. H. (Eds.): Toward Global Equilibrium. Wright-Allen Press, Cambridge, 1973

Meadows, D.H., Robinson, J.M.: The Electronic Oracle, Computer Models and Social Decisions. John Wiley & Sons, New York, 1985

Nance, R. E.: Model Representation in Discrete Event Simulation: Prospects for Developing Documentation Standards. In: Adam, N. R. et al. (Eds.): Current Issues in Computer Simulation. Academic Press, New York, 1979

Preece, J.: Graphs are not Straightforward. In: Green, Payne (Ed.), The Psychology of Computer Use. Academic Press, 1983

Roth, P. F., Gass, S. I., Lemione, A. J.: Some Considerations for Improving Federal Modeling. In: Zeigler,B.P., et al. (Eds.): Methodology in Systems Modelling and Simulation. North-Holland Publishing Company, 1979

Trauboth, H.: Was kann die Informationstechnik für den Umweltschutz tun? Automatisierungstechnik 35, S. 431 - 442, 1987

Zeigler, B. P.: Theory of Modelling and Simulation. John Wiley & Sons, New York, 1976

Zeigler, B. P.: Multifacetted Modelling and Discrete Event Simulation. Academic Press, London, 1984

Mikroskopische Verkehrsflußsimulation zur Bewertung emissionsmindernder Maßnahmen im Straßenverkehr

Peter Vortisch

VWS – Verkehrswissenschaftliche Softwareentwicklung
Dr. Benz & Partner
Karlsruhe

Zusammenfassung

Mit Hilfe mikroskopischer Verkehrsflußsimulation können Fahrtverläufe von Kraftfahrzeugen genau genug nachgebildet werden, um eine fahrzeugfeine Berechnung von Abgasemission und Energieverbrauch zu ermöglichen. Mit Hilfe dieser Technik können emissionsmindernde Maßnahmen im Straßenverkehr in der Planung quantitativ bewertet werden. Das Programm MOTAUS kombiniert Verkehrsflußsimulation und Emissionsberechnung für die Bewertung von Umweltampeln an lichtsignalgesteuerten Knotenpunkten.

1 Motivation

Die Einführung emissionsmindernder Maßnahmen im Straßenverkehr wie Tempolimit oder die sogenannte Umweltampel stellen den planenden Verkehrsingenieur vor das Problem, die Wirksamkeit dieser Maßnahmen im konkreten Anwendungsfall zu beurteilen. Wenn keine rein fahrzeugtechnische Maßnahme vorliegt (z.B. Katalysator), muß bei dieser Beurteilung das gesamte verkehrliche Umfeld berücksichtigt werden, d.h. die Güte der Prognose hängt von der Kenntnis des Fahrverhaltens der betroffenen Verkehrsteilnehmer ab.

Diese zur Beurteilung notwendigen Daten können durch mikroskopische Verkehrsflußsimulation zur Verfügung gestellt werden. Insbesondere können an die eigentliche Simulation Bewertungsprogramme angeschlossen werden, so daß ein integriertes System entsteht, das aus der Vorgabe einer konkreten Verkehrssituation direkt Emissions- und Verbrauchswerte liefert.

Im folgenden werden zunächst allgemein die Technik der mikroskopischen Verkehrsflußsimulation umrissen und ein Verfahren zur Emissionsberechnung dargestellt. Schließlich wird das Programmpaket MOTAUS zur Bewertung von Umweltampeln vorgestellt.

2 Mikroskopische Verkehrsflußsimulation

Verkehsflußsimulation ist dann mikroskopisch, wenn sie die Bestimmung der Fahrlinien von Einzelfahrzeugen mit hoher zeitlicher und räumlicher Auflösung erlaubt. Wir beschränken uns hier auf die Betrachtung zeitschrittorientierter Modelle, d.h. auf Modelle, bei denen der Modellzustand in festen Zeitschritten neu berechnet wird (typischerweise in Sekundenschritten).

In jedem Zeitschritt wird das Fahrverhalten jedes Einzelfahrzeugs bestimmt. Die Qualität eines Simulationsmodells hängt hauptsächlich von der Realitätsnähe des dazu verwendeten Verfahrens ab. Zur Ermittlung makroskopischer Verkehrsgrößen können einfache Modelle Anwendung finden, die den Verkehrsfluß in Anlehnung an die Hydromechanik makroskopisch durch Differentialgleichungen beschreiben, oder die zwar Einzelfahrzeuge betrachten, aber deren Geschwindigkeitsverhalten an makroskopischen Größen wie z.B. der Verkehrsdichte orientieren. Für die Ermittlung von Emission und Verbrauch eines Fahrzeuges ist aber eine genaue Simulation seines Fahrverhaltens notwendig; so ist es z.B. wesentlich, ob ein Fahrzeug einen Knotenpunkt mit konstanter Geschwindigkeit überfährt oder ob es mit hoher Geschwindigkeit an den Knotenpunkt heranfährt, dann bremst und wieder beschleunigt, obwohl in beiden Fällen die mittlere Geschwindigkeit gleich sein kann.

Das Fahrverhalten eines Fahrzeugs wird im wesentlichen von der Geometrie der befahrenen Strecke und den anderen Fahrzeugen in seiner Umgebung bestimmt. Den stärksten Einfluß übt dabei das vorausfahrende Fahrzeug aus. Den Kern mikroskopischer Modelle bilden deshalb verschiedene *Fahrzeug-Folge-Modelle*, die das Verhalten eines Fahrzeugs aus der Interaktion mit seinem Vordermann ableiten.

Ein sehr genaues Modell dieser Art ist das *psycho-physiologische Abstandsmodell* nach Wiedemann [1974]. Hier werden jedem Fahrer-Fahrzeug-Element individuelle psychologische und wahrnehmungsphysiologische Kenngrößen zugeordnet, die Sicherheitsbedürfnis, Schätzvermögen, gewünschte Geschwindigkeit, technische Beherrschung des Fahrzeugs usw. modellieren. Ein Fahrer versucht prinzipiell, eine bestimmte gewünschte Geschwindigkeit zu fahren, wenn er nicht behindert wird. Nähert er sich einem langsameren Vordermann, so strebt er einen bestimmten, individuell verschiedenen Sicherheitsabstand an. Diesen Abstand wird er jedoch nicht exakt einhalten, sondern abhängig von seinen fahrerischen Fähigkeiten wird er um diesen Abstand mehr oder weniger pendeln.

Ergänzt man dieses Fahrzeug-Folge-Modell noch durch eine Modellierung des Spurwechselverhaltens und der Reaktion auf besondere Situationen, z.B. des Verhaltens an Lichtsignalanlagen, erhält man ein ausreichend realitätsnahes Simulationsmodell, um eine fahrzeugfeine Bestimmung von Emissionswerten zu erlauben. Ein solches Simulationsmodell ist das am Institut für Verkehrswesen der Universität Karlsruhe entwickelte Programm "MISSION" [Hubschneider 83].

3 Emissionsberechnung

Einfachere Verfahren zur Emissionsberechnung verwenden die statistischen Kenngrößen des Fahrtverlaufs eines Fahrzeugs, wie die mittlere Geschwindigkeit und/oder das Beschleunigungsrauschen. Genauere Ergebnisse erhält man mit einem Verfahren, das in jedem Zeitschritt der Simulation aus den Geschwindigkeits- und Beschleunigungswerten jedes Fahrzeugs den Betriebspunkt des Motors, beschrieben durch Drehzahl und Last, ermitteln. Dazu muß die Fahrmechanik des Fahrzeugs und das Schaltverhalten des Fahrers modelliert werden. Aus dem berechneten Betriebspunkt des Motors werden dann mittels typspezifischer Kennfelder Verbrauch und Emission im aktuellen Zeitschritt berechnet (Bilder 1 und 2).

Bei diesem Vorgehen ist es notwendig, jedes simulierte Fahrzeug mit einem bestimmten Fahrzeugtyp zu identifizieren. Dies geschieht anhand technischer Fahrzeugparameter, die auch das simulierte Fahrverhalten beeiflussen. Insbesondere kann hier das Modell an anwendungsspezifische Fahrzeugflottenzusammensetzungen angepaßt werden.

Das beschriebene Verfahren ist in dem ebenfalls an der Universität Karlsruhe entwickelten Programm "MISEVA" implementiert. [Benz 1985]

4 "MOTAUS" — Ein Programm zur Bewertung von Umweltampeln

Als "Umweltampel" bezeichnet man eine zusätzliche Einrichtung an Lichtsignalanlagen, die den bei Rot wartenden Fahrern anzeigt, wann ein Abschalten des Motors sinnvoll ist. Das Programm "MOTAUS" wurde entwickelt, um für einen beliebigen signalgeregelten Knotenpunkt zu ermitteln, welche Einsparungen an Emission (NO_x, CO) und Energieverbrauch durch die Einrichtung einer Umweltampel erzielt werden kann.

Über einen maskenorientierten Editor werden die verkehrlichen Vorgaben erfaßt. Das sind im wesentlichen die Knotenpunktsgeometrie (Anzahl der Zuflüsse, Spuranzahl), die Signalsteuerung des Knotens, Belastung und Länge der Knotenpunktsarme, die Zusammensetzung des ankommenden Verkehrs (Pkw / Lkw), die Wunschgeschwindigkeitsverteilung der Fahrzeuge und eventuell die Signalsteuerung der Nachbarknoten.

Unter Verwendung dieser Parameter wird der Verkehrsablauf am Knotenpunkt in Sekundenschritten fahrzeugfein simuliert. Grundlage der Simulation ist wie im oben erwähnten Programm MISSION das psycho-physiologische Fahrzeugfolgemodell nach Wiedemann. Die Erzeugung der simulierten Fahrzeuge geschieht am Anfang der auf den simulierten Knoten zuführenden Strecken. Der zufließende Verkehr wird prinzipiell entweder als Poissonprozeß betrachtet, d.h. die Bruttozeitlücken der ankommenden Fahrzeuge sind exponentialverteilt, oder, nämlich im Fall eines signalgesteuerten Nachbarknotens, es werden Pulks von Fahrzeugen auf die Strecke gesetzt, wobei die Lücke zwischen zwei Fahrzeugen 2 Sekunden beträgt. Da auf einen Knotenpunktsarm eventuell mehrere Verkehrsströme einfahren, können beliebig viele Zuflußstellen beider Typen definiert werden.

Bei der Erzeugung der Fahrzeuge werden ihnen technische und fahrerspezifische Parameter gemäß vorgegebener Verteilungen zufällig zugeordnet. Die in MOTAUS implementierten technischen Kenngrößen sind Länge des Fahrzeugs, Höchstgeschwindigkeit sowie Beschleunigungs- und Bremsvermögen. Als fahrerspezifische Parameter werden Wunschgeschwindigkeit, Sicherheitsbedürfnis und Schätzvermögen betrachtet.

In jeder Sekunde wird für jedes Fahrzeug das Verhältnis zum vorausfahrenden Fahrzeug bewertet, maßgebende Größen sind dabei hauptsächlich Abstand und Geschwindigkeitsdifferenz. Ausgehend vom Ergebnis dieser Bewertung entscheidet sich der Fahrer für einen von vier möglichen Fahrzuständen:

- *Freie Fahrt*, bei der er seine Wunschgeschwindigkeit anstrebt
- *Folgen* eines Vordermanns in mehr oder weniger konstantem Abstand
- *Bremsung bei Annäherung* an einen langsameren Vordermann oder an ein Hindernis (LSA)
- *Gefahrenbremsung* bei Unterschreitung des gewünschten Sicherheitsabstands

Im gewählten Fahrzustand wird dann unter Berücksichtigung der fahrer-fahrzeugspezifischen Größen die Beschleunigung für die nächste Sekunde berechnet, woraus sich die Bewegung des Fahrzeugs in Längsrichtung ergibt.

Zudem werden auch die Querbewegungen der Fahrzeuge in Form von Spurwechselvorgängen simuliert. Ein Fahrzeug entscheidet sich für den Wechsel auf eine Nachbarspur, wenn folgende drei Bedingungen erfüllt sind:

- Das Fahrzeug wird auf der aktuellen Spur behindert (*Spurwechsel erwünscht*)
- Die Situation auf der Nachbarspur ist günstiger (*Spurwechsel sinnvoll*)
- Das Fahrzeug kann ohne Behinderung anderer Fahrzeuge auf die Nachbarspur wechseln (*Spurwechsel möglich*)

Während der Simulation werden alle Haltevorgänge mit Dauer und Ort protokolliert. Für jeden signalbedingten Halt eines Fahrzeugs wird in Abhängigkeit von der Halteposition und einer vorzugebenden Akzeptanz der Umweltampel entschieden, ob der Fahrer den Motor abschaltet. Ist dies der Fall, wird dem Fahrzeug ein seinen technischen Parametern entsprechender Fahrzeugtyp zugeordnet und aus dessen Verbrauchs- und Emissionswerten für Leerlauf und Anlaßvorgang die Einsparung (oder eventuell die Erhöhung) von NO_x- und CO-Emission und des Benzinverbrauchs berechnet.

Bei Ende der Berechnung liegen dem Benutzer für jeden Knotenpunktsarm die eingesparten Mengen an Stickoxiden, Kohlenmonoxid und Benzin in Gramm pro Stunde vor.

Implementiert ist MOTAUS zur Zeit auf einem Personal Computer der AT-Klasse; spezielle Numerikhardware ist nicht erforderlich, empfiehlt sich aber wegen des hohen Rechenaufwandes der mikroskopischen Simulation.

5 Literatur

BENZ 1985 Th. Benz: Mikroskopische Simulation von Energieverbrauch und Abgasemission im Straßenverkehr (MISEVA);
Schriftenreihe des Instituts für Verkehrswesen der Universität Karlsruhe, Heft 32

HUBSCHNEIDER 1983 H. Hubschneider: Mikroskopisches Simulationssystem für Individualverkehr und öffentlichen Personennahverkehr
Schriftenreihe des Instituts für Verkehrswesen der Universität Karlsruhe, Heft 26

WIEDEMANN 1974 R. Wiedemann: Simulation des Straßenverkehrsflusses
Schriftenreihe des Instituts für Verkehrswesen der Universität Karlsruhe, Heft 8

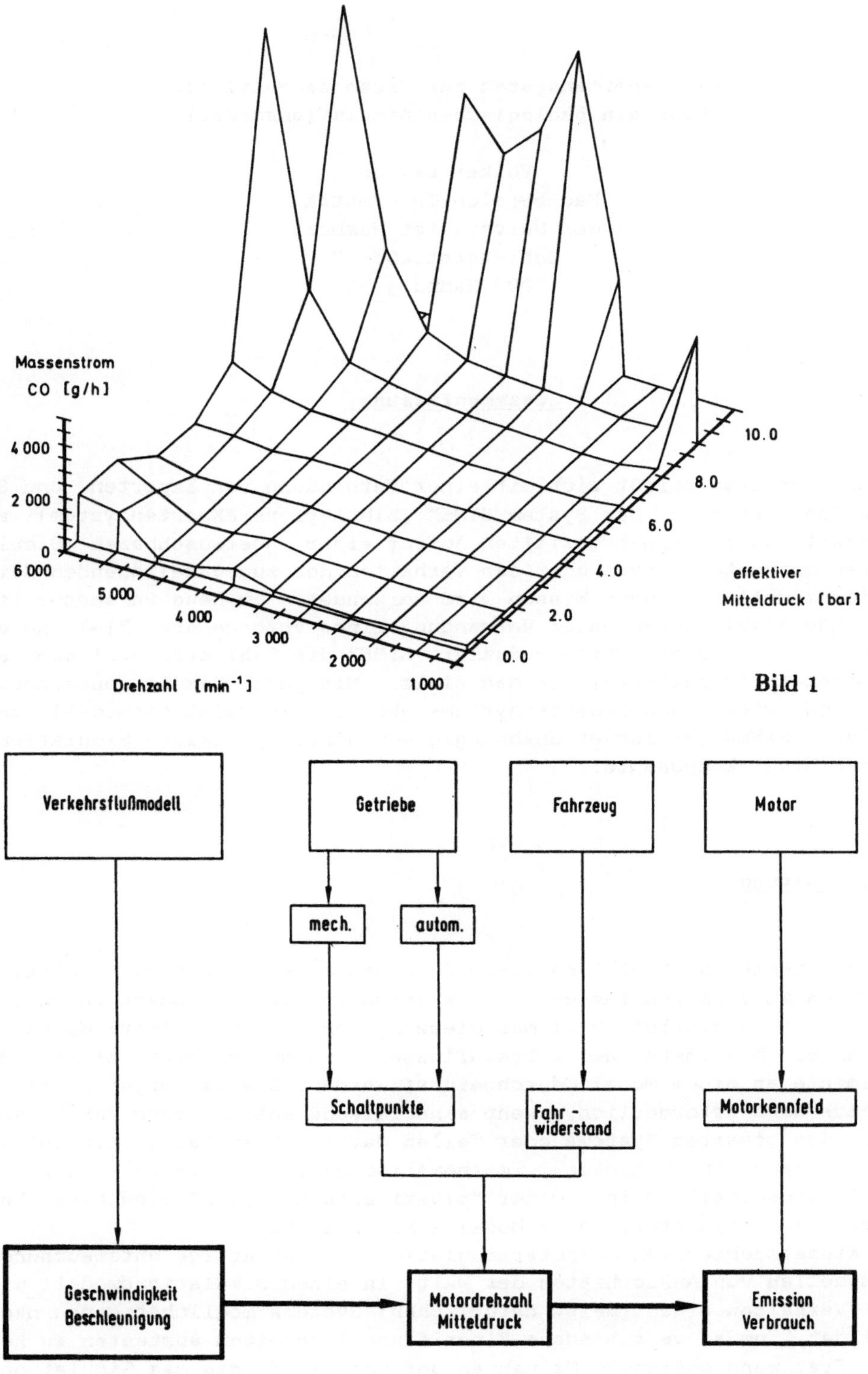

Massenstrom
CO [g/h]
4 000
2 000
0
6 000
5 000
4 000
3 000
2 000
1 000
Drehzahl [min⁻¹]
10.0
8.0
6.0
4.0
2.0
0.0
effektiver
Mitteldruck [bar]

Bild 1

Verkehrsflußmodell
Getriebe
Fahrzeug
Motor
mech.
autom.
Schaltpunkte
Fahr -
widerstand
Motorkennfeld
Geschwindigkeit
Beschleunigung
Motordrehzahl
Mitteldruck
Emission
Verbrauch

Bild 2

Ein Expertensystem zur Wissensakquisition über ein ökologisches Simulationsmodell

Volker Levien
Fachbereich Informatik
der Universität Hamburg
Schlüterstraße 70
2000 Hamburg 13

Zusammenfassung:

Dieser Beitrag befaßt sich mit einer Verbindung von Experten- und Simulationssystemen. Das System SIMEX (SIMulations-EXpertensystem) akquiriert durch einen gezielten Aufruf einer austauschbaren Simulationskomponente Wissen über das Verhalten des zugrundeliegenden Simulationsmodells. Dieses Wissen wird verwendet, um neue Parameter für folgende Simulationen unter Verwendung eines vorgegebenen Ziels zu ermitteln. Auf diese Weise reduziert SIMEX die Zahl erforderlicher Simulationen bis zum Erreichen des Ziels. Mit jedem Simulationsergebnis wird das Wissen des Expertensystems über das Simulationsmodell vergrößert. SIMEX ist ferner unabhängig von einer speziellen Simulationsdomäne bzw. -komponente.

1. Einleitung

In der realen Welt gibt es viele Zusammenhänge, die sich analytisch nicht genau erfassen lassen. Dieses Verhalten ist besonders in Ökosystemen sehr ausgeprägt. Will man diese Systeme durch gezielte Maßnahmen in einer bestimmten Weise beeinflussen, so müssen erst einmal Experimente an einem Modell durchgeführt werden. Dieses Vorgehen ist besonders dann erforderlich, wenn eine falsche Entscheidung zur Zerstörung des gesamten Systems oder Teilen davon führen kann. Ein solches Modell kann ein Gedanken-, mathematisches-, plastisches- oder ein Simulationsmodell sein. Unter "plastischen Modellen" sind hier konkrete-, z.B. miniaturisierte Modelle zu verstehen.
Ein Einsatzgebiet von Computersimulation sind derartige Untersuchungen an Modellen von Ausschnitten der Welt. In einem Simulationsmodell wird das Verhalten eines (meist natürlichen) Systems möglichst genau nachgebildet, um so verschiedene Eingriffsmöglichkeiten austesten zu können. Erst wenn geeignete Maßnahmen gefunden sind, die das Simulationsmodell in einen Wunschzustand überführen, werden diese auch in der Realität angewendet. Da die genauen mathematischen Zusammenhänge nicht bekannt sind, können diese Modelle die Welt nur näherungsweise abbilden. Simulationen werden also immer dann eingesetzt, wenn die Welt

ausreichend genug nachgebildet werden kann. Die Suche nach Maßnahmen kann ein sehr komplexes Problem sein, daher ist es unrealistisch, alle Maßnahmen in jeder theoretisch denkbaren Größenordnung zu testen. Somit ist eine geeignete Wahl von Testwerten für die Maßnahmenstärken unbedingt erforderlich.

Im System SIMEX (SIMulations-EXpertensystem) wird versucht die Anzahl an Parameterkonstellationen, die getestet wird, und damit die Anzahl an Simulationen möglichst gering zu halten. Es findet Wissensakquisition in einem Expertensystem statt. Dieses Wissen wird in Form mathematischer Formeln repräsentiert, die Hypothesen über die Abhängigkeiten zwischen den an der Simulation beteiligten Größen darstellen. Das Expertensystem versorgt die Simulationskomponente gezielt mit Parametern und versucht anschließend aus den Simulationsergebnissen Wissen über das Modell zu extrahieren. So nimmt mit jeder Simulation das Wissen über das Modell (und damit, sofern das Simulationsmodell die Realität korrekt wiedergibt, über die reale Welt) zu. SIMEX ist also kein Simulationssystem, sondern ein System, das Wissen über ein Simulationsprogramm ansammelt, um dadurch die Anzahl an durchzuführenden Simulationen bis zum Erreichen eines vorgegebenen Ziels zu verringern.

Dieser Beitrag beginnt mit einem Beispiel, das die Zielsetzung dieser Arbeit deutlich machen soll. Als nächstes folgen die Grundlagen zum Verständnis des Gesamtsystems. Es wird vorgestellt, was ein Expertensystem ist und auf Simulationsmethoden wird eingegangen. Der Kern dieser Arbeit setzt sich mit Wissensakquisition auseinander. Es wird auf das akquirierte Wissen, die Hypothesenbildung und die Parameterermittlung eingegangen. Auch die Wissensrepräsentation wird in diesem Zusammenhang erläutert. Es folgt die Beschreibung einer vorliegenden Implementation. Dieser Beitrag wird mit einer kritischen Betrachtung des vorliegenden Systems beendet.

2. Einführungsbeispiel

Um die Zielsetzung von SIMEX aufzuzeigen wird hier ein Modell der Eutrophierung eines Sees verwendet, das schon häufiger in Verbindung mit Expertensystemen untersucht wurde (<BeR87>, <NoG87>, <BHR87>). Das Modell stammt von Anderson <And73>.

Anderson wählte zur Modellierung eines Sees die Zustandsgrößen Biomasse (Pflanzen-, Fischbestand usw. im See), Detritusmenge (Ablagerungen von abgestorbener Biomasse am Grund des Sees), Nährstoffmenge im See und Sauerstoffgehalt in den tieferen Schichten (Hypolimnium) des Sees. Alle diese Größen sind voneinander abhängig. So verbrauchen z.B. abgestorbene Pflanzenteile (Biomasse), die sich als Detritus ablagern, bei ihrer Zersetzung Sauerstoff und geben dabei Nährstoffe wieder frei.

In diesem Modell wird ferner die Nährstoffzufuhr betrachtet. Sie erfolgt von außen, ihr Wert ist jedoch nicht genau zu steuern. Sie wird z.B. durch Einleitung von Abwasser oder durch Verwendung von Dünger in der Nähe des Sees, der durch Regen aus dem Boden ausgewaschen und in den See gespült wird, verursacht.

Als Möglichkeit steuernd in den (Modell-) See einzugreifen sind vier Maßnahmen vorgesehen:
- Einleitung von Algiziden (zum Abtöten der Pflanzen, d.h. zur "Umwandlung" von Biomasse in Detritus).
- Abernten von Biomasse.
- Ausbaggern des Detritus.
- Belüften des Sees (Einleitung von Sauerstoff).

Aufgabe ist es, und dieses gilt gleichermaßen, wenn SIMEX auf dieses Modell angewendet wird, geeignete Werte für die einzelnen Maßnahmen zu finden. Diese Werte sollen so gewählt sein, daß beim gleichzeitigen Ergreifen aller Maßnahmen ein vorgegebener See nach Ablauf einer fest vorgegebenen Zeit einen Zielzustand erreicht.

Insgesamt handelt es sich schon bei diesem kleinen Seemodell um ein recht komplexes mathematisches Gebilde mit vielen rückgekoppelten Prozessen. Selbst wenn man das gesamte Formelwerk von Anderson vor sich hat, ist es nicht leicht zu erkennen, welche Maßnahmen ergriffen werden müssen, um den Modellsee von einem Anfangszustand in einen erwünschten Zielzustand zu überführen, sofern dieses überhaupt möglich ist.

Wollte ein Mensch dieses Problem mit Hilfe des Modells lösen, so würde er vermutlich einfach die verschiedenen Maßnahmen ausprobieren und so sein Wissen über das Zusammenspiel von Maßnahmen und Zustand des Sees vergrößern. Je mehr Maßnahmenbündel er ausprobiert hat, desto größer wird sein Wissen über das Modell, oder er gibt irgendwann auf, wenn sich zeigt, daß sein Verständnis nicht ausreicht dieses Zusammenspiel zu verstehen.

Das System SIMEX bedient sich ähnlicher Prinzipien bei der Problemlösung. Es beginnt ohne Wissen über das Simulationsmodell. In SIMEX gibt es anfangs lediglich Regeln darüber, wie aus Simulationsergebnissen Hypothesen über das Simulationsmodell gebildet werden können, und wie aus diesen Hypothesen Maßnahmen für nachfolgende Simulationen ermittelt werden. Bevor Maßnahmen bestimmt werden können, müssen jedoch erst einmal Simulationsergebnisse vorliegen. Für die verschiedenen Maßnahmen muß der Benutzer von SIMEX Grenzen vorgegeben, d.h. für jede Maßnahme muß ein Intervall definiert werden, in dem die Stärke der jeweiligen Maßnahme zu liegen hat. SIMEX verwendet zur Bildung erster Hypothesen die Ergebnisse von zwei Simulationen. Das Ergebnis einer Simulation ließe noch keine Rückschlüsse über Abhängigkeiten der Zustandsgrößen von den Maßnahmen zu. Aus den Ergebnissen zweier Simulationen kann für jede Zustandsvariable die Hypothese gebildet werden, daß sie linear abhängig von einer der Maßnahmen ist, vorausgesetzt, die ausgewählte Maßnahme hatte in beiden Simulationen unterschiedliche Werte.

Für die erste Simulation werden alle Maßnahmen auf ihr Minimum gesetzt (im Normalfall heißt dieses, daß sie nicht ergriffen werden), für die zweite auf ihr Maximum. Für jede Zustandsgröße kann SIMEX, wie eben beschrieben, aus den vorliegenden Simulationsergebnissen Hypothesen über deren Abhängigkeit von den Maßnahmen bilden. Es gibt je Zustandsgröße mehrere Möglichkeiten Hypothesen zu generieren, es wird jedoch jeweils nur eine ausgewählt.

Nach jeder weiteren Simulation werden alle (alten) Hypothesen überprüft und wenn ihr Fehler zu groß ist, neue gebildet. Diese Hypothesen können auch mehrere Maßnahmen einbeziehen oder die Werte von Zustandsgrößen vor der Simulation.

Wie komplex Hypothesen werden können hängt davon ab, wie umfangreich das Wissen ist, das in eine Implementation von SIMEX integriert wird. Reicht das im System vorhandene mathematische Wissen für die geschilderte Aufgabe nicht aus, so wird dieses erkannt und dem Anwender mitgeteilt.

3. Methodische Grundlagen

In diesem Abschnitt wird auf diejenigen Aspekte von Expertensystemen und Simulation eingegangen, die in einer Verbindung zu SIMEX stehen. Für eine genauere Definition dieser Begriffe sowie weiterreichende Informationen sei auf die inzwischen zahlreich verfügbare Literatur verwiesen. Für dieses Kapitel wurde auf die Artikel <Nau83>, <HWL83>, <BuD83>, <LeM86>, <Pag85> und <Fis73> zurückgegriffen.

3.1 Expertensystem

In diesem Unterkapitel werden die wesentlichen Komponenten eines Expertensystems angeben. Sie werden, sofern sie in SIMEX enthalten sind, in diesem Rahmen erläutert. Diese Klassifizierung nach Komponenten wurde größtenteils aus der oben angegebenen Literatur entnommen.

a) <u>Datenbasis</u>
In der Datenbasis sind alle Daten, die auf dem Weg zur Lösung des aktuellen Problems erzeugt wurden, enthalten.

In SIMEX sind dies zum Beispiel
- Ergebnisse aller bisher durchgeführten Simulationen
- aktueller (Anfangs-) Zustand des zu simulierenden Modells
- Zielzustand, den das Modell nach Ende des Simulationszeitraums haben soll

b) Wissensbasis

Die Wissensbasis ist das eigentliche Kernstück des Expertensystems. In ihr sind alle Regeln enthalten, wie Daten manipuliert werden können und wann diese Manipulationen zulässig sind (statische Wissensbasis). Der dynamische Teil der Wissensbasis enthält alles Wissen, das im Laufe der Anwendung des Expertensystems ermittelt wird, bzw. von einem Benutzer eingegeben wird.

Bei der Wissensakquisition anhand von Simulationsergebnissen kann man unter anderem folgende Dinge in diese Kategorie einordnen:

- Regeln, wie aus Simulationsdaten Hypothesen ermittelt werden können
- Die Menge aller dem System bekannten Hypothesen
- Regeln, wie aus Hypothesen Werte für einen neuen Simulationslauf bestimmt werden können
- bisher ermittelte Hypothesen über die Zusammenhänge innerhalb des Simulationsmodells, dazu gehören auch bereits verworfene Hypothesen.

c) Steuerung

Die Steuerung leitet den gesamten Ablauf des Expertensystems. Sie bestimmt aus allen Regeln diejenigen, die zum aktuellen Zeitpunkt anwendbar sind und wählt aus diesen eine Regel aus, die dann ausgeführt wird.

Im vorliegenden Fall umfaßt dieses z.B.

- Aufruf des Simulationsprogramms
- Anstoßen und durchführen der Auswertung von Simulationsergebnissen
- Aufruf der Komponenten zum Dialog mit dem Benutzer

d) Benutzerschnittstelle

Die Schnittstelle zum Benutzer eines Expertensystems sollte so komfortabel sein, daß auch "Nicht-Computer-Experten" damit umgehen können.

Die Test-Implementation von SIMEX verwendet eine Menüauswahl-Technik. Die Benutzung des Systems geschieht im Dialog mit dem Benutzer. Der Benutzer kann den Aufwand der Auswertung einer Simulation beeinflussen und auch den Umfang der Bildschirmausgaben (bei der Anzeige der über das Simulationsmodell entwickelten Hypothesen) steuern.

e) Erklärungskomponente

Die Erklärungskomponente soll dem Benutzer Fragen darüber beantworten können, warum das System welche Regeln angewendet hat und wie es zu seinen Ergebnissen gekommen ist. Auch sollte es möglich sein, das gespeicherte Wissen abzufragen und den augenblicklichen Stand einer noch nicht beendeten Aufgabe zu erfragen.

In der derzeitigen Implementation ist die Erklärungskomponente noch nicht vollständig enthalten. Sie beschränkt sich darauf, anzugeben welche Formeln gerade überprüft werden. Eine weitere Möglichkeit für den Benutzer, Einblick in die Handlungsweise des Systems zu erhalten, besteht darin, sich den Programmlauf protokollieren zu lassen. In diesem Falle gibt das System in einer Protokolldatei Aufschluß über alle durchgeführten Aktionen.

f) Selbstlernende Komponente
Die selbstlernende Komponente dient dazu, das Wissen des Expertensystems zu erweitern. Das Wissen, das von dieser Komponente ermittelt wird, wird im dynamischen Teil der Wissensbasis abgelegt.

In SIMEX soll Wissen über ein Simulationsmodell erworben werden. Es wird somit besonderen Wert auf die Ausgestaltung dieser Komponente gelegt. Alle folgenden Abschnitte über Hypothesenbildung und Wissensrepräsentation beziehen sich primär auf diesen Teil von SIMEX.

3.2 Simulationsmethode

Im folgenden wird von einem Simulationsmodell nach der kontinuierlichen Simulationsmethode System Dynamics ausgegangen (vgl. <HKN85>).

In der folgenden Betrachtung wird jedoch nicht näher auf die Vorgänge innerhalb eines System Dynamics Simulationsprogrammes eingegangen. Die Simulationskomponente wird als "Black Box" betrachtet. Wichtig ist nur noch die Schnittstelle eines derartigen Simulationsmodells zur Außenwelt.

Die Zustandsgrößen des Simulationsmodells werden zukünftig als "Zustandsvariablen" oder kurz als "Variablen" bezeichnet. Deren Anfangswerte werden an die Simulationskomponente übergeben, ihre Endwerte von der Simulationskomponente geliefert. Variablen in diesem Sinne sind in dem Seebeispiel Biomasse, Detritus, Nährstoff- und Sauerstoffgehalt.

Neben dem Begriff "Zustandsvariable" wird noch der Begriff "Manipulation" oder "Maßnahme" verwendet. Bei den Manipulationen handelt es sich um die experimentellen Parameter, die SIMEX bestimmen soll. Sie sind die einzige Möglichkeit, von außen auf die Simulation Einfluß zu nehmen. Sie bekommen vor der Simulation einen Wert, werden dann im Laufe der Simulation, im Gegensatz zu den Zustandsvariablen, jedoch nicht verändert. Manipulationen im Seebeispiel sind Ausbaggern, Belüften, Abernten und Algizidzugabe.

4. Aufbau und Ablauf von SIMEX

Die im System SIMEX ablaufenden Vorgänge kann man auf Abbildung 1 erkennen (E: vom Expertensystems gehandhabtes Objekt, A: Austauschbare Komponenten, B: Benutzereingaben).

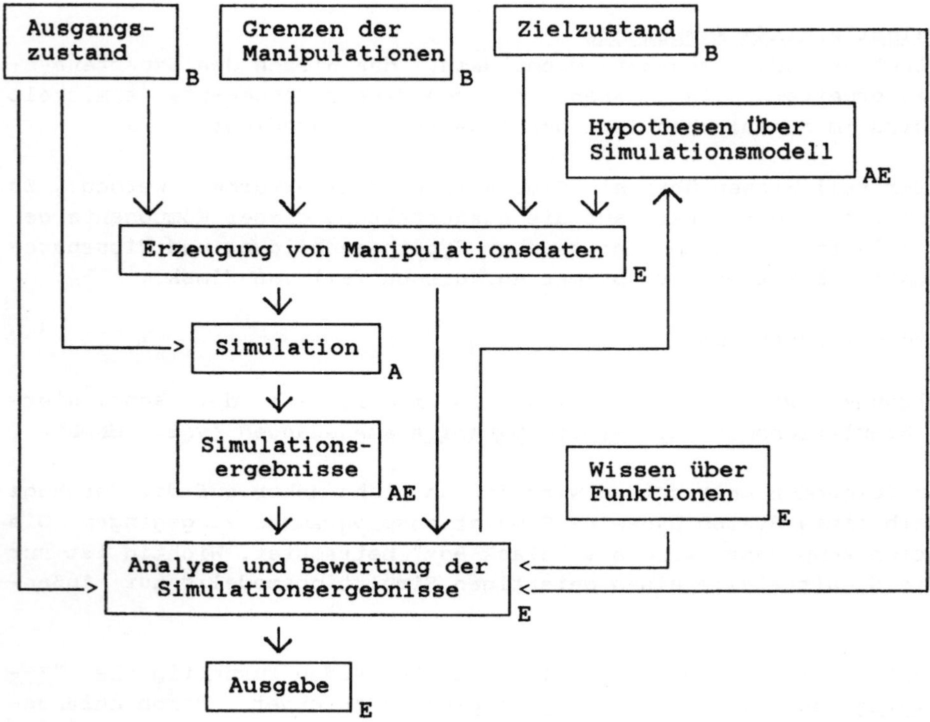

Abbildung 1: Datenfluß in SIMEX

Der Programmablauf ist folgender:

1. Ein Benutzer gibt den aktuellen Zustand des Simulationsmodells (z.B. den Zustand eines betrachteten Sees) und einen erwünschten Zielzustand ein. Zusätzlich muß für alle Maßnahmen eine Beschränkung (Grenze) nach oben und unten angegeben werden, d.h. je Maßnahme hat der Benutzer vorzugeben, in welchem Intervall der Wert dieser Maßnahme zu liegen hat.

2. Vor jeder Simulation werden die vorliegenden Hypothesen verwendet, um neue Maßnahmenbündel (d.h. Kombination aller Maßnahmen) zu berechnen. In diese Berechnung fließen die Zustandsvariablen (Anfangszustand) und der Zielzustand mit ein. Wie diese Hypothesen gebildet werden und wie daraus Maßnahmenwerte berechnet werden, wird in einem späteren Kapitel beschrieben.

3. Dann wird die von SIMEX unabhängige Simulationskomponente mit dem Anfangszustand und den ermittelten Manipulationen aufgerufen.

4. Nach jeder Simulation werden deren Ergebnisse ausgewertet. Die bislang aktuellen Hypothesen werden überprüft und dadurch entweder bestätigt oder verworfen. Im letzteren Falle werden neue Hypothesen gebildet. Zu dieser Auswertung wird mathematisches Wissen über Funktionen verwendet. Hierzu gehört z.B. eine Sammlung sämtlicher Hypothesen, die das System bilden kann. Da bei der Hypothesenbildung eine Abhängigkeit der Simulationsergebnisse vom Anfangszustand nicht nur möglich, sondern zu erwarten ist, werden die vom Benutzer eingegebenen Zustandsdaten mit verwendet. Der erwünschte Zielzustand ist für die Auswertung dagegen völlig unwichtig. Jedoch wird er zur Beurteilung der Güte der Ergebnisse und damit zur Entscheidung, ob weitere Simulationen erfolgen sollen, benötigt.

5. Ist das durch den Wunsch vorgegebene Ziel erreicht oder wird eine andere Abbruchbedingung angetroffen, so erfolgt eine Ausgabe aller Ergebnisse, und die Kontrolle geht wieder an den Benutzer zurück. Andernfalls wird wieder mit der Erzeugung von Manipulationsdaten fortgefahren.

Nicht im Schaubild dargestellt ist die Möglichkeit nach einer bestimmten Anzahl von Simulationen wieder in den Programmlauf einzugreifen und jederzeit die aktuellen Hypothesen und alle bisherigen Simulationsverläufe anzusehen. Außerdem kann ein Benutzer für jede Zustandsvariable eine Toleranz vorgeben. Wird diese zulässige Toleranz überschritten, so muß eine neue Hypothese gebildet werden, andernfalls wird die bisherige Hypothese aufrechterhalten. Diese Fehlergrenze fließt aber nicht nur in die Analyse und Bewertung der Simulationsergebnisse ein, sondern wird auch bei der Erzeugung von Manipulationsdaten verwendet. In der Wissensbasis werden nämlich auch bereits verworfene Hypothesen gehalten, um sie eventuell später (z.B. bei geänderter Toleranz) wieder zu verwenden. Bei der Berechnung von Manipulationen werden also Hypothesen ausgewählt, deren maximale Fehler die vorgegebenen Toleranzen nicht überschreiten.

5. Hypothesenbildung in SIMEX

In diesem Abschnitt wird beschrieben, wie in SIMEX eine neue Hypothese gebildet wird. Anschließend wird gezeigt, wie Simulationsergebnisse ausgewertet und die zuvor beschriebene Hypothesenbildung verwendet wird. Zum Abschluß dieses Kapitels wird demonstriert, wie neu gewonnenes Wissen über das Simulationsmodell in der Wissensbasis repräsentiert wird.

5.1 Phasen der Hypothesenbildung

Die Hypothesenbildung in SIMEX kann man graphisch wie in Abbildung 2 darstellen.

SIMEX enthält eine größere Sammlung an möglichen funktionalen Abhängigkeiten. Eine derartige unbestimmte Funktion kann z.B. lauten: "Variable_A_nach_Simulation = P_1 + P_2 * Variable_A + P_3 * Variable_B + P_4 * Manipulation_A + P_5 * Manipulation_B + P_6 * Manipulation_A^2". Die Werte P_i sind noch unbestimmte Parameter, die von SIMEX ermittelt werden sollen, also keine Parameter des Simulationsmodells. Auch für die verwendeten Variablen und Manipulationen sind noch keine Größen des Simulationsmodells eingesetzt, d.h. für die beteiligten Variablen können noch alle Zustandsvariablen, für die beteiligten Manipulationen noch alle Maßnahmen des Simulationsmodells eingesetzt werden. Eine in dieser Weise unbestimmte Formel wird als "Stufe" bezeichnet. Es gibt mehrere Formeln, innerhalb einer Stufe. Deshalb wird noch eine Formelnummer verwendet. Jede Formelnummer entspricht einer Variablen bzw. Manipulationsbelegung, d.h. einer konkreten Zuordnung von Variablen

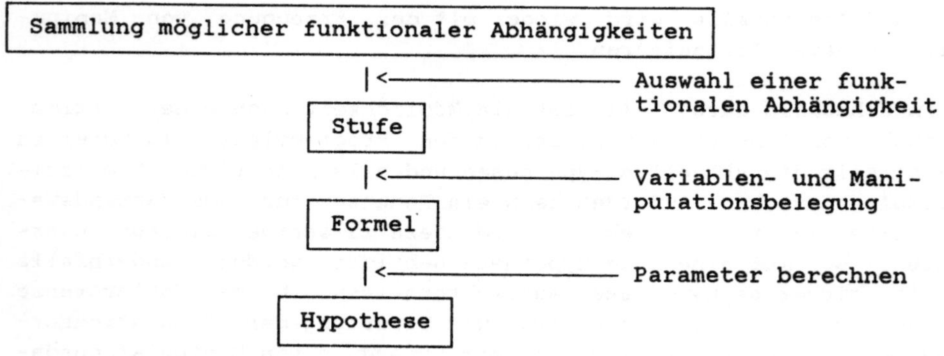

Abbildung 2: Phasen der Hypothesenbildung

bzw. Manipulationen des Simulationsmodells zu den innerhalb der ausgewählten Stufe auftretenden Größen. Eine Wertzuweisung an die Parameter P_i erfolgt hier noch nicht. Wird eine neue Hypothese für eine Variable gesucht, so wird eine, für diese Variable noch nicht benutzte Formel(nummer) ausgewählt. Die Ermittlung der Parameter P_i erfolgt im nächsten Schritt, derzeit mit dem Verfahren "Least Square" mit Hilfe von Matrizen <DrS66>. Die Parameter sind so berechnet, daß die Summe der Quadrate der Abstände zwischen den mit dieser Hypothese berechneten Funktionswerten und den experimentell, d.h. aus der Simulation erhaltenen Werten minimal ist. Für große Simulationsmodelle, bei denen viele Simulationsläufe erforderlich sind um eine gute Hypothese bilden zu können, wird dieses Verfahren nicht effizient genug sein. Man muß dann andere Verfahren bzw. einen gut gewählten Ausschnitt der Simulationsergebnisse zum Berechnen der Parameter heranziehen.

Eine Hypothese besteht also aus einer funktionalen Abhängigkeit einer Zustandsvariablen nach der Simulation von Manipulationen und Variablen vor der Simulation. Außerdem gehören zu der Hypothese optimal berechnete Parameter. Das verwendete Verfahren liefert zu jeder Formelnummer immer nur eine Parameterbelegung (Hypothese). Mit neuen Simulationsergebnissen können sich die Parameter und damit die Hypothese ändern.

Eine ermittelte Hypothese muß nicht unbedingt die wirkliche funktionale Abhängigkeit der untersuchten Zustandsvariable von den anderen Modellgrößen wiedergeben. Die Untersuchung auf Adäquatheit einer Hypothese wird im nächsten Unterkapitel beschrieben.

5.2 Auswertung von Simulationsergebnissen

Eine Hypothese, die die funktionale Abhängigkeit zwischen Variablen und Manipulationen exakt wiedergibt, ist normalerweise nicht zu finden oder der Aufwand hierfür würde jedes vertretbare Maß übersteigen. Deshalb kann der Benutzer je Zustandsvariable eine zulässige Toleranz angeben. Nach jeder Simulation wird zu jeder aktuellen Hypothese ein erwarteter Funktionswert aufgrund des vorliegenden Anfangszustandes und der verwendeten Manipulationen berechnet. Liegt das Simulationsergebnis für eine Zustandsvariable in dem Bereich "Erwartungswert +/- zul. Toleranz", so wird die aktuelle Hypothese weiterhin aufrecht erhalten.

Andernfalls werden für dieselbe Stufe / Formelnummer neue Parameter berechnet. Zeigt sich, daß auch mit den neuen Parametern die Hypothese bei mindestens einem Simulationsergebnis nicht in dem oben angegebenen Intervall liegt, so wird, sofern vorhanden, zur nächsten Formelnummer innerhalb dieser Stufe, andernfalls zur nächsten Stufe übergegangen. Gibt es keine weitere Stufe mehr, dann reicht das vorhandene mathematische Wissen der Wissensbasis nicht aus, das gegebene Simulationsmodell geeignet zu beeinflussen. Dieses schließt allerdings nicht aus, daß bei einem größeren zulässigen Fehler derjenigen Variable, für die keine Hypothese mehr gefunden wurde, eine Hypothese bei gleichen Simulationsergebnissen möglich ist.

Bricht das Verfahren nicht ergebnislos ab, so liegt nach Ende der Auswertung pro Zustandsvariable normalerweise genau eine Hypothese über deren funktionale Abhängigkeiten vor.

5.3 Wissensrepräsentation

Alle Hypothesen, auch die verworfenen, werden in der Datenbasis des Expertensystems abgelegt. Es wird für jede Hypothese abgelegt:

- Stufe
- Formelnummer
- maximaler Fehler
- Parameterliste
- Zustand der Hypothese.

Die Bedeutung der "Stufe" und "Formelnummer" wurde bereits oben erklärt.

Der "maximale Fehler" ist die größte absolute Abweichung der Simulationsergebnisse gegenüber den, bei gleichen Variablen- und Manipulationswerten, mit der vorgegebenen Hypothese berechneten Funktionswerten.

Die Parameterliste enthält alle Hypothesenparameter. Aus der Stufe / Formelnummer ist eindeutig eine Reihenfolge der Parameter bestimmbar. Darum besteht die Liste nur aus Zahlen.

Um den Zustand einer Hypothese festzustellen, sind vier verschiedene Einträge vorgesehen. Sie geben Aufschluß darüber, ob die Hypothese aktuell, nicht ob ihr Fehler gering ist. Der Fehler ist ja bereits bekannt. Bei den Einträgen handelt es sich um folgende:

- "korrekt" gibt an, daß die Parameter optimal gewählt sind, und die Hypothese nach der letzten Simulation neu berechnet wurde.

- "ungenau" bedeutet, daß die Hypothese nach der letzten bzw. den letzten Simulationen nicht neu berechnet wurde, da ihr Fehler nie größer als der vorgegebene, zulässige Maximalfehler war. Die Parameter sind somit nicht unbedingt optimal. Dieser Eintrag wurde gewählt um die Möglichkeit zu schaffen, eine Hypothese zu belassen, wenn ihre Genauigkeit ausreichend ist.

- "nicht_mehr_überarbeitet" wird immer dann eingetragen, wenn eine Hypothese verworfen wurde, weil ihr Fehler zu groß war. Bei der Parameterliste und dem Fehlereintrag handelt es sich dann um die zuletzt berechneten. Wird die Größe des Toleranzintervalls heraufgesetzt, so kann unter Umständen eine Neuüberarbeitung dieser Hypothese erfolgen.

- "nicht_zu_bestimmen" wird dann gewählt, wenn das mathematische Parameterberechnungsverfahren nicht zu einem Ergebnis kommt. Dieses kann z.B. dann auftreten, wenn Zwischenergebnisse größer werden als die im Rechner darstellbaren Zahlen (arithmetische Überläufe).

6. Ermittlung von Eingabeparametern für die Simulation

Nun sollen die vorliegenden Hypothesen dazu verwendet werden, Werte für die verschiedenen Manipulationen zu bestimmen.

Das Expertensystem kennt den Anfangszustand des Simulationsmodells und hat pro Zustandsvariable einen Zielwert vorgegeben. Bei den Zielwerten ist auch die Möglichkeit vorgesehen, "beliebig" einzugeben. In diesem

Falle werden für diese Variable zwar Formeln ermittelt, diese aber nicht zur Ermittlung von Manipulationswerten herangezogen. (Die Formeln werden trotzdem ermittelt, da es möglich ist, daß der Zielwert für diese Variable später geändert wird, und dadurch eine Berücksichtigung dieser Formeln erforderlich wird). Die Wertermittlung selbst geht folgendermaßen vonstatten:

Von allen Variablen, deren Zielwert nicht "beliebig" ist, wird eine Hypothese gesucht, die einen geringeren Maximalfehler als den (für diese Variable) zur Zeit zulässigen Absolutfehler hat. Gibt es unter diesen Hypothesen einzelne, die nur von einer Manipulation abhängen, so werden für diese Manipulationen die Werte bestimmt. Hierzu muß es natürlich ein Verfahren geben, das aus der vorliegenden Formel mit einer Unbekannten einen Wert für die Unbekannte berechnen kann. Für ganzrationale Funktionen ist ein derartiges Verfahren bis zum Grad 2 leicht zu implementieren (normale Nullstellenberechnung). Ab dem Grad 5 gibt es dann jedoch kein allgemeines Verfahren mehr. Es muß dann mit Iterationsverfahren dieser Wert bestimmt werden. Das gleiche gilt für andere funktionale Abhängigkeiten, z.B. trigonometrische.

Liegt der so bestimmte Wert in dem für diese Manipulation angegebenen Intervall, so ist hiermit der erste Manipulationswert gefunden. Dieser Wert wird gleichzeitig in die komplexeren Hypothesen eingesetzt. Da diese Manipulationswerte nun nicht mehr als Unbekannte vorliegen, können sich neue Hypothesen finden lassen, die nur noch von einer bislang nicht berechneten Manipulation abhängen. Dieses Verfahren wird so lange fortgeführt, bis entweder alle Manipulationen bestimmt sind, oder es keine Hypothese mit nur einer Unbekannten mehr gibt. Im letzteren Falle wird für eine Manipulation eine Zufallszahl bestimmt und das Verfahren beginnt erneut, bis alle Manipulationen bestimmt sind. Liegen auf diese Weise alle für die Simulation erforderlichen Werte vor (die Zustandsvariablen sind ja bereits durch den Benutzer vorgegeben), so kann das Simulationsprogramm aufgerufen werden.

7. Die Implementation

Das beschriebene Verfahren ist in MProlog implementiert. Das verwendete Simulationsprogramm ist in Pascal geschrieben. Die Menge der funktionalen Abhängigkeiten umfaßt bislang ganzrationale Abhängigkeiten bis zum Grad 3. Auch so gibt es, auf den See angewendet, schon deutlich über 200 Stufen und damit über 1000 Formelnummern je Variable. Beschrieben wird hier eine Anwendung von SIMEX, die als Simulationsmodell das bereits zu Beginn dieses Beitrags beschriebene Seemodell von Anderson verwendet. Im folgenden wird auf die Verwendung von Maßeinheiten verzichtet, da sie zum Verständnis von SIMEX nicht relevant sind.

Für diesen Test von SIMEX wurden folgende Startwerte gewählt: Nährstoffe = 40, Biomasse = 0.2, Detritus = 2 und Sauerstoff = 9. Dieses entspricht dem See, der in <HKN85> untersucht wurde. Als Wunschwerte wurden die gleichen Werte gewählt, es ist also erwünscht, daß der See nach dem Simulationszeitraum (von 200 Jahren) den gleichen Zustand hat, wie zu Beginn. Eine Abhängigkeit der Simulationsergebnisse von den Anfangswerten der Zustandsvariablen wurde nicht untersucht, sondern nur eine Abhängigkeit von den Manipulationen. Eine Untersuchung der Abhängigkeiten von den Anfangswerten ist auch nur dann sinnvoll, wenn diese auch verändert werden. Dieses ist aber für dieses Beispiel nicht geplant. Die Nährstoffeinleitung in den See ist Teil des Simulationsprogramms. Sie ist dort auf den Wert von jährlich 0.1 mg/l gesetzt, dieses entspricht etwa dem 10 fachen des natürlichen Anfalls an Nährstoffen. Die Wirkung der Maßnahme "Algizidzugabe" wurde nicht untersucht, d.h. das Simulationsmodell wurde in der Weise geändert, daß die Maßnahme nie ergriffen wird. Der Grund hierfür liegt in der noch kleinen Wissensbasis, die in dieser Größe nicht in der Lage ist einen geeigneten Wert für diese Maßnahme zu bestimmen.

Da die Wissensbasis noch nicht sehr groß ist, mußten auch relativ enge Grenzen für die Definitionsbereiche der Manipulationswerte vorgegeben werden. Dieses Problem kann durch eine größere Wissensbasis umgangen werden. Als jeweilige Untergrenze wurde 0 gewählt, das heißt, ein Unterlassen der betreffenden Maßnahme. Die Obergrenzen waren für Abernten 0.05, für Ausbaggern 0.009 und für Belüften 2. Als zulässige Toleranz für die einzelnen Zustandsvariablen wurde jeweils 10% der angegebenen Wunschwerte verwendet, mit Ausnahme des Nährstoffgehalts dessen zulässige Toleranz aufgrund von Erfahrungen mit dem Simulationsmodel auf 1 (dieses entspricht 2.5% vom Wunschwert) gesetzt wurde.

Nun zur SIMEX-Anwendung: Bei der ersten Simulation werden alle Maßnahmen auf ihr Minimum (0) gesetzt, bei der zweiten auf ihr vorgegebenes Maximum. Diese beiden Simulationen liefern folgende Ergebnisse: $Nährstoffe\_neu_1$ = 36.21, $Biomasse\_neu_1$ = 0.6029, $Detritus\_neu_1$ = 7.383 und Sauerstoff_neu = 7.283 sowie $Nährstoffe\_neu_2$ = 41.94, $Biomasse\_neu_2$ = 0.07019, $Detritus\_neu_2$ = 9.7525. Alle diese Werte liegen weit außerhalb des zulässigen Intervalls. SIMEX bildet aus den vorliegenden Werten für alle Variablen eine Hypothese mit einer linearen Abhängigkeit von der ersten Maßnahme (Abernten). In einer späteren Implementation wäre es besser, wenn an dieser Stelle Abhängigkeiten von verschiedenen Manipulationen untersucht werden würden. Es ergeben sich folgende Hypothesen:

Nährstoffe_neu = 114.5 * Abernten + 36.21
Bimasse_neu = -10.65 * Abernten + 0.6029
Detritus_neu = -134.9 * Abernten + 7.383
Sauerstoff_neu = 49.39 * Abernten + 7.283

Für die nächste Simulation kann aus diesen Hypothesen nur die Maßnahme Abernten bestimmt werden. Für diese stehen aber 4 Alternativen zur

Verfügung. SIMEX nimmt die Maßnahmenstärke, die als erstes berechnet wird und in dem zulässigen Intervall liegt, in diesem Falle Abernten = 0.03305. Für die anderen Maßnahmen werden, da sie nicht zu berechnen sind, Zufallszahlen aus den Definitionsbereichen der jeweiligen Maßnahmen als Maßnahmenstärke gewählt, hier Ausbaggern = 0.005621 und Belüften = 1.902. Die Simulationsergebnisse sind mit $Nährstoffe\_neu_3$ = 41.48, $Biomasse\_neu_3$ = 0.1185, $Detritus\_neu_3$ = 1.099 und $Sauerstoff\_neu_3$ = 9.579 schon deutlich besser, als bei den ersten Simulationen, jedoch immer noch weit von ihren Wunschwerten entfernt. Lediglich der Wert vom Sauerstoff liegt bei dieser Simulation bereits in dem erwünschten Intervall [8.1,9.9], weshalb für ihn keine neue Hypothese gebildet wird. Für den Nährstoffe reicht es aus die Parameter der Hypothese neu zu berechnen. Für die Biomasse und den Detritus reicht auch eine Neuberechnung der Parameter nicht aus, um eine Hypothese mit ausreichender Genauigkeit zu erhalten. Es wird deshalb zur nächsten Formelnummer übergegangen. Dieses bedeutet, daß versucht wird, eine lineare Abhängigkeit dieser Variablen von einer anderen Maßnahme als Abernten zu finden. In beiden Fällen endet diese Suche erfolgreich, so daß es nicht erforderlich ist, zur nächsten Stufe überzugehen. Die neuen Hypothesen lauten:

Nährstoffe_neu = 120.6 * Abernten + 36.54 (Maxfehler = 0.95)
Biomasse_neu = -0.2611 * Belüften + 0.6035 (0.012)
Detritus_neu = -3.341 * Belüften + 7.386 (0.070)
Sauerstoff_neu = 49.39 * Abernten + 7.283 (0.66)

In Klammern ist jeweils der maximale Absolutfehler angegeben. Für die nächste Simulation können nun schon zwei Maßnahmen berechnet werden. Wieder gibt es aber mehrere Möglichkeiten, weshalb wieder jeweils eine ausgewählt wird. Das Verfahren läuft jetzt immer nach dem gleichen Schema ab, das bereits in den Abschnitten 5 und 6 beschrieben wurde:

1. Manipulationswerte bestimmen
2. Simulation durchführen
3. Falls erforderlich: Parameter neu berechnen
4. Falls der Fehler der Hypothese mit geänderten Parametern zu groß ist: neue Hypothesen ermitteln bis eine Hypothese mit ausreichender Genauigkeit gefunden ist oder es keine weitere mehr gibt. Im letzteren Falle: Abbruch mit Meldung an den Benutzer.
5. Falls Ziel nicht erreicht: Fortsetzung bei Schritt 1.
6. Ausgabe der Ergebnisse und Ende.

Betrachten wir die Ergebnisse der 8. Simulation: $Nährstoffe\_neu_8$ = 40.87, $Biomasse\_neu_8$ = 0.1810, $Detritus\_neu_8$ = 1.740 und $Sauerstoff\_neu_8$ = 9.303. Bis auf den Detritus haben alle Variablen nun ihren Wunschwert erreicht. Erstaunlicherweise hatte die Simulation Nummer 7 exakt dieselben Ergebnisse geliefert, obgleich der Detritus noch nicht in seinem Zielbereich liegt. Woran mag dieses liegen? Betrachten wir die aktuellen Hypothesen:

Nährstoffe_neu = 2.725 * Belüften + 36.29 (0.94)
Biomasse_neu = 256.8 * Abernten^2 - 25.20 * Ausbaggern - 18.94 * Abernten + 0.6027 (0.019)
Detritus_neu = 3545 * Abernten^2 - 257.9 * Ausbaggern - 265.5 * Abernten + 7.379 (0.17)
Sauerstoff_neu = 4.939 * Abernten + 7.283

Die Ursache für das beobachtete Phänomen liegt also in der Tatsache begründet, daß sowohl die Biomassen- als auch die Detritushypothese aus der gleichen Stufe und Formelnummer gebildet werden und beim Bestimmen der Maßnahmenstärke für Ausbaggern die Hypothese für die Biomasse Vorrang hat. (Die in den Hypothesen verwendete Maßnahme Abernten wird durch die Hypothese für Sauerstoff vorher festgelegt.) Zum Beweis für die eben getroffene Aussage wird für den nächsten Versuch der Wunschwert für Biomasse auf "beliebig" gesetzt. Die Simulation liefert nun: $Nährstoffe\_neu_9$ = 40.76, $Biomasse\_neu_9$ = 0.195, $Detritus\_neu_9$ 1.887 und $Sauerstoff\_neu_9$ = 9.251. Dieses Simulationsergebnis liegt für alle Variablen ausreichend nah am jeweils vorgegebenen Wuschwert. Die Lehre, die aus den letzten beiden Simulationsergebnissen gezogen werden kann, ist, daß es für eine spätere Erweiterung von SIMEX sinnvoll ist, nicht irgendeine Hypothese für die Berechnung einer Maßnahme auszuwählen, sondern diejenige mit dem größten Fehler relativ zur vorgegebenen Toleranz.

Anmerkung: Da sich die hier angegebenen Simulationsergebnisse immer auf den Endzustand der Simulation beziehen, ist keine Aussage über Zwischenzustände innerhalb des Simulationszeitraums machbar. Dieses könnte aber durch die Aufnahme der Simulationsdauer als Zustandsvariable geändert werden. Durch eine Vorgabe des Simulationszeitraums ist dann ein beliebig kurzes Zeitintervall wählbar, in dem ein Zustand erreicht oder erhalten bleiben soll. Die Ergebnisse dieser Simulationen können als Startwerte für die folgenden Zeitintervalle gelten usw. bis der gesamte Untersuchungszeitraum abgedeckt ist.

8. Schlußbemerkungen und Bewertung

Das vorgestellte Verfahren zur Akquisition mathematischen Wissens über ein Simulationsmodell ist gut geeignet, die Anzahl an Simulationen bis zum Erreichen eines vorgegebenen Ziels zu reduzieren. Es gibt ferner näherungsweise Aufschluß darüber, wie die Zustandsgrößen des Simulationsmodells mit den Maßnahmen des Modells zusammenhängen und wie sich Anfangswerte, d.h. die Zustandsvariablen vor der Simulation, auf ihre Werte am Ende der Simulation auswirken. Die Genauigkeit und damit der Aufwand zum Bestimmen dieser funktionalen Abhängigkeiten kann vom Benutzer beeinflußt werden. Durch eine problemlose Austauschbarkeit der Simulationskomponente ist eine vielfältige Anwendbarkeit von SIMEX gewährleistet.

Das geschilderte Verfahren und die vorliegende Implementation hat jedoch noch einige Verbesserungsmöglichkeiten. Besonders eine gezielte Auswahl von Hypothesen (gegenüber der chronologischen Abarbeitung) kann die zur Zeit recht hohen Laufzeiten unter Umständen deutlich verkürzen. Die Implementation ist durch ein besseres Verfahren zur Parameterberechnung sicherlich noch sehr viel effizienter und deren Ergebnisse genauer zu machen. Auch könnten so, gelegentlich auftretende arithmetische Überläufe umgangen werden.

Wie beschrieben stellt SIMEX die Zeitabhängigkeit der Simulationsergebnisse nicht in den Vordergrund. Die Zeitkomponente kann aber als zusätzliche Zustandsvariable geführt werden, um so zu erreichen, daß der Zustand eines betrachteten Simulationsmodells zu einem vorgegebenen Zeitpunkt einer Zielbedingung genügt. Eine Erweiterung von SIMEX in der Weise, daß man auch Zwischenzeitpunkte oder Zeitschritte vorgeben kann, zu denen der aktuelle Zustand auf ausreichende Güte geprüft wird wäre sinnvoll.

Bei den vorgestellten Simulationsmodellen handelt es sich um sehr einfache. Um durch die Anwendung von SIMEX brauchbare Ergebnisse bei komplexeren Modellen zu erhalten, ist eine Erweiterung des mathematischen Wissens in der Wissensbasis von SIMEX erforderlich.

Das System SIMEX kann in den verschiedensten Anwendungsgebieten zum Einsatz kommen. Dieses können neben ökologischen- auch ökonomische- oder andere Simulationsdomänen sein. Gerade die Ökologie ist aufgrund der immer größer werdenden Umweltprobleme ein wichtiges Einsatzgebiet für SIMEX.

Literaturverzeichnis:

<And73> J. M. Anderson: "The Eutrophication of Lakes"
in: D. L. Meadows, D. H. Meadows: "Toward Global Equilibrium"
Wrigth-Allen Press Inc. Cambridge, Massachusetts 1973

<BeR87> St. Becker, M. Ramlow: "Graphsuchverfahren zur Optimierung der Ergebnisse eines Simulationsmodells"
Studienarbeit am Fachbereich 18 der Universität Hamburg 1987

<BHR87> St. Becker, G. Hille, M. Ramlow: "Wissensbasierte Simulation eines Ökosystems"
in: A. Jaeschke, B. Page: "Informatikanwendungen im Umweltbereich", Kernforschungszentrum Karlsruhe GmbH, Karlsruhe 1987

<BuD83> B. G. Buchanan, R. O. Duda: "Principles of Rule-Based Expert Systems"
Advances in Computer, Vol. 22, 1983

<DrS66> N. R. Draper, H. Smith: "Applied Regression Analysis"
John Wiley & Sons, Inc. 1966

<Fis73> G. S. Fishman: "Concepts And Methods In Discrete Event Digital Simulation"
John Wiley & Sons 1973

<For61> J.W. Forrester: "Industrial Dynamics"
M.I.T. Press Massachusetts Institute of Technology Cambridge, Massachusetts, 1961

<For69> J.W. Forrester: "Urban Dynamics"
M.I.T. Press Massachusetts Institute of Technology Cambridge, Massachusetts, 1969

<HKN85> A. Häuslein, K. Kullack, C. Nowak: "Modellbildung und Simulation mit System Dynamics: Grundlagen und Konzepte zur interaktiven Unterstützung
Mitteilung Nr.: 133 (FBI-HH-M-133/85)
Fachbereich Informatik der Universität Hamburg 1985

<HWL83> F. Hayes-Roth, D. A. Waterman, D. B. Lenat: "Building Expert Systems"
Addison-Wesley Publishing Company, Inc. 1983

<LeM86> V. Levien, J.-U. Möller: "Expertensystemgestützter formalisierter Software-Life-Cycle"
in: Tagungsband Software-Architektur und modulare Programmierung
German Chapter of the ACM Kaiserslautern 1986, Teubner Verlag

<Nau83> D. S. Nau: "Expert Computer Systems"
in: Computer Feb. 1983

<Nog87> L. Nogarth: "Qualitative Beurteilung zeitkontinuierlicher Variablen zur Wissensrepräsentation in Expertensystemen"
Studienarbeit am Fachbereich 18 der Universität Hamburg 1987

<Pag85> B. Page: "Anwendungen der Informatik: Modellbildung und Simulation"
Vorlesungsskript SS 85, Fachbereich 18 der Universität Hamburg

EINSATZ GEOGRAPHISCHER INFORMATIONSSYSTEME UND DYNAMISCHER RÜCKKOPPLUNGSMODELLE FÜR DIE HYPOTHESENPRÜFUNG DER URSACHEN NEUARTIGER WALDSCHÄDEN

Reinhard Bachhuber
ESRI Gesellschaft für Systemforschung und
Umweltplanung mbH, Ringstraße 7
D-8051 Kranzberg

Abstract

Im Rahmen des vom BMfT geförderten, laufenden Forschungsvorhabens werden Methoden und Verfahren zur Simulation und Darstellung flächen- und zeitpunktbezogener Entwicklungen der "neuartigen Waldschäden" in Fichtenbeständen erarbeitet. Die derzeitigen Waldschadenshypothesen bilden Vorgaben in der Gewichtung von Wechselbeziehungen. Es werden Geographische Informationssysteme (GIS) und dynamische Rückkopplungsmodelle eingesetzt, die in 4 Schwerpunktforschungsräumen der Bundesrepublik Deutschland (Berchtesgadener Alpen, Fichtelgebirge, Südschwarzwald und Südniedersächsisches Bergland) Anwendung finden.

Die Ergebnisse der Simulation werden als hypothesenabhängige Waldschadenskarten ausgegeben und mit den kartierten realen Waldschäden verglichen. Dies verdeutlicht deren jeweilige Relevanz in verschiedenen Regionen und zeigt sowohl hypothesenabhängige Auswirkungen als auch Auswirkungen anzunehmender Gegenmaßnahmen flächen- und zeitpunktbezogen auf.

Als besonders wichtige Teilbereiche dieses Gesamtprojektes stellen sich die waldschadensrelevanten Ökosystembeziehungen als Grundlage von dynamischen Modellen und Hypothesensimulationen dar. Auch wenn diese Beziehungen nur unvollständig geklärt sind, existieren zahlreiche Forschungsergebnisse, die eine inhaltlich und methodisch sinnvolle integrative Betrachtung ermöglichen und erfordern.

Fragestellung, Aufbereitung, Methoden und Ziele des Projektes sind in Abb. 1 zusammengefaßt.

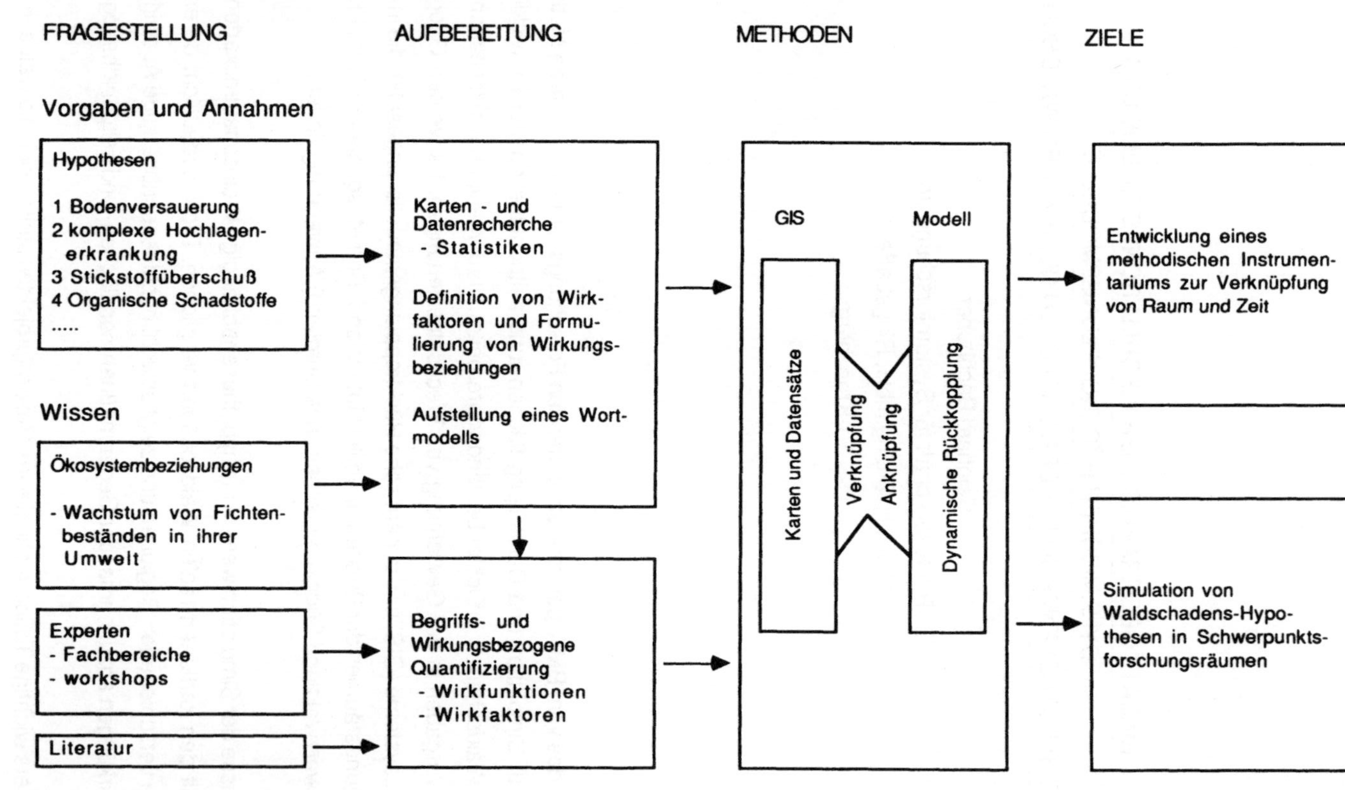

Abb. 1: Projektablaufschema

1 Methodischer Ansatz

Der methodische Rahmen wurde am Lehrstuhl für Landschaftsökologie der Technischen Universität München in Zusammenarbeit mit dem Systemwissenschaftler GROSSMANN, W.D. entwickelt (vgl. GROSSMANN et al. 1984). Dabei wird die Verknüpfung dynamischer Rückkopplungsmodelle mit Geographischen Informationssystemen (GIS) vorgestellt. In Anlehnung an die Theorie einer hierarchischen Betrachtung von ökologischen Systemen (vgl. ALLEN und STARR 1982) und die Aufteilung eines komplexen Systems in einen Prozeßteil und informationsverarbeitenden Teil (nach MESAROVIC et al. 1971), lassen sich mehrere Ebenen der Betrachtung unterscheiden. Dieser Ansatz kann für verschiedene Fragestellungen und Problemlösungen in sozioökonomisch-ökologischen Systemen angewandt werden und ist in Abb. 2 dargestellt. Auf der einen Ebene wird im Modell der Zeitablauf bestimmter Parameter (z.B. Schadensverlauf) aus dem Zusammenwirken verschiedener Faktoren und unter Berücksichtigung der Rückkoppelungen errechnet. In der anderen Ebene sind in einem Geographischen Informationssystem alle für das Modell relevanten Daten flächenbezogen gespeichert. Ein wesentlicher methodischer Schritt ist die Verknüpfung beider Ebenen, die jedoch je nach Aggregation des Modells in direkter oder indirekter Anknüpfung erfolgt (vgl. Kap.5).

Die vom Modell errechneten Zeitverläufe bestimmter Parameter können dann in Zeitkarten dargestellt werden.

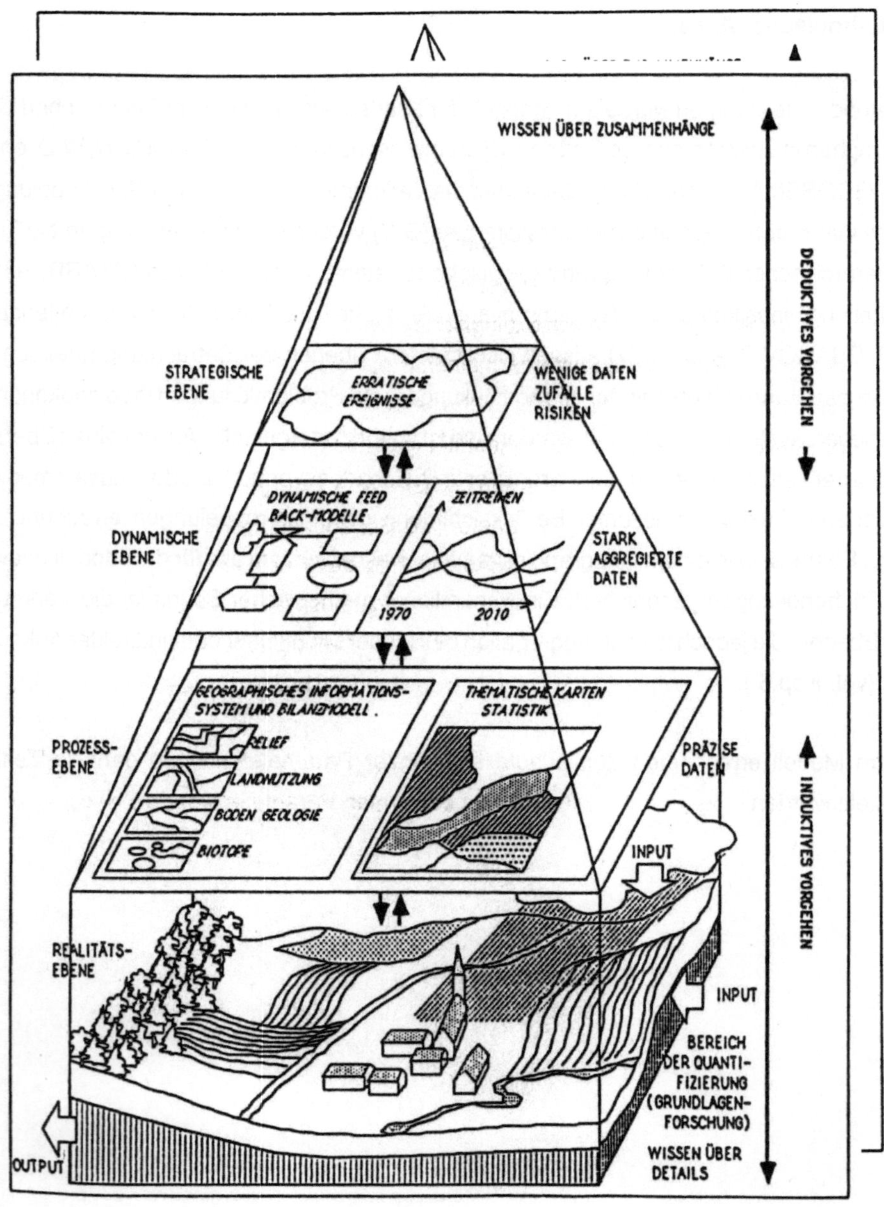

Abb. 2: Informationsverarbeitung in mehreren Betrachtungsebenen (SPANDAU 1988, im Druck)

2 Waldschadenshypothesen

Die Fragestellung "Simulation von Waldschadenshypothesen in Schwerpunktforschungsräumen der BRD" und das methodische Instrumentarium setzen gewisse Vorgaben für eine Auswahl aus Vielzahl an Ursachenhypothesen.

Methodenbedingt sollen

- die Hypothesen weitgehend qualitativ und quantitativ formulierbar sein (Wortmodell)
- die zu betrachtenden Testregionen und die Baumart Fichte mit Beobachtungen und Daten gut belegbar sein.

Fragestellungsbedingt sollen

- Hypothesen geprüft werden denen von Expertengremien aus der Waldschadensforschung eine generelle Plausibilität zugesprochen wird

Auf der Basis dieser Vorauswahl (FBW 1986, KFA 1986, GSF 1987 u.a.) und unter Berücksichtigung der methodischen Gesichtspunkte werden folgende Hypothesen zur Simulation herangezogen:

- Bodenversauerungshypothese
- Komplexe Hochlagenerkrankung
- Stickstoffhypothese
- Sekundäre Luftverunreinigung.

Überlagert man die Wirkungswege vornehmlich der ersten 3 Hypothesen (Abb.3), lassen sich bereits erste Schlüsse für die Modellerstellung ziehen:

1. Zahlreiche Wirkungspfade sind gemeinsam; die Hypothesen ergänzen sich und berücksichtigen bereits eine große Anzahl von Standortfaktoren und Waldökosystembeziehungen.

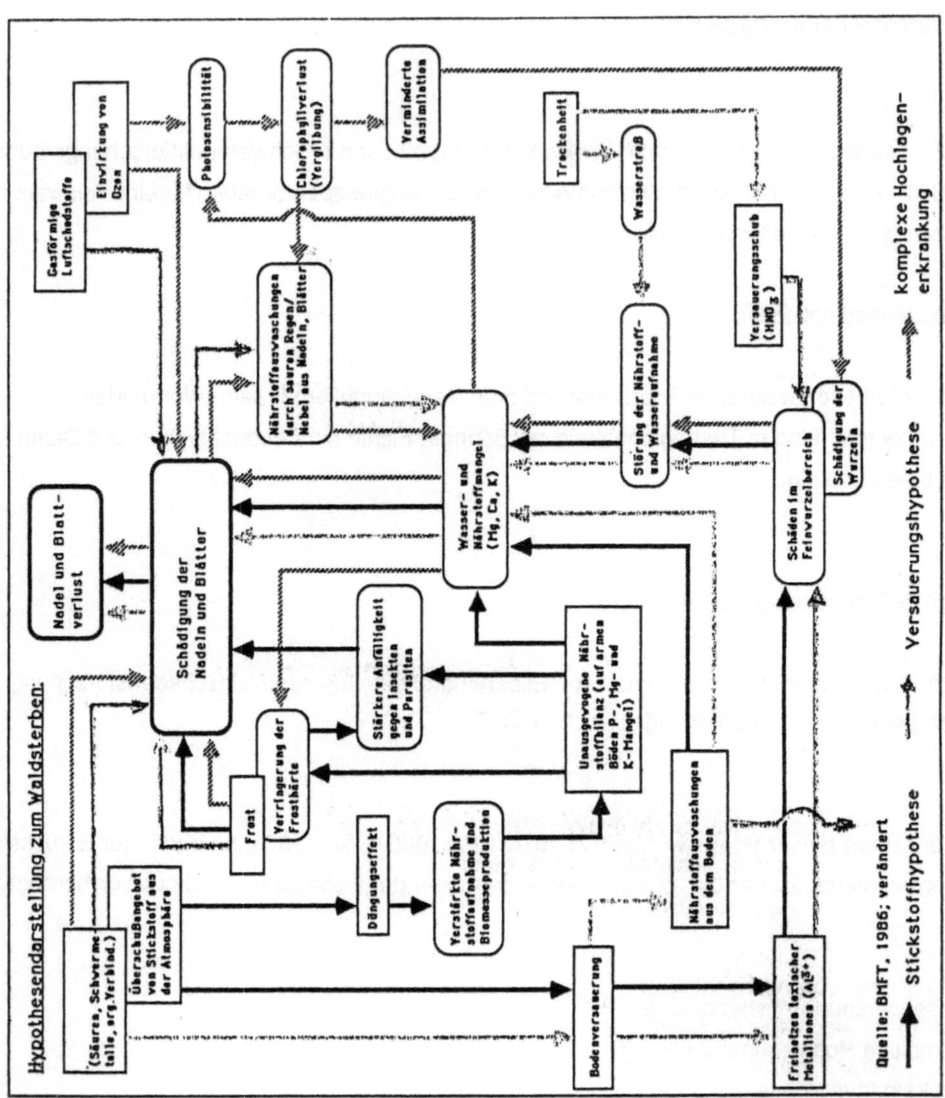

Abb. 3: Hypothesendarstellung zum Waldsterben (LENZ und SCHALLER 1988)

2. Die Begriffe und Wirkungsbeziehungen stellen das Grundgerüst dar, welches in der Projektbearbeitung durch Auswertungen im GIS und mit dynamischen Rückkopplungsmodellen in Raum und Zeit zu simulieren ist.

3. Umfangreiche Literaturauswertung und Expertenbefragungen sollen eine aktuelle qualitative und , wo möglich, quantitative Formulierung dieses Beziehungsgeflechts ermöglichen.

4. Da diese Hypothesendarstellung lediglich die jeweilige Gewichtung von Einflußgrößen und Wechselbeziehungen zeigt, müssen aus generellen Waldökosystemkenntnissen heraus die übrigen "normalen" Standortfaktoren definiert werden, um die Wuchsbedingungen richtig zu erfassen und damit Hypothesenabläufe in den vollständigen ökosystemaren Zusammenhang zu stellen.

3 Geographisches Informationssystem

Der Aufbau des Geographischen Informationssystems erfolgte für die vier Schwerpunktforschungsräume Nationalpark Berchtesgaden, Fichtelgebirge, Südschwarzwald und Hils jeweils in den Maßstäben 1:10 000 (Gebietsgröße je 40 qkm) und 1:200 000 (Gebietsgröße je ca. 6000 qkm). Dabei sind alle relevanten Daten in ihrer räumlichen Verteilung digital erfaßt und gespeichert worden. Die Gebietsauswahl erfolgte unter dem Gesichtspunkt, verschiedene Standorteigenschaften derjenigen Gebiete in der Bundesrepublik Deutschland zu berücksichtigen, in denen von verschiedenen Fachwissenschaftlern eine Vielzahl unterschiedlicher Daten gewonnen wurden. Die in den einzelnen Gebieten aufbereiteten Geometrien sind in Abb. 4 dargestellt. Neben topographischen Informationen wurden Daten zur Geologie, den Böden, der aktuellen Nutzung, klimatische Parameter, Emissions- und Immissionsangaben flächenscharf aufbereitet und können bei Bedarf abgefragt werden. Durch Überlagerung der erfaßten Geometrien kann auf jede Ausprägung im Gesamtdatensatz, aber auch auf Kombinationen von Merkmalen zurückgegriffen werden.

Neben diesen flächig ausgeprägten Merkmalen wurden auch Linien- und Punktinformationen (Straßen, Fließgewässer, Klima- und Immissionsdaten) verarbeitet. Die Speicherung der Informationen erfolgt über eine relationale Datenbank, d.h. daß neben einer der Geometrie zugeordneten Merkmalsausprägung weitere Informationen zu diesem Merkmal gespeichert und bei Bedarf für Auswertungen herangezogen werden können.

So wurden beispielsweise eine Bestandstabelle und eine Bodentabelle erstellt, die die flächenscharf abgegrenzten Waldbestandseinheiten und Bodeneinheiten näher charakterisieren. Die Bodentabelle enthält Angaben über pH-Werte, Humusanteil, Bodenmächtigkeit und Nährstoffverfügbarkeit. Sie werden als Absolutwerte oder in Wertstufen in die Tabelle aufgenommen.

Zur Gewinnung topographischer Informationen wurden die Höhenschichtlinien digitalisiert. Anschließend wurden unter Verwendung des Programmoduls ARC/TIN die Hangneigungen und Expositionen automatisch ermittelt. Sie dienen u.a. zur Ermittlung des potentiellen Strahlungsgenusses und ermöglichen Aussagen über das Depositionsrisiko einzelner Flächen in Abhängigkeit der Windrichtungsverteilung.

Die klimatischen Daten wurden den Klimaatlanten entnommen. Als Isolinien wurden Angaben zur Temperatur, den Niederschlägen, der Verdunstung und die Anzahl der Tage mit Nebel ins GIS aufgenommen, ebenso wie die von einigen Klimameßstationen vorhandenen Windrosen. Zur Beschreibung der lufthygienischen Situation in den einzelnen Untersuchungsgebieten dienen Rasterdaten des Umweltbundesamtes (UBA, 1986). Sie charakterisieren die Emissionen. Die Straßen wurden entsprechend ihrer Verkehrsmengen klassifiziert. Unter Verwendung einfacher Rechenverfahren können die von den Kraftfahrzeugen ausgehenden Emissionen ermittelt werden.

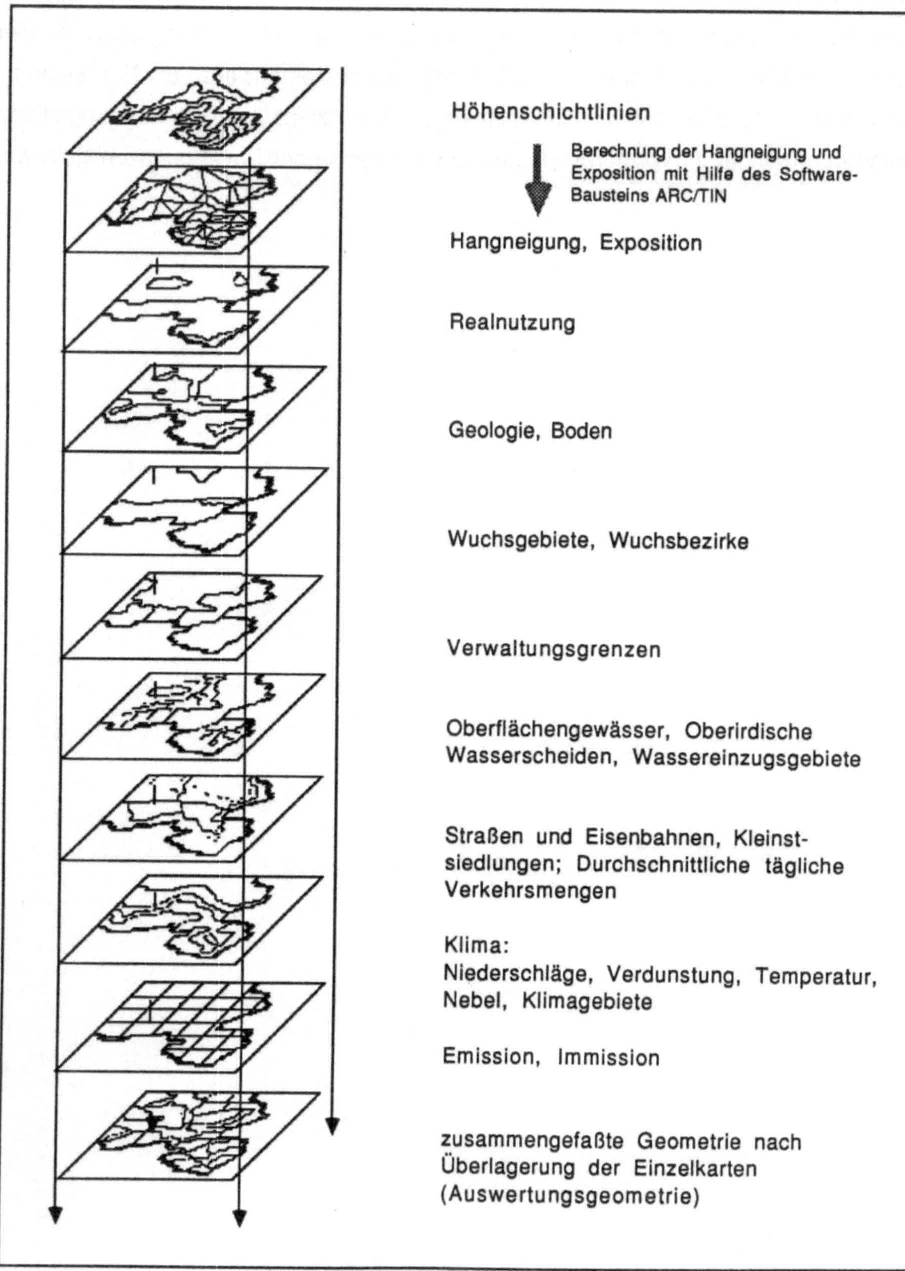

Abb.4: Aufbau der Geographischen Informationsbasis

4 Dynamische Feedbackmodelle

Die dynamischen Feedbackmodelle beschreiben die wichtigsten Interaktionen zwischen den Bereichen Luftbelastung, Deposition, Bodenbelastung, Pufferkapazität und Waldbestand. Diese Interaktionen haben Auswirkungen in der Zeit und ändern sich in der Zeit (Abb.5).

Im Projekt werden dabei zwei Dynamische Rückkopplungsmodelle eingesetzt. Zum einen wurde das Modell Pollapse (Pollution und Collapse) von GROSSMANN auf der Basis neuerer Erkenntnisse der Waldschadensforschung weiterentwickelt und sensitiviert. Zum anderen wurde das von BOSSEL (1986) veröffentlichte 'SPRUCE-Modell' um die fehlenden hypothesenbezogenen Bereiche erweitert.

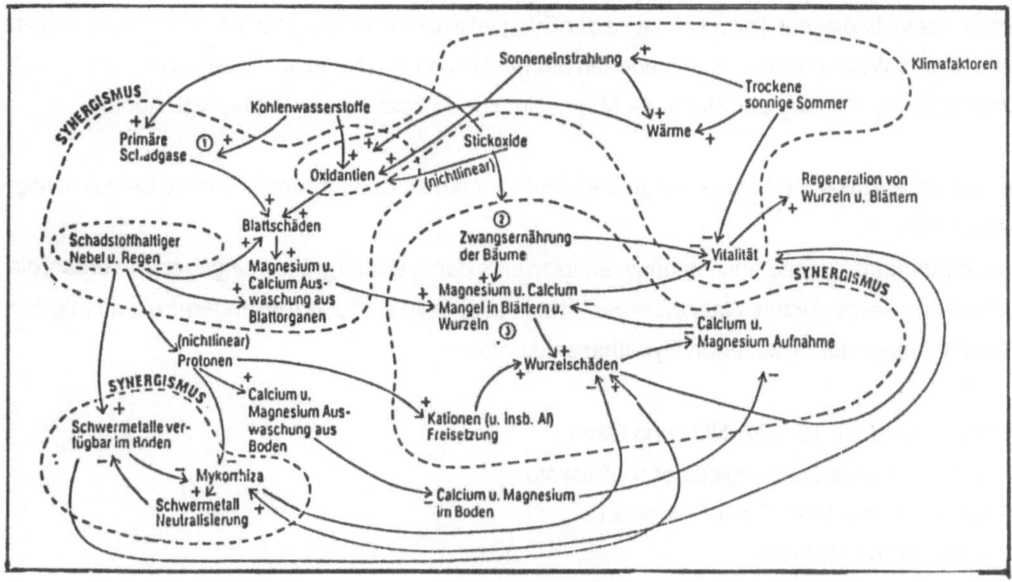

Erläuterungen:

1) Blattschäden durch halogenierte Kohlenwasserstoffe
2) Bäume müssen Nitrate aufnehmen, Folge Zwangswachstum
3) Alle hier gezeichneten Wirkungen verringern Magnesium/Calzium im Baum

Abb. 5: Wechselwirkungen zwischen Belastungsfaktoren und Waldbeständen

4.1 Modell zu Fichtenbeständen

Das Bestandsmodell Fichte wurde auf der Basis des Modells SPRUCE (BOSSEL, 1986) von SCHALL (1988) im Rahmen des Forschungsvorhabens weiterentwickelt. Es baut auf zwei Hierarchiestufen auf.

Die untere Ebene und damit der Kernbereich des Modells ist der einzelne Baum mit seinem Assimilat- und Mineralstoffhaushalt. Da sich im Altersverlauf eines Bestandes die Stammzahl verringert, muß dies als zweite Ebene berücksichtigt werden, um Ergebnisse mit Flächenbezug zu erhalten.

Das Teilsystem des Baumes besteht aus den Biomassekompartimenten Holz, Nadeln und Feinwurzeln. In diesem Teilsystem wird der Energiehaushalt mit den Prozessen Photosynthese, Atmung und Wachstum der verschiedenen Biomassekompartimente sowie der Nährstoffhaushalt unter Berücksichtigung der Elemente Magnesium und Stickstoff abgebildet (vgl. Abb.6).

Die zeitliche Auflösung liegt bei ungefähr einer Woche, so daß saisonale Effekte berücksichtigt werden können.
Bislang können folgende Anknüpfungsvariablen als externe Steuergrößen eingegeben werden, die zum einen generell für das Wachstum der Fichte bedeutsam sind und zum anderen die wichtigsten Einflußfaktoren der diskutierten Hypothesen darstellen.

- Schadfunktionen zu SO2, NOx und Ozon
- Nadelbiomassesteigerungsfaktor für Stickstoff
- Physiologischer Einfluß der Temperatur
- Schadfunktion für Frost
- physiologischer Einfluß der Strahlung
- Startwerte der Biomassekompartimente
- Leachingfaktor
- Trockenstreßfunktion
- Faktor für Al 3+-/H+- Toxizität
- Magnesiumversorgungsfaktor

Von diesen Größen sind einige fest im Modell, andere können bzw. müssen gegebenenfalls von außen immer neu definiert und eingegeben werden.

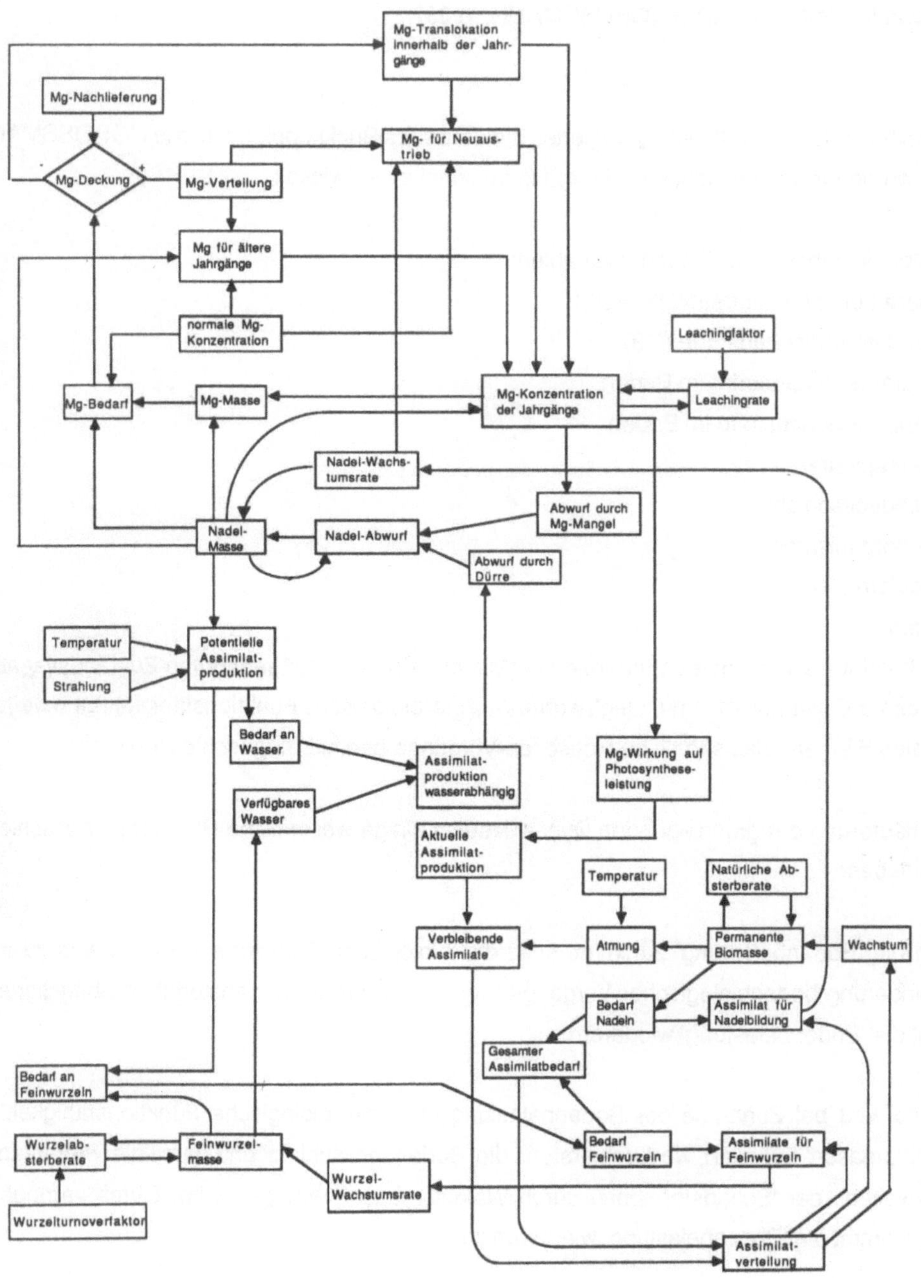

Abb. 6: Vereinfachtes Wirkungsdiagramm des veränderten Fichtenwaldmodells nach Bossel (1986)

4.2 Das Modell POLLAPSE (GROSSMANN, 1985)

Das Modell POLLAPSE II, ein aggregiertes dynamisches Rückkopplungsmodell (GROSSMANN, 1985) wurde für die Simulation größerer Raumeinheiten entwickelt.

Das Modell enthält neun Zustandsvariablen:
- primäre Luftschadstoffe (NO2, SO2)
- sekundäre Luftschadstoffe (O3)
- persistente Schadstoffe im Boden
- abbaubare Schadstoffe im Boden
- Pufferkapazität
- Bodendeckschicht
- Bodenorganismen
- Waldbiomasse
- Nadeln

Dazu kommt als wichtigstes Steuerelement die aus den vier erstgenannten Zustandsvariablen abgeleitete 'Gesamtverschmutzung', woraus auf die 'biologische Funktionsfähigkeit', ein weiteres zentrales Element, das sämtliche biotischen Vorgänge beeinflußt, geschlossen wird.

Zur Erläuterung der grundlegenden Dynamik seien einige wesentliche Rückkopplungsschleifen beschrieben:

Wenn die 'Bodenbelastung' zunimmt, sinkt die 'biologische Funktionsfähigkeit', was zu einer Verminderung bodenbiologischer Vorgänge führt. Da diese am Schadstoffabbau beteiligt sind, nimmt die 'Bodenbelastung' wiederum zu.

Ebenso wird bei Zunahme der Bodenbelastung über die 'biologische Funktionsfähigkeit' die 'Waldbiomasse' reduziert, wodurch erstens die 'Bodendeckschicht' und damit die 'Pufferkapazität', zweitens der 'Schadstoffabbau durch Waldbiomasse' verringert wird. Durch verringerten Abbau nimmt die 'Bodenbelastung' wiederum zu.

Die 'primären Luftschadstoffe' werden durch Deposition, die mit der Walddichte korrespondiert, verringert. Die Deposition erhöht die 'Bodenbelastung', wodurch über die oben aufgeführten Rückkopplungsschleifen die 'Waldbiomasse' und damit die 'Walddichte' verringert wird. Die sich daraus ergebende Deposition erhöht die 'primäre Luftbelastung'.

5 Anknüpfung der Modelle an das Geographische Informationssystem

Durch Überlagerung der unterschiedlich erfaßten Geometrien kann über die Anknüpfungsvariablen auf jede einzelne Ausprägung im Gesamtdatensatz aber auch auf Kombinationen von Merkmalen (z.B. Waldbestand mit einer definierten Altersklasse und Baumart, bei bestimmter Exposition usw.). zurückgegriffen werden, wodurch eine räumliche Differenzierung erreicht wird. Die Anknüpfungswege der beiden Modelle 'Bestandsmodell' und 'aggregiertes Rückkopplungsmodell POLLAPSE' unterscheiden sich dabei wesentlich (siehe Abb.7). Das Bestandsmodell greift direkt auf die Merkmale oder Merkmalskombinationen die im Geographischen Informationssystem einzelflächenbezogen vorliegen zu und schreibt die zeitpunktbezogenen Parameter (z.B. Schadensklasse etc.) in das GIS zurück. Dadurch ist die Abbildung der zeitpunktbezogenen Parameter direkt auf jeder Einzelfläche möglich.

Beim aggregierten dynamischen Rückkopplungsmodell erfolgt die Anknüpfung in differenzierterer Weise. Das Modell errechnet aus Durchschnittswerten einer Region den Vitalitätsverlauf, Biomasseentwicklung u.a. und verteilt sie anschließend prozentual auf Schadstufen, wobei die Modelleingangsdaten aus dem Geographischen Informationssystem stammen können oder direkt eingegeben werden können. In einem zweiten Schritt können durch Verknüpfung (hypothesenabhängig) der relevanten Daten im GIS die hypothesenspezifischen Parameterkombinationen in Risikokarten ausgegeben werden. Die Risikoflächen werden in der Datenbank nach Klassen sortiert. Im dritten Schritt werden die Schadstufen auf die Risikoflächen verteilt. Dies geschieht folgendermaßen. Ergeben sich aus dem Modell beispielsweise 3% der Schadstufe 5 wird solange jeder Fläche, ausgehend von der Fläche mit dem höchsten Risiko, die Schadstufe 5 zugewiesen, bis 3% der Gesamtfläche die Zuweisung erhalten haben, usw..

Die Ergebnisse können wieder kartographisch dargestellt werden und mit terrestrischen oder luftbildunterstützten Schadenskartierungen verglichen werden.

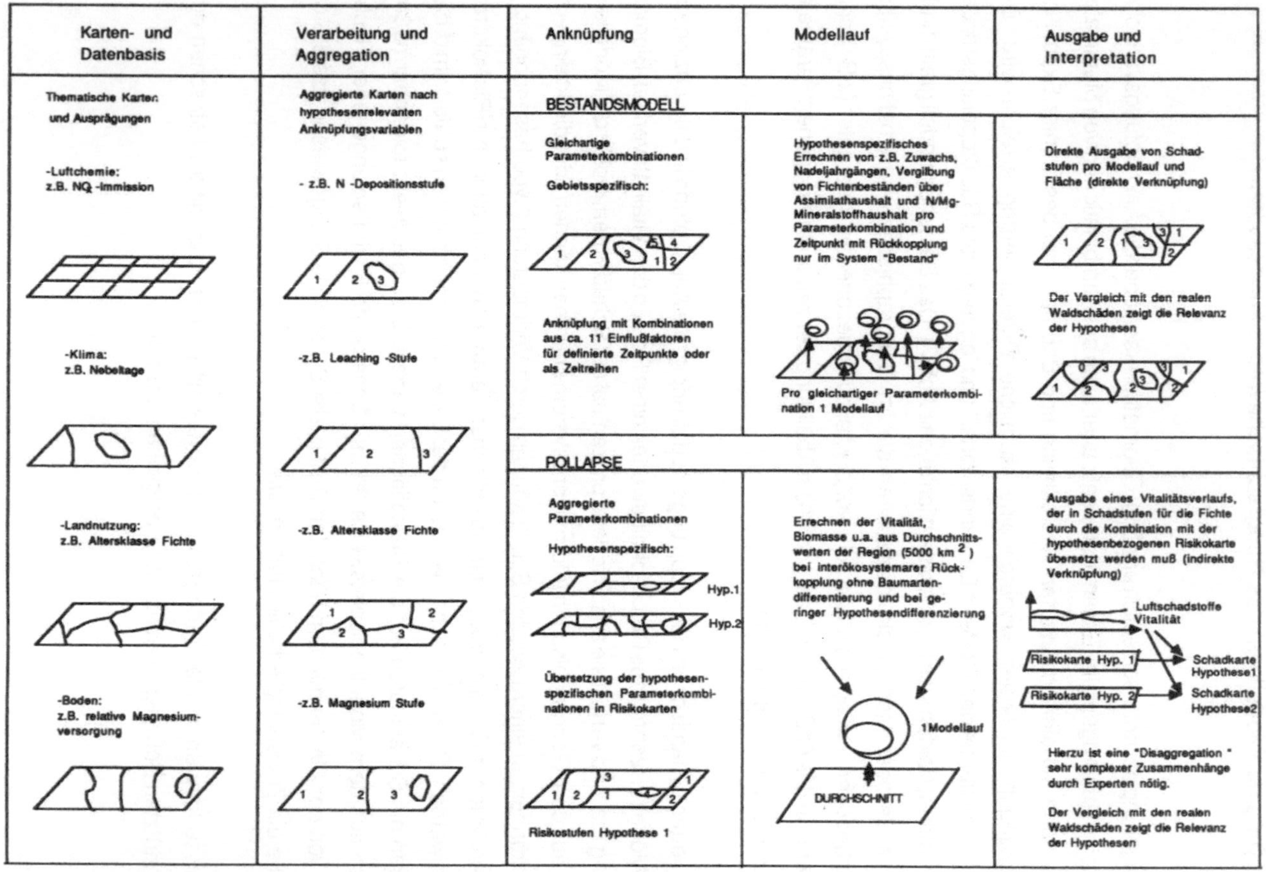

Karten- und Datenbasis	Verarbeitung und Aggregation	Anknüpfung	Modellauf	Ausgabe und Interpretation
Thematische Karten und Ausprägungen	Aggregierte Karten nach hypothesenrelevanten Anknüpfungsvariablen	BESTANDSMODELL		
-Luftchemie: z.B. NO_x-Immission	- z.B. N -Depositionsstufe	Gleichartige Parameterkombinationen Gebietsspezifisch: Anknüpfung mit Kombinationen aus ca. 11 Einflußfaktoren für definierte Zeitpunkte oder als Zeitreihen	Hypothesenspezifisches Errechnen von z.B. Zuwachs, Nadeljahrgängen, Vergilbung von Fichtenbeständen über Assimilathaushalt und N/Mg-Mineralstoffhaushalt pro Parameterkombination und Zeitpunkt mit Rückkopplung nur im System "Bestand" Pro gleichartiger Parameterkombination 1 Modellauf	Direkte Ausgabe von Schadstufen pro Modellauf und Fläche (direkte Verknüpfung) Der Vergleich mit den realen Waldschäden zeigt die Relevanz der Hypothesen
-Klima: z.B. Nebeltage	-z.B. Leaching -Stufe	POLLAPSE		
-Landnutzung: z.B. Altersklasse Fichte	-z.B. Altersklasse Fichte	Aggregierte Parameterkombinationen Hypothesenspezifisch: Hyp.1 Hyp.2 Übersetzung der hypothesenspezifischen Parameterkombinationen in Risikokarten Risikostufen Hypothese 1	Errechnen der Vitalität, Biomasse u.a. aus Durchschnittswerten der Region (5000 km^2) bei interökosystemarer Rückkopplung ohne Baumartendifferentierung und bei geringer Hypothesendifferenzierung 1 Modellauf DURCHSCHNITT	Ausgabe eines Vitalitätsverlaufs, der in Schadstufen für die Fichte durch die Kombination mit der hypothesenbezogenen Risikokarte übersetzt werden muß (indirekte Verknüpfung) Luftschadstoffe Vitalität Risikokarte Hyp. 1 → Schadkarte Hypothese1 Risikokarte Hyp. 2 → Schadkarte Hypothese2 Hierzu ist eine "Disaggregation" sehr komplexer Zusammenhänge durch Experten nötig. Der Vergleich mit den realen Waldschäden zeigt die Relevanz der Hypothesen
-Boden: z.B. relative Magnesiumversorgung	-z.B. Magnesium Stufe			

Abb. 7: Wege der Hypothesensimulation mit flächenbezogener Bilanzierungsrechnung und Rückkopplungsmodellen

6 Ausblick

Die im Projekt eingeschlagene Vorgehensweise ermöglicht prinzipiell eine Abschätzung des Erklärungswertes von Ursachenhypothesen, die zusammen mit der Bestimmung des Wahrheitsgehaltes aus den mosaikartig auf verschiedenen Organisationsebenen vorhandenen kausalanalytisch erarbeiteten Erkenntnissen eine empirische Bewertungsmöglichkeit der sehr komplexen Waldschadenshypothesen ergibt.

Es wird jedoch nicht möglich sein, sämtliche Ökosystemparameter (z.B. Stoffwechselprozesse auf Enzymebene) zu berücksichtigen, um Aussagen über die zukünftige Entwicklung der Waldschäden zu machen. Jedoch kann die Dynamik des Schadensfortschritts, d.h. der Verlauf der Schäden in einem bestimmten Zeitraum mit Hilfe des dynamischen Feedback-Modells beschrieben werden. Durch die Verknüpfung mit dem GIS lassen sich sogenannte Zeitkarten erstellen, wobei beispielsweise die Veränderungen der Waldschäden bis zum Jahr 2000 dargestellt werden können.

Abhängig von der zugrundegelegten Hypothese wird die errechnete Entwicklung der Waldschäden erheblich differenziert. Die Betrachtung des Schadensverlaufs in den letzten Jahren im Vergleich zu dem für diesen Zeitraum rückgerechneten Werten im dynamischen Modell ermöglicht eine Überprüfung der Methode und wird Aussagen darüber zulassen, welche Hypothesen über die Ursache der Waldschäden den tatsächlichen Verlauf am ehesten erklären kann.

Die Verwendung zweier unterschiedlicher Maßstabsebenen (1:10 000 und 1:200 000) gestattet mit verschiedenen präzisen Datensätzen zu arbeiten, die im größeren Maßstab detailliert und im kleinen aggregiert sind.

7 Literatur

ALLEN, T.F.H., STARR, T.B., 1982: Hierarchy: Perspectives for Ecological Complexity. University of Chicago Press, Chicago.

BOSSEL, H., 1986: Dynamics of forest dieback: Systems analysis and Simulation. Ecol. Modelling, 34: 259-288.

FBW (Forschungsbeirat Waldschäden/Luftverunreinigungen), 1986: 1. Bericht (Bez. 1984). Mühlacker (K. Elstner Druck).

FBW (Forschungsbeirat Waldschäden/Luftverunreinigungen), 1986: 2. Bericht (Mai 1986). Mühlacker (K. Elstner Druck): 229 S.

GROSSMANN, W.D., SCHALLER, J., SITTARD, M., 1984: "Zeitkarten": Eine neue Methodik zum Test von Hypothesen und Gegenmaßnahmen bei Waldschäden. AFZ 34: 837-842.

GROSSMANN, W.D., 1987: Suggestion for a systematic explanation of the main reasons for the world wide forest decline. Department for environmental Planning Österr. Forschz. Seibersdorf NU—31.

GSF (GESELLSCHAFT FÜR STRAHLEN- UND UMWELTFORSCHUNG) (Hrsg.), 1987: Patient Wald. Mensch und Umwelt, Magazin Sept. : 67 S.

KFA (KERNFORSCHUNGSANLAGE JÜLICH) (Hrsg.), 1986: Ursachenforschung in der Bundesrepublik Deutschland und den Vereinigten Staaten von Amerika. Waldschäden. Köln (Gebr. Kopp OHG): 137 S.

LENZ, R., SCHALL, P., 1988: Darstellung waldschadensrelevanter Ökosystembeziehungen als Grundlage von dynamischen Modellen und einer Hypothesensimulation. Verh. Ges. Ökologie, im Druck.

MESAROVIC, M., MACKO M., TAKAHARA Y., 1971: Theory of Hierarchical, Multilevel Systems. Academic Press (New York).

SCHALL, P., 1988: Fichtenwald - ein dynamisches Simulationsmodell zur Reproduktion von Waldschadenssymptomen bei der Fichte. Diplomarbeit am Lehrstuhl für Landschaftsökologie der TU München-Weihenstephan.

SCHALLER, J., SPANDAU, L., 1987: MAB-Projekt 6: Der Einfluß des Menschen auf Hochgebirgsökosysteme - Integrierte Methoden und Auswertungsansätze zu den Ergebnissen der Ökosystemforschung Berchtesgaden. Verh. Ges. Ökol. 15 (im Druck).

SPANDAU, L., 1988: Angewandte Ökosystemforschung im Nationalpark Berchtesgaden - dargestellt am Beispiel sommertouristischer Trittbelastung auf die Gebirgsvegetation. Diss. am Lehrstuhl f. Landschaftsökologie der TU München-Weihenstephan. In Vorb.

UBA (UMWELTBUNDESAMT), 1986: Daten zur Umwelt 1986/87. Berlin, (E. Schmidt): 550 S.

EINSATZ DER DIGITALEN BILDVERARBEITUNG FÜR DEN UMWELTSCHUTZ

W. Pillmann
Österreichisches Bundesinstitut für Gesundheitswesen
und Technische Universität Wien

Zusammenfassung

Eingebettet in umfassendere Konzepte der Informationsgewinnung und -verarbeitung trägt die digitale Bildverarbeitung in zunehmendem Maß zur Lösung von Aufgaben im Umweltschutz bei. Hervorzuheben sind Methoden der Fernerkundung sowie die aktuellen Arbeitsbereiche der Informatik wie interaktive räumliche Informationssysteme und der Einsatz von Verfahren der Klassifikationen, Mustererkennung und der künstlichen Intelligenz in der digitalen Bildverarbeitung.

Gezeigt wird, wie die Vektor- und Raster-Bildverarbeitung in den abgrenzbaren Umweltsektoren wie Luftreinhaltung, Lärmbekämpfung, Landschaftsplanung, Boden- und Ökotopschutz und in Spezialbereichen des Umweltschutzes wie der Waldzustandserhebung, sowie bei der Abbildung und Analyse komplexer Wirkungszusammenhänge in Simulationsmodellen eingesetzt wird.

Gliederung

1. Bildverarbeitung für den Umweltschutz?

Unsere Umwelt stellt ein Wirkungsgefüge dar, in dem räumliche, strukturelle und funktionelle Verknüpfungen auf der Ebene stofflicher, energetischer und informatieller Vorgänge bestehen. Vor allem die Vorgänge der Informationsverarbeitung durch unser Denken, die unmittelbar keine Wirkung auf die Umwelt zeigen, bergen das Potential in sich, Umweltveränderungen auszulösen (Umweltgutachten 1987). Immer mehr setzt sich die Erkenntnis durch, daß Stoff- und Energieströme durch geeignete Informationsflüsse lenkbar und teilweise substituierbar sind und damit ein Beitrag zum Schutz der Umwelt geleistet werden kann.

Ergebnisse von logisch-kausalen bis assoziativ-emotionellen Denkprozessen über die Umwelt liefern Informationen über Teilsysteme. Die simultane ganzheitliche Erfassung des Umweltsystems entzieht sich unserem Denken und unseren Kommunikationsmöglichkeiten.

Sprachlich und schriftlich können Informationen nur sequentiell weitergegeben werden. Die übertragbare Informationsmenge pro Zeiteinheit ist für begriffliche Inhalte durch das Lese- und Sprechtempo begrenzt. Unvergleichlich höher kann die durch Erklärungen ergänzte Information aus Bildern sein, aus der der Beschauer selbst eine Informationsauswahl treffen und Sinnzusammenhänge erkennen kann.

Der durch Begriffe unserer Sprache oder in Form von Bildern an andere Menschen weitergebbare Information über Umwelt-Teilsysteme kommt zur Erkenntnisgewinnung große Bedeutung zu. Jedoch sind Steuerungs- und Rückkopplungsmechanismen im vernetzten Umweltsystem schwer, adaptive selbstanpassende Prozesse und Stabilitätsüberlegungen begrifflich kaum darstellbar. Eine Möglichkeit zur Abbildung und Erschließung von Wirkungszusammenhängen gibt die Darstellung in Systemdiagrammen und die mathematische Systembeschreibung mit Methoden der Regelungstheorie. Durch verstärkten Einsatz quantitativer Methoden und Nutzung systemwissenschaftlicher Erkenntnisse wird in der Umweltforschung die Beschreibung und das Wahrnehmen des stofflichen und räumlich/zeitlichen Zustandes unserer Umwelt und der darin enthaltenen funktionellen Beziehungen erleichtert (Umweltschutz - Versuch einer Systemdarstellung, 1986). Die zentrale Rolle die dem Rechnereinsatz zur Datensammlung, Speicherung und gezielten Informationsaufbereitung zukommt, wird hier nur vollständigkeitshalber erwähnt.

Sinnvollerweise ist die Computergrafik - die rechnerunterstützte Arbeit mit Bildern - immer Element eines Datenverarbeitungssystems, das für Zwecke des Umweltschutzes eingesetzt wird. Fortschrittliche Systeme erlauben neben der

Generierung und Visualisierung von Bilddaten auch Prozeduren zur Bildverarbeitung wie die Verknüpfungen über Modelle und Bildanalysen bis hin zur Objekterkennung in multispektralen Bildern. Aus dieser erweiterten Sicht zeigt Bild 1 eine Übersicht über die Teilbereiche der digitalen Bildverarbeitung.

E i n g a b e		Ausgabe
Grafik-Daten	Bild	
Generative Computergrafik	Bilddaten-verarbeitung	Bild
	Bildanalyse, Mustererkennung	Beschrei-bung

Bild 1: Systematik der digitalen Bildverarbeitung im weiteren Sinn (verändert nach Encarnacao, Straßer, 1988)

Wird die digitale Bildverarbeitung als Mittel zur Gewinnung von Sachinformation aus Umweltdaten eingesetzt und wird durch Informationsweitergabe über Bilder eine Betroffenheit über den Zustand der Umwelt im Sinne von "uns betreffende Information" bewirkt, so entsteht ein erwünschter Erkenntnisgewinn über Lage unserer Umwelt. Anhand von Beispielen wird gezeigt, wie das "Image Engineering" über diesen Weg zum Menschen einen substantiellen Beitrag für Maßnahmen im Umweltschutz zu leisten vermag.

2. Diagrammdarstellung und Kartierung mit Informationssystemen

2.1 Bildhafte Datendarstellungen

Die bildhafte Veranschaulichung der Informationsinhalte von Daten in Form von thematischen Karten und verschiedensten Diagrammen ist unverzichtbarer Bestandteil der Umweltdatenverarbeitung. Als Beispiel finden sich in den "Daten zur Umwelt" des Umweltbundesamtes Berlin (1986) bildliche Darstellungen praktisch aus allen Teilbereichen der Umwelt, die auf der Grundlage der grafischen Umweltdatenbasis (GRAFU) erstellt wurden (Seggelke, 1987).

2.2 Kartierungen und Geographische Informationssysteme

Für den auf der Ökosystemforschung aufbauenden umfassenden Naturschutz und für die Landschaftspflege ist der Einsatz der digitalen Bildverarbeitung ein Hilfsmittel, mit dem viele, inhaltlich und quellmäßig heterogene Daten für die Landespflege nutzbar gemacht werden. Ein Beispiel ist die Landschaftsplanung, in der Karten und Daten aus den Fachplanungen wie Raumordnung, Flächenwidmung, Forstwesen, Landwirtschaft, Verkehrswegebau, Wasserwirtschaft, Vermessungswesen usw., räumlich aggregiert zu bewerten sind. Meist wird diese Aufgabe mit Kartierungssystemen gelöst, mit denen dem Mangel an problemadequater, flächenbezogener Umwelt-Information zu begegnen versucht wird. Mit den derzeit verfügbaren geographischen Informationssystemen (GIS), mit denen die Datenerfassung, die Darstellung, gezielte Auswahl, Analyse, Verknüpfung über Modelle, Fortschreibung und die Bewertung ortsbezogener Informationen, z.B. für Umweltverträglichkeitsprüfungen ermöglicht wird (Arnold, 1987; GIS, 1987). Zur Popularisierung des Biotopbegriffs und der Waldschadensproblematik haben Karten aus raumbezogenen Informationssystemen sicherlich schon einen Beitrag geleistet. Die Fortschritte im Informatikbereich der "räumlichen Datenverarbeitung" helfen verstärkt die steigenden Datenmengen und die komplexen Datenverknüpfungen zu bewältigen. (Int. Symp. on Spartial Data Handling, 1986).

2.3 Simulationsmodelle - Bilddarstellungen

Auch zur Darstellung der Ergebnisse von Modellrechnungen sind meist Diagramme und Karten erforderlich. Operationell werden Simulationsmodelle für Zwecke der Prognose eingesetzt. Ausbreitungsmodelle, mit denen die wirksamen Schadstoffkonzentrationen für Luftschadstoffe wie Schwefel- und Stickoxide berechnet werden, werden in Genehmigungsverfahren für Störfallanalysen und im laufenden Betrieb des Emittenten zur Prognose der Immissionsbelastung und zur Vermeidung der Überschreitung von Grenzwerten eingesetzt. Mit Luftschadstoff-Ausbreitungsmodellen können bei Verfügbarkeit von Emissionsdaten und meteorologischen Daten mit mathematischen Modellen Übersichten über die momentane oder langzeitliche Immissionsbelastung eines Gebietes geschaffen werden. Anwendungen genormter Ausbreitungsmodelle (z.B. nach TA-Luft oder ÖNORM M 9440) finden sich praktisch in allen Genehmigungsverfahren für Großemittenten. In der Umweltforschung wird versucht, die Prognosesicherheit von Immissionsmodellen auf lokaler, regionaler oder überregionaler Ebene zu präzisieren, um mögliche Wirkungen der Schadstoffbelastung auf Menschen, Tiere, Pflanzen und Materialien festzustellen und langfristig wirksame Strategien für Maßnahmen zur Luftreinhaltung zu entwickeln.

Für Zwecke der Lärmsanierung und für Lärmvorsorgemaßnahmen werden Schall-Ausbreitungsmodelle eingesetzt, um bei bestehenden oder geplanten Verkehrswegen oder Einzelemittenten die Einhaltung der für zumutbar erklärten Grenzwerte sicherzustellen. Bei Lärmausbreitungsmodellen werden die Schallintensitäten von Referenzpunkten u.a. aus den Quellstärken der Emittenten, Reflexionen und Beugungen an Objekten und der Topographie des Untersuchungsbereiches berechnet (Pillmann, 1988).

Ergebnisse von Lärm- und Luftschadstoff-Ausbreitungsrechnungen werden in Immissionskarten dargestellt. Durch rechnerunterstützte Verknüpfung mit Sachdaten wie z.B. meteorologischen Daten, Verkehrsaufkommen und der Bevölkerungsdichte kann die Wirkung von Immissionen in Form von Belastungskarten dargestellt werden.

Durch die Erkrankung des Waldes ist eine ökologische Destabilisierung unserer Umwelt zu erwarten. Mit Modellsimulationen wird versucht, Folgeabschätzungen für Maßnahmen zum Schutz des Waldes durchzuführen (Pillmann, 1985). Beispiele für solche Modelle sind das der Interdisziplinären Arbeitsgruppe Mathematisierung Kassel (Krieger, Bossel, Schäfer, Trost, 1987) und Modelle zur Hypothesenprüfung von Waldschäden im UNESCO-Programm "Man and Biospere" (MAB-Projekt 6). Ergebnisse von Waldzustandserhebungen werden heute vorwiegend rechnerunterstützt hergestellt. Durch eine Folge von Karten sind Zeitreihen von ortsbezogenen Veränderungen darstellbar, die den erhobenen oder prognostizierten Waldzustand veranschaulichen. Einen weiteren Einblick in die Vielfalt von Modellen geben z.B. UMPLIS (1978), Hilty, Page (1986) und Bossel (1985).

2.4 Bilddatenverarbeitung in der kommunalen Praxis

In der kommunalen Praxis werden zunehmend Methoden der Computergrafik genutzt. Dazu gehören umweltrelevante digitale thematische Karten z.B. Flächenwidmung, Realnutzungskartierung, Biotopkartierung, Karten der Deponiestandorte und Abfallbeseitigunsanlagen, Altlastenkataster, Immissionskarten aus Meßnetzen für Luftschadstoffe, Prognosekarten für den Hochwasserschutz, Vegetationskarten, Karten der Deposition von Säurebildnern und Schwermetallen und digitaler Geländemodelle. Im Buch "Informations- und Kommunikationstechniken in der Kommunalen Praxis" (1988) finden sich im Themenbereich "Raum und Umwelt" weitere Beispiele, die vorwiegend der digitalen Vektor-Bildverarbeitung zuzurechnen sind.

3. Fernerkundung, Raster - Bilddatenverarbeitung

Mit zunehmender Leistungsfähigkeit von Rechnern und deren Peripherie zeichnet sich die zunehmende Verwendung bildpunktweise abgetasteter Bilder (Rasterbilder) ab. Die Gewinnung solcher Daten für Zwecke des Umweltschutzes ist Gegenstand der Fernerkundung (Remote Sensing), bei der die Aufnahme der elektromagnetischer Strahlung vom Flugzeug oder Satelliten aus erfolgt, ohne mit dem beobachteten Objekt in Kontakt zu treten. Diese sehr wirksame Möglichkeit, aktuelle Daten über große Gebiete zu gewinnen, wird heute zunehmend elektronisch mit Hilfe digitaler Zeilenkameras (Scannern) genutzt. Mit linearen Halbleitersensoren oder Photoarrays werden hohe geometrische und spektrale Auflösungen erreicht, die fotografische Aufnahmen teilweise übertreffen. Ergebnis der über Sensoren aufgenommenen Remission der Sonnenstrahlung sind Bilder im sichtbaren-, infraroten und thermischen Spektralbereich in Form digitaler Daten (Pillmann, 1985). Dadurch ist die Fernerkundung nahezu untrennbar mit der digitalen Bildverarbeitung verbunden.

Fernerkundungsaufnahmen die bis vor wenigen Jahren vorwiegend in Forschungsprogrammen untersucht wurden und oftmals aus dem Bereich militärischer Entwicklung gefördert sind, werden heute vermehrt in Sachbereichen eingesetzt und kommerziell vermarktet. Nahezu unabhängig einsetzbar vom primären Einsatzziel der Aufnahmen sind die Fernerkundungsdaten für Zwecke der Umweltforschung.

Bei multispektralen Scanneraufnahmen wird die Rückstrahlung des Sonnenlichtes eines Ojektes am Boden aus dem Flugzeug oder vom Satelliten aus zeilenweise abgetastet. Jeder Bildpunkt wird in mehreren Spektralbereichen durch Strahlungsmeßwerte charakterisiert, deren Verlauf als "Spektrale Signatur" bezeichnet wird.

Ein häufig verwendetes Material für Fernerkundungsaufnahmen sind Farbinfrarotfilme. Auf Farbinfrarot-Luftbildern wird sowohl Strahlung im sichtbaren Spektrum, aber auch im rotnahen Infrarot, mit hoher geometrischer Auflösung erfaßt, allerding nur in drei Farbschichten, die spektral überlappend sensibilisiert sind. Luftbilder werden meist visuell interpretiert. Die Ergebnisse der durch den Menschen ausgeführten Bildanalyse und Objekterkennung werden durch Beschreibung oder durch Digitalisieren als thematische Karten nutzbar gemacht. Durch Scannen von ein bis drei Farbebenen der Fotos können Rasterbilder erzeugt werden, die der digitalen Verarbeitung zugänglich sind.

Die geometrische Auflösung des Scanners ist gegenüber dem fotografischen Luftbild um etwa ein Fünftel geringer. Durch den Scanner werden jedoch physikalisch meßbare Primärdaten mit hoher spektraler Auflösung reproduzierbar in genau bekannten Wellenlängenbereichen erfaßt. Tabelle 1 zeigt die Gegenüberstellung der strukturellen und spektralen Auflösung von Luftbild- und Scannerdaten (Pillmann, 1987).

Fernerkundungs(FE)-Aufnahmen aus Flugzeugen und Satelliten werden zur Erfassung terrestrischer und mariner Ökosysteme eingesetzt. Eine Übersicht über die breit gefächerten Aufgaben zeigt die Fernerkundungsliteratur (z.B. Manual of Remote Sensing, 1983).

	Flughöhe / geom. Auflösung	Spektrale Auflösung	Bildpunkte/ Bänder, 1600 bpi
Scanner ATM Meßfeld 1,25 mrad	2000 m / 2,5 m	11 Spektralkanäle zw. 400 - 14000 nm	700 x 3000 1 (700 m)
Landsat V Thematic Mapper	ca. 700 km / 30 (120) m	8 Spektralkanäle zw. 450 - 12500 nm	3000 x 3000 3 (700 m)
IR-LB Objektiv Brennweite 300 mm	2000 m / 0,3...0,5 m	3 überlappende Spektralbereiche	ca. 6000 x 6000 -

Tabelle 1: Gegenüberstellung der spektralen und geometrischen Auflösung von Scanneraufnahmen und Infrarotluftbildern (IR-LB)

Aus den Informationen der "European Association of Remote Sensing Laboratories" (EARSeL, 1987) sind die Tätigkeiten rund um die Gewinnung von Daten aus Flugmissionen und Raumstationen, sowie die Verarbeitung von FE-Aufnahmen ersichtlich.

Aufnahmen von einigen wenige Quadratkilometer großen Gebieten sind zur Bestandsaufnahme und der Feststellung lokaler Veränderungen (z.B. Schadensereignisse) geeignet.

Im regionalen Maßstab stehen vor allem die Erforschung der Pflanzendecke (Wald und landwirtschaftlich genutzte Böden) im Vordergrund. Im urbanen Bereich werden FE-Aufnahmen zur Erhebung der Stadtvegetation und zur Kontrolle der Wirksamkeit raumplanerischer Maßnahmen eingesetzt (Pillmann, 1986). Andere Aufgaben wie z.B. Thermalstudien in Städten, die Dynamik der Schnee- und Eisbedeckung (Gletscherforschung) oder allgemeine Kartierungsaufgaben bestimmen die zum Einsatz gelangenden Filme, Sensoren, die Flugparameter und den Aufnahmezeitpunkt. Weitere Einsatzschwerpunkte regionaler Fernerkundungsaufnahmen für Zwecke des Umweltschutzes sind die Raumplanung und die Energieforschung.

Fernerkundungsaufnahmen aus Satelliten ermöglichen die Schaffung globale Übersichten. Für Zwecke der Umweltforschung sind vor allem die bildgebenden Multispektralscanner wesentliche Datenquellen. Derzeit liefern die Scanner MSS und TM (Thematic Mapper) der "Land Remote Sensing Satellite" LANDSAT V und der Scanner HRV des "Systeme Probatoire d'Observation de la Terre" SPOT-1 periodisch Daten über die Erdoberfläche, deren Ressourcen und die Landnutzung. Eine Zusammenstellung der Banden der Scanner, in denen spektrale Strahldichten gemessen werden, zeigt Bild 2.

Darüber hinaus sind Scannersysteme verfügbar, die Aufnahmen mit über hundert Spektralkanälen und mit hoher geometrischer Auflösung erlauben. Durch ter-

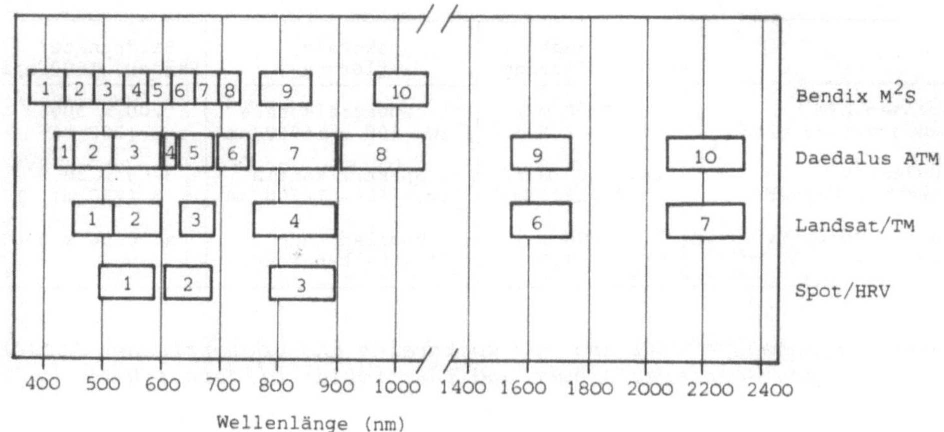

Bild 2: Lage und Bandbreite der Spektralkanäle von Multispektralscannern

restrische Spektraluntersuchungen an Blättern und physiologischen Messungen an Bäumen können mit Hilfe der Bildverarbeitung Zusammenhänge zwischen dem mikro-/makroskopischen und dem spektralen Erscheinungsbild der Vegetation hergestellt und damit der Waldzustand aus Ergebnissen der Spektralklassifikationen präziser angegeben werden.

Einen Überblick über die aktuelle Waldzustandsforschung bietet z.B. das 2. DFVLR Statusseminar "Untersuchung und Kartierung von Waldschäden mit Methoden der Fernerkundung" (1988).

Aus dem Spektrum elektromagnetischer Wellen werden auch aktive RADAR-Mikrowellensensoren zur "Beleuchtung" einer Szene und zur Gewinnung von Fernerkundungsdaten genutzt. Mit bildgebenden Flugzeug- und Satelliten-Radarsystemen werden nahezu unabhängig von der Wolkenbedeckung Bilder der Erdoberfläche gewonnen (Manual of Remote Sensing, 1983). Die Aufbereitung der Radardaten zu Bildern erfordert beträchtlichen Aufwand. Für Zwecke des Umweltschutzes können Radarbilder in den Fällen zum Einsatz kommen in denen trotz Sichtbehinderung Aufnahmen eines Gebietes - z.B. bei Hochwasserkatastrophen - notwendig sind.

Derzeit laufen mehrere umfangreiche Projekte zur globalen Datenerfassung die die Weiterentwicklung der Bildverarbeitung geradezu herausfordern. Künftige Programme wie SPOT-2 (Frankreich, 1988), "Shuttle Imaging Spectrometer Experiment" (SISEX), "Earth Remote Sensing Satellit" ERS-1 der European Space Agency (ESA, 1990), der "Japan Earth Remote Sensing Satellite" (JERS-1, 1991) und die

"European Polar-Orbiting Platform" (COLUMBUS, ESA) sichern die Verfügbarkeit hochwertiger Aufnahmen über die Erdoberfläche und Meere für die Zukunft. Die Nutzung derzeitiger und künftiger Daten erfolgt in international laufenden Arbeitsprogrammen wie das "Global Environment Monitoring System" GEMS des "United Nations Environment Program" (UNEP), "Man and Biospere" MAB der UNESCO, "Global Resource Information Database" GRID der UNEP und der konzipierten Projekte wie "Earth Observing System / Polar-Orbiting Platforms (NASA-NOAA, Start 1989, Launch 1994). Weiters sind zu erwähnen Wettersatelliten (POES, GOES, DMSP, METEOSAT, GMS, METEOR-2), die operationell Daten verschiedenster Sensoren liefern. Systeme zur Erfassung der chemischen Zusammensetzung der Atmosphäre wie "Athmosperic Trace Molecules Observed by Spectroscopy" (ATMOS) und Projekte wie "Measurement of Air Pollution from Shuttle" (MAPS) "Upper Atmosphere Research Satellite" (UARS, 1989) und Light Detection and Ranging Instrument" (LIDAR, NASA) lassen präzisere Aussagen über die Konzentrationen von CO, Ozon und anderer Spurengase erwarten und werden Gültigkeitsprüfungen von Modellen globaler Kreisläufe ermöglichen.

Obwohl allein schon die Erfassung von Daten der Erde durch multitemporäre Satellitenaufnahmen nützliches Material für die zukünftige Forschung erbringt, besteht für die Informationsgewinnung aus Fernerkundungsdaten mit unmittelbaren Anwendungsbezug ein Forschungsdefizit. Scannermessungen in Verbindung mit Bodenmessungen und terrestrischen Erhebungen eröffnen den Zugang zur objektivierten Beschreibung von Waldökosystemen, deren langfristigen Veränderung und der Dynamik der Landnutzung in Städten und Regionen.

Für alle bisher genannten Datenquellen sind Methoden der Bildverarbeitung erforderlich und werden Methoden der Bildanalyse nützlich sein. Eine Zusammenstellung von Arbeitsschritten, mit deren Hilfe Ergebnisse aus Bilddaten zu gewinnen sind, zeigt Tabelle 2.

4. Hard- und Software zur digitalen Bilddatenverarbeitung

Bilddatenverarbeitung erfordert hohe Rechnerleistungen, Grafik-Anwendungen bedürfen leistungsfähiger Geräte. Die Fortschritte im Großrechnerbau und Hochleistungs-Grafikbereich (Gelberg, Stephenson, 1987) sind m.E. für Anwendungen im Umweltschutz von unmittelbar geringerer Bedeutung, als die Entwicklungssprünge im Leistungsbereich mittlerer und kleinerer Rechner, die breite Anwendung finden. Bild 3 zeigt die Komponenten eines Grafiksystems für die Bildverarbeitung (s. auch Haberäcker, 1987).

Bilddatenerfassung
Scannen
Digitalisieren, Video/Vektor-Rasterdatenkonversionen

Bildspeicherung
Konversionen zwischen Datenformaten
Informationsreduktion durch Bildkompression

Bildvorverarbeitung
Kalibrierung
Statistische Analyse von Grauwertbildern
Strahlungswertkorrekturen, Korrektur von Scanfehlern
Filterung im Orts- und Frequenzbereich
Transformationen
Entzerrungen, geometrische Korrekturen
Grauwerttransformationen, Farbtransformationen

Bildverarbeitung
Segmentierung
Texturklassifikation
Multispektralklassifikation
Schwellwertbildung, Quader-, Maximum likelihood-,
Miniumum distance- Klassifikation
Visualisierungen

Bildanalyse
Einsatz multivariater statistischer Verfahren
Clusteranalyse
Diskriminanzanalyse
Komponentenanalyse, Faktoranalyse
Klassifizierungsstrategien (überwacht, lernend, rekursiv)
Fuzzy Methoden
Objekterkennung unter Einsatz von Methoden der KI

Bildausgabe

Tabelle 2: Funktionelle Gliederung der digitalen Bilddatenverarbeitung

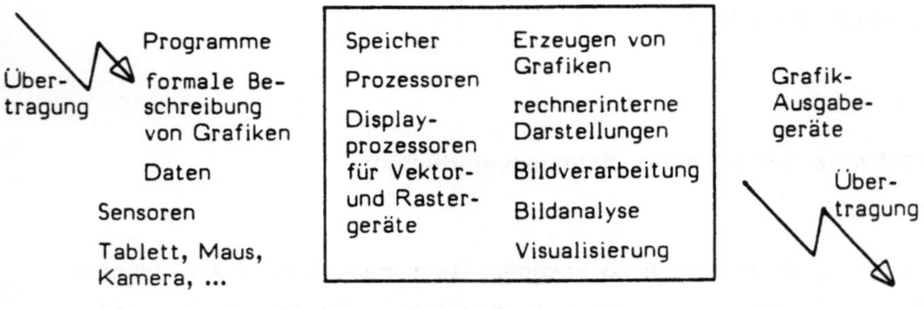

Bild 3: Komponenten eines Grafiksystems zur digitalen Bildverarbeitung

Als Quellen für grafische Information - z.B. numerische Werte von Punktkoordinaten in Vektorbildern, Helligkeit und Farbe der Bildpunkte in Rasterbildern dienen u.a. Generierprogramme, Digitalisiertabletts, Sensoren (Videodigitizer, Multispektral-Scanner), "Maus" und Rollkugel.

Als Speicher dienen meist Magnetbänder und -platten. Optisch lesbare, einmal und mehrfachbeschreibbare "Laserplatten" sowie die für Digitalaufzeichnung modifizierten kostengünstigen Videotapes werden die Verbreitung der Anwendung der digitalen Bildverarbeitung weiter begünstigen.

"Workstations" mit hochschnellen Displayprozessoren für Vektorgeräte mit Zeichenleistungen von einigen 100000 Vektoren/s und spezielle Bildverarbeitungsprozessoren in Verbindung mit hochauflösenden Farbbildschirme stimulieren Entwicklungen im Grafikbereich zusehends. Auch Personal-Computer beinhalten heute Grafik-Hardware, die bis vor wenigen Jahren nur in Großrechenanlagen realisiert war.

Rechnerleistungen werden durch VLSI-Design und Parallelrechnerarchitektur wesentlich erhöht. Als Beispiel zeigt Bild 4 das Parallelrechnersystem Impuls T 2400 des Österreichischen Bundesinstituts für Gesundheitswesen. Acht Transputer T 800 jeweils mit 2 MB RAM und 512 k Video RAM übernehmen den Hauptteil aller Berechnungen. Gesteuert werden die Parallelrechner durch einen Controller, mit dem auch die Kommunikation zwischen den Prozessoren (je 4 I/O Kanäle mit 10-20 MBit/s) über einen Link-Switch frei wählbar verschaltet werden kann. Ein PC (386-AT) bedient die thin wire Ethernet-Schnittstelle zum VAX-Verbund und zum Grafik-Arbeitsplatz. Die bisher erzielten Rechnezeiteinsparungen beim Parallelisieren von Ausbreitungsrechnungen und Bildklassifikationen, sowie die Möglichkeit der dynamischen Darstellung von Bildfolgen, animieren trotz Anfangsschwierigkeiten mit dem Hard- und Softwaresystem zur Weiterentwicklung von Parallelkonzepten in der Bildverarbeitung.

Bildausgaben sind in guter Qualität auf Plottern und Laserdruckern kostengünstig zu produzieren. Aber auch Bildschirmfotos, Reproduktionen auf Fotopapier und Vervielfältigungen auf Farbkopierern sind Lösungen für die oft nicht verfügbare Farbausgabe für Rasterbilder. Bild-Schreib-Lesegeräte und vor allem digital ansteuerbare Farb-Laserdrucker werden das Problem der Herstellung von Qualitäts-Farbbildern in naher Zukunft zu beseitigen helfen.

Viele Firmen bieten integrierte Hard- und Softwarelösungen für Kartierungs- und Bildverarbeitungsaufgaben wie sie z.B. in Planungsbüros und für die Umweltforschung nutzbar sind an. Dem Vorteil voller Funktionalität des Systems für einen definierten Aufgabenumfang steht oft der Nachteil des Einsatzes von Hardware entgegen, deren Leistungsfähigkeit nur verzögert dem Stand der Tech-

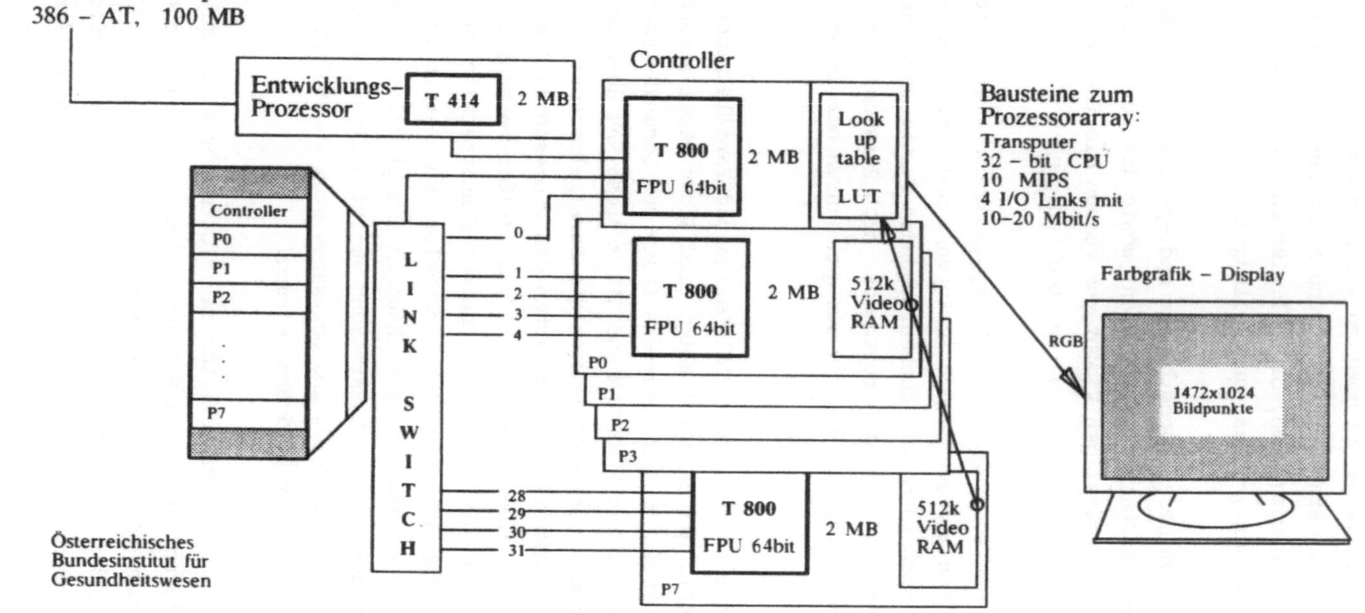

Bild 4: Struktur eines Parallelrechners für Zwecke der Bilddatenverarbeitung

nik folgt. Erschwerend für den Aufbau und den Betrieb von Bilddatenverarbeitungsanlagen ist die Vielfalt der existierender Datenstrukturen und die inkompatiblen Hard- und Softwaresysteme, die nahezu immer die Entstehung von Insellösungen bewirken. Weitgehend hardwareunabhängige, einfach erweiterbare Programmpakete mit ausgereiften Benutzerschnittstellen sind für die Weiterentwicklung der Softwarefunktionalität und für die Erleichterung des Einbeziehens neuer Hardwarekomponenten in Bildverarbeitungssystemen erwünscht.

5. Bilddatenverarbeitung in komplexen Anwendungsbereichen - Mustererkennung und künstliche Intelligenz

Mit der digitalen Bildverarbeitung eng verbundene Gebiete sind Mustererkennung und künstliche (artificial) Intelligenz (KI, AI). Während Mustererkennung von Bildinhalten und Sprachsignalen einen festen Platz im Forschungsbereich einnimmt, werden KI-Methoden erst seit rund einem Jahrzehnt methodisch untersucht.

Aus Recherchen in den Literaturdatenbanken ENVIROLINE, NTIS und INSPEC können Zitate zu umweltrelevanten Anwendungen der KI und Bildanalyse gefunden werden.

Einen Einblick in die Fachgebiete Mustererkennung und "Verstehen" digitaler Bilder durch Einsatz künstlicher Intelligenz geben periodische Veranstaltungen wie die "International Conference on Pattern Recognition", Symposien der Deutschen und Österreichischen Arbeitsgemeinschaft für Mustererkennung (DAGM, ÖAGM) oder Arbeitsgespräche wie "Image Unterstanding and the Man-Machine Interface" und das "Image Understandig Workshop, 1987". Anwendungen im Umweltschutz, denen die Attribute Wissensbasis, Wissenserwerbs-, Inferenz- und Dialogkomponente zuzuerkennen sind, bestehen erst in Ansätzen. Meist ist festzustellen, daß Erwähnungen und allgemeine Beschreibungen von KI-Anwendungen erfolgen, noch selten aber über Erfahrungen bzw. ausgeführte Arbeiten berichtet wird, die einen Anwendungsbezug möglich erscheinen lassen.

Als Beispiel wissensbasierter Klassifizierung von Satellitenbildern für Waldbestandskartierungen liegen erste methodische Analysen vor. So gibt Lohmann (1988) eine Darstellung von Klassifizierungsmerkmalen, die zur Analyse von Scannerbildern über die spektralen Signaturen hinaus einsetzbar sind. Neben der numerischen Klassifikation im Spektralbereich ist geplant, auch Textur und Kontextmerkmale, sowie forstwissenschaftliches Fachwissen in die Klassifikation einfließen zu lassen.

Expertensysteme werden derzeit auch zur Erweiterung für geographische Informationssysteme (GIS) entwickelt. Einen Einblick in die Problemfelder der GIS wie Kartenentwurf, geographische Datenbanken und Entscheidungssysteme die mit Expertensystemen zu unterstützen sind, sowie existierende Lösungsansätze gibt Robinson (1987). Ein Beispiel für ein hybrides Entscheidungssystem aus den Komponenten GIS, AI und Operations Research zeigt Fedra (1987). Auf der Grundlage digitaler Karten (DLG, SPOT, LANDSAT) werden Transportrisken und Anlagenrisken für gefährliche Güter abgeschätzt und die Schadstoffausbreitung in Oberlächen- und Grundwasser und der Atmosphäre mit Hilfe von Modellen prognostiziert.

6. Ausblick

Zielführende Erzeugung, Verarbeitung und Anwendung digitaler Bilder kann für Zwecke des Umweltschutzes nur fachübergreifend erfolgen. Ergebnisse der Rechneranwendung im Umweltschutz sind jedoch meist geprägt von Informatikgesichtspunkten oder Umweltinhalten. Eine Ahnung für den Multiplikationseffekt der Wirksamkeit, der in der Durchdringung beider Teilbereiche verborgen ist, läßt sich erahnen, wenn aufgeschlossenen Menschen die Ergebnisse wissenschaftlich-methodisch betriebener Umweltforschung in Form rechneraufbereiteter, quantifizierter Informationen nahegebracht wird. Die in Bildern enthaltenen Informationen bewirken manchmal eine intellektuelle und emotionelle Öffnung gegenüber Inhalten des Umweltschutzes, deren wir sosehr zur Wiederherstellung und Bewahrung einer intakten Umwelt bedürfen. Die Schaffung einer im Umweltbereich angewandten Informatik (Page, 1987) könnte die gesellschaftlich notwendige Systemveränderung zum Schutz und sinnvoller Nutzung von Ressourcen, sowie sparsame und produktive Energieverwendung begünstigen.

Die Hoffnung, die in die Entwicklung von Anwendungen der KI gelegt wird, räumlich, zeitlich und funktionale Wirkungszusammenhänge im Umweltbereich sowohl begrifflich als auch quantitativ zugänglich zu machen, ist noch verfrüht. Die Auslösung, die die KI-Forschung im Umweltsektor aufgrund fortschreitender Erkenntnisprozesse mit sich bringen kann, eröffnet ein vielfältiges und lebensnahes Tätigkeitsfeld im Bereich der Informatik.

Farbbilder, die zur Veranschaulichung der in diesem Beitrag genannten Anwendungen dienen, werden anläßlich des Vortrages präsentiert. Es sind dies u.a. Bilder aus den Bereichen Simulation (Luft- und Lärm-Ausbreitungsmodelle), Fernerkundung (Klassifikation und Analyse von Scannerbildern, Waldzustandserhebung) und aus dem Arbeitsprogramm zur Umwelterhebung Wien.

Literatur

ARNOLD F.:
Landschafts-Informationssystem, ein Instrument zur räumlichen Umweltplanung
in: Informatikanwendungen im Umweltbereich, A. Jaeschke, B. Page (Hsgb.)
Informatik-Fachbericht 170, Springer Verlag, 1987

BOSSEL H.: Umweltdynamik, te-wi Verlag, Technik Marketing, München, 1985

DATEN ZUR UMWELT 1986/87, Umweltbundesamt Berlin, E. Schmidt Verlag, 1986

EARSeL NEWS, Bulletin of the European Assoc. of Remote Sensing Laboratories, Nr. 31 März 1987 und Nr. 35 März 1988 EARSeL Secretatiat, Paris

ENCARNACAO J., STRASSER W.:
Computer Graphics - Gerätetechnik, Programmierung und Anwendung graphischer Systeme, Oldenbourg Verlag, 1988

MAN AND BIOSPHERE - Projekt 6, Ökosystemforschung Berchtesgaden
Teil einer Informationsschrift der Gesellschaft für Systemforschung und Umweltplanung, Kranzberg, BRD

FEDRA K.: Intelligent Decision Support Systems: Hazardous Sustances and Industrial Risk
Int. Institute for applied Systems Analysis, Laxenburg, Austria, 1987

GELBERG L., STEPHENSON T.:
Supercomputing and Graphics in the Earth and Planetary Sciences
IEEE Comput. Graphics Appl., Vol. 7, No. 7, 1987

HABERÄCKER P.: Digitale Bildverarbeitung, Hanser Verlag, 1987

HILTY L., PAGE B.: Computeranwendungen im Umweltschutz - Ein Überblick
in: Informatik im Umweltschutz - Anwendungen und Perspektiven, Oldenbourg, 1986

IMAGE UNTERSTANDING AND THE MAN-MACHINE INTERFACE
Proceedings SPIE - Internat. Soc. Opt. Eng., Los Angeles, CA

IMAGE UNDERSTANDIG WORKSHOP, 1987
Proceedings, Los Angeles, CA, Morgan Kaufmann, Los Altos, CA, 1987

INFORMATIONS- UND KOMMUNIKATIONSTECHNIKEN IN DER KOMMUNALEN PRAXIS - Handbuch für Rat und Verwaltung
Deutscher Gemeindeverlag, Verlag W. Kohlhammer, 1988

INTERNATIONAL CONFERENCE ON PATTERN RECOGNITION
Eight Conference, IEEE Comput. Soc. Press, Washington, DC, 1986

INTERNATIONAL SYMPOSIUM ON SPATIAL DATA HANDLING
Proceedings, Internat. Geographical Union, Williamsville, NY, 1986

KRIEGER H., BOSSEL H., SCHÄFER H., TROST N.: Complex Models of tree development dynamics and the simulation of tree response to pollution stress in: Simulation in CIM and artificial intelligence technics (Retti, Wichmann Ed.), Proc. European Simulation Multiconference, Vienna, Austria, 1987

LOHMANN G.:
Wissensbasierte Klassifizierung von Satellitenbildern für Waldbestandskartierunge
in: 2. DFVLR-Statusseminar, Oberpfaffenhofen/München, DFVLD-Druck, Köln, 1988

MANUAL OF REMOTE SENSING, Second Edition (2 Bände)
American Society of Photogrammetry, Virginia, Sheridan Press, 1983

PAGE B.: Informatikanwendungen auf dem Umweltsektor
in: Informatikanwendungen im Umweltbereich, A. Jaeschke, B. Page (Hsgb.)
Kernforschungszentrum Karlsruhe GmbH, 1987

PILLMANN W.: Mikroelektronik im Umweltschutz
in: Mikroelektronik für den Menschen, Symposium an der Johannes
Kepler Universität Linz, 1984

PILLMANN W.: Modelle im Umweltschutz
in: EDV für Umweltschutz und Energiewirtschaft, S 183-192
Tagung der Arbeitsgemeinschaft für Datenverarbeitung, Wien, 1985

PILLMANN W., Iwaniewicz P., Slonek M.:
Umwelterhebung Wien mit Hilfe von Luftbildern und
Scanneraufnahmen - Statistik, Zeitreihen und Clusteranalyse
der Scannerbilddaten von Vegetationsbereichen in Wien
Österreichisches Bundesinstitut für Gesundheitswesen, Dezember 1986

PILLMANN W., Zobl Z.:
Objektivierte Ermittlung des Waldzustandes aus Flugzeug-Scannerdaten
in: Informatikanwendungen im Umweltbereich, A. Jaeschke, B. Page (Hsgb.)
Informatik-Fachbericht 170, Springer Verlag, 1987

PILLMANN W.: Lärmausbreitungsmodelle
Erhebung, Darstellung, Vergleich und Empfehlungen
Bericht an das BMUJuF, Wien, 1988 (in Vorbereitung zum Druck)

ROBINSON V.B.: Expert Systems for Geographic Information Systems
Photogrammetric Engineering and Remote Sensing, Vol. 53, No. 10,
pp. 1435-1441, 1987

SEGGELKE J.:
Das Umweltplanungs- und Informationssystem des Bundes UMPLIS
in: Informatikanwendungen im Umweltbereich, A. Jaeschke, B. Page (Hsgb.)
Kernforschungszentrum Karlsruhe GmbH, 1987

UMWELTSCHUTZ - VERSUCH EINER SYSTEMDARSTELLUNG
Siemens AG, Berlin, München, 1986

UMWELTGUTACHTEN 1987, Rat der Sachverständigen BRD
Verlag W. Kohlhammer GmbH, Stuttgart und Mainz, 1988

UMPLIS - Verzeichnis rechnergestützter Umweltmodelle
Umweltbundesamt Berlin, Erich Schmidt Verlag, 1978

UNTERSUCHUNG UND KARTIERUNG VON WALDSCHÄDEN MIT METHODEN DER FERNERKUNDUNG
2. DFVLR-Statusseminar, Oberpfaffenhofen/München, DFVLD-Druck, Köln, 1988

FEUEX
Ein Expertensystem zur Beratung über Gefahrguttransport und für den Feuerwehreinsatz

F. Belli, H. Bonin
Institut für Systemanalyse
und Informatik (INSI)
Hochschule Bremerhaven

W. Filipowicz, P. Jedrzejowicz
Department for Systems Analysis
and Computer Science
Merchant Marine Academy
Gdynia, Polen

Zusammenfassung: Für komplexe, wissensbasierte Informationssysteme ("Expertensysteme") sind formale Konstruktionsaspekte in der Fachliteratur eingehend behandelt. Je mehr solche Systeme für ein weites Spektrum von Anwendungen heranreifen, um so mehr Bedeutung gewinnen Methoden und Techniken die einen ordnungsgemäßen Konstruktionsprozeß in der Praxis ermöglichen. Insbesondere in sicherheits-kritischen Anwendungen soll die Vorgehensweise das Vertrauen in das System rechtfertigen. Aus der Sicht des Auftraggebers und der Anwender ist die Validation der Anforderungen an das System, auch wenn diese zunächst nur "fuzzy" formulierbar waren, entscheidend. Bewährte Validations- und Verifikations-Techniken der traditionellen Softwareentwicklung können nur bedingt ungeändert dazu verwendet werden. Erforderlich sind konsistente "Guidelines", basierend auf konkreten Umsetzungserfahrungen der Forschungsergebnisse aus Künstlicher Intelligenz und klassischer Informatik.

Diese Arbeit faßt bisherige Ergebnisse unseres Versuches zusammen, ein einsatzfähiges Beratungssystem (kurz: "FEUEX") für den Umgang mit gefährlichen Gütern/Stoffen zu entwickeln. Die Beratungsleistung umfaßt Lagerung, Land- und See-Transport sowie Maßnahmen zur Bekämpfung von Schadensfällen durch die Feuerwehr. In enger Zusammenarbeit mit Anwendern (Berufsfeuerwehr Bremerhaven und Transportunternehmen) sind Teilkomponenten sowohl in PROLOG, LISP, S.1 (Framentec SA.) und C realisiert.

Schlüsselwörter: Expertensystem, Gefahrgut, Operations Research, S.1-Shell, PROLOG, LISP

1. Einführung

Wer heute mit gefährlichen Gütern/Stoffen umzugehen hat, sich beispielsweise mit Problemen der Lagerung und dem Transport befaßt, kann auf vielfältige Informationen aus einer großen Anzahl von rechnergestützten Datenbanken zurückgreifen. Solche Gefahrgut-Datenbanken, wie z.B. INFUCHS //1/), CHEMDATA (/2/), Gefahrgut-CD-ROM (/3/), BAM-Gefahrgut/Tankfahrzeuge & -container (/4/), EXIS (/5/), Igl-Katalog (/6/), FEUDAL-System (/7/) oder Danger-Data (/8/), bieten eine Fülle von Informationen über Eigenschaften und Reaktionen von einzelnen gefährlichen Gütern/Stoffen und darüberhinaus Empfehlungen für ihre sachgemäße Handhabung. Definitionen von Klassifikations- und Identifizierungssystemen wie z.B. IMDG-Code und UN-Nummer sind weltweit eingeführt (/9/). Eine große Datenbasis für eine verbesserte Rechnerunterstützung liegt vor bzw. befindet sich in der Praxis z.T. im Pilotanwendungsstadium (vgl. z.B. online INFUCHS-Nutzung der Bremerhaver Feuerwehr).

Günstig sind daher die Daten-Voraussetzungen, um neue Möglichkeiten der Informatik, insbesondere die Methoden und Techniken der wissensbasierten Systeme ("Expertensysteme") in diesem Fachgebiet nutzbringend einsetzen zu können. Während die genannten Datenbanken primär Auskunft über **einen** angefragten Stoff erteilen, soll ein Expertensystem spezifische Informationen, insbesondere über **mehrere** Stoffe, zu einem Vorschlag für ein "optimales" Handeln verknüpfen. Sind die Stoffeigenschaften "erfragt", so geht es um die Risikoeingrenzung, wenn mehrere gefährliche Güter/Stoffe gleichzeitig gelagert oder transportiert werden sollen.

Wie sind beispielsweise die gefährlichen Güter/Stoffe auf einem Schiff zu verstauen, so müssen einerseits die Gefahren minimiert werden (unter Einhaltung von gesetzlichen Vorschriften). Andererseits sind die Transportkosten zu minimieren, z.B. durch ein-/ausladungstechnisch günstige Reihenfolge der gestapelten Container. Was ist zu tun, wenn trotz aller Vorsichtsmaßnahmen ein Schaden (Leck, Brand etc.) eintritt, bei dem mehrere unterschiedliche Güter/Stoffe beteiligt sind? Welches ist dann die geeignete Löschmethode und welches Löschmittel ist verwendbar, welche Umweltschäden verursacht dieses Löschmittel bei der vorliegenden Güter/Stoff-Kombination?

Zur Konstruktion eines Beratungssystems bedarf es daher der Einbeziehung der Erkenntnisse aus vielen Teildisziplinen der Informatik, z.B.

1. der Datenbanktechnik
   (für den Zugriff auf Stoffeigenschaften),

2. der Methoden zur Wissensrepräsentation
   (zur Abbildung von Fakten und Regeln über Gefahrgut sowie über Deduktion/Inferenz-Komponenten (zur Ableitung von "neuen" Fakten für Gefahrgutkombinationen) und

3. von klassischen Operations-Research-Methoden
   (zur Berechnung "optimaler" Lösungen).

Bei der Realisierung eines arbeitsfähigen Pilot-Systems (Akronym FEUEX; Feuerbekämpfungs-Experte) in enger Kooperation zwischen dem Institut für Systemanalyse und Informatik (INSI) der Hochschule Bremerhaven, dem Computer Science Department der Merchant Marine Academy Gdynia (Polen) und potentiellen Anwendern (Berufsfeuerwehr Bremerhaven, Logistik-Unternehmen z.B. Bremer Lagerhaus Gesellschaft) wurde der Schwerpunkt auf die obigen Punkte 2 und 3 gelegt, um den spezifischen Vorteil eines wissensbasierten Systems gegenüber einem erweiterten Datenbankauswertungs-Programm zu nutzen. Das Interface zu den genannten Datenbanken (insbesondere zu INFUCHS) wird daher vorübergehend durch eine manuelle Dateneingabe simuliert.

2. Eingrenzung der Problemstellung für ein Expertensystem im Fachgebiet "Gefahrgut"

Zum Gefahrgut zählen nicht nur diejenigen Stoffe/Güter, die unmittelbar selbst eine Gefahr für die Umwelt darstellen, sondern auch diejenigen, die mit anderen Stoffen gefährliche chemischische Reaktionen eingehen. Anhand der Art der bestehenden Gefahr, z.B. explosiv, giftig, radioaktiv, entflammbar, gefährlich im Falle der Berührung mit Wasser, infektiös etc. sind Gefahrgutklassen definiert.

Zur Risikoeingrenzung sind daher gefährliche Güter/Stoffe voneinander getrennt zu lagern und zu transportieren. Die entsprechenden Trennvorschriften beziehen sich auf die jeweilige Gefahrenklasse, wobei eine Vielzahl von speziellen, stoffspezifischen Regelungen hinzukommen (s. Tab. 1a; vgl. z.B. /10, 12/). Darüber hinaus gibt es Besonderheiten für die einzelnen Verkehrsträger (Straße, Schiene, Wasserstraße, Luft).

Gefahrgutexperten, die sich im dichten Regelwerk auskennen, werden für vielfältige Fragestellungen benötigt, z.B. um bei einer vorgegebenen Transport-/Lager-Kapazität und bekannten Gefahrgutmengen ein Stau-/Lager-Plan zu erstellen, der den Trennaspekt berücksichtigt und darüberhinaus eine kostengünstige Lösung bezüglich des Transports darstellt.

Für das System FEUEX wurde aus der Vielfalt an möglichen Verkehrsträgern/-mittel (Flugzeug, Schiff, Lastkraftwagen etc.) und Transporteinheiten (Tonnen, Tanks, Container etc.) eine Auswahl getroffen. Eine der FEUEX-Komponenten bildet (zunächst) nur die Stau- und Trennvorschriften für Container auf Seeschiffen ab (/17, 19/).

Neben der Risikominderung in Form von Trennvorschriften müssen der Schadensfall und die dann anzuwendenden Maßnahmen in Betracht gezogen werden. Der Gefahrgutexperte ist besonders dann gefordert, wenn ein Unfall zu bekämpfen ist. Hier spielt die Schadensbegrenzung bei Leckage und Brand die dominierende Rolle, die in der Bundesrepublik häufig von den Feuerwehren wahrgenommen wird (/11/). Obwohl im Schadensfall sofort zu handeln ist, und damit kaum Zeit für eine Computeranfrage zur Verfügung steht, wurde versucht, in einer weiteren FEUEX-Komponente die Auswahl der geeigneten Löschmethode (incl. Löschmittelvorschlag) zu integrieren, wohlwissend, daß diese FEUEX-Komponente primär Schulungszwecken dient.

Im folgenden werden die beiden Komponenten des Systems FEUEX erläutert.

2.1 FEUEX-Komponente: Transport von Containern auf Seeschiffen

Kern des in FEUEX unmittelbar repräsentierten Wissens sind die Trennvorschriften mit ihren Angaben über die erforderlichen Mindestentfernungen zwischen den einzelnen Gefahrgutcontainern. Etwa 3000 Stoffe werden z.Z. in 9 Stoffklassen zusammengefaßt, zwischen denen verschieden aufwendige Trennvorschriften eingehalten werden müssen. Abgebildet sind in der FEUEX-Komponente z.B. Aussagen von /12/ zum Stauen in folgender Art:

"IMDG-" Kennzahl	Bedeutung
"1"	Entfernt von ("Away from")
"2"	Getrennt von ("Separated from")
"3"	Getrennt durch eine vollständige Abteilung oder einen vollständigen Laderaum von ("Separated by a complete compartment or hold from")
"4"	In Längsrichtung getrennt durch eine dazwischenliegende vollständige Schottenabteilung ("Separated longitudinally by an intervening complete compartment or hold from")
"X"	Keine generellen Trennvorschriften, Einzelheiten gemäß entsprechender Stoffblattseite

Tab. 1a: Trennung von Gefahrgutcontainern entsprechend IMDG (/12/)

Werden Stoffe einer bestimmten Klasse bzw. Güter bestehend aus solchen Stoffen mit anderen Stoffen bzw. Gütern zu einer Ladung zusammengefaßt, so müssen sie entsprechend dieser Trennvorschriften voneinander getrennt werden.

FEUEX berücksichtigt darüber hinaus die stoffspezifischen Regelungen. So wird z.B. für den Stoff "potassium permanganate" (UNNo 1490; IMDG-page (5067)) aufgrund der obigen, klassenspezifischen Trennvorschriften keine Trennung vom Stoff "hydrogen peroxide" (UNNo 2984; IMDG-page (5042)) verlangt (Beide gehören zur selben Gefahrenklasse 5.1). Jedoch gilt eine stoffspezifische Sonderregelung, so daß "hydrogen peroxide" gegenüber "permanganates" zu stauen ist nach der Regel "2" ("separated from").

Durch die bisher geschilderten Restriktionen ergibt sich ein Optimierungs-Problem für den Transport bzw. Lagern von Gütern: Es werden verschieden beschaffene Abteilungen ("compartments") benötigt, um die Trennvorschriften einzuhalten. In diesen Abteilungen können Stoffe gestaut werden, die miteinander "verträglich" sind. Es versteht sich, daß der Aufwand des Transports bzw. des Lagerns mit der Anzahl dieser Abteilungen steigt. Daher ist die Anzahl dieser "compartments" minimal zu halten.

Über die IMDG-Kennzahlen hinaus werden in FEUEX programmspezifisch noch folgende Entfernungen definiert:

"5"	Programmspezifische Kennzahl zum Signalisieren des Zusammenladungs-Verbots
"0"	Entspricht dem IMDG-Code "X"
"#"	Programmspezifische Kennzahl für undefinierte Entfernung bzw. nach "X" oder "1" der Tab. 1a

Tab. 1b: FEUEX-spezifische Entfernungs-Kennzahlen (/23/)

Aufbauend auf die FEUEX-Fakten-/Regel-Basis arbeitet ein Optimierungs-Algorithmus, der einen Container-Stauplan berechnet, so daß die Anzahl der benötigten "compartments" für eine vorgegebenen Ladung mit Gefahrgutcontainern minimal ist. Die minimale Anzahl getrennter "compartments" wird folgendermaßen ermittelt:

Gegeben:	Graph G = (V,E) und eine ganze Zahl k <= Kardinalität(V), wobei V die Menge der Stoffe und E die Menge der Kanten des Graphen darstellt. Der Graph weist zwischen den Stoffen eine Kante auf, wenn die Trennung gemäß 2, 3, 4 oder 5 zu erfolgen hat (vgl. Tab. 1a).
Frage:	Gibt es eine Abbildung f: V -> $\{1,2,...,k\}$ als Stauplan, so daß für jedes u,v $\in$ V gilt (u,v) $\in$ E ==> f(u) # f(v) ("#": "0" $\vee$ "1"; s. Tab. 1b)

Tab. 2: FEUEX Optimierungs-Problem für den Stauplan (/13/)

Weniger formal ist die Optimierung wie folgt beschreibbar:

Gegeben ist eine Menge von Stoffen und die Trennungsentfernung für jedes Stoff-Paar. Weise Stoffe den getrennten "compartments" zu, so daß in jedem nur Stoffe mit einer Trennungsdistanz ≤ 1 sind (vgl. Tab. 2). Es ist bewiesen, daß ein solches Problem NP-vollständig ist und daher durch einen effizienten (d.h. in polynomial-Zeit arbeitenden) Optimierungs-Algorithmus allgemein nicht lösbar ist (vgl. z.B. /13/). Da in der Praxis die Zahl unterschiedlicher Gefahrgüter in einer Schiffsladung kaum 15 erreicht, wurde für FEUEX ein exakter Algorithmus für maximal 20 unterschiedliche Gefahrgüter implementiert. Sollte die Anzahl trotzdem größer als 20 werden, dann ist ein suboptimaler Algorithmus zu implementieren (z.B. nach /14/).

1.) Für den gegebenen Graph $G = (V,E)$ (vgl. Tab. 2) finde alle Minimalbasen, d.h. Subgraphen $G_1 = (v_1, E_1)$, bei denen $V_1 \subseteq V$ und $E_1 \subseteq E$ ist und jedes $e \in E$ mindestens ein $v \in V_1$ enthält.
2.) Finde alle minimalen Deckungsmengen der Menge V mit der Submenge V_1, d.h. $\bigcup_k V_{1k} = V$. Das kleinste k ist die zahl der notwendigen Abteilungen ("compartments").
3.) Generiere alle möglichen Zuweisungen der Stoffe zu den "compartments".

Tab. 3 FEUEX Optimierungs-Algorithmus für den Stauplan

Aus Platz- und Rahmengründen wird auf den Algorithmus und dessen Implementierung nicht näher eingegangen. Eine komplette Beschreibung wird in /23/ angegeben; s. auch Abschn. 4.

2.2 FEUEX-Komponente: Verladbarkeit unter Feuerbekämpfungsaspekten

Die zweite FEUEX-Komponente bezieht in die Auskunft über die Verladbarkeit von Gefahrgut zusätzlich zu den gesetzlichen Vorschriften auch die Möglichkeiten der Schadensfallbekämpfung ein. Hierbei deckt FEUEX bisher die Detailfrage ab, welches Löschmittel im Brandfall geeignet ist, wenn unterschiedliche Gefahrgüter zusammen geladen werden. Gibt es kein gemeinsam "verträgliches" Löschmittel, dann wird von der Verladbarkeit abgeraten, auch wenn diese gesetzlich möglich wäre. Um in der Praxis mehr als das verfügbare "Allzweck"-Löschmittel Wasser einzusetzen, basiert diese FEUEX-Komponente (zunächst) auf den Vorschriften für den Verkehrsträger Straße (/15, 18/).

Das repräsentierte Wissen dieser FEUEX-Komponente umfaßt:

- Wissen über gefährliche Güter/Stoffe und deren physikalische Eigenschaften

- Wissen über das geeignete Löschmittel im Brandfall

- Wissen über die Zugehörigkeit von Stoffen zu Gefahrenklassen und

- Wissen über die Verladbarkeit von Stoffen bzw. Gefahrenklassen gemäß der gesetzlichen Vorschriften.

Diese Wissensbasis ist nach dem Repräsentationsschema "Objekt-Attribut-Wert"-Trippel strukturiert, wobei das "Objekt" eine tatsächliche oder begriffliche Einheit in der anwendungsbezogenen Wissensdomäne darstellt. Attribute sind Eigenschaften, die mit diesem Objekt assoziiert werden, wobei jedes Attribut verschiedene Werte annehmen kann. Entsprechend der verwendeten Expertensystem-shell S.1 von Framentec SA sind die "FEUEX-Objekte" eingeteilt in

- statisches Wissen,
- Schlußfolgerungswissen und
- strategisches Wissen.

Zum statischen Wissen zählen Klassen und Klassentypen. Eine Klasse stellt eine Problemumgebung dar, in der sich der Anwender befindet. Während der Konsultation kreiert FEUEX Instanzen einer Klasse, z.B. der Klasse "good", die die Domäne der Stoffe repräsentiert, und sammelt Informationen über diese Instanz. Ein Attribut repräsentiert eine Information über eine solche Instanz (z.B. die geeigneten Löschmittel). Die Attribute erhalten durch Dialogantworten oder durch den Inferenzprozeß (Regelanwendungen) ihre Werte oder sie werden als "unknown" determiniert. FEUEX verwendet z.B. Attribute zur Bestimmung der Stoffeigenschaften (Agregatzustand, Farbe, Geruch etc.) und Attribute, die die Entscheidungswerte bzw die Gefahrenklasse enthalten.

Unter Schlußfolgerungswissen sind die FEUEX-Regeln zu verstehen, die sich im Sinne von Entscheidungstabellen formalisieren lassen. Eine Regel testet die Werte der Attributreferenzen und führt die entsprechenden Aktionen aus, falls die Bedingungen zutreffen. Diese FEUEX-Komponente hat 6 Kategorien von Regeln, z.B. eine Kategorie zur Abbildung der gesetzlichen Grundlage ("Verträglichkeitsmatrix") und eine zur Bestimmung der Gefahrenklasse.

Das "strategische Wissen" (S.1 Terminologie), auch "prozedurales Wissen" genannt, beeinflußt den Inferenzprozeß. Dazu dienen "Kontrollblöcke" und "Funktionen". Kontrollblöcke definieren, zu welchem Zeitpunkt eine Instanz kreiert, ein Attribut determiniert oder eine Ausgabe veranlaßt wird. Funktionen haben in FEUEX die Aufgabe aus Attribut-Werten Mengen (z.B. die Schnittmenge aus den stoffspezifischen Löschmitteln) zu bilden, da in S.1 Attribute selbst keine Mengen annehmen können (/15/).

Mittels der eingebauten S.1-Konstrukte

WHAT, HOW, WHY

ist eine FEUEX-Erklärungskomponente realisiert, die ausweist, warum eine angefragte Gefahrgutkombination nicht verladbar ist. Aufgrund der Protokollierung der gesamten Konsultation kann sowohl mit Event-Nummern (Identifikation einer Anfrage) als auch mit einer Kombination aus Klasse, Instanz und Attribut gearbeitet werden.

3. Anforderungsspezifikation und Systemstruktur

Die skizzierten FEUEX-Konsultationsbereiche sind durch das anzuwendende Vorschriftenwerk eindeutig definiert . Verbal präzisiert sind damit weitgehend die funktionalen Anforderungen. Als hartes Spezifikations-Problem erwies sich das Einbeziehen der "Ausnahme"-Regeln, ihre vollständige Abbildung und korrekte Kontexteinordnung.

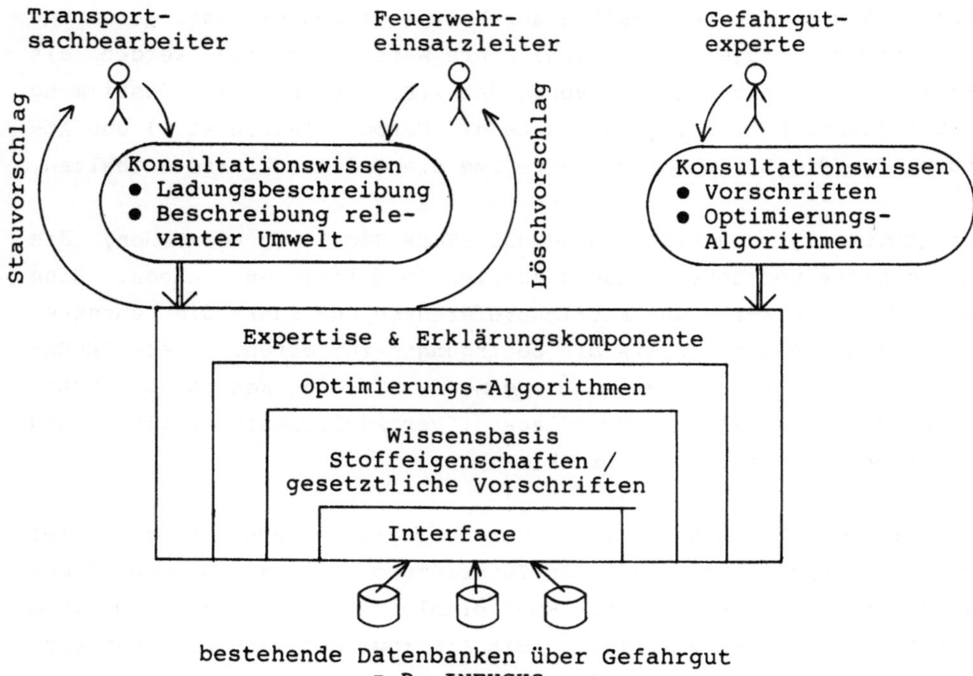

Abb. 1: FEUEX-Systemstruktur

Klassische Modellierungskonzepte in der Requirements-Engineering-Phase, wie z.B. Structured Analysis (SA), sind in der logischen bzw. objekt-orientierten FEUEX-Denkwelt kaum handhabbar. Eine schrittweise Verfeinerung des graphischen FEUEX-SA-Modells ist im **voraus** praktisch unmöglich und liefert letztlich keine Vorteile zur Erkennung von Lücken und Widersprüchen in den Anforderungen. Denn dieses Modell müßte mit den geforderten verbalen Erklärungen im Datenlexikon kombiniert sein und einen Detailierungsgrad aufweisen, der Ausnahmen und in ihren zugehörigen Kontext geschlossene Abbildungen ermöglicht. Für Teilbereichen konnte man auf Darstellungen durch (Eintreffer)-Entscheidungstabellen-Verbundsystem ausweichen (/18/). Es ist jedoch zu bemerken, daß wir bisher keine vollständige, formalisierte Anforderungsspezifikation erstellen konnten.

Die Grundlage für Validation und Verifikation im Sinne des klassischen Software Engineering war für FEUEX nicht formal formulierbar. So konnte sich das Testen des Systems nicht auf eine der bewährten Theorien (z.B. nach Goodenough/Gerhart oder DeMillo/Lipton, vgl. /21/) stützen. Die Validation wurde bisher auf den Gefahrgutexperten verlagert, der anhand von Beispielstoffen das Konsultationsergebnis überprüft. Ein Teilprojekt versucht, hier systematische Abhilfe zu schaffen (/22/).

Design und Implementation der FEUEX-Wissensbasis erfolgte daher primär als eine direkte Umsetzung der verbalen Textformulierungen aus dem anzuwendenden Regelwerk. Die Dialog- und Erklärungskomponente orientiert sich stark an der Aufwandsfrage in der jeweiligen Software-Entwicklungsumgebung. Die Struktur des Gesamtsystems wurde geprägt durch die Forderung der Anwender, die bestehenden Gefahrgutdatenbanken zu integrieren (vgl. Abb. 1).

4. Derzeitiger Systemstatus und Planung

Bisher wurden die FEUEX-Komponenten in Form von "rapid prototyping" entworfen, implementiert und getestet. Dabei wurde die Transport-Komponente parallel in Turbo PROLOG, Version 1.1 (ca. 400 Klauseln), MPROLOG, Version 2.1, (ca. 200 Klauseln) und z.T. in IFPROLOG, Version 3.0, (ca. 200 Klauseln) realisiert. Der Nucleus der Stauplanoptimierung ist in Turbo C (Version 1.5, 5000 Statements) geschrieben. Die Feuerbekämpfungs-Komponente wurde sowohl in der Expertensystem-Shell S.1 von Framentec SA. (Version 2.2 [B21], 3 Klassen, 150 Regeln, 11 Kontrollblöcke) als auch in TLC-LISP (Version 1.51, MS-DOS, 400 Statements) realisiert.

Warum dieses Konglomerat an unterschiedlichen Software-Entwicklungsumgebungen? Es ist teils gewollt - aus Experimentierfreude an modernen Werkzeugen -, teils aus den gegebenen Restriktionen - Notwendigkeit der Einbeziehung verschiedenartiger Programmier-Paradigmen, wie z.B. deklarativer für die Wissensverarbeitung und prozeduraler für die Optimierung - entstanden.

Die Shell S.1 (z.B. auf Workstation Apollo DN3000), als Nachfolger des klassischen EMYCIN-Systems, schien erfolgversprechend. Funktionen, wie z.B. das Feststellen, ob ein Element einer Liste in einer anderen Liste vorhanden ist (klassische MEMBER-Funktion), die rekursiv in wenigen LISP- oder PROLOG-Zeilen formulierbar sind, konnten nur äußert "umständlich" abgebildet werden. Das Durchsuchen von Baumstrukturen im Sinne von "Pattern matching" (Baumrekursion) oder ein dynamisches, aber dauerhaftes Erweitern der Regel- und Fakten-Basis wurde nicht direkt unterstützt. Die S.1-Pluspunkte, wie z.B. Benutzeroberfläche, Protokollierungsfunktion, Erklärungskomponenten-Ansatz, hervorragende Unterstützung der Simulation einer "natürlichsprachlichen" Ausgabe soll hier jedoch nicht unerwähnt bleiben.

Für das FEUEX-Expertensystem ist jedoch primär erforderlich, einerseits die deklarative Wissensrepräsentation zu unterstützen, andererseits die Formulierung von "klassischen" Prozeduren, wie z.B. der Optimierungsalgorithmus oder das Kommunikations-Interface zu den bestehenden Gefahrgut-Datenbanken, effizient zu realisieren. Lassen sich solche Anforderungen nicht leichter mit einem modernen PROLOG- oder LISP-System - mit Anschluß z.B. an C - abdecken? Wahrscheinlich wird dies in Zukunft der Fall sein, wenn z.B. leistungsfähigere PROLOG-Systeme für die PC-/Workstation-Welt verfügbar sind.

Auf der Basis der Erkenntnisse aus der heutigen Pilotanwendung ist ein FEUEX-Redesign in einheitlicher PROLOG-Softwareentwicklungs-Umgebung geplant. Dabei soll insbesondere dem Validations- und Verifikations-Aspekt systematischer Rechnung getragen werden (/22/).

5. Schlußfolgerungen

Unsere bisherigen Erfahrungen lassen sich wie folgt zusammenfassen:

- **DB-OR-XS-Verbund**: Es gibt eine entscheidende Leistungslücke zwischen dem Potential der bekannten "toys" (experimentelle wissensbasierte Systeme), die ausführlich in der Literatur dargestellt sind, und den konkreten Anforderungen der heute "verwöhnten" Computeranwender an Expertensysteme (XS) . Ohne Einbeziehung der klassischen DV-Verfahren, d.h. ohne Rückgriff auf bestehende Datenbanken (DB) und Operations-Research-Verfahren (OR) wird selten ein Nutzen in der Praxis erzielbar sein.

- **Methoden-Defizit:** Das bisher bewährte Life-cycle-Modell ist wenig gegeignet für die erforderliche Zug um Zug-Entwicklung (kontinuierliche Evolution) eines wisssensbasierten Systems (/16/). Handlungsempfehlungen, die sich allein auf "Prototyping" stützen, reichen nicht aus. Sie vernachlässigen Verifikations- und Validationsaspekte. Insbesondere in sicherheits-kritischen Bereichen ist die Qualität der Systemantwort im voraus zu gewährleisten. Ein intuitives Testen des Systems ist bleibt unbefriedigend. Arbeiten zur Entwicklung von praxis-orientierten Arbeitstechniken auf diesem Gebiet sind dringend erforderlich (/22/).

- **Shell-Restriktionen:** Die speziellen Werkzeuge zur Expertensystem-Entwicklung, die zur Zeit angeboten werden, z.B. Expertensystem-Shells wie S.1, sind nur bedingt geeignet, die konkreten FEUEX-Anforderungen abzudecken, insbesondere weil die praxisgerechten Anforderungen sich häufig als ein Gemisch aus der klassischen Daten-/Informations-Verarbeitung und der modernen Wissensverarbeitung erweisen.

- **Versions- & Konfigurations-Management-Bedarf:** Heute besteht der Hauptnutzen von PROLOG- und/oder LISP-Software-Entwicklungsumgebungen in der MS-DOS oder UNIX-Welt in ihrem "Zwang", in einem geeigneteren Entwicklungs-Paradigma zu denken (/17, 20/). Ein funktional/applikativ-geprägtes oder logik-orientiertes (Denk-)Modell hat hier unstrittig Vorteile gegenüber dem imperativen Ansatz z.B. von ADA und COBOL. Trotzdem gibt es im Vergleich zu diesen klassischen Sprachen noch einen erheblichen Nachholbedarf. So fehlt z.B. ein leistungsfähiges Versions- und Konfigurationsmanagement (/24/). Auch eine abgestimmte Rechnernunterstützung für die Requirements Engineering-Phase fehlt, wenn man z.B. PSL/PSA-Werkzeuge (Problem Statement Language / PS-Analyzer) für COBOL-Anwender betrachtet.

Unsere FEUEX-Erfahrungen sind keinesfalls überraschend. Sie zeigen jedoch, welche Punkte heute für eine Expertensystem-Realisierung problematisch sind, selbst wenn das abzubildende Wissen weitgehend bekannt ist und sogar - als Vorschriftenwerk - schriftlich fixiert vorliegt.

6. Literaturhinweise

/1/ "INFUCHS, Informationssystem für Umweltchemikalien, Chemieanlagen und Störfälle", Umweltbundesamt Berlin, Gruppe Z2, Information und Dokumentation, UMPLIS, Bismarckplatz 1, D-1000 Berlin 33.

/2/ "CHEMDATA", National Chemical Emergency Centre, B7.22 Harwell Laboratory, United Kingdom Atomic Energy Authority, Oxfordshire OX 11 ORA.

/3/ "Gefahrgut-CD-ROM, (Hommel: Handbuch der gefährlichen Güter; CHEMDATA (vgl. 6); Einsatzakten für Chemieereignisse des Schweizerischen Feuerwehrverbandes), Springer-Verlag GmbH & Co.KG, Postfach 105280, D-6900 Heidelberg 1.

/4/ "BAM-Gefahrgut/Tankfahrzeuge & -container", Datenbank Gefahrgut der Bundesanstalt für Materialforschung und -Prüfung (BAM), Fachgruppe 1.5 (Gefahrgutumschließungen aus Metallen), Unter den Eichen 87, D-1000 Berlin 45.

/5/ "EXIS, Chemical and Hazardous Materials Information and Transport Regulations Database", Exis Limited, 38 Tavistock Street, London WC2E 7PB.

/6/ "IgL-Datenbank, Informationen gefährliche Ladung", Hapag-Lloyd AG, 1430 Ladungsservice, Postfach 102626, D-2000 Hamburg 1.

/7/ "FEUDAL-System, Feuerwehr-Daten-Leit-System", Keudel av-Technik GmbH, Am Stocker 2, D-6331 Waldsolms (incl. Schulungsprogramme wie "Feuerwehr im Einsatz - Du hast das Kommando", vgl. 6800, Ausgabe 1/ Januar 1987, S.15-17).

/8/ "Danger-Data, Gefahrgut-Computer SHARP CE-150", Albert Ziegler GmbH & Co. KG, Postfach 1680, D-7928 Giengen/Brenz.

/9/ "IMDG-Code", International Maritime Dangerous Goods Code, London 1983 (International Maritime Organization); United Nations, Secretariat Committee of Experts on the Transport of Dangerous Goods, Definitions and Criteria for Classes.

/10/ "Bundesgesetzblatt Teil I Nr. 30 vom 4. Juli 1986", Anlageband (ca. 3000 Seiten); Quester, H. (Hrsg.), Gefahrgut Vstr, Anlageband 2, Verkehrs-Verlag Düsseldorf.

/11/ "FwDV, Feuerwehr-Dienstvorschriften", z.B. "FwDV 12/1", Einsatzleitung - Führungssystem, Deutscher Gemeindeverlag, 1982.

/12/ "Stowage & Segregation Guide to IMDG-Code", K.O. Storck Verlag, Hamburg.

/13/ Garey, M.R. / Johnson, D.S, "Computers and Interactability", (W.H. Freeman and Co.), 1979.

/14/ Korzan, B., "Elements of graph theory and networks", WNT, Warszawa, 1978.

/15/ Hanke, Th. / Praetsch, P., "ConTrans-Dokumentation", Arbeitsberichte des Fachbereiches 2, Hochschule Bremerhaven, 1988/5.

/16/ Bonin, H., "Die Planung komplexer Vorhaben der Verwaltungsautomation", R.v.Decker & C.F.Müller, Heidelberg 1988.

/17/ Belli, F., "Einführung in die logische Programmierung mit PROLOG", Bibliographisches Insitut - Wissenschaftsverlag, B.I.-Hochschultaschenbuch, Band 630, zweite erweiterte Auflage 1988.

/18/ "SEMET, Projekt SEMET (Spezifikation eines Expertensystems mittels Entscheidungstabellen)", Projektbericht 1988, Hochschule Bremerhaven (Projektbetreuung H. Bonin).

/19/ Belli, F., "PROLOG-Systeme in der Praxis - Überblick mit Anwendungsbeispielen in IF/Prolog, MPROLOG, Turbo-PROLOG und anderen PROLOG-Systemen", Arbeitsberichte des Fachbereichs 2, Hochschule Bremerhaven, 1987/10 (Version 2), erscheint bei Bibliographischem Insitut - Wissenschaftsverlag, B.I.-Hochschultaschenbuch, Band 631 1988.

/20/ Bonin, H., "Software-Konstruktion mit LISP", Arbeitsberichte des Fachbereichs 2, Hochschule Bremerhaven, 1987/7 (Version 2.4).

/21/ Belli, F./ Jedrzejowicz, P., "Ein Ansatz zur Zuverlässigkeits-Optimierung fehlertoleranter Systeme", it - Informationstechnik (ehemals "Elektronische Rechenanlagen"), 2/1987, S. 61-68.

/22/ Belli, F., Gerdes, H., "Eine Testumgebung für PROLOG: Grobkonzept", Arbeitsberichte des Fachbereichs 2, Hochschule Bremerhaven, 1988/4, Technischer Bericht.

/23/ Belli, F., Filipowicz, W., Jedrzejowicz, P. "Load Optimization and Load Consulting for the Transport and Segregation of Dangerous Goods", Arbeitsberichte des Fachbereichs 2, Hochschule Bremerhaven, 1988/6, Technischer Bericht.

/24/ Bonin, H., "Projekt Flavor (Konstruktion einer Software-Entwicklungsumgebung für die objekt-geprägte Modellsicht)", Projektskizze und Beitrag beim GI-Workshop "Logik und Wissensrepräsentation", Arbeitsberichte des Fachbereichs 2, Hochschule Bremerhaven, 1988/5, Technischer Bericht (in Vorbereitung).

Danksagung: Diese Arbeit wurde vom Deutschen Akademischen Austauschdienst (DAAD) und vom Senator für Bildung, Kunst und Wissenschaft der Hansestadt Bremen (Forschungsprojekt "Zuverlässige Systeme") unterstützt. Die Autoren sprechen dafür ihren Dank aus.

XSAL - Ein EXpertenSystem für AltLasten

Helmut Groh, Reiner Güttler

Abstract

Bei dem Projekt XSAL handelt es sich um die Demoversion eines Expertensystems zur Identifizierung, Untersuchung und Bewertung von Altlasten sowie zur Unterstützung bei ihrer Sanierung. Die Demoversion dient als Machbarkeitsstudie, zur Aufwandsschätzung und zur Abgrenzung von Varianten für verschiedene Adressatengruppen. Das System integriert soweit wie möglich in Datenbanken abrufbares Wissen mit dem Erfahrungswissen und der heuristischen Vorgehensweise des Experten auf dem Gebiet. Für den Anwender stellt es eine benutzerfreundliche Oberfläche zur Verfügung. Die Realisierung der Demoversion erfolgte unter dem Betriebssystem UNIX in der Programmiersprache PROLOG bzw. mit Hilfe von in PROLOG und C geschriebenen eigenen Werkzeugen.

1. Das XSAL-Projekt

1.1 Problemskizze

Altlasten sind heute ein erstrangiges Politikum. Die erforderlichen Sanierungsmaßnahmen werden die öffentlichen Haushalte der Bundesrepublik erheblich belasten. Bekannte Schätzungen belaufen sich auf 20 Mrd. DM und mehr für die nächsten zehn Jahre. Die Verantwortlichen benötigen Werkzeuge, um Entscheidungen schnell, sachgerecht und kostenoptimal zu fällen. Dazu muß das heute noch weit gestreute Erfahrungswissen gesammelt und verfügbar gemacht werden.

Es laufen z. Zt. zahlreiche Projekte, um Informationen über Altlasten zu sammeln. Exakt quantifizierbare Daten wie gefährdende Stoffe, ihre Indikatoren und ihre Zusammensetzung sowie die von ihnen ausgehenden Gefahren werden in Datenbanken erfaßt, [1], [4]. Altlastenkataster werden erstellt, Bewertungssysteme entwickelt, [2].

Diese "abfragbaren" Informationen bieten wertvolle Unterstützung, sie erscheinen jedoch nicht ausreichend :

- Für den Entscheider muß primär Erfahrungswissen verfügbar gemacht werden.
- Entscheidungen über Sofortmaßnahmen müssen vielfach aus einem unvollständigen und teilweise unsicheren Informationsstand heraus getroffen werden.
- Die Auswahl längerfristiger Maßnahmen, ihre Abwicklung, die Erschließung von Informationsquellen und die Erteilung von Aufträgen bedürfen eines ständig fortzuschreibenden heuristischen Wissens.

Nach dem heutigen Stand der Wissenschaft sind Datenbanken ebenso wie alle sonstigen klassischen DV-Werkzeuge allein nicht ausreichend, die vorstehend genannten Anforderungen zu erfüllen. Dazu muß man Expertensysteme einsetzen. Ein solches Expertensystem setzt evtl. auf Datenbanken auf und bezieht aus diesen die quantifizierbaren exakten Informationen. Darüber hinaus

- integriert es das Erfahrungswissen von Experten
- schlägt (alternative) Maßnahmen vor
- begründet seine Fragen und macht seine Vorschläge nachvollziehbar
- weist Unsicherheiten bzw. Risiken aus
- fordert zusätzlich benötigte Informationen an
- nennt Informationsquellen

Es ermöglicht dem Anwender, mit der Effizienz eines Experten verantwortlich zu handeln.

Außerdem kann ein Expertensystem die Steuerung und Überwachung von Maßnahmen ebenso wie die erforderlichen Kommunikationen unterstützen.

1.2 Projektziel

Ziel des XSAL-Projektes ist es, anhand der Demoversion eines Expertensystems für Altlasten folgende Fragen zu klären:

- Abgrenzung von Adressatengruppen und Teilgebieten
- Umfang und Strukturierung des Erfahrungswissens
- Beurteilung von Alternativen der Wissensrepräsentation
- Schnittstellen zu einschlägigen Datenbanken
- Aufwandsschätzung für einen Prototypen und für die Produktversion

Mit einer Demoversion kann man die Benutzeroberfläche und die Arbeitsweise eines Expertensystems vorführen. Seine innere Struktur ist in der Regel aber nicht so umfassend, daß man zusätzliches Wissen in einfacher Weise einspeisen könnte. Erst der Prototyp eines Expertensystems ist in diesem Sinne strukturell abgeschlossen. Er kann durch Auffüllen seiner Wissensbasis zur einsatzfähigen Produktversion ausgeweitet werden.

2. Struktur des Expertensystems XSAL

2.1 Arbeitsweise und Anforderungen

Expertensysteme haben sich für ähnliche Probleme, wie sie bei der Identifizierung, Bewertung und Sanierung von Altlasten vorkommen, in der Praxis bewährt.

Ein Expertensystem erlaubt es, Expertenwissen über ein spezielles Gebiet zu speichern, so daß es für Problemlösungen auf diesem Gebiet im Dialog mit dem Benutzer verfügbar gemacht werden kann. Es handelt sich dabei nicht nur um Faktenwissen - "in der Firma Xyz wird Altöl verarbeitet" - , sondern auch um sogenanntes Regelwissen - "wenn Altöl verbrannt wird und die Verbrennungstemperatur im Bereich von a - b Grad liegt, dann können Dioxine entstehen". Insbesondere kann nicht nur exaktes, quantifizierbares Wissen, sondern auch Erfahrungswissen in geeigneter Form repräsentiert werden. Basierend darauf können logische Folgerungen gemacht werden und somit nicht nur Wissen, sondern auch die Denkweise eines Experten in geeigneter Weise nachgebildet werden.

Unter 2.4 ist ein Beispieldialog mit einem solchen System zu finden. Er könnte etwa am Beginn einer Konsultation stehen. Eine solche Konsultation zur Problemlösung stellt die hauptsächliche Benutzung des Systems dar. In unserem Fall könnte es sich bei dem zu lösenden Problem um folgendes handeln:

- Identifizierung einer Altlast anhand von Indikatoren
- Bewertung des Gefahrenpotentials
- Beratung über notwendige Sofortmaßnahmen
- Beratung über mögliche Sanierungsmaßnahmen, ihre Kosten, mögliche Ansprechpartner für die Durchführung, notwendige Überwachungsmaßnahmen für die Sanierungsfolgen

Der Benutzer muß während einer Konsultation vom System für Fragen oder Schlußfolgerungen Erklärungen erhalten können. Diese Anforderung hat im vorliegenden Expertensystem besonderes Gewicht. Der Benutzer hat auf Grund der vom System zur Verfügung gestellten Informationen eventuell schwerwiegende Entscheidungen zu fällen (z.B. extrem teure oder besonders einschneidende Maßnahmen), die er politisch zu vertreten hat. Hierfür benötigt er Argumente, die ihm das System liefern kann, indem es seine Ergebnisse und Ratschläge erläutert und begründet.

Ein weiterer wichtiger Aspekt ist die Lernfähigkeit des Systems. Man muß dem System jederzeit neues Wissen eingeben oder gemachte Erfahrungen mitteilen können, um es somit für seine Aufgaben "kompetenter" zu machen. Auch hier hat man also eine Analogie zur Arbeitsweise eines Experten, der sich weiterbildet, aus erlebten Fällen lernt, und somit seine Kompetenz erhöht.

2.2 Komponenten

Auf Grund der oben beschriebenen Anforderungen enthält das Expertensystem XSAL die folgenden (üblichen) Komponenten (vgl. Bild 1) :

- Eine Wissensbasis zur Speicherung des gesammelten Wissens; ein Teil des Wissens besteht darin, Datenbanken und ihre Zugriffswege zu kennen, aus denen zusätzliches Wissen beschafft werden kann.
- Eine sogenannte Inferenzmaschine, welche aufgrund des in Regeln gespeicherten Wissens über Zusammenhänge Schlüsse ziehen kann.
- Eine Erklärungskomponente, welche auf Anforderung Fragen begründet und Schlußfolgerungen nachvollziehbar macht.
- Eine Dialogkomponente, welche für die Konsultationen eine komfortable Benutzeroberfläche zur Verfügung stellt.
- Eine Akquisitionskomponente, welche es ermöglicht, neues Expertenwissen hinzuzufügen.

Im Bild ist auch erkennbar, wie ein Expertensystem sein Wissen erhält und an den Anwender weitergibt. Die Benutzeroberfläche des Systems, die Dialogkomponente, muß so komfortabel gestaltet sein, daß der Anwender während einer Konsultation keiner menschlichen Hilfe bedarf. Er wird dabei vom Expertensystem geführt; das System identifiziert zunächst das spezielle Problem des Anwenders und sagt ihm dann, welches Wissen er dazu abrufen kann. Es sagt ihm, falls notwendig, auch, daß er einen menschlichen Experten zusätzlich konsultieren muß.

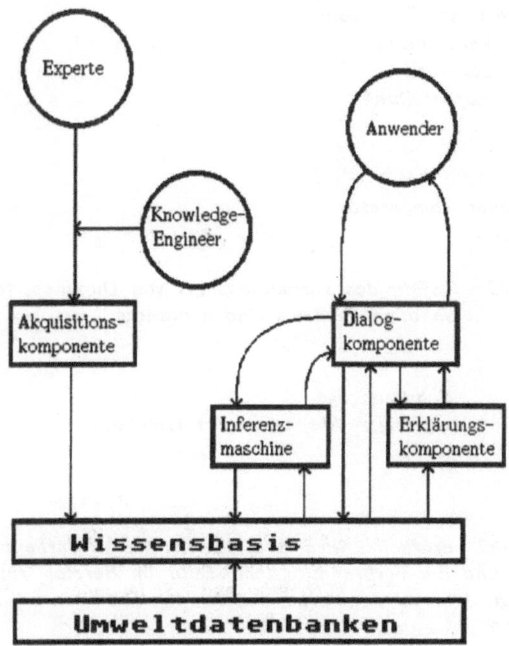

Bild 1 : Expertensystem

2.3 Verantwortung bleibt beim Anwender

Das Expertensystem liefert in keinem Falle die Automatisierung der Entscheidung bzw. die Verlagerung der Verantwortung vom Anwender auf den Computer. Es ist nicht Menschenersatz, sondern Werkzeug. Es erleichtert dem Anwender die Arbeit, es macht Vorschläge, die der Anwender in eigener Verantwortung annimmt oder ablehnt.

2.4 Szenario einer Anwendung

Der nachfolgende kurze Beispieldialog soll nur einen inhaltlichen Eindruck von der Art der Benutzung des Systems geben. Eine kurze Beschreibung der Benutzeroberfläche folgt noch.

Die Ausgaben des Systems sind kursiv wiedergegeben.

Was ist ihr Problem ?
Entsorgung der Altlast Firma Styx AG

Womit beschäftigte sich Styx AG ?
Altölverarbeitung

Welche Art der Verarbeitung ?
1 Verbrennung
2 Lagerung
3 Aufbereitung
4 . . . .
1

Bei welcher Temperatur ?
400 Grad

ACHTUNG : Gefahr des Vorhandenseins von Dioxinen, folgende Schutzmaßnahmen sind notwendig:

- *Schutzanzüge*
- *sofortiges Absperren des Geländes*
- *. . . . .*

Wieso ?

Wenn Altöl verarbeitet wird und die Art der Verarbeitung Verbrennung ist und die Verbrennungstemperatur im Bereich von 250 - 600 Grad liegt, dann ist das Vorhandensein von Dioxinen möglich.
< Weiter ? >
OK

Gibt es auf dem Gelände Oberflächenwasser ?
Nein

Gibt es Trinkwasserbrunnen in der Nähe ?
Weiß nicht

Das System erfragt weitere Einzelheiten über Lage, Topographie, die Firma selbst usw. und erstellt aufgrund von nicht oder unvollständig beantworteten Fragen einen Katalog mit zu beschaffenden Informationen einschließlich Angaben über mögliche Informationsquellen. Nach Besorgung der Informationen kann der Benutzer an derselben Stelle "wiederaufsetzen" und die Konsultation fortsetzen. Auch dieser Aspekt hat im vorliegenden Expertensystem großes Gewicht, da die Informationsbeschaffung eventuell zeitaufwendig ist.

2.5 Adressaten

Adressaten eines Altlastenexpertensystems sind:

- Personen, die für Sofortmaßnahmen bei der Entdeckung von Altlasten verantwortlich sind
- Personen, die an der Erfassung und Bewertung von Altlasten mitwirken
- Personen, die an der Identifizierung von Gefahren und der Entscheidung über Sanierungsmaßnahmen beteiligt sind
- Personen, die Genehmigungen für Geländenutzungen erteilen oder daran mitwirken, sofern auf dem Gelände Altlasten vorhanden sein könnten
- Personen, die hochqualifizierte Berater für Altlastensanierung von Routinearbeiten entlasten sollen (Multiplikation der Expertise)

Den genannten Personenkreis findet man bei Behörden und Wirtschaftsunternehmen. Von besonderem Interesse dürfte die erreichbare Verbesserung der Handlungskompetenz bei kleinen und mittleren Kommunen, bei mittelständischen Unternehmen, bei Bauaufsichtsbehörden und auch bei spezialisierten Ingenieurbüros sein.

2.6 Benutzeroberfläche von XSAL

Wie im vorherigen Punkt angegeben wird es sich beim typischen Anwender nicht um einen im Umgang mit DV-Anlagen erfahrenen Benutzer handeln. Dies muß in der Benutzeroberfläche berücksichtigt werden. Es handelt sich um eine grafische Benutzeroberfläche mit Fenstertechnik und mehrstufigen Menüs.

Die während des Dialogs vom Benutzer angeforderten Informationen werden diesem, soweit es sich nicht um Zahlen oder Namen handelt, in Form von Auswahlmöglichkeiten in Tabellen oder Listen vorgestellt. Diese erscheinen auf dem Bildschirm in entsprechenden Ausgabefenstern. Hier werden die vorgegebenen Eingaben mittels der Pfeiltasten angesteuert. Eine oder aber auch mehrere Eingaben werden dann mit der Leertaste selektiert und nach der letzten Selektion freigegeben. Bevor die Datenfreigabetaste gedrückt wurde, können die einzelnen Eingaben durch wiederholtes Drücken der Leertaste auch wieder korrigiert werden.

Die Form der Eingabe über Auswahlmenüs hat den Vorteil, daß Tippfehler nicht möglich sind (es wird nichts getippt), und deshalb eine entsprechende Analyse der Eingaben und eine eventuell erforderliche Fehlerbehandlung nicht nötig sind.

Die Eingabeaufforderungen erfolgen wie schon erwähnt in entsprechenden Fenstern, wobei mit einem möglichst informativen Hinweis dem Benutzer 'gesagt' wird, was einzugeben bzw. auszuwählen ist. Sollte der Benutzer trotzdem nicht erkennen, was das System von ihm will, oder will er wissen, warum diese Information benötigt wird, so wird in einem Hilfe-Fenster, das durch Drükken der HELP-Taste aktiviert wird, eine entsprechende Erklärung gezeigt, d.h. es steht eine kontextabhängige Helpfunktion zur Verfügung.

Der Benutzer kann sich den gerade aktuellen Bildschirminhalt auf einem angeschlossenen Drukker ausdrucken lassen, beispielsweise den Inhalt des gerade aktiven Hilfe-Fensters falls er die Erläuterung für später benötigen sollte.

2.7 Datenbankanschluß

Für XSAL sind unter anderem folgende Datenbankanschlüße realisiert, beziehungsweise vorgesehen:

Realisiert:
- **lokale Schadstoffdaten**
- **lokale Schadstoffgruppendatenbank**
- **lokale Branche-Anlagen-Stoffe-Datenbank**
- **schadstoffabhängige Regeldatenbank mit Akquisitionskomponente**

Vorgesehen:
- **zusätzlicher Anschluß an größere überregionale Onlinedatenbanken über das Postnetz**
- **Einbau bereits beim Anwender vorhandener Datenbanken**
- **Zugriff auf Kartierungsdatenbanken**
- **lokale Firmendatenbank**

Die unter dem Punkt realisiert aufgeführten Datenbanken beziehen sich auf lokale Informationen, die beispielsweise aufgrund verschiedenartiger Industrieansiedlungen von Region zu Region unterschiedlich sind. Für diese Datenbanken soll dem Anwender eine Akquisitionskomponente zur Verfügung gestellt werden, mit deren Hilfe er die für sein Gebiet typischen Informationen erfassen kann. Die Schadstoffdatenbank findet ihre Anwendung, wenn der Stoff, der der für die Verunreingung verantwortlich ist, bekannt ist. Die Schadstoffgruppendatenbank und die Branche-Anlagen-Stoffe-Datenbank werden gebraucht, um die Auswahl der infragekommenden Stoffe einzugrenzen und dann gezielt aus einer kleinen Restauswahl den Stoff zu bestimmen.

Der vorgesehene Anschluß an überregionale Online-Datenbanken könnte beispielsweise zum Tragen kommen, wenn die Informationen in der lokalen Stoffdatenbank bei einer Fallbearbeitung nicht ausreichen.

Beispiel: Aus einem entfernteren Gebiet wurde in der Vergangenheit ein für den Fundort untypischer Stoff abgelagert.

Zum Einbau bereits beim Anwender vorhandener Datenbanken wäre zu sagen, daß Daten, die möglicherweise zu einem anderen Zweck bereits erfaßt wurden, aufbereitet und vom System während einer Sitzung ausgewertet werden und so in die Lösung eingehen.

Beispiel: Bei einem Ingenieurbüro gibt es eine Datenbank, in der Charakteristika von speziellen Altlastfällen enthalten sind.

Der Zugriff auf Kartierungsdatenbanken ermöglicht außer der graphischen Darstellung der örtlichen Gegebenheiten die Möglichkeit, ortsspezifische Besonderheiten wie Geographie, Topologie und Umgebungsnutzung in der Fallbearbeitung zu berücksichtigen. Die Firmendatenbank wird benötigt, um beispielsweise schnell zu erfahren, woher ein benötigter Gegenstand beschafft werden kann.

Beispiel: Man braucht schnellstmöglich eine Abdeckplane in bestimmter Größe oder einen Behälter mit speziellen Eigenschaften zum Auffangen einer austretenden Flüßigkeit.

In der Firmendatenbank gäbe es dann die Information wo dieser Gegenstand verfügbar ist.

2.8 Die Shell

Die in XSAL verwendete Expertensystemshell wurde paralell zu diesem Projekt an der Fachhochschule des Saarlandes entwickelt. Erfahrungen und Tips kamen dabei von der Abteilung DAP 332 der Siemens AG München, die sich mit der Erstellung von wissensbasierten Systemen beschäftigt. Grundlegende Designentscheidungen wie Repräsentationsformen für Wissen, Inferenzmechanismen und die Darstellung von Fakten orientieren sich an EMYCIN [6].

In der Wissensbasis ist das domainspezifische Wissen, also das altlastenspezifische Wissen, in einer regel- bzw. objektorientierten Form dargestellt.

Die erstellte Expertensystemshell enthält nicht nur ein einziges Werkzeug, sondern einen kompletten Satz von Werkzeugen, der in eine Entwicklungsumgebung eingebettet ist.

Zu diesen verschiedenen Werkzeugen gehören:

- Preprozessor
  = Umwandlung der Wissensrepräsentationssprache in interne Darstellungen

- Plausibilitätsprüfer
  = Erkennung von Widersprüchen, Redundanzen und Schleifen

- Inferenzkomponente
  = Durchführung der Konsultation, Steuerung des Inferenzprozesses

- Dialogkomponente
  = Ausgabe von natürlichsprachlichen Texten

- Erklärungskomponente
  = Hilfe zu den ausgegebenen Fragen bzw. Texten

- Wissenserwerbskomponente
  = inkrementelle Erweiterung der Wissensbasis

Die Expertensystemshell ist in SIEMENS-PROLOG implementiert. Prozedurale Module wie die Ein- und Ausgabe sind, um eine größere Performanz zu erreichen, mit dem SIEMENS-Tool FACET 'Bildschirm-Fenstertechnik' realisiert. Die Expertensystemshell und das Expertensystem XSAL sind auf einer MX2 / MX500 entwickelt worden, aber auch auf allen anderen Rechnern der MX-Familie ablauffähig. Eine Portierung auf andere Zielrechner ist ohne größeren Aufwand möglich.

Aufgrund des begrenzten Hauptspeichers und der Menge der Daten wurden Regeln auf eine Informix-Datenbank ausgelagert, auf die das Expertensystem dann während einer Konsultation zugreifen kann.

3. Inhaltliche Struktur

3.1 Systemumgebung

Die Systemumgebung für XSAL besteht in dem Prozeß der Behandlung einer Altlast in der Form, wie sie von einem Experten durchgeführt wird. Dieser Prozeß ist in Bild 2 schematisch dargestellt.

A	Entdeckung	Indikatoren, derzeitige Nutzung; evtl. gefährdete Objekte
B	*Sofortbewertung*	Gefährdungen ermitteln; Maßnahmen zur Gefahrenabwehr, Schutz der Ausführenden
C	Sofortmaßnahmen	ausführen
D	Situationserfassung	Lage, Topographie, Flora, Fauna, Gewässer, Grundwasser; frühere Eigentümer, Pächter und Nutzungen; geplante Nutzungen, gefährdete Objekte
E	*Erstbewertung* evtl. wieder C	Akute Gefahren ermitteln, bewerten; erforderliche Sofortmaßnahmen feststellen, Informationsbedarf ermitteln, -quellen angeben, -erfassung planen; politische Aspekte
F	Info-Beschaffung	Begehen; Informationsquellen erschließen, Informationen beschaffen und erfassen
G	*Info-Auswertung*	Lücken ?; Widersprüche ?; Plausibel ?

Bild 2 : Vorgehensweise eines Experten (Teil 1)

H	Auflisten	Schadstoffe, Gefährdungen
I	*Endbewertung* evtl. wieder C	Maßnahmen erforderlich ?; sofort, kurzfristig, langfristig ?; politische Aspekte
J	Überwachung	falls z.Zt. keine, evtl später Gefahr
K	Sanierungsmaßnahmen	Alternativen aufzeigen; Kosten und Folgewirkungen schätzen; Ausführende ermitteln
L	Entscheidung	Maßnahmen auswählen und durchführen
M	Ausführung	
N	*Bewertung*	Aus der Sanierung resultierende Gefahren ermitteln ; Gefahrenabwehr planen; Überwachung initiieren
J	Überwachung	falls Gefahren aus Sanierung folgen

Bild 2 : Vorgehensweise eines Experten (Teil 2)

3.2 Moduln der Produktversion

Bild 3 zeigt die Modulstruktur der geplanten XSAL-Produktversion. Sie entspricht genau der in 3.1 vorgestellten Vorgehensweise des Experten. Die Moduln können schrittweise realisiert und eingesetzt werden. Mit dem Indikatormodul kann man z.B. eine große Anzahl von Altlasten in kurzer Zeit bewerten und klassifizieren. Die beiden ersten Moduln zusammen unterstützen alle Arbeiten, die auf kommunaler Ebene durchgeführt werden müssen, wenn man die Endbewertung und Sanierung nach außen vergibt. Faßt man die drei ersten Moduln zusammen, so kann man ein Altlastenkataster erstellen, aus dem die Gefährdung durch die Altlast und die Dringlichkeit ihrer Sanierung ersichtlich wird. Die beiden letzten Moduln lassen sich zusammen einsetzen, wenn eine Altlast bereits identifiziert ist und ihre Bewertung ergeben hat, daß saniert werden muß.

4. Projektstand und Perspektive

Bild 4 zeigt den Zusammenhang zwischen Demoversion und Produktversion. Die Einschränkungen der Demoversion sind stichwortartig erläutert. Nur bei den ersten beiden Moduln geht die Demoversion in die Breite. Für die restlichen Moduln wird nur ein schmaler Ausschnitt realisiert. Das dafür erfaßte Wissen deckt auszugsweise einige representative Fälle ab.

Die Entwicklung der Demoversion ist z. Zt. abgeschlossen. Die in 1.3 genannten Projektziele wurden realisiert.

Nächster Schritt wird es sein, eine Version von XSAL zu erstellen, die in Projekten der Erfassung, Kartierung und Bewertung von Altlasten eingesetzt werden kann. Diese Version zielt nicht auf den akuten Einzelfall sondern auf eine flächendeckende Vorsorgemaßnahme ab. Damit können viele der heute laufenden Projekte unterstützt werden.

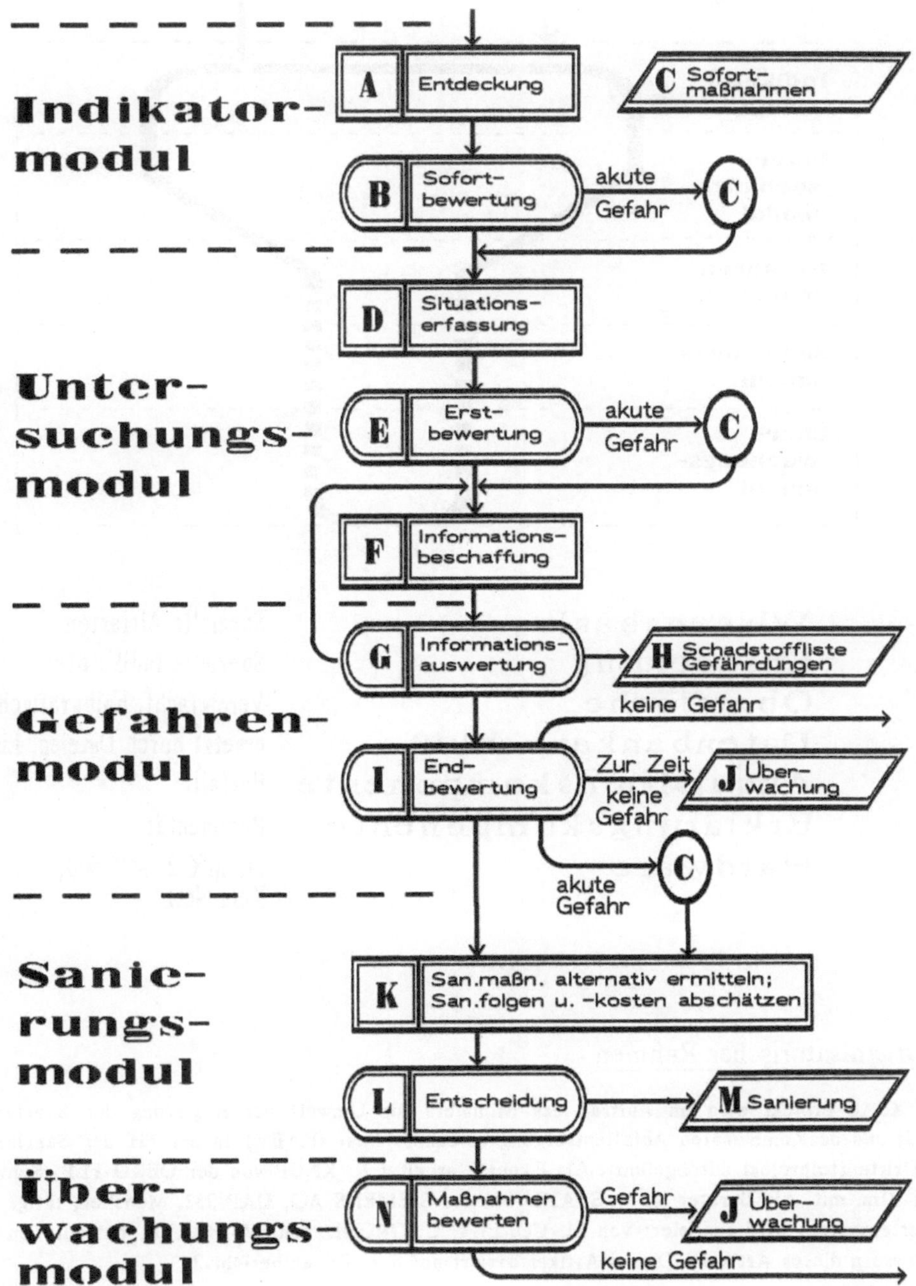

Bild 3 : Moduln der Produktversion

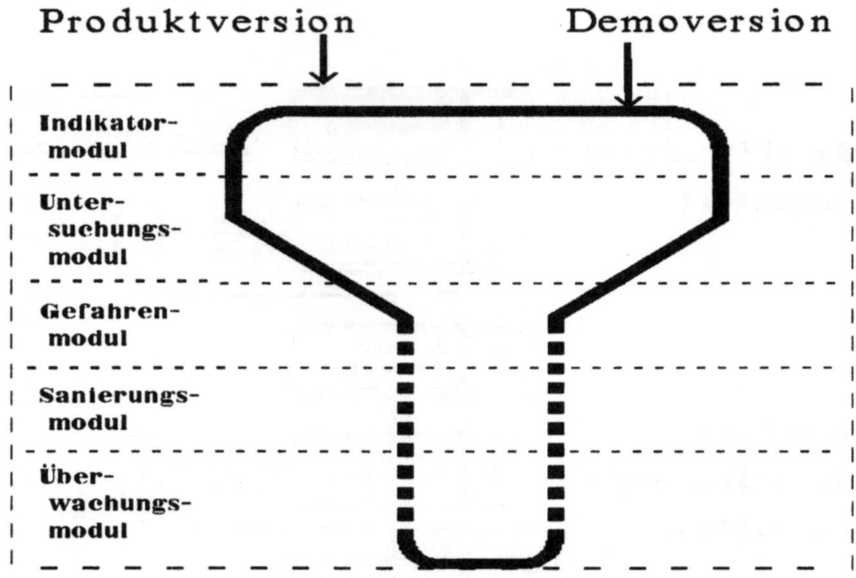

Wissensbasis	Spezielle Altlasten
Entdeckung	Spezielle Indikatoren
Oberfläche	Vereinfacht, halbgrafisch
Datenbankanschluß	ersetzt durch Dateien, Listen
Akquisitionskomponente	Entfällt
Erklärungskomponente	Rudimentär
Hardware	PC MX-2, MX 500, Kein Netz

Bild 4 : Demo- und Produktversion

5. Organisatorischer Rahmen

Das XSAL-Projekt wird im Auftrag des Ministers für Umwelt der Regierung des Saarlandes (MfU) und desKommunalen Abfallentsorgungsverbandes Saar (KABV) an der FH des Saarlandes als Drittmittelprojekt durchgeführt. Als Experte arbeitet R. KNOP von der OEKO-FEP, Schwalbach-Elm, mit. Als Berater ist V. STAHL von der SIEMENS AG, DAP 332, München, tätig. Das Expertensystem wird realisiert von M. COLLET, C. GRUND und W. HARTZ, betreut von den Verfassern dieses Artikels. Dieser Artikel basiert auf dem Projektbericht 3.

Die Arbeiten begannen im Sept. 87. Am 30.Jan.88 konnte eine Erstfassung der Öffentlichkeit im Beisein von Bundesminister K.TÖPFER und Minister J.LEINEN vorgestellt werden. Die Arbeiten an der Demoversion sind bis auf einige Teile des Abschlußberichtes abgeschlossen. Ziel eines Folgeprojektes ist die Erstellung eines Prototypen.

Die Verfasser sind allen Beteiligten zu herzlichem Dank verpflichtet.

Literaturangaben

[1] STOPP, M., INFUCHS, Umweltbundesamt, Berlin, 1985

[2] DORSTEWITZ, U., Methodik eines Handlungsmodells zur Abschätzung und Abwehr der Gefahren aus den Altlasten einer Region, Stadtverband Saarbrücken, 1987

[3] Abschlußbericht XSAL, FHdS, 1988

[4] HOMMEL, G., Handbuch der gefährlichen Güter, Berlin, Heidelberg, New York, 1985

[5] Clocksin, W. F., Mellish, C. S., 'Programming in Prolog', Springer-Verlag, Berlin, Heidelberg, New York, 1983

[6] Van Melle, W. 'A Domain-Independent System that Aids in Constructing Knowledge-Based Consultation Programs', Stanford University, STAN-CS-80-820, 1980

Anhang : Kleiner Einblick in die Realisierung

In der Wissensbasis müssen realisiert werden : (Die Schlüsselworte stehen in Klammern)

- prozedurales Wissen : es repräsentiert das Lösungsverhalten des Experten. Dies geschieht durch Kontrollelemente (controlnode).
- deklaratives Wissen : es beschreibt die Beziehungen zwischen Sachverhalten. Dies geschieht durch Regeln (rules)
- Texte und Fragen : Durch sie kommuniziert das System mit dem Benutzer. Fragen (request) dienen zur Beschaffung von Information, Texte (text), Antworten, Hilfen, Hinweise und Vorschläge.

Es folgt ein kurzer Auszug aus der Kontrollstruktur, welcher zwei Dinge vermitteln soll. Zum einen, wie das Lösungsverhalten des Experten in prozedurales Wissen nachgebildet ist. Zum anderen kann man erkennen, daß das Hinzufügen von Fällen durch Erweiterungen von "rules" und Hinzufügen von Texten einfach und systematisch erfolgen kann.

Ein ähnlicher Auszug aus dem deklarativen Wissen und der Inferenzmechanismen würde den Rahmen dieser Übersicht sprengen.

Die Bilderserie entlang der nächsten Seiten stellt für die nachfolgend exemplarisch gezeigte Regel *r55_gv_quelle_behandlung* verschiedene Konstellationen von Verunreinigungsquelle (hier Faß) und zu schützendem Objekt (hier Wasser) dar, wie sie vom Experten aufgezeigt wurden.

Die Nummer in der Regel dient nur der Orientierung innerhalb der Datei beim Editieren und hat für das System bei der Abarbeitung keine Bedeutung. Auch die Namen der Regeln, Texte usw. sind frei wählbar.

Aus dem nachfolgend gezeigten Auszug aus der Wissensbasis ist bespielsweise auch ersichtlich, daß Texte (*t60_versickert_abdecken*) modular aufgebaut werden können. Dies vermeidet Redundanzen und erleichtert die Pflege des Systems erheblich. Gleiche Texte müssen nur einmal erfaßt werden, können aber an beliebig vielen Stellen benutzt werden. Bei den Texten kann man unter *help_premise* die Prämisse für die Hilfe definieren, die unter *help_list* angegeben ist.

Abschließend (Bild 5) ist dann die in *r55_gv_quelle_behandlung prio 1* behandelte Situation und daraus abzuleitende Maßnahmen dargestellt.

Kontrollstruktur

Kontrollelement | **Lösungsschritt**

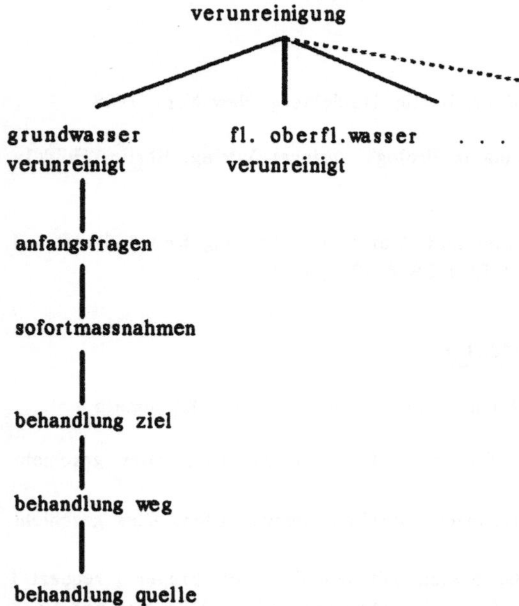

Problem eingrenzen

Stoff identifizieren

Gefahren abwehren

Objektgefährdung abschätzen

Weg der Verschmutzung identifizieren

Quelle der Verunreinigung 'stopfen'

```
controlnode n6_grundwasser_verunreinigt
        actions (
                    node(n11_gv_anfangsfragen),
                    node(n12_gv_sofortmassnahmen),
                    node(n13_gv_behandlung_ziel),
                    node(n14_gv_behandlung_weg),
                    node(n15_gv_behandlung_quelle) )
end_control.

controlnode n15_gv_behandlung_quelle
        actions (
                   rule_out(r55_gv_quelle_behandlung)
                   )
        location text t79_orie_behandlung_quelle
end_control.

rule_def r55_gv_quelle_behandlung
   prio 1
   premise (
     request q31_lage_der_quelle == unterirdisch,
     request q34_verunreinigung_unter_grundwasserpegel === nein,
     request q35_bodenoberschicht === durchlaessig,
     request q39_bodenschicht_darunter === durchlaessig
          )
```

↓

Symbolerklärung für Bilder

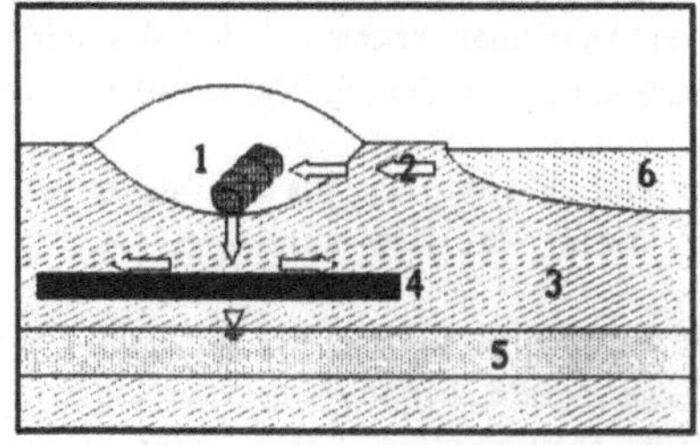

1 Verunreinigungsquelle
2 Übertragungsweg
3 Wasserdurchlässige Bodenschicht
4 Wasserundurchlässige Bodenschicht
5 Grundwasser
6 Oberflächenwasser

```
   if_true_conclude ja
   actions  (
            text t6_versickert_abdecken
               )
   if_fail_conclude next_rule
end_rule.

rule_def r55_gv_quelle_behandlung
   prio 2


rule_def r55_gv_quelle_behandlung
   prio 11
   premise (
         request q31_lage_der_quelle === oberirdisch,
         request q35_bodenoberschicht === durchlaessig,
         request q46_verbindung_verunreinigung_oberflw === ja,
         request q33_verbindung_grundw_oberflw === ja,
         request q40_verunreinigung_unter_oberflwpegel === ja
               )
   if_true_conclude ja
   actions  (
            text t70_ausgelaufen_versickert_austrittstelle
               )
   if_fail_conclude nein
   actions  (
            text t73_sonstige_situation
               )
end_rule.


request_def q31_lage_der_quelle
  question_list ['Wo tritt der verunreinigende Stoff aus?']
  answer_list  [oberirdisch, unterirdisch, weiss_nicht]
  help_premise
        (
          true
        )
  help_list
          text t12_quelle_oberirdisch
end_request.


text_def  t12_quelle_oberirdisch
  text_list [
      'Wenn das Austreten, beispielsweise einer Fluessigkeit, gesehen',
      'werden kann, ohne dazu die Austrittstelle freizuraeumen, ist',
      'die Austrittstelle oberirdisch sichtbar' ]
end_ text.
```

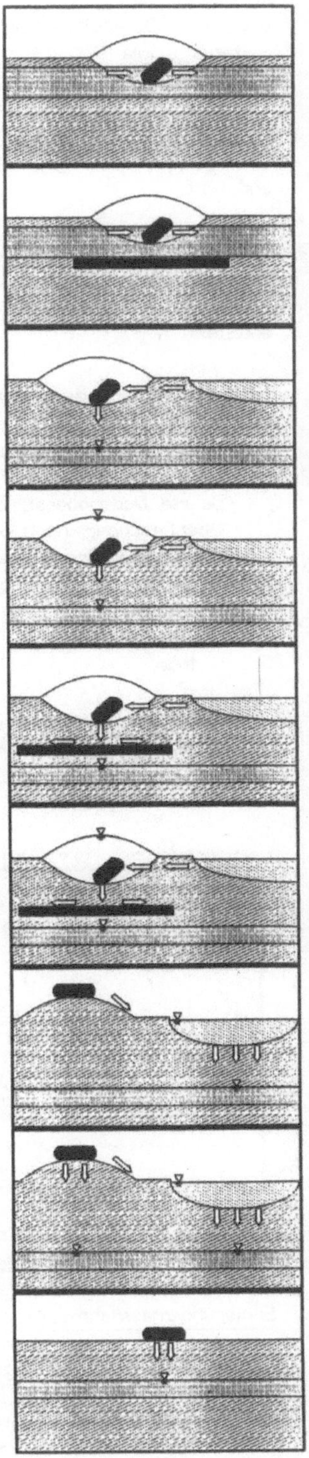

```
text_def t60_versickert_abdecken
  status single
  text_list [
          text t90_sanierungsmassnahmen,
          ' ',
          text t91_lage_der_verunreinigung ]
end_text.

text_def t90_sanierungsmassnahmen
  text_list [
      'Sanierungsmassnahmen :' ]
end_text.

text_def t91_lage_der_verunreinigung
  text_list [
     'Stellen Sie die genaue Lage der Verunreinigungsquelle fest !',
     ' ',
     'Da die Bodenoberschicht wasserdurchlaessig ist, und weder',
     'Oberflaechen- noch Grundwasserkontakt besteht, ist durch Ab- ',
     'decken des Bodens ueber der Verunreinigungsquelle eine Ver- ',
     'besserung zu erreichen !' ]
  help_premise
     (
       true
     )
  help_list
     text t104_addresse_abdecken
end_text.
```

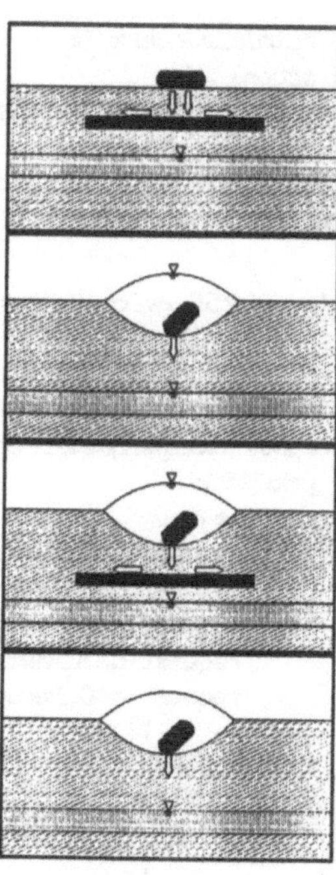

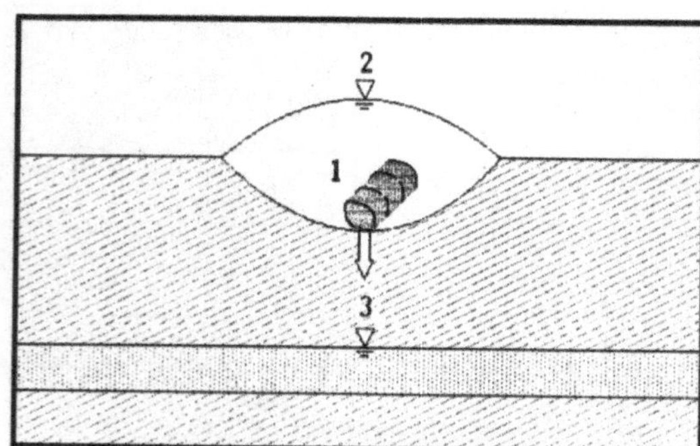

Situationsbeschreibung

1 Die Verunreinigunsquelle befindet sich unterirdisch.
Die Verunreinigunsquelle befindet sich über dem Grundwasserpegel.
2 Die Bodenoberschicht ist wasserdurchlässig.
3 Es befindet sich keine wasserundurchlässige Bodenschicht zwischen Verunreinigungsquelle und Grundwasserpegel.

Bild 5 : Darstellung der Situation, die durch *rule_def r55_gv_quelle_behandlung prio 1* beschrieben wird

Sanierungsmassnahme:

Stellen Sie die genaue Lage der Verunreinigungsquelle fest !

Da die Bodenoberschicht wasserdurchlässig ist, und weder Oberflächen- noch Grundwasserkontakt besteht, ist durch Abdecken des Bodens über der Verunreinigungsquelle eine Verbesserung zu erreichen !

Fachgespräch

Dokumentengraphik: Konzepte, Werkzeuge, Anwendungen

Bei der Arbeit mit Dokumenten kann heute auf Graphikaspekte nicht mehr verzichtet werden. Insbesondere technische Dokumentation gewinnt zunehmend an Bedeutung.

Dieses Fachgespräch über Dokumentengraphik soll den Erfahrungsaustausch fördern und über den Stand der Forschung und Entwicklung berichten.

Themenschwerpunkte sind unter anderem:

- integrierte Dokumentationssysteme
- Editoren
- Formatter
- PDL's
- Benutzungsschnittstellen/Windowsysteme
- Einfluß von Normen

Programmkomitee für dieses Fachgespräch:

R. Dierstein (DFVLR), J. Röhrich (IITB Karlsruhe), J. Schönhut (AGD Darmstadt, Vorsitz), R. Schwarz (Digital Frankfurt), P. Wißkirchen (GMD, St. Augustin)

Quill: Ein Editor/Formatierer für strukturierte gemischte Dokumente

Helmut F. Hasselmeier
z. Zt. IBM Almaden Research Center
San Jose, CA 95120, USA

Zusammenfassung

Quill ist ein experimenteller Dokument-Editor/Formatierer für Arbeitsplatzrechner mit den folgenden Schwerpunkten:

Benutzeroberfläche: Quill erlaubt die Manipulation des Dokumentes sowohl in Bezug auf seine physische Erscheinungsform als auch auf seinen logischen Inhalt. Quill präsentiert dem Benutzer eine WYSIWYG-Oberfläche mit der Möglichkeit der direkten Manipulation. Gleichzeitig können auch die SGML-"Tags" angezeigt und gehandhabt werden, die die logischen Elemente des Dokumentes identifizieren. Auf diese Weise kombiniert Quill den Komfort eines WYSIWYG-Editors mit der Mächtigkeit eines Formatierers, der sich auf das" Markup"-Konzept abstützt.

Erweiterbarkeit: Quill unterstützt das Formatieren von Dokumenten, die eine Mischung von Text, Graphiken und anderem Material enthalten. Jede bestimmte Art von Material wird von einem dafür zugeschnittenen Editor verarbeitet, der eine ganz spezifische Kenntnis der Eigenschaften des Materials besitzt, sei es nun Text, Graphiken, mathematische oder chemische Formeln. Demzufolge besteht Quill aus einem Kern und einer Sammlung von kooperierenden Editoren. Das System ist so organisiert, daß ein neuer Editor hinzugefügt werden kann, ohne die bereits vorhandenen Editoren zu stören. Der Kern koordiniert die verschiedenen Editoren, um eine unbeschränkte Verschachtelung von Objekten aus verschiedenem Material und einen nahtlosen Übergang zwischen den Editoren zu ermöglichen.

Semantische Spezifizierung: Quill erlaubt dem Benutzer logische Elemente zu generieren und zu handhaben, die durch externe Stildefinitionen beschrieben sind. Die Erscheinungsform und das Verhalten von einfachen Elementen kann durch sogenannte "property sheets" definiert werden. Komplexere Elemente dagegen, wie z.B. Indexeintragungen oder Referenzen erfordern zusätzlich eine Definition durch eine algorithmische Spezifikationssprache. Da Quill ein WYSIWYG-System ist, muß es möglich sein, die Dokumentelemente zu jeder Zeit und in jeder Reihenfolge neu zu formatieren. Besondere Mechanismen sind erforderlich, um die Beziehungen zwischen den Elementen festzuhalten. Das Quill-Projekt untersucht Methoden, um Elemente so zu definieren, daß sie WYSIWYG-gerecht verarbeitet werden können. Gleichzeitig soll eine "Designer's Workbench" implementiert werden, um solche Definitionen zu generieren und zu editieren.

Anmerkung

Quill ist Gegenstand eines Projektes im IBM Forschungslabor San Jose, an dem außer dem Author folgende Personen beteiligt sind: Donald D. Chamberlin, Allen W. Luniewski, Dieter P. Paris, Bradford W. Wade, Mitch L. Zolliker. Dieser Vortrag ist im Wesentlichen eine Zusammenfassung zweier englischsprachiger Vorträge zum gleichen Thema, [CHAM 87b] und [CHAM 87c].

Einleitung

Die meisten modernen Editoren bieten dem Benutzer eine WYSIWYG-Oberfläche, die ihm erlaubt, das Dokument stets in seiner formatierten Gestalt zu sehen und direkt zu manipulieren und dabei sicher zu sein, daß es auf dem Papier genauso aussieht wie auf dem Bildschirm. Die ständig zunehmende Mächtigkeit von Arbeitsplatzrechnern und die hohe Auflösung von Bildschirmen und Druckern machen es möglich, dabei recht komplexe Dokumente zu verarbeiten, die den Ansprüchen von professionellen Publikationen genügen. Die Komplexität kann auf zwei Ebenen gesehen werden. Einmal soll das Dokument außer Text auch andere Objekte wie Graphiken, Bilder, mathematische Formeln usw. enthalten.

Zum anderen wird es immer wichtiger, bei der Auszeichnung von Dokumenten ein logisches "Markup"-Konzept zu benutzen, wie es zum Beispiel im internationalen SGML-Standard realisiert ist. Bei diesem Konzept werden nicht die physischen Formateigenschaften, wie Zeilenabstände oder Schriftarten spezifiziert, sondern die logischen Elemente des Dokumentes, wie Paragraphen, Überschriften, Abbildungen usw. beschrieben, wobei man die Formatspezifikationen für diese Elemente unabhängig vom Dokument in einem getrennten Datenträger aufheben kann.

Quill ist ein experimentelles System, das nach diesen Prinzipien entworfen ist. Es soll Dokumente mit gemischten Objekten editieren und formatieren, dabei die beiden Welten von WYSIWYG-Editoren und Markup-Formatierern kombinieren, und außerdem bezüglich der verschiedenen Kategorien von Objekten erweiterbar sein. Im folgenden sind einige der hauptsächlichsten Eigenschaften von Quill angegeben:

1. Ein Dokument besteht aus einer Hierarchie von verschachtelten Elementen. Jedes Element hat einen Namen und gehört zu einer Klasse (z.B. Elemente wie "Paragraph", "Überschrift", und "Fußnote" gehören zur Textklasse, während Elemente wie "Rechteck" und "Kreisbogen" zur Graphikklasse gehören.) Elemente können in beliebiger Tiefe und ohne Rücksicht auf ihre Klasse ineinander verschachtelt werden.

2. Zu jeder Klasse von Elementen gehört ein spezifizischer Editor. Jeder Editor hat einen bestimmten Satz von Befehlen zur Manipulation seiner Elemente. Obwohl die Befehle von Editor zu Editor unterschiedlich sein können, folgen sie doch einer einheitlichen Schnittstellenarchitektur.

3. Die physische Erscheinungsform eines Elementes und die Befehle, die Elemente manipulieren, sind unabhängig von der Stelle, wo in der Hierarchie ein Element auftritt. So sind z.B. Schriftart und Platzierungregeln für Textelemente die gleichen, ob sie nun innerhalb einer Graphik oder sonstwo im Dokument auftreten.

4. Ein neuer Editor kann zum Quill-System hinzugefügt werden, ohne daß andere bereits existierende Editoren deswegen verändert werden müssen. Zum Beispiel kann ein Editor für mathematische Formeln zu einem Quill-System hinzugefügt werden, welches bisher nur einen Text- und einen Graphikeditor besaß, sodaß damit mathematische Formeln in Text und in Graphiken eingebettet werden können, und diese ihrerseits wieder Text- und Graphikelemente enthalten können.

5. Das Quill-System präsentiert das Dokument auf einem Bildschirm in voll formatierter Form und unterstützt direkte Manipulation aller seiner Elemente. Der Bildschirm wird ständig auf dem aktuellsten Stand gehalten, wenn immer der Benutzer durch Eintippen von Zeichen oder durch Anstoßen von Befehlen inhaltliche und/oder erscheinungsmäßige Veränderungen vornimmt. Durch Ausnutzung von verfügbaren Prozessorenzyklen zwischen Benutzereingriffen bringt das System Veränderungen durch das ganze Dokument hindurch zur Wirkung einschließlich solcher Fernwirkungen wie das Erstellen von richtigen Abbildungsreferenzen oder den Aufbau eines Inhaltsverzeichnisses.

6. Übergänge zwischen den Editoren sind mehr oder weniger "nahtlos". Sobald der Benutzer ein Element auf dem Bildschirm selektiert hat, wird der Editor, dem das ausgewählte Element gehört, aktiv und seine Befehle werden dem Benutzer angezeigt. Ein Editor wird auch aktiv, wenn der Benutzer die Generierung eines neuen Elements aus einer anderen Klasse verlangt.

7. Ein Dokument kann in einen selbsterklärenden Datenstrom verwandelt werden, um es für spätere Verarbeitung oder zum Austausch mit einem anderen System abzulegen.

8. Quill führt Prüfungen durch, wenn immer Elemente hinzugefügt, weggenommen oder sonst irgendwie relevant verändert werden, um sicherzustellen, daß das Dokument den Regeln des zugrundegelegten Dokumententyps genügt. Dabei werden die im SGML-Standard festgelegten Regeln benutzt. Unter gewissen Umständen muß es dem Benutzer allerdings gestattet werden, diese Regeln temporär zu verletzen, wenn es ihm nämlich anders nicht gelingen würde, gewisse Anordnungen von Elementen zu erreichen. Das System macht ihn auf solche Abweichungen aufmerksam und ermahnt ihn durch entsprechende Darstellungsformen, den begangenen Fehler wieder zu korrigieren.

9. Die physische Erscheinungsform der verschiedenen Elemente des Dokumentes wird durch eine Stildefinition gesteuert, die getrennt vom Dokument abgelegt ist und für alle Dokumente gleichen Stils zuständig ist. Man kann daher sagen daß die Elemente ein Dokument "logisch" definieren, während die "physische" Erscheinungsform sich ändern kann, abhängig davon, mit welcher Stildefinition formatiert wird.

10. Ein mit dem Quill-Editor/Formatierer assoziierte Einrichtung, die "Designer's Workbench", hat die Aufgabe, sowohl den SGML-Typ als auch eine Reihe von Stildefinitionen für eine bestimmte Kategorie von Dokumenten zu generieren und zu editieren. Damit wird entweder dem Benutzer selbst oder dem Dokumentplaner, der eine Gruppe ähnlich interessierter Benutzer unterstützt, ein wirksames und zentrales Werkzeug in die Hand gegeben, um entsprechenden Anforderungen bezüglich der Erscheinungsform von Dokumenten gerecht zu werden.

Benutzeroberfläche

Ein Prototyp von Quill wird derzeit für den IBM 6150 Arbeitsplatzrechner unter Benutzung des experimentellen Betriebssystem "QuickSilver" und des "Whim Window Manager's" implementiert, [WILL 87] und [GOOD 85]. Eine Quill-Sitzung läuft in einem Fenster des Benutzerbildschirms wie in Abbildung 1 dargestellt ab. Am obereren Rand des Fensters befinden sich ein Aktionsstreifen mit mehreren Symbolen, mit denen das Fenster bewegt und umdimensioniert und verschiedene globale Operationen wie "file", "quit", usw. ausgeführt werden können. Unterhalb des Aktionsstreifens ist das Fenster in zwei Bereiche eingeteilt: dem "Seitenfenster" und dem "Editorfenster".

Das Seitenfenster zeigt den formatierten Inhalt desjenigen Teiles des Dokumentes an, der sich im gegenwärtigen Blickwinkel befindet. An den Rändern des Seitenfensters sind sogenannte "Fahrstühle" angebracht, die anzeigen, welcher Teil des Dokumentes relativ zum Rest vertikal sowie horizontal im Blickwinkel liegt. Der Benutzer kann die Fahrstühle mit der Maus verschieben, um damit andere Teile in den Blickwinkel zu bekommen. In der linken oberen Ecke des Seitenfensters befindet sich auch ein Blattzähler.

Das Editorfenster wird für mehrere Zwecke benutzt. Normalerweise zeigt es die zur Verfügung stehenden Befehle des jeweils aktiven Editors an, dargestellt als eine Matrix von Befehlstasten, die mit der Maus aktiviert werden können. Im Editorfenster ist auch Platz zum Anzeigen von Nachrichten, Menus, und anderen Einrichtungen der Bedienerführung.

Das Editorfenster dient auch dazu, gewisse allgemeine von den Editoren unabhängige Quill-Systemfunktionen zu ermöglichen. Dieser Systemmodus wird durch das Systemsymbol am oberen Rand des Editorfensters eingeleitet. Im Systemmodus kann der Benutzer den Dateinamen des Dokumentes, den Stil der Formatierung, den Vergrößerungsgrad im Seitenfenster, sowie andere globale Aspekte der Quill-Sitzung überblicken und verändern. Außerdem zeigt das System in diesem Modus im sogenannten "Tag"-Fenster auch die logische Struktur des Dokumentes in der Nähe der laufenden Position an. Dies geschieht durch eine partielle Baumstruktur, die die Namen der in der Nachbarschaft liegenden Elemente, ihre hierarchische Beziehung untereinander, sowie das jeweils laufende Element darstellt. Das "Tag"-Fenster kann von großem Wert sein in Situationen, wo die Frage nach der gerade gültigen laufenden Position beim Betrachten des Seitenfensters nicht eindeutig beantwortet werden kann. Man denke an das Aufeinandertreffen mehrerer Beendigungen von verschachtelten Elementen gleicher Art, z.B. von Listenelementen. Es ist auch möglich, die laufende Position durch Selektierung eines der Elemente im "Tag"-Fenster zu verändern.

Kooperierende Editoren

Die Implementierung von Quill besteht aus einem Kern und einer Sammlung kooperierender Editoren. Der Kern ist für die Koordinierung der Editoren, die Benutzerführung und die Schnittstelle zum Betriebssystem verantwortlich. Jeder Editor ist ein Programmobjekt, welches mit dem Kern und den anderen Editoren durch einen Standardsatz von externen Prozeduren kommuniziert. In der Initialisierungsphase meldet sich jeder Editor beim Kern und teilt ihm die Adressenliste all seiner externen Prozeduren mit. Der Kern seinerseits enthält Dienstroutinen, deren sich die Editoren bedienen können, um z.B. Objekte am Bildschirm darzustellen und die Benutzerführung via Menus, "property sheets", usw. zu unterstützen. Während einer Quill-Sitzung ist stets genau ein Editor aktiv und es existiert ein Element, das das "laufende" Element genannt wird.

Im Folgenden werden die Anforderungen aufgezählt, die von einem neuen Editor erfüllt werden müssen, der sich dem Quill-System anschließen will:

1. ***Dokumentbaum:*** Jeder Editor muß den Bereich des Dokumentes, für den er zuständig ist, als eine Hierarchie von Elementen anordnen. Er muß dabei einer vorgeschriebenen Datenstruktur, der "Dokumentbaum"-Struktur folgen. Der Dokumentbaum enthält einen Knoten für jedes Element;

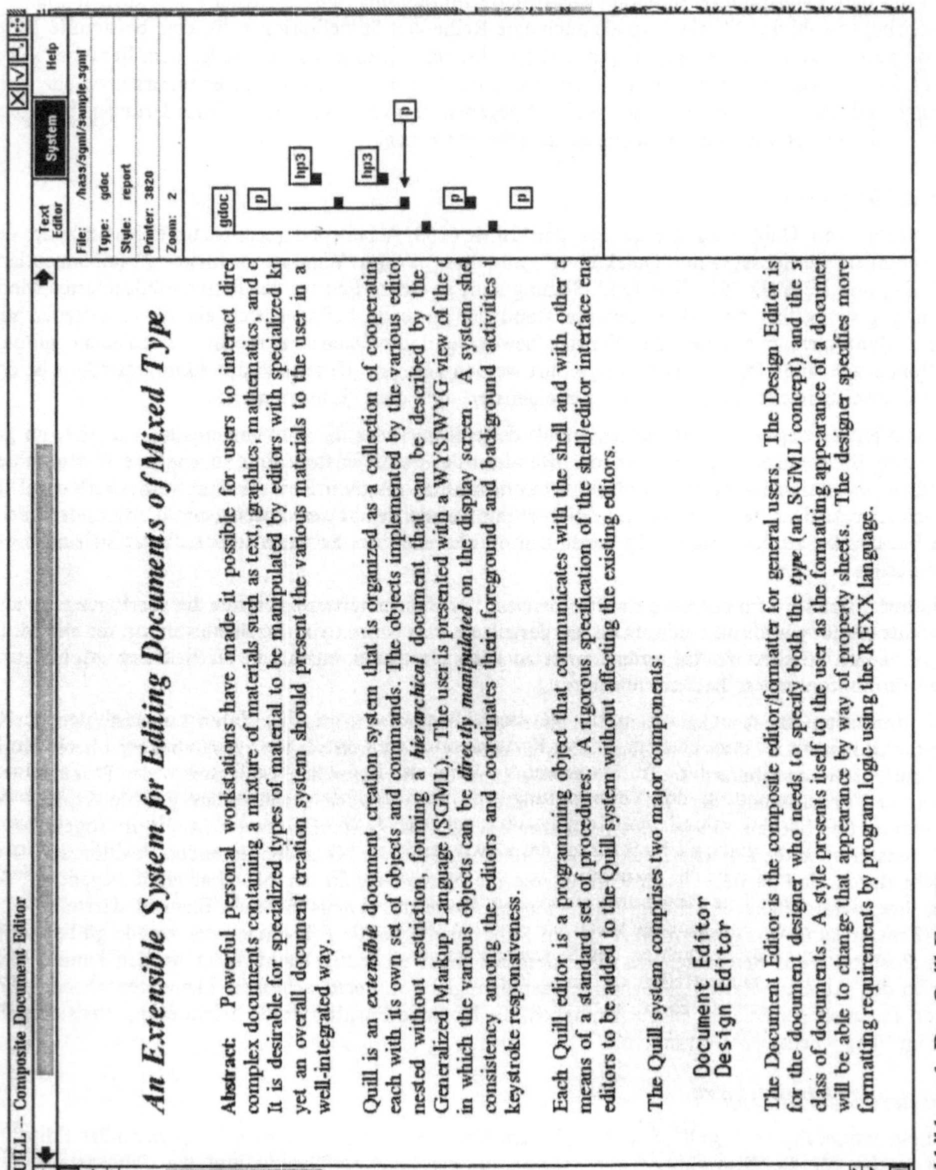

Abbildung 1. Das Quill-Fenster

jeder Knoten besteht aus einem Standardpräfix, gefolgt von anderem editorspezifischen Inhalt. Der Dokumentbaum bildet das zentrale Mittel, durch das die Gesamtstruktur des Dokumentes sowohl vom Kern als auch von allen Editoren verstanden und manipuliert werden kann.

2. ***Befehle:*** Jeder Editor muß seine Benutzeroberfläche als eine Sammlung von Befehlen organisieren, die er dem Kern in der Initialisierungsphase mitteilt. Der Kern seinerseits ist verantwortlich für die Darstellung der Befehle und für den Aufruf der jedem Befehl zugeordneten Prozedur.

3. ***Elementgenerierung:*** Jeder aktive Editor muß reagieren können, wenn der Benutzer ein neues Element generieren will, welches einem anderen Editor gehört. Dieser Vorgang muß nach gewissen festgelegten Regeln ablaufen und dann den neuen Editor aktivieren.
4. ***Externe Prozeduren:*** Jeder Editor muß einen bestimmten Satz externer Prozeduren implementieren, die der Kommunikation zwischen dem Kern und den anderen Editoren dienen. Jeder Editor muß gewisse Prozeduren seiner Editorkollegen aufrufen, um sie über bestimmte Ereignisse zu informieren. Zum Beispiel muß ein Editor einen anderen Editor darüber informieren, daß er eines oder mehrere seiner Objekte auf dem Bildschirm ganz oder teilweise zerstört hat.
5. ***Bildschirm:*** Jeder Editor muß seine eigenen Elemente auf dem Bildschirm unter Benutzung der vom Kern bereitgestellten graphischen Grundfunktionen darstellen können. Wenn immer ein Editor das Dokument so verändert, daß solche Änderungen auch in den Bereich des Seitenfensters fallen, muß er das Seitenfenster auf den neuesten Stand bringen, bevor er die Steuerung wieder an den Kern abgibt.
6. ***Dateigenerierung:*** Jeder Editor muß an einem rekursiven Dateigenerierungsprozeß teilnehmen können. Wenn das Dokument in einer Datei abgespeichert werden soll, ruft der Kern eine entsprechende Prozedur des Editors auf, dem das oberste Hierarchieelement gehört. Jeder Editor speichert nur die Elemente, die ihm gehören und er ruft entsprechende Prozeduren anderer Editoren auf, sobald er ein fremdes Element antrifft. Die Arten der zu generierenden Dateien müssen SGML (um das Dokument in revidierbarer Form ablegen zu können) und die Formate verschiedener zu unterstützender Drucker einschließen.

Im Folgenden soll in größerem Detail auf einige Anforderungen an kooperierende Editoren eingegangen werden.

Haupt- und Rahmenelemente

Das Dokumentmodel von Quill basiert auf Konzepten und Terminologie der Standard Generalized Markup Language (SGML) [ISO 86], eine ISO Standardsprache zur Beschreibung der Struktur von Dokumenten. In dieser Sprache besteht ein Dokument aus einer Hierarchie von Elementen, bei dem jedes Element durch seinen Namen ("generic identifier"), wahlweise einem Satz von Attributen zur Spezifizierung detailierter Eigenschaften, und seinem Inhalt charakterisiert ist. Der Inhalt kann aus schlichten Daten, z.B. Text, oder aus anderen Elementen bestehen.

Wie man SGML zur Beschreibung von Objekten, die nicht Text sind, benutzen kann, ist in [CHAM 87a] beschrieben worden. Die SGML-Syntax an sich bleibt für den Benutzer während einer Quill-Sitzung unsichtbar. Dennoch hat die Behandlung aller Objekte in einem Dokument als SGML-Elemente große Vorteile: Objekte verschiedener Klassen können gleichartig manipuliert werden; alle Objekte können in beliebiger Tiefe ineinander verschachtelt werden; das Dokument kann in einen selbsterklärenden Datenstrom verwandelt werden, der dann mit anderen auf SGML basierenden Systemen ausgetauscht werden kann.

Jeder Quill-Editor kann jeden beliebigen Satz von Elementen implementieren, soweit deren Namen und hierarchischen Beziehungen in der von SGML vorgeschriebenen Dokumenttypdefinition (DTD) festgelegt und in der Quill-Sitzung zugänglich sind. Sie sind jedoch in keiner Weise vom Quill-System selbst vorgeschrieben. Allerdings muß jeder Editor, um ins Quill-System zu passen, zwei spezielle Elemente implementieren, die wir als "Haupt-" und "Rahmenelement" bezeichnen wollen. Die Begriffe "Haupt" und "Rahmen" beziehen sich nur auf die Rolle, die ein solches Element im Quill-System spielt. Namen, Attribute und Inhalt eines Hauptelementes sind frei wählbar. Beim Rahmenelement sind sie festgelegt.

Das Hauptelement eines Editors stellt die "Wurzel" des Unterbaumes von Elementen dar, die diesem Editor gehören. Das Hauptelement enthält somit Elemente des gleichen Editors, während der Vater des Hauptelementes stets ein Rahmenelement eines (normalerweise) anderen Editors ist. Das Dokument als Ganzes ist das Hauptelement des Editors auf der höchsten Ebene. Ein Editor kann mehrere Hauptelemente haben. Zum Beispiel hat der Texteditor ein Hauptelement mit dem Namen <document>, um das Dokument als Ganzes zu repräsentieren, sowie ein Hauptelement <textarea>, um einen Textblock darzustellen, der in einem fremden Objekt verschachtelt ist, z.B. in einer graphischen Abbildung. Ein Hauptelement und sein gesamter Inhalt, soweit er zum gleichen Editor gehört, bilden einen Unterbaum des Dokumentes, der "Kontext" genannt wird.

Jeder Editor muß genau ein Rahmenelement implementieren. Seine Aufgabe ist es, einen rechteckigen Rahmen abzustecken, der die Elemente eines (normalerweise) anderen Editors enthält. Das Rahmenelement markiert somit den Übergang von einem "oberen" Editor, dem das Rahmenelement gehört, zu einem "unteren" Editor, dem der Inhalt des Rahmenelementes gehört. Rahmenelemente haben Attribute, die von beiden Editoren verstanden werden, z.B. die maximale und die laufende Größe des Rahmenrechtecks.

Jeder Editor muß seine eigenen Rahmenelemente mit seinem Befehlsvorrat manipulieren können. Es muß aber auch die Rahmenelemente anderer Editoren zur Kenntnis nehmen, soweit ein solches den Rahmen absteckt, in dem ein eigenes Hauptelement formatiert werden kann. Zum Beispiel mag der Texteditor sein Rahmenelement als ein (möglicherweise sehr großes) Textzeichen behandeln, welches wie jedes andere Zeichen am Fließtextprozeß teilnimmt, ausgeschlossen, zentriert, kopiert oder sonstwie bewegt wird. Der Graphikeditor dagegen sieht den Textrahmen von "innen" als den Bereich, innerhalb dessen eine Graphik aufgezeichnet werden kann. Ähnlich muß der Graphikeditor sein eigenes Rahmenelement implementieren, welches er wie jedes andere Rechteck behandelt, das positioniert, vergrößert, verkleinert, oder ausgerichtet werden muß. Der Texteditor dagegen sieht den Graphikrahmen von "innen" wie eine kleine Seite, innerhalb derer verschiedene Textelemente formatiert werden können.

Der Dokumentbaum

Der Dokumentbaum ist die Hauptdatenstruktur, die vom Quill-Kern und allen Editoren benutzt wird. Diese Struktur muß alle Informationen enthalten, die die Editoren brauchen, um das Dokument sowohl in seiner logischen (SGML) als auch in seiner physischen Form (WYSIWYG) zu präsentieren und zu manipulieren.

Der Dokumentbaum enthält drei Standardarten von Knoten: "Tag"-Knoten (T-Knoten), Rahmen- oder "Frame"-Knoten (F-Knoten) und Inhalt- oder "Content"-Knoten (C-Knoten). Jedes logische Element des Dokumentes ist durch einen T-Knoten repräsentiert. Rahmenelemente werden durch F-Knoten repräsentiert. Und Zeichenketten, die als schlichter Dateninhalt für ein Element dienen, werden durch C-Knoten repräsentiert. Man beachte, daß Hauptelemente durch T-Knoten dargstellt werden, erkenntlich als Hauptelemente daran, daß sie einen F-Knoten zum Vater haben. Jeder Knoten besteht aus einem Standardpräfix mit der Knotenart und den Zeigern zu anderen Knoten, gefolgt von anderen Informationen, die von dem Editor definiert sind, zu dem der Knoten gehört.

Diese drei Standardknoten werden kollektiv auch logische oder L-Knoten genannt, und derjenige Teil des Dokumentbaumes, der aus logischen Knoten besteht, heißt logischer Baum oder L-Baum.

Um ihren Anforderungen zu genügen, können Editoren zu den Standardknoten weitere Knotenarten zum Dokumentbaum hinzufügen. Der Spielraum für derlei Arten ist weit. In der ersten Implementierungsphase wird Quill zwei Editoren enthalten, einen Texteditor und einen Graphikeditor. Da die logischen Elemente des Graphikeditors eine direkte Entsprechung zu ihrer physischen Darstellung haben, können sie bequem durch T-Knoten repräsentiert werden. Der Texteditor dagegen hat eine wesentlich komplexere Aufgabe zu bewältigen, da physische Textobjekte im Allgemeinen keine direkte Entsprechung zu logischen Textelementen haben. Zum Beispiel hat ein logischer Paragraph mehrere Zeilen und mag sich über mehr als eine Seite erstrecken, und eine physische Seite mag viele logische Elemente wie Überschriften, Paragraphen, Beispiele, usw. enthalten. Daher unterhält der Texteditor neben dem logischen Baum auch einen physischen oder P-Baum für seinen jeweiligen Kontext im Dokumentbaum.

Innerhalb eines Kontextes im Dokumentbaum, der zum Texteditor gehört, repräsentiert der logische Baum die logische Textstruktur mit T- und C-Knoten. Der physiche Baum repräsentiert die physische Erscheinungsform des Textes und enthält vom Texteditor definierte P-Knoten für Zeilen, Spalten und Seiten. Der physiche Baum wird zur Ortung von Objektselektierungen im Seitenfenster benutzt. Viele Reformatierungsprozesse (z.B. das Einfügen eines neuen Zeichens in einer Zeile) können erfolgen, indem nur der physische Baum benutzt wird. Der physische Baum ist verankert im Hauptelement des jeweiligen Kontextes. Jeder P-Knoten enthält seine Art und Zeiger zu anderen relevanten Knoten, sowie gewisse geometrische Angaben.

L-Baum und P-Baum haben gemeinsame Blätter zur Aufnahme von Textobjekten, die bezüglich ihrer logischen und physischen Eigenschaften homogen sind. Sie werden durch sogenannte Strom- oder "Stream"-Knoten (S-Knoten) repräsentiert. Ein S-Knoten enthält entweder eine Zeichenkette, die eine Zeile oder Teil einer Zeile ausmacht; oder er enthält ein spezielles Merkmal, um einen gewünschten Effekt wie freien Platz oder einen Seitenwechsel anzuzeigen. S-Knoten müssen sowohl logische als auch physische Zeiger zu anderen Knoten enthalten. Der Texteditor benutzt sie, um Korrelationen zwischen den beiden Baumarten herzustellen.

Der Texteditor sieht seine F-Knoten sowohl vom logischen als auch vom physischen Blickwinkel, weshalb ein F-Knoten auch mit anderen S-Knoten durch entsprechende Zeiger verbunden sein muß

Semantische Spezifizierung

Jeder Versuch, WYSIWYG-Verarbeitung mit "Generic Markup"-Formatierung zu kombinieren, muß die zentrale Frage beantworten, wer letztendlich für die physische Erscheinungsform des Dokumentes zuständig ist. Denn WYSIWYG- und "Generic Markup"-Systeme haben bisher traditionell entgegengesetzte Wege eingeschlagen. In Quill ist das Ausmaß an Benutzersteuerung der physischen Erscheinungsform nicht systeminherent, sondern unterliegt einer strategischen Entscheidung, die sich nach den jeweiligen Anforderungen richtet. Wenn der Benutzer ein neues Element durch den Aufruf seines Namens generiert, wird dieses gemäß einer extern abgelegten Stildefinition formatiert und im Seitenfenster angezeigt. Die Stildefinition irgendeines gegebenen Elementes kann so rigoros oder auch so flexibel sein, wie es vom Dokumentplaner vorgesehen ist. Er bewirkt sie durch die Benutzung einer anderen Quill-Einrichtung, der "Designer's Workbench". Ein Dokumentplaner kann entscheiden, alle Eigenschaften eines Elementes vollständig zu spezifizieren und dem Benutzer keine Alternative zu überlassen. Andererseits kann er auch einen Satz von Standardeigenschaften für einen gegebenen Elementnamen spezifizieren, die der Benutzer bei der Generierung eines individuellen Elementes dieses Namens in einem individuellen Dokument dann frei überschreiben oder auch einfach benutzen kann.

Die "Designer's Workbench" erlaubt dem Dokumentplaner, die Eigenschaften der verschiedenen Elemente zu spezifizieren, indem er Optionen aus sogenannten "property sheets" auswählt. Ähnlich ermöglicht der Quill-Editor dem Author eines individuellen Dokumentes, die Eigenschaften individueller Elemente durch das Auswählen von Optionen aus den jeweils zugeordneten "property sheets" zu steuern, soweit sie vom Dokumentplaner als auswählbar zugelassen worden sind.

Attribute und Properties

Der SGML-Standard, dem das Quill-System zu genügen beabsichtigt, spezifiziert keinen festen Satz von Dokumentelementen und Elementattributen. Vielmehr ist es Aufgabe des Dokumentplaners für einen bestimmten Dokumententyp, einen solchen Satz mit Hilfe der "Designer's Workbench" zu definieren. Diese Dokumenttypdefinition (DTD) wird zusammen mit den Stildefinitionen, die noch näher diskutiert werden, in der sogenannten "Design"-Datei abgelegt. Während einer Quill-Sitzung kann der Benutzer Attribute eines Elementes inspizieren und ihre Werte verändern. Ebenso kann er auch die Eigenschaften ("properties") eines Elementes inspizieren, und, wo zugelassen, Werte verändern. Eigenschaften werden dem Benutzer in einem "property sheet" präsentiert (siehe Abbildung 2). "Property sheets" enthalten Daten, welche steuern, wie ein Element formatiert wird, z.B. Schriftarten, Anordnungsdaten wie Rechts- oder Linksausschluß, usw. Der Dokumentplaner manipuliert "property sheets" mit Hilfe der "Designer's Workbench" ganz ähnlich wie der Benutzer des Quill-Editors.

Jeder T-Knoten im Dokumentbaum ist verbunden mit Datenstrukturen, die die Standardwerte für die Attribute und "properties" des jeweiligen Elementtyps enthalten. Wo der Benutzer solche Attribute und "properties" mit eigenen Werten überschrieben hat, werden zusätzlich auch diese Werte beim Knoten bereitgehalten. Auf diese Weise stehen die jeweils gültigen Werte, die für die Formatierung gebraucht werden, sofort zur Verfügung, sobald Änderungen an einem individuellen Element, z.B. durch das Eintippen eines Zeichens, vorgenommen werden.

Semantische Algorithmen

Die bereits angesprochene Quill-Einrichtung der "Designer's Workbench" soll es dem Dokumentplaner leicht machen, sowohl neue Typen von SGML-Elementen zu definieren als auch ihre Semantik durch Stildefinitionen zu spezifizieren. Dabei muß es verhältnismäßig leicht sein, die Semantik für einfache Elemente zu definieren. Es muß aber auch möglich sein, sehr komplexe semantische Zusammenhänge festzulegen.

Wie im vorigen Abschnitt angedeutet, können die Formatiereigenschaften von vielen einfachen Elementen vollständig durch "property sheets" beschrieben werden. Das "property sheet" enthält all diejenigen Werte, die den Formatiermechanismus von Quill direkt steuern. "Property sheets" sind in der Lage, solche Regeln festzuhalten wie z.B. "formatiere meinen Inhalt in Schrägschrift, vier Punkte größer

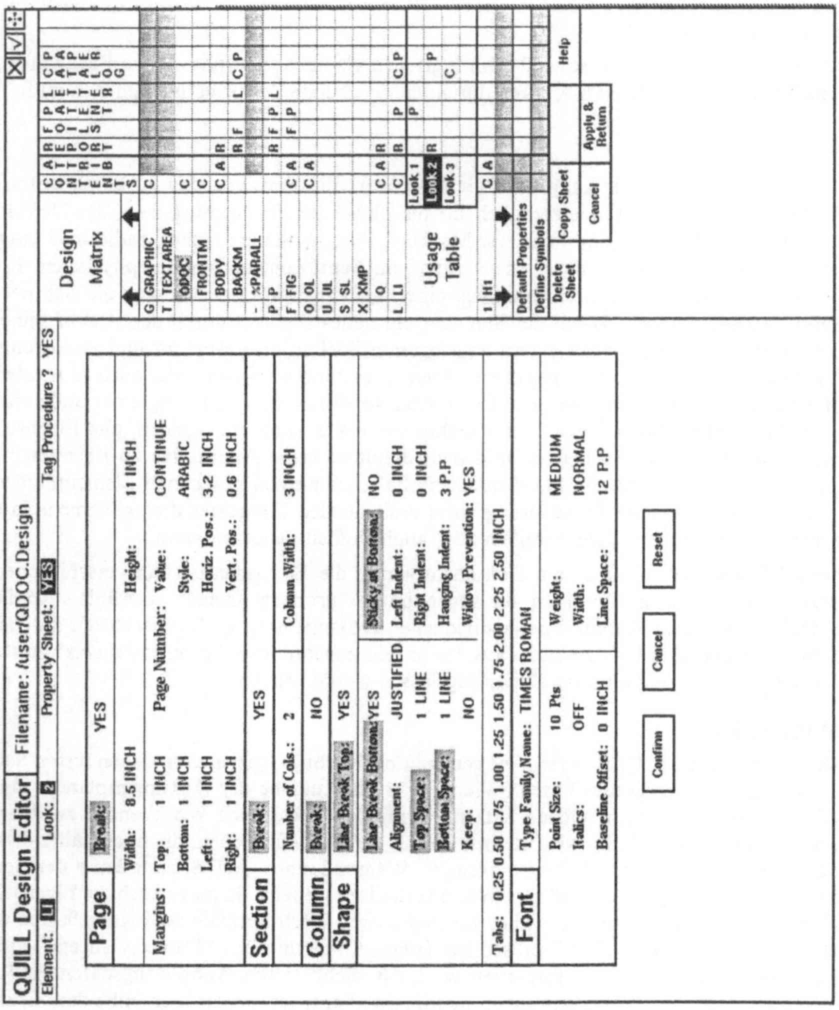

Abbildung 2. Das Property Sheet

als den umgebenden Text", oder "halte meinen Inhalt auf der gleiche Seite zusammen, und formatiere in der Schriftart Courier". Da der Umgang mit "property sheets" sehr einfach ist, ist das erste oben erwähnte Anliegen erfüllt.

Das zweite Anliegen, nämlich auch komplexe semantische Zusammenhänge definieren zu können, erfordert einen zusätzlichen Mechanismus. Als Beispiel für ein komplexes Element genügt es, einen Index zu betrachten, der durch das Aufrufen des <index>-Elementes automatisch erzeugt wird. Bei der Indexgenerierung müssen Informationen durch das ganze Dokument hindurch gesammelt, Indexterme müssen alphabetisiert, doppelt auftretende Seitennummern müssen eliminiert werden, usw. Der Index schließlich soll ein- oder mehrspaltig ausgelegt und mit verschiedenen Arten von Überschriften versehen werden. Es würde auf jeden Fall sehr unpraktisch sein, alle Anforderungen der Indexgenerierung vorhersehen und als Optionen in einem "property sheet" auflisten zu wollen. Dabei ist der Index nur eines von vielen Elementen mit komplexer Semantik.

Das mächtigste Werkzeug zur Spezifizierung semantischer Algorithmen ist natürlich eine allgemeine Programmiersprache. Semantische Routinen in einer solchen Programmiersprache basieren jedoch im

Allgemeinen auf der verborgenen Annahme, daß das Dokument von Anfang bis Ende formatiert wird und daß die semantischen Routinen in der Reihenfolge ausgeführt werden, wie die Elemente im Dokument angetroffen werden. Daher können Routinen Daten mit anderen Routinen oder mit späteren Aktivierungen von sich selbst durch globale Variable austauschen. Zum Beispiel kann die semantische Routine für das <fig>-Element bei jedem Aufruf die globale Variable für den laufenden Wert der Abbildungsnummer um eins erhöhen. Die angesprochene Annahme ist bei traditionellen Systemen, bei der die Formatierung in der Stapelverarbeitung abläuft, auch völlig in Ordnung. In einem interaktiven WYSIWYG-System wie Quill jedoch muß jedes Element im Dokument zu jeder Zeit reformatiert werden können. Abbildungen zum Beispiel müssen irgendwo im Dokument hinzugefügt, weggenommen, bewegt oder sonstwie verändert werden können; die Semantikroutine, welche die Erscheinungsform und das Benehmen der Abbildung steuert, muß stets unabhängig von Semantikroutinen anderer Elemente ausführbar sein.

Der Begriff "WYSIWYG-fähig" soll wie folgt definiert werden: eine Semantikroutine ist WYSIWYG-fähig, wenn sie für sich zu jeder Zeit ausgeführt werden kann, um ein Element irgendwo im Dokument zu reformatieren. Um die Erfordernisse von Quill zu erfüllen, muß eine Definitionssprache gefunden werden, die einerseits die Mächtigkeit und Allgemeinheit einer Programmiersprache besitzt und andererseits WYSIWYG-fähig ist und außerdem eine gute Schnittstelle zum "property sheet"-Konzept hat, um einfache Elemente zu behandeln.

Quill benutzt als semantische Definitionssprache Rexx [IBM 84], eine Programmiersprache, die für mehrere IBM-Systeme implementiert ist. Jeder Elementtyp in einem Dokumentstil ist assoziiert mit einem "property sheet" und, wo erforderlich, mit einer in Rexx geschriebenen Semantikroutine. Rexx bietet die üblichen Einrichtungen einer höheren Programmiersprache, ist sehr mächtig in Bezug auf die Behandlung von Zeichenketten und sehr einfach zu benutzen. Der Schlüssel zur Benutzung von Rexx als semantische Definitionssprache für Dokumentelemente liegt in einem Satz von Hilfsfunktionen, die von Quill implementiert sind und von den jeweiligen Semantikroutinen der Elemente aufgerufen werden. Diese Hilfsfunktionen stellen sicher, daß die Semantikroutinen WYSIWYG-fähig sind, indem alle Informationen, die für das Reformatieren jeden Elementes benötigt werden, in den Datenstrukturen des logischen Baumes während einer Quill-Sitzung aufgehoben werden.

Im Folgenden sollen zwei Beispiele solcher Hilfsfunktionen kurz umrissen werden. Wahrscheinlich die am häufigsten gebrauchte von ihnen ist die Output-Funktion. Sie erlaubt zwei Parameter: "properties" und "text". Ihre Aufgabe ist es, den Inhalt, der durch den zweiten Parameter angezogen ist, zu formatieren unter Benutzung des zugeordneten "property sheets", welches jedoch gegebenenfalls noch durch die Daten im ersten Parameter überschrieben werden kann. Solch eine Überschreibung ist nötig, wenn ein Element mehrere inhaltliche Teile mit unterschiedlichen "properties" formatieren muß; z.B. mag das Element <abstract> eine Überschrift in Fettschrift ausweisen, während der Rest des Inhalts in Normalschrift formatiert wird. Außerdem gibt es Fälle, wo die Überschreibung erst durch Programmlogik in der Semantikroutine zustande kommt und nicht im Voraus als Standard oder vom Benutzer selektiert werden kann. Der "text"-Parameter spezifiziert den textlichen Inhalt, der an dieser Stelle formatiert werden soll. Er kann aus einer einfachen Zeichenkette bestehen, oder aus einer Mischung solcher Zeichenketten mit bestimmten Symbolen. Das am häufigsten vorkommende Symbol ist "\[]" Es bedeutet, daß der gesamte Inhalt des Elementes selbst an dieser Stelle formatiert werden soll. Einfache Elemente ohne Semantikroutinen benutzen statt dessen eine Standardroutine, die nur aus der Anweisung: Output('', '\[]') besteht.

Eine andere wichtige Gruppe von Hilfsfunktionen sind die Kommunikationsfunktionen, die die Aufgabe haben, Werte zwischen verschiedenen Elementen gleichen oder verschiedenen Typs im logischen Baum auszutauschen. Dieser Austausch kann nicht einfach durch die Unterhaltung globaler Variablen erfolgen, wie oben gezeigt wurde. Am Beispiel von zwei Elementen, nämlich <fig> und <figref>, soll die Notwendigkeit solcher Kommunikationsfunktionen illustriert werden. Das <fig>-Element repräsentiert eine Abbildung, für die außer dem Wort "Abbildung" auch die laufende Nummer der Abbildung im Dokument automatisch angezeigt werden soll. Das <figref>-Element hat das SGML-Attribut "id" für den Zweck, eine Referenz zu derjenigen Abbildung zu erzeugen, die durch das <fig>-Element mit dem gleichen "id"-Attribut repräsentiert ist, wobei in dieser Referenz auch die jeweils gültige laufende Nummer der Abbildung erscheinen soll. Wenn nun andere Abbildungen im Dokument eingefügt, eliminiert oder bewegt werden, werden die laufenden Abbildungsnummern in den Titeln und Referenzen automatisch korrigiert.

Zwei verschiedene Typen von Austauschwerten werden durch dieses Beispiel erhellt: "lokale" und "globale" Austauschwerte. Ein Fall lokaler Austauschwerte liegt in dem Beispiel vor, wo die Abbildungsnummer von Abbildung zu Abbildung im Dokument weitergereicht und dabei jeweils um eins erhöht werden muß. Ein Fall globaler Austauschwerte liegt bei dem Beispiel der Abbildungsreferenz vor, wo alle im Dokument vorkommenden Referenzen zur Abbildung mit dem gleichen "id"-Attribut den gleichen Wert austauschen. Demnach implementiert Quill zwei Paare von Hilfsfuntionen: LRead und LWrite zur Behandlung lokaler Austauschwerte; GRead und GWrite zur Behandlung globaler Austauschwerte. Alle vier Funktionen haben sowohl den Namen als auch den jeweiligen Wert des Austauschwertes als Parameter. Die beiden globalen Funktionen haben als dritten Parameter noch einen "id"-Parameter. Alle Parameter werden im logischen Baum in sogenannten Austauschstrukturen aufgehoben, die an den T-Knoten angehängt sind, von wo die jeweiligen Hilfsfunktionen aufgerufen werden. Die Austauschstrukturen für gleiche Namen sind im logischen Baum in der Reihenfolge des Auftretens ihrer Elemente untereinander verkettet. Die Benutzung dieser Hilfsfunktionen stellt sicher, daß Semantikroutinen von Elementen, die mit anderen Elementen Werte austauschen müssen, WYSIWYG-fähig sind.

Literatur

[CHAM 87a] D. D. Chamberlin and C. F. Goldfarb. Graphic Applications of the Standard Generalized Markup Language (SGML). Computers and Graphics, Vol. 11, No. 4 (1987).

[CHAM 87b] D. D. Chamberlin, H. F. Hasselmeier, A. W. Luniewski, D. P. Paris, B. W. Wade, M. L. Zolliker. Quill: An Extensible System for Editing Documents of Mixed Type. Proceedings of 21st Hawaii International Conference on System Sciences, Kailu-Kona, Hawaii, January 5-8, 1988, published by The Computer Society of the IEEE.

[CHAM 87c] D. D. Chamberlin, H. F. Hasselmeier, D. P. Paris. Defining Document Styles for WYSIWYG Processing. Proceedings of the International Conference on Electronic Publishing, Document Manipulation and Typography, Nice, France, April 20-22, 1988, published by Cambridge University Press.

[GOOD 85] M. J. Goodfellow. Whim, the Window Handler and Input Manager. Proceedings of the First International Conference on Computer Workstations, IEEE Computer Society Press (1985), pp. 12-21.

[IBM 84] Virtual Machine/System Product: Interpreter User's Guide. IBM Publikation No. SC24-5238.

[ISO 86] International Standard ISO 8879: Information Processing - Text and Office Systems - Standard Generalized Markup Language (SGML). International Organization for Standardization (1986).

[WILL 87] R. Williams. Office Systems Research at IBM, ARC. Proceedings der GI - 17. Jahrestagung: Computerintegrierter Arbeitsplatz im Büro, Informatik-Fachberichte 156, Springer-Verlag (1987), pp. 1-15.

Ein Dokumentationssystem auf Windowsystemen

M. Burger, H. Burgstaller, U. Harke
SIEMENS AG
ZTI KOM
Otto-Hahn-Ring 6
8000 München 83

R. Mühlfeld
SIEMENS AG
E STE 35
Günther- Scharowsky-Str.
8520 Erlangen

Schlüsselwörter:
Windowsysteme, User Interface Toolkit, Objektorientierte Programmierung, Editoren, Dokumentationssysteme, Dokumentengraphik, Formatierung, Bedienoberflächen, ODA, ODIF

Zusammenfassung:
Dieser Artikel stellt ein in ein Windowsystem eingebettetes Dokumentationssystem vor. Im Gegensatz zu vielen angebotenen Desktop-Publishing-Systemen ist dieses System offen gestaltet und dadurch jederzeit erweiterbar. Zudem ist die Berücksichtigung von Normen ein wichtiger Realisierungsaspekt.

0 <u>Einleitung</u>

Für die Akzeptanz eines Arbeitsplatzrechners ist ein integriertes Dokumentationssystem von erheblicher Bedeutung. Aus diesem Grund werden verschiedene Editoren entwickelt. Jeder Editor realisiert eine formale Technik. Sie ermöglicht dem Benutzer eine leichtere Bearbeitung von spezifischen Aufgaben. Jeder Editor ist so konzipiert, daß er objektorientiert arbeitet und mehrfach verwendet werden kann. Bei der Realisierung der Editoren wurde auf den Aspekt der Portabilität geachtet. Deshalb werden internationale Normen berücksichtigt. Allen Editoren obliegt eine einheitliche Bedienphilosophie. Dem Benutzer muß die integrierte Verwendung solcher formaler Techniken innerhalb eines Dokuments ermöglicht werden. Dieser Integrationsaspekt ermöglicht es, daß dem Benutzer schon während der Dokumentenerstellung der aktuelle Inhalt des Dokuments angezeigt werden kann. Eine phasenweise Erstellung eines Dokuments - sukzessive Verwendung einzelner Techniken und ihre anschließende Integration in das Dokument - ist nicht mehr erforderlich. Stattdessen existiert nur noch eine einzige Phase, in der der Benutzer nach Belieben alle formalen Techniken integriert einsetzen kann.

Das System muß dem Benutzer die Möglichkeit bieten, verschiedene Aktivitäten gleichzeitig durchzuführen. Aus diesem Grund sind die Editoren in ein Windowsystem eingebettet. Es bietet neben der Verwaltung von Fenstern elementare Techniken an. Sie unterstützen Aktivitäten, die innerhalb des Gesamtsystems oft benötigt werden, z.B. Menü oder Scrollbar. Durch die offene Architektur des Gesamtsystems können jederzeit neue Editoren integriert werden, die modernste Techniken wie Animation und Sprache berücksichtigen. Die Editorqualität und Funktionalität entscheiden zu einem großen Teil über die Akzeptanz des Gesamtsystems.

Voraussetzung für die Realisierung des Gesamtsystems ist der Einsatz einer Hardware mit hochauflösendem Rasterbildschirm sowie einem Zeigegerät. Ebenso ist die Unterstützung von graphischer Hardware erforderlich.

Dieser Artikel beschreibt zunächst die Systemumgebung, in die die Editoren eingebettet werden können. Anschließend werden die Anforderungen an ein Dokumentationssystem aus verschiedenen Sichten erläutert. Die Realisierung eines Editors wird am Beispiel des

Editors 'Symbolgraphik' gezeigt. Ein weiterer Abschnitt erläutert das Zusammenspiel verschiedener Editoren beispielhaft an der Einbettung von Graphik in Dokumenten.

1 Systemumgebung

In diesem Abschnitt wird ein objektorientierter *User Interface Toolkit* beschrieben. Er stellt die Grundlage für eine Einbettung des in diesem Bericht vorgestellten Dokumentationssystems dar. Diese Prinzipien kommen in dem System S/Windows - S/Tools zur Anwendung. Das System S/Windows - S/Tools ist ein User Interface Toolkit, der in der Siemens AG [S/WIN] entwickelt wurde.

1.1 Objektorientierter User Interface Toolkit

Mit dem verstärktem Einsatz von graphikfähigen Arbeitsplatzrechnern ist auch die Bedeutung der Windowsysteme als Hilfsmittel zur Gestaltung von Benutzeroberflächen interaktiver Systeme stark gestiegen. Diese Windowsysteme (S/Windows, Crystal, MS-Win, Sun Window System) weisen sehr unterschiedliche Systemarchitekturen auf. Einige davon sind fast ausschließlich Bestandteil des Betriebssystem-Kerns, während andere größtenteils außerhalb des Kerns angesiedelt sind. Die Systeme unterscheiden sich auch hinsichtlich der Softwareschnittstelle. Dies betrifft sowohl die Komplexität als auch den zu verwendenden Programmierstil.

Die Vielfalt von Windowsystemen und deren Schnittstellen führte zu einer starken Abhängigkeit zwischen den Systemen und den darauf ablaufenden Applikationen. Eine Abhilfe dieser Problematik kann darin gesehen werden, daß zwischen Applikation und Windowsystem eine portable Client-Server Schnittstelle eingezogen wird. Darunter versteht man eine gemeinsame Schnittstelle zwischen Clients (Applikationen und Tools) sowie dem Windowsystem. Eine Entwicklung in diese Richtung ist X-Windows [SCH].

Diese portable Client-Server Schnittstelle befindet sich jedoch auf einer niedrigen Abstraktionsstufe, die als Basis für Software Entwickler nicht geeignet ist. Aus diesem Grund wird, basierend auf dieser Schnittstelle, ein Toolkit angesetzt. Er bietet den Applikationsentwicklern ein hohes Maß an Abstraktion zur Erstellung von interaktiven grafischen Applikationen an. Die Existenz wiederverwendbarer, Benutzeroberflächen-relevanter Komponenten im *User Interface Toolkit* bewirkt, daß die Details des Windowsystems dem Software-Entwickler verborgen bleiben. Zusätzlich werden dadurch Aspekte der Wirtschaftlichkeit, Portabilität und Vereinheitlichung der Bedienoberflächen gefördert.

Als wesentliche Vorteile des objektorientierten Programmierparadigma [GLD] werden die Vereinheitlichung der Schnittstellen und der Zugangsmechanismen zu Softwarepaketen (*Information Hiding* und *Message Passing*) angesehen. Weitere Vorteile sind die Modularität und die Wiederverwendbarkeit durch Vererbungsmechanismen. Gegenüber herkömmlichen Techniken führt objektorientierte Programmierung zu robusteren und zuverlässigeren Systemen, deren Testbarkeit und Wartbarkeit deutlich über dem heute üblichen Maß liegt.

Objektorientierte Techniken sind besonders in einer interaktiven graphischen Umgebung anwendbar, in der eine große Zahl von verschiedenen Objekten existieren, die in einer ähnlichen Art und Weise manipuliert werden (Programmierung durch Verfeinerung existierender Objekte).

Der objektorientierte Ansatz für einen *User Interface Toolkit* hat den großen Vorteil, daß er zu einem besser strukturierten, offenen System mit funktional entkoppelten Ebenen führt. Zusätzlich fördert es die Wiederverwendbarkeit von größeren Softwarepaketen. Neue Bedienoberflächenkomponenten können in den *User Interface Toolkit* eingebracht werden. Dadurch wird die allgemein zugängliche Funktionalität des Toolkits erweitert. Objektorientierung führt zu einer Zerlegung der Applikation in modulare Komponenten, die allgemein verwendet werden können.

Der Toolkit setzt sich aus mehreren logischen Schichten zusammen: elementare und höherwertigere Schichten. Die elementaren Schichten stellen Objekte wie z.B. Graphik, virtuelle Ausgabefläche, usw. zur Verfügung. Die Objekte der höheren Schichten wie z.B. Scrollbars, Editierbares Feld, Formulare usw. bedienen sich dieser elementaren Objekte.

Der Datenfluß zwischen Applikation und Benutzer erfolgt durch Weiterleiten von Ereignissen an die beteiligten Objekte. Diese Objekte empfangen die Botschaften und verarbeiten sie entweder selbständig oder senden Ereignisse an übergeordnete Objekte weiter.

1.2 S/Windows und S/Tools

Das System S/Windows und S/Tools stellt eine Implementierung eines objektorientierten *User Interface Toolkit* dar (siehe Abb. 1.2-1).

Es besteht aus den Komponenten

- Windowsystem
- Interaktionsmodule
- Objekt Managment.

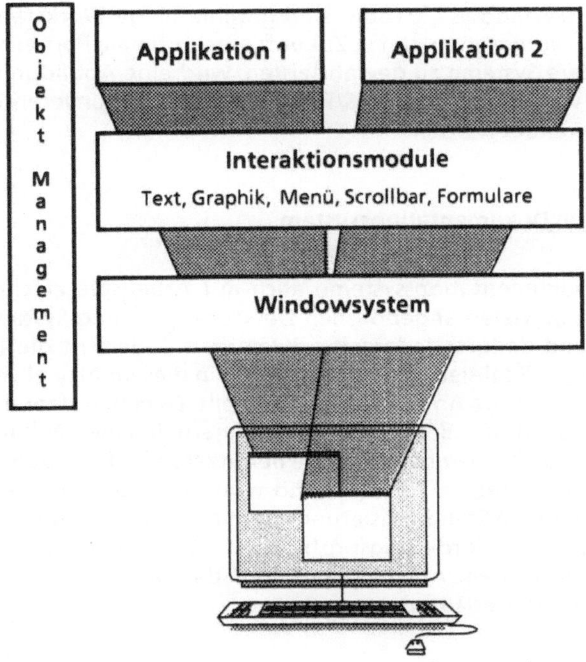

Abb. 1.2-1: S/Windows - S/Tools Systemstruktur

Das *Windowsystem* besteht aus einem Window Manager, einem Window Server und einer Client-Server-Schnittstelle, die das Kommunikationsprotokoll zum Window Server definiert. Der Window Server beschäftigt sich mit den primitiven, teilweise hardware-abhängigen Funktionalitäten wie z.B. der Verwaltung der Bildschirmflächen mit Ein- und Ausgabe. Innerhalb des Windowsystems stellt der Window Manager die zentrale Verwaltung- und Koordinierungstelle zwischen Benutzer und Applikation dar.

Interaktionsmodule stellen Werkzeuge dar, die den Applikationen eine festgelegte Funktionalität für ihre Interaktionen bieten. Diese allgemein verfügbaren Module können in funktional entkoppelte Ebenen eingegliedert werden. Sie realisieren die verschiedenen formalen Techniken der einzelnen Ebenen. Die Module der hardwarenächsten Ebene sind die Interaktionsmodule Text und Graphik. Diese bieten eine Text bzw. Graphik Schnittstelle an. Die Graphikschnittstelle ist nach der ISO Normierungsaktivität CGI/CGM [CGI][CGM] realisiert, die Textschnittstelle nach ISO 6937 [ISO].

Basierend auf diesen elementaren Modulen werden die Interaktionsmodule Editierbares Feld, Menü, Scrollbar, Formular, usw. zur Verfügung gestellt. Darüber hinaus können weitere Interaktionsmodule erzeugt und in das System eingebracht werden. Die Editoren des Dokumentationssystems sind Beispiele für weitere Interaktionsmodule.

Das *Objekt Management* regelt die Kommunikation zwischen den einzelnen Komponenten des Systems. Es steuert die Verbindung der Interaktionsmodule und der Applikation zur Laufzeit (dynamic link). Interaktionsmodule sind eigenständige Softwarepaktete, die unabhängig voneinander realisiert werden. Sie sind nicht integrierter Bestandteil einer Applikation. Das Objekt Management ermöglicht die Instanzenbildung von Interaktionsmodulen, d.h. es können viele Instanzen (aktuelle Datensätze) eines Moduls gleichzeitig genutzt werden. Die Module sind als ablauffähiger Code nur einmal vorhanden.

Als Zielumgebung für S/Windows - S/Tools sind graphikfähige Workstations und PCs mit UNIX als Betriebssystem vorgesehen. Um in Zukunft eine optimale Portierbarkeit des S/Windows Systems auf andere Systeme zu gewährleisten, wird eine Abbildung von S/Windows auf X/Windows [SCH] vorgenommen. Die S/Tools können somit unverändert auch auf der neuen Umgebung verwendet werden.

2 Anforderungen an ein Dokumentationssystem

Heutzutage müssen Dokumentationssysteme auch auf Arbeitsplatzrechnern angeboten werden. Im Gegensatz zu vielen angebotenen Desktop-Publishing-Systemen ist dieses System offen gestaltet und dadurch jederzeit erweiterbar. Zudem ist die Berücksichtigung von Normen ein wichtiger Realisierungsaspekt. An das in diesem Artikel vorgestellte Dokumentationssystem werden hohe Anforderungen gestellt. Dem Benutzer muß die integrierte Erstellung und Manipulation z.B. von Graphiken innerhalb eines Dokuments ermöglicht werden. Im folgenden Abschnitt wird auf einige Benutzeranforderungen an ein Dokumentationssystem näher eingegangen. Anschließend wird der Einfluß von Normen beschrieben, der durch internationale Standardisierungsgremien an die Entwickler herangetragen wird. Daraus ergibt sich ein Anforderungsprofil, das die Entwickler eines Dokumentationssystems berücksichtigen müssen. Abschließend wird das Dokumentationssystem aus der Sicht des Dokumenteneditors erläutert.

2.1 Sicht des Benutzers

Benutzer eines Dokumentationssystems, das auf einem Arbeitsplatzrechner zur Verfügung gestellt wird, sind unter anderem Entwickler und Anwender von SW-Programmen. Das System wird zur Dokumentation innerhalb der Forschungs- und Entwicklungsaktivitäten benötigt. Manuale, Produktspezifikationen, Fachartikel, technische Berichte und Vorlagen zur Folienerstellung sind Beispiele für Dokumente, deren Erstellung und Bearbeitung das Dokumentationssystem unterstützen muß. Für den Entwickler ist es wichtig, daß er an der gleichen Maschine sowohl Programmentwicklung betreiben als auch Dokumente erstellen kann. Für die Benutzerakzeptanz ist eine selbsterklärende, interaktive Bedienoberfläche entscheidend. Jede Interaktion soll sofort am Bildschirm angezeigt werden (WYSIWYG-Prinzip: what you see is what you get). Dabei muß die Reaktionszeit des Systems für den Benutzer akzeptabel bleiben. Abb. 2.1-1 zeigt einen Auschnitt einer möglichen Bedienoberfläche eines Dokumentationssystems.

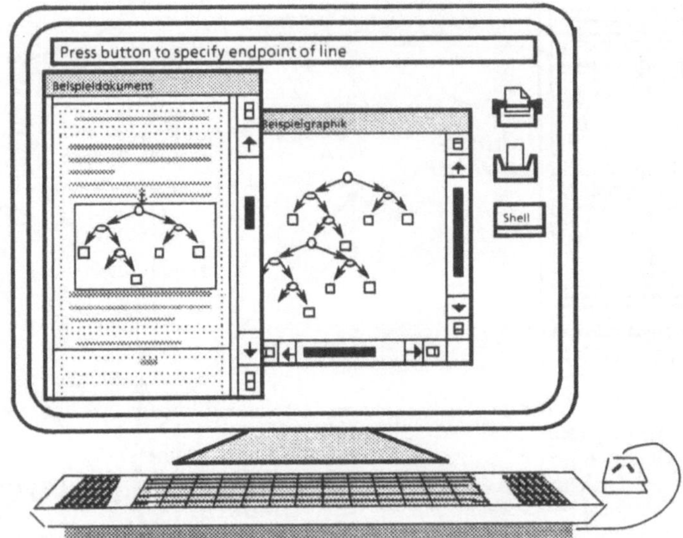

Abb. 2.1-1: Bedienoberfläche eines Dokumentationssystems auf einem Arbeitsplatzrechner

2.2 Einfluß von Normen

Normen gewinnen eine immer größere Bedeutung bei der Entwicklung von Softwarekomponenten. Im Bereich der Dokumentenbearbeitung ist vor allem die Architekturbeschreibung der Norm ODA (Office Document Architecture) wegweisend [ODA].

In ODA wird zwischen logischer Strukur, Layout-Struktur und Inhaltsstruktur unterschieden. Diese Architektur kann in Form einer Doppelbaumstruktur dargestellt werden. Der logische Teilbaum enthält die inhaltsorientierte Sicht (Kapitel, Paragraph, usw.) auf das Dokument mit logischen Basisobjekten auf der untersten Hierarchieebene. Entsprechend beschreibt der Layout-Teilbaum die geometrische Sicht (Seite, Rahmen, usw.) des Dokuments mit Layoutobjekten vom Typ Block auf unterster Ebene. Jedem Block ist die Inhaltsstruktur eines bestimmten Typs (Text, geometrische Graphik, usw.) zugeordnet. Sie bildet die Verbindung der einzelnen Blöcke zu den logischen Basisobjekten.

Abb. 2.2-1 zeigt die allgemeine Struktur eines Gesamtdokuments und die Abbildung der Dokumentenstruktur auf eine Doppelbaumstruktur.

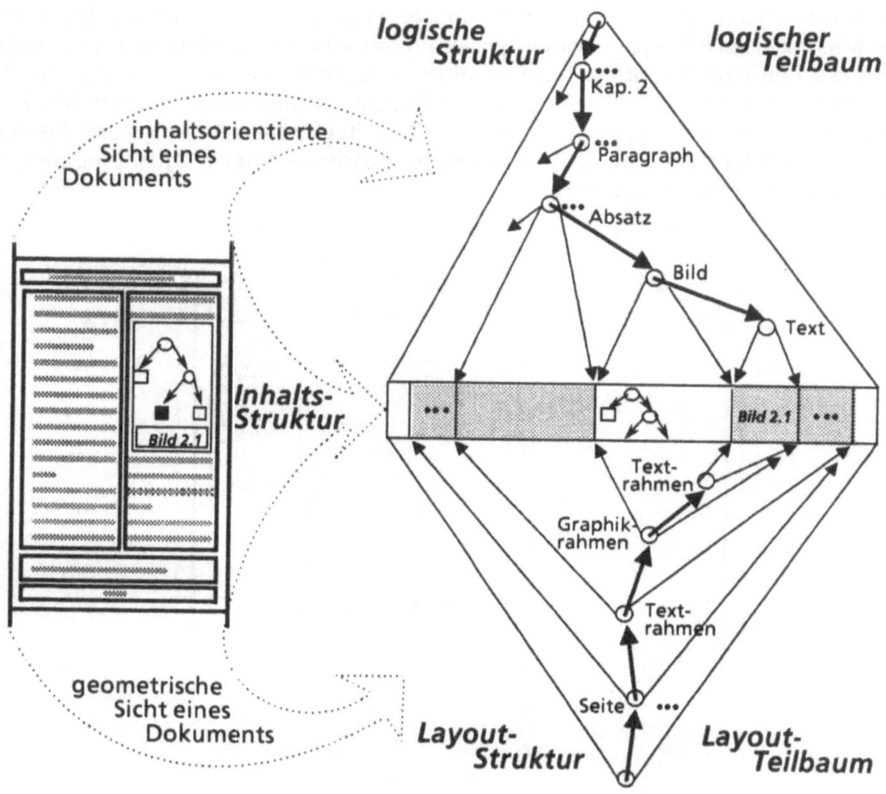

Abb. 2.2-1: Abbildung der Dokumentenstruktur auf eine Doppelbaumstruktur

Die Vernetzung von Systemen erfordert den Austausch von Daten zwischen verschiedenen Maschinen. Ein einheitliches Austauschformat gewährleistet die netzweite Verfügbarkeit von Dokumenten (Abb. 2.2-2).

Zur Zeit wird von der ISO (International Standardization Organisation) an der Standardisierung eines Austauschformats für Dokumente gearbeitet (Office Document Interchange Format, ODIF) [ODA].

Mit Hilfe des vorgestellten Dokumentationssystems werden Dokumente erstellt, deren internes Datenformat nach ODA strukturiert ist. Dadurch wird die Konvertierung dieses internen Formats mit Hilfe eines Umsetzers in das Austauschformat ODIF ohne Informationsverlust möglich.

Je nach Verwendungszweck werden die vollständige Strukturierung oder auch nur Teile davon ausgetauscht. Die Editoren der verschiedenen formalen Techniken erhalten alle relevanten Informationen der logischen und der Layout-Struktur, um dem WYSIWYG-Prinzip

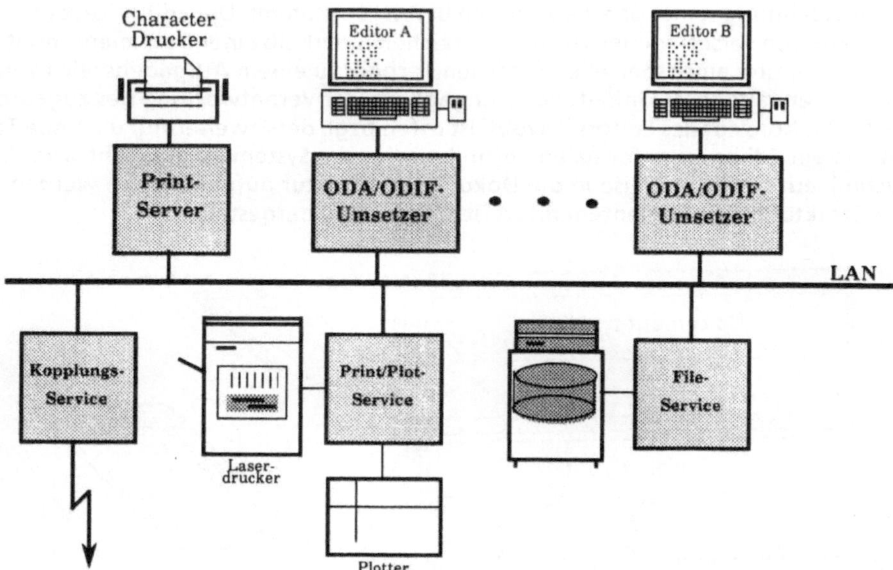

Abb. 2.2-2: Austausch von Dokumenten im vernetzten System

genügen zu können. Der Editor 'Layout' arbeitet zum Beispiel nur auf der logischen und der Layout-Struktur einer Seite. Die Editoren Text und Graphik erhalten zusätzlich Informationen über die Inhaltsstruktur für die Präsentation der ihrem Rahmen zugeordneten formalen Technik (vgl. Abb. 2.2-1).

2.3 Sicht des Dokumenteneditors

Die Sicht des Dokumenteneditors wird wesentlich durch die ISO-Norm ODA geprägt. Die verschiedenen Editoren bewältigen die vielfältigen Aufgaben innerhalb des Dokumenteneditors. Dadurch wird ein modularer Aufbau des Gesamteditors erreicht. Das Konzept dieses Dokumenteneditors ist offen gestaltet. Da jeder Editor seine eigene formale Technik realisiert und verwaltet, können jederzeit neue Techniken wie z.B. Sprache, mathematische Formeln oder Animation integriert werden. Durch dieses offene Konzept kann das Dokumentationssystem jederzeit auf den modernsten Stand der Entwicklung gebracht werden. In diesem Kapitel wird auf die Editoren näher eingegangen, die am häufigsten bei der Dokumentenerstellung verwendet werden.

Die einzelnen Editoren sind sowohl logisch als auch layoutspezifisch voneinander abgegrenzt. Diese Trennung ergibt einen bestimmten Funktionalitätsumfang jedes Editors und ordnet ihm seine Zuständigkeit innerhalb des Dokumenteneditors zu. Der Dokumenteneditor verwaltet das gesamte Dokument, das in der Regel aus mehreren Seiten besteht. Zusätzlich liegen die Erstellung von Inhaltsverzeichnis, die Durchführung von Seitennumerierung und die Herstellung von Referenzen in seiner Verantwortung. Dies sind wesentliche Dokumentenfunktionen, die den Benutzer von Routinearbeiten befreien.

Für jeden Typ einer formalen Technik sind spezielle Ausgabebereiche notwendig. Die Bereiche können ineinandergeschachtelt sein. Ein Beispiel hierfür ist die Einbettung eines Graphikbereichs in einen Textbereich. Die maximale Ausdehnung eines Ausgabebereichs ist durch die Ausdehnung seines übergeordneten Bereichs bestimmt. Der Editor 'Layout' organisiert die Lage von verschiedenen Ausgabebereichen innerhalb einer Dokumentenseite. Er ist für die Zuordnung einer speziellen formalen Technik zu einem Ausgabebereich verantwortlich. Die Verwaltung des Inhalts liegt hingegen in der Verantwortung des zugeordneten Editors. Das Konzept des Editors 'Layout' ist offen bzgl. der Erweiterung um neue Techniken. Wenn ein Editor einer formalen Technik neu in das System eingebracht wird, kann diese Technik auf einfache Weise in die Dokumentenstruktur aufgenommen werden. Die modulare Struktur des Dokumenteneditors ist in Abb. 2.3-1 dargestellt.

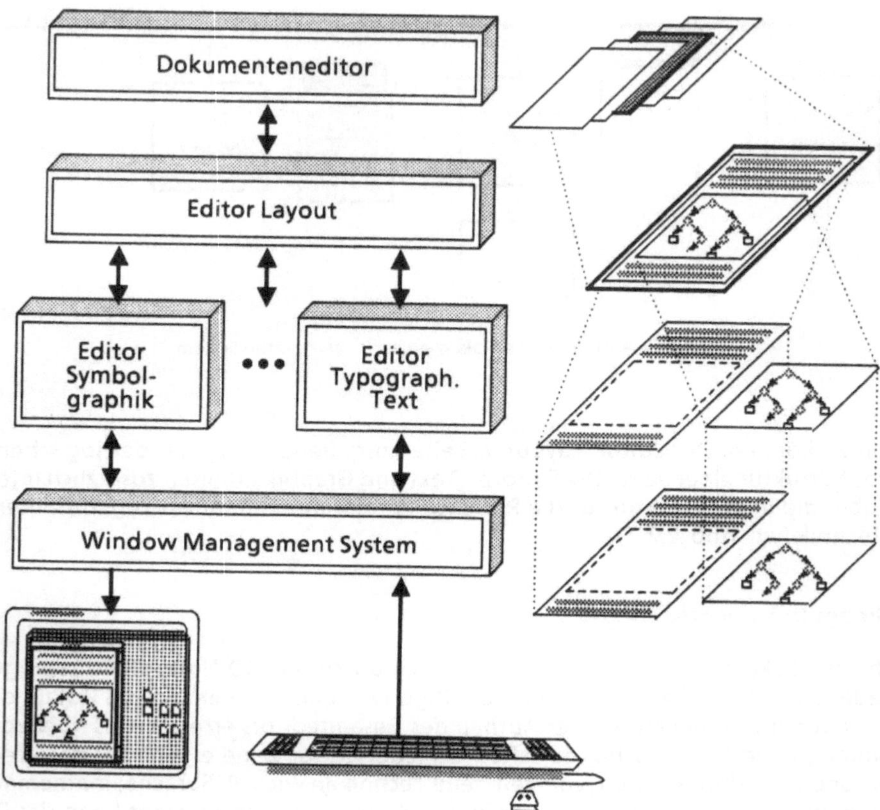

Abb. 2.3-1 Modulare Editorstruktur

Alle Editoren können auch von weiteren Applikationen mit sehr unterschiedlicher Funktionalität verwendet werden. Innerhalb des Dokumenteneditors dürfen sie allerdings nicht losgelöst von den weiteren verwendeten Editoren betrachtet werden. Formatiervorgänge erfordern ein enges Zusammenspiel unter den Editoren. Die Formatierung bewirkt, daß die Struktur eines Dokuments nach festgelegten Regeln im Dokument verändert wird. Aus Sicht des Dokumenteneditors bedeutet dies z.B., daß er neue Seiten zur Verfügung stellen muß. Um die Seitenaufteilung zu realisieren, kommuniziert er mit dem Editor 'Layout'. Der Editor 'Layout' erhält durch den Datenaustausch die für ihn notwendigen Informationen über die Aufteilung einer Dokumentenseite in einzelne Ausgabeflächen. Neben der Lage und Größe jeder einzelnen Fläche gehört dazu auch die Zuordnung der formalen Technik, die für die Verwaltung des Inhalts einer Ausgabefläche verantwortlich ist.

Der Editor 'Layout' kommuniziert zusätzlich mit den Editoren, die diese formalen Techniken (Text, Graphik, Animation, Sprache, usw.) präsentieren. Jeder Editor ist für den Inhalt (Text, Graphik, Animation, Sprache, usw.) des ihm zugeordneten Bereichs zuständig. Wenn der Editor 'Text' seinen Inhalt formatiert und dadurch Text aus seinem Bereich fließt, wird Kommunikation mit dem Editor 'Layout' notwendig. Dies bedeutet entweder Textüberlauf- oder Textunterlaufbehandlung. Der Editor 'Layout' muß seitenweise für eine korrekte Fließtextverkettung sorgen. Die erforderlichen Formatieraktionen werden durch den Texteditor angestoßen. Sie können zusätzliche Reaktionen im Dokumenteneditor bewirken. Dies ist z.B. der Fall, wenn eine neue Dokumentenseite benötigt wird. Eine enge Zusammenarbeit zwischen dem Editor 'Typographischer Text' und dem Editor 'Layout' besteht auch, wenn ein neuer Ausgabebereich (z.B. Graphikbereich) in einen Textbereich eingebunden werden soll. Der gesamte Ablauf sowie die dabei auftretenden Probleme werden in Kapitel 4 näher erläutert.

Der Informationsfluß, der zu Formatierzwecken notwendig ist, erfolgt entsprechend der Dokumentenstruktur (vgl. Abb. 2.3-1). Jedem Editor ist eine eindeutige Aufgabe innerhalb der Dokumentenverwaltung zugewiesen. Zum Datenaustausch ist ein Kommunikationsprotokoll festgeschrieben. Es besteht einerseits aus dem Austauschprotokoll, andererseits aus dem Austauschformat. Das Austauschprotokoll ist durch das Gesamtsystem festgelegt. Das Austauschformat einer formalen Technik wird durch den verantwortlichen Editor bestimmt. Ein Editor kann mehrere Austauschformate beschreiben oder interpretieren. So kann z.B. der Editor 'Typographischer Text' typographischen Text mit dem Editor 'Symbolgraphik' austauschen. Dieser wandelt den typographischen Text zur Weiterverarbeitung in graphischen Text um. Die Arbeitsweise der Editoren wird im nachfolgenden Kapitel am Beispiel der Editoren 'Layout', 'Typographischer Text' und 'Symbolgraphik' erläutert.

3 Beschreibung einzelner Editoren

Editor 'Typographischer Text'

Der Editor 'Typographischer Text' unterstützt die Erstellung und Bearbeitung von Textob-

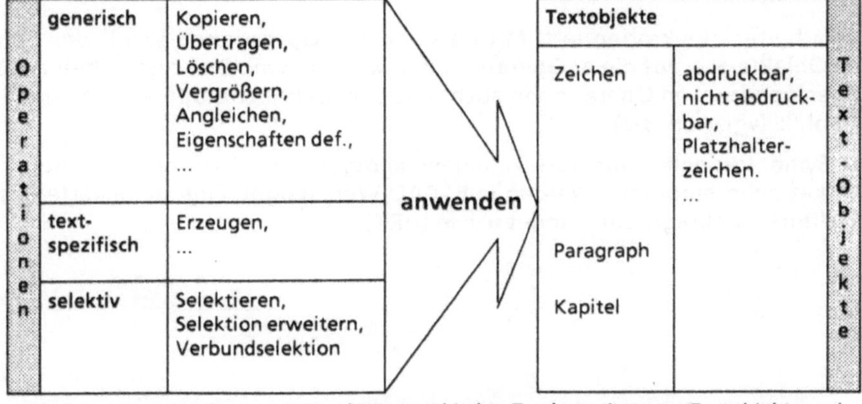

Abb. 3-1: Auswahl der vom Editor 'Typographischer Text' angebotenen Textobjekte und Operationen

jekten (siehe Abb. 3-1). Zeichen, Paragraphen und Kapitel können interaktiv durch den Benutzer oder applikationsgesteuert manipuliert werden.

Editor 'Symbolgraphik'

Der Editor 'Symbolgraphik' unterstützt die Erstellung und Bearbeitung von geometrischer Graphik. Er bietet verschiedene elementare Graphikobjekte an (siehe Abb. 3-2). Diese können entweder interaktiv durch den Benutzer oder programmgesteuert eingefügt werden. Der Editor ermöglicht ein Zusammenfassen von Graphikobjekten zu Symbolen, die ebenfalls als Graphikobjekte ansprechbar sind. Diese Symbole können auch mehrstufig hierarchisiert werden, d.h sie können wieder aus Graphiksymbolen und elementaren Graphikobjekten zusammengesetzt sein.

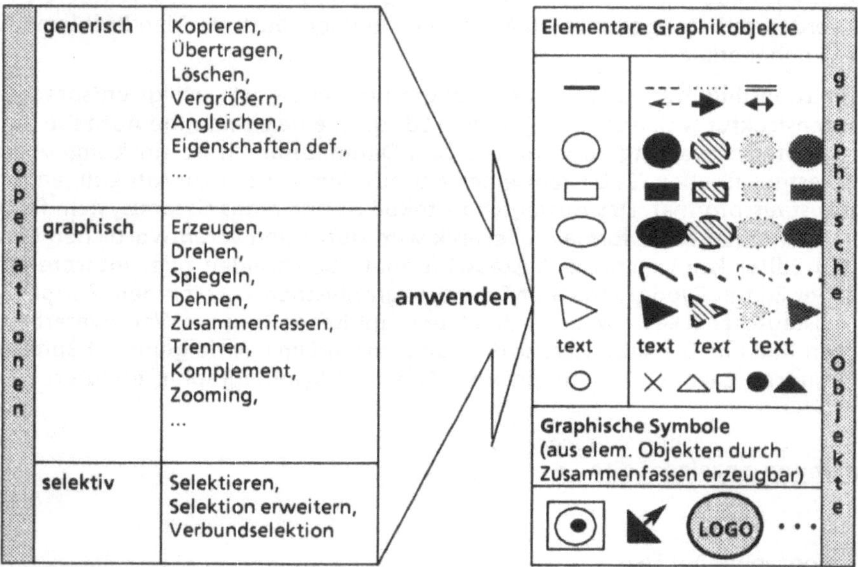

Abb. 3-2: Auswahl der vom Editor 'Symbolgraphik' angebotenen Graphikobjekte und Operationen

Der Editor arbeitet objektorientiert. Mittels selektiver Operationen wählt der Benutzer graphische Objekte aus, auf die er Operationen anwenden will. Dies sind neben allgemein angebotenen generischen Operationen auch spezielle graphische Operationen des Editors 'Symbolgraphik' (vgl. Abb. 3-2).

Der Editor 'Symbolgraphik' kann auch als eigenständiger Graphikeditor oder innerhalb anderer Applikationen eingesetzt werden (z.B. CAD-Werkzeuge). Eine detaillierte Beschreibung des Editors 'Symbolgraphik' findet sich in [HRK].

Editor 'Layout'

Der Editor 'Layout' unterstützt die Erstellung und Bearbeitung von Layoutobjekten (siehe Abb. 3-3). Der Editor ermöglicht die Zuordnung von Techniken zu Ausgabebereichen, und verwaltet ihre Verkettung untereinander.

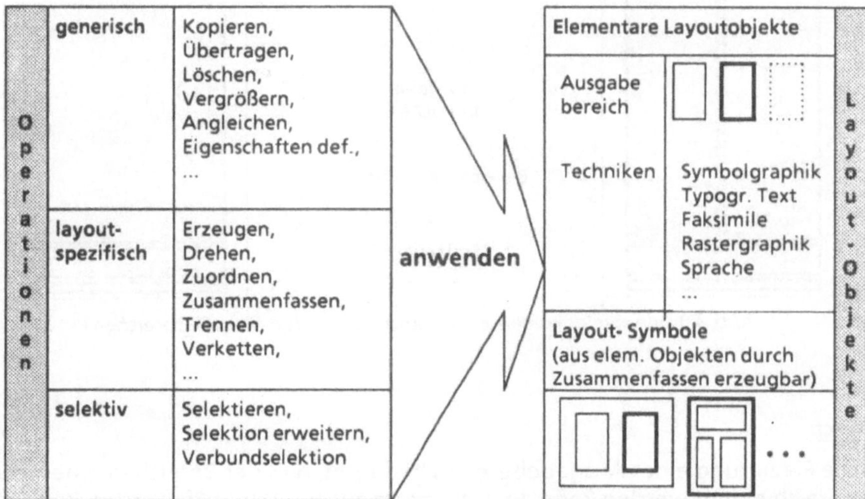

Abb. 3-3: Auswahl der vom Editor 'Layout' angebotenen Layoutobjekte und Operationen

4 Einbettung und Erstellung von Dokumentengraphik

Im Kapitel 3 wurde der Editor 'Symbolgraphik' vorgestellt, mit dessen Unterstützung Graphik interaktiv bzw. programmgesteuert erstellt werden kann. Der Benutzer will aber auch sogenannte Fremdgraphiken (z.B. CAD-Graphik, Bitmaps, Faksimile, GKS-Metafile, CGM, PHIGS-Graphik) in sein Dokument einbinden. Alle in ein Dokument integrierbaren Graphiken werden als Dokumentengraphik bezeichnet. Sie können auch auf anderen Systemen erstellt worden sein und sind deshalb innerhalb des vorgestellten Systems evtl. nicht mehr manipulierbar. Graphiken werden aus Sicht des Texteditors als Fremdobjekte betrachtet.

Das Einbinden von Graphiken in ein Dokument bedeutet, daß sie in den Formatierprozess des Dokumenteneditors miteinbezogen werden müssen. Zusätzlich ist es erforderlich, daß das Gesamtsystem Displaytools zur Visualisierung einer jeden Dokumentengraphik anbietet.

Einer Dokumentengraphik ist eine spezielle formale Technik sowie ein Ausgabebereich zugeordnet. Bevor eine Graphik in ein Dokument eingebettet bzw. darin erstellt werden kann, muß zunächst die Lage ihres Ausgabebereichs festgelegt werden. Der Editor 'Layout' ermöglicht es dem Benutzer, die Ausdehnung und Lage eines Ausgabebereichs innerhalb einer Dokumentenseite individuell und interaktiv festzulegen. Ausgabebereiche können *statisch* oder *dynamisch* auf eine Dokumentenseite plaziert werden.

a) statisch

Die Lage aller statisch plazierten Ausgabebereiche kann während der Dokumentenbearbeitung nicht mehr verändert werden (vgl. Abb. 4-1).

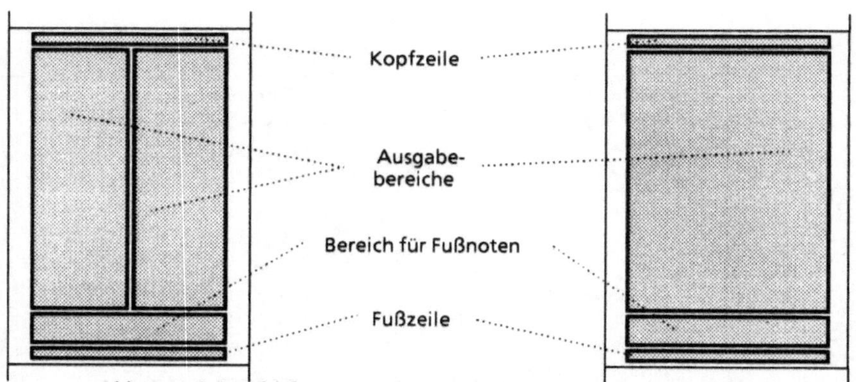

Abb. 4-1 Beispieldokumente mit statisch plazierten Ausgabebereichen

b) dynamisch

Dynamische Plazierung eines Ausgabebereichs bedeutet, daß der Bereich in einen anderen Ausgabebereich gelegt werden kann. Im Gegensatz zur statischen Plazierung kann der Benutzer dynamische Ausgabebereiche während der Dokumentenbearbeitung erzeugen und manipulieren. Dabei gibt es keine Begrenzung bzgl. der Schachtelungstiefe. Die Ausdehnung jedes dynamisch plazierten Ausgabebereichs ist begrenzt durch die Ausdehnung seines ihn direkt umfassenden Ausgabebereichs.

Dokumentengraphiken bestehen aus zwei Komponenten: einem zugeordneten Platzhalterzeichen, sowie der eigentlichen Graphik. Das Platzhalterzeichen wird dem Benutzer während der Edierphase am Bildschirm visualisiert. Es gibt die Stelle an, an der die Dokumentengraphik im Dokument logisch eingebunden ist. Seine Darstellungsform symbolisiert die formale Technik, die dem Ausgabebereich zugeordnet ist. Ein sogenannter Rahmen zeigt dem Benutzer die Ausdehnung des Ausgabebereichs. Der Benutzer kann diesen Rahmen selektieren und seine Eigenschaften ändern. Hier sollen nur einige erwähnt werden: Ausdehnung, Lage innerhalb des umfassenden Ausgabebereiches (zentriert, linksbündig, rechtsbündig), Umrandungslinie (sichtbar, unsichtbar), usw. Diese Eigenschaften kann der Benutzer zu jeder Zeit während der Ediersitzung ändern.

Nachfolgend wird beispielhaft am Objekt "Dokumentengraphik" erklärt, mit welchen Aktionen ein Benutzer einen beliebigen Ausgabebereich in einen Textbereich dynamisch einbinden kann. Das Platzhalterzeichen "‡" ist dem Objekt Dokumentengraphik zugeordnet. Das Beispieldokument besteht nur aus statisch plazierten Textausgabebereichen (vgl. Abb. 4-2). Die Stelle, an der der Benutzer die Dokumentengraphik einbetten kann, wird durch Setzen der Schreibmarke im Textbereich ausgewählt.

Benutzeraktion:

Über die Benutzerschnittstelle teilt der Benutzer dem Editor 'Typographischer Text' mit, daß er Dokumentengraphik einbinden will. Dies kann z.B. formulargesteuert ablaufen, oder über Tastatureingabe mitgeteilt werden.

Reaktion des Dokumenteneditors aus Benutzersicht:

Am Bildschirm wird das zugeordnete Platzhalterzeichen "‡" an der Position der Schreibmarke angezeigt. Zusätzlich wird ein Rahmen mit einer voreingestellten Ausdehnung in den Textbereich eingefügt (Die Ausdehnung kann je nach Gestaltung der Benutzungsschnittstelle auch interaktiv festgelegt werden). Der Inhalt des Textbereichs wird umformatiert (vgl. Abb. 4-2). Die durch den Benutzer zugeordnete Dokumentengraphik wird innerhalb des Ausgabebereichs angezeigt. Falls eine formale Technik zur Weiterbearbeitung zur Verfügung steht, kann die Graphik modifiziert werden. Der Benutzer wird dabei vom entsprechenden Editor unterstützt (vgl. Kap. 3).

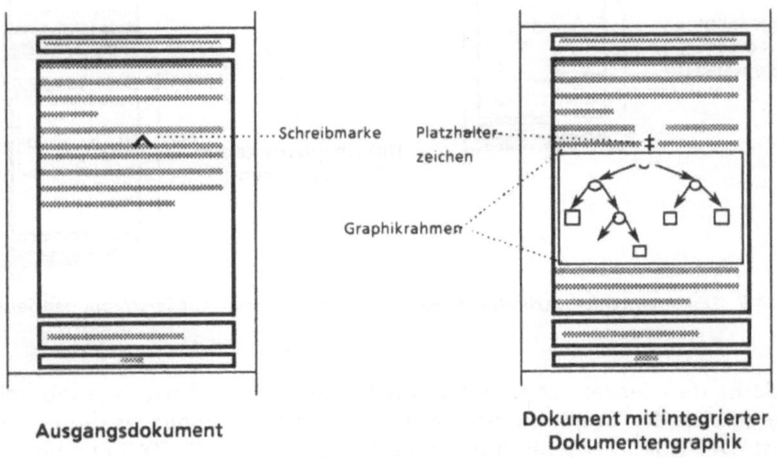

Abb. 4-2 Dokument mit Platzhalterzeichen und Graphikrahmen auf derselben Seite

Reaktionen aus Sicht des Dokumenteneditors:

Das Einbinden eines Graphikrahmens innerhalb eines Textausgabebereichs bewirkt einen Kommunikationsfluß. Dazu werden Daten einerseits zwischen dem Texteditor und dem Layouteditor, andererseits zwischen dem Graphikeditor und dem Layouteditor ausgetauscht. Es wird in diesem Beispiel vorausgesetzt, daß der Graphikrahmen noch in den Textausgabebereich paßt, und kein Text aus dem Textbereich "fließt" (vgl. Abb. 4-2).

a) Kommunikation zwischen Text- und Layouteditor:

Der Texteditor informiert den Layouteditor, daß der Benutzer ein Fremdobjekt einfügen will. Der Layouteditor fordert den Texteditor auf, das Platzhalterzeichen "‡" anzuzeigen und die nachfolgenden Zeilen umzuformatieren. Dabei muß der Texteditor einen Bereich mit der vorgegebenen Rahmenhöhe nach der Zeile, in der das Platzhalterzeichen "‡" liegt, von Text freihalten.

b) Kommunikation zwischen Graphik- und Layouteditor:

Der Layouteditor initialisiert anschließend den Graphikeditor, der die formale Technik "Graphik" im erzeugten Ausgabebereich verwaltet. Dabei teilt er ihm die Größe des Ausgabebereiches mit, die der vorgegebenen Rahmengröße entspricht.

Da das Einbinden von Ausgabebereichen in einen Textbereich kontextgebunden ist, treten verschiedene Formatierprobleme auf. Der Ausgabebereich soll an einer im Text spezifizierten Stelle liegen, die durch das Platzhalterzeichen "‡" gekennzeichnet ist. Es kann aber durchaus folgende Situation eintreten: Das Platzhalterzeichen und der Rahmen liegen nach dem Formatiervorgang auf verschiedenen Dokumentenseiten (vgl. Abb. 4-3). Die Ursache liegt darin, daß der restliche noch verbleibende Platz im Textausgabebereich, in den der Ausgabebereich der Graphik eingebettet werden soll, kleiner als die benötigte Rahmengröße ist. Der Dokumenteneditor arbeitet nach dem WYSIWYG-Prinzip. Daher muß der Editor 'Layout' für die korrekte Verwaltung der Ausgabebereiche sorgen. Dies betrifft insbesondere die Zuordnung zwischen dem Platzhalterzeichen "‡" und dem eigentlichen Inhalt. Da das Platzhalterzeichen sowie der zugeordnete Ausgabebereich auf verschiedenen Dokumentenseiten liegen können, ist in diesem Fall eine Kommunikation zwischen mehreren Editoren notwendig. Der Formatiervorgang muß von verschiedenen Layouteditoren und Texteditoren in Abstimmung mit dem Dokumenteneditor vollzogen werden, da nur der Dokumenteneditor mehrere Seiten verwalten kann.

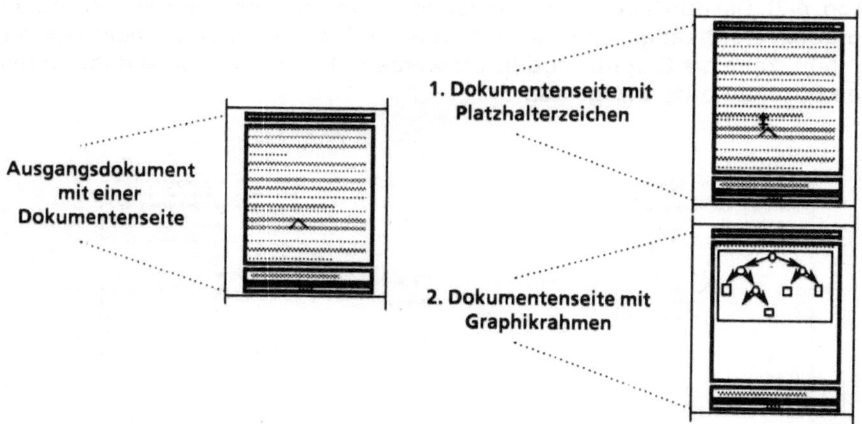

Abb. 4-3 Dokument mit Platzhalterzeichen und Graphikrahmen auf verschiedenen Seiten

5 Ausblick

Die Editoren 'Symbolgraphik' und 'Typographischer Text' werden als Basiseditoren auch von anderen Applikationen verwendet. Der Editor 'Symbolgraphik' wird z.B. als Hilfsmittel bei der Erzeugung von Icons eingesetzt. Eine große Bedeutung findet der Editor auch innerhalb von CAD-Applikationen, z.B. um Werkzeugmaschinen zu projektieren. Der Editor 'Typographischer Text' findet als Teil eines Programmeditors eine zusätzliche Verwendung.

In der modernen Softwareentwicklung wird eine Trennung zwischen dem Applikationsprogramm und dem Dialogprogramm angestrebt. Deshalb sind weitere Aktivitäten für den Einsatz der Editoren 'Symbolgraphik' und 'Typographischer Text' zur komfortablen Gestaltung von Benutzungsoberflächen geplant.

6 Literatur

[BRG] H. Burgstaller, R. Gall, K. Hess, F. Kneißl, A. Seigis: Ein interaktiver, objektorientierter Dokumenteneditor für graphikfähige Arbeitsplatzrechner, H. Schwärtzel (Ed.): Informatik in der Praxis - Aspekte ihrer industriellen Nutzanwendung, Springer-Verlag, 1986

[CGI] ISO/TC97/SC21/WG2: ISO/DP 9636/1-6 Information processing systems - Computer graphics - Interfacing techniques for dialogues with graphical devices, Dez. 1986

[CGM] ISO/TC97/SC21/WG2: ISO 8632/1-3, Information processing systems - Computer graphics - Metafile for the storage and transfer of picture description information, Aug. 1987

[GLD] A. Goldberg, D. Robson, "Smalltalk-80: The Language and its Implementation", Addison-Wesley, 1983

[HRK] U. Harke, M. Burger, R. Gall: Embedding Graphics into Documents by using a Graphics Editor, Rae A. Earnshaw (Ed.): Workstations and Publication Systems, Springer, 1987

[ISO] ISO 6937/1-3: Information Processing Systems-Coded Character Sets for Text Communication, First edition; 1983

[ODA] ISO/TC97/SC18/WG3: ISO/DIS 8613: Information Processing - Text and Office Systems - Part 1: General Introduction, Part 2: Office Document Architecture, Part 3: Document Processing Reference Model, Part 4: Document Profile, Part 5: Office Document Interchange Format, Part 6: Character Content Architecture, Part 7: Raster Graphics Content Architecture, Part 8: Geometric Graphics Content Architecture, September 1986

[SCH] R. Scheifler, J. Gettys, "The X Windowsystem", ACM Transactions on Grafics, Vol. 5, No. 2, April 1987.

[S/WIN] Programmers Manual for the S/Windows System, Internal Siemens Paper, October 1987

Erfahrungen mit einem syntax- und strukturorientierten SGML-Editor

Hans-Peter Wiedling

Fraunhofer-Arbeitsgruppe Graphische Datenverarbeitung

Wilhelminenstraße 7

D-6100 Darmstadt

Zusammenfassung

Es existieren zur Zeit sehr leistungsfähige Dokumentationssysteme, die es stellenweise erlauben, anspruchsvolle Dokumente zu erzeugen. Aber sobald mehrere Autoren an der Erstellung eines Dokuments beteiligt sind, stoßen diese Systeme schnell an ihre Grenzen. Jeder Autor hat eigene Vorstellungen vom Layout. Dies hat negative Auswirkungen auf das Erscheinungsbild der gesamten Publikation. Einen Ansatz, um ein Dokument auch an übergeordnete Merkmale zu binden, bietet die Verwendung von sogenannten Document Type Definitions mit Hilfe von SGML. Sie erlauben die formale Beschreibung von Dokumenten und das Zusammenfassen zu Dokumenttypen.

Der SGML-Editor muß sicherstellen, daß der Anwender gemäß der Document Type Definition immer nur syntaktisch korrekte Dokumente erstellen kann. Ein wichtiger Aspekt im Hinblick auf die Akzeptanz des Editors beim Anwender ist die Gestaltung der Benutzungsoberfläche.

Schlüsselwörter

Dokumentstrukturen, Integration, Konsistenz, Dokumentaustausch, Document Type Definition, Content- und Structure Editing, User Interface, Graphische Dialoge, Direkte Manipulation, Window Managment.

1. Motivation

Die Erstellung eines Dokuments ist ein kreativer und iterativer Vorgang. Von den ersten schriftlichen Aufzeichnungen, die anfangs nur das Thema umreißen, aus einigen Stichworten bestehen und dann vielleicht zu einer vorläufigen Gliederung führen, durchläuft das Dokument bis zur Druckvorlage immer wieder verschiedene Stationen. Der Autor fügt neue Bestandteile ein oder modifiziert Inhalt und Struktur des Dokuments.

Bei der Darstellung technisch wissenschaflicher Sachverhalte spielt die äußere Erscheinung eine nicht zu unterschätzende Rolle. Struktur und Repräsentation sind mitverantwortlich dafür, wie leicht verständlich, schnell einsehbar und wie anschaulich Form und Inhalt sind.

Zum einen stehen dem Verfasser eines Dokuments dazu verschiedene Beschreibungsformen zur Verfügung. Text und Graphik sind integrierte Bestandteile eines Schriftstücks. Sie ergänzen sich gegenseitig und erhöhen die Verständlichkeit. Unter Umständen überlappen die einzelnen Ausdrucksmittel einander. Text kann Graphik beinhalten und diese Graphik wiederum Text.

Zum anderen hat der Verfasser die Möglichkeit, sein Dokument zu gliedern. Dabei nimmt er eine logische Strukturierung des Themas vor und orientiert sich überhaupt nicht daran, wie später die logischen Objekte auf das Layout abgebildet werden.

Leistungsfähige WYSIWYG-Systeme (What You See Is What You Get) bieten einerseits die Möglichkeit der integrierten Erstellung und Abspeicherung von Text und Graphik und andererseits erlauben sie, den Zyklus vom Editieren der Objekte eines Dokuments über deren Formatierung bis hin zur Darstellung sehr schnell zu durchlaufen. Der Benutzer kann ständig das Layout auf dem Bildschirm kontrollieren. Er kann immer wieder die Darstellung des Dokumentinhalts dadurch verändern, daß er Objektattribute neu auswerten läßt.

Diese WYSIWYG-Systeme bringen punktuell sehr schöne Ergebnisse hervor, aber sie weisen durchaus auch Mängel auf:

- WYSIWYG-Systeme verleiten dazu, sich mehr als notwendig mit Layout und Formatierung zu beschäftigen;
- WYSIWYG-Systeme unterstützen nicht die Erstellung von strukturierten Dokumenten;
- Der Benutzer ist für die Konsistenz eines Dokuments (Bsp.: "Sehen alle Überschriften gleich aus?") selbst verantwortlich und
- WYSIWYG-Editoren können die Konsistenz und ein einheitliches Erscheinungsbild über ein einzelnes Dokument hinweg nicht gewährleisten (Beispiele hierfür sind verschiedene Beiträge zu einem Tagungsband, Jahresberichte oder Mitteilungsblätter).

Diese Probleme kommen noch stärker zum tragen, wenn man berücksichtigt, daß auch mehrere Autoren an der Erstellung eines Dokuments beteiligt sein können. Gegebenenfalls verfügen die beteiligten Personen über ganz unterschiedliche Ansichten über Struktur und Layout und über ganz verschiedene Hard- und Sofwarekonfigurationen.

Was man in dieser Situation benötigt ist ein Editor, der

- content- und strukturorientierte Manipulationen auf einem Dokument zuläßt,
- Gestaltungsmerkmale, die an ganze Dokumenttypen, wie zum Beispiel Tagungsberichte, geknüpft werden können, berücksichtigt,
- die erstellten Dokumente auf syntaktische Korrektheit bzgl. der übergeordneten Gestaltungsmerkmale überprüft und
- ein Austauschformat erzeugt, das auch die Bearbeitung durch andere Editoren zuläßt.

Die folgenden Kapitel stellen zum einen SGML als formale Beschreibungssprache und als Dokumentenaustauschformat vor und zum anderen zeigen sie Entscheidungskriterien für das Design einer

Benutzungsoberfläche für einen Editor auf. Im Anschluß wird eine Implementierung vorgestellt, die zeigen soll, wie diese Konzepte umgesetzt werden können.

2. SGML

2.1. Konzept

SGML (Standard Generalized Markup Language) [SGML85] erlaubt die formale Beschreibung von Dokumentstrukturen. Die wesentlichen Ziele, die dieser Formalismus verfolgt sind

- Trennung zwischen der formalen Definition von Dokumenttypen in der Document Type Definition und der aktuellen Ausprägung eines Typs,
- Unabhängigkeit von konkreten Systemen, Anwendungen und Geräten,
- Unabhängigkeit von konkret gegebenen Formatier- und Layoutmöglichkeiten und
- rechnergestützter Austausch zwischen unterschiedlichen Systemen.

SGML besteht im wesentlichen aus einer abstrakten Syntax. Im Anhang der Norm ist ein Vorschlag für eine konkrete Syntax enthalten. Die Norm macht keine Angaben, wie die Semantik aussehen kann. SGML eignet sich sehr gut dazu, Dokumentstrukturen auf logischem Niveau zu beschreiben.

Die formale Definiton von Dokumenttypen, in der Document Type Definition, verwendet deskriptive Beschreibungsformen. Sie benutzt keine Formatierungsanweisungen zur Kennzeichnung eines neuen Abschnitts, sondern kennzeichnet den Abschnitt mit einem logischen Namen. Dies kann z.B. "title", "section" oder "summary" sein. Wie diese Angaben dann umgesetzt werden, ist Aufgabe des verwendeten Formatierers.

SGML setzt die folgenden Beschreibungsmittel ein:

MARKUP: Markups dienen der Kennzeichnung von logischen Abschnitten in der Dokumentstruktur; sie können beliebig geschachtelt sein und rekursiv eingesetzt werden;

ATTRIBUTE: Attribute sind immer ganz bestimmten Markups zugeordnet; dadurch wird ihre Gültigkeit auf den so beschriebenen Abschnitt festgelegt; sie können z.B. Angaben zum Seitenformat, der Schreibrichtung, dem Zeichensatz oder der Widow- und Orphansize machen;

CONTENT: Das SGML Konzept sieht verschiedene Content Portions vor; Dokumenteninhalt kann aus Text, bereits formatiertem Text, Tabellen, Sonderzeichen, Bildern, Graphiken etc. bestehen;

ENTITY: Das sind Dokumentteile - in der Document Type Definition erklärt - auf die im Dokument referenziert werden kann; der Formatierer nimmt an ihrer Stelle eine Textsubstitution vor;

Referenzen: Verweise aus dem Dokumentfluß heraus auf Beiträge aus anderen Dokumenten;

Prozeßanweisungen: SGML erlaubt auch, Prozeßanweisungen an vorher spezifizierte Formatierer in dem Dokument abzulegen.

2.2. Beschreibungsmöglichkeiten

Die Beschreibungssprache SGML ist stark an der logischen Ausrichtung eines Dokuments orientiert. Dies hat vor allem zwei Auswirkungen:

- Erläuternde Strukturbeschreibungen (Markups) werden deutlich von Prozeßanweisungen getrennt. Die Markierungen im Dokument, die die spätere Formatierung steuern, bestehen nicht aus prozeduralen Anweisungen (Beispiel: "Neue Zeile; Kursivschrift; Format-17"), sondern aus deskriptiven Kommandos (Beispiel: "Beginn einer Abschnittsüberschrift"). Die den Markups zugeordneten Attribute, die Einfluß auf die Formatierung haben, können je nach Dokumentationssystem anders ausgewertet werden;

- Dokumente werden zu Dokumenttypen (z.B. Tagungsbericht) zusammengefaßt. In Dokumenttypdefinitionen werden die allgemeinen Strukturen für diese Dokumente beschrieben. Diese Spezifikation beinhaltet ähnlich wie eine formale Grammatik Informationen darüber, welche Markups verwendet werden dürfen und in welcher Reihenfolge sie auftreten dürfen. Dadurch ist man in der Lage, eine bestimmte Ausprägung eines Dokumenttyps auf seine formale Korrektheit und Vollständigkeit hin zu überprüfen.

Im Dokument werden zur Auszeichnung von Strukturen Knotenbeginn- und Knotenendmarkierungen (sogenannte Tags) angegeben. In Knotenbeginnmarkierungen steht der Bezeichner des Markups und alle seine Attribute mit ihren aktuellen Werten in beliebiger Reihenfolge. Die Attribute gelten solange, bis das Markup wieder geschlossen wird. Wenn innerhalb dieses Tags ein Markup mit gleichen Attributen, aber anderen Werten liegt, dann gilt der andere Wert solange, bis das innere Markup wieder geschlossen wird. Das Attribut wird wieder auf den vorhergehenden Wert gesetzt.

SGML erlaubt eine logische und an Hierarchien orientierte Strukturierung von Dokumenten. Dazu müssen die Markups aus der Document Type Definition so in dem Dokument eingeordnet sein, daß immer korrekte Dokumente entstehen.

Beispielstruktur zur Document Type Definition in 2.4:

```
<Lecture, language = German, author = "H.P. Wiedling",
version = Oktober88 >
<front, page = no >
<title>
Erfahrungen
mit einem syntax- und strukturorientierten
SGML-Editor
</title> ... </front>
<body, page = yes > ...
</body>
<back, page = no >
```

<summary> ...
Der SGML-Editor muß sicherstellen, daß der Anwender gemäß der Document Type Definition immer nur syntaktisch korrekte Dokumente erstellen kann. ...
</summary></back></Lecture>

2.3. Document Type Definition

Ein wesentlicher Bestandteil der Document Type Definitions sind die Markupdeklarationen. Sie legen in Ableitungsregeln fest, in welche untergeordnete Markups ein konkretes Markup überführt werden darf und welche Attribute dem Markup zugeordnet werden dürfen. Jedes Dokument hat genau einen Wurzelknoten.

Beispiel:

```
<!ELEMENT  Lecture     - -    ( front, body, back? )
           author      CDATA                           REQUIRED
           version     ID                              NULL
           language    ( German, English, French )     German     >
```

In diesem Fall leitet sich das Markup "Lecture" ab in "front", "body" und optional in "back".

Die Art, Anzahl und Reihenfolge von untergeordneten Markups werden somit in regulären Ausdrücken notiert. Rekursionen sind erlaubt. Die Anzahl eines Markups wird über Postfixe gesteuert (kein Postfix: genau einmal, "?": höchstens einmal, "*": beliebig oft, "+": mindestens einmal). Die Reihenfolge der Knoten wird über die Angabe der Verknüpfung definiert ("|": alternative Markups, ",": Markup muß direkt auf seinen Vorgänger folgen, "&": Reihenfolge beliebig).

Dokumentinhalt wird durch "CDATA" gekennzeichnet. Dieses Markup kann nicht weiter verfeinert werden.

Dem Markup "Lecture" sind durch diese Definition die Attribute "author", "version" und "language" zugeordnet. Erlaubte Attributwerte werden entweder alle aufgeführt (Bsp. "German, English, French") oder durch Typangabe spezifiziert (NUMBER, ID, NAME etc.). Zusätzlich wird jedem Attribut ein Default - ein Wert, den es als Initialisierung erhält - zugewiesen. Dieser Wert enthält entweder eine Voreinstellung oder eine Angabe dazu, ob der Attributwert erfragt werden muß (= REQUIRED), der aktuelle Wert übernommen wird (= CURRENT) oder nicht definiert werden muß (= NULL).

In dem Beispiel macht "version" Angaben zur Version des Dokuments. Der Bezeichner muß innerhalb eines Dokuments eindeutig sein. "author" enthält Angaben zu dem Verfasser. "language" gibt über die verwendete Sprache Auskunft. Die zulässigen Werte sind in einer Aufzählung genannt. Der Defaultwert ist "German".

Man kann erkennen, daß man auch mit den Attributen keinen Einfluß auf das Layout hat. Mit Hilfe von Attributen kann man z.B. bestimmen, ob die einzelnen Seiten mit ihrer Seitenzahl gedruckt werden, aber man kann keine Angabe machen, ob die Seiten mit römischen oder arabischen Ziffern gedruckt werden oder wo die Seitenzahlen dargestellt werden. Dies sind nämlich genau wieder Formatierer spezifische Werte, die auch dem Layout Prozeß überlassen werden können.

Ein weiteres schönes Beispiel für logische Attribute ist das Attribut "emphasiz", das an das Markup "section" gebunden ist. Der Verfasser einer Lecture, der mit der beschriebenen Document Type Definition arbeitet, kann entscheiden, ob der Inhalt eines Markups "section" hervorgehoben werden soll oder nicht. Er kann aber nicht steuern, welche Ausprägung das Attribut "emphasiz" hat. Ob der logische Abschnitt letztendlich kursiv, unterstrichen, fett oder invertiert dargestellt wird, liegt einzig und allein im Aufgabenbereich des Formatierers.

2.4. Beispiel: Lecture

Hinweis: Das folgende Beispiel einer Document Type Definition erhebt nicht den Anspruch, eine besonders gelungene Beschreibung eines Dokumententyps sein, sondern möchte nur zeigen, wie Document Type Definitions aufgebaut sind und Strukturen formuliert werden können.

```
<!DOCTYPE   Lecture     --      Document Type Definition für Vorträge --
[       --  Kommentar steht immer zwischen zwei auf einanderfolgenden Bindestrichen --
        --  Definition der Entities --
<!ENTITY    gt          '>' -- tag close --                                        >
<!ENTITY    lt          '<' -- start tag open --                                   >
<!ENTITY    sgml        'Standard Generalized Markup Language'                     >
        --  Definition der Ableitungsregeln --
<!ELEMENT   Lecture     - -     ( front, body, back? )
        --  An Stelle der beiden Striche in der obigen Zeile können weitere Informationen
            bezüglich der Markupminimierung in SGML-Dokumenten stehen --
            author      CDATA                               REQUIRED
            version     ID                                  NULL
            language    ( German, English, French )         German         >
<!ELEMENT   front       - -     ( title & author & institut )
            page        ( yes, no )                         no
        --  In einer Definition für Ableitungsregeln können mehrere Ableitungen definiert
            werden; Ableitungsregeln werden dann durch Zahlen voneinander getrennt --
        02  title       - -     CDATA
        03  author      - -     CDATA
        04  institut    - -     CDATA                                          >
<!ELEMENT   body        - -     ( content, item+ )
            page        ( yes, no )                         yes
        02  content     - -     NONE
        03  item        - -     ( headline, phrase+ )
        04  headline    - -     CDATA
        05  phrase      - -     ( picture | section )
        06  picture     - -     CDATA
            format      ( GKSM, CGM )                       REQUIRED
            code        ( clear, bin, hex )                 clear
        07  section     - -     CDATA
            emphasiz    ( yes, no )                         no             >
<!ELEMENT   back        - -     ( summary?, reference? )
            page        ( yes, no )                         CURRENT
        02  summary     - -     CDATA
        03  reference   - -     CDATA                                          >
]       --  Document Type Definition Ende --                                   >
```

3. Graphisch-Interaktive Benutzungsoberflächen

3.1. Gestaltungskriterien

Am Anfang der Entwicklung zu leistungsfähigen Benutzungsoberflächen steht die Erkenntnis, daß Benutzungsoberflächen ein wesentlicher und eigenständiger Bestandteil von Mensch-Maschine Interaktionen sind. Man trennt Benutzungsoberfläche und Anwendung voneinander.

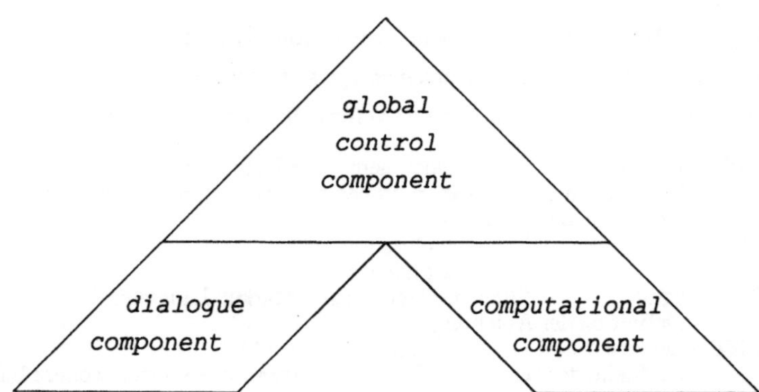

Abb. 1: Entwurfskomponenten eines Anwendungsprogramms [EHR86, S.72]

Zusätzlich werden immer mehr Anwender mit Computersystemen konfrontiert, die nicht unbedingt gewillt sind, eine trickreiche oder umständliche Programmschnittstelle zu benutzen. Der Einsatz von Computern ist nicht nur ein technisches Problem. Benutzungsoberflächen stellen ein interdisziplinäres Gebiet dar. An der Software-Ergonomie arbeiten nicht nur Informatiker, sondern auch Psychologen mit.

Diese Argumente und die Tatsache, daß verstärkt die graphische Darstellung und Interaktion auf Objekten bei einem sehr günstigen Preis-Leistungsverhältnis von Informations- und Kommunikationstechnologien zum Einsatz gelangen, macht es notwendig, daß auch mehr Arbeit in Benutzungsoberflächen investiert wird.

Gegenwärtige Entwicklungen sind von einen verstärkten Graphik-Einsatz geprägt. Eine große Rolle spielen

- Window-Managment Systeme, die Desktop-Oberflächen mit Hilfe von bekannten Sinnbildern aus dem Büroalltag nachbilden,
- Graphische Dialoge, die durch direktes Ansprechen von Objekten Manipulationen ausführen und
- eine flexible Dialogführung, die auch die Vorkenntnisse des Anwenders berücksichtigt; je nach Anforderung an das System - sollen z.B. häufig wechselnde Anwender unterstützt werden, die sich

schnell einarbeiten müssen, oder ist es wichtiger, daß der Anwender keine Fehler macht - können Benutzungsoberflächen unterschiedliche Schwerpunkte besitzen.

Dies muß aber in erster Linie bedeuten, daß man diese Problematik strukturiert angeht. Entwurfsmethoden werden entwickelt und Entwurfswerkzeuge gelangen zum Einsatz. Gängige Methoden sind Rapid Prototyping, Entwurfswerkzeuge können z.B. PRODIA [EHM88], SIEMCAD [BITT88] und THESEUS [HÜB87]sein.

3.2. Graphische Dialoge

Kennzeichnend für Graphisch-Interaktive Benutzungsoberflächen ist, daß dem Benutzer auf graphische Weise vertraute Objekte auf dem Bildschirm präsentiert werden, die auf einfache und konsistente Weise unter Zuhilfenahme eines Zeigeinstruments manipuliert werden können.

Ein wichtiger Bestandteil der Interaktion ist, daß der Benutzer direkt auf die Objekte zugreift bzw. zeigt, die er manipulieren möchte. Das Schlagwort ist Direkte Manipulation [SCHÖN87, S.489ff]. Dazu ist es sehr wichtig, daß konzeptuelle Modelle entwickelt werden, die für den Benutzer sichtbar und zugänglich gemacht werden und manipulatives Operieren auf den Objekten erlaubt.

Graphisch-Interaktive Benutzungsoberflächen berücksichtigen sehr schön die menschliche Informationsverarbeitung. Das Auge ist im allgemeinen wesentlich schneller in der Lage, Informationen aus Bildern als aus Text aufzunehmen und zu verarbeiten. Ein Vorteil, der sich daraus ergibt, ist der, daß durch Direkte Manipulation auf den Objekten ein Übersetzungsvorgang im Kopf des Anwenders entfallen kann.

Im Gegensatz zu Kommandosprachen, in denen man erst seine Absichten formulieren muß (z.B. "DEL O1" für "Lösche Objekt O1"), kann man genau das Objekt auswählen, auf dem die entsprechende Aktion, die z.B. als Papierkorb dargestellt ist, ausgeführt werden soll. Aktionen werden durchsichtiger und tragen zu einem besseren Verständnis der Operationen bei.

4. Syntax- und strukturorientierter SGML-Editor

4.1. Intentionen

Der SGML-Editor ist im Rahmen einer Diplomarbeit [WIED88] an der TH Darmstadt im Fachbereich Informatik Institut für Informationsverwaltung und Interaktive Systeme Fachgebiet Graphisch-Interaktive Systeme entstanden. Unter dieser Randbedingung ist der SGML-Editor als ein Prototyp zu bewerten, der demonstrieren kann, wie die wesentlichen Ideen zu SGML-Editoren und Graphisch-Interaktiven Benutzungsoberflächen umgesetzt werden können.

Der Schwerpunkt der Aufgabe lag neben einer konzeptionellen Ausarbeitung darin, einen strukturorientierten SGML-Editor zu implementieren. Die wesentlichen Teile des Editors sind die graphische Repräsentation von Dokumentstrukturen und die Benutzerführung durch den Editor so, daß immer nur syntaktisch korrekte SGML-Dokumente entstehen. Es sollte außerdem gezeigt werden, wie Graphik und ein an graphischen Objekten orientierter Dialog (vgl. Kap. 3) in einem Editor eingesetzt werden können.

Ein strukturorientierter Editor besitzt die Möglichkeit, sich von der sequentiellen Darstellung eines Dokuments zu lösen und sich stäker in der logischen Hierarchie zu bewegen. Das Dokument kann als gerichteter, schleifenfreier und zusammenhängender Graph (= Baumstruktur) dargestellt werden. In vertikaler Richtung verfeinert sich jedes Markup in Subknoten, bis in der Baumstruktur Knoten erreicht werden, die in Dokumentinhalt abgeleitet werden. In horizontaler Richtung werden alle Knoten bzw. Markups auf gleichem Niveau dargestellt. Wenn man sich in diesem Graph auf den Knoten bewegt, dann hangelt man sich durch die logische Struktur des Dokuments.

4.2. Realisierung

Die Aufgabenstellung läßt eine deutliche Unterteilung in Teilaufgaben zu. Auf Anhieb erkennt man, daß das Programm im wesentlichen aus einem SGML Parser besteht und einer Benutzungsoberfläche, die neben Content-Manipulationen auch direkte Manipulationen auf der Struktur erlaubt.

Die Unterscheidung zwischen dem Parser und dem Content- und Struktur-Editor ermöglicht eine klare und knappe Programmschnittstelle.

Der Parser muß zwei Aufgaben erfüllen

- die Document Type Definition muß syntaktisch korrekt sein und
- es müssen Informationen zur Verfügung gestellt werden, die Angaben zur Struktur, den Attributen und dem Content beinhalten.

Die Traversierungsdatenstruktur besteht prinzipiell aus Verweisen auf

- zugeordnete Attribute,
- den direkten Vorgänger,
- die Nachfolger und
- auf die gesetzten Attributwerte.

Ein Markup ist durch die Angabe seines direkten Vorgängers und seine Nachfolger eindeutig bestimmt. Sind zwei Knoten nicht direkt miteinander verbunden, so besteht aber über begrenzt viele Markups ein Weg zwischen den beiden Punkten in dem Dokument.

Dokumentstrukturen werden im allgemeinen wie folgt dargestellt:

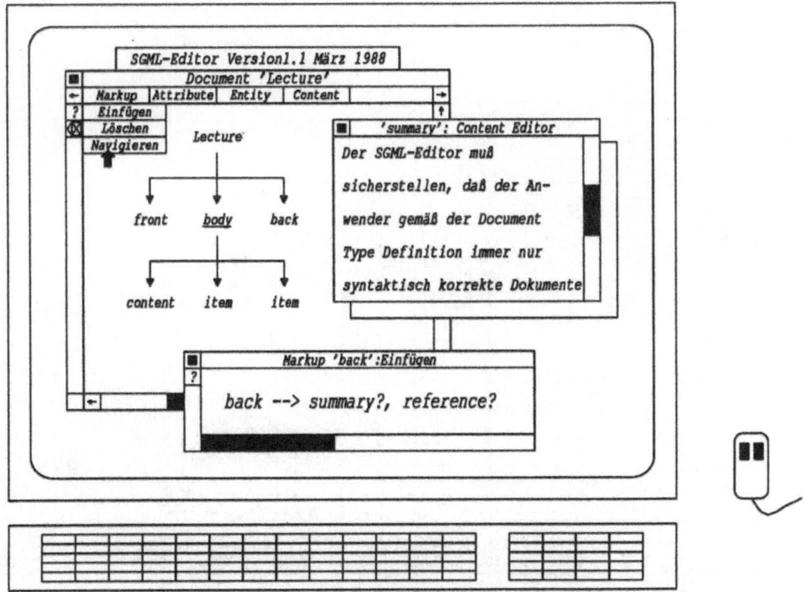

Abb. 2: SGML-Editor für Dokumentcontent und -struktur

In der Struktur wird der aktuelle Knoten duch Unterstreichen hervorgehoben. Es wird immer der Vaterknoten, alle Geschwister und die direkten Nachfolger visualisiert. In der Darstellung werden die Knoten für folgenden Operationen durch Objektauswahl mit der Maus ausgewählt:

EINFÜGEN: Neue Markups können an das ausgewählte Markup innerhalb der definierten Ableitungsregel nur dann eingefügt werden, wenn dies die Überprüfung mit der aktuellen Ausprägung der Dokumentstruktur zuläßt.

LÖSCHEN: Ausgewählte Markups werden aus der Struktur herausgenommen, indem mit ihnen zusammen der ganze Subgraph gelöscht wird.

NAVIGIEREN: Der Benutzer bewegt sich durch die Dokumentstruktur duch Anklicken einen Markups in dem Teil des Graphs, der zur Zeit sichtbar ist. Anschließend wird die Umgebung des neuen Markups graphisch aufbereitet.

Ein wichtiger Aspekt ist m.E. bei der EINFÜGE-Funktion, daß die momentan erlaubten Nachfolgeknoten nicht als Aufzählungstyp in einem Menü dargestellt werden, sondern daß immer die komplette Ableitungsregel veranschaulicht wird. Der Benutzer wählt trotzdem wie in einem Menü einen Nachfolger durch Anklicken der Maus aus, aber er kann dadurch noch zusätzlich auf Strukturinformationen zurückgreifen. Spricht er einen Knoten an, der im gegenwärtigen Zustand nicht mehr in die Struktur eingefügt werden darf, dann ertönt ein akustischen Signal, daß ihn darauf aufmerksam macht. Außerdem werden dadurch Kenntnisse des Benutzers über die Document Type Definition berücksichtigt.

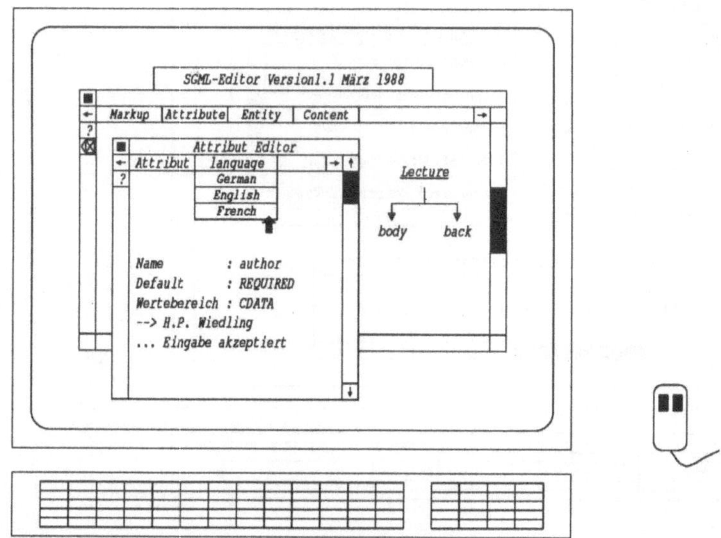

Abb. 3: SGML-Editor für Markupattribute

Weitere Bestandteile des SGML-Editors sind

- ein eigener Attribut Editor, der je nach Markup und zugehörigen Attributen nur die Operationen innerhalb der definierten Typen zuläßt und
- verschiedene Content Editoren, die es nicht nur erlauben gleichzeitig Text und Graphik zu editieren, sondern auch gleichzeitig an verschiedenen Stellen in dem Dokument zu arbeiten

Der Attribut- oder Content-Editor kann nur dann aktiviert werden, wenn dem aktuellen Markup Attribute zugeordnet sind oder das Markup in Content überführt werden kann.

Bemerkung: Diese deutliche Unterteilung in Subeditoren fördert die Strukturierung des Editors. Außerdem trägt sie dazu bei, daß auch in den Bereichen Attribute und Content strenge syntaktische Überprüfungen durchgeführt werden können.

Bei der Gestaltung der Graphisch-Interaktiven Benutzungsoberfläche ist das im ZGDV Darmstadt entwickelte Werkzeug THESEUS eingesetzt worden.

5. Ausblick

Das wesentliche Ergebnis der Implemtierung ist meiner Meinung, daß ein solcher Editor durchaus eine interessante Alternative zu WYSIWYG-Editoren darstellt. Er ist Ausgangspunkt für ein Demonstrationssystem für offene Dokumentenverarbeitungssysteme.

Der syntax- und strukturorientierte SGML-Editor kann aufzeigen, wie integriete Dokumente bearbeitet werden können, und bietet nicht zuletzt wegen seiner guten Strukturierung ausreichende Themen für weitere Studien- und Diplomarbeiten.

Schwerpunkte sind

- Entwurf und Implementierung eines Document Type Definition Editors; mit Hilfe von diesem Editor sollen syntaktisch korrekte Document Type Definitions erzeugt und modifiziert werden;
- Entwurf und Implementierung von verschiedenen Content-Editoren; gedacht ist an Text-, Rastergraphik- und Vektorgraphikeditoren, aber auch an Editoren für Formeln, Tabellen oder Kurven;
- Entwurf und Implementierung eines Formatierers für SGML-Dokumente; der Formatierer erhält ein Dokument in SGML-Notation und liefert das Dokument in einer Page Descrition Language (z.B. PostScript); das Problem dabei ist, daß SGML kein Semantikmodell bereit stellt;
- Entwurf und Implementierung von Paging Algorithmen für integrierte SGML-Dokumente; man sich leicht vorstellen, daß man Dokumente bearbeitet, die die Speicherkapazität eines Rechners überfordern; daher ist es notwendig, immer die Teile auszulagern, die zur Zeit nicht benötigt werden; konzeptionell muß das Verfahren fähig sein, sowohl Dokumente global ein- und auszulagern als auch innerhalb von bestimmten Content Portions (=logischen Einheiten) Paging Algorithmen anzuwenden;
- Die Helpfunktion muß stärker ausgeprägt werden; die Helpinformationen muüssen stärker am aktuellen Dokumentzustand orientiert sein; jedes einzelne Markup und Attribut muß unterstützt werden, Markup- und Attribut-namen lassen zum Großteil keine mnemotechnischen Assoziationen zu.

6. Literaturverzeichnis

[SGML85] Information Processing - Text and Office Systems - Standard Generalized Markup Language (SGML), ISO/DIS 8879, 1985.

[WIED88] Hans-Peter Wiedling: Handhabung von integrieten Dokumenten, Diplomarbeit, Institut für Informationsverwaltung und Interaktive Systeme Fachgebiet Graphisch-Interaktive Systeme, TH Darmstadt, Feb. 1988.

[SCHÖ87] W. Schönpflug, M. Wittstock: Software Ergonomie '87, nützen Informationssysteme dem Benutzer?, Teubner Stuttgart, 1987.

[EHR86] Roger W. Ehrich, Robert C. Williges: Human-Computer Dialogue Design, ELSEVIER, 1986.

[HÜB87] W. Hübner, G. Lux-Mülders, M. Muth: THESEUS - Die Benutzungsoberfläche der UNIBASE Softwareentwicklungsumge-bung, Springer-Verlag, 1987.

[EHM88] D. Ehmke, W. Hinderer, M. Kreiter, D. Krömker: PRODIA - Das PROSYT-Dialogsystem, Version 2.0, FhG-IITB, 1987.

[BITT88] H. Bittner, J. Cote Munoz: SIEMCAD - A User Interface Managment System For Integrating Electronical And Mechanical CAD, IFAC 3rd MMS Proceedings, 14-16 June, 1988, University of Oulu, Finland.

Standardschnittstellen zum Aufbau von Benutzungsoberflächen interaktiver Text/Graphik-Werkzeuge

Dierk Ehmke und Marion Kreiter
Zentrum für Graphische Datenverarbeitung (ZGDV),
Wilhelminenstraße 7, D-6100 Darmstadt

Zusammenfassung

Es wird ein Dialogsystem vorgestellt, das Funktionen zur Dialogabwicklung und zur Ausgabe bereitstellt, mit denen Benutzungsoberflächen in einem Windowsystem realisiert werden können. Es werden die Konzepte der Anwendungsschnittstellen vorgestellt, die für Werkzeuge aus dem Bereich Dokumentengraphik relevant sind.

1. Einleitung

Der Aufwand bei der Programmierung von Dialogwerkzeugen, die dem heutigen Erkenntnisstand der Software-Ergonomie entsprechen, ist beträchtlich. Der Einsatz von Standardschnittstellen, mit denen unabhängig von der Semantik des zu entwickelnden Werkzeuges, Funktionen zum Aufbau von Benutzungsoberflächen bereitgestellt werden [Her-86], verringert diesen Aufwand und ermöglicht außerdem eine Vereinheitlichung der Mensch-Maschine-Interaktion auch innerhalb größerer Werkzeug-Systeme. Dieser Ansatz wurde im Verbundprojekt PROSYT [PRO-85] verfolgt. PRODIA [KSS-88], das Dialogsystem von PROSYT, unterstützt die in die PROSYT-Entwicklungsumgebung integrierten Werkzeuge bei der Realisierung von einheitlichen, mit modernen Interaktionstechniken (Windows, Masken und Menüs, direkte Objektauswahl und -manipulation) ausgestatteten Benutzerschnittstellen.

In diesem Aufsatz werden die Konzepte der Funktionen von PRODIA, die auch die Programmierung von Werkzeugen aus dem Dokumenten- und Graphik-Bereich (z.B. Text-, Graphik-Editoren, Layout-Tools) unterstützen können, vorgestellt. Dies betrifft den Bereich Windowing und Ausgabe, hier insbesondere die Textausgabe mit

Proportionalschriften. Anschließend werden verschiedene Ansätze, wie Text und Graphik integriert werden können, vorgestellt.

2. Einheitliche Benutzerschnittstellen

Die Benutzerschnittstellen von unterschiedlichen Werkzeugen werden in PRODIA durch ein funktional hohes Niveau der Werkzeugschnittstelle vereinheitlicht. Gleichzeitig wird die Werkzeugprogrammierung effizienter, da sich Werkzeugprogrammierer nicht um die Details der Dialogabwicklung kümmern müssen. An Stelle der üblicherweise angebotenen Basis- Ein/Ausgabefunktionen stellt PRODIA Funktionen zur Abwicklung von vollständigen Dialogaufgaben zur Verfügung. So wird etwa die Einbettung der Werkzeug-Ein/Ausgabe in eine Window-Umgebung an der Werkzeugschnittstelle durch genau eine Funktion geleistet: nach dem Öffnen eines Fensters werden alle Benutzeroperationen auf Windows in PRODIA abgearbeitet, ohne daß das Werkzeug involviert wird. Dies trägt ebenso, wie die Konzepte zur Dialogspezifikation und Dialogrealisierung mit Hilfe von Masken und Menüs [Hin-87] und das PRODIA-Event-Konzept, zu einem einheitlichen Verhalten an der Benutzerschnittstelle bei, da Interaktionstechniken von PRODIA verwaltet werden.

Jedoch nicht nur von der Eingabeseite her, die in diesem Aufsatz nicht weiter behandelt werden soll, wird die Werkzeugprogrammierung auf funktional hohem Niveau unterstützt. Ausgabeseitig wurde ein Konzept entwickelt, das die Einbettung von Werkzeugen in eine Window-Umgebung vereinfacht und es erlaubt, Schnittstellen zur Ausgabe bereitzustellen, die über die üblicherweise von Window-Systemen angebotenen Funktionen hinausgehen.

3. Windowing und Ausgabe

PRODIA ermöglicht durch Windows den Ablauf verschiedener Dialogwerkzeuge auf einem Terminal (Multitasking). Gleichzeitig werden einer Anwendung mehrere virtuelle Ausgabegeräte zur Verfügung gestellt (Multiwindowing). Der Benutzer kann Lage und Größe von Windows manipulieren, verdeckte Windows hervorholen, ein eingabeaktives Window bestimmen und horizontal bzw. vertikal scrollen. Diese Operationen werden von PRODIA verwaltet, Anwendungsprogramme werden von der Notwendigkeit der Bildschirm- und Window-Verwaltung, wie z.B. der Update von Window-Inhalten nach Benutzeroperationen, entbunden.

Eine ausschließlich von PRODIA durchgeführte Window-Verwaltung wird durch *Frames* - das sind virtuelle Darstellungsflächen - ermöglicht. Frames sind vom Typ Graphik, Text oder Raster, entsprechend den drei Informationsarten Graphik, Text und Raster. Diese Frame-Typen stellen in Bezug auf die Mischbarkeit der Ausgabe keine

Einschränkung dar. Sie spiegeln in erster Linie die Struktur von Graphik, Text und Raster wieder, indem an der Werkzeugschnittstelle Funktionen auf dem, den Informationsarten entsprechenden, logischen Niveau angeboten werden.

Frames sind aus der Sicht der Werkzeuge virtuelle speichernde Darstellungsflächen, deren Größe zum Zeitpunkt des Öffnens festgelegt wird. Diese wird wie bei Rasterdarstellungsflächen in Pixeln angegeben. Die Größe kann unabhängig von der Größe des Bildschirms oder der Windows, auf die jeweilige Anwendung zugeschnitten, angegeben werden. Frames haben ein diskretes Koordinatensystem mit beliebigem Nullpunkt.

Werkzeuge geben in Frames aus, die wiederum von PRODIA ausschnittsweise in Windows dargestellt werden. Werkzeuge benutzen nur die Operationen der Ausgabeschnittstelle zu den Frames. Für Graphik-Frames wird eine GKS-Schnittstelle gemäß DIN 66252 und ISO/IS 7942 bereitgestellt. Auf einem entsprechend hohen Niveau befinden sich die Schnittstellen für Text- und Raster-Frames.

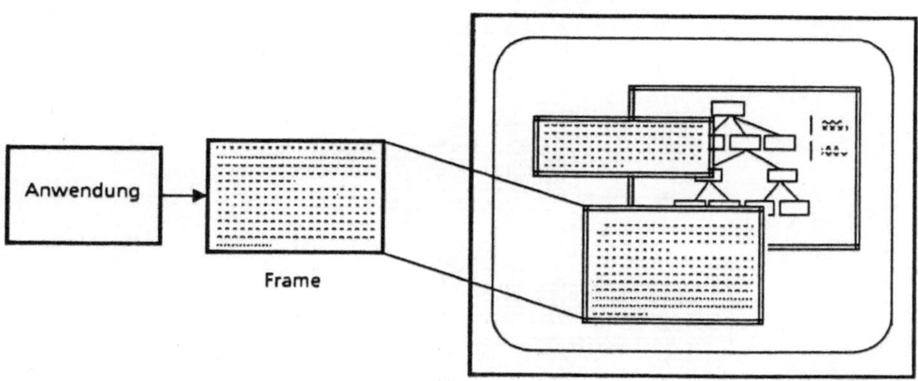

Abb. 1 Funktionsweise der PRODIA-Frames

Außer diesen ausgabespezifischen Funktionen stehen Kontrollfunktionen zur Verfügung, die bei allen Frame-Typen angewendet werden können. Diese Funktionen betreffen das Eröffnen, Löschen, Schließen, Sichern, Laden und Kopieren von Frames sowie deren Konvertierung in Raster-Frames.

Kontrollfunktionen auf Windows betreffen hauptsächlich das Öffnen und Schließen von Windows. In bestimmten Fällen können vom Werkzeug auch die dem Benutzer zur Verfügung stehenden Manipulationsmöglichkeiten für Windows, Window-Attribute genannt, kontrolliert werden. Sie beziehen sich auf Größenveränderungen, Verschieben, Ikonisieren, Scrollen, Listener-Auswahl und die Existenz einer Titelzeile. Jedes Attribut kann einzeln vom Werkzeug zugelassen oder gesperrt werden oder es können anstatt der Standardreaktionen auf Scrollen, Größenänderung oder Verschieben werkzeugspezifische Reaktionen eingebracht werden. Auch die Größe und die Lage eines Windows auf einem Frame kann kontrolliert werden, wenn die Manipulationsmöglichkeiten des Benutzers eingeschränkt werden sollen.

Wie oben beschrieben, werden in Frames die drei Typen Graphik, Text und Raster angeboten. Innerhalb eines Frames stehen nur die typgebundenen Funktionen zur Verfügung. Für Dokumente, die aus mehr als einer der drei Informationstypen bestehen, etwa Text und Graphik, wurde das rekursive Window-Konzept entwickelt. Es leistet die Text/Graphik/Raster-Integration indem Frame-Ausschnitte in Windows gemischt werden können.

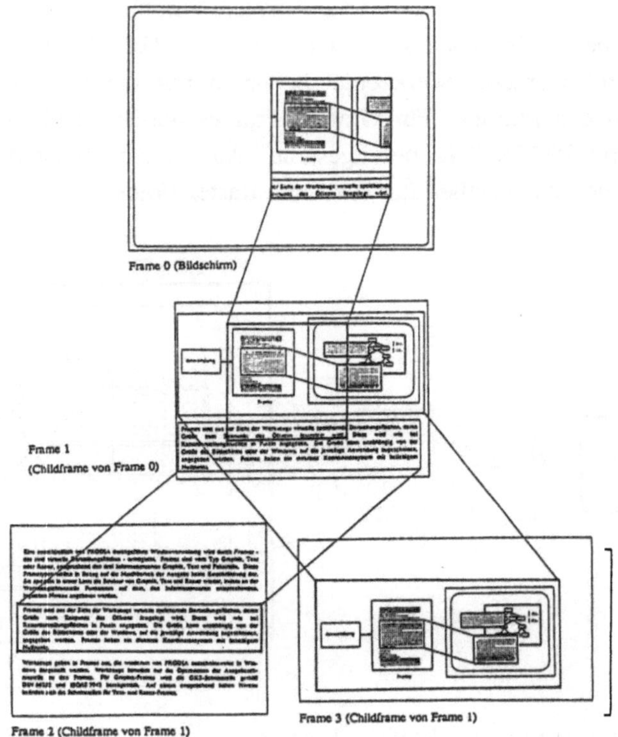

Abb. 2 Subwindows

Ein PRODIA Window definiert eine partielle Abbildung zwischen zwei Frames. Es ist ein rechteckiger Bereich eines Frames P, dem genau ein Ausschnitt aus einem Frame C zugeordnet ist. In dem Window wird ein rechteckiger Ausschnitt von C dargestellt. Es stellt zwischen beiden Frames eine Beziehung her:

P wird Parentframe von C genannt

C Childframe von P

Das Frame *C* wird in genau einem Window dargestellt, d.h. ein Frame kann nicht in mehreren Windows dargestellt werden.

Das Werkzeug kann für seine Ausgabe den gesamten Bereich von *P* verwenden. Verschiebt der Benutzer das Window, so wird der nun sichtbare Teil des Frames dargestellt (sofern er nicht von weiteren Windows verdeckt wird). Auf einem Frame können mehrere Windows liegen. Eine besondere Rolle spielt der Bildschirm als "Root"-Frame.

Innerhalb dieser Windows können wiederum Subwindows liegen, z.B. bei einem Editor für Text und Graphik. Eine rekursive Window-Struktur liegt vor, da auf dem Frame *C* wiederum Windows eröffnet werden können.

4. Graphik-Frames

An der Werkzeugschnittstelle zu Graphik-Frames stehen die Funktionen des graphischen Kernsystems GKS. Damit können auch Anwendungen, die GKS bereits als genormte Schnittstelle für die Graphikprogrammierung verwenden, integriert werden.

Ein Graphik-Frame stellt sich dem GKS-Programmierer als ein Ausgabegerät dar, daß er beliebig groß einrichten kann. Das GKS-Programm benutzt den Frame als Gerät: beim Aufruf "Öffne Arbeitsplatz" wird als Arbeitsplatztyp der Typ "Frame" angegeben und als Verbindungskennzeichnung der Identifikator des Frames übergeben.

Das PRODIA-Window-Konzept stellt an GKS-Programme einige Anforderungen, die beim Entwurf berücksichtigt werden müssen. Es dürfen von der Werkzeugseite her keine Anforderungen an die Sichtbarkeit der Ausgabe gemacht werden. Das Frame ist ein virtuelles Gerät, die Ausgabe, die ein Benutzer tatsächlich sieht, wird im Window dargestellt. Dies ist eine zusätzliche Transformation, die jedoch nicht von GKS sondern von PRODIA verwaltet wird. (Zur Problematik GKS in Windows, siehe auch [LHM-88].)

5. Raster-Frames

Unterschieden wird hier in Bitmap- und Pixelmap-Frames. Während die Bitmap-Frames sich an der heute üblichen Ausstattung der Bildschirmarbeitsplätze: Schwarz/Weiß-Bildschirme und begrenzte Speicherresourcen, orientieren, berücksichtigen Pixelmap-Frames die erkennbaren Trends der Gerätetechnik, wie sie etwa aus der CGI-Entwicklung abzulesen sind. Bei Bitmap-Frames wird ein Punkt des Bildschirms in der Speicherung durch ein Bit, bei Pixelmap-Frames durch einen Farbwert bzw. den Eintrag in eine Farbtabelle repräsentiert.

Text- und Graphik-Frames können komplett oder teilweise in Bitmap- bzw. Pixelmap-Frames konvertiert werden, z.B. für eine Text-Graphik-Integration. Ausgabeoperationen gibt es nur für Pixelfarbwerte. Komplexere graphische Objekte können aus Graphik-, Text- oder Raster-Frames in Bitmap- bzw. Pixelmap-Frames kopiert werden.

Rechteckige Ausschnitte können verschoben und kopiert werden. Die Operationen des Kopierens und Bewegens werden auch maskiert angeboten.

6. Text-Frames

6.1. Funktionsumfang

Die PRODIA-Text-Funktionen decken den Bereich der alphanumerischen Ein- und Ausgabe zur Interaktion und Dokumentation ab. Mit der Möglichkeit, Texte in verschiedenen Fonts, in beliebiger Größe und in Proportionalschrift auszugeben, wird nicht nur die Lesbarkeit von Hilfs- und Erklärungstexten erhöht, sondern auch die Grundlage für Dokumentenverarbeitung nach dem WYSIWYG-Prinzip geschaffen.

Die Funktionen auf Text-Frames sind als Bausteine für Funktionen von komplexeren Werkzeugen, wie z.B. Dokumenteneditoren, zu sehen. Der Funktionensatz beinhaltet Funktionen für:

- Textausgabe in Proportionalschrift
- den Aufbau eines Editors
- die Layoutgestaltung von Texten

6.2. Das Textmodell

Die geometrische Ausdehnung des Text-Frames wird von der Anwendung durch die Angabe der linken oberen Ecke und des rechten Randes in Frame-Koordinaten festgelegt. Zur Laufzeit kann das Frame durch Einfügen von Zeilen dynamisch nach unten wachsen.

Im Gegensatz zu einer graphikorientierten Sicht der Textausgabe, wie etwa in GKS, liegt den Textfunktionen ein zeilenorientiertes Modell zugrunde. Das Modell des Text-Frames aus der Sicht eines Werkzeugs ist eine speichernde Datenstruktur mit Textzellen in einer Zeilen- und Spalteneinteilung. Ein Text-Cursor zeigt die aktuelle Textposition im Frame nach Zeilen und Spalten an. An der Text-Cursor-Position kann Text eingefügt, gelöscht oder überschrieben werden. Die Struktur des Text-Frame wird durch Einfügen und Löschen von Zeilen, sowie durch das Einfügen und Löschen von Text aufgebaut und modifiziert. Hierfür stehen dem Werkzeug Edierfunktionen, sowie eine Funktion zum Suchen einer Zeichenkette, auf dem Text-Frame zur Verfügung. Mit Abfragefunktionen kann das Werkzeug seine Position im Frame, die Anzahl der Zeichen in einer Zeile und die Anzahl der Zeilen im Frame erfahren. Die Ausgabe des Textes im Window mit Proportionalschrift wird von PRODIA verwaltet, wobei z.B. nach Einfüge- oder Löschoperationen der Text, der schon in einer Zeile stand, nachgezogen oder verschoben wird.

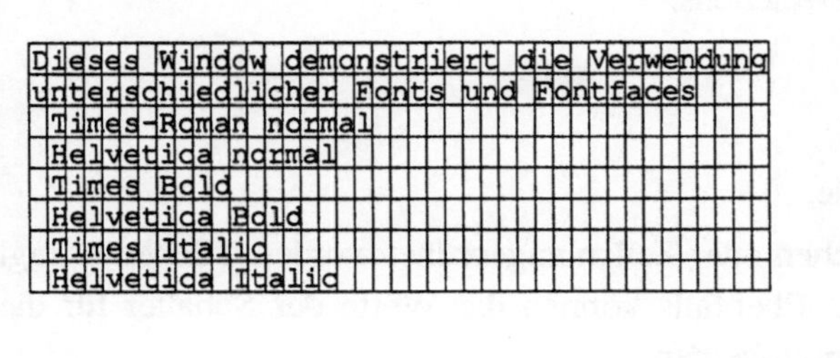

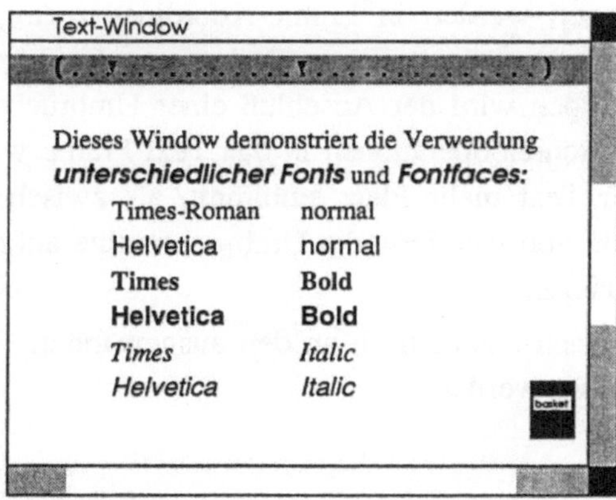

Abb. 3 Textmodell und Textwindow

6.3. Textattribute

Die Text-Frame-Operationen sind layoutorientiert, d.h. die Semantik des Textes, die Struktur nach Worten, Sätzen, Abschnitten, Kapiteln etc., muß das Werkzeug selbst verwalten. Bei der Ausgabe mit Proportionalschrift kann das Schriftbild durch zahlreiche Attribute beeinflußt werden. Die Werte der Textattribute, die beim Schreiben an den Text gebunden werden, werden mit Schaltern eingestellt. Jedes Zeichen erhält die Textattribute für

- Font,
- Schriftbild (Kombination der Schriftstärke *light, roman, bold,* mit dem Schriftstil *roman, italic),*
- Abstand zum nachfolgenden Zeichen

- Breite eines nachfolgenden Leerzeichens.

Jede Zeile erhält die Attribute für

- linken und rechten Rand,
- den Abstand zur Vorgängerzeile.

Die Textattribute, die einzelnen Zeichen oder Zeilen zugeordnet wurden, können erfragt und nachträglich verändert werden. Ebenfalls können die Werte der Schalter für die Textattribute einzeln gesetzt und erfragt werden.

6.4 Formatierung und Umbruch

Zur Formatierung des Textes wird eine Funktion bereitgestellt, die innerhalb einer Zeile den Text links-, rechtsbündig oder zentriert ausrichtet oder den Randausgleich für Blocksatz durchführt. Randbegrenzungen werden in Frame-Koordinaten eingestellt. Der linke Rand legt die Position der ersten Spalte einer Zeile fest. Es wird kein automatischer Umbruch unterstützt. Jedoch wird der Anschluß einer Umbruchroutine des Werkzeugs vorgesehen. Bei allen Schreiboperationen in das Text-Frame wird bei einem Überlauf, der auftritt wenn der Text mehr Platz einnimmt, als zwischen den Randbegrenzungen zur Verfügung steht, von PRODIA die Umbruchroutine aufgerufen und mit entsprechenden Parametern versorgt.

Der Zeilenabstand ist variabel, er paßt sich automatisch an den ausgewählten Font an und kann explizit vom Werkzeug verändert werden.

6.5. Interaktion

Für ein interaktives Werkzeug, wie es etwa ein Editor ist, sind Funktionen, die Eingaben von Positionen, Buchstaben, das Markieren von Textbereichen und die Auswahl von Edierfunktionen realisieren, wichtig. Edierfunktionen, wie das Setzen von Randmarken und Tabulatoren und das Wiederherstellen von gelöschten Texten, werden von PRODIA unterstützt. Dazu werden im Window des Text-Frames eine Tabulatorzeile und ein Papierkorb angezeigt. Der Papierkorbmechanismus wird vollständig von PRODIA verwaltet. Die Tabulatorzeile ermöglicht das Einstellen der Randbegrenzungen und der Tabulatorstops durch den Benutzer. Randmarken und Tabulatoren können direkt vom Werkzeug eingestellt werden.

Zur Eingabe von Texten, zum Markieren und Picken und zum Bewegen des Text-Cursors durch den Benutzer werden die Funktionen des PRODIA-Eventhandler vom Werkzeug benutzt. Ein Punkt in Frame-Koordinaten, der bei einer Positionseingabe übergeben wird, kann mit einer Funktion zur Konversion in die entsprechende Textzelle umgewandelt werden.

Die Cursor-Tasten werden jedoch, wenn das Werkzeug keine eigene Behandlung vorsieht, von PRODIA verwaltet. Der Benutzer kann damit den Text-Cursor auf dem Frame verschieben. Wird der Text-Cursor an den Rand des Windows bewegt, erfolgt automatisch ein Scrolling. Bei Proportionalschrift bedeuten die Cursor-Bewegungen nach rechts, bzw. nach links, die Bewegung um eine Buchstabenposition in der Breite des Buchstabens. Bewegungen nach oben und nach unten werden auf den Buchstaben, der geometrisch möglichst nah an der Senkrechten ist, ausgeführt.

6.6. Textblöcke

Als Basisoperationen für einen interaktiven Editor dienen die Operationen auf Textblöcken. Durch die Eingabe von zwei Textpositionen kann der Text, der zwischen diesen Positionen liegt, als Textblock markiert werden. Textblöcke werden dem Benutzer durch die Veränderung der Anzeigeart hervorgehoben angezeigt. Auf Textblöcken können Lösch- und Kopieroperationen ausgeführt werden. Textblöcke liegen grundsätzlich nur nebeneinander. Sie können sich nicht überlappen oder beinhalten. Über die Identifikatoren kann das Werkzeug Textblöcke zur Verwaltung von semantischen Einheiten benutzen. Insbesondere dann, wenn die automatische Hervorhebung abgeschaltet ist.

7. Integration von Graphik und Raster in Text-Frames

Das PRODIA-Subwindow-Konzept erlaubt die Überlagerung von Frames mit Windows von anderen Frames. Graphik oder Raster können so mit in das Frame einbezogen werden. Auf Text-Frames wird das Werkzeug durch eine Funktion unterstützt, die Platz für die Graphik (bzw. die Subwindows) im Text freihält, auch wenn Text eingefügt oder gelöscht wird und das Frame dadurch wächst bzw. schrumpft. Nach dem Erzeugen des Platzhalters (*Box*), kann das Werkzeug die Position der Box erfragen und das Graphikwindow an diese Stelle positionieren. Dadurch, daß PRODIA die Windows, die auf einem Text-Frame liegen, entsprechend mit dem Text verschiebt, bleibt die Zuordnung des Windows, d.h. seine Lage auf der Box, bestehen.

Mit der aktuellen Textcusorposition als Bezugspunkt (*Anker*), wird mit dem Aufruf der Funktion *txt_createbox* ein Platzhalter-Rechteck im Text erzeugt. Der Anker ist bei der Textausgabe nicht sichtbar, belegt aber eine Textzelle. Der Platz für das Rechteck wird unterhalb der Zeile, in der sich der Anker befindet, geschaffen. Für weitere Operationen und zur Verwaltung der Box wird ein Identifikator zurückgeliefert.

Die Positionierung des Rechtecks im Frame kann mit einem Eingabeparameter gesteuert werden, der angibt, ob links-, rechtsbündig oder zentriert ausgerichtet werden soll. Dabei darf die Box nicht breiter sein als der Abstand zwischen den gesetzten Randmarken. Die Behandlung des nachfolgenden Textes hängt davon ab, ob die Box mit oder ohne Textzeilen links oder rechts von ihr im Text liegen soll. Wird kein weiterer Text daneben vorgesehen, wird unterhalb der Zeile, in der der Anker der Box liegt, Platz geschaffen, indem die nachfolgenden Zeilen nach unten verschoben werden. Soll links oder rechts neben der Box noch Text stehen, so werden vorhandene nachfolgende Textzeilen neben die Box positioniert. Dies verändert implizit die Zeilenattribute für linken und rechten Rand. Die Breite der Box plus die Breite der Textzeilen hält genau die aktuell gesetzen linken und rechten Randbegrenzungen ein. Ist der Text in einer der Zeilen, deren Randmarken neu gesetzt wurden, zu lang, wird dies in einem Rückgabeparameter angezeigt, bzw. die vom Werkzeug vorgesehene Umbruchroutine aufgerufen.

Der von einer Box freigehaltene Platz kann nun für Subwindows genutzt werden. Dazu muß nach dem Erzeugen der Box zunächst die Lage der Box im Text-Frame mit Hilfe einer Abfragefunktion ermittelt werden. Dann kann ein Window auf diesen Platz gelegt werden. Beim Einfügen von Text überhalb von Subwindows werden diese wie der übrige Text mit verschoben.

Damit das Subwindow an der dafür vorgesehenen Stelle bleibt und nicht vom Benutzer verschoben oder in der Größe verändert werden kann, können, wie oben beschrieben, Window-Attribute gesperrt werden. Beispielsweise bedeutet das Sperren von "Scrolling", daß am Window-Rand keine Scrollbars angezeigt werden. Diese statische Behandlung der Subwindows ist erwünscht, wenn die Graphik oder das Bild fertig erstellt ist und seinen Platz im Text zugewiesen bekommen soll.

8. Integration von Graphik, Text und Raster in Raster-Frames

Mit der Möglichkeit Graphik- und Text-Frames in Raster-Frames zu konvertieren wird hier die gerätenaheste Möglichkeit angesprochen, die drei Informationsarten zu integrieren. Beliebige rechteckige Bereiche können auf der Ebene der Rasterfunktionen kopiert und bewegt werden. Auch maskiert, sodaß beliebige Umrisse erzeugt werden können. Diese Möglichkeit bietet sich beispielsweise für Werkzeuge zur Layoutgestaltung an, wenn Text und Graphik von einem Editor fertig bearbeitet wurden und montiert werden sollen.

9. Implementierung

Das Dialogsystem PRODIA wird auf einem PCS CADMUS 9900 unter UNIX System V und in der Programmiersprache C entwickelt. Als Basis-System für Windowing wurde das X-Window-System vom MIT [GNF-86] eingesetzt.

10. Ausblick

Zur Demonstration, wie effizient mit dem Einsatz- der Text- und Eingabefunktionen programmiert werden kann, wurde ein Editor entwickelt, der neben den Edierfunktionen Einfügen, Überschreiben und Löschen von Zeichen, Einfügen und Löschen von Zeilen auch die Wahl von verschiedenen Proportionalfonts zuläßt. Die Edierfunktionen sind auf Funktionstasten gelegt. Die Anwahl von Fonts, Sichern und Laden von Text-Frames geschieht über Menüs. Neben der Ansteuerung einer Position mit den Cursor-Tasten kann die Maus benutzt werden, um eine Textposition anzuwählen. Dieses in C geschriebene Programm hat ca. 1000 lines of code.

Ein weiteres Anwendungsbeispiel, das noch bis zum Ende des Projektes entwickelt wird, soll die hier vorgestellten Möglichkeiten zur Integration von Graphik nutzen. Weitere Überlegungen betreffen auch die Unterstützung der Anwendungen bei der Verwaltung von Subwindows und die Ausgabe von Frames auf Laserdrucker.

11. Referenzen

[Her-86] M. Herczeg, "*Modulare anwendungsneutrale Benutzerschnitt stellen*", in G. Fischer, R. Gunzenhäuser, "*Mensch Computer Kommunikation 1, Methoden und Werkzeuge zur Gestaltung benutzergerechter Computersysteme*", de Gruyter, Berlin, New York, 1986

[PRO-85] Das Verbundprojekt PROSYT: PROSYT - Integriertes Entwurfs- und Software-Produktions-system für verteilbare Realzeit-Rechnersysteme in der Technik. Dieses Vorhaben wird Mitteln des Bundesministers für Forschung und Technologie unter dem Förderkennzeichen ITS8306-/- gefördert.

[KSS-88] D. Krömker, H. Steusloff, H.-P. Subel (Hrsg.), "*PRODIA und PRODAT, Dialog- und Datenbankschnittstellen für Sytementwurfs-werkzeuge*", erscheint demnächst beim Springer-Verlag, Berlin, Heidelberg 1988

[Hin-87] W. Hinderer, "*Das Dialogsystem PRODIA: Formular oder Interview*", FhG Berichte 4-87, Mitteilungen aus dem Fraunhofer-Institut für Informations- und Datenverarbeitung IITB, Fraunhofer Edition, München 1987

[LHM-88] G. Lux-Mülders, W. Hübner, M. Muth, U. Brand, T. Nötling, "*An Approach for the Integration of General Purpose Graphics Systems and Window Management*", erscheint demnächst in Kunii (Ed.), The Visual Computer, Springer 1988

[GNF-86] J. Gettys, R. Newman, T. Della Fera, "*Xlib - C Language X Interface, Protocol Version 10*", Massachusetts Institute of Technology, 1986

Bezierkurven in der Dokumentengraphik

Jutta Schaub

Fraunhofer-Arbeitsgruppe Graphische Datenverarbeitung

Wilhelminenstr. 7

6100 Darmstadt

Zusammenfassung

Kubische Bezierkurven finden zunehmend Anwendung in der Dokumentenverarbeitung, da ihnen immer häufiger der Vorzug vor anderen höheren Graphikprimitiven gegeben wird. Allerdings werden sie auf dem heutigen Stand der Möglichkeiten noch nicht mit derselben Selbstverständlichkeit verarbeitet wie Vektoren. Der vorliegende Beitrag trägt die Eigenschaften der Bezierkurven bezüglich ihrer Verarbeitung und ihrer Anwendungsmöglichkeiten in den verschiedenen Stufen der Dokumentenverarbeitung zusammen.

Schlüsselwörter

Graphikprimitiv, Bezierkurve, Computergraphik, Qualitätsausgabe, geometrische Datenverarbeitung, Seitenbeschreibungssprache, PDL

1. Einführung

Bezierkurven, insbesondere kubische Bezierkurven, bilden einen sehr kleinen Ausschnitt aus dem weiten Feld der Dokumentenverarbeitung. Bezierkurven sind jedoch in einigen Anwendungssystemen graphischer Datenverarbeitung, die in den Integrationsbereich der Dokumentenverarbeitung rücken, bereits verbreitet. Bezierkurven sind Graphikprimitiva in verschiedenen Graphik- und CAD-Applikationen auf der einen Seite und werden auf der anderen Seite durch diverse Druckerprotokolle und Seitenbeschreibungssprachen (PDLs = Page Description Languages) wie PostScript unterstützt. Die Integration in Graphikstandards wie das Graphische Kern System GKS lassen noch auf sich warten.

Interessant für die Dokumentenverarbeitung ist die durch Bezierkurven erreichbare hohe Qualität bei der Ausgabe gekrümmter Linienzüge. Andererseits sind die für qualitativ hochwertige Darstellung von Bezierkurven nötigen Mechanismen derzeit noch ein interessantes Forschungsgebiet; durch Vermeidung des Umweges über die Vektorisierung der Bezierkurven sind hier erhebliche Effizienzgewinne zu erzielen, die sowohl eine Datenreduktion als auch - verbunden damit - eine Steigerung der Verarbeitungsgeschwindigkeit umfassen.

2. Anwendungsgebiete

Kubische Bezierkurven finden überall dort in der Dokumentenverarbeitung Verwendung, wo gekrümmte Formen darzustellen sind. Hier hat die herkömmliche Approximation durch Polygonzüge ein erhebliches Aufkommen von Einzelpunkten zur Folge, das mit Hilfe der kubischen Bezierkurven deutlich reduzierbar ist.

Bezierkurven versprechen auch eine höhere Qualität der Ausgabe von gekrümmten Linien, was ihre Glattheit betrifft. Im Gegensatz zu gekrümmten Linien, die durch Polygonzüge approximiert werden, bleiben Bezierkurven bis zur Vektorisierung oder Rasterung in Gerätenähe transformierbar, die Abtastgenauigkeit kann nach der Transformation der Geräteauflösung angepaßt werden.

Zudem sind kubische Bezierkurven mit ihren vier Kontrollpunkten noch anschaulich für den Benutzer graphischer Systeme zu erfassen und beim Design gekrümmter Linien einzusetzen.

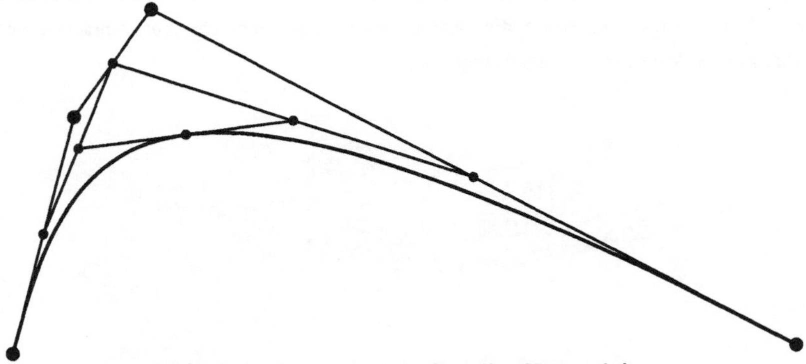

Abb. 1: Bezierkurve mit de Casteljau-Konstruktion

- Eines der Anwendungsgebiete für kubische Bezierkurven ist deshalb auch die Benutzerschnittstelle von Graphiksystemen im Bereich der Kurvendefinition. Durch die Festlegung von vier Kontrollpunkten ist eine Bezierkurve definiert (Abb. 1). Ihre Punkte lassen sich nach dem de Casteljau-Verfahren [Enc86] durch fortgesetzte Streckenteilung konstruieren.

Mit dieser Definition sind eine ganze Reihe von unterschiedlichen Formen erreichbar; in Abbildung 2 wurden die Randpunkte der Kurven fixiert, die inneren Punkte verändern sich jeweils auf einer Geraden. Dadurch lassen sich von S-förmigen Kurven über Geraden und offene Bogen bis hin zu einfachen Schleifen alle Zwischenformen erreichen. Überdies können durch Zusammenlegen der Randpunkte auch ringförmige Kurven erzeugt werden.

Bezierkurven besitzen die Eigenschaft der globalen Kontrolle, d.h. die Veränderung eines Kontrollpunktes zieht die Änderung aller Kurvenpunkte nach sich. Dennoch sind kubische Bezierkurven für den Benutzer gut zu handhaben, da sie sich sehr einfach glatt zusammensetzen lassen. Dazu sind lediglich der Ansatzpunkt und der zu ihm unmittelbar benachbarte Kontrollpunkt jeder der beiden Bezierkurven kollinear zu wählen.

Abb. 2: Bezierkurvenschar

- Für die Integration der Dokumentenverarbeitung ist es von Bedeutung, Abbildungen aus den verschiedensten Anwendungsbereichen übernehmen und auf dem Weg über die Seitenbeschreibungssprache darstellen zu können. Insbesondere in Branchen wie der Auto- oder Flugzeugindustrie, die in hohem Maße CAD-Systeme einsetzen, werden höhere Graphikprimitiva wie Bezierkurven Verwendung finden (Abb. 3). Auch hier sind für den Einsatz von Bezierkurven deren Benutzerfreundlichkeit und kompakte Darstellungsweise sowie die bereits heute in Seitenbeschreibungssprachen verfügbaren Methoden zu ihrer Verarbeitung ausschlaggebend.

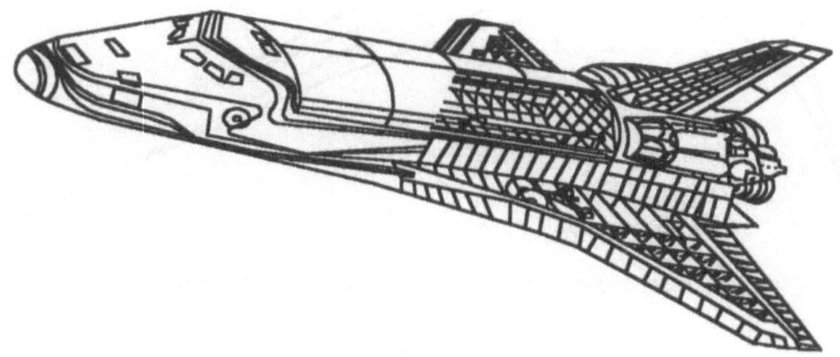

Abb. 3: CAD-Abbildung im integrierten Dokument

- Das Kapitel Fonts spielt für die Darstellung von Texten eine grundlegende Rolle in der Dokumentenverarbeitung. Qualität und Effizienz von Ausgaben hängen ganz wesentlich von den Fontdefinitionen, von den mit Texten und Fonts assoziierten Attributen und davon ab, mit welchen graphischen Primitiven die Fonts definiert werden.

In der Definition eines Zeichens gibt es unterschiedliche Arten von gekrümmten Linien (Abb. 4, 5): zum einen sind manche Buchstaben per se rund wie "O" oder "B", zum anderen gehören zu den Charakteristika eines Fonts mehr oder weniger gerundete Linienenden, Serifen und andere Schmuckelemente, deren Ursprung in der Nachbildung verschiedener Schreibfedern zu suchen ist.

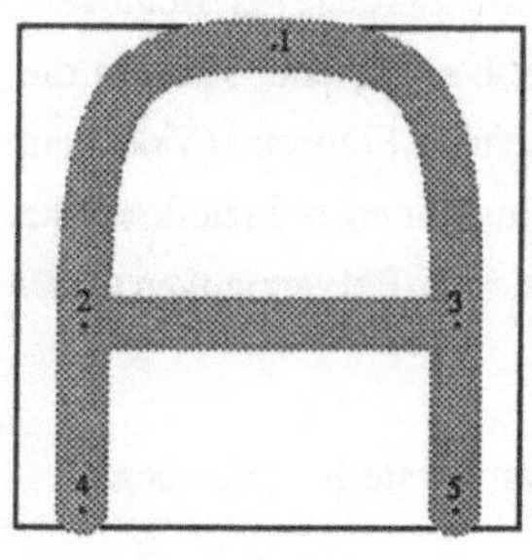

Abb. 4: Gerundetes "A" nach [Knu86, S.302]

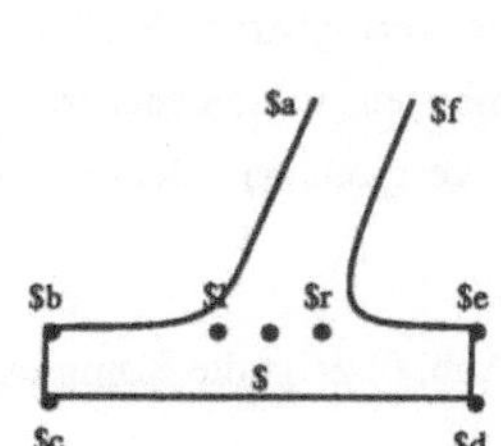

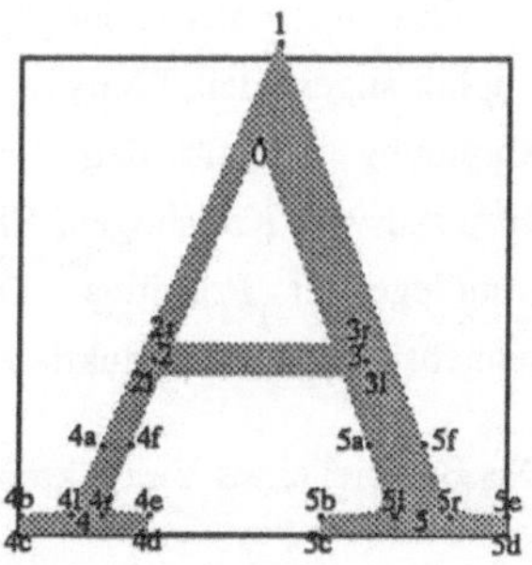

Abb. 5: "A" mit Serifen nach [Knu86, S.162]

Für die Darstellung verschiedener Federformen und aller gekrümmten Linien in Zeichendefinitionen existieren Methoden zur Darstellung mit Hilfe von kubischen Bezierkurven. Beispielsweise gibt Knuth Verfahren an [Knu86], mit Anfangs- und Endrichtungen, Passierpunkten und anderen Parametern spezifizierte Linien auf kubische Bezierkurven umzurechnen und dabei die verschiedensten, ebenfalls durch Bezierkurven angegebenen Formen der Schreibfeder zu berücksichtigen.

Fonts werden hauptsächlich in der Umsetzung der Seitenbeschreibungssprachen verarbeitet. Effizienz- und Qualitätssteigerungen in diesem Bereich setzen also gute Methoden für kubische Bezierkurven voraus. Unter diesen Bedingungen erhält man die Möglichkeit, Fonts mit geringerem Qualitätsverlust zu skalieren und allgemein zu transformieren.

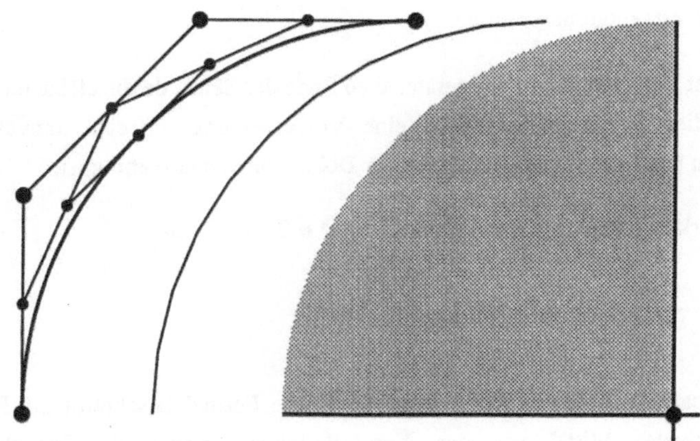

Abb. 6: Viertelkreis, approximiert durch Bezierkurve bzw. Polygonzug

- Das vierte Anwendungsgebiet für kubische Bezierkurven ist wiederum im Bereich der Benutzergraphik angesiedelt. Gemeint ist jedoch nicht so sehr die Benutzerschnittstelle als solche, sondern die Abbildung der für den Benutzer verfügbaren Vielfalt von geometrischen Figuren (Vektoren, Bezierkurven, Kreisbogen, Ellipsenbogen, verschiedenen Splinearten u.a.) auf einen reduzierten Satz grundlegender Primitiva. Dabei versprechen Bezierkurven als Zusatz zu Polygonzügen eine nennenswerte Datenreduktion.

Das Beispiel eines Viertelkreises (Abb. 6) zeigt die Komplexität verschiedener Darstellungsformen:

- als Kreisbogen läßt er sich durch Mittelpunkt, Radius, Anfangs- und Endwinkel beschreiben;
- zu seiner Approximation genügt unabhängig vom Kreisradius eine kubische Bezierkurve mit ihren vier Kontrollpunkten bis hin zu Radien, die eine Zeitungsseite füllen;
- ein approximierender Polygonzug mit 10 Punkten wird (abhängig vom Radius) noch deutliche, mit bloßem Auge sichtbare Ecken aufweisen.

3. Verarbeitung

Kubische Bezierkurven treten auf allen Stufen der Bearbeitung eines Dokuments auf. Aufgrund der Eigenschaften ihrer mathematischen Definition sind auf den verschiedenen Stufen unterschiedliche Aspekte der Kurven interessant.

Im folgenden soll daher anhand der Definition einer Bezierkurve eine gewisse Gegenüberstellung zwischen den Eigenschaften der Kurve und den Anforderungen und Möglichkeiten der einzelnen Bearbeitungsstufen des Dokuments vom Editor über Formatierer und Seitenbeschreibungssprache bis zur Gerätehardware vorgenommen werden.

Besonderes Gewicht liegt dabei auf dem gerätenahen Ende der Skala, da die effiziente Verarbeitung der Bezierkurven in diesem Bereich praktisch eine Voraussetzung für den sinnvollen Einsatz von Bezierkurven in den benutzernäheren Schichten der Dokumentenverarbeitung ist.

Die kubische Bezierkurve zu den Kontrollpunkten $\{ P_i \mid i=0...3 \}$ ist durch

$$B(t) = \sum_{i=0}^{3} \binom{i}{3} t^i (1-t)^{3-i} P_i$$

für t in [0,1] als parametrisierte Kurve dargestellt. Diese Formel beschreibt die Punkte der Kurve jeweils als gewichtetes Mittel aus den Kontrollpunkten, wobei als Gewichtsfunktionen die Dichtefunktionen $b_0, ..., b_3$ der Binomialverteilung (Abb. 7) verwendet werden.

Aus der Darstellung der Bezierkurve leiten sich die folgenden Eigenschaften her, die zum Teil unmittelbar einsichtig sind:

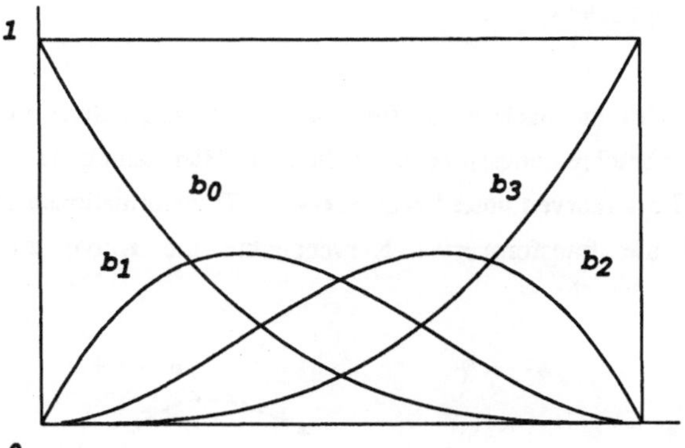

Abb. 7: Dichtefunktionen der Binomialverteilung

- Die Punkte der Kurve können durch fortgesetzte Streckenteilung nach de Casteljau konstruiert werden wie in Abb. 1.
- Die Bezierkurve unterliegt globaler Kontrolle, d.h. alle inneren Punkte der Kurve ändern sich bei Änderung eines Kontrollpunktes.
- Zwei Bezierkurven lassen sich glatt zusammensetzen, wenn die zum Ansatzpunkt benachbarten Kontrollpunkte kollinear gewählt werden, da die Tangente einer Bezierkurve am Rand mit der Verbindungsgeraden zum benachbarten inneren Kontrollpunkt zusammenfällt.
- Jede Bezierkurve liegt vollständig in der konvexen Hülle ihrer Kontrollpunkte.
- Eine Bezierkurve läßt sich an jedem Punkt in zwei Teilkurven derart zerlegen, daß eine Abbildung zwischen der Parametrisierung der Kurve und denen der Teilkurven hergestellt werden kann.

4.1. Editoren

Die Möglichkeit, Bezierkurven glatt zusammenzusetzen, ihre Definition durch nur vier Kontrollpunkte und die globale Kontrolle der Kurve sind die an der Benutzerschnittstelle des Editors wichtigsten Eigenschaften kubischer Bezierkurven.

Zusätzlich können beliebige Krümmungen und Krümmungsverläufe durch Teilung der Kurven approximiert werden. Die Einführung der Zusatzpunkte entspricht dabei einer Erhöhung des Kurvengrades und hat bessere Approximationsmöglichkeiten zur Folge. Gegenüber der immer feineren Approximation mit Vektoren hat diese Methode dennoch den Vorteil der Datenreduktion, weil sie mit weniger Teilungen zum Ziel führt.

4.2. Seitenbeschreibungssprachen

Nach dem Formatierer wird die nächste für Bezierkurven wichtige Stufe in der Dokumentenverarbeitung durch die Seitenbeschreibungssprache repräsentiert. Hier kann ganz wesentlich die Tatsache ausgenutzt werden, daß Bezierkurven unter linearen, ebenen Transformationen wieder in Bezierkurven überführt werden und die transformierten Kurvenpunkte die Kurve zu den transformierten Kontrollpunkten bilden.

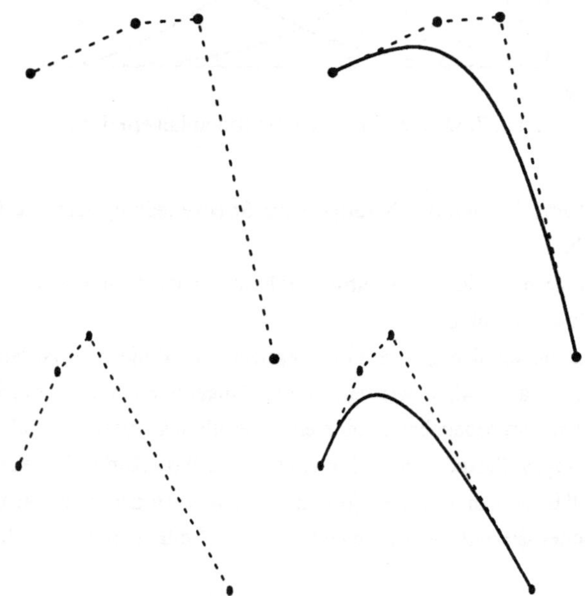

Abb. 8: Bezierkurven und Transformationen

Abbildung 8 zeigt zu vier Kontrollpunkten einerseits die Bezierkurve, andererseits die transformierten Kontrollpunkte; im vierten Teil der Darstellung findet sich die zu den transformierten Kontrollpunkten gehörige transformierte Kurve.

Dadurch können die Bezierkurven in der Transformationenfolge zwischen Editor und Gerät länger beibehalten werden, ehe sie in Vektor- oder Rasterinformation umgewandelt werden müssen. Sie tragen dann nicht übermäßig zur Last in der Transformationspipeline bei. In verteilten Systemen reduziert dies gleichzeitig die Last auf zwischengeschalteten Datenübertragungsstrecken.

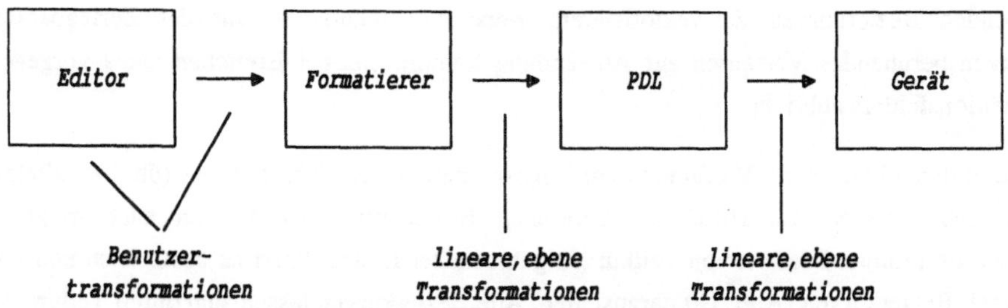

Abb. 9: Transformationspipeline in der Dokumentenverarbeitung

Im Umsetzer für die Seitenbeschreibungssprache müssen die Qualitätsansprüche an die Ausgabe von Dokumenten befriedigt werden. Hierzu gehören insbesondere Linienattribute, die auf herkömmliche Polygonzüge, aber auch auf Bezierkurven anzuwenden sind: die Linienbreite, die Form von Linienenden und Linienübergängen sowie die Möglichkeit, zur Darstellung beliebige Farben und Muster, also "Wundertinte" zu benutzen.

Die Anforderungen laufen darauf hinaus, daß die Umrißlinien der Linien berechnet - bei der Auflösung heutiger Ausgabegeräte sind bereits alle Linien verstärkte Linien - und dann mit der Wundertinte gefüllt werden müssen.

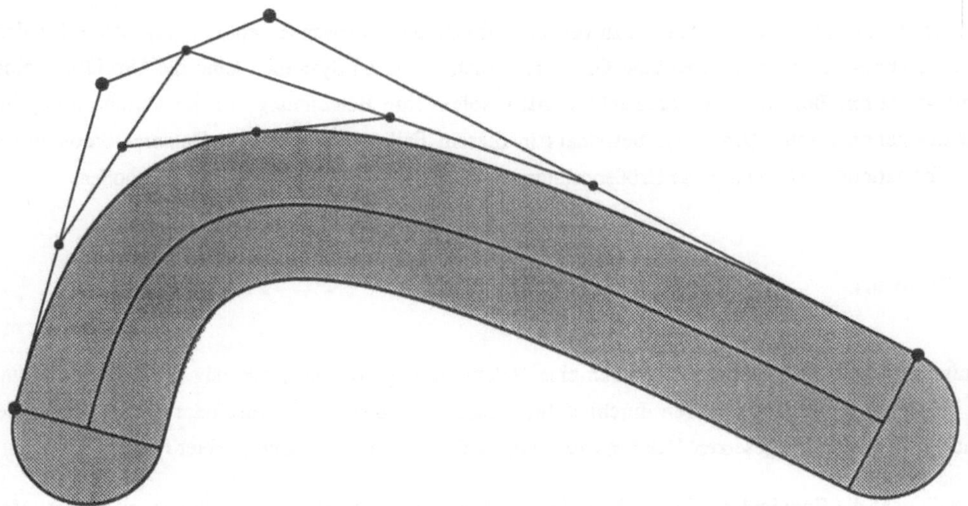

Abb. 10: Bezierkurve mit abgerundeten Linienenden und Umrißlinie

In herkömmlicher Weise werden die Umrißlinien von Polygonzügen gefüllt, indem man nacheinander das umgebende Rechteck zu jedem Teilvektor als Füllgebiet verwendet. Hierzu sind vorher die auszugebenden Bezierkurven zu vektorisieren, wobei ein rekursives, auf der Zerlegbarkeit der Bezierkurven beruhendes Verfahren zur Anwendung kommt, das bei Erreichen eines vorgegebenen Approximationsfehlers abbricht.

Durch die Entwicklung eines Verfahrens zur Approximation von Offsetkurven (dh. "Parallelen") zu kubischen Bezierkurven mit Hilfe von kubischen Bezierkurven ist es nun auch möglich, die Umrißlinien bestimmter Klassen von Teilkurven gekrümmter Linien direkt zu bestimmen und überdies wieder durch Bezierkurven (Abb. 10) darzustellen. Alle Bezierkurven lassen sich durch Teilung auf die geeigneten Klassen zurückführen. Die Anzahl zusätzlicher Punkte bewegt sich im Bereich von 1% der durch Vektorisierung entstehenden Zusatzpunkte.

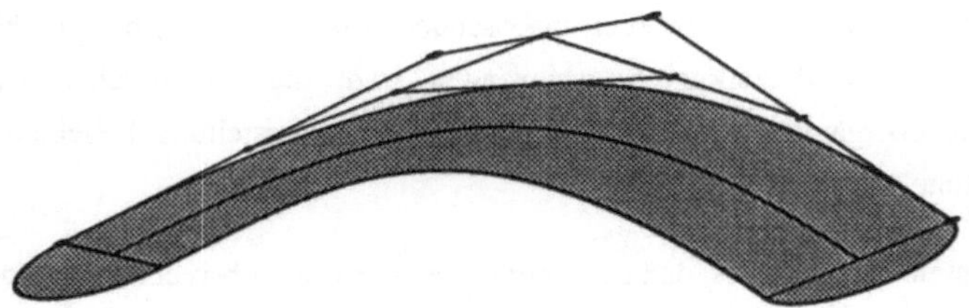

Abb. 11: Transformierte Bezierkurve mit Umrißlinien

PostScript und alle wie ein Malkasten zu verstehenden Systeme verwenden ein Imaging-Modell, in dem die Linienbreite eine transformierbare Größe ist. Auch in diesen Systemen kann die Umrißlinie einer Bezierkurve mit Bezierkurven dargestellt werden, sofern ihre Berechnung vor der Durchführung der Transformation erfolgt (Abb. 11). Besonders in diesem Fall erhält man eine Datenreduktion in der Transformationspipeline um zwei Größenordnungen gegenüber den herkömmlichen Methoden.

4.3. Hardware

Geräteseitig wird in bisherigen Systemen eine Vektorisierung, also eine rekursiv fortgesetzte Teilung zur Darstellung von Bezierkurven durchgeführt. Dieses Verfahren kann trotz oder gerade wegen der hohen Zahl aneinandergesetzter Vektoren zu Treppeneffekten durch Rundungsfehler führen.

Deshalb geht die Entwicklung dahin, Bezierkurven direkt mit inkrementellen Methoden zu rastern. Man ist dann in der Lage, die Bezierkurven tatsächlich über die gesamte in Abb. 9 skizzierte Pipeline hinweg zu erhalten und so die Effizienz sowohl im Hinblick auf die Datenreduktion als auch bezüglich der Verarbeitungsgeschwindigkeit zu steigern.

Bei Überlegungen zur Hardwarerealisierung solcher Algorithmen spielt der darstellbare Zahlenbereich zunehmend eine Rolle. Die kubischen Bezierkurven bieten eine einfache Möglichkeit, Zahlenbereichsüberschreitungen und ähnlich gelagerten Klippingproblemen vorzubeugen. Die Kurven lassen sich vorab solange zerlegen, bis ihre durch die Kontrollpunkte gegebene konvexe Hülle ganz in einem vordefinierten Gebiet liegt.

Diese Eigenschaft der Bezierkurven wird auch in anderen Bereichen der Verarbeitung insbesondere für Fehlerabschätzungen eingesetzt.

5. Ausblick

Auf allen Stufen der Dokumentenverarbeitung gibt es gute Möglichkeiten, Bezierkurven zu verwenden. Einige der dadurch neu entstehenden Verarbeitungsprobleme sind bereits heute effizient lösbar.

Weitere Entwicklungen sind auf einigen Teilgebieten zu erwarten, deren Ergebnisse für die integrierte Dokumentenverarbeitung unerläßlich sind:

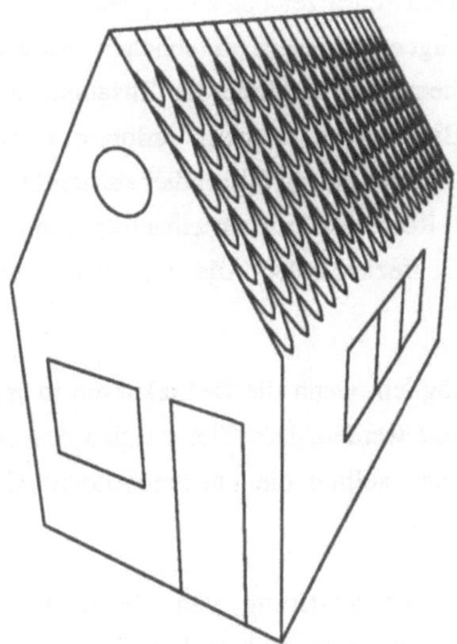

Abb. 12: Perspektivische Darstellung eines Hausdaches

- Für die Darstellung perspektivischer Abbildungen, wie sie aus CAD-Systemen oder anderen 3D-Graphiksystemen stammen (Abb. 12), sind bestimmte, nicht-lineare, ebene Transformationen (4-Punkt-Transformationen) nötig. Nur wenn ihre Anwendbarkeit auf Bezierkurven im Bereich der Seitenbeschreibungssprachen garantiert ist, werden 3D-Abbildungen in integrierten Dokumenten mit hochwertiger Qualität ausgegeben werden können, so daß ihre Texte und gekrümmten Linien den Ansprüchen der Druckindustrie genügen.

Die Frage, wie 4-Punkt-Transformationen in der Dokumentenverarbeitung und speziell in Seitenbeschreibungssprachen behandelt werden können, wird in Zukunft ein Themenschwerpunkt sein. PostScript und andere Seitenbeschreibungssprachen bieten heute überhaupt noch keine nicht-linearen

Transformationen. Ihre Anwendung auf kubische Bezierkurven stellt ein Detailproblem im Bereich der geometrischen Datenverarbeitung dar und erfordert weitere Forschungsanstrengungen.

• Durch die Verlagerung der Umwandlung von Bezierkurven bis in das geräteseitige Ende der Verarbeitung der Seitenbeschreibungssprache wurde bereits ein Durchbruch erzielt, der die Bearbeitungsgeschwindigkeit allein dadurch um zwei Größenordnungen steigert, daß die Daten in der Transformationspipeline entsprechend reduziert werden.

Die Herstellung von Abbildung 13 auf dem mit PostScript betriebenen Apple LaserWriter zeigt jedoch, daß zusätzliche Gewinne möglich sind:

- Die Seitenbeschreibung für die Abbildung umfaßt etwa 3000 Zeichen.
- Die Zeit für die Berechnung der Seite im Drucker beträgt ca. 8 Minuten.
- Wie durch Ausgabe von Teilbildern festgestellt werden konnte, wird der größte Teil der Zeit benötigt, um die über die ganze Seite verteilten und als Umrißlinien definierten Buchstaben des Hintergrundes an den drei großen Schriftzeichen zu klippen.
- Vor allem zwei Faktoren tragen zu einem erheblichen Aufwand bei: erstens geht bei der Verwendung der Schriftzeichen als Umrißlinie der Zusammenhang zwischen den graphischen Primitiven, die zu einem Buchstaben gehören, verloren; zweitens wird zum Zeichnen der Umrißlinie wiederum deren Umrißlinie gefüllt, indem unzählige kleine Rechtecke und Trapeze verwendet werden. Alle diese Rechtecke müssen einzeln gegen die Klippregion getestet werden. Diese besteht ebenfalls aus Bezierkurven, die vor der Verwendung als Klippregion zu vektorisieren sind.

Effizienzsteigerungen sind also möglich, wenn die Bezierkurven in jeglicher Verwendung möglichst nahe an die Gerätehardware gerückt werden. Das Ziel ist also das direkte Füllen und Klippen mit Bezierkurven, in letzter Konsequenz sollten die entsprechenden Algorithmen sogar in Hardware realisiert werden.

Neben inkrementellen Methoden zur Rasterung von Bezierkurven sind dazu auch effiziente Algorithmen zu entwickeln, die Schnittpunktberechnungen durchführen und aus beliebigen bezierberandeten Füllgebieten oder Klippregionen überlappungsfreie Teilgebiete berechnen.

Da die kanonischen Ansätze sehr schnell auf analytisch nicht lösbare Gleichungen höheren Grades führen, werden sich auch für die noch anstehenden Probleme geeignete Approximationen von Teilbezierkurven anbieten.

Abb. 13: Schriftzeichen als Umrißlinien und Klippregion

Literatur

[Ado85] Adobe Systems; PostScript language reference manual. Addison Wesley, Reading Mass., 1985

[Enc86] Encarnaçao, J., Strasser, W.; Computer Graphics: Gerätetechnik, Programmierung und Anwendung graphischer Systeme, 2. Auflage, Oldenbourg-Verlag, München, 1986

[For72] Forrest, A.R.; Interactive interpolation and approximation by Bezier polynomials. In: The Computer Journal, 15(1)1972, pp.71-79

[For72a] Forrest, A.R.; Mathematical principles for curve and surface representation. In: Proceed. Curved Surfaces in Engineering, March 15-17th, 1972, Cambridge, England, 1972

[Gor74] Gordon, William J., Riesenfeld, Richard F.; Bernstein-Bezier Methods for the Computer-Aided Design of Free-Form Curves and Surfaces. In: Journal ACM, 21(2)April 1974, pp. 293-310

[Hosch87] Hoschek, Josef; Spline Approximation of Offset Curves. Oberwolfach, Feb 1987

[IS7942] Information Processing Systems: Graphical Kernel System (GKS), IS 7942, 1985
auch: Das Graphische Kernsystem (GKS), Funktionale Beschreibung, DIN 66252, Beuth Verlag, Berlin, 1986

[Knu86] Knuth, D.E.; The METAFONTbook. Addison Wesley, Reading Mass., 1986

Grafiken als gerichtete azyklische Graphen. Ein Konzept zur Integration von Grafik in Dokumente

Frieder Nake und Henrik Wening
Fachbereich Mathematik und Informatik
Universität Bremen

Zusammenfassung

Logische Struktur eines Dokumentes und ein hoher Grad an Interaktivität bei der Bearbeitung lassen sich nicht ohne weiteres miteinander verbinden. Für die Qualität von Produkt und Arbeit sind aber beide zu einem gewissen Grad notwendig, das vom Anwendungszusammenhang abhängt. Wir unterscheiden den Grobumbruch, der interaktiv stattfindet, vom Feinumbruch, der gelegentlich die Darstellung des Dokumentes verbessert. Die Integration der Teile eines Dokumentes suchen wir auf der Ebene der logischen Struktur (und damit der Datenstruktur) zu erreichen. Für diese werden gerichtete azyklische Graphen gewählt. Der Beitrag beschreibt die Grafik-Komponente eines solchen Systems.

1 Einleitung

Trotz intensiver Bemühungen einer Reihe von Forschungsgruppen während der letzten zehn Jahre verfügen wir noch immer nicht über ein überzeugendes mathematisches Modell jenes Gegenstandes, den wir uns angewöhnt haben, "Dokument" zu nennen. Überzeugend wäre ein solches Modell doch dann, wenn es all das formal zu beschreiben erlaubte, was bei der Gestaltung von Schriftgut eine Rolle spielt. Schriftgut (das ist das alte Wort für "Dokument") zu gestalten, heißt jedoch, eine äußerst reichhaltige Welt zu betreten, die sich lebendig entwickelt und in der es zwar Regeln, aber keine Gesetzmäßigkeiten gibt. Die Regeln sind das, woran die unerfahrenen Neulinge sich klammern müssen; die Meister wenden sie frei, und abgewandelt an (vgl. [4]). Eine Welt wie die der Typografie in mathematischen Modellen zu fassen, ist zwar unausweichlich, wenn der Computer eingesetzt werden soll. Es scheint aber gleichzeitig an Vermessenheit zu grenzen. Nüchterner ausgedrückt: es steht zu vermuten, daß die Gestaltung von Schriftgut nicht in Gänze berechenbar ist.

Mathematische Modelle benötigen wir dann, wenn wir einen Vorgang automatisieren wollen. Ein Vorgang läßt sich insofern automatisieren, als er in mathematische Form gepreßt werden kann. Wenn sich ein Vorgang — wie etwa die Herstellung und Gestaltung von Dokumenten — gegenüber den Versuchen seiner mathematischen Modellierung als sperrig erweist, so kann das ein Hinweis darauf sein, daß der Vorgang nicht gut für die Transformation in die Welt des Berechenbaren geeignet ist. Will man ihn dennoch auf einen Computer übertragen, so muß man zur Interaktion Zuflucht nehmen, was ohnehin dem Zeitgeist entspricht. Die interaktive Bearbeitung eines Gegenstandes bedeutet ja, daß nur häppchenweise algorithmisiert wird. Das

"System" weist in solchem Fall (viele) offene Stellen auf, bei denen die Berechnung des Computers aussetzt und die — mehr oder minder — situationsbedingte Intuition des Menschen einsetzen kann.

Für die (teil-)automatisierte Bearbeitung solcher Dokumente, die neben Text auch bildliche Teile enthalten, sind zwei Wege beschritten worden. Eine Möglichkeit ist es, die Text- und Bild–Bestandteile getrennt zu behandeln und erst dann zusammenzuführen, wenn das Dokument als Ganzes entsteht (bzw. seine Vorlage). Dieses Vorgehen orientiert sich relativ stark an der Arbeitsteilung, wie sie bestand, bevor Computer an die Arbeitsplätze jener Leute gebracht wurden, die Texte, Bilder und ganze Manuskripte für den Druck vorbereiten. Deswegen gibt es diese Form der Dokumentenbearbeitung auch als Mischung von automatisierten und Hand–Arbeiten. Wenn textliche und bildliche Bestandteile beide mit Computerunterstützung vorbereitet werden, findet die Integration auf der Ebene der Ausgabegeräte oder kurz vorher auf der Ebene der Dateien statt. Mit Hilfe getrennter Editoren werden Text- und Bildkomponenten vorbereitet, innerhalb der Textteile werden rechteckige Bereiche ausgespart und in diese werden die Bildteile eingesetzt (maschinell oder von Hand).

Von diesem Vorgehen hebt sich der zweite Weg deutlich ab. Bei ihm findet die Integration auf dem Bildschirm statt. Genauer heißt das, daß eine einfache, einheitliche und gemeinsame Datenstruktur für Text und Bild einer Seite benutzt wird: die sog. Bitmap. Sie stellt nichts anderes dar als eine Codierung der beabsichtigten Schwärzungen der Druckseite. Die Seite wird als Einheit durch ein (ausreichend, in der Regel jedoch nicht sonderlich feines) Raster hindurch betrachtet. Sie stellt sich dann als eine Matrix von schwarzen und weißen Rasterpunkten dar. Eine solche binäre Matrix wird interaktiv bearbeitet. An der Benutzungsoberfläche werden zu diesem Zweck komplexere Objekte und Funktionen angeboten, die auch wieder in getrennten Editoren zusammengefaßt sein mögen.

Die Bearbeitung der Bitmap hat den Charakter einer direkten Einflußnahme auf das Aussehen der Seite. Dieses Vorgehen entspricht der Arbeit am Layout- und Umbruchtisch. Auch dort werden die Komponenten, die auf eine Seite verteilt werden sollen, unmittelbar arrangiert. Allerdings wird mit der Computerisierung des Schneidens und Klebens auch gleich ein wesentlicher Unterschied deutlich. Während beim manuellen Prozeß der Mensch die zu verteilenden Komponenten alle vor sich liegen haben muß, können sie beim computerisierten Vorgehen noch während des Umbruches eingegeben und verändert werden.

Der direkte Umbruch bedeutet technisch eine Integration von Edieren und Formatieren. Dafür bezahlt man mit dem Verschwinden einer logischen Struktur des Dokumentes — oder sagen wir vorsichtiger: die logische Struktur befindet sich nicht im Computer, sondern im Kopf und auf den Notizen des gestaltenden Menschen.

Der erstgenannte Vorgang schließt selbstverständlich nicht die Interaktion aus. Er ist jedoch geprägt durch eine Trennung des Edierens der Teile (oder auch der Gesamtstruktur) des Dokumentes von deren Formatierung, also dem Umbruch. Das Dokument und seine Teile sind in einer logischen Struktur beschrieben, die sich über den inhaltlich–stofflichen Elementen erhebt.

COOMBS et al. [3] beklagen in einem kürzlich erschienenen Aufsatz, daß die Verbreitung der mit den billigen Arbeitsplatzrechnern propagierten sog. WYSIWYG–Kultur die AutorInnen zwinge, sich mehr mit dem Aussehen als den Inhalten ihrer Texte zu befassen. Dem müsse die Auszeichnung des Manuskriptes entgegengesetzt werden, was nichts anderes ist als eine Kennzeichnung logischer Struktur. Die zum Teil erschreckenden Segnungen der direkt manipulativen "Desktop

Publishing" Welt lassen sich eingängig in [12] nachlesen. Dem oberflächlichen Prinzip "what you *see* is what you get" wird dort entgegengehalten "what you *know* is what you get".

Wir wollen unterscheiden zwischen der ***Ausgabe-Integration*** und der ***Eingabe-Integration.*** Ausgabe-Integration findet bei dem zuerst erwähnten Vorgehen statt. Bild (Grafik) und Text entstehen getrennt. Sie sind durch tiefe logische Strukturen beschrieben (jedenfalls ist dies im Prinzip möglich). Sie entstehen unter Verwendung verschiedener Editoren. Die auf zwei Wegen erstellten Dateien werden erst kurz vor der Ausgabe zusammengeführt. In der Regel werden für diesen Zweck rechteckige Flächen im Text ausgespart, in die hinein Grafiken plaziert werden (eine Übersicht versuchen SCHELLER und APPELT [16]; vgl. [2] und weitere Arbeiten in [13]; REID [15] ist wohl mit als erster so vorgegangen).

Eingabe-Integration stellt sich zumindest nach außen durch eine einheitliche Benutzungsoberfläche dar, selbst wenn die Organisation des Software-Systems Editoren und Formatierer für spezielle Zwecke unterscheidet.

Wir wollen in diesem kleinen Aufsatz einen naheliegenden Ansatz für die Integration von Bild- und Text-Komponenten eines Dokumentes vorstellen. Wir streben dabei an, das Dokument sowohl logisch zu strukturieren wie auch interaktiv zu bearbeiten. Zwischen beiden Zielen besteht ein Widerspruch. Tiefe Strukturierung beeinträchtigt den Grad der Interaktivität. Denn die Antwortzeiten können beträchtlich verlängert werden, wenn gleichzeitig im Hintergrund eine reichhaltige logische Struktur und auf dem Bildschirm eine getreue Darstellung des Dokumentes aufrechterhalten werden sollen.

Wir gehen mit zwei Mitteln vor. Die Integration suchen wir in einer einheitlichen Struktur des Dokumentes und aller seiner Teile. Dafür scheinen gerichtete azyklische Graphen geeignet zu sein. Hierüber berichten wir vor allem. Die Interaktivität versuchen wir durch eine Unterscheidung zwischen Grob- und Feinumbruch zu erreichen. Dies erwähnen wir nur im Vorübergehen.

2 Das Problem ist nicht trivial

Die Verwendung des Computers (allgemeiner: der Informationstechnik) bei der Vorbereitung von Schriftgut für den Druck gibt ein schönes Beispiel für jenen Vorgang ab, den SHERRY TURKLE [17] den Imperialismus unserer Wissenschaft genannt hat. Wir scheinen uns angewöhnt zu haben, ehrwürdige Bereiche menschlicher Arbeit mit unserern Techniken anzugreifen und ohne Rücksicht auf erreichte Qualitätsmaßstäbe umzugestalten.

Nehmen wir das Umbrechen von Text als Erläuterung. Text läßt sich im ersten Zugriff als Folge von Zeichen und Wörtern auffassen. Sobald der Text eine gewisse, noch recht geringe Komplexität aufweist, beginnen die AutorInnen, ihn logisch zu gliedern. Die kleinsten Gliederungseinheiten sind Sätze und Absätze.

Da wir Text auf zweidimensionalen Seiten auftragen, wird ihm eine weitere, eine physikalische Gliederung aufgezwungen — die in Zeilen und Seiten. Umbruch und Seitengestaltung streben nach guter Lesbarkeit und nach typografischer Darstellung der logischen Gliederung.
Wir wollen Sätze nicht weiter als Problem des Umbruchs betrachten, da sie weitestgehend in die Zeichenstruktur eingehen. Verfahren wir so, stellt sich folgende erste Diskrepanz ein: kleinste Einheit der logischen Struktur ist jetzt der Absatz, kleinste Einheit der Umbruch-Struktur aber

die Zeile. Lassen wir uns von Inhalt und Struktur unseres Dokumentes leiten, so ist klar, daß der Umbruch die logische Einheit des *Absatzes* zum Gegenstand haben muß. Die Behandlung der einzelnen *Zeile* muß sich aus diesem umfassenderen Gegenstand heraus ergeben. Konsequenterweise verfährt KNUTH auch so [8].

Die Wirklichkeit der WYSIWYG-Welt sieht ganz anders aus. Dort wird die völlig nebensächliche Einheit der Zeile zum Regulator für den Umbruch gewählt. Das bewirkt, daß eine ganze Anzahl typografischer Richtlinien nicht oder nur künstlich behandelt werden können. Es bewirkt aber gleichzeitig, daß überhaupt so etwas wie der Anschein von WYSIWYG behauptet werden kann. Denn eigentlich müßte die Feststellung, daß Absätze die kleinsten Einheiten des Umbruchs sind, zur Konstruktion von Systemen führen, bei denen der Umbruch verzögert wird, bis ein ganzer Absatz eingegeben ist. Eine derartige Interaktion wäre jedoch kaum erträglich.

Wir sehen an diesem Beispiel zum einen, wie rasch unter dem Zugriff der Technik deren Beschränkungen zum Aufgeben von Qualitäten führen. Zum anderen zeigt das Beispiel, daß das strenge Prinzip des WYSIWYG jedenfalls dann nicht haltbar ist, wenn gewisse typografische Qualitäten eingehalten werden sollen.

Nun ist es den AutorInnen zunächst auch gleichgültig, was das exakte Druckbild eines Absatzes ist. Sie sind vollauf mit einer ungefähren Erscheinung zufrieden. Erst in späteren Stadien der Manuskript-Aufbereitung kommt es auf typografische Einzelheiten an. Es ist deswegen vernünftig, für das strenge WYSIWYG (das es wegen unterschiedlicher Auflösungen der Ausgabegeräte ohnehin nicht gibt) aufzugeben. Bei der interaktiven Eingabe reicht ein Grob-Umbruch, der sich auf die Zeile stützt. Nach Abschluß eines Absatzes wird das im Feinumbruch korrigiert.

Diese Anmerkung gilt erst recht für das Plazieren von Abbildungen auf einer Seite. Wenn es sich durch Einfügen oder Streichungen auf einer bereits teilweise umbrochenen Seite als notwendig erweist, eine Grafik zu verschieben oder zu verkleinern, so wird das in vielen Fällen nicht in höchster Interaktivität geschehen können. Beliebt ist in solchem Fall die Stellvertreter-Rolle eines Rechtecks, das die Grafik auf ihre Größe und ihren Ort reduziert. Beim Verkleinern ist dabei zu bedenken, daß die äußere Größe Einfluß auf die Abmessungen im Inneren hat, die nicht unter allen Umständen toleriert werden können. Z.B. müssen Schriftzeichen eine Mindestgröße behalten. Auch hier ist es also nützlich, zwischen Grob- und Feinumbruch zu unterscheiden.

Die beliebte Aussparung von umgebenden Rechtecken für später einzufügende Abbildungen (etwa in Scribe [15] oder TEX [9]) findet aus der Sicht logischer Strukturierung ihre Grenze z.B. in folgendem Moment. Stellen wir uns eine Grafik vor, mit der eine geometrische Konstruktion veranschaulicht werden soll. Die Ecken, Geraden, Winkel usw. in der Grafik werden zum Zwecke der Referenzierung mit Buchstaben bezeichnet (A,B,a,b, α, β). Der begleitende Text bezieht sich auf diese Bezeichner ("Die Seite a liegt der Ecke A gegenüber"). Es erscheint nützlich, wenn es zwischen diesen Bezeichnern Verweise gibt. Sie ermöglichen z.B. eine gleichzeitige Änderung der Typen im Text und in der Zeichnung. Dazu ist also die Integration von Textpartikeln (A,a,...) in die Grafik nicht damit beendet, daß der Grafik-Editor mit solchen Partikeln überhaupt etwas anfangen kann (dies wäre der Binnen-Aspekt der Integration). Auch reicht der Außen-Aspekt der Integration nicht hin, der als Reservierung und Plazierung eines geeigneten Rechteckes realisiert werden kann. Es kommt vielmehr drittens ein Transfer-Aspekt der Integration hinzu, der Verweise zwischen Teilen verschiedener Komponenten des Dokumentes betrifft (hier also Bezeichner, die in einer Textkomponente und einer Grafik auftreten und den gleichen Gegenstand zum Inhalt haben).

Zu versuchen, solche und ähnliche Zusammenhänge in der logischen Struktur eines Dokumentes zu erfassen, öffnet stets die Tür zu möglichen weiteren Automatisierungen. Gehen wir von dem Kriterium aus, daß der Einsatz des Computers überhaupt nur dann gerechtfertigt werden kann, wenn sowohl die Qualität des Produktes wie die der Arbeit zunehmen [10], so ist keineswegs ausgemacht, ob nicht der Eingabe-Integration der Vorzug zu geben ist. Oder, genauer gesagt: welche der Tätigkeiten ausdrücklich nicht an die Maschine delegiert werden sollen, selbst wenn das bei Entwicklung entsprechender logischer Strukturen möglich wäre, steht nicht a priori fest.

Zweifellos verlangt das Qualitätskriterium nach einer logischen Strukturierung des Dokumentes. Wir beobachten das bei der Akzeptanz, die ein Auszeichnungs-System wie LaTeX [11] bei unseren Schreibkräften gegenüber "reinem" WYSIWYG besitzt. Nach der Folklore zu schließen, müßten Schreibkräfte ein solch sprödes Instrument wie LaTeX schlichtweg ablehnen. Das Gegenteil ist der Fall! In unserem Fachbereich kommen Texte mit komplexer Struktur und mit komplizierten Formeln vor. Die Vorteile, die die logische Auszeichnung bei der Behandlung solcher Dokumente bietet, überwiegen bei weitem die spontane Reaktion eines auf Interaktivität zielenden Systems. Bei anderen Anwendungen mag das anders aussehen. Fazit bleibt damit, daß nützliche Systeme zur Unterstützung der Bearbeitung von Schriftgut von beiden Extremen die günstigsten Eigenschaften vereinen müßten: ein gewisses Maß logischer Strukturierung mit einem Maß an Interaktivität.

3 Der Ansatz: gerichtete azyklische Graphen

Dokumente haben sich im Laufe der Versuche, ihre strukturellen Aspekte für den Computer zu erfassen, als recht komplexe Objekte erwiesen. Wie üblich versuchen wir, ausgehend von geeigneten Grundobjekten durch Errichten einer Struktur (Architektur) über ihnen zu zusammengesetzten Objekten zu gelangen und dies bis hin zum gesamten Objekt fortzusetzen. Dabei stellt sich heraus, daß sehr viele der gängigen Dokumente von außen betrachtet eine Baumstruktur aufweisen: die Gliederung in Kapitel und Unterkapitel bis hin zu zu Absätzen kann sehr gut durch einen Baum wiedergegeben werden.

Eine solche hierarchische Gliederung des gesamten Dokumentes führt schließlich auf Textfolgen, Formeln, Tabellen, Grafiken und Bilder als den Grundobjekten des Dokumentes. Diese Sicht ist jedoch dem Aspekt der Gliederung des ganzen Dokumentes geschuldet. Denn betrachten wir die "Grundobjekte" aus der Nähe, so stellt sich heraus, daß sie selbst eine starke Binnenstruktur aufweisen. Es erscheint kaum noch gerechtfertigt, sie dann als Grundobjekte zu bezeichnen. In der angegebenen Reihenfolge nun weichen die internen Strukturen der Dokument-Komponenten immer mehr von einer Baumstruktur ab. Allgemeinere Graphen werden notwendig für ihre Beschreibung.

Allgemeinere Strukturen treten auch schon vor der Betrachtung der einzelnen Komponenten bei der Wechselwirkung zwischen Teilen des Dokumentes auf. So sind Verzeichnisse als *ganze* Teile des Dokumentes auf gleiche Weise wie Kapitel zu behandeln, nur von diesen durch ihren Ort im Dokument unterschieden. Die *Inhalte* von Verzeichnissen haben jedoch stets Bezüge zu Teilen des Dokumentes, sie sind nicht unabhängig davon. Deswegen führen stets zwei Wege zu den Eintragungen eines Verzeichnisses, einer direkt über das Verzeichnis (man liest die zitierte Literatur), ein anderer über jene Stellen im Dokument, von denen aus die verzeichnete Eintragung angesprochen wird (man liest im Text einen Hinweis auf die Literatur).

Wollen wir die Integration der Bestandteile eines Dokumentes vorbereiten, so müssen wir eine Integrationsebene finden, die zwischen den beiden eingangs erwähnten, der Eingabe- und der Ausgabe–Integration, liegt. Eine solche Ebene muß einiges von den Struktureigenschaften der Bestandteile des Dokumentes selbst zu erfassen gestatten und sie muß einheitlich sein. Wir experimentieren zu diesem Zweck mit der naheliegenden Struktur des gerichteten azyklischen Graphen mit einer Wurzel. In einem solchen Graphen gibt es zwar keine Kreise (geschlossene Wege, die zu ihrem Ausgangsknoten zurückführen). Es finden sich jedoch Knoten, zu denen von der Wurzel aus mehr als ein Weg führt. Ein Knoten kann also mehrere unmittelbare Vorgänger besitzen. Bäume sind jene speziellen gerichteten azyklischen Graphen, bei denen kein Knoten mehr als einen unmittelbaren Vorgänger besitzt.

Es liegt in der Natur dieses Ansatzes, daß er all das berücksichtigen kann, was bereits mit Bäumen modellierbar ist, daß er aber darüber hinausreicht. Müßte etwa eine Tabelle als Baum beschrieben werden, so muß man sich für eine der beiden Sichten als Folge von Spalten oder Folge von Zeilen entscheiden. In einem gerichteten azyklischen Graphen dagegen lassen sich beide Sichten vereinen, indem zu jeder Eintragung der Tabelle zwei Wege führen, einer über die Spalte, der andere über die Zeile.

Unser Ansatz findet seine Grenze dort, wo es notwendig wird, noch allgemeinere Strukturen zu modellieren. Das sind gerade solche, bei denen es nicht nur Über- und Unterordnungen gibt, sondern zyklische Abhängigkeiten. Wir wollen uns im weiteren der Verwendung von gerichteten azyklischen Graphen zur Beschreibung von Grafiken zuwenden.

4 Die Beschreibung einzelner Grafiken

In der Computergrafik hat man sich seit langem angewöhnt, Bilder als Strukturen über gegebenen Grundelementen aufzufassen (vgl. etwa [14], [6]). Nach dieser Auffassung werden auf die Grundelemente geometrische Transformationen angewandt, durch die diese Elemente in ein Koordinatensystem eingepaßt werden, das auf einer höheren Stufe des Bildaufbaus steht. Mit den so zusammengesetzten Objekten wird entsprechend weiterverfahren bis schließlich die oberste Stufe der Grafik selbst erreicht ist. Die reine Baumstruktur wird bei solch einem Aufbau dann verlassen, wenn dasselbe Objekt mehrfach in das Bild eingepaßt wird. Man verweist in der Struktur dann — über unterschiedliche Transformationen — mehrfach auf das in Frage stehende Objekt.

Dieses Vorgehen besitzt zwei Vorteile. Wenn der Speicherplatz eine Rolle spielt, wird durch den mehrfachen Verweis auf eine Teilgrafik soviel Speicherplatz gespart, wie die zusätzlichen Kopien der Teilgrafik benötigen würden. Ein zweiter Vorteil ergibt sich dann, wenn mit einer solchen Grafik weitergearbeitet wird. Falls sich nämlich in einem Teil der Grafik etwas ändert und dieser Teil mehrfach benutzt wird (das Symbol für elektrischen Widerstand etwa), so muß die Änderung nur an einer Stelle durchgeführt werden. Sie ist dennoch sofort überall sichtbar.

Wir gehen ganz traditionell vor und bauen die Grafik aus Punkt, Geradenstück und polygonal umrissener Fläche auf. Wie andere Bestandteile des Dokumentes auch, sind den grafischen Grundelementen Attribute zugeordnet. Die Attribute steuern die Abbildung der logischen Struktur auf die äußere, physikalische Erscheinung der Grafik. Während ein Element der logischen Struktur also z.B. nur ein Punkt im geometrischen Sinn sein mag (ein Ort ohne Ausdehnung), wird ihm mittels Attribut eine grafische Erscheinung als Fleck mit Farbe und Form zugeordnet.

Der *Punkt* ist einziges wirklich primitives Element. Er ist ein Ort der Darstellungsfläche, also durch zwei Koordinaten gegeben und nicht weiter zerlegbar. Punkte besitzen ein Darstellungs-Attribut, die Punktmarkierung.

Eine endliche Folge von mindestens zwei Punkten bildet eine *Linie*. Seine grafische Darstellung als Polygonzug erhält dieses logische Objekt über zwei Attribute, Strichstärke und Strichmuster. Bei anderer Interpretation kann eine höhere Interpolationsform als die gradlinige Verbindung gewählt werden.

Eine *Fläche* ist eine endliche Folge von Punkten, wobei der letzte gleich dem ersten Punkt ist. Die grafische Darstellung als gefüllte, polygonal begrenzte Fläche erhält dieses logische Objekt über sein Attribut Flächenfüllmuster.

Aus diesen Elementen (die in GKS [5] und vielen anderen grafischen Systemen ganz ähnlich vorkommen) werden komplexere Grafikbestandteile und ganze Grafiken aufgebaut. Man kann mehrere Linien und Flächen zu einem neuen Element, dem *Objekt* zusammenfassen. Ein Objekt kann geometrisch abgebildet werden und als *Abbild* in andere Objekte eingesetzt werden. Das Abbild ist in dieser Terminologie die einzelne konkrete Erscheinung (instance), das Objekt die allgemeine abstrakte Form und Klasse (master). Das höchste Objekt in einer solchen Struktur heißt *Grafik*.

Eine Grafik kann von einem achsenparallelen Rechteck (das nicht dargestellt wird) umschlossen werden. Dies nennen wir in Anlehnung an einen häufigen Sprachgebrauch *Box*. Die Box wird beschrieben als vier Punkte, die ein Rechteck bilden, sowie einen Inhalt. Dieser muß keine Grafik sein. Erlaubt sind auch die anderen Komponenten des Dokumentes: Text, Formel, Tabelle.

Aus Punkt, Linie, Fläche, Objekt, Abbild, Box und Grafik bauen wir die logische Struktur einer Grafik in Form eines gerichteten azyklischen Graphen aus. Jedem Punkt, jeder Linie usw. wird ein Knoten zugeordnet. Besteht eine Abhängigkeit zwischen zwei Knoten, wird eine gerichtete Kante eingefügt. Die Art der Abhängigkeiten wird unten erläutert.

Es sei angemerkt, daß nichts besonders Originelles in unserer Auswahl grafischer Bestandteile liegt. Sie ist im Gegenteil allgemein üblich und stellt ein fast minimales Repertoire dar, um einigermaßen interessante (gradlinige) Grafiken beschreiben zu können. Es kommt uns hier auf die Demonstration des Prinzips an und nicht auf eine reichhaltige Ausdruckskraft. (Dafür wären Kreise und allerhand weitere Gebilde aufzunehmen, die sich aus der Anwendung ergeben).

Wir markieren die Knoten unserer Graphen und führen für jeden der o.g. sieben Fälle einen besonderen Knoten ein. Algorithmen, die einen Graphen traversieren, der aus diesen Knoten aufgebaut ist, finden in der Knotenmarkierung die Information vor, die die Interpretation des Knotens ermöglicht.

Im folgenden werden die Beschränkungen der sieben Knotenklassen beschrieben, denen sie innerhalb eines solchen Graphen unterliegen. In Abb. 1 (am Schluß dieses Beitrages) sind die Knoten mit ihren Einbettungsmöglichkeiten dargestellt.

- **Punkt**. Dies ist die einzige Möglichkeit, Endknoten (Blätter) des Graphen zu bilden. Sie können beliebig viele Vorgänger haben. Diese können Linie, Fläche, Box sein.
- **Linie**. Ein Linien-Knoten kann beliebig viele (mindestens zwei) Punkt-Knoten als Nachfolger haben. Er hat genau einen Vorgänger: eine Grafik oder ein Objekt.

- **Fläche**. Der Flächen–Knoten hat beliebig viele (mindestens zwei im entarteten, drei im gewöhnlichen Fall) Punkt–Knoten als Nachfolger. Als Vorgänger hat er genau einen Grafik- oder Objekt–Knoten.

- **Box**. Ein Box–Knoten hat fünf Nachfolger und einen Vorgänger. Der Vorgänger ist Grafik oder Objekt. Die ersten vier Nachfolger sind Punkte (sie definieren den Umriß der Box). Der fünfte Nachfolger ist Text-, Tabellen-, Formel- oder Grafik–Knoten. Box stellt also die Schnittstelle der Integration dar.

- **Objekt**. Die beliebig vielen Nachfolge–Knoten eines Objekt–Knoten können wahlweise als Linien-, Flächen-, Box- und Abbild–Knoten markiert sein. Das Objekt hat beliebig viele Vorgänger, die alle Abbild–Knoten sind. Darin kommt die mehrfache Verwendung eines Objektes in der Form von Ausprägungen zum Ausdruck.

- **Abbild**. Die Abbild–Knoten hat genau einen Vorgänger (Grafik oder Objekt) und genau einen Nachfolger (Objekt). Er hat also die Funktion einer Kantenmarkierung. Die Attribute eines Abbildes sind die Parameter einer geometrischen Transformation (Translation, Skalierung, Rotation), die auf das untergeordnete Objekt angewandt werden soll. Im Abbild-Knoten haben wir also die Darstellung eines wichtigen Elementes der grafischen Modellierung. Da wir Kanten nicht markieren wollten, mußte dieser besondere Knoten aufgenommen werden.

- **Grafik**. Der Grafik–Knoten fungiert als Wurzel einer Grafik. Er kann beliebig viele Nachfolger haben, die als Linie, Fläche, Box, Abbild markiert sein müssen. Der Grafik-Knoten kann auch beliebig viele Vorgänger besitzen. Genaueres dazu im nächsten Abschnitt.

Nachzutragen ist, daß der Boxknoten keine Attribute trägt, während Objektknoten den Namen des Objektes als Attribut besitzen. Dieses Attribut ist auch dem Grafik–Knoten zugeordnet. Er besitzt außerdem ein Größen–Attribut. Selbstverständlich können über die Attribute weitere Darstellungs–Eigenschaften erfaßt werden.

Die geometrischen Transformationen, die in den Abbildern festgelegt werden, beziehen sich stets kumulativ auf die Objekte, die längs eines Pfades angetroffen werden. Beim Traversieren des Graphen "pulsiert" die jeweils aktuelle akkumulierte Transformation.

Gerichtete azyklische Graphen können stets nur einen gewissen, willkürlich gewählten Aspekt einer Grafik wiedergeben. Betrachten wir die simple Schachtelung dreier Quadrate (Abb. 2). Es ist relativ naheliegend, sie aus einem Quadrat aufzubauen, das dreimal als Abbild erscheint. Das einzelne Quadrat sei eine Linie von fünf Punkten. In dieser Beschreibung ist die Quadrat–Eigenschaft selbst nicht sichtbar. Sie ergibt sich erst aus einer Betrachtung der Punktkoordinaten. In ihnen ist die zyklische Eigenschaft der geschlossenen Linie und darüber hinaus die Geometrie des Quadrates aufgehoben.

Es erscheint relativ einfach, von dieser Quadratschachtelung vier Abbilder zu einer etwas komplexeren Grafik zusammenzufassen (Abb. 3). Diese Grafik können wir jedoch auf die unterschiedlichsten Weisen betrachten, d.h. als Graphen beschreiben. In Abb. 4 ist *eine* solche Sicht dargestellt. Bei ihr wird die ganze Grafik aus dem großen Quadrat und zwei kongruenten Rechtecken (als Abbilder des Quadrates) aufgebaut. Dazu kommen als eine Gruppe die vier kleinen Quadrate sowie zwei Linien.

Diese zweite Darstellung hat immerhin den Vorteil, daß bei der Darstellung keine der Linien doppelt gezeichnet wird. Solches doppeltes Überstreichen einer Linie mit dem Zeichengerät muß sich zwar nicht unbedingt auf die Zeichenqualität niederschlagen. Bei einer Bitmap–Datenstruktur tritt es nicht in Erscheinung. Es kostet jedoch in jedem Fall Zeit.

Wir sehen schon, daß die volle Zweidimensionalität einer Grafik im gerichteten azyklischen Graphen nur unvollständig, eben unter einem willkürlich gewählten Aspekt, erfaßt werden kann. Die Darstellung trägt Kompromißcharakter. Die eine oder andere Eigenschaft ließe sich noch mit Bedingungen ("constraints") erfassen. Letzten Endes aber stoßen wir an eine Grenze des gewählten Ansatzes. Sein Vorteil liegt in der Integration in die Dokumenten-Struktur.

5 Die Grafik im Dokument

Die Funktion des Box–Knotens macht deutlich, daß über ihn die Integration verschiedener Komponenten eines Dokumentes erreicht werden soll. Solange wir nur eine einzige Grafik betrachten, besäße ihr zugehöriger Graph genau einen Grafik–Knoten. Dieser bildet die Wurzel des Graphen.

Die isolierte Betrachtung des vorangehenden Abschnitts geben wir nun in zweifacher Weise auf. Zum einen ist die Grafik Teil eines Dokumentes; zum anderen kann sie selbst Teile eines Dokumentes enthalten. Ist die Grafik Teil eines Dokumentes, so kann sie als Abbildung einem Kapitel untergeordnet sein. Innerhalb des Kapitels ist sie eventuell noch an einen Absatz (oder eine andere untergeordnete Struktur) gebunden, etwa an jenen Absatz, in dem erstmals der in der Grafik dargestellte Sachverhalt textlich erörtert wird.

Die weiteren zulässigen Eigenschaften der Dokumenten–Struktur legen dann in den möglichen Vorgänger–Knoten der Grafik fest, auf welche Weise diese in das Dokument eingebettet werden kann. Z.B. könnte es einen Knoten "Abbildung" geben, der zwei Nachfolger hätte, einen Grafik–Knoten und einen Text–Knoten für die Bildunterschrift.

Innerhalb der Grafik haben wir zugelassen, daß der Box–Knoten auftaucht. Sein Inhalt kann eine andere Dokumenten–Komponente sein (auch wieder eine Grafik). Die Integration von Text, Formel und Tabelle in eine Grafik hinein wird so ermöglicht. Die Box selbst stellt nur ein Hilfsmittel dar, den Umbruch (im allgemeinen Sinne) zu erleichtern. Sie kann ganz so wie in TeX[9] gedacht werden, d.h. daß ihr grafischer Inhalt auch über sie hinausragen kann und daß Inhalte anderer Boxen in sie hineinragen können. Sie ist nur geometrisch vorhanden, als Rechteck unsichtbar.

Es könnte sich als sinnvoll erweisen, als Vorgänger des Grafik–Knotens nur die Box zuzulassen (was das Größen–Attribut in der Grafik überflüssig werden ließe). Selbstverständlich kann die Grafik mehrere Vorgänger besitzen, da sie mehrfach auftreten kann.

In einem neueren Aufsatz weisen FURUTA et al. [7] darauf hin, daß die Struktur von Dokumenten weitgehend baumartig bleibt und daß erst auf niedrigeren Ebenen der logischen Untergliederung (eben z.B. bei Tabelle und Grafik) komplexere Strukturen verlangt werden. Diese solle man einkapseln, um so die Baumstruktur nur lokal zu durchbrechen. Unser Vorschlag scheint genau diesen Gedanken zu verfolgen.

6 Zur Implementierung

Grundlage für die Implementierung ist ein Modul zur Bearbeitung gerichteter azyklischer Graphen [1]. Dieser Modul ist in Modula–2 geschrieben und läuft auf einem Atari 1040. Der Grafik-Modul wurde im Rahmen einer Diplomarbeit auf einem Amiga 1000 in Modula–2 implementiert [18]. Zu ihm gehört eine Maus als Eingabegerät und eine grafische Benutzungsoberfläche (Menüs, Fenster, Dialogboxen, Ikone). In weiteren Diplomarbeiten werden Moduln zur Behandlung von Tabellen sowie der Dokumentenstruktur erstellt. Der Grafik–Modul wird auf eine SUN3 Workstation übertragen.

Die gerichteten azyklischen Graphen, die der Modul behandelt, besitzen genau eine Wurzel. Ihre Knoten sind markiert, jedoch nicht die Kanten. Als Markierung sind beliebige Zeichenketten zugelassen, die von den Anwendungsprogrammen zu interpretieren sind.

Wir unterscheiden Operationen auf dem ganzen Graphen und solche, die sich auf einzelne Knoten bzw. Kanten beziehen. Daneben gibt es Prozeduren zur Fehlerbehandlung. Neben der Markierung tragen die Knoten eine Kennzahl. Dadurch können sie in Klassen unterteilt werden. Die unmittelbaren Nachfolger eines Knotens (Söhne) sind in eine Liste geordnet, was manche Bearbeitungen erleichtert. Es existieren Prozeduren zum Einfügen und Löschen von Knoten, Kanten und Markierungen, sowie zum Traversieren in absteigender und aufsteigender Richtung. Graphen können auf Massenspeicher abgelegt und von dort eingelesen werden.

Der Grafik–Modul benutzt die Operationen des Graphen–Moduls, um Prozeduren für das Eingeben, Kopieren, Ändern, Löschen, Speichern, Laden und Darstellen grafischer Bestandteile zu realisieren. Die Darstellung bezieht sich auf einen Knoten, der mit seinem Untergraphen traversiert wird. Wo immer dabei ein darstellungsfähiges Element angetroffen wird, werden entsprechende Eintragungen in den Bildspeicher vorgenommen. Linien und Flächen lassen sich direkt behandeln, da sie nur eine Ebene von Nachfolgern haben (Punkte). Die Darstellung eines Abbildes dagegen führt zum rekursiven Abarbeiten der Struktur des Abbildes (ebenso bei Grafik). Die Darstellung einer Box verweist auf den zuständigen Formatierer, wenn der Inhalt der Box keine Grafik ist.

Zur interaktiven Benutzung der Grafik–Operationen dient eine Oberfläche mit den üblichen Eigenschaften.

7 Ausblick

Erste Erfahrungen mit dem Grafik–Modul auf dem Amiga sind noch zu begrenzt, um fundierte Schlüsse zuzulassen. Wir erwarten eine breitere Beurteilungsgrundlage von der Implementierung umgebender Moduln für die Behandlung der Dokumente und von der Übertragung auf einen leistungsfähigeren Rechner.

Die Entscheidung, mit gerichteten azyklischen Graphen die Beschreibung von Grafiken anzugehen, wurde weitgehend durch die gewünschte Einheitlichkeit der logischen Struktur innerhalb des gesamten Dokumentes bestimmt. Wie oben angedeutet, kann dies aus der Sicht einer adäquaten Beschreibung einer isolierten Grafik heraus nicht befriedigen. Stellen wir jedoch den Zusammenhang mit dem Dokument in Rechnung und denken an relativ einfache Grafiken, die von

AutorInnen angefertigt werden, um sie in ein Schriftstück einzufügen, so mag die Erwartung berechtigt sein, auf diesem Wege eine tragfähige Integrationsebene für logische Strukturen zu finden.

Quellen

[1] Andreas Bentrup, Ralf Buchenau, Peter Funk, Matthias Kurz: Ein Modul zur Verwaltung von gerichteten azyklischen Graphen. Interner Projektbericht. Studiengang Informatik, Universität Bremen. November 1985.

[2] Heather Brown: Document structures for integrated text and graphics. In D.F. Rogers, R.A. Earnshaw (eds.): Techniques for computer graphics. Berlin, Heidelberg, New York: Springer. 1987. 469-484

[3] James H. Coombs, Allen H. Renear, Steven J. DeRose: Markup systems and the future of scholarly text processing. Comm. ACM 30 (1987) 933–947.

[4] Hubert L. Dreyfus, Stuart E. Dreyfus: Mind over machine. New York: The Free Press/Macmillan. 1986

[5] Günter Enderle, Klaus Kansy, Günther Pfaff: Computer Graphics programming. Berlin, Heidelberg, New York: Springer. 1984.

[6] James D. Foley, Andries van Dam: Fundamentals of interactive computer graphics. Reading, Mass.: Addison–Wesley. 1983.

[7] Richard Furuta, Vincent Quint, Jacques André: Interactively editing structured documents. Electronic Publ. 1 (1988) 19–44.

[8] Donald E. Knuth, Michael F. Plass: Breaking paragraphs into lines. Software Practice and Experience 11(1981) 1119–1184.

[9] Donald E. Knuth: The TeXbook. Reading, Mass.: Addison–Wesley. 1984, 1986.

[10] Doris Köhler, Frieder Nake, Heidi Schelhowe-Heyl, Ludwig Voet: Orientierung an Gebrauchswerten. Zur Gestaltung der Informationstechnik am Beispiel der Herstellung von Dokumenten. In K.T. Schröder (Hrsg.): Arbeit und Informationstechnik. Berlin, Heidelberg, New York: Springer. 1986. 177–186.

[11] Leslie Lamport: LaTeX. A document preparation system. Reading, Mass.: Addison-Wesley. 1986.

[12] Arthur D. Little International (Hrsg.): Desktop Publishing — Was bringt's wirklich? Wiesbaden: Gabler. 1988.

[13] Frieder Nake (Hrsg.): Graphik in Dokumenten. Berlin, Heidelberg, New York: Springer, 1986.

[14] William M. Newman, Robert F. Sproull: Principles of interactive computer graphics. New York: McGraw-Hill. 1973.

[15] Brian K. Reid: Scribe. A document specification language and its compiler. Department of Computer Science, Carnegie-Mellon University, Pittsburgh. CMU-CS-81-100. Oct. 1980.

[16] Angela Scheller, Wolfgang Appelt: Derzeitiger Stand der Technik und der internationalen Normungsarbeit auf dem Gebiet der Dokumentenverarbeitung. In [13], 1–18.

[17] Sherry Turkle: Die Wunschmaschine. Vom Entstehen der Computerkultur. Reinbek: Rowohlt. 1984.

[18] Henrik Wening: Ein Modul zur Bearbeitung von Grafiken in Dokumenten. Diplomarbeit, Studiengang Informatik Universität Bremen. März 1988.

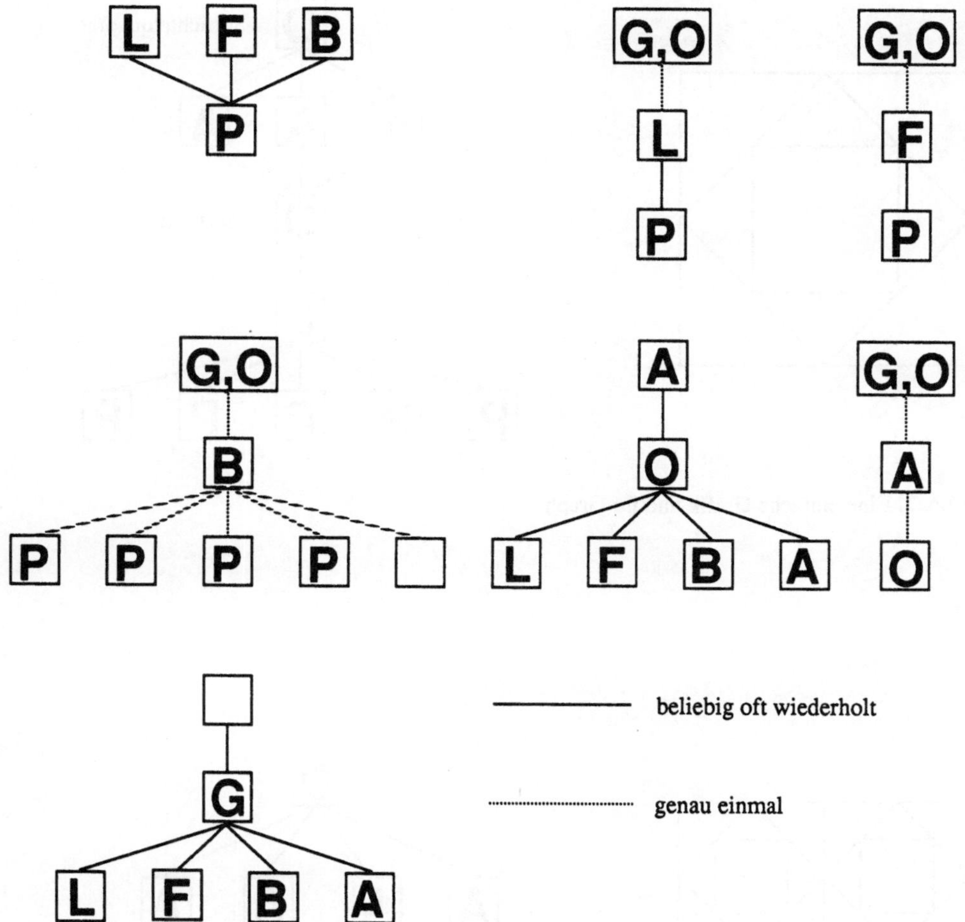

Abb. 1. Einbettung der Knoten in die Grafik-Graphen. Jeder der sieben möglichen Knoten ist mit seinen zulässigen Vorgängern (oben) und Nachfolgern (unten) versehen; die Kanten sind stets von oben nach unten gerichtet. P = Punkt, L = Linie, F = Fläche, B = Box, O = Objekt, A = Abbild, G = Grafik. G,O in einer Box bedeutet: Grafik oder Objekt. Leerer Knoten: Schnittstelle zur Umgebung im Dokument.

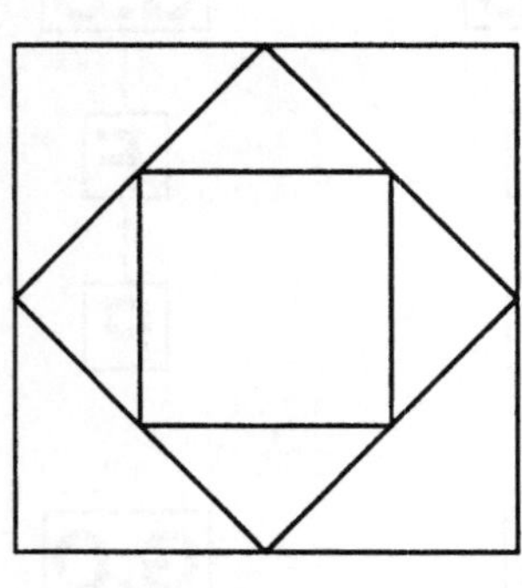

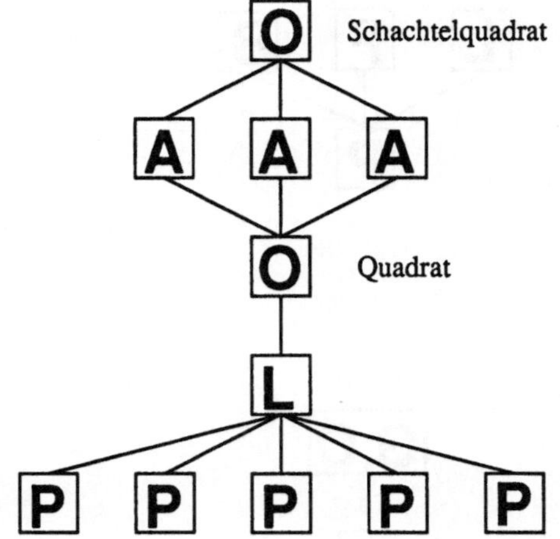

Abb. 2. Eine einfache Grafik und ihr Graph

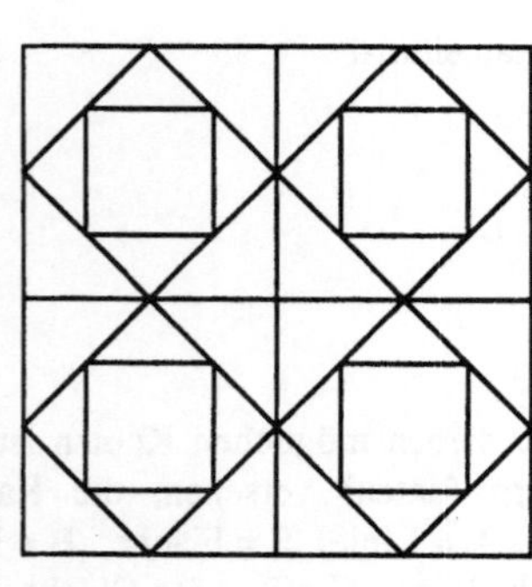

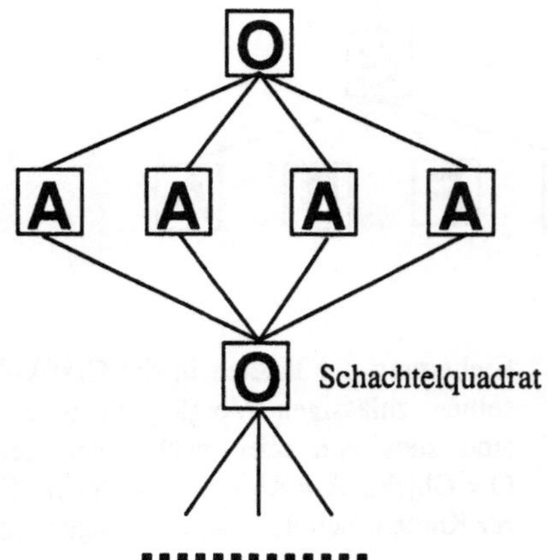

Abb. 3. Eine größere Grafik und ein Teil ihres Graphen

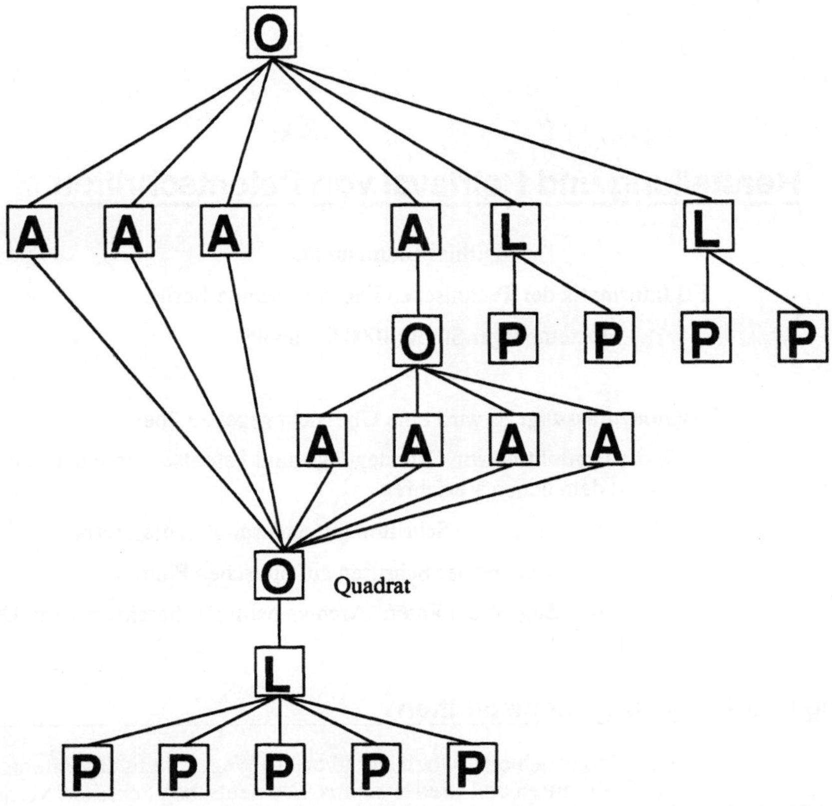

Abb. 4. Ein Graph fuer die Grafik von Abb. 3

Herstellung und Retrieval von Patentschriften

Matthias Blumenfeld,

FB Informatik der Technischen Fachhochschule Berlin

Luxemburger Str.10, 1000 Berlin 65

Zusammenfassung: Es wird eine Übersicht gegeben über

- die **Produktion** von Offenlegungs- und Patentschriften nach dem alten und dem neuen Verfahren,
- den **Austausch** von Schriften mit anderen Patentämtern,
- die **Archivierung** der Schriften auf optischen Platten,
- und den **Zugriff** auf Patent-Archive beim Recherchieren und Druck auf Abruf.

I. Eingang und Abruf von Patentschriften

In Abb.1 findet sich eine Übersicht über die Wege, die in das Patentschriften-Archiv hineinführen und wieder heraus. Die deutschen Schriften werden selbst

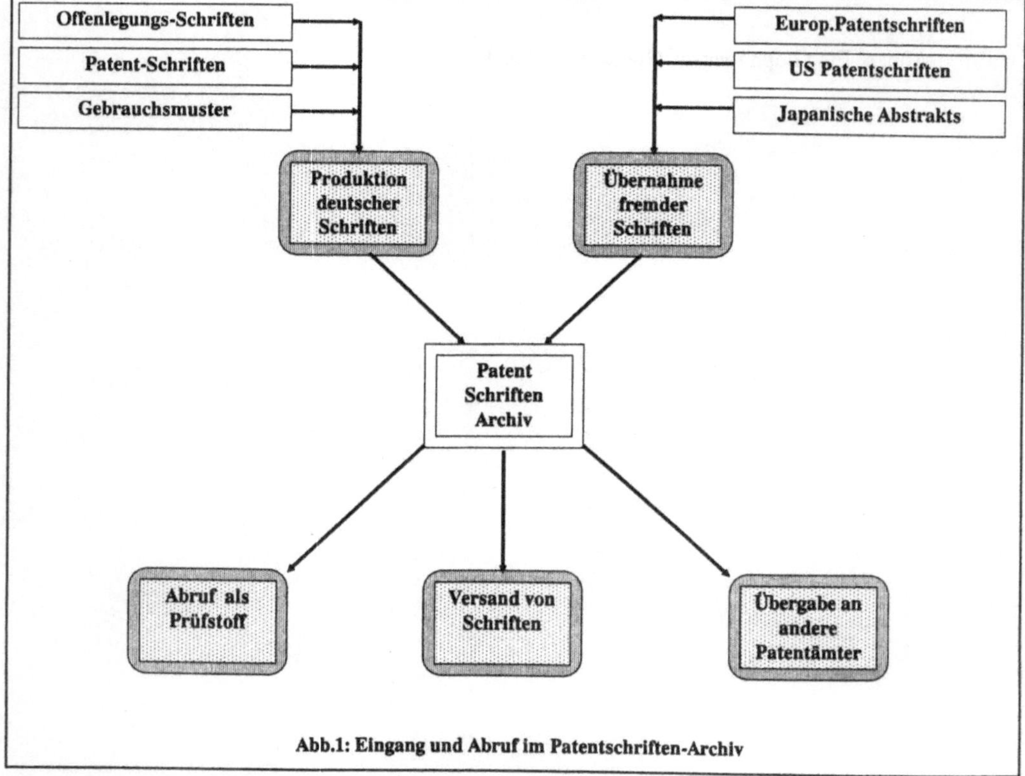

Abb.1: Eingang und Abruf im Patentschriften-Archiv

produziert und die fremden können von den entsprechenden Patentämtern übernommen werden. Im Austausch gibt das deutsche Patentamt die deutschen Schriften dann wiederum an die fremden Patentämter weiter. Anfragen der Wirtschaft werden über den Versand von Schriften befriedigt. Der wichtigste Kunde für das Patent-Archiv sind die Prüfer selber, denn bevor eine Anmeldung als Patentschrift akzeptiert wird, muß überprüft werden, ob damit nicht schon bestehende Patent-Ansprüche verletzt werden.

II. Schritte beim Erstellen von Patentschriften

Zunächst einmal wollen wir die einzelnen Schritte beim Entstehen von Patentschriften betrachten und uns anschließend mit den Problemen befassen, die dabei auftreten. Zu jedem dieser Probleme werden wir Lösungen diskutieren, die dafür entwickelt wurden.

1. Die Produktion von Offenlegungs-Schriften

Am Anfang eines Patentverfahrens steht die Patent-Anmeldung. In einer Vorprüfung wird diese im Deutschen Patentamt (DPA) dann auf ihre formale Richtigkeit geprüft. Anschließend gibt das DPA der Bundesdruckerei in Berlin den Auftrag, die Patentanmeldung als sogenannte Offenlegungsschrift zu drucken. Diese Offenlegung erfolgt zu Beginn des Patentverfahrens, um die Öffentlichkeit frühzeitig auf einen Patent-Anspruch hinzuweisen.

2. Die Prüfung der Patentanmeldungen

Die Prüfung einer Patentanmeldung im DPA stellt den Kern des Patentverfahrens dar. Es muß überprüft werden, ob eine Anmeldung wirklich eine Neuerung darstellt, oder ob sie schon Stand der Technik ist, insbesondere also, ob sie

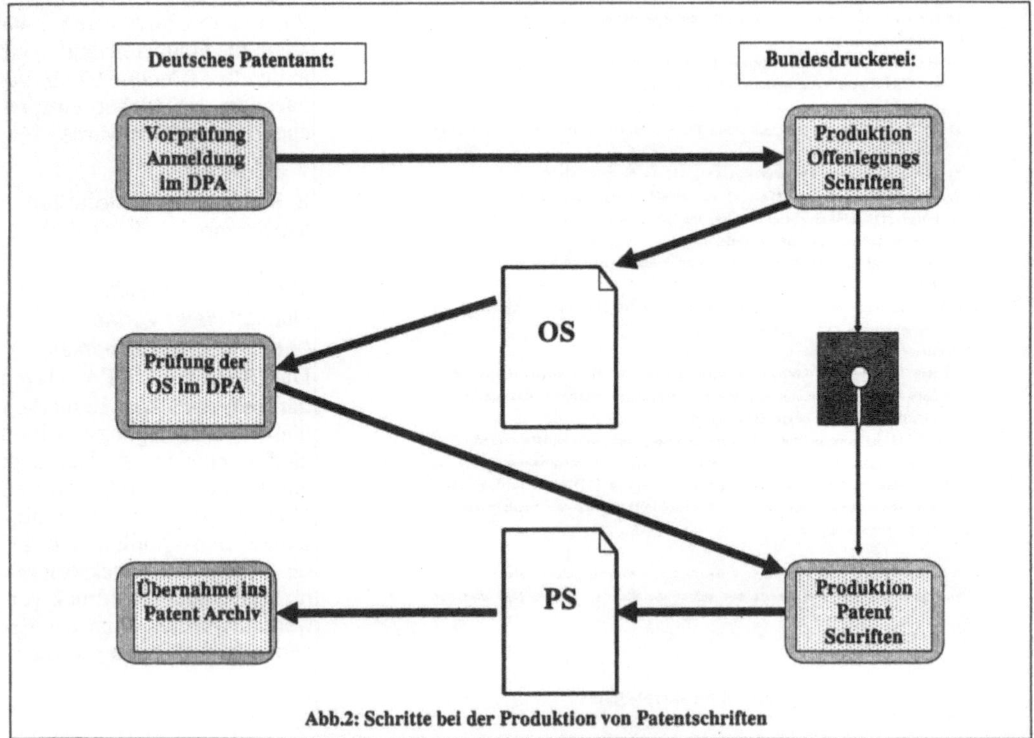

Abb.2: Schritte bei der Produktion von Patentschriften

schon von anderen Patenten oder früher eingereichten Patentanmeldungen abgedeckt wird. Im Durchschnitt dauert diese Prüfung im DPA 28 Monate. Wird der Patentanspruch anerkannt, dann steht einer Patenterteilung nichts mehr im Wege. Während dieser Zeit werden häufig von den Anmeldern noch eine Reihe von Änderungen eingebracht, so daß sich die Patentschrift von der Offenlegungsschrift unterscheidet.

3. Die Produktion von Patentschriften

Es ergeht nun wieder ein Auftrag an die Bundesdruckerei, diesmal zum Satz und Druck der entsprechenden Patentschrift.

III. Vom traditionellen zum neuen Produktionsverfahren

Als erstes wollen wir uns den traditionellen Weg zur Produktion von Offenlegungsschriften in der Bundesdruckerei ansehen.

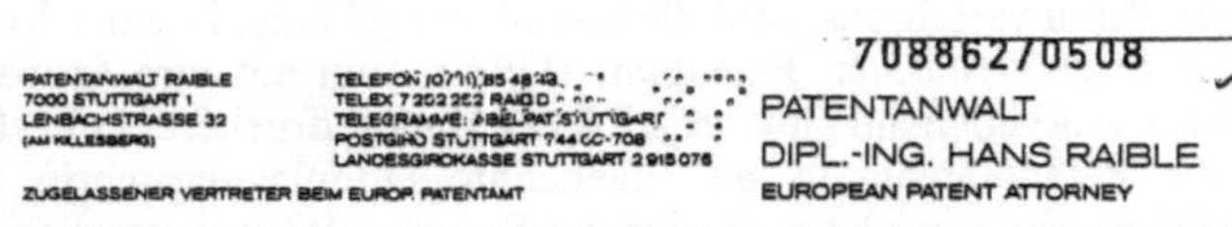

PATENTANWALT RAIBLE
7000 STUTTGART 1
LENBACHSTRASSE 32
(AM KILLESBERG)

TELEFON (0711) 85 48 43
TELEX 7 202 252 RAIB D
TELEGRAMME: ABELPAT STUTTGART
POSTGIRO STUTTGART 744 00-708
LANDESGIROKASSE STUTTGART 2 915 076

ZUGELASSENER VERTRETER BEIM EUROP. PATENTAMT

7088627O5O8 1

PATENTANWALT
DIPL.-ING. HANS RAIBLE
EUROPEAN PATENT ATTORNEY

DIESEL KIKI Co., Ltd.
Tokyo, Japan

- 1 -

STUTTGART, DEN 23.5.1987
ANWALTSAKTE: DK12D38/m
AP - 559 (WGN)

Patentansprüche

1. Kraftstoffeinspritzpumpe für einen Verbrennungsmotor,
a) mit einem Gehäuse (1),
b) mit einem in diesem Gehäuse angeordneten Pumpenkolben (3),
c) mit einer in diesem Gehäuse (1) vom Pumpenkolben (3) begrenzten Druckkammer (6),
d) mit einer Antriebsvorrichtung (7, 8, 9) zum hin- und hergehenden Antrieb dieses Pumpenkolbens (3) und zum Fördern des in diese Druckkammer (6) angesaugten Kraftstoffs,
e) mit einer auf dem Pumpenkolben (3) verschiebbar angeordneten Steuerhülse (15),
f) mit welcher eine Steuerstange (17, 19) in Eingriff steht,
f1) welche Steuerstange (17, 19) zur axialen Verschiebung der Steuerhülse (15) winkelverstellbar ist, um die Größe des Vorhubs des Pumpenkolbens (3) zu verändern,
g) ferner mit zwei im Gehäuse (1) ausgebildeten Aufnahmeausnehmungen (27, 29),
g1) in welchen gegenüberliegende Endabschnitte (17a bzw. 17b) der Steuerstange (17) angeordnet sind,
dadurch gekennzeichnet,
h) daß in einer der Aufnahmeausnehmungen (27) ein selbsteinstellendes Lager (26) angeordnet ist, welches den zugeordneten Endabschnitt (17a) der Steuerstange (17) lagert,
i) daß Befestigungsmittel (28) zur Fixierung des selbsteinstellenden Lagers (26) in dieser Aufnahmeausnehmung (27) vorgesehen sind,
k) und daß in der anderen Aufnahmeausnehmung (29) eine Buchse (30) zur Abstützung des anderen Endabschnitts (17b) der Steuerstange (17) vorgesehen ist.

2. Kraftstoffeinspritzpumpe nach Anspruch 1, dadurch gekennzeichnet, daß zwischen der Außenseite des selbsteinstellenden Lagers (26) und der

Abb.3: Manuskript-Seite

1. Beispiel: traditionell produzierte Patentschrift

Eine Offenlegungsschrift besteht aus drei Teilen: Dem eigentlichen Manuskripttext, siehe Abb.3, dem Abbildungsanhang, und der Titelseite. Einzig die Titelseite wird beim traditionellen Verfahren in der Bundesdruckerei gesetzt, siehe Abb.4. Diese enthält eine Zusammenfassung der Patentanmeldung und vor allem die Hauptzeichnung, die manuell einmontiert wird, nachdem sie vorher entsprechend verkleinert wurde.

2. Kritik am traditionellen Verfahren

Mangel 1: Schlechte Qualität vieler Vorlagen beeinträchtigt Lesbarkeit

Die Prüfer im DPA klagen darüber, daß die Lesbarkeit dieser Offenlegungsschriften häufig schlecht sei. Das liegt daran, daß die eingereichten Manuskripte von sehr unterschiedlicher Qualität sind. Da sie direkt als Druckvorlagen für den Kleinoffsetdruck verwendet werden, kann das Ergebnis nur schlechter werden.

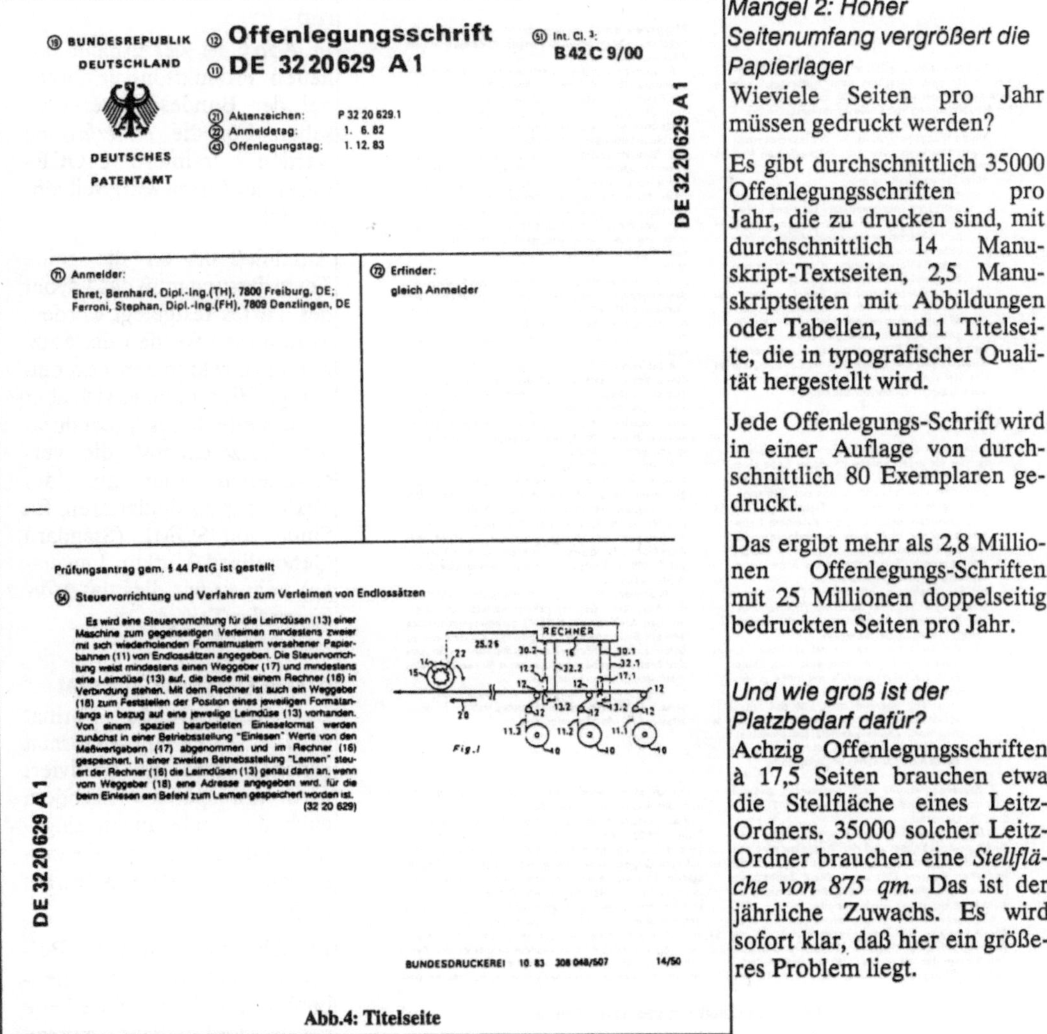

(19) BUNDESREPUBLIK DEUTSCHLAND

DEUTSCHES PATENTAMT

(12) **Offenlegungsschrift**

(11) **DE 32 20 629 A 1**

(51) Int. Cl.³: B 42 C 9/00

(21) Aktenzeichen: P 32 20 629.1
(22) Anmeldetag: 1. 6. 82
(43) Offenlegungstag: 1. 12. 83

DE 32 20 629 A 1

(71) Anmelder:
Ehret, Bernhard, Dipl.-Ing.(TH), 7800 Freiburg, DE; Ferroni, Stephan, Dipl.-Ing.(FH), 7809 Denzlingen, DE

(72) Erfinder:
gleich Anmelder

Prüfungsantrag gem. § 44 PatG ist gestellt

(54) Steuervorrichtung und Verfahren zum Verleimen von Endlossätzen

Es wird eine Steuervorrichtung für die Leimdüsen (13) einer Maschine zum gegenseitigen Verleimen mindestens zweier mit sich wiederholenden Formatmustern versehener Papierbahnen (11) von Endlossätzen angegeben. Die Steuervorrichtung weist mindestens einen Weggeber (17) und mindestens eine Leimdüse (13) auf, die beide mit einem Rechner (16) in Verbindung stehen. Mit dem Rechner ist auch ein Weggeber (18) zum Feststellen der Position eines jeweiligen Formatanfangs in bezug auf eine jeweilige Leimdüse (13) vorhanden. Von einem speziell bearbeiteten Einleseformat werden zunächst in einer Betriebsstellung "Einlesen" Werte von den Meßwertgebern (17) abgenommen und im Rechner (16) gespeichert. In einer zweiten Betriebsstellung "Leimen" steuert der Rechner (16) die Leimdüsen (13) genau dann an, wenn vom Weggeber (18) eine Adresse angegeben wird, für die beim Einlesen ein Befehl zum Leimen gespeichert worden ist.
(32 20 629)

DE 32 20 629 A 1

BUNDESDRUCKEREI 10. 83 308 048/507 14/50

Abb.4: Titelseite

Mangel 2: Hoher Seitenumfang vergrößert die Papierlager

Wieviele Seiten pro Jahr müssen gedruckt werden?

Es gibt durchschnittlich 35000 Offenlegungsschriften pro Jahr, die zu drucken sind, mit durchschnittlich 14 Manuskript-Textseiten, 2,5 Manuskriptseiten mit Abbildungen oder Tabellen, und 1 Titelseite, die in typografischer Qualität hergestellt wird.

Jede Offenlegungs-Schrift wird in einer Auflage von durchschnittlich 80 Exemplaren gedruckt.

Das ergibt mehr als 2,8 Millionen Offenlegungs-Schriften mit 25 Millionen doppelseitig bedruckten Seiten pro Jahr.

Und wie groß ist der Platzbedarf dafür?

Achzig Offenlegungsschriften à 17,5 Seiten brauchen etwa die Stellfläche eines Leitz-Ordners. 35000 solcher Leitz-Ordner brauchen eine *Stellfläche von 875 qm.* Das ist der jährliche Zuwachs. Es wird sofort klar, daß hier ein größeres Problem liegt.

3. Das neue Produktionsverfahren in der Bundesdruckerei

a. gesetzte Form

In Abb.5 ist Seite 1 des Beispiels aus Abb.4 in gesetzter Form zu sehen.

Vorteile: Offenlegungs-Schriften sind ebenso gut lesbar wie Patentschriften. Das Druckvolumen reduziert sich um den Faktor 2,5 auf 7 Seiten pro Offenlegungs-Schrift.

Nachteil: Dadurch, daß auch die Offenlegungs-Schriften gesetzt werden, entstehen erhebliche Mehrkosten pro Jahr. Für die späteren Patentschriften - das sind etwa 23000 der ursprünglichen 43000 Anmeldungen - reduzieren sich aber die Produktionskosten entsprechend, da nur noch die Änderungen in den Satz eingetragen werden müssen.

32 20 629

1

Patentansprüche:

1. Steuervorrichtung (33) mit eingebbaren Steuerwerten für eine Maschine zum Aufbringen von Leimstreifen mittels Düsen (13), auf Papierbahnen bei der Herstellung von Endlosformularsätzen, mit

- einem Weggeber (18, 23, 24), der inkrementmäßig den vom Formularsatz zurückgelegten Weg mißt,
- einer Steuerschaltung mit
  - einer Speichereinrichtung, die einen einstellbaren Inkrementwert für einen Leimstreifenanfang und einen zweiten einstellbaren Inkrementwert für ein Leimstreifenende speichert, und
  - einer Zählereinrichtung, die bei Erreichen des dem Leimstreifenanfang zugeordneten Inkrementenwertes ein Signal »Leimen« und bei Erreichen des dem Leimstreifenende zugeordneten Inkrementwertes ein Signal »Nichtleimen« abgibt, und
- einer von der Steuerschaltung angesteuerten Endstufe (38) zum Einschalten der Leimdüse auf das Signal »Leimen« und zu deren Ausschalten auf das Signal »Nichtleimen« hin,

dadurch gekennzeichnet, daß

- mindestens ein Meßwertgeber (17) vorhanden ist, der für jeden Anfang und jedes Ende eines aufzubringenden Leimstreifens ein Signal abgibt, dem eine bestimmte, von der Zählereinrichtung beim Auftreten des Signales gezählte Inkrementzahl entspricht, die als einem Leimstreifenanfang bzw. -ende zugeordnete Inkrementzahl automatisch beim Auftreten des Signales vom Meßwertgeber in der Speichereinrichtung gespeichert wird und
- die Steuerschaltung als Rechner (16) mit einer Steuerlogik (34), einer als Zähler *(I)* ausgebildeten Zähleinrichtung und der Speichereinrichtung (37) ausgebildet ist, wobei
  - die Steuerlogik das Signal »Leimen« jeweils dann abgibt, wenn eine vom Zähler gezählte Inkrementzahl mit einer gespeicherten Inkrementzahl für einen Leimstreifenanfang übereinstimmt, und das Signal »Nichtleimen« jeweils dann abgibt, wenn eine vom Zähler gezählte Inkrementzahl mit einer gespeicherten Inkrementzahl für ein Leimstreifenende übereinstimmt.

2. Steuervorrichtung nach Anspruch 1, dadurch gekennzeichnet, daß der Meßwertgeber (17) ein induktiver Geber ist.

3. Steuervorrichtung nach Anspruch 1 oder 2, dadurch gekennzeichnet, daß der Weggeber eine zwischen einer Lichtquelle (23) und einem photoempfindlichen Element (24) angeordnete Zahnscheibe (18) aufweist, die bei Drehung den Lichtweg abwechselnd sperrt und wieder freigibt.

4. Steuervorrichtung nach einem der vorstehenden Ansprüche, dadurch gekennzeichnet, daß der Rechner (16) einen Speicher (37) aufweist, der mit den Werten des Weggebers (18) und des Meßwertgebers (17) angesteuert wird, wobei der Wert des

2

Weggebers eine Ausgangsadresse und der jeweils zugehörige Wert des Meßwertgebers den jeweiligen Adresseninhalt festlegt.

5. Steuervorrichtung nach Anspruch 4, dadurch gekennzeichnet, daß der Rechner (16) zusätzlich einen Festwertspeicher (43) aufweist, der jede aus dem Wert des Weggebers ermittelte Ausgangsadresse jeweils um einen festen Wert zum Angleichen der Totzeit einer Leimdüse (13) erhöht.

6. Steuervorrichtung nach Anspruch 4, dadurch gekennzeichnet, daß der Rechner (16) zusätzlich mindestens einen Totzeitadreßgeber (48, *E)* aufweist, der in Abhängigkeit der vom Weggeber festgestellten Formatgeschwindigkeit jede aus dem Wert des Weggebers ermittelte Ausgangsadresse jeweils um einen geschwindigkeitsabhängigen Wert zum Ausgleich der Totzeit einer Leimdüse (13) erhöht.

7. Steuervorrichtung nach Anspruch 6, dadurch gekennzeichnet, daß jeder Totzeitadreßgeber ein Totzeittor (48, 49) und einen Zähler *(E, A)* aufweist, der zählt, wieviele Inkremente vom Weggeber innerhalb der vom Totzeittor vorgegebenen Zeit anfallen.

8. Steuervorrichtung nach Anspruch 6 oder 7, dadurch gekennzeichnet, daß der Rechner (16) zwei Totzeitadreßgeber aufweist, und zwar einen Ein-Totzeitadreßgeber (48, *E)* zum Ausgleich der Einschalttotzeit einer Leimdüse (13) und einen Aus-Totzeitadreßgeber (49, *A)* zum Ausgleich der Ausschalttotzeit einer Leimdüse.

9. Steuervorrichtung nach Anspruch 8, dadurch gekennzeichnet, daß der Rechner (16) eine Vergleichsschaltung (51) aufweist, die nur dann den Wert logisch »1« liefert, wenn sowohl der Adreßinhalt für die mit dem Wert des Ein-Totzeitgebers (48, *E)* kompensierte Ausgangsadresse als auch der Adreßinhalt für die mit dem Wert des Aus-Totzeitgebers (49, *A)* kompensierte Ausgangsadresse beide logisch »1« sind.

10. Steuervorrichtung nach einem der vorstehenden Ansprüche, dadurch gekennzeichnet, daß sie als mit den Meßwertgebern (17) zusammenwirkendes Teil ein Einleseformat (28) aufweist, auf dem die zu beleimenden Stellen eines Formatmusters in von den Meßwertgebern ermittelbarer Weise als Einlesestreifen (29) bearbeitet sind.

11. Steuervorrichtung nach Anspruch 2 und Anspruch 10, dadurch gekennzeichnet, daß die Einlesestreifen (29) Metallstreifen sind.

Die Erfindung betrifft eine Steuervorrichtung gemäß dem Oberbegriff des Anspruches 1.

Eine entsprechende Steuervorrichtung ist aus der DE-OS 29 02 319 bekannt. Die dort angegebene Steuervorrichtung arbeitet mit einem Förderband zusammen, auf dem Gegenstände bewegt werden. Auf die Gegenstände wird von einer einzigen Leimdüse jeweils ein einziger Leimstreifen abgegeben. Dabei ist es mit Hilfe der Steuervorrichtung möglich, den jeweiligen Anfang und das jeweilige Ende des Leimstreifens in bezug auf den Anfang des Gegenstandes einzustellen. Der Anfang des Gegenstandes wird von einem Sensor erfaßt. Beim Feststellen des Anfanges wird ein erster Zähler auf einen in einem ersten Speicher gespeicherten Inkrement-

Abb.5: Textseite in gesetzter Form

b. Das Produktionsverfahren

In Abb.6 ist der Ablauf des neuen Produktionsverfahrens bei der Bundesdruckerei zu sehen. Für die *Texterfassung* werden 4 trainierbare OCR-Leser der Firma Kurzweil eingesetzt.

Anschließend an die reine Texterfassung muß das Layout des Textes festgelegt werden. Traditionell werden die Satzbefehle direkt in den Text eingefügt. Hier bietet es sich aber an, anstelle dieses "prozeduralen Auszeichnens" die verschiedenen Elemente des Textes nur zu deklarieren. Im Sinne von SGML (Standard Generalized Markup Language) nennen wir dies das *Markieren* des Textes.

c. Das Datenbankformat

Das resultierende Format wird Datenbankformat genannt, weil es archiviert wird, um später - nachdem auch die Änderungen eingefügt sind - daraus auch die entsprechenden Patentschriften zu produzieren.

In Abb.7 findet sich der Beispieltext aus Abb.3 im Datenbankformat. Bevor diese Seite gesetz werden kann, müssen die Markierungen wie beispielsweise <<*J>> und <<*j>> für den Anfang und das Ende einer Aufzählungsliste in die entsprechenden Satzbefehle übersetzt werden, wie etwa "Rücke den linken Rand um 1cm ein" oder "mache einen vertikalen Vorschub von 1 Cicero".

Nach dem Ausschluß wird die Seite auf dem Laserbelichter LS 210 der Firma Hell belichtet und die Druckvorlage ist fertig.

d. Die Bilderfassung

Soweit die Textseite. Im neuen Produktionsverfahren gibt es aber auch die Möglichkeit die Verarbeitung der *Abbildungen* zu verbessern.

Nach dem alten Verfahren werden sie aus den Manuskripten kopiert und dann per Hand in die belichteten Vorlagen hineinmontiert. Diese Handmontage kann jetzt vom neuen Laserbelichter LS 210 übernommen werden, der auch in der Lage ist, Rasterbilder darzustellen. Zu diesem Zweck müssen die Abbildungen vorher erfaßt werden.

Für diese *Bilderfassung* setzt die Bundesdruckerei Geräte der Firma SONY ein, das SIOS (Sony Integrated Office System). Es enthält nicht nur einen leistungsfähigen Scanner, sondern auch einen Laserdrucker und einen hochauflösenden Bildschirm.

Alle Strichzeichnungen werden als Rasterbilder eingescannt in einer Auflösung von 300 Punkten pro Inch, das entspricht 12 Punkten pro Millimeter. Chemische oder mathematische Formeln, die sich nicht als Text darstellen lassen, werden als Bildelemente behandelt und ebenfalls eingescannt.

Das SIOS System der Firma Sony ist mit optischen Platten ausgestattet und fungiert gegenüber dem Satzsystem DIACOS im BS2000 System als Bildelemente-Server, d.h. die Elemente werden erst übertragen, wenn sie vom Satzsystem angefordert werden.

4. Die Austauschformate

Die Bänder, die im Rahmen des neuen Produktionsverfahrens in der Bundesdruckerei hergestellt werden, sollen dem Austausch der Patentdokumente mit den anderen Patentämtern dienen. Daher haben die drei großen Patentämter, das europäische, das japanische und das US-Patentamt, in sogenannten *trilateralen Vereinbarungen* die Austauschformate für die Magnetbänder festgelegt, für die Texte und die logische Struktur der Patentschrift das DATIMTEX Format und für die eingestreuten Abbildungen das BACON Format.

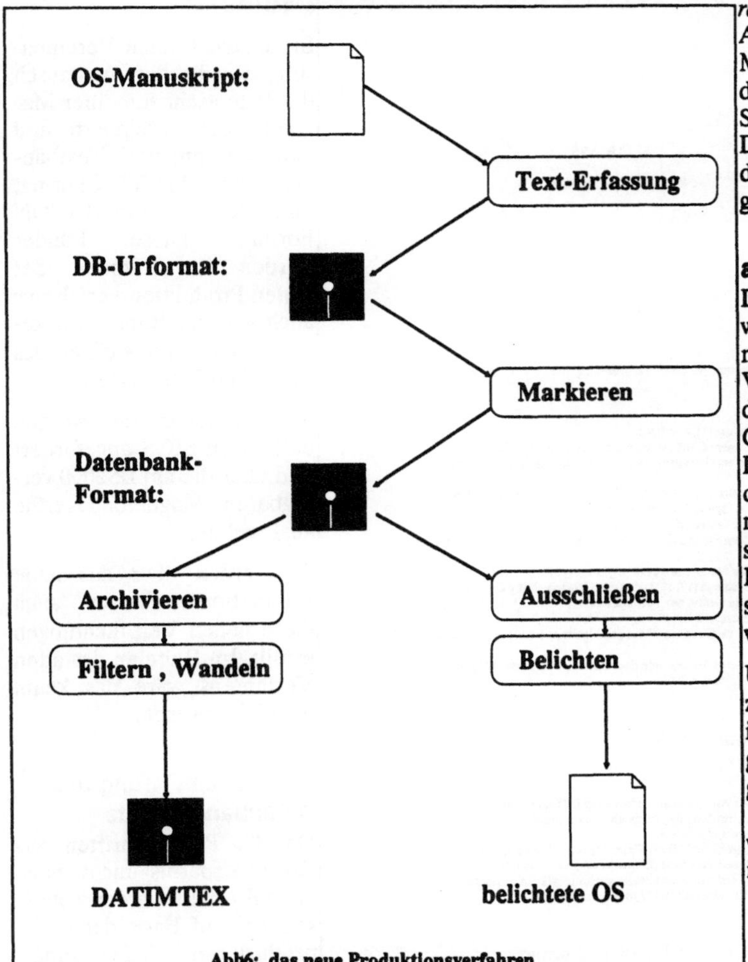

a. Das DATIMTEX Format

Das DATIMTEX-Format wird aus dem Datenbankformat abgeleitet. Es ist eine Variante von SGML, der bei der ISO genormten Standard Generalized Markup Language. Da aber nicht alle der benötigten Layoutelemente von DATIMTEX darstellbar waren, mußte das Datenbankformat als Zwischenform eingeführt werden.

Um vom Datenbankformat zu DATIMTEX zu gelangen, ist auch ein Übersetzungsvorgang nötig, wie in Abb. 6 angedeutet. Die Platzhalter <<*J>> und <<*j>> werden dann beispielsweise in <<LIST>> und <</LIST>> überführt.

Abb6: das neue Produktionsverfahren

b. Das BACON-Format

Soweit die Texte. Das BACON-Format legt fest, wie Bildelemente zu kodieren sind. Es basiert dabei auf der Modified Modified Read Kodierung (MMR) aus dem Faksimile Gruppe IV Standard und verlangt eine Auflösung von 300 Punkten pro Inch, einer Auflösung, die sich bei Tests als die minimale Auflösung herausgestellt hat, die noch akzeptable Qualität liefert.

Wir haben bei Patentschriften folgende Erfahrungen gemacht, was den Speicherplatzbedarf angeht. Ausgangsbasis sind DIN A4 Seiten, die bei 12 Linien/mm bekanntlich gut 1 Megabyte Pixeldaten haben:

	Kompressionsfaktor	Speicherbedarf
einspaltiger Text:	25	40 KB
zweispaltiger Text:	15	70 KB
Grafiken:	40	25 KB

Das zweidimensionale MMR-Verfahren hat also günstige Kompressionseigenschaften.

In der trilateralen Vereinbarung wurde der Austausch der Patentschriften über Magnetbänder vereinbart, und zwar getrennt nach Textbändern im DATIMTEX Format und Bildbändern im BACON Format. Diese Bänder werden im Rahmen des neuen Produktionsverfahrens auch von der Bundesdruckerei erstellt - im Auftrag des deutschen Patentamts.

Die Bildelemente werden dafür vom SIOS angefordert und über die am BS2000 verfügbaren Magnetbandgeräte ausgegeben.

So werden über das neue Produktionsverfahren auch diese neuen Verpflichtungen erfüllt. Im Rahmen des alten Verfahrens wäre das kaum möglich gewesen.

```
Datenbank-Format

Aktenzeichen: 3718535
Prüfziffer: 7
Art der Schrift: A1
Ländercode: DE

2 000270
                    37 18 535
            <<*=A:Patentansprüche>>

3 000271
                    37 18 535
<<*Q:1>>
<<*J>>
   <<*I1>>1. Kraftstoffeinspritzpumpe für einen Verbrennungsmotor,<<*i>>
<<*=b>>

<<*J>>
      <<*I2>>a) mit einem Gehäuse (1),<<*i>>
      <<*I2>>b) mit einem in diesem Gehäuse angeordneten Pumpenkolben (3),<<*i>>
      <<*I2>>c) mit einer in diesem Gehäuse (1) vom Pumpenkolben (3) begrenzten
      Druckkammer (6),<<*i>>
      <<*I2>>d) mit einer Antriebsvorrichtung (7, 8, 9) zum hin- und hergehenden
      Antrieb dieses Pumpenkolbens (3) und zum Fördern des in diese
      Druckkammer (6) angesaugten Kraftstoffs,<<*i>>
      <<*I2>>e) mit einer auf dem Pumpenkolben (3) verschiebbar angeordneten Steuerhülse
      (15),<<*i>>
      <<*I2>>f) mit welcher eine Steuerstange (17, 19) in Eingriff steht,<<*i>>
      <<*I2>>f1) welche Steuerstange (17, 19) zur axialen Verschiebung der Steuerhülse
      (15) winkelverstellbar ist, um die Größe des Vorhubs des
      Pumpenkolbens (3) zu verändern,<<*i>>
      <<*I2>>g) ferner mit zwei im Gehäuse (1) ausgebildeten Aufnahmeausnehmungen (27,
      29),<<*i>>
      <<*I2>>g1) in welchen gegenüberliegende Endabschnitte (17a bzw. 17b) der
      Steuerstange (17) angeordnet sind,<<*i>>
<<*j>>
<<*=b>>

   <<*I1>>dadurch gekennzeichnet,<<*i>>
<<*=b>>

<<*J>>
      <<*I2>>h) daß in einer der Aufnahmeausnehmungen (27) ein selbsteinstellendes
      Lager (26) angeordnet ist, welches den zugeordneten Endabschnitt
      (17a) der Steuerstange (17) lagert,<<*i>>
      <<*I2>>i) daß Befestigungsmittel (28) zur Fixierung des selbsteinstellenden
      Lagers (26) in dieser Aufnahmeausnehmung (27) vorgesehen sind,<<*i>>
      <<*I2>>k) und daß in der anderen Aufnahmeausnehmung (29) eine Buchse (30)
      zur Abstützung des anderen Endabschnitts (17b) der Steuerstange
      (17) vorgesehen ist.<<*i>>
<<*j>>
<<*=b>>
```

Abb.7: Textseite im Datenbankformat

5. Die Archivierung des Datenbankformats

Da die Patentschriften aus Kostenersparnis nicht noch einmal erfaßt werden sollen, sondern auf Basis der schon produzierten Offenlegungs-schriften hergestellt werden, bleibt als Aufgabe, das Datenbankformat aufzubewahren. Leider werden die Patentschriften nicht in derselben Reihenfolge wie die Offenlegungsschriften produziert. Dann wäre alles einfach, denn es müßten nur die optischen Platten in derselben Reihenfolge wieder eingespielt werden,in der sie aufgenommen wurden. Tatsächlich aber muß bei der Produktion von Patentschriften auf Offenlegungs-Schriften zugegriffen werden können, die im Zeitraum der letzten 6 Jahre produziert worden sind.

Wie groß ist das entsprechende Datenvolumen?

Pro Woche werden durchschnittlich 700 Offenlegungs-Schriften produziert. Diese enthalten durchschnittlich

Seitentyp		Speicherbedarf
1700	Din A4 Anhangsseiten	à 30 KB
1050	Bildelemente innerhalb des Textes	à 13 KB
350	Titelseiten mit Hauptzeichnung	à 40 KB

so daß wöchentlich mit *80 Megabyte* Speicherplatzbedarf zu rechnen ist, das entspricht 25 Gigabyte über einen Zeitraum von 6 Jahren.

Hinzu kommt noch das Speichervolumen für die Textseiten im Datenbankformat, ca. 12 Gigabyte.

Diese *37 Gigabyte* können nur mit Hilfe einer Jukebox im wahlfreien Zugriff für die Patentschriften-Produktion aufbewahrt werden, d.h. einem Plattenwechsler für optische Platten. Die Sony-Jukebox kann bis zu fünfzig dieser (beidseitig beschriebenen) WORM-Platten enthalten und erlaubt daher ein maximales Speichervolumen von 160 Gigabyte.

IV. Die Prüfstoffsammlung

Die Prüfstoffsammlung spielt die zentrale Rolle bei der Prüfung, ob eine eingereichte Patentanmeldung ein schon vorliegendes Patent verletzt. Die Raumprobleme, die wir für den Schriftenversand feststellen konnten, gibt es natürlich auch für die Prüfstoffsammlung. Hier ist zwar jede Patentschrift in der Regel nur einmal enthalten, dafür gibt es aber einen riesigen Altbestand.

1. Raumprobleme mit der Prüfstoff-Sammlung in Papierform

a. Zuwächse in die Prüfstoffsammlung pro Jahr

Die jährlichen Zuwächse an deutschen Patenten können der folgenden Tabelle entnommen werden.

	1986	1987
deutsche Patentanmeldungen (OS)	32180	43036
ausländische Patentanmeldungen (OS)	12590	12421
erteilte Patente (PS)	21882	23691
erteilte Gebrauchsmuster	11619	14803
erteilte Warenzeichen	14195	14487

Aber neben den deutschen Patenten fließt auch noch anderer Prüfstoff in das Archiv des deutschen Patentamts:

deutsche Patente insgesamt	ca. 100000
ausländische Patente im Austausch	ca. 250000
japanische Abstrakts	ca. 100000
sonstige Fachliteratur	ca. 100000

b. Bestand der Prüfstoffsammlung

Der Bestand an Prüfstoff, der sich im deutschen Patentamt seit mehr als neunzig Jahren angesammelt hat, ist beachtlich:

deutsche Patente insgesamt	ca. 6 Millionen
ausländische Patente im Austausch	ca. 14 Millionen
japanische Abstrakts	ca. 1 Million
sonstige Fachliteratur	ca. 5 Millionen

c. Resultierende Stahlschränke und ihre Aufstellung

Der Prüfstoff ist soweit als möglich in unmittelbarer Nähe des Prüfers in Stahlschränken untergebracht. Jeder Stahlschrank kann bis zu 100 Prüfstoffmappen enthalten, die jeweils bis zu hundert Dokumente enthalten. Im DPA gibt es mehr als 500 solcher Stahlschränke und der jährliche Zuwachs wird mit 40 bis 50 Schränken angegeben. Jeder Stahlschrank wiegt ca. 450kg. Feuerpolizeiliche und statische Gutachten lassen aber die Aufstellung weiterer Stahlschränke nicht mehr zu, es müssen im Gegenteil Stahlschränke entfernt werden.

2. Ist Mikroverfilmung die Lösung?

a. Wie ist der Zugriff auf die Sammlung verteilt?

Die Wahrscheinlichkeit, mit der ein Prüfer auf ein Dokument zugreift, hängt stark von Alter und Herkunft der Schrift ab: - je jünger ein Dokument, desto wahrscheilicher ist ein Zugriff und - deutsche Dokumente werden stärker als englischsprachige zugegriffen, diese stärker als französische, usw. Obwohl also der Altbestand vor 1968 den größeren Teil ausmacht und obwohl die ausländische Patentdokumente weitaus zahlreicher als die deutschen sind, obwohl die Gruppe der deutschen Patentdokumente der letzten zwanzig Jahre also nur einen Anteil von knapp 20% hat, vereinigt diese Gruppe über 50% der Zugriffe auf sich.

b. Welche Teile sollen verfilmt werden?

Die Antwort ist naheliegend: fängt man bei der platzsparenden Verfilmung mit dem wenig genutzten Bestandes an, so können die Prüfer den wesentlichen Teil ihrer Arbeit weiterhin wie gewohnt mit der Papierform der Dokumente vornehmen. Vereinigt man die Mikroverfilmung gleichzeitig mit einer Erfassung der Zusammenfassungen, so können die relevanten älteren bzw. ausländischen Patentdokumente per EDV recherchiert und "automatisch" retrieved werden.

Der Vorteil der Mikroverfilmung ist eindeutig die *Platzersparnis*.

Der Nachteil dagegen besteht in einem *erschwerter Zugang*.

c. Soll man die ganze Prüfstoffsammlung mikroverfilmen?

Die Erfahrungen des japanischen Patentamtes mit Ultra-Micro-Fiches (UMF), die frühzeitig probeweise eingeführt wurden, ergaben, daß das Verfahren folgende Nachteile hat:

Die Qualität der Papierrückvergrößerung ist nur dann akzeptabel, wenn eine *manuelle* Fokussierung erfolgt. Das erschwert die angestrebte Automatisierung der Vorgänge.

UMF läßt sich nur schwer in einen Verbund mit EDV-gestützten Kommunikations- und Retrieval-Systemen bringen, da es auf einer analogen Darstellung basiert im Gegensatz zu der benötigten digitalen. Bei UMF-Scannern hat man wieder Fokussierungsprobleme.

Aus diesen Gründen hat das japanische Patentamt schon 1980 einen Schwenk zur optischen, einmalbeschreibbaren Platte vollzogen (WORM) und auch das US-Patentamt verfolgt diese Linie.

V. Der Schriften-Vertrieb

Das Europäischen Patentamt (EPA) in München ist in einer vergleichbaren Situation wie das Deutsche Patentamt: die Papierarchive "laufen über" und, da im Zentrum von München an Erweiterungsbauten nicht zu denken ist, müssen die Lösungen bei den neuen Medien gesucht werden.

1. Das IRES-Projekt

In einem Pilotprojekt unter dem Namen IRES (Image Reproduction System) hat das EPA Anfang 1987 folgendes Projekt europaweit ausgeschrieben: Aus einem Bestand von 140 000 Patentschriften (mit durchschnittlich 24 Seiten) sollen täglich, d.h. in einem Zeitraum von 7 Stunden, 350 Patentschriften elektronisch reproduziert werden.

Dies entspricht nur 10% des täglichen Bestellvolumens, das der Schriftenvertrieb des EPA bewältigen muß, die restlichen 90% werden nach dem *traditionellen Verfahren* verschickt, das folgendermaßen funktioniert:

Zwischen 10 und 20 Exemplare einer Patentschrift lagern jeweils in einem Fach. Wenn eine Liste von Patentenschriften bestellt wird, geht eine Angestellter durch die langen Gänge des Kellers und sammelt die bestellten Schriften zusammen. Immer dann, wenn 10 oder weniger Schriften in einem Fach lagern, werden 10 weitere Exemplare per Fotokopie hergestellt. Dieses Verfahren ist nicht nur recht arbeitsintensiv, es erfordert auch große Papierarchive.

Bei den Patentschriften, die angefordert werden, kann man zwischen "*Rennern*" und "*Ladenhütern*" unterscheiden. Die Renner , das sind zwar nur 10% des Bestandes, machen aber 90% der Bestellungen aus. Bei den Ladenhütern ist es umgekehrt: obwohl sie 90% des Platzes einnehmen, tragen sie nur mit 10% zum Umsatz bei.

Da eine vollständige Automatisierung des Archivs nur mit sehr großem technischen Aufwand möglich ist, verfolgt das Europäische Patentamt mit dem IRES-Projekt das (bescheidenere) Ziel, die Ladenhüter als Faksimile zu drucken, und so 90% der Fläche des Papier-Archivs einzusparen, die Renner aber weiter nach dem traditionellen Verfahren bereitzustellen.

2. Der Datenbestand

Die 140 000 Patentschriften, welche die Daten-Basis des IRES-Systems darstellen, wurden im Rahmen des BACON-Projektes erfaßt - in dem Format, das unter III.4.b als BACON-Format beschrieben wurde. Dabei werden allerdings nicht nur die Abbildungen, sondern jeweils die ganzen Seiten als Faksimiles gescannt. Die resultierenden 3,5 Millionen Seiten stellen nur 5% des gesamten Bestandes des EPAs dar, der im Rahmen des BACON-Projektes (nach-)erfaßt wird.

3. Das IRES-System

Da eine Patentschriften-Seite als MMR kodiertes Faksimile ca. 60 Kilobyte Speicher benötigt, ergibt sich ein Speicherbedarf von 210 Gigabyte für die 140 000 Patentschriften. Wie in Abb.8 zu sehen ist, wurden dafür zwei *Jukeboxes* der Firma Sony eingesetzt, die an SIOS-Systemen angeschlossen sind.

Das IRES-System bietet die Möglichkeit, alle Schriften eines Auftrags hintereinander auszugeben, zusammen mit einem Deckblatt mit der Postanschrift des Kunden, so daß jeder Auftrag nur noch eingetütet werden muß. Da die angeforderten Schriften auf verschiedenen optischen Platten und möglicherweise auch auf verschiedenen Jukeboxes gespeichert sind, werden die Schriften eines Auftrags in einer ersten Phase erst einmal auf der Festplatte zusammengetragen und dann hintereinander ausgegeben.

Dabei muß der Zugriff auf die einzelnen optischen Platten *optimiert* werden, denn jeder Wechsel kostet 7 Sekunden Zeit. Es bietet sich also an, gleichzeitig eine Reihe von Aufträgen zu bearbeiten, und dabei alle Schriften, die diese Aufträge von einer Platte benötigen, zu retrieven. Da zwei Laufwerke in jeder Jukebox zur Verfügung stehen, kann die nächste benötigte Platte schon in das freie Laufwerk gebracht werden, wenn von der aktuellen Platte noch gelesen wird.

Die Drucker sind über eine Videoschnittstellen mit dem SIOS gekoppelt, und erreichen eine Druckgeschwindigkeit von 15 Seiten pro Minute, bzw. 7 Seiten bei doppelseitigem Druck. Das klingt zunächst gering. Jede dieser Faksimile-

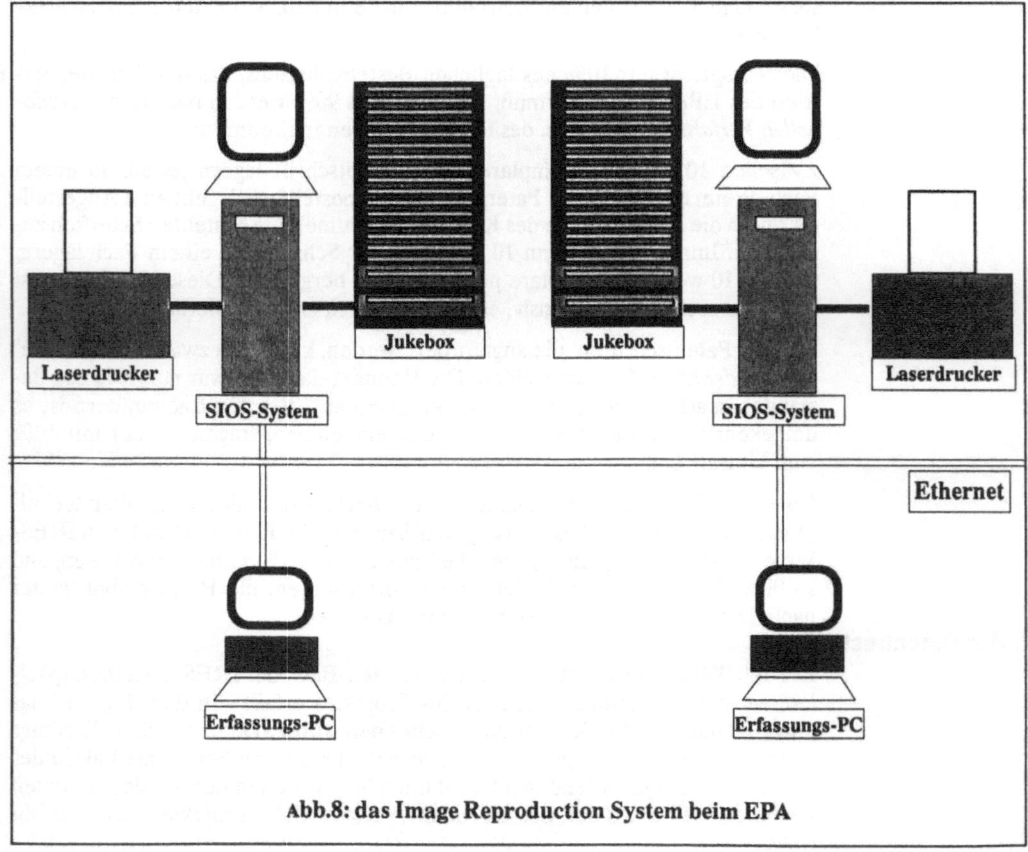

Abb.8: das Image Reproduction System beim EPA

seiten entspricht aber 1,1 Megabyte an Rasterdaten, die übertragen werden müssen. Die resultierende *Übertragungsrate* am Drucker ist daher 2,2 Megabit pro Sekunde, eine Geschwindigkeit, die sich mit herkömmlichen Systemkonzepten nicht erreichen läßt.

VI. Zusammenfassung

Dieser Bericht beruht auf Erfahrungen, die der Autor als Projektleiter bei der Sietec in Berlin gesammelt hat. Dabei wurde die *Bilderfassung für die Bundesdruckerei*, siehe Abb.9, erstellt und das "*Image Reproduktion System*" für das Europäische Patentamt. Neben der MegaDoc-Installation bei Gruner und Jahr in Hamburg sind diese Systeme Wegbereiter für einen weitverbreiteten Einsatz von optischen Speichern zur Ablösung von Papier-Archiven.

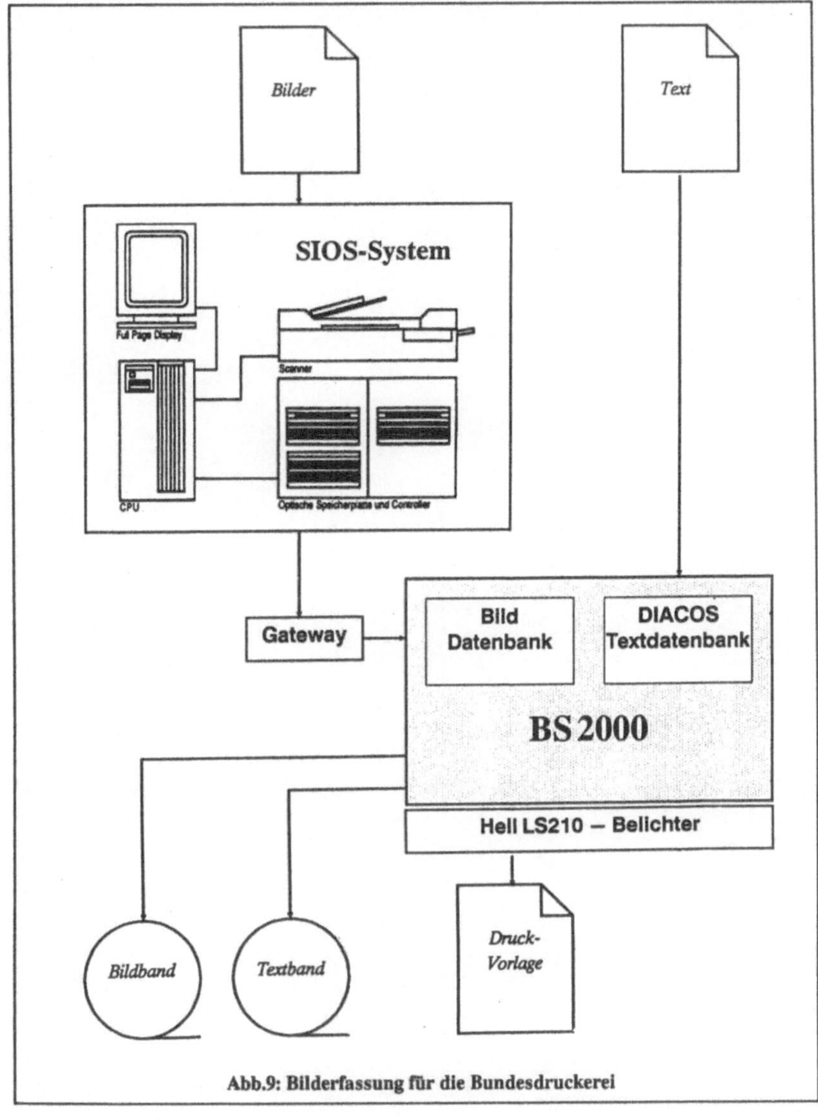

Abb.9: Bilderfassung für die Bundesdruckerei

Fachgespräch

Soziale Beherrschbarkeit vernetzter Systeme

Die Frage der technischen und sozialen Beherrschbarkeit von betrieblichen und überbetrieblichen Computernetzen wird vermutlich eine der zentralen Fragen der 90er Jahre sein.

Die Frage der sozialen Beherrschbarkeit stellt sich auf drei Ebenen. Sie stellt sich zunächst bei den Infrastrukturplänen der Deutschen Bundespost, die in den nächsten 30 Jahren über die Digitalisierung des Fernsprechnetzes und die Einrichtung eines ISDN schließlich ein Glasfaseruniversalnetz aufbauen will.

Zum zweiten kann mittlerweile die Frage der sozialen Beherrschbarkeit nicht mehr nur in den Grenzen der Bundesrepublik betrachtet werden. Durch die EG werden Normungen und Standards beschlossen, ohne daß die soziale, z.B. rechtliche, Entwicklung synchronisiert wird. Die ersten drei Beiträge werden die Gefährdungslage näher beschreiben. Im zweiten Teil sollen die verschiedenen Ebenen der Gestaltbarkeit und Beherrschbarkeit diskutiert werden. Eine dritte Ebene sollte sich mit den strukturellen Veränderungen auseinandersetzen, die durch die Integration von Telekommunikation und Informationstechnik in den verschiedenenBranchen, Märkten und Unternehmen hervorgerufen werden. Zur Durchsetzung von Rationalisierungs- und Konkurrenzstrategien werden zunehmend Fernmeldedienste und -netze in die Überlegungen einbezogen („Informationstechnik als strategische Waffe im Wettbewerb").

Zusätzlich zu den hier abgedruckten Vorträgen werden in diesem Fachgespräch die Vorträge H.-W. HEIBEY „Für eine breitere Diskussion über das Für und Wider des ISDN – Empfehlungen der Gesellschaft für Informatik" und H. KUBICEK „Probleme der Sicherung des Grundrechts auf informationelle Selbstbestimmung bei der geplanten Neuordnung der Telekommunikation auf nationaler und EG-Ebene" gehalten. Die schriftliche Fassung lag zum Zeitpunkt der Drucklegung noch nicht vor.

Programmkomitee für dieses Fachgespräch:

H. Brinckmann (Gesamthochschule Kassel), A. Rolf (Universität Hamburg, Vorsitz), R. Vahrenkamp (Gesamthochschule Kassel), F. Vogt (Universität Hamburg), H. Volkmann (Siemens AG)

Peter Berger/Herbert van Gerpen

INFORMATIONS- UND KOMMUNIKATIONSTECHNIKEN IM DIENSTLEISTUNGSSEKTOR: KONKURRENZSTRATEGIEN UND TAYLORISIERUNG CHARAKTERISIEREN DIE RATIONALISIERUNG DER DIENSTLEISTUNGSARBEIT

Vorbemerkung: Neue Formen der Arbeitsteilung

In der seit Mitte der siebziger Jahre anhaltenden Krise wird den technologischen Veränderungen im Prozeß der Restrukturierung[1] des kapitalistischen Systems und zur Eröffnung neuer Entwicklungsperspektiven ein bedeutender Stellenwert eingeräumt. Neben der Biotechnologie gelten speziell die Informations- und Kommunikationstechniken als eine Schlüsseltechnologie für die Wettbewerbsfähigkeit hochentwickelter Industriegesellschaften mit tiefgreifenden Auswirkungen auf die gesamte Wirtschaft und Gesellschaft. Für die Rationalisierung der Dienstleistungsarbeiten wird ihnen sowohl von den privaten als auch öffentlichen Dienstleistungsunternehmen und Verwaltungen eine innovationsstrategische Bedeutung beigemessen. Die Relevanz dieser Entwicklungen ergibt sich aus den sich ändernden Wettbewerbsbeziehungen auf nationalen und internationalen Teilmärkten sowie aus Verschiebungen zwischen Produktion und Dienstleistungen, die wohl am deutlichsten durch den Strukturwandel in der Kette Produktion - Transport - Lagerhaltung - Handel sichtbar werden und die Stoßrichtung der integrierenden und branchenübergreifenden Rationalisierungen markieren.[2]

Diesem Strukturwandel liegen säkulare Vergesellschaftungsprozesse der Produktions- und Austauschsphäre zugrunde, die durch die Industrialisierung weiterer gesellschaftlicher Bereiche und Ausdifferenzierungen konkreter Arbeitsprozesse und Tätigkeiten charakterisiert sind. Die damit einhergehende Zunahme tertiärer Tätigkeiten ist wesentlich auf einen Anstieg der spezialisierten produktionsorientierten Dienstleistungen zurückzuführen. Dieser Prozeß wachsender Arbeitsteilung erfordert zugleich zentralisierende Tendenzen, neue Kontrollmöglichkeiten und Rationalisierungen, die zum Beispiel zu einer Verkürzung der Umschlagszeiten führen und die Lagerhaltungs- und Zinskosten senken.

Während die Dienstleistungen im Rahmen einer sektoralen Betrachtung der Gesamtwirtschaft anteilsmäßig weiter an Bedeutung gewinnen, sind mittlerweile sowohl die arbeitsmarktpolitisch motivierten Hoffnungen, daß sie die im primären und sekundären Sektor freigesetzten Arbeitskräfte auffangen könnten, begraben worden, als auch die von der Drei-Sektoren-Hypothese ausgehenden Spekulationen über eine postindu-

1 Vgl. zur "Restrukturierungskrise" Hoffmann, J.: Zersetzungsprodukt oder strukturierender Faktor in der Restrukturierungskrise? - Gewerkschaftspolitik in der Bundesrepublik in den 80er Jahren: ein Szenario, in: Prokla 64, S. 8-30.

2 Vgl. dazu Altmann, N., Düll, K.: Rationalisierung und neue Verhandlungsprobleme im Betrieb, in: WSI-Mitteilungen 5/1987, S. 261 ff.

strielle oder Informationsgesellschaft verflogen.[1] Die Aufmerksamkeit richtet sich nun zunehmend auf die mit dem verstärkten Technikeinsatz und den Rationalisierungsbemühungen einhergehenden Veränderungen in der Dienstleistungserstellung sowie ihren sozialen, kulturellen und politischen Implikationen. Umstritten sind dabei u.a. die Einschätzungen zum Rationalisierungscharakter, zu den Veränderungen in der Arbeitsorganisation und zu den Gestaltungspotentialen der neuen Technologien. Teile der Industriesoziologie[2] müssen sich in diesem Zusammenhang u.E. den Vorwurf gefallen lassen, mit ihren Imaginationen zum "Ende der Arbeitsteilung" und "Abschied vom Taylorismus" den Grundstein für neue Mythenbildungen zu legen.[3] Im folgenden werden gestützt auf eigene empirische Untersuchungen[4] Aspekte der Dienstleistungsrationalisierung dargestellt, die sich auf Unternehmensstrategien, Rationalisierungsmuster und -konzepte sowie Fragen der Arbeitsorganisation konzentrieren.

1. WETTBEWERBSSTRATEGIEN, RATIONALISIERUNGSMUSTER UND EINFÜHRUNGSZIELE: VERDRÄNGUNGSWETTBEWERB UND INNERBETRIEBLICHE EFFEKTIVIERUNG

1.1 Trotz Marktbeschränkungen: Konkurrenz und Wettbewerbsfähigkeit bestimmen Verlauf und Ausprägung der Rationalisierungsprozesse

Der Dienstleistungssektor ist als statistische Residualkategorie auch intrasektoral eine Aggregation höchst unterschiedlicher Teilbereiche, die größere ökonomische Differenzierungen hinsichtlich ihres inneren Zusammenhangs mit der Produktion ("Vorleistungsverflechtung"), ihrer Vermittlungsfunktion, der unmittelbaren Endnachfrage und der Marktgegebenheiten aufweisen, deren Umfang und Struktur aber größtenteils durch die allgemeinen Gesetzmäßigkeiten des kapitalistischen Reproduktionsprozesses reguliert werden. Obwohl allgemein im Dienstleistungsbereich im Vergleich zur Industrie mit mehr Marktbeschränkungen staatlicher Art zu rechnen ist (Märkte mit administrierten Preisen, Marktzutrittsregelungen etc.), ist dennoch auch für die große Mehrheit der Unternehmen die Produktion marktbezogener Dienstleistungen typisch, d.h. daß Produktion und Nachfrage unter kapitalistischen Marktbedingungen erfolgen und die Konkurrenz die grundlegenden Formen der Rationalisierung bestimmt.[5]

---

1 Siehe dazu u.a. Kubicek, H.: Der Mythos der Informationsgesellschaft, in: GMH 6/86; Scharpf, F.W.: Strukturen der post-industriellen Gesellschaft, in: Wirtschaft und Gesellschaft (11.) 1985, Heft 1; ifo-schnelldienst 14-15/87: Dienstleistungen: Auf dem Weg zu einer neuen Arbeitsteilung.

2 Siehe vor allem Kern, H. Schumann, M.: Das Ende der Arbeitsteilung? München 1984; Baethge, M., Oberbeck, H.: Zukunft der Angestellten, Frankfurt/New York 1986.

3 Vgl. zur Kritik derartiger Ansätze insbesondere Malsch, Th., Seltz, R. (Hrsg.): Die neuen Produktionskonzepte auf dem Prüfstand, Berlin 1987.

4 Berger, P., van Gerpen, H.: IuK Techniken und Entwicklung der Dienstleistungsarbeit, Hamburg 1988.

5 Vgl. auch Schmidt, R.: Die ökonomischen Implikationen der industriellen Flexibilisierungsstrategien und die arbeitspolitische Relativierung der "Neuen Produktionskonzepte", in: Malsch/Seltz (Hrsg.): Die neuen Produktionskonzepte auf dem Prüfstand, a.a.O., S. 255.

Damit soll der grobe Zuschnitt, d.h. die Hauptlinie der Rationalisierungsprozesse zur Senkung der Verwaltungs- und Personalkosten im Zusammenhang einer allgemeinen Effizienzsteigerung beschrieben werden. Das schließt selbstverständlich Differenzierungen der Rationalisierungsprozesse nach Unterschiedlichkeit der Produktionsprozesse nicht aus. Auch sind Modifikationen und Erprobungen unterschiedlicher Konzepte in einer (noch nicht abgeschlossenen) Übergangsphase zu beobachten. Es muß allerdings davor gewarnt werden, unterschiedlichen Rationalisierungsständen (gemessen am Technikeinsatz) bei vergleichbaren Unternehmen oder divergierenden Managementansichten zum EDV-Einsatz (etwa typischerweise zwischen der EDV- oder Organisationsabteilung und der Personalabteilung) die Weihen alternativer Rationalisierungsphilosophien zu verleihen.

Auch in den Bereichen mit stark eingeschränkten oder fehlendem Wettbewerb sind im Prinzip ähnliche Rationalisierungsmuster vorhanden, etwa beim Vergleich gesetzlicher Krankenkassen, Einrichtungen des Gesundheitswesens oder Organisationen ohne Erwerbscharakter mit Banken und Versicherungen. Selbst die Grundsätze des IuK-Einsatzes in Öffentlichen Verwaltungen reduzieren sich in ihrem Kern auf das Rationalisierungsziel einer produktiveren Aufgabengestaltung mit verringertem Aufwand (und das heißt allemal Senkung der Personalkosten und Abbau von Arbeitsplätzen). Eindeutig an der Effizienzsteigerung orientiert, soll die Kostenreduzierung die Verwaltung in der Länderkonkurrenz wettbewerbsfähig halten.

Die Branchensituation und -perspektive ist in wesentlichen Teilen des Dienstleistungssektors durch eine Verschärfung des Konkurrenzkampfes und einen zunehmenden **Verdrängungswettbewerb** gekennzeichnet, der sich in den 90er Jahren durchaus noch steigern könnte. Neue Wettbewerbssituationen entstehen z.B. auf dem Markt der Finanzdienstleistungen, im Verlags- und Medienwesen und im Bereich der Sozialversicherungen. Auch unabhängig von dem für 1992 geplanten EG-Binnenmarkt wird mit ausländischer Konkurrenz im Versicherungsbereich, im Reisebürogeschäft und bei den Printmedien gerechnet.

Unternehmerische **Wettbewerbsstrategien** sind vorrangig auf eine **verstärkte Marktdurchdringung** mit vorhandenen Produkten und Dienstleistungen gerichtet, so daß sich bei teilweise stagnierenden Märkten und niedrigen Wachstumsraten der Verdrängungswettbewerb zwangsläufig verschärfen muß. Gleichzeitig werden von den Unternehmen Kostensenkungsstrategien verfolgt, wobei die Reduzierung der Verwaltungskosten - das betrifft in erster Linie die Personalkosten - im Vordergrund steht.

Die Informations- und Kommunikationstechniken begünstigen bzw. ermöglichen außerdem Veränderungen in der Gewinn- und Machtverteilung zwischen Warenproduzenten und Vermittlern des Zirkulationsprozesses (Transport-, Handels-, Bank- und Versicherungsunternehmen) und anderen Dienstleistern. Die Arbeitsteilung erhält dabei in vielen Bereichen eine neue Dimension. Jedoch ist hervorzuheben, daß die Veränderungsrichtung weder einseitig verläuft, noch von vornherein festgelegt ist, vielmehr durchaus entgegengesetzte Trends zu beobachten sind. Kann also etwa die Automobilindustrie ihre Position gegenüber Zulieferern und dem Handel stärken, trägt die Implementierung moderner Techniken insbesondere im Lebensmittelhandel eindeutig zu einer Vergrößerung der Spielräume ("Nachfragemacht des Handels") gegenüber den Produzenten bei - wie auch die Konzentrationstendenzen innerhalb dieser Branche dadurch befördert werden. Unter dem Stichwort **"logistische Dienstleistung"** vollzieht sich auf den Transportmärkten zwischen Industrie und Handel ein Wandel in der Arbeitsteilung, der zwar für die Spediteure zu einer geänderten Aufgabenstellung führt, aber offensichtlich mittel- und langfristig die Position der großen Speditionsunternehmen durch das Eindringen in andere Tätigkeitsfelder verstärkt und ihnen neue Expansionsmöglichkeiten eröffnet.

Auch intrasektoral eröffnen zum Teil noch in der Entwicklung befindliche Technologien bereits im Vorfeld ihrer Einführung ein erhebliches Positionsgerangel. Auf einem Milliardenmarkt sorgt das geplante bargeldlose (elektronische) Zahlen an der Ladenkasse im Wege des point-of-sale-(POS)-banking zwischen der Kreditwirtschaft und dem Handel für schlagzeilenträchtige Auseinandersetzungen um Gebührenregelungen und Abwicklungsfragen. In diesem Zusammenhang ist auch die forcierte Ausbreitung der Kreditkarten (Plastikgeld) durch die etablierten Kreditkartenorganisationen und Neuanbieter der Plastikkarten wie Sparkassen und Handelsunternehmen zu sehen.

1.2 Übertragung industrieller Rationalisierungsmuster oder Rationalisierungsresistenz tertiärer Tätigkeiten?

Der Übergang zur Dienstleistungsgesellschaft basiert im Rahmen der Drei-Sektoren-Hypothese auf der zentralen Annahme, daß die Arbeitsproduktivität im Dienstleistungssektor langsamer steigt als in der Industrie. Diese Annahme war ebenso wie die in der sozialwissenschaftlichen Forschung vertretene These einer Rationalisierungsresistenz[1] des Dienstleistungssektors schon durch die seit längerer Zeit vorliegenden ökonomischen Analysen zur Entwicklung der Produktivitäten und des Kapitalstocks[2] brüchig geworden und muß mittlerweile als eindeutig widerlegt betrachtet werden.[3] Aufgrund sinkender Renditen und steigenden Wettbewerbsdrucks sind die Bürobereicheund Dienstleistungsaktivitäten einem erheblichen Rationalisierungszwang und dem Aufbau bedeutender Rationalisierungspotentiale ausgesetzt. Analysen zeigen, daß durch den Einsatz neuer Techniken einige Wirtschaftszweige des Tertiärsektors sogar zu Spitzenreitern bei Arbeitsproduktivitätssteigerungen geworden sind.[4]

Es kann also davon ausgegangen werden, daß die Dienstleistungsbeschäftigten aufgrund der hohen Personalkostenanteile immer unter Rationalisierungsdruck stehen und das Prinzip der industriellen Rationalisierung im wesentlichen auch für die Büro- und Dientleistungsaktivitäten zur Anwendung kommt.[5]

---

1 Siehe z.B. Berger, U.: Wachstum und Rationalisierung der industriellen Dienstleistungsarbeit, Frankfurt/New York 1984; Offe, C.: "Arbeitsgesellschaft": Strukturprobleme und Zukunftsperspektiven, Frankfurt/New York 1984.

2 Zu nennen ist hier in erster Linie die Strukturberichterstattung der Wirtschaftsforschungsinstitute.

3 So zuletzt das Ifo-Institut für Wirtschaftsforschung (vgl. ifo-schnelldienst 14-15/87, S. 4.)

4 Vgl. DIW-Wochenbericht 34/87, S. 465.

5 Vgl. Scholz, L.: Auf dem Weg in die "Informationsgesellschaft"? in: ifo-schnelldienst 20/85, S. 7-13.

Beschleunigt wird dieser Prozeß nicht zuletzt durch die Möglichkeit, daß ehemals ausgelagerte Tätigkeiten mit dem Einsatz der Informations- und Kommunikationstechniken reintegriert werden können. Dadurch geraten die Anbieter spezialisierter Dienstleistungen unter einen Preis- und Rationalisierungsdruck. Im allgemeinen hängt die Entscheidung der Unternehmen darüber, ob Dienstleistungen zugekauft oder in Eigenproduktion erstellt werden, immer von den Kosten ab.[1] Dieser Gesichtspunkt ist seit Jahren ein wesentlicher Bestandteil der von Unternehmensberatungsfirmen erstellten Rationalisierungskonzepte und Gemeinkostenwertanalysen.

In der wirtschaftlichen Praxis gilt dies sowohl für Unternehmen des Verarbeitenden Gewerbes als auch für Unternehmen des Dienstleistungssektors. Dies kann nur als Ausdruck dafür gesehen werden, daß trotz aller Unterschiede in der Geschäftstätigkeit und im Produktionsgegenstand relevante vergleichbare ökonomische Zusammenhänge und Tatbestände vorliegen. Zwar sind die Unterschiede in der Warenproduktion eines Industriebetriebes im Vergleich zu einem Dienstleistungsunternehmen manifest und hinsichtlich der stofflichen Differenzierungen nach materieller und immaterieller Güterproduktion weitgehend unveränderlich.[2] Jedoch zeichnen sich für wichtige Produktionsbedingungen und -merkmale wie Kapitalausstattung, Produktivität der jeweiligen Arbeiten etc. tendenziell annähernde Verhältnisse ab. Die Konvergenz wird auch von den Strukturforschern des ifo-Instituts für Wirtschaftsforschung dahingehend gedeutet, daß

> "... sich durch den Einsatz neuer Techniken, insbesondere der Informations- und Kommunikationstechniken, auch für den Dienstleistungssektor Rationalisierungspotentiale erschlossen haben, die die Unterschiede zwischen industrieller Warenproduktion und Dienstleistungserstellung tendentiell aufheben."[3]

Diese Zusammenhänge implizieren, daß industrielle Rationalisierungsmuster auf die Dienstleistungsbereiche übertragen werden können und dort zur Anwendung gelangen. Das stützt prinzipiell die Beobachtung fortschreitender Industrialisierbarkeit immaterieller Produktionsprozesse,[4] die sich vollständig erst aus dem Gesamtzusammenhang der Kapitalbewegungen und Veränderungen in den Verwertungsbedingungen erschließen. Aufschlußreich ist in dieser Hinsicht eine Äußerung von Beckurts,[5] die auf strukturelle Zusam-

---

1 Neben unmittelbaren Kostenbetrachtungen spielen zudem Kontrollaspekte und Synergieeffekte eine bedeutende Rolle in den Überlegungen zur Eigenproduktion.

2 Zwischen den in der Statistik institutionell abgegrenzten Sektoren gibt es natürlich zum Teil fließende Übergänge. Die stoffliche Differenzierung als Nebenbestimmung produktiver Arbeit hat in der Geschichte ökonomischer Theorien reichlich Anlaß zum Übersehen der prinzipiell bestimmenden "differentia specifica" gegeben, die im Austausch von Arbeit gegen Kapital anstelle von Revenue besteht (vgl. zur Diskussion um produktive und unproduktive Arbeit vor allem Karl Marx im ersten Band der Theorien über den Mehrwert, MEW 26.1, S. 122-277 und S. 363-388). Bei der heutigen Größe des Dienstleistungssektors, des dort angelegten Kapitals und der differenzierten Struktur von Industrieunternehmen - unmittelbare Fertigungsarbeiten sind vielfach nur noch ein geringer Prozentsatz der gesamten Arbeitsprozesse - sind die Grenzen zwischen produktiver und unproduktiver Arbeit neu zu ziehen und ist vor allem die kapitalistische Form der Produktion im Dienstleistungsbereich herauszuarbeiten und zu sehen, daß - wie Braverman es ausdrückte -, die nützlichen Wirkungen der Arbeit selbst zu einer Ware werden.

3 ifo-schnelldienst 14-15/87, S. 34 f.

4 Siehe dazu z.B. Hack, L.: Wie man die Wirklichkeit auf/um den Begriff bringt, in: Malsch/Seltz (Hrsg.), a.a.O., S. 155-194; Hack, I., Hack, L.: Gesamtarbeiter, aufgemischt und umgeforscht. Veränderte Formen und Strukturen industrieller Produktionssysteme, in: Prokla 64, S. 46-63.

5 Prof. Karl Heinz Beckurts war Vorstandsmitglied der Siemens AG.

menhänge zwischen sekundären und tertiären Tätigkeiten sowie Ausdifferenzierungen von Produktionsprozessen verweist:

> "Die Informationstechnik verlagert die Wertschöpfung von der Warenproduktion in den Dienstleistungsbereich. Zugleich wird sie im tertiären Sektor zum wichtigsten Produktivitätsfaktor, vergleichbar mit der früheren Rolle der Mechanisierung im sekundären Sektor."[1]

1.3 Rationalisierung der Dienstleistungen: Arbeitseinsparung oder mehr Informationen über Dinks?

An dieser Stelle ist nun das Augenmerk auf die aus dem Spannungsverhältnis zwischen Eigenproduktion und Zukauf resultierenden Auswirkungen für die Angebots- und Nachfrageprozesse zu richten, da sie für die ökonomische Funktionsanalyse der Rationalisierungsziele und Anforderungen an den IuK-Technikeinsatz von Bedeutung sind.

Geht man davon aus, daß allen Unternehmen (Industrie und Dienstleistungen) gemeinsam ist, daß Produktion und Nachfrage unter Marktbedingungen erfolgen, so sind sowohl Anbieter als auch Nachfrager an Arbeitseinsparungen interessiert: Der Anbieter möchte die Produktionskosten senken, und der Nachfrager will preisgünstig einkaufen. Auf der Angebotsseite führt der IuK-Technikeinsatz bei den Dienstleistungsproduzenten nicht nur zu Produktivitätssteigerungen, sondern er intensiviert durch eine tatsächliche oder auch nur vermeintliche Qualitätsverbesserung den Wettbewerb unter den Dienstleistungsanbietern.[2]

Durch Prozesse auf der Nachfrageseite geraten die spezialisierten Dienstleistungsanbieter nun unter einen erheblichen Substitutionsdruck. Wie aus unserer Untersuchung hervorgeht, besteht ein starker Trend zur Rückverlagerung bisher extern erstellter Dienstleistungen. Im Gefolge einer vermehrten Eigenproduktion verringert sich das Marktvolumen für die spezialisierten Dienstleistungsanbieter, bzw. es wird im Wachstum abgeschwächt. Die Dienstleistungsanbieter geraten dadurch in einen preislichen Verdrängungswettbewerb. Schon allein die potentielle Möglichkeit zur Eigenproduktion übt einen Preisdruck auf die Anbieter aus, die versuchen müssen, auf enger werdenden Märkten für die Nachfrager finanzierbar zu bleiben, bzw. durch Rationalisierungsvorteile eine kostengünstigere Leistungserstellung zu realisieren. Diese Verschärfung der Wettbewerbssituation und des Konzentrationsprozesses unter den spezialisierten Dienstleistungsanbietern, die wesentlich auf Entwicklungen der Nachfrageseite beruht, bestimmt die Logik der Rationalisierungsprozesse: Lohnkostensenkungen und vermehrter Technikeinsatz zur Erzielung von Produktivitätsvorsprüngen.

---

1 ifo-schnelldienst 24/84, S. 8.
2 Vgl. auch ifo-schnelldienst 14-15/87, S. 29.

Aus den hier beschriebenen ökonomischen Zusammenhängen der Angebots- und Nachfrageseite ergibt sich ein zentraler Einwand gegenüber den von Industriesoziologen wie Baethge/Oberbeck charakterisierten Rationalisierungen im Dienstleistungsbereich. Sie konstatieren für die "systemischen Rationalisierungen" in ihrem hauptsächlichen Untersuchungsbereich, der Zirkulationssphäre (Handel, Banken, Versicherungen) eine "Besonderheit des Feldes", da es hier im wesentlichen um die Organisation von Markt- und Austauschprozesse gehen würde:

> "Deren begrenzte Durchschaubarkeit besser in den Griff zu bekommen, Informationsvorteile herauszuschlagen, Kunden, Lieferanten, Klienten ... in ihren Verhaltensdispositionen und Interessen besser transparent zu machen..., sind die zentralen Rationalisierungsziele in diesem Feld, neben denen die Personalkostenreduzierung eine strukturell nachgeordnete Rolle spielt. Rationalisierung in den hier behandelten Dienstleistungsbereichen heißt in erster Linie verbesserte Antizipation von Marktentwicklungen..., nicht vorrangig Weiterentwicklung von Technik zur Kompensation menschlicher Arbeit."[1]

Obwohl griffig und möglichen Einwänden gegenüber flexibel formuliert, sind diese Ausführungen im Kern falsch. Der Technikeinsatz dient auch in diesen Dienstleistungsbereichen in erster Linie der Effektivierung innerbetrieblicher Abläufe und damit einhergehenden Personalkostenreduzierungen und nicht der Informationsgewinnung zur Erhöhung der Markttransparenz. Selbst wenn man einmal dieses durchaus vorhandene Ziel unterstellt, bleibt seine Einordnung bei Baethge/Oberbeck an der Oberfläche stecken bzw. auf das "Außenverhältnis" der Unternehmen reduziert. Die Nutzbarmachung dieser Informationen für innerbetriebliche Optimierungen wird daher nicht gesehen. Nebenbei bemerkt ist auch nicht so recht einsichtig, weshalb Wissen über Kunden und Lieferanten zu einer "Besonderheit" des Zirkulationsprozesses gehören soll. In Fertigungsbetrieben des Werkzeugmaschinenbaus - um nur ein Beispiel zu nennen - sind die Hersteller sogar mit prozeßinnovatorischen Folgen von Kundenforderungen etwa bezüglich der Senkung des Umlaufvermögens konfrontiert.

Völlig einseitig betrachten Baethge/Oberbeck nur den Dienstleistungsanbieter in seinem Streben nach mehr Markttransparenz. Die von den Nachfragern dieser Dienstleistungen ausgehenden Anforderungen und vermittelten Zwänge werden negiert bzw. nicht beachtet. Einerseits werden Zusammenhänge von der Angebots- und Nachfrageseite überhaupt nicht gesehen, andererseits wird mechanistisch das Betriebsinterne (Binnenverhältnis zwischen Kapital und Arbeit) von Marktbeziehungen des Unternehmens zu Kunden abgetrennt. Es zeigt sich also, daß die ökonomische Funktionsanalyse der "systemischen Rationalisierung" auf sehr wackligen Füßen steht.[2]

---

1 Beaethge/Oberbeck, a.a.O., S. 22.

2 Die Schwäche in der Argumentation von Baethge/Oberbeck offenbart sich auch daran, daß sie ihre Untersuchungen zwar auf die produktionsorientierten Dienstleistungen konzentrieren, aber sich in der Erklärung und Rechtfertigung ihrer Einschätzungen der Rationalisierungsverläufe ausgerechnet auf die relativ unbedeutenden persönlichen Dienstleistungen beziehen (siehe Baethge/Oberbeck, a.a.O., S. 408 f.). In ihrem Bemühen, die "alten" Pfade des Antagonismus von Lohnarbeit und Kapital zu verlassen, stellen sie sogar die unsinnige Behauptung auf, daß für die Rationalisierungsprozesse im Dienstleistungssektor nicht die Qualität der zu nutzenden Arbeitskräfte, sondern die der Konsumenten maßgeblich sei (vgl. ebenda).

2. HIERARCHISCHE ANBINDUNG, ZENTRALE STEUERUNG UND NEUZUSAMMENSETZUNG VON RESTTÄTIGKEITEN: SYSTEMKONZEPTE UND IMPLIKATIONEN FÜR DIE ARBEITSORGANISATION

An Visionen einer menschengerechten Gestaltung der "neuen Technologien", insbesondere der ihnen zugeschriebenen "Chancen" für die Arbeitsgestaltung, gibt es zur Zeit kaum einen Mangel. Werden Gestaltungspotentiale vielfach schon in den Techniken selbst erblickt - propagiert werden hier z.B. die Möglichkeiten dezentraler nichthierarchischer PC-Netzwerke, die mehr Autonomie in der Arbeit mit sich brächten -, ohne daß ökonomische Entwicklungs- und Anwendungszusammenhänge überhaupt problematisiert werden, gehen die Schlußfolgerungen jüngerer industriesoziologischer Untersuchungen wesentlich differenzierter (wenn auch nicht minder angreifbar) auf die komplexe Problematik ein: Nachdem ökonomische Prämissen der "systemischen" Rationalisierung umdefiniert, die Organisation der Dienstleistungsarbeit per se als nichttayloristisch erkannt[1] und die vom Betrieb angeschafften Techniken als quasi wertfrei deklariert[2] worden sind, ist der Weg frei für Spekulationen über eine zunehmende Offenheit und möglicherweise sogar grundsätzliche Verschiebung der Managementkonzepte und für die Proklamation gestiegener Gestaltungsspielräume der Beschäftigten im Rahmen der betriebs- und branchenübergreifenden Rationalisierungsprozesse.

Hier soll jetzt auf Systemkonzepte bei der Einführung von Informations- und Kommunikationstechniken im Dienstleistungssektor und ihre Wechselwirkungen mit den Prinzipien der Arbeitsorganisation und der Veränderung der Qualifikationsanforderungen eingegangen werden.[3]

2.1 Technikpotentiale: Trotz Personalcomputern auch künftig zentrale EDV-Lösungen im Dienstleistungssektor

Technische Innovationen werden heute durch gezielte Forschung und Entwicklung, staatlich vielfältig gefördert, in bestimmten Entwicklungsrichtungen hervorgebracht. Obwohl in den Hauptlinien der technischen Produkte deshalb bereits kumulierte Anwendungsinteressen projektiert sind,[4] ist es unbestritten, daß es auch gegenläufige Tendenzen gibt, bei denen eine, meist für sehr spezielle Anwendungen gedachte,

---

1 Baethge/Oberbeck, a.a.O., S. 26 ff.

2 Ebenda, S. 73, insbesondere Fußnote 16, S. 422.

3 Eine punktuelle Auseinandersetzung mit den diesbezüglichen Thesen und Schlußfolgerungen von Baethge/Oberbeck kann in diesem Zusammenhang nicht ausbleiben, zumal sie offensichtlich Teile der gewerkschaftlichen Gestaltungsdiskussion beeinflussen. Dennoch sind wir uns unsicher, ob wir ihre Durchsetzungskraft innerhalb der Gewerkschaften möglicherweise überbewerten.

4 Eben deshalb bezieht sich die u.a. von Baethge/Oberbeck geforderte Auseinandersetzung um die betriebliche Anwendungsgestaltung nicht etwa auf wertfreie Technikkomponenten, sondern kann, wenn sie überhaupt durchsetzbar sein sollte, lediglich um eine letzte Optimierung auf die jeweils spezifischen Anforderungen des betrieblichen Managements entstehen.

technische Entwicklung in der Breite in die Betriebe eingeführt wird und dann bereits von ihren technischen Möglichkeiten her auch neue Gestaltungspotentiale beinhalten kann. Als Beispiele werden hier für den Produktionsbereich oft die CNC-Werkzeugmaschinen[1] und für die Büro- und Verwaltungsarbeit die Personalcomputer (PC)[2] genannt. Selbst wenn hier in den technischen Komponenten emanzipative Potentiale für die Beschäftigten liegen sollten, bleibt die Frage, warum gerade von ihnen ausgehend bestimmende ökonomische Prämissen und Rahmenbedingungen und die darauf abgestimmten Formen der Arbeitsorganisation zu verändern sein sollen. Die Praxis jedenfalls zeigt genau die entgegengesetzte Tendenz:[3] Zentrale Informations- und Kommunikationssysteme sind auch im Dienstleistungssektor vorherrschend und werden in Zukunft noch viel stärker an Bedeutung nicht nur bei langjährigen Großwanwendern, sondern auch bei kleineren und mittleren Unternehmen und bei Erstanwendern gewinnen, die in der Regel in zentralen Strukturen die ihrer Geschäftstätigkeit angemessene Anwendungsform der Informations- und Kommunikationstechniken erblicken.

Trotz der theoretischen Möglichkeiten, nichthierarchische Netzwerke aufzubauen, ist es fast durchgängige Strategie, Arbeitsprozesse möglichst schnell und umfassend an zentrale EDV-Anlagen anzubinden. Personalcomputern, die seit einiger Zeit - teilweise der Managementkontrolle entzogen - sporadisch beschafft und meist als Einzel-Tischrechner genutzt werden, kommt dabei die Rolle besserer Bildschirmterminals zu,mit denen - unter strikten Zugangs- und Zugriffsbeschränkungen - durchaus **örtlich** dezentrale Teilaufgaben erfüllt werden sollen, während Organisation und Kontrolle der Arbeit durch die Anbindung an zentrale EDV-Systeme beim Management weiter konzentriert werden.

Solche, wegen ihrer örtlichen Verteilung der Arbeit, häufig als "Dezentralisierung" bezeichneten Konzepte der informationstechnischen Anbindung folgen dem nachstehend vereinfacht dargestellten Idealtypus: **Datenerfassung** nur einmal dezentral an der Quelle des Geschehens; **Speicherung** zentral mit streng aufgabenspezifischen Zugriffsberechtigungen; **Verarbeitung** möglichst standardisiert und generell zentral kontrolliert, tendenziell ohne Redundanzen; bei räumlich verteilten größeren Unternehmen **Datenverarbeitung** in Regionalzentren (nur noch verdichtete Informationen werden an die Unternehmenszentrale übermittelt.).

---

1 Computer Numerical Control - Werkzeugmaschinen wurden entwickelt, um auch Einzelteilfertigungen zu automatisieren. Sie bieten aufgrund der Mikroprozessorsteuerung an der Maschine selbst die Möglichkeit der direkten Programmierung durch die Facharbeiter. Die damit theoretisch vorhandene Möglichkeit für die Maschinenbediener, zumindest einen Teil der Kontrolle über den Arbeitsprozeß zurückzuerobern, wird vielfach beim Einsatz dieser Maschinen durch das Management unterbunden (vgl. auch Noble, D.F.: Maschinen gegen Menschen. Die Entwicklung numerisch gesteuerter Werkzeugmaschinen, Stuttgart 1979).

2 Personalcomputer sind Bildschirmterminals mit eigenständigen Verarbeitungs- und Speicherkapazitäten. Sie können an Datenverarbeitungsanlagen angeschlossen werden und erlauben das Laden von Programmen und Dateien. Außerdem besteht die theoretische Möglichkeit, mehrere PC ohne zentrale DV-Anlagen nichthierarchisch miteinander zu vernetzen.

3 Vgl. auch unsere empirischen Befunde, in: Berger/van Gerpen, a.a.O., S. 122 ff.

Insgesamt zeigen sich somit in den technischen Anwendungskonzepten der Dienstleistungsunternehmen keine Hinweise auf etwaige Trends zur Dezentralisierung - die über die informationstechnische Anbindung von Außenstellen, Kunden und Lieferanten, also über rein räumliche Effekte hinausgehen - und die damit antizipierten Hoffnungen auf mehr Autonomie in der Arbeit. Der Trend zur organisatorischen Zentralisierung und zur hierarchischen Anbindung teilautomatisierter Tätigkeitsbereiche ist damit im Dienstleistungssektor ungebrochen.

2.2 Abeitsorganisation und Taylorismus: Der integrierte Sachbearbeiter oder "Mehrere sollen dasselbe können"

Wenn also von den technischen Potentialen selbst keine Veränderungen der Arbeitsorganisation im Arbeitnehmerinteresse zu erwarten sind, sie im Gegenteil (soweit vorhanden) in den Systemkonzeptionen teilweise systematisch unterdrückt werden - die zentralistische Verwendung von PC bei gleichzeitiger Verschärfung der Benutzungsbeschränkungen und Kontrollmaßnahmen spricht für diese These -, dann bleibt im folgenden zu klären, welche arbeitsorganisatorischen Konzepte im engeren Sinne mit den Informations- und Kommunikationstechniken im Dienstleistungssektor verwirklicht werden und ob sich eventuell hier Veränderungen ankündingen.

In diesem Zusammenhang wird vielfach behauptet, mit der unter dem Einfluß der informations- und kommunikationstechnischen Systeme hervorgebrachten Form der Arbeitsorganisation sei ein "Abschied vom Taylorismus" verbunden. Wer das allerdings, was Frederick Winslow Taylor als "Grundsätze wissenschaftlicher Betriebsführung" Anfang dieses Jahrhunderts erarbeitete und was seit dem in aller Welt, modifiziert und weiterentwickelt, als Grundlage des modernen Managements anerkannt wurde, nun "verabschieden" will, der ist zunächst zu schwerwiegenden begriffschirurgischen Eingriffen gezwungen, die das Taylorismusverständnis auf einige seiner Erscheinungsformen verkürzen. So wird beispielsweise konstatiert, die Taylorisierung von Arbeitsprozessen basiere auf einer "von Taylor für den Produktionsbereich entwickelten Arbeitsorganisationstheorie", deshalb könne nur von Taylorismus gesprochen werden, wenn seine wesentlichen Prinzipien auf die aktuelle Rationalsierungsstufe "in analoger Weise und mit analogen Folgen wie im Produktionsbereich früherer Tage übertragen werden."[1]

Wer sich nun die Mühe macht, bei Taylor selbst nachzulesen, findet Gegenteiliges: Zwar werden die Prinzipien der wissenschaftlichen Betriebsführung ausgiebig an Beispielen des damals dominierenden Produktionsbereiches demonstriert,[2] jedoch betont Taylor selbst, "eine Beschreibung der besten praktischen

---

1 Baethge/Oberbeck, a.a.O., S. 28.

2 Doch selbst das berühmte Beispiel des Roheisenverladers würde heute ebensogut in das Transportgewerbe, also in einen der heutigen Kernbereiche der statistisch definierten Dienstleistungsarbeit passen, ein Umstand, der Baethge/Oberbeck wohl in ihrer Fixierung auf Handel, Banken und Versicherungen entgangen sein dürfte.

Anwendungsformen darf man nicht mit den Grundsätzen selbst verwechseln. "[1] An mehreren Stellen weist Taylor darauf hin, daß das Wesentliche seines Systems die ihm zugrunde liegende Philosophie sei, die nicht mit den äußeren Mechanismen verwechselt werden dürfe. Er bekräftig, "daß die selben grundlegenden Gedanken mit gleichem Recht und mit gleichem Erfolg auf alle Gebiete menschlicher Tätigkeiten anwendbar sind: auf die Verwaltung und Leitung des Haushalts und Bauerngutes, die Geschäftsführung des Handwerk- und Fabrikbetriebes, die Leitung und Verwaltung von Kirchen, Wohlfahrtseinrichtungen und Universitäten, ja sogar der verschiedenen Ressorts der Staatsregierung."[2]

Taylor hat seine "Philosophie" unter dem Eindruck der stillschweigenden alltäglichen Leistungszurückhaltung der Arbeiter, des systematischen "Sich-Drückens", nicht selten einhergehend mit Vandalismus und Sabotage, entwickelt. Richtig hat er erkannt, daß die Grundlage dieser Macht der Arbeiter, die es ihnen gestattete, zeitweise selbst "Herren der Werkstatt" zu sein, in ihrem Arbeitswissen lag, welches durch langjährige Erfahrung erworben und in "Faustformeln" kumuliert, die Arbeiter zur eigenständigen Problemlösung befähigte und die Betriebsleitung dazu zwang, die beim Arbeiter liegende Initiative möglichst weitgehend in ihren Dienst zu pressen. Diese Initiative, die dem Management lediglich die Rolle der Aufsicht und des Antreibers zuwies - auch deshalb kam es häufig zu Streiks und anderen Störungen des Betriebsfriedens -, wollte Taylor den Arbeitern entreißen und dem Management übertragen. Zentraler Ansatzpunkt war deshalb für Taylor die Enteignung des Arbeitswissens und die alleinige Verfügungs- und Gestaltungsgewalt des Mangements über den Arbeitsprozeß: "Den Leitern fällt es z.B. zu, all die überlieferten Kenntnisse zusammenzutragen, die früher Alleinbesitz der einzelnen Arbeiter waren, sie zu klassifizieren und in Tabellen zu bringen, aus diesen Kenntnissen Regeln und Gesetze und Formeln zu bilden (...)."[3] Mit dieser Erfassung, Normierung und Verfügbarmachung des Arbeitswissens sollte die Leistungsinitiative für den Arbeitsprozeß vom Arbeiter endgültig auf das Management übergehen. Dieses sollte nun vorschreiben, wie jeder Arbeitsschritt auszuführen sei sowie eine Auswahl und "Schulung" der passenden Leute für die passende Arbeit vornehmen.

Daß diese vertikale Arbeitsteilung, also die Wegnahme des Arbeitswissens vom Arbeiter mit dem Ziel, es "wissenschaftlich" aufbereitet dem Management verfügbar zu machen, Ausgangspunkt und Kern des Taylorismus ist, kann angesichts der heute modischen Visionen vom Ende des Taylorismus nicht oft genug betont werden. Gerade die Informations- und Kommunikationstechniken, deren Herzstück, die elektronische Datenverarbeitung selbst nach den Leitbildern von Hierarchie, Normierung und Kontrolle entwickelt worden ist, sind die adäquaten Hilfsmittel, um Informationsarbeit diesem tayloristischen Prinzip zu unterwerfen. So gesehen dienen Systemanalyse und Softwareerstellung dazu, Arbeitswissen von seinen Besitzern abzulösen, zu normieren und algorithmisieren und schließlich in Form von Programmen den Besitzern des Produktionsmittels Computer verfügbar zu machen.

---

1 Taylor, F.W.: Die Grundsätze wissenschaftlicher Betriebsführung, Nachdruck der Originalausgabe von 1919, München 1983, S. 29.

2 Ebenda, S. 5 f.

3 Ebenda, S. 38.

Dennoch wird häufig behauptet, im Rahmen der informationstechnischen Aufgabenintegration würden vormals "tayloristisch" geteilte Arbeitsabläufe wieder zusammengeführt und die Arbeitsteilung aufgehoben werden. Festgemacht werden solche Hypothesen in der Regel am "Integrierten Sachbearbeiter" und hier meist an den Kundenberatern von Banken und Versicherungen, deren Anzahl im Vergleich zur gesamten Dienstleistungsbeschäftigung verschwindend gering ist. Doch selbst für diese keinesfalls repräsentative Beschäftigtengruppe ist die Diagnose einer "horizontalen und/oder vertikalen Integration"[1] im Sinne einer Aufhebung tayloristischer Arbeitsteilung schlicht falsch: Oberflächlich betrachtet werden auf der **horizontalen Ebene** zwar bisher getrennte Arbeitsschritte (z.B. Bearbeitung unterschiedlicher Kundenstämme, Veranlassen und Erstellen von Briefen, Archivierung u.ä.) bei einem Sachbearbeiter vereinigt. Bei näherem Hinsehen sind dies aber nicht mehr die selben Arbeiten wie zuvor. Sie wurden zum Zwecke der Aufgabenintegration völlig neu gestaltet, teilautomatisiert und als standardisierte Restätigkeiten neu zusammengesetzt. Was hier also als horizontale Integration beschworen wird, stellt sich damit zum großen Teil als Montage von Arbeitswissen in der Software und eben nicht in den Köpfen der Sachbearbeiter heraus.

Im Sinne des tayloristischen Prinzips kann mit der Aufgabenintegration vornehmlich auch die **vertikale Arbeitsteilung** vorangetrieben werden. Der "Allround-Sachbearbeiter" braucht kein Spezialwissen mehr über die vormals differenzierten Arbeitsgänge (dies steht, auf die Software übertragen, aufgabenspezifisch in Datenbanken zur Verfügung), meist hat er lediglich eine Auswahl zwischen vorbestimmten standardisierten Entscheidungen. Vor allem aber hat er kaum noch Einfluß auf die Prämissen und Methoden der Bearbeitungsprozesse.[2] Seine Steuerung liegt hier vollkommen in den Händen des Managements, und die Methoden werden durch Softwareprogramme eindeutig vorgegeben. Wenn Taylor beschwört, "Nur durch zwangmäßige Einführung einheitlicher Arbeitsmethoden (...) kann ein schnelleres Arbeitstempo gesichert werden"[3], so haben wir mit der Bildschirmmaske den sichersten Zwang, mit dem Informationsarbeit vorgegebenen Arbeitsmethoden folgen muß. Ebenso repräsentiert sich mit der oft vorhandenen programmlichen Steuerung der zeitlichen Arbeitsabläufe am Bildschirm sowie mit der allseitigen Kontrollmöglichkeit von Bildschirmarbeit das taylorsche Pensumsystem in nahezu idealtypischer Weise. Wenn Taylor schließlich Stahlkugelprüferinnen gezielt "soweit auseinander gesetzt (hat), daß sie sich während der Arbeit nicht gut unterhalten konnten, [4] dann ist Bildschirmarbeit an sich schon das wirksamste Mittel der Vereinzelung am Arbeitsplatz.

Die Kehrseite der alleinigen Steuerung des Arbeitsprozesses durch das Management ist dessen damit steigende Unabhängigkeit vom einzelnen Mitarbeiter. Gerade die Übertragung von Spezialwissen auf die Software und die Egalisierung von Tätigkeitsfeldern im Zuge der informationstechnischen Aufgabenintegration läßt den vom Management gewünschten flexiblen Arbeitseinsatz zu und macht die Mitarbeiter leichter

---

1 Baethge/Overbeck, a.a.O., S. 29.

2 Darüber kann auch die von Baethge/Oberbeck hochstilisierte Erweiterung der Bewilligungsspielräume bei der Kreditvergabe nicht hinwegtäuschen.

3 Taylor, a.a.O., S. 86.

4 Ebenda, S. 97.

austauschbar.[1] Diese Unabhängigkeit des Unternehmens vom einzelnen Mitarbeiter und die damit einhergehende Schwächung der Verhandlungsmacht der Arbeit gegenüber dem Kapital war die Hauptintension Taylors bei der Entwicklung der "wissenschaftlichen Betriebsführung"; sie findet mit EDV und IuK-Techniken ihr adäquates Vollzugsmittel für weite Bereiche der Informationsarbeit.

Baethge und Oberbeck ist zuzustimmen, wenn sie darauf hinweisen, daß die Auseinandersetzung um die Taylorismus-Interpretation für die Dienstleistungsarbeit nicht etwa ein Streit um eines akademischen Kaisers Bart ist, sondern politisch weitreichende Folgen hat. Für die Industriesoziologen des new age geht es hier in erster Linie darum, weitere Begründungskomponenten für ihr Anliegen zu finden, die punktuell noch vorhandenen Abwehrhaltungen gegenüber den neuen Technologien in den Betrieben und Gewerkschaften wissenschaftlich zu erschüttern und den Weg zur akzeptierenden betrieblichen Anwendungsgestaltung zu öffnen. Mit ihrer Argumentation zum "Abschied vom Taylorismus" werden sie dabei - Ironie der Geschichte - selbst zu Apologeten des taylorschen Prinzips, denn sie reden damit dem von Taylor zentral geforderten "herzlichen Einvernehmen" zwischen Betriebsleitung und Arbeitern das Wort, tragen zu der "Umgestaltung der Auffassung der Arbeiter über ihre Stellung zur Arbeit und zum Arbeitgeber"[2] bei und ebnen so den Weg zur taylorschen Zielvorstellung: "An Stelle der argwöhnischen Überwachung und der mehr oder weniger offenen Kampfstimmung, die für die gewöhnlichen Betriebe charakteristisch sind, ist allgemein ein freundschaftliches Zusammenarbeiten zwischen Verwaltung und Arbeitern getreten."[3]

3. SYSTEMKONZEPTE IM SPIEGEL DER QUALIFIKATIONSANFORDERUNGEN

Ebenso wie aus der Frage einer Veränderung der Arbeitsorganisation folgern Teile der industriesoziologischen Forschung neuerdings auch aus angeblichen Verschiebungen der Qualifikationsentwicklung "Chancen neuer Technologien", zumindest aber eine Erweiterung der Gestaltungsspielräume im Arbeitnehmerinteresse. Der Qualifikationsbegriff selbst, für dessen Inhalte es kaum einheitliche Abgrenzungen gibt, bietet hier oft Anlässe zu Fehlinterpretationen. So kann die - im Rahmen von Arbeitnehmerbefragungen erhobene - subjektiv empfundene Qualifikation hoch erscheinen, während die Arbeitsprozesse, in die die Befragten eingebunden sind, tatsächlich inhaltsleerer werden. Dies ist in der Regel der Fall, wenn sich Arbeitnehmer z.B. durch ein "eigenes Terminal" aufgewertet fühlen oder aus unteren Qualifikationsebenen "aufsteigen".

Vorbehaltlich einer tiefergehenden Auseinandersetzung mit den Interpretationen der jüngeren Literatur zur Qualifikationsentwicklung soll an dieser Stelle eine kurze Übersicht über eigene empirische Ergebnisse gegeben werden, in deren Mittelpunkt u.a. die Veränderungen des Arbeitsprozesses und die daraus erwach-

---

1 Daß dies keine theoretischen Spekulationen sind, sondern Zielsetzungen des modernen Managements beschreibt, wurde auch in unserer Unternehmensbefragung deutlich (vgl. Berger/van Gerpen, a.a.O., S. 215 f.).

2 Taylor, a.a.O., S. 106.

3 Ebenda, S. 29.

senden **Anforderungen des Managements** an das Arbeitswissen und an EDV-Kenntnisse standen. Wir glauben, bereits hier einige der neueren Thesen empirisch widerlegen und eine Reihe schöner Worte ad absurdum führen zu können.

Die Mehrzahl der befragten Managementvertreter geht von **sinkenden Anforderungen an das Arbeitswissen** im Zuge der Informatisierung der Arbeitsabläufe aus. Arbeitswissen werde zunehmend auf die Software übertragen, nach dem Einführungsprozeß sei dann mit "einfacher strukturierten Leuten" auszukommen. Bemerkenswert ist, daß eine Verminderung des Arbeitswissens zunehmend auch für bisher hochqualifizierte Kräfte gesehen wird. Ingenieure und Konstrukteure könnten die standardisierten Berechnungsprogramme zwar anwenden, aber teilweise nicht nachvollziehen und seien kaum in der Lage, ihre eigenen Arbeitsergebnisse angemessen zu überprüfen, auch EDV-Fachkräfte würden oft nicht mehr wissen, "was in der Maschine abläuft". Hier wird ein wichtiger, leider viel zu häufig übersehener, Aspekt der "sozialen Beherrschbarkeit" neuer Technologien deutlich: Während durch umfassende technische Integrationsprozesse die Komplexität von datenverarbeitenden Anlagen ansteigt, sinkt gleichzeitig das Arbeitswissen der verantwortlichen Fachkräfte. Wer sich klar macht, in wievielen lebenswichtigen, bzw. lebensbedrohenden Bereichen computergesteuerte Informations- und Kommunikationstechniken bereits integrale Bestandteile sind und dort Steuerungsfunktionen übernehmen, der muß über einen solchen Trend zur Unsicherheit bestürzt sein. Wer sich der Tatsache bewußt ist, daß die Konstrukteure von Brücken, Gebäuden oder Flugzeugen das Zustandekommen ihrer Ergebnisse selbst nicht mehr nachvollziehen können, dabei in der Gläubigkeit an die Unfehlbarkeit des Computers verharren und andererseits, die ebenfalls dem Computereinsatz zu verdankenden, höheren Meßgenauigkeiten zur Schmälerung der Sicherheitstoleranzen nutzen, der wird froh sein, wenn er wieder sicheren Boden unter den Füßen hat.

An vielen Beispielen (z.B. bei der CAD-Einführung in Ingenieur- und Architekturbüros) wird deutlich, daß neue Qualifizierungschancen, wie sie gerade für Frauen propagiert werden, meist lediglich Neuverteilungen teilautomatisierter Resttätigkeiten an die nachgeordneten billigeren Zuarbeiter(innen) sind. So kann die Übernahme weitgehend standardisierter Konstruktions- oder Sachbearbeitertätigkeiten durch meist weibliche Bauzeichner oder Bürohilfskräfte für diese durchaus eine begrenzte Höherqualifizierung bedeuten. Die hieraus gezogene generelle Schlußfolgerung, neue Techniken böten Frauen qualifizierte Berufe, ist allerdings fragwürdig, da Frauen hier häufig auf bereits stark dequalifizierte Arbeitsprozesse fixiert werden, für die die meist höherqualifizierten Männer als schlicht "zu teuer" gelten.

Eine deutliche Mehrheit des betrieblichen Managements im Dienstleistungssektor vertritt offenbar die Auffassung, daß beim Umgang mit neuen Techniken in den Fachabteilungen **keine EDV-Kenntnisse erforderlich** sind. Stattdessen werden lediglich Grundkenntnisse der Bedienungsabläufe und eine positive Einstellung zur Arbeit am Terminal verlangt. Diesem Zweck dienen in der Regel auch betriebliche Fortbildungsmaßnahmen. Vielfach sind darüber hinaus EDV-Kenntnisse überhaupt **nicht erwünscht**. Dabei spielen vor allem die steigenden Manipulationsmöglichkeiten in komplexer werdenden Systemen sowie prinzipielle Sicherheitsüberlegungen eine Rolle. Mit dieser Einschätzung verliert die verbreitete Auffassung, eine intensivere EDV-Bildung verbessere die Berufschancen, ein Gutteil ihrer Glaubwürdigkeit. Während die Bildungspolitik von Bund und Ländern auf breiter Front für sich in Anspruch nimmt, künftig wesentlich mehr EDV-Kenntnisse vermitteln zu müssen, um die Berufschancen der Schulabgänger zu verbessern - und dabei die Ausdünnung "traditioneller Bildungsinhalte" in Kauf nimmt -, während Eltern die Computerbegeisterung ihrer Sprößlinge mit Blick auf winkende Karrieren wohlwollend betrachten, und Arbeitnehmer in ihrer Freizeit "Computerkurse" belegen, in der Hoffnung damit ihren Arbeitsplatz zu sichern, haben die Unternehmen offensichtlich kaum Bedarf für Mitarbeiter mit EDV-Kenntnissen. Die Vermutung liegt nahe, daß hier unter dem Etikett "EDV-Kenntnisse" lediglich eine positive Grundstimmung geschaffen werden soll, die Schwellenängste nimmt und den Unternehmen kostenintensive Einstiegsprobleme bei den Terminalbedienern erspart.

FERNMELDEINFRASTRUKTUR
MODERNISIERUNGSINTERESSEN UND DER TRAUM VON DER SOZIALEN BEHERRSCHBARKEIT

Peter Berger, Hamburg

Vorbemerkung: Anmerkungen zum Motto der Veranstaltung

"Soziale Beherrschbarkeit vernetzter Systeme" - das soll die zentrale Fragestellung dieses GI-Fachgespräches sein. Was damit gemeint ist, darüber wird wahrscheinlich allgemeiner Konsens vorausgesetzt. Meine erste intuitive Deutung wäre wohl die folgende: Es soll darüber nachgedacht werden, inwieweit die komplexen Systeme, die mit den Informations- und Kommunikationstechniken aufgebaut werden können, sich für ihre Betreiber durchschaubar und effizient erweisen und welche Veränderungs- und Gestaltungsmöglichkeiten zugunsten der Betroffenen in Betrieb und Privatleben verbleiben.

Da Begriffe ja Inhalte transportieren und teilweise falsche Sachverhalte suggerieren - zu denken wäre hier an den "Entsorgungspark", die Volks"zählung" und die Rechner"kommunikation", aber auch an Begriffe wie Arbeit"geber" und "-nehmer" -, lohnt es sich durchaus, einen Augenblick bei der weitverbreiteten Metapher der "sozialen Beherrschbarkeit vernetzter Systeme" zu verweilen und sie auf ihren Gehalt zu prüfen. Dies geschieht durchaus in dem Bewußtsein, daß einmal eingeführte Begriffe, von welcher Seite sie auch immer stammen, schwer wieder auf die Füße zu stellen sind und ihre Verwendung manchmal kaum mehr zu vermeiden ist, wenn eine gewisse Verständlichkeit gewährleistet bleiben soll.

Zunächst zum Bild der <u>"vernetzten Systeme"</u>: Hierbei handelt es sich um eine Assoziationsfalle, die bei vielen Menschen zu krassen Fehlinterpretationen bei der Bewertung technischer Systeme und auch arbeitsorganisatorischer Implikationen führen kann. Klarzustellen wäre vor allem, daß es sich bei dem, was hier im Mittelpunkt des Interesses steht, nicht um eine Netztopologie im Sinne des allgemeinen Sprachgebrauchs handelt. Um so bedauerlicher ist es, daß sich gerade in der betroffenenorientierten Technikdiskussion der Terminus "Vernetzung" eingebürgert hat. Beschrieben werden soll damit meist lediglich die Tatsache, <u>daß</u> technische Systeme oder teilautomatisierte Arbeitsprozesse zu informationstechnischen Gesamtsystemen gekoppelt werden. In welcher Form dies geschieht, wird dabei noch gar nicht thematisiert. Nicht zuletzt solche begrifflichen Botschaften tragen zur Bildung von Mythen, wie dem von den nichthierarchischen PC-"Netzwerken" bei, der immer wieder aufleuchtet, wenn von technisch vermittelten Gestaltungsperspektiven und mehr Autonomie in der Arbeit die Rede ist, währenddessen die Realität des PC-Einsatzes streng hierarchischen Prinzipien folgt. In der betrieblichen Praxis handelt es sich, wenn von "Vernetzung" gesprochen wird, meist genau nicht um die umgangssprachlich nahegelegte Verbindung gleichberechtigter Knoten eines Netzes, also nicht etwa um horizontale, nichthierarchische Kommunikationsbeziehungen, sondern um eine Anbindung an zentrale Datenverarbeitungssysteme, die ihrerseits ggf. wiederum an Systeme der nächsthöheren Hierarchiestufe (z.B. Regionalzentren) angeschlossen sind. So gesehen ist eben genau das Gegenteil einer wirklichen Vernetzung gemeint.

Wenden wir uns nun dem ersten Teil des obigen Mottos, der "sozialen Beherrschbarkeit" zu: Als Objekte von Beherrschung werden allgemein Phänomene charakterisiert, die eine ungeliebte Eigendynamik entwickeln, welche es gilt zu begrenzen, in dienliche Bahnen zu lenken und so letztlich dem Subjekt der Beherrschung nutzbar zu machen. In diesem Sinne wird meist die Beherrschung von blinden Naturkräften oder "-gewalten" assoziiert. Soll einmal unterstellt werden, daß mit der "Beherrschbarkeit" technischer Systeme nicht die Zähmung von Naturgewalten gemeint ist - solche Auffassungen und darauf basierende Ideologien (Wertfreiheit, Naturwüchsigkeit des technischen Fortschritts) werden heute wohl kaum noch ernst genommen -, so bliebe die Frage nach der Beherrschbarkeit immer noch legitim, wenn damit gleichzeitig die Akteure in den gesellschaftlichen Interessenauseinandersetzungen benannt werden würden. Zum Beispiel kann es Ziel von Terminalbedienern sein, Kontrolle über den Arbeitsprozeß zu erlangen, das technische System also (zumindest vorübergehend) zu beherrschen. Ebenso könnte es Ziel von Gewerkschaften und Verbraucherorganisationen sein, den Prozeß der technischen Entwicklung von der Grundlagenforschung bis hin zur betrieblichen Produkt- und Prozeßgestaltung zu beeinflussen und so ein Stück der Herrschaft über den technischen Fortschritt zu übernehmen. Mit der Einführung des Adjektivs "sozial" wird allerdings einer solchen interessenpolitischen Interpretation von "Beherrschbarkeit" der Boden entzogen. Verstehen wir hier "sozial" im Sinne von "gesellschaftlich", so ist der Akteur von Beherrschung schlicht "die Gesellschaft", unabhängig von ihren sich widersprechenden Interessenkonstellationen und Herrschaftsverhältnissen. Diese Gesellschaft soll nun also in ihrer Gesamtheit etwas beherrschen, was dann logischerweise außerhalb von ihr ent- und besteht. Damit wird aber letztlich doch auf totgeglaubte Technikauffassungen verwiesen und zumindest sprachlich nahegelegt, daß technische Systeme nicht - wie bisher angenommen - selbst Produkte (und natürlich auch Determinanten) gesellschaftlicher Entwicklungen sind, sondern quasi naturwüchsig außerhalb von Gesellschaft entstehen und diese dann erst mit ihrer Existenz und Dynamik konfrontieren.

Daß Technikentwicklung und -gebrauch inhärenter Bestandteil gesellschaftlicher Zusammenhänge ist, bestimmte Richtungen sozialer Entwicklungen begünstigt und andere benachteiligt, daß Modifikationen technischer Systeme oder gar ihre Rückholbarkeit umso schwieriger erscheint, je mehr das Leben darauf eingerichtet worden ist, wird besonders augenfällig, wenn großtechnologische Infrastukturen ins Blickfeld öffentlichen Interesses geraten. Dies geschieht meist durch spektakuläre Störfälle oder ökonomische Fehlschläge, also erst durch unangenehme Folgen einer bis dahin als gegeben hingenommenen Technikentwicklung.

Weite Bereiche unseres Lebens sind bereits von funktionierender Telekommunikation abhängig, die Fernmeldeinfrastruktur hierfür wird von der Deutschen Bundespost bereitgestellt, ihre Gestaltung liegt jedoch fast ausschließlich in den Händen wirtschaftlicher und politischer Interessengruppen. Zur Zeit beginnt hier eine umfassende technologische Modernisierung, die erst in 30 bis 40 Jahren abgeschlossen sein soll und deren Folgen für die Allgemeinheit unabsehbar sind. Langfristig soll dabei das Fersprechnetz zu einem "Integrated Services Digital Network (ISDN)" ausgebaut werden, das dann alle anderen Fernmeldedienste - also Daten-, Text-, Faksimile- und Bilddienste ebenso wie das Telefonieren - als einziges Universalnetz aufnimmt, während die bisherigen Spezialnetze ausgetrocknet werden sollen. Dies war jedenfalls der Ausgangspunkt der bisherigen Investitionsplanungen.

Bevor am Beispiel der Kontrollpotentiale der neuen Vermittlungstechnik auf gesellschaftliche Implikationen dieser Entwicklung eingegangen wird, soll kurz der heutige Stand der der Fernmeldeinfrastruktur geschildert werden.

1. Von der Anwendungsoptimierung zum Allzwecknetz: Postplanungen zur Modernisierung des Fernsprechnetzes auf dem Wege zum ISDN

1.1 Für jeden etwas: Spezialnetze bestimmen heute die Telekommunikationslandschaft

Das heutige Netz- und Diensteangebot ist geprägt von dem jahrzehntelangen Bestreben der Post, maßgeschneiderte Technik einzusetzen und von der ständig wachsenden Lobby potentieller Anwenderunternemen, die im Laufe der Zeit eine Vielzahl anwendungsspezifischer Netze, Dienste und Tarifierungen durchsetzte. So entstanden aufgrund der unterschiedlichsten Anforderungen geschäftlicher und privater Telekommunikation Angebote, die für die jeweiligen Anwendungen ausgebaut und optimiert wurden.[1]

Das Fernsprechnetz ist hiervon die ökonomisch weitaus bedeutenste Infrastruktur. Mit rund 27 Millionen Hauptanschlüssen - alle Netze und Dienste der Daten- und Textübermittlung zusammen kommen demgegenüber nur auf einige Hunderttausend Teilnehmer - ist im Fernsprechnetz quasi Flächendeckung erreicht; das Fernsprechnetz erbringt die notwendigen Gewinne, um den Schuldendienst zu bestreiten, die Defizite auszugleichen - neben der Brief- und Paketpost arbeiten fast alle anderen Fernmeldedienste mit Kostenunterdekkung -, und vor allem, um die derzeit bei rund 20 Milliarden Mark jährlich liegenden Investitionen in neue Dienste und Modernisierungsvorhaben wie Digitalisierung und ISDN zu finanzieren.[2]

Das Fernsprechnetz wurde von Anfang an auf Dienste der Sprachkommunikation optimiert, während die Komponenten des Integrierten Fernschreib- und Datennetzes, dessen vielfältige Dienste für die Text- und Datenübermittlung von Wirtschaftsunternehmen und Verwaltungen bereitgestellt werden, den wesentlich strengeren Maßstäben kommerzieller Informationsverarbeitung zu genügen haben (vgl. Übersicht). Wie die Gegenüberstellung zeigt, kommt analoge Sprachkommunikation im bisherigen Fernsprechnetz mit geringerer Bandbreite aus, benötigt wenige Sicherheitsvorkehrungen und erlaubt wegen ihrer hohen Fehlertoleranz die Verwendung relativ einfacher Übertragungs- und Vermittlungseinrichtungen. Dennoch soll künftig mit seiner Digitalisierung das Fernsprechnetz den Anforderungen des Datenverkehrs angepaßt werden - allerdings nicht nahezu ausreichend: Die hohe Bitfehlerwahrscheinlichkeit[3] des Fernsprechnetzes und seine für kommerzielle Datenübermittlungen katastrophal schlechten Datensicherheitsvorkehrungen werden auch nach der Digitalisierung im ISDN erhalten bleiben - ein Umstand, der der Post noch erhebliche Akzeptanzprobleme bei den geschäftlichen Fernmeldekunden bereiten wird.

Übersicht: BISHERIGE ANWENDUNGSOPTIMIERUNG DER NETZE

Sprachkommunikation im bisherigen Fernsprechnetz		**Datenverkehr im bisherigen IDN**	
Eigenschaften/Anforderungen	**technische Konsequenzen**	**Eigenschaften/Anforderungen**	**technische Konsequenzen**
Informationsquelle und -empfänger ist der Mensch. Mit den Schallwellen ist deshalb von Natur aus eine analoge Signalform vorgegeben.	Das Kohlemikrofon wandelt die Schallwellen in analoge elektrische Signale um, die problemlos auf der Leitung übertragen und durch die Hörkapsel beim Empfänger wieder in Schallwellen verwandelt werden können.	Informationsquellen und -senken sind digital, also Computer, Terminals etc. Die Informationen liegen also bereits als digitale Datenblöcke vor.	Abgesehen von evtl. Code-Umwandlungen und Signalformungen muß keine grundsätzliche Signalwandlung stattfinden. Die Daten werden vom Endgerät sinnvoll geordnet und mit der gewählten Geschwindigkeit auf die Leitung gegeben.
Für eine verständliche Sprachübertragung ist lediglich eine Bandbreite von 300 Hz bis 3400 Hz erforderlich. Störungen werden zwar als unangenehm empfunden, wirken aber nicht sinnentstellend. Menschen können im Gegensatz zu Computern assoziieren.	Wegen dieser geringen Bandbreite können aller höherfrequentierten Störungen technisch abgeblockt werden. Es können einfache Kupfer-2-Draht-Leitungen verwendet werden. Mit Multiplex-Verfahren können mehrere Telefongespräche in der Fernebene auf einer Leitung übertragen werden. Es sind keine Datensicherungsverfahren erforderlich.	Datenverkehr ist sehr störungsempfindlich. Schon die Veränderung eines einzigen Bit kann den Sinn der Nachricht völlig verändern.	Die Datenströme werden im Netz mit digitalen »Verstärkern« mehrmals vollständig regeneriert. Die Datenblöcke selber werden mit Prüfdaten versehen, um zumindest die Plausibilität der Information einschätzen zu können.
Sprachkommunikation zwischen Menschen ist nicht determiniert und muß nicht überwacht werden. Sie kann anonym und spontan vor sich gehen.	Der Verbindungsaufbau im Fernsprechnetz erfolgt anonym. Informationen können spontan über die individuelle Verbindung ausgetauscht werden. Im Netz wird nicht erfaßt, wer mit wem wie lange telefoniert.	Daten- und Textverkehr muß festen Vereinbarungen (Protokollen) folgen, damit die Nachricht richtig interpretiert wird. Auch deshalb ist Daten- und Textverkehr i.a. nicht anonym. Er geht meist in einem Kontext vonstatten, der eine Protokollierung von Information und begleitenden Verbindungsdaten nahelegt bzw. voraussetzt (kaufmännische, militärische, polizeiliche Nutzung).	Der Informationsfluß wird vom Netz und den Endgeräten überwacht. In der Regel werden im Netz alle Verbindungsdaten erfaßt. Die Teilnehmer müssen sich sowohl gegenüber dem Netz als auch dem anderen Kommunikationspartner gegenüber identifizieren. Das Netz bietet Dienstleistungen wie »Teilnehmerkennung« und »detaillierte Gebührenrechnung« an.

Quelle: OPTEK-Studie

1.2 Leitbild Vereinheitlichung: Die Postpläne im Überblick

Das Abrücken vom Gedanken der Anwendungsoptimierung und das Leitbild einer möglichst weitgehenden Vereinheitlichung des Angebots bestimmen die Konzepte der Post zur Modernisierung der Fernmeldeinfrastruktur. Ziel ist es, wie bei fast allen europäischen Fernmeldeverwaltungen, das Fernsprechnetz so umzugestalten, daß langfristig alle heutigen Fernmeldedienste und auch mögliche künftige Diensteangebote in ihm abgewickelt werden können. Zugrunde gelegt wird dabei die digitale Nachrichtenform. Das bedeutet, daß das Fernsprechnetz, das ja seit vielen Jahrzehnten auf die analoge Sprachkommunikation optimiert wurde, von grundauf umgebaut werden muß. Die übrigen Netze sollen soweit wie möglich "ausgetrocknet" werden.[4]

Der Umbau des Fernsprechnetzes soll in vier Schritten geschehen:

- Digitalisierung des Fernsprechnetzes,
- Integration aller schmalbandigen Dienste: Schmalband-ISDN,
- Integration von breitbandigen Diensten (Glasfaserkabel bei Bedarf bis zum Telefonapparat: Breitband-ISDN,
- ggf. Integration von Rundfukdiensten: "Integriertes Breitband-Fernmeldenetz (IBFN).

Wir halten also fest: Als ISDN wird kein völlig neues Netz aufgebaut. Vielmehr soll das Fernsprechnetz als flächendeckende Infrastruktur schrittweise technisch dafür bereit gemacht werden, langfristig alle anderen Fernmeldedienste und unter Umständen sogar Hörfunk und Fernsehen aufzunehmen. Unter dem Blickwinkel der Betroffenheit bedeutet dies, daß 27 Millionen Telefonteilnehmer - davon über 22 Millionen private Haushalte - völlig neuen Fernsprechstrukturen unterworfen werden, um einigen Hunderttausend Nutzern von Daten- und Textdiensten das Fernsprechnetz als Übertragungsmedium anbieten zu können.

Welche Folgen für das Zusammenleben hierdurch bereits in den vorherrschenden technischen Grundprinzipien angelegt sind, soll schlaglichtartig in den folgenden Abschnitten verdeutlicht werden.

1.3 Digitalisierung des Fersprechnetzes: Computerisierte Vermittlungstechnik als Potenital sozialer Veränderungen

Seit 1984 wird, von der Öffentlichkeit kaum bemerkt, das Fernsprechnetz digitalisiert. Dabei werden grundsätzliche Veränderungen des Netzaufbaus vorgenommen, ohne daß die Teilnehmeranschlußleitung (vom Amt zum Telefonapparat) davon berührt wird. Im wesentlichen sind dies:

- die Digitalisierung der Übertragungstechnik zwischen den Fernmeldeämtern sowie
- die Einführung der speicherprogrammierten Vermittlungstechnik.

Der Einsatz <u>digitaler Übertragungsstrecken</u> zwischen den Fernmeldeämtern ist bei der Post nicht neu. Im Fernsprechverkehr führten diese jedoch bis zu der Entscheidung, rechnergesteuerte Vermittlungssysteme einzusetzen, eher ein Schattendasein, da die digitale Übertragung von analogen Signalen (wie bei der menschlichen Sprache) ein Vielfaches der ursprünglich benötigten Bandbreite erfordert. Erst mit den Möglichkeiten der Leitweglenkung, wie sie mit dem Computereinsatz in der Vermittlungstechnik auftreten, können solche Bandbreiteverluste, die sich in vermehrtem Leitungsbedarf niederschlagen, teilweise aufgefangen werden.[5]

Um deutlich zu machen, daß schon in den technischen Weichenstellungen der Digitalisierung - noch lange vor der eigentlichen ISDN-Einführung - ganze Bündel sozialer Veränderungen angelegt sind, soll die speicherprogrammierte Vermittlungstechnik hier einmal etwas näher betrachtet werden. Weitere Wirkungsdimensionen, wie sie etwa mit der völligen Neuorganisation der Betriebstechnik abzusehen sind - angestrebt werden von der Post hier z.B. bis zu 50% Personaleinsparungen beim Betriebspersonal - können im Rahmen dieser Arbeit nicht behandelt werden.[6]

Speicherprogrammierte Vermittlungstechnik unterscheidet sich vollkommen von der bisherigen Vermittlungstechnik des Fernsprechnetzes.[7] Die Wahl der Gesprächspartner erfolgt computergesteuert. Während im bisherigen Fernsprechnetz jede einzelne Ziffer der Zielrufnummer voneinander unabhängige Wahlstufen einstellt, und so die Verbindung schrittweise durchschaltet, wertet die speicherprogrammierte Vermittlungstechnik die gesamte Rufnummer aus, sucht daraufhin einen freien Verbindungsweg und schaltet die Verbindung in einem Schritt durch. Im einzelnen geht dies etwa folgendermaßen vor sich:[8] Schon beim Abnehmen des Telefonhörers identitfiziert ein Prozeßrechner im Fernmeldeamt den Anschluß. Dabei werden Endgerätestatus und Berechtigungen anhand der gespeicherten Anschlußdaten überprüft. Danach wird die gesamte vom Teilnehmer eingegebene Zielrufnummer zusammen mit den Informationen über den eigenen Anschluß (Rufnummer usw.) gespeichert und von einem Zentralrechner aufgrund dieser Daten ein freier Verbindungsweg zwischen den beiden Teilnehmern gesucht und durchgeschaltet. Die während des Gesprächs anfallenden Verbindungsdaten, welche u.a. für detaillierte Gebührenabrechnungen relevant sind, werden ebenfalls gespeichert. So entsteht ein lückenloses Abbild jeder Telefonverbindung, bei der auch der rufende Teilnehmer - im Gegensatz zur heutigen Technik - nicht mehr anonym ist, sondern in vielen Einzelheiten registriert wird. Während nach dem heute noch vorherrschenden Vermittlungsprinzip die Gesamtinformation der Rufnummer zu keinem Zeitpunkt benötigt wird und auch eine Rückverfolgung der Verbindung zu rufenden Teilnehmer nur mit beträchtlichem Aufwand[9] möglich ist, besteht das Prinzip der speicherprogrammierten künftigen Vermittlungstechnik regelrecht darin, möglichst genaue Teilnehmerdaten zu erfassen und für das Funktionieren des technisch-organisatorischen Ablaufs auszuwerten. Für jeden der hier aufgeführten Teilschritte gibt es somit auch funktionalistische Begründungen:[10] Leitungsersparnis durch Leitweglenkung auch im Ortsnetz, kürzere Verbindungsaufbauzeiten, detaillierte Gebührenabrechnung, schnelle Störungsbeseitigung durch den Ersatz von Hardware durch Software und nicht zuletzt Systemsicherheit durch Identifizierung der Teilnehmer.

Die genaue Prüfung und Protokollierung jedes Zugriffs auf das System ist aus der Datenverarbeitung schon lange bekannt und wird hier (z.B. mit abgestuften Zugangs- und Zugriffsberechtigungen auf Gräte, Dateien und Programme) bereits wesentlich differenzierter und weitgehender gehandhabt als bei der neuen Vermittlungstechnik der Post.[11] Sollten sich deren neue Diensteangebote bei den Anwenderunternehmen durchsetzen, so steht zu erwarten, daß angesichts der ohnehin als schlecht eingestuften Sicherheitsvorkehrungen des Fersprechnetzes Teilnehmerkennungen personennah (z.B. via Sprecherverifizierung) und Verbindungsdatenprotokollierungen noch detaillierter gestaltet werden. Letzteres ist ohnehin mit größer werdendem Dienstespektrum im ISDN allein aus Gründen der Gebühren- und Entgeltabrechnung vorprogrammiert.[12]

Speicherprogrammierte Vermittlungstechnik wird bereits seit einigen Jahren eingesetzt. Schon 1990 soll nach den Postplänen[13] in über 100 Ortsnetzen mindestens eine Vermittlungsstelle nach diesem Prizip arbeiten, so daß zu diesem Zeitpunkt mehr als 55% aller Telefonteilnehmer im Einzugsbereich solcher rechnergesteuerten Vermittlungsstellen liegen können. Das bedeutet, daß die Mehrzahl der Teilnehmer, die mit ihrer analogen Anschlußleitung an eine volldigitalisierte Vermittlungsstelle angeschlossen sind und für die sich äußerlich am Telefonieren nichts ändert, diesem Prinzip unterworfen werden.

Natürlich gibt es auch hier **gesetzliche Regelungen** und ökonomische Hürden, die eine flächendeckende Vollspeicherung und Auswertung aller Daten bisher unwahrscheinlich machen. Bereits auf der formaljuristischen Ebene zeigen sich jedoch erhebliche Lücken. Beispielsweise erkennt die Post (gegen den Protest der Datenschutzbeauftragten) bestehende Spezialregelungen wie den Bildschirmtext-Staatsvertrag nicht als bindend an,[14] sondern steht vielmehr immer noch auf dem Standpunkt, das Fernmeldegeheimnis regele den Datenschutz auch bei modernen Fernmeldediensten ausreichend; dienste- oder gar anwendungsspezifische Datenschutzregelungen seien nicht notwendig.

Aber selbst wenn Gesetze und Verordnungen den "Mißbrauch" der Verbindungsdaten lückenlos und angemessen sanktionieren könnten, so bliebe letztendlich die Frage, wer denn "Mißbrauch" definiert. Nach den neuerdings geltenden "Zusammenarbeitsgesetzen" beispielsweise sind heute Datenübermittlungen legal, die früher rechtswidrig waren.

Gesetze können also geändert oder schlicht abgeschafft werden, was bleibt sind die **technischen Möglichkeiten.** Und die sind bei der speicherprogrammierten Vermittlungstechnik zum Gutteil regelrecht technische Notwendigkeiten: Wer das Prinzip der Leitweglenkung zur Geltung kommen lassen will, der muß die gesamte Zielinformation auswerten (zu "gestalten" wäre dann nur noch der Zeitpunkt und die Qualität der Löschung). Wer ein multifunktionales Netz mit differenzierter Endgeräte- und Tarifstruktur anbieten will und zudem die Inkassofunktion für private Diensteanbieter zu übernehmen hat, der muß Berechtigungen prüfen und detaillierte Verbindungsdaten für die Gebühren- und Entgeltabrechnung erfassen. Wer kommerzielle Datenübermittlung im Fernsprechnetz attraktiver machen will, der muß dieses Netz zumindest ansatzweise auf deren Sicherheitsanforderungen einrichten, und das heißt allemal Entanonymisierung der Teilnehmer und Protokollierung der Verbindungsdaten. So gesehen würden weitreichende Daten- und Verbraucherschutzregelungen in diametralem Widerspruch zum Prinzip der speicherprogrammierten Vermittlungstechnik stehen und in letzter Konsequenz deren Funktionieren nach den bisherigen Planungen unmöglich machen.

Als Fazit dieser Überlegungen hat folgende These ihre Berechtigung: Abgesehen von sonstigen Kontroll- und Überwachungsinteressen ist speicherprogrammierte Vermittlungstechnik schon durch ihr Funktionsprinzip unvereinbar mit mit dem Gedanken des Persönlichkeitsschutzes. Auch noch so ausgefeilte rechtliche Regelungen können die in der Technik selbst liegenden Gefährdungspotentiale nicht entschärfen. Wenn eine Gesellschaft also eine solche Technik in eine flächendeckende Fernmeldeinfrastruktur einführt und damit unweigerlich und nicht rückholbar von dieser Technik abhängig wird, so entscheidet sie sich damit gegen Grundrechte, wie sie z.B. im Volkszählungsurteil des Bundesverfassungsgerichts mit dem "Recht auf informationelle Selbstbestimmung"[15] noch einmal ausdrücklich bestätigt wurden. Die Nutzung speicherprogrammierter Vermittlungstechnik muß zwangsläufig - soll sie denn optimal funktionieren - mit einer Aushöhlung solcher Grundrechte einhergehen.

1.4 Diensteintegration: Die ISDN-Ausbaupläne der Post

Im Laufe des Jahres 1988 soll in acht Großstädten für jeweils 1000 Teilnehmer erstmalig die Möglichkeit der digitalen Nachrichtenübertragung auch auf der Anschlußleitung zwischen Teilnehmer und Vermittlungsstelle bestehen.[16] Voraussetzung hierfür ist, daß in der entsprechenden Vermittlungsstelle bereits speicherprogrammierte Vermittlungstechnik eingesetzt und daß ein "digitales Endgerät" angeschafft wird. Digitalisiert wird die Anschlußleitung, ohne daß Kabel ausgetauscht werden, lediglich durch Umschaltungen im Amt und durch die Installation eines digitalen Natzabschlusses sowie einer "Kommunikationssteckdose" beim Teilnehmeranschluß. Hier stehen dann zwei Nutzkanäle mit einer Bitrate von jeweils 64 kbit/s und einem Zeichengabekanal von 16 kbit/s zur Verfügung, an die über ein Bus-System bis zu acht Endgeräte angeschlossen werden können. Dieses von Anschluß zu Anschluß volldigitalisierte Subsystem im Fernsprechnetz wird dann als "Schmalband-ISDN" bezeichnet. Im Jahre 1989 sollen bereits 60 bis 70 Ortsvermittlungsstellen (von insgesamt 6.200) eine Anschlußkapazität von jeweils 1.000 bis 1.500 ISDN-Teilnehmern haben. ISDN soll "bedarfsgerecht" ausgebaut werden, d.h. analoge Anschlußleitungen können über Anpassungseinrichtungen auch an digitaler Vermittlungstechnik bestehen bleiben.

Das ISDN-Diensteangebot steckt zum Einführungszeitpunkt erst in den Anfängen. Neben dem digitalen Telefonieren werden zunächst vor allem transparente 64 kbit/s-Kanäle angeboten, die auch für Daten- und Textübermittlung genutzt werden können. Frühestens ab 1990 sollen tatsächliche (standardisierte) ISDN-Dienste angeboten werden. Im Endausbau, der nach den Postplanungen erst nach der Jahrtausendwende erreicht sein dürfte, kann mit einem ISDN-Anschluß eine Vielzahl neuer Dienste und Dienstekombinationen in Anspruch genommen werden. Auf die Beschreibung möglicher ISDN-Dienste muß hier aus Platzgründen verzichtet werden.[17] Allerdings soll im folgenden schlaglichtartig auf einige der sogenannten **Dienstemerkmale** eingegangen werden.[18]

Dienstemerkmale: Der "Schwiegermutterschutz" und die "telekommunikative Vermummung"

Als Dienstemerkmale werden zusätzliche Service-Funktionen bezeichnet, die im Rahmen von Diensten mietbar angeboten werden. Ein Großteil möglicher ISDN-Dienstemerkmale geht direkt aus dem technischen Prinzip der speicherprogrammierten Vermittlungstechnik hervor. Aus der dort vorgenommenen Speicherung von Verbindungsdaten lassen sich etliche solcher Merkmalsgruppen als "Serviceangebote" zusammenstellen. Hierzu gehört z.B. die "detaillierte Fernmelderechnung", in der ausgewertet werden kann, wer, wann, wie lange, mit wem, in welcher Diensteart in Verbindung gestanden hat.

Andere Merkmalsgruppen basieren auf der während des Verbindungsaufbaus vorgenommenen Erfassung der Rufnummer des anrufenden Teilnehmers[19] und bestehen schlicht in der variantenreichen Weitergabe dieser Information an die angerufenen Teilnehmer. Es sind dies:

a) das "Registrieren ankommender Verbindungswünsche" und

b) die verschiedenen Formen des "Identifizieren".

An dieser Untermenge von Dienstemerkmalen lassen sich exemplarisch sowohl die Gedankengänge der Verantwortlichen verdeutlichen als auch Rückschlüsse auf die Anwendungsrichtung der in der speicherprogrammierten Vermittlungstechnik angelegten Potentiale ziehen.

<u>zu a):</u> "Registrieren ankommender Verbindungswünsche

Bei Anrufen (Verbindungswünschen), die nicht entgegengenommen werden (können), sollen Datum und Uhrzeit des Verbindungswunsches sowie die Runfnummer des A-Teilnehmers festgehalten werden. Der B-Teilnehmer soll die Informationen später abfragen können; möglicherweise werden sie auch automatisch an den B-Teilnehmer weitergeleitet."

(Rosenbrock 1984, S. 567)

<u>zu b):</u>

- "Fangen
Identifizieren (der Rufnummer des A-Teilnehmers) böswilliger Anrufe im Orts- und Fernnetz sowie Halten der Verbindung bei Bedarf
- Identifizieren der Rufnummer des A-Teilnehmers zur Anzeige beim B-Teilnehmer vor, während oder nach der Verbindung
- Identifizieren der Rufnummer des B-Teilnehmers als Bestätigung (Quittung), daß ein bestimmter Anschluß erreicht worden ist."

(Rosenbrock 1984, S. 570)

Abgesehen davon, daß es, sollten diese Dienstemerkmale tatsächlich uneingeschränkt eingeführt werden, ein völliges Novum in der Geschichte des Fernsprechverkehrs wäre, wenn die Gesprächspartner einander quasi automatisch vorgestellt werden würden,[20] erhält ein solcher Vorgang zusätzliche Brisanz dadurch, daß rufende Teilnehmer nie wissen, ob am anderen Ende der Leitung solche Dienstemerkmale genutzt werden. Es gibt im täglichen Leben durchaus Situationen, in denen berechtigtes Interesse an Anonymität besteht (da muß das vielzitierte Beispiel der Telefonseelsorge gar nicht erst bemüht werden). Alle Teilnehmer, die früher oder später - meist ohne es zu merken - an digitale Vermittlungsstellen angeschlossen werden, unterliegen diesem Prinzip, egal ob sie nun ISDN-Teilnehmer sind, oder weiterhin ihren althergebrachten Analoganschluß nutzen.[21]

Da die beschriebenen Dienstemerkmale nicht nur für zustandegekommene Verbindungen gelten, sondern auch bloße Verbindungs<u>wünsche</u> betreffen, werden sie öfter unter dem Schlagwort "Schwiegermutterschutz" angepriesen. Damit soll wohl gemeint sein, daß ungeliebten Gesprächen aus dem Wege gegangen werden kann, wenn die Rufnummer (oder bei "intelligenten" Terminals durchaus auch der Name) der anrufenden Person auf dem Display des läutenden Telefonapparats erscheint.

Kann die Assoziation des "Schwiegermutterschutzes" von nachsichtigen Gemütern noch als infantile Dummheit abgetan werden, so erreichen manche Anwürfe gegen Kritiker solcher Dienstemerkmale die Grenzen des Erträglichen: Anläßlich eines workshops der Projektgruppe OPTEK konnte ein offizieller Vertreter der Firma Siemens nicht umhin, den Zweiflern an der Sinnhaftigkeit dieser Dienstemerkmale ein Bestreben nach "telekommunikativer Vermummung" zu unterstellen. Solche Äußerungen können kaum als Entgleisungen im Einzelfall abgetan werden (andere könnten dasselbe sicher glatter formulieren), sie bringen vielmehr ein gesellschaftliches Klima zum Ausdruck, in dem Einschüchterung und Wohlverhalten, Minderwertigkeitsgefühle und Sündenbockstrategien wieder mehr und mehr an Bedeutung gewinnen und eine Gesellschaft formieren, in der "keiner etwas zu verbergen" haben darf und sich widerspruchlos anzupassen hat.

2. Soziale Beherrschbarkeit und Technikgestaltung ?

In den letzten Jahren ist es - nicht zuletzt unter dem Einfluß der Vorgaben staatlicher Programme zur Technologiefolgenforschung[22] - üblich geworden, den Gedanken der "sozialen Gestaltung" oder "Beherrschung" vorgegebener Technologien in den Vordergrund wissenschaftlicher Betrachtungen zu stellen. Mit diesem, konstruktiv gewendet, durchaus begrüßenswerten Vorhaben, geht allerdings vielfach ein geradezu zwanghaftes Bestreben einher, bisher geltende Erkenntnisse als "alte Dogmen über Bord" zu werfen und an Stelle der gewissenhaften Analyse von Gestaltungsinteressen, -objekten, -chancen und -strategien eine begriffsinnovatorisch aufgepeppte Flickschusterei zu betreiben. So führt denn die derzeitige Gestaltungseuphorie bestimmter Teile der Sozialwissenschaften (insbesondere in Bereichen der Industriesoziologie) zu theoretisch und empirisch oft zweifelhaften Ergebnissen, die durchaus dazu geeignet sind, (notwendige) Akzeptanzbarrieren gegenüber den neuen Technologien abzubauen und den Blick auf sich widersprechende Interessen- und Machtkonstellationen zwischen Arbeit und Kapital in sozialpartnerschaftlichen Phantasien zu vernebeln.

Im folgenden soll einmal ein Idealtypus von Gestaltungsforschung in Bezug auf die Telekommunikation unterstellt werden, bei dem im Gegensatz zur heute gängigen Praxis sehr wohl versucht wird (1) Gestaltungsinteressen zu ermitteln und entsprechende Gestaltungskriterien zu entwickeln, (2) das Gestaltungsobjekt, hier also das Projekt der Modernisierung der Telekommunikationsinfrastruktur etwas genauer zu analysieren, (3) die daraus und aus den gesellschaftlichen Rahmenbedingungen hervorgehenden Gestaltungschancen zu hinterfragen und Gestaltungsstrategien zu entwickeln. Dabei wird deutlich werden, daß innerhalb der politisch-ökonomischen Systemgrenzen des Kapitalismus auch bei ernstgemeinter Gestaltungsforschung nur minimale Spielräume verbleiben.

(1) **Gestaltungsinteressen und -kriterien**

Wenn es um die Möglichkeiten der Gestaltung der Telekommunikationsinfrastruktur im Zeichen ihrer anstehenden Modernisierung gehen soll, müßte also zunächst das Gestaltungsinteresse genauer formuliert werden. Daß hier das bloße Attribut "sozial" (wie eingangs dargelegt) kaum ausreichen kann, sollte angesichts der unzähligen widersprüchlichen Interessenlagen selbst in kleinsten gesellschaftlichen Gruppierungen einleuchten.
Bereits hier, in einer überhaupt nicht entwickelten Methodik der Interessen- oder gar Bedürfnisbestimmung - geschweige denn der notwendigen Systematisierung und Operationalisierung bis hin zu handhabbaren Gestaltungskriterien - liegt ein schier unüberwindliches Dilemma der modernistischen Gestaltungsforschung. Die Frage, welches denn nun die "wirklichen Interessen der Betroffenen" seien, in deren Namen Alternativen entwickelt werden sollen, welches ein "richtiges" und welches ein "falsches" Bedürfnis sei, wie überhaupt geäußerte Interessen, Bedarfe und Bedürfnisse angesichts der allseitigen Medienmanipulation einzuschätzen sind, läßt sich wohl vom Schreibtisch des Forschers aus und auch durch breiteste empirische Untersuchungen kaum beantworten.[23]

Vermutlich stößt der Idealtypus solcher Gestaltungsforschung bereits bei diesem ersten Schritt der Entwicklung von Gestaltungskriterien (wenn er überhaupt getan wird) an politische Systemgrenzen: In selbsternannter Stellvertreterfunktion für eine diffuse Masse von "Betroffenen" entwickelt die Wissenschaft abgehoben von dieser "Basis" und meist deren soziale Realität nicht aus eigener Betroffenheit erfahrend, womöglich "Kriterien der Sozialverträglichkeit", die mit den Interessen und Bedürfnissen der Betroffenen keinesfalls deckungsgleich sind.

Wenn Kapitalinteressen das gesellschaftliche Projekt der Technikentwicklung bestimmen, technische Entwicklungslinien formen (andere abbrechen) und letztendlich die vorherrschenden Technologien zum Trendverstärker der gesellschaftlichen Verhältnisse machen, so sind die diesbszüglichen "Gestaltungskriterien" schließlich auch nicht am grünen Tisch von stellvertretenden Forschungsinstitutionen vorab entwickelt worden. Vielmehr bringen die einzelnen Kapitalfraktionen ihre Interessen wohlorganisiert und strategisch geplant machtvoll selbst in die Technikentwicklung ein, beeinflussen politische Entscheidungen und tragen ihre Interessenkämpfe um marktbestimmende technische Standard und Übernahmeentscheidungen der nationalen Fernmeldeverwaltungen mit äußerster Entschiedenheit aus. Dies gilt sowohl für die Herstellerindustrie - im wesentlichen die Fernmelde- und Computerindustrie, über deren Auseinandersetzungen das Wort vom "international information war" geprägt wurde - als auch für die Anwenderunternehmen und deren mächtige Verbände (z.B. Deutscher Industrie- und Handelstag, Deutsche Telecom usw.).

Demgegenüber gibt es für die über 23 Millionen privaten Haushalte, die Telefonteilnehmer sind, keinerlei Organisationsform, über die sie ihre etwaigen Interessen an menschenwürdiger Telekommunikation artikulieren, bündeln und womöglich in den Entscheidungsprozeß einbringen könnten. Viel schlimmer noch: Die Grundlage einer jeden Interessenartikulation, das Erkennen der eigenen Lage, wird durch Sozialisation (auch technologische) auf allen sozialen Ebenen weitgehend verhindert. Selbst wer durch den allgegenwärtigen Mythos des technischen Fortschritts hindurch die vielfältigen Bedrohungen von Umweltzerstörung, Kriegsgefahr und Erwerbslosigkeit verspürt, wird sich schwerlich um so scheinbar alltägliche Dinge wie das Telefonieren kümmern, sondern seine Kraft "Wichtigerem" widmen.

Die Ausgangslage dafür, daß die Betroffenen sich über ihre Bedürfnisse an die Telekommunikation klar werden, sich selbst organisieren, ihre eigenen Interessenauseinandersetzungen führen, Interessen bündeln und letztendlich machtvoll in die Technikentwicklung einbringen - also einen gesamtgesellschaftlichen Planungsprozeß in Gang setzen, der als Voraussetzung die Frage nach menschengerechtem Zusammenleben stellt, und bei dem sich die Konzeption einer adäquaten technologischen Unterstützung solchen Kriterien anzupassen hat - die Ausgangslage hierfür ist gelinde gesagt äußerst ungünstig.

Wenn es nun aber stimmt, daß weder die Wissenschaft in der Lage ist, von sich aus allgemeingültige Gestaltungskriterien von Telekommunikationstechnik im Interesse der Betroffenen zu entwickeln (geschweige denn in die Technikentwicklung einzubringen), noch die Betroffenen selbst zur Zeit dazu fähig sind, so scheitert unser oben aufgestellter Idealtypus von Gestaltungsforschung bereits im Ansatz der Kriterienentwicklung. Um so notwendiger ist dann aber das ständige Angebot an die Betroffenen, ihnen Wissen über die Telekommunikationstechnik zu vermitteln und ihnen Möglichkeiten der organisierten Artikulation aufzuzeigen. Einen ersten Ansatz in diese Richtung hat das OPTEK-Projekt mit seinen "Materialien zur Vorbereitung eines technologiepolitischen Bürgerdialogs" geleistet.

Wenn Gestaltungsforschung aufgrund dieser Einsichten den Gedanken einer baldigen grundsätzlichen Technikgestaltung aufgibt und sich im Zuge der Kriterienfindung auf ein paar allgemein anerkannte Normen als Maßstab, wie sie z.B. in der Verfassung verankert sind, zurückzieht, kann dies durchaus legitim sein, sobald Klarheit darüber herrscht, daß mit einer solchen "Meßlatte" in der Regel lediglich <u>demonstriert</u> werden kann, was an den technischen Systemen - auch gemessen an bürgerlichen Wertvorstellungen und Rechtsnormen - <u>nicht sozialverträglich oder -beherrschbar</u> ist. Mit einer solchen Intension wurde in dieser Arbeit z.B. das "Recht auf informationelle Selbstbestimmung" als Sozialverträglichkeitskriterium herangezogen, mit dem die technisch-organisatorischen Prinzipien der speicherprogrammierten Vermittlungstechnik nicht vereinbar erscheinen.

Auch grundlegende Alternativvorschläge, die sich auf gültige Normen bzw. deren Weiterentwicklung beziehen, wie z.B. die Forderung nach parlamentarischer Kontrolle des Posthaushalts, nach dienstespezifischen Zulassungs-, Datenschutz- und Verbraucherschutzregelungen etc., haben solchen Demonstrationscharakter. Sie können, richtig verstanden und angewendet, zeigen, daß auch systemimmanent Telekommunikationstechnik gestaltet werden <u>könnte</u>, daß zumindest gestaltungskräftige Abfederungen möglich wären, wenn die Durchsetzungsmacht der Betroffenen stärker wäre. Tatsächliche Technikgestaltung wäre unter Einbeziehung der Verhinderung als Gestaltungskomponente auf dieser Ebene dann erreicht, wenn durch punktuelle Blockierungen oder Akzeptanzverweigerungen, zu denen solche Demonstrationen durchaus beitragen können, die reibungslose Technikdiffusion gefährdet erscheint.

Spätestens hier beginnt aber auch die Gratwanderung einer kritischen Wissenschaft zwischen der ihr zugedachten Funktion der Legitimationshilfe und des "Frühwarnsystems" für Akzeptanzprobleme und der Möglichkeit, die Durchsetzungsmacht von Betroffenengruppen zu stärken und so zumindest die schlimmsten technologischen Auswüchse zu unterbinden.

(2) **Gestaltungsobjekt Vermittlungstechnik**

Eine Analyse des Gestaltungsobjekts Telekommunikationstechnik kann sich nicht auf die "sozialen Folgen" beschränken, sondern muß im Auge behalten, daß Folgen oft schon als Zwecke oder zumindest als systemimanente Funktionszwänge in die Technik selbst hineinprojektiert sind. Demzufolge kann es kritischer Gestaltungsforschung vorrangig nicht darum gehen, Folgen sozial zu gestalten bzw. abzumildern, sondern die Techniken selbst im ersten Schritt auf soziale Unverträglichkeiten zu überprüfen. Ein solches Vorgehen ist im ersten Teil dieser Arbeit am Beispiel der speicherprogrammierten Vermittlungstechnik und der ihr innewohnenden Kontrollpotentiale demonstriert worden.

Im folgenden sollen einige technische Alternativen zur speicherprogrammierten Vermittlungstechnik hinsichtlich des Kriteriums "Vereinbarkeit mit der informationellen Selbstbestimmung" kurz dargestellt und diskutiert werden. Damit soll nicht etwa eine Liste sofort umsetzbarer "Lösungsvorschläge" gegeben, sondern lediglich der Blick für das Denkbare geöffnet werden.

(a) Die am wenigsten aufwendige Alternative wäre die Beibehaltung der bisherigen verdatungsarmen Vermittlungstechnik, die zu keinem Zeitpunkt Informationen über die Teilnehmer für den Vermittlungsvorgang benötigt. Hiergegen werden von der Post technische und ökonomische Sachzwänge geltend gemacht, die aber bei genauerer Betrachtung kaum greifen.[24]

(b) Wird einmal vorausgesetzt, es bestehe überhaupt ein Zwang zur Modernisierung der Fernsprechvermittlungstechnik - dies wurde bisher nirgendwo überzeugend dargelegt -, so gibt es durchaus andere Möglichkeiten als die der speicherprogrammierten Vermittlungstechnik. Denkbar sind z.B. Vermittlungstechniken, die das verdatungsarme Durchschalten des technisch "veralteten" EMD-Systems elektronisch nachbilden. Dies bedeutet: Schrittweises Durchschalten und Wegesuche im Raumvielfach auf der Ortsebene und auf der Fernebene Leitweglenkung ausschließlich anhand der Fernwahlinformation.[25]

(c) Selbst wer die geplante rechnergesteuerte Vermittlungstechnik für unverzichtbar hält, kann durch Veränderungen der Netzstruktur zu verdatungsärmeren Lösungen kommen. So sind z.B. Mischsysteme denkbar, in denen ein Teil der Rufnummer zentral in der speicherprogammierten Vermittlungsstelle verarbeitet und der Rest dezentral vom anzusprechenden Endgerät erkannt wird. Ist die Zahl der Endgeräte entsprechend hoch, kann eine ausreichende Anonymisierung gegenüber dem Netz gewährleistet werden.

(3) Gestaltungschancen und -strategien

Als Gestaltungschancen müssen zumindest sowohl (a) die in den technischen Systemen selbst noch vorhandenen Gestaltungsspielräume als auch (b) die gesellschaftlichen Durchsetzungsmöglichkeiten thematisiert werden.

(a) In der speicherprogrammierten Vermittlungstechnik selbst gibt es kaum Gestaltungsspielräume, die annähernd ein verdatungsarmes anonymes Telefonieren ermöglichen würden, da ihre Vermittlungsprinzipien und ihre projektierten Einsatzbedingungen in einem für kommerzielle Datenübermittlung breit genutzten Fernsprechnetz auf die Erfassung und Auswertung der teilnehmerbeziehbaren Verbindungsdaten ausgerichtet sind. Gestaltet werden könnte hier nachträglich, etwa durch restriktive Regelungen zur Löschung nicht mehr benötigter Daten oder durch aufgepfropfte Anonymisierungsverfahren.

(b) Weitergehende Vorschläge für eine andere Vermittlungstechnik, wie sie unter (2) aufgeführt sind, würden bei ihrer Realisierung die bisherige Netzkonzeption der Post über den Haufen werfen, die begonnene Digitalisierung des Fernsprechnetzes zur Investitionsruine werden lassen und ihrerseits nocheinmal Milliardensummen für Entwicklung und Ausbau verschlingen. Eine Ausnahme bildet hier natürlich die Beibehaltung der bisherigen Vermittlungstechnik. Angesichts der immensen Investitionssummen - die Post geht von insgesamt 192 Milliarden DM allein für die Digitalisierung des Fernsprechnetzes als Vorstufe von ISDN und Glasfaserverkabelung im Teilnehmeranschlußbereich aus - könnte nur massiver politischer Druck zu einem Stopp bzw. zu einer Verzögerung der Digitalisierung führen. Allerdings ist die gesellschaftliche Gruppierung, die dies bewerkstelligen könnte, auch auf Seiten der Gewerkschaften nicht in Sicht. Während der DGB seine technologiepolitische Wende vollzogen hat, nach der betriebliche Gestaltung statt Blockierung verordnet wird, heißt die Postgewerkschaft trotz drohender Arbeitsplatzverluste die Modernisierungspläne gut und weist jede Kritik an Digitalisierung und ISDN als deregulierungsfreundlich zurück.

Als einziger Interessengruppe ist es bisher den Verbänden der Anwenderunternehmen gelungen, "gestaltend" in die Postkonzeption einzugreifen: Die dringend für Rationalisierungsvorhaben benötigten Spezialnetze des IDN sollen entgegen ursprünglicher Postplanung nun nicht mehr zugunsten des ISDN "ausgetrocknet" werden. Sie bleiben erhalten und werden zudem noch langfristig ausgebaut.

Anmerkungen

1 Eine ausführliche Darstellung des heutigen Netz- und Diensteangebotes befindet sich in OPTEK 1988, Band I, S. 54 bis 64.

2 Ein Vergleich des Fernsprechnetzes mit anderen Fernmeldenetzen hinsichtlich Kostendeckung, Teilnehmerzahl und -struktur sowie Gebührenaufkommen wird in OPTEK 1988, Band I, S. 68 bis 74 vorgenommen.

3 Das öffentliche Fernsprechnetz hat eine etwa 10 mal höhere Bitfehlerrate als das Telex-Netz. Es ist damit das Fernmeldenetz mit der höchsten Bitfehlerwahrscheinlichkeit. Vgl. hierzu z.B. Hellfors / Seiz 1977.

4 Der Gedanke der Austrocknung der Spezialnetze (etwa durch Gebührensteigerungen) wurde von der Post bis vor kurzem noch offensiv vertreten, wird aber angesichts massiven Protests der Anwenderverbände mehr und mehr revidiert.

5 Die Deutsche Bundespost selbst stellt fest, daß durch die Digitalisierung der Übertragungstechnik das Fernsprechnetz ca. 50% seiner Übertragungskapazität verliert. Vgl. hierzu Hück / Keil / Socher 1984, S. 303 ff.

6 Vgl. zur Neuorganisation der Betriebstechnik verschiedene Jahrbücher der Deutschen Bundespost (1984 ff); vgl. zu den Personaleinsparungen bei der Post: Schön 1986 (b).

7 Eine ausführliche Gegenüberstellung erfolgt in OPTEK 1988, Band I, S. 75 bis 91.

8 Vgl. Siemens AG, EWSD-Systembeschreibung, S. 15.

9 Bei herkömmlicher elektromechanischer Vermittlungstechnik muß die Rückverfolgung von Verbindungen bis zum rufenden Teilnehmeranschluß im wahrsten Sinne des Wortes "zu Fuß" durch schrittweise Überprüfung der Wählereinstellungen vorgenommen werden.

10 Eine ausführliche Auseinandersetzung mit den Begründungen der Post für Digitalisierung und ISDN ist in OPTEK 1988, Band II, S. 55 bis 89 enthalten.

11 Einen Überblick über herkömmliche Datensicherungsmaßnahmen bietet der BMFT-Forschungsbericht "Datenschutz bei rechnerunterstützten Telekommunikationssystemen" (vgl. Berger et al. 1981). Hier sind auch die einschlägigen Literaturquellen aus der betrieblichen Datensicherungspraxis entsprechend der "Grundsätze der ordnungsgemäßen Datenverarbeitung" aufgeführt.

12 Im ISDN werden noch in wesentlich stärkerem Maße als im bisherigen Bildschirmtextsystem private Diensteanbieter auftreten, für die die Post - aus Datenschutzgründen(!) - das Entgeltinkasso übernehmen wird. Schon bei den Auseinandersetzungen um die Gewährleistung des Datenschutzes beim Bildschirmtextsystem leitete die Post aus ihrer Inkassofunktion eine Nachweispflicht gegenüber den Diensteanbietern her und begründete so die Aufzeichnung der Verbindungsdaten.

13 Eine Darstellung der Postpläne zum zeitlichen Ablauf der Digitalisierung befindet sich in OPTEK 1988, Band I, S. 99 bis 108.

14 Vgl. hierzu diverse Stellungnahmen und Tätigkeitsberichte der Landesbeauftragten für den Datenschutz zur Haltung der Post gegenüber dem Bildschirmtext-Staatsvertrag, insbesondere zu Artikel 9, in dem versucht wird, den Datenschutz bildschirmtextgerecht zu regeln.

15 Vgl. BVerfGE 65,1 in: Schwabe (Hrsg.) 1984.

16 Ausführliche Informationen zum ISDN-Konzept und zur konkreten Einführungsplanung der Post können u.a. den Jahrbüchern der Deutschen Bundespost entnommen werden. Vgl. z.B. Rosenbrock 1984 sowie Kahl 1986.

17 Vgl. hierzu Kubicek / Rolf 1986 sowie OPTEK 1988, Bände II und III.

18 Eine ausführliche Darstellung der von Post und Herstellerindustrie konzipierten Dienstemerkmale findet sich in Rosenbrock 1984.

19 In Postveröffentlichungen haben sich folgende Bezeichnungen eingebürgert:
anrufender Teilnehmer = "A-Teilnehmer" / angerufener Teilnehmer = "B-Teilnehmer".

20 Eine gewisse Ausnahme bilden Formen der früheren Handvermittlung. Auch hier wurden die Rufnummern beider Teilnehmer beim "Fräulein vom Amt" registriert, als <u>Gesamtinformation</u> verarbeitet, und u.U. den Teilnehmern mitgeteilt. Unter diesem Blickwinkel ist es durch-

aus berechtigt, die speicherprogrammierte Vermittlungstechnik als Vollautomatisierung der Handvermittlung zu betrachten.

21 Experten sehen hierin einen Verstoß gegen das vom Bundesverfassungsgericht im Volkszählungsurteil garantierte Recht auf informationelle Selbstbestimmung.

22 Vgl. z.B. das Programm "Mensch und Technik - Sozialverträgliche Technikgestaltung" des Landes Nordrhein-Westphalen.

23 Das bedeutet keinesfalls eine pauschale Abqualifizierung von Systematisierungsversuchen und diesbezüglicher Methodenforschung. Entscheidend sollte aber sein, sich den Wirklichkeitsgehalt der dabei gefundenen Raster, in die gesellschaftliche Vielfalt gepreßt wird, immer wieder zu vergegenwärtigen.

24 Vgl. OPTEK, Band II, Kapitel IV.

25 Eine ausführliche Darstellung diese Prinzips findet sich in OPTEK, Band III. S. 44 ff.

Literaturangaben

Berger, P., Jensen, G., Kratzsch, J., et al.: Datenschutz bei rechnerunterstützten Telekommunikationssystemen, BMFT-Forschungsbericht DV 81-006, Berlin 1981

Berger, P., van Gerpen H.: Dienstleistungsarbeit in der Metropole, Ergebnisse einer Unternehmensbefragung zu Einsatz und Auswirkungen der IuK-Techniken, Hamburg 1988

Bundesminister für Forschung und Technologie (Hrsg.): Informationstechnik, Konzeption der Bundesregierung zur Förderung der Entwicklung der Mikroelektronik, der Informations- und Kommunikationstechniken, Bonn 1984

Count e.V. (Hrsg.): ISDN - Technik, Nutzung, Entwicklung - Wege zur dienste-integrierten digitalen Kommunikation, 7. öffentliches Fachsymposium, Stuttgart 1986

Gesellschaft für Information und Dokumentation (GID): Telekommunikation in Hessen, Frankfurt 1986

Hellfors, S., Seiz, M.: Praxis betrieblicher Datensicherung, Berlin 1977

Hilz, O., Klein, H.: Einsatzstrategie für das digitale Vermittlungsnetz bei der Deutschen Bundespost, in: Jahrbuch der Deutschen Bundespost 1984, Bad Winsheim 1984

Hück, U., Keil, P., Socher, J.: Einsatzstrategie fürdie digitale Übertragungstechnik in der Orts- und Fernebene, in: Jahrbuch der Deutschen Bundespost 1984, Bad Winsheim 1984

Kahl, P.: Planungsdaten zur geographischen, zeitlichen und technischen Einführungsstrategie der Deutschen Bundespost für das ISDN, in: ISDN-Congress 86, Starnberg, telematica 1986

Kubicek, H., Rolf, A.: Mikropolis, 2. Aufl., Hamburg 1986

OPTEK-Projektgruppe: Berger, P., Kubicek, H., Kühn, M., Mettler-Meibom, B., Voogd, G.: Optionen der Telekommunikation, Materialien für einen technologiepolitischen Bürgerdialog, Endbericht, Bände I, II, und III, Düsseldorf 1988

Rosenbrock, K.H.: ISDN - eine folgerichtige Weiterentwicklung des digitalen Fernsprechnetzes, in: Jahrbuch der Deutschen Bundespost 1984, Bad Winsheim 1984

Scherer, J.: Telekommunikationsrecht und Telekommunikationspolitik, Baden-Baden 1985

Schön, H.: Die Bedeutung des ISDN und seiner künftigen Dienstleistungen für die DBP, in: Der Ingenieur der Deutschen Bundespost (35) 1986 (a), H. 2

Schön, H.: ISDN und Ökonomie, in: Jahrbuch der Deutschen Bundespost 1986, Bad Winsheim 1986(b)

Schwabe, J. (Hrsg.): Entscheidungen des Bundesverfassungsgerichts, 3. Auflage, Hamburg 1984

Siemens AG: EWSD Digitales Elektronisches Wählsystem, Systembeschreibung A 30808-X2589-X2-18 München (o.J.)

FREIHEIT ODER SICHERHEIT -
EIN WIDERSPRUCH INFORMATIONSTECHNISCHER VERNETZUNG?*

Volker Hammer/Ulrich Pordesch/Alexander Roßnagel
Projektgruppe verfassungsverträgliche Technikgestaltung (provet)
Darmstadt

I. Freiheit und/oder Sicherheit?

Mit der informationstechnischen Vernetzung verbindet sich sehr oft die Hoffnung auf eine offene "Informationsgesellschaft", in der durch schnellen, umfassenden und freien Zugang zu Informationen die Freiheitsspielräume des einzelnen wie der Gesellschaft erweitert werden können. Wenn die Gesellschaft aber Informations- und Kommunikationstechnik (IuK) verstärkt nutzt und sich zunehmend von ihr abhängig macht, dann müssen die Informationssysteme und -netze in einem sehr hohen Maß verfügbar, zuverlässig und sicher sein. Kann die informationstechnische Vernetzung beide Ziele, Freiheit und Sicherheit, gleichermaßen verwirklichen? Oder stehen sie in einem grundsätzlichen Widerspruch, nach dem das eine Ziel nur auf Kosten des anderen erreicht werden kann?

Wie jede Technik kann auch die Informations- und Kommunikationstechnik fehlerhaft sein. Sie kann wie jede andere Technik mißbraucht werden. Wie bedeutsam die Mißbrauchs- und Fehlerrisiken einer Technik für die Gesellschaft sind, hängt vor allem von dem Schadenspotential dieser Technik ab. Entscheidend hierfür sind weniger die technischen Aspekte eines Systemausfalls als vielmehr seine gesellschaftlichen Folgen. Allein die Tatsache, daß einige hundert Stunden Rechenzeit verschwendet werden oder Computer gar nicht verfügbar sind, ist aus gesamtgesellschaftlicher Sicht nur von geringem Interesse. Völlig anders ist die Störung eines Informationssystems jedoch zu bewerten, wenn nur noch mit seiner Hilfe grundlegende gesellschaftserhaltende Funktionen gewährleistet werden können, wie etwa im Bankenbereich, in der vernetzten Produktion, im Bereich öffentlicher Transferleistungen oder im Fall eines einheitlichen digitalisierten Fernsprechnetzes. Wenn gar das Leben vieler Menschen durch den Ausfall von Prozeßrechnern etwa in Atomkraftwerken oder Chemiefabriken bedroht ist, dann erhält die Sicherheit der Technik bei ihrer gesellschaftlichen Bewertung einen besonderen Stellenwert.

Je höher der mögliche Schaden für die Gesellschaft ist, wenn ein technisches System fehlerhaft ist, zerstört, beschädigt oder manipuliert wird, desto erpressbarer und angreifbarer ist sie, desto größere Anstregungen muß sie ergreifen, um zu versuchen, ein solch schädigendes Ereignis zu verhindern. Die Mißbrauchs- und Fehlermöglichkeiten und der gegen sie zu treibende Sicherungsaufwand, die dennoch möglichen Schäden und die sozialen Folgen der Techniksicherung reduzieren den gesellschaftlichen Nutzen der Technik. Sie sind daher in jeder realistischen gesamtgesellschaftlichen Kosten-Nutzen-Analsyse technischer Gestaltungsalternativen in Rechnung zu stellen. Eine notwendige, wenn auch nicht ausreichende Bedingung jeder Technikbewertung ist daher, daß sie unter dem Kriterium der **Verletzlichkeit** der Gesellschaft das Schadenspotential, die Sicherungsmöglichkeiten und das verbleibende Restrisiko einer Technik bewertet und daß sie unter dem Kriterium der **Verfassungsverträglichkeit** berücksichtigt, welche sozialen Kosten unter anderen der Sicherungszwang einer Technik in Form von Freiheitseinbußen und Demokratiebeschränkungen fordert. Wie können jedoch künftige Informations- und Kommunikationssysteme nach diesen Kriterien bewertet werden? Läßt sich der Widerspruch zwischen beiden Gestaltungsanforderungen auflösen?

II. Das Kriterium der Verletzlichkeit

Unter Verletzlichkeit verstehen wir die Möglichkeit großer Schäden für die Gesellschaft. Die informationstechnische Vernetzung kann die Verletzlichkeit der Gesellschaft beeinflussen, indem sie das Schadenspotential oder die Fehler- und Mißbrauchsmöglichkeiten technischer Systeme verändert. Wir wollen im folgenden den Schwerpunkt unserer Überlegungen auf Mißbrauchsrisiken konzentrieren. Denn alle fahrlässig oder zufällig verursachten Schäden können auch vorsätzlich verfolgt werden. Vorsätzliche Aktionen sind somit die "Umhüllenden", die auch das

Schadenspotential anderer Schadensursachen abdecken. Die Bewertung, wie verletzlich ein Techniksystem die Gesellschaft macht, hängt dann ab
erstens von dem gesellschaftlichen Schadenspotential,
zweitens von der Anziehungskraft der Technik für Mißbrauchsaktionen,
drittens von den Mißbrauchsmöglichkeiten
viertens von den Möglichkeiten, das Techniksystem zu sichern, und schließlich
fünftens von der Verläßlichkeit des Sicherungssystems.

Das Problem der Verletzlichkeit der Gesellschaft durch die Nutzung von IuK-Systemen entsteht vor allem dadurch, daß **gesellschaftliche Funktionen von Menschen auf diese Systeme übertragen** werden. Diese Übertragung ist möglich, weil die IuK-Systeme erlauben, die Verarbeitung von Informationen aus den Gehirnen der Menschen herauszunehmen, sie zu verselbständigen sowie ihren Austausch technisch zu verwirklichen. Informationen und Kommunikation, Informationsverarbeitungs- und Kommunikationsprozesse werden dadurch für Dritte zugänglich. Sie können sie leichtfertig oder mißbräuchlich ausforschen, manipulieren, unterbinden, beschädigen oder zerstören und dadurch die Erfüllung der dem technischen System übertragenen Funktionen beeinträchtigen.

Bereits **heute** besteht eine hohe Abhängigkeit gesellschaftlicher Teilsysteme von der automatischen Informationsverarbeitung und der Telekommunikation. Sie haben jedoch andere Formen der Informationssammlung und -verarbeitung nur teilweise verdrängt. Soweit einzelne Verwaltungszweige oder Produktionslinien völlig von ihrem Funktionieren abhängig sind, bilden diese immer noch Inseln der Automatisierung. Noch besteht keine vollkommene Vernetzung aller Bereiche der Informationsverarbeitung. Daher bestehen im Notfall noch Ersatz- und Ausweichmöglichkeiten.

In einer **künftigen** Informationsgesellschaft wird die Abhängigkeit vom Funktionieren der automatischen Informationsverarbeitung und Telekommunikation und damit das potentielle Schadensausmaß allerdings beträchtlich ansteigen. Die Rechner werden zu einem vernetzten System zusammenwachsen und andere Formen der Informationssammlung, der Informationsverarbeitung und Kommunikation verdrängen. Sie werden damit weitgehend alternativlos und ohne Substitutionsmöglichkeiten sein.

Um nur wenige Beispiele künftiger Abhängigkeiten zu nennen: Die künftige Produktion wird in den meisten Fällen durch IuK-Systeme geplant, gesteuert, koordiniert und überwacht. Es besteht eine IuK-gestützte Warenwirtschaft, die auf der völligen Vernetzung von Lieferanten, Zulieferern, Produzenten, Händlern,

Kunden und Banken beruht. Vom Funktionieren der IuK-Systeme werden auch die Energieversorgung, die medizinische Versorgung, das gesamte Zahlungssystem, die wichtigsten Dienstleistungen, wissenschaftliche Organisationen, das Verkehrssystem, die staatliche Verwaltung, die politische Steuerung, die Medien sowie der Umweltschutz abhängig sein. Da in all diesen Bereichen auch die zeitkritischen Anwendungen der IuK-Technik beträchtlich zunehmen werden, wäre auch nur ein kurzfristiger Ausfall der Telekommunikation katastrophal.[1]

Die künftige Entwicklung des Schadenspotentials wird außerdem dadurch geprägt, daß die Konzentration von Daten und Funktionen in DV-Anlagen gleichzeitig auch zu einer Konzentration großer "Informationswerte" an einem Platz führt. Ebenso bewirkt die Verknüpfung vieler Steuerungsvorgänge eine leistungsfähigere und schnellere Koordination einzelner bisher unabhängiger Bereiche. Und zum dritten entwickelt sich Information zunehmend zu einem zentralen Wert für Forschung, Entwicklung und Produktion, so daß die Nichtverfügbarkeit von Information im Vergleich zu früher als größerer Verlust bewertet wird.

Auch die Zahl der potentiellen Angreifer wird voraussichtlich zunehmen. Zusätzlich zu den "klassischen" Motiven wie Bereicherung, Rache, Nervenkitzel oder politische Feindschaft wird die Informationstechnik für einige zum Angriffsziel, weil sie als Ursache für Dequalifikation, Arbeitsplatzverlust und sozialen Abstieg oder als Grund für die Zerstörung sozialer Beziehungen angesehen wird. Andere werden sie aus grundsätzlichen politischen Motiven als Symbol der abgelehnten hochtechnologisierten Industriegesellschaft bekämpfen. Für diese wird sie nicht mehr nur wie bisher Mittel, sondern primäres Ziel militanter Aktionen sein. Sie könnten versuchen die Nervenzentren und -bahnen der verhaßten Gesellschaft auszuschalten. Die in den gesellschaftlichen Verteilungskämpfen fortschreitende soziale Differenzierung verstärkt die zugrundeliegenden Spannungen und zieht zusätzliche berechtigte und unberechtigte Agressionen gegen diese Technik nach sich.

Die Möglichkeiten, die Informations- und Kommunikationstechnik anzugreifen oder für Angriffe zu nutzen, sind sehr vielfältig. Sie beginnen bei den tradierten Mustern des 19. Jahrhunderts. Rund 4 Mio. DM Schaden haben zum Beispiel zwei Bomben angerichtet, die im September 1985 in der gleichen Nacht fast gleichzeitig in Computerfirmen in Hamburg und Dortmund explodierten und deren Rechenzentren verwüsteten.[2] Zu Beginn der Datenverarbeitung waren einfache Manipulationen von Daten und Programmen 'beliebt' wie die Manipulation von Gehaltslisten durch Aufnahme nichtexistenter Mitarbeiter[3] oder das Überweisen von Rundungsbeträgen auf das eigene Konto.[4] Durch Manipulation von Programmen war es einer Gruppe 1971 sogar gelungen, 200 Eisenbahnwaggons aus dem vollautomatischen Fahrplanablauf einer amerikanischen Eisenbahngesellschaft auszuklinken, zu entladen und wieder in den normalen Fahrplan einzufügen.[5]

Die informationstechnische Vernetzung ermöglicht jedoch auch gezielte intelligente Softwareangriffe, die erst im kommenden Jahrhundert ihre besondere Gefährlichkeit erweisen dürften. Diese neuen Angriffsformen sind vor allem dadurch gekennzeichnet, daß

- es keine völlig sicheren Verfahren gibt, Manipulationen an Programmen zu entdecken, sieht man von dem nur für relativ einfache Systeme praktikablen Programmbeweis ab,
- die Fehlfunktion erst lange nach dem Angriff eintreten kann und
- der Angriff automatisch reproduzierbar ist, wodurch sehr viele Verfahren der Informationsverarbeitung gleichzeitig betroffen sein können, und
- die Reproduktion des Softwareangriffs selbst in verteilten und entkoppelten Systemen möglich ist.

Zwei Beispiele zeigen die besondere Gefährlichkeit dieser Angriffsformen: Im September 1987 gelang es deutschen Hackern, über Datennetze Großrechner der NASA zu erreichen. Durch einen Fehler im Betriebssystem konnten sie die Tabelle der Zugriffsberechtigungen manipulieren und sich so den Status des Systemverwalters verschaffen. Sie installierten schließlich ein "trojanisches Pferd", eine Funktion, die ihnen immer wieder den Zugang zum System sicherte. Über die beiden NASA-Rechner hatten die Hacker Zugang zum SPAN-Netz (Space Physics Analysis Network). Sie konnten in weitere 136 Rechner eindringen und dort ebenfalls "trojanische Pferde" installieren. Betroffen sind Rechenzentren in der ganzen Welt, die Daten sowohl aus militärischen wie auch zivilen Projekten verarbeiten.[6] Fachleute schätzen den Aufwand zur "Säuberung" jedes Rechners auf etwa 1 Mio. DM. Die Gesamtkosten dürften demnach etwa 140 Mio. DM betragen. Mögliche Schäden, die durch die Manipulation von Daten oder Programmen entstehen können, sind dabei noch nicht berücksichtigt.

Angriffe dieser Art sind besonders gefährlich weil,

- die Zahl möglicher Angreifer so groß ist wie die Zahl der Rechnerbesitzer, die über irgendeinen Zugang zu Datennetzen verfügen. Die Zahl potentieller Angreifer gegen DV-Anlagen wächst also durch die informationstechnische Vernetzung.
- versehentliche Fehler in einem hochsensiblen Systemteil es ermöglichen, die Zugriffskontrolle zu umgehen und die Zugriffsrechte zu manipulieren. Alle VAX-Rechner mit dieser Betriebssystemvariante waren anfällig für diesen Angriff.

- mit allen Privilegien ausgestattet es für die Eindringlinge möglich war, Hilfsprogramme ("trojanische Pferde") zu installieren, die ihnen auch in Zukunft die "Tür" zum Rechner offenhalten würden.
- die Hacker die Daten auf allen betroffenen Systemen hätten zerstören können. Wenn der Schaden in dem konkreten Fall gemessen an dem möglichen Schaden relativ niedrig bleibt, so ist dies allein auf das begrenzte Motiv der Hacker zurückzuführen, nur die Unsicherheit von Computernetzwerken zu demonstrieren. Andere Täter mit anderen Motiven hätten einen um ein Vielfaches höheren Schaden verursachen können.

In einem anderen Fall hatte ein Programmierer in das Personalsystem seines Unternehmes eine zusätzliche Programmverzweigung eingebaut. Wenn sein Name im Fall seiner Entlassung aus der Personalliste gelöscht würde, sollten Kundendateien, Buchungslisten und Programmunterlagen im Rechner zerstört werden.[7]

Der Schaden wäre immens, wenn durch eine Manipulation von Sicherungsroutinen ein umfangreicher zentraler Datenbestand wie etwa der Bundesanstalt für Arbeit oder Bundesversicherungsanstalt für Angestellte mit allen Sicherungskopien gelöscht würde oder wenn ein künftiges ISDN durch Implantation einer "logischen Zeitbombe" zu einem bestimmten Zeitpunkt völlig ausfiele. Angriffe dieser Art sind besonders gefährlich, weil sie nicht sicher entdeckt werden können, bevor sie auftreten, und weil gleichzeitig eine sehr große Anzahl von Systemen in verschiedenen gesellschaftlichen Bereichen betroffen sein können, wodurch gerade die in der Katastrophe erforderlichen Substitutionsprozesse erschwert werden können.

Die Abhängigkeit der Gesellschaft von diesen Systemen, ihr Schadenspotential und ihre Bedrohung erzeugen einen Zwang zu Sicherung: Katastrophale Schadensfälle sind grundsätzlich möglich. Sie dürfen sich jedoch nie ereignen. Die Techniksysteme müssen daher so sicher gemacht werden, daß sie jeweils ein Höchstmaß an Sicherheit gewährleisten. Das hohe Schadenspotential übt daher einen starken Zwang aus zur Dynamisierung der Sicherheitsanstrengungen.

Könnten IuK-Systeme technisch so sicher gemacht werden, daß große Schäden nicht mehr zu erwarten sind? Wir kommen mit dieser Frage zum ersten Bestandteil des zu untersuchenden Widerspruchs: zu den Sicherungssystemen von IuK-Techniken.

III. Technische Sicherungsmöglichkeiten

Die einfachste und eleganteste Lösung von Sicherungsproblemen wäre, Systeme so zu konstruieren, daß sie unempfindlich gegen Angriffe werden. Diese verspräche Sicherheit ohne Freiheitseinschränkungen. Wir wollen daher im folgenden die fortschrittlichsten Konzepte zur technischen Sicherung von vernetzten Informationssystemen beschreiben und ihre Grenzen untersuchen.

1. Zugangskontrolle

Die bisherige Sicherung durch Passworte hat sich als unzureichend erwiesen. Ein neues Sicherungsverfahren muß aber wie bisher eine Offenheit der Netze bzw. von Anwendungen ermöglichen. Als derzeit fortschrittlichste Konzeption, die diese Forderung erfüllen kann, dürfte der Einsatz von Chip-Karten mit Public-Key-Systemen gelten. Jeder Chip-Karte kann mit Hilfe eines Public-Key-Systems ein eindeutiger und geheimer Schlüssel zugeteilt werden, der bei der Eröffnung einer Systemsitzung vom Zugangskontrollsystem mit dem zugehörigen (aber anderen) Schlüssel geprüft werden kann.[8]

Die technische Benutzerkennung ist damit an die eine Chipkarte gebunden, in der der geheime Schlüssel gespeichert ist. Voraussetzung für einen unberechtigten Systemzugang wäre somit der Besitz (Diebstahl) der Chip-Karte. Um einen Mißbrauch weiter zu erschweren eröffnet die Chip-Karte den Systemzugang nur, wenn (wie heute) eine persönliche Identifikationsnummer (PIN) eingegeben wird. Diese Sicherungsmethode kann ergänzt werden um ein biometrisches Verfahren.

2. Zugriffskontrolle

Eine weitere Möglichkeit, ein System gegen Mißbrauch zu sichern, ist die detaillierte Regelung der Zugriffsberechtigungen. Zu jeder Benutzernummer sollte das System immer nur die Programme und Daten zur Verfügung stellen, die der verantwortliche Mitarbeiter für seine Aufgabenstellung benötigt. Differenziertere Möglichkeiten zur Zugriffskontrolle als die heute üblichen bieten die unterschiedlichen Konzepte von Zugriffsmatritzen (Capabilities, Access-Lists).[9] Sie erlauben eine individuelle Zuordnung von speziellen Funktionen zu Benutzerkennungen. Gleichzeitig ermöglichen sie auch eine entsprechend detaillierte Überwachung der Benutzer.

3. Verschlüsselung

Ein Lauscher soll, selbst wenn er in der Lage ist, auf Dateien oder Datenströme in Netzen zuzugreifen, aus den gefundenen Signalen keinen Gewinn ziehen können.

Dazu können die Daten auf den Datenträgern verschlüsselt abgelegt bzw. im Netz nur verschlüsselt übermittelt werden. Ein Mißbrauch des Schlüsselinhabers bleibt jedoch immer möglich. Sofern er sinnvollerweise über den einzigen Schlüssel verfügt, wird eine inhaltliche Kontrolle seines Verhaltens nahezu ausgeschlossen.

4. Redundanz

Die drei beschriebenen Sicherungsansätze können durch weitere Maßnahmen ergänzt werden: Billige Hardware und hohe Übermittlungs- und Speicherleistungen ermöglichen Redundanz. Gegenüber klassischen Instrumenten der Informationsverarbeitung stellt dies einen Sicherungsfortschritt dar, weil durch Redundanz das Entstehen von Schäden verhindert oder ihr Ausmaß reduziert werden kann.

Eine besondere Form der Redundanz ist die die Mehrfachführung und Vermaschung der Telekommunikationsnetze. Der Grundsatz der Zwei-Wege- und Zwei-Medien-Führung im Fernnetz, nach dem für die besonders wichtigen Fernstrecken sowohl Richtfunk- als auch Kabelverbidnungen bestehen und für beide Medien jeweils zwei getrennte Trassen benutzt werden sollen, macht den Ausfall von Kommunikationsmöglichkeiten auf der Fernebene durch einen oder zwei isolierte Anschläge unmöglich. Durch die Vermaschung des gesamten Netzes und eine intelligente Netzsteuerung können bei Ausfall einer Verbindungsstrecke oder einer Vermittlungsstelle schnell ausreichende Umleitungen geschaltet werden. In der Regel kann daher bei einem Anschlag der Schaden auf den Bereich einer Ortsvermittlungsstelle begrenzt werden.

IV. Grenzen der technischen Sicherung

Gewalttätige Angriffe von außen können durch physische Sicherungsmaßnahmen erschwert, aber nicht prinzipiell verhindert werden. Durch Schaffung von Redundanz mit Hilfe von Sicherungskopien und Ausweichrechenzentren können sie aber in ihrer Wirkung begrenzt werden. Schadensmindernd wirkt auch eine Dezentralisierung der IuK-Anwendungen. Allerdings erschwert eine dezentrale und komplexe Organisation im Notfall das Umschalten auf Ausweichrechenzentren.

Unter der Voraussetzung praktizierter Redundanz hätten nur noch sehr gezielte, koordinierte Angriffe auf mehrere Stellen gleichzeitig eine Chance, den Informationsverarbeitungsprozeß längere Zeit zum Erliegen zu bringen. Allerdings kann für die Zukunft etwa bei einem Angriff auf das Telekommunikationsnetz nicht ausgeschlossen werden, daß wie bei den gleichzeitigen Anschlägen der "Roten Zora" auf acht über die Bundesrepublik verteilte Betriebe des Bekleidungsunternehmens Adler im August 1987 mehrere Kommandos Leitungen, Vermittlungsstellen oder Richtfunkeinrichtungen koordiniert zerstören und dadurch trotz Vermaschung einen großen Teil der Telekommunikation in der Bundesrepublik ausschalten.

Die beschriebenen modernsten Zugangskontrollsysteme könnten logische Angriffe von außen durch Unbefugte weitgehend ausschließen. Dies würde aber voraussetzen, daß die Menschen in der "Informationsgesellschaft" eine Vielzahl von Chip-Karten für unterschiedlichste Anwendungen bei sich tragen oder eine - datenschutzrechtlich höchst problematische - Universal-Karte besitzen. Die Chip-Karte könnte zwar verloren oder gestohlen werden. Die Überwindung der Zugangskontrolle wäre jedoch nur möglich, wenn es einem Angreifer gelingt, außerdem die PIN auszuspähen und das biometrische Verfahren zu täuschen. Der Sicherheitsgewinn des Verfahrens ist groß, aber nur relativ.

Es bleiben die Angriffe von innen, die Mitarbeiter im Rahmen ihrer Aufgaben und ihrer Benutzerberechtigung durchführen können. Die Qualität fortschrittlicher Zugriffskontrollen hängt wesentlich von der formalen Beschreibung der Aufgaben eines Sachbearbeiters oder Programmierers und deren Übertragung in das System ab. Wäre eine exakte und vollständige Beschreibung möglich, könnte die Tätigkeit in der Regel automatisiert werden. Meist können Aufgaben aber nicht mit der erforderlichen Präzision definiert werden, da für die Bearbeitung des konkreten Falls mehr oder wenig große Entscheidungsspielräume bestehen müssen. Systeme, die Zugriffsmatritzen konsequent unterstützen, sind außerdem kommerziell bisher kaum verfügbar.

Obwohl auch Datenmanipulationen schwerwiegende Schäden hervorrufen können, weisen Softwareangriffe doch neue Qualitäten auf, gegen die Sicherungsmaßnahmen schwer zu konzipieren sind. Eine neue Qualität von Softwareangriffen im Vergleich zu Datenmanipulationen ist ihre dezentrale und automatisch hervorgerufene Wirkung. Ein manipuliertes Programm reproduziert den Angriff genauso wie die übliche Anwendungsfunktion. Softwareangriffe können vergleichsweise einfach gegen verteilte Systeme, die mit den gleichen Programmen betrieben werden, und gegen Datensicherungen geführt werden. Die Manipulation von Programmen durch die Systementwickler läßt sich technisch nicht verhindern. Die Systeme vor ihrem Einsatz vollständig zu überprüfen, ist bei komplexen Systemen ausgeschlossen. Das größte Risiko dürfte von der Manipulation eines Programms ausgehen, das zur Grundausstattung von DV-Anlagen gehört. In diese Gruppe von Programmen gehören insbesondere das Betriebssystem und die zugehörigen Programme wie Compiler, Editoren oder ähnliche Systemkomponenten. Schwerwiegende Angriffe durch die Implementierung eines "trojanischen Pferdes", eines "Viruses" oder einer "logischen Bombe" könnten allerdings nur die Mitarbeiter eines Systemherstellers durchführen. Die Wirkung einer "logischen Bombe" in den Software-gesteuerten Vermittlungsrechnern der Post oder eines "Virus" in allen IBM-Systemen einer Version und eines gleichzeitigen Ausfalls aller Anlagen kann gar nicht mehr abgeschätzt werden.

Für eine vollständige Bestimmung des Risikos informationstechnischer Systeme ist weiter zu berücksichtigen, daß Sicherungssysteme in der Praxis immer deutlich hinter den theoretischen Möglichkeiten herhinken werden. Wie andere Programme auch werden sie nie völlig fehlerfrei sein können. Sicherungsmaßnahmen kosten Geld und verteuern die Informationsverarbeitung. Sie sind meist umständlich und reduzieren die Bedienerfreundlichkeit. Sie behindern oft die notwendige Flexibilität in der Aufgabenerfüllung. Sie treffen auf den Widerstand der Betroffenen. Bisweilen sind sie sogar kontraproduktiv. So reduziert die Duplizierung von Datensätzen zwar deren Verlustrisiko, erhöht aber das Risiko der Spionage. Die Verschlüsselung von Informationen reduziert die Chancen der Ausspähung, erhöht aber die Abhängigkeit von dem Inhaber des Schlüssels. Auch im Schlüsselmanagement bleiben Schwachstellen bestehen. Die Aufteilung der Aufgaben des System-Operators (Super-User) auf mehrere Personen ist umstritten, da Sicherungsgewinne und Verfügbarkeitsprobleme miteinander abgewogen werden müssen. Schließlich besteht ein Hauptproblem darin, Sicherungsanforderungen zu formalisieren.

Zusammenfassend kann festgehalten werden: Die theoretisch möglichen Sicherungsmaßnahmen können den Schutz von Informationsverarbeitungsprozessen gegenüber heute deutlich verbessern, lassen aber dennoch ein bedeutendes Restrisiko bestehen. In der Praxis wird dieses noch beträchtlich höher sein, weil soziale, menschliche, organisatorische und wirtschaftliche Gründe der Verwirklichung möglicher Sicherungssysteme Grenzen setzen.

Da technische Sicherungsmaßnahmen allein unzureichend sind, muß versucht werden, Sicherheit durch Stategien herzustellen, die auf die Menschen bezogen sind. Beschäftigte umfassend zu überprüfen und zu überwachen, wird ebensowenig zu vermeiden sein, wie auch durch gesellschaftsbezogene präventive Maßnahmen viele Unschuldige zu erfassen, um wenige potentielle Täter rechtzeitig zu finden. Die sozialen Sicherungsmaßnahmen sind nicht möglich, ohne Freiheitsrechte einzuschränken. Damit ist der zweite Bestandteil des hier thematisierten Widerspruchs zu untersuchen: die Freiheits- und Demokratieverträglichkeit oder umfassender die Verfassungsverträglichkeit von IuK-Systemen.

V. Gefahren für Freiheit und Demokratie

Die Informationsbearbeiter, die mit Papier und Bleistift arbeiteten und mittels Brief und Telefon kommunizierten, waren von ihrer Tätigkeit her - abgesehen von dem Bereich der Geheimhaltung - keinen Sicherungsmaßnahmen unterworfen. Ihre modernen Kollegen, die an vernetzten Computersystemen tätig sind, sehen sich, auch wenn sie die gleichen Informationen verarbeiten, künftig vielfältigen Sicherungsmaßnahmen gegenüber. Um zu ihrem Arbeitsplatz zu gelangen, müssen sie Zu- und Ausgangskontrollen überstehen. Während ihrer Arbeit werden sie überwacht. Sie werden nur in sensitiven Betriebsteilen arbeiten können, wenn ihre Zuverlässigkeit vor der Anstellung als ausreichend bewertet wurde. Da sie nach der Einstellung weiterhin gesellschaftlichen Einflüssen unterliegen, muß ihre Verläßlichkeit immer wieder durch Wiederholungsüberprüfungen bestätigt werden.

Die von ihnen ausgehenden Risiken für das Funktionieren der IuK-Systeme können aber nur dann verläßlich abgeschätzt werden, wenn sie umfassend, also auch hinsichtlich ihres Privatlebens, überprüft werden. Um alle möglichen Einflußfaktoren vollständig erfassen zu können, wird auch ihr soziales Umfeld in diese Prüfung mit einbezogen. Daß dadurch nicht nur ihre Grundrechte betroffen sein werden, sondern auch die ihrer Verwandten und Bekannten, die nicht in den Eingriff eingewilligt haben, ja von ihrer Überprüfung vielleicht nicht einmal etwas erfahren, ist im Interesse eines effektiven Sicherungssystems nicht zu vermeiden.

Sie wissen nicht genau, welches Verhalten einen Risikofaktor begründet oder einmal begründen kann. Während der Beschäftigung, aber auch schon lange zuvor, führt die Kenntnis künftiger Überprüfungen und die Unkenntnis der genauen Kriterien zu einer Eigenkontrolle des Verhaltens. Sie machen von bestimmten Grundrechten wie der Meinungsfreiheit, der Versammlungs- und Demonstrationsfreiheit und der Vereinigungsfreiheit oder der Freiheit der Parteimitgliedschaft oft lieber keinen Gebrauch. Sie wollen keinen Anlaß für Spekulationen über ihre Zuverlässigkeit bieten.

Im Betrieb fallen so viele Informationen über den einzelnen Beschäftigten an, daß es bei einer geschickten Verknüpfung all dieser Informationen leicht möglich ist, über jeden Beschäftigten ein Persönlichkeitsabbild zu erstellen. Möglicherweise könnten über die künftige Vernetzung auch noch andere Informationen eingearbeitet werden. Auf diese Weise wäre es möglich, von den Beschäftigten Risikoprofile zu erstellen, die ihre Anfälligkeiten und Schwachstellen aufzeigen und erlauben, sie risikogerecht bestimmten Arbeitsplätzen zuzuweisen oder von ihnen fernzuhalten.

Es ist sehr zweifelhaft, ob die Voraussetzungen für das lebenswichtige Funktionieren von IuK-Systemen Gegenstand von Mitbestimmungsrechten der kollektiven Interessenvertretung der Beschäftigten oder Verhandlungsgegenstand der Sozialpartner sein kann, auch wenn durch sie die Arbeitsbedingungen intensiv beeinflußt werden. Schon derzeit ist zu beobachten, daß immer mehr solcher sensitiver Funktionen aus dem Blickwinkel des Allgemeininteresses durch staatliche Vorschriften geregelt werden, die beide Sozialpartner oder Arbeitgeber und Betriebsrat gleichermaßen binden. Dadurch schwindet der sachliche Gegenstandsbereich von betrieblichen Vereinbarungen oder Tarifverträgen beträchtlich.

Natürlich werden nicht für alle Tätigkeiten im Zusammenhang mit IuK- Systemen die gleichen Sicherungsanforderung bestehen. Es wird mindestens zwei unterschiedliche Sicherheitsstufen für die Beschäftigten geben, nämlich eine für

- die Systembenutzer, die keine Einflußmöglichkeit auf die Sicherungsfunktionen des Systems haben und eine für
- die Beschäftigten, die Sicherungsfunktionen haben oder diese beeinflussen können.

Je nach Sicherheitsstufe und Bedrohungseinschätzung werden die Maßnahmen unterschiedlich streng sein. Ingesamt werden jedoch in dem Maß, in dem die Anwendung von IuK-Technik ausgeweitet wird und das Schadenspotential von Funktionsstörungen ansteigt, auch immer mehr Betriebe oder Betriebsteile in das Sicherungssystem einbezogen werden. Immer mehr Menschen werden den geschilderten Sicherungsmaßnahmen unterworfen und gegenüber heute in ihrer Freiheit eingeschränkt. Während solche sicherheitsgerichteten Beschränkungen wie etwa die Überprüfung aller Beschäftigten im Telekommunikationsbereich von Siemens durch den Verfassungsschutz[10] oder die ständige Kameraüberwachung in Vermittlungsstellen des internationalen Netzes von General Electric[11] heute noch Ausnahmecharakter besitzen, könnten sie morgen für viele Beschäftigte zur Regel werden. Auch die Zahl der sehr streng zu Überprüfenden wird zwar eingegrenzt sein, aber gegenüber heute doch deutlich ansteigen.

Da die anlagenbezogenen Sicherungsmaßnahmen das Risiko des Mißbrauchs der IuK-Technik nicht in ausreichendem Maß auszuschließen vermögen, werden die Behörden der inneren Sicherheit versuchen, Risiken schon im Vorfeld zu erkennen und zu beseitigen. Durch ständige Kontrolle von 'Risikopersonen' und 'Risikogruppen' werden sie versuchen, Angriffe bereits vor ihrem Versuch zu verhindern und Täter schon vor ihrer Tat auszuschalten. Zur Unterstützung ihrer Arbeit werden sie auch von den Möglichkeiten automatischer Überwachung durch IuK-Systeme und IuK-gestützter Kontrollmaßnahmen umfassend Gebrauch machen.

Steht einer solchen Entwicklung aber nicht das Grundgesetz entgegen, das uns doch die Ausübung von Grundrechten garantiert? Für diese Hoffnung gibt es leider nur wenig Anlaß. Die Rechtsprechung wird eher die Verfassung dem Sicherungszwang anpassen und die Grundrechte in einem modifizierten Sinn verstehen, als die Freiheit einzelner auf Kosten der Sicherheit der Allgemeinheit durchsetzen. Freiheitsbegrenzungen im Rahmen des Sicherungssystems von IuK-Techniken stehen im Spannungsfeld zwischen individueller Freiheit und der Schutzpflicht für Rechtsgüter Einzelner und der Allgemeinheit. Das Bundesverfassungsgericht entscheidet Konflikte, in denen verschiedene Verfassungsziele zum Ausgleich gebracht werden müssen, in der Regel nach den Prinzipien der Güterabwägung und der Verhältnismäßigkeit. In künftigen Entscheidungen wird es im Rahmen einer Güterabwägung berücksichtigen, daß die IuK-Systeme zum Teil lebenswichtige soziale Funktionen übernommen haben und daher auch von den Verfassungswerten geschützt werden, welche die Aufrechterhaltung gesellschaftlicher Funktionszusammenhänge gewährleisten sollen. Je größer daher das Schadenspotential der IuK-Anwendungen ist, desto stärkere Einschränkungen von Freiheitsrechten erlauben auch die Prinzipien der Güterabwägung und der Verhältnismäßigkeit.

Wir haben gesehen: Technische Entwicklungen können die Verwirklichung von Grundrechten und Demokratie nachhaltig erschweren. Sie können sogar einen Anpassungsdruck auf die Rechtsordnung ausüben, der zu einem eingeschränkten Verständnis von Verfassungsgewährleistungen führen kann. Jede umfassende Technikbewertung und -gestaltung muß daher als weiteres Kriterium die Verfassungsverträglichkeit der Technik berücksichtigen. Sie muß untersuchen, welche künftigen Technikanwendungen welche Verwirklichungsbedingungen von Verfassungsnormen nachteilig verändern und welcher Wandel im Verfassungsverständnis dadurch erzwungen wird.[12]

VI. Gestaltungsmöglichkeiten

Ist es möglich, IuK-Technik so zu gestalten, daß sie sowohl sicher als auch verfassungsverträglich ist? Hierzu einige abschließende Thesen:

1. Es besteht grundsätzlich ein Widerspruch zwischen Sicherung und Freiheitsrechten. Je größer der Sicherungszwang von IuK-Systemen, desto stärker ist ihre Demokratieverträglichkeit in Frage gestellt. Sicherheit kann im Bereich sozialer Sicherungsmaßnahmen nur auf Kosten der Freiheit erhöht und Freiheit nur auf Kosten der Sicherheit erhalten werden.

2. Dieser Widerspruch kann durch eine Technikgestaltung, die die Kriterien der Verletzlichkeit und der Verfassungsverträglichkeit berücksichtigt, zwar nicht aufgehoben, aber weitgehend reduziert werden.

3. Alle Systementwicklungen und -veränderungen sind vor ihrer Verwirklichung auf beide Kriterien hin zu überprüfen.

4. Schäden auszuschließen oder zu reduzieren, muß Vorrang haben vor Maßnahmen, mißbräuchliche Aktionen zu verhindern. Unabhängige Teilsysteme, deren Schadenspotential begrenzt ist, sind Systemen vorzuziehen, die unter der Vorgabe einer Maximalintegration entwickelt werden. Wo technische Alternativen unter diesen Kriterien ausgewählt werden können, wird der Sicherungsdruck vermieden oder verringert.

5. Die technischen Möglichkeiten, Redundanz zu schaffen, müssen soweit wie möglich ausgeschöpft werden, um die Wirkung von Angriffen zu verringern. Dabei müssen die Prizipien der Dezentralisierung und Diversifizierung von Rechenanlagen und Programmsystemen (verschiedene Hersteller, unabhängige Parallelentwicklungen) bei Aufrechterhaltung der Austauschbarkeit berücksichtigt werden.

6. Soweit das Schadenspotential eines IuK-Systems nicht ausreichend klein gehalten werden kann und zusätzliche Sicherungsmaßnahmen notwendig sind, um das Risiko eines Angriffs zu minimieren, muß die Entscheidung über den Einsatz solcher Systeme und über ihre Sicherungsimplikationen einer öffentlichen Diskussion und einem demokratischen Entscheidungsprozeß zugänglich gemacht werden. Dabei ist insbesondere auch zu prüfen, ob "klassische" (nichttechnische) Verfahren der gesellschaftlichen Problemstellung nicht besser gerecht werden.

7. Die Gestaltung technischer Systeme kann den Widerspruch zwischen Techniksicherung und Freiheitsgrundrechten nur teilweise auflösen. Sofern politische Entscheidungen zugunsten sicherungsbedürftiger Informationssysteme fallen, müssen die Sicherheitsanforderungen nach einem reglementierten Verfahren erstellt und öffentlich überwacht werden. Soweit technische Alternativen bestehen, die Überprüfungen und Überwachungen überflüssig machen können, ist zu berücksichtigen, daß solche technischen Sicherungsmaßnahmen freiheitsverträglicher sind als soziale Sicherungsmaßnahmen.

Anmerkungen:

* Der Aufsatz ist ein Beitrag zu dem Forschungsprojekt: "Informatisierung der Gesellschaft: Verfassungsverträglichkeit und Verletzlichkeit des sozialen und politischen Systems" im Rahmen des Programms "Sozialverträgliche Technikgestaltung" des Landes Nordrhein-Westfalen. Für wertvolle Hinweise danken wir Peter Wedde.

1) Einen kleinen Vorgeschmack konnten im Februar 1988 etwa 100 000 Frankfurter "genießen", die aufgrund eines Software-Fehlers in den Telefonvermittlungssystemen über etliche Stunden keine Auswärtsverbindungen wählen konnten. - S. FR v. 10. und 11.2.1988.

2) S. FR vom 3.9.1985.

3) S. z.B. Heine, W., Die Hacker, Reinbek 1984, 184, Norman, A. R. D., Computer Insecurity, London 1983, 105 f; Sieber, U., Computerkriminalität und Strafrecht, 2. Aufl. Berlin, 137f.

4) S. hierzu z.B. Sieg, R., Rechtliche Aspekte des Datenschutzes im Strafverfahrensrecht, in: Vollkommer, M. (Hrsg.), Datenverarbeitung und Persönlichkeitsschutz, Erlangen 1986, 320 mwN.

5) Norman (Fn 3), 96 f.

6) S. hierzu z.B. den Bericht in Tempo 10/1987, 100 ff.

7) S. Zimmerli, E./Liebl, K., Computer-Mißbrauch - Computer-Sicherheit, Ingelheim 1984, 72 f.

8) Ein Beispiel für ein Chip-Karten-System ist das bei der Gesellschaft für Mathematk und Datenverarbeitung in der Entwicklung befindliche Teletrust-Konzept, s. GMD-Spiegel 1/86, 8 ff.

9) S. z.B. Levy, H., Capability-based Computer Systems, Digital Equipment Corporation, 1984.

10) S. z.B. MetallNr. 10 v. 15.5.1987, 19 und Nr. 23 v. 13.11.1987, 19.

11) S. Spiegel 7/1985 v. 11.2.1985, 134 ff.

12) Zum Begriff und zur Untersuchung der Verfassungsverträglichkeit s. Roßnagel, Verfassungsverträglichkeit von Techniksystemen - am Beispiel der Informations- und Kommunikationstechnik, Recht und Politik 1987, 4 ff.; ders., Radioaktiver Zerfall der Grundrechte? Zur Verfassungsverträglichkeit der Kernenergie, München 1984.

Grenzen der Software-Ergonomie bei betrieblichen ISDN-Anlagen

Thomas Herrmann
Universität Dortmund
Bereich Informatik & Gesellschaft
Postfach 500 500
4600 Dortmund 50

Mit Hinblick auf einen betrieblichen ISDN-Modellversuch bei der Stadtverwaltung Dortmund wurden im Rahmen des SOTECH-Programms Einsatzmöglichkeiten von ISDN-Anlagen im Rahmen verschiedener Gutachten auch unter dem Aspekt der Software-Ergonomie analysiert (s. NAKE,1988). Der folgende Beitrag beurteilt die Sozialverträglichkeit vernetzter Systeme am Beispiel **betrieblicher** ISDN-Nebenstellenanlagen unter software-ergonomischen Kriterien. Es erweist sich allgemein als problematisch, ob Netztechnologien wie ISDN unter software-ergonomischen Gesichtspunkten analysiert werden können, da bei der Vernetzung nicht die Dyade Mensch-Computer, sondern die betriebliche Arbeitsorganisation und Kommunikation insgesamt im Vordergrund stehen. Es wird daher im folgenden diskutiert, ob und wie sich Kriterien der Software-Ergonomie bezogen auf ISDN übertragen bzw. modifizieren lassen, ohne die Übertragbarkeit von vornherein vorauszusetzen. Es sind Kriterien ausgewählt, die für die Vernetzungsproblematik besondere Relevanz haben. Die Auswahl orientiert sich daher nicht ausschließlich an den Normen zur Dialoggestaltung (DIN-Norm, 1988), sondern berücksichtigt insbesondere auch Kriterien, wie sie im gewerkschaftlichen Umfeld (s. z.B. CORNELIUS,1985) und im Rahmen des Programms "Humanisierung des Arbeitslebens" diskutiert werden. **Es zeigen sich sowohl innerhalb als auch zwischen den Kriterien gravierende Widersprüche; die Software der ISDN-Nebenstellenanlagen ist derzeit nicht flexibel genug, als daß Anwender und Benutzer die auftretenden Probleme selbst bewältigen könnten; ihnen sind geeignete Gestaltungsmöglichkeiten einzuräumen.**
Der folgende Beitrag beschränkt sich exemplarisch auf software-ergonomische Fragestellungen. Die Entwicklung eines Gesamtkonzeptes für den sozialverträglichen ISDN-Einsatz im Betrieb bedarf darüber hinaus noch anderer Lösungsansätze, wie z.B. die Partizipation von Betroffenen und Interessensvertretungen.

Software-Ergonomische Maßnahmen müssen sich daran messen lassen, ob sie helfen, Belastungen aufzuheben bzw. zu reduzieren, die sich im Umgang mit der EDV für Benutzer ergeben, wie z.B. fehlende Beeinflußbarkeit der Abläufe, Arbeitshetze, Monotonie, Streß, Unterforderung, Qualifikationsabbau, Kontrolle durch Anwender, Isolierung.

Bei ISDN kommen noch weitere Probleme hinzu, die auch von der Gestaltung der Schnittstelle zum Benutzer abhängen; z.B.(s. FEUERSTEIN,1988; HERRMANN,1988; NAKE, 1988; HÖLLER,1988):

- Formalisierung von Kommunikationsverhalten, Standardisierung von Informationsaustausch
- höhere Einschränkungen bei der Selbstbestimmung von Kooperation
- Durchsetzung hierarchisch orientierten Informationsmanagements
- Zurückdrängen informeller Kommunikation
- Abbau von Informationsvielfalt
- Verlust von informationeller Selbstbestimmung
- Technisierung und Formalisierung des Kontaktes zu Dienstleistungsempfängern

Weitere spezifizierte Probleme entstehen durch das spezielle Anwendungsfeld "Stadtverwaltung":

- hohe rechtliche Verbindlichkeit und damit Nachvollziehbarkeit bei einem Teil der Verwaltungsvorgänge erforderlich ist
- Ansammlung besonders schützenswerter Daten (Sozialamt, Jugendamt etc.)
- der Einsatz von Technik während des Bürgerservices muß transparent sein und darf nicht als Einsatz einer Geheimwaffe erscheinen (z.B. muß die Möglichkeit bestehen, daß Bürgerinnen und Bürger während des Abrufens ihrer Daten auch auf den Bildschirm sehen können)
- etc.

Es ist zu betonen, daß es bei vernetzten Techniken sowohl um Probleme geht, die sich bei der Aufgabenbewältigung ergeben, als auch um Schwierigkeiten im informellen Bereich, die sich auf die sozialen Beziehungen und persönlichen Bedürfnisse der Betroffenen auswirken. Software-Ergonomie sollte aber nicht nur Probleme und Belastungen vermeiden helfen, sondern auch positive Effekte im Sinne einer Persönlichkeitsförderung bewirken. Bei software-ergonomischer Unterstützung von Datenbankrecherchen muß z.B. klar bleiben, daß dies eine anspruchsvolle und verantwortungsvolle Aufgabe ist, die besonderer Qualifikationen bedarf, welche durch ISDN und geeignete Benutzerschnittstellen nicht überflüssig werden.
Die software-technische Erleichterung der Tätigkeit sollte so konzipiert werden, daß eine inhaltliche Vertiefung der interessanten Aspekte einer Arbeitsaufgabe möglich ist. Dies bedeutet u.a., daß Erleichterungen nicht so realisiert werden dürfen, daß die Vielfalt, Qualität und Verfügbarkeit von Informationen reduziert werden.

Es wird hier schon deutlich, daß die Realisierung software-ergonomischer Kriterien nur gelingen kann, wenn sie im Kontext entsprechender organisatorischer Maßnahmen geschieht. Aus software-ergonomischer Sicht ist zu jedem Gestaltungselement daher

auch auf die dazugehörigen organisatorischen Erfordernisse zu verweisen.
Aus der Sicht sozialverträglicher Technikgestaltung bedeutet dies umgekehrt, daß zuerst die notwendigen organisatorischen Maßnahmen bedacht werden müssen, die menschengerechte Arbeit ermöglichen, um danach die dazugehörenden software-ergonomischen Erfordernisse auszuarbeiten. Insbesondere ist das Qualitätsmerkmal "Benutzerfreundlichkeit" keine Eigenschaft, die sich abschließend produzieren läßt. Software-Ergonomie ist kein Produkt, auch wenn man sie teilweise als solches vermarkten möchte. Software-Ergonomie muß stattdessen einen Prozeß zum Ergebnis haben, der sich an dynamischen Größen, wie menschlichem Verhalten, Persönlichkeitsmerkmalen, Aufgaben einer Stadtverwaltung, wechselndem Klientel etc. zu orientieren hat. Diese prozeßhafte Orientierung (s. FLOYD, 1986) hat gerade bei ISDN besondere Relevanz, da mit diesem Netz zunächst die Möglichkeit, aber nicht die Realität des erweiterten bzw. veränderten Nachrichtenaustauschs installiert wird.Die Nutzungsrealität von ISDN wird sich erst entwickeln müssen und stellt somit eine dynamische Größe dar (z.B. die Häufigkeit der parallelen Benutzung von Diensten, Sinn und Unsinn zeitungleichen Nachrichtenaustauschs, der Einfluß variierender Anschlußzahlen etc.)
Im folgenden wird eine Reihe von Software-Ergonomie-Kriterien diskutiert, wie sie in den DIN-Normen beschrieben sind (s.DIN-NORM, 1988) oder aus gewerkschaftlicher Sicht aufgestellt werden (s. CORNELIUS, 1985). Die ausführlichere Behandlung beschränkt sich auf solche Aspekte, die die Umgestaltung derzeitiger ISDN-Technik als besonders erforderlich erscheinen lassen; stellenweise wird eine Erweiterung der bislang bekannten Kriterienliste vorgenommen.

Aufgabenangemessenheit

ISDN-Nebenstellen-Anlagen bieten eine ganze Reihe von Leistungsmerkmalen, deren Nutzen für das Aufgabenfeld einer Organisation strittig sind. Was für einzelne Teilnehmer von Vorteil scheint, wie Umleiten, Ruhe vor dem Telefon, Hinterlassen gespeicherter Nachrichten, automatischer Rückruf, kann für den anderen, jeweils betroffenen Teilnehmern des Netzes von Nachteil sein (Überlastung durch Umleitung oder sich häufende Speichernachrichten, Rückrufschaltung im unpassenden Moment etc.). Aus diesem Grund muß die Bandbreite der Leistungsmerkmale z.T. generell und z.T. situationsabhängig einschränkbar sein. Hier wird aufgrund der Einbeziehung mehrerer Schnittstellen ein Widerspruch innerhalb eines Kriteriums wirksam. Somit wird die Software-Ergonomie, die sich bisher nur mit Widersprüchen zwischen den Kriterien befaßte, vor ein prinzipiell neues Problem gestellt.
Ein besondere Anforderung stellt es dar, dedizierte Systeme zu bauen bzw. den dedizierten Einsatz eines Systems zu regeln. Damit ist gemeint, daß von vornherein festgelegt wird, für welche Aufgabenbewältigung ein System einsetzbar ist und für welche nicht. Dies ist insbesondere bei ISDN wichtig, da die physikalische Beschaffenheit nach einer Vielzahl von Verbindungsschaltungen "schreit", wobei z.B. die Prinzipien

des Datenschutzes (Abschottung, Zweckbindung) sehr leicht verletzbar sind. Gewohnte, individuelle Kommunikationsstile bei der Aufgabenerledigung dürfen nicht eingeebnet werden. Die Benutzung von Sprechspeichern darf z.B. nicht über technische Sachzwänge durchgesetzt werden. Der sinnvolle Einsatz der einzelnen "Kommunikations-Dienste" muß geschult werden.

Steuerbarkeit - Belastungsoptimierung

Die Belastungsoptimierung (s. CORNELIUS, 1988) sieht eine spezielle Art der Steuerbarkeit (s. DIN-NORM, 1988) vor, die nicht nur zur Optimierung der Arbeitseffektivität dienen soll, sondern im wesentlichen eine Anpassung an die Belastbarkeit des Benutzers durch ihn selbst ermöglichen soll. Die Erfüllung dieses Kriteriums erfordert eine kontrastive Analyse (s. VOLPERT,1986), die besonders belastende Aktivitäten von gern verrichteten Aufgaben trennt. Für die Umsetzung bei ISDN bedeutet dies z.B., daß der Benutzer festlegen können soll, wieviele Speichernachrichten (sowohl Text als auch Sprechnachrichten) bei ihm maximal einlaufen können, wenn es z.B. seinen Dispositionsspielraum zu sehr einschränkt, bei der Rückkehr an seinen Arbeitsplatz mehrere Speichernachrichten abarbeiten zu müssen. Bei der Einbeziehung mehrerer Schnittstellen ergeben sich für die Belastungsoptimierung also Widersprüche, da sich der Vorteil des einen Netzteilnehmers zum Nachteil des anderen Teilnehmers auswirkt, der u.U. beliebig viele Nachrichten bei Empfängern abspeichern möchte. Hier wird deutlich, wie fraglich es ist, ob solche Probleme software-technisch (durch das Angebot von Aushandlungsmöglichkeiten) zu lösen sind oder ob sie nicht durch hierarchische Organisationsstrukturen gelöst bzw. vermieden werden.

Transparenz (s. MMK, 1987)

Das Kriterium der Transparenz hat bei Nachrichtenvermittlungsnetzen eine besondere Bedeutung und eröffnet vielfältige Untersuchungsfragen und Gestaltungsanforderungen. ISDN-spezifische Transparenz kann unter folgenden Fragestellungen von Bedeutung sein:

1) Welches Spektrum von Leistungsmerkmalen ist jeweils bei den anderen Netzteilnehmern aktiv? (Wie stellt man z.B. fest, ob eine Nachricht direkt vom intendierten Adressaten empfangen wurde, oder ob sie aufgrund eines speziell aktivierten Leistungsmerkmals an jemand anderen umgeleitet wurde?)
2) Wie stelle ich fest, ob eine von mir verschickte Speichernach richt vom Empfänger bereits zur Kenntnis genommen wurde oder nicht?
3) Woran merke ich, ob und wie sich Nachrichten (die eventuell über zwei verschiedene Dienste eingehen) aufeinander beziehen?
4) Wie kann ich mir meinen Nachrichtenaustausch (mit anderen Personen) überschaubar dokumentieren ?

5) Wie zeigt sich, wer wie eine Nachricht verändert oder benutzt hat?

Diesen Fragen kommt m.E. im Zeitalter der elektronischen Post eine besondere Bedeutung zu, da mit einer ungleich stärkeren Verbreitung zeitungleichen Nachrichtenaustauschs zu rechnen ist, als bei der Briefpost.

Falls durch geeignete Gestaltung Transparenz in den genannten Fragen aus der Sicht eines einzelnen Arbeitsplatzes ermöglicht wird, so ergibt sich aus der Perspektive des gesamten Netzes in hierarchisch gegliederten Organisationen (wie der Stadtverwaltung) das Problem, daß das informationelle Selbstbestimmungsrecht anderer Personen empfindlich beeinträchtigt wird, weil auch Leistung und Verhalten transparent werden. Hier ergibt sich ein Widerspruch zu dem unten zu besprechenden Kriterium des Arbeitnehmer-Datenschutzes. Sofern es sich als sinnvoll erweist, teilweise auf Transparenz zu verzichten, muß jedoch zumindest für den Nachrichtenaustausch das Kriterium der **Erwartbarkeit** erfüllt sein. Man muß sich sicher sein können, daß die Nachricht dort empfangen und in der Form zur Kenntnis genommen werden kann, wie man es erwartet. Sofern diese Sicherheit nicht gewährleistet werden kann, darf das System diesbezüglich keine Illusionen erwecken.

Erlernbarkeit - Lernförderlichkeit - Erinnerbarkeit

Die Vielfalt von Nutzungsmöglichkeiten muß in sinnvolle Anwendungsteilbereiche zerlegbar sein (s. z.B. den Ansatz der scenario-machines bei CARROLL/KAY,1986); unnötige Anwendungen müssen ausgrenzbar sein. Somit können für den Anfänger erlernbare Einheiten entstehen. Die Integrierbarkeit fünf verschiedener Dienste darf nicht zu fünf verschiedenen Bedienungsanleitungen führen. Es müssen Standardisierungen vorgenommen werden, die in Widerspruch zu spezialisierten Anforderungen im Rahmen der Aufgabenangemessenheit stehen können. Dadurch kann leicht der Fall eintreten, daß sich unterschiedliche Nachrichtenvermittlungen in der Form sehr stark ähneln. Im Unterschied zum Schriftverkehr fehlt der begleitende Kontext, der Situationen diskriminiert und somit leichter erinnerbar macht, wie z.B. durch Beschaffenheit des Papiers, Position der Adresse, Aussehen des Briefumschlages etc. Dies erschwert die Erinnerbarkeit und erhöht die Gedächtnisanforderung (im Gegensatz zu den Anforderungen der Belastungsoptimierung). Es wäre also z.B. zu fordern, daß elektronische Nachrichten bildliche Eselsbrücken beinhalten, die eine spätere Erinnerung an den Vorgang erleichtern. Vorab ist jedoch zu bedenken, daß herkömmliche Medien diesbezüglich günstigere Eigenschaften haben können. Angesichts dieser Probleme ist mit Hinblick auf die Aufgabenangemessenheit festzustellen, daß z.B. für das Archivieren der Nachrichten und für das Dokumentieren sowie das Documentretrieval des Nachrichtenaustauschs ein besonderer Funktionenvorrat notwendig wird, der über den Aufgabenumfang der vormaligen Büroumgebung hinausgeht.

Standardisierung darf auch nicht zur Simplifizierung führen, sondern ist nur für wenige Elemente vorzunehmen, ansonsten sind spezialisierte Schnittstellen vorzusehen,

die erhöhte Qualifikation erfordern. Dies ist bei ISDN umso schwieriger, da das gesamte Spektrum von häufiger über gelegentliche bis zur seltenen Benutzung der Fall sein kann.
Es sollten auch anspruchsvolle Nutzungen des Netzes - wie Datenbankrecherche, Management von Konferenzen - möglich und erlernbar sein. Die umgebende Organisation muß das Erlernen anerkennen und fördern und entsprechende Zeit und Beratungskapazität zur Verfügung stellen.
Als Pendant zur Lernförderlichkeit wird häufig das Kriterium der **Selbstbeschreibungsfähigkeit** diskutiert. Im Gegensatz zur Transparenz ist hier an explizite, erklärende Hilfestellungen gedacht, die über die Technik vermittelt werden. Bei der Vielfalt der Nutzungsmöglichkeiten von ISDN sind sicherlich eine Menge von Kurzhinweisen, sinnfällige Benennungen und bildliche Darstellungen erforderlich, die das Gedächtnis des Benutzers entlasten; dies gilt insbesondere, wenn nur gelegentliche Nutzung zu erwarten ist. Ein Teil der Kurzhinweise ist über schriftliche Dokumentationen zu geben (z.B. beim Komforttelefon).
Unter den besonderen Bedingungen von ISDN ist gegenüber der Selbstbeschreibungsfähigkeit die Möglichkeit in Betracht zuziehen, daß man über das Netz **menschliche Beratung** zur Verfügung stellen kann, insbesondere durch die Nutzbarkeit zweier paralleler Dienste. Es wäre in diesem Sinne eine Beratungsstelle einzurichten um sicherzustellen, daß man über das Netz zu Problemsituationen des Benutzers informieren kann und daß Hilfestellungen geeignet übermittelt werden könnten. Hier ergibt sich jedoch daß Problem, daß über das gleiche Netz das Verhalten des Benutzers gegenüber der Beratungstelle kontrolliert und reglementiert werden kann und darüber hinaus der für Beratungsgespräche häufig wichtige Kontext des direkten zwischenmenschlichen Gesprächs verloren geht.

Arbeitnehmer - Datenschutz

Das Problem "Datenschutz" ist gesondert zu bearbeiten. Unter dem Gesichtspunkt Software-Ergonomie sollte jedoch zusätzlich darauf geachtet werden, daß im Sinne von "Aufgabenangemessenheit" so wenig wie möglich Anwendungen gefahren werden, die Daten über das Benutzungsverhalten preisgeben. Spielereien, wie das Anzeigen der Nummer des Anrufenden, sind zu vermeiden. Dem Benutzer muß erkennbar sein (Transparenz !), wann er welche Daten über sich preisgibt. Arbeitnehmer-Datenschutz ist als besonderer Aspekt allein schon deshalb zu beachten, weil hieran deutlich wird, daß software-ergonomische Maßnahmen widersprüchlich sein können. Die Erhöhung der Systemtransparenz im Netz erhöht z.B. auch die Transparenz des Benutzungsverhaltens.

Fehlerrobustheit bzw. -toleranz

Durch Fehlertoleranz sollte bei bisherigen interaktiven Arbeitsplätzen erreicht werden, daß es schwer fällt, einen Fehler zu begehen und daß es leicht fällt, einen Fehler zu beheben. Dieser Vorsatz ist bei ISDN umso wichtiger, da hier verschiedene Dienste integriert werden, zwischen denen der Benutzer öfter wechseln werden muß. Dies erfordert im Rahmen von Fehlerrobustheit leichte Unterbrechbarkeit und Wiederaufnehmbarkeit eines Vorgangs. Es ist unverzichtbar, daß ein Dienst ohne Aufwand jederzeit verlassen werden kann und daß man ohne Irrtumsmöglichkeit später an den Ausgangspunkt zurückkehren kann.

Zur Vermeidung von Fehlern ist es z.B. sinnvoll, auf folgenschwere Aktionen besonders nachdrücklich hinzuweisen. Zur leichteren Behebung der Folgen von Fehlern empfiehlt sich z.B. die UNDO-Taste. Im Netz würde die konsequente Verwendung einer UNDO-Taste jedoch bedeuten, daß z.B. abgeschickte Nachrichten zurückgeholt werden können, oder Nachrichten, die schon im Speicher des Empfängers liegen, nachgebessert werden dürfen. Angesichts der z.T. hohen rechtlichen Verbindlichkeit von Nachrichten in einer Stadtverwaltung dürfte dies eine Unzahl von Fragen aufwerfen.

Im Nachrichtennetz gibt es eine Anzahl zusätzlicher Funktionen, deren Aktivierung besondere Aufmerksamkeit erfordern sollte:

- Abschicken einer Nachricht
- Löschen einer erhaltenen Nachricht
- Durchführung von Aktionen, die anderen Personen Daten über mein Benutzerverhalten vermitteln
- Preisgabe der Daten Dritter

Am Beispiel der letzten beiden Punkte wird im Hinblick auf Arbeitnehmer-Datenschutz deutlich, daß Fehlerrobustheit bei ISDN-Systemen auch Schutz vor "normativen" Verfehlungen des Benutzers bedeuten muß. Wenn es z.B. mit dem Anwendungsmerkmal "Display-Copy" (s. SIEMENS, 1985,S.48) möglich ist, jeden beliebigen Bildschirminhalt unabhängig von der Quelle an andere zu senden, so widerspricht dies einer "normativen" Fehlerrobustheit, weil dieses Anwendungsmerkmal regelrecht zur datenschutzrechtlich unzulässigen Übertragung personenbezogener Daten einlädt.

Während es für interaktive Einzelarbeitsplätze sinnvoll ist, es zuzulassen, daß Benutzer aus Fehlern lernen zu können, stößt diese Möglichkeit bei Netzen ebenfalls an normative Grenzen. Durch netz-orientierte Anwendungen werden somit Dispositionsspielräume des Benutzers eingeengt, die ihm unter den Bedingungen flexibler Software an Einzelarbeitsplätzen noch möglich gewesen wären.

Kooperationsförderlichkeit (s. CORNELIUS,1985)

Im Sinne dieses Kriteriums ist es unbedingt sicherzustellen, daß die Kooperation zwischen den Beschäftigten selbstbestimmt bleibt auch wenn die Vernetzung es ermöglicht, die Art und Weise von Informationsflüssen im Rahmen geteilter Aufgabenbearbeitung vorzubestimmen und festzulegen. Die automatische Weiterleitung eines Formulars nach Beendigung des Ausfüllens widerspricht z.B. dem Kriterium genauso stark, wie die automatisch vorgesehene Kontrolle von Bearbeitungsschritten oder die Möglichkeit, Teilnehmer(-gruppen)vom Netz auszusperren.

Was im Sinne der Büroautomatisierung zu vermeiden ist, nämlich die sog. Medienbrüche, die zusätzliche Übertragungsarbeit erfordern, kann zum Zweck der Kooperation gerade wünschenswert sein. Warum nicht eine Hardkopie von einer elektronischen Nachricht erstellen, um sie handschriftlich zu kommentieren und im Kreis der Kollegen herumzureichen ? Warum nicht einen Text mündlich reformulieren, um mit anderen darüber zu diskutieren?

Mit der neuen Technik ist es auch möglich, eine Nachricht, die man empfangen hat, einem größeren Kreis von Personen zugänglich zu machen, um zwecks Kooperation eine gemeinsame Informationsbasis zu schaffen. Fraglich ist dabei nur, ob man damit der Absicht des Senders nicht zuwider handelt. Hier ist wiederum das Problem "normativer" Fehlerrobustheit zu beachten.

FAZIT

Die in den DIN-NORMEN (1988) aufgelisteten Kriterien sind für ISDN-Nebenstellenanlagen nicht ausreichend. Transparenz läßt sich unter diesem Aspekt z.B. nicht mehr durch Selbsterklärungsfähigkeit kompensieren. Arbeitnehmerdatenschutz muß auch über die Schnittstelle realisiert werden.

Einzelne Normen müssen modifiziert und erweitert werden; z.B. die Fehlerrobustheit um eine normative Komponente.

Es zeigen sich Widersprüche zwischen den Normen: z.B. Transparenz vs. Datenschutz, Kooperationsförderlichkeit vs. normativer Fehlerrobustheit.

Es treten Widersprüche innerhalb der Normen auf, die sich zwischen den Rollen des Empfangens und Sendens von Nachrichten aufspannen. Z.B. bei der Belastungsoptimierung: Absenden von Nachrichten ist mit Hilfe von mail-box Systemen und Sprechspeichern zum jeweils gewünschten Zeitpunkt möglich; durch diese Art von Steuerbarkeit häufen sich aber beim Empfänger Nachrichten, die er nicht zurückweisen kann und in der Regel zu vorgegebenen Zeitpunkten abarbeiten muß.

Eine prinzipielle Lösung der auftretenden Widersprüche (z.B. Transparenz versus Datenschutz, Erinnerbarkeit versus Standardisierung) erscheint nicht möglich. Die Lösungen müssen vielmehr auf die Erfordernisse einzelner Anwendungsfelder, einzelner Kooperationsbeziehungen und einzelner Benutzer/innen zugeschnitten sein.

Aufgrund dieser Überlegungen ergeben sich (Um-)gestaltungsanforderungen auf drei Stufen:

1. Stufe: Betriebliche ISDN-Nebenstellenanlagen sind im Verantwortungsbereich der Hersteller so zu entwickeln und zu modifizieren, daß weitgehende Modularität und Flexibilität erreicht wird und Leistungsmerkmale soweit es geht dezentral in den Endgeräten und damit unter der Kontrolle der Benutzer realisiert werden. Modularität heißt insbesondere, daß die Möglichkeit einzelner Anwendungen und Leistungen mit Sicherheit und kontrollierbar unterbunden werden können. Es ist nicht zu akzeptieren, wenn es möglich ist, das zum Freisprechen notwendige Mikrofon von außen anzuschalten, ohne daß diese Möglichkeit eindeutig aus dem System entfernt werden kann. Flexibilität bedeutet auch die Hinzunahme neuer Leistungsmerkmale und die Möglichkeit, die Endanwendungen auf die spezifischen Bedingungen eines Aufgabenfeldes zuzuschneiden (z.B. bzgl. der Namensgebung von Kommandos und Menü-Items). Als zusätzliche Leistungsmerkmale sind z.B. solche zu nennen, die die Transparenz erhöhen. So muß es etwa für einen Anrufenden deutlich erkennbar sein, ob der Angerufene mit Zeugenzuschaltung arbeitet. Die Gestaltungsmaßnahmen der ersten Stufe müssen außerdem sicherstellen, daß die Anforderungen auf der zweiten und dritten Stufe erfüllbar sind. Hierzu kann z.B. gehören, daß Funktionen zunehmend nicht in der Zentrale des Sternnetzes, sondern in den Endgeräten realisiert werden und damit eher unter der Kontrolle des Benutzers stehen.

2. Stufe: Auch bei den Anwendern liegt gestaltende Verantwortung. Sozialverträgliche Einführung von ISDN-Nebenstellenanlagen läßt es nicht zu, daß derart komplexe Systeme in Standardausführung übernommen werden. Es muß eine Spezifizierung für die jeweiligen Aufgabengebiete vorgenommen werden. Im Sinne der Belastungsoptimierung ist es nicht sinnvoll, jedem alles anzubieten. Unter Beteiligung der Beschäftigten einer betrieblichen Organisation müssen der Umfang der Leistungsmerkmale, die zu nutzenden Dienste und die möglichen Verbindungen festgelegt werden. Die Festlegung der Zugriffsberechtigungen darf nicht hierarchie-orientiert, sondern muß aufgaben-orientiert erfolgen, wenn eine weitere Verschärfung des betrieblichen Machtungleichgewichts vermieden werden soll. ISDN-Anlagen verbinden alle angeschlossenen Endgeräte und DV-Anlagen miteinander. Demgegenüber muß bei der partizipativen Entwicklung eines Anwendungskonzeptes differenziert nach Diensten und Erfodernissen festgelegt werden, wer mit wem welche Daten austauschen darf und welche Bereiche abzuschotten sind. Diese Regelungen dürfen nicht über die zentrale Vermittlungsstelle veränderbar sein. Die Gestaltung auf der zweiten Stufe hat darüber hinaus die Voraussetzungen für die Gestaltungsmöglichkeiten der dritten Stufe zu gewährleisten.

3. Stufe: Die Beteiligung der Benutzer bei der Systemgestaltung und -einführung ist nicht ausreichend, sie müssen selbst über die Kooperationsbeziehungen bestimmen können, sowohl bei der Arbeit mit dem Netz als auch außerhalb. Hierzu sind entsprechende organisatorische und technische Regelungen zu treffen. Der Benutzer muß in das System eingreifen können und z.B. die Menge der aktiven Leistungsmerkmale modifizieren können. Da solche Eingriffe auch andere Netzteilnehmer beeinträchtigen, dürfen die Eingriffe nicht unabhängig von anderen vorgenommen werden können. Eingriffe müssen daher in Form von Aushandlungsvorgängen ermöglicht werden. Wenn ein Benutzer z.B. entscheidet, daß er nicht auf dem Display einer angerufenen Person identifiziert wird und daß keine Zeugenzuschaltung möglich sein soll, dann muß der Angerufene die Möglichkeit haben, dem Anrufer zu verdeutlichen, daß er unter diesen

Bedingungen nicht telefonieren möchte. Der Anrufende muß darauf wiederum reagieren können etc., so daß ein Prozeß des Aushandelns entsteht. Diese Aushandlungsmechanismen müssen für alle Dienste, Anwendungen und Leistungsmerkmale vorhanden sein (z.B. elektronische Post, Voice-mailing etc.). Vergleichbar den Situationen, in denen man seine Äußerungen davon abhängig macht, ob der/die Angesprochen mitschreibt oder nicht, muß man auch eine electronic-mail-Botschaft davon abhängig machen können, ob der Empfänger darauf besteht, sie abzuspeichern oder nicht. Diese Eingriffe stellen, auch wenn sie auszuhandeln sind, eine Intervention in die Regelungen des Systems dar (zur theoretischen Fundierung der Intervenierbarkeit siehe HERRMANN 1986). Es dürfte und sollte nicht möglich sein, Netze zu konzipieren, die das Kooperationsverhalten der Benutzer registrieren, um sich auf es einzustellen und sich automatisch auf die Bedürfnisse der Benutzer auszurichten. Solche Konzepte in Analogie zum Konzept systeminterner Benutzermodellierung bei adaptiven Systemen würden einen unverantwortliche Quelle zur Leistungs- und Verhaltenskontrolle erschließen. Demgegenüber ist das Prinzip der selbstbestimmten Kooperationsformen im Netz eine sozialverträgliche Alternative.

Die genannten drei Stufen sind ein Verfahrensvorschlag angesichts des heutigen Standes der Software-Entwicklung bei ISDN-Anlagen. Solange die beschriebenen Gestaltungsstufen nicht realisierbar sind, ist von der sozialen Unverträglichkeit betrieblicher ISDN-Netze auszugehen. Dabei sind die Aushandlungsmöglichkeiten, die Benutzern/innen eingeräumt werden müßten, ein ausschlaggebendes Kriterium.

Literatur

CAROLL,J. / KAY,S. (1986): Prompting, Feedback, Error Correction in the Design of a Scenario Machine. IBM Research Division. Almaden.

CORNELIUS,D. (1985): Arbeitsorientierte Software-Gestaltung. Düsseldorf. Projektgruppe Arbeitswissenschaft für Arbeitnehmer.

DIN-NORM (1988): Bildschirmarbeitsplätze. Grundsätze ergonomischer Dialoggestaltung. Din-Norm 66234, Teil 8. Berlin.

FLOYD,Chr. (1986): STEPS - Eine Orientierung der Softwaretechnik auf sozialverträgliche Technikgestaltung. In: RIEDEMANN,E. u.a. (1986): 10 Jahre Informatik und Gesellschaft - eine Herausforderung bleibt bestehen. Forschungsbericht Nr.227. Abt.Informatik. Universität Dortmund. S.106-131.

FEUERSTEIN,G. / BERR,M. (1988): Arbeits- und Kommunikationsanalysen aus Arbeitnehmersicht. (im Erscheinen).

HERRMANN,Th. (1986): Intervenierende Benutzung als Paradigma der Mensch-Computer-Interaktion. In: SCHULZ,A. (Hrsg.): Die Zukunft der Informationssyseme. Lehren der 80er Jahre. Berlin u.a. S.588-597).

HÖLLER (1988): Datenschutz und Leistungskontrollen bei ISDN-Anlagen und -Endgeräten. (im Erscheinen).

MMK 1987: 7.Arbeitstagung Mensch-Maschine-Kommunikation. AG1 Transparenz von Dialogsystemen. Tagungsunterlagen.

NAKE,F. (1988): Software-Ergonomie bei Büro-Kommunikations-Systemen. (im Erscheinen).

SIEMENS (1985): ISDN im Büro - HICOM. München.

VOLPERT,W. (1986): Kontrastive Analyse des Verhältnisses zwischen Mensch und Rechner als Grundlage des System-Design. IfHA-Berichte Nr.11. TU Berlin.

Fachgespräch

Simulation mit Petri-Netzen und verwandten Methoden

Simulation ist heutzutage ein etabliertes Werkzeug in der Systemtheorie und deren Anwendungen. Zwar wird ihre Bedeutung gelegentlich überschätzt: Simulation kann i.a. kein Theoreme und kein Beweisen ersetzen. Aber man kann doch oft Einsichten in Systeme und deren Funktionieren erlangen, die man sonst wegen vielerlei Schwierigkeiten, z.B. aus Kostengründen, wegen Unzugänglichkeit des Systems (zu weit, zu groß / zu klein, falsche Zeitabläufe), aus politischen oder strategischen Gründen, wegen besonderer Gefährlichkeit für den Untersuchenden oder den Untersuchten etc. nur unvollkommen oder gar nicht erhalten könnte.

Simulation wird z.B. angewandt in der *Lehre und Ausbildung:* einmal, um die sachlichen Verhältnisse und das Funktionieren eines Systems zu veranschaulichen, andererseits, um den Systemschaden bei Fehlverhalten der Auszubildenden in Grenzen zu halten.

Ein weiteres Gebiet der Simulationsanwendungen sind die *Planung und Entwicklung* neuer Systeme. Dort liefert die Simulation ein *Vor-Bild,* und man kann recht freihändig damit planen.

Ein *Ab-Bild* schließlich liefert die Simulation bei der Beschreibung und zur Handhabung real existierender Systeme; hierbei ist es das Ziel, *Prognosen* über das Verhalten des Systems zu erstellen, um dann durch Verändern der Systemparameter das Systemverhalten zu beeinflussen.

In der ASIM und ihren Arbeitskreisen (im GI-Fachausschuß 4.5) werden alle diese Aspekte diskutiert und weiterentwickelt.

Eine durchaus gängige Methode, Simulationsmodelle aufzubauen, ist, einen Satz von Differentialgleichungen zu finden, bei dem sich bestimmte Variablen im Fortschreiten der Zeit so verhalten wie die dazugehörigen Systemgrößen; d.h. man zieht Analogie-Schlüsse von dem DGl-System auf das reale System. Doch neigt man heutzutage immer mehr dazu, *Kausal-strukturen* abzubilden und zu untersuchen, und kann deshalb rational fundierte Schlüsse vom Modell- auf das Real-System erlangen.

Der tragfähigste Ansatz dafür ist die Theorie der Petri-Netze (nach Carl Adam Petri). Sie sind die bisher am weitesten ausgebaute und in den Anwendungen erfolgreichste Theorie der verteilten Systeme und Prozesse – und praktisch alle realen Systeme sind ja räumlich verteilt.

Zwar wird in vielen praktischen Anwendungen lediglich das in der Netztheorie entwickelte graphische Darstellungsprinzip verwandt – die Theorie macht außerdem auch noch Aussagen über die den verteilten Systemen innewohnende Nebenläufigkeit (concurrency) – aber schon alleine durch diese Abbildungsweise werden *Kausal*-Abfolgen dargestellt, anstelle der bloßen *Zeit*-Abfolgen, wie sie viele andere Modelle liefern. Mit Petri-Netzen ist eine Darstellung – und somit Untersuchung – der *Parallelität von Abläufen* (Nebenläufigkeit) möglich.

Deshalb ist es nicht verwunderlich, daß bei der Untersuchung von parallelen Abläufen vielerorts Systeme durch Petri-Netze dargestellt und simuliert werden. Schon durch die bloße sachgemäße, kausalbezogene Darstellung werden dabei mancherlei Zusammenhänge – oder auch Inkonsistentien – offenkundig. Bei größeren Systemen kann man sinnvollerweise auch noch formale Analyse-Instrumente auf die Netze anwenden, die z.B. *deadlock*-Situationen herausrechnen könnten (nebenbei: eine Systemeigenschaft, die in DGl-Systemen kaum zu formulieren, geschweige denn je zu berechnen ist), oder andere Systeminvarianten finden.

Parallele Abläufe bzw. nebenläufige Prozesse (wie sie in der Netztheorie bezeichnet werden) treten überall da auf, wo mehrere Instanzen (Personen, Organisationseinheiten, Büros, Produktions- oder Handelsunternehmungen bzw. -Abteilungen, Interessenten etc, ggf. auch Computer) miteinander arbeiten und dabei Dinge (Nachrichten, Geld oder Güter) austauschen.

Die in dieser Session vorgestellten Papiere sind in gewisser Weise nur als eine exemplarische Auswahl zu sehen; sie zeigen, wie neuere theoretische Informatik-Ergebnisse in die Praxis umgesetzt werden können. Sie beschreiben z.T. die Methodik an sich, vergleichen sie, oder beschreiben die Simulation einer typischen Kooperationsstruktur. Dort nämlich werden in *Kommunikations*- oder *Synchronisations*-Situationen Güter und Nachrichten (Information) unter den Beteiligten ausgetauscht oder verarbeitet.

Programmkomitee für das Fachgespräch:

H. Beilner (Universität Dortmund), H. Fuss (GMD, Vorsitz), J. Halin (ETH, Zürich), D. Hogrefe (Universität Hamburg), V. K. Misra (Krupp Industrietechnik, Duisburg), W. Simonsmeier (PSI GmbH, Berlin), P. Starke (Humboldt Universität, Berlin)

Über die Verifikation von Konversationssystemen durch Simulation*

Thomas Kreifelts
Frank Victor
Gerd Woetzel
Gesellschaft für Mathematik und Datenverarbeitung
Postfach 1240
5205 St. Augustin 1

Zusammenfassung: Konversationssysteme sind Gruppenunterstützungssysteme, die Kooperation als formalisiertes Sprachspiel auffassen. In dieser Arbeit beweisen wir, daß Konversationen eines bestimmten Typs, den wir zur Abwicklung von Aktionen in einem Bürovorgangssystem verwenden, nie stecken bleiben können und immer in konsistenter Weise enden. Dazu modellieren wir den Konversationstyp als höheres Petrinetz und beweisen die erwünschten Eigenschaften durch vollständige Simulation des Netzes. Diese Methode kann auf alle bilateralen Konversationstypen angewandt werden.

1. Die Unterstützung von Zusammenarbeit

Die Unterstützung zeitlich versetzter Zusammenarbeit in räumlich verteilten Gruppen ist ein aktives Forschungsgebiet. In jüngster Zeit ist dabei ein Paradigma in den Vordergrund getreten, das Zusammenarbeit als ein formalisiertes Sprachspiel auffaßt. Gegenstand der Unterhaltung zwischen den Kooperationspartnern ist die Durchführung einer Aktion. Eine solche Aktionskonversation kennt *Rollen*, die von den Kooperationspartnern eingenommen werden, und pragmatisch relevante *Nachrichtentypen*, deren Austausch bestimmten *Regeln* unterliegt. Das Schema eines bilateralen Konversationstyps ist in Abbildung 1 wiedergegeben. Die Unterstützungsleistung entsprechender Konversationssysteme besteht darin, die Möglichkeiten eines Rollenträgers bei der Beantwortung eingegangener Konversationsnachrichten aufzuzeigen und den Bearbeitungsstand nachzuhalten.

Wir haben uns mit Aktionskonversationen im Rahmen unserer Arbeiten am Bürovorgangssystem DOMINO [Krei84, Krei87] beschäftigt, dessen Ziel die Unterstützung geregelter Zusammenarbeit verschiedener Instanzen in einer Büroorganisation ist. Gegenstand der Konversationen ist hier die Durchführung einer Aktion eines Bürovorgangs, mit denen das Vorgangssystem einen Akteur einer Instanz beauftragt, oder die Abwicklung eines ganzen

* Diese Arbeit entstand im Rahmen des Verbundprojekts WISDOM und wurde vom Bundesminister für Forschung und Technologie und der TA Triumph-Adler AG, Nürnberg, gefördert (Förderkennzeichen ITW8404B).

Bürovorgangs, mit der der Vorgangsinitiator das Vorgangssystem beauftragt. Die Rollen heißen Auftraggeber und Auftragnehmer, und eine Konversation wird durch den Auftrag des Auftraggebers eröffnet. Der Auftragnehmer reagiert darauf z.B. mit einer Erledigung oder einer Ablehnung, der Auftraggeber wiederum kann eine Erledigung mit einer Bestätigung oder einem Korrekturauftrag beantworten usw., bis schließlich die Konversation ein definitives Ende erreicht hat (bestätigt, abgelehnt, storniert o.ä.). Wir haben diesen Typ von Aktionskonversation nach der verwendeten Nachrichtenschnittstelle [Woet87] CoPlan-X-Konversation genannt.

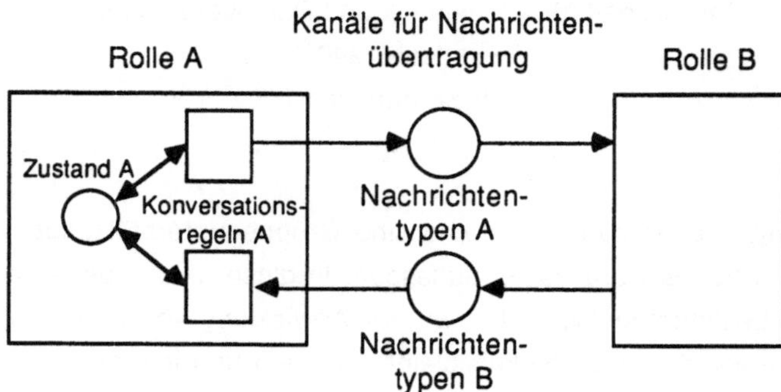

Abbildung 1. Schema eines Konversationstyps

Konversationsmodelle für kooperative Aktivitäten und entsprechende Systeme sind in der einen oder anderen Form von einer Reihe von Autoren vorgeschlagen worden [Flor80, Holt83, Slui84, DeCi86]. Besonders Flores' "conversation for action" [ActT84, Wino86 S. 64 ff.] ist unserer CoPlan-X-Konversation sehr ähnlich. Man könnte sagen, daß die CoPlan-X-Konversation unserem speziellen Vorgangskontext besser angepaßt ist. In der vorliegenden Arbeit wollen wir jedoch nicht die Vor- und Nachteile der verschiedenen Ansätze untersuchen, sondern uns mit zwei Fragestellungen im Zusammenhang mit formalisierten Konversationen befassen:

- Können Konversationen eines gegebenen Typs stecken bleiben (z.B. indem ein Partner auf eine Antwort wartet, während der andere die Konversation als beendet ansieht)?

- Können Konversationen eines gegebenen Typs inkonsistent beendigt werden (z.B. indem der eine Partner die Konversation als erfolgreich beendet ansieht, der andere jedoch als storniert)?

Solche Unfälle können bei Konversationen von Angesicht zu Angesicht kaum geschehen. Bei Konversationssystemen jedoch wird die Kommunikation über ein Electronic-Mail-System vermittelt. Infolgedessen benötigen Nachrichten Zeit für den Weg vom Absender bis zum Adressaten und können sich auf diesem Wege sogar gegenseitig überholen. Außerdem sind im Verlauf einer Konversation auch nebenläufige Initiativen beider Partner möglich. Wenn wir ohne eine zentrale Instanz auskommen wollen, die für die Synchronität einer Konversation verantwortlich ist (was überdies noch mit zusätzlichem Kommunikationsaufwand verbunden ist), werden die beiden oben genannten Fragen nach der Verklemmungsfreiheit und Konsistenz von Konversationen wichtig.

In den folgenden Abschnitten werden wir das Konversationsmodell genauer erläutern und formal als Petrinetz spezifizieren. Wir werden dann darlegen, wie man durch Simulation des formalen Konversationsmodells die obigen beiden Fragen untersuchen kann. Wir beweisen, daß CoPlan-X-Konversationen verklemmungsfrei und konsistent sind.

2. Das Konversationsmodell

Wir haben Konversationen bislang grob beschrieben als den Austausch von Nachrichten bestimmter Typen zwischen Rollen nach bestimmten Regeln. Im folgenden wollen wir präzisieren, was wir unter Rollen, Nachrichtentypen und Regeln verstehen.

Rollen beschreiben typischerweise bestimmte Aufgaben- und Verantwortungsbereiche innerhalb einer Organisation. Rollen können allgemeiner und abstrakter Natur sein wie Auftraggeber und Auftragnehmer im CoPlan-X-Beispiel, oder auch spezifischer wie Autor, Herausgeber und Referent im Zusammenhang mit einer Anwendung wie der Herausgabe einer Zeitschrift. In konkreten Konversationen werden diese Rollen von Personen oder automatisierten Instanzen (wie dem Vorgangssystem) eingenommen. In einer Implementierung, die auf Electronic Mail basiert, werden Rollenträger durch ihre Mail-Adressen identifiziert.

Nachrichten, die in unseren Konversationen ausgetauscht werden, haben einen bestimmten Typ, der einem pragmatisch relevanten Sprechakt entspricht, wie z.B. Auftrag, Zusage, Zurückweisung oder Storno. Für unser Modellierungsniveau ist der Inhalt einer Nachricht irrelevant, d.h. wir sind nur daran interessiert, daß eine Nachricht z.B. ein Auftrag ist, und wir sind nicht daran interessiert, welchen Gegenstand oder welche Bedingungen der Auftrag hat.

Der Austausch von Nachrichten in einer Konversation unterliegt den Regeln dieser Konversation. Diese Regeln besagen, daß in einem bestimmten Zustand der Konversation ein Rollenträger auf eine bestimmte Menge von Konversationsakten beschränkt ist, d.h. er kann nur Nachrichten bestimmter Typen an andere Rollenträger senden bzw. von ihnen erhalten. Da es in unserem Modell keinen globalen Zustand einer Konversation geben soll, müssen wir genauer sagen, daß in einem bestimmten Zustand einer *Rolle* der entsprechende Rollenträger nur eine beschränkte Menge von Nachrichtentypen mit anderen Rollenträgern austauschen kann. Folgerichtig hat nicht die Konversation als ganze, sondern jede Rolle eine Menge von Zuständen, die sie annehmen kann. Was den Zustand einer Rolle ändert, ist genau der Versand oder Empfang von Nachrichten, wobei der Zustandsübergang nur vom Typ der abgesandten oder empfangenen Nachricht abhängt.

Zu Beginn einer Konversation sind alle Rollen im Anfangszustand, den wir mit *initial* bezeichnen. Die Konversationsregeln besagen, welche Typen von Nachrichten eine Rolle in jedem Zustand versenden und empfangen kann und welches der Folgezustand ist. Dies werden wir an einigen Beispielen aus der CoPlan-X-Konversation zwischen der Auftraggeber- und der Auftragnehmerrolle erläutern.

Der Auftraggeber einer CoPlan-X-Konversation hat im Anfangszustand *initial* nur eine Möglichkeit, nämlich dem Auftragnehmer einen Auftrag zu schicken. Dadurch geht er in den Zustand *erteilt* über. In diesem Zustand kann der Auftraggeber entweder auf eine Antwort des Auftragnehmers warten oder seinen Auftrag stornieren. Der Auftragnehmer kann im Anfangszustand überhaupt nichts tun. Er wartet auf die Ankunft einer Nachricht. Wenn ein Auftrag eintrifft, geht er in den Zustand *erteilt* über. In diesem Zustand kann er auf den Auftrag des Auftraggebers mit einer Erledigung, einer Weiterleitung, einer Zurückweisung oder einer Beanstandung (von Fehlern oder Inkonsistenzen im Auftrag) reagieren. Wenn der Auftraggeber seinen Auftrag storniert, bevor eine Antwort des Auftragnehmers eintrifft (aus welchen Gründen auch immer), kann der Auftragnehmer auch ein Storno im Zustand *erteilt* erhalten. Dadurch ändert sich sein Zustand in *storniert,* was ein Endzustand ist.

Was die Dinge etwas komplizierter macht, ist die Möglichkeit nebenläufiger Initiative der Konversationspartner und die Möglichkeit, daß sich Nachrichten überholen. Betrachten wir als Beispiel die Situation, wo ein Auftrag erledigt worden ist, sich also Auftraggeber und -nehmer im Zustand *erledigt* befinden, wo aber die Erledigung einen Fehler enthält. Wenn nun dieser Fehler von beiden Partnern entdeckt wird, versendet der Auftraggeber einen Korrekturauftrag, wodurch er wieder in den Zustand *erteilt* übergeht, und der Auftragnehmer versendet eine Zurücknahme, wodurch er in den Zustand *zurückgenommen* übergeht. Im Zustand *erteilt* erwartet der Auftraggeber eine der vier möglichen Antworten auf einen Auftrag, die wir oben erwähnt haben (Erledigung, Weiterleitung, Beanstandung, Ablehnung), aber keine Zurücknahme. Der Auftragnehmer auf der anderen Seite erwartet einen Wiederholungsauftrag oder ein Storno im Zustand *zurückgenommen*, aber keinen Korrekturauftrag (vgl. Tabellen 3 und 4). Wenn diese unerwarteten Meldungen ignoriert werden, wie es die Default-Regel für solche Fälle ist, würde die Konversation stecken bleiben. Deshalb müssen die Konversationsregeln einen Synchronisierungsmechanismus für den obigen Fall vorsehen. Dasselbe gilt, wenn Nachrichten einander überholen, z.B. die Erledigung und eine nachfolgende Zurücknahme des Auftragnehmers.

Bislang haben wir lediglich Konversationsregeln demonstriert, die entweder den Versand von bestimmten Nachrichtentypen in bestimmten Rollenzuständen zulassen oder den Empfang bestimmter Nachrichtentypen in bestimmten Zuständen erwarten, was beides mit einem Zustandsübergang verbunden ist. Für Synchronisierungszwecke wie in den oben dargestellten

Situationen müssen wir einen dritten Typ von Regeln neben den Versand- und Empfangsregeln einführen, die Synchronisationsregeln. Diese Regeln sehen die unmittelbare Antwort auf eintreffende Nachrichten in bestimmten Zuständen vor, wiederum mit einem Zustandsübergang verbunden und vermeiden so einen Zwischenzustand zwischen dem Empfang einer Nachricht und dem Versand der notwendigen Antwort.

3. Konversationsnetze

Wir wollen nun Konversationen präzise definieren. Um die abstrakte Definition zu illustrieren, werden wir die CoPlan-X-Konversation als Beispiel verwenden. Wir modellieren Konversationen als Prädikat/Transitionsnetze (Pr/T-Netze) [Genr81], eine Art von höheren Petrinetzen mit individuellen Marken, die für die Darstellung nebenläufiger Systeme auf einem hohen Abstraktionsniveau gut geeignet sind. Insbesondere sind sie für die Modellierung unserer Konversationen geeignet, wo beide Partner nebenläufig die Initiative übernehmen können und wo es keinen zentralen Synchronisierungsmechanismus gibt.

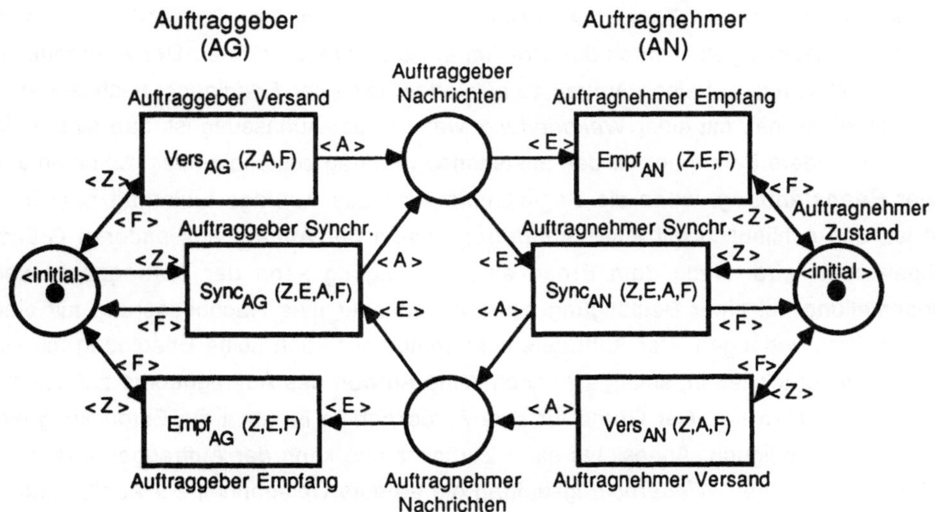

Abbildung 2. Das Konversationsnetz der CoPlan-X-Konversation

Die Struktur des Konversationsnetzes für die CoPlan-X-Konversation ist in Abbildung 2 wiedergegeben, das man auch als Verfeinerung und Präzisierung des Netzes aus Abbildung 1 ansehen kann. Die dargestellte Struktur ist für alle bilateralen Konversationen gültig. Das Konversationsnetz hat vier Stellen und sechs Transitionen. Zwei Stellen repräsentieren die Zustände der beiden Rollen A und B, die an der Konversation teilnehmen, die anderen beiden Stellen repräsentieren die Kanäle für die Nachrichtenübertragung von A zu B und umgekehrt. Die Marken in den Zustandsstellen sind Elemente zweier endlicher, nicht leerer

Mengen von Zuständen Z_A und Z_B für die beiden Rollen A und B. Die Marken in den Nachrichtenstellen sind Elemente zweier endlicher, nicht leerer Mengen von Nachrichtentypen N_A und N_B, die A an B senden kann bzw. umgekehrt. Als Beispiel führen wir die Zustände der CoPlan-X-Konversation in Tabelle 1 auf. Die letzte Gruppe von Zuständen in der Tabelle besteht aus Endzuständen.

Tabelle 1. CoPlan-X Zustände

$Z_{Auftraggeber}$	$Z_{Auftragnehmer}$
initial	initial
erteilt erteilt_2 erledigt weitergeleitet zurückgenommen	erteilt erteilt_2 erledigt weitergeleitet zurückgenommen
storniert bestätigt beanstandet abgelehnt	storniert bestätigt beanstandet abgelehnt

Tabelle 2. CoPlan-X Nachrichtentypen

$N_{Auftraggeber}$	$N_{Auftragnehmer}$
Auftrag Korrektur Wiederholung Storno Bestätigung	Erledigung Weiterleitung Zurücknahme Beanstandung Ablehnung
Synchronisierung	

In Tabelle 2 haben wir die Nachrichtentypen der CoPlan-X-Konversation dargestellt. Im folgenden wollen wir kurz den Zweck dieser Nachrichten erklären. Eine CoPlan-X-Konversation wird durch den Auftraggeber durch das Erteilen eines *Auftrags* eröffnet. Der Auftragnehmer hat vier Möglichkeiten, auf einen Auftrag zu antworten: mit einer *Erledigung*, nachdem er den Auftrag ausgeführt hat, mit einer *Weiterleitung*, wenn er der Auffassung ist, daß eine andere Person (oder andere Personen) für den anstehenden Auftrag zuständig oder kompetenter ist, mit einer *Beanstandung*, wenn die Begleitinformation des Auftrags fehlerhaft oder inkonsistent ist, und schließlich mit einer *Ablehnung*, wenn der Auftrag aus anderen Gründen zurückgewiesen wird. Nach dem Erhalt einer Erledigung kann der Auftraggeber seine Zufriedenstellung mit einer Bestätigung signalisieren oder eine Nachbesserung mit einem *Korrektur*auftrag verlangen. Der Auftragnehmer seinerseits kann seine Erledigung mit einer *Zurücknahme* zurückziehen, solange er noch keine Antwort des Auftraggebers auf seine Erledigung hin erhalten hat. Der Grund für eine Zurücknahme ist etwa die Entdeckung eines Fehlers in der Erledigung. Angesichts einer Zurücknahme kann der Auftraggeber dem Auftragnehmer durch einen *Wiederholungs*auftrag die erneute Gelegenheit zur Ausführung des Auftrags geben, oder seinen Auftrag mit einem Storno stornieren. Die *Synchronisierung* ist nur aus technischen Gründen nötig, nämlich um beide Konversationspartner zu synchronisieren.

Die Konversationsregeln, die den dynamischen Aspekt eines Konversationsnetzes beschreiben, werden durch die sechs Transitionen modelliert, drei für jede Rolle: eine für die Versandregeln, eine für die Empfangsregeln und eine für die Synchronisierungsregeln. Die Kommunikation zwischen den Rollen A und B (Auftraggeber und Auftragnehmer in der CoPlan-X-Konversation) wird durch das Markenspiel im Netz modelliert, d.h. durch das Schalten der Transitionen.

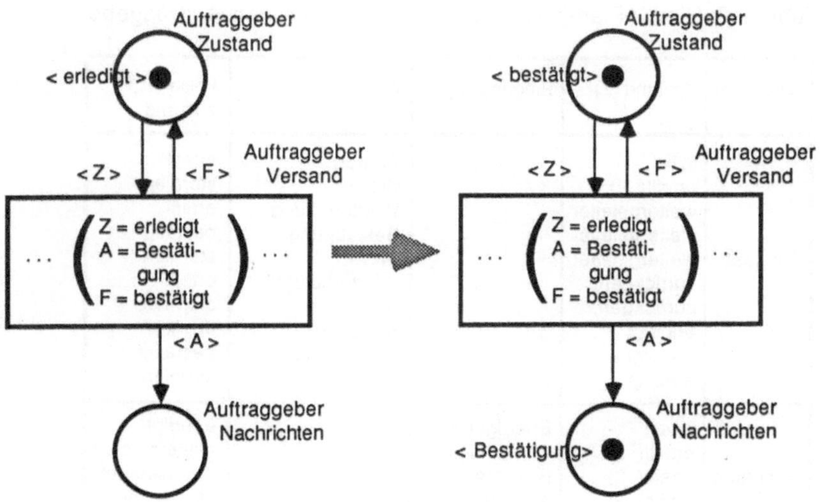

Abbildung 3. Schalten einer Transition in einem Pr/T-Netz

In Pr/T-Netzen tragen Transitionen eine Inschrift. Dies ist ein prädikatenlogischer Term, der eine Beziehung herstellt zwischen den Marken, die durch das Schalten der Transition verbraucht und erzeugt werden. Als Beispiel haben wir das Schalten der Versandtransition des Auftraggebers in einer CoPlan-X-Konversation in Abbildung 3 dargestellt. Diese Transition entfernt den Zustand Z von der Stelle "Auftraggeber Zustand", ersetzt ihn durch den Folgezustand F und erzeugt eine Ausgabenachricht A für die Stelle "Auftraggeber Nachrichten". Die Inschrift zeigt an, für welche Werte der Variablen Z, F und A dies möglich ist.

Man beachte, daß sich mehr als eine Marke auf einer Stelle eines Pr/T-Netzes befinden kann und daß die Kapazitäten der Stellen unbeschränkt sind. Außerdem besagt die Schaltregel nicht, welche Marken am Schalten einer Transition zu beteiligen sind, wenn die Inschrift mehrere Möglichkeiten zuläßt. Dieser Non-Determinismus der Pr/T-Schaltregeln entspricht unserer Annahme über den Non-Determinismus des Nachrichtenübermittlungssystems in Bezug auf die Reihenfolge, in der abgesandte Nachrichten zugestellt werden.

Die Prädikate in den Inschriften der Versand-, Empfangs- und Synchronisationstransition sind in Abbildung 2 nicht im einzelnen dargestellt. Sie werden in Tabellenform als Werte-Tupel für die Argumente der diesbezüglichen Prädikate wiedergegeben (siehe Tabellen 3 und 4). Jede Zeile in einer solchen Tabelle repräsentiert eine Konversationsregel als eine mögliche Variablenbindung, die einem gültigen Schalten der Transition entspricht.

Die Definition eines Konversationsnetzes läßt sich wie folgt zusammenfassen. Ein Konversationsnetz ist ein Pr/T-Netz mit vier Stellen und sechs Transitionen, wie es in Abbildung 2 dargestellt ist. Zwei Stellen stehen für die Zustände der beiden Konversationspartner oder Rollen

Tabelle 3. Die CoPlan-X Konversationsregeln für den Auftraggeber

Transition	Zustand (Z)	Eingang (E)	Ausgang (A)	Folge- (F) zustand
Versand	initial erteilt(_2) weitergeleitet weitergeleitet weitergeleitet zurückgen. zurückgen. erledigt erledigt erledigt		Auftrag Storno Wiederholung Bestätigung Storno Wiederholung Storno Korrektur Bestätigung Storno	erteilt storniert erteilt bestätigt storniert erteilt storniert erteilt bestätigt storniert
Empfang	erteilt erteilt(_2) erteilt(_2) erteilt(_2) erledigt	Erledigung Weiterleitung Beanstandung Ablehnung Zurücknahme		erledigt weitergeleitet beanstandet abgelehnt zurückgen.
Synchro-nisation	erteilt(_2) erteilt_2	Zurücknahme Erledigung	Synchronisierung Synchronisierung	erteilt_2 erteilt

A und B. Marken auf diesen Stellen sind Elemente der beiden Zustandsmengen Z_A und Z_B. Der Nachrichtenaustausch wird durch sechs Transitionen bewerkstelligt, drei für jede Rolle. Die Inschriften dieser Transitionen stellen die Konversationsregeln für Versand, Empfang und Synchronisation dar. Die Konversationsregeln sind Wertetripel oder -quadrupel für die Argumente der Inschriftenprädikate, die einem gültigen Schalten der Transition entsprechen. Daher können wir die Konversationsregeln als Teilmengen der Kreuzprodukte der diesbezüglichen Zustands- und Nachrichtentypenmengen auffassen, z.B. können wir die Empfangsregeln $Empf_A$ der Rolle A als eine Teilmenge von $Z_A \times N_B \times Z_A$ definieren.

Die Anfangsmarkierung eines Konversationsnetzes hat zwei Marken mit dem Wert <initial> auf den Zustandsstellen. Ein Konversationsakt entspricht dem Schalten einer Transition im Konversationsnetz, das zu einer neuen Markierung des Netzes führt. Ein Konversationstyp innerhalb dieses Modells wird durch Angabe von Z_A, Z_B, N_A, N_B, $Vers_A$, $Sync_A$, $Empf_A$, $Vers_B$, $Sync_B$, und $Empf_B$ spezifiziert. Verschiedene Definitionen dieser Mengen führen zu verschiedenen Konversationstypen. Konkrete Konversationen eines bestimmten Typs sind mögliche Schaltfolgen des entsprechenden Konversationsnetzes.

4. Verifikation durch Simulation

Mit der Definition des Konversationsnetzes sind wir nun in der Lage, genau anzugeben, was wir mit Verklemmungen und Inkonsistenzen bei Konversationen meinen. Dazu müssen wir zunächst bestimmen, welche Elemente der Zustandsmengen Z_A und Z_B Endzustände sind. Endzustände sind solche Zustände, die keine Konversationsakte mehr erlauben unabhängig

Tabelle 4. Die CoPlan-X Konversationsregeln für den Auftragnehmer

Transition	Zustand (Z)	Eingang (E)	Ausgang (A)	Folgezustand (F)
Versand	initial	Auftrag		erteilt
	initial	Storno		storniert
	erledigt	Korrektur		erteilt
	erledigt	Bestätigung		bestätigt
	erledigt	Storno		storniert
	erteilt(_2)	Storno		storniert
	erteilt_2	Korrektur		erteilt
	erteilt_2	Synchronisierung		erteilt
	zurückgen.	Wiederholung		erteilt
	zurückgen.	Korrektur		erteilt_2
	zurückgen.	Synchronisierung		erteilt_2
	zurückgen.	Bestätigung		bestätigt
	zurückgen.	Storno		storniert
	weitergeleitet	Wiederholung		erteilt
	weitergeleitet	Bestätigung		bestätigt
	weitergeleitet	Storno		storniert
Empfang	erteilt		Erledigung	erledigt
	erteilt		Weiterleitung	weitergeleitet
	erteilt		Beanstandung	beanstandet
	erteilt		Ablehnung	abgelehnt
	erledigt		Zurücknahme	zurückgen.
Synchronisation	erledigt	Synchronisierung	Erledigung	erledigt

davon, welche Nachrichten eintreffen. Nach den Konversationsregeln sind dies Zustände, die nicht als erste Komponente der entsprechenden Regeltripel oder -quadrupel auftreten, bzw. die nicht in der Zustands-Spalte (Z-Spalte) der Konversationstabellen vorkommen. Für die CoPlan-X-Konversation sind dies die Zustände *bestätigt*, *storniert*, *beanstandet* und *abgelehnt*, jeweils für beide Rollen.

Als nächstes müssen wir angeben, welche Paare von Endzuständen der beiden Rollen wir als konsistent ansehen wollen. Für die CoPlan-X-Konversation betrachten wir es als konsistent, wenn sich beide Rollen in identischen Endzuständen befinden, und darüberhinaus, wenn sich der Auftraggeber im Zustand *storniert* und der Auftragnehmer im Zustand *beanstandet* oder *abgelehnt* befindet, d.h. wenn beide Partner die Konversation in gewissem Sinne als fehlgeschlagen ansehen.

Wir bezeichnen nunmehr eine Situation als Verklemmung, wenn keine Konversationsakte mehr möglich sind, ohne daß sich beide Konversationspartner in einem Endzustand befinden. Im Konversationsnetz bedeutet dies eine Markierung, wo keine Transition schalten kann, ohne daß sich auf beiden Zustandsstellen Marken befinden, die einen Endzustand als Wert haben. Wir nennen das Ende einer Konversation inkonsistent, wenn sich die beiden Rollen in inkonsistenten Endzuständen befinden. Wenn ein Konversationstyp keine Verklemmungen oder inkonsistenten Beendigungen zuläßt, bezeichnen wir ihn als verklemmungsfrei und konsistent.

Um zu untersuchen, ob eine gegebener Konversationstyp verklemmungsfrei und konsistent ist, betrachten wir das zugehörige Konversationsnetz. Wenn die Klasse aller Markierungen, die durch eine Schaltfolge von der Anfangsmarkierung aus erreichbar ist, keine Verklemmung oder inkonsistenten Beendigungen enthält, haben wir bewiesen, daß der betrachtete Konversationstyp verklemmungsfrei und konsistent ist.

Wir zeigen nun, wie wir dies für den CoPlan-X-Konversationstyp bewiesen haben. Die Methode, die wir dabei benutzt haben, ist auf *alle* Konversationstypen anwendbar. Da die verfügbare mathematische Theorie zur Behandlung von Erreichbarkeitsfragen in Pr/T-Netzen recht kompliziert ist und zu umfänglichen Gleichungssystemen führt (vgl. [Laut85]), haben wir zu einer einfachen, fast primitiv zu nennenden Methode gegriffen, nämlich der vollständigen Aufzählung aller erreichbaren Markierungen. Da Konversationsnetze nur einige wenige Stellen enthalten und es normalerweise nicht allzuviel verschiedene Zustände und Nachrichtentypen gibt, ist die Anzahl der *verschiedenen* erreichbaren Markierungen nicht so groß, daß eine vollständige Aufzählung nicht machbar erschiene. Die Zahl der möglichen Schaltfolgen ist jedoch unendlich groß, wenn der Konversationstyp Zyklen zuläßt, wie es bei der CoPlan-X-Konversation der Fall ist (vgl. den Zyklus Erledigung–Korrekturauftrag–Erledigung).

Um alle erreichbaren Markierungen eines Konversationsnetzes zu erzeugen, haben wir einen Pr/T-Netz-Simulator verwendet, der in Prolog geschrieben ist [Wißk84, Nieh86]. Der Simulator selbst ist ein 60 Zeilen langes Prolog-Programm, das die Untersuchung von Erreichbarkeitsfragen in Pr/T-Netzen erlaubt. Mit Hilfe des Simulators läßt sich herausfinden, ob eine gegebene Markierung von einer anderen aus erreichbar ist, welche Markierungen von einer gegebenen Markierung aus erreichbar sind oder von welchen Markierungen aus eine gegebene erreicht werden kann. Alle möglichen Lösungen zu diesen Fragen werden durch Backtracking vom Prolog-System erzeugt. Offenbar muß der Simulator dazu vorwärts als auch rückwärts schalten können. Für unsere Zwecke haben wir nur den Vorwärts-Modus benutzt, da wir nur an den Markierungen interessiert sind, die von der gegebenen Anfangsmarkierung eines Konversationsnetzes aus erreicht werden können. Wegen der zyklischen Natur von Konversationen wurde die Tiefensuche-Strategie des Simulators so modifiziert, daß schon einmal erzeugte Markierungen gespeichert und nicht ein zweites Mal erzeugt werden.

Als Eingabe für den Simulator mußten die allgemeine Struktur eines bilateralen Konversationsnetzes und die für die CoPlan-X-Konversation spezifischen Inschriften angegeben werden. Transitionen mit ihren Ein/Ausgangsstellen und Kantenanschriften werden als Prolog-Fakten in folgender Weise spezifiziert:

```
trans(ag_emfang,[[ag_zustand,Z]],[[an_nachr,E],[ag_zustand,F]]).
```

wobei die Empfangstransition des Auftraggebers als Beispiel dient. Die Inschrift einer Transition wird wie folgt als Prolog-Regel formuliert, wieder mit der Empfangstransition des Auftraggebers als Beispiel:

```
in(ag_empfang,[[ag_zustand,Z]],[[an_nachr,E],[ag_zustand,F]]) :-
        empf_ag(Z,E,F).
```

Die rechte Seite der Regel ist die Inschrift selbst, in unserem Beispiel das Prädikat `eing_ag`. Wir haben dieses und die anderen Prädikate durch eine Reihe von alternativen Prolog-Fakten definiert, die den entsprechenden Teil von Tabelle 3 darstellen.

```
empf_ag(erteilt,    erledigung,     erledigt).
empf_ag(erteilt,    weiterleitung,  weitergeleitet).
empf_ag(erteilt_2,  weiterleitung,  weitergeleitet).
empf_ag(erteilt,    beanstandung,   beanstandet).
empf_ag(erteilt_2,  beanstandung,   beanstandet).
empf_ag(erteilt,    ablehnung,      abgelehnt).
empf_ag(erteilt_2,  ablehnung,      abgelehnt).
empf_ag(erledigt,   zuruecknahme,   zurueckgenommen).
```

Nachdem so das ganze CoPlan-X-Konversationsnetz spezifiziert worden war, konnten wir den Simulator zur Erzeugung aller Markierungen einsetzen, die von der Anfangsmarkierung aus erreichbar sind. Das entsprechende Prädikat des Simulators ist `r(A,Z,T)`, wo `T` die Schaltfolge bezeichnet, mit der die Anfangsmarkierung `A` in die Zielmarkierung `Z` überführt wird. Somit produziert die folgende Anfrage an das Prolog-System:

```
?- r([[ag_zustand,initial],[an_zustand,initial]],Z,T).
```

nach und nach alle verschiedenen Markierungen `Z`, die von der Anfangsmarkierung des Konversationsnetzes mit einer Schaltfolge `T` erreicht werden können. Markierungen werden als Paarlisten von Stellen und Marken dargestellt. Als Ergebnis kam heraus, daß in einer CoPlan-X-Konversation 85 verschiedene Markierungen (einschließlich der Anfangsmarkierung) auftreten können. Anstatt nun alle diese Markierungen von Hand zu überprüfen, haben wir zwei Prolog-Prädikate `verklemmung(M)` und `inkonsistenz(M)` definiert, die für alle Markierungen `M` zutreffen, die eine Verklemmung oder eine inkonsistente Beendigung darstellen. Dann haben wir mit der folgenden Anfrage nach Markierungen gesucht, die von der Anfangsmarkierung aus erreichbar sind und eine Verklemmung oder eine inkonsistente Beendigung darstellen (das Komma bedeutet die logische Konjunktion, das Semikolon die logische Disjunktion):

```
?- r([[ag_zustand,initial],[an_zustand,initial]],Z,T),
      (verklemmung(Z);inkonsistenz(Z)).
```

Da diese Anfrage mit `no` beantwortet wurde, hatten wir bewiesen, daß in CoPlan-X-Konversationen keine Verklemmungen oder inkonsistenten Beendigungen vorkommen.

Wer einen strukturellen Beweis erwartet hat, der auf bestimmten Eigenschaften von CoPlan-X-Konversationen beruht, mag über unsere Beweismethode enttäuscht sein. Aber der gewählte Ansatz hat auch zwei definitive Vorteile. Erstens sind sowohl die Methode als auch das Werkzeug, die wir für unseren Beweis benutzt haben, für alle möglichen bilateralen Konversationen anwendbar und hängen nicht von dem betrachteten Konversationstyp ab. Zweitens ermöglichen unsere Methode und unser Werkzeug Experimente und iterative Verbesserungen des ursprünglichen Entwurfs eines Konversationstyps. Tatsächlich hätten wir ohne unser Konversationsmodell und das Simulationswerkzeug mit ziemlicher Sicherheit mögliche Verklemmungen in den ersten CoPlan-X-Konversationsregeln übersehen; erst der dritte Entwurf stellte sich als korrekt heraus.

8. Schluß

Konversationen sind ein konzeptuelles Modell für kooperative Prozesse im Büro. Sie bestehen aus dem formalisierten Nachrichtenaustausch zwischen Rollenträgern mit einem gemeinsamen Ziel, z.B. der Erledigung einer Aktion. Wir haben solche Konversationen als Petrinetze dargestellt, die auch asynchrone Kommunikation modellieren. Beim Entwurf von Konversationssystemen auf der Basis von Nachrichtenübermittlungssystemen stellen sich zwei Fragen: Kann man garantieren, daß Konversationen nicht steckenbleiben, und kann man garantieren, daß alle Teilnehmer eine konsistente Sicht der Konversation bei ihrer Beendigung haben? Wir haben eine Methode und ein entsprechendes Werkzeug, einen Netzsimulator, beschrieben, mit denen sich diese Fragen für einen gegebenen Konversationstyp entscheiden lassen. Wir haben unseren Ansatz am Beispiel der CoPlan-X-Konversation demonstriert, einem Konversationstyp, der sich aus unserer Arbeit mit Bürovorgangssystemen heraus entwickelt hat. Für die Zukunft planen wir die Anwendung des Konversationsmodells auch auf andere Bereiche kooperativer Bürotätigkeit wie Terminvereinbarung und gemeinsame Dokumenterstellung.

Literatur

[ActT84] "The Coordinator: Reference Manual," Action Technologies, San Francisco, CA, 1984.

[DeCi86] De Cindio, F., De Michelis, G., Simone, C., Vassallo, R., Zanaboni, A. M. "Chaos as coordination technology," in *Proc. Conf. on Computer-Supported Cooperative Work*, Austin, TX, Dez. 1986, S. 325-342.

[Flor80] Flores, F. , Ludlow, J. "Doing and speaking in the office," in G. Fick, R. H. Sprague Jr. (Hrsg.) *Decision Support Systems: Issues and Challenges*, Pergamon, Oxford, 1980, S. 95-118.

[Genr81] Genrich, H. J., Lautenbach, K. "System modelling with high-level Petri nets," *Theoretical Computer Science* **13** (1981), 109-136.

[Holt83] Holt, A. W., Ramsey, H. R., Grimes, J. D. "Coordination system technology as the basis for a programming environment," *Electrical Communication* **57**, 4 (1983), 307-314.

[Krei84] Kreifelts, Th., "DOMINO: Ein System zur Abwicklung arbeitsteiliger Vorgänge im Büro," *Angewandte Informatik* 4/**84**, 137-146.

[Krei87] Kreifelts, Th., Seuffert, P., Woetzel, G. "Ausnahmebehandlung, Verteilung und Adressierung im Vorgangssystem DOMINO," in M. Paul (Hrsg.) *GI — 17. Jahrestagung, Computergestützter Arbeitsplatz im Büro*, Informatik-Fachberichte Nr. 156, Springer, Berlin, 1987, S. 682-696.

[Laut85] Lautenbach, K., Pagnoni, A. "Invariance and duality in predicate/transition nets," GMD-Arbeitspapiere Nr. 132, GMD, St. Augustin, 1985.

[Nieh86] Niehuis, S., Victor, F. "Modellierung und Simulation von Pr/T-Netzen in Prolog," GMD-Arbeitspapiere Nr. 231, GMD, St. Augustin, 1986.

[Slui84] Sluizer, S., Cashman, P. "XCP – an experimental tool for supporting office procedures," in R. W. Taylor (Hrsg.) *Proc. IEEE First Int. Conf. on Office Automation,* New Orleans, LA, 1984, S. 73-80.

[Wino86] Winograd, T., Flores, F. *Understanding Computers and Cognition: A New Foundation for Design,* Ablex, Norwood, NJ, 1986.

[Wißk84] Wißkirchen, P., Niehuis, S., Victor, F. "Ein rechnergestützter Bürosimulator auf der Basis von PrT-Netzen und Prolog," *Angewandte Informatik* 5/**84**, 181-188.

[Woet87] Woetzel, G., Kreifelts, Th. "Die Vorgangssprache CoPlan, Version 2," WISDOM-Forschungsbericht FB-GMD-87-34, GMD, St. Augustin, 1987.

Simulationen zur Transportsteuerung einer Fertigungsanlage

B.Fink, U. Janßen

Philips GmbH Forschungslaboratorium Hamburg,
Postfach 54 08 40, D-2000 Hamburg 54

Abstract

Die Leistungsfähigkeit einer Fertigungsanlage wird nicht nur durch die Produktionskapazität der Maschinen, sondern auch wesentlich durch den Transport und die Pufferung der Werkstücke bestimmt. Die Steuerung des Transports ist dabei von einer Vielzahl von Parametern abhängig. In der vorliegenden Arbeit werden mit Hilfe von Simulation für eine gegebene Anlage zur Herstellung von Transformatoren einige kritische Parameter identifiziert. Es wird gezeigt, wie durch Veränderung dieser Parameter eine Verbesserung des Transports und damit auch der Leistungsfähigkeit der Fertigungsanlage erreicht werden kann.

Einführung

Die Leistungsfähigkeit einer Fertigungsanlage hängt nicht nur von der Produktivität der verteilten Maschinen, sondern auch wesentlich von dem Transport und der Pufferung der Werkstücke ab. In der untersuchten Anlage wurde das Fließband sowohl zum Transport wie auch zur Pufferung der Werkstücke genutzt, so daß eine Optimierung von Transport und Pufferung nur in Abhängigkeit voneinander erfolgen kann. Dieses Problem wird durch die Vielzahl veränderbarer Parameter sehr komplex und läßt sich wohl kaum analytisch lösen. Da die Erprobung von Veränderungen in einer realen Anlage wegen der damit verbundenen hohen Kosten kaum möglich ist, bietet sich hier die Simulation als geeignetes Hilfsmittel an.

Gegenstand der vorliegenden Arbeit sind Simulationen der Transportsteuerung einer bestehenden Fertigungsanlage zur Herstellung von Transformatoren. Dabei untersuchten wir die Auswirkungen der Änderung einiger Parameter dieser Fertigungsanlage, die in einer vorangegangenen Problemanalyse als wichtige Faktoren identifiziert worden sind: Die unterschiedlichen Geschwindigkeiten der einzelnen Maschinen, die Synchronisation der Trägerflüsse sowie die Steuerung der Träger an Einmündungen und Verzweigungen. Für unsere Untersuchungen erstellten wir ein graphisches Modell auf Basis der E-Netze [Nutt], das dann zur Durchführung der Simulationsexperimente verwendet wurde. Modellbildung und Simulation erfolgten unter Einsatz des Simulationspaketes **FORCASD** [Dahmen], das im Philips Forschungslaboratorium Hamburg erstellt wurde.

In **Abschnitt 2** dieser Arbeit wird die untersuchte Fertigungsanlage beschrieben. **Abschnitt 3** gibt dann eine knappe Einführung des Simulationsmodells sowie des Simulationspaketes, bevor in **Abschnitt 4** die Simulationsergebnisse besprochen werden.

1 Beschreibung der Fertigungsanlage

Die von uns betrachtete Fertigungsanlage besteht aus einem bidirektionalen Transportband, das durch Übersetzvorrichtungen in Bandschleifen unterteilt ist (**Figur 1**). Die Fertigungsstationen (*Maschinen*) sind an dieses Band über Nebenbänder angeschlossen. Durch Puffer zwischen den Maschinen können diese die Werkstücke ungetaktet bearbeiten, das heißt die Maschinen werden nur durch das Voll- bzw. Leerlaufen des Puffers gesteuert und arbeiten ansonsten mit der für jede

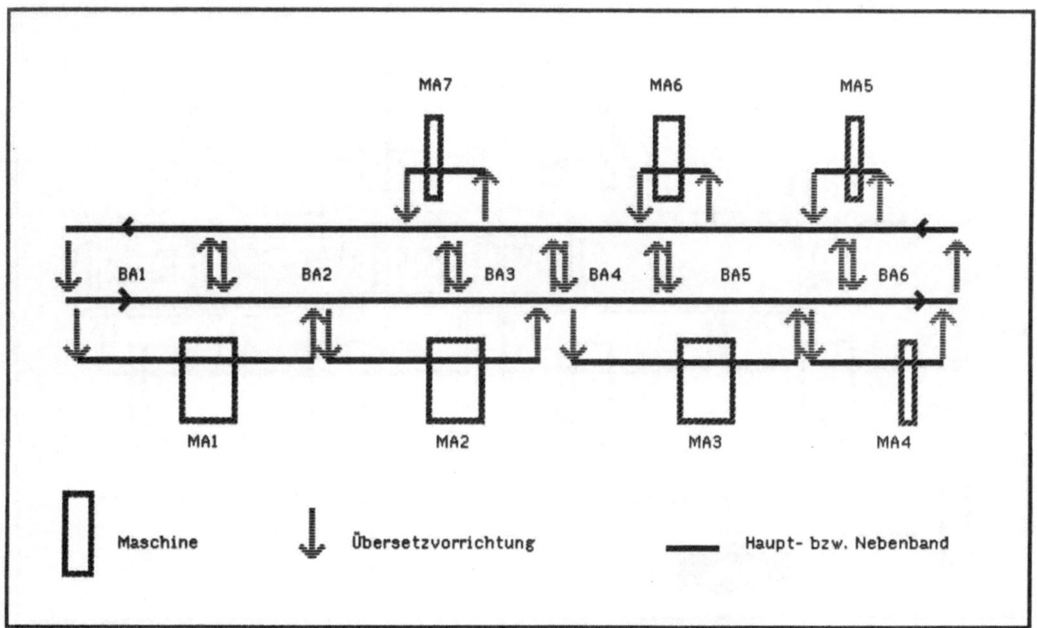

Figur 1: Topologie der Fertigungsanlage

Maschine individuellen Geschwindigkeit. Durch regelmäßige Wartungen fallen einige der Maschinen in gewissen Zeitabständen für eine bestimmte Zeitdauer aus.

Die Werkstücke durchlaufen auf Werkstückträgern die Maschinen in einer vorgegebenen Reihenfolge. Dabei gibt es zwei Typen von Werkstücken (*Primär-* und *Sekundär*spulen) bzw. Werkstückträgern mit unterschiedlichen Maschinenfolgen. Fertig bearbeitete Werkstücke werden durch Rohlinge ersetzt, so daß die Anzahl der Träger in der Fertigungsanlage konstant bleibt.

Die Werkstückträger erfahren auf ihren Laufwegen zwei Arten von Synchronisation. Zum einen benötigt eine der Maschinen (Montage von Primär- und Sekundärspulen) alternierend Träger beider Typen, so daß hier eine Synchronisation der Trägerflüsse erfolgt. Daneben bearbeiten die Maschinen unterschiedlich viele Werkstücke parallel, dadurch entsteht eine Synchronisation von Trägern gleichen Typs vor parallel vearbeitenden Maschinen.

Zur Überbrückung der Ausfallzeit einer Maschine bei Wartung bzw. wegen der Synchronisation muß eine bestimmte Anzahl von Werkstückträgern auf Vorrat gehalten (*gepuffert*) werden. Aus Platz- bzw. Kostengründen kann diese Pufferung nicht ausschließlich lokal vor den Maschinen erfolgen, daher werden die Bandschleifen des Transportbandes auch als Umlaufpuffer benutzt. Damit stellt dieses Band eine mehrfach benutzte Ressource dar: Nicht nur durch Schleifen auf den Laufwegen werden einzelne Bandstrecken mehrfach benutzt, sondern zudem auch durch die Pufferung von Werkstücken (**Figur 2, Figur 3**). Der Bandabschnitt vor einer Maschine stellt dabei zugleich ihren Eingangspuffer dar.

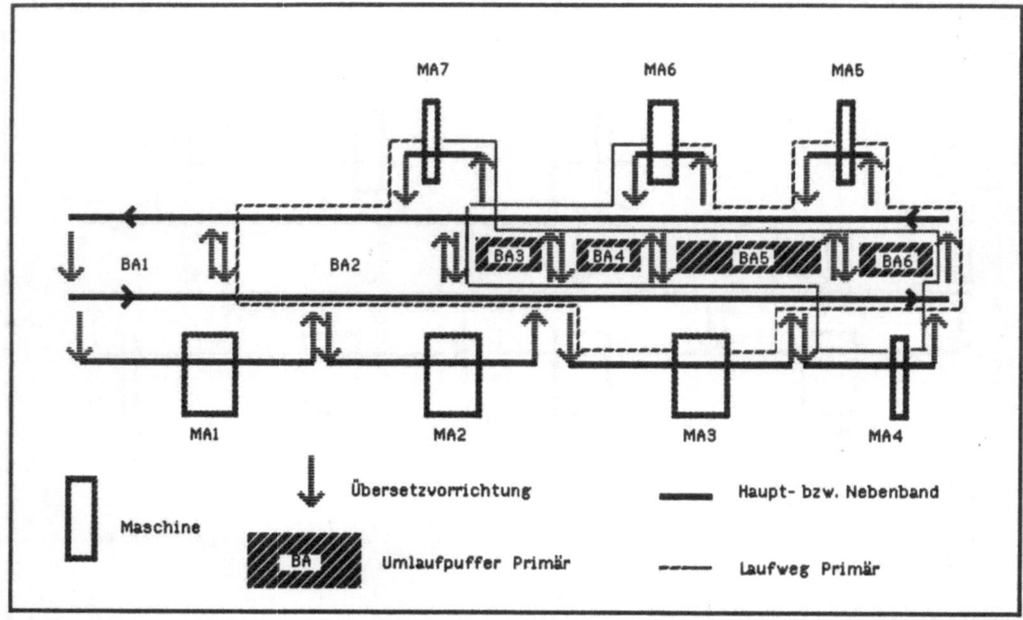

Figur 2: Laufweg und Pufferschleifen für Primärträger

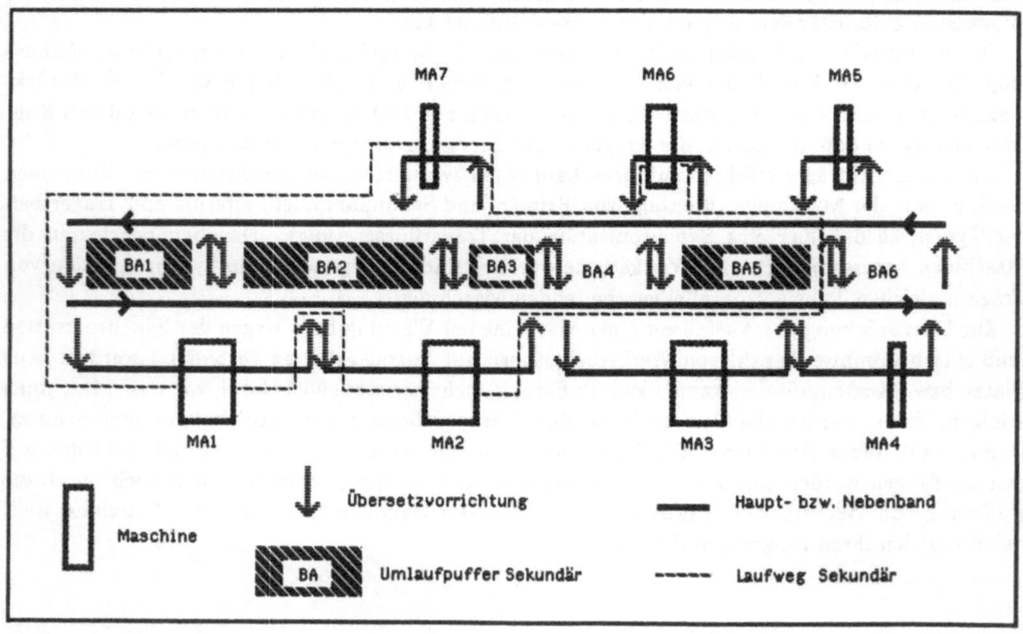

Figur 3: Laufweg und Pufferschleifen für Sekundärträger

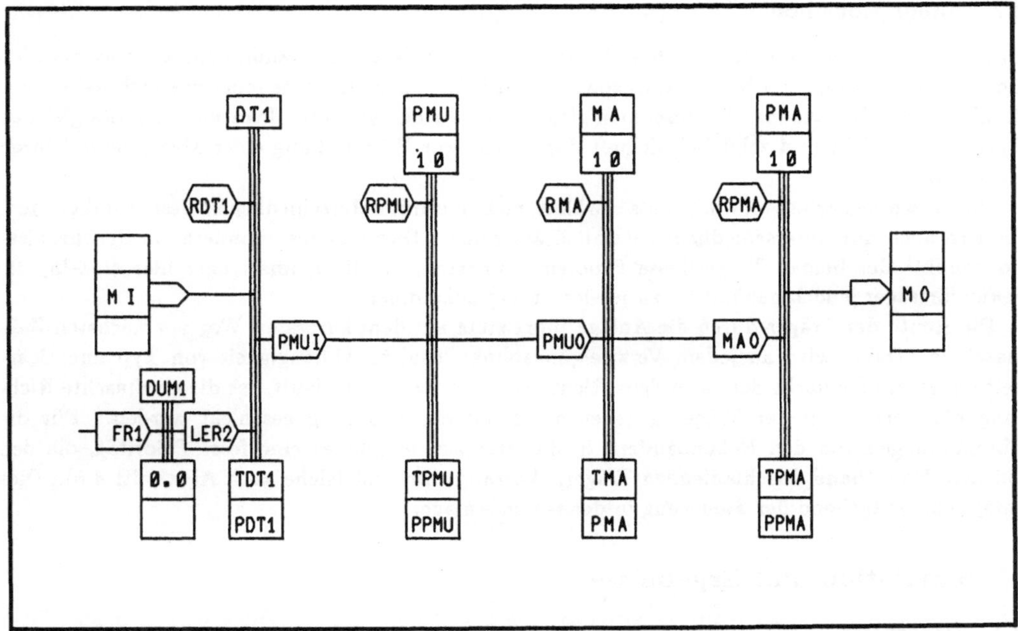

Figur 4: E-Netz zur Beschreibung von Maschine und Nebenbändern

2 Modell der Fertigungsanlage

2.1 Beschreibungssprache

Die zur Beschreibung des Modells benutzten E-Netze (*Evaluation-Nets*, [Nutt]) sind zeitbehaftete Petri-Netze, die speziell für die Leistungsbewertung per Simulation entwickelt wurden. Sie sind per definitionem *sicher* (1-bounded) und *konfliktfrei* (state-machines, d.h. unverzweigte Stellen). Nichtdeterminismus wird durch ausgezeichnete Transitionen eingeführt: Die spezielle Schaltregel dieser Transitionen erlaubt eine benutzerdefinierte Priorität bei der Auswahl einer von mehreren möglichen Eingangs- bzw. Ausgangsstellen, wobei hier auch Zufallsgeneratoren zugelassen werden.

Die Marken eines E-Netzes können Werte mit beliebig vielen Komponenten (*Attribute*) annehmen. Beim Schalten einer Transition verändern sich die Werte gemäß einer vom Benutzer festgelegten Prozedur. Das Schalten selbst benötigt eine bestimmte Zeit, die von den Attributen der Marken abhängig sein kann.

2.2 Simulationspaket

Das Simulationspaket **FORCASD** (**FOR**tran based **C**omputer **A**ided **S**ystem **D**esign tool, [Dahmen]) erlaubt es, Komponenten eines Systems graphisch in Form von E-Netzen zu beschreiben. Ein System wird dann auf einer höheren Abstraktionsstufe durch die Vernetzung seiner Komponenten definiert. Für die Modellbildung steht daneben eine Sammlung von Zufallszahlengeneratoren sowie ein umfangreiches Statistikpaket zur Auswertung der Simulationsläufe zur Verfügung.

Kern des Simulators bilden Routinen zur Ereignisverwaltung. Ein graphischer Debugger erlaubt es, die Ausführung der Simulation auf der E-Netz-Ebene zu verfolgen und zu Testzwecken interaktiv in die Simulation einzugreifen.

2.3 Simulationsmodell

Das Modell der Fertigungsanlage besteht aus je einem E-Netz pro Bandabschnitt (einschließlich Übersetzvorrichtung zum Nebenband) sowie einem E-Netz pro Maschine (einschließlich Nebenbändern). Da die E-Netze für die Maschinen gleich sind, wurden sie durch Inkarnationen des gleichen Typs erzeugt. **Figur 4** zeigt beispielhaft das E-Netz zur Beschreibung einer Maschine mit ihren Nebenbändern.

Die Maschinen arbeiten, wie bereits erwähnt, nicht nur mit unterschiedlichen Geschwindigkeiten, sondern auch mit unterschiedlichen Parallelitätsgraden. Dies läßt insbesondere am Synchronisationspunkt[1] der beiden Trägerflüsse Probleme erwarten, da die Primärträger hier einzeln, die Sekundärträger jedoch gebündelt (zu je vier Stück) ankommen.

Die Route der Träger durch die Anlage führt stets auf dem kürzesten Weg zur nächsten Zielmaschine. Dabei wird an jedem Verzweigungspunkt lokal in Abhängigkeit von Typ und Bearbeitungszustand entschieden, in welche Richtung der Träger weiterläuft. Ist die gewünschte Richtung blockiert, kann der Träger gegebenenfalls auf einen Umweg geschickt werden. Für die Einmündungen von den Nebenbändern in das Hauptband gibt es eine feste Priorität, die den auf dem Hauptband durchlaufenden Trägern Vorrang einräumt (siehe auch Abschnitt 4.5). Dies entspricht weitgehend der Steuerung in der realen Anlage.

3 Simulation und Ergebnisse

3.1 Parameter

Im Vorfeld der Simulationen wurden aufgrund einer Problemanalyse mögliche Störungsquellen für den Transport identifiziert und es wurden Ansätze zu deren Behebung entwickelt. Diese sollen nun in der Simulation überprüft werden. In den Simulationsreihen wurde dabei als wichtigste Größe die Produktion der Anlage über ein festes Zeitintervall gemessen. Dabei wird in den einzelnen Läufen die Anzahl der eingesetzten Werkstückträger (bei festem Verhältnis von Primär- zu Sekundärträgern) variiert. Eine relevante Größe des Ergebnisses ist dann die *minimale Trägerzahl*, bei der die höchstmögliche Produktion erreicht wird. Daneben ist aber auch das Verhalten der Anlage bei einer größeren Anzahl von Trägern durchaus interessant, da es durch Störungen zu lokalen zeitlichen Schwankungen der Trägeranzahl kommt. Bei diesen Schwankungen sollte kein Werkstückmangel entstehen, es kann somit unter Umständen sinnnvoll sein, mehr als nur die minimale Anzahl von Trägern einzusetzen.

3.2 Berechnung der erreichbaren Produktion

Zur Überprüfung des Simulationsmodells wie auch für die Interpretation der Simulationsergebnisse ist es zweckmäßig, die zu erwartenden Ergebnisse in einem vereinfachten Fall zu berechnen. Wir führten daher zunächst eine best-case-Abschätzung der maximal erreichbaren Produktion durch, die im folgenden kurz beschrieben wird.

Die unterschiedlichen Maschinengeschwindigkeiten führen dazu, daß die Maschinen kurzfristig sehr unterschiedliche Produktionsraten erreichen können. **Figur 5** zeigt die Produktion der Maschinen über der Zeit, als Vergleich wurde zudem der Engpaß des Transportes[2] eingezeichnet. Da die Anlage ein geschlossenes System darstellt, wird langfristig die Produktion durch die langsamste Maschine bestimmt. Wir haben daher für unsere Berechnung die Maschinen als von vornherein gedrosselt angenommen, d.h. alle Maschinen produzieren im Mittel gleich schnell, entsprechend der Geschwindigkeit der langsamsten Maschine. Kurzfristige Differenzen

[1] Synchronisationspunkt ist der Ausgang von Bandabschnitt BA5 zur Primär- / Sekundär- Montagemaschine MA6.

[2] Engpaß des Transportes sind die Übersetzvorrichtungen mit dem Durchsatz BUe.

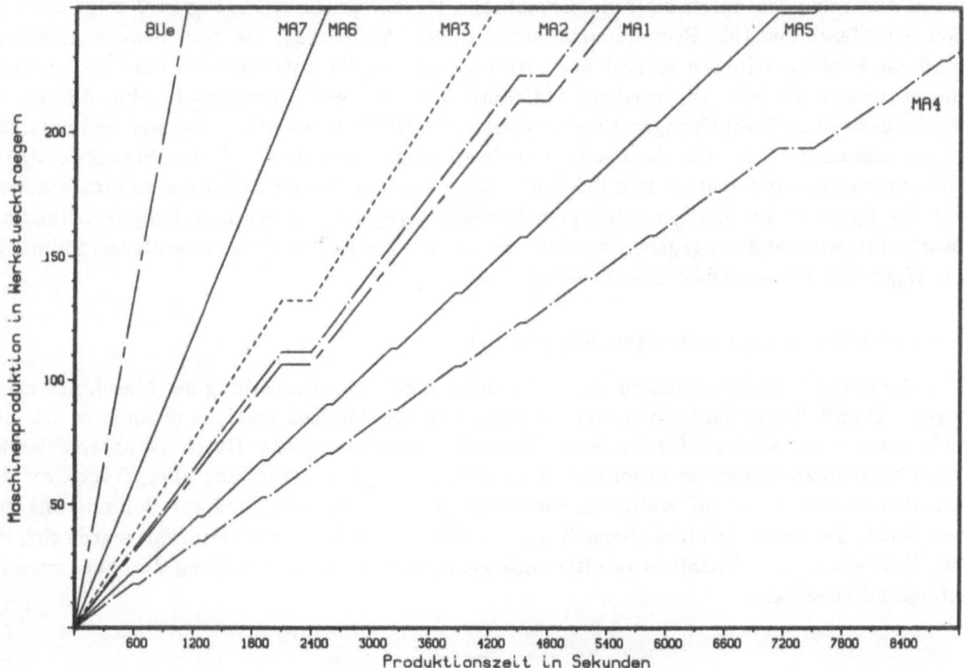

Figur 5: Kurzfristig erreichbare Spitzenproduktion der Maschinen

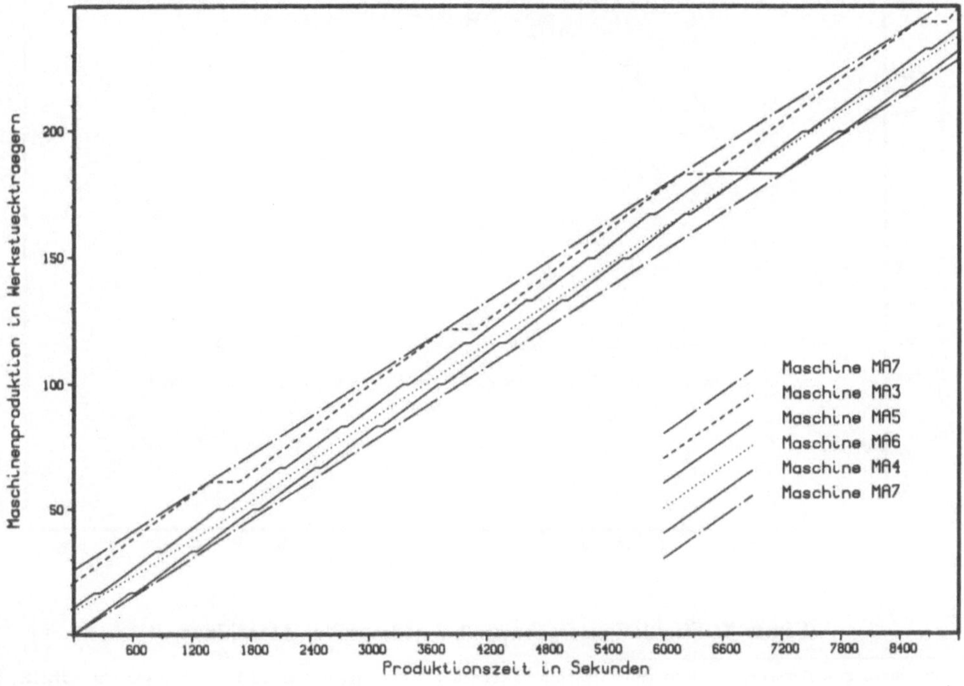

Figur 6: Produktion der gedrosselten Maschinen für Primärspulen

entstehen nun nur noch durch die unterschiedlichen Wartungsintervalle. **Figur 6** zeigt die Produktion der Maschinen (für Primärspulen) unter diesen Annahmen. Je zwei benachbarte Kurven sind als *Produzent* (obere Kurve) bzw. *Konsument* von Werkstücken eines Bearbeitungszustandes zu interpretieren[3]. Die vertikale Differenz zwischen zwei Kurven gibt daher die Anzahl der Werkstücke eines Bearbeitungszustandes wieder, die Differenz zwischen oberster und unterster Kurve die Gesamtzahl der für die Produktion benötigten Werkstücke. Unter Berücksichtigung von Transportzeiten und Wartezeiten bei den Synchronisationen kann damit die minimale Anzahl der für eine optimale Produktion benötigten Werkstückträger sowie deren Anfangsverteilung auf die Bearbeitungszustände angegeben werden: Es werden bei gedrosselten Maschinen minimal 38 Primärträger und 29 Sekundärträger benötigt.

3.3 Simulation mit gedrosselten Maschinen

In einer Reihe von Simulationsläufen wurde die oben angeführte Drosselung der Maschinen nachvollzogen. Damit findet zum einen eine Überprüfung des Modells statt, zum anderen ist eine solche Drosselung jedoch auch für die reale Anlage durchaus interessant: Durch die unterschiedlich schnellen Maschinen kommt es ansonsten langfristig zu einer Ansammlung aller Träger vor der langsamsten Maschine. Dabei stellt sich die Frage, ob diese Ansammlung zur Behinderung von Trägern führt, die den überfüllten Bereich nur durchlaufen wollen. In diesem Fall würde sich die aus der Drosselung der Maschinen resultierende gleichmäßige Trägerverteilung durchaus produktionssteigernd auswirken.

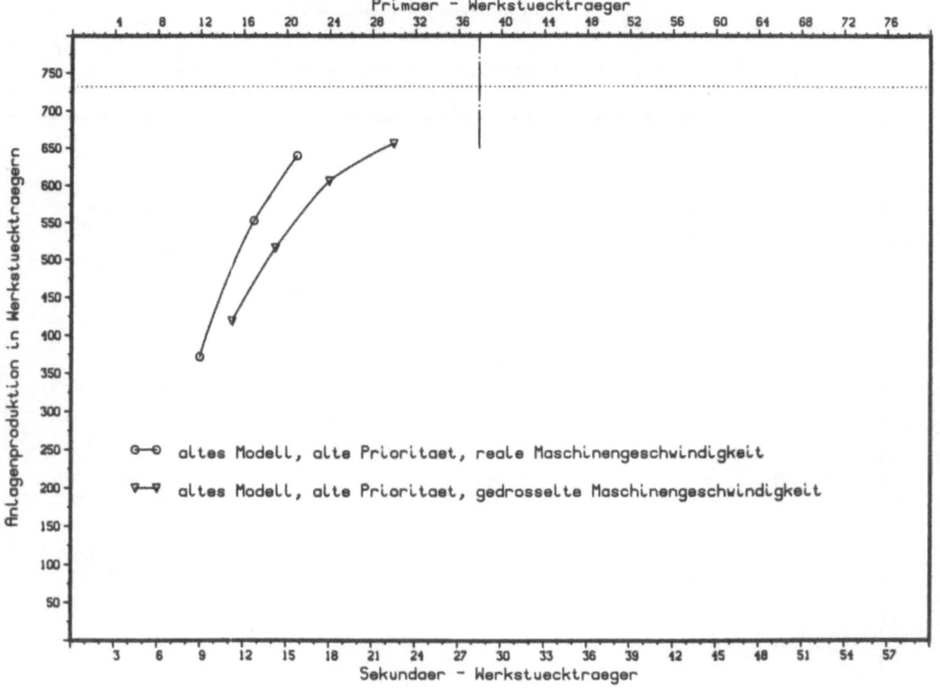

Figur 7: Simulationsergebnisse bei gedrosselten Maschinen

[3]Da in einem geschlossenen System jede Maschine zugleich als Produzent wie auch als Konsument auftritt, ist Maschine MA7 doppelt eingezeichnet: Oben als Produzent, unten als Konsument.

Figur 7 zeigt die Ergebnisse dieser Simulationen als Produktion in Abhängigkeit von der eingesetzten Trägerzahl. Bei niedrigen Trägerzahlen entsprechen die Simulationsergebnisse unseren Rechnungen, insbesondere die erwartete gleichmäßige Verteilung der Werkstückträger trat ein. Die maximale Produktion kann in den Simulationsläufen nicht erreicht werden, da diese den Einsatz von 67 Werkstücken erfordert, es in der Simulation jedoch aufgrund von Ursachen, die in der Rechnung nicht enthalten sind, bereits bei 58 eingesetzten Trägern zum Stau und schließlich zum Stillstand der Anlage kommt (Abbrechen der Kurve in Figur 7). Dieser Stau entsteht am Synchronisationspunkt der beiden Trägerflüsse durch Ansammlung der Sekundärträger in Bandabschnitt BA5. Hier zeigt sich deutlich der Nachteil einer starren Steuerung der Anlage durch Drosselung der Maschinengeschwindigkeit: Bei diesem konservativen Ansatz besteht das Bestreben, jede eingenommene Verteilung zu erhalten, auch wenn diese eine durch Störungen entstandene "Schieflage" darstellt. Eine adaptive Steuerung, d.h. *Regelung*, könnte hier vorteilhafter sein, sie ist jedoch in der gegebenen Anlage (wenn überhaupt) nur mit großem Aufwand zu realisieren.

Zum Vergleich wurde eine weitere Simulationsreihe durchgeführt, bei der die Maschinen mit realer Geschwindigkeit arbeiten. Obwohl sich die erwartete ungleiche Werkstückverteilung einstellte, kam es dennoch zu einer Produktion, die um etwa 20% höher liegt als die Produktion der gedrosselten Maschinen bei gleicher Werkstückzahl! Auch hier tritt jedoch frühzeitig ein Stillstand der Anlage ein, so daß die absolut erreichte Produktion deutlich unter dem errechneten Maximum liegt.

3.4 Einführung lokaler Puffer vor dem Synchronisationspunkt

In den ersten Simulationsreihen erwiesen sich die erwarteten Probleme bei der Synchronisation der beiden Trägerflüsse als wesentliche Störung des Transports. Diese Probleme resultieren indirekt aus dem unterschiedlichen Parallelitätsgrad der der Synchronisation vorangehenden Maschinen: Die Primärträger werden einzeln mit großen Zeitabständen produziert, die Sekundärträger jedoch gebündelt zu je vier Stück. Dadurch kann sich nur je ein Sekundärträger mit einem Primärträger synchronisieren und zur Maschine übersetzen, die erst später benötigten, verbleibenden drei Sekundärträger müssen eine zusätzliche Umrundung von Bandabschnitt BA5 ableisten, bevor sich der nächste synchronisieren kann und so fort. Dieser Effekt eines zusätzlich induzierten Verkehrs kann durch eine getrennte lokale Pufferung vor dem Synchronisationspunkt vermieden werden. Daher änderten wir die Topologie des Modells leicht ab und führten zwei nach Trägertyp getrennte Ausgänge mit entsprechenden Nebenbändern als lokale Puffer vor der Montagemaschine für Primär- und Sekundärträger ein. Die Synchronisation beider Trägertypen findet nun erst an der Zusammenführung der beiden Nebenbänder statt (**Figur 8**). Daneben wurden bei dieser Modelländerung benachbarte Maschinen, die in einem direkten Produzenten- / Konsumenten-Verhältnis stehen, mit durchgehenden Nebenbändern verbunden, um so den Verkehr auf dem Hauptband weiter zu reduzieren.

Die Simulationsergebnisse bei geänderter Toplogie zeigen nur im Falle der gedrosselten Maschinen geringe Verbesserungen: Hier kann eine größere Zahl von Trägern eingesetzt werden, bevor es zum Stau kommt, wodurch sich die absolute Produktion dem Maximalwert annähert. Bei realer Maschinengeschwindigkeit ergibt sich keine Verbesserung, da offensichtlich der entscheidende Engpaß nicht in der Synchronisation, sondern in der Überfüllung des Bandabschnittes vor der Synchronisation liegt.

3.5 Änderung der Prioritäten

In den vorstehenden Simulationsreihen ist es nicht gelungen, Trägeransammlungen zu vermeiden, die den Transport der Anlage blockieren. Daher liegt es nahe den Versuch zu unternehmen, zumindest die negativen Folgen solcher Ansammlungen einzugrenzen. Dies wird im folgenden beschrieben.

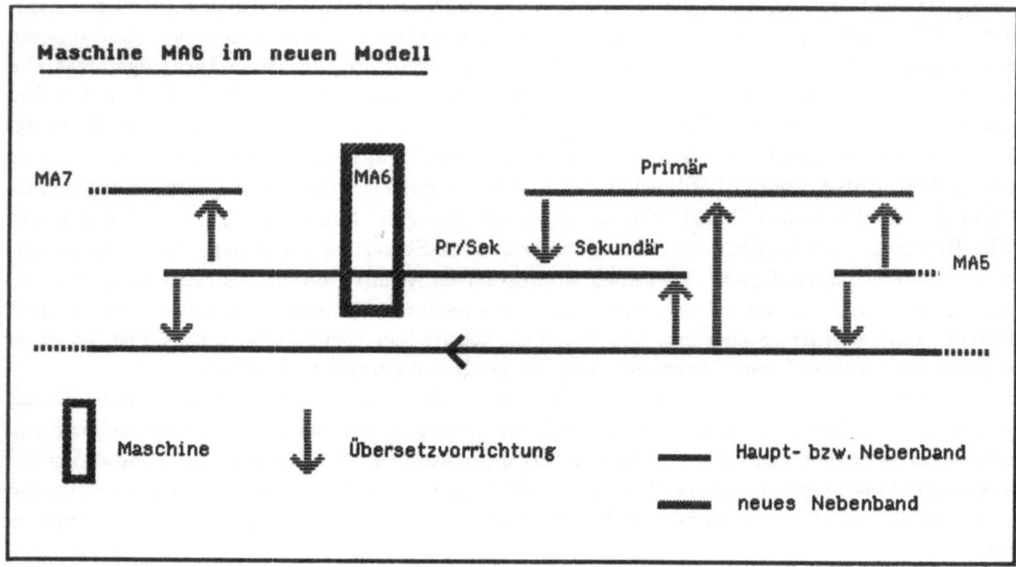

Figur 8: Geänderte Topologie am Ausgang zu MA6 (Primär- / Sekundär- Montage)

Trägeransammlungen entstehen durch die Pufferung von Trägern auf dem Hauptband. Die gepufferten Träger zirkulieren dabei in einem Bandabschnitt und behindern so zum einen Werkstücke, die von einer angeschlossenen Maschine in diesen Bandabschnitt einlaufen sollen, zum anderen solche Träger, die diesen Bandabschnitt nur auf dem Hauptband passieren sollen (**Figur 9**).

Die Steuerung an der Einmündung von der Maschine in das Hauptband räumt einer der beiden Richtungen Priorität ein. Da das Übersetzen von der Maschine auf das Hauptband etwa dreimal so lange dauert wie das reine Durchlaufen, haben die Träger auf dem Hauptband Priorität vor den übersetzenden Trägern. Dies hat zugleich den Effekt, daß bei einem auftretenden Stau zunächst die in diesen Engpaß produzierenden Maschinen durch Rückstau gedrosselt werden, um so eine völlige Überlastung des Bandabschnittes zu verhindern.

In den bisherigen Simulationsläufen zeigte es sich, daß die Blockade des Transportes stets an diesen Einmündungen auftrat: Stauungen auf dem Hauptband, die sich nicht abbauen, blockieren den Ausgang von einer Maschine zum Hauptband und bringen so die gesamte Anlage zum Stillstand. Daher änderten wir versuchsweise die Priorität an den Einmündungen, so daß die Träger von der Maschine Vorrang bekommen und nicht mehr blockiert werden können.

Die Simulationsergebnisse bei geänderter Priorität zeigen eine drastische Verbesserung der Produktion (**Figur 10**). Bei realer Maschinengeschwindigkeit wurde bei etwa 50 eingesetzten Trägern die maximale Produktion erreicht (bei den Läufen mit alter Priorität konnte diese nie erreicht werden). Die Produktion blieb auch bei einer größeren Anzahl eingesetzter Träger konstant, was aufgrund der bei Störungen möglichen lokalen Schwankungen von Interesse ist. Ein signifikanter Unterschied zwischen neuem und altem Modell (Einführung der lokalen Puffer vor der Synchronisation) kann dabei nicht ausgemacht werden. Ein Vergleich mit Simulationsläufen, bei denen die Maschinen mit gedrosselter Geschwindigkeit arbeiten, zeigt in etwa gleiche Ergebnisse, wobei im alten Modell bei gedrosselten Maschinen die Produktion bei hohen Trägerzahlen schwankend verläuft.

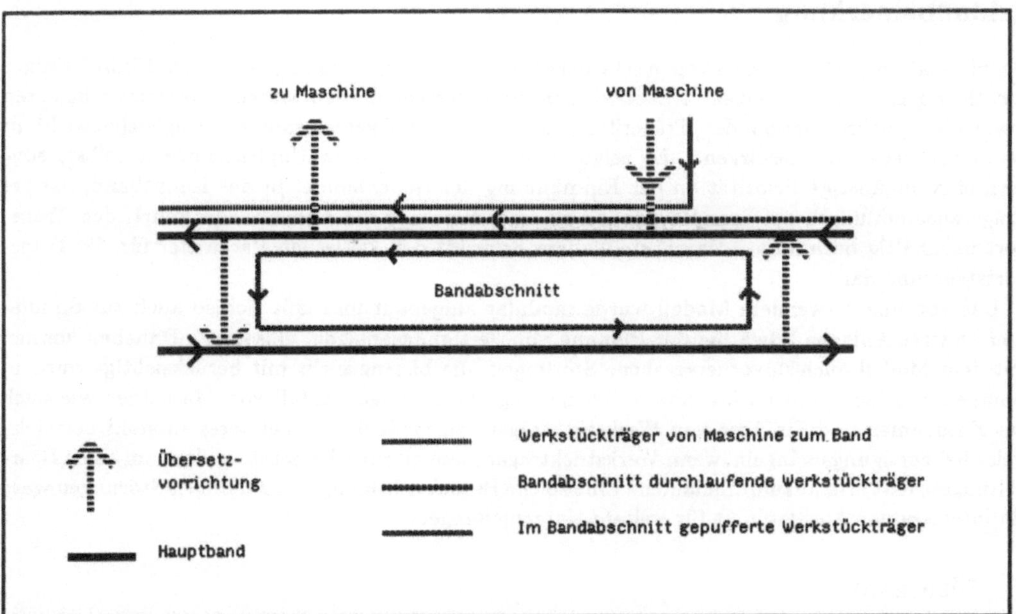

Figur 9: Gepufferte bzw. durchlaufende Träger in einem Bandabschnitt

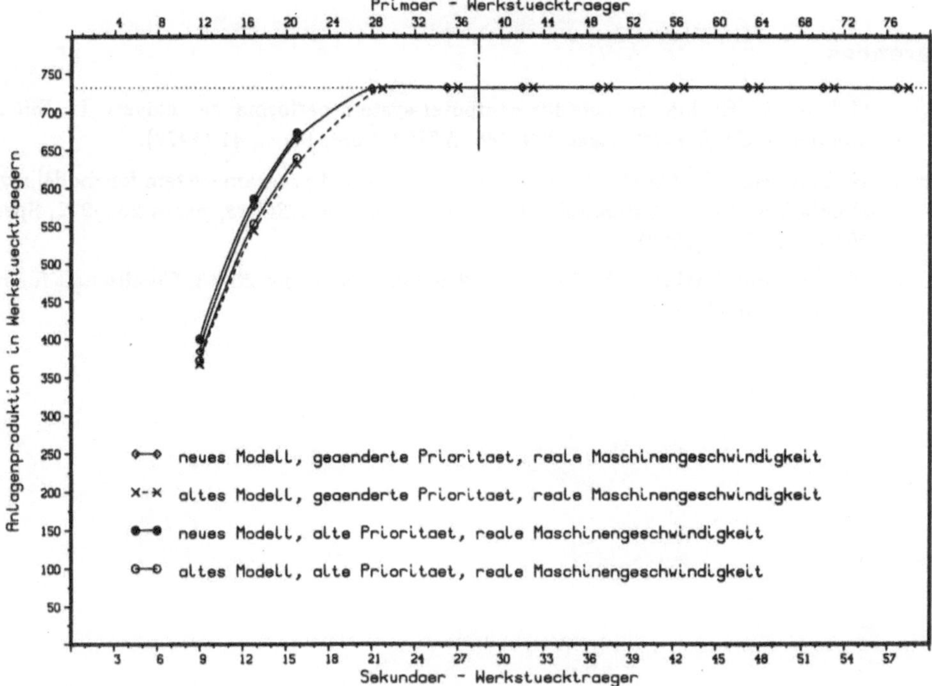

Figur 10: Simulationsergebnisse bei geänderter Priorität an den Einmündungen

Schlußbemerkung

Die Simulation des Transports von Werkstücken in einer Fertigungsanlage sollte den Einfluß einiger wichtiger Parameter aufzeigen. Dabei wurden die unterschiedlichen Maschinengeschwindigkeiten sowie die Synchronisation der Trägerflüsse untersucht, die gemeinsam ein Ungleichgewicht in der Trägerverteilung bewirken. Es zeigte sich, daß nicht dieses Ungleichgewicht selbst, sondern eine ungünstige Priorität an der Einmündung der Nebenbänder in das Hauptband, die bei Trägeransammlungen auf dem Hauptband zu einer Blockade der Nebenbänder führt, den Transport nachhaltig beeinflusst. Damit stellt diese Priorität den kritischen Parameter für die Transportsteuerung dar.

Das von uns verwendete Modell wurde modular aufgebaut und läßt sich so auch zur Simulation anderer Anlagen, etwa bei der Planung von Fertigungsanlagen, einsetzen. Daneben können mit dem Modell auch unvorhergesehene Störungen, die bislang nicht mit berücksichtigt wurden, simuliert werden. Dabei wäre sowohl der zufällige kurzfristige Ausfall von Maschinen wie auch das Entnehmen und Einfügen von Werkstückträgern zu modellieren. Letzteres entsteht beispielsweise bei Fertigungsmängeln, wenn Werkstückträger manuell zurückgesetzt werden, um einen Bearbeitungsschritt erneut zu durchlaufen. Eine solche Berücksichtigung von zufälligen Störungen wäre ein interessanter Ansatzpunkt für weitere Untersuchungen.

4 Literatur

Die angegebenen Artikel geben eine Einfürung in die Modellierungssprache sowie das Simulationswerkzeug. Veröffentlichungen zum Einsatz von Petri-Netzen im Bereich der Fertigungssteuerungen werden in [PNN 28] angegeben.

References

[Nutt] G.J. Nutt. Evaluation nets for computer-system performance analysis In *Fall Joint Computer Conf. 1972*, pages 279–286, AFIPS Conf. Proc., 41 (1972).

[Dahmen] N. Dahmen. FORCASD–An evaluation net oriented program system for modelling and simulation. In *First European Simulation Congress ESC 83*, pages 267–272, Springer Verlag, IFB 71 (1983).

[PNN 28] "Recent Publications". In *Petri Net Newsletter 28*, pages 26–43, Gesellschaft für Informatik, (Dezember 1987).

Vergleich der graphischen Modellbildungs- und Simulationswerkzeuge NET und SLAM II

Sabine Kämper
Universität Hamburg

Einleitung
Die Anwender von Simulationssprachen sind meist keine Informatiker, für sie stellen Simulationswerkzeuge ein neu zu erlernendes Instrument dar. Graphische Modellbildung gewinnt deshalb im Rahmen der Simulation als anschauliches Beschreibungsmittel immer mehr an Bedeutung.
Graphische Beschreibungssprachen sollten einerseits möglichst einfach sein, andererseits sollten Modelle möglichst vollständig spezifiziert werden können, so daß kein zusätzliches Simulationsprogramm erstellt werden muß, sondern die Simulation aufgrund des graphisch erstellten Modells durchgeführt werden kann.
Der Schwerpunkt des Sprachvergleichs liegt deshalb auf den Möglichkeiten, die die Sprachen für die graphische Modellbildung zur Verfügung stellen.
In Kapitel 1 werde ich die Phasen des Modellbildungsprozesses beschreiben und aufzeigen, wieweit eine graphische Sprache den Entwicklungsprozeß unterstützen sollte. Es werden Kriterien für die Beurteilung solcher graphischen Modellbildungssprachen entwickelt. Kapitel 2 beinhaltet eine Kurzvorstellung von SLAM II. Die Sprache ermöglicht die graphische Modellbildung für den prozeßorientierten Ansatz.Obwohl SLAM II keine Rechnerunterstützung in der Graphikerstellung vorsieht , entsprechend natürlich auch keine automatische Umsetzung in ein Simulationsprogramm ermöglicht, ist sie von Interesse, da eine 1:1 Beziehung zwischen SLAM II Graphik - Symbolen und SLAM II Konstrukten existiert. Eine Umsetzung in ein SLAM II Programm würde keine neue konzeptionelle Anforderung beinhalten (in TESS bereits realisiert). Anschließend wird beispielhaft die Modellierung eines Flugplatz-Reservierungs-Modells in SLAM II vorgestellt.
Das auf Prädikat/Transitions-Netzen basierende Simulationstool NET ist Thema des 3. Kapitels. Zu Vergleichszwecken wurde auch hier das Flugplatz-Reservierungs-Modell implementiert.
Im abschließenden 4. Kapitel wird eine Gegenüberstellung beider Sprachen anhand der aufgestellten Kriterien vorgenommen.

1)Kriterien zur Beurteilung von Simulationswerkzeugen
Zur Bestimmung dessen, was unter einem "Modellbildungs- und Simulationswerkzeug" zu verstehen ist, werden die Phasen eines Modellbildungsprozesses aufgezeigt:

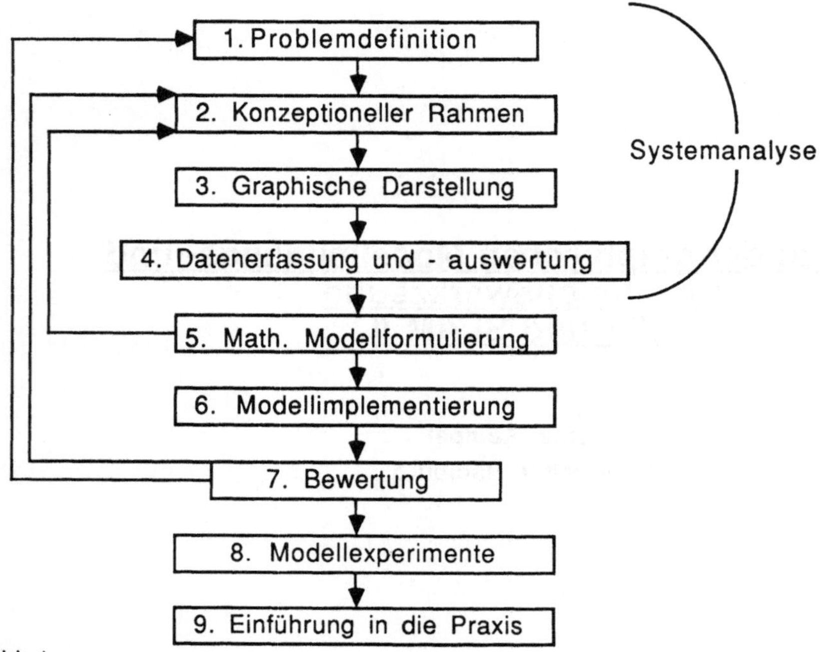

Abb.1

In Schritt 3 wird ein Beschreibungsmittel für die graphische Darstellung des konzeptionellen Rahmens gesucht. Daneben gibt es Darstellungsmöglichkeiten für die mathematische Modellformulierung und verschiedene Sprachen, höherere Programmiersprachen oder Simulationssprachen für die Modellimplementierung. In der Regel wird in einem solchen Modellbildungsprozeß mit 3 unterschiedlichen Darstellungsmedien gearbeitet. Im Unterschied zu einer Simulationssprache, die üblicherweise in Schritt 6 (Abb.1) eingesetzt wird, verstehen wir unter einem "Modellbildungs- und Simulationswerkzeug" ein Hilfsmittel, welches den Modellentwickler in den genannten Phasen mit einem einheitlichen oder zumindest kohärenten Beschreibungsmittel unterstützt.
Zur Vereinfachung wird abkürzend der Begriff "Simulationswerkzeug" verwendet.

Im folgenden werden Kriterien zur Beurteilung solcher Simulationswerkzeuge aufgeführt:
- die **Transparenz** erstellter Modelle muß gewährleistet sein, so daß Benutzer mit unterschiedlichen Voraussetzungen das Modell nachvollziehen und verstehen können. Dies ist wichtig für die Überprüfung erstellter Modelle auf ihre Gültigkeit , die so von verschiedenen Personengruppen vorgenommen werden kann
- eine **anwendungsspezifische Notation** sollte bei der Modellbildung verwendet werden können, dies erhöht besonders bei Nicht- Informatikern die Verständlichkeit
- die **konzeptuelle Distanz** zwischen dem Konzept der Modellbildung, welches dem verwendeten Simulationswerkzeug zugrunde liegt und dem gedanklichen Modell des Anwenders sollte möglichst gering sein, so daß Objekte der realen Welt leichter wiederzuerkennen sind

- leichte **Erlernbarkeit** und **Handhabbarkeit** von Simulationsprachen und geringer technischer Erstellungsaufwand von Simulationsmodellen (also z.B. leichte Änderbarkeit von Modellen)
- die individuelle Vorgehensweise bei der Modellentwicklung sollte durch **Verfeinerungs - und Vergröberungsmechanismen** unterstützt werden
- die Möglichkeit der **Abstraktion** und **Präzisierung** bei der Modellbildung sollte vorhanden sein. Dazu wäre ein einheitliches oder zumindest kohärentes Beschreibungsmittel erforderlich. In der Ebene der Präzisierung sollten dynamische Aspekte des Modells - also Daten, die für die Durchführung der Simulation notwendig sind - beschrieben werden. Dies erspart, daß zusätzlich ein Simulationsmodell erstellt werden muß, was für den Benutzer einen größeren Lern - und Einarbeitungsaufwand bedeuten würde.

2)SLAM II

SLAM II wurde von A.Pritsker entwickelt.Die Sprache basiert auf FORTRAN und ermöglicht die Modellierung verschiedener Weltbilder: des prozeßorientierten, ereignisorientierten und kontinuierlichen Ansatzes, sowie die Kombination dieser Ansätze. Mit SLAM II wurden die Konzepte 2er ebenfalls von Pritsker entwickelten Simulationssprachen kombiniert:
- alle Möglichkeiten,die GASP IV für die Modellierung diskreter, kontinuierlicher und gemischt diskret - kontinuierlicher Systeme bereitstellt, wurden in SLAM II übernommen
- durch die Integration der Strukturen von QGERT, das zur Simulation von Vorgängen in Transportnetzen dient, wird die prozeßorientierte Simulation ermöglicht.Es wurden Schnittstellen geschaffen, die den Einbau ereignisorientierter Elemente in das Prozeßkonzept erlauben.

Im prozeßorientierten Ansatz bietet SLAM II die Möglichkeit, Modelle graphisch mithilfe eines Netzwerkes zu erstellen.
Das Netzwerkmodell läßt sich 1:1 in ein SLAM II Programm umsetzen. SLAM - Konstrukte sind eine Zusammenfassung von FORTRAN Anweisungen für den prozeßorientierten Ansatz. Für die Realisierung der anderen Ansätze müssen FORTRAN Routinen geschrieben werden.

Graphische Modellbildung

Das zu modellierende System wird dargestellt als ein Netzwerk von Kanten (branches) und Knoten(nodes), das von Entities durchlaufen wird. Entities können ein Objekt, eine Person, eine Informationseinheit oder Kombination sein, die das System definieren und den Zustand des Systems beeinflußen können.Sie besitzen Attribute, die ihren jeweiligen Zustand beschreiben.
Über die Kanten können die Wege der Entities durch Verteilfunktionen oder Bedingungen bestimmt werden.
Sie stellen die Aktivitäten ("activities") des Systems dar. Die Entities bleiben dort für bestimmte Zeit, werden bearbeitet, bedient o.ä.. Ihre Attributwerte können durch Aktivitäten verändert werden (Aktivitäten stellen z.B. Bedienstationen dar).
In den Knoten können Entities kreiert, zerstört oder aufbewahrt werden.Es stehen ca 18 verschiedene Knoten zur Verfügung, jeder wird durch ein spezielles graphisches Symbol repräsentiert (ähnlich GPSS). Die Knoten eines Typs können durch Parameter weiter spezifiziert werden und so speziellere Funktionen an den Entities ausführen.
Mit dem Netzwerk wird die statische Struktur eines Modells beschrieben, die Dynamik des Systems ergibt sich durch die Bewegung der Entities durch das System und aus den Verzögerungen, die die Entities auf ihrem Weg durch das System erfahren.

Ausführung eines SLAM II Programms

Ereignisse, d.h. Änderungen des Systemzustandes, können nur dann erfolgen, wenn Entities auf Knoten treffen. Der SLAM Prozessor verwaltet diese Ereignisse in einem Ereigniskalender. Zu jeder Ereignis - Notiz gehören der Modellzeitpunkt des Stattfindens und die Nummer des Knotens, an dem das Entity ankommt. Zu jedem Knotentyp existiert eine FORTRAN Prozedur. Sie führt, abhängig vom jeweiligen Modellzustand, die

Zustandsänderungen aus, welche mit der Ankunft der Entities an dem Knoten verbunden sind und stößt Folgeereignisse an.
Protokolle und Statistiken werden am Ende jedes Simulationslaufs automatisch ausgedruckt. Sie werden mithilfe spezieller Knoten ("COLLECT"- Knoten im Netzteil) erstellt. Mit ihnen werden Ankunftszeiten und Werte von (vom Benutzer zu spezifizierenden) Modellvariablen aufgezeichnet.Am Ende des Simulationslaufs werden diese Daten für die Berechnung von Mittelwerten, Standardabweichungen, Maxima sowie Minima verwandt und als Bestandteil des SLAM Summery Reports ausgegeben.

Modellierung eines Flugplatz-Reservierungs-Systems in SLAM II

Modellbeschreibung

Es soll ein Flugplatz-Reservierungs-System modelliert werden, in dem Buchungen nur telephonisch erfolgen. Es stehen 15 Telephonleitungen zur Verfügung, die von 4 Bedienkräften bedient werden.
Kunden werden sofort bedient, wenn eine Bedienkraft frei ist, sonst warten sie höchstens 8 Minuten und legen dann auf, oder sie erhalten gar keine freie Leitung.
Die Zwischenankunftszeiten der Kunden und die Bedienzeiten sind negativ exponential verteilt. Kunden können einen einfachen oder einen Rundflug buchen. Die Wahrscheinlichkeit eines Einfachflugs beträgt 0.25. Im Falle eines Rundflugs verdoppelt sich die Bedienzeit.

SLAM Netzwerk für das Flug-Reservierungsmodell

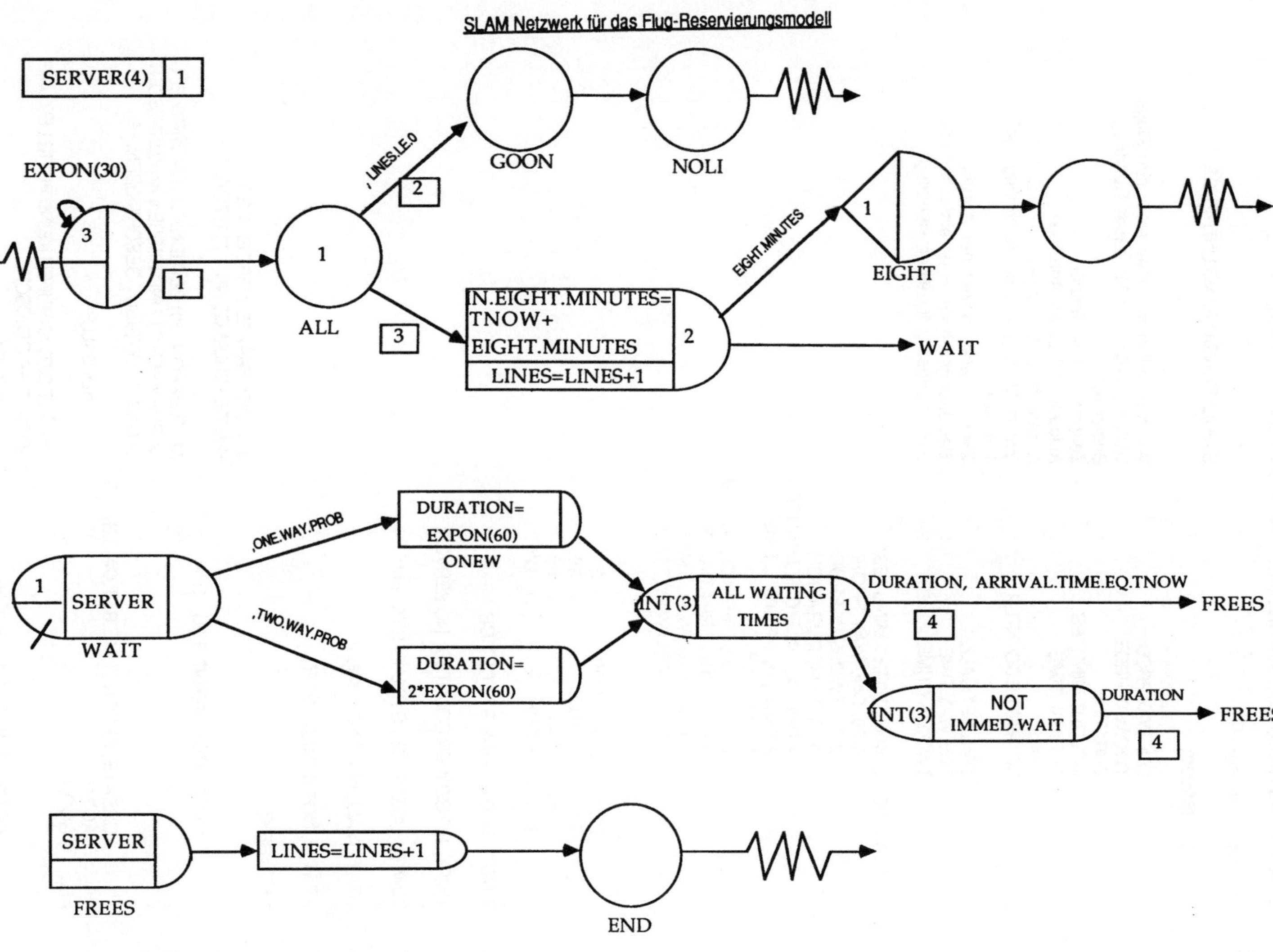

```
GEN, ASTRID RITSCHER, AIRLINE RESERVATION MODEL, 22/6/88,,, N;
;
LIMITS, 1, 3, 50;
;                                                    SIMULATIONSANFANG UND -ENDE;
INIT, 0, 360000;
;
;            ONE.WAY.PROB          :    Wahrscheinlichkeit eines einfachen Flugs
;            TWO.WAY.PROB          :    Wahrscheinlichkeit für einen Rundflug
;            DURATION              :    Bedienzeit
;            IN.EIGHT.MINUTES      :    Zeitpunkt in 8 Minuten
;            ARRIVAL.TIME          :    Ankunftszeit eines Anrufers
;            LINES                 :    Anzahl freier Leitungen
;            NO.SERVER.COUNTER     :    Zähler für Anrufe ohne Bedienung nach 8
;                                       Minuten
;            TIME.BET.CALL         :    Zwischenankunftszeit der Anrufer
;            ONE.WAY.TIME          :    Bedienungszeit für einen einfachen Flug
;            TWO.WAY.TIME          :    Bedienungszeit für einen Rundflug
;
EQUIVALENCE / 480, EIGHT.MINUTES/
              0.25, ONE.WAY.PROB/
              0.75, TWO.WAY.PROB/
              ATRIB (1), DURATION/
              ATRIB (2), IN.EIGHT.MINUTES/
              ATRIB (3), ARRIVAL.TIME/
              XX (1), LINES/
              XX (2), NO.SERVER.COUNTER/
              XX (3), TIME.BET.CALLS/
              XX (4), ONE.WAY.TIME/
              XX (5), TWO.WAY.TIME/
;
INTLC, LINES                  = 15,
       NO.SERVER.COUNTER      = 0,
       TIME.BET.CALLS         = 30,
       ONE.WAY.TIME           = 60,
       TWO.WAY.TIME           = 120;
;
TIMST, LINES, LINE STATISTICS;
;
TIMST, NO.SERVER.COUNTER, NO SERVER;
;
TIMST, USERF (1) , STILL IN SYSTEM;
;
STAT, 1, ALL WAITING TIMES;
;
STAT, 2, NOT IMMED. WAIT;
;
NETWORK;
;                                               4 BEDIENFRÄFTE WERDEN DER
;                                               WARTESCHLANGE NR. 1 ZUGEORDNET.
       RESOURCE, SERVER (4), 1;
;                                               ALLE EXPON (30) ZEITEINHEITEN WIRD EIN
;                                               ANRUF KREIERT UND DESSEN ANKUNFTSZEIT
;                                               IN DAS 3. ATTRIBUT GESCHRIEBEN.
       CREATE, EXPON (TIME.BET.CALLS) , , 3;
       ACT/1;                                        ALL CALLS
ALL    GOON, 1;
;                                               ERHÄLT DER ANRUFER KEINE FREIE LEITUNG,
;                                               SO WIRD ER GELÖSCHT.
       ACT/2, , LINES.LE.0, GOON;                    NO LINE
       ACT/3;                                        CALLS WITH LINE
;                                               IN DAS 2. ATTRIBUT WIRD DER ZEITPUNKT
;                                               EINGETRAGEN, BIS ZU DEM DER ANRUFER
```

```
;                                                    HÖCHSTENS WARTET.
;                                                    DIE ANZAHL DER FREIEN LEITUNGEN WIRD
;                                                    UM 1 ERNIEDRIGT.
        ASSIGN, IN.EIGHT.MINUTES = TNOW + EIGHT.MINUTES,
                LINES = LINES - 1, 2;
;                                                    IN 8 MINUTEN WIRD GEPRÜFT, OB DER KUNDE
;                                                    NOCH IMMER WARTET.
        ACT, EIGHT.MINUTES, , EIGHT;
        ACT;
;                                                    IN DER WARTESCHLANGE WARTET DER
;                                                    ANRUFER AUF EINE FREIE BEDIENKRAFT.
WAIT    AWAIT (1), SERVER, , 2;
;                                                    BESTIMMUNG DER BEDIENZEIT
        ACT , , ONE.WAY.PROB, ONEW;
        ACT, , TWO.WAY.PROB;
        ASSIGN, DURATION = EXPON (TWO.WAY.TIME);
        ACT, , , STAT;
ONEW    ASSIGN, DURATION = EXPON (ONE.WAY.TIME);
;                                                    DIE WARTEZEITEN WERDEN FÜR DIE
;                                                    STATISTIK GESAMMELT
;                                                    (DIE WARTEZEITEN DER ANRUFER, DIE NACH 8
;                                                    MINUTEN AUFLEGEN, WERDEN IN EVENT(1)
;                                                    GESAMMELT).
STAT    COLCT (1), INT (3), ALL WAITING TIMES, , 1;
;                                                    UM DIE WARTEZEITEN DER ANRUFER OHNE
;                                                    SOFORT BEDIENTE ZU ERFASSEN, WERDEN DIE
;                                                    ANRUFER GETRENNT IN DIE, DIE GEWARTET
;                                                    HABEN UND DIE, DIE SOFORT BEDIENT
;                                                    WERDEN.
        ACT/4, DURATION, ARRIVAL.TIME.EQ.TNOW, FREES;
        ACT;
        COLCT (2), INT (3), NOT IMMED. WAIT;
        ACT/4, DURATION;                                 SERVED CALLS
;                                                    DIE BEDIENKRAFT WIRD FREIGESETZT.
FREES   FREE, SERVER;
;                                                    DIE FREIEN LEITUNGEN WERDEN ERHÖHT.
        ASSIGN, LINES = LINES + 1, 1;
;                                                    DER ANRUF WIRD GELÖSCHT.
END     TERMINATE;
GOON    GOON;
NOLI    TERMINATE;
;                                                    HIER WIRD DAS EREIGNIS AUFGERUFEN, DAS
;                                                    PRÜFT, OB EIN ANRUFER SCHON 8 MINUTEN
;                                                    WARTET UND IHN GEGEBENENFALLS AUS DER
;                                                    WARTESCHLANGE LÖSCHT.
EIGHT   EVENT (1);
        TERMINATE;
;
        ENDNETWORK;
;
FIN;
```

3)NET

NET wurde von der Firma PSI entwickelt. Es ist ein Werkzeug zur Erstellung und Simulation von Netzmodellen, die im wesentlichen Prädikat/Transitions-Netzen entsprechen. NET wurde in PASCAL implementiert. Zur Erstellung der Netzmodelle steht ein graphischer Editor zur Verfügung. Für die Durchführung der Simulation müssen NET-Modelle vollständig spezifiziert werden.

Konzept der Modellbildung

In NET wird unterschieden zwischen passiven und aktiven Knoten. Passive Knoten sind Plätze, sie werden mit Prädikaten beschriftet. Es gibt 2 Arten von aktiven Knoten: Module und Transitionen. Module sind wiederum in Module oder Transitionen verfeinerbar. Zur Ausführung der Netze müssen alle Module verfeinert sein, so daß das Netz auf unterster Ebene nur aus Prädikaten und Transitionen besteht. Durch diesen Verfeinerungsmechanismus entsteht eine Baumstruktur des Netzmodells. Jedes Netz kann in NET alternativ auch als Baum dargestellt werden. Da nur Prädikate und Transitionen spezifiziert werden müssen, kann das Netz auf einer oberen Ebene zumindest halbformal dargestellt werden. Halbformal deswegen,da alle Prädikate, die Schnittstellen zwischen den modellierten Modulen sind, beschrieben werden müssen. Sie sind nicht verfeinerbar.

Spezifikation der Netze

NET Modelle werden in PASCAL - ähnlicher Notation neben ihrer graphischen Repräsentation spezifiziert.
Transitionen werden folgendermaßen beschrieben:

- Ausgangsbedingungen müssen in jeder Transition angegeben werden.
  Zusätzlich zur Spezifikation aller Ausgangsvariablen können
  - lokale Variablen und das
  - "IF...ELSE" Konstrukt verwendet werden
- Eingangsbedingungen
- Verzögerungszeiten

Prädikate können zusätzlich mit Kapazitätsangaben versehen werden.
Die Fehlerkorrektur wird durch eine syntaktische Analyse des NET Editors unterstützt.

Ausführung des Netzmodells

Sollen NET Modelle ausgeführt werden, so müssen sie vorher von einem speziellen Prüfprogramm mit einem internen "o.k."-Vermerk versehen werden. Es prüft die formale Korrektheit und Vollständigkeit erstellter Netzmodelle.
Eine interne Modelluhr wird gemäß den Verzögerungsbeschriftungen in Transitionen erhöht: Sind alle Eingangsstellen einer Transition mit Marken belegt, so ist sie schaltbar. Ist eine Transition schaltbar, so gibt es 2 Gründe, weshalb sie trotzdem nicht geschaltet wird: sie ist mit einer Verzögerungszeit versehen, oder sie ist kapazitätsblockiert. Eine interne "Kandidatenliste" enthält alle schaltbaren Transitionen. Liegt nun eine Verzögerungszeit vor, so werden erst alle anderen schaltbaren Transitionen geschaltet, dann wird geprüft, ob die Transition noch schaltbar ist. Wenn ja wird die interne Modelluhr um die Verzögerungszeit hochgesetzt, und die Transition wird geschaltet.
Für die Netzausführung muß zu jedem Netzmodell eine Simulations-Kontroll-Datei erstellt werden,sie enthält

- die initialen Markierungen von Prädikaten,
- das Simulationsende-Kriterium; es kann entweder die Anzahl der Schaltvorgänge oder die Simulationszeit angegeben werden,
- Angaben über die zu beobachtenden Knoten und, falls gewünscht,über die Begrenzung des Zeitraums, in dem Knoten beobachtet werden sollen.

Das Flugreservierungsmodell in NET
(Aus Platzmangel werden im Spezifikationsteil die Prädikate, die aus oberen Hierarchieebenen übernommen wurden und dort bereits spezifiziert wurden, nicht nochmals aufgeführt . Die Verfeinerung des Moduls "8Min" im Netz "K_Einteilung" ist ebenfalls ausgelassen worden.)

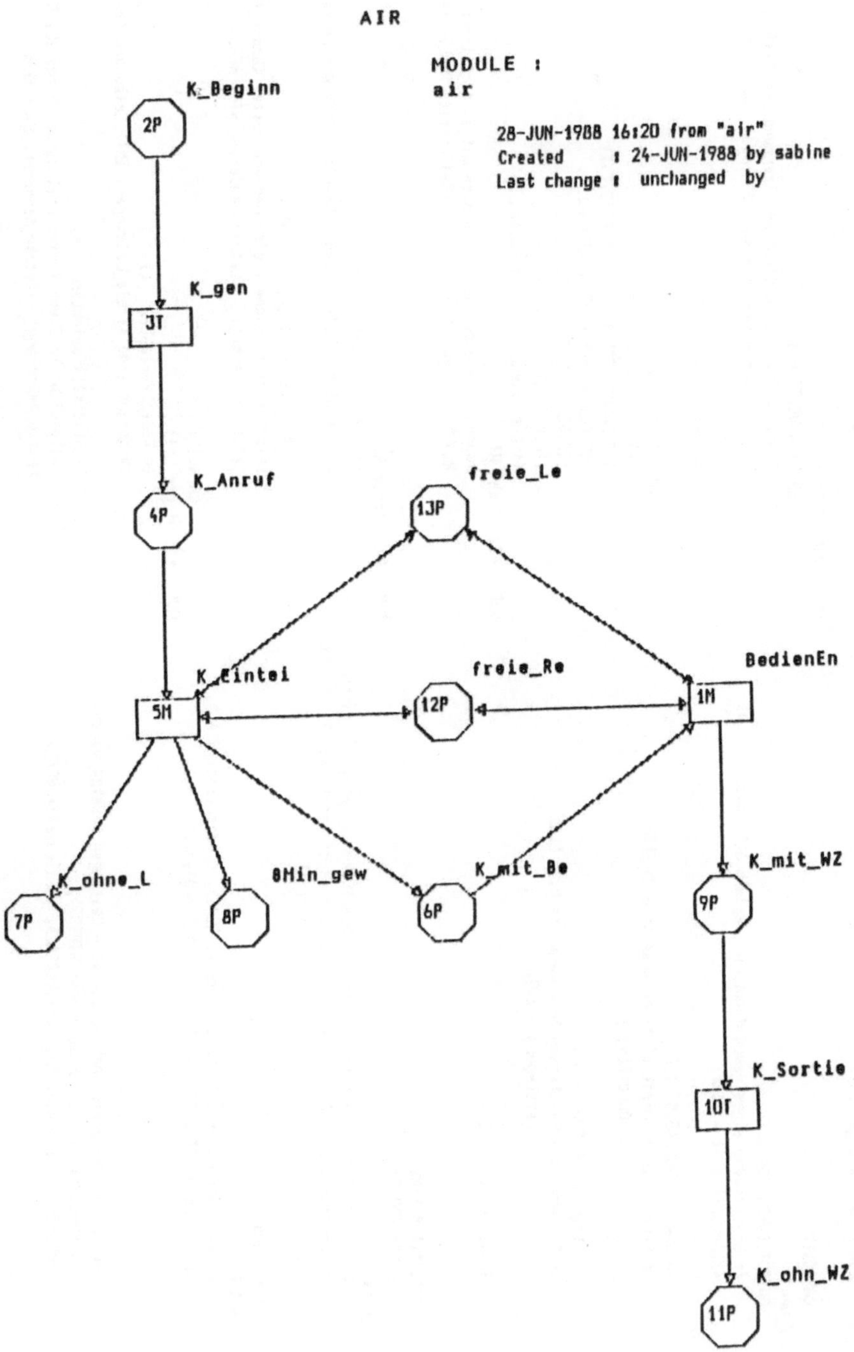

```
1M    #1  BedienEnde
2P    #2  K_Beginn
             Ein Kunde soll generiert werden.

          CAPACITY : 1
3T    #3  K_gen
          OUTPUT CONDITION :
             (* Generierung eines neuen Kunden mit seinen Attributen     *)
             4P.Ankunftszeit = Time;

             Annahme = EQUAL(0.5, 1.0);
             4P.Flugwunsch = 'Hinflug' IF Annahme <= 0.25 ELSE
                             'Rueckflug';

             Festlegung = EXPON(60.0);
             4P.Bedienzeit = Festlegung IF Annahme <= 0.25 ELSE
                             Festlegung * 2.0;

             4P.Wartezeit =0.0;


          ACTIVATION TIME :
             EXPON (30.0)
4P    #4  K_Anruf
             Ein Kunde trifft nach <Ankunftszeit: REAL>Sekunden ein, hat einen
             <Flugwunsch: STRING> und beansprucht eine <Bedienzeit: REAL> . Er hat
             bis jetzt <Wartezeit: REAL> Sekunden gewartet.

5M    #5  K_Einteilung
6P    #6  K_mit_Bed
             Es wird der Kunde mit <Ankunftszeit: REAL>, <Bedienzeit: REAL>,
             <Flugwunsch: STRING>, <Wartezeit: REAL> bedient.


7P    #7  K_ohne_L
             Kunden ,die angerufen haben, als alle Leitungen besetzt waren,
             mit ihren Attributen <Flugwunsch: STRING>,
             <Ankunftszeit: REAL>, <Wartezeit:REAL>, <Bedienzeit: REAL>.


8P    #8  8Min_gew
             Kunden, die nach 8 Minuten nicht bedient wurden mit ihren Attributen
             <Ankunftszeit: REAL>, <Flugwunsch: STRING>, <Bedienzeit: REAL>,
             <Wartezeit: REAL>.

9P    #9  K_mit_WZ
             Kunden, die warten mussten mit ihren Attributen<Ankunftszeit: REAL>,
             <Flugwunsch: STRING>, <Wartezeit: REAL>, <Bedienzeit: REAL>

10T   #10 K_Sortier
           INPUT CONDITION :
             (* diese Transition dient zur Trennung der Kunden, die gewartet
                haben,von denen, die sofort bedient wurden *)

             9P.Wartezeit = 0.0

           OUTPUT CONDITION :
             (*Anrufer durchschalten   *)
             11P.ANKUNFTSZEIT = 9P.ANKUNFTSZEIT;
             11P.FLUGWUNSCH = 9P.FLUGWUNSCH;
             11P.BEDIENZEIT = 9P.BEDIENZEIT;
             11P.WARTEZEIT = 9P.WARTEZEIT;
             (* Ende Anrufer durchschalten  *)
11P   #11 K_ohn_WZ
             Kunden, die nicht warten mussten mit ihren Attributen <Ankunftszeit:
             REAL>, <Flugwunsch: STRING>, <Bedienzeit: REAL>, <Wartezeit: REAL>


12P   #12 freie_Res
             (* Modellvariable    *)
             Im Moment sind <freie_Bedienkraefte: INT> Bedienkraefte frei.

             (* Statistikvariable      *)
             Zeitgewichtete Summe freier Bedienkraefte: <Summe_fB: REAL>
             Letzte Aenderung:   <Letzte_Aenderung_SfB: REAL>

           CAPACITY : 1
13P   #13 freie_Leit
             (* Modellvariablen   *)
             Im Moment sind <freie_Leitungen: INT> Leitungen frei

             (* Statistikvariablen    *)
             Zeitgewichtete Summe freier Leitungen: <Summe_fL: REAL>
             Letzte Aenderung:  <Letzte_Aenderung_SfL: REAL>


           CAPACITY : 1
```

AIR

MODULE : #5
K_Einteilung

28-JUN-1988 15:43 from "air"
Created : 24-JUN-1988 by sabine
Last change : unchanged by

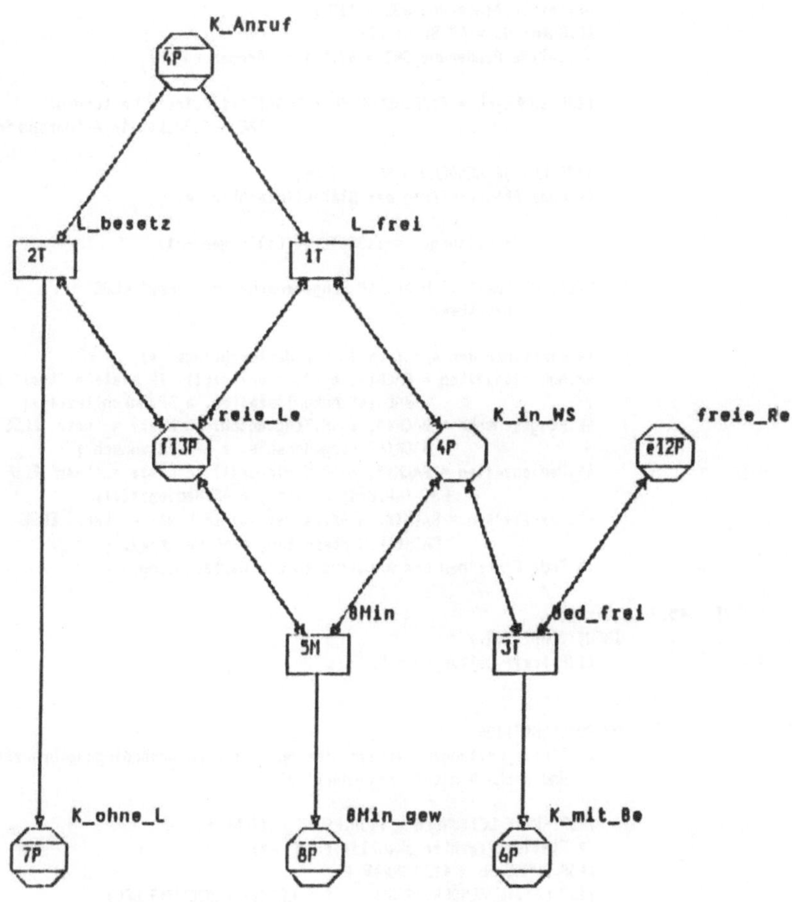

```
1T   #5.1  L_frei
           INPUT CONDITION :
              f13P.freie_Leitungen > 0

           OUTPUT CONDITION :
              (* 1T reiht den neu eingetroffenen Kunden in die Warteschlange ein.
                 Befindet sich in der Warteschlange derzeit nur die Dummy-Marke,
                 muss diese entfernt werden. *)

              (* Aktualisieren der Statistikzaehler    *)
              4P.Summe_WSL = 4P.Summe_WSL + 4P.Warteschlangenlaenge
                                          * (TIME - 4P.letzte_Aenderung_WSL);
              4P.Warteschlangenlaenge = 4P.Warteschlangenlaenge + 1.0;
              4P.letzte_Aenderung_WSL = TIME;
              4P.Summe_WZ = 4P.Summe_WZ;
              4P.Letzte_Aenderung_SWZ = 4P.letzte_Aenderung_SWZ;

              f13P.SUMME_FL = f13P.SUMME_FL + FLOAT (f13P.freie_Leitungen)
                                            * (TIME - f13P.letzte_Aenderung_SFL);

              f13P.LETZTE_AENDERUNG_SFL = TIME;
              (* Ende Aktualisieren der Statistikzaehler  *)

              f13P.freie_Leitungen = f13P.freie_Leitungen - 1;

              Liste = 'leer' IF HEAD (4P.Flugwuensche) = 'Dummy' ELSE
                      'nichtleer';

              (* Einreihen des Anrufers in die Warteschlange  *)
              4P.Ankunftszeiten = BACK($, a_4P.Ankunftszeit) IF Liste = 'leer' ELSE
                                  BACK(4P.Ankunftszeiten, a_4P.Ankunftszeit);
              4P.Flugwuensche = BACK($, a_4P.Flugwunsch) IF Liste = 'leer' ELSE
                                BACK(4P.Flugwuensche, a_4P.Flugwunsch);
              4P.Bedienzeiten = BACK($, a_4P.Bedienzeit) IF Liste = 'leer' ELSE
                                BACK(4P.Bedienzeiten, a_4P.Bedienzeit);
              4P.Wartezeiten = BACK($, a_4P.Wartezeit) IF Liste = 'leer' ELSE
                               BACK(4P.Wartezeiten, a_4P.Wartezeit);
              (* Ende Einreihen des Anrufers in die Warteschlange  *)

2T   #5.2  L_besetzt
           INPUT CONDITION :
              f13P.freie_Leitungen = 0


           OUTPUT CONDITION :
              (* "freie_Leitungen" werden hier nur als Eingangsbedingung benoetigt
                 und deshalb nicht veraendert  *)

              f13P.FREIE_LEITUNGEN = f13P.FREIE_LEITUNGEN;
              (* Statistikzaehler aktualisieren   *)
              f13P.SUMME_FL = f13P.SUMME_FL;
              f13P.LETZTE_AENDERUNG_SFL = f13P.LETZTE_AENDERUNG_SFL;

              (* Ende Statistikzaehler aktualisieren  *)

              (* Anrufer durchschalten   *)
              d_7P.FLUGWUNSCH = a_4P.FLUGWUNSCH;
              d_7P.ANKUNFTSZEIT = a_4P.ANKUNFTSZEIT;
              d_7P.WARTEZEIT = a_4P.WARTEZEIT;
              d_7P.BEDIENZEIT = a_4P.BEDIENZEIT;
              (* Ende Anrufer durchschalten  *)
3T   #5.3  Bed_frei
           INPUT CONDITION :
              (* es befindet sich ein Kunde in der Warteschlange und es ist eine
                 Bedienkraft frei  *)
```

```
(HEAD(4P.Flugwuensche)<> 'Dummy') AND (e12P.freie_Bedienkraefte > 0)

OUTPUT CONDITION :
   (* dem in der Warteschlange vorn stehendem Kunden wird eine
      Bedienkraft zugeteilt. Befindet sich zur Zeit in der Warteschlange
      nur dieser eine Kunde, so muss er durch eine Dummy Marke ersetzt
      werden  *)

   Kunde = 'Letzter' IF CARD(4P.Ankunftszeiten) = 1 ELSE
          'nicht_letzter';

   (* Anrufer wird zur Bedienung weitergeschaltet *)
   c_6P.ANKUNFTSZEIT = HEAD(4P.Ankunftszeiten);
   c_6P.BEDIENZEIT = HEAD(4P.Bedienzeiten);
   c_6P.FLUGWUNSCH = HEAD(4P.Flugwuensche);
   c_6P.WARTEZEIT = HEAD(4P.Wartezeiten);
   (* Ende Anrufer wird zur Bedienung weitergeschaltet*)

   e12P.FREIE_BEDIENKRAEFTE = e12P.FREIE_BEDIENKRAEFTE - 1;

   (* Aktualisieren der Statistik  *)
   e12P.SUMME_FB = e12P.SUMME_FB + FLOAT(e12P.freie_Bedienkraefte)
                                 * (TIME - e12P.letzte_Aenderung_SfB);
   e12P.LETZTE_AENDERUNG_SFB = TIME;

   (* Aktualisierung der Warteschlangen Statistik  *)
   4P.SUMME_WZ = 4P.SUMME_WZ + (TIME - HEAD(4P.Ankunftszeiten));
   4P.LETZTE_AENDERUNG_SWZ = TIME;
   4P.WARTESCHLANGENLAENGE = 4P.WARTESCHLANGENLAENGE - 1.0;
   4P.SUMME_WSL = 4P.SUMME_WSL + 4P.Warteschlangenlaenge
                             * (TIME - 4P.letzte_Aenderung_WSL);
   4P.LETZTE_AENDERUNG_WSL = TIME;
   (* Ende Aktualisieren der Warteschlangen Statistik  *)

   (* Kunden aus der Warteschlange entfernen   *)
   4P.Ankunftszeiten = BACK ($, 0.0) IF Kunde = 'letzter' ELSE
                       TAIL(4P.Ankunftszeiten);
   4P.Flugwuensche = Back($, 'Dummy') IF Kunde = 'letzter' ELSE
                     TAIL(4P.Flugwuensche);
   4P.Bedienzeiten = BACK($,0.0) IF Kunde = 'letzter' ELSE
                     TAIL(4P.Bedienzeiten);
   4P.Wartezeiten = BACK($,0.0) IF Kunde = 'letzter' ELSE
                    TAIL(4P.Wartezeiten);
   (* Ende Kunde aus der Warteschlange entfernen  *)

4P   #5.4  K_in_WS
        (* Dieser Platz enthaelt die Warteschlange fuer Anrufer. Sie besteht
           aus den Einzelschlangen fuer die Ankunftszeiten, die Flugwuensche, die
           Bedienzeiten und die Wartezeiten. Alle Schlangen sind identisch
           sortiert. Neuankommende Kunden werden am Ende der Warteschlange
           eingereiht.      *)

        (* Warteschlangen : *)
        <Ankunftszeiten: REAL_LIST><Flugwuensche: STRING_LIST>
        <Bedienzeiten: REAL_LIST> <Wartezeiten: REAL_LIST>

        (* Statistikzaehler  *)
        Summe der Wartezeiten:          <Summe_WZ: REAL>
        Letzte_Aenderung:               <Letzte_Aenderung_SWZ: REAL>

        Warteschlangenlaenge:                         <Warteschlangenlaenge: REAL>
        Zeitgewichtete Summe der Warteschlangenlaenge: <Summe_WSL: REAL>
        Letzte Aenderung:                             <Letzte_Aenderung_WSL:REAL>

5M   #5.5  BMin
```

AIR

MODULE : #1
BedienEnde

28-JUN-1988 16:53 from "air"
Created : 24-JUN-1988 by sabine
Last change : unchanged by

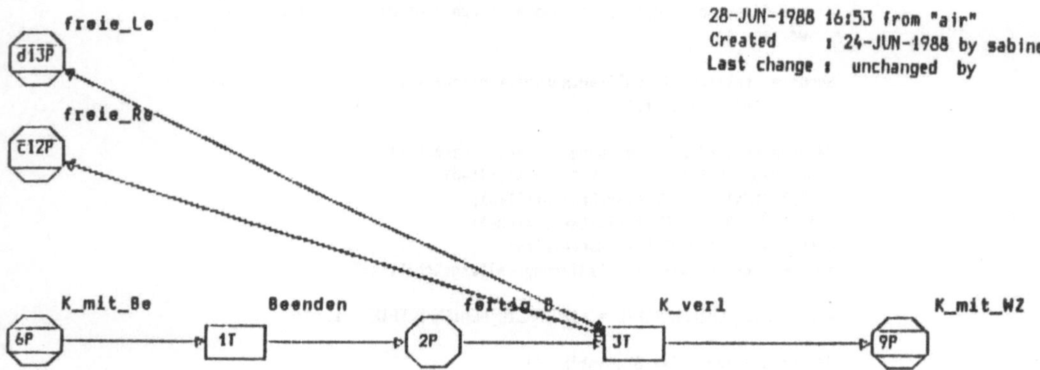


```
1T   #1.1  Beenden
        OUTPUT CONDITION :
           (* diese zwischengeschaltete Transition ist notwendig zur Realisierung
              der Bedienzeit   *)

           2P.Ankunftszeit = a_6P.Ankunftszeit;
           2P.Flugwunsch = a_6P.Flugwunsch;
           2P.Bedienzeit = a_6P.Bedienzeit;
           2P.Wartezeit = a_6P.Wartezeit
        ACTIVATION TIME :
           a_6P.Bedienzeit
2P   #1.2  fertig_Be
           Der zum Zeitpunkt <Ankunftszeit: REAL> eingetroffene Kunde, der einen
           <Flugwunsch: STRING> gebucht hat, ist nach <Bedienzeit: REAL> Sekunden
           fertig bedient worden, er hat <Wartezeit: REAL> Sekunden gewartet.

3T   #1.3  K_verl
        OUTPUT CONDITION :

           (* Aktualisierung der Statistik  *)
           c12P.FREIE_BEDIENKRAEFTE = c12P.FREIE_BEDIENKRAEFTE + 1;
           c12P.SUMME_FB = c12P.SUMME_FB + FLOAT(c12P.freie_Bedienkraefte)
                                          * (Time - c12P.letzte_Aenderung_SfB);
           c12P.LETZTE_AENDERUNG_SFB = TIME;
           d13P.FREIE_LEITUNGEN = d13P.FREIE_LEITUNGEN +1;
           d13P.SUMME_FL = d13P.SUMME_FL + FLOAT(d13P.freie_Leitungen)
                                          * (TIME - d13P.letzte_Aenderung_SfL);
           d13P.LETZTE_AENDERUNG_SFL = TIME;
           (* Ende Aktualisierung der Statistik  *)

           (*Durchschalten des Kunden  *)
           b_9P.ANKUNFTSZEIT = 2P.ANKUNFTSZEIT;
           b_9P.FLUGWUNSCH = 2P.FLUGWUNSCH;
           b_9P.WARTEZEIT = 2P.WARTEZEIT;
           b_9P.BEDIENZEIT = 2P.BEDIENZEIT;
           (* Ende Durchschalten der Kunden  *)
```

4) GEGENÜBERSTELLUNG DER BEIDEN ANSÄTZE

SLAM

Das Netzwerk von SLAM II besteht aus einer Vielzahl von Symbolen, die sich sehr ähneln und deswegen schwer zu unterscheiden sind. Die Symbole werden mit zusätzlichen Daten darüber versehen, was an den jeweiligen Knoten mit den eintreffenden Entities geschehen soll. Diese Daten werden in simulationsspezifischer Notation beschrieben und sind deshalb für einen Informatik-Laien schwer verständlich. Es kann nur unzulänglich mit "anwendungsspezifischer Notation" gearbeitet werden, die Bedeutung der Knoten und Kanten ist kaum ersichtlich.
SLAM stellt keine Mechanismen zur schrittweisen Einarbeitung in ein bereits erstelltes Modell zur Verfügung. Die Nachvollziehbarkeit eines Modells wird damit stark beeinträchtigt. Für den Modellentwickler ist eine graphische Repräsentation, die Aussagen über dynamische Aspekte eines Systems beeinhalten, wünschenswert. Es fehlt die Möglichkeit, das Modell auf unterschiedlichen Abstraktionsebenen darzustellen.
Die Modelllierung des 8-Minuten Ereignisses im vorliegenden Beispiel(ein Kunde wartet max. 8 Minuten und legt dann auf) ist eine Abweichung vom prozeßorientierten Ansatz. Das Ereignis ist zwar in der Graphik ersichtlich, aber im Simulationsprogramm muß der Anwender selbst eine FORTRAN Routine schreiben. Schon die Integration einer solchen Routine in das SLAM Programm benötigt eine große Anzahl von abgekürzten, kaum lesbaren Anweisungen. Der Anwender muß sich in diesem Fall mit einem anderen Konzept der Modellbildung befassen,welches seinem gedanklichen Konzept wenig entspricht: er ist FORTRAN Programmierer.Sowohl die "Erlernbarkeit" und "Handhabbarkeit" von SLAM, als auch die "Transparenz" erstellter Modelle werden dadurch beeinträchtigt.

NET

Zur Modellierung mit NET sind nur wenige Symbole zu lernen, ihre Bedeutung ist ebenso eingängig (Zustand - Zustandsveränderung), wie unspezifisch. Ein Netzmodell ist im Vergleich zu einem SLAM Netzwerkmodell immer und in jedem Fall viel umfangreicher, da es keine aggregierten Anweisungen gibt. So werden alle in der Simulation typischen Konstrukte, wie Warteräume, Bedienstationen oder Generierung von neuen dynamischen Elementen eines Systems zu recht aufwendigen Netzmodellen.
Die eingeschränkte Namensvergabe auf 8 Zeichen ist störend, Prädikate und Transitionen können damit in der Graphik nicht selbsterklärend beschrieben werden.
Durch den Netzformalismus sind viele Systembeschreibungen nur abgewandelt oder umständlich möglich. Es kommen zum Teil Modellkonstruktionen zustande, die sich nur mit dem Netzformalismus und nicht mit dem zu modelliernden System erklären lassen. So ist im vorliegenden Modell "BedienEn" (BedienEnde auf der obersten Netzebene) als Modul darzustellen, obwohl das System selbst es nicht erfordert, zusätzliche Aktivitäten zu modellieren. Die Transition ist notwendig, um die Bedienzeit, also Verzögerungszeit zu simulieren. Die "konzeptionelle Distanz" zwischen dem Netzmodell und dem gedanklichen Modell des Benutzers wird dadurch erhöht.
Da die Spezifikation der Netze vollständig außerhalb des Netzes geschieht, ist die Dynamik des Systems aus der Graphik selbst nicht ersichtlich, auch für den Modellentwickler ist die Graphik ohne Spezifikation unzureichend.
Im Unterschied zu den schwer nachvollziehbaren FORTRAN Routinen werden die Netze in NET in PASCAL-ähnlicher, relativ leicht verständlicher Notation beschrieben. Durch die Notwendigkeit der vollständigen Spezifikation(alle Ausgangsvariablen müssen beschrieben werden) geraten sie allerdings sehr umfangreich, dies erschwert die "Handhabbarkeit" der Netze.
Durch die Möglichkeit der Hierarchisierung kann das Modell auf oberster Ebene fast informell dargestellt werden. Schnittstellen zwischen Modulen sind in NET durch die sie verbindenden Prädikate eindeutig definiert. Modellteile können für sich betrachtet werden, so daß bestimmte Benutzergruppen nicht das gesamte Modell nachvollziehen müssen. Die Transparenz der Modelle wird dadurch erhöht. Als Nachteil ist jedoch festzuhalten, daß in Prädikat/Transitions-

Netzen Plätze nicht verfeinerbar sind. Auf oberster Ebene müssen bereits alle Prädikate, die Schnittstellen zwischen den Modulen sind, vollständig beschrieben werden.

Zusammenfassung

Der Ausgangspunkt dieser Arbeit war die Fragestellung, wieweit sich NET und SLAM als Simulationswerkzeug, also als Hilfsmittel auch schon in frühen Phasen des Modellentwicklungsprozesses eignen.

Mit der Möglichkeit der Hierarchisierung bietet NET ein einheitliches Beschreibungsmittel sowohl für die Definition eines konzeptionellen Rahmens im Modellentwicklungsprozeß, als auch für die mathematische Modellformulierung. Die aufwendige Modellierung "typischer" Komponenten von Simulationsmodellen und durch den Netzformalismus vorgegebene, manchmal "unnatürliche" Netzkonstruktionen auf unteren Netzebenen lassen NET als Simulationssprache weniger geeignet erscheinen.

SLAM II ist für den erfahrenen Modellentwickler als graphische Simulationssprache vergleichsweise leichter handhabbar. Da Anwender häufig gezwungen sind, FORTRAN zu programmieren, und die Transparenz erstellter Modelle für Informatik-Laien kaum vorhanden ist, ist SLAM II allerdings auch als Simulationssprache zu kritisieren.Als Simulationswerkzeug ist sie im systemanalytischen Teil des Modellentwicklungsprozesses wegen fehlender Hierarchisierungsmechanismen nicht einsetzbar.

Literatur

Becker,B.-D.,W.Dangelmaier "Vergleich und Entwicklungsrichtungen von Werkzeugen zur diskreten Simulation von Fertigungssystemen"
aus "Simulationstechnik", Proceedings, Springer-Verlag, Zürich 87

Fishman,George S. "Concepts and Methods in Discrete Event Digital Simulation"
A Wiley-Interscience Publication, 1973

Genrich,H.J. "Predicate/Transition Nets"
aus Advanced Course on Petri Nets, Bad Honnef, 86 Paper No. 4

Hogrefe,D., Treml,F. "Diskrete Simulationssysteme",
interner Bericht, Siemens 86

Page,B. "Modellbildung und Simulation"
Vorlesungsskript, SS88

Pritsker,A., "Introduction to Simulation and SLAM II"
Systems Publishing Corporation, West Lafayette, Indiana, 3.Edition,86

PSI, Bereich Software Engineering, April 88
Benutzer Handbuch NET, Teil1 und Teil2

PRODUKTIONSSTEUERUNG IM BAUWESEN MIT MODIFIZIERTEN PETRI - NETZEN

V. Franz

Gesamthochschule Kassel
Fachbereich: Bauingenieurwesen
Mönchebergstr.7, 3500 Kassel

Zusammenfassung:

Bauproduktionsprozesse unterliegen im Gegensatz zur stationären Industrie einer Vielzahl von Schwankungen, Störungen und Veränderungen beim Fertigungsablauf, so daß deren Leistungsberechnung und Betriebsmittelabstimmung nur unter Beachtung stochastischer Ablaufparameter möglich wird. In diesem Beitrag wird die Modellierung und Simulation eines Betonstahl-Biegebetriebes und deren Ablaufsteuerung mit modifizierten Petri-Netzen vorgestellt und die dazu erforderliche Systemanalyse und Parameteraufbereitung beschrieben.

Grundlagen:

Ein Produktionsprozeß verändert innerhalb eines begrenzten Arbeitsablaufes mit Hilfe von Arbeitskräften und Betriebsmittel Arbeitsgegenstände im Sinne einer vorgegebenen Arbeitsaufgabe in ihrem Zustand, ihrer Form oder Lage. Von außen in diesen Prozeß eingreifende Störungen und Veränderungen beeinflussen insbesondere bei Bauabläufen das Zusammenwirken der Prozeßelemente und behindern so den Produktionsablauf. Durch Veränderungen der Produktionsbedingungen während des Prozeßablaufes und durch stochastische Schwankungen ist die Planung und Steuerung solcher Bauprozesse sehr kompliziert. Eine Fülle von Einflußparameter, die zwar vorhersehbar sind, aber nur mit einer gewissen Wahrscheinlichkeit auftreten, müssen beachtet werden.

In unserem Fachgebiet beschäftigen wir uns seit einiger Zeit mit dem Einsatz von Prädikat-Transitions-Netzen (PrT-Netze), der weiterentwickelten Form von Petri-Netzen, zur Prozeßanalyse und Produktionssteuerung von Bauprozessen. Dabei erkannten wir, daß eine Reihe von Modifizierungen der PrT-Netze zur Modellierung und Simulation erforderlich sind:

1.) Da im realen Prozeßsystem verschiedenartige Veränderungen, Umwandlungen und Umformungen der Objekte auftreten, müssen diese entsprechend als Transformationsprozeduren für die Marken eingeführt werden.

2.) Entwicklung von Schaltregeln zur Lösung von Konfliktsituationen, um eine Auswahl von Transistoren ohne Eingriffe von außen zu erreichen.

3.) Zur Auswahl einer Marke beim Schalten eines mehrfach belegten Prädikates sind Strategien wie z. B. FIFO, LIFO, SJF, UTL und RANDOM für PrT-Netze erforderlich.

4.) Darstellung der Einflüsse oder Modellumwelt mittels Quellen und Senken durch die Einfügung von Netzteilen, in denen neue Marken erzeugt bzw. vorhandene Marken vernichtet werden.

5.) Erfassung der Zeit in PrT-Netzen durch die Einführung einer Simulationsuhr und durch Berücksichtigung von Aktivierungszeiten bei Transitionen.

6.) Beachtung stochastischer Einflüsse und zeitlicher Schwankungen innerhalb der Prozeßabläufe mittels zufälliger bedingter Verzweigungen und durch statistische Verteilung der Aktivierungszeiten.

7.) Begrenzung der Kapazitäten einzelner Zustände durch die Einfügung eines zusätzlichen Platzes mit einer der Kapazität entsprechenden Anzahl von Marken.

8.) Darstellung komplexer Netzstrukturen in mehreren Hierarchieebenen durch die Möglichkeit der Modularisierung von Teilnetzen.

9.) Berücksichtigung der Einflußnahme des Modellierers bei der Durchführung der Simulation mittels Variation der Startparameter in mehreren Netzdurchläufen.

10.) Umfangreiche statistische Erfassung und Auswertung der Ergebnisse der einzelnen Markenabläufe zur Analysierung des simulierten Prozeßablaufes.

Mit diesen Modifizierungen ist es möglich, Petri-Netze zur Modellierung, Simulation und Produktionssteuerung von Bauprozessen zu verwenden. Zur Handhabung solcher Modelle ist natürlich die EDV-Implementierung erforderlich, wodurch eine sinnvolle Bearbeitung erst möglich wird. Bei unseren Untersuchungen verwenden wir das NET-tool der Firma PSI (Berlin), welches unsere Modifizierungen beispielsweise durch die Möglichkeit der Listenbildung auf Plätzen, durch die Definition von Input- und Output-Conditionen, die Erfassung von Simulationszeiten sowie durch die umfangreiche Protokollierung der Simulationsabläufe stark unterstützt.

Anwendung:

Unsere bisherigen Erfahrungen bei der Umsetzung der Petri-Netz-Theorie zur Produktionssteuerung im Bauwesen beruhen auf der Entwicklung von Modellen verschiedener einfacher, aber für den Bauablauf typischer Prozesse. Durch die kausal-logische Aufbereitung des Systems und eine ereignisorientierte Simulation wurde eine Optimierung des Vorgangsablaufes ermöglicht und die Planung und Steuerung zur Verringerung der Kosten verbessert.

Zur Zeit erarbeiten wir ein Modell für einen nordhessischen Biegebetrieb. In diesem Betrieb wird Stabstahl zur Betonarmierung geschnitten und in unterschiedlichster Weise gebogen. Es handelt sich dabei um eine teilautomatisierte Produktion mit einer Anzahl verschiedener Maschinen zum Ablängen der unterschiedlichen Durchmesser und zur Herstellung der gewünschten Biegeformen.

In diesem Betrieb, in dem eine stationäre Produktion mit einem für das Bauwesen typischen instationären Ablauf kombiniert ist, bedarf es, insbesondere durch die starken Nachfrageschwankungen und große Variation der Aufträge, einer hohen Flexibilität innerhalb der Produktion. Die hohe Komplexität erfordert die Berücksichtigung einer entsprechenden Zahl veränderlicher Parameter bei der Simulation. Beispielhaft seien hier einige wesentliche genannt:

1.) Frequenz der Auftragseingänge und deren zeitliche Steuerung;
2.) Aufteilungsverhältnis der drei Objektklassen - Hochbau, Brückenbau, Tiefbau;
3.) Statistische Verteilung der Positionsanzahl pro Auftrag in Abhängigkeit von der Objektklasse;
4.) Verteilung der Bearbeitungsfrist je Auftrag in Arbeitstagen unter Berücksichtigung der Positionsmenge;
5.) Arbeitszeit pro Tag;
6.) Störanfälligkeit der Maschinen;
7.) Einkauf - Frequenz und Menge der Rohmaterialanlieferung;
8.) Verladezyklen und Abtransport des fertig geschnittenen und gebogenen Betonstahls.

Darüberhinaus wurden Verteilungsfunktionen der Mengenanteile für die 9 verschiedenen Stabstahldurchmesser und einer Vielzahl unterschiedlicher Biegeformen, die dann in 4 Biegeformklassen - ungebogen, mit Aufbiegungen, Bügel, Radialbiegungen - in Abhängigkeit vom Durchmesser und der Objektklasse aufgeteilt wurden, erarbeitet. Diese Funktionen wurden ebenso wie das Gewicht der Positionen, abhängig vom Durchmesser und der Objektklasse, ebenfalls im Modell berücksichtigt.

Voraussetzung zur Durchführung einer praxisnahen Simulation ist eine umfangreiche, genaue Zeitaufnahme der einzelnen Arbeitsvorgänge und deren statistische Aufbereitung zur Berechnung der Aktivierungszeiten und ihrer Verteilungsfunktionen. Diese Zeitaufnahmen erfolgen auf Grundlage der Refa-Methodenlehre, um nachvollziehbare, abgesicherte Werte zu erhalten.

Als Ergebnisse der Simulation werden unter anderem folgende Fragen bei Variation der vorgenannten Parameter untersucht:

1.) Wie groß ist die optimale Produktionsmenge in Tonnen und das Produktionsvolumen in Tonnen pro Zeiteinheit?

2.) Wieviele Aufträge und Positionen können insgesamt und pro Zeiteinheit bearbeitet werden?

3.) Wie hoch ist der Auslastungsgrad der Betriebsmittel, welche Belegungs-, Warte- und Reparaturzeiten sind für die Maschinen zu erwarten?

4.) Treten Terminüberschreitungen auf und wie lang sind sie?

5.) Wie entwickelt sich während der Simulation das Rohmateriallager und das Lager mit Fertigprodukten?

Das zur Modellierung verwendete PrT-Netz und erste aus der Simulation resultierende Ergebnisse werden im Vortrag vorgestellt und beschrieben.

Konzepte zur systematischen Systemanalyse mit Petri-Netzen

Claudia Relewicz, PSI Berlin
Prof. Dr. Helmut Franzen, TFH Berlin

Zusammenfassung: *Der Einsatz von Petri-Netzen in der Systemanalyse erlaubt eine eindeutige, anschauliche Beschreibung der Anforderungen an ein geplantes System. Für praxisrelevante Probleme haben sich farbige Netze (''coulered nets'), eine Sonderform der Petri-Netze, durchgesetzt. Durch Hierarchisierung können auch große, komplexe Systeme abgebildet werden. Eine Ausführung der Netze macht die Untersuchung der Systemdynamik möglich. Ein Zeitmechanismus erlaubt Simulationsuntersuchungen. Es werden Konzepte zur Modellierung im Kleinen für einige typische Systemkomponenten und ein objektorientierter Ansatz zum Modellieren im Großen vorgestellt.*

1 Einleitung

Wesentliches Ziel der Systemanalyse ist, Anforderungen an ein geplantes System möglichst eindeutig und vollständig zu beschreiben.
Umgangssprachliche Texte, die auch heute noch in der Anforderungsdefinition verwendet werden, lassen jedoch Mißverständnisse und Mehrdeutigkeiten zu. Aber auch die formale Spezifikation hat ihre Grenzen. In der Darstellung von dynamischen Abläufen in einem System ist die grafische, zweidimensionale Beschreibung einem verbalen, eindimensionalen Ansatz, wie er in Spezifikationssprachen verfolgt wird, weit überlegen, sobald diese Abläufe nicht einfach sequentiell sind. Deshalb wird in der Anforderungsdefinition immer häufiger Grafik eingesetzt.
Eine Möglichkeit zur grafischen Beschreibung komplexer Systeme sind Petri-Netze. Ihre Benutzung ist klar definiert, und vernetzte Strukturen werden anschaulich und leicht verständlich. Zur Abbildung nebenläufiger Prozesse sind daher Petri-Netze als Formalismus weitgehend akzeptiert.
Für die Darstellung praxisrelevanter Probleme hat sich eine besondere Form der Petri-Netze, die farbigen Netze ('coured nets'), durchgesetzt. Sie erlauben die Abbildung kausaler Beziehungen, die den Knoten als formale Texte mitgegeben werden. Im folgenden wird mit dem Begriff Petri-Netz immer auf diese spezielle Form bezug genommen.
Angereichert um ein Hierarchisierungskonzept können mit Petri-Netzen auch große komplexe Systeme anschaulich beschrieben werden. Petri-Netze erlauben neben einer statischen Beschreibung auch eine Darstellung der Systemdynamik. Dies macht eine Validierung von Beschreibungen und unter Berücksichtigung der Zeit sogar Simulationsuntersuchungen möglich.
Das PSItool NET unterstützt die Konstruktion solcher erweiterten Petri-Netze und stellt einen Simulator zur Verfügung.

2 Petri-Netz-Modelle

Petri-Netze setzen sich aus passiven (Kreisen) und aktiven Elementen (Vierecken) zusammen. Verbunden werden die Elemente durch gerichtete Kanten, so daß Verbindungen von Passiv- zu Aktivelementen und Verbindungen von Aktiv- zu Passivelementen existieren können.
Passive Elemente repräsentieren dabei Zustände, Bedingungen oder auch Informationen, die durch ein System "fließen". Im Gegensatz dazu stehen die Aktivelemente für Systemereignisse, die abhängig von den Bedingungen, Zuständen usw. eintreten und den Zustand des Systems verändern können.

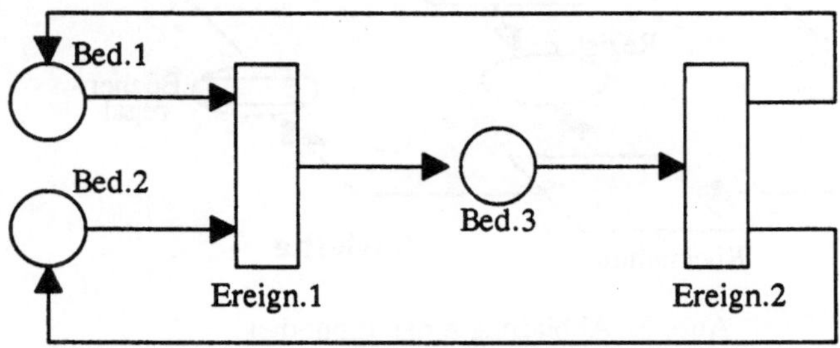

Abb. 1 Ein Petrinetz

Hierarchien sind Klassifizierungsmodelle, die sich in den verschiedensten Arten von System-Beschreibungen wiederfinden. Bekannte Hierarchien bilden beispielsweise Organisationsdarstellungen oder technische Beschreibungen mit unterschiedlichem Detaillierungsgrad (Übersichten, Funktionsbeschreibungen, Baupläne).

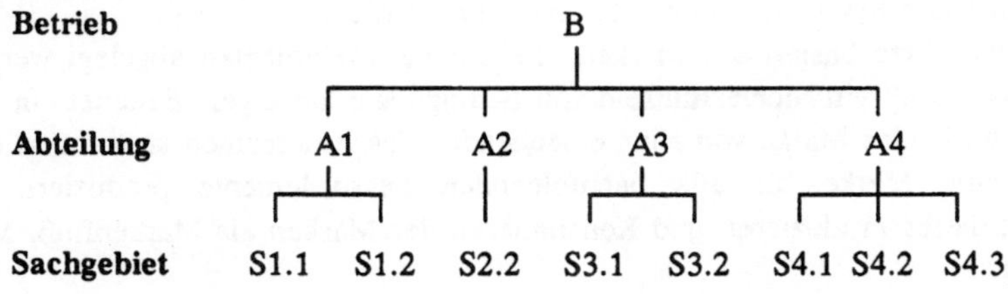

Abb. 2 Hierarchie

Solche hierarchischen Darstellungen unterstützen das Verständnis komplexer Sachverhalte, da Objekte, Funktionen etc. entsprechend der jeweiligen Hierarchieebene abstrakt bzw. konkret beschrieben werden.
Petri-Netze in einer weiterentwickelten Form ermöglichen durch einen Verfeinerungsmechanismus die Bildung von Hierarchien. Ein einzelner Knoten einer Hierarchieebene wird in der darunterliegenden Ebene durch ein Netz ersetzt.

Im nachfolgenden Beispiel ist eine Bibliothek dargestellt. Der Bereich 'Ausleihe' ist durch zwei Aktivitäten, 'Ausgabe' und 'Rücknahme', verfeinert.

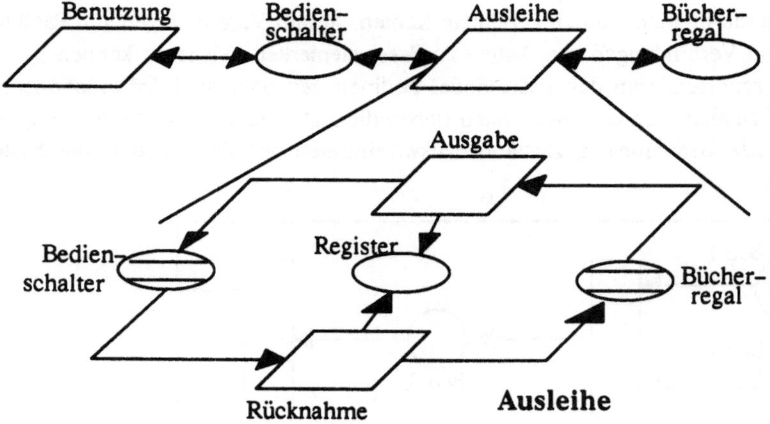

Abb. 3 Abbildung einer Bibliothek

3 Dynamik in Petri-Netzen

Eine besondere Qualität der Petri-Netze liegt darin, daß neben der statischen Beschreibung von Systemen auch die Ausführung der erstellten Netzmodelle möglich ist. Somit können Untersuchungen des dynamischen Systemverhaltens durchgeführt werden.
Die Ausführbarkeit der Netze basiert auf Marken, die auf Passivelementen abgelegt werden können und damit das Erfülltsein/Nichterfülltsein von Bedingungen anzeigen. Schaltet ein Aktivelement, so wird jeweils eine Marke von allen eingehenden Passivelementen konsumiert und gleichzeitig jeweils eine Marke für alle nachfolgenden Passivelemente produziert. Im Gesamtnetz erscheint dieses Produzieren und Konsumieren der Marken als Markenfluß. Man kann damit feststellen,

- welche Ereignisse eintreten und unter welchen Bedingungen sie eintreten.
- ob und wie die Zahl der Marken, die auf einem Platz liegen können, begrenzt ist.
- ob das System irgendwann blockiert ist, d.h. kein Ereignis mehr eintreten kann (Deadlock).

Die hier betrachtete Form der Petri-Netze (farbige Netze) enthält Passivelemente in Form von **Prädikaten**, die sich aus Texten und typisierten Variablen zusammensetzen.

Beispiel: Auftrag <A : INT> wird von Maschine <M : INT> bearbeitet.

Marken, die auf dieses Prädikat während der Netzausführung gelegt werden, entsprechen dem Prädikatsmuster und führen für jede Prädikatsvariable einen sinnvollen Wert. Eine Marke für das obige Beispiel könnte dann z.B. folgendermaßen aussehen:

<<Auftrag 4711 wird auf Maschine 2 bearbeitet.>>

Wird beim Schalten eines Aktivelementes eine neue Marke erzeugt, müssen die Werte ihrer Prädikatsvariablen berechnet werden. In den Aktivelementen wird definiert, wie diese Berechnung erfolgt. Dabei können auch die Variablenwerte der konsumierten Variablen berücksichtigt werden.
Neben dem unbedingten Schalten (einzige Voraussetzung: Marken auf allen Eingangsplätzen) eines Aktivelements gibt es noch zwei Sonderformen:

a) Verzögertes Schalten:
Durch Angabe einer Schaltzeit kann das Schalten eines Aktivelementes verzögert werden. Die Schaltzeit definiert eine Zeitdifferenz zwischen dem Zeitpunkt, zu dem alle Voraussetzungen zum Schalten erfüllt sind, und dem tatsächlichen Schaltvorgang. Durch die Schaltzeit können Ereignisse, die Zeit verbrauchen, abgebildet werden, z.B. die Bearbeitungszeit eines Werkstücks auf einer Maschine.

Abb. 4 Schaltverzögerung

Die Bearbeitungszeit wird als Schaltzeit des Aktivelements 'Bearbeitung' definiert. Liegt ein Teil auf dem Maschinenbett, verzögert sich das Schalten genau um diese Zeit. Erst nach Ablauf der Bearbeitungszeit wird das Werkstück auf den Nachpuffer gelegt.

b) Bedingtes Schalten:
Als zusätzliche Schaltbedingung werden in den Aktivelementen Bedingungen formuliert, die bestimmte Variablenwerte der auf den Eingangsprädikaten liegenden Marken betrifft. Dadurch kann z.B. abgebildet werden, daß bestimmte Werkstücke nur auf bestimmten Maschinen bearbeitet werden sollen. Ein Aktivelement, das eine Zuordnung von Werkstücken zu Maschinen vornimmt, kann dann nur schalten, wenn Werkstück und Maschine zusammenpassen.

Die Verknüpfung von bedingten und verzögerten Aktivelementen führt zu realistischen Modellen, die insbesondere den Faktor Zeit voll einbeziehen.

4 Simulation

Unter Simulation versteht man die Nachbildung eines dynamischen Prozesses in einem Modell, um zu Erkenntnissen zu gelangen, die auf die Wirklichkeit übertragbar sind.
In der Simulation werden also Modellexperimente durchgeführt.

Simulation während der Planung eines Systems erlaubt:
- eine Überprüfung der Planung auf Realisierbarkeit
- eine frühe Erkennung von Planungsfehlern
- eine Entscheidungshilfe bei der Auswahl unter mehreren Alternativen

- eine Überprüfung der Auswirkungen unterschiedlicher Steuerungsstrategien
- eine Optimierung der Planung

Durch Simulationsuntersuchungen können die Auslastung und die Systemgrenzen eines Systems ermittelt werden, das Störverhalten untersucht und Engpässe sowie Blockierungen (Deadlocks) erkannt werden.

Petri-Netze, die die Abbildung der Zeit erlauben, ermöglichen neben der statischen Beschreibung die Durchführung von **ereignisorientierten diskreten Simulationsuntersuchungen.** D.h. es steht ein einheitlicher und leicht verständlicher Formalismus für die Systembeschreibung und die Modellierung zur Verfügung. Dadurch wird eine Kommunikation zwischen dem Auftraggeber der Simulation, dem Systemexperten, und dem Durchführer der Simulation, dem Modellexperten, möglich. Der Auftraggeber kann überprüfen, ob das Simulationsmodell dem realen bzw. geplanten System entspricht und an welchen Stellen Vereinfachungen vorgenommen wurden. Dadurch ist für ihn eine genaue Interpretation der Simulationsergebnisse möglich.
Der hierarchische Aufbau des Simulationsmodells macht einen Übergang von der Grobsimulation zur Feinsimulation durch Verfeinerung der einzelnen Modellbausteine möglich. Das Modell der Grobsimulation wird schrittweise verfeinert, bis es so detailliert ist, daß eine genaue Feinsimulation möglich ist.

Petri-Netze können nur dann ausgeführt werden, wenn Marken existieren, die das Schalten aktiver Elemente möglich machen. Bevor also eine Simulationsuntersuchung durchgeführt werden kann, muß die **Anfangsmarkierung** beschrieben werden. Es muß angegeben werden, auf welchen Passivelementen bei Simulationsstart Marken liegen, und die Werte der Prädikatvariablen dieser Marken müssen definiert werden. Durch die Anfangsmarkierung wird der Zustand, in dem sich das System zu Simulationsbeginn befindet, beschrieben, z.B.: Alle Maschinen sind frei und arbeiten nicht, das Transportsystem ist passiv, zehn Aufträge liegen zur Bearbeitung vor.
Wird die Anfangsmarkierung variabel gehalten, kann mit der Simulation bei jedem beliebigen Systemzustand aufgesetzt werden. So kann z.B. zunächst das Einschwingen des Systems beobachtet werden. Später, wenn zu dieser Phase ausreichende Erkenntnisse vorliegen, kann mit der Simulation bei einem eingeschwungenen Systemzustand begonnen werden.
Es können durch die Anfangsmarkierung gezielt kritische Situationen herbeigeführt werden.

Über die Anfangsmarkierung können auch die Systemeigenschaften abgebildet werden, die während der Simulation variiert werden sollen. So können große Teile des Systems variabel gehalten werden, ohne daß am Modell selbst Änderungen vorgenommen werden müssen.

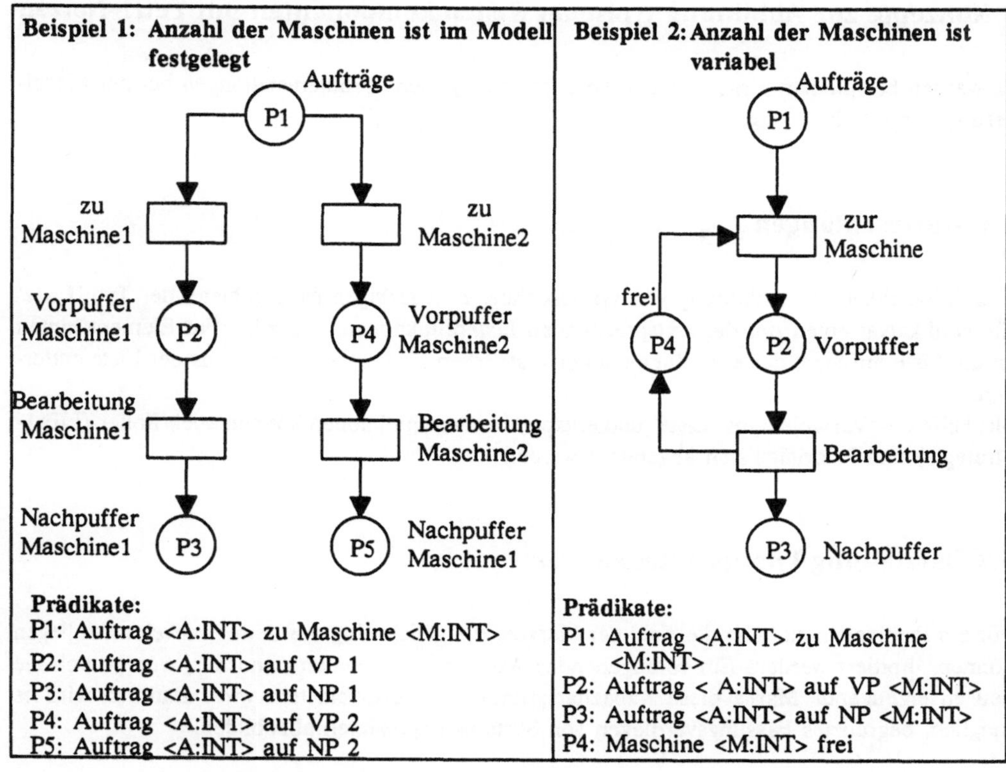

Abb. 5 Abbildung variabler Systemparameter

Beispiel 1 zeigt explizit zwei Bearbeitungswege Vorpuffer-Bearbeitung-Nachpuffer für zwei Maschinen. Durch eine entsprechende Schaltbedingung in den Aktivelementen 'zu Maschine1' und 'zu Maschine2' werden die Aufträge in die richtigen Bearbeitungswege übernommen.
In Beispiel 2 sind die Bearbeitungswege zu einem zusammengefaßt (gefaltet). Dennoch kann auch hier eine Unterscheidung zwischen Weg1 und Weg2 vorgenommen werden. Es werden bei der Anfangsmarkierung z.B. zwei Marken, <<Maschine 1 frei>> und <<Maschine 2 frei>>, auf 'frei' abgelegt. In der Schaltbedingung des Aktivelements 'zu Maschine' werden nur passende Markenkombinationen (z.B. <<Maschine 2 frei>> und <<Auftrag 4711 zu Maschine 2>>) zugelassen. Diese 2. Lösung erlaubt die Erweiterung um beliebig viele Maschinen, ohne daß das Modell selbst verändert werden muß. Es müßte bei der Anfangsmarkierung lediglich für jede weitere Maschine eine Marke auf 'frei' erzeugt werden.

Die Entscheidung, ob ein Netz explizit alle Details darstellen soll oder ob es vielfach gefaltet wird, wobei Komponenten durch Marken repräsentiert werden, ist oft schwierig. Gefaltete Netze sind kompakter und variabler. Andererseits läßt ein extrem gefaltetes Netz kaum noch die Problemkomplexität erkennen, da diese durch eine Vielzahl von Marken abgebildet wird.
Wichtig ist, daß während der Modellierung berücksichtigt wird, welche Systemkomponenten variabel gehalten werden sollen. Die Fragestellung, unter der die Simulation durchgeführt werden soll, muß also bereits vor der Modellierung geklärt sein.

5 Konzepte zur Abbildung typischer Systemkomponenten mit Petri-Netzen

Es werden beispielhaft einige Lösungskonzepte für typische Problemstellungen bei der Modellierung vorgestellt.

5.1 Warteschlangen

Eine Möglichkeit zur Abbildung von Warteschlangen in farbigen Netzen bietet der Typ 'Liste' für Prädikatvariablen mit den entsprechenden Listenfunktionen, wie z.B.: Ein Element hinten an die Liste anfügen, das erste Element der Liste lesen, das erste Element aus der Liste entfernen.
Mit Hilfe des Variablentyps 'Liste' und entsprechenden Funktionen können auch Keller (LIFO-Strategie) und Prioritätslisten abgebildet werden.

5.2 Darstellung knapper Ressourcen

Für ein Passivelement kann die Zahl der Marken, die gleichzeitig auf dem Passivelement liegen können, limitiert werden. Ein vorangehendes Aktivelement schaltet dann nur, wenn durch die neu zu erzeugende Marke diese Kapazitätsgrenze nicht überschritten wird. Dadurch wird es möglich, begrenztes Fassungsvermögen von Systemkomponenten abzubilden.

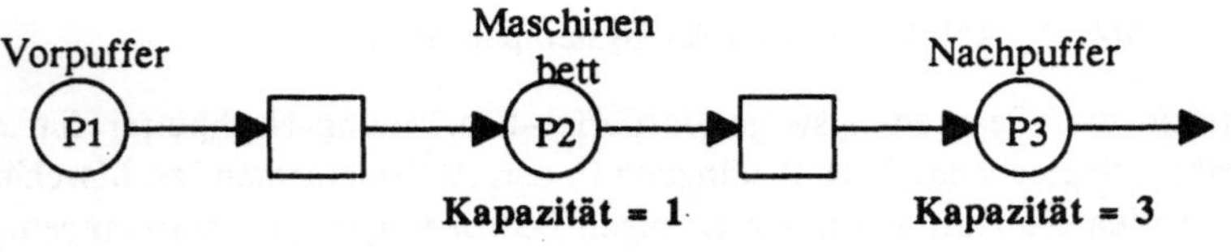

Abb. 6 Kapazitäten

Das Fassungsvermögen von Maschinenbett und Maschinennachpuffer wird durch die Kapazitäten von P2 und P3 beschrieben. Auf dem Maschinenbett kann sich jeweils nur eine Marke, die hier ein Werkstück repräsentiert, befinden. Erst wenn das Maschinenbett frei ist, wird ein Werkstück vom Vorpuffer auf das Maschinenbett gelegt. Der Nachpuffer hat die Kapazität 3, d.h. das Maschinenbett wird nur frei gemacht, wenn sich im Nachpuffer weniger als drei Werkstücke befinden.

Wird eine begrenzte Ressource im Modell nicht nur durch ein einziges Passivelement dargestellt, müssen Passivelemente eingeführt werden, die durch ihre Markenbelegung die noch freie Kapazität angeben.
Dies wäre im oben angeführten Beispiel der Fall, wenn der Nachpuffer ein Transportband wäre, auf dem die Werkstücke zur Übergabeposition zum Abtransport gebracht werden würden. Der Transport auf dem Band würde durch zwei Passivelemente abgebildet werden.

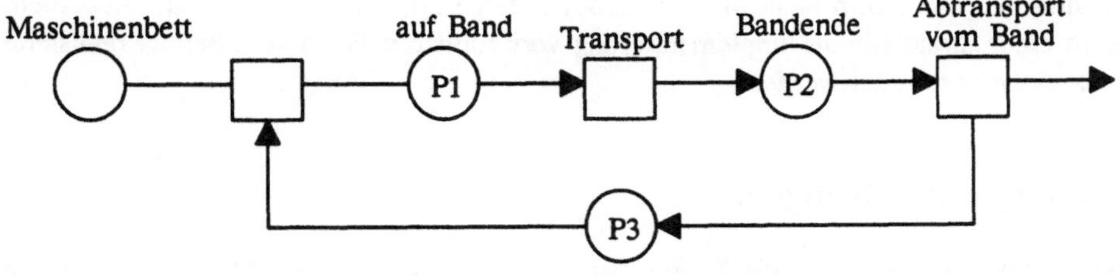

Abb. 7 Kapazitätsknoten

Die Passivelemente P1 und P2 haben gemeinsam die Kapazität 3. Befindet sich auf dem Band kein Werkstück, steht die gesamte Kapazität zur Verfügung. Auf dem Kapazitätsknoten P3 befinden sich drei Marken. Die Kapazität kann durch die Anfangsmarkierung variiert werden.

5.3 Prioritäten von Ereignissen

Ereignisprioritäten können durch minimale Unterschiede in den Schaltverzögerungszeiten der entsprechenden Aktivelemente dargestellt werden. Ein Ereignis mit niedriger Priorität findet nur dann statt, wenn die Ereignisse mit höherer Priorität nicht eintreten können.

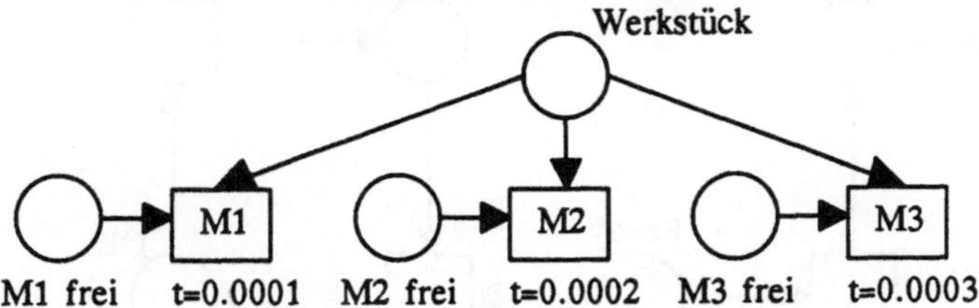

Abb. 8 Darstellung von Prioritäten

Die Maschine 1 (M1) hat die höchste Priorität, Maschine 3 (M3) die niedrigste. Ein Werkstück wird also, wenn es möglich ist, immer auf Maschine 1 bearbeitet. Nur wenn Maschine 1 und Maschine 2 belegt sind, erfolgt die Bearbeitung auf Maschine 3.

5.4 Darstellung von Strategien

Steuerung bedeutet in der Regel, daß eine Menge an Informationen zum Systemzustand ausgewertet wird und ermittelt wird, welche Reaktion aufgrund des aktuellen Systemzustands notwendig wird. Solche Steuerungsstrategien lassen sich durch Petri-Netze abbilden. Bei komplizierten Strategien können diese Netze allerdings komplex werden, was vor allem dann ein Nachteil ist, wenn sich die Strategien häufig und grundlegend ändern.
In diesem Fall ist es vorteilhaft, die Strategien über eine Programmschnittstelle des Simulationssystems als Funktionen zur Verfügung zu stellen. Diese Funktionen werden dann zur Berechnung von Variablenwerten beim Schalten eines Aktivelementes herangezogen oder fließen direkt als Schaltbedingungen von Aktivelementen ein.

Strategien sind in dieser Form nicht mehr im Modell festgelegt, sondern variierbar. Außerdem liegen sie in einer direkt für die Implementierung verwendbaren Form vor. Bereits realisierte Strategien können verwendet werden.

5.5 Abbildung von Störungen

Viele Systemkomponenten haben die Eigenschaft, nicht unbegrenzt einsatzbereit zu sein. Sie müssen in gewissen Zeitabständen gewartet werden oder fallen wegen Störungen aus.
In Simulationsuntersuchungen kann festgestellt werden, wie sich solche Störungen auf das Verhalten des Gesamtsystems auswirken, ob es zu kritischen Situationen kommen kann und wie am besten im Fall einer Störung verfahren werden sollte.
Die Störung einer Systemkomponente, z.B. einer Maschine, läßt sich durch einen Störungszyklus abbilden, der durch ein Passivelement 'ready' mit dem Arbeitszyklus der Maschine verbunden ist.

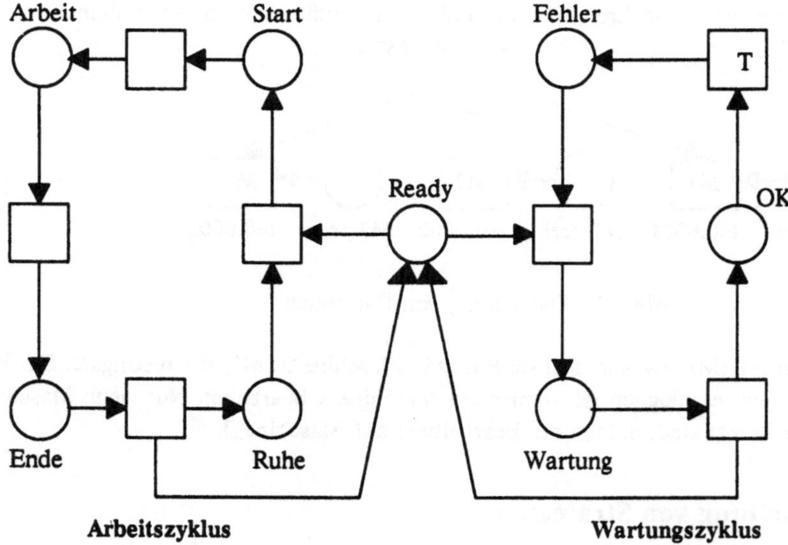

Abb. 9 Mean–Time–between–Failure

Die Abstände zwischen den Wartungszyklen werden durch die Schaltverzögerungszeit des Aktivelements T bestimmt. Diese Schaltverzögerungszeit kann auch aufgrund einer Verteilungsfunktion (z.B. Gauss-, Exponential-, Gleichverteilung) zufällig ermittelt werden. Der Wartungszyklus wird durch eine Marke auf 'Fehler' eingeleitet .

6 Modellierung im Großen am Beispiel einer Fertigungssteuerung

Bei der Abbildung großer Systeme spielt die Vorgehensweise bei der Modellbildung und die Strukturierung des Modells im Großen eine wesentliche Rolle. Bewährt hat sich ein objektorientierter Ansatz. Es werden die relevanten Objekte der Realität identifiziert. Das Verhalten dieser Objekte wird durch ihre möglichen Zustände und die Zustandsänderungen beschrieben. Objekte beeinflussen sich gegenseitig durch den Austausch von Nachrichten. Solche Nachrichten lösen Aktionen der Objekte aus. Die Objekte ändern ihren Zustand.

Der objektorientierte Ansatz läßt sich sowohl bei der Abbildung der Anlage als auch bei der Beschreibung der Steuerungssoftware anwenden.
Objekte der Anlage sind z.B. Maschinen, Lager oder Transportfahrzeuge. Die Interaktion dieser Objekte erfolgt über den Austausch von Nachrichten, z.B. bestimmte Werkstücke.
Bei der Modellierung der Software kann wie bei einem objektorientierten Systementwurf vorgegangen werden. Das Modell der Software kann als objektorientierter Entwurf verstanden werden. Die Objekte der Software lassen sich in folgende Gruppen unterteilen:

- Objekte, die innerhalb der Software Informationen über die Objekte der Anlage verwalten.
- Objekte, die Informationen über abstrakte Objekte wie Arbeitspläne, Aufträge usw. verwalten.
- Objekte, die die Steuerung übernehmen.

Die Kommunikation zwischen Steuerungssoftware und Anlage erfolgt über den Austausch von Nachrichten zwischen Objekten der Anlage und Objekten der Steuerung.

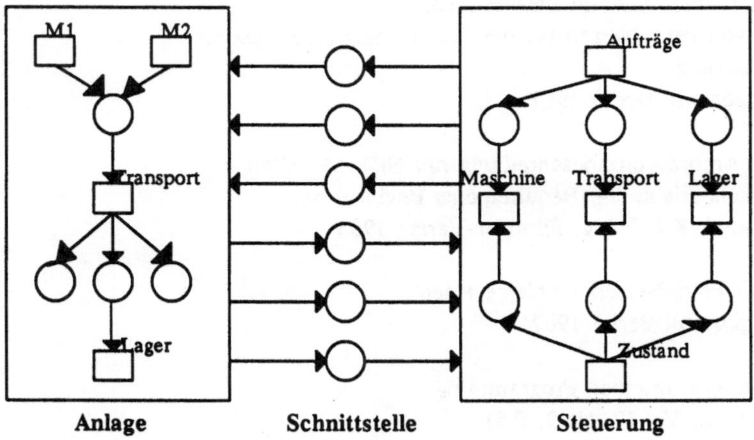

Abb. 10 Objektorientierte Modellierung

Durch Simulation kann das Verhalten der Anlage, das Verhalten der Software und das Zusammenspiel zwischen beiden untersucht werden. Wird die Steuerungssoftware vollständig abgebildet, kann das Modell als Prototyp der zu entwickelnden Software betrachtet werden.

7 Ausblick

Auch bei der Verwendung von Petri-Netzen ist der Übergang von der Systemanalyse zum Programmentwurf nicht trivial. Ziel der Forschung ist, die Kluft zwischen Analyse und Entwurf zu schließen. Ein Ansatz dazu wäre die Gewinnung von ausführbarem Code aus den Netz-Modellen, die die Software abbilden. Des weiteren sollte das Modell der Anlage zur Gewinnung einer Testumgebung für die Steuerungssoftware verwendet werden können.

Eine durchgehende Methodik zur Modellierung mit Petri-Netzen steht bis heute noch aus. Allerdings sind bereits erste methodische Ansätze vorhanden, die im Zuge einer verstärkten praktischen Anwendung der Petri-Netze weiterentwickelt werden.

Literatur:

Reisig, W.: Systementwurf mit Netzen
Springer Verlag 1985

Reisig, W.: Petri-Netze, eine Einführung
Springer Verlag 1982

Genrich, H.-J., Lautenbach, K.: System Modelling with High-level Petri-Nets
Theor. Comp. Sci., Vol 13, P 109, 81

Itter, F.: Das PSItool NET im Einsatz unter VMS auf VAX:
Verwendung von Petri-Netzen bei der Entwicklung einer flexiblen
Fertigungssteuerung
DECUS-Symposium, Berlin 1987

Winkler, P. : Anforderungsbeschreibung mit NET-Modellen
Informatik-Fachberichte 74, Requirements Engineering,
Hrsg. G.Hommel, K.Kröning, Springer-Verlag 1983

Stocks, J.: Mit Petri-Netzen Probleme lösen
DECUS-Symposium, Berlin 1987

Rentsch, T.: Object oriented Programming
SIGPLAN Notices, Vol.17, No.9, P.51
Sept. 1982

Kontaktadresse: Dipl.Inf. C. Relewicz
PSI Gesellschaft für Prozeßsteuerungs- und Informationssysteme m.b.H.
Kurfürstendamm 67, 1000 Berlin 15

Layoutgestaltung für logistische Systeme mit Petri-Netzen

Eric Schoop

Lehrstuhl für BWL und
Wirtschaftsinformatik

Universität Würzburg

Zusammenfassung

Logistische Systeme sind der zentrale Betrachtungsschwerpunkt einer modernen Betriebswirtschaftslehre, die sich quantitativer Methoden und rechnergestützter Instrumentarien bedient. Die Aufgabenstellungen der Logistik betreffen die Planung und Regelung der Material- und Informationsströme innerhalb einzelner betrieblicher Organisationseinheiten oder auch zwischen räumlich getrennten Standorten. Ihre Lösung beeinflußt die Aufbau- und Ablauforganisation der betroffenen Unternehmen.

Während sich die logistischen Funktionen in Handelsbetrieben neben der eigenen Lagerhaltung auf die externen Berührpunkte Beschaffung und Distribution konzentrieren, kommt in Produktionsunternehmen der betriebsinterne Materialfluß als weiterer logistischer Schwerpunkt hinzu. Hier nimmt der factory layout als räumliches Gestaltungsmittel entscheidenden Einfluß auf die erfolgsbestimmenden Faktoren Fertigungsdurchlaufzeit, Lagerbestände und Termingenauigkeit.

Die klassischen Hilfsmittel des Betriebswirts zur Erfassung und Steuerung dieser Größen kommen aus der Kostenrechnung. Sie liefern jedoch im wesentlichen nur ex-post-Größen und sind daher für eine vorausschauende Planung und Organisation des Layouts logistischer Systeme ebensowenig geeignet wie die heute bekannten Verfahren zur Investitionsrechnung. Sie müssen um zukunftsgerichtete, einfach zu bedienende Werkzeuge ergänzt werden, um dem Logistiker, dessen Aufgabenschwerpunkt in der Regel weniger methodisch quantitativen als vielmehr dispositiv organisatorischen Charakters ist, eine Entscheidungshilfe an die Hand zu geben. Hierfür scheint ein rechnergestütztes Modellierungs- und Simulationsprogramm auf der Grundlage einer grafischen Entwicklungsoberfläche das aus heutiger Sicht am besten geeignete Werkzeug zu sein. Die Einsatzmöglichkeiten eines solchen Instrumentariums werden exemplarisch aufgezeigt.

1. Einleitung

Der Begriff der Logistik entstammt ursprünglich der militärischen Terminologie und bezeichnet dort vorrangig die Probleme des Transports, des Nachschubs und der Truppenversorgung. Mit der inhaltlichen Ausweitung auf die allgemeine Analyse von Distributionssystemen wurde die Logistik in den Themenkatalog der amerikanischen Managementlehre aufgenommen und hält in den letzten Jahren im Zuge des internationalen Wissenstransfers auch verstärkt Einzug in die betriebswirtschaftliche Ausbildung in der Bundesrepublik Deutschland. Logistik als Funktionsbegriff beschreibt hier die prozeßgestaltenden und -begleitenden Aufgaben innerhalb von Betrieben im Sinne einer linienübergreifenden Matrixfunktion und die Interaktion zwischen einzelnen Betrieben oder Standorten unter Einschluß gesamtgesellschaftlicher Verkehrssysteme. Als neue wissenschaftliche Disziplin befaßt sich die Logistik mit der Beschreibung, Erklärung und Organisation von Problemen des Material- und des Informationsflusses in realen Systemen [Gei75,Ki83].

Betrachtet man die dispositiven Funktionen in einem Betrieb aus der Sicht der rechnergestützten Informationsverarbeitung, dem nucleus zukünftiger Organisations- und Kommunikationslösungen, lassen sich grundsätzlich drei Verantwortungskreise unterscheiden. Der computerintegrierte Betrieb als strategische Organisationseinheit stützt sich auf ein computerintegriertes Finanzmanagement (Buchhaltung, Kostenrechnung, Controlling), sofern Produktionsunternehmen, auf ein computerintegriertes Manufacturing (Konstruktion, Auftragsbearbeitung, Fertigungs- und Lagerleitsysteme sowie Zellen-, Transport- und Maschinensteuerungen, ergänzt um Qualitäts- und Instandhaltungssysteme), sowie auf ein computerintegriertes Logistiksystem. Letzteres umspannt Beschaffung, Produktion und Distribution und soll hier schwerpunktmäßig Fragen aus den folgenden Bereichen lösen:

- Wegeproblem,
- Transportproblem,
- Produktionsprogrammplanung,
- Auftragsreihenfolge,
- Lagerhaltungsproblem,
- Ersatzproblem,
- Wartezeitproblem und
- Konkurrenzproblem.

Als Lösungsverfahren bietet die quantitative Betriebswirtschaftslehre ein ganzes Methodenbündel an:

- Lineare Programmierung,
- Nichtlineare Programmierung,
- Ganzzahlige und gemischt ganzzahlige Programmierung,

- Dynamische Programmierung,
- Entscheidungsbaumverfahren,
- Netzplantechnik,
- Warteschlangentheorie,
- Spieltheorie,
- Simulation und
- Heuristische Verfahren [El184].

Die weiteren Ausführungen befassen sich exemplarisch mit dem Entwurf logistischer Systeme im Produktionsbereich. Hinsichtlich der Behandlung von zwischenbetrieblichen Standort-, Transport- und Tourenproblemen sowie logistischen Fragestellungen aus dem Bereich des Marketings sei auf weiterführende Literatur verwiesen [vgl. beispielsweise Dom82, Tem83].

Die oben genannten quantitativen Methoden stammen aus dem Bereich der Unternehmensforschung (operations research) und beschreiben in der Mehrzahl exakte Optimierungsverfahren. Die charakteristischen Problemstellungen in der betrieblichen Praxis erreichen jedoch sehr schnell Größenordnungen, die sich - zumindest bei wirtschaftlich vertretbarem Aufwand - nicht mehr rechnen lassen, oder sie können den notwendigen formalen Eingangsbedingungen der Modelle nicht genügen, da sie sich entweder nicht hinreichend genau bestimmen lassen oder aber stochastischem Verhalten unterliegen. Bei Unsicherheit hinsichtlich der Wertigkeit, der Auftretenshäufigkeit oder der zeitlichen Dauer von Ereignissen, die unabhängig voneinander stattfinden, sich jedoch auch gegenseitig beeinflussen können, muß anstelle exakter Lösungsverfahren auf heuristische oder simulative Ansätze zurückgegriffen werden [El184]. Mitunter lassen sich auch Verfahrenskombinationen anwenden [vgl. beispielsweise die in Tem83 vorgeschlagene hierarchisch rekursive Modellstruktur aus LP- und Simulationsansatz zur Lösung von Tourenplanungsproblemen].

2. Systementwurf

Der Entwurf logistischer Systeme befaßt sich stets mit den Aufgaben

- Beschreibung der Umgebungsbedingungen (Parameterstruktur, Ist-Erhebung, Zielsetzungen),
- Planung von Lösungen (Evaluierung von Alternativen, Formulierung eines Soll-Konzeptes) und
- Entwicklung des Systems (Hardwarestrukturen und Softwareerstellung).

Abbildung 1 im Anhang zeigt, daß die zum Systementwurf gehörenden Teilaufgaben der Systemanalyse und der Systementwicklung bei klassischer Vorgehensweise in zwei zwar in sich verzahnte, jedoch nebeneinander stehende, eigenständige Hälften zerfallen. Die Fragezeichen der Abbildung spiegeln die schwierigen, stufenweisen Übergänge von abgeschlossener Istanalyse und Schwachstellenbeschreibung zu einem meist intuitiv entwickelten Sollkonzept wieder. Eine weitere Frage ist, wie man dieses und die vorhergehenden Stufen so dokumentiert, daß die Schritte auch von Außenstehenden nachvollzogen werden können und sich insbesondere ein Software-Entwurf für eine rechnergestützte Lösung ohne harten Medienbruch und den Zwang zur Wiederholung schon geleisteter Schritte homogen anschließen kann oder sich sogar abgeleitete Ergebnisse für das Software-Engineering unmittelbar weiterverwenden lassen.

Für den Software-Entwurf und die nachfolgende Software-Entwicklung existieren im Gegensatz zur Systemanalyse schon seit längerem integrierte Werkzeuge, die unter Begriffen wie "programmer's tool box" geführt werden.

Eine Verbesserung des Systementwurfs kann durch weitergehende Rechnerunterstützung schon im Vorfeld des Software-Engineerings erreicht werden. Die Schwächen der herkömmlichen Systemanalyse sind schon seit langem bekannt. Durch aufwendige Methodenkataloge versucht man, Projektteams einen strukturierten Leitfaden für Befragungen und Begehungen vor Ort in die Hand zu geben. Die Forderungen einer grafischen Unterstützung der Vorgehensweise in Form von flow charts, aber auch der grafischen Abbildung geplanter Lösungen für deren besseres Verständnis beim Anwender des späteren Systems zeigen Verbesserungen auf, für die teilweise auch schon rechnergestützte Werkzeuge existieren. Als Beispiel sei auf das Konzept STRADIS (STructured Analysis, Design and Implementation of Information Systems) der McDonnell Douglas Corporation verwiesen. Zur Begleitung der in [GaSa86] vorgeschlagenen Methodik kann auf ein Softwarepaket zurückgegriffen werden, welches insbesondere die Erstellung von Datenflußdiagrammen und Data Dictionaries, die Abbildung von Prozeßverläufen, die Definition von Datenspeichern und die Ableitung eines strukturierten Programmentwurfs aus dem logischen Modell unterstützen soll.

Der in Abbildung 2 wiedergegebene Vorschlag für einen rechnergestützten Systementwurf geht allerdings einen entscheidenden Schritt weiter. Hier werden die abgestuften Phasen der Systemanalyse durch einen ein- oder mehrmaligen Kreislauf ersetzt. Dieser wird durch den Input von Daten aus der Ist-Erhebung eines logistischen Systems oder seines Umfeldes angestoßen und liefert als Ergebnis Vorgaben für Methoden des Software-Engineerings in Form grafischer Darstellungen von Systemobjekten und deren Verknüpfungen, wie man sie von Entity Relationship Modellen und verwandten Verfahren kennt. Der Kreislauf selbst besteht aus der grafischen Abbildung des bestehenden Systems und seiner Funktionen im Rechner in Form eines hierarchisch gegliederten Modells. Diese Grafiken sollen auf den verschiedenen Hierarchieebenen/Abstraktionsgraden als Hilfsmittel für die notwendige Kommunikation zwischen Systemanalytiker/Modellierer und den Personen aus dem Realsystem dienen. Nur wenn der Anwender seine Arbeitsumgebung als Abbildung von Material- und/oder Informationsflüssen auf dem von ihm überschaubaren Niveau (Arbeitsplatz-/Abteilungs-/Bereichs-/Betriebsebene) wiedererkennt, kann er auf korrekte Wiedergabe der Istsituation prüfen und auch nachfolgende Sollvorschläge diskutieren.

Der entscheidende Vorteil eines rechnergestützten Systementwurfs, wie er hier vorgeschlagen wird, kommt jedoch erst zum Tragen, wenn die Daten eines überprüften Ist-Modells übergangslos die Basis von Simulationsläufen bilden. Jetzt kann eine Modellvalidierung hinsichtlich der abgebildeten Leistungsdaten (Kapazitäten, Zeiten, Prozeß- und Wegealternativen sowie Entscheidungsregeln) auf quantitativem Wege erfolgen. Systemschwächen werden im Simulationsmodell ebenso erkannt, wie Sollkonzepte a priori nicht nur auf ihre lokalen, sondern auch auf die systemweiten Konsequenzen untersucht werden.

Die Anforderungen an eine Software, die obengenannten Spezifikationen genügen soll, sind in [Scho87a, Scho87b, Scho88] diskutiert. Nach einem Vergleich verschiedener Simulationsprogramme wird vorgeschlagen, als Werkzeug für den rechnergestützten Systementwurf weiterentwickelte Petri-Netze auf der Basis von Kanal-/Instanz- und Prädikats-/Transitions-Netzen einzusetzen.

3. Werkzeug und Vorgehensweise

Als Instrumentarium für die Beschreibung bestehender und den Entwurf neuer logistischer Systeme kommt aus obengenannten Gründen die Software NET aus dem Hause PSI in Berlin zum Einsatz. Ihr Hauptvorteil für den Modellspezialisten liegt darin, daß er sich von Anfang an in einer leicht verständlichen und grundsätzlich aufgrund der darunterliegenden Petri-Theorie auch theoretisch abgesicherten grafischen Modellumgebung befindet. Aus dieser heraus wird das zu beschreibende Realsystem entworfen. Die Erweiterungen hinsichtlich der ursprünglichen Petri-Theorie sind

- die Dekomposition (Hierarchisierung) der Modelle, um auch komplexere Systeme mit der jeweils gewünschten Detaillierung abbilden zu können,
- die Vergabe von Prädikaten, um individuelle Marken durch das Netz steuern und verfolgen zu können,
- die Konditionierung der Ereignisse, um Kapazitätsvorgaben, Eingangs- und Ausgangsbedingungen sowie Entscheidungsregeln aus der abzubildenden Realumgebung einbringen zu können,
- das Mitführen der Zeit im Modell,
- die Listenverarbeitung zur Erzeugung beliebiger Reihenfolgen und
- die Möglichkeit, bei Bedarf das bisher rein grafische Modell mit symbolbezogen hinterlegten Texten um weitere Grafikmodule zu ergänzen, die in einer Standardprogrammiersprache zusätzliche Bedingungen und Regeln für das Netz enthalten [vgl. NET88].

Aus der Sicht von Simulationsexperten wird dem Verfahren einer Modellkonstruktion auf der Grundlage grafischer Symbole oft vorgehalten, daß es gegenüber der Notwendigkeit, eine spezielle Simulationssprache (etwa GPSS oder SIMULA) zu beherrschen, zwar leichter erlernbar und damit für einen Modellierer, der aus der Anwendungsumgebung des abzubildenden Systems kommt, bei gleicher Flexibilität des Instrumentariums prinzipiell schneller einsetzbar sein könnte, daß dieser Vorteil jedoch durch die aufwendige Vorgehensweise immer überkompensiert würde.

Diesem Argument ist entgegenzuhalten, daß gerade die in der Praxis oft notwendige Trennung zwischen Personen aus der Anwendungsumgebung des abzubildenden Systems (Systemspezialisten) und Personen aus der Modell- und Simulationswelt (Modellspezialisten) eine Vielzahl iterativer Informationsaustausche erfordert. Das gegenseitige Verständnis der jeweiligen Aussagen und Probleme kann durch ein neutrales Kommunikationsmittel, in diesem Fall die Grafik, schneller und sicherer ermöglicht werden, als wenn man auf die natürliche Sprache zurückgriffe.

Eine Beschleunigung des konstruktiven Verfahrens der Modellbildung am Bildschirm kann erreicht werden, wenn es gelingt, dem Modellspezialisten eine grafische Modulbibliothek zur Verfügung zu stellen, die alle wiederholt auftretenden betrieblichen Funktionen in standardisierter Form auf operationsnaher, dispositiver und administrativer Entscheidungsebene enthält. Zusätzlich müssen für die Modellbildung auch technische Konstruktionselemente (Bausteine für eine Reihenfolgenbildung, Ereignisse für das Einwirken stochastischer Störgrößen etc) vorhanden sein. Auf dieser Basis kann die Nachbildung einer bestimmten Realumgebung respektive der Entwurf eines neuen Systems erheblich beschleunigt werden [vgl. zu dieser Problematik Scho87a, SchoPa88].

4. Logistische Systeme in der Produktion

Da die in der Einleitung aufgezählten Fragestellungen - wenn auch mit unterschiedlicher Ausprägung - auch für logistische Systeme im Produktionsbereich einer Unternehmung relevante Entscheidungsgrößen sind, soll im folgenden ausschließlich auf diesen Bereich eingegangen werden. Die Erkenntnisse lassen sich mit geringen Modifikationen auch auf die angrenzenden Bereiche der Beschaffungs- und der Distributionslogistik übertragen.

Ein Produktionsunternehmen erfährt seine betriebstypische Ausprägung durch die strategischen Zielvorgaben, die Marktausrichtung (Kunden- oder Marktorientierung) und die Art und Weise der Produktionsfaktorausprägungen und -kombinationen. Der hierdurch charakterisierte Betriebstyp wirkt sich auf die Aufbauorganisation (Berichtswege/Entscheidungshierarchie und Layoutgestaltung) sowie auf Art und Richtung der informellen und materiellen Abläufe in der Unternehmung aus. Insbesondere das Problem der Auftragseinplanung ist mit diesen Parametern eng verknüpft, wie Abbildung 3 aufzeigt.

Grundsätzlich lassen sich bei der Darstellung logistischer Systeme durch Petri-Netz-Modelle die Informations- und Materialflüsse gemeinsam abbilden. Der Vorteil der Wiedererkennbarkeit von Realobjekten im Modell durch die grafischen Eigenschaften der Netze kommt jedoch überwiegend bei der Abbildung materieller Zusammenhänge wie Standorte von Maschinen und Lägern sowie Transportwegalternativen zum Tragen. Die für Materialflüsse zwingend notwendigen Informationen, deren Wege und Steuerung sind dagegen im Realsystem nicht sofort wiederauffindbar. Allenfalls anhand von Belegen in Form von Arbeitsplänen, Fertigungsaufträgen oder Materialbegleitpapieren, die durch Begehung und Befragungen vor Ort an verschiedenen Stellen der Aufbauorganisation vorgefunden werden, lassen sich Informationsflüsse erkennen. Hier ist die Verifikation korrekter Nachbildung bestehender Systeme ungleich schwerer als bei der reinen Layout- und Materialflußwiedergabe, und auch beim Entwurf neuer logistischer Systeme erfordert die Abbildung der Informationsströme einen erheblich höheren Aufwand.

Oft gelingt es jedoch, logistische Fragestellungen auf die Layoutgestaltung des Systems zurückzuführen, indem man den Entscheidungsraum eingrenzt und die Informationsgrundlagen als gegeben annimmt oder in vereinfachter, dem Problem angepaßter Form in das Modell einbringt. Ein interessantes Beispiel der Simulation interaktiver Informations- und Materialflüsse mit dem hier diskutierten Werkzeug NET findet sich in

[Itt88]. Hier wird das Layout eines flexiblen Fertigungssystems in einem Netz dargestellt, welches außerdem um die Abbildung der dahinterstehenden und zu überprüfenden Steuerungsstrategie in derselben grafischen Darstellung ergänzt wurde.

Abbildung 4 stellt die Größen Kapazität, Zeit und Intensität in den Mittelpunkt der Planungsaufgaben für eine langfristige Layoutgestaltung. Je nach Komplexitätsgrad des Systems bietet es sich hier an, mehrere der einleitend angesprochenen Verfahren aus der Unternehmensforschung in Kombination einzusetzen, um die zu untersuchenden Fragestellungen der erforderlichen Zielrichtung entsprechend herauszuarbeiten. Die Layoutmodellierung und -simulation auf Basis von Petri-Netzen kann per se nicht oder nur zufällig zu optimalen Ergebnissen gelangen. Sie vermag jedoch, unter gegebenen Annahmen geplante Entscheidungen vorweg abzubilden und das logistische System im Modell auf seine Stabilität gegenüber stochastischen Ereignissen und nicht vorhersagbaren, oftmals nebenläufig stattfindenden Vorgängen mit gegenseitiger Einflußnahme im Rahmen von Sensitivitätsanalysen zu überprüfen.

Die Anpassung bestehender logistischer Systemlayouts an von außen eintretende Änderungen (andere Auftragslage, anderer Auftragsmix, Personalstandsänderungen, Fehlbestände, Ausfälle von Anlagen und ähnliche Ereignisse) verwendet ebenfalls die Größen Kapazität, Zeit und Intensität als Einflußvariable. Bei kapazitativer Anpassung kommt es zu sprungfixem Verlauf der Kostenkurven, weshalb diese Maßnahme eher eine Reaktion auf längerfristig stabile Parameteränderungen darstellt. Änderungen der Arbeitszeiten bei gegebener Anlagennutzung (Überstunden, dritte Schicht) und/oder der Arbeitsintensität durch höhere Belastung der einzelnen Kostenstellen sind dagegen eher Antwort auf Einflüsse kürzerer Dauer. Auch hier kann das Vorliegen eines Layoutmodells eine große Entscheidungshilfe sein. Die Auswirkungen lokaler Anpassungsentscheidungen bei gegebener Auftragseinlastung lassen sich in komplexen Realsystemen von den Entscheidungsträgern ebensowenig vorhersagen, wie a priori der Effekt einer geänderten Auftragslage im Fertigungsbereich auf Gesamtdurchlaufzeiten, Anlagenauslastung, Bestände und Termintreue quantifiziert werden kann.

Das factory layout eines Produktionsunternehmens kann - dem Betriebstyp entsprechend - entweder ein System verketteter, eng gekoppelter Anlagen, Transport- und Lagereinrichtungen sein (vgl. Abbildung 5, ein Blockdiagramm, das unmittelbar in ein Petri-Netz überführt werden kann) oder einen eher verrichtungsorientierten, lose gekoppelten Aufbau aufweisen (vgl. Abbildungen 6 und 7 eines mittelständischen Betriebes mit Werkstattfertigung).

Systeme der erstgenannten Art weisen in der Regel nur eine begrenzte Zahl von Freiheitsgraden auf. Da eine Organisation nach dem Flußprinzip vorliegt, lassen sie sich vergleichsweise einfach in Netzmodelle umsetzen. Hier werden weniger die Konsequenzen bestimmter lokaler Entscheidungen auf das Gesamtsystem in Form geänderter Materialflüsse als vielmehr dessen Stabilität gegenüber lokalen Störeinflüssen überprüft. Da die Verkettung in der Regel weniger starr ist, als es zunächst den Anschein haben mag, ergeben sich als Eingriffsparameter für die Systemuntersuchung im Modell in begrenztem Maße Zahl, Anordnung und Größe von Puffern zur Überbrückung von Störfällen. Hinzu kommt im Einzelfall eine mögliche Änderung lokaler Taktabstimmungen und Transportentscheidungen auf Basis entsprechender Kausalzusammenhänge.

Systemlayouts nach dem reinen Verrichtungsprinzip einer Werkstattfertigung geben im Gegensatz zu oben keinen definierten Materialfluß vor. Die Anordnung der Aggregate erlaubt entsprechend dem jeweils zu bearbeitenden Produkt unterschiedliche Bearbeitungs- und damit auch Durchlauffolgen. Die Wiedergabe aller vorgesehener Materialflüsse durch das entsprechende Werkstattlayout in Form eines Petri-Netzes gestaltet sich als eine sehr komplexe Aufgabe und kann nur in einer der Produktvielfalt entsprechenden Zahl von Einzelschritten (jeweils für eine durch gleiche Bearbeitungsreihenfolgen definierte Teilefamilie) vorgenommen werden. Abbildung 7 zeigt exemplarisch die unterschiedlichen Durchläufe zweier Erzeugnisse durch dasselbe Modell. Bezüglich der Anzahl, Lokalisation und Größe von Pufferlägern sowie der aggregatespezifischen Leistungsänderung (Durchsatzschwankungen) sind hier im Gegensatz zu eng gekoppelten Systemen erheblich mehr Variationsmöglichkeiten gegeben. Entsprechend komplex gestaltet sich die Entscheidungsaufgabe für die verantwortlichen Disponenten.

Da der zuletzt angesprochene Betriebstyp charakteristisch für den größten Teil der überwiegend mittelständischen Produktionsunternehmen in der Bundesrepublik Deutschland ist, die Entscheidungsträger vor Ort jedoch bis heute nur in den seltensten Fällen über rechnergestützte Hilfsmittel verfügen, kann einem flexibel handhabbaren, leicht verständlichen Simulationswerkzeug gerade für diesen Bereich eine hohe Akzeptanz vorhergesagt werden.

5. Ausblick

Die in dem vorliegenden Beitrag getroffenen Aussagen bezüglich der positiven Effekte grafischer Oberflächen beim Systementwurf können aufgrund der bisher gesammelten Erfahrungen in der praktischen Anwendung bestätigt werden. Gleiches gilt grundsätzlich auch für die Akzeptanz von Aussagen auf der Basis von Simulationsergebnissen seitens betrieblicher Entscheidungsträger. Der begonnene Aufbau einer systematischen, alle betrieblichen Funktionsbereiche abdeckenden Modulbibliothek muß jedoch weiter vorangetrieben werden, um zu einer schnelleren Modellbildung schon im Vorfeld der angestrebten Simulationen zu gelangen.

Die Vorgehensweise beim Simulieren selbst, die Auswahl der zu beobachtenden Objekte, die Aufzeichnung deren Verhaltens im Zeitablauf und ihre Interaktion mit angrenzenden Objekten unter bestimmten Bedingungen sowie die Umsetzung der gewonnenen Erkenntnisse in ein modifiziertes Modell (Sollkonzept) sind Fragen, die sicher noch eingehender Untersuchung bedürfen. Insbesondere fehlt es derzeit an Anhaltspunkten, die ein systematisches, zielgerichtetes und damit effizientes Vorgehen bei Formulierung und Durchführung der Simulationsmodelle erleichtern.

Auch im Umfeld des Einsatzes von Petri-Netz-orientierten Werkzeugen für den Systementwurf ist weitergehende Unterstützung denkbar. Im Vorfeld der Datenerhebung und -aufbereitung über das Ist-Modell respektive der Formulierung der Rahmenbedingungen für neu zu konzipierende Systeme wünscht man sich rechnergestützte Hilfsmittel, die nicht nur ungeordnet anfallende Informationen aus Interviews und Beobachtungen sammeln, systematisch aufbereiten und die Ergebnisse eventuell schon in geeigneter Form für die Umsetzung in ein Netzwerkzeug vorhalten, sondern zusätzlich auf noch fehlende Inputs, Widersprüche und Inkonsistenzen aufmerksam machen. Da auch der rechnergestützte Systementwurf nicht auf Erhebungen vor Ort verzichten kann, muß ein solches Werkzeug mobil einsetzbar und leicht zu transportieren und zu bedienen sein.

Ein weiteres Ziel ist eine ergänzende Aufbereitung und anschließende Interpretation der Simulationsergebnisse. Bisher fallen sie als Ausdruck von Statistiken oder während der Laufzeit im Rahmen eines Monitoring am Bildschirm an. Gerade der Auswertungsaspekt ist am ehesten durch den Einsatz regelbasierter Systeme unterstützbar. Dies setzt einen umfänglichen, sorgfältigen Aufbau der jeweiligen Wissensbasis sowie eine entsprechende Nutzung der Problemlösungs-, Wissenserwerbs- und Erklärungskomponenten voraus.

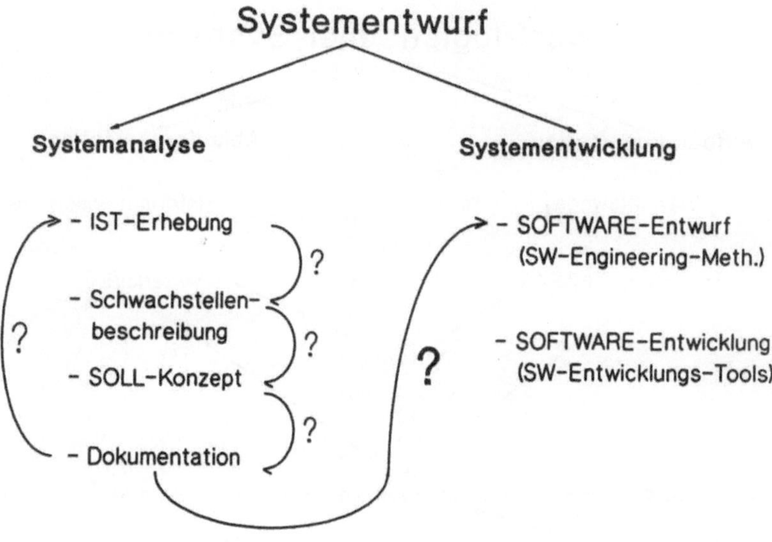

Abbildung 1: Systemanalyse und Systementwicklung konventioneller Prägung

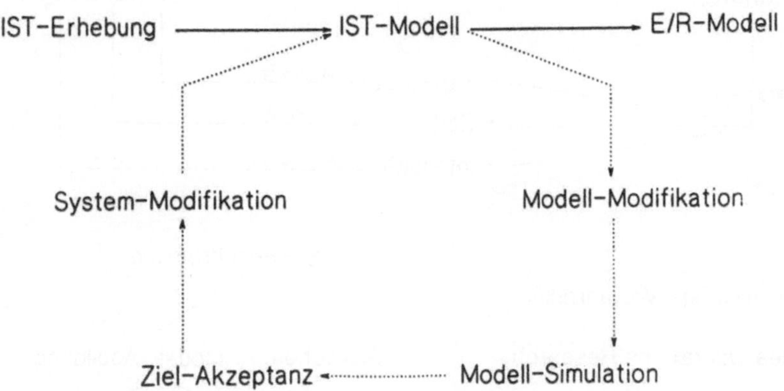

Abbildung 2: Integrativer Systementwurf mit Rechnerunterstützung

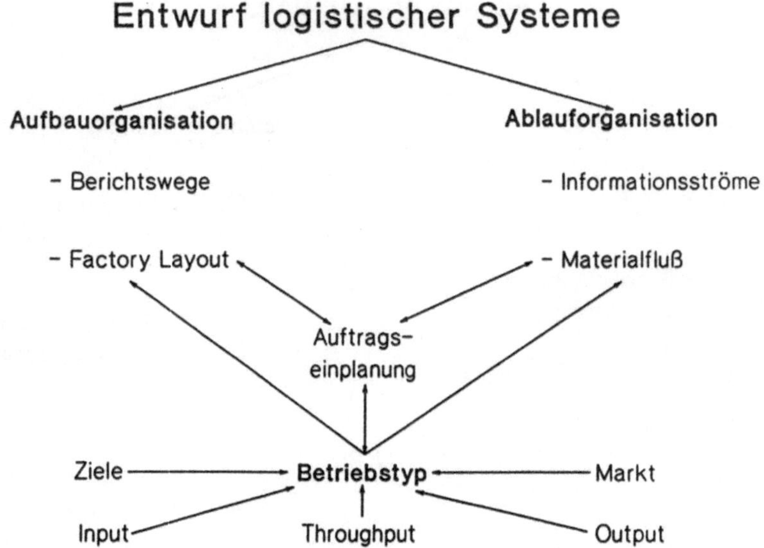

Abbildung 3: Berührpunkte logistischer Funktionen mit der betrieblichen Aufbau- und Ablauforganisation

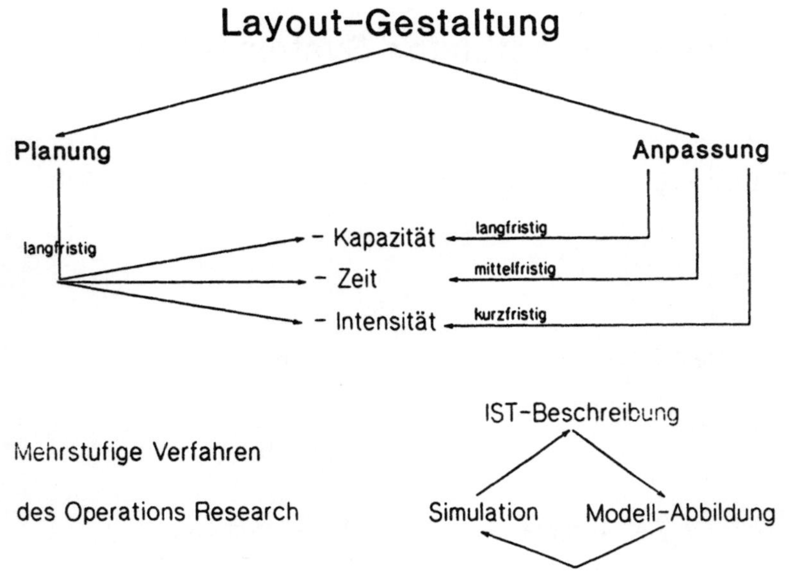

Abbildung 4: Planungs- und Anpassungsmaßnahmen bei der Layoutgestaltung

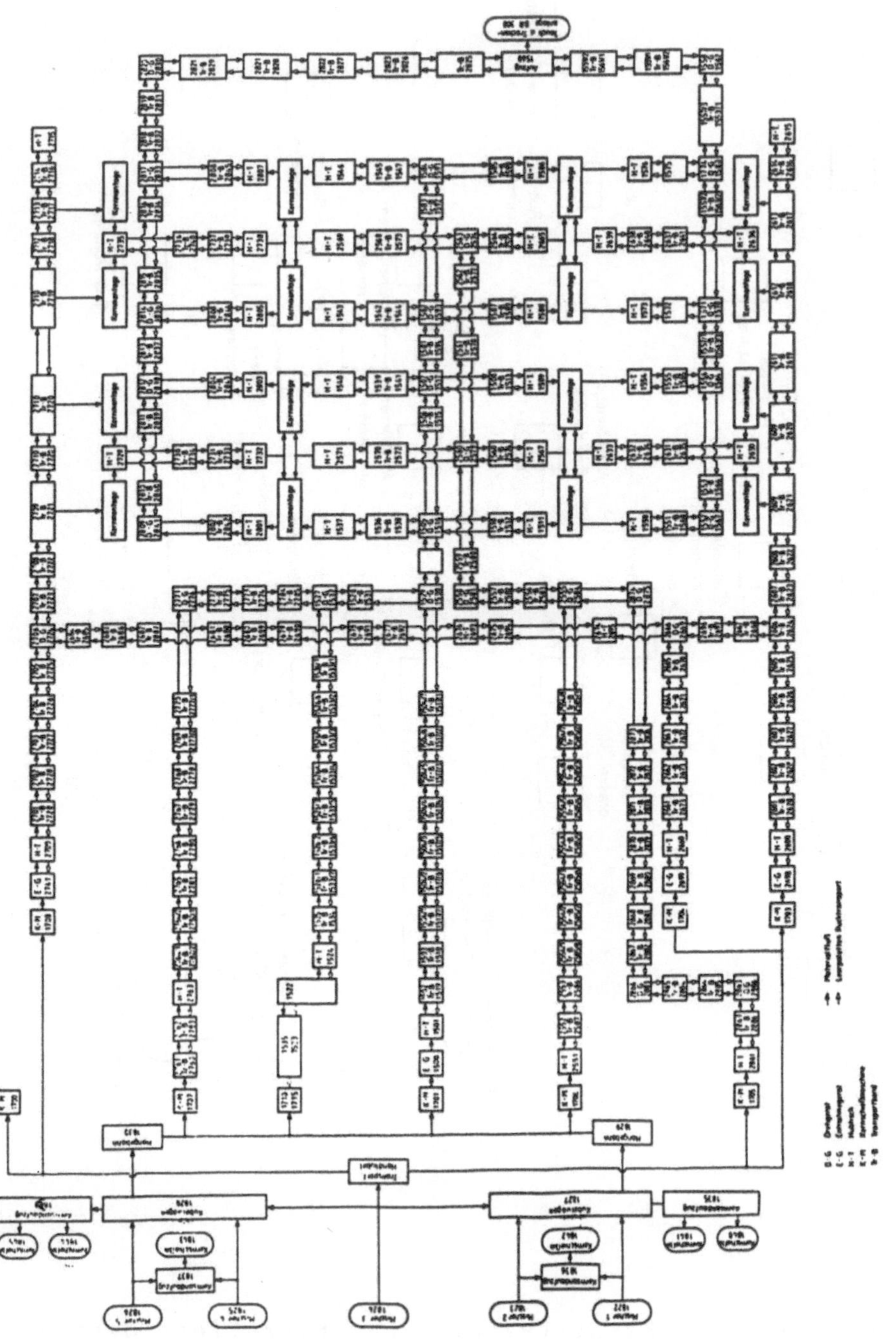

Abbildung 5: Verkettetes Anlagensystem in einer Gießerei als Blockdiagramm

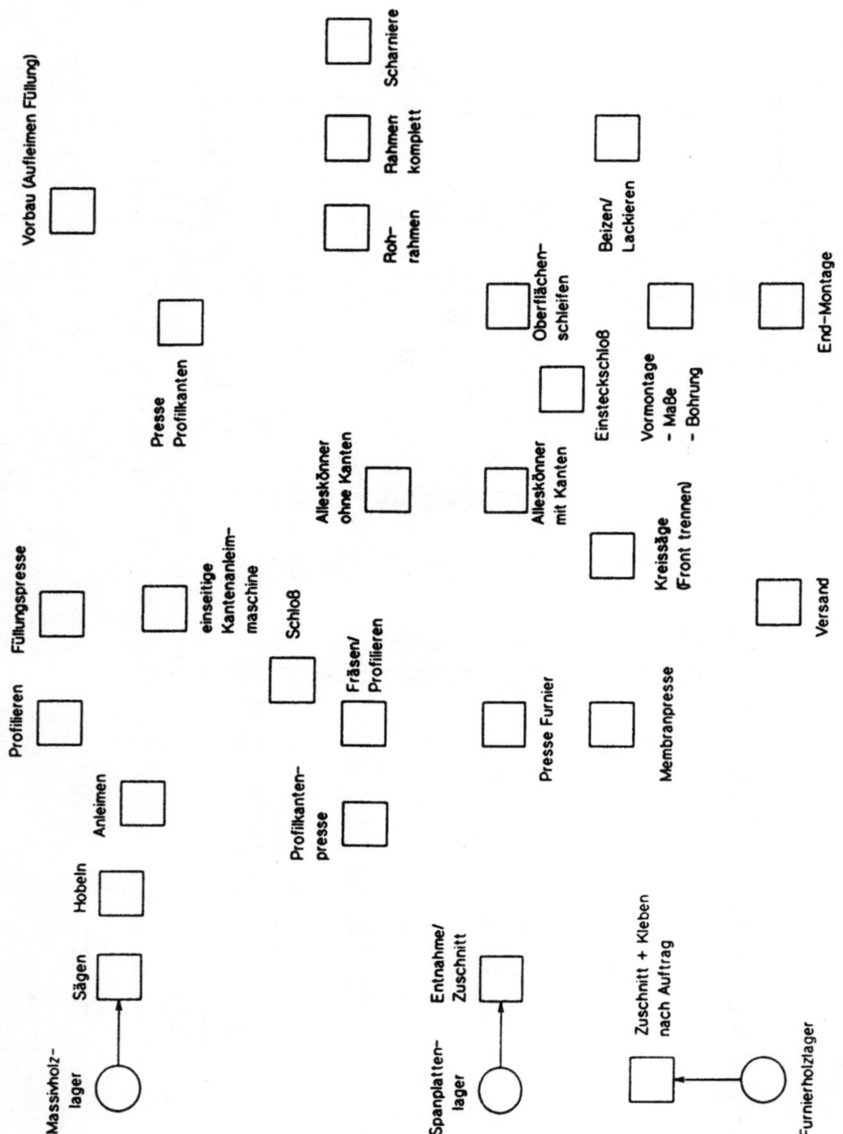

Abbildung 6: Werkstattlayout eines Einzelfertigers in der Möbelindustrie

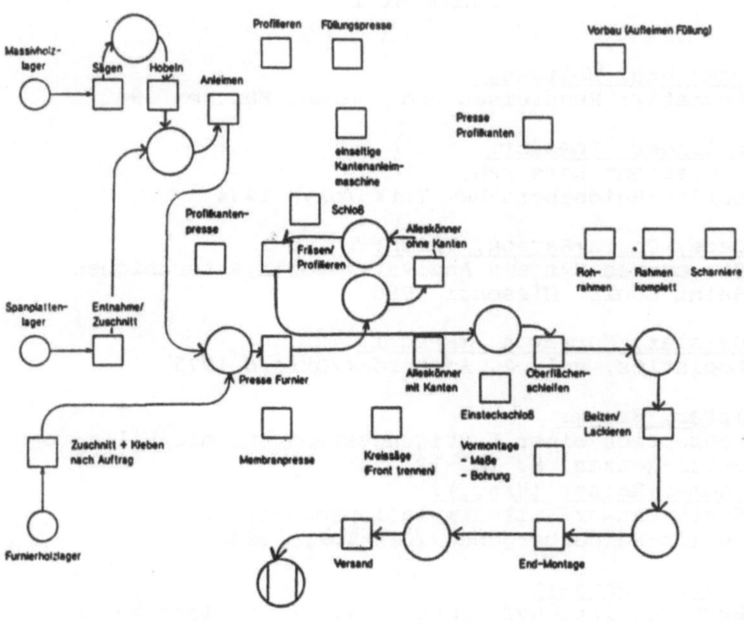

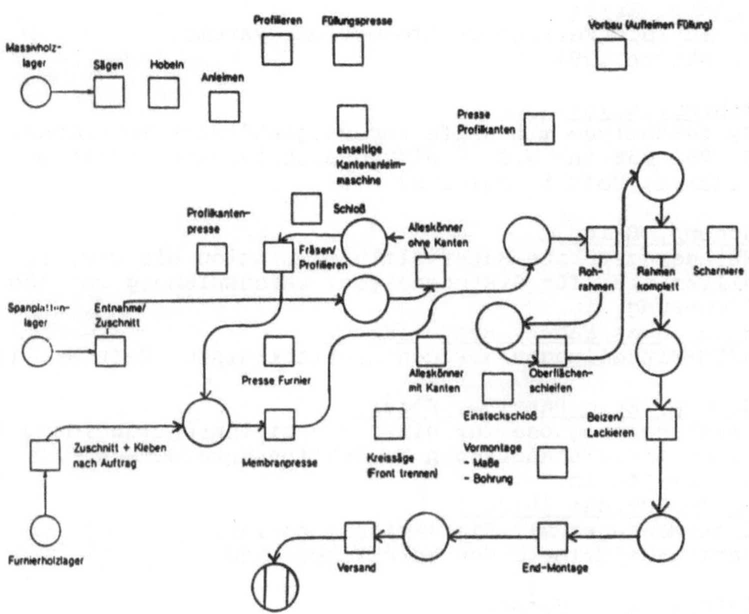

Abbildung 7: Alternative Fertigungsdurchläufe bei gleichem Anlagenlayout

Literatur:

[Dom82] Domschke, Wolfgang:
Logistik: Rundreisen und Touren, München 1982

[Ell84] Ellinger, Theodor:
Operations Research,
Berlin-Heidelberg-New York-Tokyo 1984

[GaSa86] Gane, Chris/Sarson, Trish:
Structured Systems Analysis: tools & techniques,
Saint Louis, Missouri 1986

[Gei75] Geisler, Murray A. (Hrsg.):
Logistics, vol. 1, Amsterdam/Oxford 1975

[Itt88] Itter, Frank:
Konzeption einer Fertigungssteuerung mit Hilfe von Petri-Netzen, S. 102-121 in:
Thome, Rainer (Hrsg.):
Systementwurf mit Simulationsmodellen,
Berlin-Heidelberg-New York-Tokyo 1988

[Ki83] Kirsch, Werner:
Betriebswirtschaftliche Logistik, S. 138-139 in:
Gabler Wirtschaftslexikon, 11. Auflg. Wiesbaden 1983

[NET88] PSI - Bereich Software Engineering:
NET Benutzerhandbuch, Teil 1 und Teil 2, Berlin 1988

[Scho87a] Schoop, Eric:
Dezentrale Fertigungsinformationssysteme,
Frankfurt 1987

[Scho87b] Schoop, Eric:
Systemanalyse mit Hilfe rechnergestützter Werkzeuge, S. 251-256 in: WiSt - Wirtschaftswissenschaftliches Studium, Heft 5, Mai 1987

[Scho88] Schoop, Eric:
Rechnergestützte Materialflußsimulation als Organisationshilfsmittel für Systemanalyse, Layoutplanung und tägliche Steuerung, in:
Fuss, Hans/Naber, Beate (Hrsg.):
ASIM-Mitteilungen aus den Arbeitskreisen, Heft Nr. 11, 1988

[SchoPa88] Schoop, Eric/Patzina, Peter:
Leistungsprognose für eine Investitionsentscheidung in einem mittelständischen Produktionsunternehmen, S. 122-146 in:
Thome, Rainer (Hrsg.):
Systementwurf mit Simulationsmodellen,
Berlin-Heidelberg-New York-Tokyo 1988

[Tem83] Tempelmeier, Horst:
Quantitative Marketing-Logistik,
Berlin-Heidelberg-New York-Tokyo 1983

Fachgespräch

Telekommunikation und Recht

Gerade am Gebiet der Telekommunikation zeigt sich die enge Wechselwirkung zwischen Informationstechnik mit ihren Anwendungen und Recht. Rechtliche Regelungen setzen wesentliche Rahmenbedingungen der Telekommunikation, welche im Zeitalter der Vernetzung das Gesicht von IT-Systemen bestimmen. Umgekehrt beeinflussen technische Entwicklungen entscheidend rechtlich relevante Gestaltungsmöglichkeiten und die Richtung von Regelungsnotwendigkeiten. Gegenwärtig befinden sich sowohl die technischen Grundlagen der Telekommunikation im Umbruch wie auch ihre rechtlichen Rahmenbedingungen, wobei beides eng zusammenhängt. Man braucht nur an Stichworte wie ISDN und TKO zu erinnern. Entsprechende Entwicklungen vollziehen sich heute national wie international z.B. im europäischen Rahmen und hängen eng mit gesellschaftlichen Auswirkungen zusammen.

Das Fachgespräch wendet sich an Informatiker wie Juristen, Forscher und Entwickler wie Anwender, Nutzer und Betroffene in der Praxis. Es entspricht dem Arbeitsgebiet „Informationsrecht“ des veranstaltenden FA 6.1.

Zusätzlich zu den hier abgedruckten Vorträgen werden in diesem Fachgespräch die Vorträge K. TRUÖl, „Telekommunikationssysteme: Typen, Standards, Normen“, J. SCHERER, „Neustrukturierung des Fernmeldewesens – Europäische und nationale Perspektiven“ und NN, „Der Einfluß der Bundespost“ gehalten. Die schriftliche Fassung lag zum Zeitpunkt der Drucklegung noch nicht vor.

Programmkomitee für dieses Fachgespräch:

C.-E. Eberle (Universität Hamburg), H. Fiedler (Universität Bonn und GMD, Vorsitz), J. W. Goebel (Frankfurt), K. Lenk (Universität Oldenburg), G. Mußtopf (Hamburg), E. Raubold (GMD Darmstadt), J. Scherer (Universität Frankfurt), R. Traunmüller (Universität Linz).

NEUSTRUKTURIERUNG DES FERNMELDEWESENS: EUROPÄISCHE UND NATIONALE PERSPEKTIVEN

Joachim Scherer
Rechtsanwalt, Baker & McKenzie, Frankfurt a. M.
Privatdozent am Fachbereich Rechtswissenschaft
Johann Wolfgang Goethe-Universität Frankfurt a. M.

Einleitung

Auf europäischer und auf nationaler Ebene hat die Re-Regulierung des Fernmeldewesens begonnen: Die Kommission der Europäischen Gemeinschaften ("EG-Kommission") implementiert durch Rechtsregeln des Europarechts die telekommunikationspolitischen Positionen, die sie im Juni 1987 in ihrem "Grünbuch über die Entwicklung des Gemeinsamen Marktes für Telekommunikationsdienstleistungen und Telekommunikationsendgeräte" [1] festgelegt und in der Folgezeit leicht modifiziert hatte[2] (dazu I.).

Unterdessen hat die Bundesregierung ihre auf der Grundlage des Berichts der Regierungskommission Fernmeldewesen ("Witte-Kommission")[3] erarbeitete "Konzeption zur Neuordnung des Telekommunikationsmarktes" und einen "Entwurf eines Gesetzes zur Neustrukturierung des Post- und Fernmeldewesens und der Deutschen Bundespost" (PostStruktGE)[4] im Bundestag eingebracht. Der Gesetzentwurf zielt auf eine grundlegende organisations- und verfahrensrechtliche Neustrukturierung der Deutschen Bundespost (dazu II.1.) und auf eine neue Aufgabenverteilung

---

[1] Kommission der Europäischen Gemeinschaften, KOM 87 (290) endg., im folgenden zitiert als: Grünbuch; s. dazu **Reinhard Schulte-Braucks**, Europäisches Telekommunikationsrecht für den Gemeinsamen Telematikmarkt, in: **Joachim Scherer** (Hrsg.), Telekommunikation und Wirtschaftsrecht, Köln 1988 (im Erscheinen).

[2] Kommission der Europäischen Gemeinschaften, KOM (88) 48 endg. vom 9. Februar 1988.

[3] Neuordnung der Telekommunikation. Bericht der Regierungskommission Fernmeldewesen, Heidelberg 1987, im folgenden zit. als Witte-Bericht. Zu Grünbuch und Witte-Bericht s. **J. Scherer**, Telekommunikationsrecht im Umbruch, in: CR 1987, S. 743 ff.

[4] hrsg. vom Bundesminister für das Post- und Fernmeldewesen, Mai 1988, im folgenden zit. als Konzeption BReg bzw. PostStruktGE.

zwischen der Post und privaten Anbietern von Telekommunikationsnetzen, -diensten und -endgeräten (dazu II.2.).

Schon jetzt zeichnet sich ab, daß trotz der weitreichenden Neuregelungen auf europäischer und nationaler Ebene wenigstens drei Regelungsprobleme weitgehend ungelöst bleiben: die technische Standardisierung, die Gewährleistung des Datenschutzes bei neuen Telekommunikationssystemen und die parlamentarische Beteiligung an der Planung und Einrichtung neuer Telekommunikationssysteme (dazu III.).

I. Das "Grünbuch" der EG-Kommission und seine Implementation

1. Die Grundpositionen des Grünbuchs

Das Grünbuch hatte u. a. die folgenden telekommunikationspolitischen Grundsatzentscheidungen vorgeschlagen:

- Grundsätzliche Beibehaltung der Alleinrechte der Fernmeldeverwaltungen[5] zur Errichtung und zum Betrieb der Netzinfrastruktur mit der möglichen Ausnahme von Zweiweg-Satellitensystemen.
- Einschränkungen der Alleinrechte der Fernmeldeverwaltungen zur Einrichtung und Erbringung von Telekommunikationsdiensten auf den "Telefon(sprach)dienst"; alle anderen Telekommunikationsdienste sollen im Wettbewerb angeboten werden.
- Schaffung der rechtlichen Rahmenbedingungen für einen "offenen Netzzugang" der privaten Dienstanbieter zu der von den Fernmeldeverwaltungen bereitzustellenden Netzinfrastruktur einschließlich der von den privaten Anbietern zu erfüllenden Bedingungen (Open Network Provision -ONP-).
- Beseitigung der Alleinrechte von Fernmeldeverwaltungen zur Bereitstellung von Telekommunikations-Endgeräten ("Endgeräte-Monopol").
- Trennung der hoheitlichen und der betrieblichen Funktionen der

---

5 Der Begriff "Fernmeldeverwaltungen" bezeichnet hier - ebenso wie im europäischen Sekundärrecht und im Grünbuch - sowohl Verwaltungen als auch staatlich anerkannte private Betriebsgesellschaften.

Fernmeldeverwaltungen, wobei zu den hoheitlichen Funktionen "insbesondere" die Zulassung von Diensten, Kontrolle der Gerätezulassung und Schnittstellenspezifikationen, Zuteilung von Frequenzen und allgemeine Überwachung der grundlegenden Nutzungsbedingungen des Netzes zählen.

Auf der Grundlage einer Vielzahl von Stellungnahmen, die von Fernmeldeverwaltungen, Benutzerverbänden, Normungsorganisationen, Gewerkschaften, Forschungsinstitutionen und aus der Telekommunikationsindustrie eingegangen waren[6)], hat die Kommission ihren Politikentwurf fortgeschrieben und ein "Aktionsprogramm" für die schrittweise Verwirklichung eines gemeinsamen Telekommunikationsmarktes bis zum Jahr 1992 veröffentlicht[7)].

2. Umsetzung durch Richtlinien

a) Bis zum 31. Dezember 1989 will die Kommission eine weitgehende "Öffnung des Marktes für Telekommunikationsdienste" erreichen: Sämtliche Telekommunikationsdienste mit Ausnahme des Telefon-(sprach) dienstes sollen bis zu diesem Zeitpunkt für den Wettbewerb freigegeben werden sein, wobei allerdings für den Telexdienst und die öffentlichen paket- und leitungsvermittelten Datendienste "ein angemessener ... Übergangszeitsraum" definiert werden soll, um die rechtlichen Rahmenbedingungen für ein fortdauerndes Angebot dieser Dienste als "öffentliche" , von jedermann nutzbare Dienste zu schaffen. Den Telefon(sprach)dienst, für den die Fernmeldeverwaltungen das Alleinrecht auch in Zukunft behalten sollen, definiert die Kommission jetzt als "vermittelte(n) Telefon(sprach)-dienst..., der für allgemeine öffentliche Nutzung bestimmt ist"[8)].

---

6 Eine Zusammenstellung der bis Februar 1988 bei der Kommission eingegangenen ca. 50 Stellungnahmen findet sich in der Commission of the European Communities, DG XIII, Comments to Green Paper.

7 Vgl. Kommission der Europäischen Gemeinschaften, KOM (88) 48 endg. vom 9. Februar 1988.

8 KOM (88) endg., S. 13.

Die Grundsätze für den Offenen Netzzugang sollen schrittweise von der "Gruppe für Analysen und Prognosen" (GAP), einer Untergruppe der aus Mitarbeitern der nationalen Fernmeldeverwaltungen bestehenden "Senior Officials Group-Telecommunications", erarbeitet und durch gemeinschaftsrechtliche Regeln umgesetzt werden.

Nach den bislang von der GAP erarbeiteten Grundsätzen sollen die Bedingungen des Offenen Netzzugangs definiert werden durch

- technische Schnittstellen,
- Benutzungsbedingungen

und

- Gebührengrundsätze[9].

Entsprechende Rahmenbedingungen sollen - nach dem Zeitplan der Kommission - bis Mitte 1988 für den offenen Zugang zu Mietleitungen, bis Ende 1988 für den offenen Zugang zu den allgemeinen öffentlichen Datennetzen und bis Mitte 1989 für den offenen Zugang zum künftigen dienste-integrierenden digitalen Fernmeldenetz (Integrated Services Digital Network -ISDN-) definiert sein[10].

b) Zur Schaffung von "Wettbewerb auf dem Markt für Telekommunikations-Endgeräte" hat die Kommission am 16. Mai 1988 eine auf Art. 90 Abs. 3 EWG-Vertrag gestützte Richtlinie erlassen[11].

Richtlinien sind gemeinschaftsrechtliche Rechtssetzungsakte, die für jeden Mitgliedstaat, an den sie gerichtet sind, "hinsichtlich des zu erreichenden Ziels verbindlich" sind, den innerstaatlichen Stellen jedoch die Wahl der Form und der Mittel überlassen (Art. 189 EWG-V). Sie bedürfen der Umsetzung durch und in nationales Recht.

---

9 Vgl. Report by the "Analysis and Forecasting Group" (GAP) on Open Network Provision (ONP) in the Community, Brussels 20 January 1988, S. 15.

10 KOM (88) 28 endg., S. 20.

11 88/301/EWG, ABl. L 131/73 vom 27. Mai 1988. S. dazu **Joachim Scherer**, Terminal Equipment in the EEC: Creating a Common Market, in: International Computer Law Adviser 1988 (demnächst).

Mit ihrer Endgeräte-Richtlinie hat die Kommission von der ihr durch Art. 90 Abs. 3 EWG-V eingeräumten Befugnis Gebrauch gemacht, zur Anwendung des Art. 90 EWG-V "erforderlichenfalls geeignete Richtlinien ... an die Mitgliedstaaten zu richten". Diese Regelungsbefugnis der Kommission steht im normativen Zusammenhang zu Art. 90 Abs. 1 und 2 EWG-V, wonach die Mitgliedstaaten in Bezug auf ihre öffentlichen Unternehmen keine vertragswidrigen Maßnahmen treffen oder beibehalten dürfen (Abs. 1) und die Vorschriften des EWG-V auch für die "mit Dienstleistungen von allgemeinen wirtschaftlichen Interesse" betrauten Unternehmen gelten, "soweit die Anwendung dieser Vorschriften nicht die Erfüllung der ihnen übertragenen besonderen Aufgaben rechtlich oder tatsächlich verhindert" [12].

Die Endgeräte-Richtline enthält

- inhaltliche,
- verfahrensrechtliche

und

- organisationsrechtliche Regeln zur Bereitstellung von Telekommunikations-Endgeräten[13].

Ihr Ziel ist die Schaffung eines gemeinsamen Marktes für Endgeräte bis zum Jahr 1990.

Nach den Grundregeln der Richtlinie (Art. 2 und 3) haben die Mitgliedstaaten die noch bestehenden ausschließlichen Rechte betreffend die Einfuhr, die Vermarktung, die Einrichtung, die Inbetriebsetzung und die Wartung von Telekommunikationsendgeräten aufzuheben und zu gewährleisten, daß die Wirtschaftsbeteiligten das Recht haben, "Endgeräte einzuführen, zu vertreiben, einzurichten, in Betrieb zu setzen und zu warten".

---

12 Zur Anwendbarkeit des Art. 90 Abs. 2 EWG-V auf die Fernmeldeverwaltungen der Mitgliedstaaten s. **Joachim Scherer**, European Telecommunications Law: The Framework of the Treaty, in: European Law Review 12 (1987), S. 352, 363-367 mwN.

13 Endgeräte sind in Art. 1 der Richtlinie definiert als "direkt oder indirekt an den Netzanschluß eines öffentlichen Telekommunikationsnetzes angeschlossene Geräte zum Aussenden, Verarbeiten oder Empfangen von Nachrichten".

Außerdem müssen die Mitgliedstaaten dafür sorgen,

- daß spätestens zum 31. Dezember 1988 neue Netzanschlüsse des öffentlichen Netzes zugänglich sind und daß deren technische Merkmale veröffentlicht werden, um den "Wirtschaftsbeteiligten" die Anschließung der von ihnen bereitgestellten Endgeräte zu ermöglichen (Art.4)

und

- daß die Fernmeldeverwaltungen ihren Kunden die Möglichkeit einräumen, Miet- und Wartungsverträge mit einer Frist von höchstens einem Jahr zu kündigen, sofern es sich um Endgeräte handelt, die bei Vertragsschluß in das "Endgeräte-Monopol" fielen.

In verfahrensrechtlicher Hinsicht verpflichtet die Endgeräte-Richtlinie die Mitgliedstaaten, der EG-Kommission

- bestehende technische Spezifikationen und Allgemeinzulassungsverfahren mitzuteilen (Art. 5 Abs. 1),
- künftige technische Spezifikationen (schon im Entwurfsstadium) und Regelungen von Allgemeinzulassungsverfahren mitzuteilen

und

- einen jährlichen Bericht über die Einhaltung der Richtlinien bestimmungen zu erstatten.

Die Entwürfe der Spezifikationen für einzelne Endgerätetypen - auf deren Grundlage dann die Zulassung erfolgen kann - sollen in folgender zeitlicher Stufung vorgelegt werden:

- Für Telefonapparate für Nebenstellen und private Nebenstellenanlagen sowie Modems bis 31. Dezember 1988,
- für Fernschreibgeräte, Endgeräte für Datenübertragung, mobile Funkfernsprechgeräte und private Empfangs-Satellitenstationen bis 30. September 1989,
- für Telefonapparate für Hauptstellen und alle anderen Endgeräte bis 30. Juni 1990.

In organisationsrechtlicher Hinsicht schreibt die Endgeräte-Richtlinie vor, daß die Mitgliedstaaten ab 1. Juli 1989 die technische Standardisierung und die Zulassung von Endgeräten einer Stelle übertragen müsse, "von der die im Bereich der Telekommunikation

Waren und/oder Dienstleistungen anbietenden öffentlichen und privaten Unternehmen unabhängig sind" (Art. 6). Mit dieser auf eine organisatorische Trennung von hoheitlichen (Standardisierungs- und Zulassungs-)Funktionen und betrieblichen (Verkaufs- und Dienstleistungs-) Funktionen zielenden Bestimmung greift die Kommission in kompetenzrechtlich nicht unproblematischer Weise in die organisationsrechtlichen Befugnisse der Mitgliedstaaten ein.

c) Wie die Grundsätze des Offenen Netzzugangs europarechtlich umgesetzt werden sollen, ist derzeit (Sommer 1988) noch Gegenstand von kompetenzrechtlichen Vorüberlegungen. Kompetenzrechtlich unproblematisch - aber möglicherweise zeitraubend - dürfte die Verwirklichung von "ONP" durch vom Rat zu verabschiedende Rechtsangleichungs-Richtlinien sein, für die Art. 100 a EWG-V nur eine qualifizierte Mehrheit verlangt.

II. Die Konzeption der Bundesregierung zur Neuordnung des Telekommunikationsmarktes

Ziel der Konzeption BReg ist es, "durch die Schaffung neuer Rahmenbedingungen die Angebotsvielfalt vor allem in den Marktbereichen (des Telekommunikationsmarktes) zu erweitern und zu fördern, in denen sich die Kundenbedürfnisse schnell fortentwickeln"[14]. Dieses Ziel soll auf der Basis einer leistungsfähigen "Infrastruktur des Post- und Fernmeldewesens" und einer zuverlässigen und preiswerten "Grundversorgung für alle Nutzer" durch eine Neustrukturierung der deutschen Bundespost (dazu 1.) und durch eine neue Aufgabenverteilung auf den "Märkten des Fernmeldewesens (dazu 2.) erreicht werden. Die (politische und) verfassungsrechtliche Diskussion des Gesetzentwurfs der Bundesregierung hat begonnen (3.).

---

14 Konzeption BReg, S. 17.

1. Strukturelle Aspekte: Reorganisation der Deutschen Bundespost

a) Ziel der Neustrukturierung der Deutschen Bundespost (DBP) ist es, als "hoheitlich" definierte Aufgaben von den "Unternehmensaufgaben" zu trennen, durch die Herauslösung der DBP aus dem "unmittelbaren Regierungsbereich" eine "größere Unabhängigkeit von der Politik" zu erreichen, die politischen und unternehmerischen Vorgaben transparent zu machen und größere Freiräume "für ein Handeln nach marktwirtschaftlichen Prinzipien" sowie "größere Beweglichkeit im personellen und finanziellen Bereich" zu erzielen[15].

"Politische und hoheitliche Aufgaben" soll künftig der Bundesminister für Post und Telekommunikation (BMPT) wahrnehmen (Art. 1 § 1 Abs. 1 S. 2 PostStruktGE), während die unternehmerischen und betrieblichen Aufgaben von der in die drei öffentlichen Unternehmen Deutsche Bundespost POSTDIENST, Deutsche Bundespost POSTBANK und Deutsche Bundespost TELEKOM zu gliedernden und organisatorisch weitgehend verselbständigten Deutschen Bundespost erfüllt werden sollen (Art. 1 § 1 Abs. 2 PostStrukGE). Der organisatorischen Aufgliederung entspricht eine Aufgliederung des Sondervermögens der Deutschen Bundespost in die "Teilsondervermögen" der drei Unternehmen, die gegenseitig für ihre jeweiligen Verbindlichkeiten einstehen (Art. 1 § 2 Abs. 1 und 2 PostStruktGE).

Organe der drei Unternehmen sind jeweils Vorstand und Aufsichtsrat (Art. 1 § 3 Abs. 2 PostStruktGE). Der Vorstand besteht aus einem Vorsitzenden und weiteren Mitgliedern, über deren Zahl die Bundesregierung zu entscheiden hat (Art. 1 § 9). Der Vorsitzende und die weiteren Vorstandsmitglieder werden vom BMPT im Einvernehmen mit dem Aufsichtrat des jeweiligen DBP-Unternehmens, die weiteren Mitglieder auch im Benehmen mit dem Vorsitzenden vorgeschlagen (Art. 1 § 10 Abs. 1). An die Stelle des für die Deutsche Bundespost insgesamt bestehenden Postverwaltungsrates sollen "Aufsichtsräte" der einzelnen Unternehmen treten, um deren Zusammensetzung es schon während der Erarbeitung des Gesetzentwurfs zu erbittertem politischen Tauziehen gekommen ist. Der Entwurf sieht vor, daß die Aufsichtsräte der Unternehmen POSTDIENST und TELEKOM aus 21, der

---

15 PostStruktGE, Begründung, Allg. Teil, IV.

Aufsichtsrat des Unternehmens POSTBANK aus fünfzehn Mitgliedern bestehen soll, die jeweils zu gleichen Teilen Vertreter des Bundes, der Anwender und Kunden sowie des Personals der jeweiligen Unternehmen sind (Art. 1 § 13).

Der Aufsichtsrat hat die Geschäftsführung des jeweiligen Vorstands zu überwachen und u. a. über den Wirtschaftsplan, den Jahresabschluß, die Entlastung des Vorstandes und die Leistungsentgelte im Briefdienst sowie im Monopolbereich des Fernmeldewesens zu beschließen (Art. 1 § 20 Abs. 3). Das Letztentscheidungsrecht in Fällen, in denen der Vorstand im Unternehmensinteresse Einspruch gegen einen Verwaltungsratsbeschluß erhebt, steht dem BMPT zu (Art. 1 § 21).

Hinsichtlich der Einführung neuer oder der wesentlichen Änderung bestehender Dienstzweige und der Einführung grundlegender technischer Neuerungen hat der Aufsichtsrat lediglich das Recht zur Stellungnahme gegenüber dem Vorstand (Art. 1 § 20 Abs. 5).

Für die verfassungsrechtlich durch die Verwendung des Begriffs "Bundespost" in Art. 87 Abs. 1 GG vorgeprägte Einheitlichkeit der Organisationsstruktur soll ein "Direktorium" sorgen, das aus den Vorständen der Unternehmen besteht, die DBP insgesamt gerichtlich und außergerichtlich vertritt und im übrigen lediglich koordinierende Aufgaben hat, zu denen u. a. erforderlichenfalls die (rechtlich freilich nicht verbindliche) Vereinbarung eines Finanzausgleichs ("Quersubventionierung") zwischen den einzelnen Unternehmen zählt (Art. 1 §§ 7, 8, § 29 Abs. 3).

2. Neue Aufgabenverteilung: Telekommunikation im regulierten Wettbewerb

Die künftige Aufgabenverteilung zwischen dem öffentlichen Unternehmen Deutsche Bundespost TELEKOM und privaten Anbietern von Telekommunikationsnetzen, -diensten und -endgeräten ergibt sich aus dem im PostStruktGE enthaltenen Postverfassungsgesetz und einer geplanten Novellierung des Fernmeldeanlagengesetzes (FAG).

Im wesentlichen ist vorgesehen:

- Das Alleinrecht zur Errichtung und zum Betrieb des Telekommunikationsnetzes ("Netzmonopol") bleibt mit Ausnahmen in "Randbereichen" beim Bund.
- Das Alleinrecht zur fernmeldetechnischen "Vermittlung von Sprache für andere" ("Telefondienstmonopol") bleibt beim Bund, alle anderen Telekommunikationsdienste können von jedermann erbracht werden, wobei die Dienstanbieter lediglich verpflichtet sind, den Betrieb ihres Telekommunikationsdienstes sowie Änderungen und Aufgabe desselben innerhalb eines Monats schriftlich beim BMPT anzuzeigen (Art. 3 Nr. 2 PostStruktGE). Die TELEKOM ist verpflichtet, jedermann Fest- und Wählverbindungen zur Erbringung von Telekommunikationsdiensten zur Verfügung zu stellen (Art. 3 Nr.1 PostStruktGE).
- Die verbleibenden Alleinrechte im Endgerätebereich werden aufgehoben: Jedermann soll künftig zugelassene Endeinrichtungen "im Rahmen der zur Gewährleistung eines ordnungsgemäßen Fernmeldeverkehrs festgelegten Bedingungen errichten und betreiben" können (Art. 3 Ziff. 1 PostStruktGE).

Die von der TELEKOM zu erfüllenden Aufgaben im Telekommunikationsbereich gliedert der PostStruktGE in

- die erwähnten Monopolleistungen,
- Pflichtleistungen

und

- freie Leistungen.

Pflichtleistungen sind nach der Legaldefinition in Art. 1 § 22 Abs. 2 PostStruktGE solche Infrastrukturdienstleistungen, "die (TELEKOM) im besonderen öffentlichen Interesse, vor allem aus Gründen der Daseinsvorsorge, erbringen" muß. Solche Pflichtleistungen - die Entwurfsbegründung nennt beispielhaft den Telexdienst - werden von der Bundesregierung nach Anhörung der Unternehmen durch den BMPT durch Rechtsverordnung mit Zustimmung des Bundesrates festgelegt.

Den Konflikt zwischen dem Interesse an einem (verfassungsrechtlich grundsätzlich zulässigen) Finanzausgleich zwischen den Dienstzweigen der DBP (beispielsweise zur Finanzierung der kostenintensiven Einführungsphase eines neuen Dienstes) einerseits und den Interessen der privaten Dienstanbieter an fairen Wettbewerbsbedingungen andererseits sucht Art. 1 § 29 PostStruktGE Rechnung zu tragen, der den Finanzausgleich zwischen den Unternehmen und zwischen Monopol- und Wettbewerbsdiensten an inhaltliche und verfahrensrechtliche Erfordernisse bindet.

3. Zur verfassungsrechtlichen Diskussion

Daß die fernmelde- und ordnungspolitische Diskussion um die Neustrukturierung des Fernmeldewesens auch mit verfassungsrechtlichen Argumenten geführt wird, überrascht nicht[16].

Der PostStruktGE wirft unter anderem die Frage auf,

- ob die organisatorische Verselbständigung der DBP trotz der Befugnisse des Postministers
  -- zur Festlegung mittel- und langfristiger Unternehmensziele (Art. 1 § 22)
  -- zur Rechtsaufsicht (Art. 1 § 23)
  -- zur Genehmigung von Beschlüssen des Aufsichtsrates und in anderen gesetzlich geregelten Fällen (Art. 1 § 25)
  sowie
  -- zum Erlaß von Rechtsverordnungen, in denen die "Rahmenvorschriften für die Inanspruchnahme der Dienstleistungen" der drei Unternehmen geregelt werden sollen (Art. 1 § 26),

  gegen das Prinzip der parlamentarischen Verantwortlichkeit der (unmittelbaren) Bundesverwaltung verstößt[17];

---

16 Allg. zum verfassungsrechtlichen Rahmen der Telekommunikationspolitik **J. Scherer**, Telekommunikationsrecht und Telekommunikationspolitik, Baden-Baden 1985, insbes. S. 573 ff; zur Diskussion über die neueren Reformbemühungen s. **Peter Lerche**, Fernmeldemonopol und gesetzgeberische Bewegungsfreiheit, in: FS für Klaus Obermayer, München 1986, S. 74 ff; **J. Scherer**, CR 1987, S. 743 (752); **Alexander Roßnagel/Peter Wedde**, DVBl. 1988, 562 ff mwN.

17 Bejahend **Roßnagel/Wedde**, DVBl. 1988, 565 (564 f).

- ob der Umfang der Aufgabenprivatisierung im Fernmeldewesen gegen den Grundsatz der Führung der Deutschen Bundespost "in bundeseigener Verwaltung" (Art. 87 Abs. 1 GG) verstößt, weil die Verfassung "Post- und Fernmeldemonopol" konserviert[18] oder mindestens einen "Kernbereich" von Fernmeldedienstleistungen oder "wesentliche", als "Grundversorgung" verstandene Dienste der ausschließlichen staatlichen Trägerschaft zuweist[19],

und

- ob einzelne Regelungen des PostStruktGE mit dem vom BVerfG entwickelten Parlamentsvorbehalt vereinbar sind, wonach der Gesetzgeber die "wesentlichen" weil grundrechtsrelevanten Entscheidungen zu treffen hat[20].

III. Alte und neue Regelungsprobleme

Zu den nach wie vor weder auf europäischer Ebene noch vom PostStruktGE gelösten Regelungsproblemen zählen

- die Verfahren der technischen Standardisierung im Telekommunikationsbereich und ihre Verzahnung durch das und mit dem nationalen und europäischen Recht,
- die Rahmenbedingungen zur Gewährleistung des "Datenschutzes" (Schutz des Grundrechts der informationellen Selbstbestimmung)

und

- die parlamentarische Beteiligung an den grundlegenden, gleichermaßen zukunftsweisenden und grundrechtsrelevanten Planungsentscheidungen im Telekommunikationsbereich.

---

18 Bejahend **Roßnagel/Wedde**, DVBl. 1988, 562 (566 f) mwN.

19 S. dazu **J. Scherer**, Telekommunikationsrecht, aaO, S. 611 ff, 614 f, 621.

20 Zum Parlamentsvorbehalt im Telekommunikationsrecht s. **J. Scherer**, Telekommunikationsrecht, aaO, S. 694 ff mwN; s. auch **Roßnagel/Wedde**, DVBl. 1988, S. 562 (568 f) mwN.

1. Technische Standardisierung: Wer, wie, wann?

Im Anschluß an die im Grünbuch der EG-Kommission erhobene Forderung nach einer Straffung und Professionalisierung der technischen Standardisierung im Telekommunikationsbereich[21] hat die Europäische Konferenz der Post- und Fernmeldeverwaltungen das Europäische Normungsinstitut für Telekommunikationsnormen (Institut Européen pour les Normes de Télécommunications -ETSI-) errichtet. Die Abstimmung über technische Normen soll in den Gremien dieses Instituts nach gewichteten "nationalen" Voten erfolgen.

Obwohl damit die Bedeutung der Vorbereitung des "nationalen Votums" offensichtlich ist, spielt die technische Normung im PostStruktGE allenfalls eine Nebenrolle.

Nach der Regelungssystematik des PostStruktGE ist allein der BMPT befugt, technische Standards zu rechtsverbindlichen technischen Regeln zu erheben. Hierin liegt eine "seiner hoheitlichen Aufgaben" gemäß Art. 1 § 1 Abs. 1 Satz 2 im Bereich der technischen Normung.

Dem mit "betrieblichen" Aufgaben betrauten öffentlichen Unternehmen Deutsche Bundespost TELEKOM kommen Normungsbefugnisse mit Bindungswirkung für Dritte nicht zu. Als Träger von Fernmeldedienstleistungen unterliegt TELEKOM ebenso wie alle anderen "Betreiber von Fernmeldeanlagen, die Fernmeldedienstleistungen erbringen" (Art. 3 Ziff. 2), den vom BMPT mit Rechtsverbindlichkeit auszustattenden technischen Normen.

Bislang erfolgte die Normung im Telekommunikationsbereich auf der nationalen Ebene teils in Zusammenarbeit zwischen der Deutschen Elektrotechnischen Kommission im DIN und VDE, teils in technischen Arbeitskreisen der Deutschen Bundespost, die beim Fernmeldetechnischen Zentralamt (FTZ) eingerichtet wurden[22]. Rechtsverbindlichkeit für den Telekommunikationsbereich erhielten die in den Nor-

---

21 Vgl. Grünbuch, insbes. S. 105 ff.

22 Zu Einzelheiten s. **Joachim Scherer**, Telekommunikationsrecht, aaO, S. 345 ff, S. 368 ff.

mungsausschüssen des DIN oder von FTZ-Arbeitskreisen vorbereiteten technischen Normen durch ihre Einbeziehung in das Normenwerk der Deutschen Bundespost[23].

Während die Normungsarbeit des DIN e. V. durch eine DIN-Norm detailliert geregelt ist, fehlt es für die Normungsarbeit des Fernmeldetechnischen Zentralamts an rechtlichen Regeln. Derartige Rechtsregeln waren schon bislang angesichts der weitreichenden, die "Dienstprofile" der von der Deutschen Bundespost anzubietenden Telekommunikationsdienste betreffenden Entscheidungen der technischen Arbeitskreise dringend erforderlich. Sie sind jetzt unumgänglich

- um bereits im Vorfeld der europäischen Standardisierung im Rahmen des ETSI eine "nationale Position" definieren zu können,
- um die Beteiligung von Benutzern und Dienstanbietern an den Standardisierungsverfahren rechtlich zu gewährleisten

und

- um die fernmeldepolitische Zielsetzung einer Trennung von "hoheitlichen" und "betrieblichen" Funktionen auch für den Bereich der Normung verfahrensrechtlich umzusetzen.

2. Datenschutz in Telekommunikationssystemen

Zur Gewährleistung des Datenschutzes in Telekommunikationssystemen reicht die (längst überfällige) Ermächtigungsgrundlage in Art. 1 § 26, wonach der BMPT nach Anhörung der Unternehmen durch Rechtsverordnung mit Zustimmung des Bundesrates "Vorschriften zum Schutz personenbezogener Daten der am Post- und Fernmeldeverkehr Beteiligten" zu erlassen hat, nicht aus: Angesichts des Gefährdungspotentials neuer Netze und Dienste ist vielmehr durch die verfahrensrechtliche Verzahnung des Fernmelderechts und des Datenschutzrechts sicherzustellen, daß die zuständigen Datenschutzinstanzen

---

23 S. dazu J. **Scherer**, Telekommunikationsrecht, aaO, S. 351 ff mwN.

schon an den frühen Phasen der Planung neuer öffentlicher (von der TELEKOM zu erbringender) Telekommunikationsdienste und an der datenschutzgerechten Gestaltung der öffentlichen Telekommunikationsnetze beteiligt werden. Auch und gerade zur Sicherung des informationellen Selbstbestimmungsrechts der künftigen Benutzer der von **privaten** Diensträgern angebotenen Telekommunikationsdienste sind organisations- und verfahrensrechtliche Vorkehrungen verfassungsrechtlich geboten. **Eine** Ausgestaltungsmöglichkeit wäre das - in das künftige Fernmeldeanlagengesetz aufzunehmende - Erfordernis einer bei der Anzeige der Aufnahme des Geschäftsbetriebs beim BMPT vorzulegenden **datenschutzrechtlichen Unbedenklichkeitsbescheinigung** der zuständigen Datenschutzinstanz, der damit eine (wirksame) präventive Technikkontrolle ermöglicht würde[24].

3. Parlamentarische Beteiligung Parlamentsvorbehalt im Telekommunikationsrecht

Planungsentscheidungen im Telekommunikationsbereich haben weitreichende Auswirkungen auf Freiheits- und Gleichheitsrechte, insbesondere auf die Grundrechte der Kommunikation und Information, aber auch auf das Grundrecht der informationellen Selbstbestimmung. Planungsentscheidungen, die als Grundsatzentscheidungen z. B. für die Einführung neuer Telekommunikationstechniken oder -dienste) am Anfang langwieriger, komplexer und vielfach gestufter Verfahren stehen, in denen die Techniken bis zur Einsatzreife fortentwickelt werden, präjudizieren in grundrechtsrelevanter Weise künftige Rahmenbedingungen der (Tele-)Kommunikation.

Hierin liegt die grundrechtliche Relevanz der - gerade in technischen Sachbereichen wie dem der Telekommunikation -

---

24 Hierzu und zu anderen (bestehenden, gebotenen und wünschenswerten) Ausgestaltungen s. **Joachim Scherer**, Rechtsprobleme des Datenschutzes bei den "Neuen Medien", Rechtsgutachten erstattet im Auftrag des Landes Nordrhein-Westfalen, Begleitforschung zum Kabelpilotprojekt Dortmund, 1988. S. auch **Stefan Walz**, Datenschutz bei Telematikdiensten, in: **J. Scherer** (Hrsg.), Telekommunikation und Wirtschaftsrecht (im Erscheinen).

vielbeschworenen "Sachzwänge": Sie zwingen dazu, schon die Frühphasen, in denen Grundsatzentscheidungen vorbereitet werden, durch materielle, prozedurale und Organisationsregeln des Gesetzgebers auszugestalten[25] - diesem Erfordernis des telekommunikationsrechtlichen Parlamentsvorbehalt jedenfalls wird der PostStruktGE nicht gerecht.

---

25 **Rechtspolitische Vorschläge dazu bei J. Scherer, Telekommunikationsrecht, aaO, S. 723 ff; s. auch Roßnagel/Wedde, DVBl. 1988, S. 562 (570 f).**

Sicherheit in Telekommunikationssystemen

Karl Rihaczek

1. Bedrohungen

Mit "Sicherheit" ist hier gemeint, daß der Teilnehmer vor Schäden durch intelligenten Mißbrauch der Kommunikationseinrichtungen sicher sein soll. Dabei ist an den Mißbrauch durch

* reguläre Teilnehmer
* Eindringlinge

gedacht. Nicht gemeint ist hier die Sicherung gegen zufällige Störungen, unbeabsichtigte Eingriffe und argloses Fehlverhalten von Teilnehmern.

Als bedroht werden gesehen die:

* Integrität (Richtigkeit, Vollständigkeit) der Daten
* Vertraulichkeit der übermittelten Nachrichten
* Authentizität der Partner
* Vertraulichkeit von Kommunikationsvorgängen
* Verfügbarkeit von Daten und Dienstleistungen
* Anonymität der Partner
* Nachweisbarkeit/Nicht-Rückweisbarkeit von Kommunikationsvorgängen

Die Integrität der Daten wird bislang zumeist mit Prüfsummen verifiziert, die aber von einem Angreifer (bei einem Angriff nach 3.2 (2)) manipuliert werden können. Mit kryptographischne Mechanismen kann man solche Manipulationen verhindern. Desgleichen läßt sich die Vertraulichkeit der Nachricht durch Kryptomechanismen sicherstellen.

Die Authentizität des Partner-Teilnehmers wird herkömmlicherweise durch Identifikation mittels eines geheimen Paßworts geprüft. In neueren Systemen identifiziert sich der Teilnehmer mit einer Ausweiskarte (Chipkarte), welche Kryptomechanismen einsetzt. Sie erkennt ihren Eigentümer üblicherweise an seiner persönlichen Identifikationsnummer PIN.

Die Vertraulichkeit der Kommunikationsvorgänge läßt sich durch Mitverschlüsseln der Protokolle erreichen. Diese Möglichkeit steht nur dem Betreiber des Kommunikationssystems, nicht aber dem Teilnehmer frei.

Die Verfügbarkeit von Daten und Dienstleistungen kann zum wesentlichen Teil nur durch physikalische Mechanismen und nicht mit den im folgenden aufgezeigten informationstechnischen Mitteln gesichert werden. Sie kann, im Gegenteil, als das kleinere Übel das Ergebnis des Einsatzes von Sicherheitsmechanismen sein. Man nimmt lieber einen Ausfall als eine Täuschung in Kauf. Läßt z.B. ein Mißbrauchstäter nicht davon ab, eine Nachricht manipulieren zu wollen, dann wirkt sich dies so aus, als ob der benutzte Nachrichtenkanal nicht zur Verfügung stünde.

Die Anonymität der Partner kann sehr unterschiedlich sein, je nachdem, ob sie gegenüber Dritten oder auch zueinander in einer oder beiden Richtungen anonym sein sollen, ob die Anonymität von einem Dritten auflösbar oder ob sie absolut sein soll. Entsprechend unterschiedlich sind die Lösungsmöglichkeiten.

Nicht-Rückweisbarkeit (Nonrepudiability) bedeutet, daß zwei Teilnehmer wohl einander die Korrektheit oder Unkorrektheit eines Kommunikationsvorgangs nachweisen können, daß aber keiner der beiden im Streitfalle (wenn der andere das Gegenteil behauptet) einen

Dritten - etwa einen Richter - überzeugen kann. Zur Nicht-Rückweisbarkeit braucht man also zusätzlich zu einem geeigneten Mechanismus einen vertrauenswürdigen Dritten, der im Streitfalle die richtige Angabe bezeugen kann. Er muß in geeigneter Weise in die Kommunikation einbezogen werden.

Der Mißbrauchtäter kann sein Ziel durch

* Zerstörung
* Manipulation
* mißbräuchliche Verwendung
* Ausforschung

von Information oder des technischen Informationssystems erreichen. Gegen die Zerstörung kann nur mit konventionellen Mittel gesichert werden, etwa durch Ersatzhaltung von Information oder durch erneute Übertragungsversuche.

2. Sicherungsdienste

Gegen solcherlei Angriffe kann man das System in dem Sinne sichern, daß man entsprechende Sicherungsdienste einführt, etwa einen

* Konzelationsdienst (Nachrichtenvertraulichkeit)
* Datenintegritätsdienst (Unverfälschtheit)
* Authentikationsdienst (Partnerauthentikation, z.B. zur Autorisierung)
* Zertifikationsdienst (Nicht-Rückweisbarkeit, z.B. von Unterschriften)
* Verteildienst für kryptographische Schlüssel
* Verteildienst für Zertifikate

Diese Sicherungsdienste sollen Schäden verhindern oder zumindest erkennen lassen, damit die eigentlich gefährlichen Folgeschäden vermieden werden können.

3. Sicherungsmechanismen

Zur Implementation solcher Sicherungsdienste werden

* kryptographische Mechanismen
* physikalische Verfahren gegen deren Manipulation und Ausforschung

eingesetzt. Diese Sicherheitskomponenten müssen in die organisatorische und rechtliche Umwelt passend eingebettet sein. Dazu sind

* organisatorische Maßnahmen und
* eine Verrechtlichung

erforderlich.

3.1 Kryptomechanismen

Mit Kryptomechanismen kann Information in eine vom Ursprungstext deutlich verschiedene Form gebracht werden. In dieser Form kann sie nicht ausgeforscht und/oder nicht manipuliert werden. Sie bietet sich dann für keine mißbräuchliche Verwendung an. Gegen Zerstörung bleibt sie allerdings (durch Kryptomechanismen) ungesichert.

Die Kryptomechanismen erfordern mathematische Algorithmen mit Einwegfunktions-Charakter. Diese Algorithmen transformieren Information aus ihrer ursprünglichen Form eindeutig in eine andere Form, in der die von der ursprünglichen Form gebotene Information nicht mehr erkennbar ist. Diese Transformation muß eindeutig und leicht durchführbar sein. Die inverse Transformation muß hingegen auch bei Kenntnis des Algorithmus untraktabel sein, es sei denn, man hat neben dem Algorithmus auch einen Schlüssel zur Verfügung, mit dem der Rechenaufwand entscheidend abgekürzt werden kann.

Hinsichtlich der benötigten Einwegfunktionen gibt es

* symmetrische Verschlüsselungsalgorithmen
* asymmetrische Verschlüsselungalgorithmen
* (echte) Einwegfunktion

Bei symmetrischen Algorithmen werden sowohl Transformation als auch Rücktransformation mit dem gleichen geheimen Schlüssel gesteuert. Sie eignen sich dafür, Nachrichten so zu konzelieren, daß nur der Besitzer des geheimen Schlüssels sie zur Kenntnis nehmen kann. Sie helfen auch, Manipulationen durch böswillige Dritte zu entdecken. Jedoch verfehlt man mit ihnen ohne zusätzliche Vorkehrungen die Rückweisbarkeit, denn auch ein vertrauenswürdiger Dritter kann in diesem Falle nicht unterscheiden, wer von den (zwei oder mehreren) Besitzern des geheimen Schlüssels den umstrittenen Verschlüsselungsvorgang durchgeführt hat.

Bei asymmetrischen Algorithmen <Dif> wird jeder der beiden Transformationen ein anderer Schlüssel zugeordnet; die beiden Schlüssel sind zwar zueinander komplementär, lassen sich aber nicht ohne Kenntnis eines Geheimnisses auseinander berechnen. Einer davon wird üblicherweise veröffentlicht. Mit ihm kann man in der Öffentlichkeit an einem Schlüsseltext nachweisen, daß mit dem komplementären (geheimen) Schlüssel ein Klartext verschlüsselt worden ist. Sofern der öffentliche Schlüssel authentisch ist (etwa von einem vertrauenswürdigen Dritten bezeugbar), kann der Erzeuger des Schlüsseltexts nicht abstreiten, daß er die Verschlüsselung vorgenommen hat, denn nur er allein kann den geheimen Schlüssel besitzen (Unterschrift). Umgekehrt angewendet kann jeder mit dem öffentlichen Schlüssel eines Teilnehmers einen Klartext verschlüsseln, der dann nur von dem Besitzer des geheimen Schlüssels zur Kenntnis genommen werden kann (Konzelation). Alle hier erwähnten Transformationen müssen eindeutig sein; d.h. daß die Abbildungen zueinander eineindeutig sein müssen.

Mit einer (echten) Einwegfunktion ist keine Rücktransformation möglich. Sie kann mit einem Schlüssel steuerbar sein oder auch ohne Schlüssel funktionieren. Di- Abbildung sollte ebenfalls in dem Sinne eineindeutig sein, daß ein Ursprungstext nur einen einzigen Abbildungstext und daß kein anderer Ursprungstext den gleichen Abbildungstext ergibt. In manchen Fällen wird der Abbildungstext gegenüber dem Ursprungstext verkürzt; dann kann diese Abbildung wohl eindeutig sein; jedoch können beliebig viele andere Ursprungstexte die gleiche Abbildung ergeben. Man spricht dann von einer Hash-Funktion. Sie wird im wesentlichen dafür gebraucht, Prüfsummen zu erstellen, die dann per Verschlüsselung unterschrieben werden. Im Gegensatz zur unverkürzten Unterschrift - Signature with Shadow - spricht man hier von Signature with Imprint.

3.2 Physikalische Sicherheit

Ein Kommunikationssystem ist in der Regel nicht ausreichend physikalisch sicher. Information kann

(1) (passiv) abgehört und aufgezeichnet
(2) (aktiv per zwischengeschalteten Computer) manipuliert
(3) umgeleitet
(4) gestört/vernichtet

werden. Gefahr (1) ist schon allein dadurch gegeben, daß Leitungen und Geräte Information abstrahlen oder sich leicht anzapfen lassen. Glasfaserkabel sind allerdings in dieser Hinsicht relativ sicher. Es ist ferner möglich, daß eine Übertragungleitung (möglichst nahe am Teilnehmer) aufgetrennt und ein Computer zwischengeschaltet wird, mit dem man die empfangenen Daten schnell und passend verändern und dergestalt manipuliert weiter auf ihren Weg schicken kann (2). Verbindungen können ferner subversiv umgelegt werden (3), so daß die gesendeten Daten den falschen Empfänger erreichen. Gegen die Gefahren (1) bis (3) bietet die Datenverschlüsselung Sicherungsmechanismen an. Gefahr (4) entzieht sich ihren Mitteln.

Physikalische Sicherheit läßt sich mit vorhandenen Mitteln nur in einem begrenzten Umfange erreichen. Wäre sie erschwinglicher, dann könnte man sich im entsprechenden Umfange kryptographische Maßnahmen ersparen. Ohne jedwede physikalische Sicherheit geht es aber nicht. Z.B. müssen kryptographische Schlüssel, soweit sie geheimzuhalten sind, gegen Ausforschung, und soweit sie authentisch zu halten sind, gegen Manipulation physikalisch gesichert werden. Man kann sie zwar zu diesem Ziel ebenfalls verschlüsseln. Jedoch bleibt letzten Endes mindestens ein Schlüssel am Ort übrig, der selbst nicht verschlüsselt werden kann und der deshalb physikalisch gegen Manipulation und Ausforschung gesichert werden muß.

Zur physikalischen Sicherung der Datenverschlüsselung bietet der derzeitige Stand der Technik vor allem integrierte Schaltkreise, die man so einpacken kann, daß sie wohl zerstörbar aber praktisch unmanipulierbar und unausforschbar sind. Auch hier ist die Zerstörung das kleinere Übel; Angriffe auf die Integrität solcher Schaltkreise können darin resultieren, daß die geheime Information vor ihrer Kenntnisnahme und die authentische Information bei ihrer Manipulation zerstört werden.

Als physikalisch ausreichend sicher bieten sich vor allem Chipkarten an. Ihr Speicher wird nur vom eigenen Prozessor bedient; d.h. die Ein- und Ausgabe erfolgt ausschließlich über ihn und nur insoweit, als es sein Programm zuläßt.

Auf diese Weise kann eine willkürliche Ein- und Ausgabe und damit auch eine Manipulation und Ausforschung verhindert werden. Das betrifft nicht nur den Daten- sondern auch den Programmspeicher; auch das Programm selbst läßt sich nicht manipulieren.

Angriffe auf die Chipkarte von außen, etwa durch Auslesen der Speicherdomänen, sind sehr kostspielig und können durch weitere Miniaturisierung und physikalische Schutzmaßnahmen beliebig kostspieliger gemacht werden.

3.3 Der erreichbare technische Sicherungsstandard

Die erreichbare Sicherheit beruht also darauf, daß man die Gefährdungen des Systems aus dem Bereich, in dem sie ansonsten anfallen würden, in andere Bereiche transformiert, in denen man sich gegen sie leichter physikalisch sichern kann. Soll z.B. Information vertraulich gehalten werden, kann man sie entweder in einen physikalisch sicheren Bereich bringen, oder aber man konzeliert sie und bringt nur den für die Kenntnisnahme notwendigen Schlüssel in den sicheren Bereich. Kryptoanalytische und physikalische Sicherheit ergeben eine praktische Sicherheit, die stets kleiner sein muß als jede einzelne ihrer Komponenten.

Man kann die Sicherung entsprechend auf zwei Wegen aufbrechen: Dazu muß man

* den geheimen Schlüssel aus dem gesicherten Bereich verschaffen oder
* den geheimen Schlüssel durch kryptoanalytische Methoden bestimmen.

Absolute Sicherheit im Sinne der Wahrscheinlichkeitsextremwerte kann weder im ersten noch im zweiten Falle erreicht werden. Man kann im ersten Falle grundsätzlich nicht verhindern, daß eine von Menschen ersonnene und implementierte physikalische Sicherung nicht auch vom Menschen aufgedeckt und aufgebrochen werden kann. Im zweiten Falle bieten alle praktisch verwendbaren Kryptoalgorithmen dem Angreifer die Möglichkeit, wenn auch mit durchschnittlich überaus großen Aufwand, geheime Schlüssel oder Texte systematisch zu erraten oder zu errechnen.

Die praktische Sicherheit kann man mit vertretbarem Aufwand zwar beliebig vergrößern. Üblicherweise treibt man die Sicherheit nur bis an die Grenze, an der

* der wirtschaftliche Aufwand ausreichend viel größer ist als der wirtschaftliche Gewinn, den ein Angreifer mit ihm erzielen kann, oder

* die kryptoanalytische Operation erheblich länger dauert, als die Chance, den

gesuchten Vorteil zu erreichen.

Der besondere Wert einer solchen Sicherung liegt in der Fle-ibilität ihrer Mechanismen - insbesondere der kryptologischen - mit denen sich die meisten der differenzierten Dienstleistungen realisieren lassen, die oben zur Sicherung von Telekommunikationssystemen gefordert wurden.

3.4 Die Einbettung der Sicherungsmechanismen im Kummonikationssystem

Die Datenverschlüsselung und ihre physikalische Absicherung können in beliebigen Schichten des OSI-Referenzmodells für Kommunikationssysteme eingebettet werden; je tiefer die Einbettung, umso näher an der technischen Übertragungsstrecke; je höher die Einbettung, umso näher an der Anwendung. Wenn die Verschlüsselung in der Transportschicht oder darüber erfolgt, spricht man von Ende-zu-Ende-Verschlüsselung; wenn sie unterhalb der HDLC-Protokolle erfolgt, spricht man von Leitungsverschlüsselung. Da im letzteren Falle zumeist gebündelte Nachrichtenkanäle verschlüsselt werden, spricht man auch von Bündelverschlüsselung.

Im ersten Extremfall (Leitungsverschlüsselung) werden alle Daten verschlüsselt, die über eine Leitung gehen, einschließlich sämtlicher Übertragungsprotokolle. Sie müssen praktisch in jedem Netzknoten entschlüsselt werden, der die Richtigkeit der HDLC-Sicherungsprotokolle zu prüfen hat.

Im anderen Extremfalle (Ende-zu-Ende-Verschlüsselung am oberen Rande der Anwendungsschicht) erhält das Kommunikationssystem vom Teilnehmer bereits die verschlüsselten Daten. Es hat lediglich die Aufgabe, sie zu übertragen und dem Partner-Teilnehmer in der verschlüsselten Form auszuliefern. Sämtliche Kommunikationsprotokolle bleiben im Klartext; ein Angreifer kann sie für Verkehrsanalysen auswerten. Das Kommunikationssystem verbleibt in diesem Falle ungesichert; es hat keine Verschlüsselungsaufgaben; es muß l- iglich auch für verschlüsselte Daten transparent sein.

Von Transportsystemen der Post kann man nur Verschlüsselung erwarten, die am unteren Rande der Transportschicht oder darunter erfolgt, denn die höheren Schichten liegen in der Zuständigkeit des Teilnehmers. Anders ist es dort, wo die Post ihre Transportdienste für eigene Mehrwertdienste, etwa für Bildschirmtext nutzt.

4. Der vertrauenswürdige Dritte

Das Institut des vertrauenswürdigen Dritten soll zwar ebenfalls dem Mißbrauch der technischen Einrichtungen vorbeugen. Es dient aber nicht der Sicherheit der Daten und Kommunikationsvorgänge sondern der Rechtssicherheit. Auch wenn zwei Teilnehmer miteinander tatsächlich sicher verkehrt haben, kann dies von einem oder beiden bestritten werden, wobei im Regelfalle der Streit zwischen den Teilnehmern geführt wird.

4.1 Die Beweismittel

Ein solcher Streit kann entschieden werden, wenn ein vereidigter Sachverständiger, anhand der vorliegenden Beweismittel feststellen kann, welche der beiden Parteien die Wahrheit sagt. Es muß ausgeschlossen sein, daß die Beweismittel manipuliert sind. Das erfordert einerseits die o.e. technische Sicherheit und andererseits eine Authentizität der Beweismittel. Diese kann aber im Streitfalle nur von einem vertrauenswürdigen Dritten bezeugt werden.

Bei der Verwendung symmetrischer Verschlüsselungsverfahren, muß der vertrauenswürdige Dritte unmittelbar Zeuge des umstrittenen Kommunikationsvorgangs sein, denn er kann anderenfalls in der Regel nicht feststellen, ob der Sender oder der Empfänger der Nachricht diese verschlüsselt hat; jeder von beiden war ja mittels des gemeinsamen geheimen Schlüssels dazu in der Lage. Bei einem asymmetrischen Verfahren kann auch der vertrauenswürdige Dritte mittels des öffentlichen Schlüssels des Senders/Unterschreibers einer Nachricht feststellen, ob sie echt ist. Allerdings muß dieser öffentliche Schlüssel als Beweismittel authentisch sein; sein Eigentümer muß der Öffentlichkeit bekannt sein.

4.2 Zertifikat

Die Authentizität des Nachweisschlüssels läßt sich damit prüfbar machen, daß eine öffentliche Zertifikationsstelle ihn und die Identifikation des Teilnehmers unterschreibt und ihn auf diese Weise zertifiziert. Dann genügt es, wenn der Sachverständige den authentischen öffentlichen Schlüssel der Zertifikationsstelle kennt. Mit ihm kann er das Zertifikat verifizieren. Den damit authentizierten öffentlichen Schlüssel des Unterschreibers verwendet er dafür, die Nachricht zu verifizieren.

Die Unterschrift des Senders einer Nachricht wird dieser angefügt. Sie enthält

* den mit dem geheimen Schlüssel des Senders erstellten Schlüsseltext
* den öffentlichen Schlüssel des Senders
* das auf diesen öffentlichen Schlüssel ausgestellte Zertifikat

Jeder, der diese Unterschrift verifizieren will, braucht dazu zusätzlich den authentischen Schlüssel der Zertifikationsstelle.

Das Zertifikat kann mehrschichtig sein. Der öffentliche Schlüssel der Zertifikationsstelle kann von einer übergeordneten weiteren Zertifikationsstlle zertifiziert sein etc. Das entspricht einer Hierarchie von Zertifikationsstellen. Eine solche Hierarchie wurde von TeleTrusT ←Rih→ vorgeschlagen und vom CCITT in der Draft Recommendation X.509 "Authentication Framework" ←CCI→ eingeführt. Bild 1 zeigt das von CCITT vorgeschlagene Schema.

4.3 Anonymität

Anonym ist ein Teilnehmer dann, wenn er wohl kommunizieren kann aber seine Identität nicht feststellbar ist. Im Kommunikationssystem mit regulären Teilnehmern, vertrauenswürdigen Dritten und potentiellen Angreifern können folgende sinnvollen gerichteten Anonymitäten auftreten:

Ein Teilnehmer gegenüber dem anderen und potentiellen Angreifern
(1) - und gegenüber einem vertrauenwürdigen Dritten
(2) - und nicht gegenüber einem vertrauenwürdigen Dritten

Jeder der beiden Teilnehmer gegenüber potentiellen Angreifern
(3) - und gegenüber einem vertrauenswürdigen Dritten
(4) - und nicht gegenüber einem vertrauenswürdigen Dritten

Um Teilnehmer anonym und doch verantwortlich zu halten, können die oben beschriebenen Konzelations- und Authentikationsmechanismen auf die Teilnehmerauthentikation angewandt werden; siehe z.B. ←Cha→ bezüglich eines Systems für anonyme Zahlungen. In diesem Falle ist der vertrauenswürdige Dritte, die Bank, nicht notwendig, um die Anonymität auflösen zu können, sondern nur um die Geldtransaktion zu garantieren und durchzuführen. Das läßt eine Anonymität nach (1) sinnvoll erscheinen und möglich machen.

Im wesentlichen handelt es sich bei der Anonymisierung um eine Aufgabe der Systemorganisation. Die CCITT X.500 Draft Recommendation "Directory" ←CCI→ sieht diesbezüglich für die Teilnehmer Aliasnamen vor, die auch als "Alternative Names" angewendet werden können. Das Directory ist in diesem Falle der vertrauenswürdige Dritte, der eine Anonymität nach (2) und (4) ermöglicht. Eine Anonymität nach (3), Vertraulichkeit zwischen den beiden Kommunikationspartnern, die auch einer Verkehrsanalyse standhalten soll, ist in offenen Netzen unter bestimmten organisatorischen Voraussetzungen möglich ←Pfi→.

Unabhängig von den Vorkehrungen, die im Kommunikationssystems zur Einhaltung der Anonymität getroffen werden können, bleibt die Anonymität grundsätzlich gefährdet, wenn die anonymen Datensätze ausreichend viele bestimmende Attribute aufweisen, die auch in einem nicht-anonymen erhältlichen Datensatz zur Person gespeichert sind ⟨Paa⟩.

5. Ausblick

Die Sicherheit von Kommunikationssystemen hat durch die Computer-Netze einen hohen Stellenwert erhalten. So hat z.B. das US-Verteidigungsministerium zu seinem Standard "Trusted Computer System Evaluation Criteria" (Orange Book) ⟨TCS⟩ eine Ergänzung, die "Trusted Network Interpretation" dieser Kriterien (Red Book) herausgeben. Diese beiden Schriften haben auch in der Bundesrepublik viel Beachtung gefunden.

Ferner befaßt sich, wie aus dem bisher Gesagten ersichtlich, auch die internationale Normenorganisation der Fernmeldeverwaltungen mit den Fragen der Sicherheit ihrer Systeme. Darüberhinaus werden diese mit dem Authentication Framework X.509 ihren Kunden die Grundlagen für eine kryptographische Sicherung ihrer Kommunikationsvorgänge bieten.

Mit der Entwicklung der Chipkarten zu personenbezogenen ambulanten verschlüsselnden Kommunikationsinstrumenten schließt sich auch die Lücke, die bislang bei der physikalischen Sicherheit klaffte.

Literatur

⟨CCI⟩ ISO/CCITT Directory Convergence Document £ 1, Gloucester November 1987

⟨Cha⟩ David Chaum, Sicherheit ohne Identifizierung, DuD Datenschutz und Datensicherung, 1/88

⟨Dif⟩ W. Diffie, M.E. Hellman, New Directions in Cryptography, Trans IEEE Inf.Theory, IT-22, November 1976

⟨Paa⟩ Gerhard Paaß, Anonymität statistischer Einzelangaben, DuD Datenschutz und Datensicherung, 2/85

⟨Pfi⟩ Andreas Pfitzman, Andreas Mann, Technischer Datenschutz und Fehlertoleranz in Kommunikationssystemen, DuD Datenschutz und Datensicherung, 8/87

⟨Rih⟩ Karl Rihaczek, TeleTrusT-OSIS and Communication Security, Computers & Security 6 (1987)

⟨TCS⟩ US Department of Defense, Department of Defense Trusted Computer System Evaluation Criteria, (with interpretations) Library No. S225,711

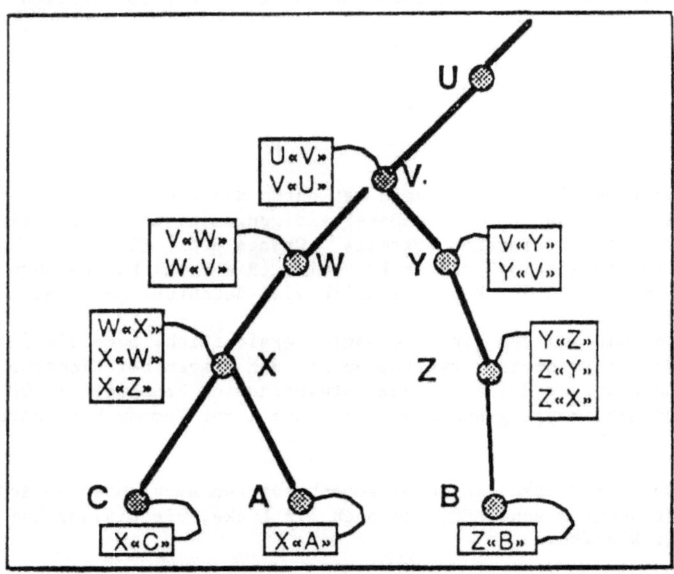

Bild 1 Zertifikations-Hierachie - Ein hypothetisches Beispiel

C, A, B	Teilnehmer
X, Z	Zertifikationsstellen der 1. Stufe
W, Y	Zertifikationsstellen der 2. Stufe
V	Zertifikationsstelle der 3. Stufe
U	Zertifikationsstelle der 4. Stufe

X C Zertifikat von X für C ausgestellt

Der allgemeine Fall: Zertifikate können in beliebigen Beziehungen und Richtungen ausgestellt sein.

Zivilrechtliche Probleme in der Telekommunikation

Dr. Helmut Redeker, Bonn
Rechtsanwalt
Rechtsanwälte Dietrich und Partner, Bonn

Zusammenfassung

Der Verfasser beschäftigt sich mit den Rechtsproblemen eines zivilrechtlichen Nutzungsverhältnisses an Telekommunikationssystemen. Er betrachtet dabei nach einführenden Bemerkungen, in denen er darlegt, daß es sich dabei um ein Dauerschuldverhältnis handelt, aus den einzelnen Leistungen insbesondere die Datenbankleistungen, die Möglichkeit, einzelne Programme durch die Benutzer nutzen zu lassen sowie die Softwareübertragung. Er kommt dabei zu der Überzeugung, daß Datenbankleistungen nach Werkvertragsregeln, die Programmnutzung als Vertrag eigener Art sowie die Softwareübertragung gegen Einmalzahlung nach Kaufvertragsregeln zu beurteilen sind. Der Verfasser betrachtet dann einzelne Konsequenzen dieser Folgerungen und macht Vorschläge zur Vertragsgestaltung.
In einem weiteren Teil beschäftigt sich der Verfasser mit der Benutzung von Telekommunikationsdiensten zur Abwicklung zivilrechtlicher Geschäfte. Neben einigen Bemerkungen zur elektronischen Willenserklärung stellt er insbesondere die Probleme der Authentifizierung dar.
Anmerkungen zum internationalen Privatrecht bei der Benutzung von Telekommunikationsdiensten schließen den Vortrag ab.

Inhaltsverzeichnis

0. Einführende Bemerkung

Zivilrechtliche Probleme in der Telekommunikation heißt mein Thema - ein sehr umfassendes Thema, das ich unmöglich vollständig behandeln kann. Einige Probleme habe ich bereits in einem Vortrag auf der vorletzten Jahrestagung der Gesellschaft für Informatik in Berlin im Rahmen des Fachgespräches "Mailboxsysteme" aufgegriffen. Ich will hier einige ergänzende und weiterführende Bemerkungen machen.
Zivilrechtliche Probleme entstehen bei der Nutzung von Telekommunikationsdiensten in zweifacher Weise:
Zum einen gibt es zivilrechtliche Beziehungen zwischen dem Dienstanbieter und dem Dienstnutzer, jedenfalls dann, wenn es um private Anbieter geht oder ein öffentliches Unternehmen die Form privaten Anbietens wählt. Zum anderen kann es zivilrechtliche Probleme bei der Abwicklung alltäglicher Geschäfte mit Hilfe von Telekommunikationssystemen geben. Ich will im folgenden Einzelprobleme aus diesen beiden Problemfeldern erörtern. Abschließend möchte ich einige Bemerkungen zu einem Problembereich machen, der gerade bei Telekommunikationsdiensten besondere Aktulität gewinnen kann: zu Problemen des internationalen Privatrechts nämlich, das in vielen Fällen dann eingreifen wird, wenn die Telekommunikationsdienste in einer den technischen Möglichkeiten entsprechenden Weise grenzübergreifend genutzt werden.

1. Zivilrechtliche Probleme im Verhältnis zwischen Dienstanbieter und Dienstnutzer

Beginnen wir mit den Problemen, die sich zwischen dem Dienstanbieter und den Dienstnutzern ergeben können.

a. Grundsätzliche Bemerkungen

Das Verhältnis zwischen Dienstnutzer und Dienstanbieter wird dann, wenn es auf einem privaten Rechtsverhältnis beruht, durch einen Vertrag begründet. Verträge dieser Art gibt es z. b. über die Benutzung von Mailboxsysteme oder über die Benutzung elektronischer Bankdienste. Je mehr der Telekommunikationsbereich privatisiert werden sollte, desto mehr solcher Privatrechtsverhältnisse muß es notwendigerweise geben. Dabei ist die rechtswissenschaftliche Diskussion dieser Privatrechtsverhältnisse noch ganz am Anfang, da bislang Telekommunikationsdienste fast ausschließlich von der Post aufgrund öffentlich-rechtlicher Normen angeboten worden sind.
Wird ein solcher Vertrag über die Nutzung eines Telekommunikationsdienstes geschlossen, so wird es in der Regel um ein sogenanntes Dauerschuldverhältnis gehen, nämlich um ein Verhältnis, das über einen längeren Zeitraum besteht und in dem zu-

mindest eine Seite zu dauernden Leistungen verpflichtet ist. Dies ist hier der Dienstanbieter, der das System zu den Betriebszeiten, in vielen Fällen rund um die Uhr, bereit halten muß. Er erhält dafür meist ein monatliches Entgelt, das ihn für dieses dauernde Bereithalten des Systems entlohnen soll.
Für dieses Dauerschuldverhältnis gibt es keine näheren gesetzlichen Regelungen. Die Rechtsfigur solcher Dauerschuldverhältnisse ist auch grundsätzlich - im Gegensatz zu vielen anderen Rechtsverhältnissen - im BGB nicht geregelt. Im Gesetz geregelt sind nur einzelne Fälle von Dauerschuldverhältnissen wie z. B. der Dienstvertrag oder der Mietvertrag. Die Rechtsprechung hat aber einige allgemeine Regeln über Dauerschuldverhältnisse entwickelt, die hier anwendbar sind (1). Wichtig ist vor allem, daß innerhalb dieses Dauerschuldverhältnisses konkrete Leistungen angeboten und geleistet werden. Sobald es zu Störungen bei der Erbringung dieser einzelnen Leistungen kommt, trifft dies nicht notwendigerweise und in jedem Fall das Dauerschuldverhältnis insgesamt. Vielmehr sollen diese Leistungsstörungen zunächst im Rahmen der Einzelleistungen abgewickelt werden. Nur wenn die Störungen in den Leistungsbeziehungen gravierend sind, sei es weil sie als Einzelfall besonders schwer wiegen, sei es, weil sie häufig vorkommen, schlagen sie auch auf das Dauerschuldverhältnis und sein Bestehen durch. Einzelleistungen sind ansonsten gesondert zu betrachten.

b. Einzelne Leistungen

Im Rahmen des Dauerschuldverhältnisses werden nun unterschiedliche Einzelleistungen erbracht. Mailboxsysteme sind z. B. dadurch gekennzeichnet, daß sie eine besondere Form der Nachrichtenübertragung in die sogenannte Mailbox zulassen; daß auch Informationen von den Benutzern zur eigenen Verwendung gespeichert werden und daß noch eine ganze Reihe weiterer zusätzlicher Dienste (z. B. "Schwarze Bretter") erbracht werden. All diese Einzelleistungen unterliegen besonderen Regelungen. Diese Tatsache der sehr unterschiedlichen Einzelleistungen unterscheidet die meisten Telekommunikationsdienste von den meisten herkömmlichen Dauerschuldverhältnissen.
Ich möchte in der Folge auf einzelne Einzelleistungen eingehen.

aa. Datenbankleistungen

Eine erste Einzelleistung sind die Datenbankdienste. Diese werden von verschiedenen Fachinformationszentren und ähnlichen Leistungsanbietern auch on-line angeboten. Hier wird von vielen Dienstanbietern nur eine Leistung, nämlich die On-line-Recherche in Datenbanken angeboten. Allerdings bieten die meisten Anbieter unterschiedliche

Datenbanken an, in denen man suchen kann. Betrachtet man nun die rechtliche Einordnung solcher Datenbankleistungen, so muß man im bürgerlichen Gesetzbuch zunächst überprüfen, ob nicht ein dort geregelter Vertragstyp hier eingreifen kann.
Meiner Meinung nach ist ein passender Vertragstyp der Werkvertrag. Dies gilt dann, wenn man die jeweils einzelne Datenbankanfrage betrachtet. In diesem Fall wird ein konkreter Auftrag zur Erarbeitung einer konkreten Information aufgrund sehr spezifischer Vorgaben erteilt. Geschuldet ist die Herausgabe aller von den jeweiligen Suchbegriffen umfaßten Einzelinformationen, die in einer Datenbank des Typs enthalten sein müssen, die für die jeweils benutzte Datenbank charakteristisch ist. Damit ist im Sinne des Bürgerlichen Gesetzbuches ein Erfolg geschuldet. Dies legt es nahe, Werkvertragsregeln anzuwenden (2).
Dagegen kann man nicht einwenden, daß die Informationen auf keiner menschlichen Arbeit, sondern lediglich auf der Leistung einer Datenverarbeitungsanlage beruht. Geschuldet ist im Werkvertragsrecht nur ein Erfolg, wie er erzielt wird, ist unerheblich.
Dagegen kann man auch nicht einwenden, daß der Datenbankanbieter oder das Fachinformationszentrum den Erfolg ja letztendlich nicht beeinflussen kann, da die Suchanfrage vom Nutzer stammt, und daß daher der Anbieter auch nicht für den Erfolg einstehen könne. Dieser Einwand verkennt nämlich, daß nur der Erfolg geschuldet ist, der von einer durchschnittlichen Datenbank vergleichbaren Typs auf die konkrete Suchanfrage hin erbracht werden müßte. Anknüpfungspunkt für den Umfang der Leistungspflicht ist daher die Suchanfrage und nicht etwa das, was sich der Nutzer unter der Suchanfrage letztendlich vorgestellt hat.
Problematischer wird die Einordnung, wenn man die dauernde Leistungsbeziehung zwischen der Datenbank bzw. dem Host und dem Nutzer betrachtet. Werkvertragsrecht ist nämlich auf die Abwicklung einzelner Werkleistungen abgestellt. Daß dauernd neue, im Prinzip gleichartige, in concreto aber sehr unterschiedliche Werkleistungen erbracht werden sollen, ist dem bürgerlichen Werksvertragsrecht fremd. Es sieht für solche Fälle keine Regeln vor. In dem vergleichbaren Fall des Wartungsvertrages ist daher in der Literatur schon die Anwendung von Mietvertragsregeln vorgeschlagen worden (3).
Ich möchte hier nicht so weit gehen. Ich möchte nur feststellen, daß man die eben gewonnenen Erkenntnisse zum Verhältnis zwischen Dauerschuldverhältnis und Einzelleistungen auch hier anwenden kann. Auf die jeweilige Einzelleistung ist Werkvertragsrecht anzuwenden. Für die Dauerbeziehung gelten ergänzend dazu die Regelungen über Dauerschuldverhältnisse. Diese regeln etwa Kündigungsrecht. Immer dann, wenn sich Störungen in den einzelnen Werkleistungen, d. h. in konkreten Suchanfragen, als so gravierend herausstellen, daß sie auf das Dauerschuldverhältnis durchschlagen können, gibt es auch dort Auswirkungen.
Die zentrale praktische Frage bei der Nutzung solcher Datenbankdienste ist die, was

passiert, wenn eine Fehlinformation ausgegeben wird, sei es wegen Fehlens von Informationsstellen, sei wegen fehlerhafter Ausgabe von Informationsstellen, und daraus beim Nutzer Schäden entstehen. Daraus können bei Verschulden des Datenbankanbieters Schadensersatzansprüche folgern. Dies ergibt sich zum einen aus § 635 BGB und zum anderen aus den Regeln der positiven Vertragsverletzungen. Die entscheidende Frage ist, welche der beiden Haftungsnormen anwendbar ist. Schadensersatzansprüche nach § 635 BGB verjähren in sechs Monaten, Schadensersatzansprüche aus positiver Vertragsverletzung in dreißig Jahren.
Ich kann Ihnen leider keine klare Antwort auf diese Frage geben. Juristisch kommt es darauf an, ob man die Schadensfolge als einen sogenannten unmittelbaren Mangelfolgeschaden ansieht oder nicht. Unter § 635 BGB fallen nämlich zunächst Schäden, die sich unmittelbar an dem mangelhaften Werk ergeben. Solche Schäden gibt es hier natürlich nicht. Darunter fallen aber nach der Rechtsprechung auch solche Schäden, die bei der bestimmungsmäßigen Nutzung des Werkes gerade aus der Nutzung entstehen. Dies ist etwa bei der Verwendung fehlerhafter Gutachten von großer Bedeutung (4). Möglicherweise ist diese Rechtsprechung hier übertragbar, s so daß eine ganze Reihe von Schadensersatzansprüchen in recht kurzer Frist verjähren.

bb. Programmnutzung

Eine weitere Einzelleistung, die ich kurz ansprechen möchte, ist die der Nutzung von Programmen, die der jeweilige Dienstanbieter den Nutzern zur Benutzung zur Verfügung stellt. Die Benutzer erhalten dabei keine Programmkopien. Vielmehr läuft das Programm auf dem Rechner des Dienstanbieters ab und wird von den Nutzern nur ausgelöst. Man kann diese Leistung als Nutzungsüberlassung von Programmen für eine einmalige Nutzung charakterisieren.
Sucht man hier nach einem charakteristischem Vertragstyp im BGB, wird man nicht fündig.
Ein Dienstvertrag scheidet aus, weil ein Dienstvertrag nach einer ganzen Reihe von Regelungen (§§ 611 a, 611 b, 613, 617, 618 BGB, 888 Abs. 2 ZPO) die Leistung von Tätigkeiten durch einen Menschen als Inhalt voraussetzt. Auch Mietrecht kommt nicht in Betracht, da der Besitz von Sachen nicht übertragen wird. Auch Pachtregeln passen letztendlich nicht, da der Programmablauf im einzelnen von der Systemsoftware des Dienstbetreibers und nicht vom Dienstbenutzer gesteuert wird.
Letztendlich scheidet hier auch ein Werkvertrag aus, da hier praktisch kein Erfolg mehr feststellbar ist, weil die Leistung eine Art maschinelle Dienstleistung ist und die Annahme eines Dienstvertrages nur an dem Fehlen menschlicher Tätigkeit scheitert. Man wird daher in dem Fall der Programmnutzung einen sogenannten Vertrag sui generis, einen Vertrag eigener Art, annehmen müssen (5). Dies ist im Zivilrecht durchaus

möglich. Es gelten eine Reihe allgemeiner Regeln für diesen Vertrag. Insbesondere wäre auch hier bei einer Fehlfunktion des Programms, die auf ein Verschulden des Dienstanbieters zurückzuführen ist und die zum Schaden beim Nutzer führt, an Schadensersatzansprüche zu denken, die erst in dreißig Jahren verjähren.

cc. Softwareübertragung

Eine weitere Einzelleistung, die einer Erörterung bedarf, ist die, daß mit Hilfe von Telekommunikationssystemen Software endgültig gegen die einmalige Zahlung eines Entgeltes übertragen wird. Es wird sozusagen die bloße Software elektronisch übertragen, ohne daß ein physischer Datenträger transportiert wird. Die rechtliche Einordnung solcher Verträge ist in Literatur und Rechtsprechung sehr umstritten. Dies gilt auch für die Einordnung der herkömmlichen Verträge über Softwareüberlassung (6).

Der Bundesgerichtshof hat in einem neueren Urteil (7) entschieden, daß bei der Überlassung von Software gegen Zahlung eines einmaligen Entgelts jedenfalls die Regeln über Sachmängelgewährleistung nach Kaufvertragsrecht Anwendung finden. Er hat dabei, was Gerichte meistens tun können, letztendlich offen gelassen, ob hier ein Kaufvertrag vorliegt oder eine andere vertragliche Einordnung zu treffen ist. Die Problematik der Annahme eines Kaufvertrages liegt hier darin, daß kein Gegenstand überlassen wird, sondern mit der Überlassung von Software dauerhafte einfache Nutzungsrechte im Sinne des Urheberrechts oder verwandter Schutzrechte eingeräumt werden. Solche Nutzungsrechte verbleiben in der Regel dabei auch beim Veräußerer. Er räumt sie nur dem Erwerber auch zusätzlich ein. Der Erwerber darf sie in der Regel nicht weitergeben.

Meines Erachtens kann man jedoch von einem Kaufvertrag, zumindest von einem kaufähnlichen Vertrag im Sinne von § 493 BGB sprechen.

Dies ergibt sich für mich daraus, daß auch in der Vergangenheit Kaufverträge in vielfältiger Weise nicht nur bei der endgültigen Veräußerung einer Sache oder eines Rechts sondern auch bei der Übertragung von anderen Gegenständen angenommen worden sind und sich diese Entwicklung des Kaufvertragsbegriffes in der Praxis durchaus bewährt hat. So kann z. B. Know-how verkauft werden. Selbstverständlich verbleibt das dabei verkaufte Wissen auch beim Verkäufer, der es ja nicht schlichtweg einfach vergessen kann. Auch Verfügungsbeschränkungen an verkauften Gegenständen gibt es in der Praxis.

Ähnliches gilt für den hier betrachteten Fall von Softwareüberlassung. Auch hier wird praktisch die Nutzungsmöglichkeit gegen Entgelt auf Dauer übertragen. Sie kann auch nicht widerrufen werden. Man wird daher hier nach meiner Ansicht von einem Kaufvertrag ausgehen müssen. Dabei weise ich ausdrücklich darauf hin, daß dies nicht unbedingt eine verbraucherfreundliche Annahme ist, da auch im Kaufvertragsrecht die sehr kurze Verjährungsfrist von sechs Monaten gilt und zwar für sämtliche Ansprüche, die mit der Fehlerhaftigkeit von Programmen im Zusammenhang stehen.

c. Einige Bemerkungen zur Vertragsgestaltung

Schon aus dem Vorstehenden kann man ersehen, daß es bei der Gestaltung solcher Nutzungsverhältnisse zwischen Dienstanbietern und ihren Kunden zweckmäßig sein dürfte, die wesentlichen Regelungen zwischen den Parteien ausdrücklich zu regeln, d. h. einen umfangreichen Vertrag zu schließen. Dies wird in der Regel durch allgemeine Geschäftsbedingungen des Dienstanbieters geschehen, da dieser eine Vielzahl von Kunden hat und möglichst zu allen mit einheitlichen Bedingungen in Leistungsbeziehungen treten möchte.

In diesem Fall sind bei der Ausgestaltung der Allgemeinen Geschäftsbedingungen die Regelungen des Gesetzes über Allgemeine Geschäftsbedingungen zu beachten. Hinzuweisen ist insbesondere auf die nur eingeschränkten Möglichkeiten der Gestaltung von Kündigungsrechten in § 11 Nr. 12 AGBG, auf die nur eingeschränkten Möglichkeiten des Haftungsausschlusses gem. § 11 Nr. 7 AGBG und auf die Regelung des § 10 Nr. 4 AGBG, nach der Änderungsvorbehalte im Hinblick auf die zu erbringende Leistung nur dann zulässig sind, wenn die Vereinbarung der Änderung oder Abweichung unter Berücksichtigung der Interessen des Verwenders für den anderen Vertragsteil, d. h. hier den Kunden, zumutbar ist. Die letzte Norm hat eine besondere Bedeutung im Bereich von Telekommunikationsdiensten, weil allein wegen der technischen Weiterentwicklung die meisten Anbieter sich vorbehalten, einzelne Dienstmerkmale in geänderter Form oder auch überhaupt nicht mehr anbieten zu wollen, wenn dies die technische und wirtschaftliche Entwicklung gebietet. Man muß bei der Verwendung solcher Klauseln den Kunden zumindest ein Kündigungsrecht bei wesentlichen Änderungen einräumen, anderenfalls wird eine solche Klausel an § 10 Nr. 4 AGBG scheitern. Die für den Dienst charakteristischen Leistungen kann man seitens des Verwenders einseitig nicht grundlegend ändern. Was Haftungsfragen betrifft, so sind sie schon mehrfach angesprochen worden. Ich gehe davon aus, daß sie in vielen Fällen nicht sehr praktisch werden. Allerdings muß man beachten, daß über die explizite Regelung des § 11 Nr. 7 AGBG hinaus, die einen Haftungsausschluß für grobes Verschulden ausschließt, weitere Beschränkungen für die Vertragsgestaltung gelten, die die Rechtsprechung aus der Generalklausel des § 9 Abs. 2 AGBG nimmt, nach der Abweichungen vom gesetzlichen Leitbild eines Vertrages in allgemeinen Geschäftsbedingungen nun sehr eingeschränkt möglich sind. Dies gilt insbesondere für den Ausschluß der Haftung für Gefahren, die durch den Vertrag typischerweise verhindert werden sollten. Wer also einen Fachmann einschaltet, weil dieser fachlich gute Leistungen erbringen soll, muß darauf ver-

trauen können, daß der Fachmann für seine Fachkunde und die ordnungsgemäße Erbringung seiner Leistungen auch haften will. Der Fachmann kann dies nicht grundsätzlich ausschließen, er kann seine Haftung nur der Höhe nach einschränken (8).
Hinsichtlich der Einzelleistungen kommt es für die Anwendung des Gesetzes über Allgemeine Geschäftsbedingungen sehr stark auf die Einordnung der einzelnen Leistungen in die Vertragstypik des BGB an. So sind z. B. Gewährleistungsansprüche, die es im Kauf- und Werkvertragsrecht gibt, nur schwer einschränkbar.Wer also zur Einordnung einzelner Leistungen in diese Rechtsgebiete kommt, kann Einschränkungen der Gewährleistungsrechte in weiten Teilen nicht zulassen.

2. Die Benutzung von Telekommunikationsdiensten zur Abwicklung zivilrechtlicher Geschäfts.

Die zweite hier zu erörternde Gruppe von Problemen geht von der Benutzung von Telekommunikationsdiensten im Rahmen normaler Geschäftsbeziehungen aus.

a. Einiges zur Grundproblematik

Im Rahmen diesr Gruppe möchte ich nur ganz kurz die schon viel erörterten sogenannten "elektronischen Willenserklärungen" betrachten. Dabei handelt es sich für mich um Erklärungen, die eine Datenverarbeitungsanlage selbständig aufgrund ihres Programmes für ihren Betreiber abgibt. Solche Erklärungen kann es im Rahmen von Telekommunikationsdiensten häufig geben, wenn etwa ein Kunde mit dem Rechner eines anderen Kunden kommuniziert und dort Bestellungen aufgibt, die der Rechner registriert und ggfls. bestätigt. Hier herrscht in der Literatur mit wenigen Ausnahmen Übereinstimmung darüber, daß es sich um Willenserklärungen des Betreibers der Datenverarbeitungsanlage handelt. Die Begründung differiert im Einzelnen (9).
Ich möchte an dieser Stelle das Problem nicht sehr vertiefen. Praktisch kann man davon ausgehen, daß Erklärungen, die eine Datenverarbeitungsanlage für ihren Betreiber abgibt, Erklärungen des Betreibers sind.
Allerdings können solche Erklärungen und auch alle anderen Erklärungen, die mit Hilfe von Telekommunikationssystemen abgegeben werden, die Formanforderungen zivilrechtlicher Schriftformen nicht erfüllen. Dazu muß nämlich eine eigenhändige Unterschrift im Original dem Vertragspartner zugehen. Dies ist mit Telekommunikationssystemen schlechthin unmöglich. Hier helfen nur gesetzgeberische Einschränkungen. Diese gibt es aber im Hinblick auf Telekommunikationssysteme im Zivilrecht nicht.

b. Authentifizierung

Zentrales Problem bei der Benutzung von Telekommunikationssystemen im normalen Geschäftsverkehr ist die Frage der Sicherung der Authentizität des Handelnden. Man kann bei diesen Systemen ohne zusätzliche technische Maßnahmen praktisch überhaupt nicht feststellen, ob derjenige, der sich als Vertragspartner ausgibt, auch der ist, der zu sein er vorgibt. Am Telefon kann man sich dabei gegenseitiger persönlicher Erkenntnis z. B. auf die Stimme verlassen. Bei Briefen gibt es die Unterschrift, die eine gewisse Art von Sicherheit gibt. In Telekommunikationssystemen gibt es nichts auch nur Vergleichbares, es sei denn, man setzt entsprechende Sicherungsmechanismen ein.

Solche Sicherungsmechanismen sind z. B. Passworte, die nur den Berechtigten bekannt sein sollten, Magnetkarten mit persönlichen Identifizierungsnummern, die auch nichts anderes als Passworte sind, die aber auch durch die Magnetkarten besonders gesichert sind. In der Entwicklung befinden sich die sogenannten Chipkarten, die erheblich erweiterte Möglichkeiten der Sicherung gegenüber den bislang verwendeten Systemen bilden. Eine spezielle Ausprägung ist die Verwendung sogenannter asymmetrischer Verschlüsselungsverfahren, in den derjenige, der eine Erklärung abgibt, diese mit einem nur ihm bekannten Schlüssel verschlüsselt und der Empfänger mit einem weiteren, zum geheimen Schlüssel des Senders passenden, aber nicht mit ihm identischen Schlüssel die Nachricht entschlüsselt. Ist sichergestellt, daß der Geheimschlüssel wirklich geheim bleibt und nicht etwa mit Hilfe von Informationen aus dem Verfahren entschlüsselt werden kann, so ist auch sichergestellt, daß wenn mit Hilfe der Entschlüsselung ein sinnvoller Text herauskommt, diese auch vom Absender herrührt. Alle anderen Möglichkeiten bleiben rein theoretischer Natur. Der Aufwand für solche Verfahren ist allerdings recht hoch. Es gibt allerdings schon Projekte und Prototypen für den Einsatz solcher Verfahren (10).

Will man Telekommunikationssysteme bei wesentlichen Geschäften verwenden, so wird man diese Sicherungssysteme verwenden müssen. Dies bedeutet umgekehrt auch, daß sie von den Dienstanbietern, die sie als einzige wirklich sinnvoll entwickeln und in das System integrieren können, angeboten werden müßten. Ohne solche Sicherungsmechanismen ist das Risiko mangelnder Beweisbarkeit des Geschäftsablaufes hoch und sollte bei wichtigen Geschäften nicht eingegangen werden. Dies gilt insbesondere im Rahmen von Bankgeschäften. Die Banken verwenden auch schon solche und noch einige weitere Sicherungsmechanismen (11).

Damit will ich den Streifzug durch die Probleme allgemeiner Geschäfte im Rahmen von Telekommunikationsdiensten zunächst beenden und mich dem letzten Problembereich zuwenden.

3. Anmerkungen zum internationalen Privatrecht

Wie schon einleitend erwähnt, geht es dabei darum, daß Telekommunikationsdienste sehr stark auch international eingesetzt werden. Telekommunikationsdienste kennen prinzipiell kein Grenzen. So kann man z. B. auch jetzt schon auf Datenbankdienste in den USA zugreifen, man muß nur entsprechende Benutzungsberechtigungen erwerben. Entsteht nun in einem solchen, über nationale Grenzen hinausgehenden Rechtsverhältnis Streit, so stellt sich die Frage, welches nationale Recht auf dieses konkrete Rechtsverhältnis überhaupt anzuwenden ist.

Diese Frage beantworten die Regeln des internationalen Privatrechts. Danach gilt folgendes:

Man kann zunächst vertraglich regeln, welches Recht gelten soll.

Tut man dies nicht, so gilt nach der Vorschrift des Art. 28 Abs. 1 EGBGB das Recht desjenigen Staates, zu dem die vertraglichen Beziehungen die engsten Verbindungen aufweisen. Dies ist in der Regel nach einer Vermutung des Art. 28 Abs. 2 EGBGB der Staat, in dem die Partei, die die für den Vertrag typischen Leistungen erbringt, ihren Aufenthalt und ihre Hauptverwaltung hat. Da die vertragstypischen Leistungen bei Telekommunikationsdiensten vom Dienstbetreiber angeboten werden und sein Kunde ja als Leistung nur Geldzahlungen erbringt, führt diese Regelung dazu, daß in der Regel das Recht des Staates gilt, in dem der Dienstbetreiber seine Hauptverwaltung hat. Wer also einen Inlandvertrag mit einer amerikanischen Datenbank abschließt, unterliegt nach dieser Vorschrift amerikanischem Recht.

Dies gilt allerdings nicht, wenn der Vertrag von Personen nicht im Rahmen ihrer beruflichen oder gewerblichen Tätigkeit abgeschlossen wird. Bei diesen sogenannten Verbrauchern gilt der Art. 29 Abs. 2 EGBGB als maßgebliches Recht das Recht des Landes, in dem der Verbraucher seinen gewöhnlichen Aufenthalt hat. Schließen also deutsche Verbraucher mit einer amerikanischen Mailbox einen Vertrag ab, so gilt deutsches Recht. Dies setzt allerdings voraus, daß entweder dem Vertragsschluß ein ausdrückliches Angebot oder eine Werbung in Deutschland vorausgegangen ist und der Deutsche in Deutschland die zum Abschluß des Vertrages erforderlichen Rechtshandlungen vorgenommen hat. Diese Voraussetzungen müssen nicht in jedem Fall vorliegen, mit der Konsequenz, daß auch bei Verbrauchern amerikanisches Recht gelten würde. Hinzuzufügen ist, daß die Ausnahme nach Art. 29 Abs. 2 EGBGB für Verbraucher durch Rechtswahlklauseln der Dienstanbieter nicht ausgeschlossen werden kann, weil sie zwingendes Recht darstellt. Bei der gewerblichen oder beruflichen Nutzung von Telekommunikationsdiensten dagegen gilt aber immer das Recht des Sitzstaates des Dienstanbieters.

Dies kann durchaus zu Schwierigkeiten für kleinere deutsche Gewerbebetreiber führen, da es sehr schwierig sein wird, die Rechtsregeln des jeweiligen fremden Landes zu kennen.

Man sollte hier überlegen, ob man nicht international zu Übereinkommen über einzelne Grundregeln hinsichtlich von Telekommunikationsdiensten kommt, da anderenfalls möglicherweise ganz erhebliche Schwierigkeiten aus der unterschiedlichen Rechtssituation entstehen könnten.
Die hier gestellten Probleme werden noch verschärft dadurch, daß dann, wenn die ausländischen Anbieter keine Betriebsstätte in der Bundesrepublik haben, ohnehin vor ausländischen Gerichten geklagt werden muß, was erfahrungsgemäß die Durchsetzbarkeit solcher Ansprüche ganz deutlich reduziert.
Diese Schwierigkeiten werden allerdings von einer Reihe von Mailboxsystemen dadurch aufgefangen, daß sie sozusagen als Zwischenhändler für ausländische Dienstanbieter handeln. Man schließt nur einen Vertrag mit dem deutschen Mailboxsystem und hat Zugang zu einer ganzen Reihe von ausländischen Diensten. Dann richten sich die Vertragsbeziehungen nach dem deutschen Recht, weil es sich ausschließlich um Vertragsbeziehungen mit der Mailbox in Deutschland handelt. Diese ihrerseits muß eventuelle Probleme mit ihren ausländischen Vertragspartnern, deren Leistungen sie weiter anbietet, austragen.
Damit bin ich am Ende dieses Vortrages. Ich danke für Ihre Aufmerksamkeit.

Anmerkungen:

1. Dazu umfaßend MünchKomm-Kramer, Einleitung vor § 241 Rn. 34 ff; MünchKomm-Emmerich, vor § 275 Rn. 165 ff.
2. a. A. Hackemann CR 1987, 660 (662 ff.)
3. Löwe, CR 1987, 219
4. vgl. dazu Palandt-Thomas, vor §§ 633 ff. Anm. 4 e
5. vgl. näher Redeker, DB 1986, 1057; wie hier auch hackemann in: GRVI (Hrsg.): Neue Medien für die Individualkommunikation, 1984, Seite 43 (48 f.)
6. vgl.dazu ausführlich Dörner/Jersch iur 1988, 137
7. CR 1988, 124 ff.
8. vgl. Brandner im Ulmer/Brandner-Hensen, AGB-Gesetz, § 9 Rn. 112 mit weiteren Nachweisen
9. vgl. im einzelnen Redeker information age 1987, 23; Kohl in: Scherer (Hrsg.): Telekommunikation und Wirtschftsrecht, erscheint 1988 bei O. Schmidt, Köln
10. vgl. dazu die Übersicht bei Struif, DuD 1988, 122 ff.
11. dazu Hellner in: Hadding und andere: Festschrift für W. Werner, 1984, S. 251

Informationsdienste und Telekommunikation

Neuland für die Rechtsprechung?

Günter Mußtopf

perComp-Verlag GmbH, Hamburg

Zusammenfassung: Die Datenverarbeitung hat nicht nur viele Arbeitsplätze beeinflußt und verändert, sondern auch neue rechtliche Fragen aufgeworfen. Während rechtliche Fragen in Verbindung mit konventionellen DV-Systemen oft diskutiert werden, werden die Probleme in Verbindung mit PC-Anwendungen häufig vernachlässigt. Beispiele sind die Speicherung persönlicher Daten (Datenschutzgesetz) und die Frage, ob ein Programm patentfähig ist. Zum Neuland gehört auch die Anwendung der Telekommunikation. Hier warten noch eine ganze Reihe von Problemen auf ihre Lösung. Dabei muß berücksichtigt werden, daß nicht nur Informatiker und DV-Spezialisten angesprochen werden, sondern auch eine zunehmende Zahl von Anwendern, die ihren PC als "Black-Box" einsetzen.

Ziel des Beitrages ist nicht, die rechtlichen Fragen aufzuzählen und zu diskutieren, sondern aktuelle Probleme werden anhand von Beispielen dargestellt. Eine Beantwortung der offenen Fragen wird nur in enger Zusammenarbeit zwischen Juristen und Informatikern möglich sein.

Autor und Copyright

Informationen wurden bisher primär über Printmedien wie z.B. Bücher und Zeitschriften verbreitet. Von der Idee im Kopf des Autors bis zum Buch oder Beitrag in einer Fachzeitschrift vergeht - von Ausnahmen abgesehen - viel Zeit. Darunter leidet bei innovativen Themen die Aktualisierung eines Werkes. Veröffentlichungen können zwar anregen, führen aber nur selten zum Dialog oder Erfahrungsaustausch. Außerdem werden in Publikationen nur sehr selten (noch nicht "aufbereitete") Ideen zur Diskussion gestellt. Hier besitzt die Telekommunikation gegenüber Printmedien auf jeden Fall entscheidende Vorteile (electronic publishing).

Ein gutes Beispiel für die Nutzung der Telekommunikation bietet der Service "news", der von dem Netzwerk usenet (in Europa EUnet) angeboten wird. Das Netzwerk besteht weltweit aus über 10.000 "Knoten", die aus UNIX-Rechnern bestehen. Von news werden über 400 The men angeboten, die von den Teilnehmern einzeln "abonniert" werden können. Jedes Thema wird von einem Moderator betreut. Der ent scheidende Vorteil von news gegenüber einem "Informationsblatt" (Newsletter) besteht darin, daß alle Teilnehmer nicht nur "Leser" sind. Sie können die Nachrichten ergänzen und kommentieren oder neue Fragen stellen. Deshalb wird häufig news auch als internationales "Konferenzsystem" bezeichnet.

Für Publikationen wurde mit dem Blick auf die Printmedien das Copyright eingeführt. Eine Übertragung auf elektronische Medien wirft viele Fragen auf. Elektronische Nachrichten können leicht verändert (editiert) und weitergegeben werden. Eine Diskussion an einem "Schwarzen Brett" einer Mailbox oder im Rahmen einer elektronischen "Online-Konferenz" wird zwar (zwangsweise) protokolliert, aber der "Autor" einer bestimmten Aussage ist trotzdem häufig sehr schwer zu ermitteln.

Einige amerikanische Anbieter untersagen die (kommerzielle) Weitergabe und Nutzung der in ihrem System angebotenen Informationen. Andererseits bieten mehrere Betreiber wie z.B. CompuServe, BIX und DELPHI ebenso wie news ähnliche Themen. Werden Texte leicht verändert, so ist der "Autor" bzw. die Quelle kaum eindeutig zu ermitteln.

Die Aufbereitung von Rohinformationen aus unterschiedlichen elektronischen Quellen besitzt für europäische Teilenehmer auf jeden Fall eine hohe Bedeutung. Dies gilt besonders für deutsche Betreiber von VANS (value added network services) und deren Anwender.

Schutz von Informationen

Der Schutz von gespeicherten Informationen besitzt bei einigen Anwendungen höchste Priorität. Dazu gehören im medizinischen Bereich die Patientendaten. Beispielsweise ist für viele Ärzte und Krankenhäuser der Einsatz der Telekommunikation für die Übermittlung von Laborwerten von entscheidender Bedeutung. Mögliche Ursachen, die zur Verletzung des Arztgeheimnisses in einem solchen Fall führen können, sind ein "Anzapfen" der Übertragungswege, ein widerrechtliches Lesen aus einem fremden Mailbox-Fach und eine falsche Weiterleitung durch das Kommunikationssystem. Auch die Deutsche Bundespost bietet hier mit Telebox und Btx keine Lösung des Problems. Aus rechtlicher Sicht fällt es häufig schwer den Täter zu ermitteln, der für den Mißbrauch verantwortlich ist. Im hier genannten Beispiel von Patientendaten bietet es sich deshalb an, daß die Daten vor dem Versenden individuell verschlüsselt und nach dem Empfang wieder entschlüsselt werden (encrypting/decrypting). Durch zwischengeschaltete Geräte kann diese Arbeit weitgehend automatisiert werden.

Schutz der Teilnehmer

Ein anderes Problem fällt stärker in den Bereich "unangenehme Belästigung". Clevere Unternehmen nutzen die Telekommunikation für den Versand von Produktinformationen. Gegen "Anzeigenbretter", die als solche gekennzeichnet sind, ist nichts einzuwenden. Aufwendig wird es für die betroffenen Teilnehmer, wenn sich solche Werbenachrichten in ihren Mailbox-Fächern häufen. Hier werden Teletex-Teilnehmer besonders hart getroffen. Die Nachrichten müssen in diesem Fall in der Reihenfolge ihrer Eingänge abgerufen werden. Aus rechtlicher Sicht kann hier der Betreiber eines Kommunikationssystems seine Teilnehmer durch eine entsprechende Klausel im Nutzungsvertrag vor einem Mißbrauch des Mediums schützen.

Auswirkung des Presserechts

Ein spezielles Problem ist mit "Schwarzen Brettern" einer Mailbox verbunden, die dem Erfahrungsaustausch und Diskussionen dienen. Jeder Teilnehmer kann dort seine eigene Meinung veröffentlichen oder Statements anderer kommentieren. Hier sind durch das Presserecht durchaus Grenzen gesetzt. Der Betreiber des betreffenden Kommunikationssystems trägt die Verantwortung, daß Nachrichten, die gegen das Presserecht verstoßen, gelöscht werden. Allerdings kann der Nachweis einer solchen Verletzung manchmal nur schwer erbracht werden. Die Nachrichten in einem Kommunikationssystem können - von wem auch immer - schnell modifiziert werden. "Fingerabdrücke" gibt es nicht. Auch die abgerufene Nachricht besitzt keine Beweiskraft. Sie könnte nach dem "Download" aus dem Kommunikationssystem manipuliert sein.

Rechtskraft von Nachrichten

Ein Kommunikationssystem kann auch zur Erteilung eines Auftrages genutzt werden. Der Überweisungsauftrag an eine Bank ist dafür ein Beispiel. Diese Anwendung gehört zu den beliebten Beispielen für die Nutzung von Btx. Über E-Mail erteilte oder abgeschlossene Aufträge sind allerdings i.allg. nicht rechtskräftig. Geklärt werden muß im Einzelfall, wer die Kosten eines Mißbrauchs zu tragen hat.

Maßnahmen der Teilnehmer

Sicher ist es für beide Seiten - Betreiber und Teilnehmer - sinnvoll, alle Maßnahmen zu ergreifen, um klare Verantwortungen zu schaffen. Dadurch können langwierige und aufwendige Rechtstreite vermieden werden. Der Teilnehmer sollte deswegen die für seinen Schutz bereitgestellten Hilfsmittel in vollem Umfang nutzen. Die meisten Kommunikationssysteme bieten die Möglichkeit, Paßworte beliebig oft zu ändern. Von dieser Möglichkeit sollte insbesondere vor und nach jeder Demonstration Gebrauch gemacht werden. Paßworte sollten weder aufgeschrieben noch in lesbarer Form auf einer Platte gespeichert werden.

In diesem Bereich hat die Deutsche Bundespost eine Schwachstelle: Die DATEX-P-Teilnehmer kennung besteht aus einem Teil A (Name) und einem Teil B (Paßwort). Dieses kann jedoch vom Anwender nicht geändert werden. Eine Sperrung oder eine Änderung des Paßwortes kann nur schriftlich erfolgen. Dies dauert vergleichsweise lange. Die DATEX-P-Gebühren können sich sehr schnell durch einen solchen Mißbrauch erhöhen. Eine vorbeugende Änderung des DATEX-P- Paßwortes ist aufwendig und nicht gebührenfrei! Hier sollte die Post ihren Kunden ein größeres Maß an Sicherheit bieten.

Formulierung der Gesetze

Die von der Deutschen Bundespost erlassenen Gesetze, Verordnungen und Bestimmungen sind in der TKO (Telekommunikationsordnung) zusammengefaßt. Die Mehrzahl der Anwender hat allerdings sicher Probleme, diese Texte zu verstehen.

Die Profis eines Fachgebietes nutzen ihren im Laufe der Zeit gewachsenen Fachjargon. Dadurch sollen präzise (eindeutige) und kurze Formulierungen erreicht werden. Gesetze - von Juristen formuliert - sollten sich jedoch nicht nur an den Juristen richten, sondern sollten zumindest auch dem "juristischen Laien" verständlich sein. Von diesem Zustand sind unsere Gesetze allerdings oft recht weit entfernt. Diesem Problem sollte bei der Formulierung neuer oder der Neufassung bestehender Gesetze größere Aufmerksamkeit und Beachtung geschenkt werden.

Ein Blick in die Zukunft

Einige Entwicklungen der Telekommunikation sind bereits heute abzusehen. Dazu gehören die "offenen Kommunikationssysteme" (OSI). ISDN steht vor der Tür. Wie schwer bereits jetzt die Erfüllung bestehender Gesetze ist, zeigt das Beispiel Btx. Der Hersteller der deutschen Bildschirmtextzentrale (IBM) muß das System der Deutschen Bundespost nicht offenlegen. Dadurch wird das Auffinden von "Trojanischen Pferden" in Btx unmöglich. Der Bundesbeauftragte Dr. R. Baumann stellte in seinem Tätigkeitsbericht fest (Bundestagdrucksache 10/2777, 1985):

"Wer Daten verarbeitet, muß die Wirkung der dafür eingesetzten Programme genau kennen. Deshalb hat es überrascht, daß der Deutschen Bundespost als Betreiber des Bildschirmtext-Systems keine umfassende Dokumentation aller eingesetzten Programme vorliegt. Zur Begründung dafür hat sie auf ihre vertraglichen Regelungen mit der Lieferfirma IBM hingewiesen. Dadurch ist es der Deutschen Bundespost verwehrt, sich genaue Kenntnisse der Programme in allen Details ohne Hilfe Dritter zu verschaffen. Vor diesem Hintergrund scheint es schwer vorstellbar, wie die Deutsche Bundespost ihrer Verantwortung für die ordnungsgemäße Anwendung der Datenverarbeitungsprogramme (§ 15 Nr. 2 BDSG) gerecht werden kann".

Dieses Beispiel zeigt, daß bei der Planung und dem Aufbau neuer Dienstleistungen im Bereich der Telekommunikation die rechtlichen Probleme einbezogen werden müssen. Eine ausführliche Darstellung vieler Fragen verbunden mit einem konstruktiven Vorschlag ist in "Datenschutz garantierende offene Kommunikationsnetze" ist im Informatik Spektrum, Heft 3, 1988, enthalten (A. Pfitzmann, B. Pfitzmann, M. Waidner; Seite 118 - 142) enthalten. Selbstverständlich tragen im Neuland Telekommunikation nicht nur Hersteller und Betreiber eine große Verantwortung. Auch die Teilnehmer solcher Dienstleistungen können wichtige Beiträge zur sinnvollen Nutzung leisten.

TELEKOMMUNIKATIONSORDNUNG UND RECHT DES VERBRAUCHERSCHUTZES

Prof. Dr. Hans Brinckmann
Forschungsgruppe Verwaltungsautomation
an der Gesamthochschule Kassel - Universität

1. Die Telekommunikationsordnung als Kodifikation des Benutzungsrechtes

Kein Zweifel kann daran bestehen, daß dem (potentiellen) Benutzer von Telekommunikationsdiensten und -dienstleistungen (TK-Diensten) mit der Deutschen Bundespost (DBP) ein übermächtiger Geschäftspartner gegenübersteht. Die von der DBP angebotenen Leistungen und deren Konditionen sind autonomer Gestaltung durch die jeweiligen Geschäftspartner weitgehend entzogen: Der Benutzer kann die angebotenen TK-Dienste nur im Rahmen der in der Telekommunikationsordnung (TKO) festgelegten Konditionen nutzen - oder er muß gänzlich darauf verzichten, hat aber diesen Verzicht mit oft erheblichen Nachteilen in anderen Sozial- und Wirtschaftsbereichen zu bezahlen.

Die TKO vom 16. Juli 1987 (BGBl I S. 1761) ist die seit 01.01.1988 geltende Rechtsgrundlage für alle benutzungsrechtlichen Beziehungen. Sie erfaßt zum einen das Teilnehmerverhältnis als die Rechtsbeziehung zwischen DBP und Teilnehmer an öffentlichen TK-Diensten (§ 361 TKO). Sie umfaßt einheitlich alle TK-Dienste von den Massendiensten Telefon oder Breitbandverteildienst über die primär geschäftlichem Informationsaustausch dienenden Datenübermittlungsdienste bis hin zu sehr speziellen Angeboten für die Rundfunkanstalten oder den Bundesminister des Innern. Weiterhin ist die TKO rechtliche Grundlage für die Benutzung des öffentlichen TK-Netzes für sonstige TK-Zwecke (§ 3 Abs. 1 TKO), also für solche Nutzungen, die von den öffentlichen TK-Diensten nicht abgedeckt werden, aber mit den Funktionen des Netzes verträglich sind. Schließlich regelt die TKO unter entsprechender Anwendung der Vorschriften über das Teilnehmerverhältnis (§ 346 Abs. 1 TKO) auch das Benutzungsverhältnis bei der Überlassung posteigener Stromwege für den Betrieb von privaten Fernmeldeanlagen.

Für alle diese benutzungsrechtlichen Beziehungen hat die TKO Aufgaben, die denen der Allgemeinen Geschäftsbedingungen in privatrechtlich organisierten Rechtsbeziehungen vergleichbar sind:

- Ersatz von fehlenden gesetzlichen Bestimmungen für eine atypische Rechtsbeziehung

- rationelle Gestaltung dieser rechtlichen Beziehung
- Kalkulierbarkeit der Risiken für beide Seiten.

Insofern hat die TKO gesetzesergänzende und gesetzesausfüllende Funktionen. Sie hat aber auch die bei Allgemeinen Geschäftsbedingungen (AGB) eher negativ zu betrachtende Funktion, nämlich Grundlage zu sein für die Abwälzung von Risiken von der DBP auf den Teilnehmer, also die eigene Entlastung des Verwenders der TKO und die entsprechende Belastung des Nutzers von Dienstleistungen.

Weil wir es mit einem Typ von Geschäfts- und Rechtsbeziehungen zu tun haben, der durch Ungleichheit gekennzeichnet ist und bei dem die Mechanismen der Privatautonomie sich so gut wie nicht entfalten können, ist die Frage nach der Berücksichtigung der Interessen insbesondere des schwächeren Partners zu stellen. Zur Konkretisierung solcher Schutzziele ist vor allem das Gesetz zur Regelung des Rechts der Allgemeinen Geschäftsbedingungen (AGBG) heranzuziehen, um nicht auf relativ beliebige und umstrittene Schutzforderungen zurückzugreifen, sondern auf gesetzliche Wertungen. Heranzuziehen sind auch die von der Rechtsprechung und Rechtslehre entwickelte verbraucherfreundliche Auslegung von Generalklauseln (Treu und Glauben, gute Sitten) und unbestimmten Rechtsbegriffen.

Die Betonung des Schutzes des schwächeren Geschäftspartners rechtfertigt sich aber auch daraus, daß die DBP eine öffentliche Verwaltung ist. Staatliches Handeln und insbesondere Handeln im Rahmen eines - öffentlich-rechtlichen - Nutzungsverhältnisses unterliegt einer besonderen Bindung an Grundrechte und an das Sozialstaatsgebot.

2. Das Teilnehmerverhältnis als öffentlich-rechtliches Benutzungsverhältnis

Die TKO hat durch ihren § 311 und die im Anhang 1 gegebene Definition gegenüber früheren Unsicherheiten nun eindeutig klargestellt, daß das Teilnehmerverhältnis dem öffentlichen Recht zuzuordnen ist. Es kommt durch einen Verwaltungsakt zustande, den die DBP auf Antrag erläßt. Allerdings verwendet die TKO bei der Regelung des Teilnehmerverhältnisses weitgehend eine Terminologie, die eher dem Privatrecht entnommen ist, indem etwa auf Leistungsstörungen verwiesen, Kündigung geregelt und Schadensersatzansprüche normiert werden. Damit ist für das Teilnehmerverhältnis ein merkwürdiges Gemenge von Privatrechtsgedanken und öffentlich-rechtlichen Grundlagen entstanden, das schwer zu systematisieren ist.

Für die in der TKO vorgenommene öffentlich-rechtliche Gestaltung des Teilnehmerverhältnisses werden Argumente angeführt, die aus der Verbrauchersicht teils positiv, teils negativ zu bewerten sind:

- Benutzungsbedingungen unterliegen förmlicher Entscheidung einer politisch verantwortlichen Instanz (Bundesminister, Bundeskabinett und gegebenenfalls auch Bundestag);

- Grundrechtsschutz ist stärker durchsetzbar als bei privatrechtlichen Beziehungen;

- die Verwaltung unterliegt der Bindung an Gesetz und Recht, muß also Rechtsgrundlagen ihres Handelns nachweisen, während beim Privatrecht der Kläger die Rechtsgrundlagen seines Begehrens nachzuweisen hat;

- Streitigkeiten werden auf dem Verwaltungsrechtswege entschieden, der dem Bürger die Klagelast aufbürdet;

- die Vollstreckung von Gebührenforderungen nach dem Verwaltungsvollstreckungsgesetz ist wesentlich einfacher und billiger, allerdings insbesondere für die DBP, weniger für den rechtsschutzsuchenden Bürger;

- auch für laufende Teilnehmerverhältnisse können die Nutzungsbedingungen verändert werden, ohne daß es auf eine Vereinbarung mit dem Teilnehmer für die Wirksamkeit ankommt;

- die Tätigkeit der DBP wird nicht durch Geschäftsfähigkeitsregeln des bürgerlichen Rechts behindert.

Der öffentlich-rechtliche Charakter des Teilnehmerverhältnisses hat zur Konsequenz, daß die TKO eine beiderseitige Bindung erzeugt. Spielraum für abweichende Absprachen besteht bei hoheitlichem Handeln kraft Rechtsstaatsprinzip und kraft Bindung der Verwaltung an rechtliche Regelungen nicht. Benutzungsverordnungen gelten als objektives Recht, sie bestimmen die Rechtsbeziehungen zwischen Benutzer und DBP, ohne daß es auf Kenntnis bei einer der beiden Parteien ankommt.

Aus dem öffentlich-rechtlichen Charakter folgt auch, daß für das Benutzungsverhältnis die im Privatrecht entwickelten Regeln des Verbraucherschutzes nicht unmittelbar gelten, also weder das Gesetz über Allgemeine Geschäftsbedingungen, noch das Abzahlungsgesetz, noch die allgemeinen Klauseln des bürgerlichen Rechts. Dem steht allerdings eine mittelbare Einbeziehung der in diesen Regelungen zum Ausdruck kommenden Rechtsgedanken nicht entgegen.

Schutzpositionen des Bürgers gegenüber der Verwaltung, rechtsstaatliche und sozialstaatliche Anforderungen an das Verwaltungshandeln und die angemessene Verteilung des Risikos bei fehlerhaftem Handeln sind im Verwaltungsverfahrensgesetz (VwVfG) geregelt, das einen Ausgleich der beiderseitigen Interessen und Bedürfnisse herzustellen sucht. Das VwVfG kann durchaus in Parallele gesetzt werden zum Verbraucherschutzrecht. Allerdings findet auch hier der Verbraucher keine unmittelbare Stütze. Denn § 2 Abs. 3 Ziff. 4 VwVfG nimmt die "Behörden der DBP im Rahmen der Benutzung der Einrichtungen des Post- und Fernmeldewesens" ausdrücklich vom Anwendungsbereich des VwVfG aus.

Die sonst vom VwVfG vorgesehenen Ausnahmen von seiner Anwendbarkeit sind dadurch gekennzeichnet, daß speziellere Verfahrensregelungen zur Anwendung kommen sollen. Für die TKO kann dies kaum gelten, da sie keine abgeschlossene Kodifikation eines Verwaltungsverfahrens enthält. Die Nichtanwendbarkeit des VwVfG wurde daher auch nicht mit dem Hinweis auf eine besondere Verfahrensregelung gerechtfertigt, sondern damit, daß die Benutzung von Fernmeldeeinrichtungen mit Massenvorgängen verbunden ist, die - angeblich vor allem im Interesse der Nutzer - eine schnelle und einfache Abwicklung verlangen (Bundestagsdrucksache 7/7910, S. 33, 36). Diese Begründung aus dem Gesetzgebungsprozeß ist allenfalls im Bereich des einfachen Telefondienstes durchzuhalten, bei komplexeren TK-Diensten wird sie unverständlich.

Aus dieser Herausnahme des öffentlich-rechtlichen Teilnehmerverhältnisses aus der Anwendung des VwVfG folgt allerdings keine Ermächtigung zu völlig freier Verfahrensgestaltung. Das Verfahren muß Mindestanforderungen an ein rechtsstaatliches Verfahren einhalten, so daß allgemeine Rechtsgedanken des Verwaltungsverfahrensrechts zur Ausfüllung von Lücken in der TKO herangezogen werden können und werden müssen. Unsicherheiten sind dadurch allerdings nicht ausgeschlossen, wie etwa an der Frage nach der Rechtsbehelfsbelehrung auf einer Fernmelderechnung deutlich zu machen ist.

3. Das Teilnehmerverhältnis als Dauerschuldverhältnis

Die TKO hat das Teilnehmerverhältnis nicht als öffentlich-rechtlichen Vertrag ausgestaltet, sondern Begründung, Änderung und Aufhebung von Teilnehmerverhältnissen erfolgt einseitig aufgrund eines mitwirkungsbedürftigen Verwaltungsaktes. Dennoch ist das Teilnehmerverhältnis weniger durch die Subordinationsbeziehung vom Nutzer zur DBP gekennzeichnet, sondern eher durch die beiderseitigen Rechte und Pflichten. Die Dienstleistungspflicht der DBP regelt § 368 Abs. 1 TKO, der besagt: "Die DBP ist verpflichtet, die in dieser Verordnung aufgeführten Telekommunikationsdienstleistungen nach den für die deren Inanspruchnahme jeweils getroffenen Regelungen zu erbringen." Die Rechte des Teilnehmers umschreibt die Vorschrift, die das Teilnehmerverhältnis definiert, nämlich § 361 TKO: "Teilnehmerverhältnis ist das zwischen der DBP und dem Teilnehmer bestehende, auf Dauer angelegte öffentlich-rechtliche Benutzungsverhältnis über die Teilnahme an öffentlichen Telekommunikationsdiensten."

Öffentlich-rechtliche, auf Dauer angelegte Nutzungsverhältnisse finden sich zwar auch an anderen Stellen, etwa beim Anschluß an öffentliche Versorgungseinrichtungen; dennoch kann man bei der Interpretation derartiger Rechtsverhältnisse nicht auf einer umfassenden Regelung für Leistung und Gegenleistung und für die beiderseitigen Ansprüche bei Abwicklung von Störungen aufbauen. Gerade für die Frage der Leistungsstörungen muß man vielmehr auf die eher unbefriedigenden Regelungen der Amts- und Staatshaftung zurückgreifen, die, weil am Deliktsrecht orientiert, den besonderen Charakter der Gegenseitigkeit bei öffentlich-rechtlichen Nutzungsverhältnissen nur unzureichend berücksichtigen können.

Inzwischen ist aber anerkannt, daß auch im öffentlichen Recht die allgemeinen Prinzipien des bürgerlichen Rechts dann zur Anwendung zu bringen sind, wenn die öffentlich-rechtliche Beziehung eine entsprechende Interessenlage der beiderseitig Beteiligten aufweist. So bestimmt etwa § 62 S. 2 VwVfG für den öffentlich-rechtlichen Vertrag, daß die Vorschriften des BGB als Ergänzung entsprechend anzuwenden sind. Dieser Rechtsgedanke ist für das Teilnehmerverhältnis trotz des Ausschlusses der Anwendbarkeit des VwVfG und trotz der einseitigen Regelung des Rechtsverhältnisses durch Verwaltungsakt mit heranzuziehen, weil die TKO für die Fragen der gegenseitigen Leistungsverpflichtung und für die Vielfältigkeit möglicher Leistungsstörungen und ihrer Abwicklung nur einen Teilbereich zureichend regelt. Soweit also die TKO Lücken offenläßt, muß man ergänzend auf allgemeine Grundsätze des Verwaltungsverfahrensrechts und des bürgerlichen Rechts zurückgreifen und damit auch auf die Prinzipien des Verbraucherschutzes, wie sie etwa im AGBG entwickelt worden sind.

Die Notwendigkeit dieses Rückgriffs wird deutlich, wenn man sich die Regelungen von Rechten und Pflichten und von Leistungsstörungen (Teil VI, Unterabschnitte 2 und 3 der TKO) vor Augen führt: Diese Abschnitte zeigen ein auffallendes Ungleichgewicht, indem der Dienstleistungspflicht der DBP eine einzige Vorschrift gewidmet wird, der im Recht der Leistungsstörungen keine weitere entspricht, während die Pflichten des Teilnehmers und die Rechtsfolgen von Nicht- und Schlechterfüllung dieser Pflichten sehr eingehend geregelt sind. Die Pflichtenseite der DBP wird allerdings dadurch verstärkt, daß in Teil VII die Datenschutzpflichten präzisiert sind, während sie im Bereich der Haftung eine weitgehende Entlastung erfährt.

Angesichts der Unausgewogenheit der beiderseitigen Rechte und Pflichten und angesichts der weitgehenden Sanktionsfreiheit, die die TKO der DBP für Nicht- und Schlechterfüllung ihrer Dienstleistungspflichten gewährt, muß nach der rechtspolitischen Legitimation gegenüber Grundgedanken des Verbraucherschutzes gefragt werden. Beispielsweise bestimmt § 9 Abs. 2 AGBG, daß eine Klausel in Allgemeinen Geschäftsbedingungen, die eine entgegen den Geboten von Treu und Glauben unangemessene Benachteiligung der anderen Seite bei wesentlichen Rechten und Pflichten zur Folge hat, unwirksam ist, von Privaten also nicht gebraucht werden darf. Die Abwägung der Interessen beider Seiten, die die TKO vorgenommen hat, geht in einer Reihe von Punkten evident an diesem Grundgedanken des Verbraucherschutzes vorbei: Sie entlastet die DBP, während sie dem Teilnehmer eine Fülle zusätzlicher Pflichten und Lasten aufbürdet. An einigen Beispielen will ich diese Verteilung von Rechten und Pflichten vor dem Hintergrund des Sozialstaatsprinzips und des Verbraucherschutzes darstellen und bewerten.

4. Das Benutzungsrecht in der Neuordnung des Post- und Fernmeldewesens

Eine solche Diskussion über Bewertungsfragen aus rechtspolitischer Sicht ist gerade in dieser Zeit nützlich, weil mit der neuen Poststrukturgesetzgebung eine Neuregelung der Rechtsbeziehungen zwischen DBP und Benutzern von öffentlichen Fernmeldeanlagen verbunden sein wird. Die Regierungskommission Fernmeldewesen hatte in ihrer Empfehlung E 41 vorgeschlagen: "Für die Rechtsbeziehung zwischen TELEKOM und ihren Kunden soll privates Recht gelten." Dieser Empfehlung ist die Bundesregierung gefolgt. Gemäß Art. 3 Abs. 7 des Entwurfs eines Gesetzes zur Neustrukturierung des Post- und Fernmeldewesens und der Deutschen Bundespost (PostStruktG) soll § 9 des Gesetzes über Fernmeldeanlagen (FAG) folgendermaßen lauten: "Die im Zusammenhang mit der Inanspruchnahme der Einrichtungen der Deutschen Bundespost TELEKOM entstehenden Rechtsbeziehungen sind privatrechtlicher Natur" (Bundesratsdrucksache 240/88 vom 27.05.1988, S. 86).

Dieser Übergang von öffentlich-rechtlicher zu privatrechtlicher Gestaltung soll nicht nur für den sogenannten Wettbewerbsbereich gelten - also für die Dienstleistungsangebote, die die DBP im Wettbewerb mit privaten Anbietern auf den Markt bringt -, sondern ebenso im Monopolbereich.

Die Gestaltung dieser privatrechtlichen Nutzungsbeziehungen soll allerdings nicht, zumindest nicht vollständig der Privatautonomie überlassen bleiben. Gemäß Art. 1 Abs. 26 PostStruktG soll das neue Postverfassungsgesetz eine Verordnungsermächtigung für die Bundesregierung enthalten für Rahmenvorschriften für die Inanspruchnahme der Dienstleistungen des Unternehmens Deutsche Bundespost TELEKOM.

"Sie kann dabei insbesondere Regelungen über den Vertragsschluß, den Gegenstand und die Beendigung der Verträge treffen und die Rechte und Pflichten der Vertragspartner sowie der sonstigen am Post- und Fernmeldeverkehr Beteiligten einschließlich der Haftungsregelungen im Bereich des Unternehmens Deutsche Bundespost TELEKOM sowie die Bedingungen, zu denen Endeinrichtungen anzuschließen sind, festlegen. Hierbei sind die Interessen der Beteiligten ausgewogen zu berücksichtigen" (Bundesratsdrucksache 240/88, S. 31).

Gerade die in dieser Ermächtigung ausgesprochene Pflicht, bei den Rahmenregelungen zu einer ausgewogenen Interessenabwägung zu kommen, gibt genügend Anlaß, über die Interessenlagen und die derzeitige Art und Weise der Interessenbewertung eine intensive Diskussion zu führen. Hinzu kommt, daß die DBP das Benutzungsverhältnis nicht nur diesen Rahmenregelungen, sondern auch Allgemeinen Geschäftsbedingungen zu unterwerfen beabsichtigt, denn gemäß Art. 4 Abs. 7 PostStruktG ist auch eine Änderung des AGBG beabsichtigt.

Damit wird in Zukunft das Benutzungsverhältnis geregelt durch

a) die einzelvertraglich vereinbarten Inhalte, insbesondere die Auswahl der vom Teilnehmer in Anspruch zu nehmenden TK-Dienste und -Dienstleistungen

b) die Allgemeinen Geschäftsbedingungen der TELEKOM

c) die Rechtsverordnung der Bundesregierung mit Rahmenvorschriften für die Inanspruchnahme von Dienstleistungen

d) ergänzend die Regelungen des bürgerlichen Rechts.

Nach der Begründung zum Poststrukturgesetzentwurf führt das Ziel der ausgewogenen Gestaltung der Dienstleistungsbedingungen durch Interessenausgleich "im Ergebnis zu der Notwendigkeit ..., die Interessen der Postkunden an einer Bereitstellung von technisch einwandfreien, ihren individuellen Wünschen entsprechenden Dienstleistungen durch verordnungsmäßige Regelungen in Einklang zu bringen mit den Erfordernissen des Kontrahierungszwanges sowie der flächendeckenden und preisgünstigen Versorgung mit Monopol- und Pflichtdiensten. Zur Ausgewogenheit gehört außerdem die Berücksichtigung von Besonderheiten des Post- und Fernmeldewesens wie zum Beispiel dem typisierten Massenverkehr" (Bundesratsdrucksache 240/88, S. 178).

Durch diese Ermächtigung hat die Bundesregierung die Möglichkeit, besonders verbraucherfreundliche Regelungen zu treffen, aber auch zu Lasten des Verbrauchers von den Prinzipien des BGB und insbesondere auch von den Vorschriften des AGBG abzuweichen. Ob der Rahmen der Ermächtigung ausreichend bestimmt ist, ist zu bezweifeln. Wenn die Begründung erklärt, den Erfordernissen des Art. 80 Abs. 1 S. 2 GG würde dadurch Rechnung getragen, "daß auf die Befugnis hingewiesen wird, Abschluß, Gegenstand und Beendigung von Verträgen, Rechte und Pflichten der Vertragspartner und anderer am Postverkehr beteiligter Personen sowie die Anschlußbedingungen für Endeinrichtungen zu regeln" (Bundesratsdrucksache 240/88, S. 178), so ist damit wohl der Gegenstand der zukünftigen Regelung umschrieben. Nicht präzise vorgegeben ist aber das Ausmaß, mit dem diese Vorschriften von den Prinzipien des bürgerlichen Rechts abweichen dürfen.

Die voraussichtliche Tendenz dieser Vorschriften ist an einer Regelung, die der Entwurf selbst für das benutzungsrechtliche Verhältnis getroffen hat, bereits ablesbar. So will der Entwurf der TELEKOM eine Sonderstellung gegenüber privatrechtlichen Gläubigern dadurch einräumen, daß gemäß Art. 3 Abs. 7 durch eine Änderung des Fernmeldeanlagengesetzes die DBP im Monopolbereich das Recht erhält, die Instrumente der Verwaltungsvollstreckung zu benutzen.

Nach der Begründung spricht für dieses Verfahren "in erster Linie, daß der Deutschen Bundespost TELEKOM im Massengeschäft der Monopolleistungen Zeit und Kosten erspart werden, welche zur Erlangung eines zivilrechtlichen Titels aufgewendet werden müßten" (Bundesratsdrucksache 240/88, S. 258). Dieses Kosten- und Rationalisierungsargument scheint aber relativ leicht zu wiegen gegenüber der durch die Zivilprozeßordnung getroffenen Abwägung der beiderseitigen Verfahrensinteressen und -bedürfnisse. Im Ergebnis führt das Verfahren zu einer Verkürzung von Rechtsschutz und zu einer Verlagerung von Rechtsschutzaufwand auf den Teilnehmer. Mit dieser einzigartigen Ausdehnung des Anwendungsbereichs des Verwaltungsvollstrekkungsgesetzes behält sich die DBP ein Stück ihrer alten Hoheitsbefugnisse vor, die gerade durch einen ausgewogenen Interessenausgleich abgelöst werden sollten.

Auch die in Art. 4 Abs. 7 PostStruktG vorgesehene Änderung des AGBG stärkt nicht die Privatautonomie des Nutzers, sondern die Stellung der DBP: Durch eine Ergänzung von § 23 AGBG soll für die AGB der DBP die in § 2 AGBG festgelegte Voraussetzung der sogenannten Einbeziehungsvereinbarung ausgeschlossen werden. Gemäß dieser wird eine AGB nur dann Vertragsbestandteil, wenn bestimmte Anforderungen an Transparenz und Zugänglichkeit der AGB erfüllt sind und wenn der andere Teil mit ihrer Geltung als Vertragsbestandteil einverstanden ist.

Die Begründung des Gesetzentwurfs beruft sich auf die Bindungen der DBP, die eine gleichmäßige Anwendung der Geschäftsbedingungen und Leistungsentgelte erfordern würden: "Es kann nicht im Belieben der Unternehmen oder des Kunden stehen, ob diese Regelungen Grundlage der Geschäftsbeziehungen sind" (Bundesratsdrucksache 240/88, S. 266). Die im PostStruktG vorgesehene Regelung unterwirft aber ausschließlich den Klienten einer Bindung an die AGB der DBP, während die DBP durch das AGBG nicht gehalten ist, jede Nutzungsvereinbarung dem Regime der AGB zu unterwerfen. Es ist nicht ersichtlich, daß Aufsichts- und Weisungsrechte des zuständigen Bundesministers auch das Recht enthalten, das Unternehmen TELEKOM auf die durchgängige Anwendung ihrer eigenen AGB gegenüber jedem Benutzer zu verpflichten. Von einer Ausgewogenheit kann also auch in diesem Punkt zunächst noch keine Rede sein.

5. Unausgewogenheiten im Benutzungsrecht der TKO

Für den Verbraucher ist neben dem Äquivalenzaspekt, also der Entsprechung von Leistung und Gegenleistung, von besonderer Bedeutung, welche zusätzlichen Bedingungen er zu akzeptieren hat, um überhaupt die TK-Dienste und -Dienstleistungen in Anspruch nehmen zu können. Auf die Frage der Angemessenheit von Gebühren - und später Entgelten - für die Hauptpflichten der DBP will ich hier nicht eingehen; dies ist ein Thema für sich und gegenwärtig mit der gesamten Problematik des Finanzausgleichs innerhalb und zwischen den TK-Diensten einerseits, zwischen der Telekommunikation und der gelben Post andererseits und schließlich zwischen dem Bereich des Post- und Fernmeldewesens und dem gesamten Bundeshaushalt belastet.

5.1 Entgeltlose Nutzungsrechte an privaten Grundstücken

Eine wesentliche Vorbedingung für das Zustandekommen eines Teilnehmerverhältnisses ist die Grundstückseigentümererklärung. Diese läßt - von einer Gegenerklärung der DBP beantwortet - ein privatrechtliches Mietverhältnis zwischen DBP und Eigentümer des Grundstücks, auf dem ein Anschluß an das TK-Netz genutzt werden soll, entstehen.

Dieser Mietvertrag berechtigt die DBP, auf dem Grundstück sowie an und in den darauf befindlichen Gebäuden Vorrichtungen (Kästen, Stützen, Kabel usw.) anzubringen, und zwar nicht nur solche, die zur Einrichtung von Anschlüssen auf dem Grundstück und zur Einführung von Leitungen hierfür erforderlich sind, sondern auch darüber hinaus all das, was der Herstellung, Instandhaltung und Erweiterung des gesamten TK-Netzes der DBP dient. Allerdings darf die Inanspruchnahme des Grundstückes durch diese Vorrichtungen nur zu einer notwendigen und zumutbaren Belastung des Grundstückseigentums führen.

Die weite Fassung der - quasi erzwungenen - mietvertraglichen Abrede begrenzt die DBP also nicht auf die beantragten TK-Nutzungen, also auf Leistungen und

Gegenleistungen innerhalb des Teilnehmerverhältnisses. Unabhängig von der Interessenlage des Teilnehmers und des Grundstückseigentümers kann sie das Grundstück für Zwecke des gesamten TK-Netzes nutzen, ohne zu irgendeiner Gegenleistung verpflichtet zu sein. Durch die Grundstückseigentümererklärung sichert die DBP sich so die kostenlose Inanspruchnahme von privatem Grund; sie sichert sich zudem die Entscheidungsfreiheit, wie, wann und wofür sie private Grundstücke nutzt. Durch Kündigungsfristen, die von den Auflösungsfristen des Teilnehmerverhältnisses erheblich abweichen, sichert sie sich die Nutzung auch über die Laufdauer von Teilnehmerverhältnissen hinaus.

Nun mag zwar die Inanspruchnahme privater Grundstücke für Einrichtungen der Fernmeldeinfrastruktur gelegentlich unabdingbar und auch im allgemeinen Interesse sein. Der Maßstab der Ausgewogenheit fordert aber - etwa entsprechend der Regelung beim Notweg im bürgerlichen Recht - die Gewährung eines Ausgleichsanspruchs jedenfalls dann, wenn der Eingriff des Grundstückes wesentlich weiter geht, als es das jeweilige Teilnehmerverhältnis erfordert. Die Verpflichtung der DBP zur ordnungsgemäßen Instandsetzung von Grundstück und Gebäude bei Beschädigung ist keine ausreichende Gegenleistung im Rahmen des erzwungenen Mietverhältnisses.

5.2 Unbegrenztes Recht zum Betreten privater Grundstücke

In engem Zusammenhang mit dem Recht zum Eingriff in das Grundeigentum aufgrund der Grundstückseigentümererklärung stehen die durch die TKO gewährten Zugangsrechte der DBP. Gemäß § 384 Abs. 3 TKO haben Beauftragte der DBP, die sich ordnungsgemäß ausweisen, das Recht, während der ortsüblichen Geschäftszeit Grundstücke und Räume zu betreten, auf denen bzw. in denen sich TK-Einrichtungen befinden.

Dieses Betretensrecht ist im Hinblick auf Art. 13 Abs. 3 GG nicht ganz unbedenklich und bedarf mit Sicherheit einer verfassungskonformen Auslegung, aus der folgt, daß dieses Recht jedenfalls nicht für Wohnräume gilt (vgl. BVerfGE 32, 54 (75)), denn hier greift der Schutzzweck des Art. 13 Abs. 3 GG voll durch. Aber auch für Geschäfts- und Betriebsräume sind Maßstäbe anzulegen, die in der TKO keinen Ausdruck gefunden haben: Der Zweck des Betretens, der Gegenstand und der Umfang der zugelassenen Besichtigung und Prüfung muß präzise festgelegt sein. Diesen Anforderungen aus der Sicht der Grundrechte genügt § 384 Abs. 4 TKO nicht, da er keine besonderen Besichtigungs- und Prüfungsrechte der DBP und ihrer Beauftragten festlegt. Dieses Defizit kann auch nicht durch verstreute Regelungen der TKO, etwa aus § 380 Abs. 3 TKO oder § 382 Abs. 1 Ziff. 2 TKO augeglichen werden.

Damit stellt das in § 384 Abs. 3 TKO geregelte Recht der DBP einen unverhältnismäßigen Eingriff in Grundrechtspositionen der Grundstückseigentümer und Grundstücksnutzer dar, das nicht durch einen angemessenen Interessenausgleich beider Seiten begrenzt ist.

5.3 Unausgewogene Obhutspflichten

Der Teilnehmer hat eine Reihe von Obhutspflichten für Fernmeldeeinrichtungen, die insbesondere dann seine Interessenlage mißachten, wenn die Folgen für ihn unüberschaubar sind. So hat er gemäß § 380 Abs. 2 Ziff. 2 TKO Gegenstände und Bauzeug, das die DBP in seine Räume einlagert, immer dann vor Verlust und Beschädigung zu bewahren, wenn die Einlagerung der betriebsfähigen Bereitstellung oder Änderung von TK-Einrichtungen dient.

Die Obhutspflicht des Teilnehmers bezieht sich also auch auf Gegenstände, die ihm gar nicht zur Benutzung im Rahmen seines Teilnehmerverhältnisses überlassen worden sind, sondern umfaßt auch solche, die die DBP im eigenen Interesse zurückgelassen hat. Dabei handelt es sich zudem nicht nur um Bautätigkeiten, die sich auf den eigenen Anschluß des Teilnehmers beziehen; denn die DBP ist aufgrund des vorhin diskutierten privatrechtlichen Nutzungsrechtes auch befugt, sonstige für das TK-Netz insgesamt notwendige Einrichtungen zu bauen, zu verändern oder zu entfernen. Der Teilnehmer hat weder Kontrolle über den Umfang noch über die Zeitdauer der Einlagerung und kennt damit auch seine Obhutspflichten nur ungenau. Häufig findet zudem die Einlagerung gerade zu solchen Zeiten statt, in denen der Teilnehmer, eben weil es sich um eine Baustelle handelt, eher geringere Kontrollmöglichkeiten als im Normalfalle hat. Der Hinweis in den Verwaltungsvorschriften zur TKO, daß in diesem Falle der Teilnehmer auf seine Obhutspflicht von der DBP besonders hingewiesen werden soll, kann ihm in der Regel nur wenig helfen.

Eine weitere Unausgewogenheit liegt darin, daß die Beweislast für das Verschulden in § 394 Abs. 2 TKO anders als im Regelfall des BGB verteilt ist; denn nicht die schadensersatzbegehrende DBP hat das Verschulden zu beweisen, sondern der Teilnehmer muß sich oder gegebenenfalls auch andere Benutzer exkulpieren, indem er den Nachweis zu erbringen hat, daß der Schaden auch dann eingetreten wäre, wenn er "jede nach den Umständen des Falles gebotene Sorgfalt beachtet" hätte.

Die TKO läßt durch diese, vom § 276 BGB als einer zentralen privatrechtlichen Vorschrift abweichende Formulierung zudem im unklaren, ob einfache Fahrlässigkeit nach dem BGB - die im Verkehr erforderliche Sorgfalt - ein höherer oder ein geringerer Standard ist, als die gemäß TKO je nach den Umständen des Falles gebotene Sorgfalt.

Damit wird der Teilnehmer mit Obhutspflichten belastet, die nicht durch sein Interesse an speziellen Dienstleistungen der DBP gedeckt sind; er wird in Beweisschwierigkeiten gerade in den Fällen gebracht, in denen Obhutspflicht und Beweislage besonders prekär sind.

5.4 Gebührenpflichten ohne Gegenleistung

Die DBP ist zwar zur Erbringung ihrer Dienstleistungen nochmals ausdrücklich durch § 368 Abs. 1 TKO verpflichtet. Gegenrechte des Teilnehmers im Fall von Leistungsstörungen sind jedoch unausgewogen gewährt. So ist die DBP nur dann zur Erstattung bereits bezahlter Gebühren bzw. zur Berichtigung einer Gebührenforderung verpflichtet, wenn die von ihr instand zu haltenden TK-Einrichtungen aus technischen, nicht vom Teilnehmer verursachten Gründen betriebsunfähig geworden sind und die Störung, nachdem sie der DBP bekannt geworden ist, länger als fünf Tage dauert (§ 379 Abs. 1 Ziff. 3 TKO).

Damit wird für die Fälle, in denen eine Störung weniger als fünf Tage dauert, dem Teilnehmer die Verpflichtung auferlegt, seine Gegenleistung weiter zu zahlen, obwohl die DBP keine eigenen Leistungen erbringt, ganz unabhängig von dem Grund der Nicht- oder Schlechterfüllung der Dienstleistungspflichten der DBP. Diese Regel widerspricht der in § 323 BGB zum Ausdruck gebrachten und in § 537 BGB für Dauernutzungsverhältnisse wiederholten Verteilung der Lasten bei gegenseitigen Leistungspflichten. Wer die versprochene Leistung nicht erhält und dadurch bereits in seinem Interesse beeinträchtigt ist, soll nicht auch noch die Gegenleistung erbringen müssen, es sei denn, er hat selbst die Nicht- oder Schlechterfüllung zu vertreten.

Dieser Grundsatz der Abhängigkeit von Leistung und Gegenleistung gehört ganz zweifellos zu den wesentlichen Grundgedanken der Regelung gegenseitiger Rechtsbeziehungen im BGB. Von ihr abzuweichen, bezeichnet § 9 AGBG als unangemessene Benachteiligung; als Bestandteil einer AGB wäre eine solche Regelung unwirksam.

5.5 Schuldhafte Verletzung von Dienstleistungspflichten ohne Haftungsfolgen

Die TKO kennt zwar die Dienstleistungspflicht der DBP und ordnet ihr auch eine Fülle spezifischer Telekommunikationsdienstleistungen zu. Fragt man aber nach der Regelung des Interessenausgleichs bei Nicht- oder Schlechterfüllung dieser vielfältigen Dienstleistungspflichten, so zeigt sich, daß Einstandspflichten der DBP - ganz im Gegensatz zu den Einstandspflichten des Teilnehmers - so gut wie nicht vorgesehen sind.

Im Zivilrecht gilt die Regel, daß der Schuldner, der Nicht- oder Schlechterfüllung zu vertreten hat, von seiner Leistungspflicht nicht einfach freikommt, sondern verpflichtet bleibt. Für die Einstandspflichten der DBP ist der in § 445 Abs. 1 TKO ausgesprochene Grundsatz der beschränkten Haftung der DBP maßgeblich.

Nach diesem Grundsatz richtet sich die Haftung der DBP bei Schäden, die durch Verletzung ihrer Dienstleistungspflichten entstehen, abschließend und ausschließlich nach den §§ 446 bis 448 TKO. Gemäß § 446 Abs. 1 Ziff. 1 bis 3 TKO ist die Haftung auf drei Schadenstypen und gemäß § 446 Abs. 3 TKO auch der Höhe nach begrenzt. Danach haftet die DBP

1. für Personenschäden, wenn der Schaden von der DBP oder einem ihrer Beauftragten vorsätzlich oder fahrlässig verursacht worden ist

2. für Sachschäden, wenn der Schaden von der DBP oder einem ihrer Beauftragten vorsätzlich oder fahrlässig verursacht worden ist

3. für Vermögensschäden, wenn dieser von dem Vorsteher eines Amtes des Post- und Fernmeldewesens, dem Leiter einer Mittelbehörde oder dem Leiter der obersten Dienstbehörde der DBP vorsätzlich oder grob fahrlässig verursacht worden ist,

wobei für Sach- und Vermögensschäden die Haftung gegenüber dem einzelnen Geschädigten auf DM 5.000 und insgesamt je schadensverursachender Handlung auf DM 1 Million begrenzt ist.

Die Dienstleistungspflicht der DBP geht also im Falle der Nicht- oder Schlechtleistung in der Regel nicht - wie es für vertragliche Beziehungen im Zivilrecht gilt - in eine Einstandspflicht über; diese ist auf extreme Ausnahmefälle und dann auch noch in bezug auf die Schadenshöhe begrenzt.

Am Maßstab des AGBG gemessen verstößt diese Regelung der TKO gegen Prinzipien der Ausgewogenheit: So verbietet § 11 Ziff. 7 AGBG den Haftungsausschluß oder eine Haftungsbegrenzung bei grob fahrlässiger Vertragsverletzung; § 11 Ziff. 8 b AGBG verbietet jede formularmäßige Einschränkung von Schadensersatz bei Verzug oder zu vertretender Unmöglichkeit.

Der Haftungsausschluß wurde bislang immer mit dem Hinweis auf Gebührenfolgen gerechtfertigt (vgl. BGH DÖV 1965, S. 822): Müßte die DBP für Leistungsstörungen unbeschränkt haften, wäre sie genötigt, umfangreiche und kostspielige Überwachungs- und Sicherungsmaßnahmen zu ergreifen, um die Anzahl der Schadensfälle möglichst gering zu halten. Dies wiederum würde aber die von der Allgemeinheit geforderte schnelle Abwicklung des Massenverkehrs beeinträchtigen und zu einer Gebührenerhöhung führen. Sinn und Zweck der haftungsbeschränkenden Normen soll demnach darin liegen, im Interesse einer zügigen und möglichst billigen Durchführung der Telekommunikation die DBP freizustellen.

Dieses Argument hat aber jedenfalls durch die Regelung des AGBG an Überzeugungskraft verloren. Es kann zudem auch nicht vor der Einbeziehung aller TK-Dienste in die TKO und damit in die Haftungsbegrenzung bestehen, sondern war vornehmlich gerechtfertigt im einfachen Telefondienst. Angesichts der Bedeutung, die Telekommunikation für private wie für gewerbliche Beziehungen heute und demnächst weiter zunehmend hat, wäre statt eines Haftungsausschlusses umgekehrt eine umfassende Verkehrssicherungspflicht der DBP verbunden mit einer Beweislastumkehr bei der Frage des Verschuldens der Ausdruck einer angemessenen und ausgewogenen Berücksichtigung der beiderseitigen Interessen und Möglichkeiten.

6. Abschluß und Perspektive

Die TKO ist sicher nicht mit dem Anspruch verabschiedet worden, ein neues, modernes Benutzungsrecht für eine fortgeschrittene Telekommunikationsinfrastruktur zu schaffen. Es finden sich wenig Veränderungen gegenüber der alten Fernmeldeordnung und den anderen durch die TKO abgelösten Benutzungsverordnungen. Bei der neuen TKO ging es eher um mehr Transparenz und um eine für alle TK-Dienste einheitliche Regelung, also eine rechtstechnische Vorwegnahme der technischen Integrationsperspektive, die durch das ISDN-Projekt angedeutet ist. Mehr Transparenz ist auch ein Ziel des Verbraucherschutzes, und dieses Ziel ist ganz zweifellos durch die TKO besser gewährleistet als durch das frühere Benutzungsrecht. Aber angesichts der Perspektive, die auch und gerade die DBP mit der Telekommunikation verbindet, zu wenig an Gestaltungswirkung. Eine neue TKO kann sich nicht an dem guten alten Telefon und den daran entwickelten - oder deshalb hingenommenen - Bewertungen von Interessen und Bedürfnissen orientieren, sondern muß Antworten finden auf die Fragen, die sich aus der zunehmenden Komplexität, der größeren Eindringtiefe und der schwierigeren Beherrschbarkeit der Telekommunikationstechnik für beide Seiten ergeben.

Diese Aufgabe ist nicht nur der DBP als Anbieter von TK-Dienstleistungen gestellt. Die fast aussichtslose Lage, in die ein Nutzer einer Telematikleistung im Schadensfall gerät, ist für sehr viele Nutzungsverhältnisse auf dem Markt privater Telematik-Dienstleistungen typisch. Sozialstaatliche Aufgabe eines öffentlichen Unternehmens ist es in dieser Situation, beispielhafte und zukunftsweisende Lösungen für den ausgewogenen Schutz privater Interessen und Bedürfnisse zu entwickeln. Dabei heißt

Umsetzung des Sozialstaatsprinzips in Verbraucherschutzregeln für privatrechtliche Nutzungsverhältnisse auf eine einfache Formel gebracht: Schutz des Schwächeren.

Für das Benutzungsrecht von TK-Diensten und -Dienstleistungen muß man von folgenden Disparitäten ausgehen:

- TK-Dienste und -Dienstleistungen beruhen auf einer komplexen, vernetzten und dynamischen Technik, die der Anbieter fast vollständig, der durchschnittliche Nutzer allenfalls in bezug auf die Bedienung seines Endgerätes beherrscht und durchschaut;

- Anbieter von TK-Diensten und -Dienstleistungen als spezialisierte und qualifizierte Dienstleistungsunternehmen stehen in weiten Marktbereichen geschäftlich und TK-technisch unerfahrenen und gering qualifizierten Nutzern gegenüber;

- die DBP, aber auch viele private Anbieter von TK-Diensten und -Dienstleistungen sind ökonomisch den Nutzern weit überlegen und vom Vollzug der einzelnen Nutzungsbeziehung - im Gegensatz zu den jeweiligen Nutzern - fast völlig unabhängig.

Diese technische und ökonomische Unerfahrenheit und Abhängigkeit muß das Benutzungsrecht berücksichtigen, und zwar im Hinblick auf die jeweiligen Besonderheiten von Marktbereichen und Dienstleistungstypen. Einige daraus folgende Anforderungen an das Benutzungsrecht im Sinne der im Entwurf des PostStruktG geforderten Ausgewogenheit möchte ich zum Abschluß thesenartig formulieren:

1. An die Stelle der Einheitlichkeit des Benutzungsrechtes quer über alle TK-Dienste und -Dienstleistungen und quer über alle Marktbereiche müssen unterschiedliche Regelungstypen treten, die die jeweiligen Interessenlagen - etwa einfache Massendienste auf der einen Seite und hoch spezialisierte Leistungen für Sonderkunden auf der anderen Seite - angemessen berücksichtigen, wobei transparente Wahlmöglichkeiten im Angebot mit enthalten sein müssen.

2. Regelungen zur Festlegung und Sicherung von Qualitätsmerkmalen der TK-Dienste und -Dienstleistungen - wie Verfügbarkeit, Zugänglichkeit, Sicherheit, Schädigungsfreiheit - und zur Sanktion bei Schlecht- oder Nichtleistung müssen neben den Leistungsinteressen auch die Integritätsinteressen des schwächeren Vertragspartners berücksichtigen.

3. Da Kommunikation nicht nur eine Beziehung zwischen Betreiber und Nutzer ist, sondern in der Regel Dritte als Kommunikationspartner mit einschließt, muß deren Integritätsinteresse beachtet werden in dem Sinne eines Vertrags mit Schutzwirkungen für Dritte.

4. Einstandspflichten wie Beweislasten müssen so verteilt sein, wie die faktische Einwirkungsmöglichkeit auf das benutzte technische System verteilt ist. Die Verteilung hat außerdem von Ungleichheiten in bezug auf technischen Sachverstand und Risikokenntnis auszugehen.

5. Das in vielen Rechts- und Technikbereichen bereits gesetzlich anerkannte Prinzip, daß derjenige, der erlaubterweise durch Techniknutzung eine besondere Gefahrenlage schafft, auch für die daraus entstehenden Schäden einzustehen hat, muß auch für die komplexe und risikoreiche Telekommunikationstechnik umgesetzt werden. Hier sind typischerweise nicht Leben und Gesundheit die besonders bedrohten Güter, sondern die persönliche Integrität, das Recht auf informationelle Selbstbestimmung, aber auch beachtliche Vermögenswerte.

6. Angesichts der bei TK-Diensten sehr unterschiedlichen Risiken für materielle wie immaterielle Interessen und angesichts der typischerweise geringen Chancen des Nutzers, diese Risiken vergleichend richtig einschätzen zu können, muß Transparenz und Risikoaufklärung und gegebenenfalls eine Dienstevariante mit erhöhtem Sicherheitsstandard zum Normalangebot gehören.

7. Die Leistungs- und die Entgeltstruktur muß die Teilnahme an einfachen TK-Diensten und -Dienstleistungen auch denjenigen ermöglichen und auf Dauer sichern, die sich nur eine schmale Nutzung leisten können, auf diese aber angesichts der Entwicklung der gesellschaftlichen Verkehrsformen faktisch angewiesen sind.

Aufgabe der Bundesregierung und der DBP wird es sein, in den Rahmenvorschriften und in den AGB ein Verbraucherschutzkonzept zu entwickeln, das für den gesamten Telematikmarkt eine Vorbild- und Gestaltungsfunktion hat.

DATENSCHUTZ IN TELEKOMMUNIKATIONSSYSTEMEN "INSBESONDERE FORTENTWICKLUNGEN DES DATENSCHUTZRECHTS"

Hansjürgen Garstka
c/o Berliner Datenschutzbeauftragten
Berlin

1. Die Risiken

Definitionsgemäß zielt Kommunikation auf den Austausch von Informationen ab, wobei sich die Kommunikationspartner zum Austausch der Signale eines Mediums bedienen müssen: Dieses Medium ist von den Kommunikationspartnern nur dann halbwegs beherrschbar, wenn sie sich in Sicht- oder Hörweite befinden. Gespräche können prinzipiell heimlich geführt werden, wenn auch versteckte Kameras und Richtmikrofone die Heimlichkeit infragestellen können. Sind die Kommunikationspartner weiter voneinander entfernt, entfaltet das Medium eine Eigenständigkeit, die ein grundsätzliches Risiko für die Geheimhaltung der übermittelten Nachrichten mit sich bringt; Rauchzeichen können mitgesehen, Briefe auf dem Transport geöffnet werden.

Die Erfindung elektrischer und elektronischer Medien brachte von Anfang an ein erheblich erhöhtes Risiko der Offenbarung der kommunizierten Nachrichten mit sich. Mit geeigneten Geräten konnten nunmehr die vermittelten Gespräche, Fernschreiben oder Datenströme mitgehört, mitgeschnitten und isoliert vom ursprünglichen Kommunikationsprozeß verarbeitet werden. Allen modernen Telekommunikationstechniken sind diese Risiken gemeinsam ; Kritiker verweisen darauf, daß gerade die zukunftsträchtige Digitaltechnik nicht nur den Datentransport, sondern auch die mißbräuchlichen Partizipationsmöglichkeiten perfektioniert.

Dieses Risiko wiegt umsomehr, je tiefer der Kommunikationsprozeß in geheimhaltungsbedürftige Bereiche eindringt. Ein gewisser Höhepunkt wird hier sicherlich durch die Fernwirkdienste erreicht werden, die auch - denkt man an Raumüberwachungs- oder Gesundheitskontrollsysteme - vor dem Schlafzimmer nicht halt machen werden.

Die moderne Telekommunikationstechnik ist dadurch gekennzeichnet, daß sie neben den kommunizierten Inhalten, den Inhaltsdaten, zur Steuerung des Kommunikationsprozesses sowie zur Abrechnung der kostenpflichtigen Dienstleistungen die Erfassung, Speicherung und Verarbeitung einer Vielzahl zusätzlicher Daten erforderlich machten, die neben den Inhaltsdaten ein Eigenleben entwickeln: Ihre Registrierung läßt Schlüsse auf die Lebensumstände zu, auch wenn diese selbst sich in den Inhaltsdaten gar nicht wiederfinden. Das Risiko des Eindringens besteht mithin nicht nur hinsichtlich des Mithörens der kommunizierten Inhalte, sondern auch hinsichtlich der Art der in Anspruch genommenen Telekommunikationsmittel und der Auswahl der Kommunikationspartner.

Diese Daten fallen zunächst in verschiedenen Zusammenhängen an, könnten aber wiederum unter Nutzung der modernen Telekommunikationstechnik zusammengeführt und zu einem die Persönlichkeit darstellenden Kommunikationsbild vermengt werden. Dieser Prozeß wird erleichtert, wenn die verschiedenen Datensätze durch einheitliche Ordnungsmerkmale gekennzeichnet sind. Die erledigte Diskussion um ein Personenkennzeichen sowie die aktuelle um die Sozialversicherungsnummer sind Ausdruck dieser Problematik: Risiko der Profilbildung.

Auch ohne Zusammenführung verschiedener Daten kann die Herausnahme von Daten aus ihrem ursprünglichen Kommunikationszusammenhang und ihre Überführung in einen anderen zu einer erheblichen Diskriminierung der betroffenen Person führen. Die verfassungsrechtliche Diskussion um das informationelle Selbstbestimmungsrecht hat lange vor dem Urteil des Bundesverfassungsgerichts zum Volkszählungsurteil in dem Risiko der disfunktionalen Verwendung von Daten den wichtigsten Ansatzpunkt für die Forderung nach restriktiven Regelungen gesehen: Risiko der Zweckentfremdung.

Hinter diesen Risiken, die zunächst ja nur die Gefahr der Aufdeckung von Verhaltensweisen beschreiben, stehen die Absichten, die mit der Offenlegung verbunden werden können. Neben vereinzelten subjektiven Zielsetzungen wie etwa Befriedigung (meist harmloser) Neugier, Prahlerei, aber auch Rachsucht, steht die viel erheblichere Gefahr, die Möglichkeiten der Telekommunikation zur Verhaltensüberwachung einzusetzen. Wie das Bundesverfassungsgericht zu Recht betont hat, entfaltet das Risiko der Überwachung nicht erst seine Bedeutung dann, wenn ein bestimmtes Verhalten registriert ist, sondern bereits vorher, nämlich dann, wenn bereits die Furcht vor Überwachung bestimmtes - etwa couragiertes - Verhalten verhindert. Ein anderes gesellschaftliches Risiko, das der Kommerzialisierung der Daten etwa für Werbezwecke, das in der Regel nur zu Belästigungen führt, fällt demgegenüber jedenfalls nicht all zu stark ins Gewicht.

2. Traditionelle Rechtsvorschriften

Klassischer Ansatzpunkt für die Auseinandersetzung des Juristen mit diesen Risiken ist die verfassungsrechtliche Verankerung des Fernmeldegeheimnisses in Art. 10 GG. Es garantiert die Unverletzlichkeit des Fernmeldegeheimnisses, läßt aber Beschränkungen aufgrund eines Gesetzes zu; für die Strafverfolgung (§§ 100 a, 100 b, 101 StPO) und für den Verfassungsschutz (G-10-Gesetz) hat der Gesetzgeber davon auch Gebrauch gemacht. Das Fernmeldegeheimnis schützt vor einer Offenbarung von Inhaltsdaten, aber auch anderer Daten, über die Aufschluß über den Fernmeldeverkehr gewonnen werden kann, mithin auch der Daten, die bei modernen Telekommunikationsmitteln zusätzlich anfallen. § 10 Fernmeldeanlagengesetz präzisiert dies deutlich. Allerdings gestattet § 12 desselben Gesetzes, in strafgerichtlichen Untersuchungen den Richter und bei Gefahr im Verzug auch der Staatsanwaltschaft Auskunft über den Fernmeldeverkehr zu geben. Dies ist nicht nur eine Korrespondenzvorschrift zu den Mithörbefugnissen der StPO und des G-10-Gesetzes, sondern ermächtigt die Post auch, diejenigen Daten herauszugeben, die sie ohnehin aufzeichnet: ein erheblich erhöhtes Risiko für die bei modernen Telekommunikationsmitteln zusätzlich anfallenden Daten. Die Weitergabe der aufgezeichneten Daten über den Autotelefonverkehr des Ministerpräsidenten Barschel ist hier ein markantes Beispiel.

Ein anderes Beispiel aus dieser Affäre wird vom Fernmeldegeheimnis nicht einmal tangiert: die Schleswig-Holsteinische Staatskanzlei zeichnete wie viele andere Stellen die Telefonnummern von Anrufer und Angerufenen bei (dienstlichen) Ferngesprächen auf. Nach einheitlicher Rechtsprechung unterliegen diese Aufzeichnungen keineswegs dem Fernmeldegeheimnis, das nur die Bundespost bindet, sondern lediglich Restriktionen minderen Rechts. Hierzu zählt herkömmlicherweise insbesondere § 201 StGB, der die Aufzeichnung oder den Gebrauch des "nichtöffentlich gesprochenen Wortes" sowie das Abhören mit einem Abhörgerät (auch ohne Aufzeichnung) sanktioniert. Seit 1986 wird diese Vorschrift ergänzt um eine entsprechende Regelung für das Ausspähen von Daten (§ 202 a StGB), so daß nunmehr nicht nur die Inhaltsdaten, sondern auch die anderen bei der Telekommunikation anfallenden Daten strafrechtlich geschützt sind. Nicht übersehen werden darf allerdings, daß beide Vorschriften unter dem Vorbehalt der befugten Verarbeitung stehen, ohne daß die Grundlagen der Befugnisse benannt werden. So ist nach wie vor ungeklärt, in welchem Umfang bei der Telekommunikation anfallende Daten etwa im Bereich von Dienst- und Arbeitsverhältnissen verarbeitet werden dürfen (siehe Fall Barschel).

3. Das allgemeine Datenschutzrecht

§ 45 Bundesdatenschutzgesetz erwähnt als vorrangige Vorschrift zwar § 10 Fernmeldeanlagengesetz als vorrangige Vorschrift; im übrigen haben die Probleme der Telekommunikation bei der Ausgestaltung des Bundes und der Landesdatenschutzgesetze keine besondere Beachtung gefunden, so daß die derzeitige datenschutzgesetzliche Situation der Telekommunikation unter den bekannten Defiziten dieser Gesetzgebung leidet. Auf wenige Punkte möchte ich stichwortartig hinweisen:

- Wegen der zweifelhaften Dateieigenschaft der Inhaltsdaten wird für diese die Geltung der Datenschutzgesetze in der Regel bestritten;

- mangels besonderer Regelung ist der Betrieb von Telekommunikationsnetzen in der Regel als Auftragsdatenverarbeitung einzustufen: Die kärglichen Regelungen für diesen Bereich lassen keine Erkenntnisse über den zulässigen Umfang der vom Auftragnehmer zur Abwicklung des Auftrags zulässigerweise speicherbaren Daten zu. Die pure Bindung an die Weisung des Auftraggebers sagt viel zu wenig über Rechte und Pflichten der Partner aus;

- die auf dem Betrieb großer Rechenzentren zugeschnittenen Bestimmungen zu technischen und organisatorischen Maßnahmen (Anlage zu § 6 BDSG) sind für den Netzbetreiber z.T. kaum anwendbar, gehen zum anderen Teil an den tatsächlichen Problemen vorbei.

Bereits an dieser Stelle kann eingefügt werden, daß auch die Novellierungsvorstellungen des Bundesinnenminsters, die sich gerade in Beratung befinden, hier keinerlei neue Aspekte enthalten. Lediglich die bisherigen Neufassungen der Landesdatenschutzgesetze in Bremen, Hessen und Nordrhein-Westfalen enthalten gewisse Fortschritte (Informationspflichten des Auftragnehmers; angemessene Regelung von Online-Systemen, Ersetzung der Abgangskontrolle durch eine Datenträgerkontrolle; die z. B. die unbefugte Kopie von Datenträgern verbietet).

Die Verfassungsrechtsprechung zum informationellen Selbstbestimmungsrecht ist selbstverständlich auch bei Telekommunikationssystemen als Auffangrecht für Regelungsdefizite heranzuziehen. Gerade hier ist es jedoch äußerst schwierig, den Inhalt dieses Grundrechts mit konkreten Inhalten zu füllen. Ihre Funktion ist im wesentlichen die, das Postulat nach bereichsspezifischer Regelung des Datenschutzes in Telekommunikationssystemen sowie die dort zu verankernde Minimierung der Datenströme zu begründen. So wird in der Tat die Einführung spezieller Datenschutzregelungen in der Telekommunikationsordnung sowie eine Ermächtigung zum Erlaß von Datenschutzverordnungen auf das Gebot der Umsetzung des Informationellen Selbstbestimmungsrechtes gestützt. Die zweite wichtige Konsequenz ergibt sich aus dem umfassenden Anspruch des Grundrechts: Es betrifft jede Form von Informationen über Personen ohne Rücksicht auf deren physische Darstellung. Die für die Inhaltsdaten grundlegenden Rechte am eigenen Wort und eigenen Bild werden damit zu abgeleiteten Rechten, die im Lichte des Grundrechts (neu) interpretiert werden müssen.

4. Datenschutzrechtliche Spezialvorschriften

Die Erforderlichkeit eines speziellen Datenschutzrechts für die Telekommunikation wurde zunächst von der Bundespost unter Hinweis auf die Geltung des Bundesdatenschutzgesetzes dessen Defizite unerörtert blieben) bestritten. Anlaß für die Entwicklung erster Grundzüge eines Spezialrechtes war vielmehr die Einführung des Bildschirmtextdienstes.

Mit einiger Überraschung wurde von der Bundespost, aber auch von der zuständigen Senatsverwaltung des Landes Berlin zur Kenntnis genommen, daß der Berliner Datenschutzbeauftrage für das Bildschirmtexterprobungsgesetz des Landes Berlin (das am 5. Juni 1980 in Kraft trat) datenschutzrechtliche Regelungen forderte. Die erste Reaktion war jedoch keine Auseinandersetzung über die angemessenen Inhalte, sondern eine Auseinandersetzung über die Regelungskompetenzen.

Beim Bildschirmtextdienst handelt es sich um den ersten ausgeprägten "Mehrwertdienst", den die Bundespost in ihre Dienstleistungspalette aufnahm: die Post beschränkt sich nicht mehr auf den Transport von Daten (auf den sich zu beschränken sie noch im Jahre 1977 - BVerfGE 46, 132 - geschworen hatte), sondern verarbeitet nunmehr auch Daten für Anbieter und Teilnehmer (Speicherung und Bereithaltung von Inhaltsdaten, Speicherung und Übermittlung von Entgeltdaten, Verarbeitung von Suchbäumen). Da diese Funktionen keine Netzfunktionen mehr sind, sondern in den Nutzungsbereich hineinreichen, brach damit die Bundespost in den Kompetenzbereich der Länder ein.

Unstrittig blieb, daß den Ländern die Kompetenz für die Regelung des Umgangs mit Inhaltsdaten zustand, unbeachtet der sogleich diskutierten Streitfrage, ob sich deren Kompetenz aus dem Presserecht, dem Rundfunkrecht oder aber (die vorzuziehende Sichtweise) aus einer originäre Medienkompetenz der Länder herleitet. So nahm es die Post noch ohne Widerspruch hin, daß das Berliner Bildschirmtexterprobungsgesetz von 1980 auf dem Wege einer Selbstverpflich tung der Anbieter diese bestimmten datenschutzrechtlichen Restriktionen unterwarf: Verbot der nicht erforderlichen Erhebung personenbezogener Daten über den Teilnehmer, Weitergabeverbot, Zweckbindung, Löschungspflicht. Die Erfahrungen mit der Umsetzung dieser Bestimmungen waren Ausgangspunkt für die nun folgenden Regelungen des Datenschutzes bei Bildschirmtext.

Mit voller Wucht brach der Kompetenzkonflikt aus, als in der nunmehr einsetzenden Phase der Konzeption eines Bildschirmtext-Staatsvertrages die Landeskompetenz nicht mehr auf Inhaltsdaten beschränkt, sondern auch eine Zuständigkeit zur Regelung der Verarbeitung der vom Betreiber zu dessen Zwecken erhobenen und verarbeiteten Daten reklamiert wurde. Mit "Betreiber" wollten die Landesrundfunkreferenten jenen Funktionsbereich des Bildschirmtextes umschreiben, der die reinen Netzfunktionen überschreitet. Die Post bestreitet bis heute die in diesem Bereich reklamierten Kompetenzen.

Gleichwohl schlossen die Länder einen Staatsvertrag ab, der sowohl Regelungen zu den Inhaltsdaten als auch zu den Daten des Betreibers enthält. Mit diesen Regelungen betraten die Länder datenschutzrechtliches Neuland. Zusammengefaßt ergeben sich folgende Grundzüge:

- Differenzierte Erhebungs-, Verarbeitungs-, Übermittlungs- und Löschungsregelungen für die einzelnen Datenarten, die in dieser Form im Staatsvertrag erstmals definiert wurden: Verbindungsdaten, Abrechnungsdaten, Inhaltsdaten;

- Weitgehend nutzungsneutrale Speicherung der Abrechnungsdaten - die auch von der Konferenz der Datenschutzbeauftragten mehrfach geforderte völlige nutzungsneutrale Speicherung (fälschlicherweise oft "anonymisierte" Gebührenspeicherung genannt) konnte bei Bildschirmtext nicht durchgesetzt werden, sondern erst in folgenden Gesetzen (z. B. Berliner Kabelpilotprojektgesetz);

- Erstreckung datenschutzrechtlicher Regelungen auf die Inhaltsdaten ohne Rücksicht auf die Dateibeschränkung;

- restriktive Regelung der Erhebung personenbezogener Daten beim Teilnehmer;

- ergänzende Datensicherungspflichten, insbesondere Stand-der-Technik-Postulat und Fehleingabeschutz;

- Amtsgeheimnis für alle am Bildschirmtextdienst Beteiligten.

Die Post hat die Geltung derjenigen Vorschriften, die den Betriebsbereich betreffen, für sich abgelehnt. Langes und intensives Drängen der Datenschutzbeauftragten des Bundes und der Länder hat die Bundespost jedoch dazu bewegt, zunächst für den Bildschirmtext in der Fernmeldeordnung, dann aber auch in der Telekommunikationsordnung für alle Telekommunikationsdienste (freilich mit Spezialregelungen für die bislang eingeführten Mehrwertdienste Bildschirmtext und Temex) spezielle Datenschutzregelungen zu verankern. Die §§ 449 der Telekommunikationsordnung vom 16. Juli 1987 folgen nunmehr mit den wegen ihrer allgemeinen Geltung erforderlichen Ausweitungen dem Regelungskonzept des Bildschirmtext-Staatsvertrages, soweit es sich aus der Sicht der Bundespost um postseitige Betriebsdaten und nicht um anerkannte Nutzungsdaten (wie z. B. die Erhebung personenbezogener Daten beim Teilnehmer durch den Anbieter) handelt. Für eine Materie wie der TKO selbstverständlich ist eine über den Btx-Staatsvertrag weit hinausgehende Präzisierung der anfallenden Daten, wenn auch die Datenschutzbeauftragten hier noch weitere Verfeinerungen für wünschenswert halten. Im großen und ganzen kann derzeit trotz des anhaltenden Kompetenzstreites angesichts der weitgehenden Deckungsgleichheit der Regelungen von einem befriedigenden Zustand gesprochen werden.

5. Defizite

Gleichwohl darf dieser Befund im Detail nicht den Umstand verdecken, daß einige Grundsatzprobleme unseres Telekommunikationssystems ungelöst bleiben, deren Relevanz für die Umsetzung des informationellen Selbstbestimmungsrechts von weitreichender Bedeutung ist.

Die Datenschutzbeauftragten haben in einer Entschließung zur Telekommunikationsordnung im Jahre 1986 erneut an die Länder appelliert, für den Gesamtbereich der Telekommunikation (also nicht beschränkt auf Bildschirmtext oder andere partiell geregelte Mehrwertdienste wie etwa Fernwirkdienste) den Datenschutz im Nutzungs- und Anwendungsbereich zu regeln. Als angemessene Form hierfür käme ein Staatsvertrag über die Nutzung von Telekommunikationsdiensten in Betracht. Hierbei wäre auch festzulegen, inwieweit die Länder bei der Entscheidung über die Einführung eines Dienstes (einschl. des jeweils hierfür erforderlichen Datenprofils!) mit einbezogen werden müssen. Dem Gewaltenteilungsmodell der Bundesrepublik entspricht hier ein Entscheidungsmodell, das die Belange sowohl des Netzbetreibers Bundespost (künftig nach den Vorstellungen der Postreform auch andere Betreiber) und der für die Nutzungen verantwortlichen Länder angemessen berücksichtigt.

Trotz der materiellen Akzeptabilität der Datenschutzregelungen in der TKO ist die formelle Verankerung des Datenschutzes ungenügend. Die Verordnungsermächtigung des §§ 14 Postverwaltungsgesetz entspricht den Anforderungen an einen Eingriff in das informationelle Selbstbestimmungsrecht ebensowenig wie der bislang vorliegende Entwurf einer entsprechenden Bestimmung im Poststrukturgesetz (§ 26): Ein angemessener Regelungsort wäre sicherlich ein Telekommunikationsgesetz, dessen Inhalte - mit den Ländern abgestimmt - die künftige Telekommunikationslandschaft angemessen regeln könnten. Hier könnte zudem eine Absicherung dagegen vorgenommen werden, daß unter Gesichtspunkten des europäischen Wettbewerbs datenschutzrechtliche Errungenschaften der Bundesrepublik durch angeblich "liberales" Gemeinschaftsrecht verdrängt wird; die Vorstellungen der Kommission der Europäischen Gemeinschaften zeigen, daß diese Problematik nicht ernst genug genommen werden kann.

Neue Telekommunikationstechniken kommen nicht ohne Akzeptanz der Partizipanten aus - seien dies nun private und öffentliche Betreiber oder Anbieter oder auf der anderen Seite die Teilnehmer, die für die Kosten des Systems schließlich aufkommen müssen. Sie werden Telekommunikationssysteme nur dann akzeptieren, wenn auch ein angemessener Datenschutz gewährleistet werden kann.

Value-Added-Services im juristischen Bereich
- Perspektiven und Grenzen -

Michael Schneider,

Gesellschaft für Mathematik und Datenverarbeitung (GMD)
Arbeitsgruppe Rechtsinformatik, Bonn

1. Einführung

Die fortschreitende Fusion von Telekommunikation und Informatik zur Telematik hat die Arbeitsmethoden vieler Professionen gleichermaßen unspektakulär wie nachhaltig beeinflußt. Im Zuge von Rationalisierungsbestrebungen wurden zunächst im Produktions- und danach auch im Bürobereich konventionelle Arbeitsmittel durch IT-gestützte ersetzt. Darüberhinaus sind mit Teletex und Telefax neben die klassischen Post- und Fernmeldedienste leistungsfähigere Pendants getreten.

Der eigentliche Innovationsschub im Telekommunikationssektor setzt jedoch gerade erst ein. Die Ablösung analoger Signalübertragung durch digitale sowie das auf Anwenderseite zunehmend verfügbare Potential an Informationstechnik erlauben Dienste völlig neuer Prägung. Kommunikationssysteme sind nicht mehr nur auf die reine Vermittlungsleistung zwischen konkreten Endgeräten beschränkt, die der Begriff Fernmeldewesen impliziert. Vielmehr werden digitale, diensteintegrierende Techniken direkt an die Büroarbeitsplätze herangeführt und das Leistungsspektrum auf Dienstebene um eine Vielzahl von Angeboten erweitert. Die daraus resultierenden Perspektiven sollen nachfolgend etwas eingehender dargestellt und hinsichtlich ihrer Nutzungsaspekte für juristische Fachinformations- und Kommunikationszwecke analysiert werden.

2. Zum Begriff der Value-Added-Services

Als *Value-Added-Services (VAS)* bzw. *Value-Added-Networks (VAN)* werden international solche Telematik-Dienste bezeichnet, die dem Benutzer komplexere Leistungen bieten, als die bloße Signalübertragung von einer Datenstation zur anderen (vgl. **Abb.1**). Im deutschen Sprachraum findet inzwischen die sinnverkürzte Übersetzung "Mehrwertdienste" Verwendung *[KRANZ_86, PEUCKERT_87]*. Eine exakte Beschreibung des Dienstprofils, das unter den Begriff der Value-Added-Services zu subsumieren ist, existiert bislang gleichwohl nicht. Jedoch kann man etwa von folgender Definition ausgehen:

> **Value-Added-Services sind DV-gestützte Telematik-Dienste, mit denen für Dritte auf Basis der zum jeweiligen Zeitpunkt verfügbaren Übertragungstechnik weitergehende Informations- und Kommunikationsangebote vorgehalten werden.**

Die Ursprünge des *VAS*-Begriffs reichen bis in die 60'er Jahre zurück, als in den USA nach Einführung des Time-Sharing erste rechnernetzähnliche Strukturen aufgebaut wurden. Das bekannteste Projekt aus dieser Zeit ist *ARPANET (ARPA = Advanced Research Projects Agency)*, ein frühes paketorientiertes Kommunikationsnetz, mit dem eine Vielzahl heterogener Verarbeitungsrechner verbunden wurde *[KAHN_87]*. Der "Mehrwert", durch den sich Konzepte wie ARPANET gegenüber konventionellen, leitungsvermittelten Netzen auszeichneten, lag zunächst vorwiegend in der Geschwindigkeits- und Protokollumwandlung, also in Eigenschaften, die heute als Basisleistungen der Vermittlungstechnik verstanden werden *[KRAUS_86]*.

Abb.1: **Die Struktur von Value-Added-Services**

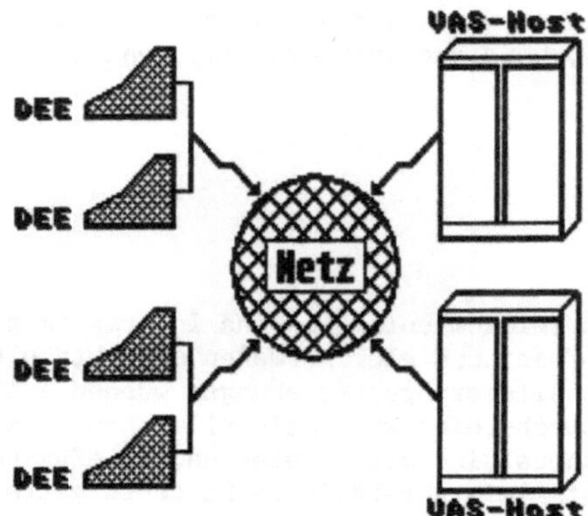

DEE	= **Datenendeinrichtung (z.B. Terminal oder Workstation)**
Netz	= **Übertragungsmedium**
VAS-Host	= **Trägersystem für den jeweiligen Dienst**

Folgerichtig werden paketvermittelte Netze wie das in Deutschland seit 1981 betriebene *DATEX-P-Netz* inzwischen nicht mehr als "Mehrwert"-Dienste bezeichnet *[KRANZ_86]*. Verwendet man das *ISO/OSI-Referenzmodell [ISO_82]* als Bezugssystem, ist der *VAS*-Begriff demnach wie folgt einzuschränken:

> **Kennzeichnend für Value-Added-Services sind vor allem solche Leistungsmerkmale, die innerhalb der Schichten 4-7 des ISO/OSI-Referenzmodells angesiedelt sind.**

3. Entwicklungstendenzen der Value-Added-Services

Nahezu gleichzeitig mit der Entwicklung moderner Übermittlungstechnik bildeten sich auch neue Formen DV-gestützter Dienstleistungen heraus, die in einer ersten Phase unter dem Aspekt angeboten wurden, die knappen Ressourcen an Rechnerleistung räumlich weitverteilten Benutzergruppen zur Verfügung zu stellen. Sie richteten sich beispielsweise an kleine und mittelständische Unternehmen, für die sich die Installation eigener Rechenzentren zwar nicht rentierte, die aber dennoch auf die direkte Nutzung von DV-Kapazitäten angewiesen waren.

Im Zuge des Preisverfalls auf dem Halbleitermarkt hat diese Art der Rechenzentrums-Dienstleistung allerdings erheblich an Bedeutung verloren. Viele der Anwendungen, die noch vor wenigen Jahren auf Mainframes beschränkt waren, sind heute auf Mini- und Microcomputern verfügbar; der Bedarf für externe DV-Leistung ist dementsprechend rückläufig *[KRANZ_86]*. An die Stelle der klassischen Rechenzentren treten zunehmend Dienstprofile, die sich durch komplexere Leistungen auszeichnen, als das bloße Bereitstellen von CPU-Zeit. Typische Vertreter dieser Dienstegeneration sind Informationssysteme (Online-Datenbanken, Realtime-Informationsdienste), Systeme mit hohem Kommunikationsanteil (Mitteilungsübermittlungssysteme, Finanztransaktionssysteme, Bestell-, Buchungs- und Reservierungsdienste) und hochspezialisierte Anwendungen in Servicerechenzentren.

Die Nutzung solcher Dienste setzt jedoch immer noch das Vorhandensein einer bestimmten informationstechnischen Infrastruktur (dienstspezifische Hard- und Softwareumgebung, Modem etc.) voraus. Außerdem sind viele Systeme nur dem geschulten Anwender zugänglich. Für die heute implementierten Online-Datenbanken existieren beispielsweise unterschiedlichste Retrieval-Sprachen, die alle zu erlernen den nur gelegentlichen Benutzer überfordert. Schließlich fallen seitens des Dienstanbieters zumeist hohe Fixkosten in Form einer monatlichen Bereitstellungsgebühr sowie Verkehrsgebühren für die Inanspruchnahme eines postalischen Vermittlungsnetzes an. Das führt dazu, daß ein großer Teil der *VAS*-Interessenten nicht in einem wirtschaftlich vertretbaren Rahmen auf die verfügbaren Angebote zugreifen kann.

An dieses noch unerschlossene Anwenderpotential richtet sich ein weiterer Diensttyp, dessen "Mehrwert" darin liegt, der jeweiligen Klientel eine Vielzahl von Dienstleistungen zu erschließen. Zu diesem Zweck werden verschiedene Telematiksysteme, meist solche dritter Anbieter, an einen Vermittlungsrechner angebunden. Die Benutzer wiederum können in der Regel mit bereits vorhandenen Endgeräten auf diesen Host zugreifen und werden nicht mehr mit der Notwendigkeit konfrontiert, sich mit den Konditionen verschiedener Anbieter auseinandersetzen zu müssen. Vielmehr stellt ein Betreiber die benötigten Dienste und darüberhinaus oft auch anwendungsspezifische Orientierungshilfen unter derselben Benutzeroberfläche zur Verfügung. Eine Bereitstellungsgebühr fällt dabei in der Regel nur noch für den Account auf dem Vermittlungsrechner selbst an.

Derartige Mehrdienst-Trägersysteme sind, obschon ihrerseits als *VAS* zu klassifizieren, hinsichtlich ihrer Funktion zwischen Paketvermittlungsnetzen und denjenigen *VAS* angesiedelt, für die sie als Transportmedium dienen. Sie werden daher mitunter auch als "Basis-Value-Added-Network-Services" bezeichnet *[KRANZ_86]*. Das Prinzip dieser Systemklasse, deren bekannteste Vertreter in der Bunderepublik *Bildschirmtext* und *Mailbox* sind, verdeutlicht **Abb.2**. Auch das Fernwirknetz *Temex* (telemetry exchange) gehört im Prinzip zu derselben Dienste-Kategorie, soll an dieser Stelle aber nicht ausführlicher behandelt werden.

Bildschirmtext *(Btx)* ist ein Dienst des Typs *Interactive Videotex* und wurde von der Bundespost im Jahre 1983 eingeführt (die Bezeichnung Bildschirmtext wird nachfolgend nur noch im Zusammenhang mit dem deutschen System verwendet). Die Entwicklung des Videotex-Konzeptes begann im Jahre 1971 mit der Idee, die verbreitetsten Geräte mit DEE-Qualitäten, damals Fernseher und Telefon, zu einem Massenkommunikationsmittel zusammenzuführen *[KRAUS_86]*. Auf diese Weise entstand das *View-Data-System* (später *Prestel* genannt), welches sich, ausgehend von England, in seiner Grundstruktur über große Teile des europäischen Kontinents verbreitete *[DÖRING_86]*.

In den USA konnten sich interaktive Videotex-Systeme hingegen nicht in ähnlicher Weise durchsetzen. Dort konzentrierten sich die Anbieter einerseits auf die Bereitstellung von Paketvermittlungsnetzen und implementierten andererseits technisch weniger aufwendige, von Videotex verschiedene Mehrdienst-Trägersysteme, die aber dennoch vergleichbare Teilnehmerzahlen an sich binden konnten, wie hierzulande Bildschirmtext *[PEUCKERT_87]*. Ihren Ursprung haben diese Systeme in Werkzeugen zur Nachrichtenbehandlung, die innerhalb der großen technisch-wissenschaftlichen Netzwerke entwickelt wurden *[BOHM_85]*. Die Benutzer der einzelnen Knotenrechner wurden damit in die Lage versetzt, über die vorhandene Infrastruktur unter anderem Mitteilungen auszutauschen. Die Anwendung "Electronic Mail" wurde bald institutionalisiert und gehört im F&E-Bereich seit langem zum Standard.

Abb.2: **Mehrdienst-Trägersysteme**

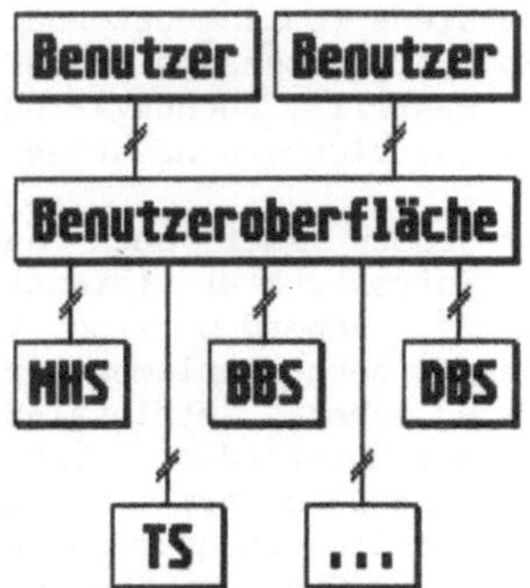

// = Vermittlungsnetz
TS = Tele-Services (Telex, Teletex, Telefax)
MHS = Message-Handling-System
BBS = Bulletin-Board-System
DBS = Data-Base-System

Im Laufe der 70'er Jahre haben elektronische Mitteilungssysteme begonnen, sich als neue Kommunikationsform auch über die großen technisch-wissenschaftlichen Netze hinaus zu verselbständigen. Nachdem das Anschlußpotential der im privaten Bereich installierten Endgeräte - in den USA vorwiegend ASCII-Terminals und später auch Personal-Computer - ausreichend groß geworden war, entwickelten kommerzielle Betreiber leistungsfähige technische Systeme, die im Unterschied zu größeren DV-Anlagen nur noch die Aufgabe hatten, den Benutzern das Austauschen von Informationen zu ermöglichen *[BOHM_85, KRANZ_86]*. Derartige Systeme werden angesichts ihres in der Anfangszeit rudimentären Leistungsspektrums bis heute unter dem Label "Mailbox" geführt. Diese Bezeichnung ist jedoch irreführend, denn schon bald wurden - ebenfalls in Anlehnung an die auf Mainframes verfügbaren Applikationen - über "Electronic-Mail" hinaus weitere "Information Utilities" bzw. "Huckepack-Dienste" angeboten *[KRIEGER_86]*. Von besonderer Bedeutung sind in diesem Zusammenhang Bulletin-Board-Systems und die Möglichkeit, über die Benutzeroberfläche der "Mailbox" kostengünstig auf eine Anzahl von Datenbanken dritter Betreiber durchzugreifen.

Der Unterschied zwischen Trägersystemen wie "Mailbox" und Videotex liegt einmal in der Weise, wie die jeweils angebotenen Applikationen an das System angebunden werden und zum anderen in der Benutzerführung. "Mailboxen" sind zumeist als selbständige oder verteilte Systeme angeordnet, die angebotenen Leistungsmerkmale bis auf die Datenbankangebote systemimmanent. Videotex-Systeme hingegen tragen Netzcharakter und delegieren die zu erbringenden Dienstleistungen überwiegend an externe Anbieter. Aus Sicht des Endanwenders unterscheiden sich beide Varianten unterhalb der Systemoberfläche dennoch nicht wesentlich, er findet weitgehend vergleichbare Angebotsstrukturen.

Die Benutzerschnittstellen sind allerdings völlig unterschiedlich ausgeführt. Während sich Bildschirmtext, wie alle Dienste des Typs Interactive Videotex, eines graphischen Interface bedient, werden "Mailbox"-Systeme in der Regel vergleichsweise einfach gestaltet; sie verfügen lediglich über einen zeilenorientierten Kommandointerpreter oder gestatten allenfalls die Nutzung einfacher Terminalemulationen nach Art des VT 52 oder VT 100. Mit jedem der beiden Gegenpole sind Vor- und Nachteile verbunden: Kommandoorientierte Benutzerschnittstellen werden leicht als unübersichtlich empfunden, der technische Mehraufwand heutiger Videotex-

Systeme dagegen geht nicht selten zu Lasten von Übertragunsgeschwindigkeit und Flexibilität. Hier ist allerdings eine zunehmende Annäherung zu beobachten. Während Videotex-Betreiber bemüht sind, sich aus dem Korsett allzu elaborierter Vorgaben zu befreien, sehen sich Anbieter von "Mailbox"-Systemen zu Konzessionen an ein benutzerfreundlicheres Handling gezwungen.

Auch das regionale Verhältnis der Benutzerzahlen von "Mailbox" und Videotex läßt keinen dahingehenden Schluß zu, eines der beiden Konzepte sei dem anderen vorzuziehen. Videotex-Systeme stellen aufgrund ihrer komplexen Struktur wesentlich dezidiertere Anforderungen an Hard- und Software der Endgeräte als "Mailboxen". Dafür bieten sie zwar eine komfortablere, graphikorientierte Benutzerschnittstelle, haben bei gleichen Marktbedingungen aber geringere Akzeptanzchancen. Damit läßt sich der geringe Stellenwert von Videotex in Ländern mit (zum Einführungszeitpunkt) liberalisiertem Fernmeldewesen ebenso erklären, wie die beherrschende Position des Bildschirmtext-Systems in der Bundesrepublik.

Die Entscheidung für einen bestimmtes Mehrdienst-Trägersystem bleibt also vor allem eine Frage persönlicher Affinitäten und der vorgesehenen Nutzung. Die heute in der Bundesrepublik verfügbaren Dienstkonzepte und ihr Verhältnis zueinander zeigt **Abb.3**. Die Bundespost unterhält jeweils einen Dienst der Typen *Videotex (Bildschirmtext)* und *Mailbox (Telebox)*. Mit den postalischen Diensten konkurrieren verschiedene "Mailbox"-Systeme privater Anbieter. Sowohl die Bundespost als auch die privaten Betreiber haben Gateways zu Telediensten oder anderen Mehrdienst-Trägersystemen realisiert oder geplant.

Abb.3: **Bildschirmtext und Mailbox-Systeme**

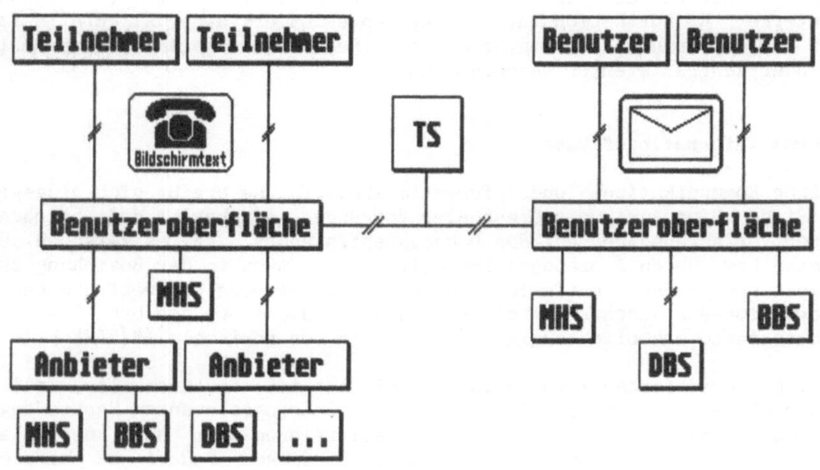

Teilnehmer = Benutzer des Btx-Systems
// = Vermittlungsnetz
MHS = Message-Handling-System
TS = Tele-Services (Telex, Teletex, Telefax)
BBS = Bulletin-Board-System
DBS = Data-Base-System

4. Juristische Informations- und Kommunikationsbedürfnisse

Konkrete Aussagen über die Eignung von *VAS* für den juristischen Bereich sind nur auf der Basis einer Bedarfsanalyse möglich. Typische Anforderungen an Informations- und Kommunikationssysteme sollen nachfolgend anhand der Rechtspflege, insbesondere den Arbeitsplätzen von Richtern und Rechtsanwälten, exemplarisch behandelt werden.

4.1. Interne Informationsflüsse

Obwohl Juristenarbeitsplätze in der Justiz nahezu durchgehend auch Merkmale von Bürotätigkeiten aufweisen *[MORASCH_87]*. sind die Anforderungen an aufgabenadäquate Systeme zur Unterstützung interner Informationsflüsse doch gering. Diese Tatsache resultiert nicht nur aus der hierarchischen Struktur, die sich in Gerichten und Rechtsanwaltskanzleien findet, sondern vor allem aus der Organisation der Tätigkeit selbst.

Bereits der Rechtsanwalt bearbeitet einen Vorgang üblicherweise autonom und bedient sich in der Regel nur im Rahmen genau definierter Aufgaben eines Gehilfen. Für den Richter existieren darüberhinaus kraft Gesetzes funktionale Abgrenzungen gegenüber anderen Aufgabenbereichen innerhalb des Gerichts. Er ist für die Leitung und Entscheidung eines Rechtsstreites grundsätzlich allein verantwortlich; weder darf er Dritten eine Einflußnahme auf ein anhängiges Verfahren gestatten, noch Aufgaben delegieren, die an das Richteramt gebunden sind *[QUIRCHMAYR_87]*. Angesichts solcher Strukturen wird deutlich, daß sich die Informationsflüsse an der Schnittstelle zwischen den Aufgabenbereichen, also zwischen Rechtsanwalt und Gehilfen bzw. Richter und anderen Gerichtsbediensteten, zwangsläufig wenig umfangreich gestalten.

Ein echter Bedarf für die Implementation neuer Gerichts- bzw. (Rechtsanwalts-) kanzleiinterner Kommunikationsinfrastrukturen existiert daher allenfalls im Hinblick auf die Mehrfachnutzung von Ressourcen (Ressourcen-Sharing), etwa peripherer Hardware oder zentralisierter Datenbestände.

4.2. Externe Informationsflüsse

Für externe Kommunikations- und Informationsbedürfnisse ergibt sich hingegen ein anderes Bild. Eine Analyse prozessualer Vorgänge offenbart, daß beträchtliche Anteile der Verfahrensdauer auf den Dokumententransport, sei es zwischen Richter und Parteien bzw. deren Prozeßbevollmächtigten oder auch in der Beziehung zwischen Rechtsanwalt und Mandant, entfallen. Durch die Verlagerung des verfahrensnotwendigen Informationsaustausches auf elektronische Pendants zur "gelben Post" ließen sich Rechtsstreite erheblich zügiger und effizienter abwickeln *[MÄHLER_87]*.

Hinsichtlich juristischer Informationsbedürfnisse ist festzustellen, daß diese zumeist darauf gerichtet sind, Auskünfte zu verfahrensrelevanten Rechtsfragen zu erhalten, den eigenen Kenntnisstand zu verifizieren oder auch nur die Flut fachspezifischer Information zu bewältigen. Um diesen Bedarf zu befriedigen, stehen als Ergänzung der konventionellen Print-Medien nunmehr auch elektronische Informationsbasen zur Verfügung *[FIEDLER_87]*. Mit dem juristischen Informationssystem *JURIS* wurde eine komplexe Rechtsdatenbank aufgebaut, die seit zwei Jahren jedem entsprechend ausgestatteten Interessenten zugänglich ist. Dieses Angebot wird von anderen in- und ausländischen Systemen, so etwa *Lexinform* der DATEV (Steuerrecht) oder *CELEX* (europäisches Gemeinschaftsrecht) ergänzt *[BAUER-BERNET_87]*. Parallel zur Entwicklung von Datenbanken zu Rechtsdokumentations-Zwecken wächst auch der Stellenwert von Fakten-Retrieval-Systemen *[MORASCH_87]*. Letztere vermitteln nicht objektives Recht bzw. Referenzen, sondern empirisches Wissen. Zu nennen ist hier insbesondere das Bundeszentralregister *(BZR)* sowie das Justizstatistik-Informationssystem *JUSTIS*.

Als Fazit dieser kurzen Bedarfsanalyse ergibt sich, daß externe Kommunikationsbeziehungen, die Rechtspflegeorgane unterhalten, mit elektronischen Mitteln sinnvoll unterstützt werden könnten. Auch unter den neuen Angeboten zur Informationsbeschaffung gibt es einige, deren Inanspruchnahme für Richter, Rechtsanwälte, aber auch Juristen in anderen Bereichen von großem Wert sein dürfte *[QUIRCHMAYR_87]*. Es ist daher erforderlich, Medien bereitzustellen, über die in geeigneter Weise auf die jeweiligen Systeme zugegriffen werden kann.

5. Heutiger Status juristischer Informations- und Kommunikationsdienste

Die regelmäßige Nutzung einiger der genannten rechtsrelevanten Datenbank-Systeme, insbesondere des JURIS, verursacht beträchtlichen Kostenaufwand. Gerade kleinere Rechtsanwaltskanzleien sind jedoch kaum imstande, hohe Investitionen für eine nur gelegentliche Inanspruchnahme von Datenbanken zu erbringen. Ähnliches ergibt sich für stationsgebundene Kommunikationsdienste wie Telex, Teletex und Telefax, deren Nutzung bislang nur für große Sozietäten rentabel erscheint. Auch andere Rechtspflegeorgane stehen oftmals vor dem Problem, die erforderlichen Aufwendungen mit den verfügbaren Mitteln nicht erbringen zu können. Hier stellen die Konditionen von Mehrdienst-Trägersystemen eine ernsthafte Alternative dar.

5.1. Bildschirmtext

Obwohl Bildschirmtext für juristische Informations- und Kommunikationszwecke prinzipiell geeignet erscheint, bietet das System zum gegenwärtigen Zeitpunkt kaum Dienstleistungen, die sich speziell an Juristen richten. Der überwiegende Teil der Angebote aus dem Sachgebiet "Recht" ist mit Blick auf die Bedürfnisse von Laien konzipiert *[HERBERGER_86]*. Erwähnenswert sind lediglich einige wenige Informations- und Bestellseiten juristischer Verlage und Standesorganisationen sowie ein *Lexinform-Gateway*, den die DATEV ihren Genossenschaftsmitgliedern anbietet. Schließlich könnte das elektronische Mitteilungssystem und der Telex-Gateway des Btx auch juristische Anwender ansprechen.

Insgesamt vermag Btx als Medium für den juristischen Bereich derzeit nicht zu überzeugen. Der Grund dafür liegt vor allem in der Tatsache, daß die Benutzeroberfläche des Systems den Spielraum für kommerziell auswertbare Dienstleistungen juristischer Orientierung im Rahmen der heute realisierbaren Übertragungsgeschwindigkeiten stark einschränkt. Berücksichtigt man aber, daß dieser Mangel mit der Einführung des *ISDN* entfallen wird und die Bundespost gerade Btx sehr kostengünstig anbietet *[MÄHLER_88]*, ist mittelfristig dennoch mit einer deutlichen Diversifizierung der fachinformatorischen Angebote für Juristen zu rechnen.

5.2. Mailbox-Systeme

In den USA werden mit ABA/Net und anderen Angeboten bereits seit einiger Zeit Systeme unterhalten, die einer juristische Klientel professionelle Werkzeuge bieten. Die hieraus gewonnenen Erfahrungen wurden in der Bundesrepublik in das Anwalts-Rechts-Informationssystem *ALexIS* eingebracht. ALexIS wird von der Bundesrechtsanwaltskammer sowie der Hans-Soldan-Stiftung betrieben und ist als geschlossene Benutzergruppe innerhalb einer kommerziellen "Mailbox" realisiert (box in the box-Prinzip). Die Grundidee wurde schon bald kopiert und inzwischen reflektieren mehrere konkurrierende Anbieter auf die Zielgruppe juristischer Anwender.

Der Benutzer solcher Systeme findet zumeist eine für "Mailboxen" typische Konfiguration vor, die inhaltlich juristischen Belangen angepaßt ist. In das Bulletin-Board-System des jeweiligen Host werden dazu schwarze Bretter eingebracht, die Informationen aus dem juristischen Umfeld vermitteln. Ferner besteht in der Regel die Möglichkeit, neben einigen anderen Datenbanken auch auf JURIS zugreifen zu können. Schließlich unterstützen die zugrundeliegenden "Mailbox"-Systeme die Kommunikation mit Telex- und Telefax-Stationen. Dem Anspruch der Entwickler, Informationsdrehscheiben für die Rechtspraxis zu sein, werden die heute verfügbaren Konzepte aber trotz ihrer Vielseitigkeit nur bedingt gerecht. Die Ursache mag unter anderem darin liegen, daß sich die potentiellen Nutzer inzwischen auf mehrere gleichartige Systeme verteilen. Vor allem aber dürften Akzeptanzprobleme seitens der Anwaltschaft bzw. des erweiterten Benutzerkreises "Juristen" den Einsatz solcher Systeme hemmen. Dienste nach Art des ALexIS werden bis dato als bloße Brücken zu Datenbanken und Telediensten mißverstanden. Die Bulletin-Boards und das Kernstück des "Mailbox"-Konzeptes, den elektronische Mitteilungsdienst, nimmt die Mehrzahl der Teilnehmer indessen kaum in Anspruch.

6. Prognosen für die Anwendung verschiedener VAS-Komponenten am Juristenarbeitsplatz

Dennoch ist abzusehen, daß sich das Verhältnis der einzelnen VAS-Komponenten hinsichtlich ihrer Bedeutung für den juristischen Sektor umkehren wird. Entwicklungen im Bereich der Massenspeicher (CD-ROM, WORM etc.) sind geeignet, den Stellenwert von Online-Datenbanken erheblich zu reduzieren. Schon heute sind erste Produkte auf Mikrocomputer-Ebene verfügbar, die Rechtsinformation in komprimierter Form bieten (z.B. *BGH-DAT*). Dieser Trend wird sich weiter fortsetzen. Bereits in einigen Jahren werden Gerichte und Fachverlage dem juristischen Anwender viele der benötigten Informationen offline zur Verfügung stellen können. Der auf diese Weise nicht zu erfassende Bedarf an hochaktueller Information, etwa über den Inhalt neuer Gerichtsentscheidungen, ließe sich dann mittels kleinerer Online-Informationssysteme abdecken. Derartige Services sind mit der Datei "Pressemitteilungen" unter JURIS und dem Brett "BGH-Presse" im ALexIS, das in Kürze zu einer Datenbank umstrukturiert werden soll, bereits ansatzweise realisiert.

Der Schwerpunkt der VAS-Nutzung wird sich schließlich auf die Ebene der Individualkommunikation verlagern. Dem weltweiten Durchbruch der Anwendung "Electronic Mail" als dominierende IT-gestützte Kommunikationsform steht nur noch das Hindernis der Inselbildung im Wege: Jeder Host bietet einen eigenen Mitteilungsdienst an, über den zumeist nur die Teilnehmer des eigenen Systems erreicht werden können. Entsprechendes - wenn auch in anderen Dimensionen - galt über lange Zeit für die Netze im F&E-Bereich. Hier war der Sender einer Nachricht zwar nicht daran gebunden, nur Teilnehmer des jeweiligen Systems, wohl aber der eigenen Protokollwelt adressieren zu können. Inzwischen sind eine Reihe von Gateways implementiert worden, die diese Beschränkung relativieren.

Ein neuer, vielversprechender Ansatz ergibt sich aus internationalen Normungsbestrebungen der letzten Jahre. Auf der Basis des ISO/OSI-Referenzmodells für die Kommunikation offener Systeme wurden Standards entwickelt, die es ermöglichen sollen, bestehende Mail-Services zu einem großen, möglichst weltweiten Mitteilungssystem *(Message-Handling-System, MHS)* zusammenzuführen. In einem solchen MHS lassen sich (angepaßte) E-Mail-Komponenten von Diensten der Typen "Mailbox" und Interactive Videotex ebenso anordnen, wie die der traditionellen technisch-wissenschaftlichen Netzwerke *[SCHEINT_87]*. Vorreiter der MHS-Normung war die internationale Vereinigung der Postverwaltungen *CCITT*, die mit ihren im Jahre 1984 publizierten Empfehlungen *X.400 ff* ein wegweisendes Modell für die Konzeption von MHS entwickelte *[CCITT_84]*. Einige wesentliche Aspekte dieses Modells sollen nachfolgend kurz dargestellt und in die weiteren Überlegungen einbezogen werden.

Die Empfehlungen des CCITT setzen auf der Ebene 6 des ISO/OSI-Referenzmodells auf und definieren innerhalb der darüberliegenden Anwendungsschicht zwei Sublayers *[KRAUS_86]*. Benutzer nehmen die Dienste des MHS über einen User-Agent *(UA)* in Anspruch, der seinerseits mit dem Message-Transfer-System *(MTS)* interagiert.

Innerhalb des MTS leiten miteinander kommunizierende Message-Transfer-Agents *(MTA)* Nachrichten nach dem Store-and-forward-Prinzip weiter, **Abb.4**.

Abb.4: **Das MHS-Modell des CCITT**

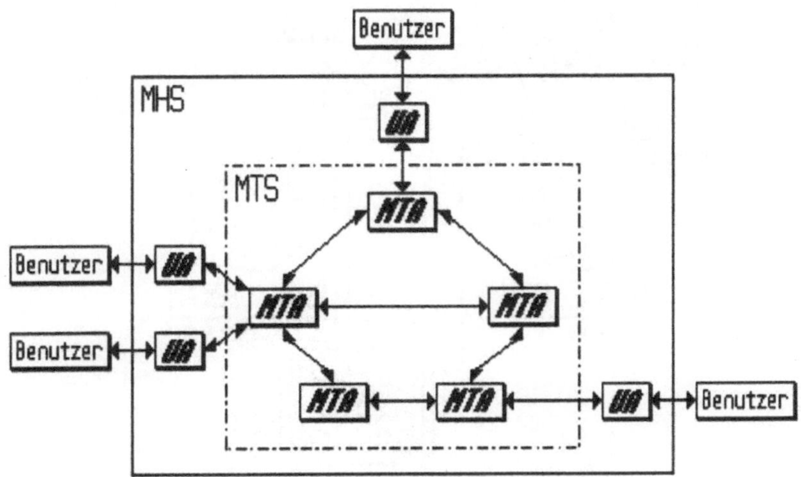

MHS = Message-Handling-System **UA = User-Agent**
MTS = Message-Transfer-System **MTA = Message-Transfer-Agent**

Ein institutions- und länderübergreifendes MHS erfordert neben der funktionalen auch eine Unterteilung in Zuständigkeiten für Betreiber lokaler Teilkomponenten. Dementsprechend gliedern X.400 ff die Message-Handling-Welt in organisatorische Untereinheiten, sogenannte Versorgungsbereiche (Management-Domains) auf, die wiederum wenigstens einen MTA und einen oder mehrere UAs zusammenfassen, **Abb.5**.

Vorgesehen sind zwei Klassen von Versorgungsbereichen, öffentliche *(Administration Management Domains)* und private *(Private Management Domains)*. Unter der Bezeichnung "Öffentlicher Versorgungsbereich" rangieren die von Postverwaltungen oder vergleichbaren Kompetenzträgern betriebenen Systeme; eine derartige Funktion könnte in der Bundesrepublik etwa die *Telebox* ausfüllen *[KRAUS_86]*. Für private Versorgungsbereiche sind Organisationen zuständig, die nicht in entsprechender Weise autorisiert sind; hier kommen etwa Unternehmen oder nichtkommerzielle Institutionen in Betracht.

Als Betreiber eines PRMD könnten aber ohne weiteres auch Gerichte fungieren. Die Implementation solcher Versorgungsbereiche ist bereits auf Basis eines Minimums informationstechnischer Ausstattung möglich, erfordert vergleichsweise geringe laufende Aufwendungen und wäre dennoch geeignet, bestehende Kommunikationsbeziehungen effizient zu unterstützen. Gerichtsintern könnten zunächst diejenigen Arbeitsplätze, die bereits mit dedizierten DV-Systemen ausgestattet sind, an die komfortable Kommunikations-Infrastruktur herangeführt werden, die X.400 erlaubt. Für die übrigen Gerichtsbediensteten bietet sich übergangsweise die Alternative an, über die Hauspost indirekt zu partizipieren und auf diese Weise wenigstens Nachrichten erhalten zu können.

Abb.5: **Management-Domains**

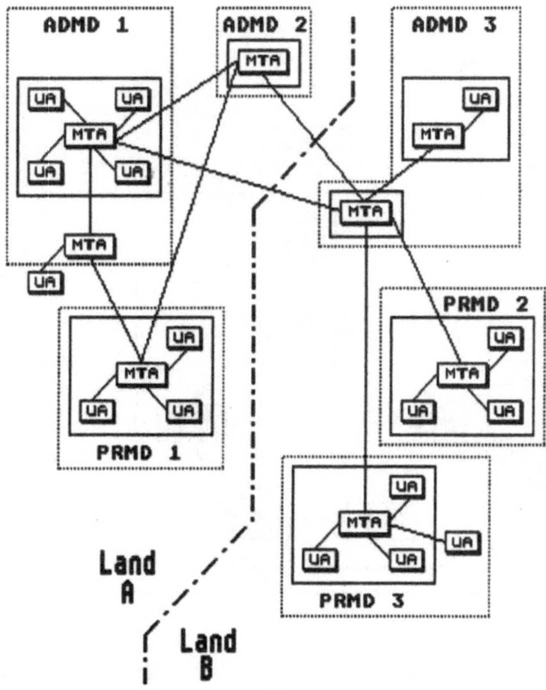

UA = User-Agent
MTA = Message-Transfer-Agent
ADMD = Administration Management Domain
PRMD = Private Management Domain

Diese Strategie würde unmittelbar gewährleisten, daß alle Bereiche des Gerichtes auf elektronischem Wege erreicht werden könnten. Eine solche unbedingte Erreichbarkeit ist keineswegs selbstverständlich; die Versuche von Rechtsanwälten, Nachrichten über Telex, Teletex oder Telefax an ein Gericht zu verschicken, scheitern derzeit noch oft genug daran, daß beide Seiten nicht Teilnehmer desselben Dienstes sind. Dieses Problem würde mit der aufgezeigten Lösung elegant vermieden. Der Absender eines Schriftsatzes, respektive ein Rechtsanwalt, wäre in die Lage versetzt, sein Dokument absetzen zu können, gleich welchen Dienst er in Anspruch nimmt. Für die Dauer eines Verfahrens könnten man den Beteiligten darüberhinaus direkten Zugriff auf den Versorgungsbereich des Gerichts gewähren; eine entsprechende Anordnung zeigt **Abb.6**.

Auch die gerichtsinternen Teilnehmer könnten von einem derartigen Konzept nicht unerheblich profitieren. Bereits die Tatsache, daß die Erreichbarkeit eines Ansprechpartners nicht mehr von dessen physischer Anwesenheit abhängig ist, wird sich positiv auswirken. Ferner können Informationen, die dezentral verwaltet werden und deren Einholung dem Richter, Rechtspfleger oder Staatsanwalt für die Vorgangsbearbeitung notwendig oder zumindest zweckmäßig erscheint, mit minimalem Aufwand beschafft werden. Wird beispielsweise ein Auszug aus dem Schuldnerverzeichnis benötigt, kann sowohl der Rechercheauftrag, als auch das Ergebnis via E-Mail übermittelt werden.

Abb.6: **MHS-Nutzung im juristischen Bereich - Konfiguration eines VAS-Verbundes auf der Basis von X.400**

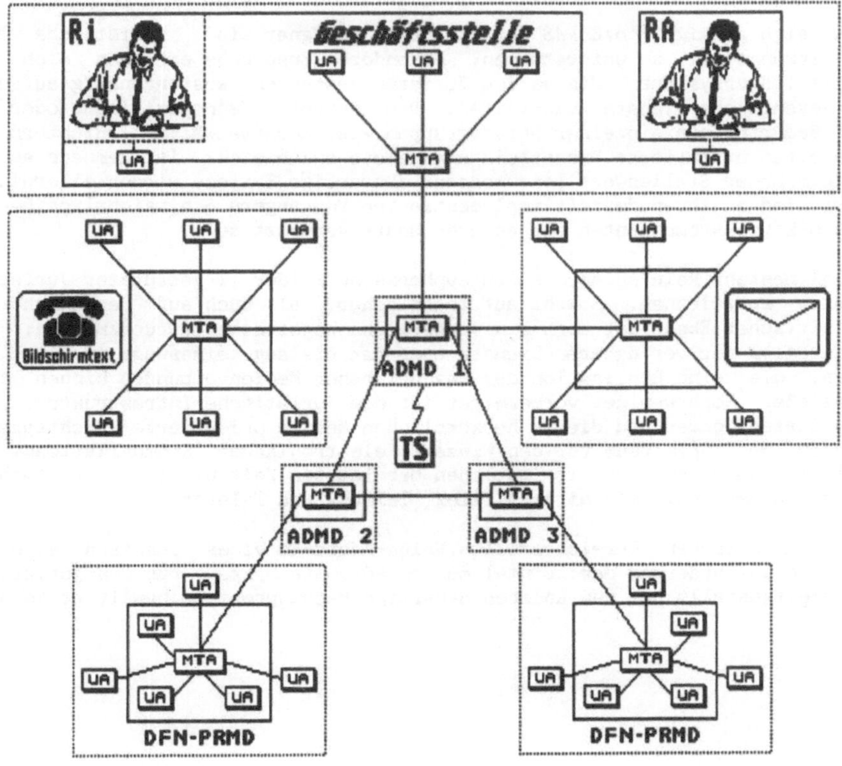

UA = User-Agent	**ADMD = Administration Management Domain**
MTA = Message-Transfer-Agent	**PRMD = Private Management Domain**
TS = Tele-Services	**DFN = Deutsches Forschungsnetz**

In einem nächsten logischen Schritt ergibt sich auf lange Sicht die Frage, ob der Transfer verfahrensrelevanter Dokumente nicht vollständig von der Briefpost auf das elektronische Pendant verlagert werden könnte. Ein solches Vorhaben wird neben rechtlichen Vorbehalten allerdings auch erheblichen Akzeptanzschwierigkeiten begegnen. Das Problem soll daher im Rahmen der vorliegenden Themenstellung nicht weiter erörtert werden.

7. Schlußbemerkungen

Die juristische Fachwelt hat sich mit *VAS* bis dato vor allem aus informationsrechtlicher Sicht auseinandergesetzt. Sowohl im Zusammenhang mit Bildschirmtext wie auch mit Telebox und Systemen privater Betreiber wurde immer wieder diskutiert, wie das Phänomen "Mehrwert" zu fassen und an welcher Stelle es in das überkommene rechtliche Klassifikationssystem einzuordnen sei. Erste Versuche, *VAS* auch für juristische Informations- und Kommunikationszwecke zu erschließen, setzten hingegen - sieht man einmal vom Aufbau des JURIS ab - relativ spät ein. Zudem konnten für die Entwicklung entsprechender Systeme im internationalen Vergleich nur bescheidene finanzielle Mittel aufgewendet werden.

Doch hat sich gezeigt, daß *VAS* bereits heute geeignet sind, juristische Tätigkeiten wirkungsvoll zu unterstützen. Besonderen Zuspruchs erfreuen sich dabei Mehrdienst-Trägersysteme, die es dem Juristen gestatten, kostengünstig auf einige für ihn wesentliche Dienste zuzugreifen. Dem Konzept, fachspezifische oder sogar an den Bedürfnissen einzelner Berufsgruppen wie Rechtsanwälten, Richtern oder Staatsanwälten orientierte Dienstleistungspakete anzubieten, ist demnach auch in Zukunft ein hoher Stellenwert beizumessen. Derartige Systeme werden allerdings - im Unterschied zu ihren derzeit implementierten Vorgängern - hinsichtlich bestimmter Kommunikationskomponenten mit anderen Hosts vernetzt sein.

Gleichwohl besteht kein Anlaß, allzu euphorische Bilder IT-gestützter Juristenarbeitsplätze zu zeichnen. Sowohl auf technischer, als auch auf rechtlicher und rechtspolitischer Ebene ist noch eine erhebliche Wegstrecke zurückzulegen. Schon die Integration der verfügbaren Dienste etwa ist bislang keineswegs in einer Weise vollzogen, die eine Realisation des beschriebenen Medienverbundes binnen kurzer Frist zuließe. Noch weniger vorbereitet ist die juristische Infrastruktur. Viele der tradierten Normen und die an herkömmlichen Medien orientierte Rechtsprechung beschränken den Spielraum für den Einsatz elektronischer Kommunikationsmittel; beispielhaft dafür sind die Irritationen der letzten Zeit um eine fristwahrende Einlegung von Rechtsmitteln mittels Telex, Teletex und Telefax.

Für den juristischen Bereich stellen Value-Added-Services insofern also eine zweifache Herausforderung dar: Einmal müssen adäquate Systeme für den juristischen Alltag bereitgestellt und zum anderen neuartige Rechtsprobleme bewältigt werden.

Literaturhinweise

BAUER-BERNET_87 — *Helene Bauer-Bernet:* "Entwicklungen und Perspektiven der Automatisierten Rechtsdokumentation in Europa", in: Rechtsinformationssysteme; Arbeitspapiere Rechtsinformatik Heft 22, S. 13 ff., München 1987

BOHM_85 — *P.A. Bohm:* "Die Deutsche Bundespost und die Mitteilungs-Übermittlungssysteme", NET special 10/85, S. 14 ff.

CCITT_84 — *CCITT (Comité Consultatif International Téléphonique et Télégraphique), Study Group VII:* "Message Handling Systems", Recommendations X.400, X.401, X.408, X.409, X.410, X.411, X.420, X.430" (1984)

DÖRING_86 — *Jürgen Döring:* "Die Videotex-Entwicklung in Europa und in der Bundesrepublik Deutschland", in: Telematica/Teil 2, S. 1 ff., Stuttgart 1986

FIEDLER_87 — *Herbert Fiedler:* "Varianten von Rechtsinformationssystemen - insbesondere in der Bundesrepublik Deutschland -", in: Rechtsinformationssysteme; Arbeitspapiere Rechtsinformatik Heft 22, S. 50 ff., München 1987

HERBERGER_86 — *Maximilian Herberger:* "BTX - bereits ein juristisches Fachinformationssystem ?", IuR 1986, 45 ff.

ISO_82 — *ISO (International Organisation for Standardisation):* "Information Processing Systems - Open Systems Interconnection - Basis Reference Model", ISO/DP 7498 (1982)

KAHN_87 — *Robert E. Kahn:* "Netzwerke für moderne Computer", Spektrum der Wissenschaft 1987, S. 108 ff.

KRANZ_86 — *Ulrich Kranz, Werner Hartnick:* "Studie über das Angebot von Mehrwertdiensten (VANS) in der Bundesrepublik Deutschland"; Bonn 1986

KRAUS_86 — *Guntram Kraus:* "Grundlagen und Anwendungen der Datenübertragung", 2. Auflage, München-Wien 1986

KRIEGER_86 — *H. Jochen Krieger:* "Mailbox-Systeme im Wandel", in: Informatik-Fachberichte, Bd. 127, S. 293 ff.; 16. Jahrestagung der GI (II), Berlin 1986

MÄHLER_87 — *Rüdiger Mähler, Eckhard Hämmerlein, Franz-Josef Müller:* "Erst organisieren - dann reagieren! - Wege zur modernen Bürokommunikation in Anwaltskanzleien", IuR 1987, S. 403 ff. / IuR 1988, S. 5 ff.

MÄHLER_88 — *Rüdiger Mähler:* "Rechtsinformationen aus Datenbanken - Die Möglichkeiten und Kosten der Online-Anbindung", IuR 1988, S. 172 ff.

MORASCH_87 — *Helmut Morasch:*
"Stand und Potential der Informationstechnik im Rechtspflegesystem", in: Schriftenreihe der Hochschule für Verwaltungswissenschaften, Bd. 58, Speyer 1987

PEUCKERT_87 — *H. Peuckert:*
"Value-Added-Services für das Büro", in: Informatik-Fachberichte, Bd. 156, S. 135; 17. Jahrestagung der GI, München 1987

QUIRCHMAYR_87 — *Gerald Quirchmayr, Manfred Weihermüller:*
"Konzeptionelle Vorschläge für eine umfassende IT-Unterstützung von Richtern und Staatsanwälten sowie Ansätze zu ihrer Realisierung auf der Grundlage vernetzbarer PC's des Industriestandards", in: Informatik-Fachberichte, Bd. 156, S. 712; 17. Jahrestagung der GI, München 1987

SCHEINT_87 — *Georg Scheint:*
"Electronic-Mail nach X.400 und seine Realisierung", in: Informatik-Fachberichte, Bd. 156, S. 423 ff.; 17. Jahrestagung der GI, München 1987

TELEKOMMUNIKATION IN DER RECHTSPOLITISCHEN DISKUSSION

- Zusammenfassung -

Carl-Eugen Eberle
Seminar für Verwaltungslehre
Universität Hamburg

Eine der wichtigsten Voraussetzungen für die rechtspolitische Befassung mit der Telekommunikation ist die Strukturierung des Gegenstandsbereichs der Telekommunikation. Konzepte, die auf eine solche Strukturierung verzichten und globale Aussagen zum Telekommunikationswesen, zum Telekommunikationssystem oder gar zur Informationstechnologie formulieren, verkennen die Vielfalt der Erscheinungsformen technischer Kommunikation und ihre jeweiligen Besonderheiten. Ansatzpunkt für eine solche Strukturierung könnte die Unterscheidung von Telekommunikationsnetzen und -diensten sein. Weitere Gebiete, auf denen rechtlicher Regelungsbedarf besteht, sind die Schaffung einer Gewährleistungsarchitektur der Telekommunikation und das Feld der Verwaltungskommunikation.

1. Telekommunikationsnetze

Bei der Einrichtung von Telekommunikationsnetzen sind bislang vor allem Kompetenzen, Verfahren und technische Konzeption rechtspolitisch umstritten. Stichworte sind Deregulierung, Gesetzes- und Parlamentsvorbehalt sowie Alternativen zum ISDN. Wichtiger erscheint mir jedoch, daß die Bedeutung der Telekommunikationsnetze als kommunikative Infrastruktureinrichtungen für die Verwirklichung der Kommunikationsgrundrechte herausgestellt wird. Das Bundesverfassungsgericht hat z.B. die dienende Funktion des Fernmelderechts gegenüber dem Rundfunkrecht betont und daraus inhaltliche Maßstäbe für die Ausgestaltung von Rundfunknetzen gewonnen. Dieser Ansatz muß darüber hinaus auf alle Telekommunikationsnetze und ihre dienende Funktion hinsichtlich der kommunikativen Entfaltung der Grundrechtsträger erstreckt werden. Hieraus ergeben sich Anforderungen an Netzstandards und -zuschnitte, an Netzausbau- und Zugangsregelungen sowie an die Gestaltung der Nutzungs- und Entgeltregelungen. Bedenken, die gegen den vorgesehenen Ausbau des ISDN unter dem Gesichtspunkt der Zerstörung tradierter sozialer und kommunikativer Strukturen erhoben werden, erscheinen angesichts des spekulativen Charakters dieser Prognosen und der Fragwürdigkeit, ob der kommunikative status quo überhaupt schutzbedürftig ist, wenig begründet. Angriffe, die sich gegen den Netzausbau richten, weil er vorhandene Machtpotentiale und Kontrollmöglichkeiten verstärke, verkennen, daß die Schaffung eines Steuerungs- und Kontrollpotentials nicht allein durch eine leistungsfähige Kommunikationsinfrastruktur begründet wird, sondern vor allem von anderen Faktoren, insbesondere den Kommunikationsinhalten, abhängt.

2. Telekommunikationsdienste

Die Liberalisierung im Bereich der Telekommunikationsdienste, wie sie sich als Folge der Neuordnung des Fernmeldewesens im Anschluß an die Vorschläge der Regierungskommission Fernmeldewesen abzeichnet, könnte dazu führen, daß eine Vielzahl neuer, konkurrierender Dienstleistungen auf den Telekommunikationsnetzen angeboten wird. Gegen die Gefahren, die von der Nutzung dieser Dienste für die Kommunikationsteilnehmer ausgehen, können die bestehenden gewerberechtlichen, Verbraucher- und Datenschutzvorschriften nur lückenhaft und unvollständig Schutz gewähren. Deshalb ist zu überlegen, ob es nicht einer gesetzlichen Regelung der Telekommunikationsdienste bedarf, die - in Parallele etwa zur Gewerbeordnung - allgemeine Regelungen für alle Kommunikationsdienste und auf die Besonderheiten bestimmter Dienste zugeschnittene Spezialregelungen enthält, welche dem Schutz der Telekommunikationsteilnehmer Rechnung tragen.

3. Gewährleistungsarchitektur

Kommunikation über Telekommunikationsnetze muß in vielen Fällen, vor allem wenn es um die Abwicklung von Rechtsgeschäften geht, die Authentizität der Kommunikationsinhalte und die Identität der Kommunikationspartner gewährleisten sowie die Kommunikation insgesamt gegenüber unbefugter Ausspähung oder Beeinflussung durch Dritte abschotten. Die - möglicherweise nach Intensität abgestuften - Anforderungen, die sich hieraus an eine Gewährleistungsarchitektur der Telekommunikation ergeben, müssen festgelegt und kommunikationstechnisch umgesetzt werden. Dabei ist insbesondere zu klären, ob und in welchem Umfang diese Maßnahmen bereits bei der Gestaltung der Netze zu berücksichtigen sind. Manches spricht dafür, neben den netzbezogenen Vorkehrungen dienstspezifische Gewährleistungsarchitekturen einzuführen, die auf die besonderen Anforderungen der jeweiligen Kommunikationsdienste zugeschnitten sind.

4. Verwaltungskommunikation

Besondere Bedeutung kommt unter rechtspolitischen Aspekten der Telekommunikation innerhalb der Verwaltung zu. Die Wahrung des informationellen Selbstbestimmungsrechts einerseits und die Gewährleistung verwaltungsinterner Kontroll- und Steuerungsfunktionen andererseits machen es erforderlich, daß die Kommunikationsinfrastruktur der Verwaltung offengelegt und auf eine normative Grundlage gestellt wird. Die geltenden Datenschutzregelungen sind zu sehr auf die Datenverarbeitung ausgerichtet und passen nicht auf die Regelungsbedürfnisse bei der Telekommunikation. Da zudem herkömmliche, in Textform abgefaßte Rechtsvorschriften die Komplexität von Kommunikationsbeziehungen nicht mehr normativ auffangen können, gilt es, in der Form von Informations- und Kommunikationsplänen ein neues Regelungsinstrumentarium zu entwickeln, das den Regelungsbedürfnissen bei der Telekommunikation gerecht wird.

Fachgespräch

Verantwortung in der Arbeit von Informatikern

Dieses Fachgespräch wird vom GI-Fachausschuß 8.3 veranstaltet. Im Mittelpunkt dieses Gespräches steht das vom Arbeitskreis 8.3.3 der GI entwickelte Arbeitspapier zum Thema „Informatik und Verantwortung". Dieses Papier wird am Vormittag in vier Einzelbeiträgen vorgestellt; am Nachmittag werden die im Papier angesprochenen Probleme in einer Podiumsdiskussion behandelt.

Folgende Themen werden im Fachgespräch angesprochen:

- Kann der einzelne Informatiker, der in einem hochgradig arbeitsteiligen Produktionsprozeß verteilte Systeme entwickelt, überhaupt noch Verantwortung – im doppelten Wortsinn – wahrnehmen?
- Müssen die Produktionsbedingungen beispielsweise für Softwareentwickler verändert werden, um eine Übernahme von Verantwortung zu ermöglichen?
- Wie stellt sich Informatikern das Problem der Verantwortung in der alltäglichen Arbeit?
- Was sind die Dilemmata ihrer beruflichen Situation, welchen Handlungszwängen sind sie ausgesetzt?
- Welche Auswege aus diesen Problemen gibt es für sie?

Mit diesem Fachgespräch soll die Thematik des Arbeitskreises 8.3.3 der GI vor einem interdisziplinären Forum zur Diskussion gestellt werden.

Zusätzlich zu den hier abgedruckten Vorträgen werden in diesem Fachgespräch die Vorträge W. COY, „Anspruch und Wirklichkeit der Informationstechnik", H. WEBER, „Verantwortungsdilemmata in der Entwicklung", K.-H. RÖDIGER, „Wirkungsforschung und Technikfolgenabschätzung der Informationstechnik" und B. MAHR, „Lösungsansätze für einen verantwortbaren Einsatz von Informationstechnik" gehalten. Eine Schriftliche Fassung dieser Beiträge für den Tagungsband war nicht vorgesehen.

Programmkomitee für dieses Fachgespräch:

W. Coy (Universität Bremen), C. Floyd (TU Berlin), H. Kaack (EWH Koblenz), H. Przybylski (Sozialwiss. Institut der EKD), K.-H. Rödiger (FSS Berlin, Vorsitz), H. Weber (Nixdorf München), H. Winkler (Sindelfingen)

INFORMATIK UND VERANTWORTUNG

Arbeitskreis 8.3.3 »Grenzen eines verantwortbaren Einsatzes von Informationstechnik« der Gesellschaft für Informatik

Wolfgang Coy, Günter Feuerstein, Rolf Günther, Werner Langenheder, Bernd Mahr, Peter Molzberger, Hartmut Przybylski, Karl-Heinz Rödiger, Horst Röpke, Eva Senghaas-Knobloch, Birgit Volmerg, Walter Volpert, Hellmut Weber, Herbert Wiedemann

Einleitung

Chancen und Risiken der Informationstechnik erfordern verantwortliche Gestaltung nach technischen, wirtschaftlichen und gesellschaftlichen Zielen und Kriterien. Dabei kann es zu Konflikten kommen, die Verantwortungsprobleme schaffen.

Wir wenden uns mit dem Papier vor allem an Software-Entwicklerinnen und an Software-Entwickler, aber auch an Benutzer, Organisatoren, Führungskräfte und Politiker, die durch ihr Tun oder Nichttun die Wechselwirkungen zwischen Informatik und Gesellschaft beeinflussen. Es wird insbesondere auf Arbeit und Situation von Software-Entwicklerinnen und -Entwickler eingegangen, um auf deren Verantwortungsprobleme aufmerksam zu machen. Wir möchten dazu beitragen, daß mit der beruflichen auch die gesellschaftliche Verantwortung bewußter wahrgenommen werden kann.

Wir bieten weder Lösungen noch Rezepte an; vielmehr wollen wir den gesellschaftlichen Diskurs um Kriterien und Ziele, um Verantwortung und Gestaltung unterstützen.

Wir wollen zu einer Entwicklung von Informationstechnik anregen, die eine gesellschaftliche Nutzung der Technik nach diskutierbaren Kriterien zuläßt. Daher wird es notwendig sein, sich über unterschiedliche Gesellschafts-, Menschen- und Technik-Bilder auseinanderzusetzen. Wir sind uns jedoch der Spannung zwischen Realität und Ideal bewußt und wissen um die Notwendigkeit von Diskussionen und Kompromissen.

Anspruch und Wirklichkeit der Informationstechnik

Eigenschaften der Informationstechnik

Technik ist Anwendung der Wissenschaft in gesellschaftlichem Zusammenhang. Dies führt zu besonderen Problemen, die oft im Kontext der innerwissenschaftlichen Forschung unterschätzt oder gar ignoriert werden. Jede Technik hat dabei ihre besondere Ausprägung. Mit der Informationstechnik und der zugehörigen Wissenschaft der Informatik entwickelt sich eine Technik, die sich durch die Merkmale enormer Vielseitigkeit in den Gegenstandsbereichen und Anwendungen auszeichnet. So reichen die Anwendungen der Informatik von der Textverarbeitung über die maschinelle Verarbeitung von Verwaltungsvorgängen bis hin zur Steuerung industrieller Prozesse und zum Einsatz in militärischen Anlagen. Doch auch darüber hinaus werden der Informatik immer neue Anwendungsgebiete erschlossen.

Allerdings kann diese enorme Vielseitigkeit nur dadurch erreicht werden, daß die Methoden der Informatik und des Rechnereinsatzes durch die Verwendung formaler Modelle zu erheblicher Abstraktheit führen. In diesem methodischen Aspekt ist die Herkunft der Informatik aus der Angewandten Mathematik und der Formalen Logik erkennbar. Man kann deshalb mit einigem Recht die Anwendungen der Informatik als Teil eines umfassenden Prozesses der *Mathematisierung* der Einzelwissenschaften und ihrer Anwendungen verstehen. Über die rechner- und programmbezogene Abstraktion wird dabei eine Einheitlichkeit der internen maschinellen Repräsentation erreicht, die in anderen technischen Wissenschaften bisher nicht möglich war. Dies bezieht sich auf die algorithmische Darstellung, die dazu notwendigen Datenstrukturen (die intern letztlich auf eine binäre Repräsentation im Rechner hinauslaufen) und eine einheitliche Sicht der Anwendungen unter dem Gesichtspunkt algorithmischer Beschreibbarkeit. Dies kulminiert in dem Schema DATENEINGABE — SPEICHERN UND VERARBEITEN DER DATEN — DATENAUSGABE.
Bei aller Abstraktheit der Darstellung konkreter Anwendungen bleiben mit dem Rechnereinsatz stets bestimmte Zielvorgaben verbunden. Der Einsatz von Datenverarbeitungsanlagen soll vor allem anderen der Rationalisierung menschlicher Arbeit dienen. Dies trifft seit langem im Bereich betrieblicher und öffentlicher Verwaltung zu, gilt aber zunehmend auch für andere Arbeitsbereiche im Büro und in der Produktion. Darüberhinaus wird der Rechnereinsatz ständig auf neue gesellschaftliche Tätigkeitsbereiche bis in die Freizeit des einzelnen hinein ausgedehnt.

Anforderungen an die Informationstechnik
Wie an jede technische Wissenschaft werden auch an die Informatik Mindestanforderungen der sozialen Verträglichkeit gestellt, um ihren Einsatz rechtfertigen zu können. Dazu gehören vor allem die Forderung nach Angemessenheit der eingesetzten Mittel und nach Zuverlässigkeit der angebotenen technischen Lösungen. Mit beiden Forderungen müssen Informatik und Informationstechnik kämpfen. Sie kann sie nicht einfacher erfüllen als andere Techniken auch, und sie hat wegen der üblicherweise sehr hohen Komplexität der zu bearbeitetenden Probleme und ihrer Lösungen besondere Schwierigkeiten in der Erfüllung solcher Forderungen. Die Angemessenheit der Mittel sprengt den rein technischen Rahmen der Informatik, da dies eine soziale Forderung ist. Bei der Modellierung von Arbeitsprozessen muß der arbeitende Mensch in angemessener Weise integriert werden, wenn die Implementierung akzeptiert werden soll. Dies verlangt eine präzise Bestimmung der notwendigen Interaktionen in der Arbeitsteilung zwischen Mensch und Maschine. Die Vielfalt der Benutzungsschnittstellen ist so folgerichtig zu einem wesentlichen Schwerpunkt der Informatikforschung und -entwicklung geworden. Jedoch ist eine nur software-ergonomisch ausgerichtete Bestimmung dieser Schnittstellen, wie sie zuerst in Analogie zur klassischen Ergonomie versucht wurde, nicht ausreichend. Statt dessen scheinen inhaltliche Bestimmungen der von Rechnern zu übernehmenden Arbeitsprozesse unerläßlich zu sein. Die Informatik gerät damit mehr als jede andere Technik in den Zwang, sich mit den sozialen Inhalten ihrer Anwendungsbereiche auseinandersetzen zu müssen.
Selbstverständlich muß alle mögliche Mühe aufgewendet werde, um vermeidbare Fehler zu vermeiden, aber die Informatik lernt erst langsam aus anderen technischen Systemen, die von geringerer Komplexität als die Datenverarbeitung sind, daß es keine fehlerfreie Hardware, keine fehlerfreien Betriebssysteme und keine umfangreichen fehlerfreien Programme gibt und geben kann. Dies muß bereits beim Entwurf berücksichtigt werden, da die durch nichts zu rechtfertigende Illusion, ein System könne doch fehlerfrei sein, meist dazu führt, daß das System mit überraschenden Fehlern nicht mehr fertig wird und dann unkontrolliert abstürzt. Schwerwiegender als die nicht erreichbare Fehlerfreiheit ist die Tatsache, daß es trotz bedeutender Fortschritte in diesem Gebiet noch immer keine zuverlässigen Testmethoden gibt. Obwohl den Software-Entwicklern diese Problematik und die prinzipiell nicht vollständig zu beseitigende Fehleranfäl-

ligkeit bekannt sind, wird das oft von der Werbung verstärkte Bild des fehlerfrei arbeitenden Computersystems in der Öffentlichkeit nicht hinreichend korrigiert.

Mythen der Informatik

Die Informatik hat durch ihre schnellen und umfassenden Anfangserfolge in der Durchdringung komplexer Anwendungen die Hoffnung geweckt, daß sie eine Art Universalmittel zur Lösung komplexer Probleme sei. Mehr noch: Diese wenig begründeten Ansichten haben sich in den Köpfen vieler Verantwortlicher (Informatiker und Ingenieure, Manager und Politiker) festgesetzt, nicht zuletzt durch wirksame Akquisition.

Die Vorstellung des *allgemeinen Problemlösers* wird genährt durch die durchaus erfolgreiche Ausweitung der Anwendungsgebiete der Datenverarbeitung, die überall dort eingesetzt werden kann, wo einfache algorithmische Verfahren einsetzbar sind, und wo die zu bearbeitende Realität in Form von strukturierten Daten modelliert werden kann. Ob diese Lösungen stets die besten möglichen sind, ist im konkreten Fall zu hinterfragen.

Wichtiger erscheint heute fast die Bestimmung von Gebieten, in denen die Informationsverarbeitung grundsätzlich nicht eingesetzt werden kann oder soll. Es muß demgegenüber betont werden, daß wesentliche gesellschaftliche, politische und ökonomische Probleme nicht durch den Rechner, sondern durch das verantwortungsbewußte Handeln von Menschen bearbeitet werden müssen.

Expertensysteme sind ein neues Paradigma der Programmierung, dem im voraus nahezu beliebige Fähigkeiten zur Lösung komplexer Aufgaben unterstellt werden. Wenngleich die Formulierung unscharf definierter Aufgabenbereiche durch die Angabe von Fakten und Regeln und die heuristische Suche nach Lösungen sicher in vielen Fällen besser gelingt als mit herkömmlicher Programmiertechnik, können auch diese Systeme nur unterstützende Funktion einnehmen. Die Hoffnung, daß sie die verantwortliche Bewertung der Ergebnisse durch einen Menschen überflüssig machen, ist ein gefährlicher Trugschluß, da Expertensysteme von ihrer Konstruktion her darauf ausgelegt sind, unsichere Ergebnisse zuzulassen, ohne daß diese stets als solche erkennbar sind.

Vollautomatische Systeme, die auf *heuristischen Verfahren* basieren, sind höchst problematisch, da heuristische Verfahren prinzipiell falsche Lösungen einschließen. Der Einsatz solcher Systeme im militärischen Bereich (etwa in den immer wieder diskutierten »Early warning and response«-Systemen) läßt keine verantwortliche Entscheidung zu und ist verantwortungslos[1].

Die Adaptierbarkeit informationstechnischer Systeme im Arbeitsprozeß an die Bedürfnisse des arbeitenden Menschen ist wichtig. Die verschiedentlich besonders in der KI-Forschung vorgenommenen Ansätze, solche Systeme *selbst-adaptierend* zu gestalten (also etwa, sie an die *vermuteten Fähigkeiten* des Nutzers anzupassen) führen dagegen zu einer Umkehrung der Subjektrolle zwischen Mensch und Maschine. Die Verantwortung und Selbstbestimmung des Menschen im Arbeitsprozeß wird damit technisch aufgelöst.

Der Informatik schreibt sich immer wieder eine technische *Universalität* zu. Dies ist möglicherweise ein Mißverständnis, das auf der (unbeweisbaren) Äquivalenz der Turingmaschine mit allen anderen Begriffen der Berechenbarkeit aufkam und das von der Beobachtung genährt wird, daß die Informatik in immer neue Gegenstandsbereiche eindringt. Dennoch ist es natürlich nicht so, daß die Informatik diese Gegenstandsbereiche vollständig modelliert oder formalisiert, und es besteht kein wirklicher Grund zur Annahme, daß sie das könne.

Selbst bei relativ einfachen Anwendungen ist das Problem der Formalisierung bereits erkennbar. So kann

---

[1] P.Molzberger, Universität der Bundeswehr, München, ist mit der Formulierung "und ist verantwortungslos" nicht einverstanden.

die Informationstechnik als unterstützende Technik in vielen Bereichen der Textbearbeitung eingesetzt werden (meist wie eine Schreibmaschine, ein Zettelkasten oder ein Fernschreiber). Daß der Rechner zur Analyse von Texten unterstützend eingesetzt werden kann, beweist jedoch in keiner Weise, daß er den Textsinn (bis hin zum wirklichen Verstehen eines komplexen Textes) analysieren kann. Aus der partikulären Unterstützungsfunktion wird hier voreilig eine universelle Substituierbarkeit eines Arbeitsprozesses vermutet.

Neben der Informatik gibt es freilich weitere Wissenschaften, die ähnliche, aber ebenso unbegründete Universalitätsansprüche hegen. So können Software-Entwickler mit entsprechenden universellen Ansprüchen der Jura oder der Ökonomie konfrontiert werden, ohne daß sie diese als begründet empfinden.

Die soziale Dimension der Informationstechnik

Technische Wissenschaften sind stets Wissenschaften mit ausgeprägtem gesellschaftlichem Bezug, da sie die gesellschaftlich relevante Umsetzung wissenschaftlicher Erkenntnisse bewirken sollen. Für die Informatik ist dieser soziale Bezug noch deutlicher als in anderen Technikbereichen, da sich die Informatik vor allem mit der (Re)-Organisation des Arbeitsprozesses befaßt. Bei der Konstruktion von informationsverarbeitenden Systemen wird diese Ausrichtung auf den Arbeitsprozeß wichtig zur Bestimmung des Verhältnisses von Mensch und Maschine. Die Maschine muß dabei stets relativ zum Subjekt des Arbeitsprozesses, dem Menschen, definiert werden. Selbst vollautomatisierte Systeme sind keineswegs autonom, auch sie stehen in Beziehung zu realen Arbeits- und Lebenszusammenhängen, so daß auch hier Menschen als Subjekte dieser Prozesse zu bestimmen sind.

In der Folge fortschreitender Arbeitsteilung haben sich technisch-organisatorische Entwurfsstrategien durchgesetzt, in denen die handelnden Menschen als potentiell fehlerträchtige Störfaktoren eingeschätzt werden, die aus dem unmittelbaren Produktionsprozeß nach Möglichkeit herausgehalten werden sollen. Die Struktur des menschlichen Anteils an der durch den Rechnereinsatz neu zu bestimmenden Arbeitsteilung wird so ohne Zutun der Betroffenen vorprogrammiert, statt ihnen eine erweiterte individuelle Strukturierung ihrer Arbeitsaufgaben zu ermöglichen. Das Ideal dieses Technikverständnisses ist die Vollautomatisierung. Die bestehende Informationstechnik neigt zu technischen Lösungen, die diesem Ansatz verpflichtet sind. Informationstechnische Systeme werden hier nicht als Hilfsmittel für die damit arbeitenden Menschen entworfen, vielmehr werden die Menschen der technischen und organisatorischen Logik des maschinellen Prozesses unterworfen. Der »Maschinencharakter« dieser Entwicklungskonzeption impliziert eine Verkehrung des Verhältnisses von Subjekt und Objekt im Arbeitsprozeß. Bei dieser Bestimmung des Subjekt-/Objektverhältnisses besteht die Gefahr, daß der Rechnereinsatz nicht mehr eine unterstützende, sondern eine dominierende Funktion übernimmt. Die Arbeit *mit* dem (Werkzeug) Computer wird zur Arbeit *an* einem informationstechnischen System. Die Degradierung des arbeitenden Menschen vom Subjekt der Arbeitshandlung zum Maschinenbediener läßt schnell die Bereitschaft (oder gar die Möglichkeit) zum verantwortlichen Handeln in der Arbeit schwinden.

Gegenüber dieser dominanten Linie der Technikentwicklung gewinnen nicht zuletzt auch aus technischen und wirtschaftlichen Gründen Ansätze an Gewicht, die die arbeitenden Menschen mit ihren unersetzlichen Eigenschaften und Stärken berücksichtigen. Diese können sie aber nur dann entfalten, wenn die Technik ihnen »wie ein Werkzeug« zur Verfügung steht. Begriffsanalogien wie *Maschine* oder *Werkzeug* sollten allerdings nur als Analogien im Rahmen der Informatik als einer neuen, gegenüber der klassischen Technik radikal erweiterern technischen Wissenschaft verwendet werden.

Die Vielseitigkeit des Einsatzes informationstechnischer Geräte legt darüber hinaus ein medienartiges Verständnis dieser Technik nahe. Dies erscheint bei vernetzten Systemen angemessen, die man nicht mit einem Werkzeug, sondern eher mit Telefonnetzen vergleichen kann. Bei diesem den Vernetzungscharakter betonenden Verständnis sind Geräte nicht mehr einfacher Gegenpart des Menschen im Arbeitsprozeß, sondern vermittelnde Technik in Arbeitsprozessen, die zwischen Menschen stattfinden. Die Frage nach der Zuweisung von Verantwortung wird sich in solchem Zusammenhang neu und anders stellen. Eine verantwortungsbewußte Einschränkung und präzisere Bestimmung dieser potentiellen Vielseitigkeit wird zur gesellschaftlichen und berufsinternen Aufgabe der Informatik.

Verantwortungsdilemmata bei der Produktgestaltung

Soziale Zweckbestimmtheit und Werkzeugcharakter als Entwicklungsleitlinien

Damit Informationstechnik Hilfsmittel für den Menschen wird, ist deren Gestaltung stets unter zwei Gesichtspunkten zu betrachten, nämlich unter dem Gesichtspunkt der sozialen Zweckbestimmtheit und unter dem Gesichtspunkt des Werkzeugcharakters. Soziale Zweckbestimmtheit und Werkzeugcharakter sind demnach Entwicklungsleitlinien für die sozial verantwortliche Produktgestaltung.

Der *Werkzeugcharakter* eines Produkts bemißt sich daran, inwieweit die menschlichen Eigenschaften und Fähigkeiten durch den Gebrauch des Produkts nicht unterdrückt, sondern vielmehr gefördert, bzw. entwickelt werden. Die Frage ist: Wie handhabbar ist das informationstechnische Arbeitsmittel?

Die *soziale Zweckbestimmtheit* als Entwicklungsleitlinie begründet sich aus der enormen Vielseitigkeit der Informationstechnik, die in immer neue Gegenstandsbereiche eindringt. Soziale Zweckbestimmtheit soll dieser Vielseitigkeit der Informationstechnik im Interesse schützenswerter persönlicher und kultureller Räume Grenzen setzen. Zu fragen ist: Wird die Technik zu einem sozial akzeptablen Zweck eingesetzt?

Beide Leitlinien können in *Konflikt* zueinander geraten: Der Werkzeugcharakter von Systemen kann auf Kosten der sozialen Zweckbestimmtheit gehen; soziale Zweckbestimmtheit heißt noch nicht, daß die Systeme werkzeuggemäß oder gut handhabbar sind. Ein besonderes Problem ergibt sich hier aus dem medialen Vernetzungscharakter informationstechnischer Systeme. Für die Erfüllung von Aufgaben mag es wünschenswert sein, Programme und Daten jederzeit verfügbar zu haben. Ein solcher Zugriff würde dem Anspruch auf Werkzeugcharakter entsprechen. Auf der anderen Seite verleiten zweckoffene Zugriffsmöglichkeiten zum Mißbrauch. Dies widerspricht unter Umständen der Entwicklungsleitlinie der sozialen Zweckbestimmtheit.

Es zeigt sich, daß die Verwirklichung der beiden Entwicklungslinien sowohl von technikimmanenten Eigenschaften des zu entwickelnden Produkts als auch von den Arbeitsbedingungen und Aufgaben sowie von der persönlichen Haltung aller Verantwortlichen abhängt. Dadurch ergeben sich zugleich *unscharfe* Verantwortungssituationen.

Das Spannungsverhältnis zwischen Vielseitigkeit und sozialer Zweckbestimmtheit

Bei der enormen Vielseitigkeit der Informationstechnik haben es Entwickler von Systemen oft mit Produkten zu tun, die Leistungen nicht zweckgebundener Art zu erbringen. Solche Allgemeinheit steht der sozialen Zweckbestimmtheit als Leitlinie entgegen.

Je näher die zu entwickelnde Komponente eines Rechnersystems am Systemkern ist, desto schwieriger wird es für die Entwickelnden, die Leitlinie der sozialen Zweckbestimmtheit zu berücksichtigen. Der vom Betriebssystem bereitgestellte Zugriff auf die Speichermedien wird zum Beipiel für jede mit dem Rechner auszuführende Tätigkeit benötigt. Bei Systemen, die Dienstleistungen auf einer abstrakteren Ebene bieten, geht daher die verantwortliche Gestaltung auf die Entwicklerinnen und Entwickler von Anwendungsprogrammen, aber auch auf die Benutzerinnen und Benutzer über.

Zur Unterstützung sind allgemeine politische und soziale Regelungen im Hinblick auf Schutz vor Mißbrauch und Einschränkung der Zwecke nötig. Allerdings beruht die Einhaltung solcher Regelungen auf einer verantwortlichen Übereinkunft und Haltung, da die informationstechnischen Systeme prinzipiell die Möglichkeit einer technischen Umgehung von Regelungen zulassen. Die schon in der Vergangenheit vorhandenen Mißbrauchsmöglichkeiten technischer Mittel werden durch die radikal erweiterten Speicher- und Vernetzungsmöglichkeiten so potenziert, daß neue verantwortliche Umgangsweisen erforderlich werden.

Das Spannungsverhältnis zwischen Abstraktheit und Werkzeugcharakter

Ein großer Teil der heute angebotenen bzw. speziell entwickelten Systeme sind sogenannte dedizierte Standardsoftware-Systeme zur Bearbeitung eines speziellen Aufgabengebietes (z.B. Lohn- und Gehaltsabrechnungen). Das Problem der sozialen Zweckbestimmtheit stellt sich hier häufig nicht. In vielen Fällen sind sie jedoch wenig benutzerfreundlich, weil sie den Bedürfnissen der Benutzer nicht angepaßt sind. Sie sind damit nicht werkzeuggemäß.

Andere Systeme lassen es zu, bzw. sind gerade dafür speziell konzipiert, erweitert und weiterentwickelt zu werden. Es gibt heute Systeme auf dem Markt, die nicht nur Programme enthalten mit einer wohldefinierten Leistung, sondern darüber hinaus auch die Möglichkeit bieten, diese Programme abzuwandeln, an die eigenen Bedürfnisse anzupassen und evtl. neue Programme in das bestehende System zu integrieren. Solche Systeme kommen der Leitlinie »Werkzeugcharakter« näher.

Der Anspruch der Werkzeuggemäßheit wird in der Systementwicklung jedoch vernachlässigt, wenn Menschen — analog zu Computern — wie informationsverarbeitende Systeme angesehen werden. Unter diesem Blickwinkel, der leider weit verbreitet ist, werden menschliche Eigenschaften und Fähigkeiten nicht sichtbar. Wenn man für Menschen informationstechnische »Werkzeuge« entwickeln will, bedarf das maschinenorientierte Menschenbild einer grundlegenden Revision. Der Begriff Werkzeugcharakter in Verbindung mit der neuen Informationstechnik schließt dabei auch die Qualität des Gesamtzusammenhangs zwischen Menschen und Systemen ein.

Eine dem Werkzeugcharakter angemessene Entwicklungspraxis muß die besondere Konstitution der Menschen berücksichtigen:

Die *Körperlichkeit* des Menschen verlangt bei der Verwirklichung der Leitlinie »Werkzeugcharakter« — wo immer möglich — die Rückbindung an sinnlich erfahrbare Praxis im Umgang mit informationstechnischen Mitteln. Die Simulation stofflicher Vorgänge auf der Ebene von Symbolen kann das Problem der Abstraktheit jedoch nur mildern. Es bleibt das Problem des Verlustes von Erfahrungswissen, das zu einem fehlerhaften Gebrauch der Informationstechnik führen kann.

Das *intuitiv-ganzheitliche Vermögen* des Menschen verlangt die Chance, im Arbeitsprozeß selbständig Ziele bilden und verwirklichen zu können, sowie sich einen Überblick zu verschaffen. Das setzt Handlungsspielräume voraus. Wie bereits ausgeführt, können Computersysteme heute so gestaltet werden, daß sie an die Bedürfnisse der Benutzer weitgehend angepaßt werden können. Dies gilt immer mehr auch für die Ablauflogik und das Arbeitsgeschehen der mit dem System realisierten Prozesse.

Das *soziale Wesen* des Menschen verlangt die Erhaltung und Schaffung von Feldern kommunikativen Handelns, um Gespräche und Zusammenarbeit mit anderen Menschen zu ermöglichen. Elektronisch vermittelte Kommunikation erlaubt dies in der Regel nicht.

Für die einzelnen in der Entwicklung stellt sich das Problem, wie die skizzierten Vorschläge zur Umsetzung der Leitlinie Werkzeugcharakter mit Vorgaben und Anforderungen der Auftraggeber vereinbart werden können. In dieser Hinsicht ist ein Dialog im Interesse der Verwirklichung dieser Ziele zwischen Herstellern und Anwendern, Entwicklern und Benutzern und anderen betroffenen Gruppen von größter Bedeutung.

Verantwortungsdilemmata unter konkreten Arbeitsbedingungen

Die bestehenden Formen der Arbeitsorganisation in Entwicklungsabteilungen sind daraufhin zu prüfen, ob sie für die Umsetzung der Leitlinien soziale Zweckbestimmtheit und Werkzeugcharakter der Produkte förderlich oder hinderlich sind.

Hochgradige Arbeitsteilung

Viele Systeme der Informationstechnik sind heute so groß, daß eine Arbeitsteilung erzwungen wird. Für einen einzelnen wird es dadurch schwer, das gesamte zu erstellende System im Detail noch zu überblikken. Dies kann dazu führen, daß die einzelnen in der Entwicklung — aufgrund der Modularisierung — nicht wissen, an welcher Stelle des Aufgabenspektrums sie eigentlich arbeiten. Hier ist das Entwicklungsteam in seiner *kollektiven Verantwortung* gefordert.

Wenn Teamarbeit und Prinzipien einer transparenten Projektorganisation nicht genügend berücksichtigt sind, kann der hohe Grad der Arbeitsteilung die Verwirklichung der Leitlinien soziale Zweckbestimmtheit und Werkzeugcharakter unmöglich machen. Aber auch persönliche Haltungen spielen dabei eine Rolle. So mag sich eine einzelne Person in der Entwicklung große Mühe geben, ihren Teil (z.B. in der Entwicklung eines Simulationssystems) sicher, einfach und handhabbar zu konzipieren und zu realisieren; eine andere Person wird vielleicht — aus welchen Gründen auch immer — einen anderen Teil (etwa die Entwicklung einer Benutzungsoberfläche) korrekt, aber weniger handhabbar und weniger fehlerfreundlich gestalten, mit dem Resultat, daß das Produkt insgesamt nicht werkzeuggemäß wird.

Anknüpfungspunkte für neue Vorgehensweisen in der Entwicklung

Bei bestimmten Entwicklungsprodukten ist es im Sinne der sozialen Zweckbestimmtheit und des Werkzeugcharakters, Anwendungssituationen und und Nutzungsformen durch entsprechende organisatorische Vorkehrungen bereits im Entwicklungsteam zu berücksichtigen. Ein wichtiger Ansatzpunkt ist dabei das Verfahren des *Prototyping*. Hier setzt sich das Entwicklungsteam mit den vorgesehenen Benutzerinnen und Benutzern zusammen und erprobt an einer Rohversion des zu erstellenden Systems die Nutzung, insbesondere Sicherheit, Gebrauchsfähigkeit und organisatorische Einbettung. Die Bedeutung dieser Vorgehensweise liegt in der Überwindung des Unterschiedes zwischen der verbalen Beschreibung eines Prozeßablaufes und dem praktischen Mitvollzug eines Prozesses.

Neben der Kooperation mit Benutzerinnen und Benutzern kann auch ein systematischer Perspektivwechsel im Entwicklungsteam diesem Ziel dienen, indem ein Entwickler die Rolle eines Benutzers übernimmt. Hier kann als einfaches Beispiel ein Programmsyntax-Editor genannt werden. Als Hilfsmittel zur interaktiven Bearbeitung von Programmen ist der Editor selbst ein Programm und hat eine Darstellung in einer höheren Programmiersprache. Die Weiterentwicklung des Editors geschieht durch Bearbeitung dieses Programms. Daher kann die erste laufende Version des Programms als Werkzeug bei der Weiterentwicklung des Programms selbst verwendet werden. Hier wird der Entwickler eines informationstechnischen Produktes sein eigener Pilotanwender. Solche Vorgehensweisen werden die Auffassung von Entwicklerinnen und Entwicklern und damit ihre Ausgestaltung der Teilaufgaben prägen. Wenn ihre Perspektive nicht mehr auf die algorithmische, technische Aufgabe eingeschränkt ist, wird es ihnen zumindest leichter gemacht, ihre Aufmerksamkeit mehr den Menschen zu widmen, die später das Produkt zur Lösung ihrer Aufgaben einzusetzen haben.

Neue Kommunikations- und Kooperationsformen

Die beschriebenen Anknüpfungspunkte für neue Vorgehensweisen in der Entwicklung verlangen von den Entwicklern, daß sie ihre Fähigkeiten und Perspektiven erweitern. Neben den fachspezifischen sind vor allem kommunikative Fähigkeiten gefordert. Denn wenn man Ansprüche von Benutzerinnen und Benutzern in der Software-Entwicklung berücksichtigen will, muß man diese Ansprüche zuerst verstanden haben. Wer in technische Aufgaben vertieft ist, empfindet aber Zuhören und die Aufforderung zur Verständigung leicht als Ablenkung von »der eigentlichen Aufgabe«. Software-Entwickler sollten sich dieser inneren Widerstände, die aus ihrem beruflichen Selbstbild stammen, stärker bewußt werden. Der permanente Aufgaben- und Erfolgsdruck, der Wettbewerb mit Kollegen und Entwicklern anderer Unternehmen, der Zwang, die jeweiligen Fortschritte im Fach mitzuvollziehen, hindern daran, sich um Kommunikation und Kooperation mit den Benutzern und dem Management zu bemühen. »Ich kann doch nicht auch noch Psychologe sein!« ist eine häufige Reaktion der Entwickler auf die Akzeptanzprobleme der Benutzer.

Um Akzeptanzprobleme konstruktiv zu lösen, müssen latent bestehende Barrieren und Mißtrauen aufgenommen werden. Entwickler sind als Experten der Informationstechnologie dem Management und den Benutzern überlegen. Gerade weil Management und Benutzer die Bedeutung der Informationstechnik für ihre jeweiligen Aufgaben sehr wohl erkennen, ist es für sie nicht leicht, diese Überlegenheit zu ertragen. Hinzu kommt die meist unausgesprochene Befürchtung der Benutzerinnen und Benutzer, durch den Einsatz der Informationstechnik Kompetenzen oder Handlungsspielräume zu verlieren. Das Ungleichgewicht läßt sich verringern, wenn sich Entwickler bemühen, den Benutzern in formeller und informeller Kooperation fachliche Kenntnisse zu vermitteln. Dies gelingt um so besser, wenn Entwickler ihrerseits diejenigen, die mit den Systemen arbeiten müssen, als Partner und Experten auf deren Gebiet respektieren.

Sehr wichtig ist das Verhalten der Entwickelnden gegenüber dem für die Anwendung verantwortlichen Management. Schwierigkeiten pflegen hierbei in der Regel dadurch zu entstehen, daß der Entwickler zuviel verspricht oder das Management zuviel erwartet. So kann eine realitätsgerechte Prüfung eines Software-Produkts mißlingen, wenn der verantwortliche Manager z.B. auf Grund irreführender Lektüre oder auf Grund von Messevorführungen zu hohe Erwartungen an das System hat und der zuständige Experte, mit Rücksicht auf seine Position und seine Karriere, Grenzen des Systems mit einigen sybillinischen Worten andeutet, jedoch nicht präzise benennt. Entwickler müssen sich daher die Grenzen des jeweils Verantwortbaren deutlich machen und derart erkannte Unsicherheiten und Risiken gegenüber dem Management zur Sprache bringen.

Darüberhinaus ist es wünschenswert, daß Entwickler unter Berücksichtigung der Leitlinie »Werkzeugcharakter« auch die beim Einsatz der entwickelten Systeme notwendigen Arbeitsorganisationsformen in der Planung mit dem Management besprechen und in die Systemgestaltung einbeziehen. Organisationsformen wie z.B. Projektorganisation und Problemlösungsgruppen sind geeignet, die Arbeitsinteressen der einzelnen im Rahmen kreativer Gruppenleistung anzusprechen; dies gilt auch für das Entwicklerteam selbst. Für den Aufbau eines Informationssystems begünstigen solche Formen die Diskussion über Kriterien und Ziele und darüber, wie produktive Fähigkeiten der Menschen durch Informationstechnik gestärkt werden können.

Folgen für Benutzerinnen und Benutzer sowie für Produkte

Probleme technischer Sicherheit

Vielfach wird angestrebt, die Informationstechnik einzusetzen, um das »fehleranfällige System Mensch« durch ein zuverlässigeres zu ersetzen — beispielsweise in der Prozeßtechnik. Unvermeidbare Konsequenz ist der Verlust menschlicher Fähigkeiten und Fertigkeiten, auf außerordentliche Situationen außerordentlich und richtig zu reagieren. Daher scheint es folgerichtig, zur Überwachung von Rechnersystemen wiederum Rechner einzusetzen. Diese Spiralentwicklung unterstellt, daß absolut zuverlässige informationstechnische Systeme konstruiert werden können.

Alle bisherige Erfahrung zeigt jedoch, daß Rechnersysteme ausfallen oder fehlerhafte Ergebnisse produzieren können. Bei der Hardware ist die Zuverlässigkeit in Grenzen abschätzbar und läßt sich zum Beispiel durch Mehrfachauslegung erhöhen. Bei der Software ist das Problem der Zuverlässigkeit großer Systeme mit den heute bekannten Methoden und Werkzeugen nicht vollständig beherrschbar. Dies ist durch Probleme des Software-Entwicklungsprozesses begründet: zum einen durch dessen hochgradige Arbeitsteiligkeit, zum anderen dadurch, daß einsatzfähige Methoden für Korrektheitsbeweise fehlen. Die Forderung nach absolut zuverlässigen Systemen wird deshalb zunehmend durch die Forderung nach fehlertoleranten Systemen ersetzt (*fault tolerance, graceful degradation* etc.).

Probleme der Kontrolle über Personen

Informationstechnische Systeme werden mancherorts zur *Überwachung und Kontrolle* von Personen eingesetzt, oder solche Kontrollmöglichkeiten fallen als Nebenprodukte eines anderen angestrebten Zieles an: Systeme zur Personalabrechnung und -information, zur Zugangskontrolle, zur Betriebsdatenerfassung.

Diese Systeme werden im Namen wirtschaftlicher Erfordernisse eingeführt. Systeme jedoch, die den Arbeitenden die letzten Freiräume in ihrer Arbeitstätigkeit rauben, sind *inhuman*; darüber hinaus sind sie unwirtschaftlich: Lastet die Disziplinierung zu schwer auf den zu Disziplinierenden, verkehrt sich die Wirtschaftlichkeit in ihr Gegenteil. Auch unter *verfassungsrechtlichen* Gesichtspunkten sind solche Systeme höchst fragwürdig. Das Bundesverfassungsgericht hat die Persönlichkeitsrechte des Grundgesetzes für den Bereich des Datenschutzes konkretisiert und das Recht auf informationelle Selbstbestimmung betont, d.h. das prinzipielle Recht des einzelnen, über seine Daten selbst zu verfügen. Dieses Recht gilt auch für Arbeitsverhältnisse. Systeme, die den einzelnen über das absolut notwendige Maß hinaus kontrollieren oder gar die räumlichen Bewegungen verfolgen (wie dies z.B. mit Zugangskontrollsystemen möglich ist), sind verfassungsmäßig fragwürdig, inhuman und auch aus Entwicklersicht nicht zu verantworten.

Kulturelle Veränderungen

Durch technische Entwicklungen werden nicht nur die langfristig gewachsenen Strukturen und komplexen Beziehungen des institutionell geregelten gesellschaftlichen Zusammenlebens verändert, sondern auch die psychosozial und kulturell entwickelten Umgangsformen der Menschen. Die *schnelle Verbreitung* der Informationstechnik in nahezu sämtliche Lebensbereiche verstärkt diese Veränderungen entscheidend.

Die Strukturen des sozialen Verhaltens entwickeln sich in der Auseinandersetzung mit der *äußeren Realität*. In dem Maße wie Informations- und Kommunikationstechniken menschliche Erfahrungen filtern (z.B. Fernsehen, Videospiele, Rechnermodelle), werden die damit verbundenen Besonderheiten und Begrenzungen sozial wirksam.

Die maschinenvermittelte Wirklichkeit erlaubt nur eine begrenzte Welterfahrung. Die körperlichen Aktivitäten (Bedienung einer Tastatur, Hören, Sprechen) stehen kaum mehr in inhaltlicher Beziehung zum eigentlichen Erfahrungsgegenstand. Die Aneignung von Wirklichkeit wird dadurch auf merkwürdige Weise beziehungslos, unpersönlich, formal. Der Computer verfügt über keine eigenen Bedürfnisse, keine Interessen oder Motive; und er stellt keine Ansprüche an rücksichtsvolles Verhalten. Der Umgang mit dem Rechner fördert deshalb eine falsche Vorstellung von sozialer Realität und angemessenem sozialen Verhalten und beeinflußt so die Orientierung des Denkens und Handelns.

Das menschliche Alltagsdenken ist situationsorientiert. Es ist verbunden mit Wünschen, Bedürfnissen, Absichten und Zielen, und es lebt aus den qualitativen Orientierungen heraus, in die es eingebettet ist. Es ist also in gewisser Weise ganzheitlich, aber eben auch uneindeutig, oder, so man will, flexibel. Maschinenvermittelte Kommunikation dagegen fördert ein Denken, das korrekt und formal eindeutig sein soll.

Qualitative Aspekte, subjektive Bedeutungen, Wertungen und spezifische erfahrungsbezogene Orientierungen lassen sich damit nicht angemessen abbilden. Ein von der Maschine gesteuertes Denken birgt die Gefahr in sich, daß die Beziehung zu den Folgen des eigenen Handelns und damit die Verantwortung dafür verlorengehen.

Illusionäre Erfolge

Organisatoren, die von einem tayloristischen Konzept ausgehen, interpretieren die soziale Organisation des Unternehmens als eine beherrschbare Maschine im Sinne der klassischen Mechanik. Von Informationssystemen erwarten sie sich dann die Möglichkeit, mit einer lückenlosen Logistik alle Arbeitsvorgänge transparent zu machen und zu verknüpfen. Der Mensch (dabei als »informationsverarbeitendes System« betrachtet) wird dann nach »vorprogrammierter Aufgabenstrukturierung« eingeplant und eingepaßt. Dieser Ansatz der organisatorischen Nutzung der Informationstechnik erweist sich als Illusion.

Unternehmen und Institutionen treffen mit der Einführung neuer Informationssysteme in Büro, Verwaltung und/oder Produktion zwangsläufig eine betriebspolitische Grundsatzentscheidung, die von relativer Unsicherheit gegenüber den erwarteten und unerwarteten Wirkungen, bezogen auf Organisation und Mitarbeiter, begleitet ist. Die Schwierigkeiten beginnen bereits im Hinblick auf die »richtige« Systemwahl, sie setzen sich fort in der Analyse der personellen, wirtschaftlichen und betrieblichen Konsequenzen des Systemeinsatzes.

Der Einsatz komplexer Informationssysteme ist in der Regel mit weitgehenden Umstrukturierungen verbunden, deren wirtschaftliche und soziale Folgen in ihrer Vielschichtigkeit kaum zu übersehen sind. Neben der Veränderung von Aufgabenstellungen, Arbeitsabläufen, Arbeitsinhalten, Organisationsstrukturen und Kooperationsbeziehungen können sich insbesondere auch die Beziehungen zu Kunden (z.B. durch Tele-Selbstbedienung) und zu Geschäftspartnern (z.B. durch die telematische Anbindung von Zulieferfirmen) verändern. Die Lage wird nicht besser, wenn versucht wird, diese Schwierigkeiten durch noch mehr Technik, noch mehr Planung, noch mehr Vorprogrammierung zu bewältigen.

Mit der Maschinenkonzeption wird übersehen, daß die Mitarbeiter starke, aber unausgesprochene Arbeitsmotive haben, deren Erfüllung sie gleichsam als existenznotwendig betrachten: den Anspruch auf eigenständige Expertise, auf einen unaufgedeckten Handlungsspielraum sowie das Streben nach einem Informationsvorsprung (vor allem gegenüber Vorgesetzten). Jede vorprogrammierte Arbeit gefährdet die Erfüllung gerade dieser Motive und zeitigt Widerstand bzw. Ausweichmanöver. Dies ist der Kern der Akzeptanz-Problematik.

Kleinräumige informationstechnische Lösungen, die in klar definierten Teilbereichen Vorteile bringen, werden in manchen Fällen verwendet, um großräumigen Einsatz von informationstechnischen Systemen lohnend erscheinen zu lassen. Da jedoch die erfolgsträchtigen Bedingungen in den ausgewählten Bereichen nicht für alle Teile eines Unternehmens verallgemeinert werden können, werden durch diese Extrapolationen nur Illusionen erweckt.

Bewertungen der Wirtschaftlichkeit informationstechnischer Innovationen berücksichtigen nahezu ausnahmlos quantifizierte Größen (hauptsächlich Formen von Kosten-, Personal- und Zeit-Ersparnis), die nur dem organisatorischen, zeitlichen und räumlichen Nahbereich entnommen werden. Sie verfügen über keine (oder nur unzulässig) quantifizierte Kriterien, um Faktoren wie Dienstleistungen, Produktqualität, Arbeitsbedingungen, Mitarbeitermotivation oder die Beziehungen zu Kunden und Geschäftspartnern zu bewerten. Alle diese vernachlässigten Faktoren sind für ein Unternehmen jedoch wirtschaftlich bedeutsam, wenn nicht gar existentiell.

Ansatzpunkte für verantwortliches Handeln

Die Informationstechnik ist ein technisches System mit ausgeprägten gesellschaftlichen Bezügen. Daraus leiten sich Forderungen ab, wie sie in diesem Papier formuliert wurden. Informationstechnik soll

- unter der Leitlinie sozialer Zweckbestimmtheit und
- unter dem Gesichtspunkt des Werkzeugcharakters

entwickelt werden.

Gerade dann, wenn der Mensch seine Handlungssouveränität über technische Prozesse behalten oder wiedererlangen soll, stellt sich für ihn das Problem der Verantwortung. Wachsamkeit und Mitdenken sind Voraussetzungen, gesellschaftliche Folgen, sowie beabsichtigte und unbeabsichtigte Wirkungen zu erkennen. Das bedeutet u.a., Alltagsroutinen und eingeschliffene Lösungswege zu durchbrechen und mit den technisch-wirtschaftlichen Aspekten auch die sozialen Aspekte zu bedenken. Die dabei auftretenden Rückfragen an die Technik sollten nicht vorschnell als technikfremd und arbeitshemmend abgetan werden. Die der Kritik zugrundeliegenden Argumente und Meinungen können eine Hilfe für verantwortungsbewußtes Handeln sein. Unbehagen und Ohnmacht, insbesondere an großtechnischen Systemen, sind weit verbreitet und führen leicht zu Resignation. Wenn die Ursachen von Angst und Resignation aber bewußt gemacht werden, können sie als Impulsgeber für verantwortliches Handeln dienen.

Technische Entwicklungen sind stets von außertechnischen Voraussetzungen, Zwecken und Zielen mitbestimmt. Diese genau zu analysieren, kann weitere Klarheit in die Frage der Verantwortung und der Verantwortbarkeit bringen. Die Entwicklung informationstechnischer Systeme verlangt eine ganzheitliche Denkweise, in der technische und soziale Probleme integriert bearbeitet werden. Erschwert wird dies bei Systemen, bei denen die Bedingungen des Einsatzes und die Ansprüche der Benutzerinnen und Benutzer nicht bekannt sind. Umso mehr sollten Entwicklerinnen und Entwickler darauf achten, daß sich ihr Blickwinkel nicht auf das rein Technische beschränkt.

Hinsichtlich der Folgen, die etwa durch massenhafte Verbreitung der Informationstechnik für die Gesellschaft insgesamt entstehen, sind alle Beteiligten, einschließlich der Entwickler als Experten, zur Folgenabschätzung und zur verantwortlichen Stellungnahme aufgerufen. Hieraus sich ergebende Konflikte und Widersprüche bestehen selten für eine Person allein; sie verbinden oft Beteiligte aus verschiedenen Bereichen mit unterschiedlichen Funktionen. Zwischen ihnen sollte ein Dialog entstehen, um Ziele, Folgen und Wirkungen zu klären. Das Ergebnis dieser Klärungen sollte in die Entwicklungsentscheidungen eingehen,

Obwohl es schwierig sein mag, solche Vorstellungen in der Praxis zu verwirklichen, sollte an den Prinzipien des Dialogs, der Kooperation und der Beteiligung festgehalten werden. Beteiligung darf allerdings nicht dazu führen, daß die einzelnen sich aus ihrer persönlichen Verantwortung zurückziehen; außerdem darf Beteiligung nicht als Alibi mißbraucht werden.

Darüber hinaus ist es wünschenswert, daß Entwickler durch Publikationen und Diskussionen einen öffentlichen Diskurs in Gang bringen und so zur weiteren Sensibilisierung für die gesellschaftliche Dimension der Technik beitragen. Zum Beispiel könnte eine Sensibilisierung darin bestehen, daß — wie schon geschehen — Software-Produkte Schutzvermerke gegen mißbräuchliche Verwendung erhalten.

Wenn alle diese Mittel und Wege nicht zu einer gewünschten Veränderung eines ungezügelten technischen Fortschritts führen, brauchen wir andere Formen der Einflußnahme, nämlich politisches Engagement und weitergehende gesetzliche Regelungen. Das schließt nicht aus, daß es im beruflichen Bereich für den einzelnen Entwickler im Extremfall zu einem Gewissensnotstand kommt, der auch eine Verweigerung zur Folge haben kann.

Es gehört zur Verantwortung der Berufsgruppe und ihrer Institutionen (vor allem der Gesellschaft für Informatik, aber auch aller anderen berufsbezogenen Vereinigungen), für den einzelnen problematische

Verantwortungssituationen aufzugreifen, ein Forum für Diskussionen zu bilden, Empfehlungen zu geben und Unterstützung anzubieten.

Unsere in diesem Papier entwickelten Vorstellungen und Empfehlungen sollen dazu beitragen,

- eine Beziehung zum einzelnen Menschen, zur Gesellschaft und zur Umwelt herzustellen und nicht nur in technisch-wirtschaftlichen Kategorien zu denken;
- Ziele und Kriterien der Entwicklung, ihre Folgen und Wirkungen im Dialog zu klären und kooperativ umzusetzen.

Wir meinen, daß dies wichtige Voraussetzungen sind, um Verantwortung für die Entwicklung und den Einsatz der Informationstechnik wahrnehmen zu können.

Fachgespräch

Benutzeroberfläche und Architektur von CAD-Systemen

Bei allen durch Computer und CAD-Systeme unterstützten Tätigkeiten in Entwurfs- und Konstruktionsbüros wird zunehmend erwartet, daß nicht nur das eigentliche Planen, Entwerfen und Konstruieren sowie das häufig daran anschließende rechnerunterstützte Fertigen fehlerfrei und möglichst auch problemlos ablaufen, sondern auch der Zugang zu den Systemen und deren Bedienung besonders für den Anwender in der Praxis erleichtert bzw. benutzerfreundlich gestaltet wird. Die Bedienungsebene über den Dialog mit Computern, mit und ohne Graphikunterstützung, ist deshalb in der letzten Zeit zu einem Gebiet besonderen fachlichen Interesses geworden. Alle dabei für das CAD und CAM zuständigen Belange des Software-Engineering gewinnen ebenfalls immer mehr an Bedeutung.

In Vorträgen sollen Ansprüche an Benutzeroberflächen moderner CAD- und CAM-Systeme von Experten aus Anwenderkreisen beschrieben werden. Vorschlägen aus Kreisen der Entwickler und Anbieter gegenübergestellt, soll das Fachgespräch dann zur Analyse der vorgetragenen Wünsche und Angebote und möglichst zu einem Katalog von Empfehlungen führen.

Die Demonstration des Einsatzes verschiedener neuer CAD-Systeme am Ort der Veranstaltung vor und nach dem Fachgespräch ist vorgesehen.

Programmkomitee für dieses Fachgespräch:

O. Abeln (ABB, Mannheim), K. Bolst (Prime Computer GmbH, Dortmund), **H. Fleßner** (Universität Hamburg, Vorsitz), D. Hogrefe (Universität Hamburg), U. Sorgatz (VW AG, Wolfsburg)

Referenzmodell für CAD-Systeme

Dr. O. Abeln, Mannheim
K. Finkenwirth, Erlangen
Dr. R. Gnatz, München
W. Howein, Erlangen

Zusammenfassung

Unterschiedliche Systemkonzepte, steigende Normungs- und Integrationsbestrebungen (CIM) sowie das Spannungsfeld zwischen den Anforderungen der Benutzer und dem Entwicklungsstand vieler CAD-Systeme stellen Anbieter wie Anwender heute noch vor eine Vielzahl von Problemen. Ein CAD-Referenzmodell kann hier ordnend einwirken und sollte folgende Ziele erfüllen: Vergleichsmaßstäbe für unterschiedliche CAD-Systeme setzen, Übergänge und Kommunikation zwischen CAD und anderen Abwicklungssystemen erleichtern, einen Leitfaden für die Entwicklung neuer bzw. die Weiterentwicklung existierender CAD-Systeme bilden und als Ordnungsschema im Vorfeld internationaler Normen dienen.

Der Definition eines Referenzmodelles wird die Vorstellung zugrunde gelegt, daß sich die Gesamtfunktion eines CAD-Systems in eine Reihe von Dienstleistungen oder Funktionsgruppen zerlegen läßt, die durch einen oder mehrere Prozesse realisiert sind. Ein CAD-System besteht somit aus einer Vielzahl parallel arbeitender Prozesse oder abstrakter Maschinen, die untereinander vernetzt sind und somit kooperieren können. Jedem dieser Prozesse wird eine sogenannte Datenstrukturmaschine als Beschreibungs- und Systemspezifikation zugeordnet.

Der hier skizzierte Vorschlag eines CAD-Referenzmodelles ist ein erster Schritt für die Grobstruktur eines allgemeinen Architekturmodelles. Dabei wurde Wert darauf gelegt, das Modell offen für die Einbeziehung künftiger Entwicklungen zu gestalten. Die bisherigen Ergebnisse müssen in der Folge vertieft und detailliert werden.

Das vorliegende Konzept ist eine Zusammenfassung der bisherigen Ergebnisse eines Arbeitskreises der Fachgruppe 4.2.1 "Rechnerunterstütztes Entwerfen und Konstruieren" innerhalb der Gesellschaft für Informatik.

1. Motivation und Ablauf der Arbeit

Die CAD-Technologie hat in den letzten 20 Jahren eine bemerkenswerte Entwicklung und Verbreiterung gefunden. Zu den anfänglichen noch sehr zeichnerisch orientierten Graphikmodellen sind flächen- und volumenbeschreibende Verfahren getreten und die ursprüngliche 2D-Zeichnungsdarstellung wird inzwischen durch räumliche, schattierte Bilder der Objekte und deren Schnitte ergänzt.

Auch der Anwendungsbereich von CAD in der Industrie hat sich laufend erweitert. Neben dem Einsatz von geometrischem Modellieren und NC-Programmiersystemen im Maschinenbau sind Aufgaben aus der Elektrotechnik und Elektronik sowie dem Anlagenbau, dem Bauwesen und der Architektur getreten. Dazu gehören die Zeichnungserstellung und dreidimensionale Modellierung ebenso wie Berechnungsaufgaben, Technologische Planung und die Unterstützung kaufmännischer sowie administrativer Aufgabenfelder wie Angebotserstellung und Stücklistenverarbeitung. Als integrative Aufgabe kann die Qualitätssicherung ebenfalls durch CAD-Technologie unterstützt werden.

Diese Entwicklung hat jedoch auch ihre Probleme bei den heute über 250 angebotenen CAD-Systemen auf dem Markt. Ihre Daten- und Anwendungsprogramme sind in erster Linie graphisch gestalterisch orientiert, sind stark abhängig von den eingesetzten Basis-Hardware- und Software-Systemen und aufgrund mangelnder Standards durchweg unverträglich bezüglich eines Systemaustausches.

Die langjährige Einsatzerfahrung der CAD-Technologie hat jedoch zu der Erkenntnis geführt, daß durch die Einführung von Produkt-, Prozeß-, Fabrik- und Nutzungsmodellen für Konstruktion und Technologische Planung gegenüber der Verwendung nur geometrischer Modelle integrativere Arbeitstechniken angewendet werden können. Es kann noch mehr als bisher bei CAD-Systemen eine Verringerung der Routinetätigkeiten erzielt werden und es entstehen Freiräume für kreatives Arbeiten. Die konventionellen Methoden des Konstruierens und der Technologischen Planung wandeln sich zur CAD-Methodik. Die Auswirkungen auf Ablauf- und Aufbauorganisation werden sichtbar. Es ist eine Integration von Arbeitsplanungsaufgaben in den konstruktionsbetonten Bearbeitungsteil möglich geworden. Damit kann sichergestellt werden, daß die Belange von Fertigung und Montage bereits in der Phase der rechnerintegrierten Produktgestaltung Berücksichtigung finden. Die Ausbildung von Konstrukteuren und Arbeitsplanern zu integrativ handelnden Gestaltern von Funktion, Geometrie und Technologie wird erforderlich.

Die so entstandenen unterschiedlichsten Systemkonzepte, Anforderungen, Normungs- und Integrationsbestrebungen (CIM) sowie die Diskrepanz zwischen Soll- und Ist-Zustand im Umfeld des CAD-Einsatzes stellen beide, Anbieter wie Anwender, vor eine Vielzahl von Problemen. Der Gedanke liegt nahe, daß hier ein Referenzmodell ordnend wirken kann.

Die GI-Fachgruppe 4.2.1 RECHNERUNTERSTÜTZTES ENTWERFEN UND KONSTRUIEREN hat daher auf ihrer Sitzung am 30.10.1986 beschlossen, einen Arbeitskreis zur Erarbeitung eines CAD-Referenzmodells einzusetzen, das folgendes leisten soll:

- Vergleichsmaßstäbe für CAD-Systeme liefern,
- Übergänge und Kommunikation zwischen CAD- und anderen Systemen erleichtern,
- einen Leitfaden für die Entwicklung neuer und die Weiterentwicklung existierender CAD-Systeme zur Verfügung stellen,
- als Ordnungsschema im Vorfeld internationaler Normen dienen.

Der Arbeitskreis hat sich im Januar 1987 mit der Zielsetzung konstituiert, innerhalb von zwei Jahren einen ersten Vorschlag an die Öffentlichkeit zu bringen. Das CAD-Referenzmodell soll dabei anhand eines einheitlichen, beschreibungstechnischen Konzeptes für die Darstellung der Modellarchitektur entwickelt werden. Dieses Konzept zur Beschreibung einer allgemeinen Architektur sollte sich dabei an Vorstellungen, wie sie auch im Zusammenhang mit einem Referenzmodell für graphische Systeme diskutiert werden, orientieren.

Die Arbeiten begannen am 21./22.5.1987 in München, wo in einem Workshop ein Expertenhearing veranstaltet worden war, zu dem eine Reihe von erfahrenen CAD-Entwicklern und -Anwendern aus Industrie, Hochschule und Beratungsfirmen eingeladen worden war. In weiteren Arbeitssitzungen wurden dann die Ergebnisse dieses Hearings ausgewertet, detailliert und in das obengenannte Modell einer allgemeinen CAD-Architektur eingeordnet.

Der hier skizzierte Vorschlag eines CAD-Referenzmodells ist ein erster Schritt, in dem die Grobstruktur eines allgemeinen Architekturmodells für CAD-Systeme beschrieben wird. Dabei wurde Wert darauf gelegt, das Modell offen für die Einbeziehung künftiger Entwicklungen zu gestalten.

2. Zielsetzung

Beurteilung und Auswahl eines CAD-Systems für den konkreten Einsatzfall ist ebenso wie die Ausdehnung des CAD-Einsatzes aufgrund der Vielfalt und der Undurchschaubarkeit der verfügbaren Informationen ein Problem. Nicht selten werden Entscheidungen aus emotionalen und anwendungsfernen Überlegungen heraus gefällt. Um Entscheidungen künftig transparent und anwendungsorientiert treffen zu können, ist eine Referenz zu schaffen, die durch ihre Terminologie und die damit beschriebenen Leistungsmerkmale des CAD-Einsatzes eine exakte Beurteilung der Anwendungssituation und des erforderlichen Leistungsumfanges eines CAD-Systems erlaubt.

Der Zweck eines Referenzmodells für CAD-Systeme kann deshalb folgendermaßen beschrieben werden:

- Ein Referenzmodell schafft einen Rahmen, in dem konkrete CAD-Systeme eingeordnet und verglichen werden können. Dies erfordert die Verwendung einheitlicher, akzeptierter Begriffe.
- Ein Referenzmodell soll Entwicklung, Auswahl, Einsatz und Weiterentwicklung von CAD-Systemen fördern und durch sein Konzept eine Modernisierung unterstützen.
- Ein Referenzmodell für CAD-Systeme soll Dienstleistungen, Dienstleistungsgruppen und ihre möglichen Abhängigkeiten aufzeigen. Dies schließt insbesondere deren Schnittstellen mit ein.
- Ein CAD-Referenzmodell soll ein offenes System beschreiben, das die Integration externer Prozesse unterstützt.
- Ein Referenzmodell soll die Beschreibbarkeit, das Verständnis und den Gedankenaustausch von bzw. über CAD-Systeme auf verschiedenen Abstraktionsebenen bzw. in unterschiedlichen Detaillierungsgraden fördern.
- Ein Referenzmodell soll Normungsaktivitäten bei CAD-Systemen dienen und in umfassende Konzepte - zum Beispiel CIM - integrierbar sein.

3. Konzept zur Beschreibung des CAD-Referenzmodells

Dieses Kapitel gibt einen Überblick über ein allgemeines Architekturmodell von CAD-Systemen. Dazu wird das CAD-System als eine Menge von Prozessen aufgefaßt und es werden geeignete Ordnungskriterien eingeführt.

Einen Ansatz zur Formalisierung dieses Architekturmodells bildet die Verwendung von Datenstrukturmaschinen. Hierauf wird in diesem Vortrag jedoch nur kurz eingegangen.

Die Rechnerunterstützung von Konstruktionsaufgaben wird durch eine Vielzahl von Prozessen erbracht. Die Gesamtheit dieser Prozesse, die in einer konkreten Arbeitsumgebung zum Einsatz kommen, bezeichnen wir als (konkretes) CAD-System unabhängig vom Integrationsgrad bzw. vom Grad der Kooperationsfähigkeit der einzelnen Prozesse untereinander.

Ein Referenzmodell für CAD-Systeme kann keine Beschreibung eines bestimmten, konkreten CAD-Programmes sein. Es sollte vielmehr eine hinreichend umfassende Klasse von (konkreten) CAD-Prozessen beschreiben.

Unter einem Referenzmodell für CAD-Systeme ist somit eine Beschreibung einer solchen Klasse zu verstehen. Man nennt eine solche Klasse ein Architektur-Modell.

Solche Klassen konkreter CAD-Systeme beschreibt man jedoch nicht durch Aufzählung einer Reihe konkreter CAD-Systeme, sondern zweckmäßigerweise implizit durch die Eigenschaften, die allen Mitgliedern der Klasse gemeinsam sein sollen. Man will ja diese Eigenschaften dazu benutzen können, um für irgendein konkretes CAD-System zu entscheiden, ob es ein Mitglied dieser Klasse ist oder nicht.

Durch die Festlegung der Eigenschaften wird also die Klasse definiert; wählt man diese Eigenschaften sehr allgemein, treffen sie auf eine Vielzahl von Systemen zu und man erhält so eine sehr umfangreiche Klasse. Wählt man die Eigenschaften jedoch zu speziell, wird die zugehörige Klasse zu klein werden. Man sagt in diesem Zusammenhang, daß der umfangreicheren Klasse ein höherer Abstraktionsgrad entspricht als einer weniger umfangreichen Teilklasse. Den allgemeineren Eigenschaften entspricht somit der höhere Abstraktionsgrad.

Aus diesem Sachverhalt ergibt sich unmittelbar, daß Referenzmodelle auf unterschiedlichen Abstraktionsebenen existieren. Aus Sicht einer methodischen Vorgehensweise, die üblicherweise als "top down" bezeichnet wird, gewinnt man aus einem abstrakteren Modell konkretere Modelle durch Detaillierung der Eigenschaften des abstrakteren Modells. Solche Spezialisierungen sind in der Regel in sehr verschiedenartiger Weise entsprechend unterschiedlicher Zielrichtungen möglich, so daß es zu einem abstrakteren Modell viele verschiedene konkretere Modelle gehen kann.

Ziel des hier vorgelegten Vorschlags ist es, ein (abstraktes) Referenzmodell anzugeben, das es gestattet, durch Detaillierung für die jeweiligen Zielsetzungen speziellere Modelle zu definieren. So könnte eine Detaillierung beispielsweise das Ziel haben, die Besonderheiten von CAD-Systemen für ein bestimmtes Fachgebiet zu beschreiben.

Der Definition eines solchen Referenzmodells liegt die Vorstellung zugrunde, daß sich die Gesamtfunktion eines CAD-Systems in eine Reihe von Dienstleistungen oder Funktionsgruppen zerlegen läßt und daß jede dieser Funktionsgruppen durch einen oder mehrere Prozesse realisiert ist.

In einem CAD-System wird es in der Regel verschiedene Arten von Prozessen geben. Das Referenzmodell muß deshalb auf seiner abstraktesten Ebene einen vollständigen Überblick über die verschiedenen Arten (Klassen) von Prozessen geben, die einem CAD-System zugerechnet werden können. Das bedeutet, daß auf diese Weise eine Übersicht über die Funktionsgruppen gegeben wird.

Für diese Übersicht wird ein matrixartiges Ordnungsschema benutzt, das neben einer kompakten Darstellung die Möglichkeit einer Vollständigkeitskontrolle bietet. Dabei ist es naheliegend, der einen Koordinatenrichtung dieser Matrix die "konstruktionstechnischen", der anderen die DV-technischen" Aspekte zuzuordnen.

Als konstruktionstechnische Aspekte werden die folgenden Gliederungspunkte vorgesehen:

1. Organisation des Konstruktionsprozesses
2. Produktmodell
3. aufgabenbezogene Systemkonfiguration
4. Modellierer
5. Analyse, Berechnung, Simulation
6. konstruktionsrelevantes Wissen und Dokumentation
7. Benutzeroberfläche und -unterstützung
8. Integration

Die DV-technischen Aspekte gliedern sich in zwei Gruppen:

A) Prozesse, die an spezielle Konstruktionsaufgaben gebunden sind
B) Prozesse, die nicht an spezielle Konstruktionsaufgaben gebunden sind:
   a) Verwaltungsprozesse für Systembibliotheken und -wissensbasen
   b) Generierungsprozesse
   c) Spezifikationsprozesse
   d) Prozesse zur Erfassung des Wissens über das System

Die erste Gruppe enthält diejenigen Prozesse, die zur rechnerunterstützten Durchführung einer oder mehrerer Konstruktionsaufgaben aktiviert sind. Sie bilden den Teil der Gesamtkonfiguration des CAD-Systems, der abhängig von konkreten Konstruktionsaufgaben zu konfigurieren ist.

Für die zweite Gruppe, die ebenfalls zur Gesamtkonfiguration eines CAD-Systems gerechnet wird, ist keine Anpassung aufgrund wechselnder Konstruktionsaufgaben erforderlich. Gleichwohl dienen sie der Lösung von Konstruktionsaufgaben.

In den Systembibliotheken und -wissensbasen werden die für spezielle Konstruktionsaufgaben aktivierbaren Prozeßbeschreibungen als Quellcode oder in direkt interpretierbarer Form (z. B. Objektcode), die Regeln für die Kooperationsfähigkeit der aktivierbaren Prozesse mit anderen (Wissen zur Systemkonfigurierbarkeit) und das Wissen zur Benutzung dieser aktivierbaren Prozesse gehalten. Die Verwaltung dieser Systembibliotheken und -wissensbasen muß nicht zuletzt auch die Probleme lösen, die sich aus der Lebensdauer eines Produktes oder einer Produktlinie ergeben.

Die Spezifikationsprozesse dienen dazu, neue oder modifizierte Beschreibungen von Prozessen für spezielle Konstruktionsaufgaben zu definieren, die in die Systembibliotheken und -wissensbasen eingebracht und unter Umständen von den Generierungsprozessen in direkt interpretierbare Form übersetzt werden. Wichtig ist auch, daß gleichzeitig mit der Spezifikation neuer oder modifizierter Prozesse auch das erforderliche Wissen zur Systemintegration - d. h. zur Kooperationsfähigkeit und Konfigurierbarkeit - sowie das Wissen zur Benutzung - d. h. das Datenmaterial für die rechnerunterstützte Benutzerinformation und -schulung - erfaßt werden. Über die Generierungsprozesse werden in der Regel neue Werkzeuge in das System eingeschleust, über die Spezifikationsprozesse kann deren eventuell erforderliche Anpassung für die Systemintegration vorgenommen werden und über die Wissenserfassungsprozesse können beispielsweise on-line-Manuale für den Benutzer oder auch Schulungsmaterial eingebracht werden.

Bild 1 "Architektur des Referenzmodells" zeigt die vollständige Matrix. Sie soll ein Referenzmodell für CAD-Systeme auf seiner abstraktesten Stufe repräsentieren.

Man beachte, daß oberhalb der Matrix drei Querbalken eingezeichnet sind, nämlich Basisdienste, Hardware und externe Prozesse. Dadurch soll angedeutet werden, daß die Realisierung von CAD-Systemen üblicherweise in die auf Rechensystemen vorhandene Umgebung eingebettet ist.

Die externen Prozesse sind als extern in bezug auf eine gegebene CAD-Arbeitsumgebung, z. B. innerhalb einer Firma, zu verstehen. Fremde CAD-Systeme erscheinen deshalb auch als externe Prozesse. Selbstverständlich soll mit "extern" nicht etwa eine Abschottung der CAD-Welt angedeutet werden. Die für die Integration vorgesehenen Kommunikationsprozesse dienen vielmehr der Kooperation mit diesen externen Prozessen, wobei nicht nur Datenintegration, sondern insbesondere auch Prozeßintegration gefordert ist.

4. Funktionsgruppen des CAD-Referenzmodells

Vordringliche Aufgabe von CAD-Systemen ist es, den Konstrukteur bei der Ausübung seiner gestalterischen Tätigkeit möglichst optimal zu unterstützen. Der Rechnereinsatz in der Konstruktion erschließt z. B. auf den Gebieten Berechnung, Simulation, Informationsbeschaffung vielfältige und leistungsfähige neue Werkzeuge, die zu einer Verbesserung der Produktqualität führen.

Ihre notwendige Integration in den Konstruktionsprozeß auf der Basis von CAD-Systemen ändert und erweitert zwangsläufig die bekannten Tätigkeiten des Konstrukteurs und stellt zudem hohe Anforderungen an den Leistungsumfang und die Flexibilität der CAD-Software.

Unabhängig von Art, Komplexität und Phase der zu bewältigenden Konstruktionsaufgabe soll sie für alle Fachgebiete, z. B. Elektronik, Maschinenbau, Softwarekonstruktion nutzbar sein, möglichst alle anfallenden Tätigkeiten des Konstrukteurs unterstützen und an dessen Fähigkeiten und Arbeitsweise angepaßt werden können.

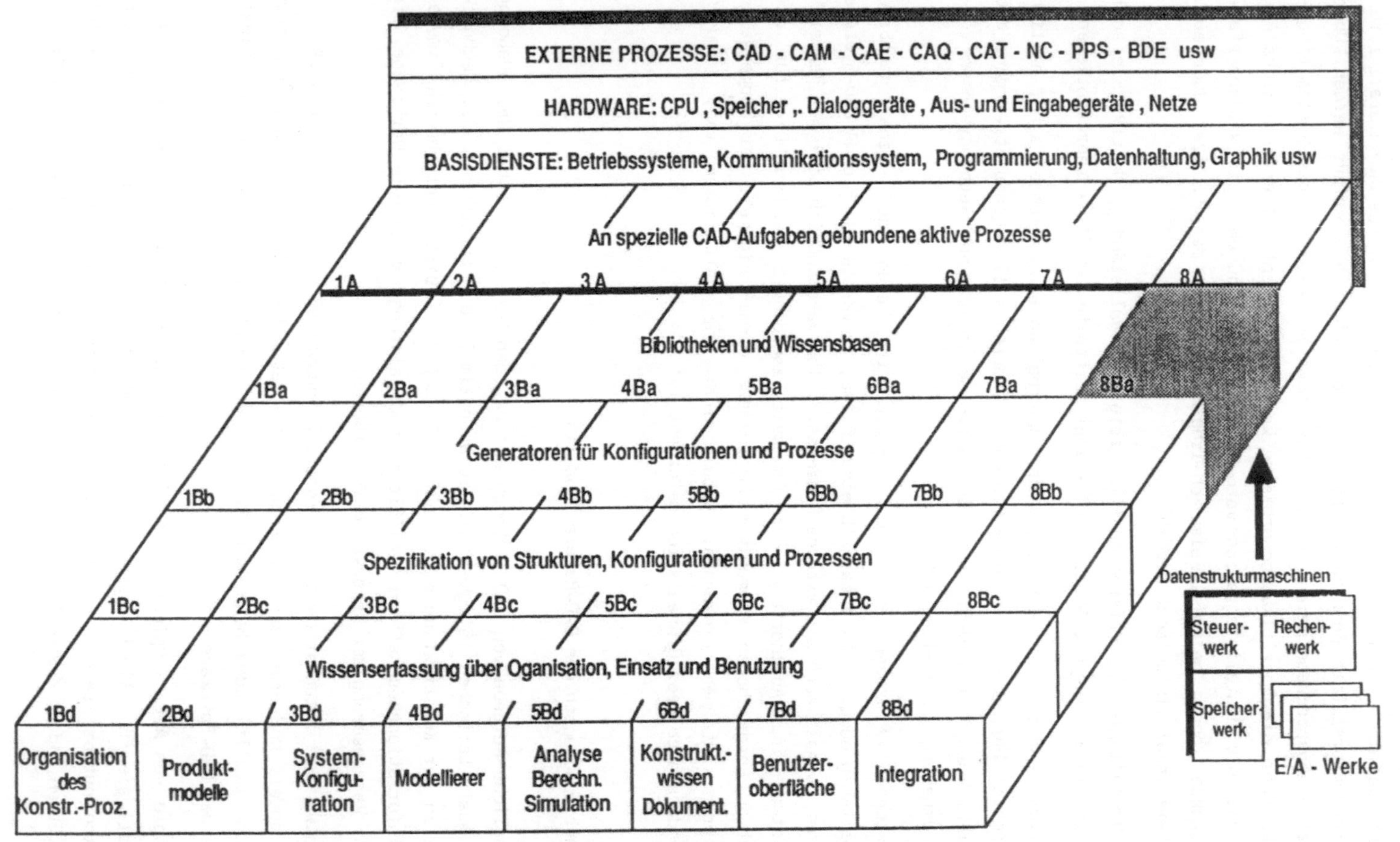

Bild 1 : Architektur des Referenzmodells

Ein CAD-System muß demzufolge - entsprechend konventioneller Ordnungsschemata - die Konstruktionsphasen

Klären der Aufgabenstellung, Konzipieren, Entwerfen, Ausarbeiten

die Konstruktionsarten

Neu-, Anpassungs-, Variantenkonstruktion

die Konstruktionstätigkeiten

Informieren, Modellieren, Berechnen, Zeichnen, Bewerten, Ändern, Dokumentieren

unterstützen und dem Umfang der Konstruktionsaufgabe, z. B. Konstruktion

einer Anlage, einer Maschine, einer Baugruppe, eines Bauteils

gerecht werden. Für die Berücksichtigung künftiger Anforderungen muß es offen sein, insbesondere in bezug auf

- Erweiterung des Tätigkeitsfeldes des Konstrukteurs,
- Unterstützung neuer Produktgestaltungsmethoden,
- Weiterentwicklung der CAD-Systeme,
- Änderung der Konstruktionsaufgaben,
- Einbettung in betriebliche Systemumgebungen des Anwenders (Integrationsfähigkeit).

Die für ein derartiges System notwendigen Dienstleistungen lassen sich - wie auch bereits in Kapitel 3 ausgeführt - in Funktionsgruppen einordnen.

4.1 Organisation des Konstruktionsprozesses

Zentrale Aufgabe dieser Funktionsgruppe ist das Initialisieren und Überwachen der mit dem CAD-System abzuwickelnden Konstruktionsaufgaben. Damit übt sie innerhalb des Gesamtsystems eine Führungsaufgabe aus. Sie muß gewährleisten, daß das Konstruktionsergebnis allen Punkten des Pflichtenheftes, vor allem aber den funktionalen und fertigungstechnischen Anforderungen, genügt. Diese Aufgabe erfordert insbesondere die Bewältigung der folgenden Teilaufgaben:

- Annehmen eines Konstruktionsauftrages, z. B. über einen Integrationsanschluß (8A), also über einen Kommunikationsprozeß.
- Analyse des Konstruktionsauftrages, z. B. zum Erkennen des Fachgebietes, der Art des Konstruktionsauftrages (neuer Auftrag, Änderungsauftrag), der Art und Komplexität der Konstruktionsaufgabe.
- Initialisieren eines Produktmodells, z. B. als neues Produktmodell im Falle eines neuen Auftrages, oder als Reaktivierung, wenn Änderungen an einem bereits abgeschlossenen Auftrag nötig sind (2Ba - 2 Bd, 3A). In beiden Fällen muß mit Hilfe eines Konfigurationsprozesses (3A) ein Prozeß zur Speicherung und Verwaltung eines bestimmten Produktmodells in die aktive Konfiguration der auf spezi-

zielle Konstruktionsaufgaben bezogenen Prozesse (d. h. in 2A) eingeführt werden.

- Vergeben von Unteraufträgen, z. B. zum Klären der Aufgabenstellung, zum Anfordern von (weiterer) Information von externen Prozessen (z. B. PPS) oder zum Spezifizieren einer neuen Produktmodell-Struktur (2Bc, 2Bd), eines neuen Berechnungsverfahrens (5Bc, 5Bd), einer neuen Modellierfunktion (4Bc, 4Bd).
- Überwachen des Arbeitsfortschritts, z. B. zur Einhaltung von Terminen, zur Übereinstimmung konstruktiver Lösungen mit dem Pflichtenheft.
- Freigabe von Arbeitsergebnissen, z. B. von Teilen des Produktmodells für bestimmte Verwendung an anderer Stelle (z. B. andere Abteilung) oder des ganzen Produktmodells für die Produktion.
- Abschließen eines Konstruktionsauftrages.

Um neue Funktionen für die Organisation von Konstruktionsprozessen oder Modifikationen einbringen zu können, sieht das Referenzmodell Prozesse zur Spezifikation, Wissenserfahrung und Generierung vor, die selbstverständlich mit den entsprechenden Systembibliotheken und -wissensbasen für die Organisationsfunktionen (1Ba, 1Bd) kooperieren müssen.

4.2 Produktmodell

Eine rechnerintegrierte Auftragsbearbeitung, beginnend mit dem Auftragseingang bis hin zur Abnahme des Produkts durch den Kunden, benötigt zur Synchronisation aller beteiligten Bereiche eines Unternehmens eine gemeinsame Basis, die den Zugriff auf alle für die Abwicklung eines Auftrags notwendigen Daten erlaubt. Die Gesamtheit dieser Daten bildet das Produktmodell; sie stellt für eine bestimmte Konstruktionsaufgabe das zentrale, integrierende Element des CAD-Systems und eventueller CIM-Konzepte dar.

Das Produktmodell repräsentiert die Struktur des Produkts und soll neben konstruktiven Daten (d. h. gestalt-, funktions- und technologiebeschreibende Daten) auch administrative und fertigungstechnische Daten beinhalten.

Zur Funktionsgruppe "Produktmodell" gehören u. a. die folgenden Teilfunktionen:

- Spezifikation von Produktmodell-Strukturen mit entsprechender Wissenserfassung (2Bc, 2Bd), z. B. für bestimmte Maschinentypen im Sinne einer Erzeugnisgliederung oder zur Darstellung funktionaler oder fertigungstechnischer Abhängigkeiten.
- Verwaltung von Produktmodell-Strukturspezifikationen, die z. B. für bestimmte Typen von Konstruktionsaufgaben als Schema vorliegen (2Ba).
- Verwalten von Konstruktionsprotokollen (2A).

- Verwalten von Produktmodell-Varianten, z. B. Verweise auf Varianten eines Produktmodells (2Ba, 2A).
- Verwalten von Produktmodell-Versionen, z. B. Erfassung von Änderungen und Änderungsständen eines Produktmodells (2A).
- Speicherung von Produktmodellen (2A).

Das Speichern von Produktmodellen wird in der Regel mit Hilfe geeigneter Basisdienste wie "Datenhaltung" oder "Datenbank" realisiert werden. Dazu ist insbesondere die folgende Funktionalität erforderlich:

- Speichern und Verwalten komplexer Datenobjekte.
- Nachbilden der Beziehung der Datenobjekte untereinander zur Abbildung der Produktstruktur und zur Realisierung von Vererbungsmechanismen.
- Realisierung dynamischer Datenstrukturen.
- Mehrbenutzerfähigkeit zur Verwirklichung von Kooperation und Informationsaustausch im Konstruktionsteam (Vergabe von Zugriffsrechten, Kontrolle des tatsächlichen Zugriffs, Benachrichtigungs- und Abgleichmechanismen).

4.3 Aufgabenbezogene Systemkonfiguration

Fachgebiet, Art, Phase und Komplexität der zu bearbeitenden Konstruktionsaufgabe sind entscheidend für die Art (z. B. Modellieren, Berechnen, ...) und den Leistungsumfang (z. B. Dimensionieren, Nachrechnen, ...) der Dienstleistungen, die dem Konstrukteur zur Problemlösung zur Verfügung stehen. Eine allgemeine Tätigkeit wie 'Berechnen' wird den Zugriff auf unterschiedliche Programme notwendig machen, je nachdem, ob das Berechnungsproblem beispielsweise im Bereich Elektronik oder Maschinenbau oder beispielsweise in der Konstruktionsphase Konzipieren oder Ausarbeiten ansteht.
Diese mehr oder weniger strenge Differenzierung trifft auf alle Dienstleistungen zu, die die Tätigkeiten des Konstrukteurs unterstützen. Die Prozesse, die diese Dienstleistungen anbieten, müssen also aufgabenbezogen dynamisch konfiguriert werden. Die betrachtete Prozeßklasse leistet die dafür notwendigen Verwaltungs- und Initialisierungsaufgaben. Damit umfaßt die Prozeßklasse in erster Linie Prozesse

- zum Aktivieren und Deaktivieren von Prozessen,
- zum Modifizieren aktiver Prozesse,
- zur Organisation, Abwicklung und Überwachung der Daten- und Informationsflüsse zwischen den Prozessen,
- zum 'Mapping' der logischen Konfiguration auf die verfügbare Hardware-Konfiguration.

Die Abwicklung dieser Aufgaben wird Konfigurator-Prozessen (3A) zugerechnet. Die Manipulation einer speziellen Konfiguration kann eine Aufgabe sein, die in die Zuständigkeit der Organisation der Konstruktionsprozesse (1A) fällt. Letztere wird sich dann der Dienstleistung aus 3A, 3Ba - 3Bd bedienen. Es wird also gelegentlich erforderlich sein, Konfigurationen oder Konfigurationsschemata neu zu spezifizieren (3Bc), in den Systembibliotheken (3Ba) vorhandene Konfigurationsbeschreibungen für eine bestimmte Konstruktionsaufgabe anzupassen (3Bc), das Wissen über die Neuspezifikation oder Anpassung zu erfassen (3Bd) und abzulegen (3Ba) und aus Konfigurationsbeschreibungen neue Konfigurations- und Datenflußmanager zu generieren (3Bb).

Es ist klar, daß man sich bei der Entwicklung einer neuen Konfiguration (3Bc, 3Bd) auf die Konfigurations- bzw. Kooperationsregeln, die in den Systemwissensbasen (vgl. Matrixzeile Ba) für die konstruktionsorientierten Dienstleistungsgruppen (vgl. Matrixspalten) aufgesammelt sind, abstützen muß.

4.4 Modellierer

Der Begriff des Modellierers ist hier sehr allgemein zu verstehen und bezieht sich auf alle Arten von Daten des Produktmodells, die vom Konstrukteur gestaltend erarbeitet werden. Es ist hier also das Modellieren von funktions- und technologieorientierten Daten ebenso gemeint wie das von gestaltorientierten Daten und eventuell auch der Daten zur Fertigung und Administration. Die Gewinnung von Ersatzmodellen für Berechnungen, Simulationen und Optimierungen wird zu dieser Dienstleistungsgruppe gerechnet. Modellierer können im Prinzip in allen Phasen des Konstruktionsprozesses, beginnend beim Klären der Aufgabenstellung, erforderlich sein.

Die aktiven, für die Abwicklung bestimmter Konstruktionsaufgaben konfigurierten Modellierer sind der Prozeßklasse 4A zugeordnet. Wenn im Produktmodell Komponenten mit einer neuartigen Struktur und Semantik spezifiziert werden (2Bc), die noch nicht modelliererunterstützt ist, entsteht die Notwendigkeit einer entsprechenden Nachrüstung. Dies kann z. B. dadurch erfolgen, daß ein auf dem Markt verfügbarer Modellierer über entsprechende Generierungsprozesse (4Bb) und Wissenserfassungsprozesse (4Bd) eingebracht wird. Für Anpassungen und Neuimplementierungen sind die Prozesse in der Klasse 4Bc vorgesehen; letztere werden Bezug nehmen müssen auf das Wissen über die jeweilige Produktmodell-Struktur bzw. deren Komponenten (2Ba) und dort dementsprechende Dienstleistungen anfordern.

Bei der Einbringung neuer oder angepaßter Modellierer muß die Wissenserfassung (4Bd) nicht zuletzt auch dafür Sorge tragen, daß neben den Konfigurations- und Kooperationsregeln auch das Datenmaterial gesammelt wird, das zur rechnerunterstützten Information, Help-Unterstützung und Schulung der Benutzer des Modellierers von den dafür in der Klasse 7A angesiedelten Prozessen benötigt wird.

4.5 Analyse, Berechnung, Simulation

Diese Funktionsgruppe dient der Beschaffung von Entscheidungskriterien für den Konstrukteur bzw. auch unmittelbar für aktive andere Prozesse, trifft jedoch selbst keine Entscheidungen. Diese liegen beim interaktiv arbeitenden Konstrukteur bzw. beim auftraggebenden Prozeß.

Die Prozesse in dieser Funktionsgruppe werden üblicherweise unterteilt in folgende Gruppen, wobei die Übergänge selbstverständlich fließend sind:

- Analyse, z. B. Überprüfung der Übereinstimmung von Pflichtenheft und konstruktiver Lösung.
- Berechnung, z. B. FEM-Berechnung eines Bauteils oder einer komplexen Struktur.
- Bewertung, z. B. mehrerer Lösungsalternativen zur Vorbereitung einer Auswahlentscheidung.
- Optimierung, z. B. Strategien zur Änderung von Funktions-, Gestalt- oder Technologieparametern zwecks Annäherung an ein definiertes Optimierungsziel.
- Simulation, z. B. Montagesimulation bei einer Baugruppe zur Analyse der Montierbarkeit.

Der Leistungsumfang der Verfahren in dieser Funktionsgruppe ist in der Regel wesentlich geprägt vom jeweiligen Fachgebiet sowie von der Art, Komplexität und Phase der Konstruktionsaufgabe.

Um neue Verfahren in das CAD-System einbringen oder bereits vorhandene für einen speziellen Zweck anpassen zu können, sind die Prozesse in den Klassen 5Ba - 5 Bd erforderlich. Es versteht sich, daß bei solchen Anpassungen das Wissen über diejenigen Daten berücksichtigt werden muß, auf die die Verfahren anzuwenden sind; somit ergibt sich hier die Bezugnahme auf 2Ba. Gelegentlich müssen die Daten der Produktmodelle für die anzuwendenden Berechnungsprogramme angepaßt werden: Man spricht in diesem Zusammenhang dann auch von Ersatzmodellen (4A), die geometrisch-technisch-physikalische Zusammenhänge vereinfachen, um Berechnungsverfahren mit vertretbarem Aufwand durchführbar zu machen. Gelegentlich wird es wichtig sein, im Konstruktionsprotokoll des Produktmodells (2A) zu dokumentieren, welche Auswertungsverfahren bzw. welche Ersatzmodelle benutzt wurden.

4.6 Konstruktionsrelevantes Wissen und Dokumentation

Konstruktionsprozesse sind in erster Linie Informationsverarbeitungsprozesse. Das bedeutet, daß sowohl Eingangsinformation, an der die Informationsverarbeitung ansetzt, als auch Ergebnisinformation, die aus der Verarbeitung resultiert, zu betrachten sind. Deshalb werden in dieser Funktionsgruppe sowohl das Wissen behandelt, das der Konstrukteur zur Lösung seiner Aufgaben heranzieht ("konstruktions-relevantes Wissen"), als auch die Dokumentation neuen Wissens aufgrund seiner Arbeitsergebnisse.

Das konstruktionsrelevante Wissen läßt sich zweckmäßigerweise in folgende Gruppen untergliedern:

- Allgemeines Wissen, z. B. Normen, Vorschriften, Richtlinien, Konstruktionsregeln, Werkstoffe, Fertigungsverfahren
- Fachgebietsspezifisches Wissen, z. B. Konstruktionsregeln für den Einsatz von Produkten in Fachgebieten
- Firmenspezifisches Wissen, z. B. Betriebsnormen, Fertigungsmittel, Zeichnungsarchiv, Konstruktionsregeln
- Produktspezifisches Wissen, z. B. Konstruktionsregeln für Flugzeuge, Motoren u. ä., Vorschriften, Richtlinien.

Art, Komplexität und Phase der Konstruktionsaufgabe sowie das Fachgebiet sind auch in dieser Funktionsgruppe bestimmend.

Für die Leistungsfähigkeit einer Konstruktionsabteilung ausschlaggebend ist nicht zuletzt, daß die richtige Information zur richtigen Zeit am richtigen Ort in der richtigen Form bereitsteht. Die Prozesse, die dafür eine geeignete Rechnerunterstützung implementieren sollen, sind neben den dokumentationsunterstützenden Prozessen in der Prozeßklasse 6A angesiedelt. Man beachte, daß diese Prozesse nicht verwechselt werden dürfen mit denjenigen der Matrixzeilen Ba und Bd, die sich mit dem Wissen über das CAD-System selbst und seine Benutzung befassen. Dies bedeutet beispielsweise, daß die Prozesse zur Erfassung von konstruktionsrelevantem Wissen, wenn sie aktiv sind, zur Prozeßklasse 6A, nicht aber zu 6Bd gehören. Die Komponenten 6 Ba - 6 Bd dienen dem Einbringen neuer oder angepaßter Prozesse in aktivierbare Konfigurationen.

4.7 Benutzeroberfläche und Benutzerunterstützung

In der jeweils speziellen rechnerunterstützten Arbeitsumgebung des Konstrukteurs für eine geeignete, anwendungsgerechte Benutzeroberfläche zu sorgen, ist im Hinblick auf die Produktivität des Konstrukteurs eine unverzichtbare Forderung. Ihre Gestaltung muß sich dabei wesentlich an der speziellen Konstruktionsaufgabe, also an den dafür benötigten Abläufen, Anforderungen und Konventionen orientieren. Die Benutzeroberfläche stellt das Medium dar, über das der Konstrukteur mit dem CAD-System kommuniziert. Ihre Realisierung wird in der Regel mit Hilfe von Basisdiensten, insbesondere dem User Interface Manager, vorgenommen werden. Es wird unterstellt, daß in der Prozeßklasse 7A für jeden Konstruktionsarbeitsplatz ein aktiver Prozeß existiert.

Es muß dem Konstrukteur möglich sein, verschiedenartige Tätigkeiten, wie Sich-informieren, Modellieren, Berechnen zu mischen und Daten, die sich bei der einen Tätigkeit ergeben, in die andere rechnerunterstützt einzubringen. Dies macht deutlich, daß beim Konfigurieren eines CAD-Systems (Matrixspalte 3) arbeitsplatzbezogene Teilkonfigurationen dadurch entstehen, daß für die Prozesse des Gesamtsystems direkte oder indirekte Kooperationsbeziehungen mit den arbeitsplatzbezogenen Prozessen in 7A etabliert werden. Gelegentlich wird es notwendig sein, Terminologie und Begriffswelt eines universellen Werkzeugs (z. B. Geometriemodellierer) an die eventuell durch das spezielle Fachgebiet geprägte Fachsprache des Konstrukteurs anzupassen. Schließlich muß sich eine Benutzeroberfläche an die individuellen Wünsche des Benutzers anpassen lassen (Customizing).

Ein wesentlicher Aspekt einer Benutzeroberfläche betrifft aber auch die Unterstützung bei der Systembenutzung; diese Benutzerunterstützung möglichst rechnerunterstützt zu organisieren, ist naheliegend. Die rechnerunterstützte Benutzungsinformation kann Help-Funktionen ebenso umfassen wie on-line-Manuale und Tutorials zur Schulung und Einarbeitung in die Systembenutzung (z. B. Benutzung eines Modellierers). Die entsprechenden Prozesse in 7A werden dazu auf die Systembibliotheken und -wissensbasen der Matrixzeile Ba zugreifen.

4.8 Integration

Konstruktionsprozeß und rechnerunterstütztes Konstruieren sind eingebunden in die industrielle Auftragsabwicklung. Daher hat die Integrationsnotwendigkeit und -fähigkeit mit dieser Funktionsgruppe (Matrixspalte 8) im Referenzmodell einen hohen Stellenwert. Auch das Konzept des Referenzmodells als 'offenes System' verlangt bei einer Detaillierung eine präzise Festlegung dieser Integration. Die Integrationsproblematik ist in direktem und sehr engem Zusammenhang mit der aufgabenbezogenen Systemkonfiguration (Matrixspalte 3) und mit der Organisation des Konstruktionsprozesses (Matrixspalte 1) zu sehen.

Im Rahmen des Referenzmodells sind drei Arten von Integration zu unterscheiden:

- innere Integration
- äußere Integration
- Schnittstellen

Die innere Integration bezieht sich auf das Zusammensetzen der einzelnen Datenstruktur-Maschinen zu einem integrierten CAD-System. Diese Integration ist sowohl über die Daten des einheitlichen Produktmodells als auch über eine Prozeßintegration der einzelnen Anwendungs- und Basis-Systeme zu erreichen.
Die äußere Integration bezieht sich vor allem auf den Einbau des CAD-Systems in einer computergestützten Fertigung (CIM). Auch diese Integration läßt sich am stärksten über das Produktmodell erreichen, sofern dieses Modell neben den konstruktiven Daten auch die Auftrags- und Fertigungsdaten umfaßt. Eine Prozeßintegration und damit ein synchronisierter Arbeitsablauf zwischen den CIM-Moduln ist somit in dieser Funktionengruppe konzeptionell vorgesehen.
Weiter sind Schnittstellen, d. h. Datenanschlüsse und entsprechende Post- und Präprozessoren zu anderen Programmsystemen und fremden Dateiformaten notwendig. Beispiele hierfür sind der CAD-Datenaustausch zwischen verschiedenen Firmen und der Einbau von Normteil-Datenbanken in CAD-Systeme. Mit der in der Prozeßklasse 8B anzusiedelnden Funktionalität ist das Referenzmodell offen für die Einbringung zukünftiger genormter Datenformate und Datenaustausch-Beschreibungen.

5. Weiterführende Arbeiten

Das vorliegende Konzept gibt den Stand der Diskussionen und Formulierungen wieder, die der erwähnte Arbeitskreis bis heute zusammengetragen hat. Damit ist natürlich die Ausformulierung des Referenzmodelles nicht abgeschlossen, sondern auf der gefundenen Basis müssen weitere Detailanalysen und Definitionen erarbeitet werden.

Der Schwerpunkt dieser Arbeiten dürfte u. a. in der Beschreibung und Abgrenzung der vorgesehenen Datenstrukturmaschinen liegen. Hier wird es darum gehen, eine detaillierte Aufgabenanalyse für die jeweiligen Funktionsgruppen in den jeweiligen CAD-Fachgebieten bzw. in den Basisdiensten zu definieren. Es müssen Lösungswege aufgezeigt werden, in welcher Art die Funktionen in EDV-bezogene Prozesse umgewandelt werden können. Bild 2 nennt derartige mögliche Datenstrukturmaschinen zu den einzelnen Funktionsgruppen. Es wird deshalb ein wichtiger nächster Schritt sein, eine zur Abbildung des Architekturmodells geeignete Beschreibungssprache auszuwählen. In dieser Sprache sollen dann die Elemente des CAD-Referenzmodells weiter detailliert und spezifiziert werden.

Bild 2 : Mögliche Datenstrukturmaschinen für Funktionsgruppen des Referenzmodells

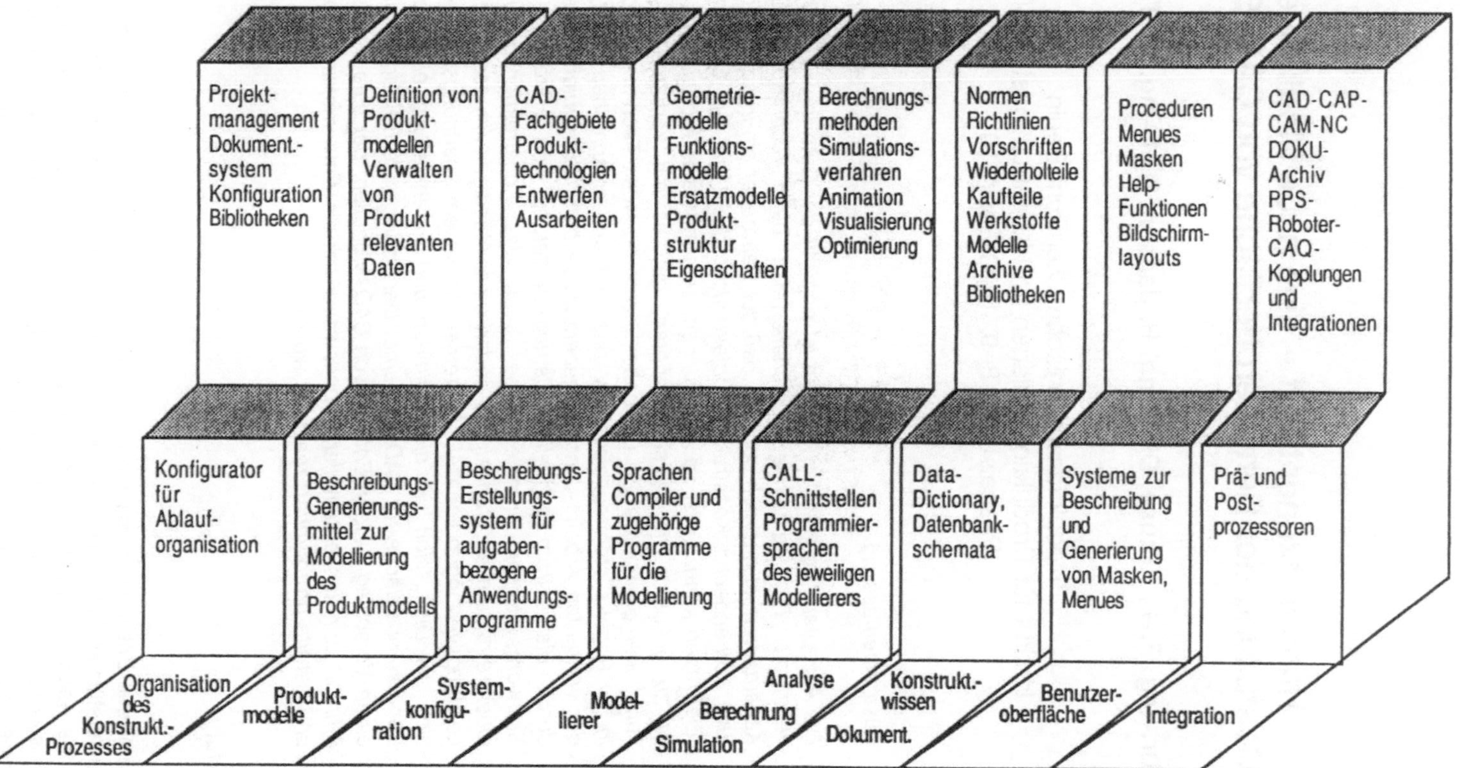

Handskizzenentwurf - eine neue Möglichkeit zur Gestaltung der Benutzeroberfläche von CAD-Systemen

Prof. Dr.-Ing. F.-L. Krause, Dipl.-Ing. H. Jansen, Dipl.-Ing. M. Timmermann

Produktionstechnisches Zentrum Berlin
Institut für Produktionsanlagen und Konstruktionstechnik
Pascalstraße 8-9, 1000 Berlin 10

Zusammenfassung

Die Akzeptanz von CAD-Systemen ist eng mit der Güte ihrer Handhabung verknüpft. Die derzeitige Vorgehensweise beim rechnerunterstützten Konstruieren ist dadurch geprägt, daß der Bearbeiter ein in seiner Vorstellung vorhandenes Konstruktionsobjekt nicht direkt auf ein CAD-System übertragen kann. Er ist i.a. gezwungen, sein mentales Modell gedanklich so zu gliedern und zu segmentieren, daß es mit verfügbaren CAD-Funktionen generierbar ist. Die dabei anzuwendenden Techniken erfordern in der Regel systemtechnisches Verständnis und entsprechen meist nicht der vertrauten Arbeits- und Vorgehensweise beim Konstruieren. Bedingt durch die extrem schnelle Leistungssteigerung von Hardware- und Softwaresystemen unterliegt aber auch das Konstruktionsgeschehen einem strukturellen Wandel und bedarf einer ständigen Anpassung an das Leistungsvermögen von CAD-Systemen. In diesem Spannungsfeld bewegt sich die Diskussion um die Definition und Bereitstellung einer idealen Benutzeroberfläche für CAD-Systeme. Der vorliegende Beitrag beschreibt einen Vorschlag für den Entwurf von CAD-Modellen, der eine sehr starke Affinität zur konventionellen Arbeitsweise mittels Entwurfskizzen besitzt und bereits prototyphaft realisiert wurde.

1. Einleitung

Die dynamische Entwicklung der modernen Informationstechnik hat dazu geführt, daß von der rechnerunterstützten Informationsverarbeitung auch die Arbeitsbereiche des Menschen berührt wurden, die wegen ihres sehr hohen Anteils an kreativer Tätigkeit lange Zeit als ungeeignet für die Rechnerverarbeitung galten. Ein Beispiel hierfür sind die Konstruktionsbereiche in industriellen Unternehmen. Für die dort anfallenden Tätigkeiten und Probleme wurden CAD-Systeme entwickelt, die den Konstrukteur in vielfacher Hinsicht unterstützen sollen. Bezogen sich diese Hilfsmittel zunächst vor allem auf die produktbeschreibende und dokumentierende Phase der Konstruktionsarbeit, also in erster Linie auf die Berechnung und Zeichnungserstellung, so wird von neuen Systemgenerationen zunehmend eine wirkungsvolle Unterstützung des gesamten

Konstruktionsprozesses gefordert. Die mit diesen Forderungen verbundenen Ansprüche werden von der Erkenntnis getragen, daß moderne leistungsfähige CAD-Systemarchitekturen die Möglichkeit zur Produktmodellierung, die sich der Simulation, Wissensverarbeitung und Informationsbereitstellung bedient, eröffnen. Damit ergeben sich erstmalig reale Chancen für ein direktes Zusammenwirken menschlicher Kreativität und Urteilskraft mit den künstlich erzeugten Fähigkeiten von Informationsverarbeitungssystemen, um technische Produkte neu zu konzipieren, zu analysieren, systematisch zu verbessern und zur Praxisreife zu entwickeln. Es vergrößern sich auf diese Weise die Gestaltungsräume für Konstruktionsprozesse. Dies wird sich einerseits in der Verfügbarkeit neuartiger Hilfsmittel ausdrücken, andererseits seinen Niederschlag beispielsweise in einer bereichsübergreifenden Zusammenführung von Arbeitsfeldern des Konstruierens und der Arbeitsplanung finden.

Erfordert bereits der konventionelle Konstruktionsvorgang die Koordinierung von Informationsflüssen, von Tätigkeiten des Berechnens, der Erstellung von Zeichnungen, der Bewertung und des Änderns, so kommt durch die Anwendung von CAD eine die Denkweise und das Vorgehen verändernde Methode hinzu [1]. Unter dem Einfluß sich ständig erweiternder Möglichkeiten der Rechneranwendung verändert sich so seit etwa zwei Jahrzehnten der Konstruktionsprozeß nach Inhalt und Form. Der Prozeß der Verschmelzung von konventioneller und rechnerunterstützter Konstruktionstechnik ist jedoch noch nicht abgeschlossen. Langfristig betrachtet soll hier eine in der Entwicklung befindliche CAD-Methodik [2] helfen, ähnlich den Beweggründen für die Bildung einer Konstruktionsmethodik, Zielvorstellungen für die Produktgestaltung in CAD-Prozessen aufzugreifen und zu realisieren. Kurzfristig jedoch wird sich beim Stand der Technik die erforderliche Anpassung von Konstruktionsgeschehen und CAD-Systemen auf eine Verbesserung der CAD-Hilfsmittel und ihre leichtere Integration in den Konstruktionsablauf beschränken müssen.

2. Einsatz der Mustererkennung für die Dateneingabe

Im Rahmen dieser Bestrebungen steht die Diskussion um die Gestaltung von Benutzeroberflächen für CAD-Systeme schon lange im Mittelpunkt des Interesses von Entwicklern und Anwendern. Die Handhabung von CAD-Systemen hat sich seit ihrer Einführung wesentlich verbessert. Jedoch konnte die Entwicklung geeigneter Eingabetechniken, insbesondere für die zwei- und dreidimensionale Geometriebeschreibung nicht mit der Leistungssteigerung der übrigen CAD-Funktionalität Schritt halten. Dies liegt nicht zuletzt daran, daß in vergangenen Jahren Systementwicklungen zu wenig aus der Sicht des Anwenders betrieben wurden. Um den komplexen Ablauf des Konstruierens tiefgehender deuten zu können, wäre das Wissen über die Denk- und Arbeitsweise von Konstrukteuren erforderlich [3]. Dies ist aber bis heute nicht schlüssig ermittelt, da die Vorgehensweisen sehr stark individuell geprägt sind.

Generell erfolgt der Konstruktionsprozeß in einzelnen Schritten bzw. Phasen, die sich wiederum in die Tätigkeiten: "Informieren, Berechnen, Darstellen, Bewerten und Ändern" gliedern lassen [4]. Heutige CAD-Systeme unterstützen diese Tätigkeiten nur sehr unvollkommen. Insbesondere ist die Möglichkeit, erste Entwurfsideen und Konstruktionsvorschläge, die zunächst nur als gedankliche Modelle vorhanden sind, in Skizzenform aufzunehmen und direkt für den Entwurfsprozeß auszuwerten und zu verwenden, bisher nicht vorgesehen. Dies, obwohl Ingenieure Skizzen sehr oft benutzen, um sich selbst oder anderen bestimmte Sachverhalte klar zu machen.
Versuche, die Handskizzentechnik für CAD-Anwendungen nutzbar zu machen, hat es schon relativ früh gegeben. Jedoch sind bis heute nur wenige einsetzbare Entwicklungen bekannt.

Mitentscheidend hierfür ist die Tatsache, daß die bei der Verarbeitung von Handskizzen erforderlichen Mustererkennungsverfahren zum Teil noch nicht die erforderliche Leistungsfähigkeit und Zuverlässigkeit aufweisen konnten. Gefordert sind hier Verfahren für die Erkennung von Geometrie, Symbolen und Text; Informationen, wie sie üblicherweise in technischen Zeichnungen enthalten sein können.

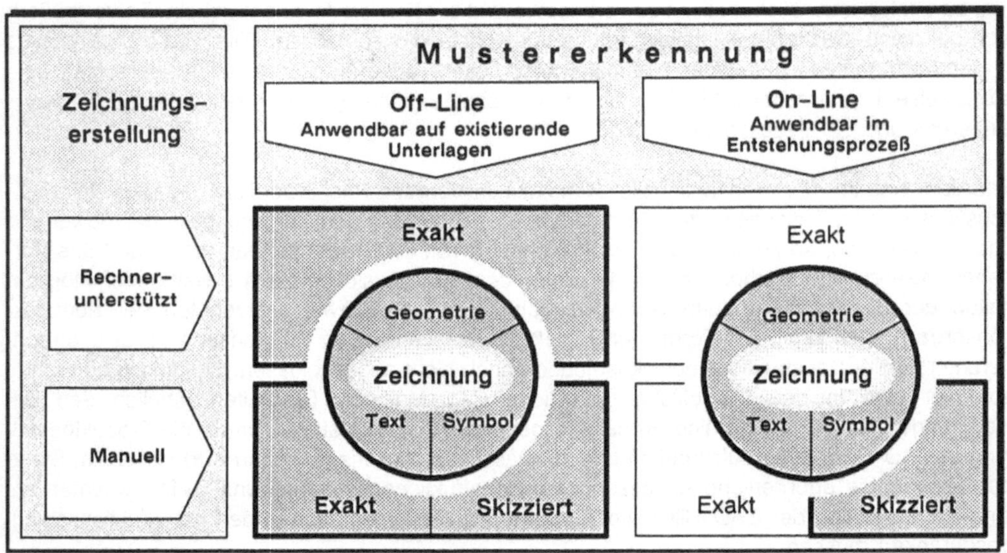

Bild 1: Wirkbereiche von Off-Line und On-Line Mustererkennungsverfahren

Grundsätzlich kann zwischen zwei Mustererkennungsprinzipien unterschieden werden (**Bild 1**). Das Off-Line Prinzip ist für solche Fälle vorgesehen, wo bereits existierende Unterlagen mit Scannern erfaßt, und die resultierenden Rasterdaten anschließend interpretiert werden sollen. Sowohl exakte als auch handskizzierte Zeichnungen kommen hierfür in Betracht. Eine Reihe von Entwicklungen, vor allem für die automatische Erkennung von Logikdiagrammen und Stromlaufplänen [5-10] sowie von topographischen Karten [11] und neuerlich auch von Schemaplänen unterschiedlicher Art mittels wissensbasierter Methoden [12] sind hier bereits erfolgt. Dagegen steht die Off-Line Erkennung von Maschinenbauskizzen mit anschließender Rekonstruktion des 3D-Modells noch in den Anfängen [13].

Beim On-Line Prinzip erfolgt die Verarbeitung von Zeichnungen mittels Mustererkennung während ihrer Entstehung. Daher kommt für diese Vorgehensweise nur die Skizzentechnik in Frage. Das Spektrum, in dem die Handskizzentechnik als interaktives Werkzeug Anwendung finden kann, ist relativ breit. **Bild 2** gibt einen Einblick in verschiedene Einsatzgebiete, für die bereits Entwicklungen unterschiedlichen Reifegrades bekannt geworden sind.

Die problemloseste Möglichkeit, Handskizzentechnik in Verbindung mit CAD-Aufgaben einzusetzen, kann in der Kommando-Eingabe gesehen werden. Einfache, handskizzierte Symbole werden als Kommunikationsmittel für unterschiedlichste Anwendungen benutzt. Frühe Ansätze für die Symbolerkennung wurden am Massachusetts Institute of Technology (MIT) in Boston in den Sechziger-Jahren und nachfolgend auch in der Bundesrepublik Deutschland [14,15] gemacht.

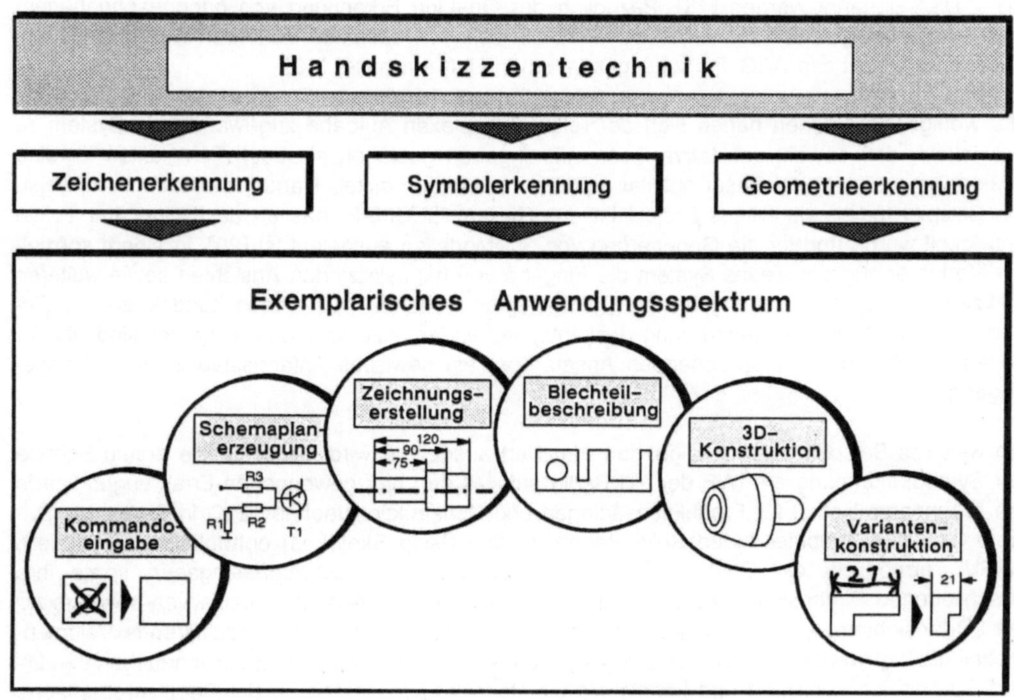

Bild 2: Exemplarisches Anwendungsspektrum der Handskizzentechnik

Aufbauend auf diese Verfahren wurde wenig später am Institut für Werkzeugmaschinen und Fertigungstechnik (IWF) der Technischen Universität Berlin ein Kommunikationsbaustein realisiert, der mittels graphischer Symbole einen anwendungsunabhängigen Systemdialog ermöglichte. Über ein definierbares Kopplungsinterface konnte die handschriftliche Symboltechnik zum Beispiel für die Schemaplanerstellung oder für zweidimensionale Maschinenbauzeichnungen genutzt werden [16]. Einzige bekannte, bereits seit Jahren auf dem Markt erhältliche Entwicklung dieser Gattung, ist der Symboleingabemodul des CAD-Systems BRAVO der Firma Applicon [17].

Im Hinblick auf die gewünschte Annäherung von rechnerunterstützten Beschreibungsverfahren für geometrische Darstellungen an gewohnte konventionelle Zeichen- und Skizziertechniken, liefert die Freihandsymbolik nur einen partiellen Beitrag. Zur skizzenhaften On-Line Eingabe geometrischer Sachverhalte sind Verfahren erforderlich, die eine Interpretation und Umwandlung der skizzierten Konturen in analytisch beschreibbare Geometriebestandteile erlauben. Mit Hilfe solcher Verfahren können Aufgaben zur Erzeugung schematischer Darstellungen sowie aus dem Bereich der mechanischen Konstruktion unterstützt werden. Dies jedoch mit Einschränkungen, da nur qualitative Beschreibungen mit Handskizzentechnik möglich sind. Für exakte Dimensionierungen sind zusätzliche Fähigkeiten, wie On-Line Erkennung von handschriftlichem Text, für die Dimensionseingabe und -zuordnung erforderlich.

Bis auf wenige Ausnahmen wurden meist einzelne Komponenten eines Systems mit derartigen Fähigkeiten entwickelt. Für die automatische Verbesserung von Handskizzen für qualitative graphische Darstellungen können beispielhaft die Arbeiten von AT&T Bell Laboratories in Murray

Hill - USA genannt werden [18]. Bezüglich der On-Line Erkennung von handgeschriebenem Text sind zahlreiche Entwicklungen bekannt. Ein sehr interessantes Verfahren wurde in diesem Zusammenhang beim AEG-Forschungszentrum in Ulm erarbeitet [19].

Nur wenige Institutionen haben sich der relativ komplexen Aufgabe zugewandt, ein System zu entwickeln, daß sowohl qualitative Geometrieeingaben gestattet, als auch Fähigkeiten für eine exakte Dimensionierung dieser qualitativen Beschreibungen mittels Handskizzentechnik aufweist. Ein Beispiel für ein derartiges Projekt ist das System GEOMAP, das an der Universität Tokyo entwickelt wurde und für die Generierung von 3D-Modellen ausgelegt ist [20]. In einem speziellen Modus ermöglicht dieses System die Eingabe von handskizzierten Ansichten sowie weiteren Maßzahlen und Symbolen nach einem festgelegten Schema. Aus diesen handskizzierten Eingaben erfolgt dann die Generierung des entsprechenden Volumenmodells. Leider sind die Arbeiten zu diesem vielversprechenden Ansatz über ein gewisses Anfangsstadium nicht hinausgegangen.

Ein weiteres Beispiel, das im folgenden detailliert ausgeführt wird, setzt auf die ersten Schritte der Symbolerkennung am IWF der TU Berlin auf. Mit den hier gewonnenen Erfahrungen wurde am Fraunhofer-Institut für Produktionsanlagen und Konstruktionstechnik (IPK) in Berlin das System CASUS (**C**omputer **A**ided **S**olid-Reconstruction **U**sing **S**ketches) entwickelt und realisiert. CASUS ermöglicht die On-Line Erkennung handskizzierter Geometrieeingaben sowie ihre anschließende Dimensionierung über skizzierte Maßangaben. Aus den qualitativen sowie exakten 2D-Ansichten kann automatisch mittels Rekonstruktionstechnik das resultierende Volumenmodell erzeugt werden [21-26]. Das prototyphaft realisierte System ist für Anwendungen im 2D- und 3D-Bereich konzipiert und könnte als ein Baustein zur Gestaltung der Benutzeroberfläche von CAD-Systemen beitragen.

3. Systemkonzept

Ausgangspunkt für die Konzeption des vorliegenden Systems ist die Vorstellung, daß die Handskizzentechnik als ein Werkzeug aus einer Menge von verfügbaren bzw. erforderlichen Funktionen für die Dateneingabe in CAD-Systemen aufzufassen ist. Sie ist nicht als Ersatz für andere Techniken gedacht, sondern stellt eine sinnvolle Erweiterung der bisherigen Möglichkeiten dar. Mit der Handskizzentechnik soll die direkte Umsetzung gedanklicher Modelle in CAD-Modelle erleichtert werden, da ein Arbeitsstil gewählt und praktiziert werden kann, der sich an der konventionellen Skizziertechnik orientiert.

Das beschriebene System erlaubt die Nutzung der Handskizzentechnik sowohl für 2D- als auch für 3D-Prozesse. Entsprechend modular gestaltet sich die Struktur des CASUS-Systems (**Bild 3**). Ein Modul zur Handskizzenverarbeitung erlaubt die Eingabe von bis zu 3 Grundansichten und zusätzlichen Schnittansichten. Die Drahtmodellbeschreibung als 3D-Eingabetechnik mit Hilfe von 3D-Workstations wird zur Zeit vorbereitet.

Qualitative Modelle können entweder für 2D-Anwendungen weiterverarbeitet werden, oder dem Rekonstruktionsprozeß zum automatischen Aufbau von 3D-Modellen zugeführt werden. Ist eine exakte Dimensionierung der qualitativen Modelle erforderlich, so erfolgt dies über die Eingabe handskizzierter Dimensionierungssinnbilder, wie z.B. Maßbrücken, Radien, etc.. Nach vollständiger Dimensionierung aller zum Modell gehörenden Ansichten beginnt zunächst die Anpassung der Modellgeometrie an die vorgegebenen Dimensionswerte. Nach Abschluß dieser Phase kann das dimensionierte Modell in gleicher Weise wie qualitative Modelle weiterverarbeitet oder rekonstruiert werden. Die erzeugten 3D-Modelle sind mit den üblichen Funktionen von geometrischen Modellierern zu bearbeiten.

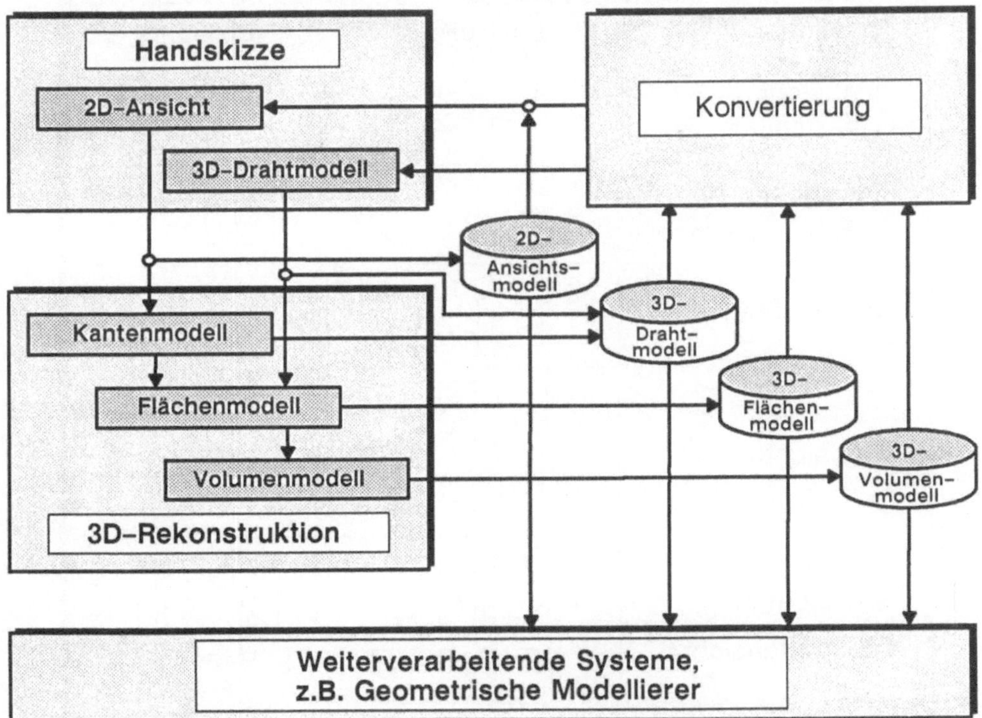

Bild 3: CASUS-Systemarchitektur

Alle erzeugten Modelle oder Teilmodelle können zur nachträglichen Änderung oder Vervollständigung wieder in den Handskizzenmodul eingelesen werden. Für 3D-Modelle ist dazu eine Konvertierung in die 2D-Ansichtsform bzw. in die 3D-Drahtmodellform notwendig.

Gegenwärtig ist nur die Eingabe und Rekonstruktion von analytisch beschriebenen Geometrien möglich. Die Verarbeitung von Freiformgeometrien ist zukünftig geplant, allerdings nach anderen Eingabe- und Rekonstruktionsprinzipien. Die Beschreibung eines Bauteiles erfolgt normalerweise über seine drei Orthogonalansichten. Für Profilkörper ist jedoch bereits die Eingabe einer Ansicht und der Profiltiefe in einer zweiten hinreichend, ebenso die Eingabe einer Halbansicht und der Rotationswinkel für Rotationsteile. Die restlichen Ansichten werden automatisch vervollständigt. Entsprechendes gilt für Bauteile die durch zwei Ansichten eindeutig beschrieben werden können. Kann ein Bauteil mit drei Ansichten nicht eindeutig definiert werden, ist die Eingabe von zusätzlichen Schnittansichten erforderlich und möglich (**Bild 4**).

4. Handskizzenverarbeitung

Die Dateneingabe durch Handskizzen erfolgt mit einem graphischen Tablett. Während des Skizzierens werden die digitalisierten Punkte zeitgleich zum Sichtgerät und zum Rechner übertragen.

Die Auswertung erfolgt mit dem Ziel, die Punktfolge in eine Folge von analytisch beschreibbaren Geometrieelementen umzuwandeln und zu verknüpfen (**Bild 5**).

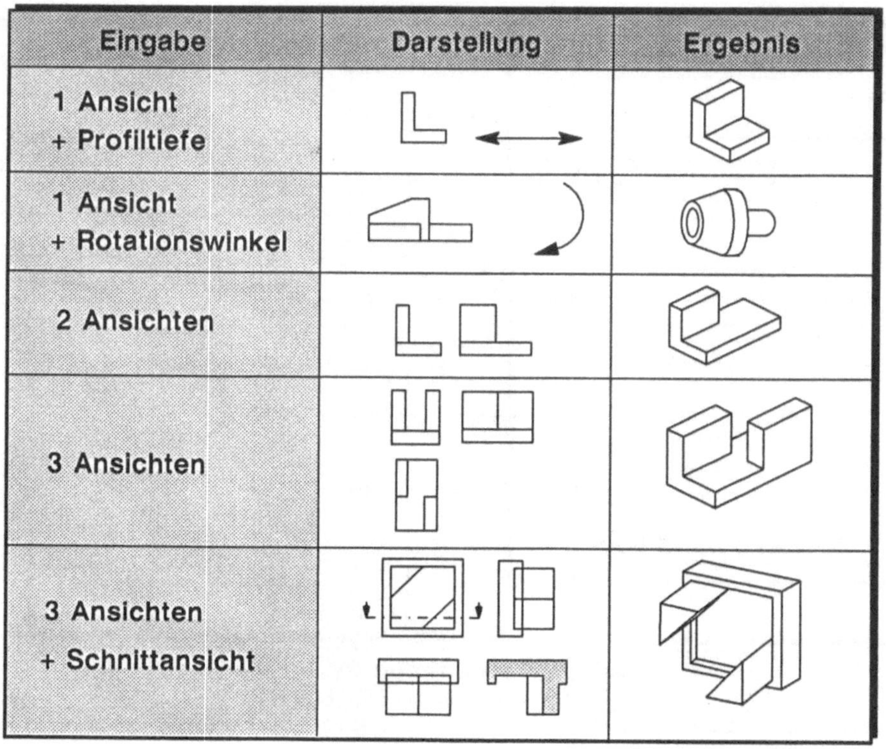

Eingabe	Darstellung	Ergebnis
1 Ansicht + Profiltiefe		
1 Ansicht + Rotationswinkel		
2 Ansichten		
3 Ansichten		
3 Ansichten + Schnittansicht		

Bild 4: Gliederung von Rekonstruktionsalternativen

Im ersten Schritt der Auswertung erfolgt eine Reduzierung der Punktmenge, die sich als Glättung auswirkt. Der zweite Auswertungsschritt zerlegt die Punktfolge in einzelne Segmente. Segmentierungspunkte werden entweder interaktiv, durch Aufsetz- und Abhebbewegungen des Schreibstiftes bestimmt oder aber automatisch an Knick-, Tangenten- bzw. Wendepunkten einer Punktfolge berechnet. Die einzelnen Segmente werden im nächsten Schritt mit einem Schablonenvergleichsverfahren in analytisch beschreibbare Geometrieelemente umgewandelt.

Die drei verfügbaren Schablonen Kreis, Kreisbogen und Strecke werden aus den Koordinaten des zu prüfenden Segmentes berechnet (**Bild 6**). Die Berechnung erfolgt über charakteristische Parameter, wie beispielsweise Mittelpunkt und Radius beim Kreis. Durch diese individuelle Ermittlung der Schablonen wird erreicht, daß von den drei verfügbaren Schablonentypen derjenige das beste Vergleichsergebnis erzielt, der die größte Übereinstimmung mit dem zu prüfenden Segment aufweist. Um dieses Verfahren von der unvermeidlichen Streuung handskizzierter Konturen unabhängig zu machen, werden die Schablonen mit flexiblen Toleranzbereichen umgeben. Die einzelnen Segmente werden nacheinander mit dem erläuterten Schablonenvergleichsverfahren bearbeitet. Der hierbei angewendete Algorithmus ist schematisch in **Bild 7** wiedergegeben. Schablonenvergleichsschritte und Segmentierungsschritte erfolgen im Wechsel, bis der Algorithmus dreimal durchlaufen wurde. Alle nach dem 3. Erkennungsschritt unerkannten Segmente werden zurückgewiesen und müssen neu eingegeben werden.

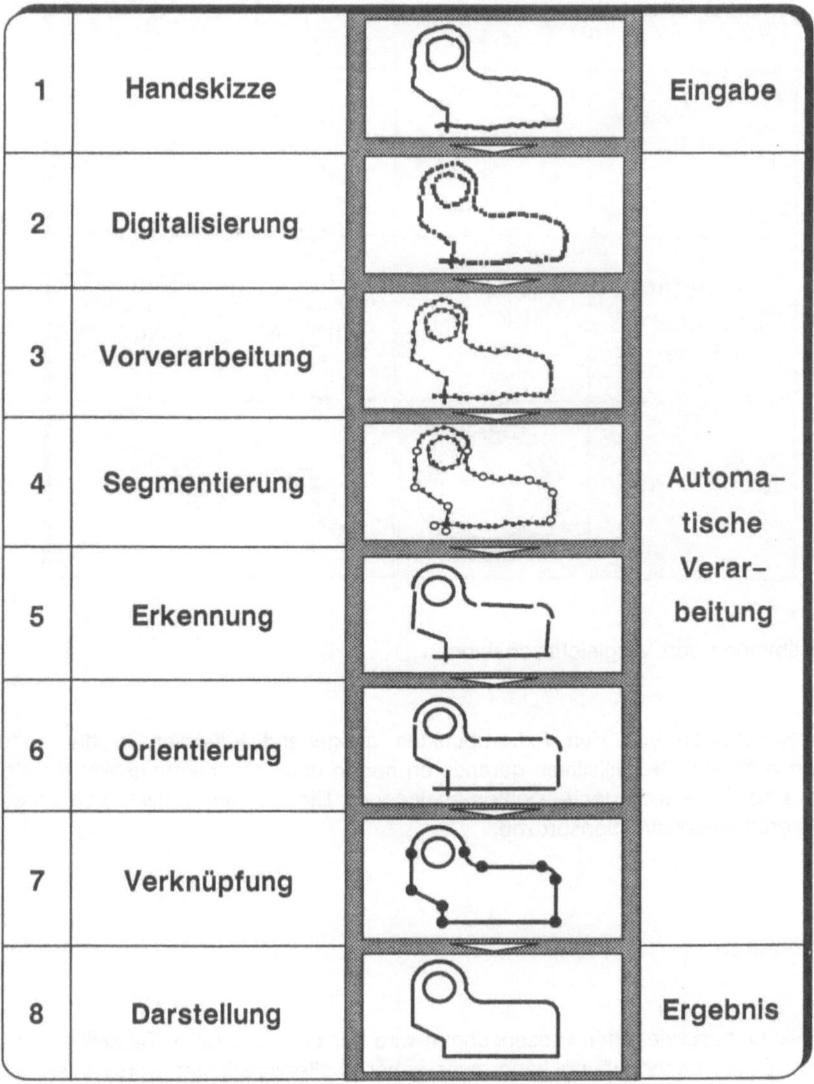

Bild 5: Ablauf der Handskizzenverarbeitung

Aufgrund der Skizzentechnik und der zuvor beschriebenen Konturverarbeitung ist es unvermeidlich, daß zwischen den Konturelementen Lücken oder Überschneidungen entstehen und Linien nicht exakt achsparallel ausgerichtet sind. Dies wird in einem weiteren Bearbeitungsschritt korrigiert. Zuerst werden alle Geraden- und Kreisbogenelemente, die innerhalb eines bestimmten Toleranzwinkels zu den Achsen liegen, achsparallel ausgerichtet. Danach wird um jeden Elementendpunkt ein Toleranzfeld gebildet und geprüft, ob es von Toleranzfeldern anderer Punkte teilweise oder ganz überdeckt wird. Ist dies der Fall, so werden die betroffenen Punkte zu einem Punkt zusammengezogen und hierbei das betroffene Konturelement achsparallel verschoben. Ist der gesamte Vorgang beendet, werden von den Elementendpunkten, und bei

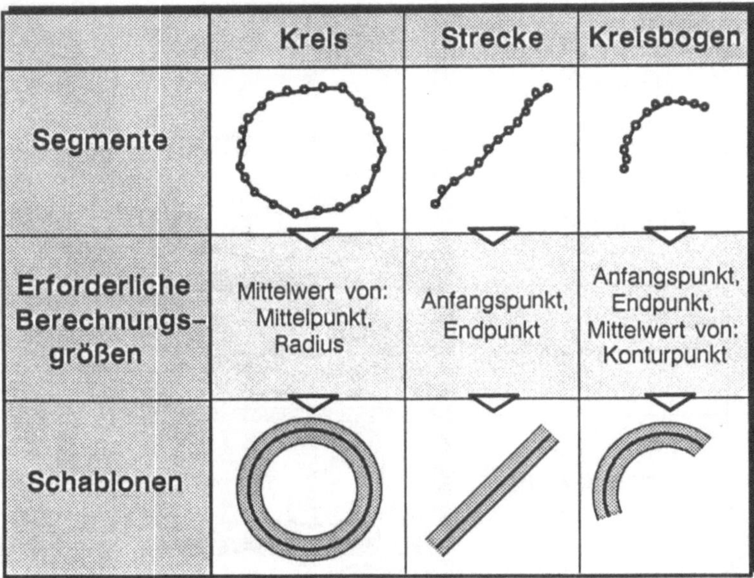

Bild 6: Bestimmung von Vergleichsschablonen

Kreis und Kreisbogen von den Extrempunkten ausgehend Hilfslinien in die anderen Eingabeebenen projiziert. Die Hilfslinien garantieren neben einer Orientierungshilfe für die Eingabe auch die exakte Korrelation der Ansichten zueinander. Dies ist eine notwendige Voraussetzung für den späteren Rekonstruktionsprozeß.

5. Dimensionierung

Durch die bisher beschriebenen Prozeßschritte wird nur eine qualitative Bauteilbeschreibung erzeugt. Diese Bauteilbeschreibung kann zwar schon weiterverarbeitet werden, es gibt jedoch keine Sicherheit für die Maßstäblichkeit des Modells. Hierzu ist ein weiterer Arbeitsschritt, die Dimensionierung, erforderlich.

Vor Beginn der Dimensionierung werden die Konturelemente geordnet und zu Ketten, den Polygonen, zusammengefaßt. Die Eingabe der Dimensionierungssinnbilder erfolgt, wie die Geometrieeingabe, mittels Handskizzentechnik. Ein Dimensionierungssinnbild besteht aus einem vereinfachten Dimensionierungssymbol mit nachfolgender Maßzahl (**Bild 8**). Die Interpretation eines Sinnbildes beginnt mit der Bestimmung der Anzahl seiner Maßhilfslinien. Aus der Anzahl kann auf die Art des Maßsymbols geschlossen werden. Danach wird der Wert des ersten Zeichens bestimmt und geprüft, ob es sich um einen Buchstaben oder ein Sonderzeichen handelt. In beiden Fällen wird es mit dem ermittelten Sinnbild auf eine gemeinsame Bedeutung verglichen. Ist dies der Fall, oder liegt kein Buchstabe oder Sonderzeichen vor, werden die restlichen Zeichen des Sinnbildes festgestellt und daraus der Maßwert bestimmt.

Zu einem Dimensionierungssinnbild gehören oftmals noch Toleranzangaben. Toleranzangaben können je nach Art der Toleranz aus Ziffern mit vorangestelltem Plus- oder Minuszeichen bestehen. Groß- oder Kleinbuchstaben in Verbindung mit einer Ziffer sind ebenfalls üblich (**Bild 9**).

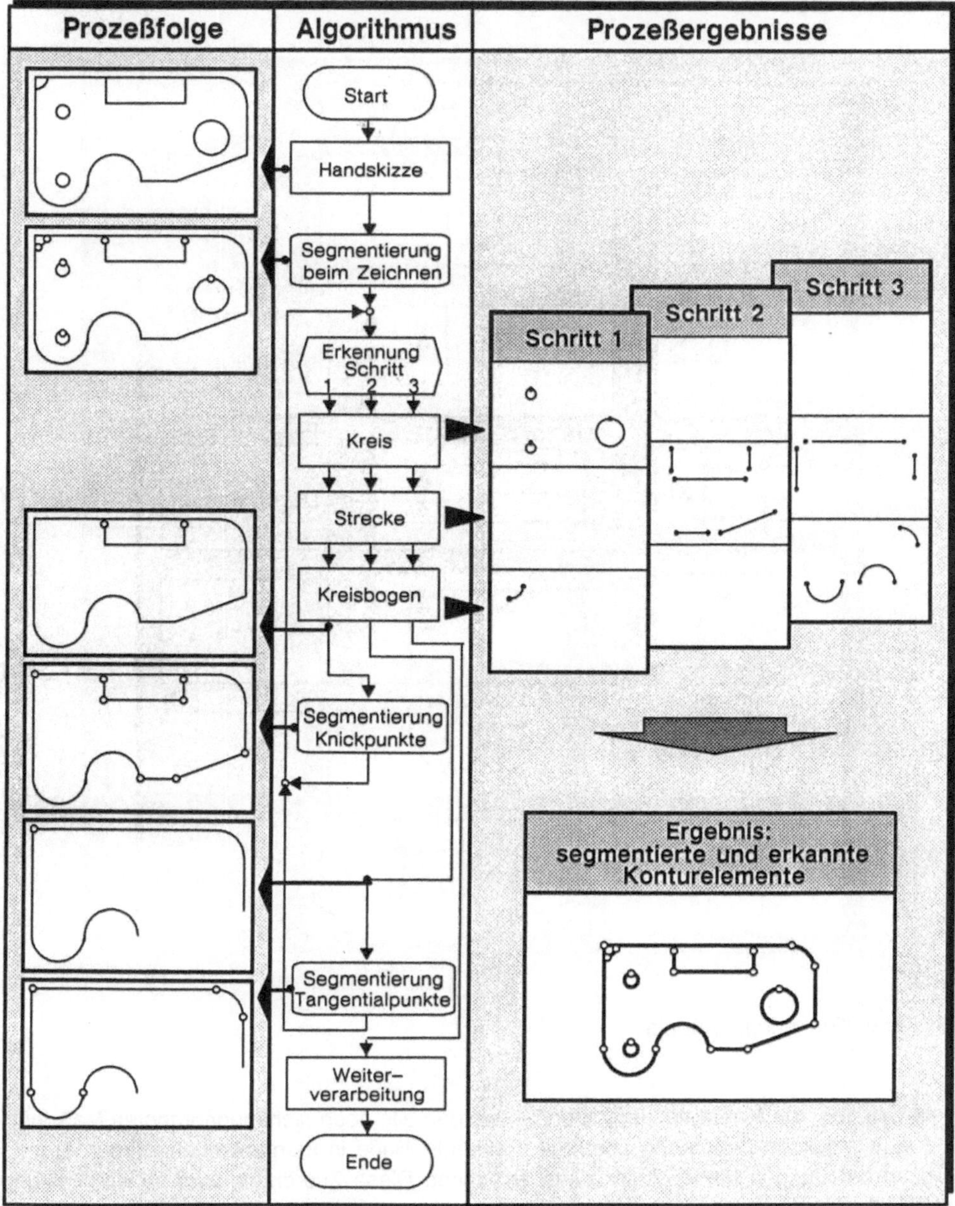

Bild 7: Ablauf der Segmentierung und Konturerkennung

Zur Ermöglichung der Maßzuordnung werden die Maßhilfslinien auf Berührungspunkte mit Konturelementen überprüft. Das betroffene Element sowie die Art der Berührung an einem Endpunkt oder auf der Kontur werden gespeichert. Läßt sich das Sinnbild einem einzelnen Konturelement zuordnen, so wird diesem Element der Maßwert übertragen. Danach wird geprüft, ob es auch anderen Elementen des gleichen Polygons zugeordnet werden kann. Jedes zugeordnete Maßsinnbild wird intern markiert und zu jedem bearbeiteten Element ein Verweis auf das Maßsinnbild gespeichert.

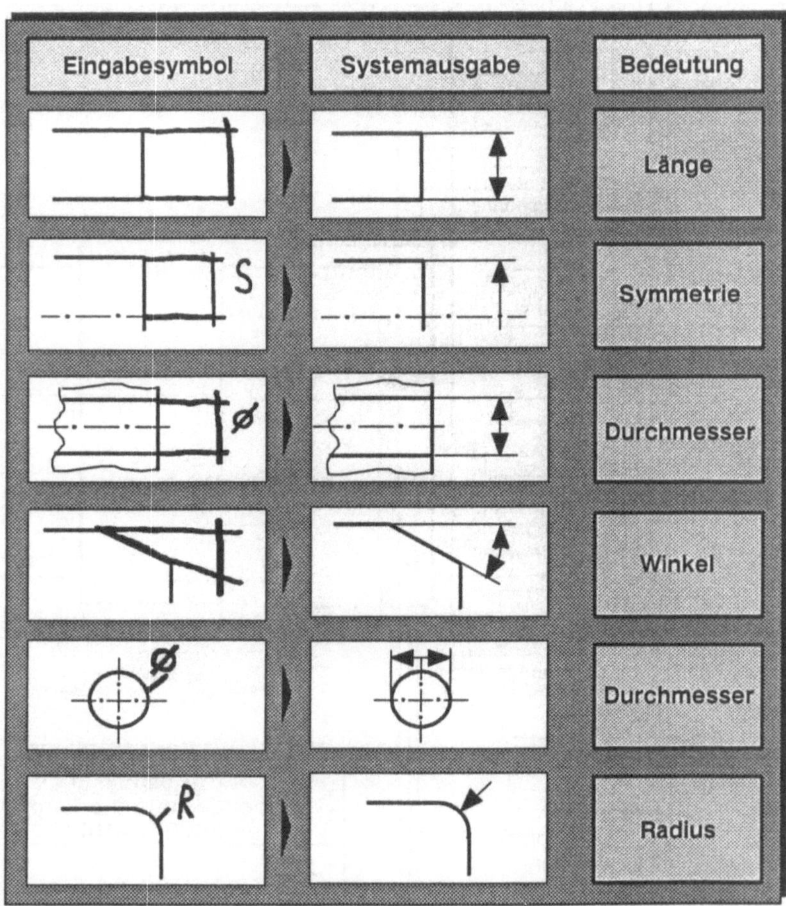

Bild 8: Dimensionierungssymbole

Wird die Eingabe von Maßsinnbildern beendet, werden alle noch nicht zugeordneten Maßsinnbilder auf eine mögliche Zuordnung überprüft. Fehlende Maße in Elementketten werden aus den Differenzen der übrigen Maße dieser Kette errechnet. Diese Zuordnung wird für alle Polygone durchgeführt. Anschließend wird überprüft, ob alle Konturelemente bearbeitet wurden. Ist dies nicht der Fall, werden die unbearbeiteten Elemente optisch kenntlich gemacht, und der Anwender wird zur weiteren Eingabe aufgefordert. Nach der Bearbeitung eines Polygones wird eine Konsistenzprüfung durchgeführt. Diese beruht auf einem Vergleich der alten und neuen Topologie. Wird eine grobe Veränderung der neuen Topologie in Vergleich zum Ausgangszustand festgestellt, wird die entsprechende Stelle optisch markiert und der Dimensionierungsprozeß mit dem nächsten Polygon fortgesetzt. Sind alle Polygone bearbeitet, wird die

Positionierung der Polygone zueinander entsprechend den zugehörigen Maßangaben festgelegt. Für diesen Prozeß werden alle bisher nicht zugeordneten Maßsinnbilder herangezogen.

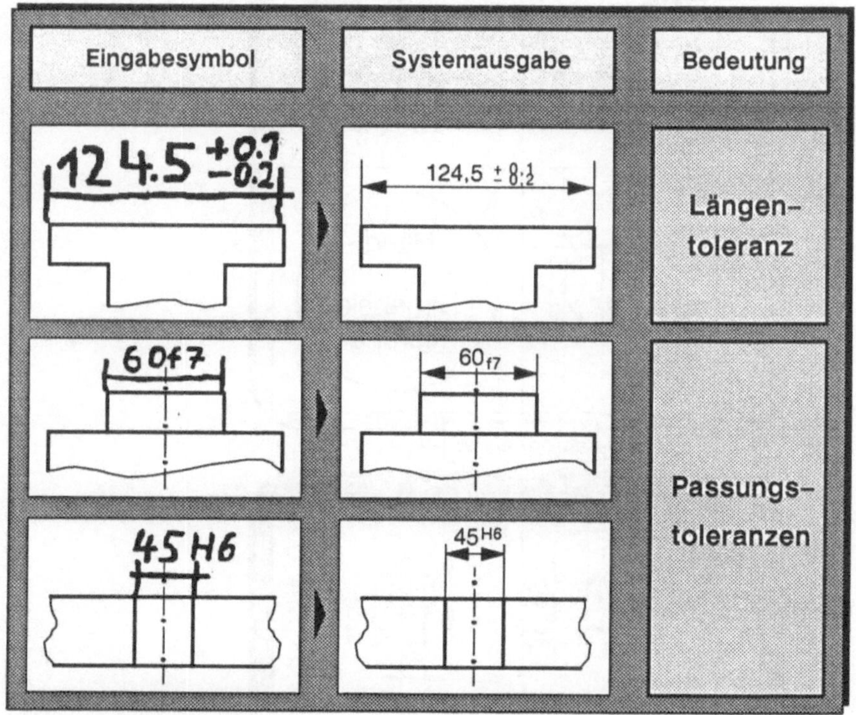

Bild 9: Toleranzsinnbilder

Als letzter Schritt erfolgt dann die Plausibilitätsprüfung des gesamten Modells. Hierbei werden unter anderem die Positionen der Polygone zueinander geprüft. Treten große Positionsänderungen auf, die zugleich Topologieänderungen bewirken, wie zum Beispiel Überschneidungen von Polygonen, wird dies optisch markiert und der Dimensionierungsprozeß abgebrochen. Nach einer erneuten Eingabe eines korrekten Maßes kann der Prozeß sinnvoll abgeschlossen werden. **Bild 10** zeigt ein Beispiel für die handskizzierte Dimensionierung von drei Bauteilansichten.

Technologische Daten, wie Oberflächengüten und Montagehinweise können ebenfalls handskizziert eingegeben und verarbeitet werden. Zugelassen sind zur Zeit Oberflächenzeichen nach DIN. Diese Angaben werden zunächst den betroffenen Kanten der Bauteilansicht zugeordnet und bei einer anschließenden Rekonstruktion den entsprechenden Flächen des Bauteiles übertragen. Montagehinweise, wie die Kennzeichnung von Füge- und Greifflächen, werden den Kanten als Text zugefügt und nach der Rekonstruktion den entsprechenden Flächen als Attribut zugeordnet. Die Zuordnung dieser Angaben zu den Kanten erfolgt über Hilfslinien, die auch Maßhilfslinien sein können.

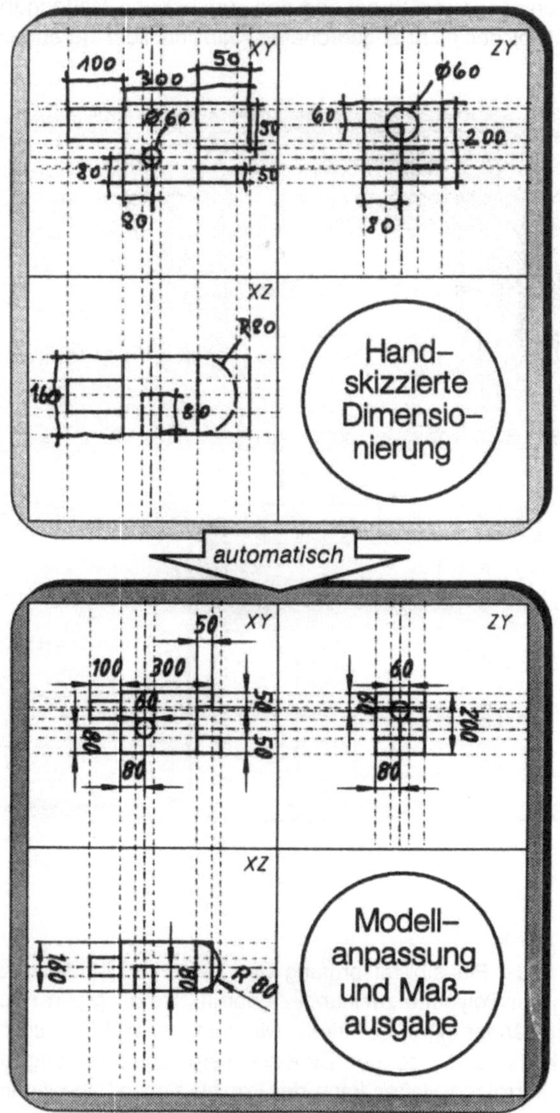

Bild 10: Handskizzierte Dimensionierung von Bauteilansichten

6. Rekonstruktion

Die Abbildung eines räumlichen Gegenstandes durch parallele Strahlen auf einer Ebene heißt orthogonale Parallelprojektion, wenn die projizierenden Strahlen senkrecht zur Ebene stehen. Diese beim technischen Zeichnen verwendete Methode zur Beschreibung eines 3D-Objektes durch seine 2D-Ansichten wird für die Rekonstruktionstechnik umgekehrt. Resultat dieses

Prozesses ist ein Volumenmodell, das mit geometrischen Modellierern weiterverarbeitet werden kann. Als rechnerinterne Darstellung (RID) des Volumenmodells bietet sich bei dieser Vorgehensweise die Boundary-Representation an, in der ein Volumen durch die hierarchische Anordnung seiner begrenzenden Geometrieelemente (Flächen, Kanten, Punkte) beschrieben wird. Diese hierarchische Datenstruktur bedingt die folgende Vorgehensweise beim Aufbau des Volumenmodells:

1. Generierung der 3D-Punkte aus den markanten Punkten der 2D-Ansichten;
2. Generierung der 3D-Kanten aus den 2D-Ansichten und den 3D-Punkten;
3. Generierung der 3D-Flächen aus den 3D-Kanten und deren Punkten:
4. Generierung der Einzelvolumen aus den 3D-Flächen, deren Kanten und Punkten.

Der Ablauf dieses Prozesses und die jeweils erzeugte Datenstruktur sind schematisch in **Bild 11** dargestellt.

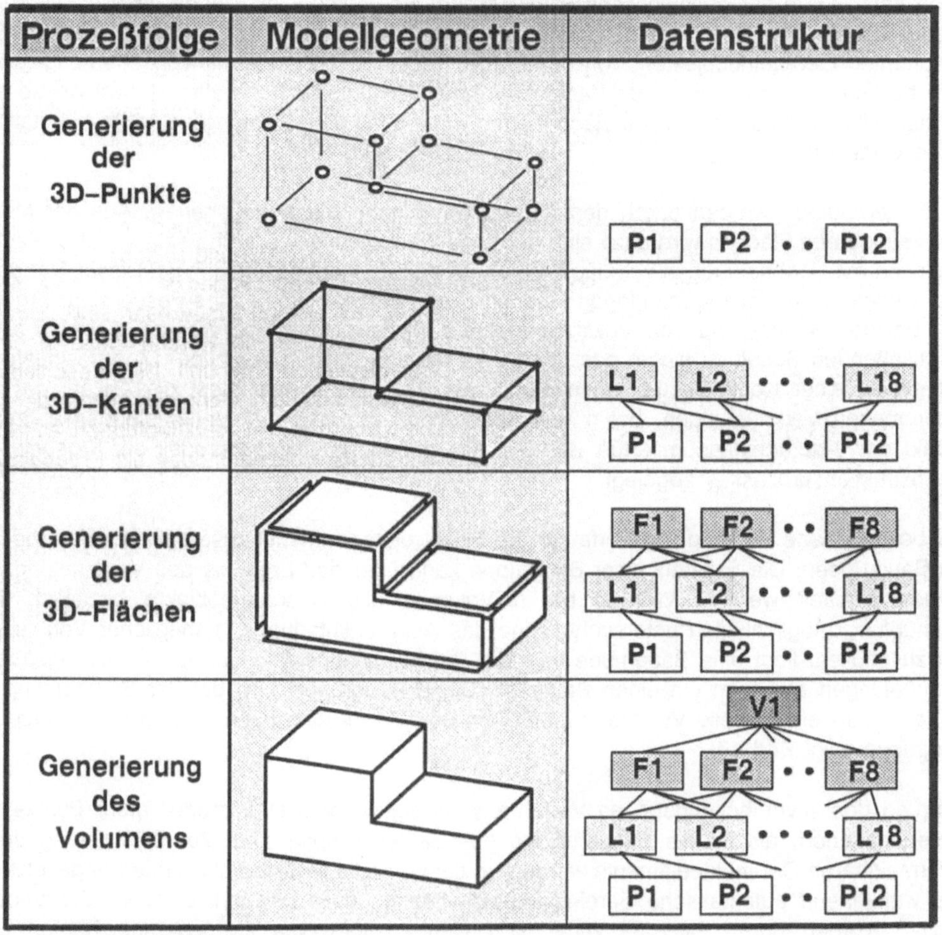

Prozeßfolge	Modellgeometrie	Datenstruktur
Generierung der 3D-Punkte		P1 P2 •• P12
Generierung der 3D-Kanten		L1 L2 •••• L18 P1 P2 •• P12
Generierung der 3D-Flächen		F1 F2 •• F8 L1 L2 •••• L18 P1 P2 •• P12
Generierung des Volumens		V1 F1 F2 •• F8 L1 L2 •••• L18 P1 P2 •• P12

Bild 11: Ablauf der Rekonstruktion mit generierter Datenstruktur

Die Generierung der 3D-Punkte beruht auf einem Koordinatenvergleichsverfahren [22]. Das Verfahren wird für alle 2D-Punkte angewendet und führt zu einer Menge von 3D-Punkten, die alle notwendigen 3D-Punkte zur Beschreibung des zu generierenden 3D-Modells enthält. Der nächste Schritt ist die Generierung der Kanten, die sowohl linear als auch nichtlinear sein können, wobei als nichtlineare Kanten zur Zeit nur Kreise und Kreisbögen zugelassen sind. Die Generierung der 3D-Kanten erfolgt getrennt für lineare und nichtlineare Kanten. Die Menge aller möglichen linearen Kanten wird durch die Bildung aller Zweierkombinationen zwischen den vorhandenen 3D-Punkten ermittelt. Anschließend erfolgt ein Vergleich der Projektion jeder 3D-Verbindung mit den 2D-Ansichten. Hat eine der linearen Kanten nicht in allen Ansichten eine Projektionskante, wird sie wieder eliminiert. Die Generierung der nichtlinearen Kanten erfolgt mittels eines ähnlichen Verfahrens, das jedoch zusätzliche Kriterien, wie die Extrema oder die Forderung nach Parallelität der gekrümmten Kanten zu einer Ansichtsebene berücksichtigt.

In dem so generierten Drahtmodell werden im darauffolgenden Schritt alle Flächen bestimmt. Hierbei wird ein geschlossener Kantenzug gebildet, der auf verschiedenen Geometrieobjekten liegen kann. Liegt der geschlossene Ring auf dem Geometrieobjekt Ebene, wird er als ebene Fläche abgelegt und mit dem Normalvektor der entsprechenden Ebene versehen. Bei gekrümmten Geometrieobjekten, von denen hier Kegel- und Zylindermantelflächen zugelassen sind, bestimmt ein geschlossener Kantenzug eine Teilmantelfläche, während zwei Kreise eine Vollmantelfläche darstellen. Beide Flächenarten werden mit dem Richtungsvektor ihrer Rotationsachse versehen und abgelegt.

Die Einzelvolumen werden durch den Aufbau von Flächenbäumen generiert. Aus der Menge aller verfügbaren Flächen wird dazu eine beliebige Fläche ausgewählt und solange über Kantenrelationen mit Nachbarflächen verknüpft, bis keine weitere Fläche zu finden ist. Dieses Verfahren wird wiederholt, bis alle vorhandenen Flächen einem Einzelvolumen zugewiesen sind. Ergeben sich bei der Generierung von Volumen mehrere Einzelvolumen, so werden diese in einem abschließenden Schritt zu einem oder mehreren Gesamtvolumen verknüpft. Dies geschieht zur Zeit mittels einer Kontaktflächenverknüpfung. Als Abbruchkriterium dient die Anzahl der vorgenommenen Verknüpfungen, bei n Volumen können maximal n-1 Verknüpfungen auftreten. Sobald das Abbruchkriterium erfüllt ist, wird das generierte Volumenmodell als Ergebnis des Rekonstruktionsprozesses abgelegt.

Das beschriebene Verknüpfungsverfahren für Einzelvolumen erlaubt zusätzlich die Verarbeitung von Baugruppen. Die Existenz einer Baugruppe kann über das Ergebnis des Verknüpfungsvorganges ermittelt werden. Wurden bei n Volumen alle Geometrieobjekte bezüglich ihrer Verknüpfungsmöglichkeiten untersucht, ohne das Abbruchkriterium n-1 möglicher Verknüpfungen zu erfüllen, liegt eine Baugruppe vor. Die Baugruppe besteht dann bei m durchgeführten Verknüpfungen aus n-m einzelnen Bauteilen. Diese Baugruppe wird bei der Speicherung als Verband markiert, der alle Volumen umfaßt. Ein Beispiel für eine nach diesem Prinzip erzeugte Baugruppe zeigt **Bild 12**.

Aufgrund des zuvor beschriebenen Verfahrens werden in dem Drahtmodell mehr Punkte und Kanten generiert, als für die Beschreibung des Bauteiles nötig sind. Zur Eliminierung dieser unvermeidbaren Geometrieelemente werden an dieser Stelle Plausibilitätskriterien angesetzt, die eine weitgehend automatische Bereinigung des Drahtmodells gewährleisten. Im Drahtmodellstadium werden durch Filterung zunächst Unsauberkeiten, wie überlagernde Kanten oder überzählige Punkte beseitigt. Ausgehend von dem soweit gesäuberten Drahtmodell wird die Bildung der Flächen durchgeführt. Nun kann eine Prüfung erfolgen, ob Inkonsistenzen in Form zusätzlicher fehlerhafter Flächen, wie innere Projektionsflächen, Imaginärflächen oder Pseudoflächen, existieren. Diese werden mit Hilfe geeigneter Algorithmen erkannt und die Fläche sowie eventuell überflüssige Kanten gelöscht.

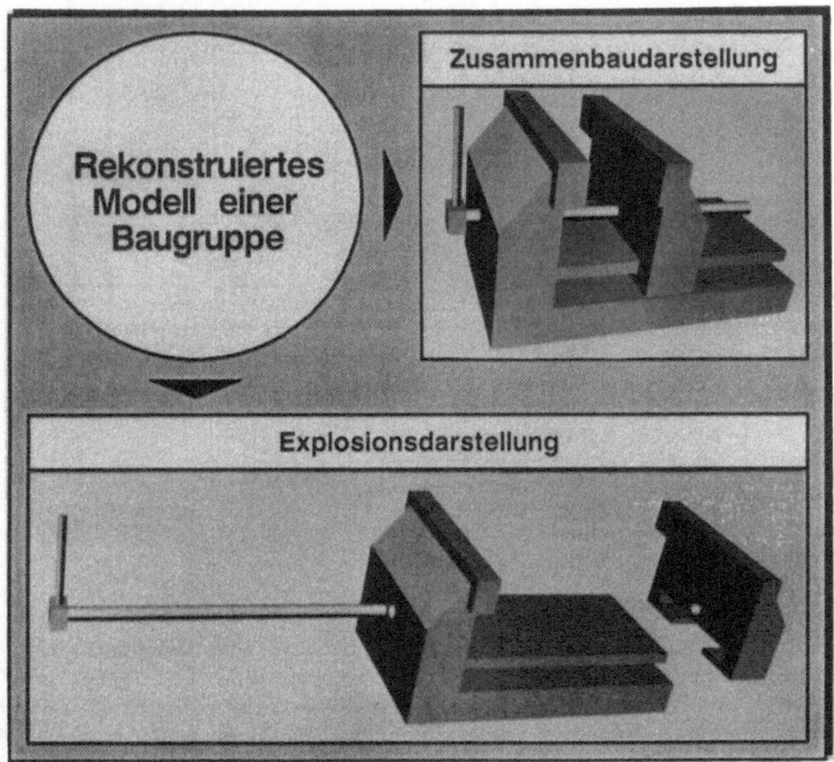

Bild 12: Rekonstruiertes Modell einer Baugruppe

7. Anwendungen

In den vorangegangenen Ausführungen wurde der Eingabe- und Verarbeitungsprozeß im System CASUS dargestellt. Die entwickelten Verfahren zur Handskizzen- und Rekonstruktionstechnik wurden erläutert und ihre Handhabung erörtert. Im Folgenden sollen nun einige Beispiele zeigen, welche Anwendungsmöglichkeiten sich aufgrund der Systemarchitektur sowohl im 2D- als auch im 3D-Bereich bieten. Die derzeit in der Entwicklung befindlichen Methoden zur Skizzeneingabe im 3D-Raum mittels 3D-Workstations sollen hier zunächst unberücksichtigt bleiben.

Die Ergebnisse des Handskizzenprozesses liegen als zweidimensionale Geometriedaten bzw. für den Fall der Symbol- und Zeichenerkennung als ASCII-Daten vor. Damit ist eine sehr anschauliche und einfache Möglichkeit eröffnet, ins "Unreine" skizzierte Schemapläne und Konstruktionszeichnungen in eine ansprechende Form zu bringen. Die Anwendungen der reinen Zeichnungserstellung lassen sich aber noch erweitern, wenn über die Fähigkeiten der Zeichen- und Symbolerkennung eine Aussage über den semantischen Gehalt möglich wird. **Bild 13** zeigt an einem Beispiel, wie mit Hilfe der On-line Erkennung aus einer handskizzierten Prinzipskizze ein Prinzip-Modell eines Zahnradgetriebes generiert werden kann.

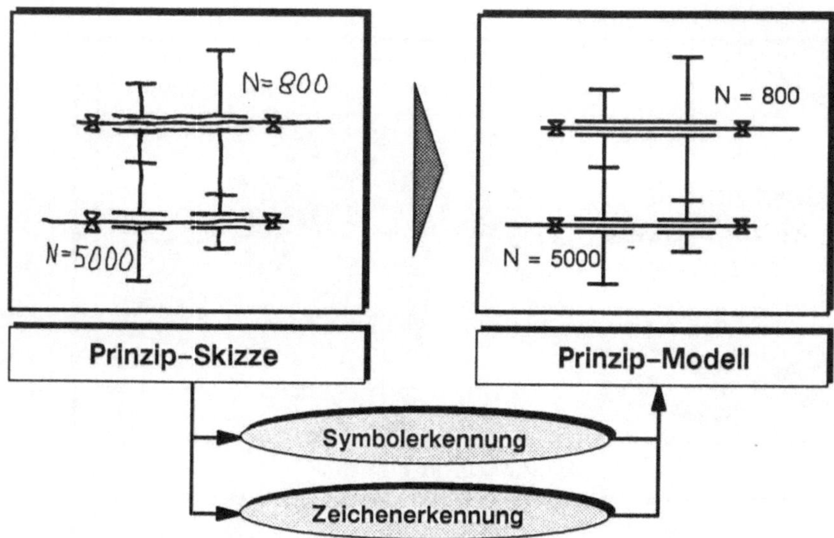

Bild 13: Anwendung der Mustererkennung für Schemapläne

Ein weiteres Anwendungsfeld erschließt sich im 2D- und 3D-Bereich für Probleme der Blechteilverarbeitung. Erste Erfahrungen haben gezeigt, daß über eine Kopplung des CASUS-Systems mit Systemen zur Arbeits- und Fertigungsplanung bzw. für den 3D-Fall unter Zwischenschaltung eines Bausteins zur Blechteilabwicklung, eine durchgängige Linie von der Konstruktion mit Skizzen bis zur Fertigung von Blechteilen mit Hilfe von Laserschneidmaschinen erreichbar ist (**Bild 14**).

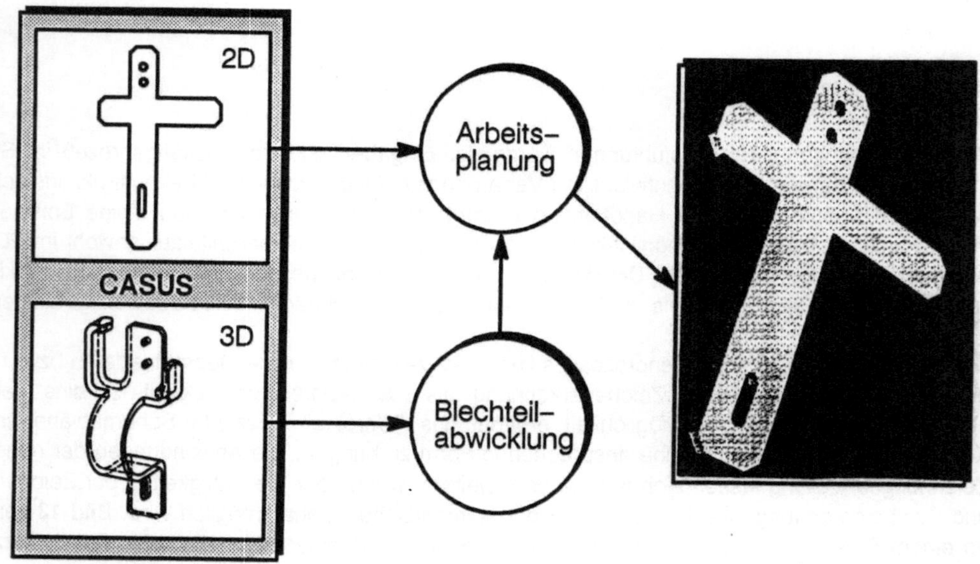

Bild 14: Anwendung der Mustererkennung für die Blechteilverarbeitung

Für reine 3D-Aufgaben sind bereits interessante Ergebnisse unter Anwendung der Handskizzen- und Rekonstruktionstechnik erzielt worden. **Bild 15** zeigt ein Maschinenbauteil in verschiedenen

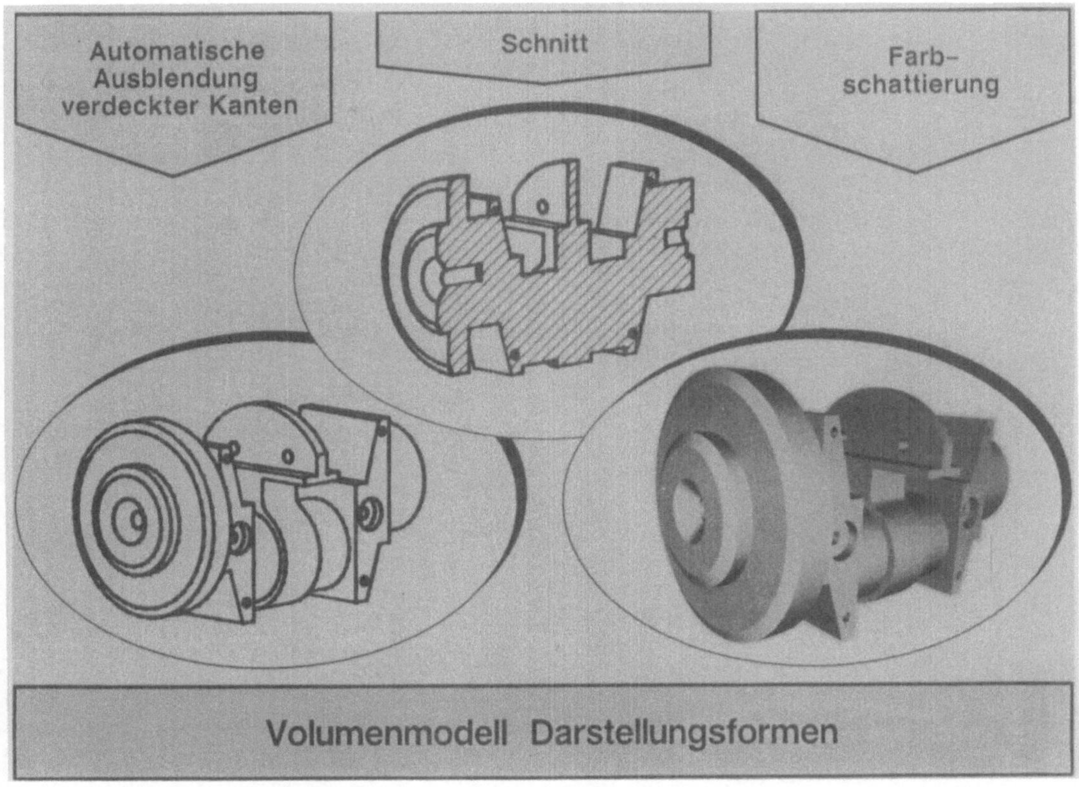

Bild 15: Anwendung der Mustererkennung im Maschinenbau

Darstellungsformen, das mit CASUS erzeugt wurde. Durch die Möglichkeit, auch Technologiedaten in skizzierter Form einem Bauteil zuordnen zu können, sind solche 3D-Modelle für die Weitergabe an Arbeitsplanungssysteme geeignet, um NC- oder Simulationsprogramme bzw. Verfahrens- und Bearbeitungspläne ableiten zu können.

Ein weiterer interessanter Aspekt für die Anwendung der Handskizzentechnik ergibt sich aus der Möglichkeit der Bauteildimensionierung mittels skizzierter Dimensionierungssinnbilder. Bedingt durch das entwickelte Verfahren, können bereits dimensionierte Bauteil sehr einfach durch Einzeichnen von neuen Maßzahlen in die zu ändernden Bauteilansichten in ihren Abmessungen variiert werden. **Bild 16** erläutert schematisch diese Vorgehensweise.

Bei den aufgeführten Anwendungen handelt es sich um experimentelle Anwendungen, die noch nicht im industriellen Einsatz erprobt wurden. Dies erscheint plausibel im Hinblick auf die gegenwärtig noch nicht hinreichend getesteten und optimierten Verfahren, die im System CASUS zur Anwendung kommen. Dennoch verstehen sich die aufgezeigten Wege als Beitrag zur Diskussion um die Gestaltung der Benutzeroberfläche für CAD-Systeme. Dies vor dem Hintergrund eines steigenden Interesses an dieser Problematik. Verstärkte Forschungsaktivitäten auf diesem Gebiet [27], sowie positive Äußerungen aus der Industrie im Hinblick auf Erfahrungen mit der Freihandsymbolik [28] geben davon Zeugnis.

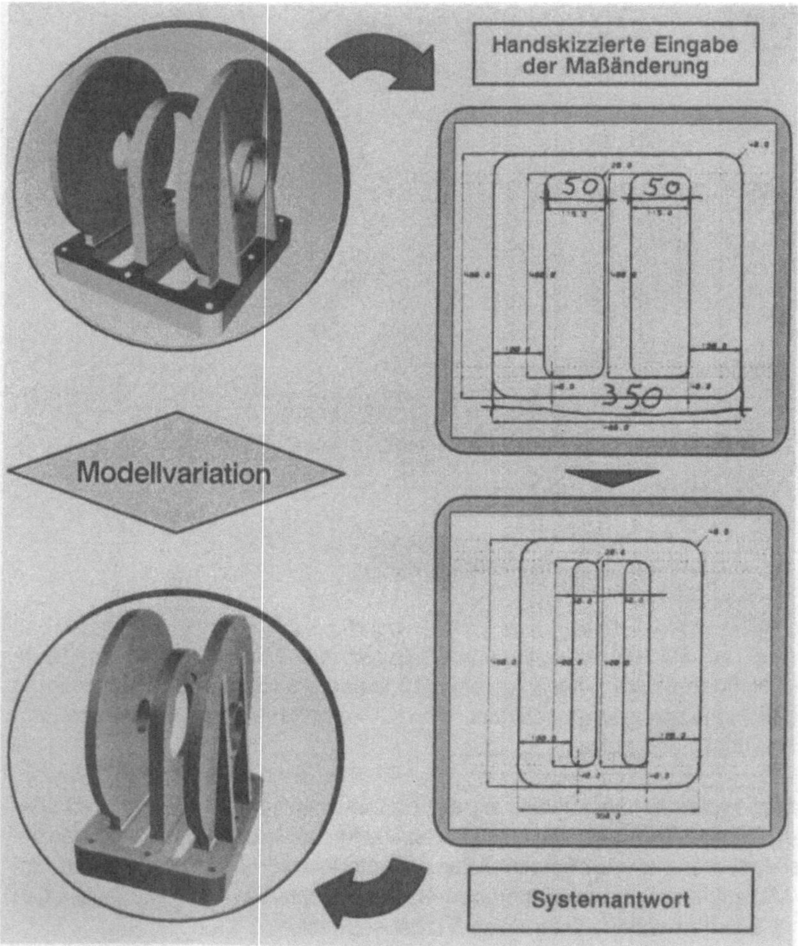

Bild 16: Bauteilvariation mittels handskizzierter Dimensionierung

8. Entwicklungsstand und Ausblick

Für die Entwicklung einer Benutzeroberfläche für CAD-Systeme muß die Denk- und Arbeitsweise von Konstrukteuren ein bestimmendes Kriterium sein. In kreativen Prozessen anfallende Ideen müssen möglichst direkt CAD-System-verwertbar umgesetzt werden können. Die dabei anzuwendenden Arbeitstechniken dürfen keine Hemmschwelle für den Benutzer bilden. Unter diesen Gesichtspunkten wurden und werden die Entwicklungen für das System CASUS betrieben.

Beim gegenwärtigen Stand der Entwicklung sind diverse Erweiterungs- und Optimierungsarbeiten erforderlich, um zu einem einsatzfähigen System zu gelangen. Um den vollen Umfang des im Maschinenbau benötigten Teilespektrums bearbeiten zu können, müssen Möglichkeiten zur Verarbeitung von Freiformflächen als auch zur Nutzung von Torus-Geometrien in das System einbezogen werden. Für die Verarbeitung von Freiformflächen ist sowohl eine Eingabemöglichkeit, die die skizzierte Linie in eine entsprechende Freiformkurve umsetzt sowie ein Baustein zum Aufbau von Freiformflächen aus den 2D-Freiformkurven erforderlich. Die hierfür notwendigen Algorithmen befinden sich zur Zeit in der Entwicklung. Für die Integration der Durchdringungsfunktion ist eine Erweiterung der Eingabe erforderlich.

Die zur Zeit verwendete Eingabekonfiguration ist aus ergonomischer Sicht unbefriedigend. Das Skizzieren erfolgt auf dem graphischen Tablett, die Ausgabe auf dem Sichtgerät. In der Anfangsphase verursacht dies Koordinationsprobleme. Für die Zukunft werden Überlegungen angestellt, einen Flachbildschirm mit sensitiver Oberfläche und genügend hohem Auflösungsvermögen als ein kombiniertes Ein/Ausgabemedium in den Arbeitstisch einzulassen.

Aufgrund der ständig wachsenden Verbreitung von 3D-Workstations bietet sich eine direkte 3D-Eingabe an. Auf diese Weise kann die Rekonstruktion des 3D-Modells parallel zur Eingabe erfolgen. Durch die räumliche Eingabe wird die Möglichkeit geschaffen, nicht mehr nur mit den Orthogonalebenen zu arbeiten, sondern die Ebenen beliebig im Raum zu definieren.

Zur besseren Handhabung der Dimensionierung müssen Kriterien ermittelt werden, die eine Überprüfung der Maße anhand der Bauteiltopologie ermöglichen und damit eine Lokalisierung von Fehlern unterstützen. Für die Plausibilitätsprüfung bieten sich zukünftig vermehrt wissensbasierte Methoden an.

Literatur

[1] **Krause, F.-L.**: "Veränderung der Konstruktionstätigkeit durch CAD-Systeme",Vortragsband: PTK83-Berlin, Carl-Hanser-Verlag München, 1983, S.74-80.

[2] **Spur, G.; Krause, F.-L.; Groß, G.**: "Veränderungen der Konstruktionsmethodik durch Anwendung von CAD-Systemen", Proc. Int. Conf. on Engineering Design ICED 85, Hamburg, 1985, S.612-622.

[3] **Spur, G.;Krause, F.-L.**: CAD-Technik, Carl-Hanser-Verlag, München, 1984.

[4] **Krause, F.-L.**: "Methoden zur Gestaltung von CAD-Systemen", Diss. TU Berlin, 1976.

[5] **Kakumoto, S.; Fujimoto, Y.; Kawasaki, J.**: "Logic Diagram Recognition by Divide and Synthetsize Method", Proc.: IFIP Working Conf. on CAD, Grenoble, 1978.

[6] **Masui, T.; Schimizu, S.; Yoshida, M.; Abe, T.**: "Recognition System For Design Chart Drawn On Section Paper", 5th. Int. Conf. on PR, Ed.: T.Pavlidis, Miami Beach, 1980, S.127-130.

[7] **Shimizu, S.; Nagata, S.; Inoue, A.; Yoshida, M.**: "Logic Circuit Diagram Processing System", 6th. Int. Conf. on PR, IEEE Comp. Society, Munich, 1982, S.717–719.

[8] **Sato, T.; Tojo, A.**: "Recognition and Understanding of Hand-Drawn Diagrams", 6th. Int. Conf. on PR, IEEE Computer Societzy Munich, 1982, S.674-677.

[9] **Takagi, M.; Konishi, T.; Zamada, M.**: "Automatic Digitizing and Processing Method for the Printed Circuit Pattern Drawings", 6th. Int Conf. on PR, IEEE Computer Society, Munich, 1982, S.713–716.

[10] **Kikkawa, W.; Kitayama, M; Mayazaki, K.**: "Automatic Digitizing System For PWB Drawings", Proc.: 7th. ICPR, IEEE Cat. No. 84, CH 2046–1, 1984, S.1306–1308.

[11] **Ejiri, M.; Miyatake, T.; Matsushima, H.; Kakumoto, S.; Shimada, S.**: "Automatic Recognition Of Design Drawings And Maps", Proc. 7th. ICPR, IEEE Cat. No. 84, CH 2046–1, 1984, S.1296–1305.

[12] **Tudhope, D.S.; Oldfield, J.V.**: "A High Level Recognizer For Schematic Diagrams", IEEE Transc. Computers, 1983, S.33–40.

[13] **Ito, M.; Mori, A.; Horiuchi, M.;Hayashi, K.**: "Understanding Machine Drawings Using Pyramid Data Structure And A Geometric Modeller", 16th. CIRP Int. Seminar on Manufacturing Systems, Tokyo, 1984, S.44–53.

[14] **Oppeo, L.**: "Erkennung von Schreibvorgängen", GMD–Bericht Nr. 56, Bonn, 1972.

[15] **Zimmermann, K.**: "Ein Beitrag zur automatischen Erkennung handgeschriebener Zeichen während des Schreibvorgangs", Diss. RWTH Aachen, 1972.

[16] **Spur, G.; Jansen, H.**: "Graphische Mustererkennung in CAD–Systemen", Abschlußbericht: BMFT – DV 5.804, Berlin, 1980.

[17] **N.N.**: "Einführung in das CAE/CAD/CAM–System BRAVO,", Teil 1, Applicon Deutschland GmbH, Frankfurt, 1987.

[18] **Pavlidis, T.; van Wyk, Ch.I.**: "An Automatic Beautifiers For Drawings And Illustrations", ACM–Vol. 19, No. 3, SIGGRAPH85, 1985, San Francisco, S.225–234.

[19] **Doster, W.; Oed, R.**: "Textbearbeitung auf Personal Computern mit handschriftlicher Direkteingabe", Notizen zu Interaktiven Systemen, FG: Interaktive Systeme der GI, H.12, 3–84, S.3–13.

[20] **Hosaka, M.; Kimura, F.**: "An interactive geometrical design system with handwriting input", Information Processing 77 (Ed. B.Gilchrest), North–Holland Amsterdam, 1977, S.167–172.

[21] **Spur, G.; Jansen, H.**: "Automatic recognition of handdrawn contours for CAD–applications", Proc.: 16th. Int. Seminar on Manufacturing Systems, Tokyo, 1984, S.63–72.

[22] **Jansen, H.; Meyer, B.**: "CASUS–ein System zur Rekonstruktion von Volumenmodellen aus handskizzierten Ansichten", ZwF79 (1984), S.426–434.

[23] **Jansen, H.; Krause, F.-L.**: "Interpretation of freehand drawings for mechanical design processes", Computers&Graphics Vol.8. No. 4, S.351–369.

[24] **Jansen, H.; Nullmeier, E.; Roediger, K.-H.**: "Handsketching as a human factor aspect in graphical interaction", Computers&Graphics Vol.9 No.3, 1985, S.195–210.

[25] **Jansen, H.; Timmermann, M.**: "Handskizzierter Entwurf von CAD–Modellen mit CASUS", ZwF82 (1987) 7, S.398–404.

[26] **Spur, G.; Krause, F.-L.; Jansen, H.; Timmermann, M.**: "Rekonstruktion von 3D–Modellen mit CASUS", ZwF82 (1987) 10, S.569–574.

[27] **Grabowski, H.; Pätzold, B.**: "Entwurfsunterstützung durch Handskizzeneingabe", CAD–CAM Report Nr. 5,1988, S.94–100.

[28] **N.N.**: "Wie man CAD–Netze aufbauen kann", Sonderdruck aus CAD CAM, H.1, 2–87, S.1–6.

BENUTZERFREUNDLICHE INTERAKTIVE ERFASSUNG VON KURVEN AUF FLÄCHEN HÖHERER ORDNUNG

Werner Hansmann

Universität Hamburg / FB Informatik
Troplowitzstr.7 / D-2000 Hamburg 54

Zusammenfassung Der Einsatz moderner Graphik-Arbeitsstationen erlaubt auch in vielen Bereichen des Entwurfs technischer Objekte einen Übergang von der traditionellen Arbeit in zweidimensionalen Schnitten zur unmittelbaren dreidimensionalen Behandlung. Häufig setzen sich die Oberflächen solcher Objekte aus unterschiedlichen, räumlich gekrümmten Teilflächen zusammen, deren Ränder als Kurven auf diesen Flächen vom Konstrukteur festzulegen sind. Ein Konzept für die grafisch interaktive Erfassung solcher Kurven wird im vorliegenden Beitrag vorgestellt.

Abstract In many fields of the design of technical objects the employment of modern graphics workstations allows a transition from the traditional work in two dimensional sections to an immediate manipulation of three dimensional forms. Frequently the surfaces of such objects are composed of different curved faces. The designer has to determine the boundaries of these faces as curves on the surfaces. A concept for marking such curves in a graphical interaction is being presented.

EINLEITUNG

Bei der Oberflächengestaltung industriell gefertigter räumlich gekrümmter Flächenstrukturen ergeben sich besondere Probleme beim Design komplizierter Details, die an definierten Stellen in die Oberfläche eines Körpers integriert werden müssen (z.B. beim Entwurf von Maschinenteilen, sowie im Flugzeugbau bei der Verbindung von Tragfläche und Rumpf, im Schiffbau bei der Rumpfkonstruktion im Bereich von Anhängen, bei der Gestaltung von Automobil-Karosserien). Solche Detail-Formen können zunächst als separate Teilkörper entwickelt und danach an den Gesamtkörper angeschlossen werden. In vielen Fällen wird gefordert, daß die Übergänge zwischen den Teilkörpern glatt, d.h. ohne ungewollte Knicke sind.

Die traditionelle Methode der Erstellung eines Holz- bzw. Kunststoffmodells, von dem die Oberflächengeometrie dann für Berechnungen bzw. Fertigung abgemessen wird, gestattet dem Designer zwar die Manipulation am realitätsnächsten Abbild des Objektes, das entworfen werden soll, ist aber mühsam und zeitraubend.

In der jüngeren Vergangenheit wurden unterschiedliche Verfahren entwickelt, räumlich gekrümmte Flächen mathematisch mit Hilfe von Parameterfunktionen geschlossen zu beschreiben /2/. Freiformflächen können an CAD-Arbeitsplätzen im grafischen Dialog relativ einfach manipuliert werden /1/. Sie sind die Grundlage für die Modellierung nahezu beliebiger Oberflächenformen. Daneben verlangen Traditionen, ästhetisches Empfinden und/oder technische Gründe die Verwendung von analytisch beschreibbaren Flächen (z.B. Quadriken) in modernen Entwurfssystemen.

Häufig müssen solche Flächen, unabhängig von ihrer individuellen mathematischen Definitionsform, ineinander integriert werden. Eine solche Integration gelingt in der Regel nicht durch einfache Verschneidung der miteinander zu verbindenden Teilflächen. Besonders, wenn der Übergang von einer Fläche auf die andere eine Kontinuität höherer Ordnung (d.h. nicht nur Aufmaßkontinuität, sondern auch tangentiale Kontinuität bzw. Krümmungskontinuität) aufweisen soll, wird es notwendig, eine Verbindungsfläche einzufügen, die die geforderte Kontinuität gewährleistet /3/.

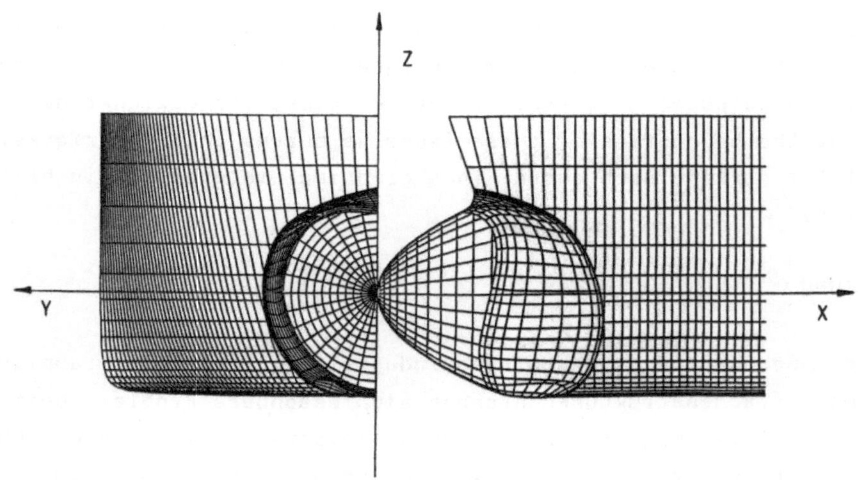

Bild 1 Verbindungsfläche zwischen einer Freiformfläche und einer Quadrik (Zweitafelprojektion)

Die Ränder einer solchen Verbindungsfläche, d.h. die Kurven entlang derer die Verbindungsfläche an die zu verbindenden Flächen anschließen soll, kann der Designer im grafischen Dialog bestimmen. Im vorliegenden Beitrag wird ein Konzept für die grafisch interaktive Erfassung solcher Kurven auf Flächen höherer Ordnung vorgestellt.

PROBLEMSTELLUNG

Während auf einer materiell existierenden Fläche (z.B. Modell eines zu fertigenden Bauteiles) Punkte und Linien von einem geübten Konstrukteur relativ leicht markiert werden können, besteht beim computer-unterstützten Entwurf das Problem, daß die zu bearbeitende Fläche als ein dreidimensionales Gebilde nur in Form einer formalen mathematischen Beschreibung (zusammen mit konkretisierenden Bestimmungsgrößen wie Koeffizienten bzw. Ortsvektoren) existiert. Dennoch soll sie dem Konstrukteur so zugänglich gemacht werden, daß er sie möglichst wie eine materiell existierende Fläche bearbeiten kann.

CAD-Arbeitsstationen ermöglichen es, in einer unmittelbaren Entwurfssituation aus der formalen Beschreibung ein Bild der Fläche zu generieren, eine für den Konstrukteur vertrautere Repräsentation. Gegenüber der materiell existierenden Fläche hat ihr Bild (wie hoch die Abbildungsqualität auch sein mag) jedoch den Nachteil, daß es nur zweidimensional dargestellt werden kann. Es gilt also, eine Methode zu entwickeln, die es dem Konstrukteur erlaubt, eine (räumlich gekrümmte) Fläche einfach über zweidimensionale Abbildungen derselben zu bearbeiten, d.h. im vorliegenden Fall, Stützpunkte auf ihr zu markieren, die durch die Randkurven der Verbindungsflächen interpoliert bzw. approximiert werden sollen.

MATHEMATISCHE BESCHREIBUNG VON RÄUMLICH GEKRÜMMTEN FLÄCHEN UND FLÄCHENKURVEN

Während die explizite Form der Kurven- und Flächenbeschreibung nur die Behandlung einer beschränkten Menge von Kurven- bzw. Flächenarten zuläßt, können mit Hilfe der impliziten und der parametrischen Form Kuven und Flächen jeder Art beschrieben werden. Entgegen der impliziten Form ist jedoch die parametrische Form erheblich besser für Algorithmisierungen, wie sie in der EDV notwendig sind, geeignet. Entsprechend sei hier davon ausgegangen, daß Kurven und Flächen in parametrischer Notation vorliegen.

Die parametrische Notation einer räumlich gekrümmten Fläche

repräsentiert die Abbildung eines vorgegebenen Definitionsbereiches aus dem zweidimensionalen Parameterraum in den dreidimensionalen euklidischen Raum, also in der Regel die Projektion eines Rechtecks aus der Parameterebene auf die betrachtete dreidimensionale Fläche. Formal wird dies im allgemeinen durch die Beziehung

$$F(u,v) = F(x(u,v),y(u,v),z(u,v))$$

dargestellt, wobei u und v die beiden Richtungen der Parameterebene bezeichnen und x, y und z als voneinander unabhängige Funktionen von u und v Ortsvektoren des dreidimensionalen Objektraumes beschreiben.

Analog kann die parametrische Notation einer Kurve als eine Projektion einer Strecke aus dem eindimensionalen Parameterraum auf eine Kurve im dreidimensionalen Objektraum betrachtet werden:

$$K(t) = K(x(t),y(t),z(t))$$

Hier ist t die Dimension des eindimensionalen Parameterraumes, während x, y und z als voneinander unabhängige Funktionen von t wiederum Ortsvektoren des dreidimensionalen Objektraumes beschreiben.

Soll die Kurve jedoch in einer (parametrisch definierten) Fläche liegen, ist es sinnvoll, über ihren Parameter nicht die drei Richtungen x, y und z des Objektraumes sondern die beiden Richtungen u und v der Parameterebene der Fläche zueinander in Beziehung zu setzen. Die entsprechende parametrische Notation einer solchen Kurve ist somit

$$K(t) = K\ (u(t),v(t)) = K(x(u(t),v(t)),y(u(t),v(t)),z(u(t),v(t)))$$

Dabei beschreiben nun u und v als voneinander unabhängige Funktionen von t Punkte in der Parameterebene der Fläche.

ALTERNATIVEN FÜR DIE FESTLEGUNG DER STÜTZPUNKTE

Der einfachste Fall der Festlegung für die Stützpunkte liegt vor, wenn diese a priori konkret vorgegeben sind bzw. sich vollständig aus gegebenen Randbedingungen herleiten lassen. In der allgemeinen Entwurfssituation, wie sie hier betrachtet werden soll, kann dies aber nicht vorausgesetzt werden. Es ist vielmehr anzunehmen, daß höchstens einige wenige Stützpunkte aufgrund von Randbedingungen festliegen; überläßt man die Bestimmung der Lage der Randkurven darüber hinaus dem Expertenwissen und der Intuition des Konstrukteurs, muß das

Entwurfssystem es ermöglichen, alle Stützpunkte in einem interaktiven Prozeß zu definieren. Hierfür ist ein geeignetes Markierungsverfahren zu entwickeln.

Das geeignete Verfahren hängt erwartungsgemäß stark von der einsetzbaren Hardware des Entwurfssystems ab.

Soll der grafische Dialog über ein konventionelles hochauflösendes Bildschirmgerät mit Festspeicherröhre geführt werden, das für die unmittelbare Erfassung von Bildschirmkoordinaten ein Fadenkreuz generieren kann, welches über Rändelräder direkt am Gerät zu bewegen ist, so bietet sich die folgende Vorgehensweise an.

Die zu verbindenden Flächen liegen in der räumlich vorgesehenen Position vor. Aus dem Verbindungsbereich wird ein Ausschnitt definiert, der für die interaktive Bearbeitung auf dem Bildschirm dargestellt werden soll. Dieser Ausschnitt wird in eine geeignete Ansicht gedreht. Die Darstellung erfolgt dann in der gewählten Ansicht und zusätzlich in einer um 90 Grad (um die horizontale Bildachse) gedrehten Ansicht darunter jeweils in Gestalt von Iso-Parameterlinien.

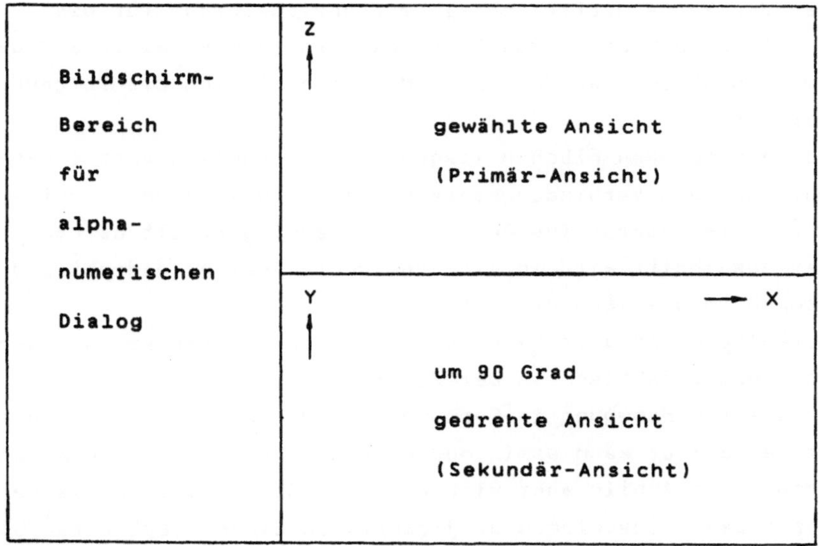

Bild 2 Aufteilung des Bildschirmes /4/

Auf jeder der zu verbindenden Teilflächen ist die jeweilige Randkurve der Verbindungsfläche durch eine Folge von Punkten zu digitalisieren. Dies geschieht, indem ein gewünschter Punkt zunächst in der einen der beiden Ansichten "gekennzeichnet", d.h. auf dem Bildschirm digitalisiert wird. Dadurch wird ja - senkrecht zu dieser Darstellungsebene - eine Gerade definiert, auf der der entsprechende Punkt liegen soll. Diese Gerade wird nach Eingabe des Punktes in der ersten Ansicht in den Objektraum transformiert und automatisch in der anderen Ansicht wiedergegeben, so daß hierüber der Punkt eindeutig lokalisiert werden kann. Nach dieser vollständigen Eingabe wird der Punkt in jeder der beiden Ansichten deutlich, aber nicht zu groß, markiert.

Das Erfassungsprogramm muß nun ermitteln, ob der so im Koordinatensystem des Bildschirmes aufgenommene Punkt tatsächlich auf (d.h. wegen der sicherlich unvermeidbaren Digitalisierungenauigkeiten in unmittelbarer Nähe) der betrachteten Teilfläche liegt. Ist dies der Fall, wird er zunächst gespeichert. Andernfalls kann entschieden werden, ob er vielleicht auf der anderen der zu verbindenden Teilflächen liegen soll. Entsprechend muß vom Programm wieder geprüft werden, ob er ein Punkt jener Fläche ist. Wird er (vom Konstrukteur oder vom Programm) als solcher nicht akzeptiert, wird er verworfen, andernfalls gespeichert. Alle akzeptierten Punkte werden auf die jeweils entsprechende Teilfläche "gezogen".

Stand der Technik sind inzwischen Bildschirmgeräte mit relativ hoch auflösender Rastergrafik und einem Graphics-Cursor für die Koordinatenerfassung, dessen Position über den Rechner mittels Maus oder Rollkugel gesteuert werden kann. Hier bietet sich die folgende Vorgehensweise an.

Die zu verbindenden Flächen liegen in der räumlich vorgesehenen Position vor. Aus dem Verbindungsbereich wird ein Ausschnitt definiert, der für die interaktive Bearbeitung bereitgestellt werden soll. Dieser Ausschnitt wird in eine geeignete Ansicht gedreht und auf dem Bildschirm grafisch dargestellt.

Die gewählte mathematische Notationsform gestattet es nun aber, den Graphics-Cursor faktisch in der Parameterebene der Fläche zu positionieren und seine Bewegung in Form von äquidistanten Paramterinkrementen vorzunehmen; er kann damit nur noch auf der jeweiligen Fläche bewegt werden. Sein Abbild aber wird über den Objektraum in die Darstellungsebene des Bildschirmes projiziert. In dieser vertrauten Umgebung übt der Benutzer des Systems seine Kontrolle aus.

Nun kann auf jeder der zu verbindenden Teilflächen die jeweilige Randkurve der Verbindungsfläche durch eine Folge von Punkten unmittelbar digitalisiert werden. Digitalisierte Punkte werden deutlich, aber nicht zu groß, markiert.

GEGENÜBERSTELLUNG DER BESCHRIEBENEN VERFAHREN

Das zweite beschriebene Verfahren hat gegenüber dem ersten die Vorteile, daß

1. die Ermittlung des gewünschten Schnittpunktes zwischen "Markierungsstrahl" und Fläche (bei Freiformflächen ist hierzu im allgemeinen eine aufwendige Iteration notwendig) entfällt,
2. die ggf. zur eindeutigen Identifikation notwendige Digitalisierung in der zweiten (orthogonalen) Ansicht entfällt und
3. die Bestimmung der korrespondierenden Parameterwerte u_s und v_s aus den Bildschirmkoordinaten des digitalisierten Punktes über die dreidimensionalen Objektraumkoordinaten $x_s/y_s/z_s$ des Schnittpunktes implizit im Verfahren enthalten ist.

KONKRETISIERUNGSMÖGLICHKEITEN

Während das erste beschriebene Verfahren aufgrund der "einmaligen" vorausgesetzten Hardware in seiner Form festgelegt ist, bietet das zweite, abhängig von der zur Verfügung stehenden Hardware, unterschiedliche Möglichkeiten der Realisierung.

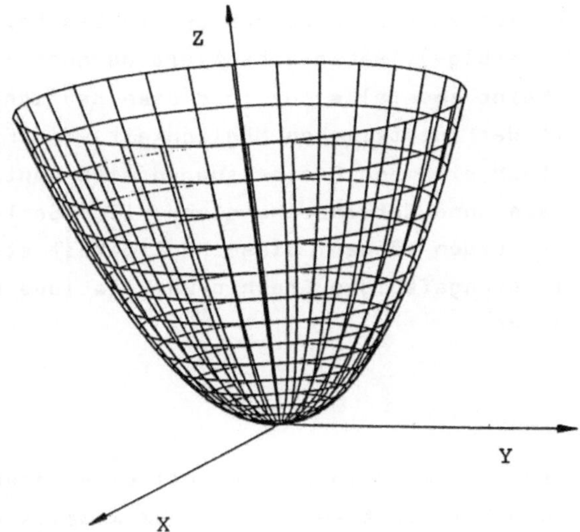

Bild 3 Darstellung einer Fläche in Form von Iso-Parameterlinien

1. Die zu bearbeitenden Flächenbereiche können vollständig (auch wenn sie "gefaltet" sind, d.h. wenn mehrere Flächenabschnitte in Blickrichtung hintereinanderliegen) in Form von Iso-Parameterlinien auf

dem Bildschirm dargestellt werden. Der Bildaufbau kann in diesem Fall sehr schnell erfolgen. Zur Unterscheidung kann der Graphics-Cursor auf "Rückseiten" anders dargestellt werden, als auf "Vorderseiten"; dasselbe gilt für die markierten Punkte. Bei stärker "gefalteten" Flächen ist diese Darstellungsform jedoch sehr verwirrend.

2. Von den zu bearbeitenden Flächen werden nur die dem Betrachter zugewandten Seiten in Form von Iso-Parameterlinien auf dem Bildschirm dargestellt; der Graphics-Cursor erscheint auf dem Bildschirm ebenfalls nur dann, wenn er sich in Flächenbereichen bewegt, die dem Betrachter zugewandt sind. Diese Darstellungsform erfordert u.U. lange Rechenzeiten (und damit lange Wartezeiten für den Bearbeiter) vor jeder Objektdarstellung.

Beide Methoden sind schon auf relativ einfachen CAD-Arbeitsstationen zu realisieren, die nur Liniengrafiken darstellen können; besondere Anforderungen an die Prozessorleistung werden auch nicht gestellt. Sie haben jedoch den Nachteil, daß das Netz der Iso-Parameterlinien leicht zu optischen Täuschungen und damit zu fehlerhaften Digitalisierungen führen kann. Daher sind auf jeden Fall die folgenden realitätsnäheren Darstellungen vorteilhafter. Ihre Realisierung erfordert jedoch erheblich leistungsfähigere Hardware.

3. Die dem Betrachter zugewandten Bereiche der zu bearbeitenden Flächen werden (ggf. farbig-)flächig-schattiert dargestellt; der Graphics-Cursor erscheint ebenfalls nur in diesen Bereichen.
4. wie 3., jedoch mit der zusätzlichen Möglichkeit, die Flächen entsprechend dem fortschreitenden Bearbeitungsprozeß kontinuierlich zu drehen, damit sie ohne Unterbrechung von allen Seiten betrachtet und bearbeitet werden können. Diese Möglichkeit stellt das derzeit auf hochleistungsfähigen Graphic-Workstations bereits erreichbare Optimum dar.

SCHLUSSFOLGERUNG

Die Auseinandersetzung mit einer materiell existierenden Fläche erfolgt - wie allgemein bei Plastiken - in einem komplexen Zusammenspiel zwischen optischer Wahrnehmung und Tastsinn.

Qualitativ hochwertige, farbig-flächige Darstellungen auf hochauflösenden Bildschirmen lassen die zu entwerfenden Flächen ausgesprochen realitätsnah erscheinen. Dadurch aber, daß mit Hilfe derzeit allgemein einsetzbarer CAD-Arbeitsstationen während des Entwurfsprozesses doch nur zweidimensionale Abbildungen dieser Flächen erzeugt werden können, muß zwangsläufig das wichtige tastende "Begreifen" in diesem Umfeld fast völlig entfallen (die (fern-)gesteuerte Bewegung des Graphics-Cursors über die Fläche vermittelt immerhin indirekt schwach das Gefühl "handgreiflicher" Wahrnehmung). Darüber hinaus ist es zwar möglich, für die sorgfältige Bearbeitung von Details Ausschnitte vergrößert darzustellen, doch verschwindet damit automatisch das Objekt in seiner Gesamtheit aus dem Blickfeld des Betrachters; auch dies ist eine erhebliche Einschränkung gegenüber der Arbeit an einer materiell existierenden Fläche.

Diese Argumente zeigen, daß auch mit aktuellster Technik ein Konstrukteur räumlich gekrümmte Flächenstrukturen nicht so realitätsnah entwerfen kann, wie ein Bildhauer eine Plastik schafft. Ob dieses Ziel je zu erreichen ist, ist nicht abzusehen. Der Stand der Technik ermöglicht immerhin einen bedeutenden Schritt in diese Richtung.

LITERATUR

/1/ Faux, I.D. und Pratt, M.J., Computational Geometry for Design and Manufacture, Ellis Horwood, Chichester, England, 1981

/2/ Forrest, A.R., "On Coons and Other Methods for the Representation of Curved Surfaces", Computer Graphics and Image Processing, Vol. 1, 1972, (341 - 359)

/3/ Hansmann, W., "Interactive Design and Geometric Description of Smooth Transitions Between Curved Surfaces", Computers in Offshore and Arctic Engineering - 1987, Am. Soc. of Mech. Eng., New York, 1987, (19 - 26)

/4/ Hansmann, W., INTERGRAF - Standardroutinen für die Erfassung allgemeiner graphischer Information im interaktiven Dialog, IKP-Bericht 3/78, Ruhr-Universität Bochum, Mai 1978

DIWA - Ein hierarchisches Entwicklungsmodell für Benutzerdialoge

H.-W. Six und J. Voss
Praktische Informatik III FernUniversität Hagen
Postfach 940 5800 Hagen

Zusammenfassung

In dieser Arbeit wird DIWA als ein hierarchisches Modell zur Strukturierung von Benutzerdialogen vorgestellt. Die mit DIWA assoziierte Beschreibungssprache erlaubt die Modellierung der dynamischen Aspekte weitestgehend frei von technischen Details, wie z.B. der Synchronisation paralleler Benutzeraktivitäten. Aus der Beschreibung können lauffähige Dialogprototypen über einen Interpreter generiert werden. Andererseits führen der hierarchische Ansatz, die Einhaltung einer rein externen Kontrolle, strikte Aufgabentrennung zwischen den Komponenten und minimaler Datentransport auf natürliche Weise zu einer klar gegliederten Software-Architektur des Zielprodukts.

1. Einleitung

Dialogmodelle helfen dem Dialogdesigner bei der Formulierung und Präzisierung eines Dialogentwurfs. Darüberhinaus bilden sie die Basis für die Verständigung zwischen den am Entwurf beteiligten Endbenutzern und dem Entwickler. Ein brauchbares Modell muß daher anwendungsangemessen sein, evtl. spezialisiert für eine Klasse von Anwendungsproblemen, auf jeden Fall aber Programmiersprachen-unabhängig. Bekannte Modelle lassen sich in zwei Gruppen einteilen. Zur ersten Gruppe zählen Modelle zur reinen Ablaufbeschreibung wie Zustands-Transitionsnetze oder Grammatiken. Hierbei dienen Dialogzustände als wesentliches Strukturierungsprinzip. Neben der reinen Ablaufbescheschreibung umfaßt der Entwurfsprozeß aber auch die Festlegung von Einzelheiten des Bildschirm-Layouts und dessen Veränderungen während des Dialogablaufs. Wichtig ist also auch das Identifizieren und Benennen von Objekten, mit denen der Endbenutzer arbeiten wird, etwa Masken, graphische Objekte, Ikonen.

Eine andere Gruppe von Modellen hat Ihren Ursprung in der Suche nach Methoden für eine modulare Implementierung von Benutzerschnittstellen. Ziele sind hierbei eine möglichst strikte Trennung von Benutzerschnittstelle und Anwendungsprogramm sowie das Identifizieren von wiederverwendbaren, anwendungsunabhängigen Benutzerschnittstellen-Bausteinen. Einige solche Modelle seien hier erwähnt:

- das Seeheim-Modell [7], in dem ein User-Interface in Dialog-Kontrolle, Präsentations-Komponente und Anwendungs-Interface zerlegt wird
- das MVC-Modell von Smalltalk [5], bei dem ein View (entspricht etwa der Präsentation im Seeheim-Modell) in Fenster und mehrere Stufen von Unterfenstern unterteilt wird
- das PAC-Modell von Coutaz [2], das noch einen Schritt weitergeht und von Fenstern und Unterfenstern abstrahiert, um zu einer Hierarchie von "interaktiven Objekten" zu gelangen.

In dem Modell DIWA ("Dialoge für Window Applikationen") wird versucht, beide Ziele, anwendungsnaher Entwurf und modulare Implementierung, miteinander zu verbinden. DIWA ist ein objektorientiertes Entwurfsmodell, das die Idee der interaktiven Objekte fortführt. Es können insbesondere zwei für moderne Benutzerschnittstellen wichtige Aspekte adäquat modelliert werden. Zum einen unterstützt DIWA die Behandlung nebenläufiger Aktivitäten des Benutzers, wenn dieser also mehrere Aufgaben quasi parallel erledigt (sog. multi-threaded dialogs) und zum anderen die Einbeziehung aller Objekte, die auf dem Bildschirm dargestellt werden sollen, in die Dialogplanung, also nicht nur Menüs, Ikonen und Fenster, sondern auch derjenigen Objekte, die zur Laufzeit entstehen und im Dialogablauf eine Rolle spielen.

In das Modell integriert ist eine passende Beschreibungssprache, die es erlaubt, den Ablauf von Dialogen formal zu spezifizieren. Derzeit wird ein Interpreter entwickelt, so daß Dialogprototypen dem Entwickler und den Endbenutzern rasch zur Verfügung stehen.

Eine klare, modulare Software-Architektur der mit DIWA entworfenen Programme wird erreicht durch eine hierarchische Dialogstrukturierung, strikte Aufgabentrennung zwischen den Komponenten, minimalen Datentransport sowie eine rein externe Dialogkontrolle, mit der direkte Eingriffe in den Dialogablauf nur vom Benutzer, nicht aber vom Anwendungsprogramm möglich sind.

Die Arbeit besteht aus fünf Kapiteln. Im nächsten Kapitel wird ein Dialog als Hierarchie von (Dialog-) Objekten modelliert und die Aufgabenverteilung zwischen den Dialogkomponenten vorgestellt. In Kapitel 3 wird die mit DIWA assoziierte Sprache zur Beschreibung von Dialogabläufen eingeführt. Kapitel 4 demonstriert an einem Beispiel den aus DIWA ableitbaren objekt-orientierten Entwurf einer Benutzerschnittstelle und diskutiert die Implementierung der verteilten Dialogsteuerung in einer Programmiersprache ohne Parallel-Konstrukte. Kapitel 5 schließlich faßt die Ergebnisse zusammen und gibt einen Ausblick auf zukünftige Arbeiten.

2. Die Modellstruktur

Ein Dialog wird als eine Hierarchie von Objekten modelliert, die im wesentlichen den auf dem Bildschirm sichtbaren Objekten entsprechen. Für die Hierarchie gibt es häufig auch eine räumliche Entsprechung: Untergeordnete Objekte werden innerhalb des Bildschirmbereichs ihres "Besitzers" dargestellt. Weiterhin unterscheiden wir passive, rein graphische Objekte und aktive Objekte, die selbständig Benutzereingaben verarbeiten und Ausgaben erzeugen. Aktive Objekte stellen selbst wieder Dialoge dar.

Beispiel GEOBASE

In Abbildung 1 wird die Dialogstruktur eines Beispiels dargestellt, in dem Polygone, die aus Knoten und Kanten bestehen, manipuliert werden. Solche Polygone können z.B. die Grenzen von Grundstücken beschreiben. Neben der graphischen Manipulation der Polygone (=Grundstücksgrenzen) können im TextFenster auch Texte editiert werden, die z.B. die Grundstücksbesitzer, die Grundstücksgröße oder Grundstückseigenschaften wie Waldgebiet, Wiese, Bauerwartungsland u.ä. betreffen.

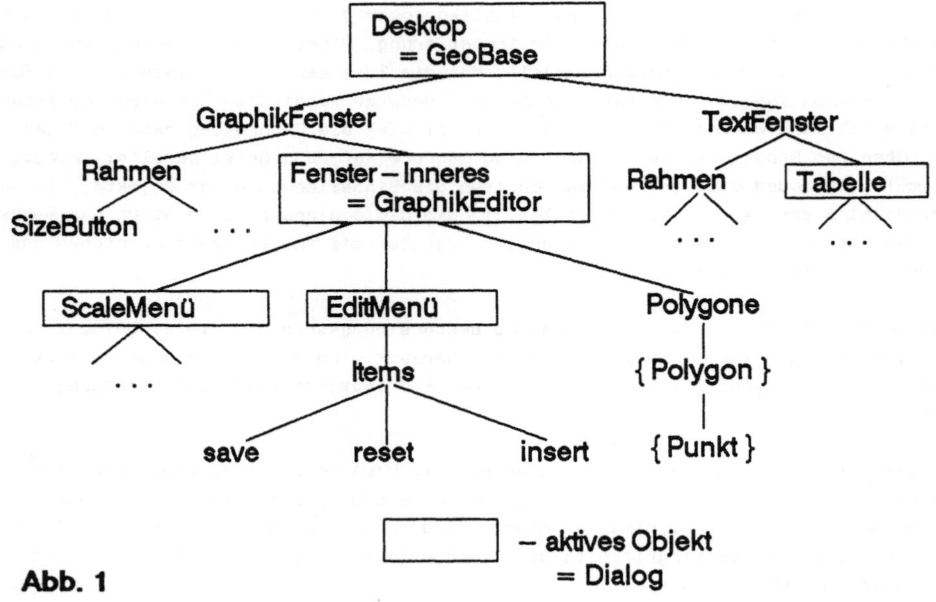

Abb. 1

Die Vater-Sohn-Beziehung in der Hierarchie kann man als 'besitzt', 'benutzt' oder 'besteht aus' interpretieren. Das GraphikFenster im Beispiel besteht aus dem Rahmen und dem Fenster-Inneren. Den Rahmen benutzt GeoBase zum Positionieren, das Innere ist der eigenständige Unterdialog GraphikEditor. Dieser benutzt das EditMenü und besitzt die im Fenster-Inneren dargestellten Polygone.

Objekte, die Söhne desselben Vaters sind, werden durch <u>Aggregation</u> oder <u>Mengenbildung</u> zusammengefügt. Bei der Aggregation werden Objekte i.a. verschiedenen Typs wie in einem Record zu komplexen Objekten zusammengesetzt. Auf die Einzelteile wird mit Dot-Notation zugegriffen, z.B. GraphikFenster.Rahmen. Zu Mengen werden 'anonyme' Objekte gleichen Typs zusammengefaßt. Auf einzelne Objekte oder Teilmengen wird durch Qualifizierung von Attributen zugegriffen wie z.B. Polygone(selected) oder Polygone(cursor).

Den Bildschirmbereich eines Vaterobjekts kann man als Fenster auffassen, in dem die Sohnobjekte dargestellt werden. Es ist allerdings oft sinnvoll, bei aktiven Söhnen auf diese Enthaltenseins-Eigenschaft zu verzichten (z.B. ein PopUp-Dialog). Unter den Söhnen gibt es eine Reihenfolge, die bestimmt, wie sie sich geometrisch überlappen. Der erste Sohn wird vor dem zweiten gezeichnet usw. Hierdurch wird es notwendig, Mengen als geordnet zu betrachten und während eines Dialogablaufs Änderungen dieser Ordnung bei Mengen und auch der Aggregationen zuzulassen, wenn etwa ein Fenster nach vorn zu holen ist.

Ein Dialogobjekt unterscheidet sich von einem passiven Objekt durch eine eigene Eventverarbeitung, Ausgabe und Anwendungsanbindung. Als Modellierung bietet sich die <u>lokale Strukturierung</u> eines jeden aktiven Objekts in die vom Seeheim-Modell bekannten Komponenten Dialogkontrolle, Präsentation und Anwendungs-Schnittstelle an. Abbildung 2 zeigt ein solches Dialogobjekt. Die Aufgabenverteilung zwischen den Komponenten ist ähnlich wie bei PAC, jedoch strenger abgegrenzt.

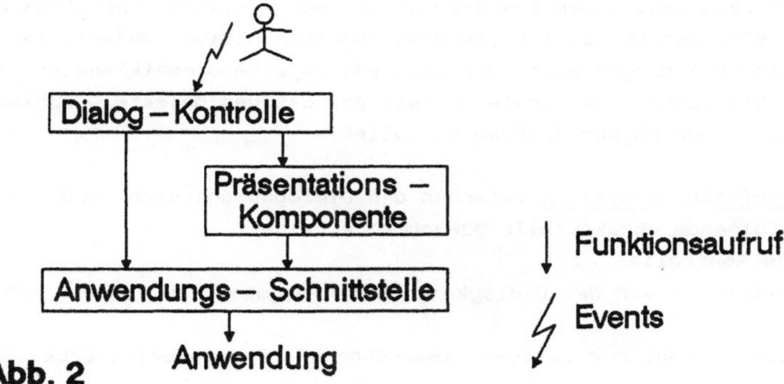

Abb. 2

Die <u>Dialogkontrolle</u> trifft alle Entscheidungen, die den Dialogablauf betreffen, aufgrund von Events, das sind Benutzereingaben, Signale von Dialogkontrollen anderer Dialogobjekte sowie Rückkehrwerte von Präsentations- und Anwendungsprozeduren sein können. Um eine rein externe Kontrolle zu realisieren, sind direkte Eingriffe in die Dialogkontrolle von außen, etwa vom Anwendungsprogramm, nicht vorgesehen.

Die <u>Präsentations-Komponente</u> verwaltet den Pool der Objekte, die das Dialogobjekt unmittelbar besitzt, d.h. die nicht wieder einem untergeordneten aktiven Objekt gehören. Bei passiven Pool-Objekten ist sie für deren Berechnung und Darstellung zuständig, aktive Pool-Objekte sieht sie als "black-boxes", die sie nur in Lage und Größe verändern und zum Neuzeichnen auffordern kann.

Die <u>Anwendungs-Schnittstelle</u> stellt der Dialogkontrolle Anwendungsprozeduren und der Präsentations-Komponente Zugriffsprozeduren auf Anwendungsdaten zum Aufbau der darzustellen Objekte zur Verfügung. Hier werden ggfs. Formate umgerechnet und Daten gepuffert. Die Anwendungs-Schnittstelle eines untergeordneten Dialogs greift nicht selbst auf die Anwendung zu, sondern indirekt über die Anwendungs-Schnittstelle seines Besitzers. Über die AS's laufen sämtliche Datentransporte zwischen den Dialogobjekten und zwischen den Präsentationen und der Anwendung.

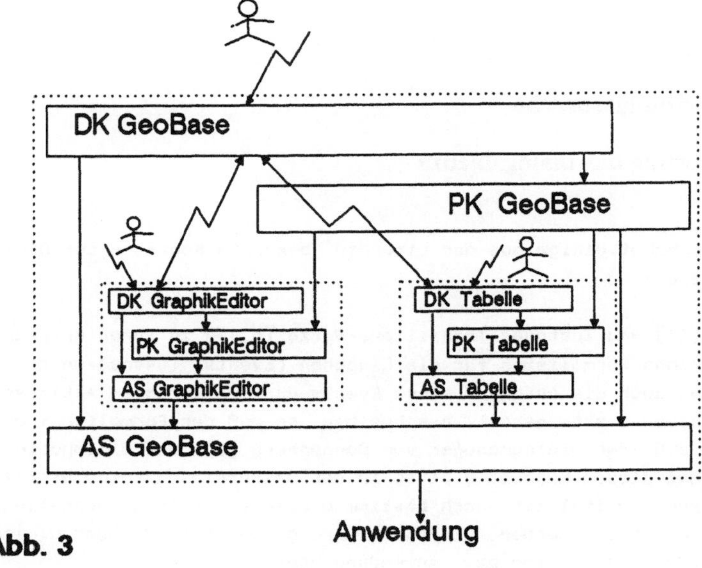

Abb. 3

Abbildung 3 verdeutlicht graphisch die Aufruf- und Kommunikationsstruktur der Komponenten. Dabei sind ausschließlich die drei obersten aktiven Objekte der Dialoghierarchie aus Abbildung 1 dargestellt. Die passiven Objekte GraphikFenster, TextFenster, deren Rahmen, SizeButton usw. sowie Umrisse der aktiven Objekte GraphikEditor und Tabelle werden in der PK von GeoBase verwaltet.

Eine strikte Aufgabenverteilung zwischen den Dialogkomponenten wird in DIWA im wesentlichen durch folgende strukturelle Maßnahmen erreicht:

- rein externe Kontrolle
- Eingaben werden nur von der Dialogkontrolle, Ausgaben nur von der Präsentation bearbeitet
- Datentransport findet nur zwischen Anwendung und Präsentation (über AS's) statt.

Eine Anwendung in Smalltalk, THESEUS [9] oder SUN-View [12] konfiguriert zunächst Fenster, Menüs, Event-Behandlungs-Prozeduren usw. und gibt dann die Kontrolle an das User-Interface ab. Von dort werden einzelne Prozeduren der Anwendung aufgerufen. Das heißt, daß abgesehen von der Konfigurierung bzw. Umkonfigurierung zur Laufzeit die Kontrolle vom User-Interface ausgeht, also externe Kontrolle realisiert ist. Überträgt man die Aufgabe der Konfigurierung, wie dies bei DIWA vorgesehen ist, einem UIMS, so kann externe Kontrolle in reiner Form verwirklicht werden.
Im Seeheim-Modell übersetzt die Präsentation sowohl die Eingaben von einer physikalischen auf eine syntaktische Ebene als auch die Ausgaben in der umgekehrten Richtung. Diese aus der Computer-Graphik übernommene Schichtenvorstellung ist nicht mehr anwendbar, wenn man auch Events von anderen Dialogkomponenten und von der Anwendung behandeln will (z.B. update-Events an einen Sohndialog oder Fehlermeldung von einer Anwendungsprozedur). In DIWA werden Eingaben daher nur von der Dialogkontrolle, Ausgaben nur von der Präsentation bearbeitet.
Der (direkte) Datentransport zwischen Anwendung und Präsentation (über das Anwendungs-Interface) ist im Seeheim-Modell nur ausnahmsweise (aus Effizienzgründen) vorgesehen. In DIWA ist er die Regel, da sich gezeigt hat, daß Daten von der Dialogkontrolle meistens nur weitergereicht und nicht verändert werden. Die Dialogkontrolle kann dadurch von programmiersprachenspezifischen Datenformaten freigehalten werden.

3. Die Beschreibungssprache

3.1. Die Steuerung des Dialogablaufs

Wir wollen zunächst einige aus der Literatur bekannte Konzepte zur Dialogbeschreibung kurz diskutieren:

Grammatiken [11] und Zustands-Transitions-Netze [6,10] in ihrer ursprünglichen Form liefern nur einen Formalismus für die Eingaben (Events, Tokens) an die Dialogsteuerung. Will man auch die aufgrund eines Events durchzuführenden Aktionen, zu denen auch das Versenden von Events gehört, beschreiben, so muß der Formalismus erweitert werden. Dies leistet z.B. der Dialogmanager von Dannenberg [3], der Dialogabläufe durch Regeln beschreibt. Bei diesem Konzept gibt es in der Beschreibung keine expliziten Dialogzustände, sondern nur implizit durch bestimmte Objekt-Attribut-Konstellationen, die jedesmal neu abgefragt werden. Hierdurch wird garantiert, daß der Dialogzustand mit dem Zustand der Präsentation bzw. Anwendung übereinstimmt.

Eine pragmatische Alternative besteht darin, Event-Handler in einer höheren Programmiersprache zu realisieren (THESEUS, PAC, ALGAE [4]). Man hat dann die Möglichkeit, explizite Zustände durch lokale Variablen, implizite durch Anfragen an die Anwendung oder Präsentation zu realisieren.
Dialogmanager, THESEUS und PAC verdeutlichen, daß Events nicht nur Tokens sind, sondern die beteiligten Objekte zu den Events gehören. In THESEUS sind dabei auch Mengen von Objekten zugelassen.

DIWA impliziert eine hierarchische, verteilte Dialogsteuerung, für die ein geeignetes Beschreibungsmittel gefunden werden muß. Ein wesentlicher Aspekt hierbei ist die Kommunikation zwischen den Dialogobjekten. Gemäß der hierarchischen Anordnung tauscht ein Objekt Events nur mit seinem Vater und seinen direkten Söhnen aus. Die einzelnen Dialogkontrollen arbeiten quasi parallel und werden wie in ALGAE als Event-Handler bezeichnet. Jeder dieser Event-Handler wird durch ein eigenes um Kommunikations-Einrichtungen erweitertes Zustands-Transitions-Netz beschrieben. Solange die Zahl der Zustände gering gehalten werden kann, ist dies ein leicht handhabbares und oft verwendetes Mittel, um das dynamische Verhalten eines Programms zu beschreiben. Durch die sehr weitgehende Strukturierung der Dialogsteuerung in einzelne Event-Handler erreichen wir, daß jeweils nur wenige Zustände verwaltet werden müssen.
Beim Versenden von Events wird kein Shake-Hands durchgeführt, sondern der Sender verschickt einen Event und arbeitet weiter. Hat der Empfänger auf diesen Event gewartet, so kann er ihn verarbeiten, andernfalls geht der Event verloren. Dieses Vorgehen entspricht der Vorstellung, daß ein Event-Handler die ihm untergeordneten Event-Handler aufruft bzw. benutzt (analog zu Prozeduren bzw. Moduln), daß also wie in Programmiersprachen der Aufgerufene den Aufrufer nicht kennt.

3.2. Die Basiselemente der Sprache

Gegenstände der Beschreibungssprache sind Events und Zustände als Bausteine von Zustands-Transitionsnetzen sowie Verarbeitungschritte. Beschrieben werden sowohl syntaktische Details der Eingabe als auch semantische Zusammenhänge (typischerweise: Welche anderen Objekte sind betroffen, wenn der Benutzer ein Objekt auf dem Bildschirm ändert?). Um den Dialogablauf vollständig zu erfassen, können sowohl standardisierte Abläufe als auch für eine Anwendung oder einen Benutzer maßgeschneiderte Interaktionsformen beschrieben werden.
Die Syntax hat ihren Ursprung in CSP von Hoare [8] und EventCSP von Alexander [1]. Der Zusammenhang zu Sprachen für Parallelverarbeitung ist nicht zufällig. Man muß sich bei der Formulierung eines Event-Handlers stets bewußt sein, daß es noch andere parallel arbeitende Event-Handler gibt.
Als erstes sollen Events, also alle möglichen Eingaben an einen Event-Handler, betrachtet werden.

Events:

Wir unterscheiden vier Klassen von Events:

1. Externe Events. Das sind
   - Maus-Klick
   - Mausbewegung

Tastatureingabe
Timer
asynchrone I/O.

2. nicht-externe Events:
   2.1. Kommunikations-Events zwischen Event-Handlern, evtl. mit Objektnamen als Parameter. Diese Events sind frei definierte Symbole, die vom Vater oder einem der Söhne kommen können. Ein Event von einem Sohndialog muß im Vaterdialog qualifiziert werden:
   Event FROM Sohndialog
   2.2. Kontroll-Events. Hiermit kann ein Vater seine Sohndialoge in verschiedener Weise beeinflussen:

DEACTIVATE	Einfrieren eines Sohndialogs einschl. aller darunterliegenden Dialoge. Die Zustände bleiben erhalten, aber bis zum nächsten ACTIVATE werden keine Events verarbeitet.
ACTIVATE	Reaktivieren eines eingefrorenen Unterdialogs. Darunter liegende Dialoge werden nicht reaktiviert.
START, STOP	Starten bzw. Stoppen eines Unterdialogs. START kann auch einen bereits laufenden Dialog auf den Anfang zurücksetzen.

   2.3. Symbole, die als Antwort auf Anwendungs- oder Präsentations-Prozeduren auftreten.

<u>Zustände</u>:

Die Beschreibung eines Zustands legt seinen Namen fest, welche Events sein Event-Handler empfangen kann, mit welchen Anweisungen dieser auf einen Event reagiert und in welchen Folgezustand der Event-Handler anschließend wechselt. Die allgemeine Form der Syntax für die Beschreibung eines Zustands lautet:

```
Zustand = ( Event --> Verarbeitung --> Zustand
          | ...
          | Event --> Verarbeitung --> Zustand )
```

Von dieser allgemeinen Form gibt es zwei Ausnahmen:
1. Nicht jeder Zustand braucht einen Namen. Dies gilt für Aktionen, die in einer festen Reihenfolge durchlaufen werden und deren Zwischenzustände nicht von anderen Zuständen aus erreicht werden können:

```
Zustand = ( Event --> Verarbeitung --> ( Event --> ...
                                       | Event --> ...
                                       | ...           ))
```

2. Es gibt spontane Übergänge, formal auch realisierbar durch einen Null-Event oder einen Timer(Ø)-Event. Solche Übergänge sind immer dann sinnvoll, wenn Verarbeitungschritte beim Eintritt in einen Zustand ausgeführt werden sollen:

```
     Zustand = (Verarbeitung --> Zustand)
bzw.
     Zustand = (Verarbeitung --> ( Event --> ...
                                 | Event --> ...
                                 | ...           ))
```

Verarbeitungsschritte:

Verarbeitungsschritte sind (evtl. leere) Folgen von Anweisungen, jeweils durch Semikolon getrennt. Dabei sind zugelassen:

- Aufrufe an die Präsentation, ggf. mit Objektnamen als Parameter,
- Aufrufe an die Anwendung,
- Senden eines Events an den Vaterdialog mit
  SIGNAL event,
- Senden eines Events an einen Sohndialog mit
  SIGNAL event TO sohndialog,
- Anfragen, die eine Antwort erwarten, aufgrund derer eine Verzweigung im Dialogablauf stattfindet:

```
Anfrage --> ( Antwort --> Verarbeitung --> Zustand
            | ...
            | Antwort --> ...                 ).
```

Anfragen mit Antwort und SIGNAL-Anweisungen können nur als letzter Verabeitungsschritt auftreten. Typische Aufrufe an die Präsentation sind save(object) und update(object) zum Sichern von Änderungen bzw. zum Erneuern von Objekten aufgrund geänderter Anwendungsdaten.

Beispiel Polygoneinfügen

In GEOBASE soll ein Polygon mit der Maus eingegeben werden. Die Präsentation bietet Prozeduren newPolygon und insPoint zum Einfügen der (geklickten) Punkte des neuen Polygons an sowie init, update, hide zum Mitführen eines Gummibandes beim Zeichnen. Der letzte Punkt wird mit dem rechten Mausknopf eingefügt. Der Event-Handler GraphikEditor enthält neben anderen Zuständen auch InsPolygon und Weiter. In diesem und allen folgenden Beispielen trägt der Anfangszustand denselben Namen wie der Event-Handler:

```
EVENT-HANDLER GraphikEditor IS
  GraphikEditor = ( ... )
   ...
  InsPolygon = (LinksKlick --> newPolygon;
                               insPoint;
                               init (gummiband) --> Weiter)

  Weiter = ( MausBewegung --> update (gummiband) --> Weiter
           | LinksKlick   --> insPoint;
                              init (gummiband) --> Weiter
           | RechtsKlick  --> insPoint;
                              hide (gummiband) --> GraphikEditor)
END GraphikEditor;
```

3.3. Komplexe Event-Handler und komplexe Events

Bis hierher enspricht die Dialogkontrolle eines Dialogobjekts einem (einzigen) Event-Handler. Es können jedoch so komplexe Abläufe auftreten, daß es sich empfiehlt, innerhalb einer Dialogkontrolle Teilaufgaben selbst wieder durch (interne) Event-Handler durchzuführen (in Analogie zu Unternetzen bei Zustands-Transitions-Netzen). Es ergibt sich somit ein komplexer Event-Handler als Hierarchie von internen Event-Handlern.

Beispiel Polygoneinfügen mit Scroll/Zoom

Die Polygon-Eingabe in GEOBASE soll mit Scrolling und Zooming so kombiniert werden, daß das Einfügen eines Polygons für ein Scroll/Zoom unterbrochen werden kann. Da Scroll/Zoom und Eingabe auf denselben Objekten, nämlich den erstellten Polygonen, arbeiten, müssen sie in einem einzigen Dialogobjekt realisiert werden.

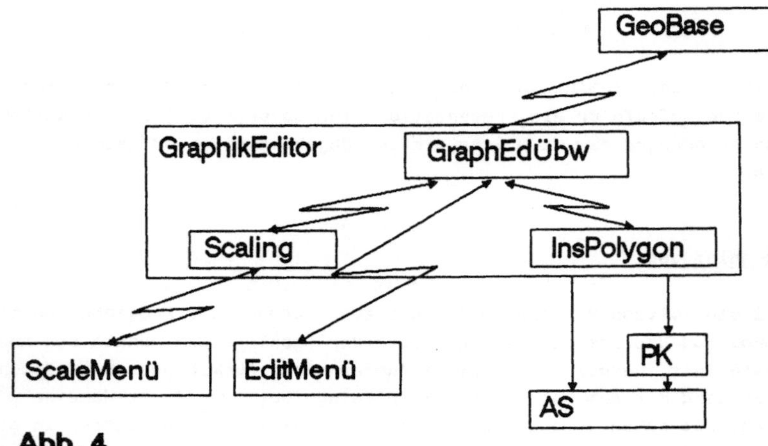

Abb. 4

Hierzu wird die Dialogkontrolle von GraphikEditor in den Überwachungs-Event-Handler GraphEdÜbw und, neben anderen Event-Handlern für andere Operationen, in zwei Event-Handler Scaling und InsPolygon unterteilt. Scaling macht den Beginn eines Scroll/Zoom-Vorgangs bekannt, GraphEdÜbw deaktiviert daraufhin InsPolygon vorübergehend. InsPolygon sorgt z.B. dafür, daß während seiner Deaktivierung das Gummiband gelöscht wird. Wenn Scaling das Ende des Scroll/Zoom-Vorgangs bekannt gibt, reaktiviert GraphEdÜbw InsPolygon, der das Gummiband wieder anzeigt.

In der DIWA-Beschreibungssprache stellt sich die Situation wie folgt dar:

```
EVENT-HANDLER GraphEdÜbw IS
  GraphEdÜbw = ( ScaleBegin FROM Scaling --> SIGNAL DEACTIVATE TO InsPolygon
                                                                 --> GraphEdÜbw
               | ScaleEnd   FROM Scaling --> SIGNAL ACTIVATE TO  InsPolygon
                                                                 --> GraphEdÜbw
               | ...                                                          )
    ...
END GraphEdÜbw;
```

```
EVENT-HANDLER Scaling IS
  Scaling =   ( Zoom FROM ScaleMenü --> SIGNAL ScaleBegin --> Zooming
              | ...                                                  )
  Zooming =   (...)
   ...
END Scaling;
```

```
EVENT-HANDLER InsPolygon IS
  InsPolygon = ( ... wie im Beispiel Polygoneinfügen)

  Weiter = ( MausBewegung --> update (gummiband) --> Weiter
           | ...
           | DEACTIVATE --> hide (gummiband) --> Weiter
           | ACTIVATE   --> show (gummiband) --> Weiter)
END InsPolygon;
```

Manche Event-Handler dienen nur dazu, parallel zu ihrem Besitzer zu arbeiten und das Eintreffen bestimmter Zustände zu melden. Solche 'Dämonen' realisieren komplexe Events. Ein Spezialfall ist ein Event-Handler, der für genau einen komplexen Event zuständig ist und diesen mit SIGNAL success meldet. Solche Event-Handler werden in der Syntax besonders behandelt. Wir erlauben, daß in diesem Fall der Name des Event-Handlers wie der success-Event behandelt wird. Dadurch erhält man eine einfache, suggestive Schreibweise.

Beispiel spezielles Polygoneinfügen

Mit InsPolygon soll immer an das letzte Polygon angefügt werden. Der erste neue Punkt muß also auf einem bereits existierenden Punkt liegen. Daher ist InsBegin nicht mehr nur ein LinksKlick, sondern der folgende Event-Handler:

```
EVENT-HANDLER InsBegin IS
  InsBegin = (LinksKlick --> mouseIn (Polygone(last).Punkte)
                                    --> ( ja --> SIGNAL success --> InsBegin
                                        | nein --> nop --> InsBegin ))
END InsBegin;
```

Der Event-Handler InsPolygon benutzt im Zustand Weiter neben InsBegin auch noch die Event-Handler NextPoint und LastPoint, die analog zu InsBegin definiert werden.

```
EVENT-HANDLER InsPolygon IS
  InsPolygon = (InsBegin --> newPolygon;
                             insPoint;
                             init (gummiband) --> Weiter)

  Weiter = ( MausBewegung --> ...
           | NextPoint    --> ...
           | LastPoint    --> ...)
END InsPolygon;
```

3.4. Zur Semantik von Event-Handlern

Es ist die Intention der DIWA-Beschreibungssprache, dem Dialogdesigner ein flexibles, für eine möglichst große Klasse von Dialogen einsetzbares Beschreibungs-Werkzeug an die Hand zu geben, das ihn aber gleichzeitig von den algorithmischen Problemen entlastet, die durch die Synchronisation paralleler Benutzeraktivitäten entstehen. Die Situation ist vergleichbar mit dem Schreiben von Regeln in einem Produktionssystem, dessen Auswertungsstrategie im Regelinterpreter steckt. Man kann sich beim Formulieren von Regeln auf die inhaltlichen Zusammenhänge konzentrieren, muß aber die Semantik des Interpreters im Auge behalten.
In DIWA ist es grundsätzlich möglich, daß mehrere Event-Handler gleichzeitig (evtl. die gleichen) Events oder ein Event-Handler mehrere Events gleichzeitig erhält. Das folgende Beispiel zeigt, daß gleichzeitige Events in einem Event-Handler auftreten können:

Beispiel PopUp-Menü

Solange das Menü sichtbar ist, soll der Eintrag unter dem Maus-Cursor hervorgehoben werden.

```
EVENT-HANDLER PopUpMenue IS
  PopUpMenue = ( RechtsKlick --> show (Items);
                                  SIGNAL START TO MLoop --> Visible)
  Visible = (LinksKlick --> SIGNAL STOP TO MLoop;
                            hide (Items);
                            SIGNAL selected(Items(inverted)) --> PopUpMenue)
END PopUpMenue;

EVENT-HANDLER MLoop IS
 MLoop = ( MouseLeave (Items(inverted)) --> normalize (Items(inverted)) --> MLoop
         | MouseEnter (Items(not inverted)) --> invert (Items(cursor))  --> MLoop)
END MLoop;
```

MLoop ist ein Event-Handler, der aktiviert ist, solange das Menü sichtbar ist. MouseEnter bzw. MouseLeave sind externe Events, die signalisieren, wenn der Maus-Cursor in Objekte (z.B. die Menü-Einträge) auf dem Bildschirm hineinbewegt wird bzw. diese verläßt. Invert und normalize sind Präsentations-Prozeduren, die Objekte invertiert bzw. normal darstellen.

Im Rahmen dieser Arbeit wollen wir uns allerdings darauf beschränken, daß externe Events rein sequentiell eintreffen, wie dies in der Praxis vielfach realisiert ist (in SUN-View z.B. bekommen alle Events einen Zeitstempel und sind dadurch geordnet).
Ein externer Event wird an alle (vom Vater über ACTIVATE oder START) aktivierten und auf diesen Event wartenden Event-Handler weitergegeben. Ein Tiefendurchlauf (post-order Durchlauf) durch die Hierarchie legt die Reihenfolge fest, mit der die Event-Handler den Event verarbeiten. Erst wenn dieser Durchlauf beendet ist, wird der nächste (evtl. während der Bearbeitung eingetroffene) externe Event behandelt.
Entsteht bei der Verarbeitung ein nicht externer Event, so wird dieser sofort an den Empfänger geschickt und dort unmittelbar verarbeitet, auch wenn beim Empfänger bereits ein externer Event vorliegt. Dieser externe Event geht verloren, wenn die Verarbeitung

des nicht-externen in einen anderen Zustand führt. Weitere aus dieser Verarbeitung resultierende nicht-externe Events werden ebenfalls sofort verabeitet usw. Nicht-externe Events haben also eine höhere Priorität als externe.

Die Bevorzugung der nicht-externen Events sorgt im Beispiel Scaling dafür, daß das Signalisieren von ScaleBegin mit der daraus resultierenden Deaktivierung von InsPolygon erst vollständig durchgeführt wird, bevor das Zoomen im Zustand Zooming begonnen wird.

4. Zur Software-Architektur

Einen Interpreter für DIWA-Dialogbeschreibungen kann man auch als Prototyping-Werkzeug auffassen, mit dem lauffähige Dialogprogramme erzeugt werden, bevor alle Anwendungsprozeduren vollständig ausprogrammiert sind. Wie bei anderen Prototyping-Ansätzen kommt man zwangsläufig zu der Frage, ob der Interpreter nur Teil des Prototyps ist oder auch im endgültigen Zielprodukt enthalten sein soll. Aus Effizienzgründen wird es sich in vielen Fällen lohnen, die endgültige Benutzerschnittstelle auf der Basis der Erfahrungen mit dem Prototyp in einer geeigneten Programmiersprache neu zu implementieren. Hierzu werden im folgenden an Hand des GEOBASE-Beispiels einige Architektur-Überlegungen angestellt, die sich aus dem DIWA-Modell herleiten lassen. Wir werden zunächst auf die aus DIWA ableitbare Grob-Modularisierung eingehen und danach die Implementierung der verteilten Dialogsteuerung diskutieren.
Die Struktur des DIWA-Modells legt einen objekt-orientierten Entwurf nahe, der jedes Dialog-Teilobjekt als einen Modul bzw. ein Objekt betrachtet. Abb. 5 zeigt die (kanonische) Modularisierung des in Abb. 3 gezeigten GEOBASE-Ausschnitts.

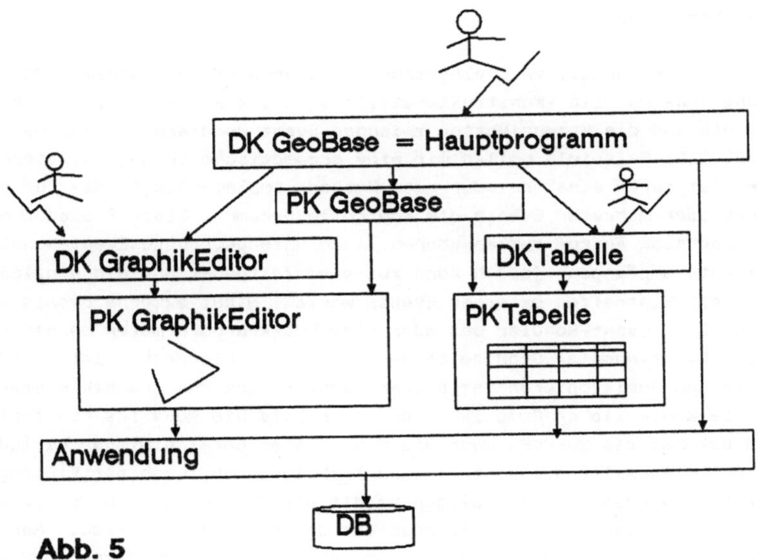

Abb. 5

Zunächst fällt auf, daß die Anwendungschnittstellen aus Abb. 3 verschwunden sind. Dies liegt daran, daß im Beispiel GEOBASE einige Module keine Zugriffe auf die Anwendung benötigen, keine Datenformate umgerechnet und keine Daten in Anwendungsschnittstellen gepuffert werden müssen.

Die Situation stellt sich anders dar, wenn man einen vorgefertigten Dialogmodul TabellenEditor mit einer fertigen Anwendung benutzen will. Faßt etwa TabellenEditor eine Tabelle als 2-dimensionales Array von Texten auf, aber die Anwendung hat die Daten als Liste gespeichert, so muß eine Anwendungsschnittstelle für die Umsetzung der Zugriffsoperationen sorgen.
Aus dem Prinzip der externen Kontrolle ergibt sich, daß DK GeoBase zum Hauptprogramm des gesamten Programms (Benutzerschnittstelle + Anwendung) wird. PK GeoBase erfüllt die im Zusammenhang mit Abb. 3 beschriebenen Aufgaben. Ein Zugriff auf die Anwendung (Anwendungsschnittstelle) ist hierzu nicht erforderlich.
Die Präsentation von GraphikEditor stellt einen Kartenausschnitt auf dem Bildschirm dar. Da der Umfang der darzustellenden Daten nicht begrenzt werden kann, ist eine Pufferung von Polygon-Daten in der PK nicht sinnvoll. Hier kann allenfalls eine Bitmap-Darstellung gehalten werden, um das schnelle Wiederherstellen eines verdeckten Bildteils zu ermöglichen. Muß das Bild z.B. beim Scrollen neu aufgebaut werden, richtet die PK eine Bereichsanfrage an die Anwendung und bekommt die darzustellenden Polygone portionsweise geliefert. Hierzu stellt die Anwendung Prozeduren InitQuery und GetNextChunk zur Verfügung.
In PK Tabelle werden die nicht-geometrischen Attribute einiger ausgewählter Gebiete aus dem im GraphikFenster sichtbaren Bereich dargestellt. Das Scrollen im Graphik-Fenster betrifft also auch die Tabelle. Da eine Bereichsanfrage sowohl die geometrischen als auch die nicht-geometrischen Daten liefert, ist es sinnvoll, immer zuerst das GraphikFenster neu aufzubauen, dabei die nicht-geometrischen Informationen in der Anwendung zu puffern und danach das TextFenster auf den neuen Stand zu bringen. An dieser Stelle wirken sich Implementierungsdetails auf die Dialogsteuerung aus, da dort festgelegt ist, welches Fenster zuerst neu aufgebaut wird.
Durch das geringere Volumen können in PK Tabelle Daten gepuffert werden, so daß z.B. das Scrollen ohne Zugriffe auf die Anwendung möglich ist. Da man auf diese Weise verschiedene Versionen von Daten bekommt (PK, Anwendung, DB), muß für deren Konsistenz gesorgt werden. Für die Module oberhalb der Anwendung wird dies von den verschiedenen Dialogkontrollen übernommen.

Bei der Realisierung der verteilten Dialogsteuerung unabhängig von einem UIMS in einer Programmiersprache ohne Parallel-Konstrukte stellt sich das Problem, wie die Verteilung externer Events und die Kommunikation zwischen Event-Handlern zu implementieren ist. Anhand des GEOBASE-Beispiels wollen wir eine pragmatische Lösung skizzieren:
Ein Event-Handler ist durch eine Prozedur oder Methode implementiert, die für die Verarbeitung eines oder mehrerer Events die Kontrolle bekommt. Diese Prozedur muß sich Zustände bis zum nächsten Aufruf merken können. Auch untergeordnete Event-Handler können externe Events empfangen, jedoch kann zu jedem Zeitpunkt nur ein einziger Event-Handler auf das Eintreffen externer Events warten. Nicht-externe Events lösen Prozeduraufrufe an Sohn-Event-Handler aus oder sind Rückkehrparameter an den Vater-Event-Handler. Der Event-Handler GeoBase an der Wurzel der Hierarchie ist zuständig für das Aktivieren und Positionieren der beiden Fenster. Ist das GraphikFenster aktiv, so gibt GeoBase die Kontrolle an GraphikEditor ab, sobald die Maus ins Fensterinnere bewegt wird, und bekommt sie zurück, wenn die Maus diesen Bereich wieder verläßt. GraphikEditor gibt seinerseits die Kontrolle an InsPolygon ab, wenn der Eintrag insert im EditMenü angewählt worden ist. InsPolygon behält die Kontrolle, bis der Benutzer den letzten Punkt eingegeben hat oder die Maus das GraphikFenster verläßt. Man sieht, daß hier eine Art 'Synchronisation von Hand' vorgenommen wird: InsPolygon muß auf einen Event (Maus verläßt Fenster) reagieren, für den GraphikEditor oder sogar GeoBase zuständig ist. Es gibt auch die umgekehrte Situation, daß ein Event für GraphikEditor eintritt und dieser gar nicht die Kontrolle hat, weil die Maus außerhalb seines Fensters ist. Verwendet man z.B. für EditMenü ein Drop-Down-Menü in der Kopfleiste des

Bildschirms (wie sie etwa in GEM vorkommen), so muß GeoBase die Events vom EditMenü empfangen und an GraphikEditor zur Verarbeitung weiterleiten.

Eine Diskussion aufwendigerer Implementierungen der verteilten Dialogkontrolle würde den Rahmen dieser Arbeit sprengen. Aus Gründen der Vollständigkeit erwähnen wir jedoch zwei der DIWA-Philosophie näher stehende Alternativen, in denen auch die einzelnen Dialogkontrollen unabhäbngiger sind: Ein Event-Handler ist nur für seine eigenen Events zuständig und bekommt die Kontrolle für die Verarbeitung genau eines Events. Verteilung von Events und Kommunikation werden realisiert durch
1. einen zentralen Event-Dispatcher als zusätzliche Software-Komponente (vgl. Notifier bei SUN-View) oder
2. das Durchreichen aller externen Events von der Wurzel aus durch die Hierarchie der Event-Handler mittels Prozeduraufruf.

5. Schlußbetrachtung und Ausblick

In dieser Arbeit haben wir DIWA als ein Modell zur Strukturierung von Benutzerdialogen vorgestellt. Die mit DIWA assoziierte Beschreibungssprache erlaubt die Modellierung der dynamischen Aspekte auf hohem Niveau, d.h. weitestgehend frei von Implementierungs-Details. Lauffähige Dialog-Prototypen können über einen Interpreter generiert werden.
Die Tatsache, daß in DIWA ein Dialog seine Dialogobjekte hierarchisch anordnet und Dialogkontrollen von Dialogobjekten auch wieder als Hierarchie von internen Event-Handlern aufgefaßt werden, unterstützt den Top-Down Entwurf sowohl der Dialogstruktur als auch des Dialogablaufs. Dieser (mehrfach) hierarchische Ansatz, die Einhaltung einer rein externen Kontrolle, strikte Aufgabentrennung zwischen den Komponenten und minimaler Datentransport führen auf natürliche Weise zu einer klar gegliederten Software-Archtiktur des Zielprodukts.
Basierend auf DIWA ist die Realisierung eines UIMS geplant, das als Grundkomponenten enthält:

- einen Editor für das Layout, für die Namensgebung von Objekten, zum Editieren der Ablaufbeschreibungen und zum Anbinden von Anwendungsprozeduren,
- einen Interpreter, der den Ablauf einer Dialogbeschreibung visualisiert,
- eine Bibliothek von graphischen Objekt-Typen mit Editierfunktionen. Man kann sich eine Klassen-Hierarchie a la Smalltalk vorstellen, die durch angepaßte Typen für spezielle Anwendungen ergänzt werden kann,
- eine Bibliothek von Dialogobjekten (Dialogfertigteilen) wie z.B. verschiedenen Menü-Typen oder ein Texteditor. Solche Dialogtypen sind entweder fest programmiert (evtl. parametrisiert) oder Beschreibungen, die man kopieren und an die aktuelle Situation anpassen kann.

Literatur

1. H. Alexander : Executable Specifications as an Aid to Dialog Design, Proceedings INTERACT 87
2. J. Coutaz : PAC, An Object Oriented Model for Dialog Design, Proceedings INTERACT 87
3. M. Dannenberg : Ein Werkzeug zur Gestaltung graphisch-interaktiver Benutzerschnittstellen, in : Software-Entwicklungs-Systeme und -Werkzeuge, Kolloqium / Technischen Akademie Esslingen 1987
4. M.A. Fleccia, R.D. Bergeron : Specififying Complex Dialogs in ALGAE, Proceedings CHI + GI 87
5. A. Goldberg, D.Robson : Smalltalk-80: The Language and its Implementation, Addison Wesley 1984
6. M. Green : Report on Dialog Specification Tools, in: G.E.Pfaff (Hrsg.) User Interface Management Systems, Springer Verlag 1985
7. M. Green : The University of Alberta User Interface Management System, Computer Graphics Vol 19,3 1985
8. C. Hoare : Communicating Sequential Processes, Communications ACM Vol 21,8 1978
9. W. Hübner, G. Lux-Mülders, M. Muth : THESEUS - Die Benutzeroberfläche der UNIBASE - Softwareentwicklungsumgebung, Springer Verlag 1986
10. R.J.C. Jacob : A Specification Language for Direct-Manipulation User Interfaces, ACM Transactions on Graphics Vol 5,4 1986
11. D. Olson, E. Dempsey : SYNGRAPH: A Graphical User Interface Generator, Computer Graphics Vol 17,3 1983
12. SUN-View Programmer's Guide, SUN Microsystems 1986

Benutzeranforderungen an PC–CAD-Systeme
- Vom Zeichnen zum Konstruieren -

Andreas M. Heinecke
Universität Hamburg, FB Informatik (ANT)
Troplowitzstr. 7, 2000 Hamburg 54

Kurzfassung

Aufgrund ihrer gestiegenen Rechenleistung und Speicherkapazität werden Personal Computer immer mehr auch für komplexe Aufgaben der graphischen Datenverarbeitung benutzt. Objektorientierte Zeichenprogramme werden durch zusätzliche Funktionen zu CAD-Programmen ausgebaut. Hierbei treten die von universalen CAD-Programmen auf größeren Rechnern bekannten Probleme in der Gestaltung der Benutzerschnittstelle erneut auf. Demgegenüber lassen sich CAD-Programme für bestimmte Aufgaben mit benutzerfreundlicheren Dialogschnittstellen ausstatten, wie an einem Beispiel gezeigt wird. Dies ist im wesentlichen darauf zurückzuführen, daß in ihnen Wissen über Ziele und Kriterien des Entwurfes enthalten ist. Hieraus lassen sich Schlußfolgerungen für die Konzeption neuer CAD-Systeme ziehen.

Einleitung

Während die ersten für professionelle Anwendungen konzipierten Personal Computer noch über keine oder nur geringe graphische Fähigkeiten verfügten (z.B. Graphik in einer Auflösung von 320x200 Punkten), sind durch preiswerte Zusatzkarten und durch neue Rechnertypen monochrome Darstellungen mit 720x350 (Hercules-Karte für IBM-PCs) bzw. 640x400 (Atari ST) Punkten praktisch Standard. Auch Farbgraphik mit mittlerer Auflösung, z.B. 640x350 (IBM-EGA-Karte), ist mittlerweile auf vielen Rechnern anzutreffen.

Parallel zur Verbesserung der Graphikfähigkeiten von PCs entstanden eine Reihe von objektorientierten Zeichenprogrammen wie z.B. GEM DRAW (für IBM-PCs) und EASYDRAW (für Atari ST). Solche Zeichenprogramme bieten neben graphischen Grundfunktionen wie Punkt, Linie, Kreis etc. auch die Möglichkeit, durch Verwendung von Rastern und Linealen maßstäblich zu zeichnen sowie einzelne Zeichnungselemente zu größeren Objekten zusammenzufassen. Hiermit sind bereits einige der Grundfunktionen eines CAD-Systems realisiert. Bei eigentlichen CAD-

Programmen kommen im allgemeinen weitere graphische Grundelemente, höhere Zeichenfunktionen wie Kurvenglättungen und Ausrundungen sowie Bauteilbibliotheken hinzu. Solche unspezialisierten CAD-Programme mit relativ großem Funktionsumfang werden bereits für weniger als tausend Mark angeboten.

Die objektorientierten Zeichenprogramme benutzen die Maus oder ein Tablett als Haupteingabegerät, sowohl zur Positionierung von Punkten als auch zur Auswahl von Zeichenfunktionen oder Zeichenparametern. Diese Auswahl geschieht meist über Rolladen-Menüs. Wegen der großen Anzahl möglicher Funktionen und Parameter sind häufig zusätzliche Auswahlformulare oder Pop-up-Menus nötig. Im allgemeinen läßt sich aber die Benutzung eines solchen Programmes in kurzer Zeit erlernen. Bei CAD-Programmen ist dagegen die Anzahl der Funktionen und Parameter noch einmal sehr viel größer, so daß sich Schwierigkeiten für die Gestaltung der Benutzeroberfläche ergeben. Darüber hinaus muß gefragt werden, ob die bloße Vermehrung des Funktionsumfangs aus einem Zeichenprogramm ein CAD-Programm macht, oder ob an computerunterstütztes Entwerfen und Konstruieren noch weiter gehende Anforderungen zu stellen sind.

Probleme bei der Konzeption von CAD-Systemen

Der Spielraum für die Gestaltung der Benutzeroberfläche eines CAD-Systems ist relativ gering, da eine große Zahl möglicher Funktionen ständig vom Benutzer abrufbar sein soll. Hierarchische Menüs sind im allgemeinen nicht sinnvoll, da sie die Arbeit durch Einfügen eines zusätzlichen Bedienungsschritts erschweren und eine ständige Aktualisierung des angezeigten Menüs erfordern. Da jedoch die Menüauswahl sinnvollerweise mit dem gleichen Eingabemedium durchgeführt wird wie die Positionierung von Zeichnungselementen, hätten bei Benutzung eines Tabletts bestimmte Bereiche eine ständig wechselnde Bedeutung. Deshalb wird meist eine Menükarte auf dem Tablett benutzt, die für jede zur Verfügung stehende Funktion ein Feld vorsieht. Dieses Verfahren findet auch Anwendung, wenn als Eingabemedium eine Maus benutzt wird und das Menü auf dem Bildschirm zu sehen ist, wie Abbildung 1 zeigt.

Das in der Abbildung gezeigte Programm ist ein auf dem Markt erhältliches CAD-Programm zum Einsatz auf Personal-Computern der Atari-ST-Serie namens "CAD Project" [1]. Die Eingabe erfolgt größtenteils mit der Maus, genaue Koordinaten und Parameter für geometrische Objekte werden mit der Tastatur in Formulare, sogenannte Dialog-Boxen, eingegeben. Für die Funktionsauswahl werden 98 Piktogramm-Felder (Icons) benutzt, die als Rahmen um die eigentliche Zeichenfläche gelegt sind. Die Güte der Benutzeroberfläche eines CAD-Systems hängt wesentlich von der Gestaltung und Anordnung dieser Menüfelder ab, wie Untersuchungen von Frieling und Derisavi-Fard [2] sowie Frieling und Pfitzmann [3] zeigen, sofern die Anzahl der gleichzeitig zur Auswahl stehenden Funktionen als vorgegeben angesehen wird.

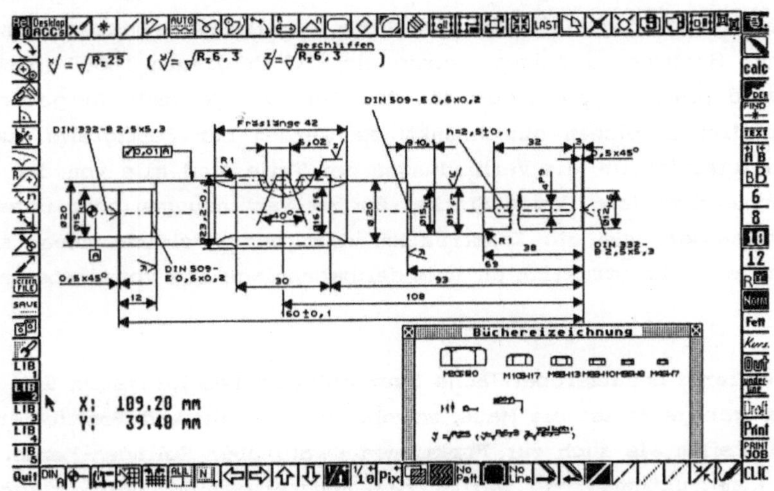

Abb. 1: Ein marktübliches PC-CAD-System

Wie bereits gesagt, ist der Übergang zwischen Zeichenprogrammen und CAD-Systemen fließend, zumindest was die Bezeichnung der Programme durch die Hersteller angeht. John [4] bezeichnet eben dies als Hauptproblem der meisten CAD-Systeme, daß sie im wesentlichen Zeichenwerkzeuge und nicht Entwurfssysteme seien, und geht nach einer Aufzählung der in der Literatur belegten Schwachpunkte von CAD-Systemen so weit, zu behaupten: "It appears that many CAD systems are best described as Computer Aggravated Draughting sooner than Computer Aided Design...". Auf der anderen Seite gibt es für verschiedene Spezialaufgaben wie etwa den Entwurf von Leiterplatten inklusive deren Entflechtung CAD-Systeme, die entsprechend ihrem besonderen Zweck sehr viel weniger Funktionen zur Auswahl anbieten müssen. Ihre Benutzeroberfläche ist daher oft einfacher und gleichzeitig dem speziellen Zweck angemessener. Im folgenden soll ein Programm dieser Art kurz betrachtet werden.

Ein aufgabenbezogenes CAD-System

Viele Konstruktionsaufgaben bestehen darin, vorgegebene Teile zu größeren Einheiten zusammenzufügen, z.B. bei der Installation von Rohrleitungssystemen. Häufig werden dabei Fertigteile verwendet, die entsprechend ihrer Geometrie nur eine begrenzte Anzahl von Verbindungen zulassen (Armaturen, Abzweigstücke, Winkelstücke), sowie zusätzliche nicht standardisierte Halbfertigteile (zuschneidbare biegbare Rohre). Ein CAD-Programm zur Unterstützung solcher Konstruktionsaufgaben kann die Geometrie der Teile und ihre Verbindungsmöglichkeiten berücksichtigen. Die Arbeit kann dann so ablaufen, daß Einzelteile oder Teilkonstruktionen aus einer Vorlage entnommen werden und an eine begonnene Konstruktion angehängt werden. Um eine mögliche Gestaltung der Benutzeroberfläche eines solchen Systems zu zeigen, wurde ein CAD-Programm "HOPP (Handling of pre-fabricated pieces)" geschrieben [5], das die oben genannte Aufgabenstellung zunächst in drei Bereichen einschränkt: es werden nur Fertigteile zugelassen und keine Halbfertigteile, die Verbindungen der Teile sind alle von der gleichen Art und symmetrisch (also keine Stecker-Buchse-Verbindungen oder unterschiedlichen Durchmesser) und die Konstruktion darf nur zweidimensional sein. Als Beispiel wurde die Konstruktion einer Modellbahnanlage aus vorgegebenen Gleisen gewählt.

Die implementierte Benutzeroberfläche baut auf dem Fenstersystem GEM (vgl. [6]) auf. Haupteingabegerät ist die Maus, sowohl zur Auswahl und Positionierung von Konstruktionsteilen als auch zur Funktionsauswahl über Rolladen-Menüs. Für die eigentliche Konstruktionsarbeit werden zwei Fenster benutzt, das Vorlagenfenster und das Arbeitsfenster. Durch Anklicken im Vorlagenfenster werden Einzelteile oder Teilkonstruktionen ausgewählt. Die so gewählten Teile werden durch breitere Linienstärke gekennzeichnet. An der gewählten Teilkonstruktion wird ein Anschlußpunkt angeklickt, mit dem sie an die vorhandene Konstruktion angeschlossen werden soll (Abb. 2).

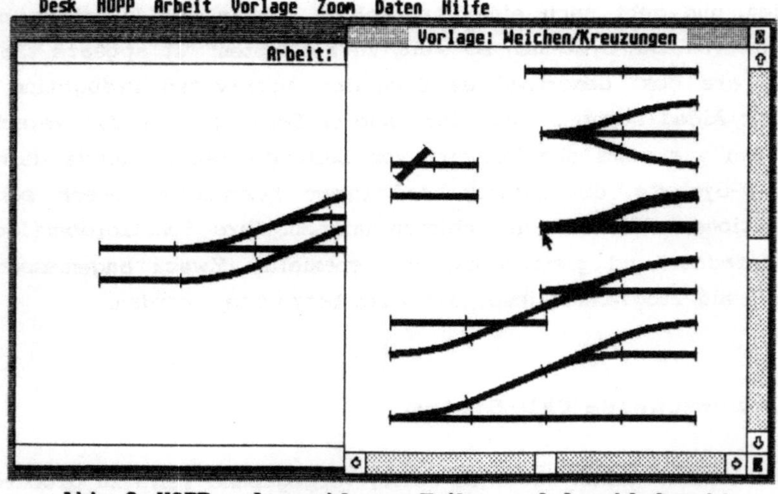

Abb. 2: HOPP - Auswahl von Teilen und Anschlußpunkt

Nach Anklicken des Anschlußpunktes wird automatisch das Arbeitsfenster nach vorn geholt. Dort kann dann ein Anschlußpunkt der vorhandenen Konstruktion angeklickt werden, worauf das Programm die gewählten Teile anfügt, sofern diese nicht mit bereits vorhandenen Teilen geometrisch kollidieren. Wird nicht ein Anschlußpunkt gewählt, sondern ein beliebiger Punkt auf der Arbeitsfläche (so z.B. bei Beginn der Konstruktion), erscheint ein Hilfskreis, mit dem die Richtung der neuen Konstruktion in einem bestimmten Grad-Raster vorgegeben werden kann. Statt des Kopierens von Teilen aus dem Vorlagen- ins Arbeitsfenster ist auch ein Duplizieren direkt im Arbeitsfenster möglich. Ebenso sind Verschiebe- und Löschoperationen im Arbeitsfenster erlaubt.

Das Programm erlaubt über den Menüpunkt "Zoom" eine vergrößerte Darstellung der Konstruktion ebenso wie eine Übersichtsdarstellung, in der allerdings nicht konstruiert werden kann. Der Menüpunkt "Hilfe" erlaubt die Ausgabe eines Hilfetextes, der jeweils angibt, was der Benutzer abhängig von Dialogzustand gerade tun kann (Abbildung 3). Außerdem kann zwischen Anfänger- und Expertenmodus gewählt werden. Im Anfängermodus erscheinen die Hilfetexte ohne Anwahl vor jeder Benutzeraktion.

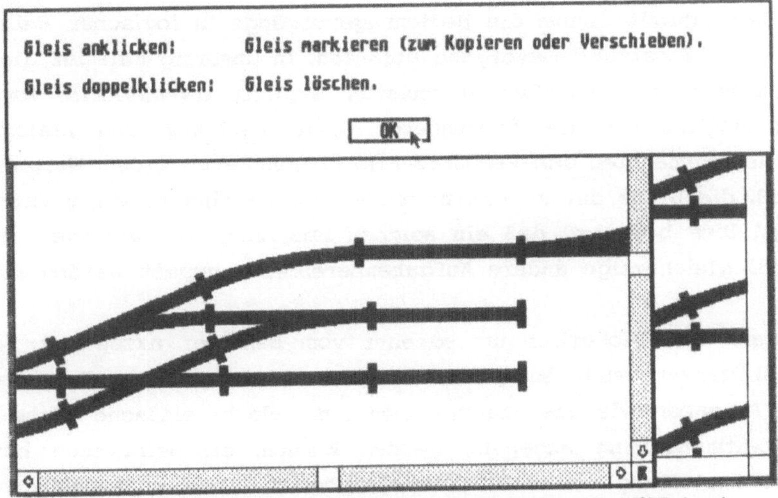

Abb. 3: HOPP - Vergrößerte Darstellung mit Hilfetext

Der Menüpunkt "Daten" erlaubt die Ausgabe von Informationen über Gleise, Anschlußpunkte und Abstände. Wird hier z.B. der Menüeintrag "Gleise" gewählt, so erscheint nach Anklicken eines Gleises eine Informations-Box mit Angaben zur Form des Gleises sowie der Bestellnummer. Mit dem "Vorlage"-Menü läßt sich der Inhalt des Vorlagefensters wählen. Hier sind verschiedene Standard-Vorlagen möglich, aber auch selbst erstellte Anlagen bzw. Anlagenteile (Bibliotheken). Der Menüpunkt "Arbeit" erlaubt das Laden und Speichern des Arbeitsfenster-Inhaltes.

Vergleicht man die hier realisierte Benutzerschnittstelle mit der oben gezeigten eines allgemeinen CAD-Systemes, so fällt sofort ihre Einfachheit auf. Selbst bei einer Erweiterung durch die Zulassung einiger nicht standardisierter Teile (bei Modellbahnen z.B. flexible Gleise), mit denen nach feststehenden Regeln (z.B. vorgegebener Minimalradius, vorgeschriebene Übergangsbögen) die Standardteile verbunden werden können, würde sich die Benutzeroberfläche nur unwesentlich verändern. Gleiches gilt für die Einführung bewerteter Verbindungen (Stecker / Buchse, verschiedene Querschnitte). Lediglich der Übergang zu dreidimensionalen Konstruktionen würde die Verwendung mindestens eines weiteren Fensters erfordern, um verschieden Projektionen des Raumes zeigen zu können. Hierbei wäre dann auch häufig zusätzlich eine Richtung des Anschlusses anzugeben.

Wissen in CAD-Systemen

Die gezeigte Einfachheit der Benutzeroberfläche wird erreicht, weil das Programm Wissen über den Konstruktionsvorgang enthält. Das Wissen kann explizit vorliegen, etwa als Daten über die Geometrie und die Anschlußmöglichkeiten der Teile, oder implizit, indem die Bedienungsvorgänge in logischer Reihenfolge entsprechend dem Konstruktionsvorgang ablaufen. In unserem Fall ist die Gleisgeometrie inklusive der Anschlußmöglichkeiten explizit als Datenfile vorhanden. Gleiches ist möglich für die verwendeten Texte in Menüs und Dialog-Boxen, wenn diese als sogenanntes GEM-Resource-File gespeichert werden. Weitere Parameter wie z.B. die Größe der zu bearbeitenden Fläche sind in einem Parameterfile abgelegt. Dies bedeutet, daß ein solches Programm mit geringem Aufwand an strukturell gleichartige andere Aufgabenbereiche angepaßt werden kann.

Ein CAD-System wird sicherlich um so eher vom Benutzer akzeptiert, je mehr es seinem Aufgabenbereich entspricht. Indem CAD-Programme für bestimmte Klassen von Aufgaben wie oben beschrieben auf relativ einfache Weise an die konkrete Arbeitsumgebung angepaßt werden können, erscheint eine benutzerfreundlichere Gestaltung von CAD-Systemen möglich. Dazu muß das dem CAD-System zugrunde liegende Objekt-Modell über ein bloßes Geometrie-Modell hinausgehen. In unserem Fall war die zusätzliche Eigenschaft der Verbindbarkeit nach bestimmten Regeln mit eingebracht worden.

Erst das zusätzliche, über die geometrische Beschreibung hinausgehende Wissen macht aus dem Zeichenhilfsmittel CAD das Konstruktionsmittel CAD. Ein Architekt z.B. wird nicht Symbole zusammensetzen wollen, sondern etwa eine Badewanne sinnvoll in ein vorgesehenes Badezimmer einfügen. Dessi und Argiolas haben das für solche Aufgaben nötige Wissen dargestellt und strukturiert [6]. Mit der Einbringung solchen Wissens in ein CAD-System wird daraus ein Expertensystem zur Unterstützung des Konstruktionsvorgangs. Dies scheint der sinnvolle

Weg zur Weiterentwicklung von CAD-Systemen zu sein, der über eine bloße Benutzerschnittstellen-Kosmetik hinausgeht. Mit der zunehmenden graphischen und rechnerischen Fähigkeit neuer Personal-Computer, die von ihrer Leistung her im Workstation-Bereich anzusiedeln sind, wird der Einsatz von CAD auch für kleine Betriebe, z.B. im Bauhandwerk, interessant. Diese brauchen allerdings nicht umfangreiche Zeichenprogramme, sondern intelligente Entwurfshilfsmittel. Statt bekannte CAD-Programme auf Personal-Computer umzusetzen, sollten wir daher aufgabengerechte, wissensbasierte PC-CAD-Systeme entwickeln.

Literatur

[1] Brümmer, I., "CAD Project - ein objektorientiertes Zeichenprogramm", ST-Computer 3/1988.

[2] Frieling, E. und F. Derisavi-Fard, "Dialogdesign und Informationsdarstellung am Beispiel einer CAD-Menuevorlage", in: Bullinger, H.-J. (Hrsg.), "Software-Ergonomie '85", Teubner, Stuttgart 1985.

[3] Frieling, E. und J. Pfitzmann, "Neuentwicklung einer Menütablett-Vorlage", in: Schönpflug, W. und M. Wittstock (Hrsg.), "Software-Ergonomie '87", Teubner, Stuttgart 1987.

[4] John, P., "A requirements specification for next-generation CAD systems", in: Bullinger, H.-J. und B. Shackel (Ed.), "INTERACT '87", North-Holland, Amsterdam 1987.

[5] Koschel, M., "Ein zweidimensionales CAD-System für Fertigteile", Diplomarbeit, FB Informatik, Universität Hamburg 1988.

[6] Dessi, N. und C. Argiolas, "Towards an expert architectural CAD system", in: Bullinger, H.-J. et al. (Ed.), "EURINFO '88", North-Holland, Amsterdam 1988.

Autorenverzeichnis